U0934071

葛家澍

文集

上册

杜兴强 刘峰 主编
蔡宁 章永奎 副主编

厦门大学出版社
XIAMEN UNIVERSITY PRESS
国家一级出版社
全国百佳图书出版单位

图书在版编目(CIP)数据

葛家澍文集/杜兴强,刘峰主编.—厦门:厦门大学出版社,2021.3
ISBN 978-7-5615-8058-5

Ⅰ.①葛…　Ⅱ.①杜…②刘…　Ⅲ.①经济学—文集　Ⅳ.①F0-53

中国版本图书馆 CIP 数据核字(2021)第 028162 号

出 版 人 郑文礼
责任编辑 陈丽贞

出版发行 厦门大学出版社
社　　址 厦门市软件园二期望海路 39 号
邮政编码 361008
总　　机 0592-2181111　0592-2181406(传真)
营销中心 0592-2184458　0592-2181365
网　　址 http://www.xmupress.com
邮　　箱 xmup@xmupress.com
印　　刷 厦门市竞成印刷有限公司

开本 889 mm×1 194 mm　1/16
印张 51.75
插页 2
字数 1475 千字
版次 2021 年 3 月第 1 版
印次 2021 年 3 月第 1 次印刷
定价 260.00 元(上下册)

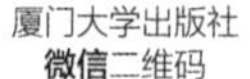

厦门大学出版社
微博二维码

前 言

2021年是我国著名会计学家葛家澍教授(下文统称“先生”)诞辰100周年。先生出生于1921年3月22日,1945年毕业于厦门大学,后留校任教,从事会计学教育与研究68载有余。2013年11月25日,先生安详仙逝,离开了一生挚爱的会计学教学与科研事业,也永远离开了我们。自此,“一代风流尽,修文地下深”①。68载,先生留给了会计学界一系列弥足珍贵的思想财富、治学理念与理论遗产。

“缅怀先贤、归德明厚”! 对先生的学术思想进行系统梳理、整理和研究的想法一直是我们所有学生的共同愿望。上述工作包括但不限于:(1)出版《葛家澍文集》,收录先生在不同时期撰写的代表性学术论文,使会计界、特别是学术界了解先生学术思想嬗变的脉络;(2)出版《葛家澍教授学术思想研究》,对先生学术思想进行梳理和研究,一则作为对恩师的缅怀和致敬,二则力图使先生的学术思想得以传承,三则使会计学界能系统了解先生的学术思想并进行继承与发展;(3)出版《澍雨杏风》,收录先生的学术人生轨迹,以及学生回忆与先生相处的点滴。

作为纪念葛家澍教授诞辰100周年最为重要的一部分,《葛家澍文集》(上下册)收录了先生在不同历史时期撰写的代表性学术论文,其中上册包含20世纪50年代至90年代的学术论文共51篇,下册包含21世纪的学术论文共48篇。《葛家澍文集》既包括中国会计学界耳熟能详、在一定程度上影响了中国会计发展历程的学术论文,如《必须替借贷记账法恢复名誉——评所谓的“资本主义记账方法”》(《中国经济问题》1978年第4期)与《论会计理论的继承性》(《厦门大学学报》1981年第3期),还包括一系列会计基本理论、财务会计概念框架与会计准则的学术论文,如《关于社会主义会计对象的再认识》、《关于会计对象的再探讨——会计的反映对象和作为一个信息系统的处理对象》、《关于市场经济条件下会计理论与方法的若干基本观点》与《基本会计准则与财务会计概念框架》等。

《葛家澍文集》收录的论文,我们尽可能地保持原文发表时的原貌。“桃李不言”,《葛家澍文集》收录的文章,为我们展现了先生献身会计理论研究的光辉一生及熠熠生辉的学术思想;《葛家澍文集》收录的论文,为学术界刻画了先生一生研究会计理论的诸多阶段,包括但不限于“1949—1965:

① 《寻梦环游记》(*Coco*)指出,人一生可能辞世三次:第一次是生物学角度的辞世;第二次是葬礼举办时,一个人的身份将会被从这个世界上抹除;第三次是这个世界上自此不会再有任何一个人记得你。我们坚信,先生的学术思想将会代代有人传承!

独立思考者与资金运动学派”、“1966—1976:孤独的坚守者”、“1977—1982:思想破冰者”、“1983—1987:中国会计基本理论的奠基者”、“1988—1997:西方会计理论与中国会计准则体系的积极推动者”、“1998—2007:财务会计概念框架与会计准则问题的全面研究”与“2008—2013:对当代会计理论的反思”等。

《葛家澍文集》的整理与出版,寄托着先生所有学生的期望。《葛家澍文集》所涉及学术论文的归集、整理、文字录入与校对工作,主要由杜兴强、刘峰、蔡宁、章永奎及诸多在校博士研究生和硕士研究生共同承担。蔡宁教授与章永奎副教授花费大量时间,将先生从教以来的所有论文进行了搜集和编目;刘峰教授与杜兴强教授负责遴选《葛家澍文集》的学术论文;厦门大学会计学系的部分博士研究生与硕士研究生对文稿进行了细致的校对。

是以有《葛家澍文集》的出版。

师恩如山,师恩难忘,师恩铭记!

生命的尽头不是逝去,而是遗忘(the real death is that no one in the world remembers you)!

谨以此书纪念我们敬爱的导师葛家澍教授诞辰一百周年!

杜兴强、刘峰

2021 年 2 月

目　录

社会主义工业企业经济活动分析的对象、任务与方法论

葛家澍

企业经济活动分析是社会主义核算的高级阶段和完成阶段

斯大林同志所发现并表述的国民经济有计划的(按比例的)发展法则是社会主义的客观经济法则。这个法则说明一个事实:社会主义国民经济的有计划发展是客观的必然性。社会主义国民经济不能不按照计划进行,否则,它就会变成无政府状态的经济,而与社会主义生产方式的本性相矛盾。社会主义国家在认识、研究并掌握这个经济法则以后,就制订出反映该法则要求的统一国民经济计划。指导并规范社会主义的全部经济生活,首先是社会主义的生产。

为了进行社会主义的计划生产,国家就组织了千千万万个社会主义企业,作为生产的基层单位。每个企业都被赋予并具体执行着一定的生产任务。

大家知道,当国家计划任务送达每一个企业后,它就成为该企业法律。企业要无条件地完成这个任务。那么,怎样才能保证完成国家赋予的计划任务呢?

要完成国家的计划任务,这就需要:第一,以国家任务为基础,正确编制企业的生产财务技术计划,用来严格指导企业的整个经济活动,动员企业工作人员为完成和超额完成计划任务而斗争。第二,认真执行并检查所拟订的计划。斯大林同志对于监督计划的执行和经常检查其完成情况一向寄予极大的注意,他曾明确地教导我们说:“只有官僚主义者才能这样来想计划上的事情,以为只要计划一经制订,工作便完结了,而不知制订计划,只是事情的开始。”[注一]

关于如何制订正确的企业生产财务技术计划,不在本文讨论范围之内,我们专来讨论,在企业中怎样检查计划和监督计划的完成,如何可以为制订计划提供正确和可靠的资料。

这样一来,我们就应该研究作为监督企业计划执行最有效手段的经济核算(我们主要指会计核算)。

马列主义的经典作家几乎都指示过核算在社会主义社会所起的巨大作用。马克思首先指出:“过程(指生产过程——本文作者注)愈采取社会的规模,愈失去纯粹个人的性质,簿记——当作生产过程的控制和观念总结——就愈成为必要。所以,簿记对于资本主义生产,比它对于手工业经营及自耕农经营的分散的生产,更为必要;它对于社会共同的生产,又比它对于资本主义生产,更为必要。”[注二]列宁指示说:“社会主义——首先就是核算”,[注三]“统计(应理解为核算——译者)与监督——就是为了把共产主义第一阶段安排好,使它能正确运转所必需的主要条件”。[注四]斯大林同志更直截了当地说:“……任何建设工作,任何国家工作,任何计划工作,如果没有正确的核算,则是不可想象的。”[注五]

上述马列主义经典作家们关于社会主义核算作用的指示,对于社会主义核算的发展,有着非常

重大的意义。根据这些指示,社会主义核算就被赋予根本不同于资本主义核算的使命和监督任务,从而把社会主义核算的内容提到崭新的和更高级的阶段。

那么,所谓核算的新的和高级阶段是什么呢?这就是企业的经济活动分析。

理由是很清楚的:企业工作,特别是计划工作,之所以不能离开核算,首先是由于核算能经常有系统地对企业经济活动进行观察和反映,深入到企业经济活动各个方面和每一环节中,帮助并监督企业实行日常的计划领导。但是核算在监督计划的工作中所应发挥的作用,决不限于对企业活动只进行观察和反映(这是通常所理解的核算工作范畴)。如果核算只限于这一步,那么完成计划工作所提出的重大任务——为正确编制计划提供资料并认真监督计划,就不大可能,至少不完全可能。

因此核算还必须起着较日常反映和监督更重要的作用。这就是根据日常观察和反映的资料(包括一定时期的把日常核算加以总括的资料),进一步分析研究,找出企业完成计划的各种正面因素和反面因素,深入而正确地评定企业经济活动的成果,使核算不只作为经常监督计划的工具,而且成为最后全面检查计划、认识企业的有力武器,并为计划的修正和编制工作奠定了可靠的基础。

显而易见,只有把核算工作提升到较日常反映和监督更高级的阶段,才能符合于社会主义的要求。才能发挥巨大的监督作用。核算的这一高级阶段,我们就叫作“经济活动分析”。所以企业的经济活动分析,应当理解为核算工作的继续发展,是核算的高级阶段,同时也是核算工作完成或终结阶段。

利用核算资料进行企业的经济活动分析,久已广泛地为社会主义企业所采用,并累积了极其丰富的先进经验。这些从社会主义经济实践中累积起来的经验,在苏联会计学家们的创造性的努力下,进行了有系统的总结,并提升到理论的高度,从而丰富并发展了社会主义会计核算这门科学。

在今天,“企业经济活动分析”已经成为社会主义会计核算理论系统中一个独立的而且是极其重要的组成部分了。[注六]

工业企业的全部再生产活动是经济活动分析的对象

要正确认识企业经济活动分析的内容,必须正确认识它的对象。什么是企业经济活动分析的对象呢?企业经济活动分析的对象应当是社会主义工业企业再生产过程的一切现象和因素。换句话说,工业企业的全部再生产活动,都是经济活动分析的现象。[注七]

这里,必须说明两个问题:

(一)企业经济活动分析虽然属于会计核算系统,但它的对象,并不和会计核算的对象完全相同。其理由何在?

(二)作为企业经济活动分析对象的企业全部再生产活动,究竟包括些什么具体内容?

众所周知,会计核算的对象并不是社会主义再生产的一切现象,而是社会主义再生产中社会劳动的耗费——即可以用货币尺度表现的经济现象。在社会主义企业中,会计核算处理的对象则是企业经营资金的周转、经营资金的构成及其来源。而这也不是企业的全部经济现象。

为什么企业经济活动分析的对象要包括企业的一切经济活动呢?这是因为:企业经济活动分析的基本要求之一是在于全面检查计划完成情况,找出影响计划完成的正面因素和反面因素。但要做到这一点,非常明显,仅仅依靠会计核算所反映的经济现象当然是不够的。在社会主义企业的再生产活动中,每一个经济现象和每一个因素,都不是互相孤立、毫无联系的东西。马克思主义辩证方法教导我们:“辩证法不是把自然界看作什么彼此隔离、彼此孤立、彼此不相依赖的各个对象或各个现象的偶然堆积。而是把它看作有内在联系的统一整体。”“任何一种现象,如果把它看作是与周围现象密切联系而不可分离的现象,把它看作是受周围现象所制约的现象,那它就是可以了解,可以论证的东西了。”〔注八〕因此,企业经济活动分析不但要研究企业中由会计核算所表现的经济现象,而且要研究由业务核算及统计核算所反映的可以用实物及劳动尺度表现的经济现象。必要时还要利用核算以外的记录,只要它们能正确地补充由三种核算所不能提供的企业活动资料。由于经济活动分析是从再生产全部过程的一切现象的互相联系中加以考察,所以能正确地认识并评定企业的工作及其执行计划的成就。经济活动分析较之日常会计核算具有更大的监督力量,其特点就在于此。

那么,为什么又把企业经济活动分析列入会计核算的系统呢?这是由于企业经济活动分析虽然要同时利用三种核算资料来考察企业的一切再生产活动,但是,其中主要的资料来源,则是由会计核算提供的(特别是由会计核算报告资料提供的)。在不少的情况下,会计核算所反映的企业经济现象(例如成本及劳动工资等报告资料)也多同时具有三种计量的尺度,因而足以使经济活动分析得出必要的结论。

其次,我们来研究企业全部再生产活动的具体内容。

工业企业再生产活动的具体内容,可以从两个方面来考察:

(1)企业经营资金(再生产资金)的来源及其运用方面。(2)企业再生产过程的各个阶段方面。

(1)从企业经营资金的来源及其运用方面考察:

为使企业能完成国家所交付的生产任务,国家都拨给(预付)每个企业一定的物质资源作为企业的生产手段。从国家拨来的物质资源,通常一部分采取物质形态(生产工具),而另一部分则采取货币形态(由企业购买劳动对象)。但不管采取何种形态,它们都具有价值(体现社会的必要劳动),都可以用货币估价,并且其目的都是交由企业按计划加以运用。因此,它们就称为企业的“经营资金”。会计核算是从经营资金预付开始的。从经营资金预付起的企业活动,也就包括在经济活动分析的视野之内。

企业的经营资金,在其不断的运用过程中,有法律及计划预定的各种来源和各种使命,并且也有法律及计划预定的各种分布及运用形态。企业的资金来源及其运用,形成统一的相互联系和制约的关系。这种关系,谓之“资金组织”。资金组织是不断地受企业各种经济活动的变化而改变着。换句话说,企业在再生产过程中一切可以用货币表现的经济现象和各种因素,都会关系到企业的资金组织,从而在资金组织的变化中反映出它们的影响。因此,企业的资金组织及其变化,体现着企业再生产活动的许多重要因素的变动。如果就企业中一切能用货币反映的活动来看,可以毫不夸大地说,资金组织情况,乃是这些经济活动的集中表现。所以“资金组织”情况,就成为经济活动分析的具体对象。

另一方面,经营资金的运用的形态,也是不断地循环变化的。在企业再生产活动中,经营资金进行着以下的周转:货币资金→商品资金→生产资金→商品资金→货币资金(在由生产资金转化为商品资金过程中,创造出新的价值)。这种依次不断重复的资金运动,谓之“资金周转”。资金周转的速度愈快,则资金利用的效能也愈强,从而能为国家节约更多的财富。怎样才能加速资金的周转呢?哪些因素影响资金周转的速度呢?这又不能不联系到企业再生产过程中的一切活动。可以肯定地说,企业再生产过程中一切活动,都是影响资金周转速度的因素(当然有些是主要的,有些是次要的,有些是直接的,有些是间接的)。诚如《关于流动资金周转速度计算方法讨论总结》一文中指出:“加速流动资金周转这一全民运动,乃是精通生产技术、精通生产财务经济的一个新阶段”,“加速资金周转,要求我们不断关心企业财经状况,改进企业活动的所有各个方面”。〔注九〕因此,资金周转速度,也是企业再生产活动中主要的内容,是经济活动分析的另一个的具体对象。

(2)从企业再生产过程的各个阶段方面考察:

工业企业的再生产过程包括生产、供应、销售三个阶段的活动。在互相联系的统一再生产过程中,生产阶段永远是最主要和决定性的环节。

生产阶段包括劳动的耗费(劳动力的耗费和劳动对象及劳动工具的耗费)和新产品形成等直接生产活动,也包括为使生产不断增长和完善而经常进行改善生产组织、提高生产技术、培养工人及干部等活动。企业在生产阶段的一切活动,均须服从于计划的规定。其活动情况,则会反映到"产品数量""产品品种和质量""产品成本""劳动生产率"和"工人技术熟练程度"等最重要的经济工作指标上面。因而这些指标,就成为经济活动分析的对象。

供应阶段可以理解为生产阶段的准备。其活动目的,在于保证生产的不间断。供应阶段的活动包括生产储备的购买、保管和发送。所有这些活动,也都要服从于计划的指导,并以"适量""合用""及时"和"节约"作为供应工作的基本原则。供应阶段的一切活动,最终会反映到"生产储备购买量""储备定额"和"耗用量"等指标上面。因而这些指标,也是经济活动分析的对象。

销售阶段是三个统一阶段的最后环节。销售阶段的主要活动是出售已生产的产品、实现产品的价值、收回因生产产品而耗费的生产费用(包括销售阶段追加支出的一切销售费用),并带回企业的利润。众所周知,企业所收回的产品价值(包括利润)是采取了货币形态的资金。因此,企业可用以缴纳周转税,并进行再生产中储备品的供应。销售阶段的活动,同样也须由计划预为规定,并须服从计划。销售阶段的最重要任务是保证以最少的销售费用,及时为国家提供大量商品,从而完成并超额完成销售计划及利润计划。所以,企业的销售活动,也会从企业的"销售费用""销售量""销售利润"等经济指标上得到反映(但必须注意,"销售量"和"销售利润"等指标,不应视为仅仅是销售阶段的活动成果。恰恰相反,它们在很大程度上要代表企业生产活动的成绩。因为"生产量"和"生产成本"对于"销售量"和"销售利润"是起着决定性影响的)。这些指标,也是经济活动分析的对象。

以上概括地说明了企业再生产活动的具体内容。必须指出,从上述两个不同方面去考察企业的再生产活动,乃是为了更全面地分析企业工作。而从资金组织、资金周转速度等方面去考察,则是着重研究企业的财务活动及财务组织。谁都知道,企业的财务活动及其组织,主要受着供应、生产及销售各阶段工作的决定。它可看作是供应、生产及销售等工作的"一面镜子",从这面镜子中,能集中概括地反映这些工作及其成果。但另一方面,企业财务活动及财务组织,也不完全是一个消极的因素。它也能在一定程度上影响并制约着供应、生产及销售工作。这就是说:例如财务活动能严格遵守法令和计划的规定,尽可能地为满足生产的需要而组织资金的来源并监督其运用,便能帮助并推动企业的生产工作。在相反的情况下,则将阻碍生产的进行。所以只有从这两个不同方面来分析企业的活动,才能掌握再生产活动的一切有利和不利要素,才能从它们的互相联系中得出正确的结论。

工业企业经济活动分析的任务

社会主义工业企业经济活动分析是一门战斗性和党性的科学。经济活动分析的任务,必须完全服从于社会主义经济发展的特点和要求。

斯大林同志在《苏联社会主义经济问题》这一天才著作中深刻而全面地阐明了社会主义政治经济学,特别是指出了社会主义基本经济法则和准备过渡到共产主义的基本先决条件。这对于正确规定企业经济活动分析的任务有着巨大的理论意义。另一方面,苏联1951—1955年的第五年发展计划和第十九次党代表大会关于第五个五年计划的训令,规定着社会主义生产的巨大增长以及在基础上进一步提高人民的文化和物质生活的措施,使共产主义建设的各个方面(首先是工业部门)

都面临着新的更大的任务，从而也应该把企业经济活动分析的要求，提到更高的水平。

在这种情况下，我们认为工业企业经济活动分析应该担负起以下几项基本任务：

（一）保证工业企业的一切经济活动都能适应并实现社会主义基本经济法则的特点和要求。

社会主义基本经济法则表明社会主义企业生产的目的，（是要“最大限度地满足整个社会经常增长的物质和文化的需要”。因此，经济活动分析应当研究企业经济活动各种指标，特别是生产数量指标，产品质量指标，产品品种指标，销售量指标和成本、利润等指标，有否符合于这个基本经济法则的要求？），并提出一切办法来监督企业保证实现基本经济法则的要求。因此，这就需要经济活动分析对于不能完成生产任务、销售任务、成本降低及利润任务，以及降低产品质量和破坏产品品种计划等违反人民需要的行为，开展毫不容情的斗争！

同时，社会主义基本经济法则也决定着达到社会主义生产目的的手段。这就是要“用在高度技术基础上，使社会主义生产不断增长和不断完善的办法”。因此，经济活动分析的另一重要使命就是认真研究企业在生产组织的改善、先进经验的采用与推广、劳动生产率的增长、原材料和固定设备的充分有效使用等经济活动方面的成就。应当具体而确实地指出在这些方面的优缺点，保证企业生产能在高度技术的基础上进行，并使之日臻完善。

马林科夫同志在苏共第十九次代表大会上所作关于中央委员会工作的总结报告中说：“为了保证全部社会生产的不断增长，为了我国创造丰足的产品，就必须完全掌握有计划地合理地利用一切物力、财力和人力的艺术，从国民经济有计划发展的法则的要求出发，使一切活动都适应于社会主义基本经济法则的要求。”

可见，工业企业经济活动分析在自己的基本任务中，所以必须首先提出：“保证企业的一切经济活动，都能适应并从而实现社会主义基本经济法则的特点和要求”，是十分适时和必要的。

（二）监督企业全面完成和超额完成生产计划（即生产技术财务计划）。并严格检查企业对国家纪律（财务、信贷、结算等纪律）的遵守情况。

我们在一开始讨论到企业经济活动分析的发生及其意义时，就提出它对于检查计划执行和完成情况所具的作用。因此，监督计划的完成和超额完成，自然要成为企业经济活动分析的另一项重要的基本任务。

企业经济活动分析在这方面的任务是十分具体的。其任务在于：全面而深入地分析企业在执行和完成生产财务技术计划方面的情况，毫无保留地揭露并批评在计划执行过程中的任何缺点，并提出克服这些缺点的有效方案。

马林科夫同志在第十九次党代表大会上，对这方面也坚决而明确地指示说：“国家的计划就是法律。所有的企业必须完成国家交给它们的任务，保证国民经济得到它所需要的产品。经济工作领导者和党组织有责任保证每个企业不仅在总产量方面而且必须按照国家的计划生产一切制成品方面完成计划。有责任为了有步骤地提高产品质量而努力。有责任查明并完全消灭妨碍企业正常工作的原因。”而在企业中，经济活动分析正是领导者和党组织用来向一切妨碍计划完成因素进行斗争的有效武器！通过经济活动的分析，不但要促使企业完成计划，而且要超额完成计划。不但在总的方面完成计划，而且要全面地、均衡地、在一切方面都完成计划。不但要在一切方面完成计划，而且还要严格遵守国家关于财务、信贷及结算方面的纪律。坚决反对只顾本企业完成计划而妨碍其他企业完成计划和不去完成国家财政任务等本位主义行为。

（三）发掘企业的潜在力量，并指出动员一切潜在力量的可能性从而不断修订计划使之日益精确。

经济活动分析的另一项基本任务，就是要发掘并动员企业的潜在力量。所谓潜在力量，就是企业能完成和超额完成计划的可能性。就是企业能在高度技术基础上使生产不断增长和不断完善的可能性。动员企业的潜在力量，一向是苏联政府关切的中心。因为发掘和动员企业的潜力，乃是社会主义国民经济不断高涨的基本保证。莫洛托夫同志在伟大的社会主义革命三十一周年纪念大会上报告中曾说:“……我国工业的发展完全依靠我们内部的资源和苏维埃人民的努力劳动……”马林科夫同志在第十九次党代表大会上论及第五个五年计划关于工业发展方面的任务时也说过:“我们的工业具有一切可能性来完成这些任务。今年所有的工业部门都装备了更完善的机器,都有熟练的工人和工程技术人员,企业也不感到原料和材料的缺乏。现在的问题是充分利用这些可能性坚决消灭工作中一切的缺点,发掘生产中未加利用的后备力量,并将其变成发展国民经济的强大源泉。”

在社会主义制度下,企业的内部潜力有各种各样,并且是取之不尽的。例如有生产能力方面的潜力,以及减少各项非生产支出的可能性等等。在所有各种潜力中,最主要和起决定性作用的是节约劳动者的工作时间,即节约活的劳动。因为活的劳动是社会的主要生产力。节约活的劳动,乃是提高社会劳动生产率的基本源泉。但大家知道,要节约活劳动,必须依靠改善生产组织和操作方法,采用新的技术,贯彻先进的生产技术定额,并且实行生产过程的机械化与自动化等各种措施,才能达到目的,因此,要能找出和利用企业的潜在力量,特别是要找出和利用具有决定性意义的潜在力量,就不能不对经济活动进行深刻和全面的分析。不但如此,当经济活动分析找出这种潜在力量并提出利用的可能以后,还必须促使企业把可能化为现实,进一步修改现行计划,使之日益精确,从而促进企业生产的不断增长和不断完善。

关于社会主义工业企业经济活动分析的基本任务,简单说来就是如此。必须指出,经济活动分析的上述三项基本任务,不是各自独立、互不相关的。在它们中间,存在着密切的有机联系。

斯大林同志在《苏联社会主义经济问题》这一不朽著作中写道:“至于说到国民经济的计划化,那么,它只有遵守下列两个条件时,才能得到良好的效果。这两个条件是:(甲)它正确地反映国民经济有计划发展的法则的要求。(乙)它在各方面适合社会主义基本经济法则的要求。”这就很清楚地看到监督计划完成与保证实现基本经济法则要求的联系。谁都知道,社会主义各个年度的统一国民经济计划和构成这个计划之基本环节的每个企业生产计划,正是以社会主义基本经济法则的要求为依据而制订出来的。否则,便不可能设想,社会主义苏联的生产能有今天这样的巨大高涨,并在一日千里地向前推进。因此,监督企业全面地完成和超额完成计划,便基本上实现社会主义基本经济法则的要求。但是,斯大林同志在同一著作中分析国民经济有计划的(按比例)发展法则与经济计划的关系时,曾教导我们说:“不能把我们各个年度计划和五年计划跟国民经济有计划发展(按比例的)发展法则混为一谈。这是两种不同的东西。……必须研究这个经济法则,必须掌握它,必须学会以完备的知识去应用它,必须制定出完全反映这个法则的要求的计划。不能说,我们的各个年度计划和五年计划,都完全反映出这个经济法则的要求。”斯大林同志这段话对理解经济活动分析的具体任务之间的关系有什么深刻的意义呢?它的意义在于:向经济活动分析指出了它的另一个基本任务——“发掘动员企业的潜在力量从而不断地修订计划”对于正确反映国民经济有计划发展法则的要求以及在各方面完全适合基本经济法则的要求的必要性。根据斯大林同志的指示,企业经济活动分析的任务,如果仅限于监督现行计划的完成或并不十分费力地超额完成,那是不够的。因为,“任何五年计划都不可能考虑到所有这些可能性,这些可能性隐藏在我们制度的内部,并且它们只有在工作中,在工厂、国营农场、集体农庄边区等等执行过程中,才能发现出来”。[注十]因此,要使计划完全反映国民经济有计划发展法则的要求,就必须在编制计划时,掌握高度科学技术水平,并对于今后经济发展具有高度的科学预见性。但还不够,它又必须在实际执行过程中,由于潜在力量的发现和利用而不断修正,才能使之日益精确。只有完全正确反映国民经济有计划发展法则要求的计划,才有可能做到在各方面完全适合基本经济法则的要求。从这里,我们又能看出发掘和动员企业潜在力量这一任务,对于监督计划完成和保证实现基本经济法则要求的影响。

社会主义政治经济学与辩证唯物主义是经济活动分析的方法论的基础

我们已经一般地说明了经济活动分析的任务和对象，并明确指出了经济活动分析较之核算具有更大的监督力量，是认识社会主义企业生产发展的武器。现在我们就来研究应当用什么科学方法来完成经济活动分析的目的和任务。

这里，我们不准备讨论分析上所用的具体方法，特别是那些技术方法。我们所要讨论的是经济活动分析的方法论。因为它决定着我们使用这种或那种技术方法的理论根据。提供我们认识、研究和处理企业经济活动的科学原则。

无可争辩，工业企业经济活动的方法论必须建筑在社会主义政治经济学和辩证唯物主义理论的基础之上。只有以社会主义政治经济学为出发点来研究认识和处理社会主义工业企业的经济活动，只有根据辩证唯物主义的基本特点来建立经济活动分析的方法，才能保证经济活动分析能正确地说明和解释它的对象，才能使经济活动分析得出唯一正确的结论。理由在哪里呢？

第一，我们看，工业企业经济活动分析的对象是社会主义工业企业的再生产活动。这就是说，它所分析的对象，不是通常的工业，而是最先进的社会主义工业，是生产不断增长和完善的工业。不是通常的工业企业，而是在生产资料公有制的基础上，由国家按计划领导和组织起来的工业企业。在它们的再生产过程中，“根本不知道什么是周期性的生产过剩危机，以及与危机相联结的荒谬现象”（斯大林）。在这种企业内，完全消除了人剥削人、人压迫人的特征，工人就是企业的主人。他们为自己的阶级，为自己的国家同时也是为了自己而在自觉地辛勤地劳动，因此充满了同志般的协作和互助精神，洋溢着共产主义的劳动态度。工业企业经济活动分析正是分析这种性质的企业的扩大再生产活动的。

显而易见，在这种性质的企业的经济活动中，在它所体现的社会主义扩大再生产活动中，必然有它特有的发展规律和较之资本主义私人占有的企业不可比拟的优越性。而这种规律和巨大的优越性，是由社会主义无比优越的经济制度——生产资料公有制所提供的。在社会主义经济制度的基础上所形成的社会主义诸经济法则，首先是社会主义基本经济法则和国民经济有计划的（按比例）发展的法则，就是社会主义工业企业生产发展和整个经济活动的根本规律。反映了工业企业再生产活动的特点、任务和要求。

由此看来，为了能在分析企业经济活动时充分估计到支配企业活动的社会主义诸经济法则并监督企业的活动能完全服从并适合于这些法则的要求，为了能在分析企业经济活动时充分估计到社会主义企业所蕴藏的无穷无尽力量和巨大优越性并促使其充分发挥和有效利用，就不能不研究并通晓支配社会主义工业企业生产发展的规律，就不能不研究和通晓社会主义经济发展的法则。所以，工业企业经济活动分析，就不能不以社会主义政治经济学的基本原理作为研究的出发点和方法论的基础。

第二，我们看，工业企业经济活动分析，要对企业的经济活动进行观察、研究和分析，要指出企业工作中的优点和缺点，并指出其正确活动方向。因此，这一定要求在分析时具有正确的立场、观点，贯彻党性和严密的科学性。分析的结果，具有指导实践的意义。试问：使分析工作能按照科学程序进行并满足上述要求，应该运用什么理论和方法呢？正确的答案只能有一个：就是辩证唯物主义。

理由是很清楚的。首先，“因为辩证唯物主义是共产主义的理论基础，是马克思政党的理论基础”。斯大林同志教导我们说:“这种基础,是我们党的每个积极活动家都应该认识、应该领会的”,〔注十一〕“……有一门科学部门的知识,却是所有一切科学部门中的布尔什维克所必须具备的,这就是马列主义关于社会发展的规律、无产阶级革命发展的规律、社会主义建设事业发展规律,以及共产主义胜利的科学”。〔注十二〕由此可以得出结论说:既然经济活动分析是具有党性的科学,是党监督工业企业活动的武器,那么,分析工作如不根据作为党的理论基础、作为党的世界观的辩证唯物主义来考虑所应采用的方法,那是不可能完成分析的要求和任务的。其次,因为辩证唯物主义的学说,由斯大林同志加以论证和发展了的唯物辩证法的主要特点,是真正科学地认识客观世界一切现象的武器。把辩证唯物主义的基本原理运用在一切科学中(包括自然科学和社会科学),均能获得深刻的证实,从而推动一切科学向前发展。早在1906—1907年,斯大林同志就在他的《无政府主义还是社会主义?》这一有名的哲学著作中写道:“科学的历史表明着:辩证方法是真正的科学方法。从天文学到社会学为止——到处可看到下列思想之确证:世界上没有永久的东西,一切都在变化着。因此,自然中一切都应当从运动发展的观点去考察。而这就表示:辩证法的精神贯穿着全部现代科学。”〔注十三〕由此可以得结论说:既然经济活动分析是一门科学,是借以认识工业企业生产发展的手段,那么,分析工作如不根据作为一切科学的理论基础、作为一种科学研究工具的马克思主义哲学来建立分析的方法,那就根本没有正确认识企业经济活动并从中得出正确结论的可能。

由此可见,为要真正进行科学的企业经济活动分析,就必须根据社会主义政治经济学和辩证唯物主义建立分析的方法论,确定在分析中必须遵守的方法论上的一些基本原则。

工业企业经济活动分析的方法论上的几个基本原则

工业企业经济活动分析的方法论可以确定为以下几个基本原则:

第一,分析的方法从属于分析的任务。

从总的来说,因为我们已明确了工业企业经济活动分析的三项基本任务,所以在分析时要求全面了解社会主义支配生产发展的诸经济法则。了解社会主义优越的经济制度和社会主义工业企业及其经济活动的基本特点。要求在所分析的材料中能以数字着重表现这些经济法则,表现社会主义的优越经济制度和工业企业经济活动的这些基本特点。由于社会主义国民经济计划和每一个企业的计划已大致反映了社会主义基本经济法则和国民经济有计划发展法则的要求,体现了社会主义经济制度的优越性并规定了工业企业经济活动的准绳,因此,这就使社会主义工业企业经济活动分析首先须进行计划完成情况的分析。所使用的分析方法,首先必须保证清晰而真实地说明计划完成情况和发掘企业潜在力量的可能。

再从个别情况来说,每一次进行分析,总是为了达到一个特定的任务。因此,每次分析的范围和深度,需要提供的指标体系,都不会完全一样。这就要求在进行具体分析时,应先明确分析的任务和目的。明明白白提出要分析和解决的主要问题,从而确定该用怎样的分析程序和方法来完成。

第二,研究调查被分析企业及其经济活动的具体特点才能进行正确而深刻的具体分析。

企业经济活动分析是以每一个具体的工业企业的经济活动为分析对象的。其目的在于正确地找出这个企业在完成国家计划方面的成就及其尚未利用的潜在力量。分析的结论和建议要能对这个企业的今后生产发展起指导和推动作用。因此,这就要求在进行分析之前,应该深入到企业的经济活动中去,应该同企业的经济生活接触,特别是要和与被分析的经济现象有关的事物接触。研究它们,了解它们。找出这个企业经济活动一些具体特点,然后再根据核算资料进行分析。比如说,要进行企业的生产分析,就应该研究调查这个企业的生产能力和生产计划,了解这个企业在生产组织、劳动组织和工艺技术过程等方面的特点；就应该多方面和工人接触，了解一些不可能在核算资料中发现的有关生产方面的问题。这样做，才算是具备唯物主义的基本观点，遵守了辩证唯物主义教导我们认识事物的基本原则：——“在自己的实际活动中，……凭借社会物质生活发展的需要，无论何时，也不脱离社会的现实生活”（斯大林：《论辩证唯物主义与历史唯物主义》）。这样做的好处是保证分析工作不脱离实际，不把一些重要问题建筑在“主观”“臆造”和抽象的理论上，使分析的结论具有高度的科学性和实践意义。

第三、必须从企业经济活动各个现象和因素的互相联系中进行全面分析。

工业企业的经济活动的各个现象是多种多样、错综复杂的。但是马克思主义辩证法教导我们决不要把这些现象认为是独立的、互不相关的东西。而应该把它们看作是普遍联系、相互依存的有机整体。因此，就应该遵守辩证法最重要的要求——进行全面的分析。比如要分析企业的生产数量，我们就应该全面研究影响出产数量的各种因素，如与劳动力使用相关联的因素，与劳动工具使用相关联的因素，和与劳动对象使用相关联的因素。此外，还应该研究企业的财务状况和财务组织方面的因素。因为财务状况和财务组织的好坏，也会在一定程度上影响到生产的进度。只有如此，才能保证分析能得到正确可靠的结论，而不至于陷入“片面”甚至“荒谬”的境地。但是所谓进行全面分析，绝不是要我们把所有影响因素都平等地罗列出来，弄得眼花缭乱，无从下手，而是需要将各种因素加以分类，找出什么是“主要的”和“次要的”；决定哪些属于“正面作用”，哪些属于“反面作用”的，最后应当分别地对待，有次序地进行。列宁曾这样教导我们：“要找到我们工作链条中的基本环节，要紧紧抓着这个环节，以便抓住整个链条并切实地准备过渡到下一个环节。”（引自《论辩证唯物论与历史唯物论》，作家书屋，第 44 页。）这便是进行全面分析所必须掌握的关键。

第四，必须从发展中分析企业的经济活动。

工业企业经济活动分析不但要在企业各种经济现象的相互联系中进行，而且应该在其运动变化中，特别是从发展中来考察。辩证唯物法教导我们说：“在辩证法看来，最重要的不是现时似乎坚固，但已经开始衰亡的东西，而是正在产生、正在发展的东西，哪怕它现时似乎还不坚固，因为在辩证法看来，只有在产生正在发展的东西，才是不可战胜的。”“由此可见，为了在政治上不犯错误，便要向前看而不要向后看。”〔注十四〕前面，我们已经指出：经济活动分析的重要任务之一是要发掘和动员企业潜在力量。我们也曾着重说过：在社会主义条件下，工业企业的潜在力量是无穷无尽的。为什么在社会主义的工业企业能生产无穷无尽的潜在力量呢？这是因为在社会主义的优越制度下，生产关系完全适合生产力的性质，工业企业将会不断地发生着促使企业生产力向前推进的新生因素。正是这些新生的东西，对于企业的生产发展起着决定性的作用。因此，工业企业经济活动分析如果只限于一般现象，那就非常不够了。它必须从大量的、一般的企业经济现象中，根据发展的观点，寻找那些新生的、正在发生和生长中的萌芽，明显地反映它，着重地分析和研究它。尽一切力量来帮助它的生长和发展。这就是通常所谓发现和推广先进经验的工作。

必须特别说明：要在企业经济活动中发掘先进经验，并不是一件很简单的工作。先进经验必然是个别的、特殊的东西。就其目前的地位来说，必然是不够重要也是不很突出的。因而要发现并培养先进经验，就要依靠分析工作者具有高度的马克思列宁主义水平。对新生事物有特别的敏感性。经常注意那些为一般人所不大注意的个别事物。在实际的分析工作中，要不倦地留意一切经济现象。从一般中找个别，从平均中求差异。只有如此，才能认识它，掌握它，并为它的成长和发展铺平道路。

第五，分析的态度必须具备党性和布尔什维克式的斗争精神。

马克思主义辩证法教导我们：一切事物都包含着内部的矛盾。对立的斗争，乃是事物发展的基础。以工业企业的经济活动来看，它就是一个复杂的矛盾体。在企业的活动中，充满了新与旧的矛盾，先进与落后的矛盾，优点与缺点的矛盾，从而反映实际活动与计划之间的矛盾（未完成计划或超额完成计划)。在这种情况下,分析工作应当采取什么态度呢?分析工作是采取所谓“客观主义的”“中立的叙述”呢,还是参加到斗争中去?很显然,企业经济活动分析绝不应当而且不可能采取所谓的“中立”态度。它必须明确地站在工人阶级的党的立场,坚持辩证唯物主义的观点,来勇敢地揭露企业经济活动中的一切矛盾,从而克服这些矛盾,推动企业生产不断向前发展。在揭露矛盾和克服矛盾的发展过程中,经济活动分析应当永远是新事物的拥护者和推动者。为了党和人民的利益,它应当毫不容情地批评和反对那些旧的、落后的力量;反对工作中的一切缺点,反对那些阻碍计划完成的因素。

因此,所谓分析的正确态度或者说分析的正确出发点,应该具备党性和阶级性,贯穿着有目的和尖锐的批评,还应该具有为克服缺点和为在工作中普及先进经验而积极斗争的勇气。

关于企业经济活动分析在方法论上必须遵守的几个基本原则,一般说来,就是如此。

(原载于《厦门大学学报(哲学社会科学版)》1954 年第 2 期)

注释:

〔注一〕见《斯大林全集》俄文版第 12 卷,第 347 页。

〔注二〕见《资本论》第 2 卷,人民出版社,第 145 页。

〔注三〕见《列宁全集》俄文版第 22 卷(第 3 版),第 93 页。

〔注四〕见列宁:《国家与革命》,第 95 页。

〔注五〕见《斯大林全集》俄文版,第 6 卷,第 214 页。

〔注六〕关于这个问题,列都节夫与沙洛莫维奇两教授在其《论会计核算的对象与方法问题》一文中写道:“在我国形成的会计核算的课程系统,是由下列课程构成的。即:会计核算原理、国民经济各部门的核算、凭证检查与监督、经济活动分析(同时为了进行分析,还要很齐全地利用所有各种核算的资料)”(见《工业会计》月刊,1953 年第 6 期第 3 页)。

〔注七〕最近苏联沙洛莫维奇在其与巴罔诺夫合著的《企业经济活动分析》第一部分“工业企业经济活动分析”中,曾提出企业经济活动分析的对象为“首先是计划的执行过程以及在核算和报表中的数量指标和实量指标所反映的已获成果”(立信出版社译本第 2 页)。根据沙洛莫维奇教授的提法,表明经济活动分析应首先根据核算和报表中反映计划执行过程和结果的资料进行。根据本文的提法,表明经济活动分析应根据一切足以反映企业再生产活动的资料进行。自然,我们研究企业再生产活动,首先是为了分析计划执行情况及其成果,而所根据的资料也首先是核算的资料(其中又以报表占主要地位)。因此,个人认为沙洛莫维奇教授关于企业经济活动分析对象的提法虽和本文的提法不尽相同(他的提法比较突出,我们的提法比较全面),但基本论点是一致的。

〔注八〕见《联共党史简明教程》,第 135 页。

〔注九〕见《计划经济论文法》第 5 辑,第 189 页,引文中的着重点是本文作者加的。

〔注十〕见《斯大林全集》俄文版第 12 卷,第 316 页。

〔注十一〕引文均见《联共党史简明教程》。

〔注十二〕见《列宁主义问题》,第 783 页。

〔注十三〕见人民出版社,单行本,第 8 页。

〔注十四〕见《联共党史简明教程》,第 135 页、140 页。

02 试论会计核算这门科学的对象和方法

葛家澍

苏联会计学界自1953年4月起在《会计什志》上展开了会计核算对象与方法问题的讨论。问题首先是由列昂捷夫和沙洛莫维奇两教授提出的。以他们的论文《论会计核算的对象与方法问题》为起点，陆续发表了好几篇文章。[①] 从已发表的文章看来，意见相当有分歧。就对象问题来说，几乎每一位参加讨论的作者都提出了自己的看法。讨论核算方法的文章虽然不多，但意见也不统一。这表明：要正确解决以上两个问题，还需要进行深刻的研究和讨论。

进行会计核算的理论研究。首先要明确规定会计核算的对象。大家知道，任何科学都研究自然现象或社会现象的一定领域。作为某一门科学对象的现象领域各有其专门特点。正是这些特点，使这门科学和那门科学的对象分开，各自进行独立的研究。[②] 通过专门科学的独立研究，便能深刻认识和掌握作为各该科学对象的现象领域的本质，更好地利用它为社会谋福利。

明确规定会计核算的对象，就是要确定会计核算这门科学应当研究的特殊现象领域，并且要阐明它的特点。

斯大林在分析作为一种社会现象的语言的特点时候曾说过："这些特点仅仅是语言所特有的。而且正因为它们仅仅是语言所特有的，所以语言才是独立科学——语言学——的研究对象。如果没有语言的这些特点，语言学就会丧失独立存在的权利。"

因此，确定会计核算的对象，还在于通过它的对象特点的分析，论证会计核算有否作为一门科学而独立存在的权利。

研究会计核算的对象，如同一切科学一样，也是进一步研究这门科学的任务和方法的必要前提。只有根据会计核算对象性质的特点，才能正确提出它的主要任务，制定适合于对象特点的专门科学方法。可见，会计核算这门科学的结构与内容，首先要取决于其对象的明确规定。

然而解决会计核算对象问题还不止于理论意义。前面已经指出，任何科学对于它的对象的深刻研究，都能使这门科学更好地为社会谋福利。这在会计核算表现得尤为明显。谁都知道，会计核算是党和国家有计划领导经济工作的必要工具。会计核算在系统监督社会产品的生产和分配方面起着重大作用。精确计算社会主义生产中的劳动耗费及其成果，促使企业遵守节约制度和巩固经济核算，保证充分合理使用社会主义的物质资源，这一切，都离开不了会计核算。随着社会主义国民经济的巨大高涨，核算的意义和作用也日益增长。无论在苏联或我国，会计核算目前面临的迫切任务都是要不断改善核算制度和核算工作来适应国民经济新高涨所要求的水平。但是，改善核算制度和核算工作一定要依靠会计核算理论的指导。在正确规定会计核算对象的基础上来发展会计

---

① 这些文章在我国《工业会计》月刊共译载5篇。两位教授的文章载《工业会计》1953年第6期，此外在1954年第6、7、8三期刊登过4篇。

② 所谓独立研究并不意味着孤立地进行研究，自然现象或社会现象既普遍联系又相互制约着。那么，每门科学就会和其他许多科学发生组织上的联系。但是每门科学的对象都有它的特点，基于对象性质的特点产生不同的研究方法。只有借助于专门方法才能进行对象的深入研究。这就是我们所谓独立研究的本意。

理论,这才能为科学地总结先进核算工作经验,创造性地研究现行核算方法、方式和组织形式等问题提供可能。

由此可见,会计核算对象和方法问题首先是对象问题的研究,归根到底,是为了不断改进核算工作,进一步满足社会主义和共产主义建设的需要。

目前广泛在教学上采用的核算对象定义载在1950年苏联高教部批准的"会计核算原理课程提纲"中。课程提纲写道:"会计核算的对象是各企业和各组织范围内,按货币方式来反映监督和总结有计划社会主义扩大再生产过程及其物质基础——社会主义财产。"①

上列定义(以下简称"提纲定义")遭到了列昂捷夫和沙洛莫维奇两教授的反对。他们批评这个定义"过于一般化""定义的后半部没有提供出关于核算对象的具体现象和具体过程的概念。至于前半部,只谈到货币度量,也只说明核算方法。"②应该说,这种批评是正确的。许多参加讨论的文章对这种批评都表示赞同。

不过,假如仔细研究一下"提纲定义"存在的主要问题——用核算方法来说明核算对象的特点;把对象和方法混在一起——就会感到两位教授的批评是不够深刻的。因为人们从两位教授的批评中只能得出这样的结论:"提纲定义"主要问题是在于表达方式不好。其实,"提纲定义"的这种提法不能简单归结为表达方式。我们不可能设想,许多专家在规定这样一个重要定义——对象定义——时不充分考虑到定义表述的科学性和逻辑性。问题的实质在于:"提纲定义"的这种提法反映了对于会计核算的不正确看法,反映了许多会计专家还不承认会计核算是一门具有自己研究对象的科学。

根据提纲所下的定义,作为会计核算对象的客观现象是"社会主义扩大再生产过程及其物质基础——社会主义财产",而会计核算的特点则归结于"按货币方式来反映、监督和总结"它们。我们知道,所谓"按货币方式来反映、监督和总结"是指处理对象的一些专门方式方法,它和对象没有关系。而所谓"社会主义扩大再生产过程及其物质基础"则在同等程度上也是其他经济科学的对象。根据"提纲定义"的这种提法,会计核算是没有自己的专门对象的。既然会计核算没有专门的对象,会计核算这门科学就不能独立存在了。

可见,"提纲定义"之所以把经济科学的共同对象和会计核算的专门方法混在一起,是因为在许多会计专家看来,会计核算并不是一门独立的经济科学,它不过是对于会计核算方法——管理和监督社会主义物质再生产过程的一种方法——的总结和概括。所以没有也不必有自己的专门对象。③ "提纲定义"在实质上表现了这种观点。

应该指出,"提纲定义"在实质上所反映的上述观点是现今会计核算理论界最流行的一种观点。由于这种观点的支配,人们凡提到"会计核算",总把它当作一种方法来认识,把会计实践和会计理论完全混为一谈。这就无形中取消了作为一门科学的会计理论。

正在进行的会计核算对象问题讨论也证明了这种情况。除安得利昂诺夫教授外④,并没有一篇文章谈到"会计科学"的对象问题。就是说,到目前为止,在参加讨论的许多会计专家们看来,会计核算这门科学似乎还不存在。

这种看法是值得争辩的。实际上,在社会主义社会,作为一门经济科学的会计核算早就存在,

---

① 列昂捷夫、沙洛莫维奇合著:《论会计核算的对象与方法问题》,《工业会计》,1953年第6期第3页。

② 同上注,第3～4页。

③ 例如安得利昂诺夫教授在其《论苏联会计核算的对象和方法》中写道:"……能否使各种核算只有一个共同的对象?实际上,所有各种核算的对象只是一个它们不过是用不同的方式来反映这个对象而已。"(《工业会计》,1954年第6期第18页)。

④ 必须指出,安得利昂诺夫教授在这个问题上的意见不能认为是正确的。关于这点,我们在后面还要谈到。这里,我们只是说,他的文章第一次明确地把这个问题提出。

基于社会主义和共产主义建设的客观需要，这门科学一定还会不断发展。它的前途是无限的。

为了论证这个问题，我们有必要研究一下会计核算形成一门科学的必然性及其在社会主义社会业已存在的客观事实。

大家知道每门科学的独立存在。任何一种知识之所以成为专门科学来研究，是以社会的实际需要和人类认识的提高为先决条件的。“科学”的发展史表明：最初人类积累起来的一切知识都曾包括在哲学之中。但是这种包罗万象的哲学不能解决人们对自然和社会现象所构成的个别部分从而也是对整个现象的认识问题。为了认识和掌握自然和社会现象的个别部分，首先就产生了把自然科学和历史从哲学中分化出来的必要。① 随着社会生产发展的需要，随着以社会生产发展为基础的人类认识水平的提高，研究自然和社会现象各个方面的专门科学也就迅速发展起来。

远在15世纪，资本主义在封建社会内部还只处于萌芽状态，由于商业资本取得了对于生产的直接控制，这时，为了满足商业资本主义的要求，会计核算（即当时所谓的簿记）已经开始被人们当作专门知识进行研究了。②

在资本主义社会，会计核算日益成为保护资产阶级利益的有力工具。资本家要利用会计核算，从而为严格管理和监督劳动过程、寻求对工人增加榨取的有效办法提供可能。资本主义经济过程的逐渐复杂和多样化加强了资本家对于会计的利用和依赖程度。资本主义不断向会计核算提出要求。③ 于是会计核算的一套完整的专门知识逐渐形成了。在资本主义社会，为资产阶级服务的会计学是奠基于资产阶级政治经济学基础上的独立科学部门。

这里，我们没有根据严格的意义来使用科学这个名词。对资本主义会计学来说，它和其他资本主义会计学一样，是不能当作真正科学看待的。——如果给一个恰当的名称，应该称之为“伪科学”——不过，这个问题在我们这里可以撇开不谈，因为我们只需要证明：在资本主义条件下会计核算已经在进行独立的专门研究。这就是说，它已经和其他资本主义科学一样，在整个社会科学领域中占有自己的一定地位。很明显地，能够使一门科学区别其他科学进行研究的最主要条件，就是它的对象。

著名资产阶级会计学者塞尔（D.F.SCHAR）首先明确地提出会计的对象。他说：“……复式簿记只是核算私人资本……”“个别经营的财富的循环是会计的对象，并且它的任务也包括在账户中反映各种经营费用和在数量上表现经营成果。”④美国学者派登（W.A.PATON）也承认会计是科学，他认为“广义来说，会计是一种科学。它要对和企业的财产和财产权的数量有关的事实进行表现和分类。”⑤根据他的说法，会计的对象是个别资本主义企业的财产和财产所有权，亦即个别资本的具体运用和资本主义对于资本的所有权。我国较早的资产阶级会计学者杨汝梅也曾提出和派登类似的意见。⑥ 综合他们的意见，资本主义会计学的对象就是：个别资本的循环；资本和资本家对

---

① 参阅恩格斯：《反杜林论》三联版，引论第10页。

② 第一本有关会计核算的著作是1458年贝尼基特·柯特普依著写的《关于商业和完善的商人》。在该书第十三章中，讨论了簿记的方法——复式记账。到1464年即出现了众所周知的专门会计著作——陆基·巴其阿勒著写的《账户与记账编记》。

③ 这里应该特别提到大垄断组织的出现。垄断组织的形成大约在19世纪和20世纪初。垄断组织为了控制所属成千上百的企业，为了在垄断组织间进行的深刻而剧烈的竞争中居于有利地位，就更加依赖会计核算。近来在资本主义会计学中着重研究“合并决算表”“CONSOLIDATED-STATEMENT”问题就是为了满足垄断资本主义要求的一种有力证明。在资本主义条件下，会计获得巨大发展首先是由于资产阶级企图借助于会计核算来攫取最大利润的结果。但是，它同时也反映了是资本主义生产日益采取社会规模的客观需要。

④ 《论会计核算的阶级性》，《工业会计》，1952年第4期，第6～7页。

⑤ 佩顿，斯蒂文森合著：《会计学原理》（*Principles of Accounting*）第3页。

⑥ 杨汝梅编：《会计及审计》，中华书局，第2页。

于资本的所有权。那么,他们这种提法是不是正确呢?要回答这个问题,必须研究马列主义经典作家的指示。马克思在《资本论》(第2卷)曾经就资本主义簿记的研究(处理)内容作过极为重要的阐述。他说:"资本当作它的循环内部的统一,当作过程中的价值,无论是在生产领域还是流通区域的两阶段……是由簿记所确定所控制的。生产的运动,特别是价值增值的运动……就是这样在观念上获得象征的印象。"[①]这就是说,资本和资本的循环过程(即生产运动和价值增殖的运动),按照马克思的指示,是资本主义会计核算的对象。由此可以认为,塞尔等人的提法是基本正确的。

资本主义会计核算对象被正确提出并加以进行研究,乃是资本主义会计学业已形成一门科学的主要标志。

关于资本主义会计是不是一门科学问题,资产阶级会计学者的意见曾有很大分歧。这种分歧一方面说明他们之中的大多数对于科学的真正含义缺乏正确了解和统一认识;另一方面,也反映了许多别有用心的"学者们"在这个问题上的阶级偏见。例如以凯斯脱(R.B.KESTER)为代表的一些"会计学家们"就硬把会计说成是一种技术方法。否认它的阶级性,否认它与资产阶级政治经济学的密切联系,从而掩盖作为资本主义一门经济科学的会计核算在保护资本主义制度和保证资本主义最大利润中所起的重大作用。

马克思指出:"过程愈采取社会的规模,愈失去纯粹个人性质,簿记——当作生产过程的控制和观念总结——就愈成为必要。簿记对于资本主义生产,比它对手工业经营及自耕农经营的分散生产更为必要;它对于社会共同的生产,又比它对于资本主义生产更为必要。"[②]

既然还在资本主义条件下,会计核算就已经有形成一门独立知识部门加以研究的原因和条件,那么,根据马克思这一指出的精神,在社会主义条件下,会计核算之必须发展成为一门独立的经济科学,难道还有什么疑问吗?

实际情况也证明了我们论断的正确性。例如列昂捷夫和沙洛莫维奇两教授在其论文中写道:"在我国所形成的会计核算课程系统是由下列课程构成的。即:会计核算原理;国民经济各部门的核算;凭证检查监督;经济活动分析……。"[③]我们知道,这些在苏维埃条件下逐渐发展起来的新型学科是苏联社会主义先进核算实践和核算思想的理论性总结。这些学科的重要特色是它们的内部具有密切的科学关联性和统一性。它们之间的联系统一表现在"会计核算原理"[④]是所有其余课程的理论基础,而"国民经济各部门会计核算"、"经济活动分析"、"凭证检查监督"则要用这些理论和方法来分别研究从事社会主义产品再生产活动的各个部门的经济现象和经济过程。这就应当得出结论说,形成这些课程相互联系的客观基础不是别的,正是由于它们具有统一的研究对象。

事实很清楚,尽管科学家们还没有总结出成为会计核算对象的那些客观现象和过程。但是,社会主义会计核算这门科学体系已经建立起来。它实际上已经沿着应当成为它研究对象的那些现象和过程向前发展。可以说,会计核算,当作社会主义必不可缺少的经济科学部门之一,事实上早已存在了。会计科学工作者的任务就在于正确规定这门科学的研究对象来证明它的不可争辩的存在权利。

由此可见,不是会计核算没有资格作为一门经济科学而独立存在,而是目前流行于会计学界中的不正确观点在阻碍这门科学的发展。由于上述不正确观点所引起的影响,长期以来,使得会计核算最重要的理论问题,特别是对这门科学的对象问题的研究几乎变成了"空白点"。我们必须肯定,

① 马克思:《资本论》(第2卷),人民出版社,第143页。

② 同上注,第145页。

③ 《工业会计》,1953年第6期,第3页。

④ 按照我们的意见,如果"会计核算原理"要成为"经济活动分析"与"凭证检查与监督"的理论基础,则在"会计核算原理"这门课程中也必须阐述作为会计核算的专门方法组成部分的报表分析和凭证检查的最一般理论。

许多科学家在建立会计核算这门科学的过程中曾经付出辛勤的劳动并取得辉煌成就，但是也应该承认这门科学的发展史落后于社会主义和共产主义建设的需要。在许多理论问题的研究上，会计核算显著地走在其他社会经济科学(例如统计学)的后面。

由此可见，为了进一步创造性地发展会计核算这门科学，会计科学工作者应当与流行的有害观点进行斗争，应当纠正过去忽视会计理论研究的普遍倾向。会计科学工作者必须集中力量来讨论会计核算这门科学的对象和方法问题。目前苏联会计学界展开会计核算对象的讨论是完全及时和必要的。但是我们希望这种讨论应该最后导致会计核算这门科学的对象和方法问题的正确解决。

根据我们的看法，会计核算，正像其他一切社会主义经济科学一样，有它自己的研究对象。要决定会计核算这门科学的对象，必须深入钻研和创造性地领会马列主义经典作家的理论，并且应该以社会主义经济发展规律的要求为依据。

正如苏联统计学家皮撒列夫同志所说："马克思、恩格斯、列宁和斯大林的著作，早已打下社会主义核算的理论基础。我们在马克思列宁主义的宝库里能够找到有关社会主义核算的一切根本问题的答复。"①

大家知道，马克思所谓簿记是"生产过程的控制和观念总结"的指示就是关于会计核算性质的根本说明。按照马克思这一指示，所谓"生产过程的控制"，是指核算应当成为管理和监督社会物质再生产的一种手段。所谓"观念总结"，"就是对生产的总的情况、均衡关系、比例关系、速度以及进程等进行了解"。② 因此，会计核算就必须密切联系它的对象——社会主义再生产的某些现象的过程——的本质，反映这些现象和过程的规律性，从而实现"观念总结"的要求。

在马克思时代，资本主义会计虽然已经向一门科学发展，但当时还没有形成一门科学(资本主义会计学的最后形成，大体上可以肯定是在 20 世纪 20 年代)。③ 关于会计核算性质的这一结论，马克思主要还是从考察当时会计的实际活动对于资本主义生产所起的作用中得出的。可是这个著名的结论却已深刻地预示了会计核算这门科学在未来发展中应当研究的主要内容。

列宁、斯大林根据苏联社会主义建设的实际经验发展了马克思关于核算作用和性质的指示。列宁和斯大林在谈到社会主义核算时总是将之与社会主义建设和社会现实问题联系在一起。早在 1917 年，列宁就着重指出核算(包括会计和统计)在社会主义建设中的重要性。列宁当时说："社会主义就是核算"，"社会主义首先就是核算"。斯大林在联共第十三次代表大会上所作的报告中也强调指出："……任何建设工作，任何国家工作，如果没有正确的核算，那是不可想象的。""关于报表，同样也应该这样说，如果没有报表，任何经济工作也不能前进。"④在这里，列宁和斯大林虽然只谈到会计核算在社会建设中的巨大作用，但是我们不能认为这些指示对于决定会计核算对象没有意义。这些指示正确地反映了社会主义向会计核算提出的重大要求。为了回答这些要求，如果不进行会计理论的深刻研究，如果不在社会主义社会建立并发展会计核算这门科学，那是不可能达到目的的。由此可见，列宁和斯大林的指示对于会计核算工作者是一个伟大的鼓舞力量。它将推动我们为发展会计核算这门科学而不断地付出创造性的劳动。

要决定和论证会计核算的对象，还必须深刻研究社会主义经济发展规律的要求。规定一门科学的对象不能凭主观意志。在社会主义制度下，会计核算之所以必须成为一门科学，它所研究的那

① 皮撒列夫著：《社会主义核算理论上几个问题》，《统计译丛》(第三辑)，财经出版社，第 70 页。

② 《社会经济统计辞典》，东北财经出版社，第 19 页。

③ 葛尔培林、吉博主索夫教授在合著的《苏联会计学教程》中写道，"完成资本主义会计理论的是一位德国博士舍尔"(即塞尔)。见西北书店译本，第 9 页；而塞尔的名著《会计学与平统表》是在 1921 年出版的。

④ 以上一段参阅皮撒列夫：《论会计核算理论上的几个问题》一文。

些客观经济现象,归根到底,是由社会主义经济规律的要求决定的。[①]

首先,应当提到社会主义基本经济规律。斯大林同志表述这个规律的主要特点和要求如下:“用在高度技术基础上使社会主义生产不断增长和不断完善的办法来保证最大限度地满足整个社会经常增长的物质和文化的需要。”社会主义基本经济规律决定社会主义生产的一切主要过程和主要方面。它当然也就决定了作为生产管理手段之一的会计核算的根本任务和主要内容。

在社会主义经济条件下,发生作用的还有国民经济有计划(按比例)发展的规律。这个规律的要求对于决定会计核算的对象有重大影响。根据这个规律的要求,“社会必须按照计划来领导国民经济,各个生产部门必须有计划地组成一个统一的整体,各部门的发展必须遵守必要的比例;必须最合理最有效地利用物力、人力和财力”。[②]

按劳分配的规律也是社会主义生产关系下产生的特有规律。这个规律的要求对于决定会计核算的对象也有影响。按劳分配规律要求直接按每个工作者的劳动数量和质量来分配产品。正确利用这个规律对于有计划地发展经济有特别的意义。

那么上述经济规律的要求对于决定会计核算的对象究竟有什么意义呢?

根据社会主义特有的诸经济规律的要求,社会主义必须建立社会生产与分配的精确核算与严格监督。必须充分发挥核算对社会主义“生产控制和观念总结”的作用。这就是说,为了领导计划经济,为了实现按劳分配的原则和贯彻节约制度,借助于会计核算来加强社会产品再生产的监督和管理乃是一种客观的必要。正如列宁所教导的:“既然无产阶级的统治已经建立,已有保障,则实行统计(包括统计与会计——本文作者注)与监督——即到处实行普遍的包括一切的统计与监督,实行对劳动数量和产品分配的统计与监督,这便是社会主义改造实质之所在。”[③]

根据以上所说,会计核算的对象大体上可以划出一个范围来了。首先可以肯定,会计核算所研究的是社会主义社会产品再生产。

大家知道,社会主义再生产包括社会产品再生产、劳动力再生产和生产关系再生产等统一的三个方面。会计核算并不研究也不可能研究社会主义再生产的全部。与社会主义的客观要求相适应,会计实践只能反映和监督社会产品的生产与分配,亦即社会产品的再生产。因此,会计科学的研究对象也就只能是与社会产品再生产有关的经济现象和过程。在这里,应当注意到:会计核算是一门经济科学,它不能脱离社会主义生产关系来研究产品再生产,它在研究社会主义产品再生产时必须从社会主义生产关系的特点出发。而会计核算所研究的结果反过来也能提供进一步研究社会主义生产关系的具体资料。

其次,应该肯定会计核算也还不能研究社会主义产品再生产的所有方面。一切现象,包括社会主义产品再生产在内,都是“质”与“量”两个方面的统一。而会计核算却要从“质”与“量”的统一当中来研究社会主义产品再生产的量的方面。换句话说,会计核算是用数字和度量来表明社会主义产品再生产的状况、动态和它的特征。对于会计核算对象特点的这一规定是非常重要和必要的。因为这个规定不仅符合核算的实际情况[④](主要是进行量的登记、计算和分析),而且也符合社会主义经济的客观要求。前面已经指出,基于社会主义诸经济规律的要求,会计核算被赋予管理和监督

---

① 在这个问题上,我们完全同意列昂捷夫和沙洛莫维奇两教授的论点。在他们两位的文章中就曾这样说:“会计核算原理的重要任务,就是正确地决定和论证核算的对象和方法,这种对象和方法应该以社会主义社会的发展法则为依据。”(《工业会计》1953年第6期第3页)

② 《政治经济学教科书》,人民出版社,第450页。

③ 《列宁文选》两卷集,苏联外国文书籍出版社,1949年第2卷第309页。

④ 正确的对象定义应该考虑到核算的实践和经验。列宁曾经教导我们说:“……人的全部实践应包括在对象的完整‘定义’中,它是真理的标准,它是对象与人的需要之间呈联系的实际决定者。”(参阅《统计译丛》(第二辑)第28页)

社会产品再生产的职能。于是,会计核算就要能够从量的方面反映社会主义的产品再生产过程,并且能够通过量的反映来认识这一过程的特点,否则会计的使命——对于社会产品再生产要有客观必要的管理和监督职能——便不能完成。

如果有人问:按照这种提法,会计和统计有什么区别呢?统计学不也研究社会生产的量的方面吗?

是的,统计学也研究社会主义社会再生产,包括产品再生产的量的方面。但是统计学不仅研究社会生产的量的方面,而且要研究社会文化生活和政治生活现象的量的方面。统计学是一门独立的社会科学,而会计核算是一门经济科学。统计学的对象比会计核算的对象要广泛得多。这是会计核算与统计学相互区别的第一点;其次,特别重要的是:虽然统计和会计都要研究社会产品再生产的量的方面,但是统计学在研究社会产品再生产时,是以产品再生产的大量现象的量的方面为其对象的。由于统计学研究大量现象,因此,统计在研究产品再生产时主要研究那些能够表现产品再生产的质(规律性)的那些量的方面。这主要指:产品再生产中各种不同类型和个别突出事物的量的表现;产品再生产各方面的发展速度;各种比例和均衡关系。可是会计核算却要研究社会产品再生产一切现象和过程的量。这就是说,从个别现象的发生,到把个别现象累积和综合为大量现象的过程都毫无例外地成为会计核算的对象。并且,会计核算着重研究的是以价值形式实现的这些现象和过程。因此会计核算所研究的那些量的方面就和统计不同。它主要包括:社会主义再生产资金(包括物质的、货币的和它们用货币形式计算后的总和)的来源(形成)、运用和在再生产各个阶段上的周转(表现为在产品再生产各个阶段上的资金耗费量;表现为这些阶段上的收入、支出和收支相抵的结果)。这是会计核算与统计学相互区别的第二点。

由此可以得出结论:对于社会主义产品再生产的量的研究主要应该依靠会计核算。[①]

应该特别指出,所谓社会产品再生产的量的方面,首先是指生产的劳动耗费——用于生产产品的劳动时间;是指产品所体现的社会劳动量。马克思写道:“在一切状态内,生产生活资料所费的劳动时间,都是人类关心的事。虽然关心的程度,不是在不同的发展阶段上一致的。”[②]不用说,在社会主义制度下,人们一定比过去任何社会都要关心这个问题。因为劳动时间的节约,意味着劳动生产率的提高,意味着社会主义生产的不断增长和社会全体成员物质与文化生活的不断改善。

为了研究生产中的劳动耗费和产品所包括的劳动量,这就不能不提到社会主义经济中仍起作用的价值规律所给予会计核算的影响。

大家知道,社会主义目前还保留商品生产和商品流通,价值规律仍在受到严格限制的范围内发生作用,这一切,就决定了生产产品所耗费的社会劳动量必须借助价值及其形式——货币——来表现。于是,在现今条件下,社会主义产品再生产就要用两种形式实现:(甲)实物形式;(乙)价值形式。

这两种形式所实现的社会主义产品再生产的量的方面都是会计研究的对象。但是会计核算主要是研究产品再生产的价值形式。

① 前面曾经说过,根据马克思的指示,会计核算也应当研究产品再生产中发展的速度、比例和均衡关系。不过和统计不同之点在于:会计核算并不(也不可能)一般地、广泛地研究这些能够表现产品再生产规律性的量的形式。会计核算只研究和资金再生产有关的一些速度、比例和均衡关系。换句话说,成为会计研究对象的这些量的形式是通过资金的来源运用和周转中客观存在的若干数量和质量指标来反映的。

② 关于统计与会计相互关系问题,实践上也是如此解决的。苏联专家E.K.塔图尔在其《社会主义社会中国民经济计算的组织》一书中写道:“在计算和统计理论的现今发展阶段上,规定这样来解决这个问题:社会产品再生产利用会计的方法来反映,而劳动力再生产和社会主义生产关系再生产则利用统计来研究。关于社会产品再生产及其分配的综合资料,则通过对会计报表和统计报表中所包括的报表资料进行汇总分析的办法来取得。”(该书中译本,财经出版社,1955年第26页)

会计核算研究社会主义产品再生产的实物形式是为了正确反映各种使用价值在再生产各个阶段上的量的动态。很显然,这对于有效管理社会主义财产物资以及进行精确的计划和监督都是必要的。同时,使用价值是价值的物质基础,没有使用价值的核算,也不可能实行价值核算。

会计核算研究社会主义产品再生产的价值形式则是为了深刻地、全面地反映社会主义资金(价值的形式)再生产,是为了对个别企业(部门)的生产耗费和生产结果用统一的价值形式进行量的综合与比较研究,是为了最后对它们的生产经营成绩从经济观点加以评价。所以,只有对以价值形式实现的社会主义产品再生产的量的方面进行深刻的研究,会计核算才有可能领导并监督社会主义企业(部门)为提高产量、降低成本和增加盈利而斗争。这也就是说,会计核算的作用和任务,在很大程度上决定于它研究的价值核算。

此外,还必须考虑到:当作一门科学,会计核算要研究成为它对象的那些客观现象和过程的规律性。但规律性是由大量现象提供的。列宁教导说:"……必须记住这个规划:社会科学(一般科学也是如此)是研究大量现象的而不是研究个别情况的。"[①]会计核算为了研究大量现象,必须对个别现象进行汇总。因此,总括表示个别的客观现象和过程是会计核算最后能够进行规律性研究的重要条件。大家知道,实物数量的核算是不能加以总括的。要实行总括,只有借助于价值及其形式才有可能。

由此可以得出结论:以价值形式实现的社会主义产品再生产的量的方面应该成为会计核算的主要对象。

总括以上所说,我们可以得出会计核算这门科学的对象定义来了。

什么是会计核算这门科学的对象呢?会计核算的对象是社会主义社会产品再生产一切现象过程和物质要素——在社会主义财产——的量的方面;主要是以价值形式实现的社会主义产品再生产的量的方面。它研究社会主义社会产品在生产(包括生产消费)分配、流通、消费(指社会消费,个人消费除外)等一切阶段上状况和动态的量的反映(主要是货币反映),研究那些支配社会主义产品再生产的规律性在具体企业(部门)经济活动中的量的表现。

对于我们这个定义,应当说明几点:

首先,我们的对象定义能够正确表明会计核算这门科学的性质,我们肯定会计核算是一门经济科学;规定了它的研究不能脱离社会主义生产关系的特点进行。和其他经济科学一样,会计核算必须以政治经济学作为自己的理论基础。会计核算要利用政治经济学的一系列原理来建立自己的专门范畴和指标体系。同时会计核算的理论还必须紧密地联系财政科学。因为财政科学研究的对象是社会主义再生产中客观存在的货币关系[②],它研究的主要是以价值形式实现的社会主义生产关系再生产。而会计核算则主要研究以价值形式实现的社会主义产品再生产。所以两者要保持密切的联系。

但是会计核算和其他经济科学有所不同。这表现在它的对象的特殊性上面。会计核算不是研究社会主义再生产的全部现象领域,而只研究其中的特定部分——产品再生产的量的方面,而且主要的还只研究这一现象领域的特殊表现形式——价值表现形式。所以社会主义再生产的这个专门领域就只能成为会计科学的对象,而不能成为其他经济科学的对象。

其次,我们的对象定义明确地表明了作为会计核算对象的现象领域是在社会主义现今条件下客观存在着的。我们没有脱离历史条件而抽象地规定会计核算的对象。目前有这样一种流行的看法:因为到共产主义社会,价值规律将不存在,在规定会计核算对象和方法定义时似乎就不宜再用

① 见列宁:《第二国际的破产》一文,此处转引自《统计译丛》(第三辑)第30页。

② 参阅苏联专家阿米·毕尔曼:《论财政科学及其各学科的对象》,《教学与研究》,中国人民大学1955年第10期第35~39页。

价值、货币等将来要随同价值规律一齐消失的范畴。[①] 但是我们的看法都和这种意见相反。我们认为,作为一门经济科学的会计核算本来是一种历史的科学,它的对象并不会永远不变。正如前面所说,会计核算的对象被决定于社会主义经济规律的特点和要求。而社会主义经济规律就是在一定的经济条件下产生的。而且,经济科学的研究不能脱离当前的实际。既然价值规律仍在社会主义制度下发生作用,既然社会主义仍有必要利用价值、货币等范畴来监督和管理社会主义生产,那么,以价值形式实现的社会主义产品再生产就是一种客观存在的现象。它就应当成为社会主义会计的研究对象。

最后,我们认为,这个定义符合于会计核算的实际发展和社会主义建设对于会计核算的愈来愈高的需要。

按照社会主义会计核算的实际发展,它已经不以日常反映监督和提供总括的报表资料为限。它经常还要研究报表,研究一切核算资料,进行经济活动的分析和检查。

在社会主义社会,会计核算被赋予愈来愈重大的使命。马克思主义政治经济学教导我们:和人类历史上一切社会一样,社会主义的经济发展也是完全合乎规律的过程。它的发展必须符合于社会主义基本经济规律、国民经济有计划的(按比例的)发展规律和按劳分配等规律的要求,并且在一定程度上也要受到被严格限制的价值规律作用的影响。为了顺利建设社会主义和共产主义,人们必须充分认识和利用这些规律,按照这些规律的要求办事。会计核算的任务就在于:它应该主要通过价值表现用具体数字来表明这些规律在不同企业(部门)生产活动重点实现情况。它应该帮助党和国家更好地利用这些规律来加强对企业(部门)的监督,帮助一切经济工作者为发掘和充分利用企业(部门)生产的内部资源而斗争。

在我们所作的对象定义中,会计核算的实际发展和社会主义的客观要求都得到了正确的反映。因此,会计核算这门科学就有可能从理论上顺利解决社会主义经济发展向会计核算所提出的一切重大问题。

关于会计核算这门科学的研究对象,按照我们的初步意见,简单说来,就是如此。

最后,我们有必要研究一下安得利昂诺夫教授对于这个问题的说明。安得利昂诺夫教授说:“这门科学的对象就是研究社会主义经济中会计核算组织的规律性(特点),研究处理核算的工具和方法,以便监督社会主义财产的完整,并根据社会主义基本经济法则和国民经济有计划的(按比例的)发展法则的要求来反映社会的生产过程和分配过程。”[②]他的这个对象定义是值得商榷的。因为按照这个定义,会计核算并不研究社会主义再生产,而却研究会计核算组织的特点,研究处理核算的工具和方法。这样一来,会计核算会变成怎样的科学呢?如果不称为会计学而称之为“会计的组织与方法学”不是更正确一些吗?

过去在统计学家中间曾经流传过这样一种不正确的观点。这种观点认为“统计学不是研究社会生活现象和过程,而只是研究实际工作人员所应用的方法的科学”[③]。看来,安得利昂诺夫教授的意见和这种观点颇有相似之处。

由此可见,安得利昂诺夫教授所下的对象定义是不能令人同意的。因为它歪曲了会计核算这门科学的性质。会计核算是一门经济科学,而不是一门方法学。会计核算的对象是经济现象和经

---

① 例如巴伦同志的文章《会计核算的对象的方法》就反映这种观点,他写道:“……认为货币度量是会计核算独具的特点,这就等于否定会计核算在共产主义社会中的一切远景。一定把会计核算看成是价值核算,这种观点的拥护者们自己也没有意识到,他们把会计核算的存在只限于共产主义第一阶段,只限于尚存在着货币的社会主义阶段。”(《工业会计》1954 年第 7 期第 16 页)

② 见《工业会计》1954 年第 6 期第 19 页。

③ 见《莫斯科经济学院对“统计理论”一书的讨论》一文,载《统计理论》第五分册第 165 页。

济过程,而不是核算的组织和方法。当然,会计核算为了深刻而正确地研究它的对象,必须制订许多专门方法。在会计核算这门科学中,自然也要研究这些方法。但是不能把它的对象和研究其对象而采取的专门方法混为一谈。同时更不能用"方法"来代替"对象"的研究。

现在我们来研究会计核算的方法问题。1950年会计核算原理课程提纲中指出:"会计核算原理的方法论的基础是辩证唯物主义和社会主义政治经济学。"[①]无可争辩,提纲的这种提法是完全正确的。可是这一重要原理无论在提纲或是在参加讨论的许多文章中(包括列昂捷夫和沙洛莫维奇两教授的文章在内)都没有得到必要的阐述。

会计核算和一切经济科学一样,必须根据辩证唯物主义和政治经济学的基本原理来建立它的方法论,会计核算所研究的——以价值形式实现的社会主义产品的再生产的数量方面——绝不是什么偶然的、孤立的经济现象和经济过程,而是互相依赖、密切联系的统一整体。会计核算的任务不仅研究这些现象和过程的量的反映,而且要从量的反映中说明它们的本质。因此,对于这些现象和过程的真正认识和理解,只有从它们的相互联系中去进行研究才有可能。

社会经济现象是不断变化和发展的。作为会计核算对象的那些现象领域当然也是如此。在企业、部门和一切组织的经济活动中,经常反映为新与旧的对立,先进与落后的斗争。会计核算在研究这些现象和过程时必须尽一切力量为新的先进的因素服务。会计核算应当通过它的专门方法来反映正确的新生因素的成长和发展,使之成为推动社会主义生产不断高潮的增大力量。会计核算应当保证消减社会主义产品再生产中的落后因素。

会计核算所研究的是社会主义社会的再生产,社会主义再生产首先依存于社会主义经济制度的本质。在社会主义制度下决定产品生产一切主要方面和主要过程的是社会主义基本经济规律。社会主义产品再生产是按统一的经济计划进行的。这是由于社会主义社会特有的经济规律——国民经济有计划的(按比例)发展的规律——发生作用的结果。会计核算在研究它的对象时必须估计到社会主义经济规律的作用和特点。会计核算的方法应当保证在它的可能范围内来反映这些规律的要求,并帮助这些要求在社会主义产品再生产的每一环节中得到实现。

简单说来,根据辩证唯物主义和政治经济学的基本特征和原理来研究会计核算所必须遵守的方法论就是如此。

从会计核算对象性质的特点出发,会计核算要制订适合于自己对象特点的专门研究(处理)方法。

大家知道,任何一门科学的研究方法都是认识它的对象的方法。作为科学对象的客观现象领域一方面有共同的运动规律,一方面也有特殊的运动规律。所以,一切科学不但具有研究其对象的共同方法——辩证唯物主义,而且要有自己的专门方法。例如政治经济学为了研究自己的对象——社会生产关系——应用了抽象分析法。这是因为社会生产关系具有极其复杂和多样的表现形式。但是政治经济学的任务不是研究它的外部表现,而是要透过它的表现去找出并论证那些主要的、经常的和最本质的东西——经济规律(恩格斯曾直截了当地认为政治经济学是"关于支配人类社会物质生活资料的生产和交换的规律的科学"),这样只有借助于理论分析和科学抽象才有可能。关于这一问题,马克思在《资本论》第一版的序言中特别指出:"在经济状态分析上,既不能用显微镜,也不能用化学反应剂,那必须用抽象力来代替工者。"[②]

我们再来看一看与会计核算有密切联系的统计学的方法。统计学为了研究自己的对象——大量社会现象的量的方面——采取了"大量观察法"、"分组法"、"综合指标法"等等。这些专门方法的总和构成统计学的方法学。统计学制订这些专门方法的根据是什么呢?统计学的专门方法也是根

① 见《工业会计》,1953年第6期第5页。

② 《资本论》第1卷,人民出版社,第2页。

据统计学的对象的特点制定的。例如,由于作为统计对象的社会现象的大量性,因此就制定了"大量观察法"。由于作为统计对象的大量社会现象具有质的区别——表现为不同的类型和形态,统计为了深刻认识它的对象,需要按被研究对象的重要特征进行分类研究,于是产生了"分组法"。

由此可见,除了作为一切科学的方法论基础的辩证法之外,没有一种与对象无关的专门方法。每门科学的专门方法总是受它的对象的特点制约的。为了深刻研究每门科学的专门方法,必须正确阐明这门科学对象性质的特点对于方法的制约性。在统计会计等科学中,由于采用不止一种而是多种多样的方式与方法,这就更有必要去深入阐明这些专门方法与对象性质之间的联系问题。

可是在参加会计核算对象与方法问题讨论的许多文章中,几乎还没有一篇文章对这个问题做过详细而正确的论述。有些作者在讨论会计核算方法时,早已把他所论述的会计核算对象定义抛到一边,好像对象与方法问题可以独立研究而毫无关联。个别作者虽也谈到对象与方法之间的关系,但他们的论点却难以令人同意。

列昂捷夫和沙洛莫维奇两教授的文章写道:"在说明会计核算方法时需要表示出作为反映经济现象和经济过程的方法的这种核算特点。"[①]研究核算的方法必须说明这种方法的特点,那是无可置辩的,问题在于怎样说明核算方法的特点。特别重要的是如何说明形成会计核算方法的这种或那种特点的原因。这里,我们有必要提一提1950年会计核算原理课程提纲。在提纲的第三讲中曾列出一个足以正确回答这个问题的讲题:"核算对象对于核算方法的制约性。"[②]可是在两位教授的文章中却轻易地反对了这个重要而正确的论点,于是他们就不得不离开会计核算对象的特点去阐明它的方法。尽管他们替会计核算方法下了一个定义,然而这个定义是抽象而不具体的。这个定义的缺点首先在于没有和会计核算的对象性质——即使按照他们所论证的核算对象定义来理解也好——取得必要的联系。我们无从看出,为什么使用这种方法就能保证深刻而正确地去研究作为会计核算对象的那些现象和过程的本质。

在巴伦同志一篇专门阐述会计核算方法的文章中,作者不但没有从核算对象的特点去说明核算方法,反而从方法的特点来决定核算的对象。他的文章说:"只有确定了会计核算的本质和特点以后,才能决定作为这种管理职能的会计核算的对象。""会计核算……不同于他种核算的特点,据我看来,是它的完全性和准确性。这种特点是由下列三种特征的总体引伸出来的,即每项记录严格地以凭证为根据,核算的全面性,时间上的连续性。"用不着说明就可以知道,巴伦同志所谓"本质和特点"都是指核算方法而言。这就必然导致下列结论:会计核算的对象要从属于会计核算方法的特点。[③]

顺便可以指出,张立之同志在其《学习"会计核算的对象与方法问题"等文的体会》[④]论文中也抱有类似的观点。例如他的文章在比较了几位作者所提出的会计核算对象定义之后写道:"……由于C.马尔科夫同志是从特点上去,即使从方法的特点上去指明会计核算的对象,也就比其余两个定义来得清楚。"[⑤]基于这一观点,张立之同志就从研究核算的"度量"——在他认为是核算本质上的主要方面,而实际上是核算的方法方面——着手去寻找会计核算的特点,从而作为决定会计核算对象定义的论据。

问题非常清楚:如果不从会计核算对象性质的特点去考察会计核算的方法,那就不能表明会计核算方法的客观基础。在这种情况下,对于核算方法的研究是不可能深刻的,甚至难以保证说明上

---

① 见他们的文章,《工业会计》1953年第6期第5页。

② 同上注。

③ 请参阅巴伦同志:《论会计核算的对象和方法》,载《工业会计》1954年第7期。此处引语见第15页。

④ 张立之同志的文章载《工业会计》1955年第3期。

⑤ 见《工业会计》1955年第3期,第6页。

的必要清晰和基本论点的正确性。

根据我们的体会,会计核算方法的特点实际上体现了会计核算对象性质的特点。而专门方法则是会计核算方法特点的具体化(也就是通过一条列的专门方式和方法来实现会计核算方法诸特点的要求。保证正确地研究和认识客观存在的会计核算的对象的本质)。当然,在制订会计核算的专门方法时,也要同时考虑会计核算的任务(社会主义对于会计核算提出的任务)。

以下就从会计核算对象性质出发,同时考虑到会计核算的任务,分别研究一下会计核算方法(指会计核算方法的总和)的若干特点和相应产生的专门方法。

(一)由于会计核算研究再生产的量的方面。这就使得会计核算在研究其对象时只有借助于一定度量(尺度)才能进行。从这个意义说,可以认为会计核算的方法首先是通过一定度量来登记和反映其对象的方法。

在社会主义经济中存在着三种度量,即实物度量、劳动度量和货币度量。会计核算必须采用货币度量。这是会计核算对象性质的特点决定的。我们已经指出:会计核算对象主要是以价值形式实现的社会主义社会产品再生产。既然要研究以价值表现的量,所以一定要利用货币——价值的表现形式——度量。但是会计核算同时也要采用实物度量和劳动度量。实物和劳动度量对会计核算之所以必要,是因为“会计是计算再生产底物质过程的,而劳动和物质资料的实物核算就是价值核算的基础”。[①]

由此可以得出结论:为了研究社会核算的对象,必须借助于货币度量,至于实物和劳动度量,则是作为货币表现的基础而采用的。

所以,会计核算方法的第一个特点是:主要采用货币度量来反映它的对象。货币估价是会计核算的一个专门方法。

货币估价和成本计算有着密切的联系,货币估价的主要问题是确定估价的标准。而正确的成本计算是合理解决这一问题的必要手段。在社会主义制度下,人们对会计核算提出了准确和真实的客观要求。亦即要求借助于会计核算的方法,应能从量的方面反映作为核算对象的客观现象和客观过程的实际情况。为了满足这一要求,会计核算所采用的估价标准就只能是实际成本。也就是要利用成本计算的方法来确定企业投于产品再生产中某个过程某种工作和某种产品的费用数量,从而据以评定核算对象的价值。按实际成本来对核算对象实行估价,就可以避免受任何偏见的影响,保证会计核算能够正确地反映企业资金再生产的实际过程。

由于实际成本是货币估价的最合理标准,所以,在苏联,党和国家就用立法来保证它在全国范围内一致采用。谁都可以看到,《苏联会计报表与资产负债表条例》虽然修正过多次,但一贯实行的统一估价规则——以实际成本对经营资金进行估价——都从未加以更改。

成本计算,不仅对于核算对象的正确估价是必要的,同时对于正确查明经济活动的成果,监督企业按经济核算要求来组织它的再生产活动也是非常必要的。大家知道,经济核算制要求“企业用本身的收入来抵偿它的支出并保证生产盈利”,这就需要用货币形式来比较生产的耗费和生产的结果。用货币形式精确计算生产费用是成本计算的任务。只有精确地计算出实际的生产费用才可能正确查明盈利——经济活动的成果——的大小。所以斯大林在谈到价值规律对社会主义生产的影响时写道:“在我们企业中,这样一些问题如经济核算和盈利问题、成本问题、价格问题等等,就具有现实的意义……”[②]

由此可以得出结论:在社会主义会计核算中,为了估价,为了计算企业的盈亏,为了检查与监督企业,不计算成本是不行的。另一方面,成本计算之所以可能,则是由于会计核算主要采用货币估

① 见阿发那西也夫著:《资产负债表结构原理》,1953 年立信译本第 22 页。

② 《苏联社会主义经济问题》,人民出版社,第 17 页。

价，是由于会计核算对象包括以价值形式实现的社会产品再生产一切（即全部不遗漏的）现象过程和物质要素的量的方面。换句话说，作为会计核算对象的量的全面性、完整性和它之可以用价值表现等特征是在会计核算中应用成本计算方法的客观基础。

所以会计核算方法的第二个特点是：以实际成本作为核算对象的估价基础。成本计算（各种成本计算方法的总和）是会计核算的专门方法。

谈到这一方法，特别能够显示社会主义会计核算较资本主义会计的巨大优越性。

在资本主义社会，奉行着所谓"估价自由"的原则。为了保证最大限度的利润，资本家可以采取各种各样、无奇不有的"估价标准"。根据资产阶级会计学者塞尔的不完全统计，资本主义所使用的财产估价标准有所谓购买价格、出售价格、采购价格、生产费用价值、使用价值（效用价格）、平时价格、账面价值等近十种之多。于是，这就为伪造和歪曲核算指标，特别是利润指标打开了"方便之门"[①]。从资产阶级掌握政权之时起，伟大的马克思就预见到这种情况。他说："……科学的资产阶级的经济学之丧钟，敲起来了。从此以往，成为问题的，已经不是这个理论还是那个理论合于真理的问题，只是它于资本有益还是有害，便利还是不便利，违背警章还是不违背警章的问题。超利害关系的研究没有了，代替的东西是领津贴的论难攻击；无拘束的科学研究没有了，代替的东西，是……歪曲的良心和邪恶的意图。"[②]

这是资本主义制度所造成的必然结果，在罪恶的资本主义制度下，由于现代资本主义基本经济规律、竞争和生产无政府状态的规律发生作用，没有也不可能有全国统一的估价标准，当然更不可能实行以实际成本为基础的合理估价方法。估价标准的抉择，完全取决于是否能服务资本家攫取最大利润的要求。

（二）前面已经说过，社会主义要求会计核算一定要能真实而客观地反映它的对象。只有经常提供确切可靠的核算资料，只有在确切可靠的核算资料基础上进行经济分析，才能最大限度地发挥会计核算的作用，更好地服务于伟大的社会主义和共产主义建设。因此会计核算在制订一切专门方法时一定要考虑到使这个客观要求得到充分实现的可能性。会计核算处理得越是正确和客观，会计核算的质量也越高，从而也就提高了会计核算的方法学的水平，推动会计核算越快地向前发展。

以实际成本进行核算对象的估价是保证实现这个要求的一种手段。但这是不够的。在社会主义会计核算中，还要依靠一系列的其他专门方法来保证核算的真实性和客观性。编制凭证的方法就是这些方法中的一个。

编制凭证的方法就是对每个核算对象（经济业务）都用合法的书面证件及时加以登记。应用了这个方法，首先可以有效地监督和保护成为会计核算对象的社会主义财产，保证企业和组织的一切经济活动都有法律可以查考的根据；其次，它能够保证核算的真实性和客观性。凭证是一切经济业务发生和完成的证明。在凭证中列举了足以说明该项业务的真实资料。同时，它又是会计核算最初反映的方式和以后继续反映的基础。所以，借助于凭证的编制就使得会计核算已经反映的资料和应当反映的内容——即实际发生的经济业务——能够经常保持一致。

作为会计核算的专门方法，编制凭证是基于会计核算对象的以下两种客观性质而产生的。

形成凭证编制的第一个因素是会计核算对象的连续性。谁都知道，社会产品再生产是一个不断的流。企业中经济业务总是随着再生产的流而不断发生的。因此会计核算就必须采取不断编制凭证的办法来从量的方面反映所发生的一切经济业务。

形成凭证编制的另一个因素是会计核算对象的全面性。因为会计核算要研究社会产品再生产

---

① 阿发那西也夫著：《资产负债表结构原理》，立信译本，第 28 页。

② 《资本论》第 1 卷，人民出版社，第 11 页。

中现象和过程的量的全部动态。它必须毫无例外的登记经济业务的全部。因此需要不遗漏地将一切经济业务用个别凭证来加以登记。

根据以上对于凭证编制方法的研究,我们可以总括出会计核算方法的第三个特点,这就是:对于一切经济业务,首先要用凭证进行不间断的全面的反映。凭证的编制是会计核算的专门方法。

(三)我们知道社会产品再生产是许多现象和过程的有机统一。这些现象和过程一方面各有其特征而互相区别,一方面又普遍联系和密切结合在一起。在企业、部门和组织中,不断进行的社会主义产品扩大再生产实际上表现为:这一现象向那一现象的转化;不同过程的依次推移和物质要素及其来源之间的相应变动,产品再生产运动的这种相互联系性质,决定了每一次运动(即每项经济业务)不论它的内容如何,都会同时使两个因素形成相等的但性质相反的量的变化。于是这就形成了会计核算方法的另一个很重要的特点。这个特点是:以凭证为基础按照会计核算对象的特征进行分类而又联系的反映。账户和复式记账法就是基于这一特点而产生的两个相互结合的专门方法。

账户是这样一种方法:它按照能够表现会计核算对象中个别和同类的现象和过程特征加以分类,以便在经济业务发生时根据这种分类来进行连续的登记和反映。会计核算的账户是会计科学在经常组织它的对象的研究时必须采取的一种手段。在会计核算的实践中,账户反映企业经营资金来源和经营过程的动态。它能够帮助企业领导日常的经济工作,从而有系统的监督计划的进行。所以,它也是企业日常核算的重要方法。

作为一门科学,会计核算要通过一些专门范畴(会计科学用来表现它的对象的某一方面的基本概念。例如"经营资金的运用"、"经营资金的来源"、"经营资金的循环"等都是会计学的范畴。)和一系列的指标来阐明它的对象的客观性质和基本特征。范畴指标和方法是会计科学的理论研究的全部工具。没有它们,会计核算就不能进行任何研究工作。会计核算的指标首先表现为各种各样的账户。而最后形成的指标系统都要通过账户产生。所以账户不仅是核算的一种专门方法,而且是形成核算指标的基础。"账户"在会计核算中的重要意义就在这里。

这就说明了为什么在会计核算理论中要把"账户分类和计划"问题提到很重要的地位来研究。

研究账户的分类与计划应该总结出:建立一个怎样的账户体系才能够正确表明社会主义产品再生产的客观现象和客观过程;才能深刻显示社会主义经济制度的本质特点及其巨大的优越性,从而保证通过它可以有效地组织日常核算,及时获得检查计划和统计汇总所需要的指标。

所以,会计科学对于账户及其分类与计划问题的研究结果,是党和国家制定科学的在经济上有根据的国民经济各部门统一账户制度的理论依据。

在账户中进行相互联系的登记是借助于复式记账法来实现的。所谓复式记账,大家知道,就是:对于核算对象的每次反映都同时以相等的数量在相互关联的两个账户中做成性质相反(分别借贷)的登记。应用了这种方式,一方面可以保证全面把握每次发生的经济业务;另一方面,也就保证了在账户中能够经常反映出再生产过程和物质要素的全部动态——各个相互关联的经济过程的形成与转化;再生产资金来源(用途)、与运用(构成)的相互关系的不断更新。

复式记账法是全面反映和正确反映会计核算对象的一种手段。所以,它在会计核算方法学中占有重要地位。

应该指出,复式记账法只是会计核算方法中的一种。它并不是反映会计核算特点的唯一专门方法。因为会计核算的特点,首先是它的对象的性质的特点。专门方法则是用来研究和深刻反映这些特点的手段。会计核算对象性质的特点是多种多样的。因此,需要制定相应的许多专门方法来保证对于这些特点的正确研究。复式记账法只不过是保证会计核算时某一方面的特点的研究而已。在参加讨论的文章中,个别作者过高地估计了这个方法的重要性(例如巴伦同志认为只有复式记账法才是会计核算最主要的方法),我们认为是不妥当的。

(四)会计核算方法的第四个特点是:定期用盘查再生产资金及其来源的办法验证日常核算资料的正确性。这里,产生了会计核算的另一个专门方法——盘存。盘存是一种检查监督核算资料的手段。它可能发现那些平时不能用凭证确定的个别现象。而这些现象往往会使再生产资金(及其来源)发生变动。通过盘存,在账户中就可以补充反映这些变动,保证账户登记与客观实际的完全一致(应当注意,我们在研究凭证时曾经指出,凭证只能保证账户登记与客观实际的经常一致)。在多数情况下,盘存并不反映核算对象,而只是用来检查已经反映的核算对象是否正确。当然,决不能把盘存的这种作用看成只具有消极的意义。因为保证会计核算反映的正确性和客观性是会计核算能够深刻研究它的对象从而发挥巨大监督作用的根本条件。

"盘存"也是根据会计核算对象性质的特点制订的。这种方法之所以必要和可能,是由于作为会计核算对象的再生产资金的量的变化(包括实物形式和价值形式)都可以而且需要用实地盘点或相互对账的办法加以清查。

在列昂捷夫和沙洛莫维奇两教授的论文中,把盘存和凭证并列在一起讨论。照他们两位看来,"盘存资料……起着原始凭证的补充作用"[①]。但我们认为,凭证与盘存的这种联系,只是在个别情况下才会发生,从两个方法在整个会计核算方法体系中的地位来说,它们并没有直接的相互依存性。

大家知道,凭证是会计核算过程的开始因素。一切连续不断发生的核算对象,都必须通过编制凭证的方法加以检查,并首先在凭证中予以反映。所以它又是会计核算过程中一切其他因素作用的根据。但盘存则与此不同。一般说来,盘存是会计核算过程接近终结阶段的因素。它主要是检查监督核算资料是否正确的手段。只是在个别情况下,盘存的结果——盘存记录和核对明细表——才具备补充凭证的职能。

所以,从逻辑的顺序来说,凭证和盘存是应该分别加以研究的。

(五)我们已经研究过,会计核算的对象包括社会产品再生产一切现象、过程和物质要素的量的方面。大家知道,对于过程的量的核算,应当表明过程的进程及其结果。但账户的日常登记只能表明过程的进程。要表明过程的结果,则必须将各种经营过程账户的登记实行汇总,各种物质资金的数量变化也是通过账户的日常登记来反映的。正如对于过程的反映一样,账户的日常登记只能表明各种物质资金的动态而不能表明一定时期的变动总额和变动后的状况。为了全面了解它们的量的变化,后者也是必须研究的。所以,各种物资账户的汇总核算也就成为必要。

从社会主义有计划领导和管理经济的观点来看,这种汇总工作具有重大意义。因为,反映计划完成的各种指标、进行经济活动的成果的总结,都要依靠会计核算的总括才能得到。日常核算的汇总反映,应该说,是会计核算极其必要和重要的阶段。另一方面,我们曾经说过,社会主义社会产品再生产不仅用实物形式实现,而且要用价值(货币)形式实现。而会计核算则主要研究以价值形式实现的社会产品再生产的量。"……一切商品,当作价值"马克思写道"都是对象化的人类劳动。所以它们自身有公约的可能"。[②] 当作价值(资金)再生产,社会产品再生产一切现象和过程的量都可以化成同一度量——货币(价值的形式),从而保证在量上有实行综合的可能。由此可见,综合性——在量上汇总(总括)的必要性和可能性——是会计核算对象本身固有的一种属性。会计核算必须制订相应的专门方法来对于它的对象进行总括研究。

这就决定了会计核算方法的第五个特点是:定期汇总账户的日常登记,对于核算对象(实物再生产和资金再生产)作出量的反映的总结。

本期发生额对照表和明细表(会计汇总表)、资产负债表、报表都是基于上述特点而产生的许多

---

① 见他们的文章《工业会计》,1953年第6期,第6页。

② 马克思:《资本论》第1卷,人民出版社,第81页。

专门方法。

我们知道,为了汇总日常核算资料(主要是为了汇总各账户的本期发生额)并监督它的正确性和完整性,会计核算采用了一种特殊的方法,这就是定期编制所谓本期发生额对照表和明细表(又称为会计资料汇总表或会计资料监督对照表)。作为一种专门方法,本期发生额对照表和明细表应当理解为会计资料(账户登记的资料)的汇总和监督法。

但我们又知道,本期发生额对照表和明细表既然汇总了账户的登记资料,它就能提供一定的总括性指标体系。借助于这些指标体系,可以初步了解企业再生产活动各方面的总的情况。这样,本期发生额对照表和明细表又是另一个核算的专门方法——报表——的组成因素了。所以,在会计核算方法中,本期发生额对照表和明细表是具有两重性的。

资产负债表是会计核算的一个重要的专门方法。这个专门方法用来全面的总括反映企业(部门)再生产的资金状况。借助于资产负债表的方法,既能总括表现一定时期企业(部门)再生产资金的构成,又能按照与资金构成的相互联系来总括表现各类资金的不同来源。所以,资产负债表是一定时期企业(部门)资金再生产及其成果的总结。

作为一种专门方法,资产负债表的特点还在于:它是联系并监督"账户与复式记账法"、"本期发生额对照表和明细表"的一个重要工具。账户的登记最后要通过资产负债表以其结余额相互联系地反映出来。为了保证资产负债表的平衡(因为企业或部门的再生产资金总是从某种来源得到的,所以资金的总额必须永远等于它的来源总额。资产负债表的平衡关系就是这一客观性质的反映),这一定要求日常账户的每一项登记都要按不破坏复式记账的原则进行。本期发生额对照表和明细表要负责检查这一要求是否得到遵守。所以资产负债表对于"账户与复式记账"、"本期发生额对照表和明细表"的正确运用起着很大的监督作用。此外,在每个报告期末,资产负债表是日常账户的结余额的总括;而在每个报告期开始,账户又要首先根据资产负债表来建立。这样,资产负债表在日常会计核算过程中又起了承前启后的桥梁作用。在连续不断的核算中,资产负债表好比一根纽带一样,把不同报告期的核算资料有机地联结起来。

资产负债表也是具有两重性的,由于资产负债表总括了企业再生产资金及其来源的全面状况,提供了关于资金来源和运用方面的完整的指标体系,因此它又是一种报表,而且是报表中的最重要组成因素。

报表是在日常核算基础上形成的指标系统。它是会计核算用来总括表现在企业(部门)中再生产一切方面合计资料的专门方法(因为报表包括各种不同结构和不同表现形式的指标体系,所以,实际上它应理解为总括核算资料的各种专门方式的总和)。但应该指出,把报表列入会计核算的专门方法是有人反对的。他们认为不仅有会计报表,而且也有统计报表和业务技术报表。在统计核算中也用报表来总括核算资料。

但问题应当这样理解:所谓会计核算的专门方法并不等于说它只能是会计核算特有的方法。因为某一科学的专门方法有时并不限于在这门科学中才能应用。例如作为社会科学的统计学可以有成效地应用数理统计学的方法,而若干自然科学也可应用统计学的方法;统计学可以运用会计的方法——报表——来总括统计研究的结果,而会计核算在分析经济活动时也可运用某些统计学的方法。

我们把报表作为会计核算的专门方法是根据以下的理由:从会计核算对象性质的特点出发所制订的一切方式和方法都是会计核算的方法。而报表这一方法的制订是从会计核算对象的特点——总括性——出发的。所以,它应该被理解为会计核算的专门方法。

同时,需要注意:报表,只有抽象地当作提供一定的总括性指标体系来看时,统计的报表和会计的报表才会一样(或者说,才具有共同性)。进一步研究它们的结构与内容,便表现了两者之间的重大区别。这种区别是由于它们总括不同性质的对象而引起的。所以,不仅在会计核算中对于报表需要进行独立的研究，就是在统计学中，专门研究报表，也是必要的。

（六）我们论证的会计核算对象定义表明：会计核算不仅要研究社会主义社会产品再生产一切因素、现象和过程的量的反映（主要是价值——货币——反映），而且要在量的反映的基础上对于具体企业（部门）的再生产活动作出质的分析和说明。换句话说，会计核算也要研究规律性。研究支配社会主义社会产品再生产的规律性在具体地点和时间条件下的量的表现（主要是货币表现）。

我们已经阐明过许多核算方法。所有这些方法，按其实质说来，都是通过一定度量反映其对象的方法。所以这些方法是用来进行量的反映的。至于进行质（规律性）的研究，那要借助于另外的专门方法。

为了制订专门方法来保证研究作为会计核算对象的客观现象和过程的规律性，应当考虑到：会计核算的对象领域是以价值形式实现的社会主义社会产品再生产的量的方面。社会主义社会产品再生产的规律性是许多经济科学，首先是政治经济学要研究的对象。但是会计核算并不重复或企图代替其他科学的研究，会计核算不同于其他科学的特点在于：它应该从量的方面去寻求再生产规律性的具体表现。会计核算必须正确而真实地进行量的反映。而规律性的研究就利用已经获得的反映资料进行。最后，它用一系列的数量和质量指标（主要是货币指标表）来说明研究的结果。

所以，会计核算用来研究规律性的专门方法的主要特点是：在正确系统和全面反映的基础上，对于核算资料的内容进行经济的分析和检查。

经济活动分析（主要是报表的分析）和经济活动检查与监督（主要是凭证的检查与监督）两种专门方法就是这一特点的具体化。

经济活动分析主要研究报表（当分析部门经济活动时则要研究部门的汇总报表），而经济活动的检查与监督则以凭证的研究为基础。通过报表的分析和凭证的检查，会计核算就能够说明企业（部门）计划的完成程度，能够揭露企业（部门）经济工作中的缺点，阐明发展中的新的进步因素和发掘尚未利用的潜在力量。这样，用一系列量的指标表现的分析和检查的结果，就能反映社会主义诸经济规律性的要求在各该企业（部门）范围内的实现情况。

应该指出，仅仅依靠会计核算所反映的资料有时不能达到上述目的，因而必须广泛运用统计的、业务技术的和核算以外的有关资料。但是，在大多数情况下，总要首先充分利用会计核算的资料，保证在最后主要用货币指标来表明作为会计核算对象的那些客观现象和过程发展的规律性。

以上，我们一般地研究了会计核算方法的所有特点和据以产生的专门方法。我们的研究证明：会计核算的方法（指一切专门方法的总体）密切联系并反映着会计核算对象的客观性质。会计核算对象性质的各种特征是制订这种或那种专门方法的根据。因此，会计核算的方法是合于科学原则的方法。依靠这些方法，我们就有可能正确而深刻地研究作为会计核算对象的各种客观现象和客观过程。

会计核算的一切专门方法都是互相联系着的，我们在运用这些方法来研究（处理）会计核算对象时要把它们结成一个有机整体。所以，会计研究（会计工作也是如此）是一个不间断的过程。在会计研究过程中，各种方法加以运用的顺序必须按照它们之间的固有联系。下列一览表大体上可以反映它们之间的这种联系：

资产负债表；货币估价与成本计算；凭证的编制；账户与复式记账；本期发生额对照表与明细表；盘存；报表；经济活动分析；凭证的检查与监督。

我们已经研究过，资产负债表是日常反映的开始，也是日常反映的终结。既然它是核算的开始因素，它就有资格列于核算方法一览表的首位。此外，我们还考虑到：如果把资产负债表列于一切核算方法之前，即意味着：应该首先研究这个方法。首先研究资产负债表有什么必要呢？这可以从两方面来说明：第一，资产负债表是基于会计核算对象的总括性和全面性形成的一种专门方法。资产负债表的经济内容基本上包括了会计核算按企业（部门）范围应当加以研究（处理）的全部对象——即在企业(部门)中进行的社会主义社会产品再生产的客观现象和过程。这样,首先研究资产负债表就能够对于会计核算对象获得一个比较全面、概括的认识,这对于进一步详细地研究和处理会计核算的对象是有帮助的。第二,资产负债表是会计核算账户体系中主要账户的有机综合。资产负债表的结构充分体现了社会主义账户体系的统一性和科学性。这样,研究资产负债表就能够对于社会主义会计核算账户体系获得一个比较全面、概括的认识,这对于进一步深刻地研究账户的结构与本质也是有帮助的。

货币估价与成本计算是社会主义会计核算进行反映的基础。在日常核算时,处理每一个具体对象都要先考虑到估价问题和保证按实际成本反映问题,所以货币估价和成本计算,应当排列在凭证、账户与复式记账等方法之前。

从凭证的编制到报表的产生,标志着日常反映和把日常反映资料加以总括的连续过程,它们之间的顺序和相互联系是很容易理解的,这种顺序和实际核算工作的步骤完全一致。

经济活动分析和凭证检查监督所以列在一览表的最后是因为从理论上说来,它们是核算的终结或完成阶段,它们必须依靠核算反映的全部资料才能进行。

我们知道,经济活动分析和凭证检查与监督是两个互相关联的方法。分析过程可能利用凭证检查的资料,而凭证检查则必须利用经济活动分析的结果。所以,通晓经济活动分析是更好地掌握凭证检查的一个条件。

由此可见,为了在核算方法一览表中能够正确反映它们两者之间的依赖关系,将“经济活动分析”排列在“凭证检查与监督”之前是比较合理的。

关于会计核算这门科学的对象和方法问题研究,我们就结束到这里。

由于作者的理论水平很低,会计科学的基础知识又非常浅薄,本文研究所涉及的许多问题,大部分是会计核算中带有根本性的理论问题。这对作者说来,乃是一次极为冒昧而大胆的尝试。不用说,其中一定存在不少(甚至是严重)的错误。

作者诚恳地期待着同志们不客气的指教和批评。

(原载于《厦门大学学报(哲学社会科学版)》1956 年第 2 期)

论“会计核算原理”中几个主要问题的讲授

葛家澍

一、必须明确阐述“会计核算”一词的含义

作为会计学的理论基础，会计核算原理必须阐述会计科学的基本理论问题。其中主要包括：会计科学的性质与任务，会计学的对象，会计学的方法论和它所采取的专门方法，以及在社会主义经济中组织会计核算的基本原则。

社会主义会计学是根据马列主义理论（马列主义哲学和政治经济学）发展起来的。社会主义会计学是真正科学的会计学。它有严密而完整的理论与方法体系。会计核算原理的任务就在于：通过深刻论证会计核算的一般理论来充分显示社会主义会计学的科学性。为了达到这一目的，应该对会计理论认真地加以研究，防止在会计核算原理中把会计理论的阐述流于庸俗化和一般化。

目前我们高等学校采用的“会计核算原理”教学大纲与教材[①]基本上反映了社会主义先进的会计核算理论与方法。就其整个体系来说也是比较严密的。但是，如果考虑到会计核算是一门独立的经济科学，考虑到它在社会主义经济建设中愈来愈大的作用，那么，现行教学大纲和教材在会计核算基本理论的阐述方面都存在一些问题值得商榷。

什么是会计核算？这是会计核算原理首先要回答的问题。作为会计学理论基础的“会计核算原理”必须明确地阐述“会计核算”的含义；区别会计科学与会计实践（会计工作）这两个完全不同的概念；肯定会计学是一门独立的经济科学，并且从这一基本出发点来研究一切核算的理论与方法。

可是现行教学大纲和流行教材对于这样一个最基本的问题都没有确切的叙述。现行教学大纲和教材笼统地使用“会计核算”一个概念。并且有时好像是指会计科学，有时又好像是指会计实践。

我们知道，会计实践是客观存在的一种现象。这种现象反映人们为了通过价值形式对社会主义产品再生产的量方面实行计算与监督的实际活动（包括会计制度的拟订、执行及由于执行会计制度而产生的会计资料）[②]。因为这种活动是管理社会主义生产所绝对必要的。所以会计就成为社会主义产品生产与分配的工具。斯大林在解答财政是基础还是上层建筑时曾说过：“财政为生产服务的部分——国民经济各部门财务——属于基础；财政为上层建筑服务的部分——全国性财政——属于上层建筑。”[③]作为管理社会主义产品生产与分配工具的会计实践也是如此。它为生产服务的部分——企业会计与部门会计——属于基础；而为上层建筑服务的部分——国家总预算会

① 指1955年部颁“会计核算原理”教学计划初稿及《会计核算原理》，高教部推荐的教材试用本（时代出版社）。

② 请参阅拙作《试论会计核算这门科学的对象和方法》，厦门大学学报，1956年第2期第11页。

③ 见《教学与研究》，1955年第10期，中国人民大学，第36页。

计与国家机关会计——属于上层建筑。因此,会计实践既属于基础也属于上层建筑。

可是会计科学则与此不同,会计科学是对于会计实践的理论研究。它要从理论上阐明人们应当如何对于以价值形式实现的社会主义产品再生产的量的方面实行有效的计算与监督。作为理论与学说,会计学是一种社会意识形态。它纯粹属于上层建筑。

当然,会计科学与会计实践的联系是非常密切的。它们的密切联系一方面表现在对象(会计研究的对象和会计处理的对象)上的一致①;一方面也表现在相互发展时的依赖性(会计理论是会计实践中经验的科学总结与概括,而从会计实践中总结出来的理论反过来又指导会计实践前进)。但不论它们之间有多么密切的联系,二者终究不是相同的东西,不能把它们混为一谈。

二、关于会计核算对象的讲授问题

现行教学大纲和教材基本上采用了1950年苏联高教部批准的"会计核算原理"教学大纲所载的对象定义。但是,自从1953年展开会计核算对象与方法问题的讨论以来,表明上述对象定义存在严重的缺点。有关会计核算对象的意见曾有分歧,而总的说来,现在已经将对会计核算这门科学对象的认识向前推进了一步。

由于客观条件的改变,现在讲授会计核算原理当然不应该再死抱着陈旧的对象定义不放了。同时也不应该仅仅介绍任何"一家之言"。

我们认为,为了在会计核算原理中反映会计理论的进展及其最新成就,为了使学生呼吸到这门科学领域中的"新鲜空气",有必要对于会计核算对象问题按照"百家争鸣"的精神进行讲授。这就是:除了仍须讲述流行的会计核算对象定义以外,还应介绍当前的争论意见。

大家知道,目前会计学界对会计核算对象问题的意见是比较有分歧的。在"会计核算原理"这门基础课程中,当然不可能详细地介绍所有的争论意见,因此,这就特别需要十分正确地把主要的争论意见加以概括和系统化。

根据我们的理解,如果就主要分歧来看,则基本上只有两种不同的意见:②

第一,认为会计核算的对象是"再生产的全部过程……各种核算的对象只有一个,它们不过用不同的方式来反映这个对象而已"。这是安得利昂诺夫教授的主张。同时,也是1950年"会计核算原理"教学大纲中所载对象定义的基本立足点。根据安得利昂诺夫教授在同一篇文章中的最后结论:"在社会主义国家中,会计核算的对象就是社会(社会主义的)基金以及各企业和国民经济各部门有计划的经济和财务方面的业务。"所以我们可以断定他是把货币估价方式当作会计核算的特有方式的。如果把他的对象定义换句话来表达,那就是指可以用货币估价方式反映的社会产品再生产过程及其物质基础。这种意见在目前有很大的代表性。我们可以看到很多实质上和安得利昂诺夫教授相同的说法。例如:"可以用货币进行估价的一切现象都一定是平衡会计核算的对象"(C.马

---

① 关于这个问题,论坛上有不同意见。例如安得利昂诺夫教授及丁洪范教授就和我们的意见不同(参阅《工业会计》,1954年第6期,第19页;《大众会计》,1957年第1期,第1页)。

② 参阅下列文章:

列昂捷夫与沙洛莫维奇:《论会计核算的对象与方法问题》,《工业会计》,1953年第6期。

奥格洛得尼科夫:《论苏联会计核算的对象和方法》,《工业会计》,1954年第6期。

马尔科夫:《再论会计核算的对象》,《工业会计》,1954年第8期。

张立之:《学习"会计核算的对象与方法问题》,《工业会计》,1955年第3期。

葛家澍:《试论会计核算这门科学的对象和方法》,《厦门大学学报》,1956年第2期。

尔科夫)。“社会主义会计核算的对象,应该决定为社会主义扩大再生产过程中可以用货币度量来表现的个别方面”(“会计核算原理”,中国人民大学簿记核算教研室编译)等等。

第二,认为会计核算的对象不应和核算的方法混同起来。在社会主义经济中,存在着作为会计核算对象的客观现象和过程。从这一总认识出发,又有几种不同的具体见解:

(一)从劳动量方面去指出会计核算的对象。这是列昂捷夫和沙洛莫维奇两教授的主张。在他们的文章中写道:“会计核算的对象是各经济部门中的劳动耗费。”张立之同志发展了这个定义,他认为“劳动耗费”只能理解为“流动状态中的人类劳动”,但会计核算的对象则包括社会劳动量的全部,即不仅包括流动状态中的劳动,也包括对象化的劳动。因此,他把两位教授的定义修正为“在社会主义扩大再生产过程中一切事物的社会劳动量”。

(二)把会计核算的对象限制在“社会主义产品再生产方面”而不包括社会主义再生产的全部。这是奥格洛得尼科夫同志的意见。他在其文章中写道:“会计核算的对象是在各企业和组织范围内公有产品的社会主义扩大再生产过程。”此外,塔图尔教授也有类似的主张(参阅他的著作:《社会主义社会中国民经济计算的组织》,财经出版社,1955 年第 26 页)。

(三)认为把社会主义产品再生产作为会计核算对象仍过于广泛。会计科学的特点是研究经济现象和经济过程的量的方面,首先是价值的量方面。这是拙作《试论会计核算这门科学的对象和方法》中的基本论点。文章的结论认为“会计核算这门科学的对象是社会主义产品再生产一切现象、过程和物质要素——社会主义财产——的量的方面;主要是以价值形式实现的社会主义产品再生产的量的方面”(以价值形式实现的产品再生产是一个客观存在的过程。由于社会主义产品再生产必须同时以实物形式和价值形式实现,这才使会计核算有可能采取货币估价的方式。因此,不能把上述定义中“以价值形式实现”的提法和所谓“可以用货币估价”的提法混同起来)。

此外,在会计核算对象问题的讨论中,对于会计核算作用的范围也有争论。1950 年教学大纲的对象定义把会计核算的作用限定在企业和组织之内。教学大纲的这种主张引起不少人的反对。反对者认为会计核算的作用范围不是个别企业,而是个别经济部门(如列昂捷夫和沙洛莫维奇)或整个国民经济(如安得利昂诺夫及马尔科夫)。但也有人拥护教学大纲的意见(如奥格洛得尼科夫)。按照我们的看法,会计核算的作用范围的确不止于企业和组织。这可以从下列事实中得到证明:在部门范围内,通常都要利用会计核算来反映资金的调拨、折旧和利润的上缴与分配,并且要通过报表汇总与分析来监督部门成本计划及财务计划的完成情况。在整个国民经济范围内,反映全国性货币资金收支动态的国家预算要组织执行情况的监督(在社会主义条件下,国家预算是和社会主义所有企业、组织和部门的财务收支联系在一起的。可以说,国家预算的执行情况,也就是通过财务对整个国民经济计划执行情况的综合反映)。为了组织这一监督工作,财政部门必须建立总预算的日常会计核算。由此可见,在社会主义经济中,会计核算的作用范围早已超出企业和组织之外,它是社会主义国家用来领导和监督企业、部门和整个国民经济的工具。

关于这个问题的争论意见,恐怕也需要在讲授“会计核算原理”时加以扼要说明。

三、关于会计核算方法的讲授问题[①]

如同会计核算的对象一样,会计核算的方法(即会计学的方法或会计工作的处理方法)是会计

① 这一节所涉及的有关资料与第 30 页注②所列举者基本相同。其中巴伦同志的文章见《工业会计》,1954 年第 7 期。

学界争论的另一个中心。目前教学大纲和教材关于核算方法的论述基本上也以苏联1950年“会计核算原理”教学大纲为依据。于是,这就同样产生了如何根据“百家争鸣”的精神来讲授会计核算方法的问题。

总的说来,当前关于会计核算方法问题的争论涉及基本概念、方法的组成与方法的体系等三个方面。

在基本概念方面存在这样一些问题:“方法”与“方式”有所不同?“总的方法”与“具体方法”(各个专门方法)有何联系与区别?等等。本来,明确概念是研究任何一门科学所必要的。但是,许多文章的争论都流于“烦琐”,实际上无补于会计核算方法问题的正确解决。按照我们的意见,会计核算方法的基本概念只有两个。而它们的意义是很明确的。(1)个别的专门方法或称为具体的方式;(2)各种专门方法(具体方式)的总和即所谓“总的方法”。

会计核算方法的组成问题是争论的主要方面。从表面看来,每位作者都提出了不同的主张,似乎很难从这些分歧意见中求出某些共同之点。但实际上并非如此。

问题的中心在于怎样理解会计核算方法的作用。一切分歧意见都是从这里引起的。

例如巴伦同志把会计核算方法看作只是直接登记(反映)核算对象的方式。因此,他认为,除了“复式记账”和在“资产负债表”中总括核算资料外,其他都不是会计核算的方法。

列昂捷夫及沙洛莫维奇两教授的文章受到巴伦同志的激烈反对。然而,他们两位同样也承认会计核算方法是用来反映各种经济现象和各种核算对象的。不过,他们却提出比1950年教学大纲还要多的具体方法。两位教授的文章尽管没有明确地说明为什么要把这样多的方法都当作会计核算的专门方法,但根据我们的体会,这是因为他们没有把会计核算方法的作用限于只能用来直接反映核算对象。文章作者在其关于核算方法的说明中再三强调下列看法:在社会主义制度下,应该准确、及时和非常客观地处理会计核算。因此,为了达到这些目的而必须采取的方式和手段都要构成会计核算方法“总体”的有机组成部分。这就是说,凡是在实质上能够帮助我们及时、准确和客观地反映会计核算对象的一切方法,都可以当作会计核算的专门方法。

列昂捷夫和沙洛莫维奇的文章对于会计核算方法的论证当然也还存在一些缺点(例如没有深刻阐述会计核算对象与方法的联系)。但总的看来,他们所列举的方法一览表要比1950年教学大纲要完备得多。特别是,他们提出了过去没有包括在会计核算方法中的两个新的因素:“货币估价”和“成本计算”。在会计核算方法组成中增加这两个因素是完全必要和正确的。现在,他们这一建议似乎已经为会计学界所普遍接受了。①

在拙作《试论会计核算这门科学的对象和方法》中,曾从这样的认识来理解会计核算的方法:“任何一门科学的研究方法都是认识它的对象的方法”。由于会计科学对象和会计实践对象的一致性,会计核算的专门方法既是研究会计科学的对象所不可缺少的工具,也是处理会计工作的对象所必需的手段。因此,只要根据会计核算对象性质的特点产生出来并能够反映会计核算对象性质特点的一切方法,都应该理解为会计核算的专门方法。基于这一看法,拙作所列举的会计核算专门方法又增加了两个:“凭证的检查与监督”,“报表(及汇总报表)的分析”。

争论的第二个方面是会计核算方法的体系,即其各个方法的相互联系问题。对于正确论证会计核算方法来说,这个问题的争论也具有基本性质。因为通过这个问题的讨论,可以更深刻地认识各种专门方法在整个会计核算方法中的作用与地位。

目前在这方面的讨论似乎还没有深入地开展。本来,这里有两个问题是值得研究的:第一,从理论上来考察,各个核算方法之间有什么内在联系?在总的方法体系中,它们的先后顺序应当如

---

① 参阅:1.马卡洛夫:《会计核算原理》,中国人民大学中译本,1954年版。2.苏姆卓夫:《会计核算原理教程》,1954年(俄文版)。3.葛莱赫:《会计核算基本原理教程》,1954年修订版(俄文本)。

何？第二，从教学效果来考察，是否有必要变更上列顺序？如果必要，那么，应先讲什么方法？后讲什么方法？现在已出现的分歧意见只不过限于第一个问题而已。

从公开发表的文章看来，分歧的意见仅仅是：列昂捷夫和沙洛莫维奇两教授把“资产负债表”排列在方法一览表的最后部分，并且把“凭证”和“盘存”并列在一起。奥格洛得尼科夫同志不同意这样处理。按照他的意见，无论从理论研究或实际工作的需要来说，“资产负债表”总是会计核算方法的开始因素，必须把它列于会计核算方法的第一位。至于“凭证”和“盘存”，他认为两个方法之间并没有直接联系。因为前者是登记账户的必要手段，而后者则一般属于编制报表的前提。因此，把它们并列在一起，是不够妥切的。

我们在这个问题上完全赞同奥格洛得尼科夫同志的意见。他的这一正确意见，已经在拙作《试论会计核算这门科学的对象和方法》中得到反映（我们根据他的意见重新规定了“凭证”及“盘存”在方法一览表中的地位）。

第二个问题的研究对于“会计核算原理”教学有很大的影响。但问题虽已提出，还没有展开讨论。

根据个人的看法，各种核算方法之间的关系必须取决于这些方法本身存在的固有联系——相互依赖性和制约性。在会计实践中，这些方法的先后运用顺序早就解决了。这种顺序正是会计核算各种方法之间固有联系的具体表现。所以，各种方法在理论上的相互联系和实际运用时的相互联系就应该一致。那么，在教学上有没有必要加以改变呢？恐怕也没有必要。因为只有按照各种方法的固有联系加以讲授才能保证教学的系统性和逻辑性。

在马卡洛夫同志 1953 年编写的《会计核算原理》教材中[①]，作者先按照下列一览表的顺序来研究会计核算的方法：(1)估价的成本计算；(2)编制凭证和盘存；(3)账户和复式记账；(4)资产负债表和报表；但他接着讲授个别方法时，却又从“资产负债表”开始。我们认为：这里的问题倒不是后者改变得不合理，而在于上列方法一览表的顺序不符合于会计核算各个方法之间的固有联系。如果把“资产负债表”直接排在一览表的首位，并且将“凭证”与“盘存”分开，则前后的体系是完全一致的。

最后，我们要谈一谈“货币估价”与“成本计算”这两个方法。前面说过，这两个方法是在 1953 年以后才作为会计核算方法的组成部分提出讨论的。现在不少会计核算原理的著作已经把它们列入会计核算方法的体系进行讲授。但在会计核算原理中，应该如何深刻论证这两个专门方法也还是值得研究的新问题。

基于会计核算对象性质的特点，货币估价与成本计算在整个会计核算方法中占有特殊、重要的地位。社会主义会计核算对象的特点之一是它和“价值”之间的不可分割的联系。根据我们的认识，作为会计核算对象的那些经济现象和过程都具有价值或价值形式。而它们的具体化就成为社会主义经济中各种资金及其再生产过程。这里所谓“资金”，是“价值”概念，也是“量”的概念。因此，即使在社会主义条件下，会计核算仍然首先意味着价值核算；意味着对于社会主义产品再生产各个环节中价值量的决定与反映。“在资本主义生产方式废止以后，但社会化的生产维持下去”，马克思写道：“价值决定就仍然在这个意义上有支配作用；劳动时间的调节和社会劳动在不同各类生产间的分配，最后，和这各种事项有关的簿记，会比以前任何时候变得重要”。[②] 所以，从这个意义上来衡量“货币估值”，那我们甚至可以说，它不仅是社会主义会计核算的一个必要方法，而且也是所有其他方法的基础。在会计核算的一切环节中，都离开不了货币估价。如果说，社会主义会计核算的效果完全取决于它的准确性和客观性，那么，这种准确性和客观性首先须取决于货币估价的可

① 参阅中国人民大学译本。

② 马克思：《资本论》第 3 卷，人民出版社，第 1116 页。

靠程度。

货币估价不是一种抽象的技术方法。它既包括深刻的估价理论,同时也包括这些理论的具体运用。在社会主义经济中,估价理论完全符合于社会主义向会计提出的客观要求——准确、真实和客观;并且和马克思主义经典作家的科学论断——“簿记的方法,当然不能改变账簿所记载的事物的实际联系”——相适应。社会主义估价理论可以概括为以下两项原则:货币估价必须反映资金再生产的实际过程;实际成本是各种经营资金及其来源的估价基础[①]。从这些理论原则出发,结合各种经营资金的特点(主要是它们参加周转的特点),并参照不同的时间和条件,就产生了每种资金及资金来源的估价方式与估价标准。由于社会主义会计实践是由国家统一领导的,因此,会计学所论证的估价理论和方法完全体现在国家所制定的各种会计制度之中(在苏联主要为“会计报表与资产负债表条例”,在我国主要为“国营企业决算报告编送办法”)。

由此可见,“货币估价”法的内容是十分丰富的。当然,在“会计核算原理”这门课程中,不可能详细阐述所有资金及其来源的估价方式。但在讲授“货币估价”这一方法时,除了必须论证估价的基本理论(包括对资产阶级估价理论的批判)以外,有关各种主要资金项目的估价原则也有必要加以介绍。

“成本计算”是和“货币估价”有密切联系的方法,但是决不能把它们混为一谈。成本计算必须利用货币估价,而货币估价的标准则不一定就是成本。同时,正如我们前面所说,不仅在进行成本计算时需要估价,在会计核算的一切环节中都需要估价,都需要利用“货币”这一经济形式。

当然,为了保证货币估价的正确性和客观性,通过成本计算来确定实际成本是十分必要的。

从资金再生产的观点来看,所谓成本计算,首先就是正确确定投入资金再生产各个阶段的数量。资金再生产有三个主要阶段:采购、生产和销售。“按经济学的概念来讲,把资金投入各个周转阶段,是和业务费用——采购费用、生产费用、销售费用——这个术语相符合的。”[②]因此,对于成本计算的总括研究,必须包括三个主要阶段的实际成本的确定。只有如此,才能保证货币估价(按实际成本)和资金的实际运动完全一致。

目前会计核算原理教材都有一章专门讲授“主要经营过程的核算”。实际上,这一章就是研究怎样通过一些账户来确定这三个主要阶段的成本。如果要把“成本计算”当作会计核算的一个方法来研究,这一章是过于简略了。虽然我们并不要求在“会计核算原理”这门课程中讲授成本计算的具体程序(按照课程的性质来说,也不应该这样做),但是却应该要求比较深刻地阐述和正确决定成本有关的基本理论问题。

什么是和正确决定成本有关的基本理论呢?为了正确决定资金周转各阶段的实际成本,首先要正确地划分支出,认真研究划分支出的基本理论。在阿发那西也夫教授的《资产负债表结构原理》这本有名的著作中,作者创造性地论述了“按周转阶段划定支出是实际成本……底条件”的基本原理。总括他的意见,划定支出的理论主要须研究三个问题。

(一)按基本建设和基本业务划定支出;

(二)按各个毗连的业务时期划定支出;

(三)按资金周转各个阶段——采购、生产,销售——划分支出。

对于这些问题,阿发那西也夫教授都作了比较精辟的论述[③]。我们认为,目前有待研究的是:怎样把上述理论适应“会计核算原理”的要求加以整理、概括和进一步地发展。但这些理论必须包

① 必要时,也可用计划成本估价,但用计划成本估价时,通常都同时组织实际成本与计划成本差异的核算并且最终在资产负债表上仍须按实际成本表现。

② 阿发那西也夫:《资产负债表结构原理》,立信译本,第41页。

③ 以上参阅《资产负债表结构原理》第三、四、五章。

括到“会计核算原理”这门课程中去讲授则是毫无疑问的。

四、怎样论证会计核算的阶级性

会计核算的阶级性也是会计理论中的一个基本问题。可惜现行教学大纲和教材对这个问题的论证也存在一些缺点。例如按照目前教材中的说法，“资本主义制度下的核算成了剥削的工具，成了资本家用来实现对工人剥削和尽力增加这种剥削的手段之一。这就显示出资本主义核算底阶级性。资本主义制度下的核算是为统治阶级——资产阶级底利益服务的”。“在社会主义经济中，政权集中在工人手里，意味着工人阶级是把自己国家的全部力量用来为自己谋利益。这就是说，社会主义制度下的经济核算也是为工人的利益而服务的。是被用来巩固和增强社会主义国家的威力的。……由此可见，即使在社会主义制度下，核算也是带一定的阶级性的。在社会主义社会中，核算是为统治阶级——工人阶级底利益服务的。”[①]我们认为，这样来说明会计核算的阶级性显然过于一般化，说服力量是不够的。同时在上述说明中，也很难看出，这里所谓核算，究竟是指会计实践呢，还是指会计科学。

为了深刻地论证会计核算的阶级性，有必要把会计学和会计实践加以区分。以下，就谈一谈个人的看法。

大家知道，任何阶级都要通过自己的哲学——世界观来影响科学(特别是社会经济科学)。在一定的哲学思想指导下，没有所谓“客观的”或“中立的”社会经济科学。一切社会经济科学都要解释和说明一定的社会经济现象，这就必然牵涉到阶级关系。因此，社会经济科学总要代表一定的阶级利益，直接或间接地为这个阶级的利益辩护。作为一门社会经济科学的会计学也是如此。

前已述及，社会主义会计学的指导思想是马列主义哲学——辩证唯物主义与历史唯物主义。这种哲学思想是工人阶级的世界观。在社会主义会计学中，首先要论证会计核算(包括会计科学及会计实践)的历史制约性。要说明由于生产关系的改变，一定会改变核算制度和核算工作的内容与性质，并赋予它以完全不同的任务。社会主义会计学毫不掩饰会计核算在社会主义社会中的巨大作用。社会主义会计学永远从工人阶级和全体劳动人民的利益出发，不断总结和提高会计实践的经验，使会计更好地服务于社会主义和共产主义的建设。为了和一切有害的资本主义会计理论进行严肃的斗争，社会主义会计学还为自己提出下列任务：在正确阐述会计理论的同时，必须深刻地批判资本主义会计学中若干错误与反动的观点。

但资本主义会计学的性质与任务就是另一回事了。资本主义会计学的指导思想是形而上学和唯心主义以及现代庸俗的资产阶级政治经济学。资本主义会计学从来不谈会计核算怎样随着社会经济制度改变而变化的过程。在资产阶级会计学家看来，资本主义生产方式将会“万古长存”，所以管理生产的会计核算不会发生根本的变化。这种实际上为资产阶级服务的反动哲学观点很突出地反映在资本主义会计学的基本理论之中。例如现代资本主义会计学一开始先介绍所谓“会计方程式”，当作阐述会计方法的理论根据：

资产－负债＝资本；或财产＝财产所有权(即所谓财产的“平衡权”)

这些方程式显然不是抽象的算式。无论从形式上或实质上来看，设计这样的方程式都是为了宣扬和辩护资本主义生产关系的基础——资本主义生产资料所有制——的“合法性”与“永恒性”，

---

① 《会计核算原理》，高教部推荐的教材试用本，第7～14页。

并且企图从理论上证明会计核算必须永远为资本主义制度服务。

资本主义会计学的特点之一在于多讲“技术”,少谈“理论”。由于这一特点,往往掩盖它的阶级立场,实际上,这不过表明资本主义会计学的欺骗性。只要认真研究一下他们对于某些技术方法的解释和说明,就不难看出,资本主义会计学所讨论的任何一种会计方法,都是从资产阶级的实际需要出发的。例如为什么会出现“标准成本”制度?它对资本家有什么好处?在Charleo F.Schlatter的成本会计中就可以找到明确的答案。这本著作写道:“盖因一企业应用标准成本后,其管理当局即可集中注意各项不合理之成本项目,及所需对付之各种例外情形,不致因寻常事务而分心。就多方面之意见而言,每单位之标准成本数字,实为确定制销政策时之最好依据。……制造商如能明了其所制产品之‘应有成本’,则愈能决定各种计划,对付竞争。”[①]又如在Jams L.Dohr和Idouull A. Inghram合著的《成本会计》中有所谓“制造业的危险”一章。[②] 为什么作者会提出这样的问题来讨论呢?这是因为资本主义处于日益加深的经济危机中。经济危机成为资本主义的最大威胁。于是,怎样预防或减少因危机而带来各种损失自然要引起资本家的深切关心。这本书的作者不但提出问题的动机如此明显,而且他们所提供的解决办法(特别是处理人工“过剩”的办法)也十分露骨地表现了完全为资产阶级利益着想的反动立场。

资本主义会计学的阶级性还可以从它对待社会主义会计学的态度上表现出来。随着苏联社会主义的建成,也就形成了社会主义会计学。目前世界上同时存在两种会计核算体系是一个客观事实。但是,几乎所有资本主义会计书刊都不谈这一事实。和一切其他资产阶级社会经济科学一样,它们企图采用所谓“封锁”政策来阻挠社会主义学说的传播,以便巩固资本主义思想阵地。同时,由于它们“不承认”会计核算在社会主义经济条件下的巨大变化,这才有可能继续歪曲会计核算的性质,使会计核算进一步满足垄断资本家的需要。[③]

根据以上说明可以看到:资本主义会计学不仅为资产阶级提供管理生产和加强剥削的办法,而且还从理论上辩护和巩固资本主义制度。

由此可以得出结论说,作为一门社会经济科学,会计学的阶级性是不容争辩的。

但是,作为一种客观经济现象的会计实践有没有阶级性呢?有。会计实践同样带有阶级性。“在阶级社会中,人们的一切思想言论和行动,一切社会制度,一切学说都贯穿着阶级性,贯穿着各种不同阶级的特殊利益和要求。”[④]会计实践的阶级性首先体现在会计制度之中。在不同社会经济制度下,基于管理生产的特定目的和任务,需要制订与此相适应的核算方法、程序和组织方式。这就是说,整个会计制度必须符合社会经济制度的特点并反映这种经济制度下生产管理者的特殊要求。其次,会计制度的阶级性还体现在执行会计制度的人的活动之中。制定会计制度仅仅是会计实践的第一步。会计制度只是提出要求,重要的问题在于实现要求。而实现会计制度的要求则依

---

① 见立信译本:许氏成本会计。

② 见立信译本:许氏成本会计。

③ 在W.A.Paton和A.B.Littlon合著的《公司会计准则绪论》中,有一段话曾提到社会主义会计:“……企业费用之发生或费用之支付应假定其目的在于收益之获取。易言之,企业组织应视为旨在产生收益之机构也。此一假定,当易为人所了解,因一般营业机构,无不以营利为目的,即在社会主义共产主义国家,多数企业均属公营,获利观念可能减少,但吾人仍假定其成本之发生不外图效果之获取;所获效果必能抵偿成本而有余,方值得国家社会之经营,是则公营企业仍有待其成本与营业收入之配合,而后始能测验其成就耳。”(立信译本27～28页。)但须注意,这里,Paton不仅歪曲了社会主义企业的性质和目的,而且还妄想证明他的会计理论——“配合成本于营业收入以决定收益”同样也能适用于社会主义。正如葛莱赫同志在其《苏联会计学基本教程》中指出,现代资产阶级会计学者甚至站在捍卫资本主义垄断经济利益的立场上,企图“统一”全世界的会计学。Paton的上述论调,就是这种反动企图的表现。

④ 刘少奇:《论人的阶级性》,(载《论共产党员的修养》,人民出版社,第91页)。

靠会计核算人员的具体活动——按照会计制度规定执行计算与监督的职能。所以，不论会计核算人员的主观意图如何，只要他执行会计制度所规定的工作，他就在客观上为生产的主人（掌握生产资料的那个阶级）服务。这是无法否认的。最后，核算结果所产生的会计资料也充满了阶级性。一切会计资料都不是一堆抽象的数字。会计资料中每个数字皆代表一定的社会经济内容——反映一定的经济现象和经济过程。正如高教部推荐的教材试用本所说：“经济核算不仅提供经济过程的数量反映，而且还提供这些过程的性质说明。”[①]在全部会计资料中，以报表和报表分析资料占最重要地位。所谓报表分析（不论是社会主义“经济活动分析”，或资本主义的“决算表分析”），就是利用报表资料来研究被分析经济组织的生产财务活动，给予评价，并提供改进意见。在这里。不可能采取“客观”或“中立”的叙述。报表分析工作最鲜明地反映会计核算的阶级性和党性。

（原载于《学术论坛》1957 年第 1 期）

① 见该教材第 6 页。

论社会主义经济中固定资产的无形耗损及其计算问题

葛家澍

自从政治经济学教科书俄文第二版肯定了在社会主义经济中同样存在固定资产无形耗损(精神磨损)范畴以后,[①]无论对这个范畴的经济本质方面或经济计算方面,都存在不少问题值得进一步明确。例如:

(1)无形耗损的意义,本质及其在不同社会中(特别是在社会主义中)的作用与后果;

(2)如何通过货币额来测定无形耗损的大小;

(3)无形耗损和提前更新的损失有无区别;

(4)在社会主义制度下无形耗损怎样得到补偿,以及无形耗损是否也要包括在折旧费中计入产品成本。

对于上述问题,本文试图作一些初步探讨。为了便于说明所要研究的问题,本文以工业企业生产用固定资产(主要是机器设备)作为考察对象:把考察对象作这样限定仅仅为了说明的方便,它将不会因此而影响本文结论的一般适用性。

一、无形耗损的本质及其在不同社会中的作用与后果

固定资产是生产过程中当作劳动手段发挥机能的物质资料。在工业企业中,最主要的固定资产是直接参加生产或为生产服务的固定资产即所谓生产用固定资产。生产用固定资产参加生产服务显示两种特质:首先,指它发挥机能的时间方面。一切生产用固定资产都能长期地发挥机能,为许多连续的生产过程工作。在它没有完全丧失使用价值以前,始终不改变物质上的原始形态。其次,指它发挥机能的性质方面。和劳动对象不同,固定资产只能帮助产品实体的形成,它的自身(固定资产的物质部分)并不构成产品的实体。按照马克思的话说:"固定资本的物质的担负物,却只能生产地消费,不能加入个人的消费,因为它不会加入它所助成的生产物或使用价值内;它宁可说与生产物相对立,保持独立的姿态,以至完全磨灭。"[②]

固定资产的这两种特质是不容忽视的。正是基于这两种特质,固定资产被生产地消费才表现为一种特殊形式——磨损。磨损,首先意味着固定资产自然属性——物理性能——的变化。这种变化使固定资产的自然形态由新变旧,日益缩短其寿命,从而最后完全丧失作为劳动手段而使用的效能。其次意味着固定资产社会属性——价值——的变化。固定资产在遭受物理磨损的同时,包

---

① 参阅《〈政治经济学教科书〉增订第二版的修改情况(社会主义部分)》一文,《学习什志》,1956 年 5 月号第 20 页。

② 《资本论》第 2 卷,人民出版社,第 178 页。

括在其中的价值量就有一部分与其母体分离。因为商品的使用价值是价值的物质担当者。当商品使用价值通过消费而逐渐丧失，则附着在使用价值上的价值也将随着使用价值的丧失而减少(对于在社会主义经济中仍具有商品外壳的固定资产来说，这个原理同样是适用的)。但固定资产所减少的价值并没有消失，它转移到由固定资产帮助生产出来的产品价值中去了。所以马克思写道："除了精神磨损，磨损就是固定资本渐渐由消耗而移到生产物中去的价值部分。"[①]

必须指出，这里所论证的固定资产磨损只是指下列两种情况来说的：第一，由于自然力作用而产生的磨损。例如房屋及建筑物要受风、雨、阳光的侵蚀，机器要氧化生锈等等。第二，由于生产使用而形成的磨损。这是磨损的主要原因。在前一种情况下，磨损可以通过对固定资产进行必要的维护和保管(非工作日或工作班)使之减轻甚至完全防止。而在后一种情况下，如果提高固定资产的质量及其耐磨性，精心地加以维护与检修，这种磨损也可以减少到一定限度。当然，要求固定资产永远为人们工作而完全不受磨损是不可能的。

如上所述，自然力侵蚀和生产使用是引起固定资产磨损的不同因素。但是，它们却有重要的共同点。无论是自然作用或生产使用所形成的磨损，在固定资产的物理性能上都会反映出来。通过技术测定甚至用我们的肉眼就可看到固定资产遭受磨损后的变化。同时，这种磨损通常在固定资产业已投入生产才开始计算。引起磨损的两种原因虽存在着"使用"和"非由于使用"的区别，但严格说来，固定资产"非由于使用"所遭到的自然磨损仍然是为了生产使用才发生的。

由此可见，上述磨损不论其形成原因如何，都是可以看得见的物理磨损或有形耗损。有形耗损是固定资产参加生产不可避免的结果。它反映着固定资产本身变化的自然过程(因为，有形耗损是作为劳动工具发挥机能的固定资产必然要发生的。一切生产用固定资产都必须通过这样的过程来完成其被人们利用和消费的使命)。

以上，我们简单地研究了固定资产有形耗损的基本原理。认识固定资产有形耗损的意义和实质对于理解固定资产无形耗损是很必要的。因为在以后说明中就可以看到，只有把有形耗损和无形耗损加以对比考察，才能正确地解决无形耗损应否计入产品成本问题。

固定资产除有形耗损外，还可能遭到所谓精神磨损或无形耗损。顾名思义，这种耗损是看不见的。因为它并不会从固定资产的物理结构和性能上得到反映。那么它表现在哪里呢？它仅仅表现为固定资产价值的降低。

马克思在研究资本主义经济时曾指出引起无形耗损的两种原因。他说："……只要构造相同的机器能依更便宜的方法来再生产或有更优良的机器加入来竞争，旧机器的价值就会比例减少。"[②]

根据马克思的说法，引起无形耗损的原因是：第一，固定资产的再生产费用降低；第二，出现了经济效能更大的新型固定资产。不论哪一种情况发生，原来的固定资产都因此要丧失一部分价值，好比遭受物理磨损一样。

大家知道，马克思曾论证过，一个商品价值的大小并不决定于原来生产它的社会必要劳动时间，而是由再生产它的社会必要劳动时间决定的。在上述第一种情况下，只要生产更便宜固定资产的生产方法被普遍推广，从而达到这种生产条件下的生产费用来决定社会必要劳动耗费的时候，则现时所有相同结构的固定资产都要按这个费用标准来计算自己的价值。因此，一切在过去生产技术条件下——劳动生产率较低，产品成本较高——制造出来的就都必须贬值。

上述第二种情况是指由于社会技术进步，生产了效率更高的新型固定资产。这种固定资产不但完全可以代替旧型固定资产，而且保证比使用旧型固定资产获得更大的经济效果。很显然，如果新型固定资产的价值过高，使用它在经济上并不合算，或价值虽不高而尚不能大量供应，那么，它的

① 同上，第 193 页。

② 参阅马克思，《资本论》第 1 卷，人民出版社，第 490 页。

出现还不至于影响旧型固定资产的价值。后者仍取决于它自身再生产所必需的社会劳动时间。不过,只要生产新型固定资产的部门不断提高劳动生产率,降低了生产费用同时又达到大量生产充分供应的条件,那么,旧型固定资产的价值就不再由它自身生产所花费的劳动时间决定,而将由生产新型固定资产所花费的劳动时间来决定了。因为在当前社会劳动生产率的水平下,生产旧型固定资产所花费的劳动时间一定少于生产新型的固定资产。后者的价值一定低于前者的价值。于是,那些在过去劳动生产率水平较低的条件下所生产出来的固定资产就会遭受无形耗损,发生贬值的问题。

从这里可以看到,作为一个经济范畴,无形耗损是和商品生产与价值规律有联系的。

当然,对于无形耗损范畴仅仅作这样分析是不够的,因为这还没有正确阐明它的本质。

我们必须通过无形耗损的原因来进一步加以论证。如上所述,产生无形耗损的第一种原因是固定资产再生产费用的降低,或者反过来说是由于提高了劳动生产率。谈到提高劳动生产率,正如大家所知道的,它虽取决于多种多样的因素,而决定性的因素当是技术进步。至于产生无形耗损的第二种原因是新型固定资产的出现。很显然,这应当完全归之于发明和采用新技术的结果。由此应该得出结论:固定资产无形耗损是社会不断以新技术代替旧技术条件下产生的一种客观经济现象。日益进步的社会生产力是形成无形耗损的物质基础。如果撇开无形耗损在不同社会经济条件下的作用与后果不谈,那么,无形耗损应当理解为这样一种范畴:它实质上用价值形态表现着社会生产力的进步而形式上却用价值形态表现使用陈旧技术“损失”。[①]

那么,无形耗损在不同社会经济制度下所起的作用与后果究竟有何不同呢?

在资本主义社会,无形耗损首先要在资本家之间引起剧烈的竞争。技术进步必然要求更新固定资本[②],而更新的速度应愈快愈好。因为只有最早采用新技术的企业才能保证获得超额利润。但是,随着机械化自动化程度的提高,任何企业投在一定自然形态上的固定资本总额也日益增大。提前更新固定资产必须补充大量投资,这对于中小资本家来说不能不是一个异常沉重的负担。因此,技术革新只不过对大资本家有利。大资本家具有一切条件在技术革新方面领先,从而利用这一优势获得愈来愈多的超额利润。科学越进步,技术革新越快,中小资本家的负担也越重。当他们无力挑起这副担子的时候,就不得不在残酷的竞争战下面宣告倒闭和破产。[③] 但是,资本主义条件下无形损耗引起的更主要后果乃是给劳动者带来灾难。我们知道,当新技术已经出现或快要出现的场合,资本家总想设法避免或减少由于无形耗损而引起的损失。他们力图把这种损失转嫁给劳动者。他们要求加快机器运转,提高劳动强度,迫使工人最大限度地利用固定资产来增加生产。这样一来,无形耗损的直接后果是使劳动者受到更重的剥削。此外,我们还必须注意到,固定资产加速磨损的结果使每年的折旧费大大提高了。虽然产品单位成本中包括的折旧费会因产品产量的增加而比例减少,但增加产量所形成的折旧费的相对节约不一定能抵补因缩短固定资产折旧期形成的折旧费的绝对增加。这就是说,尽管分摊折旧费的产品数量加多了,而单位成本中的折旧费可能仍

① 以上可参阅阿·诺特京同志的文章《论利用社会主义在发展生产力方面的优越性》一文(《经济译丛》,1956年第10期,第8~9页)。

② 这里主要是指引起无形耗损的第二种原因——更优良固定资产的出现。

③ 主要是指恐慌和危机年代。因为资本家为了摆脱危机,往往尽一切力量采用新技术,进行固定资产大规模更新。“使经营工具来到时候就依大的社会规模来更新的,主要是大恐慌,危机。”(马克思,《资本论》第2卷,人民出版社,第193页)。

比过去增大。[1] 如果其他条件不变，产品成本是会提高的。这样一来，无形耗损的另一后果就是：可能引起商品价格人为地提高，从而增加广大消费者的负担［商品价格人为提高的可能性存在于这样的场合：社会上快要出现新技术（新型固定资产）或新技术虽已出现，尚未普遍推广；目前大多数采用旧技术（旧型固定资产）的生产力平均水平仍然决定生产该商品的社会必要劳动耗费］。

社会主义社会中无形耗损所引起的作用与后果则是另一种情况。首先，新技术的采用不会引起竞争。因为社会主义制度根本消灭了引起竞争的社会经济条件。社会主义生产是有计划的，其目的在于谋求整个社会的福利。所以，技术革新应由国家统一地有计划地进行。技术革新的结果总能减轻工人劳动，提高劳动生产率，从而创造更多的国民收入来满足社会的需要。从整个国民经济观点看来，社会主义条件下的无形耗损不会带来任何真正的损失。个别企业的固定资产虽然可能贬值，也可能因提前更新而遭受所谓损失，但所有这些损失，实际上完全能够从技术进步带给全社会的利益（节约社会劳动、提高劳动生产率）中得到补偿。在社会主义条件下，技术进步是降低产品成本与不断降低物价的基本因素。因此，无形耗损不可能也不应该招致产品价格的人为提高。由此可见，只有在社会主义经济中，我们才能明确看到无形耗损对发展社会生产所起的积极作用。

二、无形耗损的第一种形式及其计算

明确无形耗损的意义和作用以后，我们就应研究它的计算方法。对于经济工作者首先是会计工作者来说，这是一个相当复杂但却具有很大现实意义的新课题。

我们已经说过，马克思规定了无形耗损的原因有二：相同结构的固定资产可以用更少的费用生产出来或出现了新的更高效能的固定资产。为了便于说明，我们也按照流行的意见，称前者为无形耗损的第一种形式，后者为无形耗损的第二种形式。

对于这两种不同形式的无形耗损，在计算上有很大的区别。

如果无形耗损仅仅属于第一种形式，则其耗损额的确定较为简单。根据前面的分析，不论过去生产出来的固定资产价值有多大，只要现在能以较少的费用再生产出来，那么，这些过去已生产出来的固定资产的价值就要下降，降低到和生产它们的价值相等。因此，**固定资产原价和再生产价值（重置价值）的代数差，就是无形耗损的价值。**

设　K_0——固定资产原价

　　K_1——固定资产再生产价值

　　O——无形耗损

则

---

[1] 举例来看：

假定一架机器原价为 60 000 元，估计可用 10 年（无残值），预计年产量为 10 000 单位（最大生产能力的 80%）。但考虑到在第 6 年末可能出现一种新机器来替换它，因此，需要提早 4 年折旧完毕。在 6 年中，充分利用该机器的生产能力，使它达到年产量 12 500 单位，则在两种情况下，单位成本中包括的折旧费如下：

	按 10 年折旧	按 6 年折旧	差异
1.年折旧费	6 000 元	10 000 元	+4 000 或 66.6%
2.年产量	10 000 单位	12 500 单位	+2 500 或 25%
3.单位成本中包括的折旧费	0.6 元	0.8 元	+2%或 33.3%

可见，尽管年产量增加 25%，但因折旧总额增加 66.6%，所以产品单位成本中的折旧费仍增加 33.3%。

$$O=K_0-K_1$$

举例来说,机器原价 1000 元,再生产价值 800 元,则它遭到的无形耗损即为 1 000－800＝200 元。

如果固定资产尚未使用(即尚未遭到有形耗损),则它在扣除无形耗损后的现余价值和再生产价值是一致的。其公式为:

$$S=K_0-O$$

式中:S——固定资产的现余价值

以上例来说,该机器现余价值 1 000－200＝800 元,与其再生产价值相等。

但上述两个公式只是对于尚未使用过的固定资产才具有适用性。固定资产如已使用从而根据原价计提了折旧(有形耗损),则测定其无形耗损和现余价值(扣除无形耗损和有形耗损)的公式即应改为:

$$O=(K_0-K_1)(1-R\cdot N)$$
$$S=K_0-D-O=K_1(1-R\cdot N)$$

式中:R——年折旧率

N——固定资产已使用年限

D——有形耗损总额

通过这两个变形的公式可以看到:如果固定资产已经使用,则其遭受的无形耗损必然小于未使用固定资产所遭受的无形耗损。因为固定资产的一部分价值已经通过有形耗损从折旧提成中收回。这部分与"母体"分离的固定资产价值自然不再遭受无形耗损的影响。固定资产的已使用期愈久,通过折旧收回的价值愈多,则实际发生的无形耗损就愈少。在这种情况下,为了测定固定资产的现余价值,也不再根据它的原始价值而应根据其再生产价值。亦即,固定资产的现余价值应等于按其再生产价值计算的未折旧份额。

仍以上例来说,设该原价 1 000 元的机器可使用 10 年。估计无残值。每年折旧率为 10%,在使用 6 年后其再生产价值方下降为 800 元。则其遭受的无形耗损只有(1 000－8 000)×(1－10%×6)＝80 元;而现余价值等于 800×(1－10%×6)＝320 元。

三、无形耗损的第二种形式及其测定方法

我们进一步研究无形耗损的第二种形式及其计算方法。

前已述及,由于社会出现了更优良的新型固定资产,过去已生产出来的旧型固定资产也应贬低其价值。按照马克思的指示,这时旧型固定资产的价值应比例于新型固定资产的价值而减少。

我们认为,在社会主义经济中,根据马克思的指示去研究和测定第二种形式的无形耗损不仅是必要的,而且也是可能的。

首先,从国民经济的节约观点看来,在我们的社会中,如果出现了更优良的同时按其价值来说又不大的新型固定资产,国家即有必要重新规定当前再生产旧型固定资产的社会劳动耗费的必要水平。最大限度的节约劳动是基于社会主义经济制度本质而产生的客观要求。由于使用新型固定资产能为社会带来更大的经济效果,国家不能不考虑旧型固定资产的社会再生产费应低于新型固定资产多少方为合理。

其次，新型固定资产并不是一出现就会引起旧型固定资产贬值。要使新型固定资产对于旧型固定资产的价值发生影响，必须具备两个条件：第一，新型固定资产的价值接近甚至低于旧型固定资产过去生产的价值，但是前者比后者效率高，保证制造产品上的更大经济性；第二，按照目前的生产条件和生产能力，已经能够大量生产新型固定资产，从而保证各企业更新的需要。很显然，新型固定资产的生产如已具备了这两个条件，就充分表明生产该类固定资产的生产部门的劳动生产率有了显著提高。由于劳动生产率水平的提高，当前再生产旧型固定资产所必需的劳动耗费自然会比过去降低。

由此可见，在社会主义经济中，计算第二种形式的无形耗损具有客观的必要性和可能性，而新旧两类固定资产经济效果的对比将是决定无形耗损额的合理标准。

大家知道，固定资产的经济效果可以通过很多方面来说明。但说明生产用固定资产（特别是机器设备）经济效果的主要标志不外（1）产量的高低；（2）经营费用的大小。

以下，我们就根据这两种标志来探讨无形耗损的计算问题。

（一）根据产量高低来测定旧型固定资产的无形耗损

更优良的新型固定资产和旧型固定资产对比，其经济效果可能表现为前者比后者提供更大的生产率。这就是说，在使用新型固定资产以后，产量可以提高。在这种条件下，旧型固定资产应比照低于新型固定资产的产量比例而贬值。测定旧型固定资产的现余价值（扣除有形耗损和无形耗损）及无形耗损的公式有如下示：

$$S=\frac{mK_0 \times pQ}{mQ}(1-R \cdot N)$$

$$O=pK_0-D-S$$

式中：mK_0——新型固定资产的原价

mQ——新型固定资产的年产量

pK_0——旧型固定资产的原价

pQ——旧型固定资产的年产量

S——旧型固定资产在扣除有形及无形耗损后的现余价值

D、O、R、N 等符号的说明同前。

试举一例来看，设有新旧两种类型的机器，其原价各为 8 000 元及 6 000 元，年产量各为 10 000 单位及 5 000 单位，机器的使用期均为 10 年，假定已使用 4 年。则根据上述公式：

$$\text{旧型机器的现余价值}=\frac{8\ 000 \times 5\ 000}{10\ 000} \times (1-4 \times 10\%)=2\ 400\ \text{元}$$

$$\text{旧型机器遭受的无形耗损}=6\ 000-2\ 400-2\ 400=1\ 200\ \text{元}$$

应该指出，上述公式的适用性是限于：新旧两类固定资产所帮助生产出来的产品在质量上并无区别，它们仅仅有数量上的不同。但，有时由于新型固定资产性能的改善，产品质量亦会有所提高，在这种条件下，上述公式的产量（mQ 及 pQ）不应以实物量表现，而应以价值量表现，以便借助于产值的大小来反映产品数量和质量上的差异。

（二）根据经营费用的大小来测定旧型固定资产的无形耗损

在很多情况下，采用新型固定资产所带来的经济效果表现为生产经营费用的节约。例如节省电力、工资（由于劳动生产率增长的速度超过工资增长的速度），减少废料、废品和停工损失，降低单位产品上的综合费用等等。新型固定资产所能节约的经营费用愈多，即表明采用新型固定资产比旧型固定资产更经济，因而旧型固定资产应比新型固定资产价值降低的幅度也愈大。

经营费用节约的具体计算方法可例示如下：

	新型固定资产	旧型固定资产
年产量(实物单位)	10 000	5 000
经营费用(元)	10 000*	8 000
单位成本(元)	1	1.6

采用新型固定资产所获得的全年经营费用节约额=10 000×(1－1.6)=6 000 元

说明:在计算采用新型固定资产所需经营费用时,要分析费用与固定资产的依存性。假如某项费用虽较过去降低,但并非由于采用新型固定资产的结果,则此项费用仍按过去的标准计算。

社会主义很关心资金运用的效果。将旧型固定资产的价值降低额(对新型固定资产来说)和采用新型固定资产所获得的经营费用节约额进行比较实际上就是在测定这种效果。由于新型固定资产的价值一定要高于旧型固定资产,生产前者(当作产品)要耗费社会较多的资金(物化劳动和活劳动的货币表现),但是当前者当作劳动手段投入生产以后,却能节约生产产品时的社会资金耗费。所以单纯从经济方面考虑,通过这种比较就可以合理地测定旧型固定资产的价值量,保证社会主义不论把资金投于新型固定资产的生产或投于旧型固定资产的生产,都得到完全相同的效果。

那么,我们应当怎样来进行这种比较呢?关于这个问题,我们社会主义经济著作过去还是很少的。在资本主义国家,为了服务于垄断资本家的利益,这个问题曾经被资产阶级的会计学家提出来讨论过。

这里,我们不妨分析一下他们所主张的计算方法。

美国的赛勒尔斯(E.A.Saliers)在他主编的《会计师手册》(*Accountants' handbook*)中,曾举例介绍怎样比较经营费用的节约来计算无形耗损:

“假定一架机器成本为10 000元,使用期限10年,估计残值1 000元,每年应计折旧(10 000－1 000)×10%=900元,如使用五年即予废弃,则共提折旧准备4 500元。其未折旧价值4 500元或提高以后折旧费或视为‘陈旧’与‘不适用’处理。……五年后,新机器(价值8 000元)出现了。这种新机器能提供和旧机器相等的服务,但单位产品成本却较低,假定使用旧机器每年须支出经营费600元而使用新机器则为400元。

	旧机器	新机器
未折旧价值	5 500	8 000
经营费用	600	400

设市场利率为6%,则旧机器经营费用的资本化价值为600÷0.06=10 000元。同样,新机器经营费用的资本化价值为400÷0.06=6 666.67元,将它们加入机器的价值:

	旧机器	新机器
原价减折旧	5 500	8 000
经营费用资本化	10 000	6 666.67
	15 500	14 666.67

与新机器生产效能相比,旧机器只值4 666.67元[旧机器未折旧价值5 500元－旧机器超过新机器的资本化价值833.33元(15 500－14 666.67)],因残值有1 000元,则机器的净损失为3 666.67元。”[①]

以上例来着,其计算方法的本质是这样:先将新机器每年可获得的经营费用节约额通过市场利率“资本化”。其数值为3 333.33元(即10 000－6 666.67),这一数值表示采用新机器能节省的资本额。为补偿采用旧机器的相对损失,旧机器即应较新机器减价3 333.33元以便保证采用新旧机

---

① E.A.Saliers:*Accountants' handbook*,pp.472～473。

器都获得相等的经济效果。按赛勒尔斯在上例中的计算：

旧机器所遭到的无形耗损＝5 500－4 666.67（即 8 000－3 333.33）＝833.33 元

旧机器此时更新的损失＝4 666.67－1 000＝3 666.67 元

很显然地，赛勒尔斯所介绍的方法是根据资本主义经济特点设计的。首先，把经营费用通过市场利率还原为资本是赛勒尔斯计算法的基础。这一计算基础只能严格地适用于资本主义经济。因为在资本主义条件下，本质上属于剩余价值一部分的利息往往被看作资本的“价格”。市场利率（利息的相对尺度）实际上成为各类资本家所追求的最低利润率的界限。工业资本家在考虑经营费用超支或节约对于资本耗费的影响时，是用“利率”作为尺度来进行衡量的。在这里，利率能对资本的移动起调节作用。但在社会主义条件下，利率的性质和作用起了根本的改变。社会主义国家所制订的利率只不过是刺激企业经济核算和鼓励居民储蓄的一种手段。如果我们也利用银行利率将固定资产的经营费用还原为本金从而据以计算无形耗损，那就是严重的错误。

其次，在赛勒尔斯推荐的方法中，没有严格区分无形耗损和提前更新造成的损失。其实这是两个不同的问题，不应混为一谈。① 我们认为，不论旧型固定资产在何时更新，只要出现了更优良的固定资产并保证生产的经济性，旧型固定资产就要遭受无形耗损。即使它完全没有使用，也不会例外。新型固定资产出现后，原价相同的旧型固定资产如果尚未使用，它们将遭受价值完全相等的无形耗损。如果已在使用，则无形耗损额就依照使用程度而比例减少。这就是说，只要旧型固定资产仍有价值，总要遭到无形耗损，这是不可避免的，它不能随资本家的意志而转移。由此可见，无形耗损所反映的是一个客观的经济现象，而在一定条件下（考虑到旧型固定资产的原价和已磨损程度），无形耗损额应代表一个客观存在的“量”。但，提前更新所造成的损失却是另一种性质。固定资产遭到第二种无形耗损时，其使用价值（生产能力）并未受到影响。只要对资本家有利，仍然可以继续使用，不一定都要求提前更新。问题在于：提前更新虽可早日获得经营费用的节约，但却需要提早投资并牺牲旧型固定资产按其物理性能尚可利用的价值。除非客观环境迫使资本家非提前更新不可（例如在资本主义剧烈竞争和危机以后，如不以新技术代替旧技术就有被淘汰的危险性），资本家总希望选择最有利的时机进行更新：使提前更新的损失能从使用新型固定资产后的一定期限（相当于旧型固定资产尚可使用的期限）内通过经营费用的节约中全部收回。由此可见，和无形耗损不同，即使在资本主义条件下，提前更新的损失也不是不可避免的。至少可以减到最低限度。

---

① 在我国经济书刊所发表的论文中，某些作者对于这两个问题的阐述也有类似的缺点。例如常胜、王恩荣两同志在其《略论工业企业固定资产及其折旧》一文中写道：

“由于新技术代替旧技术，当机器尚未将折余价值完全移转到产品中去取得补偿的时候，所遭到的相形之下的贬值——无形耗损是机器设备生产技术前进里程中必然的规律。

但是，如果采取下列措施，是可以减少这方面的损失：（1）加强对机器有效的利用。假定某种机器的使用期限为 10 年，使用 8 年的时候出现了新机器时，如果在此以前有效地使用了该机器，则所遭到的无形耗损应该是占全部价值的 20％（假定拆除不用）。如果未能有效使用，在此期间只利用了 5.0％，则所遭到的无形耗损的价值则为 60％了。（2）调拨给地方工业部门或其他手工艺部门利用可以避免无形耗损。……”（见《经济研究》，1956 年第 5 期，第 70 页）

从作者上述论断可以看到，他们把机器的无形耗损和提前替换所造成的损失混起来了。的确，在社会主义条件下，由于生产资料公有，国家有可能把提前替换的旧机器拨给其他工业部门或手工艺部门利用，从而可以大大减少固定资产利用方面的损失。但是能把这种损失的减少看作就是无形耗损的减少吗？要知道，无形耗损是由于技术进步而引起的。只要更优良的新机器出现，一切旧机器都不可避免地要遭到无形耗损，这是一种客观的经济现象，是人力不能阻止的。国家把退废的旧机器转拨其他部门继续利用并不能减少（更不能避免）无形耗损，而只能减少或避免提前退废的损失（即未能充分利用旧机器的损失）。这两种损失有着原则性的区别。过去许多经济学家正是由于未能区别这两种损失，才使他们错误地否定了在社会主义经济中同样存在的无形耗损过程。

再次,在上例中,无形耗损的计算方法也不正确。例如在比较两种机器的经营费用的资本化价值以后,确定旧机器只值 4 666.67 元。这一数值,实际上是对一台尚未使用过的旧机器(每年需支出经营费用 600 元)来说的,因例中已假定使用 5 年。所以该机器在扣除有形耗损及无形耗损后的现余价值只有(4 666.67－1 000)×10%×5＝1 833.33 元;该机器实际遭到的无形耗损当为(10 000－1 000)－[(900×5)＋1 833.33]＝2 666.67 元。但赛勒尔斯的结果并不是这样。按照他的计算,旧机器的无形耗损是 833.33 元。他把一台完全崭新的旧型机器贬值后的价值 4 666.67 元直接和实际已使用 5 年后的旧型机器的现余价值 5 500 元进行对比来确定旧机器的无形耗损额。这显然是错误的。根据他的计算,旧机器所遭受的无形耗损大大缩小了。而其现余价值(扣除有形耗损和无形耗损之后)也遭到歪曲。

最后,上述计算方法把经营费用的节约通过利率还原而并未考虑时间因素(即能够获得节约的期限)。按照赛勒尔斯的建议,仿佛新机器所产生的节约可以无限期地获得,实际上,这种节约是不能超过机器的使用期限(服务期限)的。

由此可见,基于资本主义经济特点所设计并包含严重错误的资产阶级的计算方法是不能用来测定社会主义无形耗损的。对于这个方法,原则上必须否定。

现在,我们应完全根据社会主义经济的本质和特点,设计一个测定无形耗损第二种形式的合理公式。

在社会主义条件下,当我们需要考虑旧型固定资产价值应低于新型固定资产价值多少时,首先也要注意到:由于旧型固定资产价值较低,从整个国民经济观点来看,它能一次节约国家的投资。但是,采用新型固定资产所节约的经营费用是逐年产生的。在时间上这是两个不能直接比较的数值。所以,把每年节约的经营费用换算为“现值”以便和投资于旧型固定资产一次节约的价值进行比较是正确设计我们公式的一个很重要的条件。

前已述及,社会主义不能用“利率”作为换算标准。那么,是否有其他合理标准来代替它呢?

答案可以肯定。如果撇开其他因素不谈,则“资金利润率”指标就是在社会主义经济中作为评定资金运用效果的经济尺度。根据目前论著的介绍,所谓资金利润率指标是指企业所提供的利润额占其全部固定和流动资金的百分比。[①]

不过,在我们这里,“资金利润率”最好按整个国民经济范围(或按部门)计算。因为社会主义的特点和优点之一就是每个企业所节约的一切资金最终都会集中到国家预算(或部门的预算)在全国范围(或部门范围)内不断周转运用。所以,只有按国民经济(或部门)范围计算资金利润率,才足以反映在社会主义经济中运用这些资金的平均经济效能。在计划经济条件下,这个指标应根据国家计划的资料来计算:

$$\text{资金利润率}=\frac{\text{每年平均的计划利润总额}}{\text{每年平均占用的生产资金总额}}$$

有了这一指标,我们就可建立所需要的计算公式。

设 I——新型固定资产每年平均产生的经营费用节约额(计算方法见前)

N——固定资产的可使用年限(假定新旧固定资产的使用期相同)

R——每年平均的资金利润率

则新型固定资产每年节约的经营费用在 N 年内的全部经济效果将为:

① 参阅 A.M.毕尔曼:《关于社会主义企业盈利的若干问题》,《经济研究》,1956 年第 3 期,第 45～46 页。
叶·里别尔曼:《经济核算制和企业工作人员的物质鼓励》,《经济译丛》,1955 年第 10 期,第 67～72 页。
叶·里别尔曼:《论工业生产计划和工业发展的物质鼓励》,《经济译丛》,1956 年第 12 期,第 1～13 页。
沙一禾:《谈谈社会主义生产节约的动力问题》,《人民日报》,1957 年 1 月 4 日。

$$I(1+R)^{N-1}+I(1+R)^{N-2}+I(1+R)^{N-3}+\cdots+I(1+R)+I \tag{1}$$

另一方面，由于旧型固定资产的价值应低于新型固定资产的价值，国家对于旧型固定资产的投资能产生一次节约。在 N 年内，此种节约也可预期其获得按资金利润率计算的补充经济效果。

设 A——在比较新型和旧型固定资产使用中的经济效果后，旧型固定资产应低于新型固定资产的价值。

则在 N 年内价值 A 共产生的经济效果为：

$$A(1+R)^N \tag{2}$$

我们只要假定(1)式＝(2)式，即可求 A。

$$A=\frac{I(1+R)^{N-1}+I(1+R)^{N-2}+I(1+R)^{N-3}+\cdots+I(1+R)+I}{(1+R)^N}$$

简化后，

$$A=\frac{I[(1+R)^N-1]}{R(1+R)^N}$$

很显然，这里所计算的 A 只代表旧型固定资产(尚未使用过的)的价值应低于新型固定资产的数额。它并不等于过去制造出来未使用或正在使用中的旧型固定资产的无形耗损额。

$$O=PK_0(1-R\cdot N)-[(mK_0-A)(1-R\cdot N)]=[PK_0-(mK_0-A)](1-R\cdot N)$$

(式中符号的说明同前)

从上式可以看到：旧型固定资产所遭受的无形耗损是同它曾否使用(即曾否遭受有形耗损)有关的。假定旧型固定资产尚未使用，则上式中 N 等于零，$O=PK_0-(mK_0-A)$。此时所遭受的无形耗损为最大。可见，旧型固定资产所遭受的无形耗损大小与其已使用期间长短成反比。这点，和按产量高低所测定的第二种无形耗损以及第一种无形耗损的结果并无二致。应当考虑到，旧型固定资产可能同时发生两种形式的无形耗损。在这种情况下，上述公式仍然可以采用。因为：

$$\text{第一种形式的无形耗损额}=(PK_0-PK_1)(1-R\cdot N)$$

$$\text{第二种形式的无形耗损额等于两式相加后}=\frac{[PK_1-(mK_0-A)](1-R\cdot N)}{[PK_0-(mK_0-A)](1-R\cdot N)}$$

式中：PK_1——旧型固定资产的再生产价值

(其余符号的意义同前)

以上，我们初步探讨了无形耗损(特别是第二种形式)的计算问题，并且提出了一些用来测定无形耗损大小的公式。虽然斯特鲁米林院士认为，“把无形耗损加以会计计算是极其困难的”，但我们的研究证明：只要正确理解无形耗损的本质并认真考虑在社会主义条件下测定无形耗损的经济意义，就可以比较顺利地解决这个计算任务。

我们有必要再一次指出，在社会主义经济中测定无形耗损是有巨大的现实意义的。

首先，通过无形耗损的计算，可以正确地测定那些过去制造的固定资产的现余价值，以及每年应转入产品成本中的折旧费；其次，通过无形耗损第二种形式的计算，可以使党和政府有根据地考虑，再生产那些技术陈旧的固定资产，在经济上是否合算？如果要继续生产它们，则它们的社会必要费用应该降低到何种程度？

由此可见，正确地计算无形耗损对于党和政府正确制定经济政策和技术政策有着重要的参考作用。

四、提前更新所造成的损失并非无形耗损,但在确定提前更新的经济效果时要加以考虑

我们从理论上肯定:固定资产的无形耗损和提前更新所造成的损失并不是一回事。如前所述,无形耗损应当理解为固定资产在技术进步条件下的贬值。这是一个客观存在的量,其大小可以通过一定的公式比较正确地予以测定。但提前更新的损失就不同了,因为它和更新的时间有关。在社会主义制度下,技术更新不是由个别企业而是由国家的政策来决定的。国家要考虑整个社会的需要,特别是要考虑国民经济按比例(有计划)发展的规律的要求来分别规定哪些部门和哪些企业在何时以新设备替换旧设备。由于时间不同,提前替换所造成的损失也不同。

如同无形耗损一样,提前更新的损失有时也需要加以计算。因为在其他条件不变的场合下,国家应根据它来研究固定资产提前更新的经济效果,以便决定每种资产的更新时间。在我们国家,把提前更新的损失降到最低限度是符合于整个社会的利益的。所以,因提前更新而可能造成的损失是国家制定技术政策不能不加以考虑的因素。

为了更清楚地阐明这个因素的影响,可以简单考察一下:如果单纯从经济观点来看,国家应怎样决定技术更新的"经济界限"?①

在这里,需要同时研究几个不同性质的(有利和不利的)因素:

首先,应当计算提前替换旧型固定资产所能获得的经济效果。例如由于采用新型固定资产,每年可以减少产品生产经营费用的支出。那么,在旧型固定资产按其物理性能尚可利用的期限内,共获得的节约额及其可能产生的补充积累(按"资金利润率"计算)即为提前更新的全部经济效果(当比较经营费用节约时要注意到:此时旧型固定资产已因无形耗损而贬值,继续使用旧型固定资产所发生的折旧费将比过去为低)。很显然,固定资产更新愈早,则在上述期限内提供的经济效果也愈大。

其次,应当计算尚未通过折旧取得补偿的旧型固定资产价值(因旧型固定资产的使用价值未加以充分利用)。对于企业或国家来说,这是一种很现实的损失。如同前一个因素一样,更新愈早,损失也愈多。

(前曾述及,社会主义生产资料公有制保证了某个企业或部门替换下来的旧型固定资产有可能转到其他部门继续使用。这样就能减少甚至避免此项损失。因此,在计算时实际上只应估计那些无法转移利用的固定资产)。

最后,应当计算提前投资的损失。因为提前更新需要提早占用国家资金,而且更新愈早,预付

---

① 在讨论赛勒尔斯的公式时,我们就曾初步探讨了这个问题。

此外,本文仅仅谈到,由于出现新型固定资产,才引起提前更新的必要。至于固定资产的再生产费用下降是否也会引起提前更新的可能性,则未加讨论。实际上,这个问题也是值得研究的。乍看起来,在无形耗损的第一种形式下,似乎固定资产可继续利用到完全损毁为止,不必考虑提前更新。但继续使用日益磨损的固定资产,将支付愈来愈大的修理费(包括定期的大修理和经常修理),虽然修理费用会因劳动生产率提高而下降,但可能有一天发生这样的情况:购买一个全新的固定资产比继续使用原来的固定资产更便宜。这样,再使用原来的固定资产在经济上当然就不合理了,于是同样也要考虑提前更新。关于这个问题,在A.C.康逊副教授的论文中有详细的论述。他并且通过"图表分析法"预先确定固定资产在考虑无形耗损第一种形式(他的论文未指明第一种形式,但实际上就是用第一种形式来说的)后所能提供的服务期限。参阅A.C.康逊同志的两篇论文:(1)《对采用新技术的经济效果的分析的若干问题》(《经济译丛》,1956年第6期);(2)《机器服务期和新技术更换旧技术的经济效率的计算方法》(《哈尔滨工业大学学报》,1956年第9期)。

的资金即愈大(旧型固定资产所积累的折旧基金也愈少)。假定这笔资金投在国民经济其他方面，即可在提前更新的期限内按平均的资金利润率获得补充积累。此种可能的收入应视为国家提早投资于更换新型固定资产的代价。此项代价的大小同样和更新的早迟成正比。

由此可见，提前更新的可能损失实际上包括上述后两个因素。为了更多地节约经营费用，最好提早更新，但为了减少损失，又应推迟更新的期限。要合理解决这个矛盾，就必须设法使第一个因素的影响和后两个因素的共同影响取得平衡。

这就是说，在其他条件暂不考虑的情况下，我们所选择的更新时间在经济上应能保证：新型固定资产由于提前更新而获得的全部经济效果至少足以抵补上述两种更新损失。

五、关于无形耗损的补偿及其计入产品成本问题

在社会主义经济中，无形耗损不可能造成真正的损失。不论是无形耗损的哪一种形式，都可以得到完全的补偿(此处所谓补偿，应给予广义理解。因为无形耗损是技术进步的结果，因而技术进步带来的一切绝对节约和相对节约——成本降低、积累增长和资金占用额的缩减等等——均可视为无形耗损的补偿来源)。

首先来看第一种无形耗损。如前所述，当固定资产的再生产费用降低以后，凡依过去生产技术条件所制造的固定资产都要贬值。于是，这就会减少以价值表现的国家投资总额。对于这种损失，我们可以从以下几个方面去考察它们的补偿来源：

1.我们论证过，固定资产再生产费用所以会下降，主要是由于采用新技术促使劳动生产率提高和成本降低。但新技术在整个社会是逐渐推广的，它不会立即普及到全部所有生产该固定资产的企业。当新技术尚未普遍采用从而尚未达到足以决定生产该固定资产的社会必要费用的时候，该固定资产的价格(价值)尚未下降。但已有不少企业(已采用新技术进行生产的企业)的生产成本低于该固定资产的部门平均成本，成为盈利较高的企业，从而，它们就为国家提供了额外的积累。

2.与此同时，这些先进的重工业企业的流动资金需要量也因成本的降低而减少了。其流动资金需要量减少的程度取决于下列诸因素：(1)生产费用各要素降低的比例；(2)各项费用要素在全部生产费用中的比重；(3)流动资金各要素(材料、加工费用)在全部流动资金中的比重；(4)投入产品成本中的费用递增系数。

由此可见，当无形耗损快要到来以前，生产固定资产的某些先进企业已经开始为国家增加积累和节约资金了。

3.如果大多数生产该固定资产的企业已采用新技术，从而降低了生产该固定资产的必要劳动耗费，那么，国家才有必要降低固定资产的价格(假定暂不考虑决定价格的其他因素)。正在使用中的相同结构的固定资产才必须反映无形耗损。

这时候，在生产固定资产的部门，上述第一种好处——某些企业可获得较高的盈利——是没有了。但第二种好处——节省资金的需要量——仍然存在，并且这种好处将普及到该部门的所有企业。

这时候，在使用固定资产的部门，如果存在着按过去生产技术条件生产出来的相同结构的固定资产，自然要遭受第一种无形耗损。但要注意：第一，如果该固定资产已在使用中，则早有一部分价值已从折旧中收回。这部分价值未受无形耗损的影响。第二，当固定资产贬值后，包括产品成本中的折旧费也相应地减少了。除非国家马上据以改定产品价格(即降低由该固定资产帮助生产出来的产品的价格)，那么，实际遭受的无形耗损即能从产品成本节约(积累增长)中获得一部分补偿。第三，由于折旧费的降低，这些企业将相应地缩减流动资金的需要量，节约国家投资。

总括以上所说,在社会主义制度下,考察无形耗损的补偿必须反对那种狭隘的、片面的观点,不能根据个别企业来看待这种损失。我们以为,第一种无形耗损尽管在某些使用固定资产的部门客观存在着,在它们的账面上反映着,但当作损失,它实际上是一种"假象"。至少是"暂时"的。整个社会所获得的经济利益将远远超过它。

其次,我们看第二种无形耗损。第二种无形耗损所造成的某些损失看来并不和第一种无形耗损一样。如果根据现在仍使用旧型固定资产的企业(部门)来看,其实际遭受的无形耗损似乎是无法弥补的。同时,它也不像第一种无形耗损有可能依靠生产该固定资产的企业增加增累和缩减流动资金需要而取得一些补偿(因为生产新型固定资产的社会生产费用不一定比生产旧型固定资产的费用为低)。但是,要理解第二种无形耗损的补偿,更应具有全面和长期的观点。新型固定资产所带给社会的利益是在它被投入生产(用来制造产品)以后。当它投入生产以后,即能保证劳动生产率迅速提高,促使产品成本节约,有可能生产更多、更好和更便宜的产品来满足整个社会的需要。所以,在社会主义制度下,第二种无形耗损同样也可取得补偿。不过它的补偿期限要放长些(大概在按正常更新期更新后所产生的经济效果即可开始补偿无形耗损。在提前更新的条件下,提前更新期内产生的经济效果首先应抵补提前更新的损失——理由见前节),并且一定要从整个国民经济所获得的经济效果来考察。

明确无形耗损的补偿来源,才能有根据地解决无形耗损应否计入产品成本问题。

根据上述分析,我们的结论是:不论哪一种形式的无形耗损,都不应包括在折旧费中计入产品成本。因为无形耗损绝不需要通过产品价值取得补偿。恰恰相反,由于无形耗损是社会生产技术进步的反映,在社会生产技术进步的条件下,降低产品成本(包括折旧费在内的一切成本要素的绝对额都应降低)从而降低产品价值量才符合于客观的经济规律。

此外,我们还必须看到:作为生产要素之一的固定资产是通过与活劳动的接触(即生产过程)才把它的价值比例于它的磨损程度转移到产品成本之中。所谓磨损,很明显地,应严格地限于有形耗损。因为唯有有形耗损才代表固定资产参加产品生产的实际耗费,从而才有资格增加产品价值以取得补偿。但无形耗损的性质并不是这样。如前所述,无形耗损并非固定资产投入生产过程的必然结果。无形耗损的发生与固定资产的生产使用没有直接的联系。既然无形耗损和生产产品无关,当然它就不应该当作形成产品价值的因素而提高产品成本了。

我们主张,在无形耗损发生以后,应该对遭受无形耗损的那些固定资产进行重估价。固定资产重估价后的贬值可直接折减企业的"法定基金"以保证国家的固定资金符合于实际的数额。以后,计入产品成本的折旧费应以重估价值为提取的基准。① 按照这种办法,不论遭受哪一种形式的无

① 固定资产发生无形耗损后应否进行重估价是有争论的。反对进行重估价的同志们认为:(1)重估价的工作很繁重,在实行上有困难;(2)重估价将不能真实地反映企业成本(例如有两个企业,一个装上新型固定资产而一个仍旧使用旧型固定资产,如果对后一企业的固定资产进行重估价,并根据重估价的现余价值来计算折旧,将不能通过成本反映这一企业技术水平的落后情况)。但,我们不同意这些论点。

第一,重估价虽然工作较烦琐,如果定期举行(时期较长一些)并没有不可克服的困难,同时应当估计到每次重估价绝不会涉及所有固定资产,因为新技术的推广是逐步进行而且是有重点的。实际上,需要进行重估价的固定资产并不如想象那样多。

第二,我们认为在社会主义条件下,固定资产的更新不取决于个别企业而取决于国家的技术政策。因此,生产同样产品的两个企业,其生产技术水平不同是由客观因素决定的。为了在成本中尽可能消除这种客观因素的影响,降低使用旧型固定资产企业的折旧费是完全合理的(当然,由于技术水平的不同,它们在生产成本上的差别不可能完全消除),同时也是必要的。否则,在国家改定产品价格的条件下(因为新型固定资产广泛采用以后,国家将主要根据使用新型固定资产时所支出的平均生产费用水平来降低产品价格),仍使用陈旧固定资产的企业(要注意,这并不是企业的过失)将不能充分体现它的真正的经济核算成果。

形耗损,包括产品成本的折旧费,只会降低而不会提高(谈到每年的折旧率,如果对重估价值进行计算,由于重估价值一定低于原价,其折旧率可能会比按原价计算的折旧率相对地提高一些。但这并不发生实际的影响,因为计提的折旧费会比过去降低)。大家知道,折旧提成的基本作用在于保证固定资产价值和实物的简单再生产。当无形耗损出现以后,再生产(重置)同样结构的固定资产所需费用将比原价为低,为保证恢复同样结构的固定资产所必需的折旧基金也就要相应地减少。

也许有人要问:假定需要提前更新,其资金将从何处筹措?按照我们的建议,是否会使提前更新所需资金得不到保证?

问题必须分开来看。折旧基金相当于固定资产在生产过程中实际耗损价值的总和。它的任务只应该恢复已磨损了的同样结构的固定资产。至于提前更换新型固定资产所需资金,必须另找其他来源。其来源应该是国家和企业用来扩大再生产的积累。目前有些作者提出设置所谓“现代化基金”(即保证提前在新技术基础上更新用的特种基金)的建议。我们同意设置这种基金。但我们不同意采用提高现有的折旧率(指按原价计算的折旧率)或在折旧以外另加特别提成的办法来达到这一目的。[①] 因为用这两种办法都会人为地提高产品成本。

斯·斯特鲁米林院士在其《劳动手段的有形耗损和无形耗损》[②]一文中详细地讨论了现代化基金问题。他正确地指出建立这种基金的合理途径。和我们的意见相同,他认为现代化基金应依靠积累形成。

不过,在斯特鲁米林的文章中也存在一些值得商榷的问题。他对于无形耗损的理解,以及计算现代化基金的方法恐怕都有进一步商榷的必要。

按照我们的看法,无形耗损和提前更新并不是一回事(尽管它们有密切的联系)。无形耗损并不需要积累任何资金来补偿(我们在前面所以研究它的补偿,是为了正确解决折旧提成应否考虑无形耗损而提高的问题),因此把用来进行提前更新的现代化基金和无形耗损直接联系起来是不正确的。斯特鲁米林在他的文章中却认为,无形耗损的大小就是建立现代化基金的标准;并且明白指出:现代化基金“在劳动生产率增长速度不同的条件下,应与固定资产‘无形’耗损的规模相符合”。这都是我们不能赞同的意见。

实际上,保证提前更新的现代化基金主要取决于更新的期间、更新的规模以及用来替换旧设备的那些更优良固定资产本身的价值大小(在当前技术条件下,再生产它们的社会必要劳动耗费)等技术经济因素。很显然,预计现代化基金的数额不仅十分困难,而且带有相当大的假定性。

此外,即使承认现代化基金可以按照无形耗损的规模来建立,斯特鲁米林院士也没有正确解决“无形耗损”的计算问题。

---

① 关于这种主张,可参阅斯·叶阚托列尔同志在苏联部长会议国家建设委员会建筑机械化局和建筑经济局召开的“关于考虑到无形耗损的条件下制订建筑机器和设备的新的折旧率的基本原则”问题的会议上的报告(《经济译丛》,1956 第 11 期)以及 A.C.康逊同志的建议(参阅他的《对采用新技术的经济效果的分析的若干问题》)。

目前苏联经济界对于如何考虑无形耗损来决定折旧率问题还有许多争论。有关这方面的综合介绍,请参阅《关于苏联工业折旧问题的论文》一文,原载《苏联财政》,1956 年第 7 期,译文载《财政译丛》,1956 年第 6 期。

根据最近《工业会计》译载的苏联消息《关于新的折旧提成率的拟订和固定资产的重估价》一文来看,固定资产新的折旧提成率“应该保证固定基金的重置和大修理,并考虑到设备的无形耗损”。但究竟如何考虑无形耗损来制订折旧率,并没有明确的说明(《工业会计》,1957 年第 11 期)。

必须指出,我们之所以不赞成由于无形耗损而提高折旧提成率,主要是考虑折旧提成的本质(为了固定资产的简单再生产)和社会主义条件下无形耗损应带来的经济后果——保证劳动生产率的提高和产品价值不断降低。但是,为了加速社会主义建设和提前积累固定资产的现代化基金,国家在一定时期内如把无形耗损(严格说来是提前更新的损失)计入当前产品的生产费用,则是符合于我国人民的根本利益的。它和资本主义企业把无限耗损预先打入成本的做法有着本质的不同。

② 载《经济译丛》,1956 年第 12 期,第 46～55 页。

斯特鲁米林在计算无形耗损时(见他的文章中的第1表和第2表)没有区分它的两种形式。他笼统地用所谓整个社会劳动生产率这一综合指标的增长速度来测定无形耗损。我们认为,这种方法至多只能近似地计算无形耗损的第一种形式而不能计算第二种形式。因为第一种无形耗损取决于固定资产的"原始价值"——马克思所说的"实际在其中对象化的劳动时间"与其"重置价值"——"自身再生产所必要的劳动时间"的差额。因而社会劳动生产率的提高(严格地讲,应指该固定资产的生产部门劳动生产率的提高)大体上可以反比地决定固定资产贬值的程度。至于第二种无形耗损,问题就要复杂得多。按照我们的见解,虽然第二种无形耗损也是技术进步所引起并且技术进步一定会带来劳动生产率的提高,但是旧型固定资产的贬值比例并不直接和社会劳动生产率联系,而是和新型固定资产的全部经济效果联系着的。这就是我们在本文第二节所以要提出好几个计算公式的理由。

综合以上所述,我们可以得出结论说,关于"现代化基金"的计算问题,尚有待继续研究。

附记:本文原稿在本校第二次科学讨论会上进行过讨论,会后根据同志们的意见进行了两次修改,这是第二次修正稿。

(原载于《厦门大学学报(哲学社会科学版)》1957年第2期)

怎样正确认识"连锁替代法"？

葛家澍

社会主义企业的经济活动是一个复杂的有机整体。影响企业经济活动的各种因素都普遍联系并互相制约着。而表明企业经济工作的某项指标往往就是若干因素综合作用的结果。为了揭露影响指标变动的诸因素及其对指标的影响程度，在经济活动分析中通常采用连锁替代法。

关于这一方法的应用技术，在许多有关经济活动分析的著作中均有详细介绍，本文不准备重复。

现在要研究的问题是：连锁替代法究竟有什么特点、优点和缺点？我们应该怎样给予恰当的评价？

谈到连锁替代法的特点，大家都知道，在资本论第1卷，马克思分析工作日的长度、生产力和劳动强度对劳动力价格和剩余价值的影响时曾给予正确的描述："在这里，显然有产生许多结合的可能。其中或者是两个因素变化，一个不变；或者是三个因素同时都变化。它们可依相同的程度变化，也可依不同的程度变化；可向同一方向变化，也可向相反方向变化，以致它们的变化可以全部地或部分地互相抵销。……如顺序地把各个因素当作可变，而把其他两个因素当作不变，就可以见到各种可能结合的结果。"[①]所以，顺序地把各因素当作可变（目的在于分别测定这些因素的影响）而把其他因素当作不变（目的在于固定这些因素，使其暂不发生影响），可以说是连锁替代法的基本特点。实际上，连锁替代法乃是统计学中综合指数法的一种变形。不过统计所用的综合指数通常采取相除的形式（表现为相对数），而连锁替代法则采取相减的形式（表现为绝对数）。它们都可用来衡量现象总变动中个别因素的影响程度。为了达到这一目的，衡量某个因素时必须固定其他因素，使其他被固定的因素在这种场合下成为指数中的权数（同度量系数）。

基于连锁替代法的上述特点，就形成了它的一些优点。首先，应用此法计算，各因素变动差异的合计数必与指标变动的总差异一致。于是利用这些数据来论证分析的结论应当较有说服力。其次，连锁替代法符合科学的抽象分析法的要求。马克思教导我们，当分析错综复杂的社会经济现象时，为了深入考察个别现象，可以将那些与其有关联的其他现象加以"舍象"，把他们暂时撇开。很显然，连锁替代法关于顺序替换各因素的原则正是抽象方法的具体运用。

但是，替代法的上述特点，也使它产生一些问题。这就是：各因素的替代顺序具有可变性。只要改变各因素的替代顺序，虽然变动差异的合计数仍与总差异符合，但各个因素的变动差异却可能完全不同。

为了说明这一点，我们可以引用巴尔葛利茨和苏哈列夫两同志合著的《工业企业工作的经济分析》中所举的例子（见该书第32～34页，财经出版社出版）：

① 马克思：《资本论》第1卷，人民出版社1953年版，第647页。

指标名称	计划数	实际量	与计划间的差异	
			绝对值	百分比
1.产品产量(件)	10 000	12 000	+2 000	+20
2.单位产品原料消耗量(公斤)	10	9	−1	−10
3.每公斤原料的收购成本(卢布)	4	5	+1	+25
4.原料支出总额(卢布)	400 000	540 000	+140 000	+35

根据上列数据,当采用以下替代顺序时,各因素变动差异为:

第一次替代产品产量,可求得:

由于产品产量增加使原料支出总额增加　(+)80 000

第二次替代单位产品原料消耗量,可求得:

由于单位产品原料消耗量减少使原料支出总额减少　(−)48 000

第三次替代原料收购成本,可求得:

由于原料收购成本增加使原料支出总额增加　(+)108 000

合计　(+)140 000(与总差异相符)

但如果采用另一种替代顺序,各因素的变动差异即不同:

第一次替代产品产量,可求得:

由于产品产量增加使原料支出总额增加　(+)80 000

第二次替代原料收购成本,可求得:

由于原料收购成本增加使原料支出总额增加　(+)120 000

第三次替代单位产品原料消耗量,可求得:

由于单位产品原料消耗量减少使原料支出总额减少　(−)60 000

合计　+140 000(与总差异相符)

因为连锁替代法存在上述问题,近年来,这个方法就不断受到批评与责难,有人甚至根本否定它的作用。

这些批评者的主要论点是:任何替代顺序的最终结果都与总差异相符,从数学计算看来,它们似乎都是正确的。但所有替代顺序又皆假定诸因素具有这样或那样的结合关系,假定各因素可以孤立地发生影响。而事实上往往不存在这些假定,所以任何替代顺序又都不正确。按照某种替代顺序机械进行运算的结果和实际情况经常背离,因而不能据以评定企业的工作成绩。按照这些同志的结论,连锁替代法是一种形式主义的方法,它是不科学和不能被接受的。①

连锁替代法是不是一种不科学和不能被接受的方法呢?我们在上面的论证足以给予否定的答案:连锁替代法不是不科学的。同时实践也可证明,只要正确地加以利用,这个方法不是不能被接受的。那么,替代顺序的可变性是不是这个方法的缺点呢?我们认为,也不是。替代顺序的可变性是这个方法的特点而不是它的缺点。

大家知道,客观的经济现象是十分复杂的。马克思早就指出组成经济现象的诸因素有多种结合的可能。连锁替代法之所以会有不同的替代顺序,正反映了客观经济现象的复杂性和多样性。所以,保有不同的替代顺序没有理由被当作反对这个方法的口实。

问题尚不在这里。作为一种分析的技术手段,连锁替代法只不过用来进行数据的演算。连锁替代法本身只规定着:分析各因素应按一定的顺序进行。至于如何安排这种顺序却要取决于对各

① 请参阅:Г.沙夫卡:《再论连锁替代法》,载《工业会计》,1955年第12期。
石毓符:《连环代替法运用于企业经济活动分析中的形式主义》,《南开大学学报》(经济科学),1956年第2期。

因素的经济分析和分析的具体任务。同时，不论替代顺序安排得怎样合理，计算结果多么正确，也不应该根据这种计算轻率地就作出结论。在作出结论以前，实事求是地研究分析是在任何情况下都不可缺少的。社会主义科学的经济活动分析理论总是强调指出，一切技术方法（包括连锁替代法在内）只有在马克思列宁主义的方法论指导下才能发挥应有的效果。分析的技术方法既不能离开也不能代替具体的经济分析本来是明显不过的道理。我们有什么理由把目前经济分析工作中的缺点推到连锁替代法身上去呢？有什么理由向连锁替代法提出为它所不能胜任的要求呢？由此可见，认为在企业经济活动分析中应用连锁替代法就会产生形式主义是没有根据的。形式主义并不是连锁替代法的固有产物，而是不正确应用这个方法的结果。

有些同志并不是简单地否定连锁替代法，他们还创造出另一种方法来代替它。作为连锁替代法的对立物而出现的新方法正在开始吸引分析工作者的注意。

这种分析方法最初在Г.沙夫卡同志的论文中被提到。例如他在分析形成总产量的两个因素——工人人数和平均一个工人的劳动生产率时写道：“为了分别求出某个因素的影响，必须以它的实际数和所有其余因素的计划数为根据。”同时，以补充计算来确定两个因素的共同影响。[①]

所以这个分析方法的特点是：不采取连锁替代方式；当测定某个因素的变动时，均假定其他因素一律固定于计划水平而不变。因此，不必考虑因素的替代顺序问题。为了保证分析的结果与指标的总差异相符，这个方法除了衡量个别因素变动的影响以外，还补充计算诸因素的共同影响。例如：

指标 N 由 a、b 两因素组成，

按计划：

$$N_0 = a_0 \times b_0$$

按实际：

$$N_1 = a_1 \times b_1$$

则

$$N_1 - N_0 = (a_1 - a_0)b_0 + (b_1 - b_0)a_0 + (a_1 - a_0)(b_1 - b_0)$$

其中，第一项为 a 因素的单独影响；第二项为 b 因素的单独影响；第三项即为 ab 两因素共同影响。

当指标 N 由 a、b、c 三因素组成时，

则

$$N_1 - N_0 = (a_1 - a_0)b_0c_0 + (b_1 - b_0)a_0c_0 + (c_1 - c_0)a_0b_0 + (a_1 - a_0)(b_1 - b_0)c_0 + (a_1 - a_0)(c_1 - c_0)b_0 + (b_1 - b_0)(c_1 - c_0)a_0 + (a_1 - a_0)(b_1 - b_0)(c_1 - c_0)$$

其中，前三项分别代表 a、b、c 各因素的单独影响，次三项代表有可能结合成的两个因素的共同影响，最后一项代表三因素的共同影响。

这样看来，在这种方法下，所需计算的影响因素要多于诸因素本身的数量。假设因素有 n 个，则需要计算的因素影响项数即有 $2^n - 1$ 个。

对于这种方法，我们应该怎样进行评价呢？

目前这种分析方法还没有广泛地通过实践的考验。当然，要求正确估计它的实践价值尚为时过早。但尽管如此，我们仍可以说，应用这种方法所获得的实际效果未必会大于连锁替代法。因为

---

① Г.沙夫卡：《再论连锁替代法》，载《工业会计》，1955年第12期。

这种分析法存在着以下两个显著的弱点:

第一,计算相当繁复,特别是在组合因素较多的情况下(如三个因素以上)最为突出。前已述及,数字计算的任务仅在于提供一定的数据来论证分析的结论。在任何场合,数字计算总不应该也不可能代替深刻的理论分析。分析工作如果在数字计算上花费过多时间,就会变成形式主义。

第二,从表面看来,这一方法似乎可以较客观而全面地显示因素之间的相互联系和相互作用,并且可以避免决定因素替代顺序时的主观主义。实际上它同样也是建立在一系列假定之上的(例如假定某个因素变动时,其他因素均固定不变)。它所犯的主观主义不会比连锁替代法来得少。更重要的问题是:这种方法几乎罗列了诸因素假定结合的全部可能性,并且分别计算它们的影响程度。这就不能不模糊分析的重点,使经济责任的区分实际上成为不可能。可以肯定,寻求所谓诸因素的共同影响除了使分析工作者无所适从外,恐怕不会带来什么好处。

目前,比较多的分析工作者仍然是肯定连锁替代法的。不少同志这样认为,尽管替代顺序有多种多样,但严格说来,其中只有一个是正确的,因此替代顺序不应任意安排。分析工作者的任务就是寻求正确的替代顺序来使这个分析方法更加完善。

关于如何正确决定因素的替代顺序,主要有以下一些见解:

1."替代顺序……应服从一定的原则,也就是过程逐渐展开的原则(即是从外在因素到内在因素,从数量指标到质量指标)。"①

2."一个经济指标尽管可能结合着若干个数量与质量因素,然而与指标的经济内容相适应,整个经济指标仍然可以首先区分为数量与质量两个方面,第一次的分析以此为依据,然后对于数量与质量两个方面再进行各别的分析,分析的原则仍然是根据它的经济涵义,进一步分析其内部数量与质量关系,如此顺序扩展,直到所有因子全部分析完成为止。"②

3."在任何情况下,所选择的替代方式都应当是在经济上有根据的。"③

斯姆连同志的主张是较为具体的。他所总结的原则目前已在许多著作和实际工作中广泛应用。但是很遗憾,至今还没有人对所谓"由数量到质量,由外到内"的原则进行过令人信服的论证。同时,据我们看来,这个原则也不是在一切场合都能顺利地加以应用。不错,巴尔葛利茨同志会论证说:"为了计算各个质量指标对计划完成总成果的影响,应按表明实际总体的实际权数对这些指标进行加权。……作为根据的出发点是:这一个质量指标与计划发生差异,只为这个总体的全部构成所特有而与其他总体无关。评定各数量与计划间的差异的影响时,……应根据有关质量指标的基准权数进行加权。在这些情况下,须根据一个假定,即:数量变化本身也可能不引起质量指标的变动。"④很显然,这种论证既有很大的假定性,同时也过于抽象化,说服力是不够的。

即使这个原则有充分的根据,有时也不免碰到应用上的困难。首先,目前还没有一个绝对标准足以正确划分所谓数量因素和质量因素;其次,一个经济指标往往包括两个以上的数量或质量因素。关于后一点,我们可以举流动资金各要素的总周转指标为例。当我们需要研究它与部分周转率相互结合的关系时,通常应把它分解为部分周转率和若干其他有关因素的连乘积并借助连锁替代法分析各因素的影响。⑤ 此处所谓其他因素实际上都应理解为质量因素。为了合理地决定各因素的替代顺序,唯一的办法就是对该项指标公式所代表的资金周转过程进行深刻分析,从而保证替

① M.Ⅱ.斯姆连:《经济活动分析的几个问题商讨》(苏联《会计什志》1950年第5期),此段转引自И.格拉诺夫斯基同志的文章。

② 余绪缨、陈仁栋、黄忠堃、黄道标:《关于连锁替代法在分析工作中的应用问题》,《厦门大学学报》(社会科学版),1955年第6期,第120页。

③ И.格拉诺夫斯基:《经济活动分析的某些方法》,《工业会计》,1955年第5期。

④ 巴尔葛利茨、苏哈列夫合著:《工业企业工作的经济分析》,财经出版社,第36~37页。

⑤ 可参阅拙作:《论流动资金各要素周转率的分析》,《工业会计》,1953年第9期。

代顺序符合于各因素之间的实际依存关系。在这里,斯姆连同志的原则恐怕就无能为力了。

按照我们的体会,要企图一般地规定出某些固定不变的原则来保证替代顺序的合理运用乃是不可能的。因为没有一个原则可以适应经济现象的千变万化。如果要说有什么原则,那么,原则只有一个,那就是:在任何情况下,所决定的因素替代顺序都应有经济上的根据并能解决分析所提出的具体任务。

因此,我们并不同意这样的看法:不论分析的目的与要求如何,某种指标的因素替代顺序只有一个正确而其余似乎都是错误的。

当然,在大多数情况下,可能只有一种替代顺序在经济上最有根据,应用这种替代顺序进行分析最符合于计划管理、经济核算,以及发掘企业潜力的要求。但即使有这种替代顺序,也不等于说可以运用于分析的一切场合。

由此可见,当运用连锁替代法进行分析时,每次都必须考察由于采取某种替代顺序所求得各种指标的经济意义,保证每个假定指标的权数有充分的经济根据并符合于分析的特定要求。

根据上述论点,我们可以研究一下以前所引用的实例。在上例中,曾列举了两种不同的替代顺序。哪一种替代顺序比较有经济上的根据呢?应该怎样来进行经济分析?

首先应该确定分析的特定任务。如果我们是进行计划完成情况的一般分析,其目的是明确区分企业内部各个经济部门的责任,以便发掘在节约原料支出方面的潜力,那么,第一种替代顺序是比较有充分根据的。理由如下:

在工业企业中,产品产量和原料消耗定额两个指标由生产部门负责,原料的收购成本则归供应部门掌握。对生产部门来说,原料收购成本的高低与它们的工作无关。而对整个企业来说,影响原料成本的主要因素——国家调拨价格的变动——也是一种外在的客观因素。因此,当衡量产品产量和原料消耗定额变动对原料支出总额的影响程度时,原料的收购成本就必须当作客观因素来处理,使它固定于计划水平。只有如此,才能正确评价生产部门的工作。这就是在安排替代顺序时必须将收购成本列于最后的理由。

产品产量和原料的消耗定额虽然都由生产部门掌握,但,这两个因素对于原料支出所起的影响性质并不相同。产品产量是说明企业生产工作的最重要指标。增加产量一般总代表企业的优良工作成果。在原材料供应正常的情况下,国家总要求企业尽可能地超额完成产量计划,而并不考虑由于产量增加,也要增加原料消耗这一所谓“反面”作用。其实,原料支出在这种情况下的增加是完全合乎规律的,它不能被理解为反面因素,反而是正常现象。所以,按照计划管理的原则,只要产量超额完成计划,原料支出量作同比例增长就可以允许。评定产量变动对原料支出总额的影响,应正确认识这种影响的性质并应根据计划管理的原则来对这一影响作出分析。我们认为,进行这种分析只有将原料消耗定额及原料收购成本均固定于计划水平才能达到上述目的。这样看来,把产品产量因素首先替代以确定它的影响程度是基于计划管理所产生的必要要求。

如果上述两个因素的替代顺序均已确定,则原料消耗定额的替代顺序也就连带地肯定了。这似乎是无须争辩的问题。但,我们仍然可以从经济意义上单独研究它为什么在这种条件下列于替代顺序中的第二位。我们知道,原料消耗定额对于原料支出总额是应该起决定性影响的。它是影响原料支出总额的一个重要的主观因素。因为,在社会主义社会,生产不断高涨是一种客观的必然现象。企业的任务在于:努力寻找节约原料消费的一切可能性,保证日益降低单位产品原料支出来生产更多的产品。所以要正确衡量原料消耗定额的变化怎样影响原料支出总额,就必须在实际产量的基础上进行。根据这种基础所进行的分析将能回答以下具有现实意义的问题:按现行生产规模计算,如果减少原料的单位消耗,企业可能为国家节约多少物资?这种成绩是生产部门取得的。为了借助于货币来正确表现其成绩的大小,计划收购成本自然是最合理的估价标准了。

最后,我们也需要研究一下,另一种替代顺序是否有经济意义?它在何种条件下有其适应性?

另一种替代顺序将单位产品消耗定额与原料收购成本两个因素颠倒了。在这种替代顺序下,计算结果意味着:当原料收购成本变动以后,如果:

(1)原料的消耗定额不变,则按实际产量计算,将使企业的材料支出增加(或减少)多少?

(2)原料的消耗定额改变了,则按实际产量计算,给企业带来的实际节约(或浪费)是多少?

所以,通过这种替代方式可以着重研究原料收购成本变动对企业的材料支出总额所能发生的实际影响。如前所说,假定分析的任务是要评价计划完成情况和明确区分企业内部经济部门的责任,则采取这种替代顺序显然是不恰当的(因为计算结果会使生产部门也要分担供应部门甚至国家改变价格政策应负的经济责任)。但假定企业需要从全厂角度来考虑由于原料成本变化而形成的经济后果,那么,采取这种替代顺序在经济上就应认为是有根据的了。[①]

(原载于《学术论坛》1957 年第 3 期)

① 巴尔葛利茨同志对该例中的因素替代顺序也有说明(原著第 34～35 页)。他在阐述第一种替代顺序的合理性时,所根据的原则和我们的见解基本相同。但他没有指出这不过是就经济活动分析的一般要求来说是如此。第一种替代顺序的合理性实际上并不具有绝对意义。巴尔葛利茨同志对于另一种替代顺序完全采取否定态度是不对的。

怎样正确认识经济核算和价值规律的联系?

葛家澍

我只就价值规律和经济核算(即通常所谓经济核算制。为了使政治经济学的客观范畴有所区别于具体的经济核算制度,所以,分别用“经济核算”和“经济核算制”两个概念加以表述)的相互关系问题谈谈个人的看法。党的八届六中全会要求经济工作越做越细,提倡切实的计算、安排和检查,因此,加强经济核算制,充分发挥价值规律的积极作用,对于促进我国社会主义生产,有着极为现实的意义。

目前,人们讲到经济核算,总会联系到价值规律的作用。在这里,我认为有两个问题需要明确:(1)经济核算是不是价值范畴?它的客观依据是什么?(2)价值规律和经济核算究竟有什么联系?按照我的不成熟看法,经济核算不是商品生产和价值规律发生作用条件下的必然结果。这就是说,它不是价值范畴。但在价值规律仍发生作用的条件下,它和价值规律的作用有着极为密切的联系。

我所以说经济核算不是价值范畴,是因为它反映社会主义经济中的这样一种必然性——在生产中不断节约劳动(包括物化劳动和活劳动),以最少的劳动耗费,产生最大的成果。这种必然性并不是由于价值规律发生作用才引起的。它首先体现了在生产资料公有制基础上,国民经济有计划(按比例)发展的规律的要求,但更主要的、不断节约劳动(即不断提高劳动生产率)的本身,即构成社会主义的经济规律。经济核算,是这个规律发生作用的直接结果。马克思曾经着重阐明这个规律的特点。他说:“无论是个人,无论是社会,其发展、需求和活动的全面性,都是由节约时间来决定的。一切节省,归根到底,都归结为时间的节省。……因此,节省时间以及在各个生部门有计划地分配劳动时间,就成为以集体生产为基础的首要经济规律,这甚至是极其高级的规律。”(《马、恩、列、斯论共产主义劳动》,劳动部劳动经济科学研究所编,第35页。)根据马克思的上述分析,我们应该这样来理解:不断节约劳动耗费,无论现在和将来,无论在社会主义社会和共产主义社会,都是必要的。这里,我们还可以引证毛主席的指示。毛主席在《中国农村的社会主义高潮》一书中写道:“……节约是社会主义经济的基本原则之一。中国是一个大国,但是现在还很穷,要使中国富起来,需要几十年时间。几十年以后也需要执行勤俭的原则……”(引文中着重点是我加的),因而,反映这个客观必要的经济范畴——“经济核算”也将永远存在。但是,在未来的共产主义社会里,商品生产和价值规律是要退出历史舞台的。既然将来价值规律消失以后仍然需要经济核算,我们就不能说经济核算是价值范畴。

有人会问:现在实行的经济核算制利用了一系列价值范畴,货币、价格、成本、利润等都成为经济核算制不可缺少的工具,构成现行经济核算体系的基础。那应该怎样解释呢?

我们的回答是:不能把当作政治经济学客观范畴的“经济核算”和在一定条件下采取的经济核算制度(它反映和实现经济核算的客观要求)混为一谈。前者只说明在社会主义经济中客观地存在着“以最少的劳动耗费产生最大经济效果”的要求,而后者则是在具体经济条件下,利用一切必要与可能的方法,实现上述要求的手段。我们现在看到的经济核算制,是在价值规律仍然发生作用的条件下组织的。它利用了价值及其形式,利用了一系列价值范畴,其目的在于有效地实现经济核算的要求,同时也实现价值规律对生产的积极作用[关于这一点,下面再谈。不过,应该指出,就是在这种条件下,实践中也存在着所谓内部经济核算制:很少利用甚至完全没有利用价值指标;没有要求实行“费用自偿”的原则,而这个原则是价值规律的要求。两参一改以后,由工人直接参加管理的班组经济核算制就是很少利用价值指标甚至完全没有利用价值指标的例子,因为他们主要用实物指标(产量、原材料消耗量)和劳动时间指标(工时)来进行核算,比较生产成果。在人民公社中,目前管理区所实行的经济核算制只计算盈亏而不负责盈亏,这又是不实行“费用自偿”的例子]。但不能因此得出结论说,以价值及其形式为基础的现行经济核算制,是永远不变的经济核算方法。我认为,将来商品生产和价值规律如果消失,经济核算制仍然要作为一个节约劳动、精打细算的工具而继续被人们利用,但它即不再需要借助于价值规律了。恩格斯和斯大林都预言过,到那时,生产消耗的计算及其与生产成果的比较,可以直接利用劳动的自然尺度(劳动时间)进行。直接以劳动时间来表现并比较生产支出与生产结果,很可能成为共产主义社会经济核算制的基本特点。

在现阶段,一方面,经济核算要利用价值规律;另一方面,价值规律在生产中要能发生作用,也得利用经济核算。如前所说,目前的经济核算制体系(以价值及其形式为基础)既是实现经济核算要求的最好形式,也是价值规律借以在社会主义生产中发挥积极作用的有效工具。所以,两者的相互关系是错综复杂、非常密切的。

为什么在价值规律仍发生作用的条件下,价值规律必须和经济核算结成如此紧密的联系呢?这有两个原因:

第一,价值规律在生产中的积极作用和经济核算的客观要求恰好一致;

第二,在商品生产和价值规律仍然存在的条件下,要建立经济核算制只有利用价值及其形式才有可能。

我们知道,根据价值规律的要求,无论是国营企业相互间还是企业与人民公社之间、人民公社相互间,在进行商品交换时都要实行等价交换(即费用等价补偿)的原则。这样,每个单位就得考虑自己的劳动耗费水平是否低于社会必要劳动耗费水平,是否在等价补偿费用的条件下保证盈利。所以,价值规律发生作用的结果,也会促使我们去精打细算,力求以最少的费用,生产既多又好的产品,这和经济核算的要求不谋而合。

在商品生产的条件下,物化于商品中的劳动量只有借助于价值及其形式(货币)才能体现出来,而生产支出的综合,生产支出与生产成果的比较,也都要通过货币统一计算。成本、利润、价格、资金等都是在这种经济条件下客观存在的范畴。如果有效地运用这些经济工具,就能更好地了解和贯彻费用自偿并保证盈利的原则,从而实现经济核算的要求(例如成本,即等于企业通过商品交换应获得补偿的最低耗费标准,而利润则反映经营活动的经济效果)。由此可见,在现阶段,组织经济核算必须充分利用与价值规律有关的经济工具,这是当前的客观经济条件所决定的。

根据以上所说,我的结论是:

第一,经济核算是基于生产资料公有制所产生的客观必然性。它不仅现在需要,即使到共产主义社会,也仍然需要。为此,就不能把它和其他价值范畴等同看待,就不应该把它和价值规律的命运联系在一起。

第二,在现阶段,经济核算却又和价值规律有着极为密切的联系。价值规律要通过经济核算及其形式(经济核算制)才能发挥促进社会主义生产的积极作用。而经济核算则要利用价值及其形式才能最有效地组织起来。只要价值规律仍然发生作用,经济核算就得充分依靠和利用价值规律。

(原载于《中国经济问题》,1959年第2期)

关于社会主义会计对象的再认识

07

葛家澍

社会主义会计的对象，原是会计学界长期讨论而没有解决的一个老问题。但几年以来，在总路线、“大跃进”和人民公社三面红旗的光辉照耀下，随着我国国民经济高速度的发展，社会主义会计的性质、任务及其内容都起了显著的变化。马克思列宁主义教导我们，人们的认识应当正确地反映客观事物。在客观事物已经改变了的情况下，人们对客观事物的认识，就必须有所改变。所以，今天重新探讨社会主义会计的对象，我仍然感到新鲜并觉得很有必要。

首先需要说明，在这篇文章里，我提出讨论的主题是社会主义会计的对象，不是社会主义会计学的对象。从过去参加讨论的若干文章看，多数人没有把这两个不同的问题明确地区分开来，有些人，包括我自己在内，甚至曾否认会计同会计科学在对象方面存在差别。[①] 现在我认为，这种看法是不够妥当的。会计是什么呢？狭义地说，是人们运用货币形式，反映和监督社会主义扩大再生产过程。我国人民通俗地称为“记账算账”。广义地说，除了记账算账外，还要提措施、挖潜力，进行经济活动分析。不论狭义地或广义地理解，这些都属于实际进行的经营管理工作，其本质都是马克思所说的“生产过程的控制和观念总结”[②]，但会计学就是另一回事了。社会主义会计学是在马克思列宁主义和毛泽东思想指导下的一门社会经济科学。它是从理论上对社会主义会计工作经验进行的系统概括。社会主义会计学的任务，在于科学地阐述社会主义会计工作的本质及其规律性，总结社会主义会计的组织、方法与技术方面的经验，并且坚决批判资产阶级的会计思想和会计观点。所以，在会计与会计学之间既有密切的联系，又有严格的区别。而它们的质的区别，恰好表现为对象的不同。在《矛盾论》这本天才著作中，毛主席说：“人的认识物质，就是认识物质的运动形式……对于物质的每一种运动形式，必须注意它和其他各种运动形式的共同点。但是，尤其重要的，成为我们认识事物的基础的东西，则是必须注意它的特殊点，就是说，注意它和其他运动形式的质的区别。”接着又说“只有注意了这一点，才有可能区别事物。”[③]可见，把社会主义会计同社会主义会计学这两个事物加以区分，认真研究它们的对象的特殊点，对于系统地探讨社会主义会计的理论来说，是有决定意义的。关于社会主义会计学对象的重新认识，容当另文阐述，这里就不再讨论了。

其次需要指出，这里所要讨论的社会主义会计的对象问题，也不应该同另一个问题，即社会主义经济核算或经济核算制的对象问题混淆起来。在社会主义制度下，“会计”同“经济核算制”，也是两个既有联系又有区别的概念，不应混为一谈。但在目前，许多文章往往把两者混同起来。为了认真地进行科学研究，必须把这些概念的意义和内容辨别清楚。什么叫经济核算制？经济核算制的主要内容是什么？毛主席早就科学地做了回答。毛主席在《经济问题与财政问题》一书中指出，所

---

① 参阅拙作：《试论社会主义会计核算这门科学的对象和方法》一文，《厦门大学学报》社会科学版，1956年第2期。

② 马克思：《资本论》第2卷，人民出版社，第145页。

③ 《毛泽东选集》第2卷，人民出版社，1952年版，第775页。

谓经济核算制"就是以尽可能节省的成本(原料、工具及其他开支),制造尽可能多与尽可能好的产品,并在尽可能有利的条件下推销出去"。按照现在流行的说法,就是以最少的人力、物力和财力(最少的消耗),取得最大的成果。关于经济核算制的主要内容,毛主席写道:"第一,每一工厂单位应有相当独立的资金(流动的和固定的),使它可以自己周转,而不致经常因资金困难,妨碍生产。第二,每一工厂单位的收入和支出,应有一定的制度和手续,结束收支不清、手续不备的糊涂现象。第三,依照各厂具体情况,使有些采取成本会计制,有些则暂不采取,但一切工厂必须有成本的计算。第四,每一工厂的生产,应有按年按月生产计划完成程度的检查制度,不得听其自流,很久不去检查。第五,每一工厂应有节省原料与保护工具的制度,养成节省原料与爱护工具的习惯。"[①]由此可见,经济核算制是有计划管理社会主义经济的一整套制度和方法(除"经济核算制"外,还有另一个概念,即"经济核算"。这两个概念也往往被人们混同使用。在目前,本来属于经济核算制的内容,往往叫做"经济核算"。因为这个问题不在本文讨论范围之内,所以不拟详加说明。但可以指出的是,经济核算,实际上是一个客观经济范畴。在社会主义制度下,实行还是不实行经济核算制,并不取决于人们的主观愿望,而取决于社会主义经济发展的客观规律。这是因为,社会主义经济的基础是生产资料公有制。社会主义生产资料公有制为节约时间规律提供了发生作用的广阔场所。在节约时间规律的作用下,节约成为社会主义经济的基本原则之一。精打细算,以最少的消耗,取得最大的成果,成为社会主义经济的客观必然性。这就是"经济核算"范畴的本质。党和国家深刻认识到这一点,因而自觉运用在目前仍起作用的价值规律和成本、利润、资金、价格等"价值工具",制定一整套科学的经营管理制度和方法来实现作为一个经济范畴的经济核算的要求,促使生产多快好省,才构成现阶段"经济核算制"的基本特征和具体形式)。而会计只不过是实行经济核算制的手段之一。当然,对经济核算制来说,利用会计作为手段是十分必要和重要的。经济核算制越加强,对会计的要求就越严格,会计核算和分析就越是要真实可靠、系统全面和深入细致,这是必然的。但是,社会主义会计并不因实行和不断加强经济核算制而丧失自己的特点。会计工作有它自己的规律性,有它自己的对象、任务和专门方法。为了掌握会计工作的特殊规律,从而懂得如何去做社会主义的会计工作并把它切实做好,就必须在承认会计同经济核算制有着密切联系的同时,又承认两者之间的区别,而不能混淆甚至抹杀这种区别。

可以这样认为,社会主义会计的对象,是探讨社会主义会计工作的规律的出发点和立足点。如果还不懂得会计的对象,也就是说还不明白会计工作的客体是什么,它的性质如何。要想真正了解和掌握会计工作的规律,当然是不可能的。我们所以重视会计对象的研究,并且认为这种研究有指导实践的意义,其道理即在于此。

这篇文章,说明三个问题:(1)国营企业会计的对象;(2)农村人民公社会计对象的特点;(3)社会主义会计对象的定义。

一、国营企业会计的对象

探讨社会主义会计的对象,应当从分析国营企业(以工业企业为代表)会计的对象,即其处理的客体着手。因为社会主义国营企业最早实行经济核算制,对会计的要求最严格,会计工作所取得的经验也最为成熟,最为丰富。

我们知道,在社会主义企业中建立会计的根本目的,是为了管理和监督企业的经济活动,以促

① 以上均转引自《毛泽东论财政》一书,财政出版社,1959 年版,第 22~24 页。

进生产高速度地发展。所谓经济活动,从整个社会看,包括社会的生产、分配、交换和消费等社会再生产的各个方面,而生产是其中的主要环节。从一个企业看,情况也是如此。以工业企业而论,它的经济活动当然主要是生产,但为了进行生产,作为在国家集中领导下的独立经营单位,每个企业又不能离开分配、交换和消费(生产消费)。所以,在企业的经济活动中,除直接再生产活动外,还包括社会产品的分配与再分配、材料的供应与产品的销售,而在进行生产的同时,又消费着生产资料。企业经济活动的复杂性自然不能同社会主义社会整个再生产过程相比,但由于它的内容涉及社会再生产的主要方面,其中,既有物的因素,又有人的因素;既有经济因素,又有政治因素和技术因素,实际上也是十分复杂的。

对于上述复杂的经济现象和经济过程,会计能不能全面地、无所不包地加以核算和分析呢?不能。实践做了否定的回答。社会主义企业会计工作的经验证明,能够通过会计来核算和分析的现象,只是企业经济活动的特定方面。

我们需要研究的正是:企业经济活动中哪些方面是会计的对象?回答这个问题只能从实际出发。在企业中,人们都可以看到,本质上,会计反映和处理着人们的生产关系和人在生产中的决定性作用;而现象上,会计则不外乎登记物资的收付、金钱的进出,计算收入、支出和成本,并把收入同成本进行比较。物资也好,金钱也好,"收入"、"支出"和"成本"这些计量经济的"数"的概念也好,都有一个共同特点,即可以用货币表现。换句话说,凡属会计反映和监督的事物,都可以借助于货币来计算它们的数量。这样,企业会计的对象就被限定在一个范围之内了。它不是企业经济活动的所有方面,而是企业经济活动中可以用货币表现的那些数量方面。

有人认为,"货币表现"就是货币计量,是价值范畴和数量概念的统一。他们说,"可以用货币表现的那些方面"这句话,已经指明了经济现象和过程的数量方面,再提什么"数量方面"是多余的。可否把"货币表现"(价值表现)看作就是"货币计量"的同义语呢?我的看法是不可以。按照我的体会,货币表现应当包含两层意思:第一,通过货币表现人们在经济活动中结成的相互关系;第二,通过货币计量可以体现上述经济关系的那些事物的数量。前者反映经济过程的质量(本质),后者反映经济过程的数量。虽然会计在反映数量方面时要密切联系质量方面,但两者的界限仍然应该分清。如果笼统地指"可以用货币表现的那些方面",至少是不够明确的。

按照我们这样的提法,可以正确表明社会主义企业中两种经济管理工具,即会计与统计之间的关系。我们知道,企业会计和企业统计的共同特征是借助于数量反映企业的经济活动。两者都以数字作为"语言",都需要对经济现象进行计量。这个共同特征就使两者密切地联系起来。为了充分发挥促进生产的作用,企业会计和企业统计在取得资料、分析和说明问题时都应该紧密合作,相辅相成。但是,会计的对象并不是企业经济活动中的一切数量方面,而是可以用货币表现的那些数量方面。凡不能用货币表现的那些事物的数量,例如职工在册人数、出勤率、各种工作时间指标就不是会计的对象,但却是统计的对象。企业经济活动中可以用货币表现的那些数量方面,不仅范围比较狭小,而更重要的,是这些方面具有特殊的本质,代表特定的事物(关于这一点,我在下面将会谈到),其性质也和"企业经济活动中的数量方面"(企业统计的对象)的含义不同。这样,企业会计和企业统计的对象又能够明确地区分开来。

有人根本反对这样的提法。他们说,"货币表现"这几个字是会计方法的特征。对象是客观存在的东西,方法是反映对象的。所以,会计的方法应由会计的对象来决定,不能在确定对象时反而借助于方法。我在 1956 年所写的文章中,也是以这一观点看问题的。[①]

现在看来,这种观点带有片面性,从形式上看,会计方法利用货币计价,通过货币计价表现了经

① 参阅拙作:《试论社会主义会计核算这门科学的对象和方法》一文,《厦门大学学报》社会科学版,1956 年第 2 期。

济过程和经济成果。但从本质上看,会计所以需要这样做,是由于在商品生产和价值规律仍然存在的条件下,企业经济活动存在着货币表现的必要与可能。在社会主义全民所有制的企业里,所生产的产品,一部分还需要同社会主义集体所有制的人民公社的产品进行交换,这部分产品仍然是商品。至于在全民所有制内部交换的产品,虽然本质上已不是商品,但由于社会主义经济是一个统一整体,为了统一核算,贯彻经济核算制的要求,也必须赋予商品的形式。马克思写道:"不是因为有货币,所以商品有公约的可能。正好相反。是因为一切商品,当作价值,都是对象化的人类劳动,所以它们自身有公约的可能,所以它们的价值能由一个特殊的商品来计量,所以这个特殊的商品能转化为它们的共同的价值尺度或货币。货币当作价值尺度,是诸商品内在的价值尺度——劳动时间——的必然的现象形态(着重点为引者所加)。"①

总之,我认为,从分析会计工作的具体内容出发,把企业会计的对象限定在企业经济活动的特定方面——"可以用货币表现的数量方面",是符合实际情况的。但为了探讨会计工作的特殊规律及其本质,对于会计对象的分析还应该前进一步。因为在这里还没有揭示所谓"可以用货币表现的那些数量方面"的本质、特点和主要内容是什么。

在社会主义经济中(企业经济活动也是一样),可以用货币表现其数量的事物是什么呢?它不是别的,而是具有价值的商品物资以及通过商品物资的运动所体现的企业经济活动。社会主义政治经济学告诉我们,商品物资的货币表现是由一个专门的经济范畴反映的。这个范畴叫做"资金"。随着企业经济活动的进行,资金不断运动变化,其变化必然通过数量表现。所以,企业经济活动中可以用货币表现的那些数量方面,都能用"资金运动"来说明。资金是一个特殊范畴,资金的运动是经济活动中的特殊的数量方面。这样,最能够确切表达企业会计对象性质的,就是"企业资金的运动"了。这就是说在国营企业中,会计应当反映和监督企业的资金运动。

毛主席在《矛盾论》中说:"无论什么事物的运动都采取两种状态,相对地静止的状态和显著地变动的状态。两种状态的运动都是由事物内部包含的两个矛盾着的因素互相斗争所引起的。"②资金的运动也是如此。在企业中,引起资金运动的每一项经济业务都包含两个矛盾着的因素:"资金从何处来"和"资金往何处去"。当资金运动只有数量变化并无性质变化(即重复同一种性质的经济业务)时,就显示相对静止状态,即只改变资金来源与运用状况而不会改变资金周转的阶段。在相反的情况下,不仅改变资金来源与运用状况,而且使资金处于绝对变化中,改变自己的形态,不断地从周转的一个阶段向另一阶段过渡。

国营企业(指工业企业)资金运动的显著变动状态,除表现为通过供应、生产和销售三个过程所发生的循环周转外,还表现为资金投入企业和退出企业。对于企业资金运动的显著变动状态,可以用图1表示。

根据以上所说,在国营企业中,作为会计对象的企业资金运动主要包括以下三方面的内容:

(1)企业资金的来源与运用(主要反映资金运动的相对静止状态,但在资金运动处于显著变动状态时,资金的来源与运用情况也会改变);

(2)资金投入企业和退出企业;
(3)企业资金的循环周转。 } (主要反映资金运动的显著变动状态)

这几项内容,如前所说,都代表企业经济活动中可以用货币表现的那些数量方面。不过,这里是具体化了。

我们说过,资金是商品物资的货币表现。假如只看现象,那是物和钱的数量关系,但分析这种数量关系的本质,却是人与人的关系即社会主义生产关系。每一个社会主义企业会计工作者,当然

① 马克思:《资本论》第1卷,人民出版社,第81~82页。

② 《毛泽东选集》第2卷,人民出版社,1952年版,第799页。

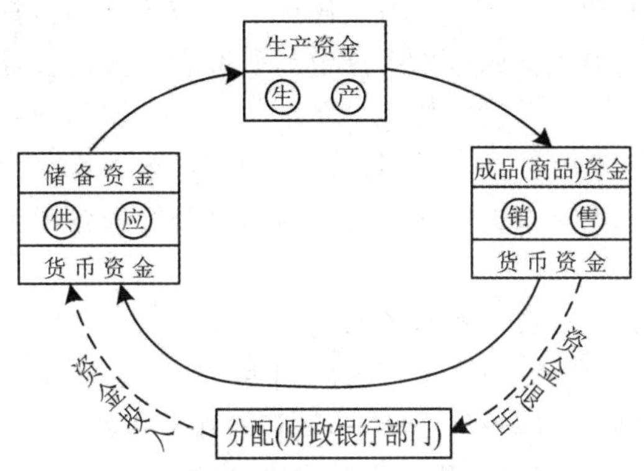

图 1 国营企业资金投入、退出和资金循环的图式

要精确地计算物质和金钱的动态,如实地反映企业资金运动的客观情况,使领导胸中有数。也就是说,应当非常严密地对企业财产物资进行反映、登记、观察和分析,非常重视财产物资的经济合理使用,使每一元资金,都发挥最大的经济效果。但是,作为一个马克思列宁主义和毛泽东思想武装起来的社会主义企业会计工作者,既要见物,又要见人。既要加强物资和金钱的管理,充分发挥资金在生产中的作用,也要正确处理人们的相互关系,充分发挥人在生产中的作用。毛主席教导我们:“世间一切事物中,人是第一个可宝贵的。在共产党领导下,只要有了人,什么人间奇迹也可以造出来。”①我国革命和建设的伟大成就,充分证明了这一论断的正确性。在我国,企业会计工作,实质上就是党用来不断调整企业内部关系,鼓舞群众革命干劲,以促进生产力不断高涨的有力工具之一。明确这一点是十分重要的。否则,在企业会计工作中就可能见物不见人,就可能不由政治来统帅,以至脱离党的领导和脱离群众,从而走上错误的道路。

二、农村人民公社会计对象的特点

以上对国营企业会计对象所下的定义以及对企业会计对象的主要内容的分析,基本上也适用于我国农村人民公社。这就是说,在农村人民公社中,会计的对象也是公社资金的运动。其内容同样也包括以下三个主要方面:

(1)公社资金的来源与运用;

(2)资金投入公社和退出公社;

(3)公社资金的循环周转。

但是,农村人民公社资金运动的这些主要内容,虽然基本上类似于国营企业,却又有许多重要的不同点。这些不同点,需要联系农村人民公社的性质、根本制度和农业生产的特点来考察。

大家知道,现阶段我国农村人民公社的性质,是社会主义的集体所有制。而其具体形式,则是“三级所有,队为基础”。党中央和毛主席一再指出,公社、生产大队和生产队三级所有、三级核算,基本核算单位是生产大队。所以,以生产大队为基础的三级所有制是现阶段农村人民公社的根本制度。这个根本制度必须成为我们研究农村人民公社经营管理问题的根本出发点。此外,农村人民公社虽然不是单一的农业经济,按照党的工业和农业同时并举、自给性生产和商品性生产同时并举的方针,它虽然要全面发展农林牧副渔,并经营一定数量的社办工业,但是,主要的、大量的生产

① 《毛泽东选集》第 4 卷,人民出版社,1960 年普及版,第 1516 页。

还是农业。农业生产,特别是粮食生产在农村人民公社生产中永远占据最重要的地位。农业生产同工业生产有相同的地方,又有不同的地方。这也是研究农村人民公社经营管理问题时所不能忽视的。

农村人民公社的上述特点,在公社会计对象的范围和内容方面必然要反映出来。我们在规定农村人民公社会计的对象时,必须根据党的有关农村人民公社的各项方针政策和农业生产的特殊要求进行具体分析。

(一)从范围看,农村人民公社会计的对象是整个公社

农村人民公社会计的对象包括公社、生产大队和生产队的资金运动在内。但现阶段,又明应明确地划分三级所有的资金界限,是哪一级的收支,就记在哪一级的名下;是哪一级的资金,就归哪一级使用。任何一级都不得借各种理由占用他级的资金和收入,也不得将本级应当负担的支出转由他级负担。总之,在核算时应当根据各级的所有权加以严格划分,各级的会计对象必须界限分明,不可混淆。而作为基本核算单位的生产大队的资金运动则应当成为公社会计的主要对象。

(二)进一步研究生产队的资金运动

我们应当看到,资金的生产固然是其中主要的决定性的环节,而资金的分配却占有特别重要的地位。国营企业的会计,对分配过程的反映和监督是重视的,但其重视程度远不如对生产过程的反映和监督。农村人民公社的会计就不可以这样。它必须既重视生产的核算又重视分配的核算。在一定的时期和条件下,甚至要集中全部或主要力量搞分配的核算。国营企业再生产过程(资金运动过程)通常不包括分配,而农村人民公社的再生产过程必须包括分配。为什么国营企业和农村人民公社会计对象的侧重点会有这样的差别呢?首先,是生产资料所有制的区别引起的。因为国营企业的性质是社会主义全民所有制。通过企业经营过程实现的社会产品分配主要包括(1)以工资形式分配给个人作为劳动报酬的部分;(2)以税金、利润提缴和留成形式作为企业或国家积累的部分。我们知道,工人工资标准和工资总额是由国家统一规定的。这就是说,工人为自己劳动的那一部分产品,是由国家在社会总产品中统一分配的。企业不是也不可能是统一分配的单位。企业的任务在于,坚持政治挂帅,根据工人劳动的数量和质量,贯彻按劳分配的原则,把它具体分配给个人。每个工人的收入,主要取决于他的劳动数量和质量,并在一定程度上考虑其劳动态度,而不以他所在企业的生产好坏和收入高低为转移。至于税金的多寡和利润的分配,国家的规定是很具体的。其分配结果,也只涉及国家同企业之间的经济核算关系(财务上的统一领导与分级管理的关系),根本不影响所有权的问题。但农村人民公社是另一种情况。前面说过,现阶段农村人民公社的性质是社会主义集体所有制,并且实行三级所有,队为基础。马克思列宁主义政治经济学教导我们:生产决定分配,分配影响生产。什么样的生产资料所有制决定什么样的分配制度。在以生产大队为基础的人民公社三级所有制度下,分配一定要以生产大队为基本单位,分配给社员的个人收入和应提取的公共积累一定要基本上依存于生产大队的生产情况及其收入水平。就是说,在现阶段,农村人民公社的收入只能基本上以生产大队为单位,在生产大队范围内统一分配。生产大队既然是公社收入分配的基本单位,那么,生产大队分配得正确与否,就不仅是一个经济问题,而且首先是一个重大的政治问题。因为它关系到是否正确处理国家与集体、大集体与小集体、集体与个人各方面的利益,最为社员群众所关心。所以,在党的领导下,切实算好生产队的收入分配账,贯彻执行现阶段农村人民公社的根本制度和党的分配政策,就有极为重要的意义。其次,农村人民公社收入分配的会计所以特别重要,还由于它的内容比企业分配过程的会计要复杂和细致得多。从核算收入到试算分配,每一个核算步骤都要在严格划分三级所有的界限的前提下,达到高度的真实性和精确性。一是一,二是二,不允许丝毫含糊。

(三)再进一步分析生产大队的资金运动的主要内容

我们将会发现,无论资金来源或运用,资金投入或退出,以及资金的循环周转,都与国营企业不

完全相同。这是可以理解的。生产资料所有制、经营的范围和生产的特点等一系列因素,都会使公社与企业在会计对象的具体内容方面产生差别。如果这些差别仅仅是由于生产经营的性质所引起的,我们可以不再分析。因为在国营企业之间,生产经营的性质不同,会计对象的具体内容也是不同的。在这里,值得我们注意的应该是,人民公社资金运动的特点,有的不但同生产经营性质有关,而且同所有制的性质有关。

前已述及,农村人民公社的基本生产是农业。而农业生产的特点之一是农产品本身往往又作为劳动对象参加再生产过程。例如农产品收获以后要保留一定数量的种子和饲料,而留作种子和饲料的那些产品不销售,不需要转变为货币。这部分资金(仍具有货币形式)的周转却经历着供应、生产和分配三个过程进行循环。如前所说,国营工业企业的资金周转,是按供应、生产和销售三个过程循环的。两者的区别就很明显了。

农村人民公社资金周转的这种特殊形式,可用图 2 表示:

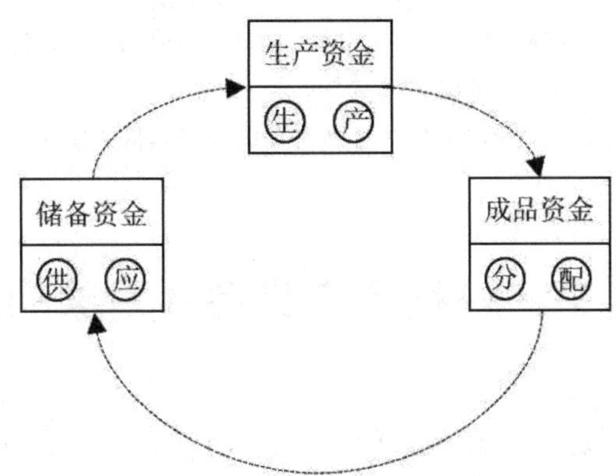

图 2　农村人民公社资金周转图式

但应当考虑到,现阶段农村人民公社的根本制度是三级所有,队为基础。不仅公社同国家、公社同公社之间的经济联系要利用商品货币关系,就是公社内部三级之间的往来,也必须坚持等价交换,算账付款。农村人民公社生产大队所有的产品,除以实物形式直接分配给社员和缴纳公粮外,一部分要留作生产储备及其他用途,按上述特殊形式参加公社的再生产。另一部分,也是其中的大部分,仍须以商品形式出售,换回货币,进行分配。这样,农村人民公社生产大队的资金周转,就同时存在两种情况:

第一种情况同国营企业一样,按供应、生产和销售等三个过程循环;

第二种情况则不同于国营企业,其产品不通过销售,自产自用,按供应、生产和分配等三个过程循环。

由于分配过程在公社再生产过程中具有特殊重要性,由于人民公社的产品必须基本上以生产大队为单位统一分配,而不经过产品的统一分配,不论上述哪一种情况的周转,都不能进行。这样,在农村人民公社中,产品通过销售参加再生产也好,不通过销售参加再生产也好(不通过销售的产品仍须用货币表现,并参加另一种形式的资金周转),就都必须以分配过程作为两次周转的纽带。换句话说,农村人民公社资金的周转运动,完整地看,有的应通过四个过程,有的应通过三个过程,除供应和生产两个过程相同外,分配过程也是共同的。兹用图式表示两种情况的周转如图 3 所示:

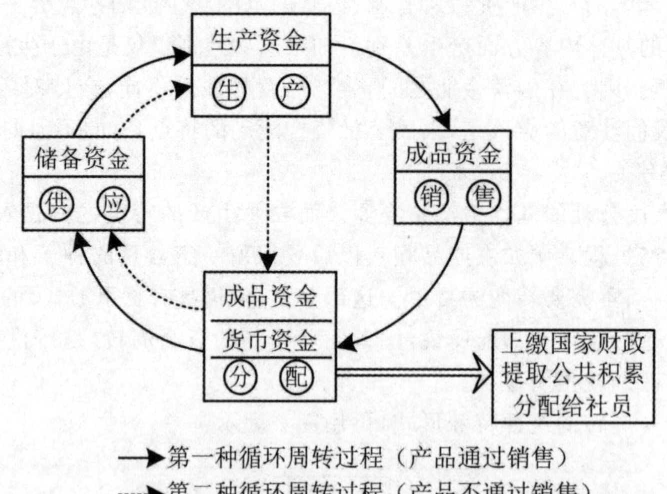

图 3　农村人民公社资金周转的两种情况图式

三、结论——社会主义会计对象的定义

以上,我们分别研究了国营企业和农村人民公社会计的对象。我们一方面指出,企业和公社会计的对象都是资金的运动,但另一方面又对资金运动的范围和主要内容作了具体的分析。

毛主席曾经教导我们:人们认识事物的步骤应该遵循“由特殊到一般,又由一般到特殊”的公式。毛主席说:“人们总是首先认识了许多不同事物的特殊的本质,然后才有可能更进一步地进行概括工作,认识诸种事物的共同的本质。当着人们已经认识了这种共同的本质以后,就以这种共同的认识为指导,继续地向着尚未研究过的或者尚未深入地研究过的各种具体的事物进行研究,找出其特殊的本质,这样才可以补充、丰富和发展这种共同的本质的认识……。”[①]对于社会主义会计来说,国营企业和人民公社的会计都具有特殊性,但它们是社会主义会计的重点,又具有代表性。因此,在对国营企业会计的对象和人民公社会计的对象作了比较深入的分析后,就使我们有可能进一步地进行概括工作,探讨社会主义会计——把社会主义各方面的会计工作当作一个整体来看——的对象。

我们知道,在生产资料公有制的基础上形成的社会主义经济,是统一的整体。每一个企业和公社的经济,都是社会主义经济的有机组成部分。社会主义现阶段,必须保留商品和货币,并且仍要充分利用它们的积极作用来加速我国社会主义建设。只要商品货币经济存在,作为统一整体的社会主义扩大再生产中的一切产品,就都可以用也必须用货币表现,因而整个社会主义扩大再生产过程就客观存在着资金的运动,即资金的生产、分配、流通和消费。我认为,这就是社会主义会计的对象。企业和公社是社会主义的经济单位,所以企业和公社的会计对象同整个社会主义会计对象应当基本上是一致的,但是其范围和性质又有所区别。就范围来讲,企业和公社的资金运动是局部,而社会主义扩大再生产过程中的资金运动是整体;就性质来讲,企业和公社的资金运动是特殊(它们分别用货币形式从数量方面反映企业和人民公社的特殊再生产过程或经营过程),社会主义扩大

① 《毛泽东选集》第 2 卷,人民出版社,1952 年版,第 776 页。

再生产过程中的资金运动是一般(它用货币形式从数量方面反映整个社会主义扩大再生产过程)。

为了更深刻地理解社会主义会计对象的特点,还需要说明两点:

第一,社会主义扩大再生产过程的资金运动不是一个抽象的概念。它是企业、公社其他经济单位、机关、学校和团体的经济活动组成的。企业、人民公社和经济单位的资金运动是社会主义扩大再生产过程中资金运动的主要组成部分。除此以外,一切非经济单位由于也要收入资金和使用资金,这就形成社会主义扩大再生产过程中资金运动的特殊方面。收入资金和使用资金不同于经济单位的资金周转,但也是资金运动的形式之一,应当作为会计的对象。在社会主义社会里,不论什么地方,只要花钱办事,不论它是生产性或是非生产性的,都要记账算账,如实地反映出来。并且力求以最少的耗费,取得最大的效果。

第二,社会主义扩大再生产过程的资金运动又不是各单位资金运动的简单综合。作为一个统一的有机整体来考察,社会主义扩大再生产过程的资金运动反映着整个国民经济范围的经济活动及其成果。而这一方面,完全有必要实行专门的核算和分析。毛主席在《关于正确处理人民内部矛盾的问题》一书中说:“我们作计划、办事、想问题,都要从我国有六亿人口这一点出发,千万不要忘记这一点。”[①]毛主席的这个指示也完全适合于社会主义会计。在我国社会主义制度下,不仅存在着经济单位的局部核算,而且存在着整个国民经济范围的整体核算,它们的对象都是社会主义扩大再生产过程中的资金运动。所不同的,只是核算的范围和角度而已(后者在“全国一盘棋”的原则指导下,更多地从六亿人民的整体利益和长远利益出发)。

由此可以得出结论,最能确切表述社会主义会计对象的提法,是社会主义扩大再生产过程中的资金运动。

(原载于《厦门大学学报》哲学社会科学版,1961年第1期)

① 毛泽东:《关于正确处理人民内部矛盾的问题》,人民出版社,1957年6月第1版,第24页。

08

经济核算的客观依据是时间节约规律

葛家澍

我国经济学界,近年来对于经济核算的本质及其客观依据问题,曾经展开讨论。讨论的情况表明,在经济核算的客观依据问题上,认识有很多分歧。1959年,作者写过一篇文章初步接触到这个问题[①],本文准备继续提出一些补充意见,以供商讨。

首先要指出的是,在本文中,凡谈到经济核算,不是把它单纯理解为记账算账,也不是把它既理解为客观的经济范畴又理解为管理社会主义经济的方法,而是仅仅理解为经济范畴,即社会主义社会中客观存在的经济核算关系,体现着社会主义生产关系的一定方面。

总的说来,关于经济核算关系形成的原因,也就是作为经济范畴的经济核算的客观依据的问题,我现在的看法仍然同从前一样,认为它是在社会主义生产资料公有制基础上,时间节约规律充分发生作用的必然结果。马克思写道:"假定进行集体生产,确定时间自然就具有极其重要的意义。社会用来生产小麦和牲畜等等所需要的时间愈少,用来进行其他的生产——物质和精神的生产的时间就愈多。无论是个人,无论是社会,其发展、需求和活动的全面性,都是由节约时间来决定的。一切节省,归根到底都归结为时间的节省。……因此,节省时间以及在各个生产部门中有计划地分配劳动时间,就成了以集体生产为基础的首要的经济规律。"[②]根据马克思的定义,所谓节约时间,就是要节约社会人力、物力和财力等一切财富,在劳动生产中要求以最小的消耗,取得最大的成果。这一客观必然性,对于有计划地组织和管理社会主义生产,有着巨大的影响。我们知道,在社会主义制度下,生产资料是公有的;在国营经济中,生产资料则属于全民所有。一切国营企业的财产都属于同一个主人——全体人民,其代表则是社会主义国家。既然生产资料的主人是代表全体人民利益的国家,那么,这里就产生几个问题:每个国营企业的财产是否应由国家随时调动,统一管理?对于这些财产的使用,是否都应按照国家的统一命令办事?企业的生产耗费和生产成果是否都应由国家直接负责?如果只看到所有制这一点,回答是肯定的(只要国家认为有必要,完全可以这样做,这是没有问题的)。但是,如果考虑到最经济最合理地进行生产,也就是考虑到时间节约规律的要求,回答就是否定的。问题在于,时间节约规律表明社会主义社会不但存在着精打细算,最经济、最合理地使用社会劳动力的要求,而且有实现这一要求的完全可能。在社会主义制度下,在共产党的领导下,每一个国营企业都蕴藏着实现这一要求的无穷无尽的潜力。要充分发掘这个潜力,就必须调动企业各方面的积极性。如列宁所说,"要他们自己负责,而且是完全负责……"[③]。"……在经济方面实行民主集中制,保证铁路、邮电和其他交通运输等经济企业的工作有绝对的严肃性和统一性;同时,真正民主意义上的集中制的前提是历史上第一次造成的这样一种可能性,就是不仅使

① 请参阅拙作:《怎样正确认识经济核算和价值规律的联系》,《中国经济问题》,1959年第2期。

② 马克思1857—1858年经济手稿之一《货币论》,《马克思恩格斯列宁斯大林论共产主义社会》,人民出版社1958年版,第67页。

③ 列宁:《给财政人民委员部》,《列宁全集》第35卷,人民出版社1959年版,第549页。

地方的特点，而且使地方的首创性、主动精神和各种各样达到总目标的道路、方式和方法，都能充分顺利地发展。”[①]换句话说，为了调动企业的积极因素来实现增产节约，在经济上也必须贯彻民主集中的原则。社会主义企业应该在国家统一领导下具有一定的经营管理权力，生产资料的支配权力和使用权力，并向国家承担一定的责任。这种权力和责任，不能仅仅是法律上的，而首先必须是经济上的，在社会主义阶段，必须是物质的权力和责任。因此，在社会主义全民所有制内部，尽管生产资料属于全民所有，在经济上有可能也有必要保持高度的统一性和计划性，但是，要使每个企业在生产中力争以小的消耗取得最大的成果，一定的生产资料的管理权、支配权和使用权又应该下放给企业，有条件地给予企业当家做主、独立经营的权力。换句话说，在不改变生产资料的全民所有权，在不影响国家基于所有权而行使的最高的管理权、支配权和使用权的前提下，把某些可以同所有权在一定程度上分离的经营管理权、支配权和使用权适当分散，不仅是可能的，而且是完全必要的。因为这样做不仅不影响全民所有制的性质，而且有利于发挥企业和广大群众的积极性，进一步巩固社会主义全民所有制。不可能设想，生产资料归全民所有，国家就必须直接管理所有生产资料而不交由直接使用生产资料的企业负责管理。经验充分证明，一定的经营管理权、使用权和支配权，乃是企业能够因时因地制宜地组织日常生产，精打细算地使用生产资料和劳动力所必不可少的条件。这样，国家和企业在经济上就必然形成一种特殊的关系，即集中领导和独立经营相结合的关系。这种关系包含两层意义：第一，国家把属于全民所有的一部分生产资料拟交企业，在国家集中领导、统一计划的前提下负责管理、独立使用、自由支配，也就是授予企业处理国家财产的一定权力；第二，国家要求企业必须精打细算，经济、合理和节约地使用国家拟交的生产资料，保证获得规定的经济效果，也就是责成企业承担一定的物质责任。从节约的要求出发，使国家和国营企业必须结成这样的经济关系。这是一种特殊的经济联系，也是经济核算的关系中最本质的一种经济联系。从整个经济核算的关系说，不仅包括国家和企业的关系，也还包括企业和企业、企业和职工之间的关系。例如每个国营企业都是国家统一领导下分工协作的经济单位，但由于经营上各具有相对的独立性，为了更好地考核自己的劳动耗费和经济效果，企业相互提供产品和一切往来就必须记账算账，以同量的劳动相交换。[②] 因而在企业和企业之间就形成分工协作和同量劳动交换相结合的关系。在我们社会里，职工群众已成为企业的主人，他们在党的领导和教育下，政治觉悟不断提高，生产积极性日益高涨，共产主义风格大大发扬。但是，在社会主义阶段分配的原则是各尽所能，按劳分配。为

① 列宁：《“苏维埃政权的当前任务”一文的初稿》，《列宁全集》第 27 卷，人民出版社 1958 年版，第 190 页。

② 马克思在哥达纲领批判中写道：“说到消费品在各个生产者中间的分配，那么这里通行着在商品等价物的交换里也通行的那个原则，即一种形态的一定数量的劳动可以与另一种形态的同量劳动交换（着重点为引者所加）。”（《马克思恩格斯文选》两卷集第 2 卷，莫斯科外国文书籍出版局 1955 年版，第 21 页）。马克思这里所说的交换劳动，指的是社会主义分配领域中的劳动交换，当然同我们所说的在社会主义全民所有制内部生产领域内交换劳动有所区别。但是，后一种交换，同样也通行“一种形态的一定数量的劳动可以与另一种形态的同量劳动交换”的原则。按“同量劳动交换”，乍看起来，仿佛是“等价交换”的同义语。实质上，两者是有原则区别的。问题的核心在于：并非所有的劳动交换都必须凭借“价值”作媒介不可。马克思曾认为，在生产中实行的原始交换即“不是交换价值的交换，而是被集体的需求、集体的目的所制约的行为的交换”（见《马克思恩格斯列宁斯大林论共产主义社会》，人民出版社 1958 年版，第 82 页）。就社会主义全民所有制全部的产品交换来说，性质也是如此。至于现阶段全民所有制内部产品的交换，仍采取商品交换形式，本来是直接的社会劳动之所以还必须间接地通过价值形式表现出来，那主要是由于在商品生产和价值形式仍存在的条件下，需要用统一的价值尺度核算劳动耗费和劳动成果的缘故。那么，在社会主义全民所有制的条件下，企业与企业之间的劳动交换，为什么还要求“同量”呢？这绝不是什么价值规律的作用，而是时间节约规律的作用。因为企业互相之间等量（即同量）交换劳动，是每个企业全面核算其劳动耗费从而更好地考核其节约社会劳动所取得成就的一个必要的前提。我认为，按同量交换劳动的原则，不仅对于社会主义全民所有制企业之间的经济联系是适用的，即使将来到共产主义社会，对于共产主义全民所有制企业之间的经济联系恐怕也是适用的。关于这一点，下面还要谈到。

了更好地调动职工群众增产节约的积极性,在加强政治思想工作的同时,还必须实行一定的物质鼓励。因而在企业和职工之间,形成了政治挂帅和物质鼓励相结合的关系。不过,企业和企业之间,企业和职工之间的经济核算关系,只能看作是国家和企业之间的经济核算关系的派生物,因为它们都同国营企业在经营上具有相对的独立性,既有一定的物质权力,又有一定的物质责任这一特点分不开的。而归根到底,不论上述哪一种经济关系,都取决于在社会主义制度下,最大限度动员各方面力量,节约社会劳动,生产日益丰富的产品,以满足社会日益增长的需要的客观要求。由此可见,只有马克思所揭示的时间节约规律,才能说明经济核算的本质;反过来,也只有"经济核算"范畴,才能更深刻地表明时间节约规律对于社会主义经济所起的作用和影响。

概括说来,我对经济核算的客观依据的认识就是如此。

有的同志说,"马克思所论述的时间节约规律是在一切形态下都起作用的规律"。因为马克思在《资本论》中这样说:"在一切状态内,生产生活资料所费的劳动时间,都是人类关心的事,虽然关心的程度,不是在不同的发展阶段上一致的。"[①]他们说:"既然肯定经济核算是社会主义的经济范畴,那么,它就不能由时间节约规律来决定了。"对于这一反对意见,我认为论据并不充分。首先,从马克思的这一段话来看,并不能断定人类关心劳动时间的节约,就是时间节约规律在起作用。要知道,规律是现象之间的必然联系。它不仅表明了客观必要性,而且表明了可能性。不能认为,在一切社会中,都有实行节约的可能。马克思并没有明确肯定时间节约规律是各个社会共有的规律,相反地,他倒是明确肯定时间节约规律是以集体生产为基础的首要经济规律。可见上述反对意见是有问题的。其次,即使我们同意时间节约规律在任何社会都起作用,也必须把规律和规律的表现区分开来,例如在资本主义社会,资本家所关心的是剩余价值。对资本家来说,节约社会劳动只有在能够增加剩余价值、节省资本支出的条件下才会引起兴趣。因此,在资本主义企业内部,生产是精打细算的,资本家力求以最少的资本支出,榨取更多的剩余价值,而整个社会,则存在着劳动力、劳动时间和社会财富的惊人浪费。关于这一点,恩格斯早在1845年2月8日《在爱北斐特的演说》中就作了最彻底最深刻的揭露。[②] 可见,时间节约规律在资本主义条件下就不能按照它的要求发生作用,而只能通过价值规律和竞争与生产无政府状态规律表现出来(一方面,产品价值中的成本部分特别是工资支出不断降低,资本家能够获得越来越多的剩余价值,而另一方面,劳动人民所创造的剩余价值完全为资本家占有,遭到可耻的浪费)。所以,只有在社会主义社会,由于生产资料公有,劳动不再带有剥削性质,节约劳动时间才变成被认识了的必然性。节约时间规律的要求才能贯穿于社会主义经济生活的一切方面,首先是生产方面。节约才成为毛主席所说的社会主义经济的基本原则之一。

还有的同志认为,如果说经济核算是由时间节约规律的要求所决定的。那么,不仅生产企业和经济单位要实行经济核算制,即使在机关,事业单位也应该实行经济核算制才是。因为在它们那里,也要贯彻节约原则。而事实并非如此。可见经济核算的客观依据不能简单地归纳为时间节约规律的要求。这个意见看起来颇有道理,实际上也是站不住脚的。我们说经济核算由时间节约规律的要求所决定,不等于说经济核算就是时间节约规律的要求。作为一个规律,节约是社会主义经济中最一般和最本质的要求之一。只要有经济活动,不论发生在企业、机关或事业单位,都需要节约,这是毫无疑问的。但是在社会主义经济单位(主要是国营企业)中,时间节约规律的要求是通过特定的经济关系表现出来的,而这个经济关系就是经济核算。在社会主义生产领域,之所以必须形成经济核算关系而在非生产领域就不需要形成经济核算关系,是由于生产中的节约不同于一般的节约。马克思说过,生产,同时也就是生产的消费行为。在生产领域中,节约的潜力存在于生产的

① 《资本论》第1卷,人民出版社1954年版,第53页。

② 恩格斯:《在爱北斐特的演说》,《马克思恩格斯全集》第2卷,人民出版社1957年版,第610～613页。

一切方面。它同合理组织企业经济活动,调整企业各方面关系有着极为密切的联系。所以,国营企业同各方面形成经济核算关系,不仅由于它们是社会主义社会的分工单位,而且由于它们是社会主义社会的经济单位。所以,经济核算的本质只能理解为以最小的消耗,产生最大的经济效果。既然经济核算要求最大的经济效果,当然不能把它搬用于机关、事业单位和一切非生产性组织中。有的同志又提出另一个不同意见。这个意见认为,严格的节约要求,并不能成为企业由供给制转为经济核算制约的依据。因为即使不实行经济核算制,只要国家为企业规定定额,以定额耗费同实际耗费相比较,同样可以推动企业厉行节约。单纯依靠定额检查与管理,就能在生产中达到严格的节约吗?不能把在生产中贯彻节约原则,看作是一件轻而易举的事情,一件仅仅依靠某些物资消耗管理的制度就能完全办得到的事情。实质上,按照时间节约规律的要求,以最小的劳动耗费,取得最大的经济成果,对于企业来说,乃是一个全面实行多快好省的问题。新中国成立以来,特别是三年连续"大跃进"的经验证明,我们的企业之所以能够不断挖掘潜力,使生产合乎多快好省,最重要的原因之一,在于党和国家及时采取有效措施,正确处理全民所有制内部的经济关系。例如在国民经济恢复时期胜利结束后,国营企业立即普遍建立经济核算制,在国家集中领导下要求它们独立经营。1958年以后,又改进企业管理体制,适当地放权放责,实行统一领导与分级管理相结合的方针,既坚持政治挂帅,又适当地结合物质鼓励,实行利润超额分成,等等。所有这些都表明,在党的领导下,通过社会主义全民所有制内部生产关系的不断调整、完善和巩固,借以调动企业和广大职工为增产节约而斗争的积极性,这才是节约原则得以全面和深入贯彻的决定性因素。我们从不否认对于劳动消耗实行科学的定额管理的重要性,也肯定定额管理是在生产中贯彻节约要求的一个必不可少的工具。但是,只有企业同各方面(首先是同国家),以及企业内部各方面(包括企业同职工)之间在经济上的权责关系已经合理安排从而有利于发挥人的积极作用的条件下,定额管理才能起到应有的作用(因为只有在这种条件下,人们才会主动想办法去突破旧的定额,创造新的定额,然后再突破,再创造,如此反复推移,不断地把产品的劳动消耗推到新的、更合理的水平)。可见,在生产中全面而深入地贯彻节约原则,必须同时解决人与人的关系(正确安排经济核算关系)和人与物的关系(如制定科学的消耗定额)等两个方面的问题。忽视其中任何一个方面,都是不对的。

最后,不同意经济核算的客观依据是时间节约规律的同志还提出一个理由,那就是:现在实行的经济核算制实际上采取价值形式,同价值规律有着不可分割的联系,与其说经济核算是由时间节约规律所决定,不如说经济核算是由价值规律所决定,更加符合客观实际。应当承认,经济核算同价值规律不是毫无联系的。在社会主义现阶段,由于商品货币的存在,价值规律仍起作用,经济核算关系采取了价值形式,形成所谓"货币关系"的一部分。例如国家拨给企业的生产资料要进行货币估价,表现为固定资金和流动资金的下拨;企业使用资金进行生产则运用一系列价值指标如产值、成本、利润、资金周转率等来计划、核算,保证经营有利。此外,企业和企业之间的产品交换,也利用价值形式,使同等劳动交换表现为等价交换的形式,等等。很显然,在进行核算时利用货币计价,在企业同各方面经济联系时遵守价值规律的要求并尽量利用许多价值范畴来组织经济活动,这都表现价值规律对经济核算起着影响作用。问题在于价值规律对经济核算的影响应当如何正确地理解。我认为,价值规律能够决定经济核算的表现形式,但不能决定它的本质。所谓经济核算的表现形式,指的就是经济核算制。换句话说,在价值规律仍然发生作用的条件下,经济核算制必须也只能充分运用价值工具来加以组织。这是因为:作为核算的尺度,价值最具有综合性。它能使不同的劳动耗费、各种物资、一切收入和支出统一地用同质单位——货币加以计量和综合,从而使考核经济效果成为可能。同时,自觉地运用价值规律的作用,可以促使企业降低产品的劳动耗费,不断地提高盈利,这对于促进增产节约也能发挥有利的影响。我所说的经济核算同价值规律的联系,归结起来,就是指这两点(关于这个问题,我在1959年我写的《怎样正确认识经济核算和价值规律的联系》一文就作了说明)。由此可见,假如要问现阶段经济核算制为什么充分运用价值形式,可以回答,这是价值规律的作用决定的。假如要问经济核算的本质,问为什么社会主义会形成经济核算关系,只能回答,这取决于时间节约规律的作用和要求,不能从价值规律中去寻找根据。有一种意见认为,由于现阶段仍存在着商品生产,全民所有制内部生产的产品不但在形式上,而且在实质上是商品,因此,要求以货币形式进行核算,以收入抵偿支出,要实行经济核算制。所以,经济核算的客观依据是价值规律。这样的看法,实际上也是不能成立的。国营企业实行还是不实行经济核算,根本同国营企业的产品是否实质上属于商品无关。如果认为由于企业是独立的商品生产者才形成经济核算关系,那就必须承认在资本主义制度下也存在着经济核算关系了。这样,势必混淆社会主义经济核算同资本主义商务核算的本质区别。按照我们的理解,经济核算是体现社会主义生产关系的经济范畴。它所体现的只能是社会主义国家和企业、社会主义企业和企业,以及社会主义企业和职工由于更好地实现节约要求而形成的新的经济关系。当然,这个经济范畴在社会主义现阶段还有一些旧的痕迹,例如暂时利用商品价值形式和一定的物质鼓励等等,但新内容暂时保留某些旧痕迹(主要是形式方面)绝不会改变它作为社会主义特有的经济范畴的本质。那么,商务核算是什么呢?应当指出,商务核算并不是直接从资本主义生产关系中抽象出来的一个概念。它并不直接体现资本主义生产关系的特定方面。商务核算不过是掌握在资本家手里,借以控制生产过程榨取剩余价值和追逐利润的一个工具。在商务核算的过程中,当然会间接地反映资本主义的经济关系,但商务核算反映的关系,则完全是资本主义条件下的商品货币关系。换句话说,所谓商务核算关系,实质上是资本主义商品货币的数量表现(主要通过货币度量间接表现以下两种关系:①资本家购买劳动力这个特殊商品榨取工人剩余劳动而形成的资本家与工人的关系;②作为独立商品生产者的资本家企业相互买卖商品,按等价交换原则而形成的资本家与资本家的关系)。由此可以得出结论:经济核算关系同所谓商务核算关系——即资本主义商品货币关系,完全是两回事,根本不能混为一谈。在资本主义社会里,虽然每个资本家企业都是独立的商品生产者,在那里,所有的产品,无论在实质上和形式上都是商品。可是并不曾出现也不可能出现经济核算关系。尽管价值规律在资本主义社会里支配一切,可是,像"统一领导与独立经营相结合"、"分工协作与同量劳动交换相结合"等体现社会主义经济核算关系的质的特点,永远不会在一个以生产资料私有制为基础的社会里形成。

"将来到共产主义社会,经济核算范畴是否仍然存在"?这也是一个有争论的问题。基于以上的观点,我们对这个问题的回答是肯定的。因为随着共产主义经济的发展,时间节约规律的作用只会越来越大,而不会是相反。那时,高度的劳动生产率意味着单位时间可能提供的产品数量不知要比现在大多少倍。作为创造财富实体的劳动时间是那样贵重,社会对于节约时间的要求一定比现在更加严格。所以,问题就很清楚,在未来的共产主义社会里,为实现严格的节约要求而形成的经济核算关系是不会消失的。当然,经济核算关系的内容会有所发展。例如,由于共产主义经济已经完全克服旧社会的残余,共产主义社会的经济核算关系也不再带有旧的痕迹。首先,不再采取价值形式。价值形式可能为直接反映劳动消耗量的新形式——"劳动时间"所代替,如马克思所说的,"就是交换价值废止了,劳动的时间也依然是创造财富实体,是生产所必要的成本的尺度"。[①] 其次,将不再利用物质鼓励的作用。物质鼓励,乃是社会主义各尽所能、按劳分配原则的产物。到共产主义社会,由于产品已经极大地丰富,人们的政治觉悟已经极大地提高,物质鼓励就失去它对于增产节约所起的一定的积极作用。如上所说,在未来的共产主义社会,经济核算所体现的人们的经济关系虽然有所改变和发展,但其中最主要的一种经济关系即国家(或社会经济领导机关)集中领导和企业独立经营相结合的关系,至少体现这个关系的基本原则——民主集中制的原则仍然会保留下来。可以设想,共产主义社会是单一的全民所有制,整个社会将具有更高、更完善的计划性。

---

① 马克思:《剩余价值学说史》第3卷,三联书店1957年版,第298页。

但生产仍然要由各个经济单位(企业)分散进行。这是社会分工和生产特点不同所决定的。为了更好地节约社会劳动,不管那时的国家或社会经济领导机关具有多么高的领导水平和计划水平,总不可能一统到底。因为整个社会统一管理和统一计划不可能充分估计每个企业增产节约的潜力。这样,下放某些经营管理的权限,给予企业以因时因地制宜的一定权力和责任,仍然是不可避免的。那么,企业和企业之间是否还存在分工协作和同量劳动交换相结合的关系呢?可能还会存在,但性质也会改变。共产主义阶段的企业和企业关系的本质完全是分工协作,相互促进劳动时间的不断节约。不过,为了促进这个关系,每个企业就必须精确地核算劳动耗费,并与自己的生产成果相比较,以便进一步在企业间互相比较。恩格斯说过:“自然,就在这个场合上,社会也应当知道,某种消费品的生产需要多少劳动。它应当使自己的生产计划适合于生产资料,而劳动力亦特别地包括于生产数据之中。各种消费品的有用效果(它们被互相计较并与它们的制造所必需的劳动量相比较——着重点为引者所加)最后决定着这一计划。”[①]既然企业在那时精确地核算自己的劳动耗费并与有用效果(即生产成果)相比较仍有积极意义,那么,为了进行这一核算,企业向其他企业提供的产品就需要或者收回等量劳动的其他产品,或者按等量劳动记账算账。企业和企业之间,完全基于经济核算要求的等量交换劳动的关系,至少在形式上还可能存在。至于企业和职工之间的经济核算关系,如前所说,物质鼓励的性质肯定是消失了。但在企业的领导下,吸引群众更广泛地参加经济管理,给予广大群众以一定机动权力,从而更好地推动高度自觉的共产主义劳动竞赛,更有效地节约劳动时间,恐怕也是必要的。总之,我认为,经济核算并不是如某些同志所论断的那样,它只是社会主义阶段的过渡性经济范畴,仿佛到了未来的共产主义社会,经济核算关系就会消失。这些同志承认共产主义社会要求严格的节约,也需要更精确的核算,但却不承认贯彻严格的节约要求和为此目的而建立精确的核算必然要合理安排国家(或社会经济领导机关)同经济单位之间、经济单位相互之间以及经济单位与劳动群众之间的关系。任何生产都是在一定的生产关系下进行的。生产中的节约要求必然通过生产关系的一定方面体现出来。这是马克思主义政治经济学的基本原理。这些同志为什么看不到这一点呢?根本原因在于他们对于经济核算本质的理解,不是向社会主义、共产主义极其高级的规律——时间节约规律去寻找依据,而是求助于将来会逐步削弱以至最终会消失的价值规律。

(原载于《中国经济问题》1961 年第 3 期)

① 恩格斯:《反杜林论》,人民出版社 1956 年版,第 327 页。

09 关于会计学的几个理论问题的讨论

1962年12月4日至8日,高等学校文科教材办公室经济组邀集了财政部、中国科学院经济研究所、厦门大学、中国人民大学、北京大学、南开大学、中央财政金融学院和中国财经出版社等有关单位的部分同志,对有关会计学的几个理论问题进行了座谈。现将座谈内容简要整理如下:

一、关于如何对会计下定义的问题

大家比较一致的意见是:这个定义最好只限于现代会计的范围,它基本上应符合于当前社会主义制度下的会计的特点。

从这一基本认识出发,在会计的定义中,应当包括哪些组成部分?一种意见是,定义中应当包括"谁使用会计"、"会计方法的特点"和"会计的职能"三个部分。首先要肯定会计不同于会计学。前者是一种方法和工具,而后者是会计的实践经验的总结,是研究如何科学地、系统地运用会计的一门学科。在定义中,"谁使用会计",是指会计的主体,具体指国民经济再生产过程中生产、流通各个环节的基础单位如企业和国民收入再分配过程中各个职能单位如机关、事业单位。会计方法的特点,就是连续地、系统地、全面地以货币为统一计量单位进行记录、分析和解释。会计的职能,则包括:(1)会计是企业管理的一种工具;(2)会计是国家对企业进行全面财务监督的工具;(3)会计是服务于国民经济综合平衡的统计的工具。另一种意见除同意在会计的定义中包括会计的主体、方法和职能外,还主张要包括会计的客体(对象),即反映和分析什么。关于会计的方法的特点,从目前情况出发,不能以会计核算方法的特点来代表全部会计。全部会计的方法,包括核算的方法、分析的方法和检查的方法;而连续性、系统性和全面性仅指会计核算方法的特点。至于会计的职能,持后一意见的同志基本上同意是反映和监督,不过在定义中可以具体表述为经济管理的工具。但他们不同意表述为以上三条。他们认为,上述三条,与其说是会计的职能,毋宁说是会计的作用更确切一些。职能是会计的本质属性,而作用则随着运用它的那个社会制度而有所差别。因此,会计的定义应作如下的表述:"会计主要是利用价值形式对社会主义扩大再生产过程中的基础单位(如企业、事业、机关、团体)的经济活动和财务收入进行连续的、系统的、全面的核算并加以分析和检查的一种方法。这种方法,是社会主义制度下的一种经济管理工具。"还有的同志主张,要对会计下一个定义,最好从邻近学科的总概念中进一步区分本学科的特点。就是说,应当从国民经济核算这个概念中指出会计的特点,以便使会计和统计、业务核算相区别。在国民经济核算这个概念中,会计的特点表现在:(1)它只对国民经济中某一部分进行核算,这一部分就是可以通过价值来反映的部分;(2)它的使用范围主要限于一个单位,它所使用的方法具有连续性、系统性和全面性;(3)它的职能是反映和监督,会计不仅提供管理上的资料,会计活动的本身就能成为管理的工具。

在讨论会计的定义时,对于会计的范围和职能也曾引起一些争论。

在社会主义制度下，会计能否跳出企业的范围，对国民经济整个范围内的国民财富和国民收入进行计算或提供全部的计算资料？有的同志认为从理论上应当肯定有这种可能。例如综合各个企业会计的财产物资账就可计算国民财富，综合利用企业中的生产费用表又可计算净产值即国民收入，而财政信贷部门和各预算单位的会计资料又可用来计算国民收入的分配与再分配。有的同志则认为不仅目前实践上没有做到上述几点，即使从理论上说，也不大可能。问题在于会计的资料不能反映全部国民财富。同时，应当把利用会计资料进行综合的统计工作同会计工作区分开来。汇总计算国民财富和国民收入及其分配，乃是统计的范围。

在社会主义制度下，说会计的职能是反映和监督是否确切？有的同志认为，说会计的职能是反映还好理解，说它有监督的职能就不太好理解。监督总是同一定的生产关系联系在一起的，所以它是一种经济职能，而会计不过是生产过程的物量反映。不同意上述意见的同志认为，会计从来不是单纯的数量记录，也不只是一面反映生产过程的“镜子”。在现代会计的方法中，包含着如何对会计所要反映的经济现象进行监督的内容，例如记账以凭证为根据，对凭证必须进行审核，账实要经常查对、保证相符，等等，会计方法的这些组成部分，都明显地说明反映和监督是紧密结合在一起的。

在讨论会计的定义时也还讨论到，所谓资本主义会计和社会主义会计的提法是否确切？同志们的发言指出，这一提法同人们对会计的阶级性的理解有关系。如果肯定会计具有鲜明的阶级性，资本主义制度下的会计和社会主义制度下的会计具有本质的不同，那么这一提法就是确切的；反之，就值得商榷。

二、关于会计有无阶级性的问题

一种看法是，会计是对物质生产过程的物量反映，按照马克思的说法，是生产过程的控制和观念总结，在不同社会制度下应用会计，账薄和科目不一样，反映的对象不一样，目的和任务也不一样，那是必然的，但会计基本的、主要的方面是物量的反映，所使用的方法应该说基本上是相同的。既然承认会计是工具和方法，说方法和工具具有阶级性不大讲得通。另一种看法是，评定会计的性质要看会计的基本内容是什么。我们已经肯定，会计是反映生产过程数量关系的一种方法，不过考虑生产过程总是在一定生产关系中进行的，而生产过程下的数量关系会表现为财产关系，直接触及这个或那个阶级的利益，于是就要根据一定的阶级观点来制定会计制度和会计方法，从这个意义上说，会计具有一定的阶级色彩。阶级色彩比阶级性的提法在分量上轻一些，它表明某些会计的制度和方法反映一定阶级的要求。再一种看法是，应当肯定会计具有一定的阶级性。先从会计作为一种管理物质再生产过程的方法来看，生产过程，不单是生产的技术过程，同时是生产的社会过程。所以对生产的管理必然具有两重性，它既要受生产过程的技术方面的制约，又要受生产过程的经济方面，即生产关系的制约。会计同其他技术方法不一样，在不同的社会制度下，它的方法本身也是会改变的。例如，借贷平衡的原理，在资本主义制度下发展成为资产＝负债＋资本的会计方程式，而在社会主义制度下，这个方程式则变成资金运用＝资金来源。又如，资本主义企业和社会主义企业虽然同样要以收入配合成本，评价生产成果，但如何确定收入，如何确定成本，资本主义会计和社会主义会计的方法就不完全相同。在社会主义制度下，会计的方法力求保证计算的客观性和科学性，不允许人为地弄虚作假。而在资本主义制度下，为了保证所谓短期债权人、长期债权人和股东等各方面的利益，往往要采取多种多样的方法，有时预计未实现的收入，有时又故意把已实现的收入递延下期，在成本所包括的项目中，则包括实质上属于剩余价值分配的经理的薪金、车马费和资本的利息等等。至于财产估价，在社会主义制度下应用的方法是很单纯的，而在资本主义制度下，就有近十种的估价标准。之其所以出现这样多的方法,很明显地,是为了适应资本家在不同场合下便于歪曲财产价值,故意压低或提高利润的需要。此外,在资本主义会计的方法组成中,还包括一些由于资本主义制度下国民收入的特殊分配方式如发放红利、募股、发行公司债所需要的会计处理方法,也包括一些只有在资本主义生产关系下才会存在的虚拟资本如商标、商誉、专利权(在会计上称为"无形资产")的会计处理方法。这些会计方法,对社会主义社会来说是根本不适用的。总之,持这一意见的同志认为,会计,作为经济管理的一个方法,其本身在不同社会制度下是可变的。在会计的方法中,既有可供各个社会共用的方法(如复式记账,从填制凭证、登记账簿到编制报表的基本程序,某些账表结构,同生产技术过程联系较为紧密的成本计算的具体方法,即费用归集和摊配的程序,等等),也有名同实异,其内容在不同社会中已经起了重大变化的方法(如账户分类、货币计算、会计报表分析,等等),还有如上所说,专供资本主义社会采用的方法。根据会计方法的这种特性,就不应把它等同于一般的技术方法。在评价计算方法的性质时,既应肯定它有技术性,也应肯定它有阶级性。再从会计作为一门科学来说,它的内容大体上可以分为三个部分,一部分是专门讲述如何记账编表的道理,这一部分当然是没有阶级性的。第二部分是对某些技术方法赋予理论上的说明,如借贷学说,这一部分或多或少涉及人们对财产关系的看法,带有一些阶级色彩。但说它没有阶级性也还可以。第三部分则是对某个社会特殊需要的方法和对各该社会的会计制度、会计准则所作的理论说明,例如资产阶级会计学中的财产估价学说、会计准则绪论等等,就是反映资产阶级的利益和要求,体现着资产阶级对资本主义社会下财产关系的各种观点,它的阶级性在有些地方是表现得很突出的。

针对上述不同意见,在下面这个问题上也曾展开一些探讨:

在资本主义会计中出现弄虚作假的现象是事实,但这是属于会计方法的应用问题呢,还是会计方法本身起了变化?有的同志认为,在资本主义制度下,成本计算不实,利润不实,估价不实,是由于资产阶级按照自己的要求来运用会计方法的结果,而不能说就是会计方法本身起了变化。所谓会计的方法,是没有自己特定对象的方法,是纯粹技术性的那一部分,以成本计算来说,就是费用怎样归集和摊配的程序。如果谈到成本项目和范围的规定的问题,那已经是属于政治经济学的范围了。所以,会计不可能反映、也不应当要求它反映社会经济现象的本质,例如成本项目多包括一些,少包括一些,或把 m 的一部分列入成本,是可以的。因为这种情况即使在社会主义制度下,也不能完全避免。有的同志则认为,会计的方法不应当只指那些纯技术的东西。会计方法的建立,不仅受数学的影响,运用了一些数学方法,而且在很大程度上受政治经济学的影响,它要运用政治经济学中一些范畴并加以具体化,从而形成会计特有的指标。会计学的全部理论基本上是建立在政治经济学的基础上,如果同意前一种看法,就等于把会计学中根据政治经济学的理论所建立的一些范畴和方法全部剥掉。那么,剩下来还有什么呢?恐怕只有会计数字和一些算式与表格,这样,会计学就无异成为数学的一个分支。这同会计这门科学的性质是不相符合的。再说,会计虽不反映经济现象的本质,但它是能够反映本质的现象的。例如,在资本主义会计中,把经理的薪金打入成本就是反映资产阶级掩盖剥削的一种手法。在资本主义制度下,只要会计掌握在资产阶级手里,必然要按照这种方法来计算成本。这种被歪曲了的成本,正反映资本主义社会的本质现象——资产阶级和无产阶级对抗性的矛盾。

三、关于资金的含义问题

资金是指的什么?有的同志认为,资金反映社会主义制度下人们之间同志般的互助合作关系,但对这个关系应当怎样分析，仍然不够明确。此外，资金和基金的关系还弄不清楚，这两个概念仍常常混用。有的同志说，由于理论上不能解决这些问题，我们在实际工作中为了达到特定目的而借用这些名词就不能不为它们规定新的含义，在会计教材中为了反映我国的制度法令和习惯用语，又必须按照会计上的特定解释来使用它们。以基金一词来说，会计工作中一般用它来表示资金的来源或具有指定用途的资金，如国家基金、大修理基金、工资基金等。这和俄文中的"фонд"或英文中的"Fund"的含义都不完全相同。再以资金一词来说，这个词的俄文原是"Средство"，相当于英文中的"Means"，意指方法、手段、财产。在会计中使用资金一词时，也得赋予其新的含义，一般指固定资产、流动资金、货币资金等的总称，有时又理解为这些财产、物资、货币的抽象的价值形态。考虑到上述情况，比较一致的意见是，在理论上还不能明确解决资金、基金的规定性，从而还无法对这些概念下一个比较确切、科学的定义以前，会计教材仍可以按照会计的习惯用法来使用这些概念，只要在使用时交代清楚某些提法是会计上的术语就可以了。

在社会主义制度下，是否存在资金运动？某些会计著作中把经营资金、预算资金等抽象为"资金一般"是否恰当？有的同志认为，经营资金相当于英文中的 Capital，而预算资金则相当于英文中的"Fund"。前者指国民财富中固定于物质生产过程中进行周转的部分，后者是国民收入分配所形成的，属于财政上的概念，两者不应等同，因此，把经营资金和所谓预算资金联系起来抽象为"资金一般"是虚构的，社会主义制度下并不存在所谓资金运动。也有同志认为，在社会主义制度下，企业的经营资金原是国家投资，它总是通过过去某个时期的国民收入分配与再分配的渠道取得的，每年企业经营资金的增减变动，也都要以基建投资、流动资金拨款、折旧基金和固定资产变价收入、多余流动资金等形式通过财政来进行分配与再分配。至于企业的经营成果，绝大部分又要以税金、利润等形式通过财政预算列入国家收入，构成机关事业单位预算资金和银行信贷资金的主要来源之一。如果从这个角度来看问题，在国民经济范围内，企业的经营资金、机关事业单位的预算资金和银行信贷资金的运动就是密切联系、互相配合着的，因此，不能认为这个运动是人们虚构的。在社会主义生产资料公有制的条件下，我们不仅能够而且应当经常从整个国民经济范围去观察这种运动，把各单位的会计资料逐级进行汇总以反映和监督这种运动。

四、关于经济核算和会计的关系问题

有的同志指出，目前在一些有关经济核算问题的论文中，常常把经济核算同会计混淆起来。这主要表现在两个方面：第一，在谈到经济核算的必要性时，往往引用马克思在《资本论》第 2 卷中关于生产过程愈采取社会的规模，簿记就愈成为必要的论断；第二，在谈到经济核算所要核算的指标时，则认为是限于资金、收入、成本和利润，而这些指标实际上是在一个企业中会计所要核算的指标。对上述问题，会上曾展开讨论。

能否引用上述马克思的话来论证经济核算的必要性？一致的意见都认为不可以。马克思所讲的簿记，指的是会计，而经济核算同会计是两回事。不论对经济核算的实质如何理解，经济核算作为一个具有特定经济内容的范畴是苏联实行新经济政策时期才开始出现的。

如果说，经济核算所要核算的指标是资金、收入、成本和利润，是否同会计相混淆？一种意见是，经济核算所体现的经济关系主要指国家和企业的关系，具体指国家拨给企业独立经营所必需的资金，要求企业以收抵支，保证盈利。所以这种关系所要求核算的指标就是资金、收入、成本和利润。如果超出这个范围的核算，那是属于一般企业管理的要求，而不是经济核算的要求。在这个意义上，说经济核算所要核算的指标等于在企业中会计所要核算的指标，甚至说会计是经济核算的唯一工具,都未尝不可。另一种意见是,经济核算所要核算的指标不应当限于资金、收入、成本和利润。作为一个社会主义企业,独立经营不能离开国家的计划领导。对实行经济核算制的企业说,合理使用资金和力争降低成本是以完成产量、产值、品种、质量、劳动生产率等计划指标为前提的。产量、品种、质量和劳动生产率等指标不应当排斥在经济核算的视野之外。事实上,倘若根据经济核算的要求来计算企业奖励基金,即在加强思想政治教育的同时适当运用物质利益原则来促进企业生产积极性的时候,在我们的国家,也不是只根据利润、成本等指标来计算,而同时会考虑产量、品种等指标的完成情况。持这一意见的同志还认为,资金、收入、成本和利润等会计指标之所以不应当作经济核算的唯一指标,还由于这些指标虽能综合反映企业的经济活动,但反映是不直接、不具体的,也是不全面的。如果据以评价企业经济活动及其成果,可能会得出片面的、甚至错误的结论。所以,为了实行经济核算的要求,不仅要利用会计,而且要利用统计和业务核算;不仅要核算资金、收入、成本和利润,而且要核算产量、品种、质量和劳动生产率。

(原载于《经济研究》1963年第2期,以笔名“谈惠”发表)

10 关于经济核算和会计的相互关系问题

葛家澍

经济核算和会计有何联系？有何区别？为了加强企业经济核算制[①]，应当如何更好地利用会计这一工具？这都是进一步探讨经济核算所需要解决的问题。但是，在我国经济学界，把经济核算和会计混淆在一起的现象是相当普遍的。这主要表现在有关“经济核算的实质”和“经济核算的内容”的某些争论方面。

一

目前在研究经济核算的一些论著中，首先肯定经济核算既是一个经济范畴，又是一个管理企业的方法。为了论证经济核算作为一个管理社会主义企业的方法的必要性，常常引用马克思在《资本论》中有关簿记的一段话：“过程愈采取社会的规模，愈失去纯粹个人的性质，簿记——当作生产过程的控制和观念总结——就愈成为必要。所以，簿记对于资本主义生产，比它对于手工业经营及自耕农经营的分散的生产，更为必要；它对于社会共同的生产，又比它对于资本主义生产，更为必要。”[②]有的论著，还根据马克思研究印度太古共同体时曾发现一个“记账员”（“簿记员”）的材料，认定这是自古已有经济核算的“一个很好的例证”[③]。可是，我们又看到，在有关会计核算原理、会计学原理一类著作中，每当阐述会计的历史发展，论证会计在社会主义社会的重要作用时，也毫无例外地引用马克思的上述一段话。这些著作同样也把为马克思所发现的、曾经存在于印度太古共同体里的“簿记员”当作会计已经独立化为一种专门管理工作的证明。问题就发生在这里。马克思所说的“簿记”或“记账”，其原来的含义究竟是什么？能否既理解为经济核算，又理解为会计？为了回答这个问题，让我们仔细研究一下《资本论》。在《资本论》三卷中，马克思不止一个地方提到簿记。我们应当把马克思在《资本论》中前前后后说到有关簿记的话联系起来，全面地理解簿记的含义。

在《资本论》第1卷中，马克思说：“因为政治经济学爱谈鲁滨孙寓言，所以我们就来看看这个孤岛上的鲁滨孙罢。……曾从破船救出表、账簿、笔和墨水的鲁滨孙，不久就变成一个十足的英吉利人，开始登记各种账目了。他的账簿包含他所有的各种有用物品的目录，记述它们生产上必要的各种工作，最后并记录这各种生产物一定量平均所费的劳动时间。”[④]在同一卷中，马克思在提到印度

① “经济核算”（为了更明确一些，本文有的地方也称它为经济核算关系）和“经济核算制”是两个不同的概念。目前两者常被互相混用，而倾向是：只用前一个概念，完全放弃了后一个概念。在本文中，为了便于讨论，有的地方也因袭一般的用法，以经济核算代替经济核算制。但在本文的后半部分，则尽可能把这两个概念严格地加以区分。

② 《资本论》第2卷，人民出版社1953年版（下同），第145页。

③ 参见《社会主义的经济核算》，中国青年出版社1962年版，第6页和第8页。

④ 《资本论》第1卷，第59页。

太古共同体里发现一个记账员的时候,会指出这位记账员的工作内容:“他登记农业上的各种账目,经手这上面的一切收支,并登记与此有关的各种事项……”[①],在《资本论》第2卷中,马克思对簿记和簿记费用的性质作了专门的分析。这一部分的主要论点,除了经常被大家引用的那段话外,还有两段话也很重要。其一说:“资本当作它的循环内部的统一,当作过程中的价值,无论是在生产领域,还是在流通领域的两个阶段,当初都只观念地以计算货币的形态,在商品生产者或资本主义商品生产者脑中存在着。这种运动,是由那种也包含价格决定或商品价格计算在内的簿记所确定、所控制的。生产的运动,特别是价值增殖的运动——在这上面,商品不过表现为价值的担负物,为诸物的名称,它们的观念的价值存在,是确定在计算货币上的——就是这样在观念上获得象征的映象。”[②]在这段话里,马克思首先指出,在小商品生产或资本主义生产的条件下,簿记既计算或决定商品的价格,即商品的价值量[在计算商品的全部价值还有困难的条件下,所谓商品价格的计算,在个别企业中,只能是商品所费于资本家的部分(成本价格)的计算,也就是需要补偿的、在生产中耗去的资本价值的计算[③]],又确定和控制资本(当作生产过程中的价值)的循环运动。其次指出,簿记为了确定和控制它的对象,要运用计算的货币形态。就是运用货币为计量尺度对前述两个方面进行计算并把计算的结果记录下来。其二说:“簿记原来是当作生产机能的一个附带工作。当它由生产机能分离,独立化为特殊专任代理人的机能时,它的性质也不会由此发生变化。”[④]在这段话里,马克思指出簿记具有一个本质的属性。马克思认为,簿记费用虽是纯粹流通费用,不能形成价值,而且要由生产物的价值来补偿,但是簿记作为一个计算和记录的活动,却是生产机能的一个附带工作,它从属于生产的需要。关于这一点,马克思在同一节把买卖时间的费用和簿记所生出的费用加以对比考察时作了进一步的说明。他说:“……由簿记生出的各种费用(或劳动时间的不生产的支出)和单纯买卖时间的费用之间,有一定的区别存在。买卖时间的费用,是起因于生产过程的一定的社会形态,是因为它是商品的生产过程。过程愈采取社会的规模,愈失去纯粹个人的性质,簿记——当作生产过程的控制和观念总结——就愈成为必要。”[⑤]在《资本论》第2卷中,马克思还提到簿记同账簿的密切关系。他认为:“簿记的方法,当然不能改变账簿所记载的事物的实际联系。”[⑥]在《资本论》第3卷中,马克思再一次强调簿记在社会化生产下的必要性:“在资本主义生产方式废止以后,但社会化的生产仍维持下去,价值决定就仍然在这个意义上有支配作用:劳动时间的调节和社会劳动在不同各类生产间的分配,最后,和这各种事项有关的簿记,会比以前任何时候变得重要。”[⑦]

上面所列举的,还没有包括《资本论》中涉及簿记的全部论述。但在我看来,这些论述已经能够反映马克思对簿记的主要观点。根据上面这些论述,至少可以使我们明确以下几点:

第一,马克思说的簿记,是记账算账的一种方法。这种方法,需要借助于货币形式,在账簿中如实地反映所要计算和记录的事物。

第二,这种方法计算和记录些什么呢?马克思指出了两个方面:(1)商品的成本价格(生产过程中的资本耗费),也就是产品的成本;(2)资本(生产过程中的价值)的循环和周转。

第三,簿记这个记账算账方法,在商品货币经济社会里,其特点在于以货币充当综合计量尺度

① 《资本论》第1卷,第431页。

② 《资本论》第2卷,第143页。

③ 参看《资本论》第3卷,第3~7页。马克思说:“商品的成本价格这个项目,又绝不是仅仅在资本家的账簿上存在。这个价值部分的独立化,在现实的商品生产上,会继续发生实际的影响……”。

④ 《资本论》第2卷,第144页。

⑤ 同上卷,第145页。

⑥ 同上卷,第200页。

⑦ 《资本论》第3卷,第1116页。

对价值的运动加以计算并在账簿中进行连续、系统和全面的记录。由于簿记利用观念的货币来对价值运动,从而也是对生产运动的量的方面进行记录和综合,所以它才能总括反映生产运动,使人们在观念上获得有关生产过程各方面的总印象,有了这个印象,人们才能据以管理和监督生产。所谓“生产过程的控制和观念总结”,最概括地讲,就是这个意思。

第四,马克思讲得很明确,簿记原是生产机能的一个附带工作。它的出现并非由于生产的社会形态而是由于管理生产的需要。在生产发展到一定阶段,经济活动相当频繁,生产过程比较复杂,人们已不能单凭头脑记忆来掌握生产的社会里,就一定需要簿记。当然,由于各个社会的生产发展水平和生产过程的社会化规模不同,簿记的必要性也会不同。但差别只在于:对簿记的需要程度有高有低,或者说,对簿记的要求有高有低而已。在一个生产比较发达的社会里,绝对不能没有簿记。因为管理生产不能离开对生产过程的了解,而这就必须借助于簿记来对经济活动做数量记录。所以,簿记这个方法,是直接导源于生产。在各个社会中,人们的生产总是社会的生产。簿记所表现的,是生产过程的量的方面。一定的量体现一定的质。簿记反映生产过程的量,也会反映生产过程的质,即反映人们在社会生产中的一定联系。但是,能够反映生产关系的,乃是记录在账簿中的资料,不是簿记的方法。好比印刷机可以排印出具有各种观点的文章,而印刷机本身则永远是一个印刷的工具[①]。所以,簿记的记录,作为生产过程量的反映,能够反映一定的生产关系是一回事,簿记的方法,作为计算和记录工具并不表现一定的生产关系是另一回事。同时还应当看到,在簿记所记录的那些事物中,人们的生产关系是透过量的反映间接地得到表现的,这和政治经济学借助于经济范畴来对生产关系某一方面直接地进行理论的抽象、分析和概括也完全不同。马克思曾经深刻地指出,即使处在孤岛上的鲁滨孙,也要运用簿记来记录它的生产活动。这个分析很值得我们玩味。在鲁滨孙的账簿上,显然不会反映生产中人与人的关系。它所能反映的,是生产中人与物的关系,即“鲁滨孙和那种种物品(它们就是他自己所创造的财富)间的关系”[②]。从这里可以看出,不问生产的性质如何,只要人们需要对生产进行管理和监督,都是可以运用簿记来为这一目的服务的。

基于以上的理解,我认为,《资本论》中所说的簿记,同现代会计的含义是基本吻合的。我们现在所说的会计,是反映和监督生产过程的一种方法。这种方法主要以货币为综合计量尺度,对企业、事业、机关等单位的经济活动与财务收支进行连续的、系统的、全面的核算并加以分析和检查。在资本主义企业中,会计的对象是资本的运动(资本的耗费和资本的循环与周转)。而在社会主义企业中,会计的对象则是经营资金的运动。尽管对象有本质的不同,为了反映和监督它的对象,会计首先都要以凭证为根据,其次就要连续地、系统地、全面地把凭证所包括的资料按照专门的方法记录在各种账簿上。只有根据账簿的记录,才能编制会计报表并据以进行分析和检查。从填制凭证到编制报表,这通常属于会计核算范围,这是会计的基本环节,是整个会计工作的基础。会计分析是在这个基础上的继续(当然还有发展——即具有新的内容、意义和作用),而会计检查不过是对会计核算的一种必要补充。从会计发展的历史来考察,会计核算的历史也最为悠久。比较科学的核算方法(如复式记账法),大约在 14 和 15 世纪左右就开始出现。而分析和检查的方法,等到资本主义股份公司得到发展以后才逐渐形成、完备起来。[③] 过去,所谓会计,就是指会计核算。具体指填制凭证、登记账簿和编制报表等具体工作。对于这些工作,人们也称它为簿记。在 20 世纪以前

① 必须着重指出,在阶级社会里,簿记作为会计的同义语,一如下面所指出的,也还要适应一定阶级的需要,改变它的内容,或者出现一些特殊的方法。簿记方法作为一个管理工具同印刷机作为一个生产工具仍然有本质的不同。也就是说,簿记是有阶级性的。这一点,因为同本文所要研究的问题关系不大,在这里就存而不论了。

② 《资本论》第 1 卷,第 59 页。

③ 关于簿记理论的研究,15 世纪就已开始(最早见于 1449 年意大利人 Luca pacioli 所著《算术,几何与比例》一书),但有关财务分析的著作,是在 19 世纪 90 年代才开始的(参阅《苏联企业经济活动分析问题》,中国金融学会 1953 年版,第 1 页)。

一个相当长的时期内,会计和簿记实际上是同义语,往往混用。[①] 马克思在《资本论》中使用的"簿记"这个术语[②],如果把它理解为会计,是同会计在19世纪的实际发展情况完全符合的。

如果说,《资本论》中的簿记一词是会计的同义语,那么,显然它和"经济核算"就是两个不同的概念,不能混为一谈。把经济核算同会计混淆起来,实质上,是由于人们没有科学地理解经济核算的实质。因此,在这里仍有必要说明一下什么是经济核算。目前,这方面的争论是很多的。有人认为经济核算是经济范畴,有人认为经济核算是具体的核算方法(或管理企业的方法),也有人认为经济核算既是经济范畴又是管理方法。总之,众说纷纭,莫衷一是。我认为,研究任何一个范畴和概念,都不能只从理论上进行分析,而应当同时考察一下历史。历史告诉我们,在社会主义社会以前,在人们的经济生活中,除了"簿记"、"会计"和"统计"等核算的术语外,并不存在"经济核算"的概念。经济核算是什么时候才出现的呢?它开始出现于苏联实行新经济政策的时期。那时,苏联为了迅速恢复战争的创伤,建设社会主义,需要采用一切可能和有效的手段来提高劳动生产率,积累建设资金。根据列宁的倡议,党和政府对国营企业的经营管理在一定程度上实行商业原则。国家一方面给予企业独立经营的物质条件和使用这些物质条件的权力,同时责成企业在国家统一领导下努力提高劳动生产率,力争降低成本,保证经营有利。这些做法原是社会主义国家管理和经营国营企业的崭新制度,它被介绍到我国以后,最初称为"经济核算制"。关于经济核算制的本质,列宁曾经做过明确的指示。他说:"国营企业实行所谓经济核算制,同新经济政策有着必然的和密切的联系,在最近的将来,这种形式即使不是唯一的,也必定会是主要的。在容许和发展自由贸易的情况下,这实际上等于国营企业在相当程度上实行商业原则。"[③]经济核算制,如果只从管理企业的一种制度去理解,它是不会成为政治经济学的研究对象的。然而社会主义建设的实践,却对政治经济学提出了从理论上探讨这个问题的迫切要求。这是因为,经济核算制已经有可能当作一种在社会主义制度下不以人们意志为转移而客观形成的经济关系来加以研究。就是说,从政治经济学的角度来探讨经济核算制,不是把它理解为具体的企业经营管理制度,而要把它理解为经济范畴。这就是经济学家在"经济核算制"之外又创造"经济核算"这一个概念的理由。显然,人们把企业的经营管理制度提到经济范畴的高度来认识,是通过社会主义建设的长期实践,对它反复进行观察、研究的结果。通过实践,人们深刻地体会到,经济核算制作为管理国营企业的一种制度绝不能可有可无。事实证明,巩固和加强了企业经济核算制,很快地能够收到提高劳动生产率、降低成本、增加盈利的效果。反之,一旦削弱了企业的经济核算制,就会产生社会劳动的浪费,劳动生产率下降,成本提高,甚至形成亏损的情况,影响社会主义生产的发展。其中的道理,最根本的一点在于经济核算制使国家和国营企业结成一种既适应目前生产力发展状况,又能促进生产力进一步发展的生产关系——在国家的集中领导、统一计划下企业进行独立经营。只要正确处理国家和企业之间的这种关系,合理安排双方在经济上的权力和责任,在这个基础上,拨给企业独立经营所必需的资金,建立和健全同上述关系相适应的经营管理制度[④],运用会计、统计等核算工具对企业经济活动及其效果进行严

---

① 在资本主义国家,一般认为会计(accounting accountancy)和簿记(bookkeeping)的区分不仅在于前者包括对决算表的分析而后者则否,而且在于,簿记只是指登账和编表等具体工作,但会计则要决定登哪些账,编哪些表,也就是要合理地组织簿记。《大英百科全书》写道:"本来,会计(accountancy),管账(account-keeping)或簿记是一回事。会计员(accountant)和簿记员(bookkeeper)是可以通用的称呼。但由于增加了对会计事务在现代商业方法发展中的重要性的认识,如同其他方法一样,会计和簿记才引起分工。簿记员是在企业(事业)中管理账簿或登记账目的人员,而会计是决定企业(事业)必需具备怎样的记录的人员。"(《大英百科全书》第1卷,第102页。)

② 应当指出:在《资本论》英文版各卷里,簿记都译为Bookkeeping,而记账员或簿记员也都译为Bookkeeper。

③ 《工会在新经济政策条件下的作用和任务》,《列宁全集》第33卷,人民出版社版,第156页。

④ 这些制度主要包括:各种计划、定额管理制度,资金管理制度、利润上缴和企业奖励基金提成制度、会计制度(其中包括成本计算和成本分析制度)、统计制度和生产经营上各种责任制度等。

格的计算、反映和监督,就能充分调动企业不断提高劳动生产率和力争降低成本的积极性,并且保证做到经营有利。在这里,人们发现:一个极其重要的社会主义经济规律——时间节约规律——通过企业的经济核算制发生作用。在社会主义制度下,人们认识了经济核算是一个不以人们意志为转移的客观必然性。正确地运用这个范畴,在社会主义企业中建立起一套适合于经济核算关系要求的经营管理制度,归根到底,在于促使企业以最少的劳动耗费和最低的资金占用,为社会提供又多又好的产品。实行经济核算制的这个根本目的,正好反映时间节约规律的要求。目前,我们对马克思所揭示的这个"极其高级"的规律还研究得很不够。经济核算,作为社会主义的经济范畴,可能就是深入认识这一经济规律的重要"阶梯"之一。我认为,这样来理解经济核算,才符合于人们对它不断深化的认识过程,也才可以正确把握经济核算的实质。那些认为经济核算是具体的核算方法,或管理企业的具体方法的见解,或者认为经济核算既是范畴又是方法的见解,看来都不能确切反映经济核算的本质含义。按照前一种见解,经济核算同会计几乎毫无区别;按照后一种见解,在逻辑上也不大讲得通。仍然回到我们所讨论的问题来说,我的结论是:第一,马克思关于生产社会化的程度越高,簿记越是必要的论断,指的是会计而不是经济核算。不应当把《资本论》中有关簿记的论述,直接用来作为在社会主义制度下国营企业必须实行经济核算制的论据。否则,只能造成经济核算和会计的混淆,无论对深入探讨经济核算问题或会计问题都没有好处。第二,在经济核算问题的讨论中,究竟什么是经济核算?能否说经济核算就是对各项经济活动效果的核算,就是在企业中记账算账的方法?这许多问题,恐怕都有再推敲、再商榷的余地。

目前,把经济核算和会计相混淆的现象,不仅存在于某些有关经济核算实质的论著之中,而且存在于某些有关经济核算内容的论著之中。例如,在一篇题为"社会主义企业经济核算核算什么"的文章中[①],作者写道:"经济核算记什么账,算什么账,核算什么,才能具体体现经济核算的经济关系呢?这只有资金、收入、成本、利润的核算。"又说:"在最近的讨论中,还有人提出,品种、产量、产值、质量、劳动生产率等等,都是社会主义经济核算所要记的账、算的账。这些指标'是计划指标,也是核算指标'。这种论点,其实是把社会主义经济核算所核算的,和统计核算、业务核算、技术经济指标核算等所核算的,混为一谈了。"很明显,作者所谓社会主义经济核算所核算的指标,也就是社会主义会计所核算的指标。当这位作者批评别人把经济核算和统计核算、业务核算混为一谈的时候,自己却先把经济核算和会计混同起来了。

在探讨社会主义企业经济核算应当核算的内容时,我同意上文作者提出的基本看法:"社会主义企业经济核算是一定的经济关系,只有由这一经济关系所决定的核算内容,才是所需要的核算。"问题在于规定哪些核算指标才算正确表达了这个观点。上文作者所规定的核算内容,集中表现了国营企业作为一个独立经营单位所具有的经济权力和物质责任。毫无疑问,在实行经济核算制的条件下,企业必须具有独立的资金,必须以自己的收入来抵补消耗并保证盈利。这都是经济核算关系所要求的。因而体现这一要求的资金、收入、成本、利润等指标都是必须核算的。但社会主义的国营企业,从经济核算关系的要求来说,必须接受国家集中领导,服从国家统一计划。作为一个在国家集中领导和统一计划下的经营单位,努力完成国家计划首先是生产计划,是它的基本任务。在国家的计划任务中,产量、品种、质量和劳动生产率等都是极其必要和重要的指标。全面完成这些指标,也是企业提取奖励基金(这是巩固和加强经济核算制的手段之一)的条件。因此,说"计划指标就是核算指标",并没有什么不对。把会计、统计和业务技术核算都列为社会主义加强企业经济核算制所必需的工具,是有科学根据的。

此外,我们还应当看到,资金、收入、成本和利润都是价值指标,它们具有综合性。借助于这些指标,可以集中地、概括地反映企业经济活动的各个方面,可以在一定程度上反映企业生产耗费的

---

① 见《光明日报》,1962年9月17日。

水平(如成本)和把这种耗费同社会必要耗费进行较量的结果(如利润),从而可据以评价企业经济活动的最终成果。这都必须肯定。但是,一切价值指标,都不可避免地带有两个缺点:第一,价值要通过价格表现。这就要受价格变动的影响。以成本来说,它并不直接反映生产数据和必要劳动的数量消耗。列入成本的生产资料的消耗,是所耗生产资料数量的价格总和,而列入成本的必要劳动的消耗,也是所耗劳动时间数量与单位劳动时间报酬的乘积。因此,实际体现生产消耗水平的数量因素,常常遭到价格和工资率变动的歪曲。第二,价值指标具有综合性的特点。而综合意味着把许多性质不同的因素汇总在一起,一些有利因素常被抵销,而一些不利因素又被掩盖。这样,它对经济活动的反映就不会直接、具体,甚至有可能在一定程度上模糊经济活动的真相。由此可见,会计的指标作为一些价值指标,由于具有上述的局限性,只能当作实行经济核算制要求核算指标的一部分。会计只是为企业经济核算制服务的一种工具。会计更不等于经济核算或经济核算制。

二

从以上的说明可以看到,认真研究经济核算和会计的相互关系是十分必要的。经济核算和会计的关系,可以分别从它们的相互联系和区别去看。

首先让我们简单考察一下经济核算和会计的联系。在这里又要先申明一个问题:我认为,经济核算作为一个经济范畴并不直接同会计发生联系。同会计发生联系的,是企业的经济核算制。

经济核算制和会计的相互联系应当怎样理解呢?扼要地讲,会计是企业实行经济核算制的一个必要和重要的工具;经济核算制是企业会计确定具体的核算和分析对象、制定某些专门方法的重要依据。

我们知道,任何经济核算制企业,为了在国家集中领导和统一计划下独立地进行经营活动,必须拥有一定数量的经营资金。经营资金是企业经营活动的物质基础,但又随着企业的经营活动而变化。在企业经营过程中,资金运动表现不同的形式,综合反映着企业经营活动及其成果。以工业企业为例,经营资金运动的不同表现形式主要有:资金的运用和来源;资金的投入和退出;资金的循环和周转;资金的耗费和收回(包括耗费的补偿和纯收入)。如果用具体指标表示,是指各项资金和资金总额的占用量、资金分布及其来源、资金的周转额和周转率、生产费用和产品成本、各种收入和利润额、成本利润率和资金利润率等等。企业经营资金的运动,是通过会计来系统反映的。这就是说,用来说明企业经营活动及其成果的许多重要指标,必须从会计资料中取得。离开会计这个工具,要实现经济核算制的要求就根本不可能。

实行经济核算制固然不能缺少会计,会计的应用和发展,也不能离开经济核算制(在社会主义制度下,会计虽然可以为企业、事业、机关等不同单位服务,但主要的服务对象是企业。企业会计的发展也就意味着整个社会主义会计的发展)。这是因为,会计作为一个经济管理工具,应当满足社会主义经济建设的要求,对巩固经济核算制和促进增产节约承担重要的任务。在社会主义制度下,会计应当核算和分析些什么,使用些什么专门方法,在很大程度上是要取决于经济核算制的要求的。这里,我们可以举几个比较突出的例子。

1.经济核算制企业的显著特点,是统一领导下的相对独立经营。对于国家下拨的经营资金,企业一方面有支配和使用它的权力,另一方面又对国家负有合理、节约使用的责任。所以,经营资金是经济核算关系的集中表现。在会计上,为了从量的方面来全面反映这种关系,指出企业拥有权力和所负责任的尺度,就应用了资金平衡表这个专门方法。资金平衡表分成两个相互联系并在量上永远相等的部分。一部分是资金运用,体现了企业经济核算权力(即实行经济核算制所具备的物质权力)；另一部分是资金来源，体现了企业经济核算责任(即实现经济核算制对国家所负的物质责任)。而后一部分，则直接表现企业同国家之间的关系。在社会主义企业会计中，人们之所以特别重视资金平衡表，资金平衡表之所以不同于其他会计报表，原因之一，就在于它是全面反映和监督经济核算关系所必不可少的工具。

2.前已述及，企业接受国家集中领导和服从国家统一计划下降低成本和提高盈利是经济核算制的主要要求。基于这一要求，在会计核算中，成本核算和利润核算形成了它的中心内容和重点。任何生产企业的会计，不仅要计算产品的生产成本，而且要计算产品的销售成本和材料的采购成本，借助于成本计算的方法，才便于分别计算、控制企业经营过程中供应、生产和销售三个阶段的耗费。对于生产成本的计算，在企业会计中还要根据工业、农业、交通运输等不同生产部门和同一生产部门内生产组织和生产技术的特点，规定不同的成本计算对象，采取不同的计算程序和具体方法，以便按不同对象来归集和摊配费用，保证最终能够准确地算出产品的生产总成本和单位成本。所以，在社会主义制度下，成本计算就构成会计的专门方法之一，并且在会计核算方法中占据愈来愈重要的地位。利润的核算是以收入核算和成本计算为基础的。当然，它不能再构成会计核算的专门方法。但考虑到严格监督利润的形成及其分配对于加强经济核算制具有十分重要的意义，于是在设置和运用账户方面突出了它的地位。目前，在国家统一规定的账户体系(会计科目表)中，为了核算利润或亏损，就专门设置了财务成果一类账户，同其他各类账户——反映经营资金的账户、反映经营资金来源的账户和反映经营过程的账户(主要是成本计算账户)处于同等的地位。

3.在会计分析中，同样地，成本分析、利润分析和资金分析(后二者总称为财务分析)也适应经济核算制的要求而占据主要地位。通过成本分析，不但要更深入地反映企业生产耗费的水平，而且要挖掘潜力，寻找降低成本的可能性。同时，它还应当正确地评价企业作为一个独立经营单位在降低成本方面所取得的实际成就和应负的经济责任。所以进行成本分析时，总力求对影响成本升降的原因区分为"内部"因素和"外部"因素，"数量"因素和"价格"因素。把成本升降原因首先划分为数量因素(定额因素)和价格因素两个方面的分析方法，几乎应用于一切成本项目的分析上。成本分析的这个基本观点，非常明显，是出于企业经济核算制的需要。财务分析之为经济核算制服务，表现更为突出。从利润分析来说，不但要求查明利润的实际数量，而且要查明利润的分配和缴纳情况，而利润的及时、足额上缴，乃是企业必须履行的一项最重要的经济义务，是根据经济核算关系产生的一项经济责任。再从资金分析来说，在任何时候都要根据经济核算制的要求，从企业的权力和责任两方面去分析归企业支配的经营资金。所以，既要分析企业拥有多少资金，其组成如何，生产各阶段的占用和利用是否合理，又要分析企业资金的来源是否正当。在这里，人们可以发现企业同国家、其他企业和职工之间的经济关系。只有当这种关系建立在经济核算制所要求的基础上，亦即既无不合法的占用，也无不正当的来源，既不欠人，也无人欠。企业才能顺利地进行正常周转，获得良好的评价。资金分析的方法论，总是以下列原则为出发点：对于企业经营资金的分析，必须从资金运用和来源的相互对照、相互平衡的关系中去考察；从经济核算制赋予企业经济上的权力和责任两个方面去考察。

以上，我们简单地说明了经济核算制和会计的联系。下面，让我们再来考察一下经济核算和会计的严格区别。这大体上可以从以下四方面来认识。第一，经济核算是属于社会主义的经济范畴，经济核算制是社会主义制度下管理企业的一套经营管理制度。它们都是在生产资料公有制的基础上形成的。会计则不是一样。会计是反映和监督生产的一种方法，是管理经济的一个工具。它不是社会主义制度所特有的。它曾经服务于、现在仍然服务于不同社会的生产。会计的历史比经济核算要早得多。第二，经济核算的实质是一定的生产关系。而其形式表现为同这种生产关系相适应的一套经营管理制度即经济核算制。会计的实质是生产机能的附带工作，是管理经济的工具和方法。而其形式表现为一套凭证、账簿、报表以及与填制和审核凭证、计算成本、设置账户、登记账簿、计算成本、清查财产相适应的各种计算、记录和审核的程序与方法,与应用资金平衡表和其他会计报表相适应的各种编制报表和分析报表的程序与方法,等等。因此,无论是会计的实质还是会计的形式,都和经济核算有明显的区别。第三,经济核算制和会计都要通过指标的核算来完成自己的任务,达到特定的目的。但经济核算制所要核算的指标是根据经济核算关系的要求决定的。它包括产量、质量、品种、劳动生产率、成本、利润和资金等等。这些核算指标要由会计、统计和业务核算来共同分担,具体地进行计算、记录、反映和监督。由会计所分担的经济核算指标,是资金、成本和利润。尽管这是一些很重要的指标,但并不是经济核算制所要核算的指标的全部。另一方面,会计所能核算的指标,又不限于经济核算制所要求的指标。因为决定会计指标的,从根本上说,是会计的对象和应用它的具体单位。我们知道,实行经济核算制的企业固然要应用会计,不实行经济核算的事业、机关等单位也要应用会计。在经济核算制企业中,会计所要核算的指标取决于企业会计的对象即企业经营资金的运动。由于这个运动和由这个运动所决定的核算指标,就是实行经济核算制应当掌握和控制的。因此,企业会计核算的指标和企业经济核算指标在这一点上完全一致,前者构成后者的一部分。在事业和机关等单位中,情况就不一样了。在这些单位里,应用会计是为了有计划地管理财务收支和社会主义财产。对这些单位来说,只能一般地提出节约的要求。所以,事业、机关等单位的会计,只要核算资金、收入和支出,而不要核算成本和利润。第四,经济核算制是以会计、统计等作为核算的方法和工具的。把会计、统计等方法除外,经济核算制就没有其他特别的核算方法。一般地说,从政治经济学的角度来研究经济核算,可以不涉及如何计算、记录、反映和监督的问题。会计则不同。会计作为管理经济的工具,是以如何反映、如何监督的方法为其主体。把会计核算的方法去掉,那就不成为会计了。因此,对会计方法及其具体运用的研究,应当属于会计学的范围。

(原载于《经济研究》1963 年第 5 期)

11 会计学所研究的特殊矛盾

——会计的对象和方法也证明客观事物是一分为二而不是“合二而一”的

葛家澍

最近在我国哲学战线上开展的“一分为二”和“合二而一”的论战，是意识形态领域内一场严重的阶级斗争。这场斗争，集中反映了革命的辩证法同陈腐的形而上学两种世界观的尖锐对立。我们知道，对立统一规律是辩证法的核心。伟大的革命导师列宁和毛主席本来已经十分科学、十分明确地阐明了它的实质，对它作出了革命的概括，这就是无产阶级哲学通常所说的，什么事物都是一分为二。对立面的双方既统一，又斗争，由此推动事物的发展。可是杨献珍同志却大唱反调，提出了同马克思列宁主义、毛泽东思想直接对抗的“合二而一”论。他避而不谈对立面的斗争，也不谈只有通过斗争才能引起的矛盾的相互转化，他把对立统一规律曲解为只是讲对立的联系，大讲特讲研究对立面的统一的任务，仅仅在于寻找“共同要求”，“求同存异”。这样，杨献珍同志所谓“合二而一”，就完全歪曲了自然界和社会的本来面貌，掩盖了矛盾，取消了阶级斗争，从而暴露了杨献珍同志挑起这场论战的真实目的。

为什么一分为二是革命的辩证法，代表着科学和真理，而“合二而一”却是冒充辩证法，实质上是违背科学，反对真理的形而上学？这在坚持一分为二、反对“合二而一”的许多同志的论文中，已经做了比较透彻的分析。我对哲学是一个外行。在这方面提不出更多更好的意见。但我认为，我们的各门科学都是以辩证唯物主义为理论指导的，而辩证唯物主义本身，又是“关于自然知识和社会知识的概括和总结”。在各门科学中，都毫无例外地贯穿着作为唯物辩证法核心的对立统一规律。只要具体分析一下我们所熟悉的有关科学的内容，就会令人更加确信，真理完全在革命的辩证法一分为二这边，所谓“合二而一”论是完全站不住脚的。

我可以举两个会计学上的例子来谈谈。

其一，在会计学中，我们首先要接触的是会计的对象。而会计的对象一般总是先从企业着眼来研究。人们通常把社会主义企业会计的对象概括为经营资金运动。为什么把企业会计对象做这样的概括呢？原来会计所要反映和监督的客体，是经营资金运动这个特殊矛盾。恩格斯说“运动本身就是矛盾”，又说“连简单的机械的移动之所以能够实现，也只是因为物体在同一瞬间既在一个地方又在另一个地方，既在同一个地方又不在同一个地方。这种矛盾的连续产生及其同时的解决，就是运动”。[①] 经营资金运动作为一个社会经济现象，当然比简单的机械移动要复杂得多，但它同样也是由资金运动内部矛盾组成的。在经营资金运动中，贯穿于运动过程始终的主要矛盾是资金收入和资金支出的矛盾。这是因为，国营企业是在国家集中领导、统一计划下的独立经营单位。国营企业为了保证经营活动的连续进行，总是先用国家拨入的资金来支付各项支出，但随后就要取得收入，补偿支出，使国家投入的资金成为垫支于生产的而不是被一次生产所消耗掉的支出。这样，收入和支出就必须永远处于不断斗争和在一定条件下相互转化的过程之中。这种情况，从单件小批生产的企业去看，那是特别明显的。在这样的企业中，当着一批产品在销售以前，即企业处于供应

① 《反杜林论》，人民出版社1956年版，第123页。

和生产阶段,资金运动主要地是从前一批产品收入中支付各项费用,原先的收入不断被转化为支出,随着支出的增加(即成本的积累),收入总数同支出总数的对比情况是:收入逐步处于劣势,资金余存(仅指货币资金)日益缩减,收支之间的矛盾越来越大,有时,财务状况相当紧张。就是说,收入和支出的矛盾激化了。很显然,这个矛盾必须通过缩短生产周期、加速产品销售和力争节约支出等一系列改善企业生产经营管理的措施来解决。只有产品销售了,企业取得一笔货币资金,这时,企业所积累的成本才获得补偿,支出才转化为自己的反面——收入,原先存在的收入少、支出多的矛盾才获得暂时的解决。我们之所以说"暂时",理由也很简单。所谓矛盾的解决,只不过是说旧矛盾被新矛盾所代替,而绝不是说矛盾从此被消灭。当企业取得收入以后,它要用收入来购回已消耗的材料,要从收入中支付生产另一批产品所发生的费用,要把收入中的一部分(主要是工人为社会劳动所创造的价值部分)当作企业支出上缴国家。一句话,企业经营资金运动又在新的条件下开始了一分为二——收入和支出的对立统一的新过程。为了适应现代修正主义和国内外反动阶级的需要,杨献珍同志胡说什么"任何事物都是'合二而一'的","从自然界的各种现象到人类社会、思维等等,没有一种事物不是'合二而一'的。试问,在资金运动这一客观事物中,有哪一点可以说明"合二而一"?从什么地方可以找到你们调和矛盾、掩盖斗争的论据呢?

经营资金运动是一个复杂的矛盾统一体。我们应当从多方面来考察它。由于会计是从数量方面来反映资金运动的,会计的方法常常制约于资金运动的不同状态。因此,我们还需要从资金运动的状态来分析资金运动的矛盾。经营资金在运动过程中所显示的状态,同样是一分为二的。即在一定条件下处于相对静止状态的经营资金和在经常情况下处于显著变动状态的经营过程。这两个对立的方面,也是由资金运动内部所包含的"收入"和"支出"这两个矛盾的斗争引起的。当着资金运动处于相对静止状态时,收入和支出的矛盾表现为经营资金来源和运用的矛盾。当着资金运动处于显著的变动状态时,收入和支出的矛盾就主要表现为资金耗费和资金收回的矛盾。例如,在供应过程为材料收入和采购费用的矛盾,在生产过程为产品生产和生产费用的矛盾,在销售过程为销售收入和销售成本的矛盾,等等。[①] 毛主席在阐述事物运动的两种状态(相对地静止的状态和显著地变动的状态)时指示我们说:"事物总是不断地由第一种状态转化为第二种状态,而矛盾的斗争则存在于两种状态中,并经过第二种状态而达到矛盾的解决。"[②]因此,资金运动的这两种状态,也是互相矛盾、互相转化的。经营资金的任务在于保证经营过程的不中断。为了做到这点,经营资金往往被要求在一定日期以一定形态固定在经营过程的各个阶段上[③],并保持运用与来源的一定对应关系和数量平衡关系。可是,企业每发生一项经济业务,如开支费用、发生成本、制成成品、取得收入等等,都会引起经营资金原有形态的变化,促成资金运用和资金来源关系的重新改组,从而与上述要求恰好对立。矛盾斗争的结果,处于相对静止状态的经营资金总是转化为自己的对立面,旧的平衡状态打破了,资金变成费用或收入,产生了企业的经营过程。由经营资金显著变动所形成的经营过程又充满了矛盾,这些矛盾是通过加强对材料采购、产品生产、费用支出和商品销售的管理与监督来解决的。一旦解决了这些矛盾,经营过程又会转化为新的经营资金,建立新的暂时的资金平

---

① 这里,我们对经营过程的矛盾还没有进行全面的分析。经营过程本来可以从两个方面来分析它的矛盾:第一,资金耗费与资金收回的对立统一。这是资金支出和资金收入在经营过程中的具体化。这一对矛盾是主要的,它又是由我们这里所举的若干对矛盾组成的。第二,资金生产和资金流通的对立统一。后者在资金流通过程,又分裂为"资金的货币形态同生产形态对立"和"资金的商品形态同货币形态对立"两个互相排斥、互相替换的阶段。关于这一点,马克思说:"在 G—W 与 W′—G′这两个属于流通的形态变化中,每一次都是同样大的同时存在的价值存在互相反对,并互相替换。"《资本论》第 2 卷,人民出版社 1953 年版,第 37 页。

② 《毛泽东选集》第 1 卷,人民出版社 1952 年版,第 321 页。

③ "依照事物的本性来说,循环又规定要在循环的各个阶段上,在一定时间内把资本固定着。"《资本论》第 2 卷,第 38 页。

衡,并开辟了向另一种资金形态转变的新过程。总起来说,在企业中,经营资金由一种形态转化为另一种形态,经营过程由一个阶段向另一个阶段推移,都绝不是什么“合二而一”,它分明是一分为二,是矛盾相互斗争促成了资金运动中统一体的破裂,在不同条件下引起了矛盾的相互转化,旧矛盾让位于新矛盾,因而推动了资金运动的不断发展。

我们还要进一步问,当经营资金处于相对静止状态时,它的内部是否还有矛盾呢?有。在它的内部仍然具有矛盾。这个统一物仍然要一分为二,即资金运用和资金来源。前者是资金支出在相对静止时显现的面貌,后者是资金收入在相对静止时显现的面貌。前者直接表现为一定形态的物,是企业经营过程中可以支配运用的物质手段;后者则表现为物的所有权和支配权,即表明这些物的所有关系和分配关系(在国营企业中,就是经济核算关系。具体地指国家同企业、企业同企业、企业同职工之间的经济关系)。恩格斯说过:“政治经济学所研究的不是物,而是人与人的关系,最后说来是阶级与阶级的关系;可是这些关系总是与物结合着,作为物出现。”[①]至于会计学既要研究如何从数量方面反映物,又要研究如何从数量方面反映同物结合着的人与人的关系。因此,作为会计对象的经营资金,既不能理解为只是物,也不能理解为只是抽象的生产关系,而应当理解为以物为形式,而以经济核算关系为内容的对立统一,就是资金运用和资金来源的对立统一。这两个对立面,不仅是统一的,也是斗争的。在实行经济核算制的社会主义企业中,国家集中领导和统一计划同企业相对独立经营总是又相适应又相矛盾的。一般地说,企业比较容易从本身的局部情况出发,为了方便生产,希望多占用一些资金,比较灵活地运用这些资金。可是国家从整体利益出发,从整个国民经济计划的要求出发,又不能让企业占用不必要的资金。不允许企业离开计划来使用资金。在会计上,通常所谓资金运用同资金来源的对应关系(反映了国家对资金实行计划管理所采取的分口管理,分别使用,专款专用等要求),正是反映资金来源对资金运用的制约关系,也是这两个对立面互相矛盾的表现。有矛盾就有斗争。资金运用和资金来源的矛盾斗争过程,并不可能直接反映在会计的数字上。因为这个过程,经常是通过开展增产节约运动,加强国家财政、信贷监督,加强企业资金、成本管理来实现的。虽然如此,两个对立面斗争的结果,在一定条件下,总要引起矛盾的相互转化,而这一转化,最后仍然会在资金运用和资金来源的结构和与数量消长关系上得到反映。例如企业正确处理了这个矛盾,会使资金占用减少,成本降低,利润增加。所谓资金占用减少,表明企业把一部分运用的资金交还国家,实际上,这等于企业的资金运用转化为国家可供拨款的补充资金来源。所谓成本降低,利润增加,则意味着企业为国家拨款创造了新的资金来源,而在资金上缴以前,也为企业提供了内部资金来源。所有这些情况,都反映资金来源和资金运用的矛盾可以暂时趋于缓和。反之,企业没有很好地处理这个矛盾,常常会使资金占用增加,成本提高,利润减少甚至发生亏损。所谓资金占用增加,很明显地,是由一部分不应属于该企业资金来源形成的,而减少利润甚至发生亏损,则使一部分国家资金来源转化为实际不存在的资金运用而白白浪费掉。而这些情况,则表明资金来源和资金运用的矛盾进一步尖锐化,企业的财务必然发生困难。上面所讲的这种种矛盾斗争和通过斗争而引起的矛盾的转化,说明了一个事实:资金运用同资金来源的平衡绝不是静止的平衡。这种平衡,会由内部矛盾的斗争而被破坏,矛盾解决了则让位于新的平衡,而新的平衡又产生新的矛盾,新的矛盾斗争又再破坏新的平衡,如此循环不息。有人也许会问,会计上的资金运用同资金来源不是永远相等的吗?资金平衡是否同其他事物不一样,它是“绝对的”平衡,“永恒的”平衡呢?不。平衡是相对的,有条件的,不平衡是绝对的,无条件的,这一点什么事物都不会例外。就拿会计上的所谓资金运用和资金来源的平衡来说,它总是指某一天(实际上是代表某个时点、某一瞬间)的状况。这已经表示它的条件性和相对性了。再进一步观察,这种所谓平衡,无一不是说两方的总数保持相等而已。在不同日期,不仅资金运用和资金来源的总数互有差异,甚至资金

① 恩格斯:《论马克思的〈政治经济学批判〉》,载马克思《政治经济学批判》,人民出版社1955年版,第182页。

运用和资金来源的具体构成也是极不相同的。既然每个时期资金的总数不一样,内容不一样,这怎么能够说平衡永远不会改变呢?其实从一个过程(哪怕很短的过程)去看,正如前面说过的,资金运用是企业的资金支出,而资金来源是企业的资金收入。在收入和支出之间,不平衡(即收支不相等。在正常情况下,收入应当大于支出)总是经常的,平衡(即收支相等)却是罕见的。正由于客观上长期地存在着这种收支不平衡的矛盾,才需要企业财务会计部门定期(按月甚至按旬)通过财务收支计划去加以调节,以求得暂时的平衡。这一点,道理不是非常清楚吗?

毛主席说:"无论什么事物的运动都采取两种状态,相对地静止的状态和显著地变动的状态。两种状态的运动都是由事物内部包含的两个矛盾着的因素互相斗争所引起的。"[①]我们对经营资金运动的上述分析,虽然极不深刻,也很不全面,但已经充分证明毛主席的这个科学的论断是放之四海而皆准的真理,而杨献珍同志的所谓"合二而一"论,只能遭到彻底的破产。

其二,在会计学中,我们还可以考察一下会计的方法,特别是会计核算的一些基本方法。我们只要稍微研究一下会计学就可以发现,那些经过几百年(至少几十年)会计工作实践的考验,被公认为是科学的核算方法,不论当时这些方法的创造者有没有意识到,无一不体现一分为二的原理。道理很简单,会计核算的方法原是用来反映会计对象、完成会计任务的。而作为会计对象的资金运动,则是由许多对的矛盾组成的复杂的矛盾统一体。从任何一个方面去观察它,资金运动本就是一分为二。因此,反映资金运动各个侧面的方法,就不能不采取一分为二的方法。否则,会计核算的方法是不能科学地、如实地反映会计对象的。正由于这个原因,我们可以看到,资金平衡表的基本结构分为资金运用和资金来源两个互相对立的方面,账户的基本结构则分为借贷两个互相对立的方面。复式记账的基本要求是,记录每项经济业务,也要区分借贷,做成既有借方科目又有贷方科目的分录;甚至任何完整的成本核算方法,也不外是费用归集和费用摊配这两个对立核算程序的统一。杨献珍等同志也许会辩解说:"会计核算方法是用以观察客观事物的一种方法,我们也曾主张'观察问题时要一分为二'呀!"我们说,这正是你们的诡辩,你们表面似乎承认一分为二可以作为认识论和方法论,实质上,你们抽掉了它的客观基础。杨献珍同志说过,"任何事物是'合二而一'的,所以在观察问题时要'一分为二'"。既然你们认为一分为二同你们所说的事物本来面貌——"合二而一"是颠倒的、不一致的,那么,你们怎么会真正承认一分为二是科学的方法呢?相反地,这不正是表明你们对一分为二做了极大的歪曲吗?我们认为,一分为二既是事物发展的客观规律,又是人们认识事物本质的科学方法。会计核算的基本方法之所以体现一分为二的原理,就因为这些方法所要反映的对象——经营资金运动本身是一分为二的。客观辩证法和主观辩证法在这里是一致的(当然,这里的一致,是人们通过长期实践、认识、再实践、再认识达到的)。

以上,我们只是举两个例子。这两个例子是一门科学中比较具体的知识。但是,即使这样具体的知识,也仍然渗透了辩证法的核心——一分为二的精神,从而无情地批判了杨献珍同志的"合二而一"论的荒谬。

(原载于《中国经济问题》1964 年第 9 期)

① 《毛泽东选集》第 1 卷,人民出版社 1952 年版,第 320 页(引文的着重点是引者加的)。

12

论社会主义企业的资金

葛家澍

社会主义企业的资金，是建立经济核算制的必要条件。凡是实行经济核算制的企业，在国家的统一领导下，都有生产经营方面的相对独立性。相对独立经营的标志之一，是国家拨出相当独立的资金交由企业自己周转。所谓相当独立，就是企业所需资金经过国家计划核定后，应如数拨交企业支配，在一个相当长时期内稳定不变。国家无故不应任意抽走，其他企业更不许任意占用，以保证每个企业有稳定的生产条件。我国社会主义企业管理的经验证明：一个企业缺少可供周转的资金，再生产活动就不能顺利进行，也就不能保证在国家统一领导下的相对独立经营。

经济核算制企业的生产活动，如用价值形式实现就是企业的资金运动。这个运动要借助于会计才能反映出来，会计的对象是资金运动。由于没有资金也就没有这个运动，因此，一系列有关资金的理论问题，如什么是资金，它的职能是什么，它同资本有什么区别，理所当然地引起会计学界的关心。曾经有过争论的会计对象问题，在总的提法上，是趋向于“资金运动”了。可是，对“资金”和“资金运动”的理解，仍有不少分歧。

本文试图通过对社会主义企业资金的研究，先对资金的本质和职能作一些初步分析。

一、从流行的资金“定义”说起

在日常经济生活中，人们几乎天天要接触资金。“资金”究竟是什么？[①]我国有一个流行的定义：“资金是商品物资的货币表现”（以下简称定义）。定义所讲的资金，含义比较广泛，它同本文所要研究的企业的资金并不是同一概念。[②]不过，前者应当包括后者，而后者则是前者的典型代表。在肯定两者具有这样密切关系的前提下，我们的研究就必须从剖析上述定义入手。

怎样评价流行的定义呢？定义所作的表述有正确的一面，又有很不完整确切的另一面。

说它正确，是指在表述中没有把资金和物资混为一谈，也没有离开物资谈资金。定义强调的不是商品物资，而是商品物资的货币表现，即商品物资的价值方面。同时，定义也没有把资金和货币等同看待。讲“货币表现”，当然不需要实在的货币，而可以仅仅用“观念”上的即计算的货币。由于商品物资有时可以转化为货币，一定量的货币总代表定量的商品物资，因此，货币本身也应包括在资金之内。

说它很不完全确切，主要指以下两点：第一，定义泛指一切商品物资的货币表现而不加前提条件，这在表述上是不够严谨、不够科学的。首先，这个定义不能分清资金与资本的界限。马克思说过：“资本不仅是若干物质产品的总和，并且也是商品或若干交换价值或若干社会定量的总和。”[③]在这个意义上，资本也完全可以用上述定义来表述。其次，这个定义，不能分清资金与个人财产的界限。在社会主义制度下，并非所有的商品物资的货币表现都是资金。归个人所有的财产，只要是劳动产品,也可以计价和用货币表现,但却不能说这些也是社会主义资金。第二,定义虽对商品物资的价值作了抽象(通过价值抽象来理解资金是完全必要的),但并未进一步揭示这种价值背后所体现的一定生产关系。从现象上看,资金是物(可以用"钱"表示的物)和钱。从本质上看,资金是在社会主义制度下形成的特定生产关系。定义完全没有提到资金的这一最基本点。

从上列分析可以得出结论:只有在人们已经明确了定义所说商品物资是社会主义公有财产的条件下,这种表述方法才能在一定程度上说明资金的特征。但即使把定义中的"商品物质"加上"社会主义公有"的限制词,也仍然不能完整地科学地、表述社会主义资金。

二、资金是社会主义经济特有的价值范畴

要科学地阐述社会主义资金,既要密切联系社会主义制度下的商品生产和价值规律,又要密切联系社会主义管理企业的特殊体制——经济核算制。

资金是在经济核算制企业中形成的。至于把它应用于非企业单位,应用于财政和信贷中,那是对典型"资金"概念的引申和扩大。不先弄清楚什么是社会主义企业资金,就不可能对资金的本质、特征和职能,作出科学的解释。

社会主义企业首先是一个生产单位。[④]凡要进行生产,都必须具备两方面的条件:一是"人"(掌握了一定的科学技术知识的劳动力),二是"生产资料"。当然,实现物质资料的生产时还必须把两者结合起来。但"人"的因素不在本文考察之内,我们只研究物的因素即"生产资料"。

有人说,企业的资金很明白。不过是指国家拨归企业支配的生产资料。我认为不然。只能说,社会主义企业的资金主要是由国家拨归企业支配的生产资料所构成,而资金并不等于生产资料。马克思讲得很明确:"不论生产的社会形式如何,劳动者和生产资料始终是生产的因素。"[⑤]生产资料或者作为生产工具(劳动资料)起作用,或者作为劳动对象起作用,其结果都是形成使用价值。一台纺纱机,在我国的纺纱厂里用于纺纱,在美国的纺纱厂里同样用于纺纱。因此,无论在我国或美国,纺纱机都可称为"生产资料"。这个概念不反映社会制度的区别,它属于生产力的范畴。

但是,联系到生产关系看纺纱机,情况就不一样了。

在资本主义制度下,纺纱机是纺纱工人替资本家生产剩余价值的手段。从表面上看,工人用它来进行纱的生产,实际上是资本家通过它来支配和剥削工人。资本家占有的纺纱机虽然是物,但变成了物所体现的资本主义剥削关系,当人们有了这种认识时,纺纱机就称为"资本"。

在社会主义制度下,纺纱机不归资本家私有而属于社会主义公有,但它又由企业支配。它不再用于生产剩余价值,而是用于生产满足社会需要的使用价值,它在社会主义企业中具有特殊的作用,也体现社会主义的生产关系。于是,它被我们称为"资金"。

所以,"资金"和"资本"是两种不同社会制度下的经济范畴,不再像"生产资料"那样,是各种社会形态所共有的了。

其实,社会主义企业的"资金"不仅仅是由生产资料所构成。除生产资料外,还包括可用于购买劳动对象、垫支其他生产费用的货币以及劳动的成果——产品,而且当它们统一在"资金"这个范畴中时,它们就密切联系,互相依存并能相互转化。在这个意义上,把"生产资料"与"资金"等同起来也是完全不恰当的。

不过,在企业资金中,生产资料毕竟是主要的组成部分。因此,我们还是要着重研究在什么条件下,生产资料才会向"资金"转化。

范畴是人们创造的,但人们只能按照一定的生产关系来创造相应的范畴。生产资料究竟向资

本转化还是向资金转化取决于在不同社会制度下的不同生产关系。

生产资料转化为资金需要两个条件。

首先，生产资料属于社会主义公有（由于我们研究的是国营企业，所以，第一个条件是生产资料属于社会主义全民所有）。

同样的生产资料，可以变成人剥削人的手段，也可以成为满足社会需要的手段，最根本的条件是看它归谁所有，即所有制。在资本主义私有制条件下，生产资料和生活资料完全掌握在资本家手里，一无所有的工人不得不把自己的劳动力当作商品出卖给资本家。资本主义私有制造成了生产资料与劳动者的分离，造成了除劳动能力以外一无所有的无产阶级。这时，资本家占有的生产资料才会转化为资本。因此，马克思说："除劳动能力以外一无所有的阶级存在是资本的必要前提。"[⑥]社会主义实行生产资料公有，劳动人民是生产资料的主人，劳动力不可能再成为商品，这就从根本上消灭了产生资本的前提。如果社会主义公有的生产资料也要转化为一个能体现社会主义生产关系的物，那么，这个范畴必然同资本有着本质的区别，那就是社会主义特有的经济范畴——资金。

其次，在生产资料公有制的基础上，实行商品制度和货币交换，在企业中建立经济核算制。

在历史上，生产资料转归社会主义公有之后，社会主义企业曾实行过所谓"供给制"。苏联1918年至1920年国内革命战争时期就是如此。当时，在以列宁为首的苏联共产党的领导下，苏联的工业管理实行高度的集中。工厂需要的生产资料由国家无偿供应，工厂生产的产品无偿上交国家，工厂既不要算成本，也不必计盈亏；名义上是企业，实际上不实行"企业化经营"（也就是相对独立经营）。在这种条件下，企业不需要有独立的"资金"。企业虽然有厂房、机器、原料等生产资料，但生产资料不必转化为资金。

按供给制来管理企业，当然是特定历史条件下的暂时现象，但毕竟出现过这个现象。这个历史经验告诉我们：在生产资料公有的社会主义国家，要使生产资料转化为资金，还必须发展商品生产和商品交换，自觉利用价值规律和商品、价值范畴在企业中建立经济核算制，允许企业在国家统一领导下实行相对独立经营。

经济核算制是无产阶级的民主集中制在企业管理中的具体运用。它把社会主义计划经济所要求的高度集中和每个社会主义企业独立经营所要求的广泛民主巧妙地结合在一起。正像毛主席在《论十大关系》中所说的："各个生产单位都要有一个与统一性相联系的独立性，才会发展得更加活泼。"统一性和独立性，是对立的统一。矛盾的主要方面是统一性。企业只能在党和国家的统一领导、无条件执行国家统一计划的前提下实行独立经营。因此，这种独立性是有条件的、相对的。它不可能导致资本主义自由化。个别企业当然有可能暂时被坏人如"四人帮"的余党、死党、亲信之类的社会渣滓所掌握。他们会力图复活资本主义，把企业搞得乌烟瘴气。但是，我们上有英明领袖华主席为首的党中央的马克思列宁主义的领导，有毛主席的无产阶级革命路线；下有高度觉悟的广大职工群众。一小撮坏人终究要被揭发出来，这些企业仍然会回到社会主义道路上继续前进。"四人帮"的帮书《社会主义政治经济学》恶毒丑化和诬蔑社会主义企业的相对独立经营，硬说这也存在着什么"资产阶级法权"，这是十分荒谬的。这种胡说八道，不过是为"四人帮"的反革命政治纲领挖空心思地寻找所谓"理论根据"而已。

经济核算制比供给制优越。按照供给制，企业除生产产品外，可以不负其他责任。经济核算制则不同。国家赋予企业一定的机动权力，又规定企业增产节约的明确责任，即企业必须独立地运用资金，以收抵支，保证盈利。所以，这种管理体制能充分调动企业精打细算、厉行节约的积极性，促使企业以最小的劳动消耗，取得最大的经济效果。它是社会主义制度下商品生产和商品交换的产物，是人们自觉运用价值规律的结果。

由此可见，只有密切联系商品制度和价值规律来考察经济核算制，那么，社会主义国家拨交企业的生产资料转化为企业资金的必要性、可能性和资金在经济核算制企业中的重要作用，才能够被认识清楚。

我们先看一看商品生产和商品交换同经济核算制的联系。在社会主义制度下,实行经济核算制的必要性首先取决于时间节约规律的要求,同时,还取决于国民经济有计划(按比例)发展规律、按劳分配规律,特别是价值规律的要求。

社会主义的商品生产和商品交换,在此基础上必然起作用的价值规律,是社会主义企业实行经济核算制的重要前提。它对社会主义公有的生产资料转化为归企业支配的资金,有着极为重要的意义。

人们普遍承认,社会主义社会之所以必须实行商品制度,是由于存在着生产资料的两种社会主义公有制。这当然是正确的。但人们却很少注意到,作为商品生产的一般基础是社会分工。马克思考察原始公社时代的商品交换就指出:"在以生理分工为起点的地方,直接相互联系的整体的各个特殊器官相互分开和分离……并且独立起来,以致不同的劳动者只能通通把产品当作商品来交换才能建立联系。"[⑦]社会分工是生产力发展的产物。但分工使人们固定在一种劳动技能和专业上,资本主义大工业虽然"决定了劳动的变换、职能的更动和工人的全面流动性"[⑧],而旧的分工和固定化的专业仍然被再生产出来。撇开所有制的形式,从生产力的角度考虑,要消灭作为商品生产一般基础的分工,就必须大力发展商品生产和商品交换,借以极大地提高社会生产力,造就马克思、恩格斯所设想的全面发展的和能表现自己全部的体力和脑力能力的新人,使人们从旧的分工束缚中获得解放。否则,现在的社会分工将不会消失,商品制度的客观物质基础依然存在。

因此,在我国,商品生产和商品交换之所以必要,除两种社会主义公有制同时并存这一条件外,更为深刻的原因是:我国现在的生产力水平远远不足以消灭商品生产的一般基础——现有的社会分工。

在生产力发展水平还不够高、现有的社会分工依然存在、劳动社会化的程度还有所不同的条件下,生产上的耗费就不能直接按劳动时间来核算而不得不借助于"有名的价值"。这样一来,商品生产和商品交换以及建立在它们基础上的价值规律,就不仅必然存在而且必然发生作用,那么,经济核算制就一定要充分利用商品和一系列价值范畴,充分利用价值规律的要求。

商品的一个重要特点是对它的所有者是非使用价值,对它的非所有者才是使用价值,它必须通过交换进行转手。商品生产是以商品交换为前提的。通过商品交换:第一,价值规律要起作用。商品生产者的个别消耗只能统一按社会必要劳动消耗(价格)获得补偿。第二,购买者在成交以前,一定要检查商品的数量、品种、规格和质量,他不能买对他无用的产品,也不会买质量低劣的产品。商品交换行为所必然要起的这两个作用,完全可以为社会主义所利用。第一,社会主义很需要自觉运用价值规律来促进企业节约劳动耗费,讲求经济效果。第二,国家对企业的各项计划指标如产量、品种、质量都需要检查。借助于商品交换,授权各购买单位作为消费者按经济合同对产品进行严格的检查,是对国家检查企业计划完成情况的一种重要补充。这也是好事,而不是坏事。

在社会主义制度下,为了使企业具有在国家统一领导下的相对独立性,更需要利用商品制度。

国营企业生产的产品本质上已不是属于哪一个企业所有了。社会主义决定了这一本质是不可改变的,但可以改变它的形式。在肯定国营企业的产品属于社会主义全民所有的大前提下,能不能假定企业的产品属于"企业所有",任何人不能无偿调拨它呢?当然可以。采取这样的假定,目的在于赋予社会主义产品以商品的形式。既然假定产品是每个"企业的商品",那么,相互提供的商品就必须通过买卖。出售商品的企业要计价收款,购买商品的企业要按价付款。等价交换的原则在这里起作用是理所当然的。企业购销商品应先通过"合同"。合同是国家计划的具体化。购买企业检查商品以合同为依据。所以,我们国营企业之间的"商品交换",既不同于一般的商品交换,更不同于资本主义制度下的商品交换。它是在国家的统一计划下进行的。

国营企业产品被赋予"商品"的形式,国营企业之间的产品交换当作商品用货币来交换,这就等于国家承认:每个国营企业具有相当独立的社会主义“商品生产者”的地位。企业的“相对独立经营”,意味着在国家的统一领导和统一计划下,企业独立地生产和销售自己的产品,独立地核算盈亏,经常检查生产的经济效果,承担生产经营上的经济责任。由此可见,相对独立经营的国营企业,在形式上好比一个相对独立的“商品生产者”。这种商品生产者是社会主义制度下的商品生产者,是没有资本家参加的商品生产者,是上有党和国家领导、下有群众监督、按客观经济规律办事的特种商品生产者。

我们再看一看价值规律同经济核算制的关系,按照价值规律,商品的价值是由生产这个商品的社会必要劳动量所决定。不论个别企业生产一件产品所费的劳动量多少,为社会承认的劳动耗费只能是社会必要的劳动量。利用价值规律的作用来影响生产,就是:按产品实现的价值来补偿企业实际发生的消耗(后者并不等于产品的个别劳动耗费,它相当于个别劳动耗费中要求补偿的部分,我们另称为“个别生产消耗”。因此,它只能反映个别劳动耗费的水平)。把产品的价值(社会必要劳动耗费)同产品在企业中的个别生产消耗相比较,是衡量企业是否以最小的劳动耗费取得最大经济效果的一个重要标志。具体地说,为了使这种比较成为可能,那就必须:(1)使企业的个别生产消耗表现为企业的“支出”(即“成本”);(2)使企业销售产品所实现的价值(按国家规定的统一价格来计算)表现为企业的“收入”;(3)要求企业的支出(成本)必须能从自己的“收入”中抵补,并且要有盈余(即盈利或利润)。这样,自觉地利用价值规律来影响企业的生产,就使以最小的劳动耗费取得最大的经济效果这个客观要求,比较集中和具体地体现在以收抵支、保证盈利这一点上。当然,在社会主义企业中,经济效果的大小,不能单看盈利的高低。生产出又多又好的产品,不断提高劳动生产率,都从不同角度说明经济效果的增加。但是,通过降低成本取得较多的利润,无疑地能综合反映企业经济活动的效果。还在经济核算制处于萌芽状态,列宁就提醒人们注意:“各个托拉斯和企业建立在经济核算制基础上,正是为了要它们自己负责,而且是完全负责,使自己的企业不亏本。”所以,把以收抵支、保证盈利作为经济核算制的基本要求,完全符合经济核算制的创造人——列宁——的原意。

认识了以上两点,国家交由企业支配的生产资料转化为资金的必然性(必要性和可能性的统一)就比较清楚了。

第一,经济核算制企业的产品都要当作商品。恩格斯说过:产品向商品转化,随之而来的是产品向价值转化。只要把产品当作商品,即使是保留商品的“外壳”(形式),社会就要给产品规定价值,企业就要给产品计算和确定成本。成本是补偿价值,在补偿价值中,除工人必要劳动创造的、相当于工资的那一部分新价值外,其他部分,是所消耗的生产资料转移于产品的旧价值。问题很清楚,如果生产资料不是价值或不能计算它的价值,它当然没有价值可以丧失。那么,生产资料是不会把任何价值转移给产品的。例如,社会主义社会的土地不能买卖,不是商品,因而没有价值。然而土地却是重要的劳动资料,不必讲农业,即使对工业来说,假定没有土地为它提供生产场所,工业的劳动过程就不能进行,从而,产品的使用价值也不能形成。但土地尽管这么重要,由于它没有价值,它并不能参与产品价值的形成。可见,要使企业生产的产品具有价值,企业的生产资料必须先具有价值,或可以计价。

第二,实行经济核算制要求企业以收抵支。企业的支出是多种多样的,消耗和补偿都各有特点。企业的支出可以简单地分为:(1)实物支出(消耗),如材料的消耗,机器的磨损等等;(2)货币支出,如工资和其他现金费用等等。实物支出包括在生产中消耗掉的各种不同性能、用途的使用价值。它们是彼此不同质的,在量上不能汇总。企业的收入最后经汇总表现在货币上,要从收入中抵补的支出也应当经汇总表现为货币。这就要求材料的消耗和机器磨损等等实物消耗(即生产资料的消耗)必须转化为价值的消耗,才能通过货币来汇总表现。由于生产资料的消耗需要通过价值的形式——货币——来汇总表现,生产资料本身,当然要能转化为一个价值或可以表现为一定量的价值。

第三,当企业以相对独立的“商品生产者”的身份来同其他企业发生经济上的联系时,意味着企业已不是单纯的生产单位。它需要的材料须当作商品去购买,它生产的产品则当作商品去销售。因此,在生产的两头,各经过一个流通过程(材料的采购和产品的销售)。一个企业变成相对独立经营的经济核算制单位后,它的经营过程就由单纯的生产过程发展为生产过程和流通过程的统一。

在这种情况下,国家拨交企业的物质条件,实际上不全是生产资料。只有主要的劳动资料如厂房设备一般才是通过基本建设形成实物后交付使用。次要的劳动资料(如低值易耗的工具等)、劳动对象并不是给企业以实物,而是给它以货币,要求它按计划自己去购买。此外,企业预付职工工资和其他费用所需开支,国家也是拨给一定数量的货币。这些货币同生产资料无关,而是当作一定量的价值直接转移于产品的。这样看来,经济核算制企业在开始经营的时候,从国家得到的社会主义财产,就包括了实物和货币两种形式。随着生产经营活动的进行,这两种形式是互相转化、互相渗透和互相结合着。并且,它们共处在运动变化之中。

我们可以简单考察一下许多社会主义财产进入企业以后的运动。

第一,用于购买劳动对象的货币通过供产销三个阶段发生如下的变化:由货币依次变为材料、在产品、产成品,再回到货币。第二,用于预付工资和其他费用的货币,不通过供应阶段,直接在支出货币后当作一定量的预付价值投入生产发生如下的变化:由货币依次变为在产品、产成品,也再回到货币。上述两种运动,起点和终点都是货币。它们反复循环,形成周转。第三,直接处于企业生产阶段的主要劳动资料,随着再生产的进行,也是变化着的。经历产销两个阶段,劳动资料依次变为:在产品、产成品和货币。不过,(1)劳动资料可供多次生产消费。在它们全部损耗以前,上述变化并不表现在使用形态上,而只表现在价值的转移上。所以,不能被我们肉眼感觉到。(2)劳动资料每次向在产品转移的只是被磨损的部分价值。原先的劳动资料仍在生产过程中继续起作用。这时,劳动资料的价值获得双重存在。通过货币收回的,只是劳动资料已向产品转移的那一部分价值。它不够更新一个新的劳动资料所必需的支出(但它这时也不需要更新),但要求作为“货币积累”先储存起来。[9]在此以前,货币不必向劳动资料复转化,表现为周转的暂时中断。

上述各种变化不论从什么时候开始,共同的特点是:(1)都要转化为货币;(2)在转化为货币以前,还共同处在“在产品”和“产成品”(即企业生产的“商品”)这两种形态上。

那就是说,国家投入企业的社会主义财产,处于运动变化中的形态有:货币、劳动资料、材料、在产品、产成品。在运动中,它们被联成一个整体,形成反复的循环(其中,劳动资料的价值由于有双重存在,它同其他部分直接联成一体进行循环的,是它每次离开母体的那部分价值。劳动资料本身有自己的独特循环)。

现在的问题是:为什么这些不同质的东西——货币、厂房、机器设备、材料、在产品、产成品等等,能联成一个整体,形成一个运动?显然因为它们都是“价值”借以存在的形态。上列运动可抽象化为价值运动。

由此可以得出结论:第一,当国营企业的生产资料必须转化为价值,在企业再生产过程中进行运动时,它就成了社会主义企业的资金。第二,资金是同价值分不开的。没有价值的东西不能列入资金。资金是处于经济核算制企业中运动着的价值,是以物和钱为基础作为媒介的社会主义生产关系。资金本身不能创造价值,但资金可以帮助工人创造价值。在这个意义上,资金也可理解为能帮助社会主义企业的劳动者创造和实现新价值(包括利润)的价值。

企业资金是一个总的说法。它的各种表现形态应分别称为“货币资金”、“固定资金”(其存在形态为各种劳动资料。会计上称为“固定资产”)、“在产品资金”、“产成品资金”等等。

在货币、材料等之前加上“资金”两个字,可以把资金同一般的钱物严格地分开来。例如企业的货币资金,看上去也是人民币和银行存款。但是,这些与我们每个人口袋里的人民币或在银行中的储蓄存款却大不相同。不仅因为前者属于社会主义公有，后者属于个人所有，而且因为前者在企业的再生产活动中处于一种独特的地位：(1)它可以用于购买材料，即社会主义生产资料。而在我们社会主义国家，任何个人所掌握的货币再多，也不能用于购买生产资料。(2)它还可以用于预付职工工资和其他生产费用。没有这一部分价值预付于生产，企业的生产活动同样不能进行。而个人拥有的货币也不能起这种作用。(3)产品价值的实现要体现在价值独立的、可以捉摸的存在形式——货币上。销售产品在取得货币时才意味着销售过程的结束。可见，国家交由企业支配运用的货币，不是通常的货币，而是企业资金周转过程中采取的一种存在形态——货币形态。在企业中，它主要不是当作货币的货币起作用，而是当作资金的货币起作用。

三、资金的基本职能

资金的第一职能是保证企业再生产过程的不间断。

要注意：这里是指“再生产过程”，而不仅指“生产过程”。如果供销两个流通过程中断了，在相对独立经营的经济核算制企业中，生产过程迟早也要中断。

怎样才能使再生产过程不中断？从资金来说，必须做到两点；

第一，要把资金有计划地、合理地分布于生产和流通两个阶段。而在生产领域的资金，又需分为固定和流动两个部分。

这里所谓“分布”，有两层含义：一是全部资金的数量需分割为在生产领域发生作用的生产资金和在流通领域发生作用的流通资金。在生产领域中的生产资金，基于周转方式的不同，再分割为固定资金和流动资金。[10]二是为再生产不同阶段所分割的资金，必须采取为各该阶段开展活动所需要的形态。

第二，固定于再生产不同阶段，分别执行不同职能的资金，要随着再生产活动的进行，依次地从一个阶段过渡到另一个阶段，从一种形态转化为另一种形态。

生产和流通行为是不断地进行的。起保证作用的资金当然不能真的固定在那里不动。它一定要伴随再生产活动而变化。

“固定”与“转化”，或按马克思的话说是“并列存在”与“相继进行”，是资金循环的对立统一。没有不同资金在各个阶段的“并列存在”，从一个阶段向另一个阶段过渡就不可能；反之，不是由于资金相继地从一种形态转化为另一种形态，也不会产生“并列存在”的现象。

应当指出，把资金固定于各个阶段(并列存在)始终只能为再生产的不中断提供物质条件。而资金从一种形态转化为另一种形态，才能推动再生产的实际进行。资金依次转化的必要性可以从反面看得很清楚。如果资金在供应过程停顿下来，意味着生产资料闲置不用，而产品不能完工，产品的价值不能形成；如果资金在销售过程停顿下来，意味着资金积压在产成品上，社会得不到需要的物资，企业得不到购买材料、支付工资和费用、积累折旧基金和上缴国家税利所需要的货币。所以，一个企业的资金，必须像人体血液循环似的运动着，再生产才能顺利进行，国家计划规定的各项经济指标才有可能全部完成。

资金的第二个基本职能是作为产品价值形成的要素，帮助新价值(包括利润)的创造，促进产品价值的实现。

每一个经济核算制企业所担负的基本任务总是生产产品和提供盈利。在经济核算制企业的再生产过程中，“生产”是决定性环节。“供应”是生产的“先导”，为生产创造条件，而“销售”则是生产的“继续”，为再生产提供保证。在企业的全部资金中，生产资金必然占最大的比重。但是，生产资金,如果始终占用于生产过程或生产领域,那么,如前所说,它始终不过是使生产过程连续不断进行的一个条件。像储存于仓库的材料,没有开动的机器等等,都不起产品形成要素的和帮助新价值创造的作用。但由于占用的资金必须不停地发生形态的转化,这时,生产资金中的每一个"要素"、"分子",都会从占用的资金中"解脱"出来,当作资金耗费直接投入生产过程。这些不断投入生产过程转作产品价值一部分的资金"分子",能转作产品价值的一部分并当作一个由劳动者保存的旧价值,用来供劳动者加进新劳动,创造新价值(包括利润)。形成产品的价值和帮助新价值的创造的职能,仿佛只属于生产资金。其实在流通过程中发生作用的资金在这方面也起保证作用。问题在于:生产过程不能离开流通过程。无论转移的旧价值或创造的新价值都必须依附在产成品上,而最后,全部价值的实现,又必须体现在一定数量的货币上。

资金的第三个基本职能是保证成本垫支(预付)的需要。生产过程同时是生产的消费过程。为了生产和销售产品,企业要发生一系列物质耗费和货币支出,形成产品成本。在经济核算制的企业中,在通过产品销售实现产品价值以前,企业自己是没有收入的,但却要产生上述消耗和支出。由于支出在前,收入在后,所以需要从国家拨付周转的资金来预付。我们知道,固定于企业再生产不同阶段、采取不同形态的资金都有一个定量。这个定量是保证再生产不间断的条件。为了至少维持资金的定量,把资金当作成本支出后,必然要求从实现的产品价值(收入)中获得补偿。然后,再当作成本开支,再从收入中收回来,如此循环往复,以至无穷。因此,这种支出始终是补偿性的支出,是一种必须按支出额收回的"垫支"。

四、资金和资本的区别

资金和资本都是由商品构成,都可转化为一个价值。但是,它们体现不同的生产关系,具有完全相异的本质。这一点,是众所周知的。

除了上述根本的区别外,资金和资本还有没有其他比较重要的区别呢?值得提起的,还有以下两点:

第一,我们说资金和资本都是由商品构成,这句话需要分析。在构成资本的商品中,不仅包括生产的物的因素,而且包括生产中的人的因素,即资本家可以买到的劳动力。如果说,归资本家所有(他从商品市场买到的)的生产资料是生产资本的物的形式,那么,资本家暂时握有使用权的劳动力(他从劳动市场买到的)则是生产资本的人的存在形式。这是资本主义制度下劳动力也转化为商品后的独特现象。至于构成资金的商品,只包括人们的劳动产品,再也不会包括人的因素。资金能够形成产品的价值(转移旧价值),也能帮助劳动者创造新价值,其中包括剩余产品的价值。而资金自身则无创造价值的可能。

第二,在资本主义制度下,雇佣工作和生产资料都是在资本家的控制下结合在一起的。在生产过程内,工人不断支出活的劳动,生产资料代表积累起来的过去的劳动,它们之间的关系反映了资本的实质。马克思说:"资本的实质并不在于积累起来的劳动是替活劳动充当进行新生产的手段。它的实质在于活劳动是替积累起来的劳动充当保存自己并增加其交换价值的手段。"[11] 在《共产党宣言》里,马克思和恩格斯把资本的剥削实质用极其深刻的语言,简练地概括为:"在资产阶级社会里,是过去支配现在。"[12]社会主义资金属于劳动人民所共有。作为积累起来的过去的劳动,资金在劳动者支配下,成为扩大社会主义生产借以满足社会需要的手段。它同劳动者的关系,与资本主义制度下的情况恰恰相反,"是现在支配过去"[13]。

五、回答几点责难

我曾经强调，有价值或可以计价的社会主义财产才能成为资金。有人责难说："马克思没有单纯从有价值或无价值去论述资本，我们也不能用有价值或无价值去说明资金。"

所谓"马克思没有单纯从有价值或无价值去论述资本"的确切含义不知是什么？如果是指马克思没有把价值与资本等同起来，那完全正确。价值与资本原是两个不同的范畴，马克思当然不会把两者混为一谈。但如果认为马克思没有通过价值去说明资本，显然不符合事实。《资本论》第一章就研究了商品和价值。资本是能带来剩余价值的价值。离开价值，要理解"资本"是不可想象的。至于社会主义资金，特别是企业资金，要不要用价值去说明，本文的初步分析已做了肯定的结论。如果有人能够令人信服地证明：社会主义资金同商品货币经济并没有联系，即使商品货币消失了，资金这个范畴依然存在。那么，我将毫不迟疑地纠正自己的错误。而现在，我只能认为，上述"责难"是没有根据的。

我在别的地方说，资金的具体表现是社会主义公有财产，是"物"。但一切在企业再生产过程起作用的"物"都可以抽象为在企业中运动着的"价值"。在这个意义上，可以把资金当成一个抽象化的概念。有人又责难："社会主义企业的厂房、机器、现金、存款、材料、产品等等，都是社会主义资金，它们是眼睛看得见、手摸得着的东西，表现得非常具体，怎么能说是抽象化的概念呢？"

厂房、机器等等确实是眼睛看得见、手摸得着的东西，不过这些表现得非常具体的东西只代表企业资金的现象形态，这些东西之所以是资金，在于它们代表一定量的价值，处于企业再生产的运动中。当作价值物，是否还有这许多具体表现让你看到？马克思主义政治经济学的回答是：看不到。每一个商品不管你怎样颠来倒去，作为价值物是不可捉摸的，因为价值作为无差别的人类劳动的凝结是一种抽象。列宁明确肯定过，价值的抽象是科学的抽象。列宁说："物质的抽象，自然规律的抽象，价值的抽象及其他等等，一句话，那一切科学的（正确的、郑重的不是荒唐的）抽象，都更深刻、更正确、更完全地反映着自然。"⑭当我们把对资金的认识从具体的厂房、机器、材料、产品等等上升为抽象的价值时，究竟是离开了还是接近了资金的本质和职能呢？我认为不是离开而是接近了。因为能集中地体现国家和企业之间的经济核算关系的资金只能是抽象的价值，而不是使用价值。例如，由于资金属于社会主义全民所有，关系到能否正确处理国家与企业的相互关系。怎样才实现了保证资金完整无缺的要求呢？假设国家拨给企业流动资金 1 000 000 元。国家交给企业的是货币。企业运用以后，将变成材料、在产品、产成品等等。为了表现企业保证国家资金的完整无缺，能够要求把材料、在产品、产成品统统再变成货币吗？不行！能够用实物形式的材料、在产品和产成品来分别计算它们的数量吗？也不行！这只能把材料、在产品和产成品都看作一定量的价值，用"观念"上的货币来表现。即：只要这些财产还值 1 000 000 元，不论其具体的物质内容是什么，就可以认为，企业是保证了国家资金的完整无缺。国家和企业之间的这一经济关系并非体现在使用价值上而是体现在它的价值上（这种关系除了价值量就无法体现），不是很清楚的吗？

过去，"四人帮"否定理论，乱打棍子。一听到"抽象"两个字，就和"脱离现实"联系起来，横加指责。我们应当把科学的抽象同无根据的虚构严格加以区别。要重视理论，就要深入事物的本质，进行科学的抽象。马克思在《资本论》第 1 卷第一版序言中，曾教导我们："分析经济形式，不能用显微镜，也不能用化学试剂。二者都必须用抽象力来代替。"如果我们不分析经济现象的本质，就会只看现象，不看本质，甚至抓住了现象，否定本质。在致路·库格曼的一封信中，马克思曾写道："当庸俗经济学家不去揭示事物的内部联系却傲慢地断言事物从现象上看不是这样的时候，他们自以为是做出了伟大的发现。实际上,他们夸耀的是他们紧紧抓住了现象,并且把它当作最终的东西”。[15]马克思这话虽然是对庸俗经济学家的批判,我们也要引以为戒。

(原载于《厦门大学学报(哲学社会科学版)》1978年Z1期)

注释:

①当我们谈“资金”这个概念时,必须弄清楚它同“基金”的关系。

有人认为“资金”就是“基金”。国外有些政治经济学教科书总是用企业的“基金”代替企业的资金。但是,将“基金”中的流动部分又称为“流动资金”,而固定部分才称为“固定资金”(如鲁米扬采夫等主编的《社会主义政治经济学》1971年增订第二版),在概念上很混乱。在我国,主要在会计制度中,当专指资金来源时,基金与资金才同时出现。例如,按现在国营企业会计制度,国家有关固定资金和流动资金投资,其资金来源科目称为“国家资金”,而国家有关其他特定用途的拨款和企业自己形成的具有特定用途的资金来源则称为“专用基金”。较早的会计制度中,“国家资金”科目也曾称为“法定基金”。现在则把两者加以区别,使“基金”这个名词更接近于财政学中fund的概念。本来,“基金”的最初含义是指定用途的款项。所以,“资金”和“基金”是两个不同的概念。广义地讲,“资金”相当于英文中的means或wealth(但这不是科学的概念),而企业的资金则相当于英文中的capital或capital fund。为了避免概念上的混淆,本文一律不用“基金”一词。

②在关于“资金”的理解中,还有一种虽不流行但也有一定代表性的看法,就是把资金同商品物资的等价物——“货币”混为一谈,把资金直接理解为“钱”,与“货币资金”完全混同。

③《雇佣劳动与资本》,《马克思恩格斯选集》第1卷,第363页。

④本文考察的社会主义企业,限于有代表性的国营生产企业即国营工业企业。

⑤《资本论》第2卷,《马克思恩格斯全集》第24卷,第44页。

⑥《雇佣劳动与资本》,《马克思恩格斯选集》第1卷,第364页。

⑦《资本论》第1卷,《马克思恩格斯全集》第23卷,第390页。

⑧同上书,第534页。参阅《反杜林论》、《马克思恩格斯选集》第3卷,第333页。

⑨这里,不包括由于第二种无形损耗而提前更新。

⑩在实际工作中,把属于流通资金的产品、货币等等也列入流动资金。因此,在企业中就不出现“生产资金”和“流通资金”的概念。究竟属于流通资金的产品、货币等应否列入流动资金,学术界是有争论的。这个问题,本文存而不论。从理论上分析,我倾向于把流动流金与流通资金加以区分。但是,实际问题也必须考虑。

⑪《雇佣劳动与资本》,《马克思恩格斯选集》第1卷,第364页。

⑫《马克思恩格斯选集》第4卷,第369页。

⑬⑮《共产党宣言》,《马克思恩格斯选集》第1卷,第266页。

⑭《黑格尔〈逻辑学〉一书摘要》,《列宁全集》第38卷,第181页。

13

必须替借贷记账法恢复名誉

——评所谓“资本主义的记账方法”

葛家澍

在林彪、“四人帮”横行的日子里，唯心主义、形而上学在会计学领域猖獗一时。连借贷记账法也被戴上“资本主义的记账方法”的帽子而遭全盘否定。

记账方法有没有阶级性？特别是加在借贷记账法身上的种种罪名能否成立？这是本文所要回答的问题。

一、记账方法有没有阶级性？

为了回答这个问题，必须先弄清楚几个既有联系又有区别的概念：记账方法、记账方法的应用和记账方法的理论（记账理论）。

什么是记账方法？记账方法是指通过账户（会计科目）记录经济业务（经济活动）的手段。一个记账方法的构成要素包括：记录的方式（单式或复式），记账符号，记账规则和对账（检查记账结果）的方法；在一定程度上也包括账户的设置与应用。但这里讲的是“在一定程度上”。因为账户的设置与应用是一个独立于记账方法之外的核算方法。设置什么账户和设置多少账户并不取决于记账方法。只是由于记账离不开账户，记账符号和记账规则影响账户结构的名称和计算余额的方法，在这个意义上，才可以把账户的结构、余额的计算和账户的分类等视为记账方法的基本特征的组成部分。

什么是记账方法的应用？它有两层意思：其一是指记账方法总是为人所掌握、利用。在阶级社会里，则要受一定的阶级支配，为支配它的阶级服务。其二是指记账方法被利用于记账时必须同有关的核算方法如账户的设置、凭证及其填制、账簿及登记等等互相配合。

什么是记账方法的理论？那是指人们按照不同的认识从理论上对记账方法所作的说明和解释。例如有关借贷记账法的理论，资本主义制度下产生过各种“借贷学说”。在我国社会主义制度下，阐述借贷记账的理论基本上有两派：一派主张从资金平衡公式去说明借贷记账规则，另一派则主张从每一次经济业务体现的资金运动的来踪去迹去说明借贷记账规则，等等。

弄清上列三个概念后，应当看到：

首先，记账方法的理论是有阶级性的。毛主席说：“在阶级社会中，每一个人都在一定的阶级地位中生活，各种思想无不打上阶级的烙印。”[①]不过，像有关记账方法这样的理论，是否都直接联系社会制度，都为某个阶级和利益辩护以至反映鲜明的政治立场，还应当具体分析。例如，在资产阶级的“借贷学说”中，早期有一种“拟人学说”。这种学说的个别代表人物如英国的 Dicksee，不仅把

① 《实践论》，《毛泽东选集》第 1 卷，1966 年横排本，第 260 页。

财产物资等账户虚拟为“人”(如将现金账户视为“现金保管人”,商品账户视为“商品保管人”),而且认为这些人都是代资本家收付,强调资本家在经营活动中的作用。这种学说对“用现金购买商品”的经济业务解释为:现金保管人替资本家付出现金,成为资本家的债权人,故应记贷方;商品保管人替资本家收入商品,成为资本家的债务人,故应记借方。“拟人学说”不仅把物“人格化”,牵强附会地同债权债务联系起来,以适应借贷原先的含义,而且硬插进一个资本家,宣扬资本家的作用,为资本家无偿占有剩余价值制造舆论。因此,这种学说就具有比较明显的阶级烙印。随着资本主义生产的迅速发展和资本主义制度的相对“稳固”,资产阶级不需要在各门学科中都赤裸裸地、牵强附会地为自己歌功颂德。尔后的“借贷学说”,为资产阶级辩护的色彩就逐渐淡薄了。20世纪初,资本主义“稳固”的时代虽已过去,但资产阶级的会计理论特别是记账理论并不是简单地再回到为资本主义制度大喊大叫的道路。一个明显的倾向是把数学公式引进会计。所谓“平衡论”,即用平衡公式(会计方程式)来解释借贷就是这样产生的。运用数学公式代替文字、理论分析的结果是:回避政治,把记账方法当作纯粹的技术方法。现在,这种倾向正日益增长。现代数学和计算技术急剧地向会计渗透。包括记账在内的核算与分析等方法越来越同现代技术科学的最新成就相结合。在资本主义会计中,记账理论的阶级烙印虽不能说已经消失,但可以说,将逐步趋于消失。这也反映了现代资产阶级社会科学特别是像会计这样一门介于社会科学与技术科学之间的边缘学科的新特点。列宁指出“在分析任何一个社会问题时,马克思主义理论的绝对要求,就是要把问题提到一定的历史范围之内”[①]。分析资产阶级记账理论的发展,分析这些理论究竟是否具有明显或不明显的阶级烙印,也要严格遵守历史唯物主义的原则,不能用一个框框来套。

其次,记账方法的应用一般说来会带有阶级性。就它的第一层含义看,不同的阶级使用它,要求达到不同的目的。为了达到特定的目的,资产阶级可以不正确地应用借贷记账法隐瞒经营真相。马克思就揭露过:“把修理费用记入资本账户,不记入收入账户,是铁路公司人为地提高股息的人所共知的手段。”[②]在一笔分录中,只要金额相等,即令账户“张冠李戴”,表面上并不违反记账规则。再从第二层含义看,在不同的社会制度下,同样的记账方法必然与经济内容相异的账户体系相结合,体现了社会制度的不同质的特点。

最后,记账方法本身同它的应用和它的理论都不一样。它本身只是记录经济业务的手段。不同的记账方法之间的区别,其一在于记录方式的不同。如有的采用单式,有的采用复式。其二在于记账符号、记账规则、对账方法等各有特点。所有这些区别,只能归结为:完备与不够完备,全面与不够全面,严密与不够严密。一句话,反映记账技术的不同水平。因此,记账方法本身是没有阶级性的。[③] 有人也许要问:能够把记账方法同它的应用和理论完全分开吗?完全可能。以借贷记账法和增减记账法来看,它们都可以用资金平衡公式作为理论基础,它们运用的账户体系基本相同(不同只在于账户的结构形式、计算余额的方法和账户分类。就是账户分类,也并非完全不同)。可是,除少数人把增减记账法说成是什么借贷记账法的“翻版”外,绝大多数同志都承认:“借贷”与“增减”是两种不同的复式记账法。这就说明:代表每一种记账方法的本质的东西即内含的要素是可以抽象的。我们必须应用科学的抽象法,形成严格的科学概念。

---

① 《论民族自决权》,《列宁选集》第2卷,第512页。

② 《资本论》第2卷,《马克思恩格斯全集》第24卷,第199页。

③ 马克思在批判蒲鲁东的形而上学观点时曾精辟地评述了机器、火药和机器、火药应用的严格区别。他说:“机器只是一种生产力,以应用机器为基础的现代工厂才是生产上的社会关系,才是经济范畴。”(《哲学的贫困》)他又说:“现代运用机器一事是我们现代经济制度的关系之一,但是利用机器的方式和机器本身完全是两回事。火药无论是用来伤害一个人,或者是用来给这个人医治创伤,它终究还是火药。”(《致巴·瓦安年柯夫——1846年12月28日》)虽然记账方法不等于机器、火药,但作为一种反映和监督生产的技术,它也从属于生产力。因而,马克思关于区别机器、火药和机器、火药的应用的科学论述,对区别记账方法本身和记账方法的应用也是适用的。

为什么有人硬要替借贷记账法戴上“资本主义记账方法”的帽子呢？主要由于在林彪、“四人帮”的干扰、破坏下，上面讲的三个概念经常被混为一谈，而假“左”真右的流毒又很深。本来不属于借贷记账法本身的问题，也强加在“借贷记账法”的身上。判处借贷记账法以“死刑”的教训，难道还不深刻吗？

二、加在借贷记账法身上的种种罪名能否成立？

借贷记账法之所以被全盘否定，概括起来，大约有以下三条罪名。

罪名之一是：借贷记账法产生于资本主义时代，它的出现适应了资本主义剥削制度的需要。借贷是带有借贷资本标志的一个记账符号。

这里，共提出了三个问题，而这些问题都是很值得商榷的。

第一，借贷记账法是否产生于资本主义时代？

借贷记账法究竟产生于哪一具体年代尚待研究查证。如果是指它已奠立在复式记账的基础上而区别在于以往的单式记账而言，会计学界公认的时间是 1494 年，即意大利数学家 Luca Pacioli 在其出版的《算术、几何与比例概要》(*Everything about Arithmetic*, *Geometry and Proportion*)中正式介绍借贷记账法的那一年。[①] 如果指它在实际工作中的应用，可能要追溯到 13 世纪 20 年代[②]，比 Pacioli 在书本中介绍这种方法还早二三百年。[③] 就算是 1494 年吧，这一年，人类究竟有没有跨进资本主义社会？没有。马克思明确指出：资本主义时代是从 16 世纪才开始的。在 15 世纪末至 16 世纪初的几十年，还只是演出了“为资本主义生产方式奠立基础的变革的序幕”。[④] 即使在地中海沿岸，也不过“稀疏地出现了资本主义生产的最初萌芽”。[⑤] “资本主义生产的最初萌芽”当然不能与资本主义生产方式等同看待。谁都知道，在我国，远在明代弘治、正德年间，特别是嘉靖、万历年间，就具有资本主义产生的萌芽。而整个明代、清初，直至鸦片战争以前，我国社会仍然是典型的封建社会，在经济上占统治地位的是自给自足的小农经济。可见，借贷记账法作为一种科学的记账方法载入人类史册，比资本主义要早得多。说借贷记账法产生于资本主义时代是没有根据的。

第二，借贷记账法的出现是否适应资本主义剥削制度的需要？

借贷记账法最初是适应中世纪借贷资本(包括高利贷资本)的需要而产生的，这是事实。随后，它就被当时空前活跃的商人资本所利用。借贷记账法替这两种资本服务当然是为剥削阶级服务。不过，首先也要把借贷记账法本身同对它的应用分开，因为这里是讲借贷记账法为剥削阶级所利用而不是讲这一方法本身。其次则要弄清以下两点：

(1)中世纪的借贷资本和商人资本是资本在历史上古老的存在方式。它们的存在条件是简单

① 复式记账法的发明者是否就是 Pacioli 尚待考证。“据说它是由威尼斯的一个(天主教)方济会的修道士于 15 世纪末叶发明的。”(John Routley：*Business Bookkeeping*，1931，p.29)

② 据日本会计学家黑泽清的考证，1211 年意大利佛罗伦斯银行用的账簿，已把账户分为借方与贷方。这是迄今为止发现的一本最早用借贷记账法记账的账簿(参见陆善炽：《复式簿记源流考》，载《会计杂志》，徐永祚会计师事务所出版，第 3 卷第 1 期)。

③ 英美会计学界大体也同意这一看法。可参阅：

(1)*Encyclopaedia Britannica*，11th，ed，Vol 4，p.226。

(2)Littleton and Zimmerman：*Accounting Theory*：*Continuity and Change*，1962，pp.1～2。

④ 《资本论》第 1 卷，《马克思恩格斯全集》第 23 卷，第 784、786 页。

⑤ 同上书，第 784 页。

的商品流通和货币流通。因此,不能把这两种资本同资本主义制度下的银行资本和商业资本混为一谈。那么,能不能因为马克思曾把商人资本的存在和发展当作资本主义生产方式的历史前提,我们也可以把借贷记账法的出现当作资本主义会计的历史前提呢?不能。马克思讲的那个"历史前提"有着特定的含义。它不是泛指在封建制度内部独立发展的商人资本,而是指16—17世纪由于所谓"地理大发现[①]"而促成的一次商人资本的大革命。经历这次大革命,一度成为世界贸易中心的地中海沿岸城市的商业衰落了,代之兴起的是大西洋沿岸的葡萄牙、西班牙、英国等国城市。这一带的商人资本,才成为促使封建生产方式向资本主义生产方式转化的主要因素。[②] 可是,作为借贷记账法摇篮的,却是工业既没有什么发展,商业又一蹶不振的威尼斯、热那亚等古老城市。可见,借贷记账法的出现同资本主义制度的产生没有必然的联系。

(2)借贷记账法在资本主义社会确实得到了广泛的应用,它对资本主义经济管理所起的作用是不可低估的。问题的关键是:在资本主义制度下,借贷记账法主要起的是什么作用?是维护资本主义生产关系还是促进资本主义生产力的发展?借贷记账法作为复式记账法,能够全面反映资本主义企业的财产及其所有权,表明资本主义生产关系的基础——生产资料资本主义私有制,它对维护资本主义生产关系当然是起作用的。但是,资本家之所以看中借贷记账法,主要是由于资本主义现代化大生产需要用复式记账来科学地记录经营活动和经营成果,借以进行有效的经济管理。资本家关心的当然是剩余价值。但不把经营管理搞好,不节约消耗,不讲求效果,不提高劳动生产率,他追求的剩余价值就会落空。现代化的资本主义企业的经济活动十分复杂。运用借贷记账法,对企业每发生的一次活动、每发生的一项成本、每取得的一项收入以及由此引起的财产物资的变化,都可以逐项记载清楚它们的来路和去向,并使之互相沟通,在账户中结成一个钩连环结、脉络分明的价值运动总体。这样一种科学的记录方式,才真正适应资本主义大生产的需要,有利于生产力的发展。会计的前身是簿记。簿记的基本内容是记账。马克思认为,资本主义制度下的簿记,是"大规模生产的内部职能"。马克思关于簿记是对生产"过程的控制和观念总结"的精辟论断,科学地指明了包括记账在内的簿记,主要是从属于并服务于生产力。

第三,借贷是不是带有借贷资本标志的记账符号?

记账符号带有阶级性的提法是不能成立的。既然承认借贷是记账符号,符号已经属于抽象化的东西,怎么能说它还带着借贷资本的标志?退一步说,即使承认借是"借入",贷是"贷出",也不能说就是资本的属性。我国社会主义社会也有信贷资金。企业取得这种资金也叫"借",银行发放这种资金也叫"贷",那又怎么解释?其实,借贷这对记账符号的本来含义——反映借贷资本的剥削活动——早已成为历史的陈迹。现在再去追根查源,替它刻上阶级标志,我认为是毫无说服力的。

罪名之二是:借贷记账符号晦涩难懂,又具有双重含义,迂回曲折,有利于资本家弄虚作假。

借贷之被指责晦涩难懂,主要是由于它无法按字面理解,不能望文生义。不能望文生义的东西算不算晦涩难懂?回答是否定的。

让我们还是回到记账符号的本质及其作用来研究这个问题。

记账符号的本质,应当从以下两个方面去理解:第一,它是一种符号,而符号总是具体事物的抽象;第二,它是记账用的符号,所以它是对记账对象的量的变化的抽象,如增减、收付、来去、进出等等。至于记账符号的作用,最基本的,是要指明在两个账户上体现的价值的动态。

借和贷两个字是历史的产物。本来的含义当然不是记账符号。当它按本来含义记账时,只能记录债权和债务,而记录的方式又只能是单式,这就带有较大的局限性。但当它离开原先的含义转

① 参阅《世界近代史》上册(征求意见稿),上海师范大学,1972年9月,第4～8页。

② 参阅《资本论》第3卷第20章及《马克思恩格斯全集》第25卷注释第99条。

化为单纯的记账符号(具有另外的含义)时,借贷记账法却实现了从单式记账向复式记账的飞跃。[①]由于这一飞跃,借贷成为一对始终同时出现的矛盾性概念,无例外地应用于一切经济业务的记录。借和贷作为记账符号,是离开了原先含义所表明的借入、贷出或债务、债权的实际,可是,却更接近了记账对象的实际。像增减、收付、来去等等量的变化都可以被容纳在借贷这一对统一的记账符号之中。如果说增减、收付、来去等等量的变化都可以被容纳在借贷这一对统一的记账符号之中,如果说增减、收付等已经是人们对记账对象的量的变动的抽象,那么,借贷则是综合了这些量的变化的进一步抽象。列宁指出:"当思维从具体的东西上升为抽象的东西时,它不是离开——如果它是正确的——真理,而是接近真理。"[②]高度抽象化的记账符号——借和贷——当然也是如此。

高度的抽象性必然具有广泛的适用性。借贷的双重含义正表现这一特点。我所理解的双重含义是:第一,当用于记录一项具有价值运动的经济业务时,"贷"表示价值运动的来路(起点),借表示价值运动的去向(终点)。借和贷反映价值的实际运动。第二,当用于记录一项不反映实际的价值运动而纯属于会计上的转账时,借和贷都能分别代表账户的转出或转入。但借表示转出时,贷表示转入;贷表示转出时,借表示转入。这就是"双重含义"的实质。但对于借贷,人们从不说它有时指实际的价值运动,有时不是。它始终是当作记账符号来应用的。因此,不论是价值运动之间的矛盾或转账之间的矛盾,就抽象为记账符号之间的矛盾。"有借必有贷,借贷必相等"正集中地说明借和贷的矛盾性。增减、收付等记账符号确有含义单一的优点,可惜不能一贯到底。遇到纯粹转账业务,它们就不好解释而不得不形成"二元论":既肯定不是记账符号(如强调增记增,减记减;收记收,付记付),讲不通时又承认(默认)是记账符号。具有"双重含义"并把记账对象之间的矛盾上升为记账符号之间的矛盾的"借"和"贷",可以摆脱上述困境,具有比较灵活的优点。作为记账符号,借和贷同账户的结构相结合,可以包括广泛的内容,从而能离开记账对象而相对独立存在:

	借方	贷方
占用、成本、费用类账户	增加、收入、发生、转入等	减少、付出、消失、转出等
来源、收入成果类账户	减少、付出、消失、转出等	增加、收入、发生、转入等

具有借方余额的账户………………占用、成本、费用类账户

具有贷方余额的账户………………来源、收入、成果类账户

从账户的余额性质可以判定账户的经济内容,成了借贷记账法的一大特色。

由此可见,形式上仿佛"脱离实际"的借贷记账符号及其记账规则是高度抽象性和广泛应用性的统一,是记账技术进步的表现。这就是为什么有人虽把借贷记账法讲得一无是处,而掌握了它的人们都感到它比较科学严密。只要把借贷的特定含义讲清楚,它就不神秘莫测,晦涩难懂。正如有的同志说:"在科学上,在每门科学的领域内,都要运用许多特殊的概念。""把会计上的借贷与习惯使用上的借贷混为一谈是不恰当的。"[③]掌握任何一门科学、一种技术,都要学习,有时还要经过艰苦的学习,这是起码的常识。会计是一门科学,复式记账法是一种科学的记录经济业务的方式。要求不学就会,一看就懂,是不切实际的。

借贷记账法是否有利于资本家弄虚作假?资本家在账目上弄虚作假是事实。但这不是借贷记

① 借贷记账法最早也是单式。在借贷资本家那里作的转账记录——把存款记在存款人账户的贷方和把贷款记在借款人账户的借方——实际上是两笔单式记录的合并。只有在收到存款时,既记现金账户的借方,又记存款人账户的贷方;在贷放款项时,既记借款人账户的借方,又记现金账户的贷方,才变成复式。这时,由于"借"和"贷"都扩大应用于非人名账户,因而,"借"和"贷"就必须理解为记账的符号。

② 《黑格尔〈逻辑学〉一书摘要》,《列宁全集》第38卷,第181页。

③ 《经济研究》,1963年第5期,第36、37页。

账法或借贷记账符号本身的过错。其实,不仅借贷记账法,任何科学严密的记账方法都可以被资本家用来弄虚作假。在粉碎"四人帮"以前,在已采用了其他复式记账方法的单位里,林彪、"四人帮"的死党、余党、亲信和其他阶级敌人不是照样也钻这些记账方法的空子,在账目上弄虚作假,挖社会主义墙脚吗?提出这条罪名的另一个借口是:在借贷记账法下"转空账"很多。所谓"转空账"的概念,就不是一个科学的概念。这里,姑且不谈。就拿某些人指责的所谓"转空账"的内容来看,也要具体分析。凡属于不必要的转账,当然应当反对和避免。但有些转账分录却不属于这一类。由于增设了调整账户、集合分配账户、跨期摊提账户等等,势必增加了貌似单纯转账,实则为正确进行成本计算、确定业务成果和核算盈亏所必需的记账算账步骤。这样的一类账务结转,不但不应当看作什么"转空账",相反,应当看作是会计核算方法不断改进和完善的标志。否定这种转账,倒是意味着把具有较高水平的核算技术拉向后退了。我国会计界过去对记账方法所进行的革新和创造,应当充分肯定,但必须实事求是。有的改得正确,有的改得就不一定正确,甚至有错误。那种先把借贷记账法定为"革命对象",凡借贷记账法要求遵守的,一律当作"框框"来破,明明是科学的东西都要加以否定的做法,也能算"创新"吗?我看不能!这样的做法,不管自觉不自觉,在客观上对我国的记账技术不是向前推进,而是开倒车。

罪名之三是:借贷记账法的理论基础是"资产=负债+资本"的平衡公式。这个公式是证明资本主义私有制的永恒性和合法性的。而以后改为"资金占用=资金来源"的公式,同样宣扬了资产阶级的"平衡论"。

记账理论和记账方法不是一回事。这个问题在评价借贷记账法时本来可不予以讨论。但由于会计学界历来对这个问题的看法有分歧,所以还是要做一番研究。

第一,"资产=负债+资本"的公式当然是体现资本主义生产关系的。但如果由于公式表明两边数量恒等,就望文生义地断定它是证明资本主义制度的"永恒性"和"合法性"的,恐怕不能令人信服。

再说,在把资本主义占有制当作既定前提的社会里,在资本家私有的企业中,不论怎样记账,总要反映企业的财产属于资本家(负债也代表资本家对企业要求偿还的一部分产权。不过,他们不是占有该企业的资本家而已)所有。只有推翻资本主义制度,才能变生产资料私有为公有,才能消灭"资本"这个范畴。但是要做到这一点,必须依靠暴力革命,而不是依靠我们在会计核算中采取"不承认"主义。即使坚信马列的革命者替资本主义企业记账,也不能记出一本资产不等于负债加资本的账簿,更不能记出一本把资本排除在外的账簿。因为这样做,且不说违反了如实反映情况的原则,它恰恰掩盖了资本主义私有制。马克思主义者必须做和可能做的是:利用在"资产=负债+资本"的基础上作成的账表,充分揭露资本主义生产经营活动的剥削秘密,批判资本主义制度的罪恶,启发无产阶级的阶级觉悟,推动他们为推翻资本主义制度而斗争。至于记账,还是要从现实的客观实际出发。正如马克思所教导的,"簿记的方法改变不了账簿所记事物的实际联系"。①

第二,讲借贷记账原理是从资金平衡关系出发,还是从每次业务的来龙去脉出发,这纯粹是一个研究记账理论的方法论问题。前者未必错误,后者未必正确。从平衡关系出发,承认平衡只是相对的,运动才是绝对的,并指出每经历一段时期,甚至每发生一项业务,通过复式记账,都会打破旧的平衡并随之建立新的平衡,那就是马克思主义的"运动观";反之,虽然从每项经济业务所体现的资金运动出发,但只承认有来踪去迹的运动,不承认有相对静止的平衡,反而成为相对主义和诡辩论。②

再具体地说,每一个企业,只有追溯到它新建时国家投资的第一笔分录,才可以说,先有复式记

① 《资本论》第2卷,《马克思恩格斯全集》第24卷,第197页。

② 参阅艾思奇主编:《辩证唯物主义历史唯物主义》,1962年,第42页。

账后有资金平衡关系。而绝大多数企业却处在承前启后、连续进行经营活动的过程中。对这些企业来说，其资金运动在时间上好比川流不息的“长河”。在某个特定时日，截取其中一个“片断”（截面），则仿佛逝水不流，它就是处于相对的静止状态。这一截面，追溯以往，是“终点”；展望未来，是“起点”。列宁指出：“如果不把不间断的东西割断，不使活生生的东西简单化、粗糙化，不加以割碎，不使之僵化，那么我们就不能想象、表达、测量、描述运动。”①如果我们拿资金运动长河中代表以往时期记账结果的、某一天的资金平衡状况为“起点”，正确地阐述复式记账同资金平衡状况之间的辩证关系，既科学地解释按复式记账规则所记录的是每一项资金运动的动态表现；又科学地说明由此就会在账户中形成新的资金平衡关系，呈现新的资金运动的静态表现，从而论证资金平衡的相对性质。请问：这有什么可以责难的？对于从平衡关系或平衡公式出发来说明复式记账原理的主张，不加具体分析，一律扣上什么“在客观上宣扬资产阶级平衡论”的帽子，未免太过分了。

总的来说，我的结论是：

（1）记账方法是记录经济业务的技术方式，它本身没有阶级性。给任何记账方法戴上“资本主义”或“社会主义”的帽子，都是不恰当的。

（2）强加在借贷记账法身上的种种罪名，如果实事求是地加以分析，除比较难学难懂这一点外，都不能成立。

一个已经经过实践检验过几百年、新中国成立后也采用了十多年、现今仍为世界各国所广泛采用的借贷记账法，是科学严密的一种复式记账法。

（3）历史告诉我们：不是别的记账方法而是借贷记账法，首先创造了复式记账的技术，从此，才开始现代会计的发展史。

全盘否定借贷记账法，实际上是割断会计发展的历史，拒绝学习和吸取外国管理方法中合乎科学的东西。不纠正这种错误，对于努力提高我国会计工作水平，大大加强社会主义经济核算，从而为加快实现四个现代化作出应有的贡献，妨碍很大。

因此，必须为科学的借贷记账法恢复名誉。②

（原载于《中国经济问题》1978年第4期）

---

① 《黑格尔〈哲学史讲演录〉一书摘要》，《列宁全集》第38卷，第285页。

② 对任何记账方法的评价都要一分为二。例如，对增减记账法，既要看到它具有比较科学、又明白易懂，因而为人们所乐意采用等优点；又要看到在账户分类方面不够灵活、对账方法较为曲折等缺点。对借贷记账法，既要看到它具有科学严密、账户的设置与分类比较灵活、试算平衡直截了当等优点；又要看到它的记账符号不易为初学者所理解、比较难学难懂（主要指记账部分）等缺点。

因此，哪一种复式记账法更好，以及，如西方会计学家说的，当电子计算机被应用于会计后，“复式记账原理”（“double-entry principle”）将被“多式记账原理”（“poly-entry principle”）所代替等等问题，不仅应通过会计界的自由讨论来解决，而且应通过记账的实践来检验。只有实践，才是检验真理的标准，对记账方法的评价当然也不例外。

本文的主要目的是在于：推倒强加于借贷记账法的污蔑不实之词，替它恢复名誉，不是对这个方法进行全面评价，更不是对其他复式记账法如增减记账法、财产收付记账法等加以否定。

14 社会主义经济核算的几个理论问题

葛家澍　吴水澎

一、经济核算的实质及其与记账算账的关系

经济核算问题,是一个涉及企业管理体制的重要问题。但长期以来,我国经济工作者对这个问题的认识很不一致。一派认为,经济核算是一个经济范畴,它是对社会主义生产关系,主要是对国家和企业之间的关系的理论概括。人们不仅要正确地认识它,而且要正确地处理它。这一派可称为"关系"派。另一派认为,经济核算不过是管理社会主义经济的一种工具和方法,并习惯于用"记账算账"四个字来概括。这一派可称为"记账算账"派。新中国成立三十年来,在对经济核算的看法上,后一派观点占上风。

理论总是要指导实践的。三十年来,为什么我国不大重视企业管理体制的改革?为什么有人不承认企业的相对独立性?为什么国家把本来属于企业实行相对独立经营的权力也抓住不放?原因当然很多。但是,受"记账算账"派观点的影响,应该说,也是一个重要因素。这个观点,在我们的实际工作中的影响特别大。例如,每当强调经济核算,企业就抓会计工作,好像经济核算工作就只是会计部门的事。因此,为了说明经济核算的实质,特别需要研究记账算账同经济核算制的关系。

首先要肯定,在企业中建立和加强经济核算制,必须认真地进行记账算账。如果人们对企业的经营活动,特别是经营成果缺乏严格而科学的计算与监督,那么,实行经济核算制就是一句空话。但是,经济核算同记账算账并不是一个东西。我国实行经济核算制的经验告诉我们,要加强经济核算,决定性的环节还不是加强记账算账。过去,我们的企业并不是没有记账算账,在有些企业中,会计工作还是比较健全的。可是,这些企业有的照样浪费,甚至发生不应有的亏损,无人负责的现象相当严重。有的企业算出的盈亏至少在账面上是相当准确的,提出的问题也是中肯的。然而,这些数字和建议对改进企业的经营管理却不起作用,或者所起的作用极为有限,实际上是算而无用。就是说,单靠记账算账并不能推动企业加强经济核算,取得最大的经济效果。问题在于:企业的领导和职工并不关心企业的盈亏,因而也就不关心、不重视通过核算来改进经济管理。很明显,这里需要把独立经营建立在物质利益原则的基础上。那就是"把企业收入的高低同经营好坏密切联系起来,把劳动者报酬的多少同他们对国家对企业的贡献大小密切联系起来"。[①] 在社会主义全民所有制采取国家所有制的形式的条件下,要让我们的国营企业在一定程度上实行自负盈亏。做到这一点,独立核算就必然要起作用,企业的领导和全体职工非重视、利用核算来不断改进企业的经营管理不可。关于这个问题,我们不妨看一看资本主义国家的情况。

① 叶剑英:《在庆祝中华人民共和国成立三十周年大会上的讲话》。

早在50年代，欧洲几个资本主义国家的考察团就发现，美国工业企业管理水平较高的原因之一，是美国企业管理当局充分利用会计特别是成本会计为管理服务。给考察团的深刻印象是，管理人员极为欢迎和称赞会计人员给予他们的帮助，而他们也乐于同会计人员合作并予以信任。但考察团也看到，这种情况是同“自由而有时变得非常激烈的竞争有关”。美国垄断资本家之间，争夺世界市场的竞争是十分激烈的。为了保证有利可图的垄断地位，就必然要以会计尤其是以成本会计为手段，力求控制成本，提高效率，讲求效果，以便采取低售价（但必须低成本）、多销售（即“薄利多销”）的政策，击败竞争对手。所以，资本家重视核算，说到底，不过是出于他们对最大利润的关心。我们社会主义企业是为满足社会需要而生产的。就生产目的来说，根本不同于资本主义企业。但是，在社会主义制度下，利润也是社会需要的。社会主义企业同样必须降低成本，增加利润。因此，也要十分注意经营管理，讲求经济效果，充分发挥核算的作用。考虑到这些要求，列宁最早提出了经济核算制。在抗日战争时期，毛泽东同志也号召解放区的工厂建立经济核算制。在保留和发展商品货币经济的社会主义条件下，列宁所设想的经济核算制是：把社会主义管理企业的特殊要求（国家统一领导、统一计划）同资本主义商品生产者的经营形式（独立经营、自负盈亏）巧妙地结合起来。

总之，经济核算不等于经济活动的核算，也不等于记账算账或会计。虽然经济核算不能缺少经济活动的核算，不能没有记账算账或会计。

把经济核算制加以抽象，人们不难看出，在它的背后，体现一种客观存在的经济关系，这就是经济核算。所以，经济核算是一个经济范畴，是人们对下列经济关系的理论概括：在社会主义条件下，以企业为中心而形成的国家、企业和个人三者之间的经济关系。形成这种关系的根本原因是由于在社会主义制度下，就全民所有制经济来看，生产资料的所有者是国家，而生产资料的使用者是企业。国营企业相互之间，当然要讲社会主义的协作，但这种协作还是要表现为商品关系，只不过这种关系要受国家计划的指导和调节而已。而更重要的关系是国家和企业的关系。因为，所有权和管理权分离的矛盾，也是会在我们的国营企业和国家之间反映出来的。在表面上，这是权和责的关系，在实质上，仍然是物质利益关系。国家代表全体劳动者的利益，而企业则代表在它的范围内为社会作贡献的一部分劳动者的利益。不承认企业有自己的利益，不正确地处理国家与企业之间的关系，就会影响、损害到整个社会主义事业，或者是挫伤企业的积极性和主动性，使节约劳动、取得最大经济效果、多快好省地发展社会主义生产的要求不能实现。

以企业为中心的、企业同各方面的关系，特别是企业同国家的关系，既有质的规定性，又有量的规定性。它可以借助于核算，通过一系列数量指标，主要是价值（货币）指标，例如资金、成本、利润尤其是资金和利润进行定量。因此，这种经济关系也称为经济核算关系。经济核算现象形态是经济核算制。在这个意义上，说经济核算既指经济核算关系，又指用来反映肯定这种关系的经济核算制才是正确的。在本文中，我们力图对经济核算和经济核算制两个概念加以严格的区分。只有在说明经济核算关系所必要的范围内（例如在这里，为了从具体到抽象，引出经济核算关系的概念），才把它们结合起来考察。

二、经济核算关系的分析与经济核算的客观依据

经济核算关系是指以企业为核心，企业同国家、企业同其他企业（其他单位）、企业同职工的物质利益关系。通常，我们把这三方面的关系概括如下：

国家同企业的关系是国家统一领导和统一计划与企业相对独立经营相结合的关系（企业要对

盈亏负责)①;

企业同其他企业的关系是分工协作与等价交换相结合的关系;

企业同职工的关系是各尽所能与按劳分配相结合的关系。

上面所说的关系,反映社会主义再生产过程的生产、分配、流通(交换)和消费。由于社会主义企业是国民经济的基本环节,在企业中直接进行产品的生产、生产的消费和产品的流通,同时直接组织国民收入的初次分配以及利润留成的再分配。因此,企业的生产经营活动就具体地体现上述四个环节。虽然一个企业的经济活动,不可能把这四个方面全面地、完整地体现出来,但至少是可以程度不同地表现出这四个方面。例如,国营企业的生产资料,总的说是社会主义全民所有,具体说是企业的劳动者(包括企业的领导和职工)占有,他们对国家拨给的生产资料具有直接使用、支配和管理的权力,对生产和其他经营活动具有一定的自主权。因此,劳动人民共同使用、支配和管理生产资料,从而在生产中结成的完全平等的关系以及他们代表企业同国家之间既须服从统一领导又应保有一定独立性和自主性的关系,反映了经济核算关系中的生产关系。

又如,国营企业生产的产品所实现的价值(表现为产品销售收入),除补偿生产资料的消耗外,都是劳动者所创造。其中 v 的部分,属于必要劳动消耗,理所当然地要按每个劳动者所消耗(所提供)的劳动数量和质量,当作工资分配给个人。其中 m 的部分,属于剩余劳动的消耗。理论上,应属于社会主义公有。但所谓社会主义公有,不等于全部归国家所有。承认企业职工有共同占有、支配和管理生产资料权,并对生产活动有自主权,特别是对经营好坏负有直接责任,那么,企业对剩余产品价值也有一定的支配权。马克思在《哥达纲领批判》一书中谈到在社会总产品中要有一部分直接用来为这个生产者(即创造剩余产品的生产者)谋福利。所以,企业有权分配企业的利润是企业经营具有相对独立性的一个标志,也是发挥企业经营主动性的一个必要条件。归企业支配的剩余产品价值,企业还必须按劳动者贡献的大小再把其中一部分当作奖金发给有贡献的个人,作为按劳分配的必要补充(请注意,奖金的支付,在形式上,最初是来自 m。而通过再分配,仍归属于 v。就是说奖金在本质上还是工人必要劳动创造的价值)。应当说,对于得到奖金的生产者来说,工资加奖金,仍然体现他们的必要劳动所创造的价值。他们的剩余劳动所创造的,完全归社会支配的新价值,仍然会大于同工种的其他生产者。他们之所以先进,之所以应当"多得",也正由于他们"多劳",为社会作出了较大的贡献。总之,社会主义企业的职工在生产中的主人地位决定了他们在分配中有权参与利润分成并把企业利润留成的一部分当作奖金分给有贡献的个人。这种充分体现按劳分配原则的工资与奖金相结合的分配形式,反映了经济核算关系中的分配关系。

最后,从交换及消耗的环节看,国营企业的相对独立经营,首先是对国家来说的。其次,也是对其他企业来说的。它要求把每个企业视同"独立"的商品生产者,企业间相互提供产品必须实行等价交换的原则。分工协作与等价交换相结合,反映了经济核算关系中的交换关系。至于经济核算关系中的消费关系也是明显的。劳动得好的职工会多得于劳动得不好的职工。这种基于劳动数量和质量的差别,基于对社会贡献大小的差别而形成的收入水平的差别,能够起着鼓励先进、鞭策落后的作用。

上述经济核算关系是客观存在的。过去学术界都是从经济规律来论证它的客观基础。有人认为它是由时间节约规律所决定,有人则认为它是由价值规律所决定,还有人认为不是由一个规律而是由几个规律共同决定的。我们曾赞同过第一种意见。现在看来,似乎整个提法都不够确切。规律也是关系,不过规律反映更为本质的关系,而范畴则是认识规律的阶梯。列宁说:"范畴是区分过程中一些小阶段,是帮助我们认识和掌握自然现象之网的网上钮结。"②如果说,经济范畴和经济规

---

① 我们的企业是在国家统一领导、统一计划下独立经营的。国家有关部门按法律对企业有承担任务时,比如为企业提供实行经济核算制的外部条件,如未尽到义务或责任,在这个范围内,国家有关部门对企业的盈亏也要负责。

② 《黑格尔〈逻辑学〉一书摘要》,《列宁全集》第 38 卷,第 90 页。

律都反映生产关系，那么就谈不上谁决定谁。正像我们不能说，价值范畴是由价值规律或其他规律所决定的一样。因为决定价值范畴的客观条件是商品货币经济，而这也是价值规律发生作用的客观条件。同理，经济核算关系的客观依据是客观的经济条件而不是客观经济规律。我们现在认为，产生经济核算关系的客观经济条件是上面所提到的两个：一是生产资料的社会主义公有制，二是在公有制基础上仍然保留的商品生产和货币交换。

三、经济核算与经济核算制的关系

经济核算是社会主义制度下经济核算关系的理论表现，是一个经济范畴。而经济核算制则是体现经济核算关系的一整套法律和规章制度。基于这些法律、制度，国家同企业形成了统一领导与相对独立经营相结合的管理体制。企业同企业的分工协作与等价交换的关系应当用经济合同制来保证。企业同职工各尽所能按劳分配的关系，则体现在有关劳动与工资法令的规章制度之中。特别是，企业在国家统一领导下的相对独立经营的地位、权力和责任，国家对企业的要求，都应当用法律和制度的形式明确地给予肯定。举例来说，应当规定：国家既要有偿地供应企业生产经营所必需的资金，又要允许企业灵活机动地使用。国家对于全民所有的生产资料保有所有权，而要给予企业以充分的使用权和支配、处理权。国家要下达企业必须完成的计划指标，又要允许企业在国家的计划之外有自己的计划。必须要求企业切实做到以收抵支、保证盈利；凡是企业完成任务好的，能够获得较多的物质利益；完成任务不好的，要受到必要的物质制裁，承担一定的物质责任，等等。总之，整个制度要保证使企业成为一个独立核算的“法人”，在同各方面的经济关系中，权责分明，奖惩合理。这一套法律、计划、制度和有关经济合同，共同构成经济核算制。

正确认识经济核算关系与经济核算制的联系和区别，是有理论意义和实践意义的。从理论上说，经济核算关系是基础，属于生产关系；而经济核算制是上层建筑，属于法律关系或意志关系。如果承认经济核算制决定核算关系，那就等于放弃历史唯物主义的原理，在实践上，就会使“唯意志论”、“精神万能论”仍然有立足余地，以致任意削弱和破坏经济核算制。

在客观规律和客观范畴面前，任何人都不能随心所欲。列宁在《十月革命四周年》一文中写道：“我们原打算（或更确切说，我们没有充分根据地假定）直接用无产阶级国家的法令，在一个小农国家里按共产主义原则来调整国家的生产和产品分配。现实生活说明我们犯了错误。准备向共产主义过渡（要经过多年的准备工作），需要经过国家资本主义和社会主义一系列过渡阶段。不是直接依靠热情，而是借助于伟大革命所产生热情，依靠个人兴趣、依靠个人利益、依靠经济核算。”[①]回顾我国经济核算制的发展及其现状，应当说，我们并没有真正按照列宁的要求，建立起正确反映经济核算关系的经济核算制。受极左路线的干扰，国家对企业越管越死，企业的自主权极为有限，企业的利益基本上被完全否定，生产经营上的相对独立性几乎是徒有其名了。虽然我们也要求企业以收抵支、保证盈利，但由于国家的权力过分集中（请注意：我们是讲过分集中，而不是不要集中），一方面，企业经营好坏受客观因素的影响太大；另一方面，即使属于企业本身的问题，企业也有理由把责任推到客观原因，一旦亏本，国家只好无条件地给予弥补。以收抵支，实际上变成了满收满支。在这种情况下，很难看出我们的经济核算制同供给制有多少差别。以收抵支，保证盈利是以充分发挥企业生产经营的积极性为前提的，而其动力是社会主义的物质利益原则。我们过去想把企业生产经营的积极性建立在单纯依靠革命热情的基础上，完全讳言物质利益，实际上是违反列宁的经济

① 《列宁选集》第4卷，第571～572页。

核算思想,违反毛泽东同志在经济核算制问题的正确指示的。为了使经济核算制更好地服务于社会主义的四个现代化,迫切要求健全这一制度,最基本的,就是尊重经济规律和善于利用经济范畴,使这一制度正确反映和处理客观的经济核算关系。

四、是"独立核算,自负盈亏",还是"独立核算,在一定程度上自负盈亏"?

目前,我国经济学界不少同志主张:为了扩大企业的自主权限,增加企业的经济责任,国营企业应当实行独立核算,自负盈亏。

但是,要做到这一点,有一个重大问题需要加以研究,那就是:社会主义全民所有制将不能再采取国家所有制形式。如果企业仍然是国营,企业生产资料的所有者在理论上虽然是全体人民,实际上只能由国家来代表。企业不但不是生产资料的所有者,甚至连"部分的所有权"都没有。那么,要企业完全负责盈亏,在理论上是很难讲得通的。

所谓"自负盈亏",就其严格的含义来说,是对企业的所有者讲的。最典型的自负盈亏单位,那是资本主义企业。在资本主义制度下,一个资本家独立经营,利润完全归他所有,风险及亏损也完全由他一个人承担。如果是合伙或股份有限公司,就要按资本的比例分享利润,分摊亏损。这可用下列简例来说明:

设某公司有股本 10 000 元,每股 100 元,甲持有 20 股,乙持有 30 股,丙持有 50 股。投资时:

某公司资产负债表

资产	10 000	股本 共 100 股 每股面值 100 实际价值 100	10 000
	10 000		10 000

按实际价值表示的股权:

甲 100×20=2 000

乙 100×30=3 000

丙 100×50=5 000

10 000

后来发生了两种情况:

1.取得利润 2 000 元

某公司资产负债表

资产	12 000	股本 利润 共 100 股 每股面值 100 实际价值 120	10 000 2 000
	12 000		12 000

按实际价值表示的股权(按股数分享利润):

甲 120×20＝2 400

乙 120×30＝3 600

丙 120×50＝6 000

12 000

2.发生了亏损 2 000 元

某公司资产负债表

资产	8 000	股本 亏损 共 100 股 每股面值 100 实际价值 80	10 000 2 000
	8 000		8 000

按实际价值表示的股权(按股数负担亏损)。

甲 80×20＝1 600

乙 80×30＝2 400

丙 80×50＝4 000

8 000

我国的国营企业当然不能类比于资本主义企业。但是既要责成它自负盈亏,特别是要负责弥补亏损,就要解决所有制的形式问题。如果企业对企业的投资并无所有权,一旦发生亏损,拿什么来弥补呢?只要国家所有制形式不变,最多只能说,企业与国家"共负盈亏"。有人认为把上交国家的利润改为所得税,利润全交由企业支配,亏损好像也就能全部责成企业负担了。其实,那是不可能的。一旦发生了那种情况,除非国家认为这个企业需要关停并转,如果还是要继续办下去,国家或是要减收、免收所得税,或是要给予补充投资(叫做"补助"也可以),总之要承担一部分亏损。就是说,把上交利润改为所得税,并不能改变国家与企业共负盈亏的实质,因为企业属于国家所有这一根本性质并没有因此而改变。

那么,怎样理解现在的企业有权参与利润分成(即利润留成)?企业作为全体生产这部分剩余产品价值的职工代表,特别是作为管理生产的责任者,有权加以支配。就是说,主要由于企业在经营管理上享有权利,承担责任,经营管理的好坏,直接影响企业的亏损。所以,应当把企业参与利润分成看成是国家规定的、用以奖励企业在经营管理上所作贡献的一种形式。在这种情况下,国家与企业虽然同样参与利润分成,但性质不同。国家是以企业"所有者"的身份,主要依靠(请注意不是完全依靠)投资来享受利润的;而企业则以"管理者"的身份,主要依靠经营管理的贡献来分取利润的。因此,我们把企业这种分享利润和分担亏损的权责称为"在一定程度上自负盈亏",以区别于严格的自负盈亏。

(原载于《中国经济问题》1980 年第 1 期)

15 论经济核算制与会计

葛家澍　黄忠堃

经济核算制与会计并不是一个新的题目。但今天研究它却有新的含意。

在我国,真正的,完全的或者说严格的独立的经济核算制,实际上并没有建立起来。过去,研究经济核算制与会计的相互关系,仅仅具有理论上的意义。现在,全党已把工作的着重点转移到社会主义现代化建设上来。随着经济管理体制的改革,真正的经济核算制将很快地出现在我国的社会主义企业,从而使企业按经济规律的要求来管理经济,获得制度上和组织上的保证。经济核算制的一个重要工具是会计。企业一旦建立了真正的经济核算制,必然要求会计在理论上和方法上为巩固和加强经济核算制服务,会计理论和方法就会有一个较快的发展,这是肯定无疑的。

在我国,不论会计的理论或方法,都有不少问题值得研究,由于过去没有实行真正的经济核算制,探讨那些问题就不显得那么必要。但是,经济核算制如果真正建立起来,实践将会提出认真解决这些问题的迫切要求,这也是可以预料的。

为什么说在我国,真正的经济核算制并没有建立起来?如果建立了真正的经济核算制,为了更好地服务于这一制度,首先需要对会计的基本理论加以重新认识。在这一方面,究竟有哪些问题值得研究?这是本文试图探讨的课题。

一

如果不看事情的实质,从1951年起,就可以认为我国已经开始在国营企业推行经济核算制。[①]例如,当时实行这一制度的企业,国家都核定相当独立的资金,对企业的经济活动则规定了一系列包括利润指标在内的经济指标进行考核,凡是企业能够全面完成国家规定的各项指标,在以收抵支后确定的利润,达到国家下达的任务,就允许企业提取一定的奖励基金,甚至还试行过利润留成的方法。以上这些措施,在第一个五年计划期间和60年代初期的几年,执行得比较好。那时,企业的主动性和积极性曾有所调动,增产节约曾比较显著,对我国生产力的发展起了促进作用。但是,采取以上一些措施,不等于建立了名副其实的经济核算制。

经济核算制是社会主义国家管理企业和企业进行经营管理的制度,可是它吸取了资本主义企业经营管理的合理形式。社会主义企业之所以有可能利用资本主义企业的经营管理形式,是由于商品经济在两种不同的社会制度下都同时存在。因此,社会主义经济核算制的产生及其发展,有它

① 1951年4月6日中央人民政府政务院《关于1951年国营工业生产建设的决定》和同年6月3日中央财经委员会《关于国营企业清理资产核定资金的决定》等法令的公布,为推行经济核算制奠立了基础。1951年7月1日中央铁道部和重工业部系统首先实行经济核算制,其他部门则相继推行。

的客观条件。经济核算制所反映的经济关系也是特别的，不是任何一种经营管理体制都叫做经济核算制。经济核算制必须独立核算，在一定程度上自负盈亏。这就要求在一定程度上实行利润原则、商业原则和物质利益原则。那种以为实行经济核算制的企业只要记账算账，而对算账的结果——盈或亏可以不负物质责任的想法完全误解甚至曲解了经济核算制。

经济核算制的客观基础是什么？是社会主义经济。社会主义经济既是计划经济，又是商品经济。前者为生产资料公有制所决定，后者为高度发达的社会分工所决定。经济核算制当然离不开计划经济，但尤其离不开商品经济。例如，苏联在早期实际上取消商品经济时就只能实行供给制。而供给制同经济核算制虽然都以生产资料公有制为条件，两者却是完全不同的东西。1921 年，苏联实行了新经济政策，即恢复已被取消的商品经济之后，第十一次全俄党代会才作出决议："经济核算制，应当成为经营管理一切国营工业的基础。"[①]列宁说得特别明确：国营企业实行所谓经济核算制，"同新经济政策有着必然的和密切的联系"。[②] 经验证明：经济核算制之所以必要，是因为在社会主义生产资料公有制的基础上，仍要保留并发展商品经济。社会主义企业一定要充分利用高度发达的商品生产——资本主义生产——已经创造出来的一些科学合理的经营形式。在我国，从来没有取消过商品经济。我们没有走过苏联 1918—1920 年那一段弯路，这是好事。但是，我们在利用商品经济的同时，却又经常表现出对商品经济的恐惧，总想对它加以限制。林彪、"四人帮"则利用这种恐惧心理，疯狂地散布反马克思主义的极左经济"理论"，把商品经济同资本主义经济划了等号。在"四人帮"横行时期，尽管商品货币没有消失，而防商品经济如防"洪水猛兽"的错误思潮，不仅反映在经济理论上，而且反映到经济政策上。这样一种情况，当然不可能为实行真正的经济核算制提供必要的条件。

经济核算制作为国家管理企业的体制，是反映国家和企业之间的特定经济关系的。实践反复证明：这种关系必须有利于国家对企业的计划指导和企业经营主动性的发挥。兼顾这两个方面，经济核算制应当把国家的计划指导同企业的相对独立经营正确地结合起来。就像毛泽东同志所说的："统一性和独立性是对立的统一，要有统一性，也要有独立性。"[③]然而，我国实行的"经济核算制"，企业恰恰很少，甚至没有独立性。实行经济核算制，关键不在于国家对企业还需要实行统一领导，而在于国家应当给予企业进行独立经营必不可少的自主权。要真正承认企业是一个相对独立的经营单位，而不是一个按上级命令办事的行政机构。一个企业由供给制转向经济核算制，最主要的，就是把经营管理的主要权力（当然不是全部权力），从国家转归企业。一个企业如果没有经营上的相对独立性，在生产经营上处于无权地位，那么，它对企业经营的好坏，也就不能负责。经济核算制则要求企业对经营成果负责。如果既要企业负责又不给它负责，岂不是自相矛盾？新中国成立以来，尤其是林彪、"四人帮"横行时期，我国的国营企业就长期处于这种尴尬地位。国家下达的计划指标几乎无所不包，越管越宽，越统越死。国家管理企业的办法不是主要依靠经济手段、经济机制，而是主要依靠行政手段、行政命令；企业既没有生产计划权和产品销售权，也没有资金支配权、物资管理权和劳动力安排权（用人权）。甚至已经交由企业支配的某些权力，比如企业基金的使用权还要通过各种规定加以限制，不给企业留有什么机动余地。因此，缺乏必要的自主权，没有给予企业以真正的相对独立经营地位，就成为我国经济核算制徒有其名的症结所在。之所以造成这种情况，固然同 50 年代初照抄照搬苏联一整套过分集权和经济管理体制有关，同时，还有我们自己的历史条件和内部原因。我国是一个经历过几千年封建制度的社会，旧中国的商品经济很不发达，分

---

① 《苏联共产党代表大会、代表会议和中央全会决议汇编》。此处转引自《经济核算论文选集》，科学出版社，1959 年，第 49 页。

② 《工会在新经济政策条件下的作用和任务》，《列宁选集》第 4 卷，第 583 页。

③ 《论十大关系》，《毛泽东选集》第 5 卷，第 273 页。

散落后的、特别是以“自给自足”为特征的小生产始终占优势。在革命战争年代,为了战胜强大的敌人,按照当时的条件,我们又实行过把人力、物力和财力高度集中的供给制。这一切,都给予解放后的经济管理以深刻的影响。在社会主义阶段,我国的国民经济已经转变为社会主义经济了。社会主义经济是高度社会化的大生产。可是,我们管理经济的指导思想和方式、方法都停留在“小生产”和“供给制”阶段,始终没有完成这一转变。这样,尽管我国在经济管理体制方面经过多次改革,由于传统思想和狭隘经验的影响,再加上林彪、“四人帮”的干扰破坏,改来改去,国家集中的权力越来越大,企业的自主权越来越小。其结果,离开真正的经济核算制的要求反而越来越远了。

真正的经济核算制,按照列宁的设想,应当在社会主义国家统一领导和统一计划的前提下,体现三条原则:

第一,利润原则。还在经济核算制建立初期,列宁就提醒人们,各个托拉斯和企业建立在经济核算制基础上,正是为了要他们自己负责,使自己的企业不亏本。因此,企业实行经济核算制的基本要求(或主要要求)是保证盈利。应当把利润指标作为考核企业经营成果的最重要指标,应当要求企业为了替社会主义多做贡献而提供尽可能多的利润。“一般剩余劳动,作为超过一定需要量的劳动,必须始终存在。”[①]不论是资本主义社会或是社会主义社会,利润都是由劳动者的剩余劳动创造的。其区别在于:资本主义利润由资本家无偿占有,集中体现资本家对工人的剥削,而社会主义利润则否。因此,实行经济核算制的社会主义企业,只要是以全面完成国家计划、严格执行党的财经政策为前提,以改进生产技术、改善经营管理、努力增产节约和扩大销售为手段,不但要有利润,而且要争取最大利润。一个企业取得的利润越多,就意味着生产的经济效果越大。社会主义企业绝不能由于讳言“最大利润”而不要求最大的经济效果。

第二,商业原则。列宁曾经把商业原则当作经济核算制的同义语。所谓商业原则,主要指商品生产和商品交换的原则,也就是等价交换。实行商业原则必须承认每一个国营企业都是“独立”的商品生产者。企业同各方面发生的经济往来都要坚持等价交换,不允许无偿占有对方的产品或劳务。只有以商品经济的客观要求——等价交换——为手段,每个企业才有可能独立地核算盈亏,正确估量经营得失,并对经营得失享受利益或承担责任。

第三,物质利益原则。经济核算制要求企业作为社会主义的商品生产者对盈亏负责,充分发挥生产经营的主动性和积极性,需要有一个动力。列宁认为,在这个问题上,既要加强思想政治教育,又要运用物质利益原则。当人们的思想认识还没有提高到完全不计较个人得失的共产主义觉悟以前,运用物质利益原则,尤其是依靠个人利益来推动企业对搞好经营管理的关心,具有特别重要的意义。列宁在总结苏联的教训时说得很沉痛:“由于不会运用这个原则,我们每一步都吃到苦头。”[②]

上面所说的三条原则,都是列宁反复强调过的东西,也可以说是经济核算制的精髓。有了它,企业实行相对独立的经营才有明确的要求、有效的手段和强大的动力。但对照我国的经济核算制,就不难看到,从一开始,我们从苏联搬过来的,只是经济核算制的一些形式。当时并没有认识到列宁为经济核算制规定了些什么原则。在这以后,林彪,“四人帮”的极左路线,竟荒谬地把这三条原则当作“修正主义”来批,完全颠倒了黑白,混淆了是非,从理论上搞乱了经济核算制。由于林彪、“四人帮”的肆意践踏,我国的经济核算制不断遭到削弱,几乎到了名存实亡的地步。

真正的经济核算制绝对离不开会计。社会主义制度下的会计,也只有通过经济核算制的不断加强才能得到发展。供给制当然也要有会计,但它只要求简单地记账算账,把收支情况记录清楚就可以满足需要。经济核算制则不同,建立这个制度,从根本上说,是为了以一定的资金占用和劳动

---

① 《资本论》第3卷,《马克思恩格斯全集》第25卷,第925页。

② 《新经济政策和政治教育局的任务》,《列宁全集》第33卷,第51页。

耗费，取得最大的生产成果和经营成果。具体地说，这个制度要求企业用尽可能少的资金和尽可能低的成本，生产并销售尽可能多和尽可能好的产品，取得尽可能多的收入。同时，从收入中补偿成本之后，要能保证盈利，并力争获得尽可能多的利润。这个制度还规定：企业如能达到上列要求，就可从获得的利润中进行分成，享受经济利益。反之，非但得不到利润分成，还要受到物质制裁，承担经济责任。在这种情况下，企业的领导和职工，必然十分关心企业资金的占用及其周转，企业的供应、生产和销售活动，成本（费用）的发生及其浪费与节约；企业的盈利（或亏损）以及利润分配及其使用；等等。以上这些方面都有它们的数与量。关心这些方面，必须对它们进行定量。什么是对它们进行定量的主要工具呢？那是会计。借助于会计，可以运用货币充当综合计量尺度，进行正确的计算、科学的记录、深入的分析和严格的监督。马克思曾把会计的职能概括为对生产“过程的控制和观念总结”。这个科学概括，毫无疑问，对现代资本主义企业是完全适用的。在我们社会主义制度下，对高度社会化的社会主义企业也是适用的。不过，会计是否有可能和必要发挥这样重要的作用，要看客观条件是否具备，社会主义企业是否建立在真正的经济核算制的基础上。

历史的经验告诉我们，在我国社会主义企业中，会计并没有像在资本主义企业中那么受重视，会计的反映和监督作用并没有得到充分的发挥。同这个问题相联系，我们的会计理论，包括一些基本理论，仍然受50年代苏联会计学界一些陈旧观点的束缚，跳不出旧框框，长期停滞不前，有的经不起实践的检验。至于会计的方法，尤其是核算、分析与检查的技术，落后于世界先进水平，那就更突出了。但这些问题不在本文研究范围之内，这里就存而不论。

二

在会计的基本理论中，需要探讨的问题是很多的。考虑到经济核算制的需要，我们觉得，像会计的性质、对象与方法这样一些带有根本性的问题仍然应该作为研究的重点。

从会计的性质来说，会计究竟有没有阶级性，这一问题在我国一直是有争论的。而这个问题恰恰涉及我们应该怎样对待所谓“资产阶级的”会计理论和方法。当然，也就关系到如何利用国外的会计经验，更好地适应经济核算制，服务于四个现代化。

再从会计对象的认识和提法来说，近若干年来，比较多数的同志，倾向于“资金运动”。但实践是检验真理的唯一标准。理论界趋于一致的这个意见还必须接受经济核算制的实践检验。要按照真正的经济核算制的要求，来检查会计在社会主义企业所应当反映和监督的那些经济现象和经营过程，用资金运动加以概括是否确切？当前会计对象所指的“经营资金”，能否把经济核算制企业所应支配运用的资金全都包括在内？

至于会计的方法，建立在电子计算机基础上的一套新型的核算方法与技术，在我国还是一个空白。在传统的核算方法中，有的方法由于种种原因，从来没有受到重视。今后，随着真正经济核算制的建立与加强，很可能变得重要起来。比如“货币计价”就属于这样一种方法。像这个方法，今天是否有必要重新加以认识？

为了抛砖引玉，本文将对上面列举的几个问题，提出很不成熟、甚至可能是错误的看法，以供讨论。

(一)关于会计的性质

会计有没有阶级性?从50年代初就有争论。[1] 起初,由于受苏联会计学的影响,只提会计的阶级性,不提会计的技术性。直到60年代,我国会计学界的观点才有所改变,即既肯定会计有阶级性,也承认会计有技术性。不过,强调的还是阶级性。随着时间的推移,特别是通过会计在世界各国的实践,我们觉得,不但50年代的观点,即便是60年代的观点,仍然是值得商榷的。今天,为了使会计更好地服务于经济核算制,正确地认识会计的性质,尤其必要。

分析会计的性质,可以从考察会计的对象、任务和方法等三个方面来说明。

会计的对象,在不同的社会制度下是不同的。在资本主义制度下是资本运动,在我们社会主义制度下是资金运动。由于资本运动和资金运动体现根本不同的社会生产关系即阶级关系,它们是由不同阶级的人所参加的经济活动。因此,有人就认为,会计的对象是有阶级性的。会计的对象究竟有没有阶级性?会计的对象,作为客观存在的经济活动,应当说,没有也不会有阶级性。诚然,资本运动或资金运动,都要有具有阶级性的人来参加。在现象上,资本运动仿佛由掌握生产资料的资本家所主宰,而资金运动中的主人则是已经当家做主的工人。但是,资本家在资本运动中,劳动人民在资金运动中,都不是也不可能是按照各自的主观意志进行活动的。他们只要参加到这些运动中,就要服从资本运动或资金运动的本身规律。例如,在资本主义制度下,资本家投资办一个企业,他的资本开始运动。他必须把他的资本按一定比例分为两个部分:一部分变为劳动力来生产剩余价值,另一部分变为生产资料来保证生产剩余价值所需要的物质条件。而要使生产的剩余价值能够实现并再变成资本,他的资本还要按照商品生产和商品流通的规律,依次经历供产销三个阶段,分别采取货币、商品、生产、商品和货币等周而复始的形态,进行循环和周转的运动。至于工人,则必须把自己的劳动力当作商品,出卖给资本家。而在资本的生产过程中,使用权暂时掌握在资本家手里的劳动力则成为资本的人的因素。只有在资本家的控制和支配下,工人才能同资本的物的因素——生产资料互相结合。资本运动的这些规律,资本家和工人能不能按照自己的愿望来加以改变呢?不能。除非是改变资本主义制度和废除商品经济,从而改变资本家与工人在资本运动中的特殊关系,生产资料不再表现为商品和价值,循环和周转的运动当然不复存在。显然,这已经属于另外一个问题了。马克思深刻地指出:"人们自己创造自己的历史,但是他们并不是随心所欲地创造,并不是在他们自己特定条件下创造,而是在直接碰到的、既定的、从过去继承下来的条件下创造。"[2]作为会计对象的资本运动或资金运动,确实都是人们创造的经济活动,可是人们都要服从这些运动本身的规律。因而,这些运动就具有不受人们主观意志(包括阶级意志、阶级要求)所左右的客观性。当然,强调会计对象本身的客观性并不否定人们驾驭会计对象的主观努力。例如,资本家为了取得最大利润或至少为了保证不亏本,总想通过会计的方法,寻找资本运动的某些具体规律。

---

① 研究会计的阶级性,应当把会计理论、会计制度和作为经济管理工具的会计加以区分。这里,只是研究作为一种经济管理工具的会计有没有阶级性,本文不涉及会计理论和会计制度的阶级属性。

② 《路易·波拿巴的雾月十八日》,《马克思恩格斯选集》第1卷,第603页。

在美国流行的一种称为"保本点"或"损益分界点"(break-even point)的分析,[①]可以看作他们在这方面所做努力的一个事例。但这个事例恰好说明:资本家只有尊重会计对象本身的规律,发现它们,利用它们,以主观去适应客观,才有可能提高经营的自觉性和预见性。

总之,会计对象是一个客观存在的经济活动,它本身无所谓阶级性。

会计的任务是由掌握和运用会计的人提出来的。人们运用会计总要求它能按照自己管理经济的目的和愿望进行反映与监督。在阶级社会里,很明显,会计的任务是有阶级性的。

会计的性质,最重要的,决定于会计的方法。由于会计核算是会计的基本组成部分,所以,研究会计方法的性质,首先要看会计核算的方法。会计核算的方法,在我国的书刊中,一般认为,它主要包括货币计价[②]、成本计算、账户设置、复式记账、编制会计报表等等。现在我们要问:这些方法是社会主义社会特有的,还是资本主义社会和社会主义社会共有的?可以肯定地说,这些方法都不是社会主义特有的。其中,像账户设置和复式记账早在资本主义以前就已经形成。其余的方法,在资本主义社会也陆续地出现并得到了发展。[③] 它们既能替资本主义服务,也能替社会主义服务。这是因为,这些方法主要反映商品经济的特点,取决于社会生产力的水平。

我们知道,不论资本主义经济或社会主义经济,都是发达的商品经济。商品离不开价值。在商品经济条件下,会计核算必然主要是价值核算。会计核算的方法,主要也是为价值核算服务的,因此,它一般应满足以下两方面的需要:

第一,价值决定即"定价"或"计价"的需要。假定我们把资本运动或资金运动的特殊本质抽掉,

---

① 这种分析可举简例说明如下,设某公司生产某种产品,每件售价 10 元,变动成本(费用)6 元,全年固定成本(费用)240 000 元。按已知条件,某产品的成本、销售量和盈亏关系可用坐标图表示如下:

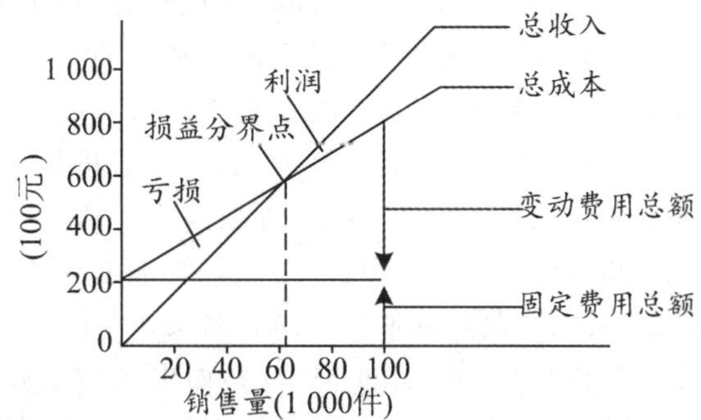

上图表示:

当销售量为 0 时,固定费用 240 000 元仍会发生,但得不到一点补偿,全部成为亏损。以后,每销售某产品一件,就可获得用于补偿固定费用的 4 元,这可称为"边际贡献"或"边际利润"(contribution margin)。

销售收入－变动费用＝边际贡献

10－6＝4 元

据此可求得:

$$\text{损益分界的销售量(break-even volume)}=\frac{\text{固定费用总额}}{\text{单位边际贡献}}=\frac{240\ 000}{10-6}=60\ 000(\text{件})$$

就是说,当某产品销售量达到 60 000 件时,固定费用才能全部得到补偿,但公司尚不能获得利润。所以60 000件的销售量在图上表现为"总收入"与"总成本"两条线的交叉点即"损益分界点"。在其他条件不变的情况下,销售量超过 80 000 件,就能获得利润,利润额随销售量的上升而增长。上图通常称为"成本—销售量—利润图"(cost-volume-profit chart)或损益分界图(break-even chart)。以上图式和说明引自 Gordon Shillinglaw 著:《管理成本会计》,1977 年版,第 104～105 页。

② 指运用货币这一共同的价值尺度,对企业经营资金运动的各种状态及其表现形式进行定量。

③ 这些方法的综合运用现在仍构成资本主义企业会计中"财务会计"(financial accounting)的"会计循环"(accounting cycle),是资本主义财务会计的基本方法。

剩下来的，就是它们的共性，即价值运动。所谓价值核算，首先要计算处于运动中的各种价值量。例如，价值在各个生产经营阶段的“占用”，价值从一个阶段向另一个阶段的“过渡”，即“周转”。在周转中，或表现为价值的“耗费”，或表现为所费价值的“补偿”，等等，由于商品的价值不能自我表现，它只能通过价值的共同尺度——货币——才能得到反映，所以，会计核算就需要运用货币计价、成本计算等专门方法。

第二，确定和控制价值运动的需要。价值核算，除应计算处于运动中的价值量外，还应科学地记录这个运动，以便从数量上来把握和控制这个运动。为此目的，会计核算需要运用设置账户(会计科目)、复式记账、编报会计报表等专门方法。

由此可见，会计核算的专门方法，无一不同商品经济密切地联系着。当然，它们在不同社会制度下加以运用时，其表现的形式，会因社会制度的不同而有差异。但这不是各种核算方法的本质与主流，需要进一步分析。

实际上，会计原是“生产职能的附带部分”，以后，它从生产职能中独立出来，不论在资本主义社会或社会主义社会，它仍然是“一个大规模生产过程的内部职能”，是在发达的商品经济基础上，随着生产的高度社会化而日益显示其必要性的管理职能。会计核算的方法既同生产关系又同生产力有联系。在商品经济基础上不断发展的生产力，形成了会计核算方法中为进行价值核算所必需的、比较稳定的基本内容。如需要运用设置账户、复式记账、填制凭证、登记账簿、编报报表等方法，通过货币计价和成本计算，把上列方法贯穿起来;需要运用财产清查方法，来保证账实相符等等。只有充分运用这些方法，才能连续、系统、全面、综合地反映和监督会计对象。就是说，组成这些方法的原理、原则和技术是科学地处理会计资料，逐步予以系统化、条理化的手段;是最后造成一系列财务成本指标的手段;也是既从动态，又从静态来全面反映会计对象、总结经营成果的手段。正是这些方法，组成会计核算方法的“内涵”和“主干”。会计核算方法同生产关系也有联系。同生产关系相联系的部分，则往往使上面所说的这些方法带上社会制度的特点，表现为不同的形式。例如，同样要设置账户(会计科目)来分类反映各项经济活动，在资本主义制度下设置的会计科目与在社会主义制度下设置的会计科目就不完全相同。凭证、账簿、会计报表的设置也有类似的情况。不过，这些差异和不同，首先，它并不完全反映阶级性;其次，即使体现阶级意志和阶级利益的部分，也只是属于会计核算方法的“外延”和“枝叶”。因为，这是上述各种方法在不同社会制度下加以运用时才出现的现象。出现这种现象，既没有改变各种方法固有的反映和监督的特殊职能，也没有使计算或记录技术发生根本的变化。“内涵”和“外延”的关系，有如事物的本质与现象、共性与特性的关系。本质要通过现象表现，共性则寓于特性之中，这是没有疑问的。但是，不能由此而否定本质与共性的存在。马克思主义者从来不认为事物的本质与共性不可捉摸。在会计学中，运用科学的抽象法，我们完全可以抽出各种会计核算方法的内涵，正像我们运用抽象法，完全可以从借贷、增减、收付等具体的记账方法中抽象出复式记账的基本原理和基本特征一样。会计核算各种方法的“内涵”是相对稳定的，是以商品经济为其客观基础的。只要商品货币不退出历史舞台，会计就必定以货币为其主要的计量尺度，以价值核算为其主要的内容。连续、系统、全面和综合的特点将始终存在。于是体现上列要求和特点的那些专门方法中的基本原理、原则和技术也不会随便废弃和取消。这样看来，那种认为会计的主要属性是阶级性，说会计核算方法本身也有阶级性，强调会计方法“无所谓”“内涵”和“外延”、“两者根本不可分”的观点，是值得商榷的。

重新研究会计的性质，当然具有理论上的意义。而更重要的是，对于我们建立的真正的经济核算制，将会发生直接影响。真正的经济核算制，不仅要求有科学严密的核算与分析技术，而且要求解决一系列会计在过去没有面临过的新问题。解决这些问题，资本主义制度下的会计可能已经积累了经验，甚至已上升为一套理论和方法。但是，我们怎样看待这些理论和方法?是全盘否定还是结合我国具体情况有分析地加以运用和借鉴?这就要取决于我们对资本主义会计的认识了。

(二)关于会计的对象和方法

会计主要是用来反映和监督企业的经营活动的。在社会主义制度下,企业如何进行经营活动,在很大程度上取决于是否实行经济核算制及其严格程度。所以,企业会计的对象以及人们对它的认识,也不能离开经济核算制。

我们一向认为,社会主义会计的对象是资金运动。具体到企业,是经营资金运动。这个运动,当它处于相对静止状态时,表现为不同阶段的资金占用及其相应的来源;当它处于显著变动状态时,表现为资金投入企业和退出企业,以及在企业内部的循环与周转、耗费与收回。会计对象的这个提法,对于建立了真正的经济核算制的企业来说,是否符合于会计应当反映和监督的实际?通过实践的检验,回答还是肯定的。事情很清楚,企业越是实行严格的经济核算制,越是成为具有较大自主权的相对独立经营的单位,独立的资金就越是必要。资金不是也不可能是静止物。离开资金的保证和推动,企业的供产销活动是不可能开展的。因此,企业的再生产过程,应当看成资金的周转过程。资金的周转过程,很容易被认为不过是资金占用形态的变化。其实,这个过程,既有旧价值的消失和转移,又有新价值的创造和形成。马克思在分析资本主义商品的价值构成时,严格地区分了价值的两个不同部分。一是有费于资本家的部分,即由资本耗费所构成。对于价值中的这一部分,资本家需要从商品售价中得到补偿,否则就不能维持简单再生产。这就是通常所说的"成本"(相当于价值中的C+V)或"补偿价值"。另一是无费于资本家的部分。它是收入减成本后确定的。这就是资本家攫取的"利润"。这样,资本的周转过程,在资本主义条件下,必然同时是资本的耗费、补偿和增殖的过程。马克思的上述分析,完全适用于相对独立经营的社会主义企业。就是说,实行经济核算制的社会主义企业,当作一个社会主义制度下的"独立"商品生产者,其生产的产品的成本,也是资金耗费的结果。而无费于企业的"利润",同样要用收回的资金(收入)同所费的资金(成本)相比较之后才能确定。毫无疑问,这些方面都是经济核算制所要求会计进行反映和监督的。把它们概括为"经营资金运动",是能够较为突出地体现经济核算制具有相对独立性的特征的。如果把这个提法对比会计学界对会计对象的另一种概括,就看得更为明显。会计对象的另一种概括是"在企业、事业、机关等单位中能够用货币表现的社会主义再生产过程以及社会主义财产"。[①]按照后一个提法,在企业中,会计所反映和监督的经济活动,好像不是企业在国家统一领导下的独立经营活动,而只是在企业中"能够用货币表现的社会主义再生产过程";会计反映和监督的经济活动的物质基础,好像不是企业应当具备的独立资金,而只是能够用货币表现的"社会主义财产"。总之,整个提法所强调的,不是企业作为经济核算制单位的相对独立性,而是企业作为社会主义扩大再生产过程的一个组成部分的统一性。会计对象的这个提法,在60年代以前曾经被多数人所接受。这实际上反映了当时我国经济学界和会计学界,在经济核算理论方面过分强调国家集中统一,而比较忽视企业相对独立经营的流行观点。

用真正的经济核算制的要求来衡量会计对象的提法,虽然总的来说,概括为资金运动是比较合适的,但也有不足之处。过去,我们实际上只强调了参加企业正常周转的流动资金和固定资金运动,而忽略了也归企业支配运用的专用基金运动。我们总是把企业的"经营资金"局限于流动资金和固定资金(以下凡指仅包括流动资金和固定资金在内的经营资金,一律加上引号),这在企业能比较自主支配的财权主要限于正常周转所必需的流动资金和固定资金的条件下,当然是正确的。但是,随着真正的经济核算制的建立,第一,企业的自主权将逐步扩大。在财权方面,过去企业内部由国家统得比较多、规定比较死的专用基金(如通过固定资产折旧费的提取而形成的更新改造资金,

---

① 见高等财经院校会计教材编写组:《会计原理》,中国财经出版社版,1963年版,第10~17页;1979年重印本,第5~13页。

通过利润留成而形成的生产发展基金、职工福利基金和职工奖励基金,等等)必然要取消不必要的限制,让企业有灵活运用的更大余地。第二,企业的经营成果将同企业和职工个人的经济利益实行越来越紧密的结合。这主要表现在:由于利润留成形成的专用基金的数量今后将不断增长,它与企业的发展和职工的福利与收入,关系越来越密切。因此这些基金的形成与使用,理所当然地会越来越受到广大职工的关切。在这种条件下,分析作为会计对象的经营资金运动的组成,流动资金和固定资金运动当然还是主要的,却不能说是唯一的了。不论从对企业经营活动的影响或对职工生产积极性的发挥(归根到底,又会影响到企业的经营活动)来看,专用基金都将显示其重要作用。考虑到我国国营企业将随着管理体制的改革而建立真正的经济核算制的前景,今天重新研究会计的对象,探讨在经济核算制基础上的企业经营资金运动,倘若仍把专用基金运动置于我们的视野之外,就把经营资金运动的概念说得小了,这将不符合在经济核算制企业中会计所应着重反映和监督的客观实际。过去,在分析会计对象的组成时,一般都没有涉及专用基金运动。研究会计的对象时不提专用基金,不等于说,在实际的会计工作中,也没有反映和监督专用基金运动。专用基金的形成和使用的核算,始终是企业会计的一项重要内容。马克思有一句名言:"簿记的方法改变不了账簿所记事实的实际联系"。既然在企业中存在着同专用基金有关的经济活动,会计就要进行计算和记录,就要进行监督。在这个意义上,它并不取决于我们研究会计对象时是否把它包括进去。但是,在研究会计对象时,如果忽略了专用基金,既不研究它的运动的特殊规律性,又不研究它在运动中同流动资金和固定资金的内在联系,就不可能更好地反映和监督会计对象的这个重要组成部分,从而就难以满足经济核算制的要求。在这个意义上,又不应低估把专用基金运动明确列入会计对象的必要性。

在会计的对象中,专用基金运动之所以需要专门研究,首先,是由于这个运动具有不同于"经营资金"运动的特殊规律。例如,它在运动处于显著变动时,不存在循环和周转的运动形式。专用基金虽有耗费,但无收回。专用基金的耗费,主要属于财政性开支,不形成"成本",不需要补偿。如果用于购建固定资产,在一定意义上也可以把购建费用(或工程支出)理解为"成本",但这是不需要补偿的特殊成本。因为所耗费的专用基金在购建固定资产以后,不仅不要求等价恢复,甚至完全不要求恢复。这时却把费去的专用基金当作固定资产的购建成本(固定资产原价)向"经营资金"转化。这种转化,对专用基金来说,是退出而不是补偿。至于转化为固定资金以后,通过折旧,逐渐地、多次地进行耗费,从而逐渐地、多次地获得补偿的运动,已经不属于专用基金的范围。因此,专用基金运动的动态表现,主要是基金的形成及其使用。这是它区别于"经营资金"运动的主要特点。考虑这一特点,专用基金的会计处理,就应着重反映和监督每一项基金的提取、分配及其使用。其次,专用基金运动不是孤立的。它同流动资金和固定资金,特别是固定资金运动的联系十分紧密。研究它们之间的联系,不但有助于不断改进专用基金的核算,而且有助于不断改进专用基金的管理。它可以使人们进一步认识到,按照真正的即严格的经济核算制,在各种资金的运用权限方面,国家和企业应当如何划分才比较合理。这里,可以看一看最有代表性的"更新改造资金"同固定资金的关系。我们经常说,企业实行经济核算制,需要有相当独立的资金,其中包括流动资金和固定资金。所谓相当独立,是指在国家计划指导下,这两类资金都应交由企业自主地支配,在企业中形成周转,以便使企业掌握的财权和物权,同它具有的相对独立经营的经济地位相适应。但考察一下我国企业支配的固定资金,并不是这种情况。当前,我国任何一个企业,固定资金都不能表现自己的全部周转。当固定资金的价值通过折旧向产品转移并获得补偿,即转化为货币以后(在实际工作中,这种转化并不等到价值已经获得补偿之后,而是当价值已经向产品转移之时),固定资金的周转就中断了,中间插进了一个"更新改造资金",走上特殊的运动轨道。由于在企业中看不到固定资金运动过程具有从"货币"形态向"固定资产"转化的阶段,在严格的意义上,"循环"和"周转"等概念对固定资金并不适用。人们过去都认为,在我们的企业中"经营资金"都具有循环周转的特点。其实,这是一种以偏概全的错觉。人们只看到,固定资金的价值离开"母体"以后,同流动资金一道,共同附着于“在产品”、“产成品”和“货币”等形态之上，因而忽略了它最后转化为“更新改造资金”时就割断正常周转的特殊情况。固定资金转化为专用基金后，如前所说，由企业支配使用的部分——用于固定资产的更新改造——会再转化为固定资金，形成新的固定资产。就这一点看，更新改造资金的使用等于执行了固定资金在其完全周转中从“货币”形态向“固定资产”形态转化的功能。[①] 但它还有一部分是交由企业的上级进行调剂，不能形成企业的固定资产。就这一点看，更新改造资金同本企业的固定资金将不再发生联系。因此，按照现行的资金管理制度，企业的固定资金进行着严格说来不是循环的“周转”。这样一种制度究竟有没有优点呢？有利于国家（包括企业的上级）对固定资产更新改造的综合平衡与管理监督是它的优点，在一定条件下可以保证这项基金的专款专用和节约使用。但是，这一制度同企业应当享有的自主权显然有矛盾。固定资产的更新改造如同材料储备的不断补充一样，本来是企业再生产的正常活动，更新改造资金的使用则相当于固定资金正常周转中的一个阶段。有关这一方面的权力，理应属于相对独立经营的企业。国家如果进行过多的干预，或者，把企业提存的更新改造资金抽走过多（反过来，对企业更新改造资金补贴过多），都不利于调动企业经营的主动性，而在客观上，必然会削弱经济核算制。这一点，恐怕越来越看得清楚了。

最后，让我们看一看会计核算方法。前面说过，我们的研究只涉及传统的会计核算方法中“货币计价”这个方法。

在我国的会计书刊中，当列举会计核算的专门方法时，一般也把“货币计价”计算在内。可是，几乎没有一本《会计原理》的著作，对这个方法进行过比较详细的研究。

在商品经济的条件下，我们已经说过，会计核算必然是以价值核算为主。价值不能自我表现。“每一个商品不管你怎样颠来倒去，它作为价值的物总是不可捉摸的”。[②] 但任何商品的价值都具有共同的表现形式即货币形式。这样，就为会计计量和反映它的对象提供了一个极其必要和重要的尺度——货币尺度。实际上，会计的对象，若不通过货币计价，绝对不可能当作一个统一物进行连续、系统和全面、综合的反映，而一切会计核算的其他方法也无所施其伎俩。因此，可以毫不夸大地说，运用货币形式来反映和监督会计的对象是会计核算的基本特点。马克思在说到资本运动需要通过簿记（即会计）才能获得观念上的印象时，特别提到商品的定价或计价（估价）也属于会计的职能。他指出：“资本作为它的循环中的统一体，作为处在过程中的价值”，“是由包含商品的定价或计价（估价）在内的簿记来确定和控制的”。[③] 理论和实践都说明，货币计价是会计核算的重要方法。既然如此，为什么我国会计学界始终不予以重视，不去研究和接触这样的问题呢？原因是，从50年代引进苏联的会计理论和制度开始，我们就接受了一种似是而非的观点：社会主义是计划经济，价格是稳定的；不存在估价问题，也不需要研究什么计价标准。并且断定：社会主义财产统统按实际成本来计价，是最可靠、最真实的。关于这一点，50年代苏联有影响的会计学家阿发那西也夫说得很清楚：“在苏联会计中，关于资产负债表各项目估价问题的解决，完全和下述经济理论相适应：即会计反映资金周转的实际过程，因此采取实际成本作为一切资产负债表估价的基础。”他又说：“以生产资料公有制为基础的社会主义经济，当然不能使用资本主义企业会计核算的实务与资产阶级会计学者的学说。”[④]这样一来，研究估价问题，特别是批判地吸取资本主义估价理论中的有

---

① 固定资金参加周转的特点，会使它的价值获得“双重存在”，一部分仍保存于“固定资产”，另一部分则存在于“在产品”、“产成品”和“货币”之中。固定资金在进行一次完整的循环以前，离开母体的价值必然逐渐积累于货币之上。所以，货币也是固定资金周转过程必经的一种占用形态。可以设想，假定不要求形成更新改造资金，假定更新改造资金的使用手续大大简化，那么企业就能像购买材料那样方便地购建固定资产，货币转化为固定资产的阶段就能纳入企业固定资金的正常周转。

② 《资本论》第1卷，《马克思恩格斯全集》第23卷，第61页。

③ 《资本论》第2卷，《马克思恩格斯全集》第24卷，第151页。

④ 阿发那西也夫：《资产负债表结构原理》，立信图书用品社，1953年版，第27页，第31页。

用部分,就成为会计研究的一个“禁区”。

在社会主义制度下,会计核算是否不存在货币计价问题?实际成本是否永远保证如实地反映资金运动?除实际成本以外的其他计价标准是否都应当加以否定?这样一些问题,现在看来,都有重新认识和重新探讨的必要。弄清楚这些问题,对于加强真正的经济核算制是很有关系的。

如实反映情况是会计的基本原则,也是真正的经济核算制对会计的基本要求。这是没有争论的。问题在于:怎样才能做到如实反映?所谓实际成本,是指企业购买、建造或生产某项财产而发生的实际耗费。从企业的角度看,用取得财产所花费的代价来表示财产的账面价值确实是真实的、客观的。但是,这种真实性和客观性不是永恒不变的。不论固定资产或流动资产,作为资金占用,不过是整个周转中依次过渡的存在形态。随着企业经营活动的进行,它们的形态要改变,价值也要转移(丧失)。在正常情况下,各种财产的价值主要向产品成本转化。以固定资产来看,它每次只把部分价值转移于产品。但每次究竟转移多少价值,则取决于人们采用的折旧方法,而不可能绝对准确。折旧的计算显然是一种估计。由原价减折旧所确定的固定资产的净值当然也是估计。所以,固定资产一旦使用,折旧的计算一经开始,原价即固定资产的购置或建造成本就不再代表固定资产的实际价值,而“折旧”的计价和“净值”的确定——都是一种估价——也就要代替“原价”即原始成本对固定资产的现余价值起计量的作用。假如我们面对现实,总得承认,使用中的固定资产的实际价值已经不是原先的成本,而是考虑到磨损后的估计价值。在折旧计算的问题上,也还有一种不够实事求是的看法,那就是,片面夸大按使用年限平均计算折旧法(“平均法”)的作用,否定折旧的其他计算方法在某种条件下采用的必要性和可能性。甚至把折旧的其他计算方法,例如“加速法”(accelerated methods)[①]当作只有在资本主义制度下才能采用的方法。诚然,“平均法”是马克思在《资本论》里多次引用过的,然而马克思并没有把它说成是计算折旧的唯一方法。相反,马克思却指出,按这个方法计算折旧,并不是很精确的。他说:“机器的磨损绝不像在数学上那样精确地和它的使用时间相一致。”[②]因为,在相同的使用时间内,利用强度不同,磨损程度就不同。反之,即使不使用,它也会发生自然的损耗。因此,折旧的计算,从而,固定资产的计价就需要有多种标准和方法以供选择。在一定的条件下,“平均法”比较合理,在另外一种条件下,“加速法”可能更为有用。如果认真考虑到无形耗损,即使在我们社会,同样也可以实行加速折旧。此外,“平均法”的优点之一,是可使折旧费用均衡地计入各月成本。但是,因使用固定资产而发生的费用,除折旧费外,还有修理费。修理费的大小,一般是同固定资产的新旧程度即可供使用的期间成反比的。在固定资产“服务”期内,其修理费是逐年递增。如果用“加速法”计提折旧,折旧费是逐年递减。当我们既考虑折旧又考虑修理对成本的影响并要求两者之和能均衡地计入成本时,折旧的计算,“加速法”就比“平均法”合理。流动资产有没有估价问题呢?同样是有的。购进的材料当然应当按成本计价。但同种材料,每批的采购成本并不相同。当发出材料时,它的计价就带有假定即估计性质,可以按“加权平均法”,也可以按“先进先出法”,还可以按“后进先出法”,等等。发出材料的不同计价,不但影响产品成本,也影响库存材料的价值。例如,发出材料的成本,按“加权平均法”计算时,库存材料的价值是各批购入材料的平均成本;按“先进先出法”计算时,库存材料的价值却等于按后来购入的材料成本来平均计算;反之,按“后进先出法”计算时,库存材料又等于改按先前购入的材料成本来平均计算。随着发出材料的成本计价标准的不同,库存材料的价值也会显示出差异来。产成品的计价有着类似于材料计价的情况。至于在产品,计价标准更是多种多样。不论按“折合产量(约当产量)”、“定额成本”、“计划成本”或按“估计成本”进行计算,在产品的成本都带有不同程度的估计性。

---

① 主要包括“逐年数字总和法”(sum-of-the-years-digits method)和“按固定比率余额递减法”(fixed percentage on declining loss method)。

② 《资本论》第1卷,《马克思恩格斯全集》第23卷,第443页。

值得指出的是，那些认为实际成本是唯一能够如实反映社会主义财产的人，却忽视了恰恰在实际成本的计算中，在把生产费用进行分配和再分配的过程中，其中正包括了它在“产成品”和“在产品”之间进行分配时不可避免的一些不精确、不客观的随意因素。以上说的固定资产和流动资产的计价，还没有考虑到由于价格变动而必须进行的重估价(流动资产因价格变动而调整账面价值也是重估价)。有的同志还提出，在社会主义制度下，固定资产固然有无形损耗，流动资产也有无形损耗。对于流动资产的贬值，使用“无形损耗”这个概念是否确切，尚可进一步讨论。但是，流动资产存在着贬值的情况则是事实。这种情况的出现，实际上是生产技术不断改进、劳动生产率不断提高的必然结果。社会主义生产仍然是商品生产。在有商品生产的地方，不能没有价值规律，因而各种商品(包括生产资料)的价格，就会有涨有跌。虽然通过国家的计划调节，我们国家的商品价格不会像完全的市场经济那样“瞬息万变”，甚至通过价格政策，可以在相当长的时期内使价格保持稳定。但是，政策是要反映规律的。稳定物价的政策不能永远“冻结”物价。到一定时期，价格还是要进行调整。既然价格会有变动，会计能够无视这种变动吗？当然不能。若无视价格变动，则如实反映情况就成为欺人之谈了。在实行真正的经济核算制的条件下，相对独立经营的社会主义企业为了正确地计算盈亏，确定利润，比以往任何时候都应当更加重视核算的正确性和真实性。因为，资金、成本和利润是否可靠，关系到正确处理国家、企业和个人三者之间的物质利益关系，这将比以往任何时候更加受到上面讲的各方面——他们都同企业有利害关系——的重视与关心。毫无疑问，保证资金、成本和利润的可靠，成本计算是一个决定环节。但是成本计算本身也离不开货币计价。而且，成本不是也不可能是各项资金计价的唯一标准。因此，按照经济核算制的要求，我们的会计学也应当重视对货币计价的理论和方法的研究。在这方面，资本主义国家的会计专家们已经进行了(现在还在进行)大量的工作。[①] 他们提出的理论和制定的原则、程序方法，不能认为仅仅适用于资本主义制度，仅仅满足资产阶级的需要。应当说，对我们的企业也是有参考价值的。我们的企业越是建立在真正的经济核算制基础上，越是利用资本主义企业行之有效的某些经营形式，越是把社会主义企业当作独立的商品生产者去接受价值规律这个“大学校”的“教育”，恐怕对于资产阶级充分考虑价值规律作用而制定的一些会计原则与估价标准，我们就越有研究、借鉴的必要与可能。如果再考虑到在我国，今后中外合营企业和外国人独资经营的企业都会出现，我们更要认真研究资本主义企业财务会计的“公认会计原则”(Generally Accepted Accounting Principles)，其中，包括70年代发展起来的、适应跨国公司编制会计报表(其中规定了报表各项目的估价原则和基本方法)需要的“国际会计准则”(International Accounting Standards，IAS)。我们既要研究它，又要掌握它、利用它，借以保障我国(我方)在经济上的合法权益。不然的话，在同外资联合经营中，在对外资企业的监督中，如果发生了有损于我国主权和我方财权的行为，我们尚茫然不知，或者不懂得检查分析这些企业的会计报表，那我们就要上当吃亏。

(原载于《会计研究》1980年第1期)

---

① 例如在美国，大约从1929年经济危机之后，会计学界就注意研究会计的原则，尤其是有关财务会计报表的编制原则、估价标准等问题。纽约证券交易所(NYSE)和美国会计师公会(AICPA)、美国会计学会(AAA)都起了重要的组织和推动作用。美国会计公会始终领导这一工作。在美国会计师公会主持下，先后成立下面三个委员会研究制定所谓“公认会计原则”(GAAP)。同时，在美国会计师公会下成立了“会计研究部”(Accounting Researeh Division)。

1.1938—1960年美国会计程序(会计手续)委员会(CAP)；

2.1960—1973年会计原则委员会(APB)；

3.1973—现在财务会计准则委员会(FASB)。

16

怎样认识会计的主要属性

葛家澍

讨论会计的属性,主要是探讨:会计除具有技术性外,是否还具有阶级性?如果肯定会计有二重性质,其主要属性是什么?

探讨上列问题,我主张把会计学同会计区别开来。因为这是两个不同的概念。会计是管理经济的一种工具。从实质上看,它是由一系列用来反映和监督经济活动的方法组成的。在现象上,它表现为人们运用这些方法进行记账算账等实践活动。而会计学,则是系统研究上述方法及其应用的知识体系,反映了人们对记账算账实践所作的理论概括。毫无疑问,会计学的性质决定于会计的性质。但是,两者的对象不同,任务不同,其属性也不会完全相同。

下面,我只就会计的属性谈一点个人看法。至于会计学,就不在这里讨论了。

既然会计是由方法组成的,那么,要认识会计的属性,就应当从它所包含的方法及其应用中去探求。我们知道,会计的前身是簿记,簿记实际上是记账的同义语,采用的主要方法是科学的复式记账法,运用复式记账,把每一项经济活动引起的事物的变化——前因与后果,来踪与去迹——如实地重现在会计的记录上,客观地反映事物之间的联系。马克思说:"簿记的方法改变不了账簿所记事物的实际联系"[①],复式记账法确实保证了这一点。因此,复式记账法从问世之时起,就受到人们的重视,很快地流传于全世界,风行几百年而至今不衰。正像德国的著名诗人歌德对复式记账所作的热情颂扬:"它是人类智慧的一种绝妙的创造,从而使每一个精明的商人在他的经济事业中都必须应用它。"[②]复式记账法,作为一种绝妙的记账技术,已经替几个不同的社会生产服务过。现在,它既用来替资本主义生产作记录,也用来替社会主义生产作记录。那种认为复式记账法(其形式有借贷、增减、收付等等)也有阶级性的观点是很难令人信服的。单是一个记账方法当然不能代表会计。现在的会计,除了运用复式记账作成日常的会计分录外,还定期加以总结,编制会计报表。日常会计记录和定期的会计报表组成一个可反映企业经济活动全貌的信息系统。当企业需要改进经营管理,规划自己的行动时,从上列经济信息系统中寻找有关资料,通过分析比较,可以算效果,提方案,以供决策(决策的参考)。尽管现在的会计,限于运用者的技术水平和其他条件,有时还不可能完全承担这一切任务,不过,日常的会计记录和定期的会计报表总是会计不可缺少的内容。这部分内容,我国称为"会计核算"或"记账算账报账",国外有的称为"财务会计"(financial accounting)。[③] 虽然名称不同,但基本内容并无多大的差异。所用的方法除复式记账外,还有设置账户(会计科目)、填制凭证、登记账簿、成本计算、成本与收入相配合(比较)、编制平衡表和损益表,等等,这一系列方法,是密切结合复式记账的要求的。它们相互配合,有机联系,顺序作业,勾连环节。这些方法的综合运用,不但充分体现了会计核算过程的严密性,而且进一步显示了复式记账原理的

① 《马克思恩格斯全集》第24卷,第197页。

② 转引自Niswonger/Fess:*Accounting Principles*,12th edition,1977,p.2。

③ 《马克思恩格斯全集》第24卷,第197页。

科学性。人们有时干脆把会计核算叫做“复式簿记”(double entry book-keeping)或“复式记账制度”(double entry system)是有一定道理的。复式记账的属性已在前面说过了,其他一些方法的属性应当如何认识呢?总的来说,技术性也是这些方法的主要属性。理由是:第一,所有这些方法都不是哪一个社会特有的。人们通过记账算账和报账的实践才陆续创造出这一系列方法,并使之形成一个日益完善的经济信息系统。所有这些方法都同价值核算分不开。在这个意义上,可以把它们看作商品货币经济的产物,看作人们运用价值及其形式来管理经济的技术手段。由于社会主义经济也是商品货币经济,我们当然就有可能也有必要去利用它们,社会主义社会利用历史上遗留下来的各种会计核算方法时,既加以改造,又有所发展,这都是必须肯定的。但不能由于我们改造了某些核算方法,就以为这些方法可以随阶级的意志而改变,更不能说,这些方法用于社会主义,就发生或必然要发生本质的变化。对会计核算的方法来说,怎样才叫发生“本质的变化”?方法本身(不是指方法反映的经济内容)起了质的改变,它不再起它应当起的那种特殊作用(指在会计核算过程中起的独特作用,而别的方法却无法代替),这才叫发生本质的变化。如以“填制凭证”和“登记账簿”两个方法为例。凭证,本来是作为记账的根据而被人们加以利用的。凭证的基本格式及其填制手续保证了凭证的这一基本职能。账簿,本来是作为完整、系统登记各种会计资料的工具而被人们加以利用的。账簿的基本结构及其登记规则也都保证了账簿的这一基本职能。如果仅仅由于社会主义制度的需要,仅仅由于无产阶级的意志,可以使凭证不起记账根据的作用,或者可以从根本上改变填制凭证的手续,可以使账簿不起系统、完整记录会计资料的作用,或者可以从根本上变更登账的规则,那才可以说,这两个方法确实起了质的改变,并具有明显的阶级性。众所周知,事实并不是这样。社会主义同样需要凭证和账簿,无产阶级同样要求记账时有根有据,完整系统。凭证和账簿的基本职能、基本结构、基本应用技术(填制手续、登记规则等等)都被我们保留下来,继承利用,在此基础上,结合我国社会制度的特点,才给予必要的改造并加以发展。凭证填制和账簿登记这两个方法的存在是以“书写簿记系统”的存在为前提的。如果把会计核算技术建立在电子计算机的基础上,形成“电子数据处理系统”,那么,这两个方法就要起质的变化了。可是这种变化并不取决于社会制度和阶级意志,而取决于科学技术的发展和生产力的水平,会计核算程序反而更接近于工艺学而可称之为“会计工艺”。其实,组成会计核算的各种专门方法都有内涵和外延。前者是“主干”,后者是“枝叶”。后者可以增删,前者相对稳定。正是前者,才能代表各种方法的属性;也正是从各种方法的属性中,才能看到会计核算和会计的属性。我认为,像凭证的具体格式,账簿的具体结构,账户(会计科目)的具体名称及其内容的划分,报表的具体格式及其指标的规定等等,都是会计核算各种方法的外延。它们不仅在不同的社会制度下不同,就是在同一社会中,也会因时因地因部门甚至因企业而异。另一方面,凭证作为记账根据的职能,账簿作为完整系统记录会计资料的职能,账户作为既定的标准“模式”,用来归类并逐步加工会计资料的职能,报表作为集中、综合地提供企业主要经济信息的职能,则始终是各该方法的内涵,具有相对稳定的属性即技术性。第二,所有这些方法当然都是用来反映会计资料即会计对象的。会计的对象,表面看来,由于它是有阶级性的人参加的、具有特定目的经济活动,例如在资本主义制度下是资本运动,在社会主义制度下是资金运动,似乎应该具有阶级性。其实,这些经济活动都各自按照不以任何人(阶级)的意志为转移的客观规律进行着。只要不改变资本运动据以存在的前提即资本主义所有制,不论资本家或工人都无法改变资本运动的规律,资金运动也是如此。凡是不随阶级意志而变动的事物,就不能说它有阶级性。因此,不但会计核算方法本身,就是这些方法所反映的对象也不受阶级的制约。第三,会计总是被人们用来记账算账,反映和监督经济活动。不同的社会和阶级可以用它达到不同的目的,所以他们对会计提出了不同的任务。任务是人们的意志表现,在阶级社会里当然有阶级性。不过,会计的任务毕竟不是会计本身,是外延而不是内涵。通过会计的任务所表现出来的会计的阶级性,有时只是一个为谁服务的问题。这个问题,不仅会计有,其他科学技术也有。关键在于,基于不同的任务,往往在不同程度上改变会计核算的方法。如果说会计具有一定的阶级性或阶级烙印,则主要是指这一点。然而,由于会计核算方法本身的变化主要取决于生产力的发展水平,在一定的生产力水平下,仅仅听凭阶级的意志就能对会计核算方法有重大的改变是不可能的。

总的来说,现代会计的内容虽然非常丰富,但其基本部分仍然是会计核算或财务会计。只有这一部分才表现会计不同于统计和其他经济核算方法的特点。会计核算是一个总的概念,它又由一系列专门的(现在看来,确实还是带有特色的)方法以及程度所组成。所有这些方法都可以用来计量和记录价值及其动态,所以,会计核算在本质上是价值核算,货币仍然是它的主要的(即使不是唯一)尺度。会计核算的各种专门方法(包括复式记账)都是商品货币经济的产物。当会计为不同阶级所掌握时,各个阶级是会向会计提出不同的要求(任务)的,是力图使会计为自己的利益服务的。但是,任务的提出,既不能离开会计的对象,也不能离开历史上早已形成的会计核算专门方法的基本职能,正如马克思所说"人类始终只提出自己能够解决的任务,因为只要仔细考察就可以发现,任务本身,只有在解决它的物质条件已经存在或者至少是形成过程中的时候,才会产生"。[①] 所以我们绝不能要求会计主要离开货币计量,去收集大量的社会经济现象,采用上列方法以外的其他方法,加工出我们所需要的数量指标和质量指标,因为会计并不存在解决这样任务的条件。相反,我们也绝不能要求统计主要运用货币计量,系统地反映出一个企业经济活动及其成果,统计也不存在解决这样任务的条件。随着科学技术的发展,会计和统计确实越来越互相渗透,会计越来越多地运用统计方法。目前获得迅速发展的"管理会计"(management accounting)就还有这种倾向。可是研究会计的基本特征从而研究它的基本属性就要把类似边缘学科的"管理会计"暂时撇开。会计核算的方法总是用来反映会计的对象的。越是科学的方法,越是能如实地、深刻地反映其应当反映的那一部分对象。会计对象,在不同社会制度下确有不同。但不论资本运动或资金运动,都是不以任何个人意志为转移的客观事物。严格地说,会计的基本任务,是要反映经济活动的量而不是要说明它的质。会计核算的各种方法,尤其要着重于量的计算与记录。因此,运用基本相同的会计核算方法,既可以对资本运动进行定量,也可以对资金运动进行定量。撇开资本和资金的本质区别,资本和资金都可以当作处于再生产过程中的一定量价值来加以计算、记录,并使之形成如收入、支出、费用、成本、利润、亏损以及资产、负债等一系列价值指标。为什么供资本主义企业采用的会计核算方法,基本上也可以供社会主义企业使用?这个问题的答案是:社会主义也是商品经济,社会主义企业实行的经济核算制,即商业原则,也要在形式上像资本主义企业那样独立经营。只是这种独立经营需要受国家的统一领导和计划指标,带有相对性质罢了。单纯从会计的角度看,相对独立经营并不妨碍按完全独立经营的要求去进行收入、成本及其相互配合与较量的计算。

马克思和恩格斯对簿记是很有研究的。在《资本论》这部不朽的经典著作中,马克思多次提到并论述了簿记。簿记作为生产"过程的控制和观念总结"这个著名的论断是众所周知的。其实,就从这个简短的概括中,已可看到马克思是怎样说明会计的性质的了。马克思在《资本论》第1卷中谈到资本主义协作时曾经肯定资本家的管理有两重性。然而当他在《资本论》第2卷谈到簿记的作用,特别是联系到不同社会来说明这一点时,他不但没有替簿记打上社会制度的标志或阶级烙印,没有指出簿记也有两重性,甚至非常明确地把簿记当作可以替各个社会服务的工具,起生产过程的控制和观念总结的作用。这当然不可能是马克思的疏忽。马克思是一位最伟大的无产阶级革命家,他有鲜明的阶级观点,但马克思又是一位最伟大的科学家,他有最严谨的科学态度。一切事物,都要按照事物的本来面目去认识它们。唯物主义者就是要实事求是,一切从实际出发。

我认为,研究会计的属性,特别是要确定会计的基本属性,从马克思有关簿记的精闸论述中是可以得到有益的启示的。

(原载于《中国经济问题》1980年第5期)

---

① 《〈政治经济学批判〉序言》,《马克思恩格斯选集》第2卷,第83页。

论会计理论的继承性

17

葛家澍

一、先从会计学的性质谈起

科学发展的特点之一是继承性。会计学的发展也不例外。要研究会计理论的继承性,必须正确认识会计学的性质。一门科学的性质取决于它的研究对象。谈到对象,应当把会计作为一种管理活动所要反映的对象和会计学作为一门科学所要研究的对象明确分开。会计反映的对象,在资本主义条件下是资本运动,在社会主义条件下是资金运动。假定撇开资金与资本的本质区别,资金和资本都可以当作处于再生产过程中的价值。这样,会计的对象,在商品经济的条件下,不问社会制度如何,不过是商品经济中的价值运动。这个运动,代表着商品经济中,在每一个商品生产者范围(企业)内,能够用货币表现的数量方面。至于会计学,它并不研究这些数量本身。会计学只是研究如何反映这些数量的方法。会计学是研究以一个企业(会计主体)为范围,如何反映这个企业(单位)经营活动中能够用货币计量的各种经济信息即财务信息。因此,会计学是一门探讨微观经济信息的提供方法(主要是探讨财务信息的提供方法)的科学。会计学的对象的第一特点是:它所要研究的事物密切联系着数与量。会计学离不开数学,会计学同数学的渊源可以追溯到会计学的产生。会计学的前身是簿记学。簿记学是以研究复式记账原理及其具体应用为主要内容的。这方面的学问,最早就是在数学中研究的。巴其阿勒(Luca Pacioli)的《算术、几何与比例概要》,一向被认为是第一本会计著作。其实,它是一部数学著作。1965年,著名的数学家史蒂文(Simon Stevin)也在他的数学著作《数学研究》中论述簿记并对改进账簿组织和损益表作出贡献。以后,由于有关研究簿记和会计的著作陆续出版,会计学才从数学中分化出来。当然,在20世纪50年代以前,除成本会计和会计报表分析外,会计学中利用数学的地方并不多。随着"管理会计"的出现和电子计算机应用于会计工艺,现代数学在编制预算、控制、决策和计算与记录技术等方面都成功地得到应用。数学和会计学的联系又开始密切起来。如果说,在早期,由于会计同数学分离,会计学才逐步形成一门独立的科学,那么,在当代,由于数学向会计渗透,进一步促进了会计学的发展和新兴会计学科的形成。会计学的对象的第二个特点是:它主要研究可以用货币计量的方法与技术。把客观存在的企业经济活动的数量方面反映出来并加以评价属于会计工作的任务。而会计学,则以探讨如何改进和完善作为一个经济信息系统的会计为其任务。会计学当然也要研究企业经济活动中的数据,但是,会计学只是借助典型化了的数据,研究会计的各种方法。在这个意义上,会计学是一门方法学。翻开每一本比较系统的会计著作(专著除外),莫不以阐述会计的方法(包括每一种方法的运用和各种方法的综合运用)和方法的理论为主。当然,会计学不限于研究会计的方法,也要研究会计的对象和其他理论问题。但是,在会计学中研究会计的对象,不是要研究会计对象本身的规律性,而只是在于通过对会计对象的分析,正确认识会计对象与会计方法的联系,更好地从量的方面计算与反映会计对象。所以,会计对象的研究虽然重要,但在会计学中的地位却不能喧宾夺主。如果你认为社会主义会计的对象是资金(经营资金)运动,不等于说你可以把会计学写成一本资金运动学,而只能写成一本关于反映资金运动的方法学。在这里,对象的研究明显是为方法的研究服务的。综观会计学的内容,凡是足够称为会计理论的部分,总是直接地或间接地同会计的方法联系着。因为,会计学的任务是揭示会计这一经济信息系统的规律性,探讨数据处理和加工信息的科学方法,作为人们不断完善这一信息系统的指南。会计的理论假定离开这个任务,那就不可能满足实践的需要。如果我们承认会计学是一门探讨微观经济计量方法的科学,不言而喻,我们就应当承认技术性是这门科学的本质属性。

根据以上说明,我们虽然不能得出会计学是属于自然科学或技术科学的结论,但是,也不应当简单地把它等同于一般社会科学。社会经济制度的发展,确实会影响会计学的发展,然而只有生产的发展(包括生产组织的发展),才对会计学的发展起决定性影响。在这一方面,回顾一下历史是必要的。作为会计学的前身,簿记学发源于中世纪的意大利。一门知识发源于何地并非偶然。当时意大利沿地中海一带,是世界贸易中心。其中,佛罗伦斯、热那亚和威尼斯等地的商业和金融业显得特别繁荣。日益发展的商业(以合伙的组织形式为主)和金融业业务,都要求不断改进和提高已经流行于这三个城市的复式记账方法(复式记账技术首先来自银行的存款转账记录)。适应实践的需要,这才导致第一本论及簿记的数学著作在威尼斯问世。但是,15世纪至19世纪,簿记学的发展却比较缓慢。直到20世纪初,在英国,才把簿记学推进到会计学。“至毕克斯雷(Francia Wieeiam Pixley)、狄克西(Lawrence Rolert Dicksee)及里斯尔(Georage Liele),始奠定了近世会计学之基础。”[①]会计学的这一发展,同样要从生产的发展来解释。从18世纪末到20世纪初,经过产业革命,英国成为当时工业最发达、生产力水平最高的国家。由于生产力的迅速提高,在英国首先产生了适应大生产需要的新的组织形式——股份公司,于是对会计也提出了新的要求。例如:除记账编表外还要求查账;由于簿记方法不能满足财务报表的编制需要,还要求研究资产的估价方法和有关理论等等。狄克西、毕克斯雷和里斯尔等人的会计著作,大体上反映在这一时期英国对会计理论与方法的发展。第一次世界大战以后,美国取代了英国的地位,不论在生产上或科学技术上都遥遥领先。因此,会计学的发展中心,也就由英国转移到美国。例如,在美国,早在20世纪20年代和30年代,对成本会计学,尤其是标准成本会计的研究就有突飞猛进的发展。50年代以后,在成本会计学的基础上,逐步分化出一门新兴的边缘学科——“管理会计”,与此同时,传统的会计学又发展为具有一定特色的“财务会计”。会计学在当代美国的新发展,既反映生产日益现代化、科学化的要求,又反映生产更加社会化,所有权与管理权更加分离的要求。归根到底,反映了现代大生产对会计学的需要。

---

① 瞿荆州:《会计学纲要》,商务印书馆,第16页。

这三位会计学家都有其代表著作。他们的代表著作分别是:

(1)狄克西:《高等会计学》(*Advanced Accounting*;*with an appendix on the law relating to accounts*),1903。

(2)里斯尔:《会计学全书》(*Encyclopedia of Accounting*),1903。

(3)毕克雷:《会计学》(*Accountancy*,*constructing and recording*,*Accountancy*),1908,第16~17页。

二、现代复式簿记的基本原理和技术完全可以追溯到意大利簿记

由于会计学是一门研究如何提供微观经济信息的方法学。会计的方法主要是运用货币形式，通过账户和复式记账而同其他的经济计量方法(例如统计)互相区别。会计的复式簿记系统，在国外，当前是财务会计用来进行数据处理和财务信息加工的基本方法。在我国，当前同样是会计核算的基本方法。现代会计原来就是由于采用了复式记账才形成的。四五百年来，整个会计方法有了很大变化和发展。可是，直到现在，会计有关记录经济活动的原理和技术，并没有离开中世纪意大利簿记所奠定的基础。账户和复式记账，始终是会计的两个最基本、也是最重要的方法。今天，人们倘若要研究这两个方法，包括它们的理论，绝不能割断历史。复式记账可以追溯到威尼斯的记账法，而其理论，则可以追溯到巴其阿勒的著作。

我们知道，以复式记账为基础的簿记系统发展到今天，大体是由被称为“会计循环”的六个互相配合的方法与程序组成的。一本在美国 1980 年修订出版的《会计原理》把六个程序概括为分析凭证，登记日记账，过入总分类账，调整账户记录和编制报表，结束临时账户(虚账户)[①]。但据巴其阿勒在《算术、几何与比例概要》一书中的介绍，流行于 15 世纪时威尼斯一带的簿记，是由日记账(相当于今天的备忘簿或原始记录)、分录账(相当于今天的日记账)和总清账(相当于今天的分类账)所组成。[日记账]→[分类账]→[总清账][②]显然代表复式簿记系统中三个最基本的步骤，正是今天“会计循环”中六个程序的基础，反映了复式记账必不可少的环节。可以说，远在五百年前，威尼斯式的复式记账法，就已经逐步形成了复式簿记系统的主要特点。当前，财务会计的“会计循环”，同中世纪的意大利簿记相比，在数据的处理方法与步骤方面，几乎是一脉相承。我们在这里考察的，仅仅涉及复式记账。复式记账当然并不代表全部的会计方法。不过，复式记账的原理在全部簿记方法中却具有特别重要的意义。假如以为复式记账只不过为会计提供了一个科学的(全面的)记录方法，那就把复式记账的作用估计得太低了。我们应当看到，由于复式记账的发明和应用，大大促进了一系列其他簿记方法的形成、完善和发展。例如，货币计价为复式记账提供了条件，而复式记账则使货币计价在计量和记录中充分发挥其综合性的作用，并使会计核算变成价值核算。又如，复式记账离不开账户，而复式记账形成的账户对应关系则把全部账户组成一个严密的账户体系。再如复式记账是以“资产＝产权”或“占用＝来源”等平衡关系为基础的，但复式记账原理则造成了记账过程中的两个基本平衡关系(在记录每一项业务时，在对应账户之间造成“发生额”的平衡；过账以后，在全部账户之间造成“余额”的平衡)，大大完善了记账和对账的技术，等等。总之，从复式记账出现时候起，它的特点和要求，就贯穿于从编制凭证到产生报表的整个核算过程。不论是凭证、账簿的设计，或是账户的设置与运用，无不体现复式记账的特点，适应试算平衡的要求。这也就是为什么复式记账会发展为复式簿记，形成会计处理数据、加工信息的一个特殊系统，即以复式记账为主要特征的簿记系统的根本原因。通过上面的分析，可以得出结论：复式簿记系统，尤其是其中的基本方法与基本技术，具有明显的继承性。

---

① Walganback，Dittrich，Hanson：*Principles of accounting*，second edition，1980，pp.76～77.

② 参阅瞿荆州：《会计学纲要》，第 6 页(程序图是黑泽清概括的。参阅他的《改订簿记原理》，昭和 26 年，第 247 页)。

三、即使拟人理论,也有比较合理的成分为后来的复式记账理论所吸收

现在的问题是,研究复式记账的理论是否也有继承性?回答同样是肯定的。几百年来,曾经出现过众说纷纭的借贷学说。把形形色色的这些学说加以归纳,不外乎两大类,即拟人理论和物的理论。它们对复式记账和账户体系的不断完善与在全世界进一步推广复式簿记,都起过一定的作用。拟人理论是最早出现的借贷理论。其基本特点是:把物的各种账户人化;把有关反映物与物的关系的各种交易虚拟为有人参加。比较系统的拟人理论大约在17世纪以后才形成。例如意大利的尔德威克·福罗里在其所著《复式记账法原理》中就明确提出:借方贷方的账户并非局限于人,也适用于商品、现金等等无生命之物。这些物在记账时是采取人的立场,可以称为"假想人"。但是,拟人理论的萌芽,却可以追溯到15世纪末的巴其阿勒的著作。《算术、几何与比例概要》一书采用的分录用语"Per"和"A"(英语作"By"和"To",德语作"Pen"和"An"),其意即"借主"和"贷主"。当资本家最初以现金作为资本投入企业时,巴其阿勒解释说:"为了弄清楚如何把财产转入总账和分类账,你必须记住两个名词:一个称为'现金',而另一个称为'资本'。所谓'现金',是指你手持部分或贮于钱包中的部分;所谓'资本',是指你拥有的财产总额。'资本'通常必须在你的商业用的总账中和分类账中一开始就当作贷主(creditor)记入。而'现金'通常必须当作借主(debtor)记入。"[①]如果把巴其阿勒的表达用分录来表示,应为:

(借主)现金=(贷主) 资本

By cash= To capital

"借主"和"贷主"的称呼,显然把现金和资本都视为"人"。想象了第三者(企业)的存在,好像企业一方面向资本主贷入现金,另一方面又把它借给现金保管者,从而赋予"资本"和"现金"两个账户以人格。拟人理论在今天看来是很牵强附会的,但在当时,由于生产的发展和经济活动的日益复杂,会计所记录的内容也不断扩大。除运用人名账户外,还运用越来越多的物的账户,并出现反映所有权关系的"资本"账户。这就要求记录物的账户同记录人的账户应保持记账所用术语的一致。而一致的记账术语,只能是早已成为人们记账的习惯用语——"借"和"贷"。这样,就提出一个理论问题要求人们去解决:在物的账户和资本账户中也使用借和贷的记账术语,怎样解释才能言之成理?这个任务历史地由巴其阿勒和早期的会计学者们承担起来。当时,他们只能使物的账户迁就人的账户,把物(包括资本)人化。尽管把物说成人是一种虚构,但不通过虚拟为人,物的账户和资本账户就很难同人名账户联成一体,组成统一的账户体系。因此,拟人理论对于促进早期复式簿记内部账户系统的统一,从而对于促进借贷记账法的完善与推广应用,起了不可磨灭的作用。拟人理论的另一历史功绩是,正像巴其阿勒说明中指出的:一个分录要记两个账户,代表借主的账户=代表贷主的账户,这实际上等于提供了一个最重要的会计上的平衡关系:财产=产权;同时,这个理论又提出了独立的"记账主体(会计主体)"的概念。

---

① Pacioli的簿记书英译本第12章:"…So as to know how to write up the inventory into the ledger and journal, you must imagine two terms, one called 'cash' and the other called 'capital'. By 'cash' is meant your share or purse, by 'capital' is understood all you passers. Said 'capital' must always be placed as 'creditor' and at the commencement of all your mercantile ledgers and journals, and said 'cash' must always be placed as debtor."(见黑泽清:《改订簿记原理》,第54~55页)。

在19世纪30—40年代,英国才基本上完成产业革命。19世纪60年代,当代资本主义企业的主要组织形式——股份有限公司才得到法律上的认可。在此以后,企业的所有权与管理权就开始分离,以企业为主体的概念也日益明确。过去,把资本账户同具体的资本家联系起来是可能的,也是必要的。可是从这时起,资本的所有权不再由作为资本家的"人"来代表,而是由作为公司股权证明的"股票"来代表了。谁掌握了股票,谁才是股东。客观上要求"认物不认人"。所以,对于资本一类账户的理解,不是要求把它人化,而是要求把它物化。产业革命不仅带来了生产力的空前发展,而且促进了商品经济的高度发展。在公司之间发生的许多经济关系进一步被物掩盖着并作为物和虚拟资本(形形色色的有价证券)出现。这样,拟人理论就失去了存在的客观条件而自然让位与物的理论。此后形成的复式记账理论包括资金运动理论都可以归入物的理论。但是,物的理论并没有全部否定拟人的理论。拟人理论把记入账户的借方和贷方虚拟为对应账户(人格化的账户),有一种债权和债务关系,那就是:一定要把借贷当作实际的借贷关系来理解。这一观点,是被物的理论否定了。物的理论特别是后来的"平衡"理论("等式说")彻底地变借贷为一个纯技术性的记账符号,从而排除了对借贷所作的种种不切实际的解释。可是,拟人理论,包括这一理论的先驱——巴其阿勒的著作却首先提出了(或虽未明确提出但毕竟流露了)一些正确的思想(或其萌芽)。如前面讲过的,一个企业的财产必定等于企业所有者产权,企业实际上成为复式记账的主体而同企业所有者相区分的思想,拟人理论所作的简单而明确的账户分类(见下图),等等,物的理论都是给予肯定的。

账户{人名账户；非人名账户{实账户(real accounts)……期末一般应有余额；虚账号(nominal accounts)……期末一般应当结清}}

由此可见,存在于拟人理论中的这些比较合理的因素,物的理论并没有一概抹杀,而是采取不同的形式批判地继承下来。

四　当代资本主义制度下的"公认会计原则"是对财务会计理论的继承与发展

任何科学和理论都是应人们实践的需要而产生的。在这一点上,从会计理论的产生和发展也看得比较清楚。在19世纪60年代以前,资本主义企业的主要组织形式是独资和合伙。它们一般属于中小企业,对会计的要求还不太高,如果能运用复式记账法,借助于一定的账簿,把经营活动系统地记录下来,并于必要时进行损益计算就够了。15世纪末标志着现代会计的开始。从这时起直到19世纪60年代,会计大体上处于以记账为主的簿记阶段。与会计的实践相适应,这一时代的会计理论,就只能以研究复式记账的理论(借贷学说)为代表。19世纪60年代以后,股份有限公司迅速发展起来,它为现代资本主义大企业找到了较为理想的形式。股份有限公司是资本的所有权与管理权相分离的产物。过去,独资和合伙企业的利害关系人只是企业的所有者。而现在,股份有限公司则造成了若干与企业有利害关系的集团。内部有:公司管理当局;外部有:公司的投资人、债权人、银行、征税机关、证券管理机构,等等。公司管理当局为了进行埋财决策,投资人、债权人、银行等为了进行投资、信贷等决策,都需要掌握公司的财务信息。企业外部利害关系人并不参与企业管理。他们需要的财务信息,主要(或只能)来自企业对外公布的财务报表。按照复式簿记系统的核算技术,基本的财务报表(反映财务状况的资产负债表和反映经营成果的收益表)似乎可以直接从账户的余额和发生额形成,或经过简单的数字合并或分离就能产生。实际上,从账簿资料变成报表,往往要经过复杂的"再加工"。需要考虑资产的计价、费用的摊派、收入的实现和对若干不肯定项目所作的估计。同样的账簿资料,并非有意伪造,只是由于采取不同的方法,就可以编出结果不同的财务报表。由于资产计价、费用分配和收入的实现与确认,都带有一定程度的不肯定性,主观随意性是难以避免的。因此,就有必要在尽可能科学、公正和客观的基础上,统一财务报表的编制理论和方法,逐步形成了"公认会计原则"(Generally Accepted Accounting Principles,GAAP)。在当代资本主义国家的财务会计中,"公认会计原则"是一个新事物。以美国来说,虽然从20世纪30年代起就产生了"公认会计原则"的概念并使用于会计师的审计报告(查账报告),而有组织地研究与发布会计原则,应当从1959年美国会计师协会(AICPA)成立"会计原则委员会"(APB)这一权威的专业团体算起。① 至于会计原则的大量发布、修改与补充,则是60年代,特别是70年代以后的事。不过,"公认会计原则"主要来自实践,是会计师们在会计的计量、记录和报表表达等方面的"一致意见的归纳"。它既反映当前资本主义制度下广大会计人员的实践经验,又反映几百年来会计人员所逐步积累起来的经验。因为,从记账到编表,从记录到计量,标志着整个会计从以"簿记"为主(以记录为主)的初级阶段向以"会计"为主(以计量为主,即以资产与产权的计价,费用与收入的配合为主)的高级阶段发展。② "公认会计原则"实际上是批判地继承了15世纪以来现代会计方法与技术中一切科学的成果和合理的因素。例如,当代资本主义财务会计的第一个基本假设是"会计主体"的假设。其实,早在14—15世纪左右,随着复式记账的应用,就提出了企业是"记账主体"的概念,在巴其阿勒的簿记著作中已初步阐述了这一重要思想。不过,只有等到股份有限公司产生后,作为独立于所有者之外的"企业"要求进行独立经营和独立核算时,会计主体的概念才具有现实的意义。可见,我们绝不能把当代国外财务会计中的会计主体的假设,同前人关于记账主体的思想割裂开来。又如,当代资本主义财务会计的第二个和第三个基本假设是"继续营业"的假设和"会计分期"的假设,从逻辑上说,第二个基本假设是第一个基本假设——"会计主体"假设的必然结果。从历史上看,后两个假设的形成,则起源于是否出现持续营业的企业和定期编制报表的会计实务。15—16世纪左右,在复式簿记的发源地意大利沿海一带,商业的主要形式还是单项业务的短期合伙,并且主要是在市场(集市)上进行贸易。这时,尽管已应用了复式记账,而短期合伙并非连续性的经营,尚不要求分期或定期结清账目,编制报表。到17世纪,意大利的集市贸易衰落了,原来的行商逐步为商店所代替,临时性的单项业务的合伙也代以长期的合伙。工厂和商店一类持续性的生产贸易组织得到了迅速发展。这样,在一些长期经营的工厂和商店,才逐步形成每年结算一次损益和在年末编制资产负债表的制度。在会计上,不论人们是否明确地意识到,"继续营业"和"会计分期"的概念实际上在逐渐形成,并指导着会计实务。再如,"稳健性"原则是当代资本主义财务中会计中的一项重要"惯例"。基于这一惯例,在资本主义企业中,财务报表上的存货计价,普通采用了"成本与市价孰低"(The lower of cost or market,LCM)的方法。这一惯例的形成也有它的历史渊源。与稳健的惯例相反,在巴其阿勒的簿记著作中,曾经鼓励商人高估而不要低估存货的价值。过了一个世纪以后(1586年),皮特利(Pitra)才提出相反意见。大约在1675年,法国的萨维尔(Savary)明确地建议:如果存货发生损毁、过时或重置成本低于市价等情况,应当降低存货的价值。受萨维尔的思想影响,德国首先在立法上采取行动。1857年一个法律的试行草案曾包括"按成本与

① 1964年,美国会计师协会首先作出决定,要求它的会员对于"会计原则委员会"发表的《意见》(APB opinions)必须遵守,如有不同看法,必须在财务报表的"附注"或审计报告中加以说明,于是就大大提高了"会计原则委员会"的权威性。

② 马克思在《资本论》第2卷中谈到资本运动要由簿记来确定和控制时就预见到:簿记还包括商品的定价或计价(估价)的任务。这就是说,簿记不只是把已经定量的资本运动如实地记录下来,加以揭示和控制,而且要对资本作为过程中的价值进行定量,即对资本和产权进行计价。要确定费用和收入,从而确定资本增殖的量。显然,这已经预示簿记在当时的英国(《资本论》的写作时代,正是产业革命在英国已经完成、大工业得到发展、股份公司开始出现的时代),正在向会计发展之中。

市价孰低来估价"的措辞。1861年通过的法律虽然否决了这一用语，但1873年至1884年的教训(投机浪潮给投资人带来巨大损失。当时，商法鼓励在资产负债表中按可能的售价对存货计价)使德国人相信，他们在1861年否定了的"按成本与市价孰低进行估价"的想法作为存货报告的估价标准是合乎实际的。关于存货计价的想法和做法并不限于欧洲大陆，以后它相继被其他国家如英美等国的会计实务所接受。

当前资本主义国家流行的公认会计原则的特点是：一方面继承了过去财务会计实践所积累的成功经验和在此基础上产生的会计理论，另一方面又结合当前资本主义经济发展的新情况及其对会计提出的要求，不断给予补充和发展。例如，在财务报表的内容中加进了"财务状况变动表"。财务状况变动表由以"现金流动"为基础，发展到以"运用资本"、"全部财务资源"为基础。"配合(matching)"的原则也由费用按职能分类逐步同收入相配合发展到费用按特性(behavior)分类再分别同收入相配合，提出"边际收益表"的设想。其中，特别引人瞩目的发展是：财务会计的理论和方法将充分考虑物价的变动，开始改变财务会计的一些传统的观念和原则。在资本主义国家，由于物价的持续上涨，对公认会计原则提出了严重的挑战：以货币为计量单位是否仍是财务会计的基本假设？历史成本是否仍应是财务会计的基本原则之一？按现行规定编制的财务报表是否仍能客观地反映企业的财务状况与经营成果？由于在商品经济的条件下，货币必然要充当价值尺度，因此，资本主义国家的会计界，为了应付这种挑战，不得不设法补救以历史成本为计价基础的缺点，进一步发展和完善"以货币为计量单位"的基本假设。在美国，大约在60年代初，美国会计师协会就开始探索这一问题并致力于解决方案的研究。1979年美国财务会计准则委员会发表的第33号公告《财务报告编制与物价变动》，则把上述问题的探索推到了一个新阶段。近二十年来，美国会计界参与、吸收了其他国家的研究成果，大体上提出三种不同的设想，用来解决由于通货膨胀给财务会计带来的问题：第一，不变美元价格会计(constant dollar accounting)。这一设想的特点是，改变计量单位，但仍保持按历史成本编制报表的模式。第二，现行价值会计(current value accounting)。① 这一设想的特点是，保持原来的计量单位，但要脱离历史成本的财务报告模式。第三，现行价值/不变价格美元会计(current value/constant dollar accounting)。这一设想的特点是，既改变计量单位又改变历史成本的财务报告模式。以上三种设想，或是要反映"净货币项目上的购买力收益或损失"(如第一种设想)，或是要反映"持有收益和损失"(如第二设想)，或是要同时反映这两种预计的收益和损失(如第三种设想)。它们都会冲击稳健性惯例的核心内容——"只应预计可能的损失，而不应预计可能的收益"，并从根本上否定历史成本原则。当然，这许多设想是不成熟的。即使在美国，目前也仅限于在少数大公营公司中进行试验。但是，通过这些设想所反映的新的思想和观点，却代表了当代资本主义财务会计在理论上的新发展，可以预料，它将把美国的"公认会计原则"继续

① 在现行价值会计中，有一个方案特别引人注意，那就是，用"现行销售价格"(current selling prices)或"脱手价格"(exit price)对资产进行计量。目的在于，打破传统的一套会计计算损益的模式，以提供一个反映"现行财务状况"(current financial position)的"现行资产负债表"(current－balance－sheet)为主要目标。按照这一设想，费用与收入的流动一般不作记录，无所谓成本费用的分配。至于收益，则通过年末与年初两个资产负债表的净资产(但需对年内有关资本增减和股利发放进行调整)相比较来决定。因此，收益的决定和收益表的编制将大为简化。不过，这种收益表由于缺乏收入、费用和收入与费用相配合的资料，因而可以提供决策参考的信息是很少的。采用现行销售价格记账，资产的价值既反映由于价格上涨的收益，也反映由于营业收益而导致净资产数量的增加。它需要反映并逐步积累在一个特殊的业主产权类账户中。这个账户称为"脱手价格估价"账户("exit price valuation"account)。赞成这一设想的主要代表人物是美国的两位教授：(1)Raymond J.Chambeas，(其著作为：*Accounting evaluation and economic behavior*，1966)。(2)Robet R. Sterling，其著作为 *Measuring income and wealth：an application of the relevance criterion*，1972。在1980年1月14日的《财富》(*Fortune*)杂志上，还刊登了Sterling教授答记者问，再一次阐述了他的按现行销售价格对公司资产进行估价的主张。

推向前进。

五、对当代资本主义财务会计理论,社会主义也应当批判地继承

如前所说,当代资本主义制度下的"公认会计原则",集中代表了当代资本主义国家发展起来的一整套财务会计理论。在这些理论中,很大一部分是来自前人通过会计实践的经验总结,一方面吸取了前人在会计理论方面的先进思想(哪怕是一些思想萌芽)以及方法与技术的精华,另一方面也受到资本主义制度、资产阶级的阶级偏见与阶级利益的局限和影响,存在着不少糟粕,有些观点或多或少地打上了阶级烙印。

根据这种情况,我们对待资本主义国家的公认会计原则,就要采取唯物主义态度,既不应全部肯定,也不能一概否定。不仅对全部公认会计原则是如此,就是对其中每一项原则也应如此。

公认会计原则是建立在"会计主体(个体)的假设"(accounting entity assumption)、"继续营业的假设"(going concern assumption)、"以货币为计量单位的假设"(monetary unit assumption)和"分期的假设"(periodicity assumption)等四项基本假设的基础之上。这四项会计的基本假设,早已为世界各国(其中也包括我国)的会计实践在实际上所承认。我国的一整套会计理论和会计制度,实际上也是遵循着并符合于这四项基本假设的。因此,我们对于这四项基本假设,并不存在肯定和否定的问题。需要研究的只是,今后应如何把这四项假设尤其是会计主体的假设,明确地写到会计教材中去,借以充实我国会计教材的基础理论。我们知道,随着我国企业管理体制的改革,今后,我国社会主义企业都将逐步变成在国家计划指导下的独立经营的单位,而在会计上,每一个企业都将成为名副其实的"会计主体"。那时,在一个企业范围内,独立地、严格地反映和监督其财务状况与经营成果,将比以往任何时候都更加必要。列宁曾经指出,建立了经济核算制的社会主义国营企业,不应当规避独立会计。"只有在这个独立会计的基础上,才能建立经济。"[①]可见,如果使我们的企业进一步明确它是一个"会计主体",对于加强企业的经济核算,加大企业的经营责任和财务责任,只会有利而不会有弊。公认会计原则还包括六条有关计量、计算和报表表达的基本原则。它们是:"历史成本原则"(the historical cost principle)、"收入实现的原则"(the revenue realization principle)、"配合的原则"(the matching principle)、"一致性原则"(the consistency principle)、"充分表达的原则"(the full disclosure principle)和"客观性(可检验性)原则[the objectivity(verifiability)principle]"。在我国,对于企业的资产和负债项目历来坚持按成本计价。我国在实务中不但接受了这一原则,而且比资本主义国家更强调成本在计价中的作用。收入实现原则所提出的关于收入实现的标准和在不同条件下对收入实现的具体要求,基本上也适用于我国,有的早就被我们采用了(例如在一般条件下,按销售成立作为收入实现的标准)。所谓一致性(可比性)、客观性和充分表达等原则,是对财务报表的要求。作为原则,这几项要求不论在哪一个社会制度下,在哪一个国家中编制会计报表都是可以适用的,都是要遵守的。不应当存在什么争议。当然,把这些原则具体化,在不同的社会制度中,在不同国家里,会有所不同。配合的原则,是确定收益的原则。它要求:只有同某个时期收入有关的费用(即有助于形成或实现某个时期的收入的费用),才应当同该时期的收入相配合(比较),以求得该时期的收益。这一项原则,总的来说,大体上也符合我国会计制度对利润计算的要求。公认会计原则还包括两项修正性惯例:即重要性(materiality)和稳健性(con-

① 《莫斯科省第七次党代表会议》,《列宁全集》第33卷,第84页。

servatism)。所谓重要性惯例，实际上是一项允许企业对不重要项目可以例外处理或灵活处理的原则。我国的会计制度也有类似的规定(如把劳动资料分成为固定资产和低值易耗品，而后者可以不提取折旧，分两次甚至一次计入成本)。有争论的可能是稳健性惯例(原则)。例如按稳健性惯例来对存货计价，其具体方法是前面讲到的“成本与市价孰低”。这一计价方法，尽管历史悠久，迄今仍然十分流行，但反对意见一直存在。我认为，按“成本与市价孰低”进行存货计价，很明显地会减少“留存收益”(除非所有存货的市价都高于成本，否则，就会发生“存货跌价损失”，而这种未实现的损失将减少本年收益或以前年度收益)。容许“秘密盈余”(秘密准备)的存在，这确实是这个计价方法的严重缺点，不应当对它隐讳。不过，计价是同商品经济联系在一起的。在商品经济中，资产和产权的计价总存在着一定的估计性和不肯定性。除存货外，固定资产的折旧、间接费用的分配、应实现收入的确认和各种摊提等等，都属于这种情况。会计人员经常面临着“冒险”与“谨慎”的选择。所谓“不预计可能的收益，只预计可能的损失”，就是人们按稳健原则行事的表现。在社会主义国家，我们当然要如实反映情况。如果由于客观原因不可能做到这一点时，我们的会计原则恐怕也应当是稳妥，而绝不应当相反——“冒险”和“浮夸”！

通过以上的说明，可以得出几点结论：

第一，马克思说过，会计“原是生产职能的附带部分”，在它成为一项独立的职能以后，它仍然“是一个大规模生产过程内部的职能”。会计作为一个经济信息系统，总是密切依存于生产发展。而会计的理论，则只能在密切依存于生产实践的会计实践中产生。从运用复式记账算起，会计也有五百年以上的历史。当代财务会计的基本观念和有关理论，基本上是近几百年，特别是 20 世纪 80 年内逐渐形成的。“我们所以有今天，在很大程度上取决于我们的昨天”。因此，任何国家不可能在空地上建立自己的会计理论。人们不能割断历史，不能忘记会计理论的继承性。

第二，会计是人类共同创造的科学技术。早在单式簿记阶段，许多国家和地区就对记账的技术作出了不同程度的贡献。其中也包括我国人民。例如宋代的“四柱清册”，就是一种会计平衡的技术。会计进入复式簿记阶段，意大利人所作的重大贡献是人所共知的。把复式簿记推进到会计，并奠立现代会计学的基础，应当归功于英国人。对于复式记账理论的形成与发展，意大利、法国、德国、英国和日本的会计学者都起过作用。至于成本会计和管理会计，当代财务会计理论和以此为基础的“公认会计原则”，又必须肯定美国、英国，尤其是美国会计师和会计专家们的功绩。不管会计的理论和方法由哪一国哪一地区的人民所创造，一旦推广流传，它就成为人类的共同财富。

第三，现代化大生产、大经济所需要的信息，在很大程度上依赖于现代会计。会计在计算、计量、记录、分类、整理、汇总和分析经济活动的数量方面运用了特殊的技巧。会计信息成了说明经济活动的特殊“语言”。由于会计产生并运用于不同国家，这种语言不可避免地带有“地方性”。但正如日本会计学者指出：“随着国际经济的日益密切，促使会计由地方语言蜕变为国际语言。”[①]由于当前世界各国的经济基本上是商品经济，而现代会计是商品经济的产物，会计的理论和方法的发展离不开商品经济的共同特征。所以，会计从“地方语言”变成“国际语言”也有可能。可以预料，今后，在商品经济的基础上，随着生产力和科学技术的进一步发展，随着会计的理论和方法日益出现数量化的倾向，人们向别的国家的会计理论和方法中学习、吸取和借鉴的东西将会越来越多，会计这门科学发展的一个总趋势将会更加打破国与国的界限(国际会计准则的产生已开始预示了这一点)。

(原载于《厦门大学学报(哲学社会科学版)》1981 年第 3 期)

---

① 参阅(日)染谷恭次朗:《六十年代国际会计发展的情况》[陆永炜摘译，见上海社会科学院经济研究所《部门经济资料》(会 8005)]。

18 通货膨胀与公认会计原则

——新的会计模式和公认会计原则面临的问题

葛家澍

一、当前资本主义世界的持续通货膨胀要求改革现行财务报表

在资本主义制度下,会计的一项基本任务,是以客观而公允的会计资料,编制各种财务报表,为企业利害关系集团提供重要的财务信息。但与企业有利害关系的各集团在对会计的要求上,由于所处地位的不同,又分为两种情况。在企业利害关系集团中,企业管理当局是在企业的内部,掌握着企业的管理权。由于企业的管理活动一般会涉及理财和经营两个方面,为了执行管理企业的职能,管理当局既会关心企业的财务状况和经营成果,又会关心怎样加强经营管理来实现最佳的财务状况和取得最优的经营成果。显然,不断改善经营管理对于争取良好的财务状况和尽可能大的经营成果是极为重要的。在这种情况下,企业管理当局就着重于要求会计向他们提供可据以进行经营决策的信息。这类信息当然不限于可以用货币表现的方面。为了适应企业管理当局对内加强经营管理的需要,在资本主义国家,现代会计逐渐分化出一个独特的领域——管理会计。除企业管理当局外,所有其他利害关系集团都在企业的外部。他们或者掌握着企业的所有权(如投资人,其中应包括长期债权人),或者根据法令或合同(契约),对企业的资产或净资产拥有一定的权益。为了保障他们的权益,企业的这些外部利害关系集团主要关心企业的财务状况、经营成果和企业的理财政策。这样,他们就着重于要求会计提供可据以进行投资决策、信贷决策和征税决策的信息。这类信息主要涉及可以用货币表现的方面即财务信息。为了适应企业外部利害关系集团进行各种理财决策的需要,在资本主义国家,现代会计中的传统内容,又逐渐发展为另一个新的领域——财务会计(理财会计)。财务会计和管理会计,共同组成现代资本主义企业中最重要的经济信息系统。其中,财务会计的主要目标,是编制各种财务报表,向企业内部和外部(主要是外部)提供财务信息。财务会计所提供的财务信息对所有的企业利害关系集团都应当有用。它涉及的面最广,触及各方的经济利益,因此:第一,这种信息只能采取对各方面都有用的、可以公开的财务报表的形式。这类报表应当把企业作为一个整体来编制。第二,编制这类报表要力求客观、公允、科学、合理。否则,如有损于某一方面的利益,就不可能为各方所接受。第三,这类报表的可靠性要经得起检查。这样,列入财务会计的通用财务报表,首先要明确它的种类、基本结构和典型格式;其次,要明确为最后编制这些报表所必需的数据处理和信息加工的模式;最后,还要明确可用来指导会计处理报表编制的公认会计原则。在公认会计原则中,一些"基本的会计假设"、"基本的会计原则"、"修正性的(补充性的)会计惯例",则属于基本的财务会计理论。财务会计的日常处理是否正确,财务报表的内容是否客观、真实和合理,在很大程度上取决于基本的财务会计理论是否科学。

在当前,通用的财务报表主要包括"收益表"、"资产负债表"和"财务状况变动表"三种。它们分

别反映企业的两项基本活动：经营活动和理财活动；提供企业的三项重要财务信息：经营成果、财务状况和财务状况的变化。长期以来，上列财务报表所提供的信息，是建立在两个前提之上的：

第一，运用货币（例如美元）作为计量单位，并假定币值不变；

第二，以历史成本作为计量的标准。

但是，从70年代开始，资本主义国家出现了持续的通货膨胀。以美国为例，从1970年到1980年，物价水平就提高一倍，每年平均的通货膨胀率为6.7%。假定以1979年10月每一美元的购买力大约只相当于1969年1月的48美分，贬值55%。在这种情况下，企业按上述两个前提编制的财务报表就严重地脱离实际，财务状况失真，收益数字虚报。

在美国，直到1970年以前，都没有计算通货膨胀对财务报表的影响。结果是，许多企业尽管在财务报表上有净利，却缺乏补充存货和更新固定资产的财力。销货成本不能对所费资本起价值补偿和实物补偿的双重作用，这样发展下去，必然对企业的继续营业构成严重威胁。

70年代以来，例如在美国，不论是企业管理当局或是外部利害关系集团，都要求美国的会计界应考虑通货膨胀的影响来改进通用财务报表的编制。其实，早在1918年，鉴于第一次世界大战期间德国马克的惊人贬值，米德尔达奇（L.Middleditch）就提出“应否在账上反映美元的价值变动?”这样醒目的命题并给予肯定回答。1936年，斯威纳（Henry W.Sweeney）教授又建议用“等值美元”（common sized dollar）来使会计的计量单位获得稳定。1963年，美国会计师协会（AICPA）发表的第6号《会计研究报告》（ARS No.6）主张：各企业应按货币的一般购买力调整财务报表。1969年美国会计师协会所属会计原则委员会（APB）发表第3号报告（APB Statement No.3）支持第6号《会计研究报告》的主张。但认为，这种调整，只要作为以历史成本为基础的财务报表的补充就够了，不需要列入正式报表。

十年以后，即1979年，美国财务会计准则委员会（FASB）才通过它的第33号公告（FASB Statement No.33）采取了行动。这项公告要求500家大公营公司除了提供传统的财务报表之外，再补充提供下列资料：

Ⅰ

（a）以不变价格美元为基础的继续营业收益；

（b）在净货币项目上的购买力损益。

Ⅱ

（a）以现行成本为基础的继续营业收益；

（b）年末的存货、财产、厂房与设备的现行成本；

（c）存货、财产、厂房与设备等按现行成本计算的增减净额（即扣除通货膨胀的持有收益总额）。

二、改革现行财务报表的三种主要设想

考虑到通货膨胀的影响，在美国，对于现行财务报表的改革大约有三种主要的设想：

1.不变价格美元会计（constant dollar accounting）

这一设想主要为了解决计量单位——美元——的可比性。其特点是：第一，改变货币计量单位。第二，不改变历史成本的会计模式。这一会计模式只改变货币的计量单位。目的在于把代表不同购买力的“不等值”货币（不同时期的货币）转化为购买力相同的等值货币。具体地说，在美国，要求用“不变价格美元”（constant dollar）代替“历史美元”（historical dollar）。

如果历史美元为“年初美元”，年初一般物价指数为100，不变美元为“年末美元”，年末的一般

物价指数为150,则把“年初美元”调整为“年末美元”的公式是:

$$年初美元\times\frac{150}{100}=年末美元$$

如果历史美元为“全年平均美元”(一年中均衡发生的销货收入,营业费用等就可假定是按全年平均美元计量的)。全年平均物价指数为138,则把全年平均美元调整为年末美元的公式是:

$$全年平均美元\times\frac{150}{138}=年末美元$$

这里,考虑到物价变动对财务报表项目的影响不同,需要把资产负债表的项目划分为两类:

①货币性项目(monetary items)。包括货币性资产和货币性负债,如现金、定期存款、应收账款、应付账款等等。货币性项目的特点是:不因货币购买力变动而改变其账面金额(债权和债务的金额一经约定,一般是不会变动的)。正是由于这一特点,当货币的购买力提高或降低时,这些资产和负债就会形成购买力变动的损益。

②非货币性项目(nonmonetary items)。除货币性项目外,其余都属于非货币性项目。它们的特点是:当购买力发生变动时,它们的价值也相应地变动。因此,在非货币性项目上,不会形成变动的损益。

货币性项目上的购买力损益的计算可举例说明如下:

资产负债表

1/1(物价指数100)	12/31(物价指数150)
现　金 $ 1 000	$ 1 000
普通股 $ 1 000	$ 1 000
(全年平均物价指数125)	

假定一年之内,现金无流动

在现金项目上的货币购买力损益(下列各项均按12/31美元表达):

年初现金	$\$1\ 000\times\frac{150}{100}=\$1\ 500$
年内现金流入	$0\times\frac{150}{125}=0$
年内现金流出	$0\times\frac{150}{125}=(0)$
年末应有现金(a)	$ 1 500
年末实有现金(见资产负债表12/31余额)(b)	1 000
货币购买损失(b)-(a)	$ 500

资产负债表

(按12/31美元表达)

	1/1	12/31
现金	$ 1 500	$ 1 000
普通股	$ 1 500	$ 1 500
货币购买力损失	—	500
	$ 1 500	$ 1 000

但在非货币性项目上，就无所谓货币购买力损益。在上例中，如把现金改为存货，并假定一年之内存货无流动。则：

资产负债表

	1/1(物价指数 100)	12/31(物价指数 150)
存　货	$ 1 000	$ 1 000
普通股	$ 1 000	$ 1 000

在存货项目上的货币购买力损益(下列各项均按 12/31 美元表达)：

年初存货	$\$1\ 000 \times \frac{150}{100} = \$1\ 500$
年内存货流入	$0 \times \frac{150}{125} = 0$
年内存货流出	$0 \times \frac{150}{125} = 0$
年末应有存货(a)	$1 500
年末实有存货(b)	$1\ 000 \times \frac{150}{100} = 1\ 500$
货币购买力损益(b)－(a)	$0

假定在一年之内，存货发生流动(如购入、发出)，在存货这个非货币性项目上，同样不会形成货币购买力损益。

设：年初存货为 $1 000　　(物价指数为 100)
　本年购入存货为 $18 000　　(物价指数为 125)
　本年发出存货为 $18 600　　(按后进先出法)

则在存货项目上，货币购买力损益可计算如下(年末物价指数 150)：

年初存货(按 12/31 美元表达)	$\$1\ 000 \times \frac{150}{100} = \$1\ 500$
年内存货流入(按 12/31 美元表达)	$\$18\ 000 \times \frac{150}{125} = \$21\ 600$
$\$18\ 000 \times \frac{150}{125} = \$21\ 600$	
$\$600 \times \frac{150}{100} = \$900$	(22 500)
年末应有存货(按 12/31 美元表达)(a)	$600
年末实有存货(按 12/31 美元表达)(b)	
	$(\$1\ 000 - \$600) \times \frac{150}{100} = \$600$
货币购买力损益(b)－(a)	$0

资产负债表(按 12/31 美元表达)

	1/1	12/31
存货	$ 1 500	$ 1 500
普通股	$ 1 500	$ 1 500

2.现行价值会计(current value accounting)

这一设想是考虑到通货膨胀对各企业各项资产的影响并不相同,按不变价格调整美元购买力只能解决历史美元的可比性,不能解决各项资产重置价值或现行脱手价格的变化。

现行价值会计的特点是:

第一,不改变货币计量单位;第二,改变历史成本会计模式。

这一设想,主要又有现行成本会计模式和现行销售价格(脱手价格)会计模式两种方案。

(1)现行成本会计模式

以现行成本为基础的财务报表,主要特点在于收益表的改变。以历史成本为基础的收益表,只计算经营收益,而被承认的经营收益必须是实现的收益。

以现行成本为基础的收益表不仅计算并承认已实现的经营收益,而且计算并承认未实现的"持有收益"(holding gain)或"持有损失"(holding loss)。其收益计算的步骤可用下列公式表示。

累计持有收益或损失=持有资产的现行成本-持有资产的历史成本

每年新增的持有收益或损失=年末持有资产的现行成本-年初持有资产的现行成本

经营收益=销货收入-销货成本(现行成本)

净收益=当年的经营收益+当年的持有收益

持有收益分为已实现和未实现两部分。列入净收益的持有收益,一般是未实现的。至于持有收益的已实现部分,主要指曾作为未实现的持有收益计入过去年度的净收益之中,而现在,此项未实现的收益所依附的持有资产业已销售,不再归企业持有。但是,持有收益的已实现部分,也包括本年已销售的某项资产在持有时的涨价收益(应计入本年净收益中的本年已实现的持有收益)。持有收益与经营收益的计算见下列简例。

A公司资产负债表

第Ⅰ年年初

现金	\$100 000	普通股	\$100 000

第Ⅰ年年初营业后即用现金购买土地,成本为\$100 000

第Ⅰ年年末土地的重置成本为\$125 000

第Ⅱ年年末土地的重置成本为\$155 000

第Ⅲ年年中,出售土地,售价\$170 000,当时的重置成本为\$160 000

因此,

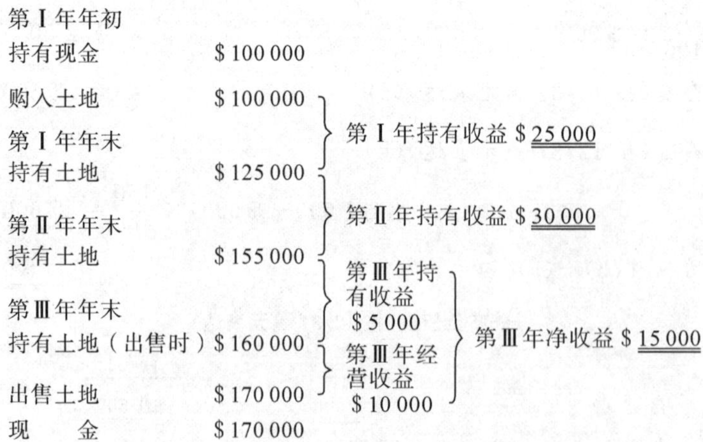

三年中的财务报表(为便于对比,分别以历史成本和现行成本为基础)如下:

收益表(以历史成本为基础)

第Ⅲ年

销货收入	$170 000
销货成本(土地的历史成本)	100 000
净收益(经营收益)	$70 000

收益表(以现行成本为基础)

	第Ⅰ年	第Ⅱ年	第Ⅲ年
销货收入	$0	$0	$170 000
销货成本(现行成本)	0	0	160 000
经营收益	$0	$0	$10 000
已实现的持有收益	0	0	60 000
已实现的收益	$0	$0	$70 000
未实现的持有收益(损失)	25 000	30 000	(55 000)*
净收益	$25 000	$30 000	$15 000

*在第Ⅲ年土地已实现的持有收益$60 000中包括了第Ⅰ年和第Ⅱ年已分别列入各年度净收益的未实现持有收益。为避免重复计算,必须把过去已计列的未实现持有收益视同第Ⅲ年的持有损失。从已实现持有收益$60 000中减去。①

资料负债表(以历史成本为基础)

第Ⅰ年末

存货(土地)	$100 000	普通股	$100 000

第Ⅱ年无变化

第Ⅲ年末

现金	$170 000	普通股	$100 000
		留存收益	
		本年净收益(经营收益)	70 000
	$170 000		$170 000

资产负债表(以现行成本基础)

	第Ⅰ年末	第Ⅱ年末	第Ⅲ年末
现金	$0	$0	$170 000
存货	125 000	155 000	0
	$125 000	$155 000	$170 000
普通股	$100 000	$100 000	$100 000
留存收益			
持有收益	25 000	55 000	60 000
经营收益	0	0	10 000
	$125 000	$155 000	$170 000

① 第Ⅲ年土地的未实现的持有收益(损失)也可按以下计算:

第Ⅲ年年末的持有收益(累计)　　第Ⅲ年年初的持有收益(累计)

(现行成本－历史成本)　　－　(现行成本－历史成本)

=($0－$0)－($155 000－$100 000)

=$0－$55 000

=－$55 000或($55 000)

现行成本会计模式中的持有收益,不仅需要在报表上反映,而且需要作成会计分录。设置"持有收益"账户在账簿上加以反映。例如,关于A公司在第Ⅰ、第Ⅱ、第Ⅲ各年的持有收益,应分录如下:

第Ⅰ年末

科目	借方	贷方
存货	$25 000	
持有收益——未实现		$25 000
持有收益——未实现	$25 000	
留存收益		$25 000

第Ⅱ年末

销售前:

科目	借方	贷方
存货	$5 000	
持有收益——未实现		$5 000

销售后:

科目	借方	贷方
现金	$170 000	
销售收入		$170 000
销货成本	$160 000	
存货		$160 000
持有收益——未实现	$5 000	
持有收益——已实现		$5 000

第Ⅲ年末

科目	借方	贷方
销货收入	$170 000	
销货成本		$160 000
经营收益		$10 000
持有收益——已实现	$5 000	
经营收益	$10 000	
留存收益		$15 000

在现行成本会计模式下"持有收益"属于什么性质?它计入留存收益后能否分配?这些都还值得进一步研究。

(2)现行销售价格会计模式

这一模式的设想最为大胆。它不再按"收入-费用=收益"的公式来计算收益。在这一模式下,净收益由年末净资产与年初资产相比较来确定。

现行销售价格(脱手价格)会计模式的计价原则可概括如下:

①资产按现行销售价格(脱手价格)计量。现行销售价格与历史成本的差异以及现行销售价格本身的变动均通过"脱手价格估价"(exit price valuation)这一特殊账户加以调整。

②负债按发生时的价值(历史成本)计量,不作调整。

③业主产权按"资产(脱手价格)-负债"的公式来确定。

在这一会计模式下,不需要进行费用分配和收入与费用的配合。收益表的编制将大为简化,资产负债表的地位会显著提高。不过,收益表所能提供决策的资料却非常有限。

在现行销售价格会计下,财务报表的结构例示如下:

S公司资产负债表

(以现行销售价格为基础)

	年末	年初	
现金	$ 36 000	$ 10 000	
商品	47 700	20 000	(设本年商品无流动)
固定资产	72 100	70 000	(设本年固定资产无变动)
	$ 155 800	$ 100 000	
应付账款	$ 12 000	$ ——	
普通股	105 000	100 000	
脱后价格估价	38 800	——	
	$ 155 800	$ 100 000	

S公司收益表

(以现行销售价格为基础)

年末净资产		
资产	$ 155 800	
负债	(12 000)	$ 143 800
本年增加普通股		(5 000)
调整后的年末净资产		$ 138 800
年初净资产		
资产	$ 100 000	
负债	(——)	(100 000)
本年净收益		$ 38 800

在现行销售价格会计模式下,也需要设置“脱手价格估价”账户,以便记录:(a)现行销售价格与历史成本之间和(b)变化着的销售价格之间两种差异。例如:

经济业务:

现购商品 1 000 件,购买价@ $ 10,当时销售价@ $ 15;

将上列商品 800 件出售,销售价@ $ 16。

会计分录:

①购入商品:

	借	贷
商品(1 000 件,@ $ 15)	$ 15 000	
现金(1 000 件@ $ 10)		$ 10 000
脱手价格估价		$ 5 000

②销售商品:

	借	贷
现金	$ 12 800	
商品(800 件@ $ 16)		$ 12 800

按现行销售价格调整持有的商品价值

	借	贷
商品[1 000($ 16－ $ 15)]	$ 1 000	
脱手价格估价		$ 1 000

3.现行价值会计/不变价格美元会计

这一设想是把前面讲的两个会计模式结合起来加以应用,即在现行价值的基础上把历史美元再调整为不变美元,以便扣除通货膨胀的影响,计算各项资产净现行成本的净变动。因为这样调,对于正确确定企业各项资产真正的持有损益很有必要。例如,企业在年内购买有价证券,成本(设等于面价) $ 100 000。年末,有价证券的购买价为 $ 120 000。按照现行成本会计模式,年末应确认实现的持有收益为 $ 200,00。假定购买证券时物价指数为 100,年末的物价指数为 150,如扣除通货膨胀因素,则此项证券年末不但不发生持有收益,而且会出现持有损失:

$$\$120\,000-\$100\,000\times\frac{150}{100}=-\$30000$$

年末现行价值　　年初现行价值

(年末美元)　　(年初美元调整为年末美元)

上列调整方法体现了现行价值会计/不变价格美元会计的基本原理。从上例可以看到。这一会计模式是在现行价值会计的基础上(如上例,$120 000 和$100 000 分别代表有价证券年末和年初的现行价值),再把"历史美元"换算为"不变美元"(如上例,年末的现行价值$120 000 由于已是年末美元即不变美元,因而不必换算。年初的现行价值$100 000 则应按物价指数变动率 150/100 调整为$150 000。这样,它就由年初美元换算为年末美元即不变美元),消除了通货膨胀带来的一般购买力变动的影响,比较正确地反映了持有损益。

所以,懂得了前两种会计模式,也就能理解这一种会计模式。

三、对传统会计模式的挑战

当前,在全世界流行的会计模式,是从 15 世纪以来,以复式记账为基础而逐步形成的一个财务信息处理系统,对比上述三种新的会计模式,通常称之为传统的会计模式。传统会计模式的主要特点可以概括为:运用"复式簿记系统"记录经济活动;按"权责发生制"确认收入并分配费用;同时,以"历史成本"为基础计量资产、产权和确定收益。若干世纪以来,具备这些特点的传统会计模式,一直被各国会计界公认为是最科学的,几乎是无可置疑的。

但是,前述有关通货膨胀会计的几种新的设想,则从许多方面突破了上述传统的会计模式,并对传统的会计模式提出了一系列值得人们深思熟虑的问题。通货膨胀会计认为,传统的会计存在着下列缺陷:

第一,历史成本会计模式具有局限性

以历史成本为基础的会计模式在通货膨胀或物价变动较大的情况下却脱离实际,这表现在:

以历史成本为基础的资产负债表只能反映历史的财务状况,而不能反映现行的财务状况。

以历史成本为基础的收益表在物价变动时则有下列问题:

(1)如果存货与固定资产的价格上涨,则按照历史成本计算的销货成本和折旧等费用只能补偿存货与固定资产的价值耗费,不能保证它们的实物更新。

(2)收入与费用反映不同的价格水平。前者是现行价格,后者是历史价格(历史成本)。它们相互配合决定的收益往往带有虚假因素。当物价上涨、存货的重置成本提高时,账面的收益必然偏高;反之,当物价下跌,存货的重置成本下降时,账面的收益又会偏低。

第二,权责发生制的作用也是有条件的

权责发生制对现代会计来说并不是必不可少的。因为,只有在一切需要确认收入、分配费用的会计模式中(如在历史成本会计、不变价格美元会计、现在成本会计、现行成本/不变价格美元会计等模式中)才要求以权责发生制为基础。而在不再需要确认收入和分配费用的会计模式(如已知的现行销售价格会计模式)中,权责发生制就将失去意义。

四、公认会计原则面临的问题

通货膨胀对传统的会计模式的挑战，实际上也是对公认会计原则或传统的财务会计理论的挑战。由于通货膨胀的影响，新的会计模式正应运而生。单是上述三种主要的通货膨胀会计设想，都对以美国为代表的当代资本主义国家的公认会计原则产生不小的冲击。问题不在于要求改变具体的程序和方法，而在于会动摇会计的基本假定、基本原则和修正惯例等一系列财务会计理论。

例如，不变价格美元会计动摇了“货币是会计的基本计量单位、货币的价值不变”的假定；现行价值会计直接否定了“历史成本”原则。上列三种设想都要计算并承认未实现的通货膨胀损益（在货币性项目净额上的购买力损益）、未实现的持有资产收益（包括按现行成本和按脱手价格计算的涨价收益），这又改变了“收入实现”的原则和“稳健性”惯例。在财务报表中，资产负债表又将提到首要地位。

可以预料，在80年代，资本主义国家的会计学界，将接受通货膨胀对传统会计理论和方法所提出的新的挑战。今后的财务报表将会有重大改革，并可能越来越复杂。美国财务会计准则委员会第33号公告只不过是改革的起点，为适应通货膨胀对会计提出的新问题，现行公认会计原则必然要加以发展，这一切，都会引起当代财务会计基本理论的变化。

科学的特点之一是它的继承性。一般地说，真正科学的理论是没有国家的界限的。虽然我们社会主义国家不存在持续的通货膨胀，整个通货膨胀会计模式对我们没有现实意义。但是要考虑到，我国的会计模式也是以历史成本为基础的，凡是对历史成本模式提出的问题和改革意见，我们也是应当重视、应当加以研究的。

为了更好地研究现代化财务会计理论，做到“洋为中用”，我们应当密切关注当代资本主义财务会计在80年代发展的上述新动向。

（原载于《中国经济问题》1982年第2期）

新中国成立以来关于会计的几个基本理论问题讨论述评

葛家澍　吴水澎

新中国成立以来，我国会计学界对许多会计基本理论问题曾开展了热烈的讨论，对我国会计科学的发展起了一定作用。三十年来，在会计的基本理论和基本方法等方面有哪些基本观点？曾经讨论过哪些问题？有哪些分歧意见？哪些问题的讨论研究尚须引向深入？今后我们应当研究哪些具有重大现实意义和理论意义的新问题？本文想在这些方面作简要述评，以供参考。不妥之处，请批评指正。

一、会计的含义

每一门科学都有一些专门的范畴和概念，会计学也不例外。为了研究会计的基本理论，应当弄清楚会计科学中最基本也是最重要的一个概念，就是“会计”。不弄清“会计”的含义，不在“什么是会计”的问题上取得一致或比较一致的看法，要进一步讨论会计的对象、性质、职能和方法等问题，就很难有共同的认识。

不论国内或国外，人们对会计的理解一直存在着较大的分歧。从50年代起，特别是70年代以来，在西方，会计的内含有明显的发展，其方法与技术进步很快。在这种情况下，会计一词的含义已经发生并正在发生引人瞩目的变化。

新中国成立以来，我们会计学界对于会计的理解就很不一致。有人把它看成是“方法”和“技术”；有人认为它是“管理工具”；有人认为会计本身就是一项“管理活动”；有人认为会计只是指“工作”；但有人认为它既指实践，也指理论，是“会计学和会计工作的统一”。从我国报刊已发表的文章来看，主要有三种不同的观点：

第一种观点认为，“会计是一种物质生产和流通过程的文字和数量统制记录”①，这种观点可称为“技术论”。

第二种观点认为，“会计是监督和管理物质生产过程的方法”②，是“经济管理的工具”。这种观点可称为“工具论”。

第三种观点认为，会计是“一项管理活动”或“一种社会关系”。这种观点可称为“管理论”或“关系论”。③

在西方，长时期比较流行的看法是，会计是“一种记录、分类和汇总一个企业的交易并解释其结

---

① 陶德：《〈怎样建立新中国会计理论基础〉读后》，《新会计》1951年第4期。

② 刑宗江等：《怎样建立新中国会计理论基础？》，《新会计》1951年第1期。

③ 参阅《中国会计学会1981年专题学术讨论会综述》一文，载《会计研究》1982年第2期。

果的技术”。在世界有影响的《新大英百科全书》(1980年版)至今仍持这一观点。不过,从70年代起,许多国家,尤其是美国的会计学界,由于考虑到会计已分化为“财务会计”和“管理会计”两个相对独立的领域,前者主要为企业外部提供信息,后者主要为企业内部提供信息。因此,他们倾向于把会计作广义的解释,统一理解为“一个以提供财务信息为主的经济信息系统”。这一观点可称为“信息论”。我国不少会计学家也接受了“信息论”的观点。

值得注意的是,1982年,英国成本与管理会计师协会提出一种新的会计观点。它们把会计的所有组成部分(包括财务会计),除了审计以外,都视为管理会计。其定义是:“对各种行动的备选方案将引起的未来活动,用货币形式所作的预测;对实际业务事项,用货币形式进行分类和记录,并对这些业务事项的结果加以表达和说明,从而对一段时期的业绩或某一确定日期的财务状况作出评价。”①

国外要求修改会计概念的这种新动向,标志着会计学科的新发展,值得我国会计理论界加以注意。

二、会计的对象

尽管人们对会计的含义有不同的理解,但会计总是为生产(再生产)服务的。现代会计是现代大生产必不可少的职能。为了使会计更好地服务于生产,必须明确会计所要反映和控制的对象。会计主要是通过它一整套关于数据处理和信息加工的方法与程序来替生产服务的。要充分发挥会计的作用,就要不断改进会计的方法,完善会计的程序,提高信息的质量。但人们会问:会计的方法与程序是怎样产生和发展起来的呢?当我们要改进这一信息系统时,拿什么标准来评价每一个方法(或程序)的优劣呢?回答这些问题,都离不开会计的对象。对象决定方法(程序)②,方法(程序)反映对象。这就是对象与方法(程序)之间的辩证关系。一种会计方法(程序)的科学性如何,归根到底,要用它在反映会计对象时的正确程度与深刻程度来说明。

50年代中期,苏联会计学界开展了会计对象和方法问题的讨论,这个讨论立即在我国会计学界引起了反响。从此,会计的对象问题也成为我国会计学界长期有争论的问题之一。

在会计对象问题上,我国会计学界主要存在着以下两种观点:

第一种观点认为,会计的对象“是以价值形式实现的社会主义社会产品再生产过程及其可用价值形式表现的物质基础”。③

第二种观点认为,会计的对象“是社会主义扩大再生产过程中的资金运动”。④

第三种观点认为,会计对象是“社会主义扩大再生产过程中的财务活动”。⑤

通过讨论,第二种观点被越来越多的同志所接受,并已出现在许多的会计著作中。不过,最近也有人对资金运动理论提出了异议,出现了有关会计对象的其他提法。例如把会计对象表述为“经济活动过程中能够用价值量表示的方面”⑥就是其中的一种。

---

① 引自《管理会计的新定义》,杨继良译自英国《管理会计》,上海社会学院部门经济研究所,1982年3月。

② 当然,决定会计方法的,还有会计的任务。在国外,则把会计的任务称为“会计的目标”(accounting objectives)。

③ 管锦康:《论社会主义会计学的对象任务和方法》,《大众会计》1957年11月号。

④ 葛家澍:《关于社会主义会计对象的再认识》,《厦门大学学报》1961年第1期。

⑤ 财政部人事教育司:《高等财经院校财务会计专业〈会计原理〉课程教学大纲》(油印本)。

⑥ 吴水澎:《怎样正确认识会计的性质与对象——兼评资金运动说》,《会计研究》1981年第2期。

三、会计的性质

会计的性质即会计的属性,可以从各个不同的方面去考察。在阶级社会里,最重要的方面是从社会方面去研究会计的属性,即研究会计有无阶级性。

新中国成立以来,关于会计的属性问题,特别是关于会计有无阶级性的问题,在我国会计学界,曾经几次展开激烈的争论。在争论中,主要有如下三种不同意见:

第一种意见认为,会计是经济核算的一种,而经济核算不仅要从数量上反映社会再生产过程,而且要从质量上来说明社会再生产过程。这样,会计必然要受历史的制约,具有鲜明的阶级性。

第二种意见认为,会计是一个经济信息系统,它的核心是方法。它主要通过生产并传递客观而科学的信息,特别是能用货币表现的财务信息,为管理提供咨询服务。会计方法本身是没有阶级性的。①

第三种意见认为,会计既有技术性也有阶级性,即所谓的"两重性"。主要理由是"会计是人们管理生产过程的一种社会活动。会计的产生和发展既同生产力有关,又同生产关系有关。它同生产力相联系的一面表现为技术性;而同生产关系相联系的一面就表现为阶级性"。②

当前,从讨论的情况看,持第一种看法的人已经不多了,但第二、第三种看法仍各有比较鲜明的观点和系统的论点,这个问题的讨论仍在继续进行中。

四、会计的职能(任务)

我国会计学界最早研究和讨论会计的职能,是在60年代初期。在此以前,人们比较重视对会计任务的探讨。

马克思关于簿记是作为"对(生产)过程控制和观念总结"的精辟论断,给予60年代我国会计学者在探讨会计的职能时以极大的启发。不少同志认为,马克思所说的"观念总结",指的是运用"观念上的货币"即计算货币进行反映(当然,这种反映带有全面总括的性质,而且对生产过程活动及其成果还有可能加以评价);而他说的"控制",是运用会计信息对生产进行管理。60年代初,由于我国国民经济正处于调整、巩固、充实、提高的时期,需要充分发挥包括会计监督在内的各种经济监督的作用,因此,在当时,人们就把马克思提出的会计的"控制"职能具体化为"监督"职能。这样,从60年代开始,会计具有反映和监督两项职能就逐步为会计学界和会计实际部门所接受。

最近几年,由于西方的管理会计被引进到我国,有些同志感到把会计的职能局限于反映和监督不利于充分发挥会计在"四化"建设中的作用。他们不同意继续用"监督"代替"控制"。有人认为,除"控制"外,会计还有新的职能需要我们探索,例如预测、决策等等。1980年中国会计学会成立以来,会计的职能问题已多次被列入学术讨论的专题,引起了会计学界广泛的兴趣。

当前,在我国学术界,对会计职能的认识,分歧是比较大的。概括起来,主要有以下几种不同意见:

---

① 参阅余绪缨:《要从发展的观点,看会计学的科学属性》一文,载《中国经济问题》,1980年第5期。

② 参阅杨纪琬等所写的《开展我国会计理论研究的几点意见》,载《会计研究》,1980年第1期。

一职能说:认为会计只有“反映”的职能。①

二职能说:认为会计有“反映”和“监督”或“反映”和“控制”两种职能。②

三职能说:认为会计有“反映”、“监督”和“促进”等三种职能。③

四职能说:认为会计有“反映”、“控制”、“监督”和“分析”等四种职能。④

六职能说:认为会计有反映经济活动、分析经济情况、核算经济效果、监督经济活动、预测经济前景和参与经济决策等六项职能。⑤

会计的职能涉及会计的本质。会计究竟有哪些职能带有客观性质?严格地说,在会计发展到一定阶段,它的职能既不能任意增减,各项职能的地位和作用也不能任意贬褒。当前会计的基本职能是什么?怎样正确认识反映职能的地位及其含义?尤其是怎样正确认识反映职能和其他职能的关系?这些问题恐怕都值得人们继续深入地加以研究。

五、会计的方法

如果说,反映和监督(或反映和控制)是会计的基本职能,那么,会计之所以具有这样的职能,则是由于它具有一套科学的方法与程序,组成了一个信息系统。研究和掌握会计,实际上就是要掌握会计的方法。正是在这个意义上,会计可以被视为一种微观经济的计量方法。当然,这里所谓的“计量方法”,是一个广义的概念,它包括记录、计算、分类、整理、汇总分析、检查等各种专门方法,组成了一个方法体系。而其中的货币计量(货币计价),既是一个独立的会计方法,又贯穿于会计的其他所有方法之中,形成了会计计量的基本特点。

由于会计这一实践活动包括会计核算、会计分析和会计检查三个环节,会计的方法也就相应地分为三个方面。

会计核算是会计的基本环节。会计核算的方法产生最早,内容最丰富,各种核算方法之间的相互依存关系也最密切。会计数据的处理和财务信息的形成基本上是在会计核算阶段,会计作为一个信息系统发挥作用也主要由于各种核算方法的巧妙结合和有机配合。

因此,开展会计核算方法的研究与讨论,过去是,现在仍然是会计理论工作者的主要任务。

会计分析是会计核算的继续与发展,而会计检查则是会计核算与会计分析的必要补充。为了进一步发挥会计的作用,对会计分析方法和会计检查方法的探讨将越来越受到人们的重视。

在会计核算中,记账又是基础。三十多年来,我国会计界对于记账方法问题展开过几次规模较大的争论。在争论中,矛头都是针对借贷记账法的。争论的焦点可以概括为:借贷记账法能不能为社会主义制度所利用?有没有更科学的记账方法可以替代它?

第一次争论是从 1950 年左右开始的所谓“收付与借贷”之争。争论的结果是借贷记账法得到了肯定。从此,它在我国各企业各单位被推广应用达 15 年之久。

第二次争论是从 1964 年左右开始的所谓“增减与借贷”之争。争论的结果是批判并否定了借贷记账法,确定了增减记账法,先是在商业部门,接着又在工业和其他部门记账工作中居于统治

---

① 谈惠:《关于会计学的几个问题的讨论》,《经济研究》1963 年第 2 期。

② 朝阳:《谈谈会计核算的反映和监督》,《大公报》1962 年 7 月 6 日。

③ 李天民:《关于会计的属性、地位和作用的探讨》,《会计研究》1980 年第 2 期。

④ 王文彬:《会计在国民经济中的作用》,《社会科学》1980 年第 5 期。

⑤ 参阅《充分发挥会计的作用 更好地为四化建设服务》一文,载《会计研究》1980 年第 4 期。

地位。

第三次争论是从1978年开始的"借贷与增减"之争或称之为"替借贷记账法恢复名誉"之争。通过讨论,借贷记账法重新得到了肯定,人们也开始研究如何改进增减记账法。①

为了提高我国社会主义生产和建设的经济效益,人们现在越来越重视对成本计算和成本管理问题的研究。中国成本研究会的成立,对于成本计算方法的研究与讨论,起了重要的组织和推动作用。我国宪法草案提出,要在各级政府中设立审计机构,开展审计工作。这样,对会计检查方法的讨论和研究就被提到会计学界重要的议事日程上来了。

可以预料,随着借贷记账法的名誉恢复,在会计学界,大规模地再对记账方法进行讨论与争论已经没有必要。在今后一个相当长的时期内,成本计算与成本管理问题、会计检查与审计问题将会越来越引起人们的兴趣,并受到会计理论界与实际工作部门的普遍关注。

六、会计原则

什么是会计原则?它包括什么内容,应当起什么作用?我国社会主义会计的原则是什么?

这些都是十分重要的会计理论问题。但在我国,关于会计原则的研究,只是最近几年才引起人们的重视。

在国外,从30年代开始,资本主义国家就开始着手会计原则的研究。所谓会计原则,一般被认为是"恰当地进行会计工作的规范"。在美国,尤其重视"公认会计原则(GAAP)"的制订和研究。公认会计原则,就它所包括的"会计基本假设"、"会计基本原则"和"修正性会计惯例"来说,几乎涉及会计理论和方法的所有各个最重要的方面。

为了建立我国社会主义的会计原则,一方面(也是主要的方面)应当总结我国会计工作的经验,把它上升为指导工作的规范;另一方面,也要有分析、有批判地吸收资本主义国家会计原则中的一切合乎科学的东西。

会计这一计量方法具有明显的技术性和继承性,它的应用范围早已超越了国界。西方会计学者所总结的某些会计基本假设和会计基本原则在很大程度上能够反映会计工作的客观规律,实际上,它已经指导并正在指导着自15世纪复式簿记诞生以来现代大生产(其中也包括我国的现代化大生产)的会计实务了。对于这些宝贵的历史经验(人类共有的财富),我们是应当慎重对待的。②

七、会计与经济核算、经济效果

在社会主义制度下,比较多数的同志认为,会计是加强经济核算、讲求(或提高)经济效果(经济效益)的一个极其重要、必不可少的工具,会计的完善和进步,在很大程度上取决于人们对严格经济核算与提高经济效果的要求。

因此,从60年代起,特别是近年来,论坛上陆续出现了有关会计与经济核算或有关会计与经济

① 见北京商学院黄肇兴教授在中国会计学会1981年专题学术讨论会上关于改进增减记账法的发言(1981年11月2日)。

② 参阅葛家澍:《论会计理论的继承性》,《厦门大学学报》(哲学社会科学版),1981年第3期。

效果的文章。

在论及会计与经济核算的相互关系时，基于人们对经济核算存在着不同的理解而产生了不同的看法。

一种观点认为经济核算就是记账算账，而加强经济核算就意味着加强会计工作，由于他们已把经济核算同会计等同起来，实际上就不存在着经济核算与会计的关系问题。

另一种观点认为"经济核算"是社会主义特有的经济范畴，是社会主义生产关系的特定方面，即经济核算关系的理论表现。而人们按照经济核算关系的客观要求建立起来的规章制度则称为"经济核算制"。会计与经济核算制的关系十分密切，但也有区别。它们之间的联系表现在：会计是企业实行经济核算制的一项必要和重要的工具；而经济核算制是企业确定具体核算和分析对象、制定某些方法的重要依据。但它们之间的区别也是清楚的：经济核算制是与经济核算关系相适应的经营管理制度以及经济杠杆和指标体系，而会计不过是一套凭证、账簿、报表以及与之相适应的各种计算、记录和审核的方法与程序。在一个企业中，为了计算和考核经济核算指标体系，检查经济核算要求的实现情况，除运用会计的方法外，还要同时运用统计和业务核算的方法。

新中国成立以来，由于种种原因，真正的严格的经济核算制并没有在我国建立起来，经济核算本身还有许多问题尚要研究，这也就决定了会计与经济核算这一命题仍然有许多问题值得探讨。

对会计与经济效果的相互关系问题的研究是最近几年才开始的。自从党中央要求全面提高我国经济建设的经济效果以来，对这一问题的探讨更加受到会计学界的重视。已发表的文章几乎一致肯定，经济效果与会计有着极为密切的联系。加强会计的根本目的在于提高经济效果，而人们关心经济效果的程度反过来又影响会计这一方法的完善程度和发展水平。当前，把经济效果与会计作为研究和讨论的课题，目的在于使会计更好地为全面提高经济效果服务，并逐步建立和改造现行会计科学的理论体系、方法体系和学科体系。

八、会计学

在会计基本理论问题中，还包括会计学的含义、对象、内容、性质、任务、学科体系、理论基础和研究方法等问题。只有深入地探讨并正确认识这些问题，会计学科才能顺利地得到发展。

在有关会计学的诸问题中，会计学的含义问题最为重要。以前由于会计的对象同会计学的研究对象相互混同，因而，对会计和会计学这两个概念也就不加以区别。现在多数的同志都赞成把会计和会计学明确地区分开来。但究竟什么是会计学？现在仍然有多种多样的说法。例如，一种意见认为，会计学作为理论系统，是一种社会意识形态，它纯粹属于上层建筑；另一种意见认为，会计学同一般的技术科学一样，主要是研究如何完成其技术任务的作业方法；再一种意见认为，会计学是经营管理学的分支，它是研究如何掌握对经济过程进行控制和观念总结的规律性的一门职能科学；还有一种意见认为，会计学是一门探讨微观经济信息的提供方法（主要是探讨财务信息的提供方法）的科学；又一种意见认为，会计学是一门研究如何反映和控制资金运动规律（价值运动规律）的知识体系；等等。由于在会计学含义的埋解上分歧很大，这就不能不影响到对其他一系列会计理论问题上的看法。

当前，为了加速培养能适应"四化"建设所需要的会计专门人材，在会计学的一系列理论问题上展开广泛的讨论和研究是十分必要的。

（原载于《中国经济问题》1983年第1期）

20 马克思的簿记理论与现代会计

葛家澍

会计是一门比较古老的科学,但现在看来,它又很年轻。从20世纪50年代以来,电子计算机被引进会计领域,由此引起了会计工艺上的根本改革。在资本主义国家,会计逐渐形成了"财务会计"与"管理会计"两个主要分支。管理会计的一个显著特征是把现代数学和现代管理科学同会计结合了起来,由此又引起了会计内容和作用方面的深刻变化。这样,已有五百年发展史的现代会计,似乎变成了一门新兴科学。由于这一系列变化,对会计的基本认识,例如会计的对象、职能、性质甚至会计的定义,人们都觉得有重新探讨和研究的必要。

为了探讨和研究会计的这些基本理论问题,很显然,如果认真学习和领会马克思在《资本论》和其他著作中有关簿记的论述,必能获得重要的启示。

一

马克思关于会计论述主要在《资本论》第2卷。他的这些论述写于19世纪60年代。这一时代,股份公司刚刚兴起,会计仍处于以簿记为主的发展阶段。由于历史限制,马克思当然只能以英国的复式簿记而不可能以现代会计[①]作为考察对象。虽然如此,他的许多论述,用来分析现代会计,照样保持效力。

在什么是会计、会计的基本职能是什么这样一些问题上,马克思都作出了科学的回答。

马克思首先指出,会计是一种记录的手段,其基本的活动是记账。当把会计这种职能同生产职能相比较时,他说:"生产和记载生产的簿记,终究是两回事。"[②]这里,马克思明确指出:簿记是对生产的记载,就是记账。当说到会计所需时间必须从用于生产的时间中扣除,会计所需费用则必须从参加产品和价值形成过程的劳动资料中扣除时,簿记和记账被马克思看成是同义语。当然,经过不同的商品生产者,记账的方式会发生变化,"在单个商品生产者仅仅用头脑记账(例如农民,只有资本主义农业,才产生使用簿记的租地农场主),或者仅仅在他的生产时间之外附带地把收支、支付日

① 本来有些会计学家认为,1494年是会计发展史上第一个里程碑,这一年,巴其阿勒(Pacioli)出版了他的《算术、几何与比例概要》,系统地介绍了威尼斯的复式记账法并给予理论上的阐述。由于这本书的出版,复式记账法才能在欧洲和全世界得到推广,从此,开创了现代会计的历史。不过,这位被誉为"现代会计之父"的神甫实际上应称为"现代簿记之父",他的功绩主要在于:总结了复式簿记的科学性,促进了单式簿记向复式簿记的变革。但是,簿记并不等于会计。到了19世纪后期,由于股份有限公司成为资本主义企业的主要组织形式,审计、会计报表分析和成本会计都迅速发展起来,会计的职能就超出了簿记作为一个记录系统的范围。这样,在会计的发展史上,又进入了一个新的里程碑。严格地说,这时,包括簿记在内,并以簿记为基础的现代会计才真正开始。

② 《资本论》第2卷,第151页(注)12。

等等记载下来”。到了资本主义社会，记账这种职能就集中到资本主义商品生产者手里，逐步从生产职能中分离出来并成为一个独立的职能了。但马克思指出，在这种情况下，有两点却不曾改变：第一，会计主要是用来记载生产的，它本身不是生产活动；第二，正因为这样，会计的费用只能从生产的总收益中扣除[①]。当进一步分析会计的费用与商品保管费用的区别时，马克思再次强调会计对商品价值的计算过程只起“记载”作用。为此，他用一段形容词来叙述簿记，“商品价值的计算，记载这一过程的簿记”[②]。总之，马克思的这些提法集中地说明了记录是会计的一个本质特征，从而成为会计的反映职能的主要内容。也许有人认为，在今天，会计的内容已经远远超出簿记，马克思当时强调的记录或记账，是否仍能体现现代会计的本质特征？关于这一点，我们不妨看一看西方一些会计著作在这个问题上的看法。1980 年出版的《新大英百科全书》认为，迄今为止，簿记与会计还是很难区分的。会计的记录部分正是簿记。这本在世界有影响的大百科全书写道：“簿记是会计的记录部分，而会计是一种关于记录、分类和汇总一个企业的交易并解释其结果的艺术。在簿记与会计之间作明确的区分是困难的。会计包括簿记，只是会计这门学科内容更广。”[③]1982 年，英国成本管理会计师协会（ICMA）修订了会计专门名词。在这个协会修改的“会计”的定义中，除了增加用货币形式预测“各种行动的备选方案所引起的未来活动”这一新的内容外，关于已发生的经济业务的处理，定义仍把“分类和记录”两个环节作为会计的基础。新的会计的定义被表述为：“对各种行动的备选方案所引起的未来活动，用货币形式所作的预测；对实际业务事项，用货币形式进行分类和记录，并对这些业务事项的结果加以表达和说明，从而对一段时期的业绩或某一确定日期的财务状况作出评价”[④]。在 20 世纪 50 年代，美国会计师协会（AICPA）所属会计名词委员会发表的第 1 号会计名词公告中对会计也下了一个定义。公告说：“会计是一种艺术，旨在将具有或至少部分具有财务特征之交易事项，以有意义的方式，且以货币表示，予以记录、分类及汇总，并解释由此产生的结果。”[⑤]公告的第 14 段特别指出：定义“对于记录、分类及汇总等关键字眼寄予类似的密切注意”。因为“账簿上对资料的记录与分类，构成一个会计功能”[⑥]。70 年代以来，在西方国家，尤其在美国，会计几乎被一致理解为“一个信息系统——一个用来把企业或其他营业个体有意义的经济资料传递给对它有利害关系的各方的信息系统”[⑦]。与此同时，有的会计学者仍把会计当成一门描述性兼分析性的学科。作为这样一种学科，会计要“辨认大量能反映经济活动特点的事项和交易并通过计量、分类和汇总，使这些资料缩减为数量很小、极其重要而又互相联系的项目。当这些项目归集和表达得当时，就会描述一个特定经济个体的财务状况与经营成果”[⑧]。显然，这里虽只说到计量、分类与汇总，不言而喻，其基础是记录。所以，美国一本著名的会计原理著作——《芬南和穆勒的会计原理（初级本）》在 1980 年的第 8 版中，对于普通会计（general accounting）即财务会计（financial accounting）的解释，就列举了“记录”这一重要步骤。这本书说：“普通（财务）会计＝旨在编制财务报表向外界报告而对一个企业的经济资料所必需的辨认、记录、分类和汇总。”[⑨]1979 年 4 月，日本出版了《新版会计学大辞典》，这本被誉为“内容新颖”的辞典解释会计这个最重要的词条是

---

① 参阅《资本论》第 2 卷，第 151 页至 152 页。

② 《资本论》第 2 卷，第 157 页。

③ *The New Encyclopedia Britannic*，Volume3，15th.ed.，1980，*Bookkeeping*，p.37。

④ 伯纳德·考克斯：《管理会计的新定义》（杨继良译自英国《管理会计》1982 年 3 月号），见上海社会科学院经济研究所资料。引文中的着重点是本文作者加的。

⑤ 《美国会计师公会〈财务会计标准〉》，丁文拯译，大中国图书公司，第 648 页。

⑥ 《美国会计师协会〈财务会计标准〉》，丁文拯译，大中国图书公司，第 648 页。

⑦ S.Davidson/RL.Weil：*Handbook of Modern Accounting*，2th.ed.，1977，Preface，p.vii.

⑧ DE.Kieso/J.J.Weygandt：*Intermediate Accounting*，1980，p.3.

⑨ *Finney/Miller's Principles of Accounting Introductory*，8th.ed.，1980，p.18.

这样写的:“所谓会计(accounting),就是根据经济事项发生的原因记录经济主体的资产、负债的增减,对登记过的数值进行必要的计算和加工,并将其结果作为情报传达给利用者的技术。”[①]在这里,日本会计学家明确地把“记录”数值看成会计的基础。因为,传达给利用者的情报只有根据登记过的数值才能做必要的计算和加工。从以上引用的一些会计著作可以证明:20世纪50年代以后,会计的含义确有很大的发展。但会计中的记账(记录)部分,如同马克思在一百年前就十分重视并加以强调的那样,仍然是现代会计(特别是财务会计)的基本职能——反映职能——的基础。今天,会计虽然被公认为一个经济信息系统,而这个系统首先包括了一个簿记系统。离开以复式簿记系统为核心的数据处理程序——包括记录、分类与汇总,可以肯定,所有用于企业内外经营决策与理财决策的财务信息都是不可能形成的。[②]

二

马克思进一步指出,在资本主义条件下,还必须把会计看成“确定和控制”资本运动的手段。他说:“资本作为它的循环中的统一体,作为处在过程中的价值,无论是在生产领域还是在流通领域的两个阶段,首先只是以计算货币的形态,观念地存在于商品生产者或资本主义商品生产者的头脑中。这种运动是由包含商品的定价或计价(估价)在内的簿记来确定和控制的。”[③]这里,马克思用了两个新的字眼来描述在资本主义制度下(更确切地说,是在大生产条件下)会计的职能:即“确定”和“控制”。所谓“确定”,顾名思义,是对作为会计对象的价值运动进行定量,并含有在账表上重现资本运动的意思。价值运动是商品生产过程中的客观存在。可是,人们却又看不见、摸不着它的全过程和真面目。在这个意义上,应该说,账簿并不能直接记录价值运动。账簿所直接记录的,是组成价值运动的具体经济业务(交易)。这些经济业务千差万别,数量很大,但又经常重复出现。通过会计,把所记录的经济业务加以归类、整理和汇总,由全部账户提供的数据,才有可能如实地再现价值运动的全貌。从经济业务的“记录”到价值运动的“确定”,说明了现代会计的反映职能是一个复杂的、以记录为基础的再加工过程。这个过程的特点是:“输入”原始数据,而后“输出”财务信息。前面指出,马克思在一些地方认为会计主要是记录或记账,而在这个地方又提出会计要“确定和控制”价值运动(在资本主义条件下为资本运动,社会主义条件下为资金运动)。这两种提法究竟有没有矛盾呢?没有!他通过后一种提法,对会计性质和职能的揭示是更为深刻和全面了。其实,即使前一种提法他强调记录或记账对会计的重要性也是正确的,是符合马克思所处的时代的会计发展水平的。会计活动总是从记录开始并以记录为基础。不论今后会计怎样发展,以记录为基础的反映职能恐怕都不会消失(当然,记录的方式和技术可能有很大的甚至有根本的改变)。在马克思所处的时代,会计的内容主要是记账,不过,马克思并不把会计理解为就是记账。他比当时的会计学家站得更高,看得更远,分析更深入。如果说马克思把会计主要看作是记账只是从会计活动的“开始”来考察会计,那么,马克思说会计的作用是“确定”价值运动就是从会计活动的“结果”来评价会计了。因为,价值运动的确定,靠开始记入账簿的大量原始资料是办不到的,它要依靠会计最后形成的财务信息。原始会计资料与财务指标体系似乎都是数量指标,但前者只反映事物的现象,而后者却深入到事物的本质。财务信息所表现的量,已经能够说明企业财务状况的好坏和经营成果的

① 番场嘉一郎主编:《会计学大辞典》(条目选译),司徒淳译,湖北省会计学会,1981年,第494页。

② 电子计算机引进会计后,会计的数据处理虽然可以由电子计算机代替,但复式记账原理仍然适用,而所储存的信息仍然起“记录”(帮助人们记忆)的作用。不同的只是“记录”的形式改变了。

③ 《资本论》第2卷,第151页。

大小了。借助于它，人们就可以正确而深刻地了解并掌握整个生产运动(价值运动不过是生产运动的货币表现)。此外，马克思在这里还提到会计具有“控制”的职能。那就是说，由于会计能提供有关生产经营活动的货币信息，从而能正确确定价值运动，人们就可利用这种信息来调节、指挥并监督生产经营活动，实现预定的目的。

马克思对会计的以上看法，基本上可以概括为两层意思：一是把会计理解为对生产过程的“记载”(记录或记账)，二是把会计理解为对生产过程的“确定和控制”。“记载”生产是“确定和控制”生产的基础，而“确定和控制”生产则是在“记载”生产基础上的职能发展和提高。两者既有区别又有联系。只有把两层意思综合起来，才能把我们对会计的认识从现象引向本质，既从会计的历史和现状出发，又能科学地预见它的发展和未来。

三

马克思关于会计的论述集中于《资本论》第 2 卷“簿记”一节。在这一节中，马克思的研究主要是为了考察簿记费用(作为流通费用的组成部分)的性质。尽管如此，他对会计的本质和职能也作了很深入的分析。他除了提出以上两项卓越的见解外，还把会计精辟地表述为“对(生产)过程的控制和观念总结”。

所谓“观念总结”，是指用观念上的货币即计算货币来总括地反映生产过程及其成果。这样，就揭示了会计反映的基本特征——以货币为主要量度。

现代会计是商品经济的产物。会计所记录和确定的内容与商品的生产、流通、分配和消费分不开。一切商品都可以转化为具有同质的价值(交换价值)。为了计量商品的价值，就只能借助于货币。会计是一种微观经济的计量方法。计量是同会计的反映职能与控制职能紧紧地结合在一起的。由于会计以商品生产(再生产)中形成的价值运动为对象，以货币作为主要的计量尺度才会形成会计计量的显著特点。在这里，马克思明确指出，会计用来进行计量的货币并不是现实的货币，而是观念上的货币即计算货币；“作为尺度，货币始终充当计算货币；作为价格，商品只是在观念上转化为货币。”[①]

“总结”而冠以“观念”，寓有特殊的含义。运用数和量对生产经营过程作出总结可以有不同的形式，因而可以运用不同的计量尺度。但对会计来说，由于受它反映的对象——商品生产中的价值运动的制约，主要只能运用货币形式，即以观念上的货币为尺度。很明显，要把商品生产过程表现为一系列用货币表现的数据，然后变成有用财务信息(货币信息)，需要在会计人员头脑中并在凭证、账簿和报表上进行价值的“抽象”[②]。

由此可见，马克思所说的“观念总结”，能够概括而深刻地揭示会计的反映职能的本质及其特点。

从以上的说明可以看到：一个多世纪以前，当会计还处于以簿记(记账)为主的发展阶段，马克思就高瞻远瞩地向我们指出：会计既是用来记载生产的，又是用来确定和控制生产的。马克思概括的“观念总结”，其深刻的含义，长期不为人们所理解。现在，人们已逐步体会到，记录对会计来说仍然是非常重要的。它始终是会计反映的开始和基础。但是，会计还必须通过一系列专门的方法，组成科学的程序，对所记录的资料进行分类、整理、汇总、分析，使之产生一整套为确定和控制生产所

---

① 《政治经济学批判(草稿)》第 1 分册，人民出版社，1976 年，第 135 页。

② “在纸面上，在头脑中，这种形态变化是通过单纯的抽象而进行的。”(《政治经济学批判大纲(草稿)》第 1 分册，人民出版社，1975 年第 74 页)

必不可少的指标。这一加工、处理过程,就是运用观念上的货币,对生产经营活动及其结果进行评价和总结的过程。这一过程完结了,会计才能起到"观念总结"的作用。

四

近年来,我国会计学界曾展开会计的职能和作用的讨论。考虑到管理会计的发展,有的同志认为,会计的职能只是讲"反映和监督"已经不够了,"监督"应当扩大为"控制","预测"和"决策"也应当列为会计的职能。

把会计的职能明确地归结为"反映"和"控制",是符合马克思关于会计作为对生产"过程的控制和观念总结"的论断的。过去我们把会计的职能用反映和监督来概括,有其客观条件。把会计的职能归结为反映与监督是60年代初提出来的。我们知道,从1961年开始后的三年,我国国民经济实行了调整、巩固、充实、提高的方针,迫切需要采取一切措施来纠正不少部门、企业和单位不讲核算、不计成本、规章制度很不健全和财经纪律比较松弛等错误倾向。在当时,对于国民经济各部门各企业各单位的经济活动,强调发挥财政、信贷和会计的监督职能是完全必要的。实践也证明,这些监督职能都曾对于八字方针的贯彻执行起了重要作用。而且,按照60年代初我国的会计工作水平,要求借助于会计信息就能有效地控制生产也不大可能。由于监督职能是控制职能的一部分,考虑到当时的具体条件,在会计的职能中突出监督,还是实事求是的。现在的情况不同了。我国的国民经济正向着四个现代化的目标迈进,国民经济的发展对会计提出很高的要求。我国的会计工作也走上了健康发展的道路。在这种情况下,我们就不应当固步自封。应当重新估计现代会计对我国社会主义建设已经发挥、正在发挥和可能发挥的作用,认真学习《资本论》中关于会计是作为(生产)"过程控制和观念总结"的精辟观点,正确地实事求是地表述会计的职能。除了反映这一职能尚能体现"观念总结"的含义外,另一个职能现在仍称为"监督",范围似乎比较狭窄,而作用也比较消极。如果直接用马克思已经提出的"控制"来代替,我认为是比较合适的(当然在"控制"的职能中,"监督"仍有突出和强调的必要)。至于是否把预测和决策也作为会计的一些独立的职能,就要看怎样理解"控制"的含义。如果把"控制"视为"管理"的同义语而不局限于西方近代管理理论对"控制"所作的狭义解释①,那么,预测和决策都可以包括在控制的职能之内。

但是,重要的问题在于:就会计来看,反映和控制并非两个平行的职能;而会计究竟怎样对生产起控制作用也还需要作具体分析。

如果不是拘泥于片言只语,而是把马克思有关会计的论述全面地联系起来分析,谁也不能否认,马克思一贯强调的是会计的反映职能。他在《资本论》中关于"登记"、"记载"、"确定"(生产运动),对生产过程的"观念总结"以及更明确地讲"记账"等等提法,无一不是指会计的反映职能。历史充分证明:会计倘若不能发挥反映生产的作用,倘若不能向人们提供有关生产经营的信息,那就意味着会计的消亡。人们为了控制生产,必须掌握生产过程的数量方面,尤其是能够用货币表现的那些数量方面,即生产经营活动中的财务信息。因为财务信息在微观经济中具有特殊作用:第一,它能全面反映企业生产过程中拥有的物质资源,这些资源被利用和被消耗的情况以及企业取得的生产和经营成果。第二,它能把企业在生产经营过程中的所费与所得加以综合并进行比较。这样,借助于财务信息,就能了解企业生产经营的状况和效能,就能考查它的生产经济效果。正是在这个

① 第二次世界大战后,在西方,现代管理科学有许多学派,其中一个有代表性的学派是管理程序学派(Management process school)。这个学派把控制分为三个基本程序,"即标准的厘订、实际绩效对标准的比较及偏差的矫正等"(R.M.Hodgetts著,许是祥译:《企业管理——理论·程序·实务》,第214页)。

基础上，人们才能改进和提高企业的经营管理水平。

当前，资本主义国家的会计学家，倾向于把会计定义为“一个以提供财务信息为主的经济信息系统”。我认为总的看来，这个定义是能正确体现会计的主要职能——即反映的职能的，也是基本上符合马克思的科学论断的。

那么，应当怎样理解会计的控制职能呢？会计作为微观经济的计量方法，它的自身活动产生各种信息，“反映”就构成会计活动的直接结果。但会计的控制职能并不是这样。首先，会计要提供如实反映情况并有助于管理的财务信息；然后，人们要研究并分析会计信息并据以采取措施（作出决策），这时，才能指挥、监督并调节生产，使之符合于计划或目标。这就是会计发挥控制作用的过程。所以，控制生产，并非会计活动的直接结果，会计必须通过人们采取的措施与行动才能起控制生产的作用。毫无疑问，在现代化的大生产中，离开信息，就无法进行管理。会计所提供的信息必然有助于控制，而且是控制生产所必不可少的数据。但是会计信息并不能自动控制生产。因为，一个信息系统要起自动控制作用不能没有“反馈”(feedback)的功能。会计究竟有没有自动反馈的功能？除非把人们利用会计信息改善生产经营管理也视为会计的组成部分，就会计信息本身来说，恐怕是不能自动反馈的！因此，在会计的职能中，反映才是直接的，它居于第一位；而控制则是间接的（它要借助于反映），居于第二位。不论过去、现在和将来，是会计就要提供经济信息，不具备反映职能就不配称为“会计”。至于控制职能，其必要性虽然随着生产的发展而与日俱增，其可能性则取决于人们利用会计信息进行管理的水平。例如，在以复式簿记为标志的现代会计问世以前，会计的反映职能显然是存在的，至于当时它有无控制职能，那就很难说了。

有的同志把西方出现管理会计视为会计已变成一种管理活动的例证。其实，管理会计的出现，并没有改变会计作为一个经济信息系统的性质。

管理会计依然是企业管理的“工具”，它依然以提供有助于经营决策的经济信息来“为管理服务”。应当承认，管理会计信息具有不同于财务会计信息的特点。比如，管理会计除了提供货币信息外，还提供大量非货币信息；管理会计主要不在于“描绘”企业的“历史和现状”，而是着重于“分析”未来将要采取行动的各种方案的可行性。因此，它有别于财务会计，不再致力于“记录与陈述”过去，而把重点转向“控制”现在与“预测、规划”未来。但要注意，这里所说的“控制”、“预测”和“规划”，都只是提供有助于控制预测和规划企业经营活动的信息与方法。在一个企业中，要对各种经济活动方案进行比较并作出取舍的决定，要把已决定采用的方案付诸实施，要对上述活动加以组织，实行指挥和监督并在实施过程中进行必要的调整，都必须依靠人（在社会主义企业中，对经济活动作出决策，把决策变成行动，是企业领导人和各部门负责人——其中包括会计部门的负责人——的职责，也还要依靠广大职工群众）。管理会计的主要任务，就是及时、正确地提供可据以进行决策、指挥、监督和评价的、更为精确的经济信息，保证各级领导在决策和指挥方案的实施（即按已定方案或计划组织经济活动）中，获得最大的经济效果，至少不犯或少犯经济合理性的错误。

在现代化的大企业中，会计这个信息系统是各种经济信息系统的“枢纽”，在企业经营决策和其他经营管理活动中，起着“情报中心”的作用。因此，凭借会计的这一特点和优势，会计部门应当参与企业的经营决策，会计人员应当在党的领导下，按照国家的法令制度，把关守口，行使监督的职权。但上面讲的参与决策和实行监督，都是指会计部门和会计人员。会计，作为一个信息系统或一种管理工具，本身既不能决策，也不是什么管理。关于这个问题，我想，让我们重温一下马克思在《资本论》中的一段话可能会得到有益的启发。马克思说：“生产和记载生产的簿记，终究是两回事，就像给船装货和装运单是两回事一样。”①

（原载于《中国经济问题》1983 年 S1 期）

① 《资本论》第 2 卷，第 151 页。

21 关于会计定义的探讨

葛家澍　唐予华

为了发挥会计应有的作用和更好地研究会计的一系列理论和方法,应当对会计的含义有一个正确的认识。现在,不论就内容还是形式看,会计都处在发展中。为此,重新研究会计的定义是必要的。

一、关于会计定义的各种看法

在中外会计界,对会计的定义从来没有统一过。由于对会计本质有不同的认识,就会出现不同的会计定义。综观各种会计定义,大致有以下四种提法:A.管理工具论;B.管理活动论;C.艺术论;D.信息系统论。

1.国内:

(1)50 年代,一些《会计核算原理》教材只提"反映的工具。"例如:"会计核算是经济核算的一种,是反映经济过程中各个经济事实或经济现象的一种工具"。(上海财经学院会计核算原理教研组编写的《会计核算原理》,1958 年第 15 页)(A 种)

(2)60 年代出版的《会计学原理》教材提出了反映和监督两项职能,但却认为会计是一种方法。例如:会计是用来"反映和监督经济过程",进行"观察、计量、登记和分析的方法"。(厦门大学财务会计教研室编的《会计学原理》,1962 年第 1 页)(A 种)

(3)60 年代出版的《会计原理》也有类似提法,但第一次提出了"管理工具论"。例如:"会计是反映和监督生产过程的一种方法,是管理经济的一个工具"。(财政部组织编写的《会计原理》,1963 年第 1 页)(A 种)

(4)与此同时,有的文章把会计当作一项活动、一项工作。例如:"会计核算,概括地讲,就是以凭证为根据,以货币为主要计量单位,连续地、系统地对企业、事业、机关和人民公社等单位的经济活动和财务收支进行记录、反映、审核和分析"。(杨纪琬:《进一步加强会计核算工作》,《财政》,1961 年第 5 期)(B 种)

(5)60 年代《辞海》试行本经济分册,则提出两种定义:第一,"以货币为主要计量单位,连续地、系统地对企业机关和事业单位的经济活动或预算执行过程及其结果进行核算和分析"。(B 种);第二,"经济管理的一种工具"。(A 种)

(6)70 年代出版的会计教材和有关辞书,也有两种提法:

①"会计是管理经济的工具"。(厦门大学财务会计教研室编写的《会计基础知识》,1978 年第 1、2 页)(A 种)

②"会计是经济核算方法的一种。它主要运用货币形式,通过记账、算账、报账、用账等手段,核算和分析企业、单位的各项经济活动或财务收支,反映和监督经济过程及其成果"。(许涤新主编的

《政治经济学辞典》下册,第 385 页)

(7)80 年代,有的文章开始接受西方国家关于信息系统的提法,这个提法仍接近于工具论。例如:“会计作为一个经济信息系统”。(葛家澍:《论会计理论的继承性》,《厦门大学学报》1981 年第 3 期)(D 种)

(8)80 年代,有的文章则提出另一种观点,认为会计本身就是管理。例如:“会计这一社会现象属于管理范畴,是人的一种管理活动”。“无论从历史还是现实看,会计工作都是一种管理工作”。(杨纪琬、阎达五:《论“会计管理”》,《会计研究》1982 年第 6 期)(B 种)

2.国外

• 英国

(9)《大英百科全书》1980 年第 15 版,认为簿记与会计很难区分,它把簿记和会计都理解为一个信息系统,不过,它提出好几个定义:

“簿记是会计的记录部分。簿记主要提供两种信息:(1)企业当前的财产价值或产权;(2)企业财产价值的变化——损益,在特定时期内产生的损益。管理人员、投资人和贷款人都需要这些信息。

管理当局需要上述信息,以便解释经营成果、控制预算和作出财务决策;

投资人需要上述信息(主要是解释企业经营成果的信息),以便作出购买、持有或销售证券的决策;

贷款人则必须分析企业的财务报表才能作出应否给予企业贷款的决策。”(*Encyclopedia Britannica*)(*Knowledge in depth* 15th ed.vol.3,1980,p.37)(D 种)

“会计是一种艺术,它记录、分类和总结一个企业的交易并报告和解释其结果。

要明确区分簿记和会计是困难的,会计除了簿记之处,还具有更多的内容。例如,会计人员必须设计簿记人员所应用的记录制度,簿记员归集数据(指标),而会计员则汇总和解释这些数据(指标)。”(C 种)

“会计是一种手段,它被用来记录或预测一个组织的经济活动并把这种记录和预测转化为对未来活动的有用形式。

会计储存一系列数据资料并编制各种形式的报告,提供满足企业各方面需要的信息。大部分的会计信息是历史性的,此外,也经常提出一个组织中的计划活动的预测结果。”(同上书,Vol.1,1980,pp.37~42)(D 种)

(10)但是,《大英百科全书》第 15 版又在“资料索引和参考”部分介绍了簿记和会计的另一种解释。

“簿记:一个企业交易的货币(价值)形式的记录。簿记提供账户资料的信息,它与会计的处理程序有所区别,簿记只是会计的初级阶段。”(D 种)

“会计:收集并报告关于一个组织中的活动和目标的有用信息的某种理论、惯例、假设、计量规律和处理程序。至少可以说,会计是由如下的程序组成:对一个企业特定活动进行记录、分类和说明(解释),以利于促进有效的管理。会计教科书包括公司财务报表、计量原则和各种管理会计。”(D 种)

(11)1982 年,英国成本与管理会计师协会(ICMA)提出了新的会计概念,在会计这个大概念中包括管理会计和审计两大部分,除审计外,一切会计(包括筹措资金、编制财务计划与预算、进行财务控制、财务会计、成本会计)都属于管理会计:

“簿记:从事以货币形式记录实际发生的业务事项的那一部分会计工作。簿记可以在账簿上,也可以在卡片上或用电脑进行。(B 种)

会计:对各种行动的备选方案所引起的未来活动,用货币形式所作的预测;对实际业务事项,用货币形式进行分类和记录,并对这些业务事项的结果加以表达和说明,从而对一这段时期的业绩或某一确定日期的财务状况作出评价。(B 种)

管理会计:对管理当局提供所需要信息的那一部分会计工作,使管理当局得以:①确定方针政策;②对企业的各项活动进行计划和控制;③保护财产的安全;④向企业外部人员(股东等)反映财务状况;⑤向职工反映财务状况;⑥对各个行动的备选方案作出决策。为此需要:(a)确定为达到各项目标而制订的计划(编制长期计划);(b)确定短期经营计划(编制预算/编制盈利计划);(c)对实际业务事项进行记录(财务会计和成本会计);(d)采取行动纠正偏差,将未来的实际业务纳入轨道(财务控制);(e)获取并控制各种资金。"(译文见《会计研究》1982 年第 5 期第 57~59 页)(B、D 种)

• 美国

(12)美国会计师协会(AICPA)所属名词委员会 1953 年 8 月发表的第 1 号《会计名词公报》(ATBNo.1),所提定义与上述《大英百科全书》的定义基本相同。公报把会计定义如下:

"会计是一种艺术,旨在将具有或至少部分具有财务特征的交易事项,以有意义的方式且以货币来表示,予以记录、分类及汇总并解释由此产生的结果。"(丁文拯译:《美国会计公会财务会计标准》第 648 页)(C 种)

《公报》对上述定义中所涉及的"艺术"一词的含义作了解释。《公报》认为:"艺术有一部分是科学,但艺术还包括加到科学上的艺术家的技巧和经验。对会计来说,定义强调的是会计人员运用其知识,以解决特定问题的那种创造性的技巧与能力。"在这个意义上,才说会计是一种艺术。

(13)70 年代以来,美国会计界倾向把会计理解为一个以提供财务信息为主的经济信息系统。

美国会计师协会所属会计原则委员会(APB)在 1970 年发表的第 4 号报告写道:"会计是一项服务活动,它的职能在于提供有关经济主体的数量信息(主要是财务性质的信息),以便用于经济决策:在各种可供选择的行动方案中,作出合理的选择。"(D 种)

类似这样的定义在 70 年代以后的许多著作中流行起来。

S.戴维森主编的《现代会计手册》序言中写道:"会计是一个信息系统。它旨在向利害攸关的各个方面传输一家企业或其他个体的富有意义的经济信息。这个传输过程势必要涉及两个方面,就是信息的发送者和信息的接收者。(见财经出版社 1982 年中译本,娄尔行译)

《斐南和穆勒氏会计原理(导论)》这样说:"会计是一个经济信息系统或经济信息专业。它预定输送有关组织的重要的财务和其他经济信息,以供信息使用者判断和决策之用。"

"会计当作一个系统和一个经济信息系统,涉及把一个组织的经济数据转换为对该组织财务决策有用的经济信息。""这个系统是进行经济数据的输入和经济信息的输出之间的变换。"[*Finney and Miller's Principles of Accounting*(*Introductory*)8th edition,1980,p.13](D 种)

凯索和威基恩特合著的《中级会计学》第三版认为,会计是一项服务活动、一项描述性兼分析性的学科和一个信息系统:"作为一项服务活动,会计为各利害关系方面提供数量化的财务信息,借以帮助它们在营利单位、非营利单位和经济中发展和利用资源进行决策。作为一项描述性兼分析性的学科,会计辨认大量的表示不同性质经济活动的事项和交易,通过计量、分类和汇总,在恰当地归集和报告之时,这些资料就缩减为少量的、高度重要的和相互联系的项目,用于描述某一特定经济个体的财务状况和经营成果。作为一个信息系统,它收集并输送一家企业或其他个体的经济信息给广大的人们,他们的决策和行动同该企业或个体有关。虽然这三种会计含义的描述似乎互不相同,但其中并不存在矛盾。每一种定义都包含会计的三项基本特性:(1)有关经济个体;(2)财务信息的计量;(3)有利害关系的人们。(Donald E.Kieso and Jerry J.Weygandt:*Intermediate Accounting*,third edition,1980,p.3)(B、D 种)

(14)不过,70 年代在美国,也有学者认为会计仍然是一种规则和方法。例如:番诺兹、斯莱文和桑德索合著的《基本会计学》中说:

"总之,会计是一整套规则和方法,利用它,把财务和经济资料加以归集、加工并在报表中汇总,以便在进行决策时加以利用。"(Iesac N. Reyanolds, Albert Slavin and Allen B. Sandeso: *Elementary Accounting*,1978,p.4)(A 种)

• 日本

(15)著名会计学家黑泽清对复式簿记有深入的研究,他对簿记所下的定义是"在企业中用货币计算来控制(捕捉)资本循环的手段"。他引用德国会计学家歇尔(Schar)对复式簿记所归纳的两个特点:"第一,直接表示资本增加及减少的量和要素;第二,掌握(资本的)循环过程中月初形成的以货币形式表现的劳动和消耗并从这种被消耗掉的劳动力及财产物资的价值与通过计算而掌握的新的价值的差额中,通过第一种独立计算以及和第一种计算有机相结合的第二种计算来清楚地掌握企业的成果。"[黑泽清:《改订簿记原理》,1951 年(昭和 26 年)改订版,第 7 页](A 种)

(16)昭和 54 年新版日本《会计学大辞典》有关"簿记"和"会计"两个条目作了如下的表述:

"簿记是一种经济核算技术,其职能在于:核算、记录和整理特定的经济主体所有的财产的变动事实及其经过,把核算、记录和整理的结果和一定时点的财产盘存结果进行核对,以充分说明在财产管理上的受托会计责任的履行情况并提供有助于有目的地控制财产保全与运用的会计报告和会计信息。"

"所谓会计,就是根据经济事项发生原因记录经济主体的资产、负债的增减,对登记过的数值进行必要的计算和加工并将其结果作为信息传达给利用者的技术。"(湖北省会计学会条目选择本第 99 页)(D 种)

从上列表述可以看出,《会计学大辞典》的这两个定义几乎没有什么区别。

• 苏联

从 50 年代到 70 年代,苏联会计学界对于会计(会计核算)的表述也有很大的发展。

(17)50 年代,把会计当作反映和监督的方法或工具是苏联会计学界长期流行的观点。例如:

1955 年出版的一本为我国会计学界所熟悉的《会计核算原理》写道:"会计核算(也叫做会计和簿记)是在完成国民经济计划的各个部门中反映和监督经济活动的方法。在社会主义经济中,会计核算是对国民经济统一体系的各个环节的活动进行监督和领导的最重要的工具。"(马卡洛夫、别洛乌索夫《会计核算原理》,中译本,1957 年第 26 页)(A 种)

(18)到 60 年代,该作的基本观点没有改变,但表述方法有了一些变化。

(19)70 年代,《苏联大百科全书》中关于会计的定义已有变化:①实行会计核算;②进行会计核算、编制报表和监督财政预算纪律遵守情况的企业与组织中的独立组成部分。(B 种)

(20)70 年代末,索柯洛夫写的《会计核算原理概论》一书,对会计的认识有很大的发展,他也认为会计是一个经济信息系统,但是又加进一些新见解:"会计核算乃是一种关于经济生活事实的观察、记录、归类、汇总、分析和信息传递的体系,这种体系是为了管理经营过程而建立的。这些经营过程产生了经济信息,在该情况下,经济信息可理解为在经营中所发生的有关法律关系和经济关系的资料,并且它们决定着会计核算的内容。"

"会计核算的目的就是向领导机关提供管理经营过程所必需的信息。"

"会计核算是作为一种对经济生活事实进行筹划的信息系统,以便选择和实现管理决策(人们经常试图把会计核算信息解释为反馈)。"(转引自中国人民大学财务会计教研室:《国外财务会计教学资料选择第四辑》,1981 年 3 月)(D 种)

从索柯洛夫的观点可以看到,西方国家关于把会计定义为一个经济信息系统的主张,由于电子计算机引进会计领域,也开始为苏联会计学家所承认了。这是一个值得注意的新动向。

二、我们的初步看法

以上列举的会计定义,不外乎四种有典型意义的提法(分别用 A、B、C、D 标注)。这些提法告诉我们:早期的会计,在含义上与簿记没有区分。在长时期内,西方会计学家是把会计视为一种"艺术”,但到70年代,由于电子计算机引进会计领域,信息论被导入会计,管理会计得到了迅速发展,此后,出现了一种为大家普遍接受的新看法:视会计为一个信息系统。在管理会计产生前,所有定义都把会计对象的时间限定为已完成的经济活动,新的会计定义则包括了对未来尚未发生的行动的预测,进一步发展了会计对象的时空观念。

上述会计四种典型定义中,前三种提法(A、B、C三种)是分别从两个不同角度出发的。

①把会计当作一项有人参加的活动,即一项工作。这就是“管理活动论”的实质。按照“管理活动论”下的定义,所谓会计,是指会计工作,说明会计作为一项活动或工作的性质,而这项活动或工作是指“对能够用货币表现的经济事项,按特定的方法,予以计量、记录、分类、汇总和分析、评价”。如果把会计当作一项活动或工作,那么说会计工作是一项管理工作是完全正确的。

②把会计当作一种反映和监督经济活动的方法、工具或提供财务经济信息的一种规则与方法,这是“管理工具论”和“艺术论”的含义。按照这种观点,会计是进行会计工作必不可少的手段,但会计不等于会计工作。这种观点认为会计是一套分类、记录、计量、汇总和分析与解释的方法或技巧。简单说会计是一个方法的体系,这个体系是人们长期从事会计工作的经验总结,而用它来开展实践活动,才表现为会计工作。由于认为会计是方法或艺术,那么会计本身就不可能是管理而只是服务于管理的工具。从会计这一特殊的方法体系说,它主要是用来提供微观经济信息的;或者说,它主要是执行反映职能的。至于说到会计工作,情况有所不同,它比起作为一个方法体系的会计,可以起更多的作用。会计工作的首要的和基本的使命,当然也是按规定的方法处理数据和加工信息,起反映的作用;但是,在会计工作中,由于掌握了大量数据和信息,会计部门和会计人员就可以按照政策、计划和制度,监督企业的经济活动,同时可以充分考虑提高经济效益的要求,提出可供选择的最优方案,协助企业领导并督促各有关部门及时指导并调节生产,更好地领导经济工作,起控制的作用。

会计定义的最后一种提法(D种),把会计理解为一个经济信息系统。这一见解试图把会计工作和开展会计工作所运用的方法或艺术统一起来,而又力求突出方法的作用,突出反映的职能,突出经济信息在现代经济管理中的特殊重要性。

我们是比较赞同“经济信息论”的观点的。理由有:一是这个定义比较简明。二是这个定义能比较准确地表述现代会计产生以来,就始终存在的“反映”的职能,或称为“提供数据和信息为经济管理服务”的职能。三是这个定义能突出在商品经济条件下会计必然以提供财务信息(能用货币来计量、记录、预测的那些数量方面)为主的特点。四是这个定义考虑到了现代会计的新内容及其发展。因为迄今为止,会计所运用的信息加工方法已形成一个严密而复杂的体系,从而在企业中成为一个能把数据转化为信息的系统。在这个系统中,不论用何种手段处理数据,均可理解为一个由若干要素组成的有机整体,它们都能用“系统”两个字加以概括,五是这个定义能较好地把“管理工具论”或“艺术论”同管理活动基本上统一起来。作为一系统,会计既可理解为具有两个以上的方法或程序,为完成处理数据和提供信息的功能而组成的一个方法的体系,也可理解为具有数据处理对象,由信息管理部门和人员来掌握,为信息提供和信息使用(使用信息就能发挥会计对生产的控制作用)而进行的一系列工作内容和程序。

当然,这个定义由于比较简略,还需要对涉及的几个概念作必要的说明,同时,这个定义未能明确指出诸如会计的对象、职能、方法和主体等问题,因而又需要进行必要的补充。

1.定义所涉及的几个概念

系统是指由两个以上的要素所组成,具有特定功能和特殊目标的统一体。如果把系统的功能加以抽象,则任何一个系统,均可分为输入与输出两个部分,如图1所示:

而具体到会计,可以认为,输入的是会计数据,输出的是财务和其他经济信息。

信息是系统所传输和处理的对象,是各种事物的特征及其变化的反映,是“影响或可能影响系统使用者的决策的有关知识”,企业生产经营活动的信息(简称经济信息),是生产经营活动所需人、

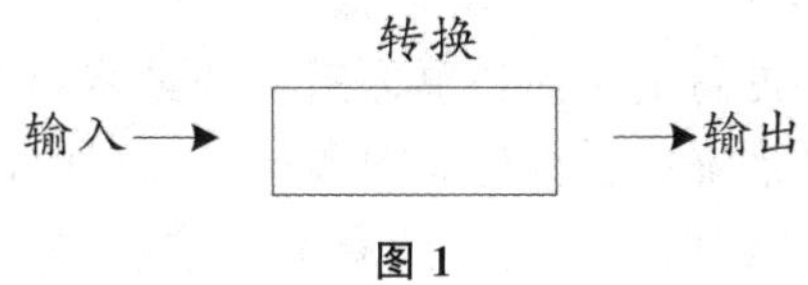

图1

物、能源、资金等要素相互结合的特征和不断变化的数量反映。生产经营活动同时产生"物资流"、"资金流"和"信息流"。信息有广义和狭义两种理解。广义地看,有条件输入一个信息系统的数据就可以理解为信息。例如原始记录、原始凭证,甚至有待进一步分类、整理和汇总的账簿记录都属于这一类。通常,我们把这一类信息称为初始信息。狭义地看,初始信息只能称为数据。只有经过加工改制后的有用数据,才是严格意义上的经济信息。例如:在会计这个经济信息系统中,就财务会计方面说,对外提供的财务报表,就管理会计方面说,对内提供的决策备选方案、差异的分析、成果的评价等等才是会计信息。以下我们所说的都是指狭义的、严格意义上的信息。

财务信息是指能够用货币表现的那部分经济信息,亦称货币信息。资金、成本和利润的指标体系,都是财务信息系统输出的信息。但成本信息较特殊,它既同经济有关,又同生产技术有关,故它也可独立于财务信息系统之外。严格说来,社会主义制度下财务信息的实际含义是:提供由资金运动(价值运动)所生成和发出的货币信息。当然,会计信息系统以提供财务信息为主,并不是说它仅限于此,像管理会计就能提供管理所需的其他经济信息。

2.需要在定义中补充反映的几个内容

一个完整的会计定义,应能反映会计的对象、职能、方法、主体和运用会计所达到的目的。第四种定义未能明确此类问题。

关于会计的对象 按照我们的观点,会计的对象一般可概括为价值运动,社会主义条件下的会计对象是资金运动。不过,根据当前会计的发展,会计所能反映的范围已比过去有所扩大。这就是说,作为会计对象的价值运动,不仅包括已经发生的,而且包括可能发生的,同时也不排斥其他重要的经济活动和经济事物。

关于会计的职能 会计的主要职能是反映和控制。其中,反映是基本的、第一位的。因为,只要有会计,就会有反映。如果失去反映作用,控制就无从谈起,会计也就不存在了。实际上,一切控制的职能都要通过会计工作,即人的活动,才能加以发挥作用。会计本身只是提供控制经济活动所需要的信息。这一点,财务会计是如此,管理会计也是如此。

关于会计的方法 这是会计的主要组成部分。整个经济信息系统都说明会计是一种提供经济信息的方法或方法体系。当然在定义中要能突出会计区别于其他提供经济信息方法的不同特点。其中,财务会计的一套模式是很能说明会计方法特征的。

关于会计的主体 如果说会计的对象是指会计反映什么,那么,会计的主体就是指在什么范围内执行反映的职能。或者说,按照多大的范围来收集并处理所发生的经济数据,站在谁的立场加工信息,所提供的信息说明谁的经济活动及其结果。我们讲会计是一个信息系统,总是以在经济上(包括财务上)和业务上具有独立性或相对独立性的企业、事业、机关、团体等单位为范围,它们都是一个独立的、互不混淆的会计主体。

关于会计的目的 在不同的社会制度下,由于会计掌握在不同的阶级手里,不同的阶级运用会计所要达到的目的当然不可能相同。不过,有一点又是共同的,资本主义企业和社会主义企业都必须努力降低生产消耗和生产占用,力求资本或资金的经济(节约)使用,因此都必须通过会计,获得有助于提高经济效益的信息。提高经济效益,是各个社会运用会计所要达到的共同目的,差别只在于,在不同社会中,经济效益具有不同的内容与形式。

3.我们对会计所下的定义

据上所说,我们基本同意把会计理解为经济信息系统,但为了使定义更完整,尚须作一定补充。我们所下的定义是:"会计是旨在提高企业和各单位活动的经济效益,加强经济管理而建立的一个以提供财务信息为主的经济信息系统。它在企业和各单位范围内,主要用于处理价值运动(在社会主义条件下为资金运动)所形成的数据并产生与此有关的信息,起反映的职能作用;上述数据与信息的进一步利用,又能起监督、预测、规划和分析评价等控制职能。会计的上述两项基本职能,都有助于进行正确的经济决策和财务决策。"

作为一个信息系统,会计是由若干子系统组成的。会计的子系统可以从不同角度来区分。例如,按照各个子系统所起的作用的不同,可分为:(1)会计核算;(2)会计分析;(3)会计检查。这三个子系统都能提供有助于经济管理的信息。其中,会计核算所提供的信息是基本的,而通过会计分析,则进一步予以加工,可形成对决策更有用的"高级信息"。会计检查的主要任务是检查和保证前两个分系统所产生的信息的质量,但它所作出的"评价",同样是一种有用的"高级信息"。在这个意义上,可以认为,会计核算是基础,会计分析是会计核算的继续与发展,会计检查则是前两者的必要补充。又如,按照各子系统所提供的信息的性质和用途的不同,可分为:(1)财务会计;(2)管理会计;(3)审计。上述会计的三个子系统,可用图式表示如图2所示。

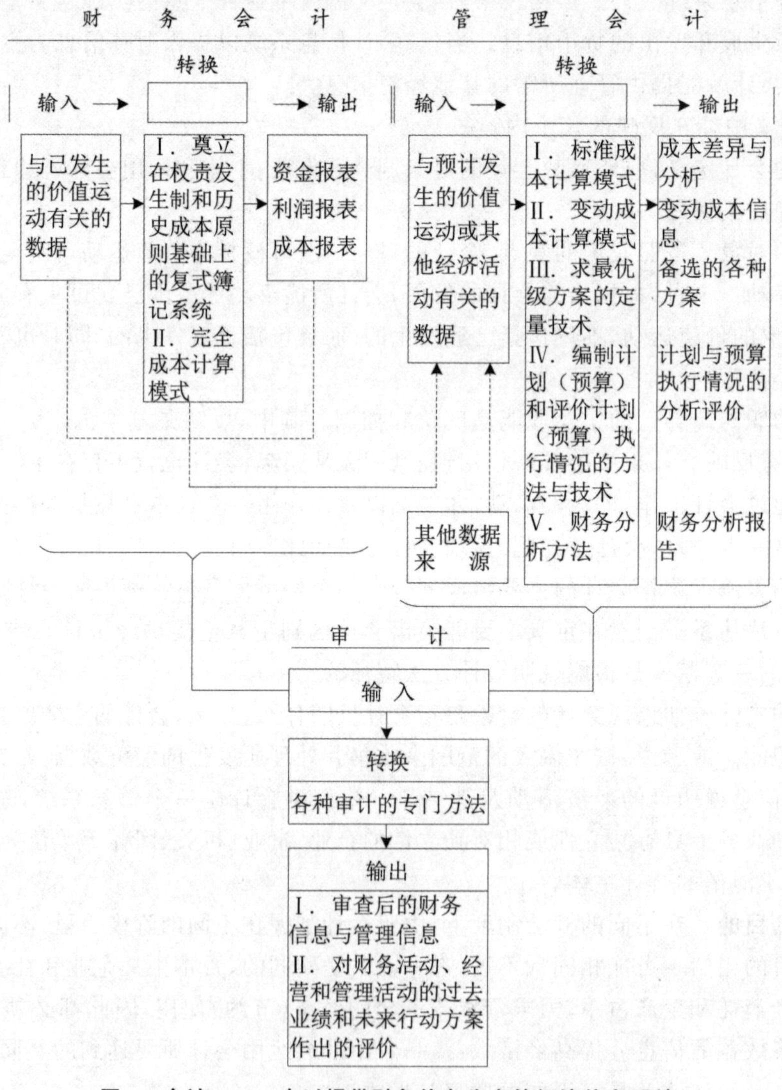

图2 会计——一个以提供财务信息为主的经济信息系统

应当指出，虽然审计可以包括在广义的会计之内，但审计与一般的会计（即除审计以外的会计的组成部分）在职能上有着明显的区别。一般会计的主要职能是反映，在反映的基础上才能起控制（包括监督）的作用。审计则不同，审计的主要职能是监督（包括检查和审核），在监督的基础上，才能起反映（包括揭露与评价）的作用。

（原载于《会计研究》1983 年第 4～5 期）

【学术报告】

关于美国公认会计原则和建立我国社会主义会计原则的问题

22

葛家澍

我国正在开始研究会计原则这个问题。特别是对美国公认会计原则的形成和发展,有待我们进行研究,这对于建立我国社会主义会计原则有一定的参考作用。如何制定我们的会计原则,我想谈以下三个问题:

一、关于会计原则问题(或会计准则问题)

会计原则在我国很少使用。我国的会计理论,解放后主要是从苏联引进来的。苏联的会计学界研究会计原则较少。因此,会计原则问题的研究,在我国还是一个空白,但这个问题很重要,它是会计理论的具体化。如果说会计理论与实际工作有一个桥梁的话,那么会计原则就是一个桥梁,因为会计制度是在会计原则的基础上制定的。我们对这个问题很少研究,但是在第二次国内革命战争时期,毛主席曾在一次会议上的报告中提到过会计制度的原则。毛主席说:"节省每一个铜板,为着战争和革命事业,为着我们的经济建设,是我们的会计制度的原则。"毛主席在这里把节约作为制定和执行会计制度的原则,而且又把它同党的政治经济任务联系起来。总之,会计制度的原则是会计制度的指导思想。要有一个远大的理想和目标。很显然,毛主席讲的会计制度的原则,对于研究或者制定我们社会主义的会计原则,是具有重要的指导意义的。

下面我所指的会计原则,主要是从资本主义书刊里引来的。它们对会计原则有特殊的解释。有一本叫《现代会计手册》(已翻译成中文,中国财经出版社出版)。这本书对会计原则下了个定义,认为会计原则就是恰当地进行会计工作的规范。书里提到,要很好地进行会计工作,需要用科学的会计概念来指导,而会计概念又要通过会计原则才能体现出来。这句话听起来好像很抽象,我想举个例子说一下。譬如有个企业买进一批材料,买价是 5 000 元,如果买进时还没有记账,快要记账的时候买价变动了,原来 5 000 元变成 6 000 元,如果这批材料这个企业不用,把它卖出去可卖 7 000元,那么,这批材料是用 5 000 元记账,还是用 6 000 元记账,或者用 7 000 元记账呢?如果按 5 000元记账,那你是采用以原始成本或叫历史成本为材料计量的原则,世界上大多数国家,包括我国在内,都是根据这个原则记账的。因此这批材料记账应该是 5 000 元,而不是 6 000 元,更不考虑 7 000元。但我们应该知道,如果根据 6 000 元记账,从理论上说没有错,因为用 6 000 元记账表示这个材料的重置成本,那依据的是另一个资产的计量原则,即现行成本原则;如果根据 7 000 元记账也没有错,这叫用销售价格记账,所依据的资产计量原则是现行销售价格(脱手价格)原则。所以,会计工作离不开会计原则。只是有时人们没有认识到罢了!

在我们会计上有几个基本概念或基本假设,这些概念是长期形成的,它们已经成为人们进行会计工作的前提条件。会计原则也要建立在这些概念或假设的基础上。归纳起来，约有四个基本的会计概念或假设：

第一个基本概念叫做主体假设。我们记账也好，编制报表也好，都是为每一个独立核算的企业或单位而进行的。作为会计主体的每个企业或单位，有自己的资产，有自己的负债。在资本主义国家，有自己的股本，有自己的收入，有自己的费用，可以独立地确定自己的经营成果，或者是盈，或者是亏。在这个主体或那个主体之间，在主体和企业主之间，在主体和职工之间，经济上不允许互相混淆。这就是第一个概念或假设。这个概念规定了会计人员必须站在每一个会计主体——独立核算的企业或其他单位——的角度记账编表，确定了现代会计的空间范围——本质上是微观核算。

第二个基本概念叫做继续营业假设，或叫营业连续性假设。我们记账总是假定企业是在连续地进行经营活动，不是明天就关门，后天就破产。当然在资本主义制度下，经常会出现与这个假设相反的情况。因为在竞争激烈的情况下，企业倒闭是经常发生的。但从整个资本主义企业来说，要假定它存在的时间比较长，力争实现自己的经营目标。

第三个基本概念叫做会计分段的假设。既然企业是在较长时间继续存在，会计又怎样反映它的财务状况和经营成果呢？怎么对它进行总结呢？企业需要会计，就是希望它能经常提供信息，帮助投资人、债权人进行决策并帮助企业进行经营管理。如果你等到这个企业关了门，一次为他结算，那平时还要会计干什么？因此需要将连续的经营期间分成若干片段进行结算。通常是按年按季结算一次，有的按月结算一次。编报表也要分成若干个片段，一个月、一个季度、一个年度编制一次，分期反映企业的财务情况和经营成果。当然，会计分期是人为的，分期反映的情况是带有很大的不确定性的，但对于及时发挥会计的作用却十分必要。

第四个基本概念叫做以货币为计量单位和货币价值不变的假设。在商品经济条件下，货币是会计的主要计量单位。我们知道，货币本身代表一定量的价值，其价值量用购买力代表。货币的购买力不可能是固定不变的，但既然作为主要的计量单位，就必须假定货币本身价值是不变的，或者是基本不变的。好像一把尺子，它的长度必须不变，如果今天这么长，明天又那么长，怎能作为计量单位呢？

如果我们要接受这四个基本假设，那么很明显，历史成本原则就是最好的计量原则。例如在上面举的例子中，第一，我们买材料的目的是加工，不是出售，当然更不应考虑销售价格。第二，我们假定这个企业是持续营业的，不是明天就关停并转，它购进材料之后，一般不应考虑持有这笔材料（资产）的价值增值，因为这种价值的变动上涨（或下跌），是外界因素造成的。它不反映这个企业经营活动的好坏。第三，我们假定以货币作为计量单位，并假定货币是不变或基本不变的，即使持有资产的某些项目上涨，或者下跌，从长期看，应当是可以互相抵消的。所以如果我们接受了以上四个基本假设或基本概念，那就应该选择历史成本原则。历史成本原则是比较客观、比较合理的。选择历史成本原则，是建立在前面几个假定基础上（特别是建立在币值不变、继续经营这两个假定的基础上的）。当然这是有条件的，因为是假设，尽管是一个科学的假定，一旦情况变化，即提出这种假设的客观条件起了变化，就要求修正原先的假设。在当前资本主义世界下，由于产生持续的通货膨胀，物价不断上涨，我上面讲的货币价值不变的假设就要修正了。因为它已明显地不符合资本主义经济的实际，不变是不行的。所以，当前资本主义国家的会计学家集中注意于研究、解决影响这个假设命运的“通货膨胀会计问题”是可以理解的。现在，在资本主义国家，会计的这个假设能否继续成立，如何改变报表结构甚至一整套财务会计理论与实务，是一个比较复杂的问题，不是我们今天要讲的内容。我在这里讲这件事情，只是想说明会计原则不是抽象的。我们处理日常会计事务，都有一个指导思想，譬如前面说的购买材料应怎样记账，不是遵循历史成本原则，就是遵循重置成本原则，或遵循现行销售价格原则，等等。总之，会计原则是客观存在的，问题是我们要很好地去研究它。

怎样理解会计原则?资本主义国家的书刊还有第二种提法。即认为会计原则是正确进行财务会计工作的规范或财务会计事务中的一般指导方针。会计原则问题,在国外认为当前不是针对整个会计来说的,而只是针对财务会计来说的。我们知道,资本主义财务会计,从50年代后,分为财务会计和管理会计两个重要分支。美国的公认会计原则主要用于指导财务会计,而不适用于管理会计。财务会计的目的是要编制企业的财务报表,为企业外部一些关心企业经济活动的人(譬如投资人、债权人、银行以及社会上其他的人)提供财务信息。会计原则构成编制会计报表的基础,是财务会计的指导方针,管理会计应排除在外。至于管理会计今后是否也应有它的指导方针,有一套原则,这样的问题,目前还没有提到会计理论研究的议事日程上来。按照第二种意见,会计原则来自会计实务。例如,1980年出版的《斐南和穆勒氏会计学原理(导论)》中说"当财务报告发生了问题并提出解决问题的实务,并通过筛选和修正而为会计职业界所接受,这样的实务(方法)就取得了公认会计原则的形象"。

以上,我只举两种看法,其实,有关会计原则的看法是很多的,几乎不胜枚举。总起来说,资本主义国家的会计界,对于什么是会计原则,到现在为止,还没有一个比较确切的科学的统一定义,甚至名词使用也很混乱。"原则"这个词,就有准则、概念、假设、公理、惯例等许多提法。这些不同的用词,实际上是大同小异。而惯例对形成原则则特别重要。所谓惯例,就是大多数企业所采用的会计处理方法。这种惯例,往往变成会计原则或公认会计原则。按照资本主义国家会计界的看法,譬如我们采用了综合折旧率计提折旧,而这一计提折旧的方法能为多数企业所接受,又长期地使用下去,那么这种折旧方法就叫会计惯例,过一段时间,按综合折旧率计提折旧就变成一条会计原则。不过从1939年起,美国公认的会计原则,比前有所不同,那就是这种原则是经过一定组织、通过一定的书面文告公布的,它有一定的权威性。我们知道,资本主义经济的特点之一是自由化,没有办法对各企业的会计处理手续进行强制,只有通过一些具有权威的会计组织公布权威性文告,阐述所谓公认会计原则来影响企业,劝告企业自觉执行。30年代后的美国会计原则,从五花八门、各自为政逐步走向统一。但是资本主义制度不可能制定真正科学统一的会计原则,在私有制的条件下,不可能有绝对的权威,也不可能由资产阶级国家制定统一的原则,强制资本主义企业遵守。所以,由民间组织公布的公认会计原则,互相矛盾的地方很多。而且,同一个问题,往往同时承认几种不同的做法都是公认会计原则。这就给资本家进行有利的选择(即挑选其中有利于企业的那种做法)留下了充分的余地。

二、关于美国的公认会计原则

这里主要是介绍背景材料和情况,目的是在制定我们的会计原则时,借鉴资本主义会计原则中比较科学的部分,作为我们的参考。

30年代(1929—1933年)资本主义世界发生一次空前的大经济危机,企业倒闭、工人失业、市场萧条,资本主义面临崩溃的状态,其中美国特别突出。这个情况说明很多企业以前公布的财务报表是与实际情况不相符的,这使广大群众对报表的可靠性产生怀疑,大大降低了财务报表的信誉,降低了整个财务会计的信任。为什么会造成这种局面呢?一方面是由于资产阶级在会计报表中采取了弄虚作假的手法,另一方面也由于当时资本主义企业和会计人员还不太懂得应该掌握会计原则,各企业使用的会计原则和方法互不一致,造成报表混乱。当然30年代的经济危机,冲击到会计,冲击到财务报表,这是无法抗拒的。这个时候美国有两个组织开始商讨对策,一个是美国会计师公会,另一个是纽约的证券交易所。它们联合起来研究怎样改进财务报表。因为财务报表不能得到公众的信任,股票市场就难以维持。为了解决群众对报表不信任的问题,当时美国会计师协会所属的一个专门委员会向纽约证券交易所提出股票上市的公司应接受某些已赢得公众承认的会计原则。它们提出了六项原则。其中最主要的是不能把企业未实现的收益记到收益账上。此外,它们又推荐会计师审计报告的一个标准格式。这个格式第一次提出审计师表态时要用"认可的会计原则",以后改为"公认会计原则"这个用语。这一建议极为重要,会计师要根据公认会计原则查账,并在审计报告上注明企业的财务状况和经营成果是否合乎公认会计原则。所以,提出公认会计原则的明显目的,当时是为了恢复和提高财务会计的信誉,其实质是为了挽救经济危机。从本质上看,公认会计原则的出现,是现代资本主义企业所有权和经营权日益分离的结果。资本主义企业的主要组织形式是股份公司,公司的主人应该是持有公司股票的投资者。但是这些人,人数很多,有的分散到世界各地,他们根本不可能过问企业的经营活动,只能由少数人组成的董事会并由董事会再聘请或雇用总经理、各部门经理和其他高级人员组成一个管理班子来行使企业的经营大权。当然这些人本身多数也是资本家,但同时又是企业家。这样,同企业有利害关系的资本家就分为两个集团,一个集团掌握经营权,另一个集团掌握所有权。当然掌握所有权的也还有分散在各地、人数众多,但只掌握零星小股的人。他们购买股票的目的,不是想要做企业的主人,而是购买股票当作一种储蓄,想得些股利、红利,因为公司的股利和红利比银行利息略高一点。由于所有权和经营权的分离,导致了报表的提供和使用的分离。企业的所有权者,包括投资人和债权人,他们买了企业的股票或债票,理所当然地要关心企业、了解企业的经营情况和盈利情况。但由于他们没有参加企业管理,而只能依靠企业公布的财务报表来获得信息。资本主义企业每年要对外公布报表,这些报表是由掌握企业大权的董事会、总经理为首的管理部门提供的。他们对外公布的财务报表,主要是给投资人、债权人使用的,自己另外还有内部报表。因此使用财务报表的人就有可能不放心,怀疑企业所提供的报表是否真实、可靠,因为遇到经济危机,很多人吃过亏、上过当,有的破了产,甚至失去了生命。公认会计原则,可以在一定程度上缓和提供报表的企业管理当局和使用报表的企业外部利害关系集团之间的矛盾,让那些拥有资金的投资人和债权人,比较放心地向这个企业投资和放款。所以,公认的会计原则,是维护资本主义制度的。现代资本主义的股份有限公司和证券市场、金融市场都需要公认会计原则来维持。公认会计原则实际上是为资本主义企业公开筹集资金,从而维护资本主义企业现代经营制度服务的。

我们应当如何理解美国的公认的会计原则(GAAP)?从狭义上说,所谓公认会计原则,是由四个具有权威性的会计文告来代表的。这四个文告是:第一,《会计研究公报》(Accounting Research Bulletins,ARBS)。它是由"美国会计师协会"(AICPA)所组织的"会计程序委员会"(CAP)发表的。从1939—1959年共发表了51份公报,到现在为止,除后来修改或作废者以外,仍继续有效(CAP在1959年就解散了)。第二,《会计原则委员会意见书》(APB Opinions)。它是美国会计师公会组织的"会计原则委员会"(APB)发表的。从1959年起,会计原则委员会代替了会计程序委员会承担公认会计原则的制订和发布工作,从1959年到1973年,共发表了31份意见书,在美国会计界,这些意见书是比较有权威性的。到现在为止,这些意见书,如同前述的会计研究公报一样,仍然是公认会计原则的组成部分。第三,《财务准则公告》(Statement of Financial Accounting Standard,SFASs)。它是由目前美国最有权威性的会计组织——财务会计准则委员会(FASB)发表的。所以,也叫《财务会计准则委员会公告》(FASB Statements)。第四,《财务会计准则委员会解释》(FASB Interpretations),它也是由财务会计准则委员会发表的,它是对以上三个文告的解释。与以上三个文告具有同等权威性。从广义上解释,公认会计原则,不应该只是这四个会计文告,还应包括到这四个会计文告的理论依据,第一是对财务会计目标;第二是财务会计的要素;第三是我在前面所说的财务会计的基本假设,或基本概念;第四是财务会计的基本原则。不过,在严格的意义上,美国的公认会计原则,在目前应该只是前面讲的四个会计文告所阐明的会计主张、意见和见解(包括从原则到具体做法),其他的则不是。因为其他的见解、主张和意见等,没有权威性,也缺乏公认性。

下面还要讲一讲:美国的公认会计原则,究竟是谁制定的?这些机构权威性是从哪里来的?我刚才讲四个会计文告提到了一些组织,实际上这些组织归纳起来只有两个,一个是美国会计师协会,一个是财务会计准则委员会。公认会计原则,强调制定组织的权威性,是跟资本主义制度分不开的。我们知道,美国会计师协会是个民间组织,类似我们的会计学会。但与我们不同,美国还有个会计学会(AAA),那就是由学校的会计教师和会计理论工作者所组织起来的[他们的理论工作者和实际工作者各有学(协)会。而我们的会计学会是把理论工作者和实际工作者组织在一起的,实行理论与实践相结合]。当然最有势力的是美国会计师协会,因为它有近 20 万会员,这些会员都是注册会计师,都可以接受查账业务和提供其他方面的服务。千千万万的财务报表,是否符合公认会计原则,主要由查账的注册会计师来审定。由于美国会计师协会拥有庞大的组织和会员,长期以来,会计原则的制定和公认会计原则的发布由它垄断,它可以运用组织的力量通过"职业道德准则"一类东西,要求它的会员遵守。但是,资本主义国家是绝对自由化的,所以除了资产阶级国家的法律有强制性外,你颁布公认会计原则,他可以不理睬,可以自行其是。他们要强调权威性,要造成一种舆论,使企业非执行不可。此外,我们要看到,会计原则是会计理论的具体化,它是具有阶级性的。资本主义国家的会计原则明显地代表资产阶级的利益,如果你制定的会计原则与资产阶级利益相矛盾,触犯了他们的利益,那你这个原则就行不通,就要改变、放弃,那就不管什么"权威"了。譬如说会计原则委员会在当时被认为,其发表的意见书是权威的,但 1962 年发表的第 2 号意见书就受到了阻力。按美国税法规定,企业购买某些不动产,可以减税,叫做投资税的减免(贷项)。这个问题在报表上如何反映,要求会计原则委员会表态。会计原则委员会发表的第 2 号意见书认为,这个问题在理论上有几种处理方法:(1)可以把投资税的减免,作为政府对企业的补助或业主的捐赠,直接列入资产负债表的业主产权。(2)投资税的减免,应进入收益表当作所得税的减少。但是进入收益表时,又有两种办法,一种办法是一次进入收益表(流尽法)。减免的税金全部从当年所得税扣下来,因而全部提高当年利润。另一种办法是分期进入收益表(递延法)。减免的税金在不动产使用年限内分期扣减所得税。意见书的结论是:第一种意见、第二种意见都不可取,但分期进入收益表是可取的。我们认为意见书提出的分期扣减所得税,采用递延法符合权责发生制,是比较合理的,但第 2 号意见书发表后,很多企业反对,认为这个办法不合理,应该采用流尽法,一次进入收益表。当时表决这个意见书时,就有 6 个委员代表四个大的会计师事务所(美国有八大会计师事务所)表示反对。这四个会计师事务所代表背后的很多垄断资本家。这时美国的官方机构"证券交易委员会"(SEC,公司的债券和股票要上市,要报送报表经它批准,因此它有权制定会计原则,对公司的会计提出要求)也站在那些反对第 2 号意见书的立场上,公开表示:它既接受按递延法编制的报表,也接受按流尽法编制的报表。在这种情况下,会计原则委员会不得不发表第 4 号意见书,对第 2 号意见书作了修改。这说明会计原则本是有阶级性的,如果触犯了资产阶级利益,特别是大资本家的利益,再合理的会计原则也是行不通的。在美国,证券交易委员会是官方机构,表面上它承认财务会计准则委员会的公告和解释的权威性,按财务会计准则公告编制的报表即使与它的会计规定有抵触,它也接受。但有时候却做些小动作,提出不同的意见,而且这些意见的影响很大。譬如我刚才说的例子,第 2 号意见书的修改,只凭一些委员的反对,还不够有力量,因为,按规定一份意见书的通过,获得三分之二的赞成票就可以了。表决第 2 号意见书时,赞成有 14 票,反对有 6 票,赞成票仍达三分之二。决定因素是证券委员会表了态,它接受了两种意见。这一表态,会计原则委员会就没有办法了。另外一个例子,就是美国由于通货膨胀,对财务报表提出了挑战,因此财务报表如何变动,是当今美国(也是整个资本主义国家)会计界的一个重要的课题。会计学家对财务报表提出了不少方案。财务会计准则委员会比较稳重,迟迟不予表态,但证券交易委员会先表态了,在1976年3月发表了第190号《会计文告集》(ASR No.190),要求某些证券公开上市的公司要提供有关存货和财产(按总额和净值)的重置成本资料。这样,就打破了财务报表只以历史成本为基础来提供财务信息的传统做法。在这以前,财务会计准则委员会于1974年也提过一个"按一般购买力单位提供财务报告"的一份建议公告,即认为不必改变以历史成本为基础的现行财务报表模式,而只要把历史美元调整为不变价格美元,消除通货膨胀的影响。由于证券交易委员会发表了ASR No.190,财务会计准则委员会只好否定自己1974年的建议,于1979年9月发表了第33号公告,既保留1974年的设想,又采纳证券交易委员会的意见,即要求企业在财务报告中提供两种资料:(1)按一般购买力单位重新表达;(2)现行成本(与重置成本大同小异)。研究美国的会计原则,还要注意美国会计学会(AAA)的动向。美国会计学会,是美国教育工作者和理论工作者组织起来的,它主要是研究公认会计原则的理论,它所发表的一系列专题报告和论文在国内外都很有影响。这就不能不影响到公认会计原则的制定,尽管它不是授权制定并发布公认会计原则的机构。说到会计原则的理论研究,我们还要再讲一讲财务会计准则委员会。我们知道,财务会计准则委员会的工作,一是发表财务会计准则公告,和对会计文告进行"解释"。二是从事理论研究,发表财务会计概念公告(SFACs)。从1978年至1980年它已发表了4份财务会计概念公告:第1号公告是研究企业财务报告的目标;第2号公告是研究财务信息的质量特征;第3号公告是研究财务会计的要素,它提出十项要素,即资产、负债、产权、业主投资,派给业主款、收入、费用、损失和全面外收益;第4号公告是研究非营利组织的财务报告目标。这4份概念公告论证严密,理论性强,有许多新的观点。但这些概念公告并不要求修正现有的公认会计原则,也不是用来解释现在有效的财务会计准则公告,它只指导FASB发展会计和报告的准则。应当指出,美国会计界自己也承认,美国现在的公认会计原则是描述性的,基本上是对会计惯例的归纳,还没有很好地根据会计特点和会计理论加以提高,FASB发表概念公告的目的是想提出一系列比较科学严密的概念,努力完善现有的公认会计原则,进一步发展指导性的公认会计原则。

三、如何建立社会主义会计原则

会计原则是会计理论的具体化,它直接指导会计的实践活动,在阶级社会中它必然体现不同阶级的利益、要求和不同社会制度的特点。前一段时候,我们在理论上对会计的性质开展过讨论,多数同志承认会计有两重性。即使不少同志强调会计的技术性(会计方法),但除方法外,会计的许多方面还是有阶级性的。会计原则就具有阶级性。从具体方法和计算来说,会计确有较明显的技术性,但就会计理论、会计任务、会计原则来说,它又是有阶级性的。社会主义会计原则要体现无产阶级的利益,反映我们社会主义计划经济的特点和我国四化建设的要求。如果说会计制度是党的路线方针政策的具体化,那么会计原则也同样是党的路线、方针、政策的具体化。对此,我们应该有明确的认识。资产阶级宣传会计原则是超阶级的、公认的、权威的,其实是骗人的。谁公认呢?不过是为资产阶级服务的会计师所公认而已,有权威性吗?公认会计原则如果与资产阶级利益相矛盾,它的权威就破产了。社会主义会计原则应该以四项基本原则为准则来作为指导加以制定,所以,我同意有些同志的提法,即我们的会计原则应包括政策性、计划性、群众性等等。我们应该旗帜鲜明地把这些提法反映到我们的会计原则中。此外,我们认为,我们还要把不断提高经济效益,作为一条会计原则。党在十二大提出要不断提高经济效益,才能实现20世纪末工农业年总产值翻两番的宏伟目标,而会计是提高经济效益的一个重要手段。所以提高经济效益,应该体现到社会主义会计原则中去。我们研究社会主义会计原则时,千万不要忘记上述体现社会主义会计特点的几项原则。

另外,我们在研究社会主义会计原则的时候,要考虑到会计具有技术性和明确的继承性。在资本主义会计原则中,又包括一些反映会计工作普遍规律、对各个社会都能适用的东西。在这些方面,我们必须批判地吸取和继承。会计作为一个经济信息系统,既有特殊规律,也有一般规律。一些特殊问题只能在资本主义制度下产生,如通货膨胀、证券的发行与管理、商誉等无形资产等等。这些问题的处理,也只对资本主义社会有现实意义。但是也有一些是一般性的会计规定,在不同社会形态下都能适用,有重要的参考价值。我们应该吸取、继承前人的、特别是资本主义会计中的有用部分。资本主义会计原则的内容,有的是资产阶级创造的,有的是资本主义以前就有的。比如意大利最早的商人就是像我们现在赶集一样,购进一批货,卖完后马上结账。这时,当然无所谓继续经营的观念。但中世纪以后,随着城市的兴起,行商变成坐商,这时就出现继续营业的观念和分段进行会计结账的需要,即会计分期的假设。所以我们说现代资本主义会计原则的基础,也不完全是资本主义的产物。对资本主义会计原则中合乎科学的部分,应当认真地研究,看看其中哪些对我们也可适用,哪些需要经过一番改造才能加到我们社会主义会计原则中来。所谓改造,主要是按照马克思主义的立场、观点并联系我国社会主义制度的特点,加以重新阐述和说明。对一些有争论的原则,譬如说“稳健性”[Conservatism,即“谨慎”(prudence)]的原则,有的同志认为在社会主义制度下不需要,有的同志认为也需要。像这样的问题可以暂时放一放,等讨论的结果成熟一些以后再决定取舍。我个人是赞成这个原则的。因为这个原则的精神是,如果会计遇到不确定的情况必须进行估计,那么,它规定“要预计可能的损失,而不预计可能的收益”。从谨慎的观点看,这样进行预计并不错。我们也应当如此,难道我们在会计的计量中,可以提倡浮夸、冒险?把没有把握的收益也包括到收益中去?显然是不行的!这只是我的看法。至于他们按照这个原则进行存货的估价,用所谓“成本与市价孰低的规则”(the lower of cost or market rule)即成本低了按成本,市价低了按市价,这样做在账务处理上很混乱,是不可取的,我们就不必吸取。本来,会计应当实事求是,如实反映情况。为什么会计还要提“稳健性原则”?这是因为,会计计量的很多事项是不确定的,是带有估计性质的。譬如固定资产折旧,究竟能使用几年,你能肯定吗?你估计使用十年,可能超过十年,也可能提前报废;很多费用的分配也带有估计性质。在产品的成本计算中,间接费用的分配标准就是估计的。总之,由于会计上的不确定性从而要用估计的情况很多。这就会出现两种估计:一种稳健一点,或谨慎一点;另一种夸张一点或乐观一点。从人们的愿望来说,会计的计量最好不要估计,最好如实计量。但如果做不到这点怎么办?在估计时,是稳健一点好呢?还是夸张一点好呢?总之谨慎一点为好!留有余地为好!所以,“稳健性”,即“谨慎”,作为一个会计原则,我看可以考虑。但不要采取他们某些无原则的具体做法。因此,对于资本主义会计原则中合理的、科学的部分,我们应该批判地吸收,因为这些合理部分是人类的宝贵历史遗产,是科学的会计理论的组成部分,它有助于改进和提高我们的会计工作。

最后谈谈怎样对待西方的公认会计原则。我认为我们的公认会计原则已经有了。这就是财政部和各主管部门颁布的一系列会计制度,它们就是狭义的公认会计原则。我们的会计制度比美国公认会计原则要优越。一是我们的会计制度是统一的、权威的;二是我们的会计制度是在党的领导下制定的,它体现了党在各个时期的有关方针政策。它是与我国社会主义经济的发展相结合的,它的权威性是无可非议的。如果把公认会计原则狭义地来理解,我说我们不需要再制定什么公认会计原则了。我们的会计制度已经就是具备了我国公认会计原则的一切条件。它就是我们社会主义的会计原则,我们的各个企业都是按照这个原则执行的,违反了是要受党纪国法处分的。它的权威性是美国四个文告所不能比拟的。那么,我们还要不要研究它呢?我们应该研究。第一,美国的公认会计原则在理论上说明较多,我们的制度在理论上要稍欠缺一些,我们应该多从理论上加以说明。要能说明我们制定这些制度的背景、理论依据,以及体现党的哪些方针政策。这样,才能加深广大会计人员对会计制度的理解,提高执行会计制度的自觉性。现在我们的同志一般都能认真执行制度，但不太理解，只知其然而不知其所以然。因此，我们要求会计理论界和会计学会在这些方面多做些工作。我们宣传会计制度，不只是在口头上，而且要在行动上替会计制度多从理论上作一些说明，多讲一些道理。第二，我们的会计制度还不是尽善尽美，我们要研究现行会计制度，提出我们的意见，供财政部门、企业主管部门参考，这就要认真研究会计的理论，研究类似于国外的会计的目标、质量特征、基本假设、基本原则以及会计的基本要素等等。我觉得进行这些方面的研究工作是很有意义、很有价值的。它是我国会计制度的基本建设。近年来，美国财务会计准则委员会关于财务会计概念结构的研究和财务会计概念公告的发表，对我们是很有启发的。总之，会计原则问题有待于会计学会和会计理论界去继续研究的地方还很多。其总目标是为了提高我国的会计理论水平，进一步完善会计制度的制定，促进我国社会主义的现代化建设。

（原载于《财会通讯》1983 年 S4 期）

23 西方财务会计的一个新领域
——通货膨胀会计

葛家澍

当代资本主义国家的会计,大约在50年代以后,就从传统的会计中逐步分化出一门新的学科——管理会计,而传统的会计,以编制通用的财务报表为目的,接受"公认会计原则"(Generally Accepted Accounting Principles,GAAP)的指导,发展成另一门学科——财务会计。管理会计的基本任务,在于提供企业内部管理部门进行经营决策所需要的信息。管理会计所提供的,主要属于预期信息。它侧重于控制现在和预测未来。财务会计的基本任务,在于提供企业外部有利害关系的集团进行投资、信贷等决策所需要的信息。财务会计所提供的,主要属于历史信息,它侧重于描述过去。但"前事不忘,后事之师"。善于总结历史经验,也能更好地指导未来。在这个意义上,预期信息要以历史信息为基础,管理会计应密切联系财务会计。在一个资本主义企业中,大量的会计数据(初始信息)要运用会计特有的概念和一系列专门方法与步骤,按照公认会计原则(它又奠立在财务会计理论的基础之上)进行加工,才能产生财务报表。尽管财务报表反映的企业财务状况和经营成果已成为历史,但管理会计所需要的数据大部分仍需"取材"于这种历史信息,而财务会计的概念、理论、原则和方法等等的改变,最终也会影响到管理会计。

近几年来,在我国的会计出版物中,对于西方国家会计的评价,有关管理会计的论著比较多,而有关财务会计的论著比较少。我认为,为了全面了解国外会计的动态,对于资本主义国家的财务会计,尤其是对于财务会计近年来的新发展,也要有所研究。当前,资本主义国家由于存在着持续的通货膨胀,传统的会计模式受到很大的冲击。他们的会计界在致力于改进财务报表编制的同时,往往要重新评价财务会计的若干基本原则(如历史成本原则)。因此,通货膨胀引起的财务会计方面(主要指财务方面)的变化,近年来一直成为西方国家会计界研讨和注视的中心之一。人们普遍预料,通货膨胀会计的进展与突破,将对改革财务会计(最终也包括管理会计)的理论与实践,产生深远的影响。

考虑到在资本主义条件下,财务会计的今后发展在很大程度上取决于资本主义世界的物价是否持续上涨,本文试图就西方国家有关通货膨胀会计的问题,作一些初步的探讨。

一、现行财务报表的产生以历史成本原则为基础,而历史成本原则的前提是币值不变的基本假设,通货膨胀恰好破坏了这一前提,从而给财务报表带来了理论上的缺陷

财务会计的最终目的在于对外提供通用的财务报表。通用的财务报表一般指,(1)资产负债表(财务状况表);(2)收益表;(3)留存收益(保留盈余)表;(4)业主(股东)产权其他变动表;(5)财务状况变动表(资金来源与运用表)。这些报表是外界与企业有利害关系的集团或个人取得企业经济信

息的主要(甚至是唯一)来源。财务报表提供的信息,对于投资人、债权人等等进行投资决策和信贷决策、预测企业和他们各自的未来净现金流入都是至关重要的。

长期以来,资本主义企业编制的财务报表,都是以历史成本(原始成本)为计量的基础。按照历史成本的计量原则,报表上的资产价值,是购入、建造或取得资产时所实际耗费的成本;报表上的负债价值是债务形成时由合同或契约所规定企业应清偿的金额;报表上的业主产权的价值则应由上述的资产价值与负债价值的差额所确定。其中,业主的投资额应为股东实际缴纳的股本(相当于股票面值加溢价或减折价)。按照历史成本原则,企业的收益是由收入和与其相配合的费用所确定。而与收入相配合的费用,应从已耗费的、按历史成本计量的资产价值转化而来。例如,与销售收入相配合的销货成本是流出(已销售)的存货成本(存货的历史成本)①;与销货毛利相配合的折旧费用是磨损(已耗用)的固定资产成本(固定资产的历史成本)②,等等。按照上述历史成本原则来计量资产、产权和确定收益,当然是有一定的优点值得肯定的,其优点主要是比较客观,有原始凭证可资查核。然而,人们很少注意到,历史成本原则的这一优点是以两个会计的基本假设(基本前提)为前提:继续经营的假设和货币价值不变的假设。后一个基本假设对于确保历史成本原则的优越性,尤为必要。

我们知道,现代会计是商品经济的产物。在商品经济的社会里,商品价格围绕着价值而发生某些波动本来是不可避免的。每个企业购入的资产,作为商品,其原始价值(历史成本)由于供求关系,很可能与其现行价值(一般以重置成本为代表)不等。但是,以历史成本为基础的财务报表是不反映重置成本与历史成本的差异的。其所以不反映,是因为:第一,按照会计的另一项基本原则——收益实现的原则,只有已经实现的收益才予以确认。重置成本与历史成本的差异如表现为成本上涨,那么,这种涨价既不是企业通过经营活动所赚得的,又不是已经实现了的;第二,按照继续经营的会计基本假设,一个企业如果处在继续经营中,它所有持有的资产,除自制或外购供销售的商品外,都是为了满足生产或营业上的需要,而不是为了把它们出售。既然不以出售为目的,某些资产的现行价值就没有必要加以反映。第三,按照以货币为计量单位和币值不变的会计基本假设,货币(主要是指本国法定的通用货币)既然作为计量单位,必然假定货币本身的价值是稳定或基本稳定的,即使货币的购买力(即一般物价水平)有些波动,由于价格的涨落可能互相抵消,因而这种变动也可略而不计。在上述三个理由中,最为重要的是最后一条。在现实生活中,货币价值究竟是在变还是基本不变,每一个国家都随时经受实践的检验。在资本主义世界中,特别是在一些主要的资本主义国家中,大约 20 世纪 30 年代以前(更准确地说,应在第一次世界大战以前),货币的购买力一般没有发生过剧烈的、特别是持续的变动。在一个很长的历史时期内,经济学家考察资本主义经济涉及货币价值时,一般都不去考虑币值的变动③。而会计学家也没有对货币作为会计计量

---

① 存货的"流出"(例如转作销售)有不同的计价方法。如"特别辨认"(specific identification)、"平均成本法"(average cost method)、"先进先出法"(first-in first-out method)、"后进先出法"(last-in first-out method)和"次进先出法"(next-in first-out method)等等,但所有这些方法都是以购进存货的各批历史成本为计算的基础。存货流出的不同计算方法,只是在存货的历史成本被切割成"资产"和"费用"两部分价值时,才显示出差别。

② 折旧的提取也有不同的计算方法。如直线法(straight line depreciation method)、双倍余额递减法(double-declining-balance depreciation method)、使用年数总和法(sum-of-the-years'-digits method)等等,但所有这些方法也都以购建的固定资产的历史成本(或扣除累计折旧后的净值)为折算基础。其计算结果与上述存货的流出颇为类似。

③ 例如马克思为了考察货币资本的循环曾提出 G…G′这一经典的公式。马克思说:"循环运动本身只是用虚线……表示,G′>G,G′-G=M,即剩余价值。""所以,以实在货币为起点和终点的流通形式 G…G′,最明白地表示出资本主义生产的动机就是赚钱。"(《马克思恩格斯全集》第 24 卷,第 53 页;第 68 页)很明显,马克思提出的货币资本的循环公式以及与此有关的精辟结论,也没有考虑在资本主义条件下货币价值本身的变动。马克思这样做是完全正确的。因为在资本主义经济尚处于相对稳定时期,价格变动一般不大。这时,从量的方面对资本主义经济进行考察,就可以把币值变动的因素加以舍象。

的“公分母”(统一计量尺度)的“资格”提出过怀疑。在那一时代,历史成本原则应用于会计计量的优越性几乎无懈可击。

但是,一旦出现明显的相反的情况,即物价不断变动,例如从20世纪50年代以来在资本主义国家出现的持续的通货膨胀,那么,历史成本原则的优越性就会逐渐丧失,而继续坚持以历史成本作为财务报表的计量基础很可能会歪曲企业的实际的财务状况和经营成果。举例来说,设甲公司年初存货为＄100 000,应收账款为＄60 000(均按历史成本计量),年初的一般物价指数为100;到年末,上列两项资产的余额并未变动,但一般物价指数已跃升到250。那就是说,按购买力计算,年末1美元只相当于年初的0.4美元了。如果甲企业不考虑美元价值的下跌,年末仍以历史成本为基础提供财务报表,则上述两项资产的账面价值都不符合实际。试看下表:

表1

	年初账面价值			年末账面价值			因购买力变动而发生的损益(损失－,利益＋)
	按年初美元	按购买力折算	按年末美元	按年初美元	按年末美元	按年末美元重新表达的差异(＋或－)	
	(1)	(2)	(3)	(4)	(5)	(6)＝(5)－(4)	(7)＝(5)－(3)
存货	＄100 000	＄100 000×$\frac{250}{100}$	＄250 000	＄100 000	＄250 000	＄150 000	＄0
收应账款	＄60 000	＄60 000×$\frac{250}{100}$	＄150 000	＄60 000	＄60 000	＄0	－＄90 000

上表表明:

(1)存货是随着物价变动而变动其价值的,如果不考虑存货本身价值的涨跌,当一般物价水平提高(货币购买力下降)时,存货的价值也应上涨,反之,就应下跌。年末,由于一般物价指数由100上升到250,意味着物价的一般水平平均提高一倍半。倘若按年末美元的购买力(简称“年末美元”)计量,甲企业的存货在年末应为＄250 000。但在本例中,仍以历史成本为计量基础。年末的存货仍为＄100 000,其实这＄100 000的每一美元都代表年初美元的购买力(简称“年初美元”)。这样,在本例中将产生两个问题:第一,在年末,存货涨价＄150 000(＄250 000－＄100 000)无法得到表现;第二,企业还可能持有其他资产,而有的资产并不随物价变动而变动其价值(或账面金额)。现金就是一个典型。不论物价水平怎样变化,原来的1美元,现在仍然是1美元。不过前一美元却不等于后一美元,因为美元的购买力随着物价水平的变化而变化了。设甲企业年初还持有现金＄8 000,再设在一年内现金也没有发生流动(即既无收入,又无支出)。那么,到年末,企业仍然持有现金＄8 000。在账面上,似乎看不出任何变化,实际上,年初的＄8 000代表“年初美元”;而年末的＄8 000则代表“年末美元”。按我们例子所设物价指数计算:

$$\text{年初}\ \$1\times\frac{250}{100}=\text{年末}\ \$2.5$$

$$\text{或年末}\ \$1\times\frac{100}{250}=\text{年初}\ \$0.4$$

可见,“年初美元”与“年末美元”若按购买力分析,无异于两种货币。在以历史成本为计量基础的条件下,为求资产总额,年末的存货＄100 000(它仍代表“年初美元”)与年末的现金＄8 000(它自动贬值,代表“年末美元”),只好相加。然而,两种货币是不同质的计量单位,严格地说,显然不能相加。那么,怎样才能相加呢?如要相加,代表“年初美元”的年末存货价值应当换算为“年末美元”:

表 2

年末账面金额 （代表“年初美元”）	按年末美元重新表达
现金 \$8 000（自动变为“年末美元”）	\$8 000
存货 \$100 000（$100\ 000\times\frac{250}{100}$）	\$250 000
	\$258 000

（2）应收账款与现金非常类似。当一般物价水平变动时，应收账款的账面金额并不随之变动。这是因为，债权债务都是由合同、契约规定的。双方约定的金额不能任意变更。因此，当企业持有应收账款一类资产时，只要物价上涨，货币购买力下跌，企业就会蒙受损失，而债务人则获得利益；反之，只要物价下跌，货币购买力提高，企业就会获得利益，而债务人则蒙受损失。

上表中的甲企业，年初持有应收账款\$60 000，年末，由于一般物价水平由100上升到250，而应收账款仍只能按\$60 000收取现金。这样，甲企业就蒙受到货币购买力变动的损失。

这种损失，可用下图表示：

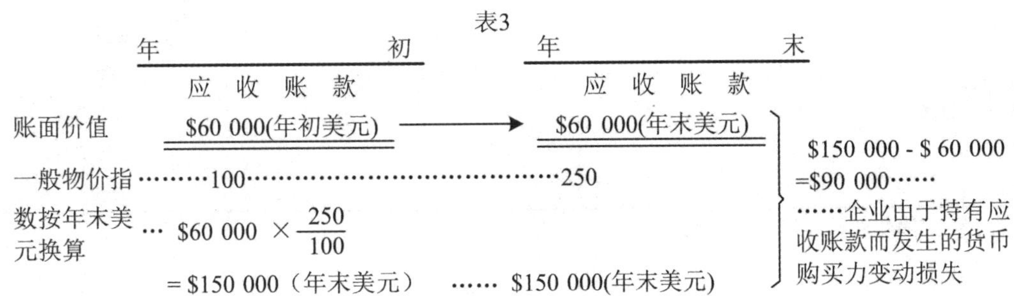

很明显，只要甲企业按历史成本计量资产，上列货币购买力变动的损失\$90 000（年末美元），在财务报表上也是得不到反映的。

二、资本主义世界持续的通货膨胀对历史成本原则的冲击

从以上的说明可以看到，以历史成本为基础的财务报表只有在币值不变或基本不变的假设同资本主义世界现实的经济生活基本吻合的情况下，才能如实地反映一个企业的财务状况和经营成果。当物价发生剧烈变动，比如出现了通货膨胀，再按历史成本会计模式编制财务报表，资产和产权就都难以表现其真实的价值，这样必然影响到，甚至严重地影响到财务报表所提供的信息质量——信息对决策的有用性！

问题还在于，当前在资本主义国家，通货膨胀并不是暂时的现象，它已形成一个持续的病症，甚至出现了反常的“停滞膨胀”（“滞胀”）。即：一方面生产衰退，失业剧增；另一方面物价水平急剧上涨！在这种情况下，对于通货膨胀给予财务会计，特别是给予财务报表的影响，会计人员就更不能视而不见，置若罔闻了。

为了说明这个问题，需要回顾一下历史。从20世纪50年代后期到60年代中期，凯恩斯主义的膨胀性财政政策和货币政策，曾经被资产阶级视为医治经济危机的灵丹妙药而为主要的资本主义国家所广泛采用。采取这种政策要求大量增加货币的供应量，因而必然带来持续通货膨胀的后

果。从60年代末、70年代初期起,一些资本主义国家的通货膨胀明显地呈现日益加剧的趋势。以美国为例,1950年至1980年,有关年度的"年平均物价指数"、"年末物价指数"(均以美国劳工部按月发表的"城市居民消费品物价指数——CPI-U Index"为代表①)和"年通货膨胀率"可列表如下:②

表4

年度	年平均物价指数	年通货膨胀率(%)	年末物价指数
1950	72.1		
1955	80.2	2.2*	
1960	88.7	2.0*	
1965	94.5	1.3*	
1967	100.0	2.9*	
1970	116.3	5.2*	
1971	121.3	4.3	
1972	125.3	3.3	
1973	133.1	6.2	
1974	147.7	11.0	
1975	161.2	9.1	166.3
1976	170.5	5.8	174.3
1977	181.5	6.5	186.1
1978	195.4	7.7	202.9
1989	217.4	11.3	229.9
1980	247.3	13.3	258.4

* 从上一间隔年度至本年度为止的综合(平均)年膨胀率

上表说明:在美国,除50年代中期至60年代中期约7～8年中,每年通货膨胀率未超过8%以外,70年代初至80年代,通货膨胀的势头均有增无减!这当然不限于美国。同一时期,主要的资本主义国家每年通货膨胀率也都在6%以上,英国和法国甚至超过10%。

会计是一个在企业范围内以提供财务信息为主的经济信息系统。通过财务报表,集中地反映出企业最重要的财务信息,即货币信息。因此,会计,尤其是财务会计,决不能离开观念上的货币作为统一的量度。既然货币成为会计的主要计量单位,货币本身的价值必须稳定(至少必须基本稳定)就理所当然。这一要求,如前所说,对于按历史成本原则进行资产与产权的计量和收益的决定,尤为重要。然而,持续的通货膨胀却破坏了币值的稳定。这当然使历史成本原则受到直接的打击。面对着物价上涨,资本主义国家会计界的有识之士不得不重新评价历史成本会计模式(即传统的会计模式)的作用,认真分析在通货膨胀条件下历史成本会计模式可能出现的弊病。通货膨胀对历史成本原则的冲击表现为两个方面:首先,货币的购买力产生变动(不断下降)。例如在美国,历史成本的货币计量单位虽然也是美元,但从购买力看,它代表"历史美元"(反映历史成本形成时的美元购买力),而"历史美元"同"当前美元"(反映当前美元的购买力)由于通货膨胀丧失了可比性和综合性;其次,商品物资(构成企业的具体资产)的当初取得成本(历史成本)同它的现行成本(重置成本)产生了明显的差距。在通货膨胀的条件下,按历史成本为基础提供财务报表,不但由于一般物价水

① 这一指数是美国财务会计准则委员会于1979年11月发表的第33号公告(FASB Statement No.33,简称"FASB第33号公告")中,要求某些证券公开上市的大公司需将部分财务报表资料换算为按"一般购买力单位"重新表达时,规定采用的物价指数。

② 资料来源:转引自 Welsch Zlatkovich Harrison:*Intermediate Accounting*(6th edition,1982)chapter24,p. 864.

平上涨(货币的购买力下跌)使财务报表所有项目的计量变得不真实,而且由于具体资产的个别价格也会不同程度地上涨,使资产的账面价值显然脱离其现行价值,据以表达的财务状况和经营成果也变得不可靠。在资本主义国家,企业对外公开的财务报表是现在的和未来的投资人、债权人、有关其他单位和广大公众关注的中心。它有明确的目标。美国财务会计准则委员会曾把财务报告(财务报表和其他报告)的目标概括为:"首先,主要注意有助于投资和信贷决策的信息;其次,把上述范围缩小,则注意投资人和债权人来自他们对企业投资或放款而在预期收取现金(指投资的预期股利收入和放款的预期还本付息收入)方面的基本权益以及投资人、债权人的预期现金收入与企业的预期现金收入之间的关系;最后,注意关于企业的经济资源(即资产)、对经济资源的主权要求(即产权或负债加业主产权)以及涉及这两者变动的信息,其中包括用于衡量企业经营成就的信息。这种信息,对于估计企业预期的现金流动是有用的①。"持续的通货膨胀使所有的物价都处于剧烈变动之中。财务报表倘若仍按历史成本为计量基础,所提供的信息必然脱离当前实际。现在,从传统方法编制的财务报表上,人们已很难找到投资和信贷决策所需要的信息,很难据以正确估计企业的预期现金流动。从而,也就难以帮助投资人和债权人用来正确预测来自投资或信贷的预期现金收入(股利、利息等等现金收入)。由于传统的财务报表存在着上述缺陷,近若干年来,传统的会计模式(即历史成本会计模式)经常遭到企业界和会计界的抨击! 1980 年 1 月 14 日出版的美国《幸福》杂志,以《公司正在报告没有用的数字》为题,发表一篇访问记,报道了罗伯特·斯特林教授对历史成本会计模式的尖锐批评。报道说:由于受到通货膨胀的损害(当然还有其他因素的影响),"越来越多的会计人员认识到,他们一向遵循的会计模式(那个可以追溯到 15 世纪,从复式簿记创立之时起沿用至今的会计模式)能为投资人提供的合乎实用的,并能据以作出财务决策的信息简直少得可怜!"②

在通货膨胀条件下,为什么按历史成本编制的财务报表无助于财务决策呢? 举一个简例就可以回答这个问题。

设乙企业 1981 年初购入一台设备,成本 \$ 100 000,预计使用 10 年,报废时无残值,该企业每年按直线法计提折旧。1982 年初,设备的重置成本为 \$ 200 000。1982 年营业收入 \$ 50 000,如不考虑销货成本与其他任何费用,按历史成本会计模式,乙企业在 1982 年度可编成下列收益表:

表 5

乙企业

收益表(按历史成本)

截至 1982 年 12 月 31 日止的会计年度

营业收入	\$ 50 000
折旧费用	10 000*
营业收益	\$ 40 000
净收益	\$ 40 000

* 每年折旧费用(按直线法) $= \$100\,000 \times \frac{1}{10} = \$10\,000$

上列收益表存在的问题是很明显的:费用偏低,收益偏高。上表每年只列示 \$ 10 000 的折旧

① Statement of Financial Accounting Concepts No.1(Objectives of Financial Reporting by Business Enterprises)。FASB,November 1978,par.32(引文中的括弧是本文作者加的)。

② 参阅娄尔行编译:《会计要改革》——《幸福》杂志记者玛丽·格林鲍姆访问罗伯特·斯特林教授记。载《外国经济参考资料》(上海财经学院)1980 年第 10 期。(在 1980 年 1 月 14 日出版的《幸福》杂志中,目录所用的标题是"赖斯特的罗伯特·斯特林,一位对传统会计原则的批评者,设想用市场(脱手)价值来计量公司的资产"。访问记正文标题则是"公司正在报告没有用的数字"。)

费用。按照这个折旧计提数字,十年之后,积累的更新设备资金(累计折旧)不过相当于1982年已知的设备重置成本($20 000)的一半!因此,按设备的历史成本(原始成本)计提折旧,等于把一部分固定资本转为营业收益。假定管理当局根据上表列示的营业收益交纳所得税和决定股利,企业无异于进行"自我清理"。①

营业收益本来是一个用来衡量企业经营成就的重要信息。然而表5列示的营业收益$40 000却不能代表乙企业1982年度实际取得的经济效益,这只要同另一个企业(丙企业)比较一下就可以看得很清楚。

再设丙企业也购入一台与乙企业相同的设备。但购入时间是在1982年初,因此,购入成本为$200 000。假定1982年丙企业的营业收入也是$50 000,其他一切条件均与上例相同。这样,丙企业在1982年度的收益表应当是:

表6

丙企业

收益表(按历史成本)

截至1982年12月31日止的会计年度

营业收入	$50 000
折旧费用	$20 000*
营业收益	$30 000
净收益	$30 000

* 折旧费用(按直线法)= $200 000 × $\frac{1}{10}$ = $20 000

1982年度,乙、丙两个企业的条件相同。差别只在于:丙企业是在价格上涨一倍的情况下购入设备,而营业收益就比乙企业少$10 000($20 000-$10 000)。我们当然不能由此得出结论,乙企业的经济效益高于丙企业,更不能说,乙企业的经营管理水平在丙企业之上。

在通货膨胀的条件下,人们最关心的是,怎样消除通货膨胀的影响而不使"营业收益"和"净收益"成为虚假的数字。看来,坚持历史成本会计模式是不可能做到这一点的。

仍以表5列示的乙企业为例,如果乙企业1982年度改按重置成本来计量设备的价值,并据以计提折旧费用,由此形成的费用与收益信息就会比较有用。试看下列收益表及其有关说明:

表7

乙企业

收益表(按重置成本)

截至1982年12月31日止的会计年度

营业收入	$50 000
折旧费用	$20 000[a]
营业收益	$30 000[b]
重置成本的变动[c]	$90 000[d]
净收益	$120 000[e]

① 马克思指出:"如果商品低于它的成本价格出售,生产资本中已经消耗的组成就不能全部由出售价格得到补偿。如果这个过程继续下去,预付资本价值就会消失。"(《马克思恩格斯全集》第25卷第45~46页)这里,商品的价格虽然没有低于成本,但同收入相配合借以正确确定营业收益的折旧费用,却没有反映为补偿已消耗固定资本所必需的重置成本。结果,固定资本的价值消耗(应按重置成本计算,而不能按历史成本计算)同样没有从商品的出售价格中得到补偿。

(a)折旧费用是按设备的重置成本＄200 000 计提的：

$$\$200\,000 \times \frac{1}{10} = \$20\,000$$

(b)这里的营业收益是现行营业收入＄50 000 与按设备的现行成本计提的折旧费用＄20 000 相配合的结果。所以，它已不是在历史成本会计模式下的传统收益概念，即通常的“会计收益”(accounting income)①，而是按重置成本会计模式形成的“现行收益”(current income)②。

(c)“重置成本的变动”在这里是指重置成本与历史成本的差异(还应包括现行重置成本与前期重置成本的差异。因为重置成本是一个变化着的概念)。如果重置成本高于历史成本(或现行重置成本高于前期重置成本)，反映重置成本上涨；反之，如果重置成本低于历史成本(或现行重置成本低于前期重置成本)，则反映重置成本下跌。

重置成本的变动(升降)属于什么性质？在会计上应如何处理？资本主义国家的会计界迄今尚无定论。总的来说，这种变动是同“资本的保持”(简称“保本”capital maintenance)密切联系着的。美国会计学界有两种保本的概念：“财务资本概念”(financial capital concept)和“实物资本概念”(physical capital concept)。前一种概念认为，在再生产过程中，资本的保持，意味着资本的价值即货币额得到补偿。因此，按历史成本补偿了所费资本的货币额就保本了。按照这一概念，重置成本超过历史成本部分，可视为“持有收益”(holding gains)；反之，则视为“持有损失”(holding losses)。后一种概念认为，在再生产过程中，资本的保持，意味着资本的实物，即生产能力或经营能力得到恢复。因此，必须按重置成本补偿所费资本的货币额才算保本。重置成本超过历史成本部分不能当作收益，反之，也不能当作损失。按照第二种概念，重置成本的变动应当列为“资本保持调整”(capital maintenance adjustments)项目，直接表现于资产负债表中的产权部分。③

在本例中，我们是按照前一种“保本”观念——财务成本概念来处理的，所以，“重置成本的变动”被视为“持有收益或损失”列入收益表。

(d)“重置成本的变动”计算如下：

按重置成本计算的设备净值		
原价	＄200 000	
折旧	＄20 000	＄180 000
按历史成本计算的设备净值		
原价	＄100 000	
折旧	＄10 000	＄90 000
重置成本的变动(持有收益)		＄90 000

(e)净收益＝营业收益＋持有收益(重置成本的变动)

＝＄30 000＋＄90 000

＝＄120 000

从上列收益表可以看到，“折旧费用”和“营业收益”都以现行成本(重置成本)为基础，它反映一个继续营业的企业，为保证其生产能力得到恢复而实际发生的经营费用和由此决定的经营成果。

因此，这两个指标对于企业管理当局和外部利害关系集团都是比较有用的。“重置成本的变

① 有关这两个收益概念，可参阅 Ahmed Belkaoui: *Accounting Theory*, 1981, chapter 5, pp.138～172。

② 有关这两个收益概念，可参阅 Ahmed Belkaoui: *Accounting Theory*, 1981, chapter 5, pp.138～172。

③ 参阅 *Statement of Financial Accounting Concepts No.3—Elements of Financial Statements of Business Enterprises* (FASB), December, 1980, pars.57～58.

动”也是一个有用的信息。它可以按照财务会计的目标,帮助投资人估计企业预期的净现金流入。从投资人的观点看,企业持有的资产都是投资人的财务投资(financial investment),在资本主义制度下,资本家每一项投资都是要求报酬的。如前所说,倘若接受“财务资本”概念,只要投在资产上的历史成本能够补偿,就意味着,原先投资额已经收回了。因此,重置成本的变动(在通货膨胀的条件下,指上涨部分)就可视为对资产进行投资的报酬,因而,这一部分,就可预期其转化为未来的净现金流入。[①]

三、历史成本为基础的财务报表在持续通货膨胀条件下存在的实际问题

以历史成本为基础的财务报表,在持续通货膨胀的条件下给企业带来两个比较严重的问题:第一,利润虚增,甚至名盈实亏;第二,财务状况失实,账面净资产与证券市场评估的企业净值脱节。

关于第一个问题。从70年代以来,资本主义国家提供的收益表,所列利润大多是虚假的。例如,美国从1970年至1980年,物价上涨一倍以上(按CPI-U Index计算)[②],而成本与费用基本上只按历史成本进行补偿。这就不能不造成虚假的高利润。据统计,把金融企业除外的美国其他企业,“从报表上看,1980年利润1 220亿美元,但这一年内,因固定资产原价远远低于实际的重置价值,约少提折旧140亿美元。同样,计入销售成本的存货账面价值也低于实际市价,致产生‘幻觉’利润430亿美元。扣除这两项后,1980年的实际利润650亿美元,而且1980年美元的实际购买力比1975年减少1/3以上[③],再扣去这项因素,按1975年美元购买力计算的1980年实际利润,就只有423亿美元了。”[④]这个数字,约占报表利润的34%,那就是说,在1980年,美国工商企业报表上的利润额,66%竟是虚假的!还有一些企业,资产如按历史成本转作费用是赚钱的,而改按重置成本转作费用就亏本了。据美国《时代》杂志揭露,美国伯利恒钢铁公司(Bethlehem Steel)按历史成本模式计算,1980年获利1.21亿美元,但扣除通货膨胀因素,上述利润却变成高达1.76亿美元或2.57亿美元的亏损[⑤]。利润虚增所产生的后果是:首先,报表上有利润,实际上缺乏补充存货和更新固定资产的财力;其次,按照报表利润交纳所得税和发放股利,等于把股金当作股利,从资本中开支税金。那就好比“蜻蜓吃尾巴”,这对唯利是图的资本家来说,当然是不堪设想的。

关于第二个问题。利润的虚假必然带来企业净资产的虚假。出现通货膨胀以后,按历史成本编制的收益表由于压低成本而使利润虚增;相反,按历史成本编制的资产负债表又会压低资产价值而使业主产权(净资产)减少。我们知道,在资本主义国家,一个企业的净资产,尤其是每股净资产,往往是证券市场股票市价形成的基础。但按历史成本编制的资产负债表却不能如实地提供这一基

---

① 参阅:Welsch Zlatkovich Harrison, *Intermediate Accounting*, 6th ed.1982, chapter24, pp.881~882.

② $\frac{\text{1980 CPI-U Index}}{\text{1970 CPI-U Index}}-1=\frac{247.3}{116.3}-1=1.126$(CPI-U Index见表4)

③ $1-\frac{\text{1975 CPI-U Index}}{\text{1980 CPI-U Index}}=1-\frac{161.2}{247.3}=0.35$或35%(CPI-U Index见表4)

④ 引自《通货膨胀对美国企业财务的影响》,《外国经济参考资料》(上海财经学院),1981年7~8期,第64页(引文中的利润423亿美元$=650$亿美元$\times\frac{161.2}{247.3}$)。

⑤ 参阅By the Numbers-Accounting for Inflation, *Time*, April 13, 1981, p.49。这里,有两个不同的亏损数字是由于“采用了两种不同的计算方法”。

础资料。这样，企业的投资人（包括现在的和未来的）就会对现行资产负债表失去兴趣。美国最大的企业之一，美国通用电气公司（General Electric Company）1980 年度的财务报表表明：该公司上市股票的市价，不是决定于（确切说，是接近于）传统财务报表上列示的每股净资产，而是决定于按重置成本重新换算的每股净资产。1980 年 12 月 31 日，美国通用电气公司的每股市价为＄59。按财务报表计算的每股净资产（加已宣布的每股股利）只有＄32.45，但按现行成本重新换算，每股股利可达＄59.65，这个换算后的数字几乎与市价完全一致[①]。

表 8

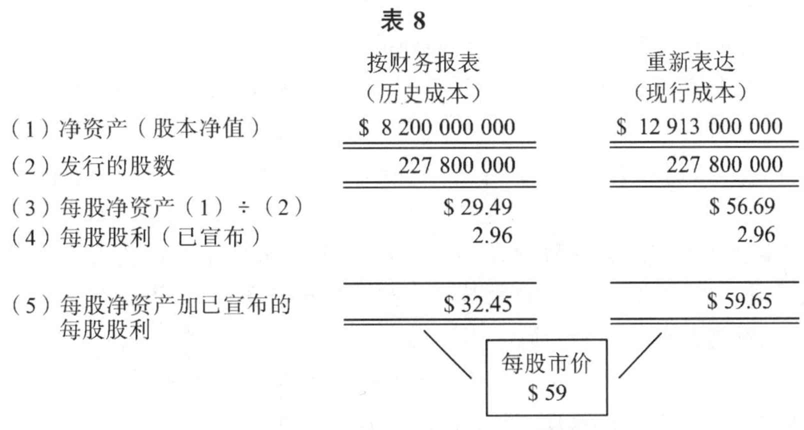

	按财务报表（历史成本）	重新表达（现行成本）
（1）净资产（股本净值）	$ 8 200 000 000	$ 12 913 000 000
（2）发行的股数	227 800 000	227 800 000
（3）每股净资产（1）÷（2）	$ 29.49	$ 56.69
（4）每股股利（已宣布）	2.96	2.96
（5）每股净资产加已宣布的每股股利	$ 32.45	$ 59.65

四、在通货膨胀的条件下，改进财务报表的主要设想（主要的通货膨胀会计模式）

如前所说，一旦出现持续的通货膨胀，以历史成本为基础的财务报表就难以提供有用的信息。如果人们仍然利用传统的财务报表，完全有可能据以作出错误的决策。在这种情况下，对资本主义国家的会计来说，改进传统的财务报表（也可以说是改革过时的"公认会计原则"），已经刻不容缓，势在必行了。

改进财务报表的根本任务，在于消除通货膨胀对会计信息的影响，确保财务报表的质量。前已指出，通货膨胀对会计的影响，主要表现在两个方面：

（一）由于一般的物价水平上涨（或货币的购买力下跌），作为会计计量单位的货币在不同时期之间失去了可比性和综合性。建立在历史成本会计模式基础上的财务报表，几乎所有的货币指标在这种条件下都变得不真实了。此外，购买力变动产生的损益在传统的财务报表上也得不到反映。

（二）由于具体资产的现行价值（如重置成本）上涨，在财务报表上形成虚增的利润（甚至名盈实亏）和虚减的净值，不论经营成果或财务状况都遭到歪曲。

针对上述两方面问题，在美国旨在改进财务报表从而进一步改革财务会计的方案，即通货膨胀会计模式，概括起来，也有两个：

第一方案（第一设想）主要指为消除一般物价水平变动的影响而提出的"不变价格美元会计模式"（constant-dollar accounting model）或"不变价格美元报告模式"（constant-dollar reporting

---

① 这里的资料见《通货膨胀对美国企业财务的影响》，《外国经济参考资料》（上海财经学院），1981 年 7、8 期合刊，第 66～67 页。

model,简称 CD model)。

第二方案(第二设想)主要指为解决具体资产价格上涨而提出的现行价值会计模式(current value accounting model)。其中,流行的是"现行成本会计模式"(current cost accounting model)。

下面,对于两类通货膨胀会计设想中具有代表性的模式,作一些简要的说明。

(一)关于不变价格美元会计模式

不变价格美元会计模式并不改变历史成本会计模式产生报表的全部理论和方法。唯一不同的是:在传统的会计报表编制以后,要再把以历史成本为基础的报表上的"历史美元"调整为"不变价格美元",使报表上的每一美元,具有相同的购买力。由于这一方案只是调整报表,不涉及日常的会计处理,所以,与其称它是一种新的"会计模式",不如称它是一种新的"报告模式"更为恰当。又由于这一方案并不触动历史成本会计模式,所以,为了更清楚地指明这一模式的实质,也可以称为"历史成本/不变价格美元报告模式"(historical cost/constant dollar reporting model 简称 HC/CD)。

把按历史成本会计模式编制的财务报表转换为"不变价格美元报告模式"需要解决两个问题:

第一,把报表项目所列示的"历史美元"转换为"不变价格美元","不变价格美元"通常指"现行美元"。为此,又必须通过以下几个步骤:

(1)确定报表项目的金额(即按历史成本原则计量的金额。其计量单位都属于"历史美元",代表各该项目形成年度的货币购买力)所属的年度,即所谓基年;

(2)确定基年的"一般物价指数"[在美国,通常采用由美国联邦政府按月公布的"城市居民消费品物价指数"(CPI-U Index)来代表]和当年的"一般物价指数"。换算时,可以用"全年平均指数",也可以用"年末指数"。在前一种情况下,"全年平均美元"成为"不变价格美元";在后一种情况下,"年末美元"成为"不变价格美元"。

(3)指数确定后,可用下列公式换算:

$$\begin{matrix}\text{按历史成本计}\\\text{量的报表金额}\end{matrix}\times\frac{\text{当年物价指数}}{\text{基年物价指数}}=\begin{matrix}\text{按“现行美元”}\\\text{计量的报表金额}\end{matrix}$$

通过换算,所有项目的金额都由各基年的"历史美元"转换为"现行美元","现行美元"(当年"年末美元"或当年"全年平均美元")变成了统一计量的不变价格美元。

假定某项资产于 1975 年购入,成本 \$10 000,1975 年年末物价指数为 166.3。1980 年需按"不变价格美元报告模式"重新表达,1980 年年末物价指数为 258.4,则按上列步骤换算:

$$\$10\,000\times\frac{258.4}{166.3}=\$15\,538.18$$ ……1975 年购入的某项资产 \$10 000 按 1980 年年末美元重新表达的金额

第二,要划分"货币性项目"与"非货币性项目",并计算在净货币性项目上的购买力损益。

货币性项目是指那些在购买力变动时,其金额能自动由"历史美元"变为"现行美元"(不变价格美元),因而不必重新表达的资产与产权。如现金、应收账款、应付账款等等。

非货币性项目是指那些当货币购买力变动时,必须重新表达才能由历史美元转换为"现行美元"(不变价格美元)的资产与产权。除货币性项目外,都属于非货币性项目。

在通货币膨胀的条件下,凡持有货币性项目不是遭受购买力变动的损失(如持有货币性资产),就是获得购买力变动的利益(如持有货币性负债),相反,持有非货币性项目却不发生这种情况。试看下例:

设年初物价指数 100　年末物价指数 200

Ⅰ、持有货币性资产时：

表 9

A公司

资产负债表（年初）

（按年初美元——历史美元）

现金	$100	产权	$100

A公司

资产负债表（年末）

（按年末美元——不变价格美元）

现金	$100	产权	$200
		留存收益	($100)
	$100		$100

（发生货币购买力变动损失）

Ⅱ、持有非货币性项目时：

表 10

A公司

资产负债表（年初）

（按年初美元——历史美元）

存货	$100	产权	$100

A公司

资产负债表（年末）

（按年末美元——不变价格美元）

存货	$200	产权	$200

（不发生货币购买力变动损益）

当持有货币性项目时，货币购买力变动损益应如何计算，请看下例：

表 11

B 公司

(1)货币性项目资料：

货币性项目	12/31 1980	12/31 1979
现　　金	$ 20 000	$ 15 000
应收账款	$ 80 000	$ 75 000
应收票据	$ 115 000	$ 100 000
货币性资产	$ 215 000	$ 190 000
应付票据	$ 30 000	$ 30 000
应付账款	$ 50 000	$ 70 000
长期负债	$ 150 000	$ 140 000
货币性负债	$ 230 000	$ 240 000
净货币性负债	$ 15 000	$ 50 000

(2)一般物价指数：

1979/12/31	229.9	（均见表 4）
1980/12/31	258.4	
1980 年平均	247.3	

(3)

B公司

在净货币性负债项目上货币购买力变动损益

净货币性负债	历史美元 (1979年12月31日 美元)	换　算		不变价格美元 (1980年12月31日 美元)
(1)1980年12月31日 余额	$50 000	× $\frac{258.4}{229.9}$	=	$56 198.35
(2)1979年12月31日 余额	$15 000	× $\frac{258.4}{258.4}$ ×	=	$15 000
(3)净变动	$35 000	× $\frac{258.4}{247.3}$	=	($36 570.97)
货币购买力变动利益(1)-(2)-(3)				$4 627.38

(二)关于现行成本会计模式

在现行成本会计模式中,所谓现行成本,一般是指重置成本。

重置成本会计模式是在否定历史成本会计模式的基础上形成的。在这种模式下,每一报告期都要对持有的全部或部分非货币资产按重置成本予以计量。并反映重置成本的变动,(通常把它当作"持有收益"或"持有损失"列入收益表)。

为了扼要地介绍这个会计模式,我们也举一个简例:

表12

D公司收益表

(现行成本会计模式)

	1978	1979	1980
销货收入	$0	$0	$170 000
销货成本	$0	$0	$160 000
营业收益(现行收益)	$0	$0	$10 000
已实现的持有收益	$0	$0	$60 000
已实现的收益	$0	$0	$70 000
未实现的持有收益	$25 000	$30 000	($55 000)
净收益	$25 000	$30 000	$15 000

上例说明:①公司于1978年初购入一批存货,成本$100 000。1978,1979均未销售。至1980年,才销售这批存货,售价$170 000。但在企业持有这批存货的几年内,重置成本曾发生如下的变动:

1978年末　　上涨至$125 000;

1979年末　　上涨至$155 000;

1980年销售时上涨至$160 000。

按照重置成本会计模式,D公司在1978、1979和1980三年都有未实现的持有收益。1980年由于销售了存货,则发生已实现的持有收益和营业收益。上述这些收益,可用一个图式表示其计算方法。

表 13

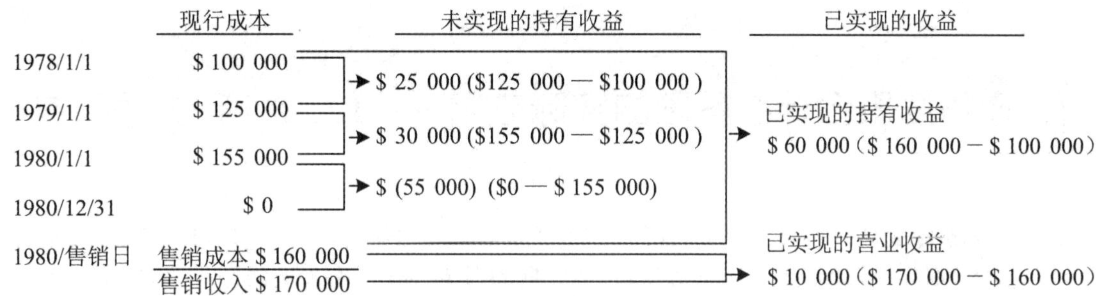

必须指出：

第一，1980 年所以要列示未实现的收益 $55 000 并表现为负数，是为了正确计算当年的持有收益。实际上，在 1980 年，已实现的持有收益中只有 $5 000($60 000－$55 000)属于该年度。

第二，1980 年，存货既已销售，收益就已实现。所以，要列示全部已实现的持有收益 $60 000 ($160 000－$100 000)。不过，不能把已实现的持有收益 $60 000 的全部，都当作 1980 年的收益。因为，在 1978、1979 两年，未实现的持有收益，早已列入各该年度的收益表(最后则转入资产负债表中的"留存收益"retained earnings)中去了。在 1980 年收益表上，如不加以扣除，就会重复计算持有收益。

在现行成本会计模式下，持有收益不论实现与否都视同收益。因此，这不仅要在报表上得到表现，而且要作成分录反映在日常账户中，例如：

1978 年末，应作成下列分录：

存货　　　　$25 000

　持有收益——未实现　　　　$25 000

这里，又可以看到，现行成本会计模式不能理解为现行成本报告模式，它不只是改变传统的财务报告，而且要改变日常的会计处理。

为了更好地发挥现行成本会计模式的作用，通常，要把它同"不变价格美元会计模式"相结合。那就是说，要使现行成本的计量单位，也稳定在不变价格美元之上。从而反映出在扣除通货膨胀(这里仅指货币购买力下跌)的基础影响之后，重置成本净变动(净持有损益)是多少。

关于两个模式相结合的计算，通过表 14 的举例可以看得很清楚：

表 14

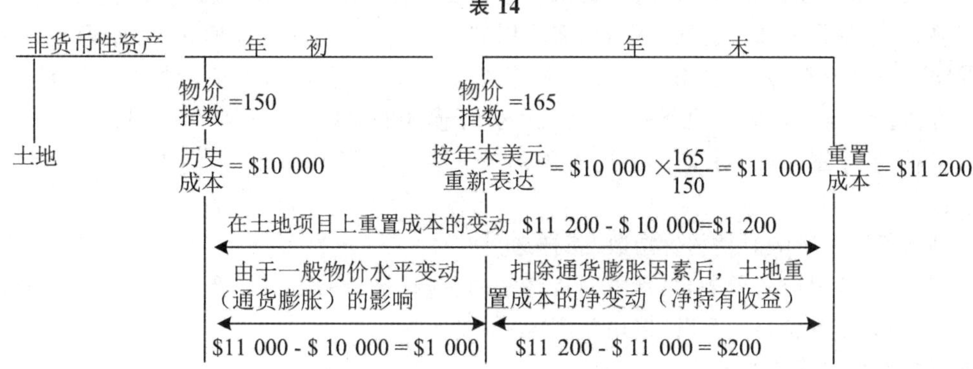

在上表中，土地的重置成本变动即"持有收益"被一分为二。一部分代表货币购买力变动的影响($1 000)；另一部分才是真正的重置成本变动—净持有收益($200)。

由于现行成本会计模式既可以同"不变价格美元模式"相结合，也可以不同"不变价格美元模式"相结合而仍以历史美元为计量单位。因此，这一模式可以分为：(1)现行成本/历史美元会计模式；(current cost/historical dollar accounting model 简称 CC/HD)(2)现行成本/不变价格美元会计模式(current cost/constant dollar accounting model 简称 CC/CD)。

五、通货膨胀会计在美国的实际应用——FASB 第 33 号公告

前述通货膨胀会计的所有设想,迄今为止,仍然停留在理论研究阶级。因为只要彻底实施其中任何一个方案,都将涉及"公认会计原则"和它所依据的财务会计基本理论的修改,而这是一个关系重大、影响深远的问题。

但是实践又迫切要求适应通货膨胀的发展而迅速改进现行财务报表的信息。为此,美国制订与发布"公认会计原则"的权威组织——"财务会计准则委员会"(FASB)于 1979 年采取了一个"改良"行动:在暂不触动现行"公认会计原则"的前提下,要求有关企业在财务报表中增加若干反映通货膨胀影响的补充资料。这就是著名的 FASB 第 33 号公告《财务报告与物价变动》(1979 年 11 月由 FASB 正式发表)的基本精神。

FASB 第 33 号公告的主要特点可以概括如下:

(1)不改变按历史成本会计模式产生的基本财务报表;

(2)只在少数公开发行证券的大公司中试点。试点的公司需要具备下列两个条件之一:

①存货、财产、厂房与设备(不扣除累计折旧)的总额超过 $ 125 000 000;

②资产总额超过 $ 100 000 000(扣除累计折旧)。

(3)凡符合第(2)项规定的公司,对外提供的年度财务报告,除基本财务报表外,应再提供下列补充资料:

①把通货膨胀影响加以消除后的继续经营收益;

②在净货币性项目上购买力变动损益;

③以现行成本为基础的继续经营收益(现行收益);

④会计年度终了时存货、财产、厂房与设备的现行成本;

⑤扣除通货膨胀因素影响后,存货、财产、厂房与设备的净现行成本变动额。

⑥连续五年,有选择的某些汇总信息,其中包括:收益、销货、其他营业收入、净资产、普通股每股净利和每股市价。在计算净资产时只要求调整存货、财产、厂房和设备所受到的价格变动影响。

很明显,为了提供上述①②两项资料,需要用到"不变价格美元会计模式"的原理和方法;而为了提供③④⑤三项资料,则需要用到现行成本/历史美元和现行成本/不变价格美元两种会计模式的原理和方法。至于提供第⑥项资料,上述几种会计模式的原理与方法都会应用到。

FASB 第 33 号公告只要求提供上述有限的补充资料。尽管如此,已带来不少新问题要求解决。例如:

①计算通货膨胀影响时,"物价指数"怎样选择?

按 FASB 第 33 号公告的规定:计算通货膨胀的影响,统一采用美国联邦政府每月公布的 CPI-U Index。其中,"不变价格美元"则采用年度"平均美元"。

②现行成本如何确定?

FASB 第 33 号公告认为,现行成本要在调整了基于持有资产所产生的经营得失之后,才会同现行重置成本相等。如果持有某种资产带来较高的经营成本或较低的产量,那么从提供的服务潜力看,与其持有这种资产,不如进行重置。遇到这种情况,该种资产的现行成本就会低于其现行重置成本。

关于现行成本的确定,FASB 第 33 号公告提供以下几种方法或标准供企业选择采用:

A.通过指数。换算具体地说，是指通过"特种价格指数"(specific price indexes)，即"分类价格指数"换算。这类指数又可分为：

a.由外界提供的各类商品或劳务的价格指数；

b.企业内部编制的各类商品或劳务的价格指数。

B.直接作价。具体地说，是指按发票或有关成本计算表就可确定现行成本。直接作价又分为三种方式：

a.现行发票价格；

b.卖主开价、其他作价或估价；

c.能反映现行成本的标准制造成本。

FASB第33号公告带有试验性质。美国财务会计准则委员会已经宣布，它打算在五年之后，即不迟于1984年之内将对本公告的试行结果，进行全面的总结。

六、通货膨胀会计模式给予我们的启发

通货膨胀会计模式，顾名思义，是指在消除通货膨胀对会计信息的影响而提出的一些新的财务报告模式和财务会计模式。众所周知，这些新的会计模式是持续通货膨胀的产物。它们根源于资本主义制度，明显地服务于资产阶级的利益。严格地说，只有在资本主义制度下才具备应用这些模式的充分条件，也只有在出现持续的通货膨胀以致现行会计信息变得严重失真的情况下才有必要把这些模式用于实践。

通货膨胀会计模式出现以前，资本主义国家会计界对历史成本会计模式曾经进行过长期的酝酿与争论。结合设计新的会计模式，他们又提出一些比较新的会计概念、原则与方法，这就打开了财务会计人员的眼界。尽管现行财务报表和历史成本会计模式尚未过时，现在也难预料通货膨胀会计模式将来就能完全取而代之，但这些会计模式毕竟大胆地冲破了某些传统会计观念的束缚，开拓了财务会计的一个新领域。

第一，通货膨胀会计认为，传统的会计模式是严格地奠立在会计的基本假设——"货币计量单位(币值稳定的货币计量单位)假设"[monetary unit(stable monetary unit)assumption]的基础之上的。财务会计的若干基本原则如"历史成本原则"(historical cost principle)、"收入原则"(revenue principle)、"配合原则"(matching principle)以及在这些原则指导下的计量、记录、分类与汇总等方法莫不以稳定的货币计量单位为前提。因此，必须密切注视这个基本假设与客观实际之间的联系。近一、二十年，持续的通货膨胀明显地动摇了这个基本假设。除历史成本会计模式外，通货膨胀会计模式将不再建立在稳定货币单位假设即币值不变的假设的基础之上。不过，有的通货膨胀会计模式如"不变价格美元报告模式"，客观上仍然起着维护"稳定货币单位假设"的作用。因为用"不变价格美元"作为会计的计量单位的设想，其主要目的还是在于寻求一种"稳定的"(消除通货膨胀影响的)货币计量单位来代替不稳定的现行美元。

第二，通货膨胀会计，特别是现行成本会计要求全面地评价历史成本原则。前面说过，历史成本原则是有它的优点的。如比较客观和可以验证，就是它的显著优点。所以，按历史成本原则来计量资产和产权。可以较为如实反映垫支资本的价值运动，这一点，任何别的计量原则都难以同它比拟。如果币值基本稳定，以历史成本为计量基础还是比较可取的。这应当加以肯定。不过，即使不发生通货膨胀，历史成本原则的优点也不是绝对的。在商品经济条件下，只要物价有所波动(而这是正常的)，建立在历史成本原则之上的收益决定模式就会产生两个不足之处：首先，决定收益需要

把收入同与其有联系的费用（成本）相配合，而收入与费用的计量基础并不一致。在历史成本会计模式下，商品总是按出售当时的销售价格取得收入。收入的计量基础是现行价格，但与收入相配合的成本费用则不同。它们的计量基础大多数是历史成本。如前所说，销货成本是由按历史成本计量的存货价值中已出售部分转化而来，其计量基础是商品的历史购买价格而不是其现行购买价格（存货的重置成本）；折旧费用也是由按历史成本计量的固定资产价值中已磨损部分转化而来，其计量基础同样是财产的历史购买价格而不是其现行购买价格（固定资产的重置成本）。这样，要求其互相配合才能决定收益的"收入"与"费用"两个项目，却采用了不同的计量标准（或者说是采用了不可比的计量标准），这是很不理想的。因为，由此决定的营业收益，不可避免地要受到价格变动的影响。而"营业收益"指标，常被用来评价企业的经营成绩，应用不够准确的指标，如何能得到正确的评价？其次，一个企业继续经营的前提，是投入的资本能够在耗费后不断地得到补偿，因为这是保证简单再生产顺利进行的必要条件。所以，认真研究成本范畴就非常重要。马克思在《资本论》中曾反复强调"成本"的补偿性质。成本，作为商品生产的补偿价值，实际上包括两个含义或两个要求：一是说在商品生产和销售中，所费资本的价值要按 C+V 得到补偿，这一点比较显而易见；二是说，从货币收入中获得补偿的价值要足够更新和恢复（主要指实物上）已耗费的生产要素。这一点，常常不为传统的会计所注意。人们总以为，算出一项产品成本例如＄100 之后，能从收入中收回＄100 就行了。其实，只看收回了＄100 的钱是不行的。必须再看所收回的＄100 的钱够不够买回已消耗的材料物资？够不够支付简单再生产所必需的工资与其他费用？正如马克思明确指出的："商品的成本价格必须不断买回商品生产上耗费的各种生产要素。"[①]但是，在历史成本会计模式下，从销货收入中获得补偿的 C+V，只相当于按历史成本确定的销货成本与营业费用。这样算出的补偿价值，即使不发生通货膨胀，只要物价有所上涨，也难以买回已消耗的生产要素。

由此可见，从再生产（继续营业）的观点看会计的计量原则，特别是考虑到与收入相配合的费用的正确确定，历史成本未必优于现行成本（如重置成本）。

第三，按照公认会计原则，会计所确认的收入必须已经实现。但"不变价格美元会计模式"却要求表现并未实现但已实际存在的"购买力变动损益"；现行价值会计模式也要求表现尚未实现的"重置成本变动"。这种变动既可作为"资本保持的调整"项目，也可作为一种特殊的收益即"持有收益"。购买力变动损益并非来自企业的经营活动而只是由于持有货币性资产或承担货币性义务；"持有收益"同样不是来自企业的经营活动而只是由于持有非货币性资产。通货膨胀会计提出了这样的理论问题要求研究解决：仅仅持有某种资产能否产生收益？未实现的收益应否承认？历史成本会计模式是不承认未实现的任何收益的。而通货膨胀会计模式却必须承认由于通货膨胀引起的特殊损益——货币购买力变动的损益和价格变动的损益。这样，通货膨胀会计和传统会计之间，就产生了会计理论上的根本分歧。

第四，人们最为关切的是。通货膨胀会计模式的出现，对公认会计原则和财务会计基本理论进行了全面挑战。前面已经提到，这些模式背离或基本背离了货币计量单位的假定，背离或基本背离了历史成本原则和收入原则。其实，它们还修改补充了配合原则，并且否定了"稳健性惯例"（conservatism convention）。按照稳健性惯例，会计"只应预计可能的损失而不应预计可能的收益"。通货膨胀会计模式却既要预计可能的损失，也要预计可能的收益（购买力变动损益和持有收益都属于可能的损益）[②]。在通货膨胀会计中，还应包括某些争议较大，对传统会计改革较为彻底的方案。例如"现行销售价格（脱手价格）会计模式"[current selling price(exit price) accounting model]，按

① 《资本论》第 3 卷，《马克思恩格斯全集》第 25 卷，第 33 页。

② 当然，"持有收益"也可分为已实现和未实现两个部分。不过，严格说来，已实现部分就不再属于持有收益了。

照这个会计模式，权责发生制的基本假设已不需要，至于历史成本原则，收入原则和配合原则，几乎都被它否定了。

我国是社会主义国家，我国的物价是基本稳定的。在我国，货币的发行集中统一于中央。国家严格地根据国民经济发展的需要，有计划地发行货币并统一组织管理货币流通。社会主义计划经济保证了我们不会出现通货膨胀，尤其不会出现所谓持续通货膨胀。那么，为什么我们还要研究资本主义国家的通货膨胀会计模式呢？这是因为：

第一，我国采用的会计模式基本上属于世界通行的历史成本会计模式。为了改进我国会计的计量方法，使会计信息更好地为提高经济效益和促进社会主义四个现代化服务，我们也应当把通货膨胀会计模式拿来同历史成本会计模式相对照，以便进一步研究和评价历史成本原则，力求扬长避短，不断完善历史成本计量原则。

第二，通货膨胀会计模式的实际应用虽然只限于资本主义国家和在这些国家中出现持续通货膨胀的特殊经济条件，但通货膨胀会计涉及的会计理论和会计方法上的一些问题，却具有国际意义。重要的事情在于：这些会计模式的产生在西方财务会计中，开拓了一个新领域。它在不同程度上对传统的会计假设、会计原则和会计的方法技术都有所突破。如果实践证明，这些模式是可行的，它们提供的会计信息，即使不发生通货膨胀，也比历史成本会计模式对经营决策和理财决策更为有用，那么它将有可能引起财务会计学以至整个会计学的重大变革。

“他山之石，可以攻玉。”在这个意义上，密切注视西方通货膨胀会计理论和实践的发展并加以认真地研究，以便从中得到某些借鉴和启示，对于发展我们社会主义的会计理论，也是很有必要的。

（原载于《财会通讯》1984 年第 3～5 期）

24

美国财务会计理论发展的新阶段

——评价《财务会计概念公告》(1~3号)

葛家澍

传统的会计模式从复式簿记的产生算起,已有四五百年的历史。但是,有关这个会计模式的一些基本理论问题,例如:怎样随着生产的发展和客观需要确定财务会计的目标?按照会计的目标,如何对会计的具体对象即会计的基本要素如资产、负债、产权、收入、费用、收益等概念进行定性分析并给予科学的解释?在定性的基础上,这些基本要素应在何时并按照何种标准在会计上予以确认?会计确认的特点是借助于货币形式作出数量反应。应予确认的会计要素如何进行定量分析,也就是应如何加以计价和计量等等,都有待于进行深入的研究。应当承认,在一个很长的时期内,会计的理论是落后于会计的方法与技术的。在西方,当财务会计取代传统会计,资本主义国家的会计学者已重视用于指导实务的公认会计原则(GAAP)的研究。不过,西方国家的所谓"公认会计原则"基本上来自会计惯例。会计惯例则代表流行的(多数人接受的)会计实务。如果人们只是根据会计的惯例指导当前的会计工作,"萧规曹随",一代一代地把会计的传统观念和习惯做法继承下去,那么在财务会计中,不但难以适应新的情况和针对新的问题、果断地运用新的原则和新的方法去加以解决,而且不可能形成并发展新的概念和理论。但是,最近十年,情况起了变化。

从70年代中期起,美国制订和发布公认会计原则的权威机构,"财务会计准则委员会"(Financial Accounting Standards Board,FASB)着手研究财务会计的一系列基本理论,其中首先是对财务报告的目标和基本概念的研究。它宣布:要通过研究,建立"财务会计的概念结构"——目标与基本概念互相关联协调一致的体系,主要用于指导今后的会计与报告的准则的发展。从1978年11月到1980年12月,它连续发表了代表财务会计准则委员会的见解、带有权威性的研究报告——《财务会计概念公告》(Statements of Financial Accounting Concepts,SFAC)共1~4号。即:

①第1号财务会计概念公告——企业财务报告目标(1978年11月);

②第2号财务会计概念公告——会计信息的质量特征(1980年5月);

③第3号财务会计概念公告——企业财务报表的要素(1980年12月);

④第4号财务会计概念公告——非企业组织的财务报告的目标(1980年12月)。

前三个"概念公告"都以企业为对象,构成一个在理论上互相连贯的整体。这三份"概念公告"相当全面、系统和深入地回答了有关会计的一些基本理论问题。需要注意的是:这些"概念公告"在涉及经济学的概念时,总是站在资产阶级立场,反映资产阶级的错误观点,必须加以批判。但是它在阐述会计本身的概念、方法和程序时,则有别于以往的资本主义一些会计文告或论著,而具有观点一贯、逻辑严密、用词严谨、表述确切等几个优点。如果说,会计的若干基本概念虽然已被人们引用了成百年甚至几百年而一直没有获得比较科学(至少令人比较满意)的定义和解释,那么美国《财务会计概念公告》的发表初步弥补了这一缺陷。概括地说,已发表的1~4号《财务会计概念公告》,具有以下几方面的重要意义。

第一,这一系列公告是美国最有权威的会计机构带头研究"财务会计概念结构"(Conceptual

Framework of Financial Accounting)的一个重要行动。它的最终目的是要建立一套协调一致的财务会计理论体系。这套理论体系，既可以用来评价现有的公认会计原则，又可以指导未来的公认会计原则，所以，它对于推进财务会计理论和方法的发展，将产生深远的影响；

第二，这一系列公告正在设法改变财务会计的传统观念，使之更好地为它的目标——为投资人、债权人(也包括企业管理当局)进行理财决策——服务。那就是财务会计从以往只注意记录和表达企业已发生的交易事项，转变为既立足于描述企业的过去，又着眼于评价企业的未来。例如第1号概念公告多次指出为投资人、信贷人和从事类似活动的人服务的财务报告，应当提供有助于他们评估来自股利、利息或到期贷款等方面的预期现金收入的信息。第1号概念公告还反复阐述了下列思想：虽然，“财务报表和大部分其他财务报告是历史的，但以未来期望为基础的估计数在财务报告中常常是需要的。”财务报告的“信息是历史的，但使用这些历史信息的人们可能试图据以预测未来”(以上均见第21段)。第3号概念公告则从未来的观点来定义财务报表的基本要素。例如，它认为：“资产的实质是未来的经济利益”(第104段)。“资产的定义主要着眼于某一企业已取得的未来经济利益，其次，才是提供未来经济利益的实物体和其他事物”(第117段)，所有这些提法都表明：《财务会计概念公告》在仍然肯定财务会计以提供历史信息为主的同时，突出了“未来”和“期望”。

第三，资本主义制度下财务会计的目标，不论有多少提法，说到底，必然是为了帮助资本家在进行投资、信贷和其他类似活动中作出有利的决策，从而谋求最大限度的利润。《财务会计概念公告》不仅不隐瞒，而且十分明确地把帮助信息使用者提高决策时的经济效益当作财务报告的基本目标。在定义“资产”、“负债”等财务报表的基本要素时，《财务会计概念公告》既着眼于未来，又突出经济利益。《财务会计概念公告》中引用的“盈利”、“利益”等等概念原是资产阶级经济学的范畴。这些范畴作为资本主义生产关系的理论表现，掩盖着资产阶级对无产阶级的剥削实质是毫不奇怪的。《财务会计概念公告》在有些地方甚至露骨地宣扬股利和利息仿佛是资本的理所当然的“报酬”之类的剥削阶级观点(第1号概念公告第13段)。这些都应当给予严肃的批判。但是，《财务会计概念公告》的主要内容并不是这些东西。如果把这些范畴的本质撇开，《财务会计概念公告》突出盈利、收益和经济利益就可理解为：旨在为投资人、信贷人服务的财务会计，对于讲求理财活动的经济效益是异常重视的，《财务会计概念公告》试图建立的理论结构，正是为了不断完善企业的财务信息系统，从根本上提高会计信息的质量，以便帮助投资人、债权人和企业管理当局在理财活动中取得最好的经济效益。美国会计界在财务会计领域中所作的这些努力，显然可以供我国会计界的借鉴。因为，我国会计界也正在千方百计地为促进社会主义企业和事业的经济效益的不断提高而奋斗。

美国财务会计准则委员会所发表的一系列财务会计概念公告主要包括两个内容：财务会计的目标和基本概念。前者指财务报告的目的；后者指财务会计在对经济业务进行选择、记录、计量和汇总所必须反复引用的基础概念。例如，作为会计对象具体化的会计基本要素：“资产”、“负债”、“产权”、“全面收益”等等就是财务会计的基本概念；用来说明会计信息质量特征的“决策有用性”、“相关性”、“可靠性”、“重要性”等等也是财务会计的基本概念。从表面上看，已经发表的财务会计概念公告，特别是其中的1～3号，似乎不过阐明了企业财务报告的目标，对若干基本概念也只给予比较科学的定义。但是，深入一点看，就能发现这些研究成果的意义是深远的：目标能指明方向，概念是解决问题的工具。没有它们，就不能组成一套完整严密、首尾一贯的财务会计理论体系，而没有这一套理论体系，要建立科学的财务会计准则和发展公认会计原则是不可能的。下面，我们分别就“财务会计的目标与信息的质量要求”和“财务会计的基本要素”两个问题，对1～3号财务会计概念公告作一个初步的评介。

一、财务会计的目标与信息的质量要求

(一)关于财务会计(财务报告)的目标

在美国,财务会计目标的研究在60年代已经开始。认真对待这个问题并开展系统深入研究的是财务会计准则委员会。其研究成果集中表现在第1号《财务会计概念公告》中。

第1号《财务会计概念公告》关于企业财务报告的目标的研究是具有很大的特点的。主要有:

第一,以往的研究,人们都把财务会计的目标完全等同于财务报表的目标。而第1号概念公告则把财务报表的目标扩大为财务报告的目标,而把"财务报表"(Financial Statements)与"财务报告"(Financial Reporting)视为两个既有联系,又有区别的概念。财务报表是财务报告的中心,是把财务信息传递给外界的主要手段。财务报表的种类、内容、形式和编制程序,特别是应当表达的信息要受公认会计原则的支配。财务报告除财务报表外,还包括若干不受公认会计原则约束的信息,例如财务报表只能以美元为计量单位,以历史成本为计量基础。而财务报告就可研究反映按一般购买力单位重新表达的或按现行成本计量的会计信息。因此第1号概念公告所讲的目标属于企业的财务报告而不局限于企业的财务报表。就是说,企业的全部报告,除财务报表外,还包括表外补充资料、年度其他报告、情况简介和向证券交易委员会填报的年报(格式10-K)等等,它们都应当按第1号概念公告所规定的目标提供经营决策或经济决策中有用的信息。

第二,第1号概念公告在规定企业财务报告的目标时有几个明确的出发点和新的见解:

(1)财务报告主要是供外界使用的。这些外界使用者的共同需要,决定了财务报告的目标;

(2)财务报告的可能使用者是很多的。但第1号概念公告却选择了最有代表性的投资人和债权人为中心来确定财务报告的目标。这就使目标比较明确而不过于抽象;比较集中而不过于分散。即着重满足投资决策和信贷决策的需要;

(3)财务报告提供的信息都要在不同程度上满足决策的需要。投资决策、信贷决策和其他类似决策对信息的需要应当构成财务报告的目标的基础;

(4)投资人和债权人(包括现在和未来的)共同需要的信息是企业创造"有利的现金流动"(即净现金收入或净现金流入)的能力。从长期看,在企业的现金收入中,扣除资本变动的影响,应当与企业的盈利总额相等(第1号概念公告第46段)。企业的盈利总额,是企业经济效益的集中表现。投资人和债权人由于关心自己的股息和利息等现金收入,不但一般地关心企业由盈利代表的经济效益,而且具体地关心企业的经济效益实现为现金的可能性,即创造有利现金流动的能力。把提供"现金流入"信息作为目标之一是《特鲁伯鲁特报告》[①]的功绩,但把财务报告的目标集中到企业的"净现金收入"信息方面来则是第1号概念公告的重要贡献。

第三,从以上几点出发,第1号概念公告提出如下的目标:

(1)财务报告应该提供对现在的、未来的投资人、债权人以及其他使用者作出合理的投资、信贷及类似决策有用的信息。这类信息对那些相当了解经营和经济活动并愿意相当勤奋地研究这类信息的人们来说,应该是全面的。

(2)财务报告应该提供有助于现在的和未来的投资人、债权人以及其他使用者去评估来自股利或利息以及来自销售、偿付、到期汇券或贷款等的预期收入现金的金额、时间分布和不确定性的信息。由于投资人和债权人的现金收入与企业的现金流动是紧密关联的,财务报告还应该提供有助于投资人、债权人和其他人去评估有关企业的预期现金净流入的金额、时间安排和不确定性的

信息。

(3)财务报告应该提供关于企业的经济资源、对这些资源的主权要求(企业把资源转移给其他主体的责任及业主权益),以及影响资源和对这些资源的主权要求发生变动的交易、事项和情况的信息。

以上几项目标是互相联系的。它由一般到具体。正如第 1 号概念公告第 32 段所说:“开始,这些目标广泛地注意于对投资和信贷决策有用的信息;而后加以收缩,注意投资人和债权人对于他们向企业投资或贷款能收到的具有现金前景的基本收益;最后,则注意于有关一个企业的经济资源,对资源的主权要求以及有关这两者变动的信息。因为,最后一类信息对于估计企业的预期现金流动是有用的。”

第四,第 1 号概念公告所规定的财务报告的目标既是原则的,又是具体的。说它原则,是因为正确地指出了财务报告,也就是财务会计的方向和基本职能——为投资决策和信贷决策提供有用的信息,针对企业外部需要,对企业的财务状况与经营成果起反映的职能。[②] 说它具体,是因为:(1)它具体地规定了企业对外应提供些什么有助于投资和信贷决策的信息,并指出投资人对债权人共同关心的方面——企业创造净现金收入的能力;(2)在第 2 号、第 3 号概念公告中,第 1 号概念公告所规定的目标能逐步地得到落实。不论分析会计信息的质量特征(第 2 号概念公告的内容)或定义财务报告表的基本要素(第 3 号概念公告的内容),都能紧密地围绕第 1 号概念公告,体现会计目标的要求(这一点,是以往的会计文件,包括会计原则委员会第 4 号报告都没有做到的)。从这里可以看到,美国财务会计准则委员会试图建立一个观点首尾一贯、论述科学严密、具有内在统一性的财务会计理论结构,是把第 1 号概念公告视为总纲,用财务报告的目标来指引方向。

(二)关于会计信息(财务报告信息)的质量要求

财务报告的目标,概括起来就是:主要提供投资决策和信贷决策有用的信息。而第 2 号概念公告则从质量方面对上述目标提出要求。它使人们了解:在“有用的信息”这个术语中,“有用”两个字的确切含义究竟是什么。

第 2 号概念公告认为,由于所有的财务报告都在不同程度上与决策有关,会计报告所提供信息的“最重要的质量”是“对决策的有用性”(第 32 段)。会计信息的质量特征,是指那些能加以识别和规定的,使会计信息有用的质量标志,或“有用性”的成分。因此,理解会计信息的有用性成分具有两个方面的意义:(1)对于财务报告的编制者(信息提供者)来说,可以帮助他们作出合理的会计选择;(2)对于财务报告的使用者(信息使用者)来说,则可以帮助他们作出有根据的财务决策。

决策的有用性,是由两个主要质量特征——“相关性”和“可靠性”组成的。

1.相关性(relevance)

所谓相关性,从字面解释,是指与决策有关,为决策所需要的特性。会计原则委员会第 4 号报告解释“相关性”时说:“相关的财务会计信息同需要用到这种信息的经济决策有关”(第 4 号报告第 88 段)。但这样解释过于抽象,不能解决问题。第 2 号概念公告提出了一个较为精确的定义(第 46 段)。它把“相关性”理解为:“信息的‘导致差别’的能力”(information’s capacity to “make a difference”)。或者说:“如果信息减少某一情况的不确定性,信息就同这一情况有关”(第 52 段)。

什么叫“导致差别”的能力?要回答这个问题首先必须了解什么叫“差别”?我们知道,决策的任务在于从若干个可供挑选的方案中确定一个最佳方案。这就需要掌握有关这些方案的不同方面的信息。不同方面就是“差别”。例如,首先要有可供挑选的不同的(差别的)方案;其次,要掌握不同方案的预期的和实际的(或证实预期结果正确,或反映预期结果不正确)资料(这也是差别)。对决策者来说,凡是能多提供一个可供选择的方案;凡是在每一个方案中,能多提供一个可使他明了情况从而有利于进行比较和鉴别的数据,都能使他在决策(在不同可供选择的方案中,按照他们的

“差别”作出评价并在分析比较彼此之间的差别的基础上选择最佳方案)中增加把握性，减少犹豫不定性。在每增加一个不同的信息，而可使他提高决策的信心时，就意味着这种信息导致了他在决策时的“差别”。因此，第2号概念公告又说：“会计信息要与投资人、债权人和其他人所作的投资、信贷和类似的决策相关，就必须通过帮助使用者对过去、现在和将来事件的结果作出预测，或是证实或是改正先前的期望，从而具备在决策中导致差别的能力”(第47段)。例如，某企业预计去年的销售额为1亿元，经营收益(假定等于净收益)可达2 000万元，每股净收益为20元。销货是“事件”(event)，销货额、净收益和每股净收益是事件的“结果”(outcome)。上列预测信息对于尚不了解某企业去年经营活动及其成果的投资人来说，在他们作出投资决策时，显然能导致“差别”。假定某企业公布了去年的财务报表。报表上实际数字是：销货1亿2千万元；净收益2 500万元；每股净收益是25元。这些虽属于历史信息，但由于它证实了原先的期望(预测代表期望)，对于原先已具备预测信息的投资人来说，也导致了“差别”。如果说，按照预测信息，投资人已准备继续持有某企业的股票，那么由于财务报表证实了原先的预测甚至比预测的情况更好，这必然会增加他在作出“继续保持企业股票而不予抛售”这一决策时的决心。

信息要有相关性，必须能及时提供给使用者，还必须具有预测价值和反馈价值，即用来证实或修改原来的预测的价值。因此，相关性又是由“及时性”、“预测价值”和“反馈价值”等三个质量特征组成的。

2.可靠性(reliability)

可靠性取决于如实地表述。一项会计信息，除非明显地弄虚作假或过失造成错误，其可靠性并不像“黑”与“白”那样绝对。不能说，这项会计信息要么是“可靠”，要么就是“不可靠”。可靠性存在着一个比较可靠和不大可靠的程度问题。举例说，取得资产的成本通常是最容易确定的。可是，有时也会发生不大可靠的情况。比如，以一定的金额支付同一批材料的运杂费。应分配给这批材料中每种材料的采购成本就不能可靠地确定。

可靠性常被认为：一要确定；二要精确。即包括“确定性”(certainty)和“精确性”(precision)其实，这种要求是过高的。

企业的经济活动及其结果中能够用货币表现的方面即价值运动，是会计的对象。可是，这个运动几乎到处存在着“不确定性”，即到处都有难以肯定其最终结果而需要加以判断和估计的情况存在。例如，折旧的计算、坏账的预测、费用的分配以及由于非企业所能控制的客观因素使企业有可能取得的收入、发生的损失、获得的资产或承担的负债等等，都很难事前有把握估计其发生的时间、金额和准确的程度。至于精确性的要求则要看相关性和可靠性这两个验证信息对决策有用的两个主要质量属性。此外，还有一些属性会影响它。

信息好比一个商品，要使它有用，必须使信息提供所花费的成本能从利用信息所获得的受益中得到补偿而有余。就是说，这里也讲求经济效益。“收益大于成本”(benefits＞costs)是信息有用的一个约束条件。信息具有相关性，是由信息对决策者能导致差别从而对决策发生影响。如果某些信息对决策只起微不足道的影响，那么，当然无所谓相关性，可靠性的要求也就可以置之不顾。因此，信息的有用性，还有另一个约束条件，这个条件称为“重要性”(materiality)。

如同第1号概念公告一样，第2号概念公告所考察的内容并非以前人们没有研究过(会计原则委员会第4号报告在财务会计和财务报表的“质的目标”的标题中也曾论述过这类问题)。但是，第2号概念公告所作的系统、深入和不少独创性的分析，显然大大地发展了以前美国会计界在这个问题上的研究成果。

二、财务会计的基本要素

财务会计的基本要素是第 3 号概念公告所探讨的主题。不过,第 3 号概念公告称之为财务报表的基本要素。因为,财务报表提供关于企业财务状况、财务状况的变动和经营成果的信息都是通过财务会计的基本要素及其组成部分来反映的。

第 3 号概念公告着重研究了财务会计的基本要素的性质并试图下一个比较确切的定义。会计工作者通常只关心怎样计量和反映以及应在何时计量和反映财务会计的基本要素?其实,“财务报表要素的定义是确定财务报表内容的具有重大意义的第一步。一个项目具有某一要素的主要特征,是在某一主体的财务报表中正式确认这一项目的必要条件”(第 3 号概念公告第 17 段)。假如某个项目并不符合资产定义所规定的特征,那么我们就不能把这个项目当作资产在会计上加以确认,在这种情况下,要把它视为资产来计量和记录、表达等问题就无从谈起了。所以,“定义”的探讨是十分重要的。

第 3 号概念公告认为组成财务报表内容有十个基本要素并把它们分为两个不同的类别:

“资产”、“负债”和“产权”属于一类。它们是用来描述在某一瞬间企业的经济资源的主权要求的水平的。类似于反映企业的经营活动所拍的一张画片。

“业主投资”、“派给业主款”、“全面收益”、“收入”、“费用”、“利得”和“损失”属于另一类。它们是用来描述一定期间内影响企业的交易、事项和情况的结果的。类似于反映企业经营过程的一组动画。这两类要素存在着如下的关系:(a)资产、负债和产权这三个要素必须通过另一类要素才会发生变动,而在任何时刻,前三个要素描述的水平都是另七个要素累计变动的结果。(b)一项资产是增加或减少了,必然同时是①另一项资产减少或增加了;或同时是②一项负债或产权相应的增加或减少了。第 3 号概念公告把两类要素之间的这种关系称为“关联”(articulation)。上列关系也可用两个公式表示:

(a)某一期间的期初余额±期内变动=期末余额(账户中)

(b)资产=负债+产权(财务报表中)

这两个关系式是依靠“复式记账”的机制,借助于权责发生制会计,把合乎基本要素定义的项目通过账户体系包括在互相关联的财务报表之中。

第 3 号概念公告对上列十个要素的特征分别作了细致的分析,所下的定义都是富有特色的。其中,有两个要素的描述应当特别引起我们的兴趣和注意:一个是“资产”,它是第 3 号概念公告着重描述的重点,其定义最有新意;另一个是“全面收益”,它是第 3 号概念公告首先提出来的一个新要素。

1.关于资产

过去,美国比较权威的会计文告也对“资产”下过定义,但所下的定义显然都没有抓住资产的实质。

我们可以举两个会计文告来看。

美国会计师协会所属“名词委员会”1953 年 8 月公布的第 1 号《会计名词公报》(ATB),认为“资产”是“由账户的借差所代表的某一东西,这一借差是按照会计规则或原则在结账时较确当地予以结转或应予结转所形成”(公告第 26 段)。这个定义完全从记账的技术方面来理解“资产”,没有揭示资产的经济内容。

美国会计师协会所属“会计原则委员会”于 1970 年 10 月发表的第 4 号报告把资产定义为“按

照公认会计原则予以确认和计量的企业经济资源”(报告第132段)。这个定义虽指出资产的经济内容是经济资源。但却认为,经济资源应否视为资产,要由公认会计原则的确认标准和计量标准来决定。这就把资产的实质同资产的确认与计量[3]之间的主从关系弄颠倒了。

第3号概念公告纠正了以上一些定义的缺陷。提出了资产的新定义。

“资产是某一特定主体由于过去的交易或事项而获得或控制的可预期的未来经济利益”(第19段)。

这个定义认为所有的资产(即经济资源)都具有一个共同的属性即“服务潜力”(service potential)或“未来的经济利益”(future economic benefit)——最终将形成企业的“现金净流入”(net cash inflows)。从这一点出发,第3号概念公告明确指出资产的“实质是未来的经济利益”(第104段)。上述定义“主要着眼于某一企业已取得的未来经济利益,其次才是提供经济利益的实物体和其他事物”(第117段)。

分解上列定义,可以看到资产有三个主要特性:

第一,它体现了可预期的未来经济利益——为未来现金净流入作出直接或间接的贡献的能力;

第二,某一个特定企业能获得或控制上述未来的经济利益;

第三,导致企业获得或控制这项未来经济利益的权利或交易事项,必须已经发生。

肯定了资产的定义和资产的三项主要特性。要判断某一个资源或某一个项目是不是资产,就要看它是否符合上列定义。能不能按资产来确认、计量和反映,就要看它是否具备资产的三项主要特性(缺一不可)。

按未来经济利益来定义资产,当然也可按未来经济利益来定义一系列其他要素。从“未来经济利益(体现财务报告目标)”的观点看,负债的实质是企业预期牺牲未来经济利益的责任或要求,而产权则是业主对企业剩余的未来经济利益上的权益。至于“业主投资”,必能增加企业的未来经济利益。而“派给业主款”则减少企业的未来经济利益。“全面收益”体现了企业除资本主权交易以外的净资产——即业主具有主权要求的剩余未来经济利益。由此可见,按未来的经济利益来定义资产,对于所有其他要素的定义和实质的分析,都有决定性的影响。

在评价第3号概念公告关于资产的定义的时候,有两点应当加以说明:

第一,我们说第3号概念公告提出资产的新定义。说它新,并不意味着这个定义中的基本观点都是财务会计准则委员会第一次提出来的。

早在1929年,坎宁·约翰(Canning John)在他所著的《会计工作中的经济学》(*The Economics of Accountancy*)一书中就对资产作过如下的描述:“一项资产是用货币表示的或可以转换为货币的任何未来的服务(但要按比例扣除双方合同约定尚未履行的部分),这种未来的服务是依法或公正可靠地属于某个人或某一部分人。这种服务之所以是资产,仅仅由于占有它的人在运用它”(1929年版,第22页)[4]。

1962年,斯普罗士和穆尼茨(Sprouse and Moonitz)在《会计研究论文集》第3号(ARS No.3)中更明确地把资产定义为“一种预期的未来利益,它已经由企业作为某种现在的和过去的交易的结果而取得了它”(1962年版第8页)[5]。

从上引资料可知:

“未来的服务”的提法,20年代已经出现了,但当时没有引起会计学界的注意。

“预期的未来利益”的提法,60年代也提出来了,但当时被权威的公认会计原则制定机构——“会计原则委员会”(APB)所否定。会计原则委员会当时说:“本委员会认为,虽然这些研究论文集(指ARS No.1和ARS No.3)对会计思想有所贡献,但它们与现行公认会计原则差异太大,而不便于现在加以采纳”。[6]意味深长的是:

二十年前被“会计原则委员会”否定了的,二十年后却由“财务会计准则委员会”重行加以肯定并给予发展,从这一点看,显然是具有新意的!第二,“可预期的未来经济利益”究竟是什么意思?第3号概念公告认为可预期的未来经济利益是一种服务的潜力(第22段)。比如可供企业进行交换,可以在生产中被使用,也可用来清偿债务(第104段)。这是正确的。但第3号概念公告认为这些服务潜力“最终将形成企业的现金净流入”(第22段),却是错误的。因为,企业的现金净流入即已转化的现金的净利是劳动者创造的剩余价值。资产作为物化劳动或自然资源,并不能形成这部分新价值。因此只能说,劳动者要创造并实现新价值,不能离开企业的资产的帮助。资产作为未来的服务潜力,最终可以帮助劳动者替资本家创造现金净流入。

2.关于全面收益

全面收益(comprehensive income)是由收入(revenue)费用(expense)和利得(gain)与损失(loss)所组成。但是第3号概念公告对全面收益作了如下的定义:

“全面收益是一个主体在某一期间与业主以外的方面进行交易或发生其他事项与情况而引起的产权(净资产)的变动”(第56段)。

这个定义,曾经引起美国会计界的种种议论。

第一,由于“全面收益”中包括“持有利得”和“持有损失”,这两个概念同历史成本原则和实现原则都不相容。这可能反映美国财务会计准则委员今后将用“现行成本”取代“历史成本”作为资产计量的基础。

第二,“全面收益”本来可以用“收入－费用＋利得－损失”来计量,但第3号概念公告却把它定义为除与业主交易以外的其他交易或事项引起的净资产变动——“在企业的整个存在期间,等于除业主现行投资和对业主的现金分配以外的净现金流入”(第59段)。而且,财务会计准则委员会在“概念公告”中几乎不提配合(配比,matching)这个概念,这又可能意味着:长期以来企业的收益都是按照“配合”模式(“佩登和利特尔顿”模式)来计量的方法将会改为通过资产负债表的变化来计量。这样一种改变并不单纯是净收益确定方法上的改变而是一种观点的改变。20世纪40年代以来,人们普遍重视收益表,今后也许再次重视资产负债表。⑦

美国财务会计准则委员会关于财务会计概念公告的研究所涉及的,都是财务会计中的比较重大和若干基本的理论问题。它在《财务会计概念公告》中提出的若干新观点如要求财务报告提供更多的未来信息,把资产定义为“预期的未来经济利益”不通过“配合(配比)”模式来确定企业全面收益等等,都表明美国会计界的会计观点正在发生和可能发生引人瞩目的变化。所有这些,都是值得我们研究并加以借鉴的。但是,他们的财务会计理论不可避免地反映资产阶级的要求和利益。在1～3号概念公告中,精华与糟粕,剥削阶级的观点和科学严谨的分析就往往交织在一起。因此,我们应当以马列主义、毛泽东思想为指导,进行深入细致的鉴别,去其糟粕,取其精华,为我所用。

(原载于《厦门大学学报(哲学社会科学版)》1984年第4期)

注释:

①1973年10月,美国会计师协会一个关于财务报表目标的研究小组(其主持人为特鲁伯鲁特 Trueblood)提出的研究报告——《财务报表的目标》,亦称《特鲁伯鲁特报告》(Trueblood Report)。

②财务会计当然也具有另一个职能即控制职能。但财务会计主要是用来为投资人、债权人和其他外界提供信息的。企业外部集团并不参与企业的经营管理,他们怎样应用这些信息来控制(管理)企业?投资人和债权人对企业经营管理的控制表现在:首先,他们要对企业的经营效率和取得的经济效益(盈利的高低,创造有利的现金流动能力的大小等等)作出评价。然后,就会采取行动,他们的行动不是去干预企业的经营管理,也不会要求改组企业的领导班子,而是用保留或是出售企业的股票与债券;用增加或是减少对企业的投资与贷款等方式来表示他们对企业是满意或是不满意。他们对企业的这种控制方式仍然是通过投资决策和信贷决策,并且是完全借助于经济手段和资本主义的市场(证券市场和金融市场)机制来实现的。

第1号概念公告有一些话是露骨地代表金融资本家的利益,但却相当深刻地描绘了资本主义所谓“自由竞争”的冷酷与无情。公告第13段说:“除非债权人和投资人预期企业按高于成本的价格出售其生产物,以促使他们从利息、股利或市价增值中得到与他们估计风险相适应的报酬,企业就不可能在借贷资金和投资资金的市场上赢得竞争的胜利。因此,高度发达的证券市场势必把有限的资源配置到能有效地使用他们的企业,而把他们从无效率的企业中抽走。”由此可见,在资本主义制度下,企业的所有权与经营权相分离是事情的一面,事情的另一面是,所有者站在企业之外,在资金供应上对企业施加强大的影响。资本主义市场的这种无情的压力,迫使那些工商业资本家即所谓企业家为降低成本,增加盈利而绞尽脑汁,千方百计地去提高资本的经济效益。

③以上我们多次提到“确认”,也提到“计量”这一类会计的特有概念。所谓“确认”(recognition),是指一个项目正式地记录或列入一个主体的财务报表的程序。所谓“计量”(measurement),是指运用一定尺度(通常用货币)来确定应予记录或应列入财务报表的某一要素的数量(通常指“金额”)的程序。计量包括两个内容:一是要先确定计量要素应予计量的属性(如历史成本或历史收入、现行成本或现行收入等);二是要选定计量的尺度(如货币单位,不变购买力单位等)。不论“确认”或“计量”,由于都属于会计程序,因此,都应当以某个项目是否符合某个要素的定义,即是否具备各该要素的主要特征为前提。

④⑤均参见伯顿·帕尔默主编《会计与审计手册》(Buston Paslmes,Kay:*Handbook of Accounting and Auditing*),1981,第2~13页。

⑥见会计原则委员会第1号报告(APB statement No.1,1962)

⑦参阅埃尔登 S.亨里德克森:《会计理论》第4版,1982年版第2章,第45~47页(Eldon S. Hendriksen:*Accounting theory*,fourth edition,1982,chapter2,pp.45~47)

25

关于会计对象的再探讨

——会计的反映对象和作为一个信息系统的处理对象

葛家澍　李翔华

在我国会计学界，关于社会主义制度下会计对象的讨论已有三十多年的历史。长期以来，存在着两种具有代表性的观点：一种观点认为会计的对象是在企业、事业、机关等单位中能够用货币表现的社会主义再生产过程以及社会主义财产；另一种观点认为会计对象是社会主义再生产过程中的资金运动，具体指：在企业中为经营资金运动，而在机关事业单位中为预算资金运动。[①]我们是主张按第二种观点来概括社会主义制度下的会计对象的。这是因为，我们把资金理解为在社会主义再生产过程中运动着的价值。它以社会主义必须保留并充分发展商品经济为前提。在一个相对独立的经济实体——社会主义企业中，一切归企业支配运用的社会主义财产都要当作一定量的价值在不断地变换形态，周而复始地进行循环和周转。与此同时，资金随着经营过程的开展被耗费，又随着一次经营过程的结束而收回。由于资金能帮助企业劳动者创造价值和实现所创造的价值，每一次收回的资金在量上应当大于所耗费的资金，体现所得大于所费的原则，为相对独立经营的企业带来综合的经济效益——企业利润。在有计划的商品经济的条件下，社会主义财产一般都是商品，它的使用形态构成企业经营过程中运动着的价值的物质内容。所谓能够用货币表现的社会主义再生产过程，实际上也是指企业经营活动中引起的价值变动。既然如此，直截了当地把会计的对象表述为资金运动，将能更明确、更集中、更深刻地揭示出：在社会主义制度下会计反映和控制的客观事物的主要特征。还必须看到，当我们把社会主义制度下会计的对象规定为资金运动时，也对资本主义制度下会计的对象作了考察，并且认为其对象是资本运动。进一步又认为，倘若舍象掉资金与资本的本质区别，则资金运动与资本运动有重要的共性存在：两者都以充分发展的商品经济为前提，都是价值运动。正是基于这样的认识，我们才能说：马克思在《资本论》中关于资本循环和周转的原理，关于成本价格是资本耗费并且是一个补偿价值的原理，以及关于利润、成本与价格相互关系的分析，基本上也适用于社会主义社会。资金运动和资本运动已经是一种抽象，但它们仍然分别带有社会主义和资本主义两种根本不同的社会制度的属性，因而只能各自代表商品经济条件下会计对象的特殊规定。价值运动则不同，它把资金、资本所包含的特殊社会属性也抽掉了，从而成为商品经济条件下会计对象的一般规定。虽然会计也需要定性分析，但作为一个以提供财务信息为主的经济信息系统，会计的基本职能是进行定量，即运用科学的计量方法来提供有助于经济管理的财务信息和其他经济信息。把会计的对象明确地规定为价值运动，人们就可以根据发达的商品经济和现代化大生产的要求，深入分析在这种条件下价值运动的千变万化及其规律，寻求各种科学的计量方法，更好地提供并运用旨在提高经济效益的会计信息，保证决策和管理的需要。

“资金运动论”即价值运动论从60年代初提出，至今已过去二十多年。在这一时期，客观世界发生了巨大变化。科学技术以惊人的速度发展。信息论、系统论、控制论的创立，标志着人类已进入新的时代。而随着自然科学领域中每一划时代的发现，唯物主义也必然要改变自己的形式。[②]所以，在新的条件下，人们必须用现代科学技术来检查传统的观点、理论和方法，并加以推进和发展。在新的条件下，首先要问：我们对会计对象所作的规定——价值运动是否还能成立？回答是肯定的。只要商品经济没有退出人类社会的活动舞台,会计应当反映和控制的主要对象,作为客观存在的经济现象或过程中的特定方面,就必然是价值运动。当前,这个运动就时间看,它主要由已经发生和已经完成了的过去的经济活动所形成;就空间看,它主要以各个独立的会计主体(如企业、事业、行政单位)为范围。不过,随着商品经济的发展和人们旨在加强管理,提高效益而对会计信息日益增长的需要,会计对象的时空界限正在发生并将继续发生某些变化,从而促使会计对象的时空概念相应地发生变化,这是完全可以理解的。其次要问:我们对会计对象的认识是否不再需要深化和发展?回答则是否定的。"客观现实世界的变化运动永远没有完结,人们在实践中对于真理的认识也就永远没有完结。"信息论、系统论和控制论的出现,开拓了人们的眼界。它使我们认识到:会计原来是一个以提供财务信息为主的经济信息系统。但按照这个认识来重新考察会计的对象,又带来了新的问题:价值运动是独立于会计信息系统以外的客观经济过程,它作为会计信息系统的反映和控制对象是没有疑义的。可是,客观存在的价值运动并不能输入会计信息系统,这样,它本身就不可能由会计信息系统来处理。那么,除反映和控制的对象外,会计是否还应有加工处理的对象?如果承认会计信息系统同时是会计数据处理系统,对这个问题就应当作肯定的回答。那就是说,会计的处理对象是"数据"。问题在于怎样正确地认识数据,特别是数据与会计反映与控制的对象——价值运动的关系。

为了说明这个问题,让我们首先考察一下人们熟知的会计核算的过程。在会计工作中,人们随时都可看到是一系列不断重复、连续的程序与过程:记载企业经济活动(主要指记载企业的价值运动)的大量凭证,经过严格的会计监督,确认其可以作为会计处理对象时才被输入以复式簿记系统为主要内容的会计核算子系统。在这个子系统中,当前,广泛采用的程序是:运用复式记账原理,以权责发生制为基础,遵循历史(原始)成本原则,科学地记录、计量、分类、整理和汇总所输入的数据(即凭证中的数据)。总的要求是:把大量的输入数据去粗取精,去伪存真,压缩数量,提高质量,使之转化为符合会计的目标与任务,有助于决策(管理)的输出信息,通常还应通过会计报表(财务报表或财务报告的形式加以表达反映)并递送给信息的使用者。这里,会计信息系统处理的对象从现象上看是会计凭证。然而究其实质,乃是凭证所记载的已予定量的数据。过去,人们由于对信息(数据也是信息)的含义、属性和作用缺乏应有的认识,从来没有提出,也不可能提出:会计凭证上的数据同这些数据所反映的价值运动是如何发生联系的问题。现在,随着信息科学的产生与发展,这个问题已有可能给予科学的回答了。

信息科学认为,信息是物质的普遍属性,也是精神的普遍属性。前者如山光水色;后者如语言文字,都是信息的输出形态。不论在自然界还是在人类社会思维领域,信息是无所不在的。信息虽然无所不在,却不能独立存在。信息必须依附于物质或能量。物质世界的相互联系和相互作用主要依靠相互之间的信息交流。因此,每一事物总会在运动变化中,在同其他事物的相互联系、相互作用中,表现出自己的特征、状态和历史的变化,特别是表现出它们的量的变化。这就意味着:它们在向外界发出(输出)信息。为了形成精密的知识从而有助于形成科学的预见和正确的判断,人们越来越要求获得事物在运动中发出的、特别是可以定量的信息,经济管理尤其要求信息的定量。有了这样一些关于信息知识的前提认识,我们就可以回过来讨论作为会计反映和控制对象的价值运动(这里仅指过去的价值运动)。这个运动的特征和状态,是通过企业每天都会发生、有的则经常重复出现的经济业务来表现的。那就是说,每一项经济业务,作为企业价值运动的一个组成部分和具体化,都会发出能够运用货币加以定量的信息。由于价值运动是客观经济过程,它通过具体经济业务发出的信息属于"客观信息"(相对于人的思维、意识产生的"主观信息"而言),这种客观信息究竟是怎样进入会计信息系统的呢?它要经过客观到主观再回到客观(实际上是重现客观)的信息变换。经济业务发出的信息,首先刺激有关业务人员的感官,他们必须及时地按照管理的需要和会计的要求,把这些客观信息接收下来,并通过大脑加以变换,但这种变换应力求避免信息遗漏和信息失真，不带主观色彩。尽管信息加工过程在人们思维领域中总是以复杂的方式出现，而我们所要求的这种信息转换却只允许进行定量化的处理，而无损于客观信息的本来面貌。因为，不提出这样的要求，通过会计信息系统所输出的财务信息，就不可能客观地如实地反映价值运动。其次，在经过人们头脑变换后，就转化为可供会计信息系统加工的“数据”(即信息)。按照控制论的观点，在一个被控制系统中，向外界吸取(输入)的内容和向外界发出(输出)的内容，都称为信息。不过，在一个系统中，根据特定的目标，输出信息的有用性必定大于输入信息。否则，信息的变换就成为多余的了。因此，为了表示这两种信息有所区别，我们把输入信息称为“数据”或“初始信息”。为了传递和贮存信息，信息必须有载体。因为如前所说，信息虽然无所不在，但又不能离开物质和能量而独立存在。经济业务发出的价值运动信息，经过接收者的转换，必须通过文字和数字相结合，把它记录在凭证上(这是就人工复式簿记系统而言)。凭证上的记录，对于价值运动直接发出的客观信息起了重现的作用。而凭证(指原始凭证)则成为会计初始信息(数据)传输的载体或媒体，并且是贮存这种信息的工具。会计信息系统之所以有可能连续地加工处理数据，只是因为这个系统可以源源不断地从大量凭证上获得合乎会计目的性的初始信息。

这样看来，如果说会计的反映和控制对象是客观存在的价值运动，那么会计信息系统的处理对象就应当是价值运动发出的信息，或简称价值运动信息。客观的价值运动本身作为会计信息系统反映和控制的对象并不能由会计信息系统来处理。它之所以会反映到会计的账表上，价值运动信息起着中介即联系的作用。说得更明确一点，沟通价值运动即企业经营活动和会计凭证、账簿、报表的东西是信息。信息使物质的东西(在这里，可以理解为在企业中进行的价值的生产和流通)和精神的东西(在这里，可以理解为作为“过程的控制和观念总结”的会计即会计信息系统)发生了联系。当然，这种联系由于要通过人的思维活动，而又要求客观信息不失真地记录(重现)在凭证上，这个过程是比较曲折的。但由于过程只是通过信息接收者的感觉。大脑的加工只是把它初步地予以条理化和定量化，不需要经过像文艺创作或学术研究那样的复杂思维。所以，相对说来又不是很复杂的。

根据以上的分析，我们可以得出结论：会计作为一个经济信息系统，出现了两个对象：一是会计的反映和控制对象；二是会计的处理对象。前者为客观存在的价值运动；后者也是客观存在的价值信息的运动。

按照这样一个说法，可能有两个问题仍会引起人们的疑义：第一，这两个对象的关系究竟如何；第二，价值已经是一种抽象了，人们看不见摸不到的价值运动只能是它依附的企业经营过程中的钱与物的运动。现在进一步说是价值运动发出的信息，是否需要再一次抽象？为了说明第一个问题，会计的控制职能可以暂时撇开(因为会计的控制职能是在反映的基础上产生的)。这样，第一个问题就可简单归纳为会计信息系统的反映对象和处理对象之间的关系。

我们知道，一部电影的拍制和放映过程需要借助于摄影机、制片厂和放映机的功能才能顺利进行。我们不妨借用这一过程来形象地比喻会计信息系统的功能，从而较为通俗地说明两个对象之间的关系。首先，会计(即会计信息系统，下同)好比一架摄影机，它能拍下企业每一项体现价值运动的经济业务的镜头，表现为各项原始凭证的填制和审核；其次，会计好比一个制片厂，对所摄下的镜头进行取舍、分类、加工、剪接……表现为会计计量、记录、分类、整理、汇总以形成有用的财务信息的过程；最后，会计好比一部放映机，在银幕上再现企业的价值运动，也就是再现企业的经营活动过程。这里，在银幕上放映的画面，就是会计提供的、载有财务信息的会计报表或财务报表。

为什么我们说价值运动是会计的反映对象？因为会计首先从价值运动“摄取镜头”加工后再通过报表“放映”出价值运动的“画面”。价值运动作为会计的反映对象在这里是一清二楚的。然而，价值运动却独立于会计信息系统之外。就像演员们在摄影机之前表演，尽管他们的表演是镜头的反映摄取对象，但他们(包括一切景物)是在镜头之外，并没有进入镜头之中。进入镜头的是演员的人体动作、各个部位和所有景物发出的特有信息。镜头中的摄影无非是这些特有信息的集合。如前所述,进入会计系统的也是信息,是价值运动通过具体的经济业务发出的信息,是会计信息系统之所以能摄取价值运动镜头的秘密所在。整个会计信息系统无非表现为对价值运动发出的信息的接收、输入、变换、输出、反馈和控制。会计信息系统的全部程序不过表现为一整套以价值运动发出的信息作为对象的加工处理的方法。由此可见,会计的反映对象和会计的处理对象既是有联系的,又是有区别的。它们的联系在于:一方面没有价值运动,就无所谓价值运动的信息,皮之不存,毛将焉附?形如不在,影岂有踪?另一方面,没有信息作为中介,价值运动也无法在会计中得到反映。

第二个问题涉及价值运动和价值运动信息之间的关系。而研究这个问题又先要解决价值、价值信息和价值概念三者的关系。

我们知道,价值是商品的一个因素或属性。它的实体是商品中凝结的人类抽象劳动。尽管在商品体内看不见也摸不着它,而价值却是客观存在。只要通过交换,在两种商品的比例中就表现出来价值了。因此,价值是借助于价值信息(商品在运动中的量的变动,特因在交换中的比例)来刺激(影响)外界,使人们有可能"捕捉"到它的存在与变化。经济学家,特别是马克思,无数次接受了商品世界中的价值信息,通过复杂的思维加以科学的抽象,形成了价值的概念。即经济学中有关商品价值的定性认识。如果说附着于商品体内的价值(凝结的人类抽象劳动)是物质的东西,那么,经济学上有关价值的概念则是精神的东西,而价值在运动中发出的信息则使两者沟通起来。价值、价值信息和价值概念都代表客观存在。列宁在谈到价值抽象时指出:"物质的抽象,自然规律的抽象,价值的抽象及其他等等。一句话,那一切科学的(正确的,郑重的而不是荒唐的)抽象都更深刻、更正确、更完全地反映着自然。"③ 这里需要指出的是:从价值、价值信息到价值概念只抽象一次,而没有抽象两次。价值作为抽象劳动的凝结是商品的本身属性。价值信息则是商品在运动中,价值量及其变动的表现,同样是客观存在的属性。只有在获得科学的"价值"概念时——写进政治经济学教科书中,关于价值的认识——才需要抽象。在这个意义上,价值概念,作为一种知识可以视为精神化了的信息。当然,必须看到:精神对物质的反作用。为什么人们能够懂得,凡是商品,必然凝结着人类的抽象劳动,必然有价值存在呢?为什么当商品运动时,人们除了懂得接收它的使用价值变动的信息(如位置地点的改变、数量的增减、物理状态或化学结构的变化等等)外,还懂得接受它的价值变动的信息呢?这都依赖于人们具有一定的有关商品价值的知识。比如,当车间向仓库领用3公斤材料时,不论领料人和发料人都应了解:材料是商品,是通过货币交换取得的具有价值。材料的发出,也是材料价值的运动。于是,他们把有关商品和价值这些知识同他们所接收有关材料领用(发出)的信息结合起来,记录在凭证上:既记录发出(领用)材料3公斤;又记录发出(领用)材料3公斤的价值300元。这样,我们可以把载有材料发出信息的凭证视为物质化了的知识。

价值、价值信息和价值概念三者的关系解决了。价值运动和价值运动信息的关系也就解决了。所谓价值运动,不过是指企业经营过程中与经营活动密切联系着的、具有价值的钱和物的运动。只要承认价值是客观存在,价值运动就是客观存在。在一个独立经营或相对独立经营的企业中,"价值经过不同的形式,不同的运动,在其中它保存自己,同时使自己增值,增大"。④

应当注意,马克思指的价值运动能使自己增值,增大,是针对资本主义企业来说的。因为,资本主义制度下的劳动力是商品,资本家用来购买劳动力的资本属于可变资本,可变资本是价值,而其存在形式却是人。资本的人的存在形式一旦在生产领域发挥作用(即劳动力被使用),就能创造出比它自身价值更大的价值。在这个意义上,我们说价值能自行增值、增大。

在我们社会主义制度下,劳动力已不是商品,没有价值。但在我们的相对独立经营的企业中,只包括钱和物的价值运动也要求增值、增大,那是劳动者借助于资金(运动中的价值)创造了新价值,按国家计划与规定,企业根据经营需要,将其中一部分转化为资金,用来增大并加强价值运动,从而扩大生产和经营,更好地满足社会需要。但这不是价值的自己增值。

既然价值运动是客观存在，它就会不断地向外界发出信息，表明运动的状态、形式、结构等等变化。我们又知道，“货币是价值的独立的可以捉摸的存在形式。”价值运动中的钱的运动，它所发出的信息，完全可以捉摸并直接通过货币的符号计量，价值运动中的物的运动，有的标明了价格而表明其价值量的存在，有的可能没有标价，但只要知道它是商品，同样可以确定它的价值。总之，对于一个具有商品价值知识的会计人员来说，凡是经营过程中具有价值的钱、物或其他事项，他都有能力接收其发出的价值信息，经过一定的加工，按定量化的要求，把所“捕捉”的信息用观念上的货币记载在凭证上，然后再把它输入会计核算系统（首先是其中的复式簿记系统）。

从价值运动到凭证账簿，并不需要一个抽象过程，但要经过人们头脑的转换过程。价值运动本身不能进入凭证账簿。会计信息系统只能处理价值运动发出的信息，即价值运动的“数据”。这些数据是记录在凭证上，却来自价值运动不断发生而又不断消逝的信息。后者的产生、传递和消逝并不以人们意志为转移。人们如能把它接收下来，并加以记录保存，成为会计信息系统进一步加工的数据，从而构成这个系统的处理对象。人们如不把它接收下来，它就一去不复返了。信息不能失而复得，在时间上也不能逆转。价值运动的信息是价值运动转化为凭证数据的唯一“中介”和“通道”。没有它，就没有会计信息系统的处理对象（好比产品生产过程中没有原材料）。当然，会计信息系统也就不可能再现它的反映对象——独立存在于这个系统之外的价值运动。

（原载于《厦门大学学报（哲学社会科学版）》1986 年第 1 期）

注释：

①参阅高等财经院校会计教材编写组《会计原理》第 2 版，中国财经出版社 1979 年，第 5～13 页。

②恩格斯：《路德维希·费尔巴哈和德国古典哲学的终结》，《马克思恩格斯选集》第 4 卷，第 224 页。

③列宁：《黑格尔逻辑学一书概要》，《列宁全集》第 38 卷，第 181 页。

④《资本论》第 2 卷，《马克思恩格斯全集》第 24 卷，第 122 页。

26 论会计是一个经济信息系统

葛家澍　李翔华

会计,作为一个客观的事物,有着悠久的历史。但是,这一事物究竟是什么?至今尚未定论。本来,要认识任何一个事物,都不是一件容易的事。我们仍然要坚持马克思主义认识论,"实践、认识、再实践、再认识,这种形式循环往复以至无穷。"我们的任务就是要真正探明会计的本质。

人们认识会计,同认识其他事物一样,只能从感性到理性,从实践到理论,从现象到本质。也就是说,要从认识会计的实务(实际工作)开始。

会计实务,在不同制度的国家、不同生产力水平的社会,以及在不同部门和单位,都是有差别的。首先,我们只能以现代会计(或有人称之为近代会计)即奠立在复式记账基础上的会计作为考察的对象。在此以前的会计,就不去说它了。其次,我们也只能把管理会计的"某些内容"加以割爱,因为它是否体现会计的基本特征尚待进一步的讨论。所谓"某些内容"是指主要运用现代数学和统计方法的那些部分。最后,我们还要排除电子计算机应用于会计之后引起的工艺变化。因为,一则这样做,符合我国目前会计实务的现实;二则避免从电子数据处理过程比较容易导出会计是一个信息系统的结论。科学研究需要实事求是,要尽可能防止以偏概全。至于各个不同部门、不同单位会计实务的差别,那只好也予以舍象。因为,在上述条件下,要从不同部门、不同单位的会计中抽出一些共同的、构成会计必不可少的内容并不困难。这些内容是什么呢?我们认为,无非是这样一系列实践活动:取得原始凭证→进行原始凭证的审核→设置会计账户→进行复式记账→填制记账凭证→登记会计账簿→进行费用的汇总、分配、再汇总、再分配,计算出产品或劳务成本(但这一步骤只限于那些需要进行产品或劳务成本计算的企业、单位),并据以进行有关费用结转与成本计算的分录→对账证、账款、账物和账账进行必要的检查和核对→编制并报送会计报表→进行报表分析并写出分析报告(→依靠会计资料控制经济活动过程)→取得原始凭证→……上述步骤,循环往复,会计活动就是这样不断进行下去,伴随各单位经济活动连续进行。会计的这些活动,是人人看得见的现象。对于从事会计工作的同志来说,对这些活动是非常熟悉的。然而,看得见的东西、感觉到的东西,我们未必能够深刻地理解它。例如,上述活动究竟体现了什么本质?处理了什么内容?执行了什么职能?等等,却不是人人都能回答,更不是人人都能正确地给予回答的。很明显,如果这些问题不弄清楚,我们就不能从本质上理解会计,从而也就不可能对它下一个正确的定义。

科学研究的任务在于将感性材料升华为理性认识,并用以指导实践。研究、探讨和解决上述问题是会计理论工作者的责任。本文就是基于这种想法,提出我们的认识。

一、仔细考察一下会计的实践活动

在现实生活中,往往有这种情况,越是简单的事物,越是难以论证。会计也是如此。在人们的感觉中，会计就是上面所提到的那么一系列活动。这些活动似乎是平凡而又简单的，然而这些活动却又是经济工作所不可缺少的。它的主要意义在哪里？这就得透过现象，打开会计这一“黑箱”，解剖会计活动的本质及其相互联系。

我们不妨分别考察一下会计的每一项具体活动。

(1)取得原始凭证

这是会计人员的第一项工作。原始凭证是什么？从其形式来说，那是形形色色证明经济业务已经执行或已经完成的书面证件，如发票、收据、提货单、领料单和收料单等等。而就其内容而言，则主要包括某项经济业务发生的时间、地点、当事人和由于经济业务的发生而引起的款项、实物等变动的数量和金额。这一切，仍然是现象。要了解这些内容的本质，需要借助信息论、控制论和系统论。我们知道，反映和控制是会计的两项基本职能。现代信息科学认为，为了执行这两项职能，必须建立一个由信息输入、信息变换、信息输出和信息反馈等元素组成的整体和系统。取得原始凭证不过是输入信息的第一步。当一个企业或单位在进行经营活动或经济活动时，都会发出有关经营或经济活动的信息。会计借助于原始凭证接收信息，但并不需要借助于所有的原始凭证，因为除体现价值运动的凭证外，其余的信息一般不必要，也不可能通过会计信息系统加以处理。属于会计的原始凭证的内容，对于已经发生或已经完成的价值运动(经济业务)来说，是它所输出的而被接收的信息，但对会计这个信息系统来说，则是含有信息而有待提取的数据，因而将作为信息输入。所以，会计人员取得原始凭证的过程，就是接收企业在经营过程中所形成的客观的价值运动所发出的信息的过程。原始凭证上的时间、地点、业务当事人、业务名称、数量、单价、金额等，构成价值运动发出的信息的内容，而原始凭证则构成接收到的信息载体。

我们说原始凭证的内容是含有会计信息的数据，包括两层意思：第一，会计凭证一般只记载个别经济业务，可获得单个信息，其优点是不失真地把事物变化的信息都接收下来，而其缺点是未必符合会计所输出信息的目的与要求，不可避免地包括多余的内容。因此，原始凭证接收的信息只能当作会计信息系统的“原料”，要通过加工处理，对凭证所载信息，压缩多余度，提高条理化，突出会计的目的性并增强信息之间的内在联系。相对于会计报表和会计报表利用后形成的信息而言，原始凭证上的信息就可称为供提取信息之用的数据。会计的整个处理过程，应理解为按会计的职能与目的(目标)，从会计数据中提取和加工信息的过程。第二，从整个会计信息系统看，接收原始凭证是第一步，所以我们才把它载有的信息称为有待继续进行处理的数据。但原始凭证还有它自己的独立用途。因为，它是最初接收客观存在的价值运动信息的手段，它所记载的每一项经济业务的信息，都比较真实、具体而全面。这一特点，又决定了原始凭证不仅是输入信息，同时也是贮存信息的一种工具。就是说，编制和接收原始凭证，既表明将把接收的价值运动信息作为数据进行传输，予以加工整理，又表明将不失真地、尽可能详尽地贮存所接收的信息，为会计检查和审计提供最重要的依据。在这个意义上，原始凭证接收的数据，也可看作一种“初始信息”。

(2)原始凭证的审核

会计人员取得的原始凭证，必须经过审核，符合要求后才能入账。要通过原始凭证的审核或称会计确认(实际上两者有差别)，识别凭证所载内容的下列性质：①可定义性。即识别其是否符合财务报表要素的定义，从而决定应记入哪一项要素；②可计量性。即识别其是否具有可用货币予以计量的属性和计量的单位；③可靠性。即识别其是否可以验证和信赖；④相关性。即识别其是否含有与决策有关(能导致“差别”)的信息[①]。在我国，还要根据党的方针、政策、国家的法令、规章制度和计划、预算进一步审核原始凭证的合法性和合理性。从信息论的观点来理解，原始凭证的审核，是对原始凭证所载信息的特征的评断。这是因为，不同事物之所以能给我们带来某种信息，是由于不

---

① 参阅 SFAC No.5，par.63，FASB，1984。

同事物具有可以识别、辨认并加以接收和利用的不同特征。每一个企业在其经营活动中形成的价值运动,能引起企业财务状况或经营成果的变动,并具体表现为下列变动中的一种或几种:资产与基金或负债的同时变动;基金与负债之间的同时变动;在资产相互之间、负债或基金相互之间的有增有减变动等等。对于这些变动,会计不但有可能及时、如实地加以记录,而且有可能分别地计入各类会计对象所设置的账户,从而最后分别计入会计报表的有关项目。我们可以把上面说的这些内容称为在商品经济条件下,含有会计信息的数据的共同特征。社会主义企业是相对独立的商品生产者,其经营活动必须接受国家的计划指导和宏观控制。这样,社会主义企业的价值运动即资金运动,特别是每一项具体体现资金运动的经济业务都应当是合法的(例如,既应有利于实现整个国民经济的良性循环又应有利于搞活企业,力争不断提高经济效益,等等)。可以说,合法性和合理性,是有计划的商品经济赋予我国含有会计信息的数据的特征,是社会主义经济所特有的。在我国的企业、事业和机关单位中,原始凭证的审核也是对原始凭证所载信息的特征的评断和确认,其中包括对会计信息在各个社会中共有的和在社会主义社会中特有的两个方面的特征的同时审查,充分发挥了会计的监督职能。再进一步看,在我国,会计的监督职能,不仅单纯为了确认会计信息,保证合法和合理的会计凭证才能输入会计信息系统进行处理,而且为了事先制止那些不合法和不合理的经济业务的发生。因为,会计人员在审核凭证中发现不合法和不合理的经济业务时,有权要求有关部门和人员拒绝执行与此有关的经济业务。这就起了事前的控制作用。

(3)设置会计账户

原始凭证所描述的客观经济活动即经济业务是详尽而具体的。但是,它没有反映也不可能反映企业的全部经营活动和在一定期间内的经营过程。如前所述,人们通过原始凭证通常只能获得单个信息,而单个信息往往会割断价值运动发出的全部信息的内在联系。而且,原始凭证接收的信息,作为会计进一步加工的数据既有多余的内容又有很大的重复性。人们要求会计提供的不是零碎的单个信息,也不是无意义的重复信息,而是一组在质上既有联系又有区别的信息群,它们形成了会计信息系统的有序性和层次性。每一类别的信息都具有自己的特征,但又都从不同侧面反映价值运动整体,服从于会计信息系统的统一目的。在这种情况下,按照价值运动本身的特征和人们设置会计信息系统的目的,对接收的信息加以分类就十分必要。

原始凭证上所载的信息是产生于客观的价值运动。价值运动有不同的状态和形式,从质的方面观察,则可具体分为不同的要素如资产、负债、基金、收入、费用(成本)和成果等等。因此,价值运动既有分类的必要性,也有分类的可能性。考虑到价值运动在质的方面具有可以分类的特性,在建立会计信息系统之初,就要预先按价值运动发出的信息的质的不同进行分类。给予每类会计信息(至少可以看成是最后形成会计信息的框架)一个相应的名称。然后分类记录与贮存。会计预先形成的每一类信息的名称叫做“会计科目”。如果再赋予每个会计科目以一定的结构以便进行数量记录,那么,会计科目连同它的基本结构就叫做“账户”(不过,在实际工作中,会计科目同账户是互相混用的)。十分明显,对原始凭证上载有会计信息的数据通过账户进行分类记录,是将数据转换为信息的一个至关重要的步骤。我们可以用一个比喻来进一步阐明设置和运用账户的重要性。我们不妨把会计作为一个信息系统最终输出的有关企业财务状况、财务状况的变动和财务成果等信息比作由铸件加工的机械产品,而把原始凭证上载有的数据比作有待浇铸的金属液,浇铸之后将成为铸件。账户的设置,十分类似于预制的铸型。金属液通过铸型制成各种铸件,会计数据也通过账户(会计科目)显现各类会计信息的雏形。账户不同于铸型之处在于:账户的作用更大,会计信息的雏形在其中还可以进行处理和加工。从这里可以看到,会计特有的分类方法——设置和运用账户在信息加工过程中的重要性。其实,账户的设置和运用在会计信息系统中的重要性还可以从以下一点看出:从编制记账凭证开始,就离不开账户。记账凭证的主要功能正是:对原始凭证上的数据,压缩多余度,提高条理性,使之转换为一个简洁明了的会计分录来表示。会计分录之需要账户,犹如铸造之需要模型，其重要性是不言而喻的。

(4)进行复式记账

如上所述，设置账户，主要是为加工有用的会计信息而设计的一系列既有质的区别又有整体联系的“模型”或“框架”。已审核的原始凭证虽含有会计信息而凭证上的信息往往同无用的数据混杂在一起。尽管经审核后的凭证所载数据是对企业经营活动(必须体现价值运动)的客观描述，但如不按会计信息系统的目标加工提炼，它并不能给人们可资利用的信息。账户的设置和运用着重解决了这个问题。有了规定的账户和账户体系，就明确了会计信息系统从原始凭证载有的数据上提炼和加工的各类信息及其相互联系，保证了同类会计信息的同质性和全部会计信息的系统性。由于账户具有一定的结构，尽管它的更具体的结构是账簿，但就具有一定结构来说，账户也是记录并贮存各类信息的载体。如何在账户中将我们从原始凭证所提取的信息进行科学的记录，涉及到会计一个独特的、同账户密切结合的记录方法，即复式记账法。复式记账法用起来并不复杂，而其构思是巧妙的。它经常引起会计工作者揭开其奥秘的好奇心。当然，人们只能按照各自的观点去加以理解。从“信息论”的观点看，“信息存在于它所属的物质系统同任何其他物质系统的全面相互作用之中。”①“控制论”的创始人维纳则根据人们要有效地生活就离不开同生活的环境(交换信息即人与环境相互作用)来定义信息：“信息是我们适应外部世界，并且在使这种适应为外部世界所感到的过程中，同外部世界进行交换的内容的名称。”②如果把这一基本原理应用于体现价值运动的每一项经济业务，那么，不论它是引起价值运动的时间、空间、结构或状态的任何一种变化，都有变化的两个方面：或从一个时点过渡到另一个时点；或从一个位置移到另一个位置；或从一种结构变为另一种结构；或由一种状态变为另一种状态等等。只有它们的变化即相互作用，才能给我们以价值运动的信息即会计信息。比如，车间向仓库领用一批材料价值 1 000 元，这里首先反映作为资金占用形态的材料位置发生移动，同时又反映这种材料在结构和形态上也将变化(变为产品价值的一部分，会计上用“生产”或“生产费用”账户来表示)。很明显，不论只表示材料价值减少 1 000 元或只表示产品生产费用增加 1 000 元，都不能成为会计信息。因为这种单方面的表示并没有对这项经济业务所引起的价值运动的变化特征作出客观的、如实的描述，而只不过提供了其中一部分数据。复式记账法的特点在于：它不仅可以捕捉每一项经济业务引起的价值运动的变化的两个方面，而且能够描述它们之间的相互作用和相互联系。如上例，按复式记账原理作成了分录：(借)生产(或生产费用)1 000，(贷)材料 1 000 这就运用简洁的文字与数字，清晰地反映了上项业务引起的材料与产品价值之间的变化及其内在联系。因此，复式记账法与账户相结合，采取会计分录的形式记录会计信息，至少具有两个优点：①提高会计信息的密集度，减少其多余度；②尽可能地符合会计的目的性和系统性。

(5)填制记账凭证

登记会计账簿之前，在我国，会计人员必须以已审核过的原始凭证为依据填制记账凭证。记账凭证的填制，是根据复式记账的原理，运用账户从原始凭证所载数据中提取信息，以会计分录的形式转移于另一种信息载体——记账凭证之上。记账凭证的主要作用是：它完成了把会计数据变换为会计信息的第一步，而这一步是有决定意义的。同时，它也为下一步登记账簿提供了便利。应当指出，填制记账凭证，包含着对原始凭证所载信息的计量。而会计确认与会计计量实际上是分不开的。关于会计的计量问题，由于内容比较复杂，本文就略而不论。

(6)登记会计账簿

对会计来说，账簿既是信息的贮存中心，也是信息的加工处理中心。在会计账簿特别是分类账

---

① 黎鸣：《论信息》，《中国社会科学》，1984 年第 4 期，第 21 页。

② N.维纳：《人当作人来使用》，《维纳著作选》，上海译文出版社，1978 年，第 4 页。

簿中,对各类信息已事先开辟了贮存单元。登记会计账簿,是将记账凭证上所载的信息按照“对号入座”(即按账户归类)贮入会计的中心贮存器。所以,登记会计账簿的过程,首先是信息的贮存过程。但账簿的作用并不限于把记账凭证上的信息贮存起来。它还要把信息加以系统化、条理化,使之更符合会计的目标,更接近决策的需要。所以,登记账簿的过程也是信息的变换过程。

(7)成本计算

经过一定时间的记录,根据生产经营管理的需要,会计人员要对这一期间的有关资金耗费的信息进行加工整理,具体表现为:对费用进行汇总、分配、再汇总、再分配,计算出产品或劳务的成本。这种工作,也是对已贮入的信息进行变换,它主要满足企业加强内部管理和正确确定经营盈亏的需要,也是正确计量资产、负债和基金,如实反映企业财务状况的要求。

(8)进行账务检查和核对

会计人员在记账、算账过程中,由于种种主客观原因,不可避免地存在一些工作上的失误。为了保证会计资料的准确性和可靠性,常在编制会计报表之前要进行账务检查和核对,使之做到账物相符、账证相符、账账相符。信息科学认为,凡是一个信息系统,同时也是一个控制系统。只是前者是在数据处理信息生成和信息利用的过程中发挥控制的功能。会计,当然也不例外。反馈是控制系统常用的一种方法。具体到会计,如何利用会计输出的财务信息作出决策,反作用于体现价值运动的企业的经营活动,甚至改变经营的政策,而使今后符合决策要求的价值运动信息重新作为数据向会计系统输入,这是我们熟知的信息反馈,但它是“较高级的反馈”①。除此以外,在会计信息系统内部,按照复式记账的机制,还有一种检查记录任务完成与否的“最简单的反馈”②。那就是把已经获得的记账结果再送入会计系统中去,分别与凭证、账簿等等互相校正,使之达到四个相符。信息在传输过程中,不但会失真,也会散耗,为了保证会计信息的质量,一般要依靠在会计信息系统内部就已形成的、带有防护性的控制系统,通过最简单的反馈信息来校正已处理和存贮的会计信息。所以,账务检查和核对的过程,可以理解为会计内部通过信息反馈对失真信息进行检核和校正的过程。

(9)编制并报送会计报表

会计报表是由会计人员根据有关规定,以账簿记录为依据,再进行有关项目的计算,按照统一的格式进行编制的。然后,再按照要求的时间和途径进行呈报。信息论认为,编制并报送会计报表,是对在会计核算阶段(会计核算子系统)已形成的财务信息和其他经济信息加以显示和输出。由报表输出的信息,既不是单个信息,也不是若单个信息的简单合并,而是把许多信息有效地组合在一起,以丰富信息的内容,增大信息的价值量,更好地满足会计信息使用者的要求。

(10)进行会计报表分析并写出分析报告

会计报表分析主要是财务分析,它用以揭示在企业财务状况和经营成果的变化(或实际同计划比、或现在同过去比)中,引起各种“差异”的内外部因素及其影响程度,并提出消除不利“差异”的改进意见或措施。如果把会计核算当作会计信息系统中的一个子系统,那么,以分析会计报表为主的会计分析则是另一个子系统,但仍是前一个子系统的继续。从这个观点看,所谓会计报表分析仍可理解为财务信息的变换。这里的信息变换过程是以会计核算系统输出的、由会计报表载明的财务信息和其他经济信息作为输入,经过压缩数量,提高质量,去粗取精,去伪存真,并同有关计划预算或经营目标相比较,发现“差异”,提出问题和解决问题的建议,再通过分析报告的形式作为输出。这里输出的还是一种以定性和定量相结合并以定量为主的财务信息和其他经济信息,只不过会计分析系统输出的会计信息含有更大的信息量,对企业生产经营管理更具有相关性而已。

---

① 参阅《维纳著作选》,第45、46页。

② 参阅《维纳著作选》,第45、46页。

(11)依靠会计资料控制经济活动过程

会计从取得原始凭证到写出分析报告的各项活动，主要是用来反映客观的经济活动过程。人类之所以发明会计，就是想借助它对经济活动过程进行控制(指导、调整，使其不偏离由人们预先规定的运行轨道)，提高经济效益。人们依靠会计控制经济活动的过程，信息论把它看作按会计报表和分析报告所提供的信息对客观经济活动加以控制的过程。关于这一点，下面还要谈到。

二、有关会计的几点认识

以上，我们分析了会计的各项活动，从分析的结果不难看出，会计的各项活动都体现为对信息的某种作用：取得原始凭证，是信息的获取；原始凭证的审核，是信息的特征提取和确认；设置会计账户，总的说是信息的分类判别。而具体地说则是对预期输出的各类信息在数据加工时就预先设置据以塑造、加工和变换的模型或框架；进行复式记账、填制记账凭证和登记会计账簿，是变数据为信息并进行传递和贮存；成本计算，是对成本信息的进一步变换和处理；账务检查和核对，是会计内部信息的反馈和控制；编制并报送会计报表，是以财务信息为主的经济信息的显示和输出；会计分析则是对会计信息的再变换、再显示和再输出；依靠会计资料控制经济活动，是人们依靠信息反馈对企业经济活动过程进行调节和控制。会计活动的这些特征，有着紧密的内在联系，它们相互依存、环环紧扣、构成了一个有组织(有秩序)的数据处理和生成信息的程序。这一程序——信息从取得到输出的全过程，都服从于人们对企业经营活动进行有效控制的目的。

应当指出，我们这里讲的会计信息，既不是自然信息，也不是一般的社会信息，而是社会信息中发生在各企业和各单位范围内，以财务信息为主的经济信息。以企业为例，它是伴随企业经营活动而形成的价值运动(经营资金运动)所发生并由会计加工变换的信息。

根据以上说明，我们可以得到有关会计的几点认识：

(1)首先要从对象谈起。“科学研究的区分就是根据科学对象所具有的特殊的矛盾性。”我们现在虽然不是把会计当作一门科学来研究，但当作一项实践活动，也要了解它所处理的特殊的矛盾。从上面列举的各项具体活动看，在一个企业或一个单位中，什么是会计所处理的对象？非常明显，会计没有直接处理物资，也没有直接处理资金，它所处理的特殊的矛盾，实际上是由物资运动和资金运动，特别是由资金运动发出的信息。通过会计，接收信息、变换信息、输出并利用信息，然后经决策机构和决策者的决策，触发信息的反馈，使之起控制作用。

(2)必须明确会计有自己的基本职能。这就是马克思早就指出的反映和控制。要进行反映，必须有数据和信息，尤其要有定量的信息。会计处理的对象是价值运动的信息，价值本身不可捉摸。但它有可以捉摸的、独立存在的形式，那是货币。“货币为价值尺度，是商品内在价值尺度即劳动时间的必然表现形式。”[①]马克思揭示的这一原理使我们能用来正确说明：会计所处理的信息，为什么主要应当是借助于货币来定量的财务信息。至于控制，则是按照会计的预定目标(任务)，对企业经营过程或个别经营活动，运用会计处理和输出的信息，施加影响的一种行为。会计怎样才能发挥控制职能？首先，其所提供的信息必须具有可靠性和相关性，而后者尤其重要。因为没有相关性的信息，就不能帮助决策者增加决策所需要的、对“差异”的认识、分析和比较的能力。其次，信息要能反馈。这里的关键是通过决策机构和决策者把会计信息转化为指导、调节行动的命令。我们常说：会计的第一位的职能是反映，第二位的职能才是控制，就是考虑到如下的事实：反映这项职能，在会计

① 《资本论》第1卷，第112页。

系统内部完全可以自动进行,而控制职能(把由于复式簿记平衡机制产生的数据控制撇开不论)的发挥,则必须通过一个外在的反馈机制——企业的决策机构和决策者(即运用会计信息的各级有决策权的管理者)才能实现。再讲得具体一点,有两个基本事实是我们必须承认的:第一,对决策起关键作用的企业各级领导人员不能包括在会计信息系统之内;第二,企业财务和经营的决策是领导人员的权力和责任。诚然,会计人员可以参与决策,但参与决策不等于能作出决策。

(3)按照上面的分析,我们还必须论及会计部门与其他职能部门的分工。社会主义企业是一个相对独立的商品生产者和经营者。企业的经营过程会产生三种运动,形成三种流:物资(包括能量)运动,形成物资流;资金(价值)运动,形成资金(价值)流;信息运动,形成信息流。我们已经肯定会计部门是直接处理信息的。然而,它也不能处理企业中的全部信息。例如,人事、劳动、技术等方面的信息,会计就不能处理。会计处理的,主要是资金运动引起的财务信息,这种信息能反映资金、成本、利润等方面的状态、结构及其变化。大家都清楚,会计所处理的这些信息,都是集中、综合、敏感地描述一个企业的经营活动及其成果的。会计信息会受到企业内外所有关心其成败得失的部门、单位和个人的特别关心。会计部门自然形成企业经营活动的信息"中枢"。一个现代企业的有效经营管理,实质上是靠会计信息保持各个经营管理环节之间的网络联系,并保证对旨在提高经济效益的行动加以科学的预测和正确的决策。那么,在企业中,物资运动和资金(价值)运动由谁直接处理?物资运动的直接组织者和管理者是物资部门(如供应销售部门及其所属材料、成品仓库以及设备、动力等部门),它们执行物资管理的职能。资金(价值)运动的直接组织者和管理者是财务部门,它们执行财务管理(包括资金的筹集和运用)的职能。还在小农经济和小商品生产者占优势的年代,我国已创造了会计人员与其他职能人员之间的分工经验:"保管管物,出纳管钱,会计管账"。账是什么?账就是信息。这三句话,言简而意赅地指出:物资管理、财务管理和会计是三个不同的职能。但是,目前我国的企业,普遍存在着会计与财务(财务管理)混淆不清的现象。也许有人认为财务与会计不分具有中国特点,上面讲的分工经验只是用于小商品生产者。我们觉得这一看法值得商榷。商品经济的一般基础是社会分工。而商品经济的发展又会促进社会分工,其中包括各种管理职能的分化。这恐怕也是一条规律。在西方,凡是规模较大的公司,都有独立的部门负责理财活动。当然,理财要依赖于会计部门及时提供可靠、相关的信息。但,这同会计部门直接插手财务管理是两回事。在我国,为什么企业的会计同财务合并为一个职能部门,"你中有我,我中有你,难解难分"?我们认为,它不是由社会主义制度所决定,而是要从过去实行的经济体制中找原因。我国过去的经济模式是集中计划经济模式。在这种经济模式下,企业以收抵支,核算盈亏,往往流于形式。因为企业既不可能,国家也不要求它们对盈亏负责,最后还是由国家(各级财政部门)统收统支,统负盈亏。一句话,一方面企业吃国家的大锅饭;另一方面,企业的财务管理则主要服从于国家的财政。在这种条件下的企业财务管理基本上只有两项任务:一是为了保护国家下拨资金的安全完整,要求按计划和定额把资金的用途管住;二是为了确保企业应上交国家的利润不致被无形截留(坐支利润),要求按财务制度把"成本开支范围"和"营业外支出"两个口子把住。企业的理财活动实际上变成了财务监督活动。确实,把这个任务交给会计,是完全能够胜任的。此外,我国目前的会计管理体制——在中央和地方,会计均隶属于财政,并无独立性;在企业,财务与会计则合二为一,不管职能部门所用的名称是"财务"或是"会计",实际上是财务受控于会计——也助长了财务与会计长期分不开也不想分开的局面。事物总是会发展变化的,有计划的商品经济已经为我国的经济体制改革指明了前进的方向。改革的中心环节是增强企业活力。在保证企业的微观经济活动能够符合宏观经济发展要求的同时,将使企业拥有作为一个真正的相对独立的经济实体所必要的自主权,还将为企业活力的充分发挥提供既有动力又有压力的外部经济环境,例如今后在不断完善社会主义市场体系中,将逐步开拓和建立资金市场。目前,企业之间的横向经济联合已成为我国经济体制改革中一股不可抗拒的潮流,横向经济联合必然要打破条块分割,为充分发展社会主义商品市场扫除道路。横向经济联合必须处理相当复杂的集资和利润分配等财务管理工作。此外,在我国一些企业正在尝试实行股份公司制。这一尝试如获成功,今后实行股份公司制的大中型企业在募股、发行和股利分配等方面又会产生许多新的财务管理问题。总之,随着经济体制改革,随着企业真正具有自我积累、自我改造和自我发展的能力,也就是随着社会主义商品经济的充分发展,企业的财务管理活动必然会丰富和复杂起来。今后,在企业理财中,集资与用资将同时并重,将不再像过去那样,只考虑在一个封闭式企业内部,如何把国家下拨资金(最多再加上银行借入资金)按计划预算管好,只把"节约"作为运用资金效益的唯一目标。今后企业的理财活动将同它的经营活动一样,具有双重依赖:既依赖于国家计划,又依赖于市场机制。而国家计划也将主要运用经济政策和经济杠杆进行管理和调节,发挥间接控制为主的优点和特点。所以,社会主义商品经济越是发展,企业的理财活动必定日益显示它的重要性,它将同企业的经营活动并驾齐驱,共同影响企业的成败。考虑这一发展趋势,我们觉得:会计同财务(财务管理或企业理财),在学科上应当有一个客观界限,在工作上也不能长期混淆不清。

当前,在我国会计界甚为流行的"会计管理论"认为,会计是一种价值管理。"在微观经济中,会计管理是价值管理主要形式;在宏观经济中,会计管理是价值管理的重要形式之一。"①这里,我们先撇开在宏观经济中会计的作用不谈,在微观经济中把会计管理看成价值管理的主要形式就明显地侵犯了财务管理的内容,由于会计管理论是建立在会计包括财务管理的所谓"大会计"的概念之上的。这个立论的基础是否科学,是否牢靠,是令人怀疑的。会计与财务含混不分的客观环境是现行财务与会计的体制,而这些体制密切依存过去的经济体制。我们已经并正在对过去那种僵化、半僵化的经济体制进行改革,财务、会计体制难道不加以改革就可以适应我国社会主义商品经济发展的客观要求?

我们并不反对把会计称为"会计管理",但不要侵犯别的学科(财务管理)。就会计本身来看,把它看成一项管理活动也未尝不可。按照我们的看法,那只能把它定义为对以企业财务信息为主的经济信息进行的管理。具体包括:对企业财务信息和有关的非财务信息进行的接收、确认、分类、记录、贮存、变换、输出、分析利用并使之对企业经营活动实行有效的控制(把财务分析报告和有关的方案、建议等有助于决策的信息,通过决策,转化为指挥、调节行动的命令,这也是一种信息)。如果能这样来理解会计管理,那同我们关于会计是一个以提供财务信息为主的经济信息系统的提法就没有差别了。总之,会计不必要也不应当直接管理价值运动,正像它不必要也不应当直接管理物资运动一样。由于会计掌握了这两种运动的信息,由于信息可以反馈,因此,第一,这两种管理(物资管理和财务管理)都离不开会计提供的信息;第二,会计对它们也可以实行间接控制,具体表现为会计处于一种独立地位对它们进行监督——既可以对物资管理进行监督,又可以对财务管理进行监督。因此,倘若在理论上肯定会计应当直接管理财务活动,那就不是加强而恰恰是削弱了会计对财务活动的监督作用。

(4)从会计的实践活动——指得到世界各国公认的属于会计的内容,也就是我们前面列举的十一项活动出发,我们认为,把会计定义为一个主要在微观范围内进行的、以提供财务信息为主的经济信息系统是比较能科学地说明会计的本质的。

会计活动的过程,就是把发生于企业经营活动的各个环节,来自四面八方、体现资金运动的信息流进行加工变换的过程。过程输入的数据(初始信息)可以看作会计机构和会计人员加工制作的"原料",各种账簿记录特别是已归类汇总的资料则相当于"在产品"和"半成品",第一个阶段上的输出是会计报表上的指标(加工形成的财务信息和有关的非财务信息),第二阶段则是把会计报表的指标体系和有关数据作为"原料"进行再加工。因此,会计报表显示的信息可视为"中间产品"或"初

① 《会计学刊》,1986第1期,第15～16页。

级产品”,而会计分析报告,特别是改善经营管理的建议与方案,就成为“高级”产品。在这里,不论输入或输出,也不论包括会计分析与否,会计处理的对象都是同资金运动(价值运动)有关的、从而又同企业整个经营活动和经营过程有关的、能用货币定量的信息。这些信息应当按照人们的意志和要求,一步步地对客观的价值运动(特征、结构与变化)进行由表及里的反映。在这个意义上,才可以说,会计的反映对象是客观的资金运动(价值运动)。

上述信息具有经济信息共有的特性。例如:可以传输、可以存贮、可以浓缩、可以扩充、可以供许多使用者分享等等。

上述信息还具有会计信息独有的特性。这可以从两方面看:从会计核算看,信息的生成经过一个连续、全面、系统和综合的过程,会计核算信息(会计报表是其集中反映)是一组有机结合的信息群体,具有明显的系统性和综合性;再从全部会计活动看,会计信息特别要求可靠、时效(及时)和相关(增加决策所需要的“差异”)。在我国社会主义商品经济条件下,企业的经营活动除受控于国家计划外,还依赖于市场机制。有市场,就有竞争、风险和不确定性。即使社会主义市场也不例外。今后,随着商品经济的发展和企业活力与自主性加强,必然会越来越需要利用真实的会计信息来减少在经营活动和理财活动中面临的许多复杂多变情况的未知度,提高决策的把握性,不失时机地作出正确判断。

会计活动过程,如前所说,它是一个按照人们的意志和要求,提供可靠、及时和相关的财务信息和其他经济信息的过程。这一过程可分为若干部分,每一部分都有各自的信息处理任务,但所有部分,又互相联系、互相配合、服从于统一的目标。因此,会计活动是由若干元素构成的、有组织的整体。它完全符合于“系统”的定义。它具有一切系统所具有的整体性、有序性、集合性、特别是人造系统的目的性。会计这个信息系统的目的性(目标)可以概括为:在任何社会,都是为了保证人们在作出最佳经济决策时所必需的财务信息并用于控制经济活动。

(5)从上述几点应当得出结论:会计是一个以提供财务信息为主的经济信息系统。它的基本职能是反映和控制。所以,它同时也是一个经济控制系统。会计信息系统的控制行为主要通过信息反馈。但会计信息系统要能进行信息反馈需要通过企业的各级决策机构和决策者(会计信息系统内部的数据,基于复式簿记平衡机制形成的保护性控制行为是例外)进行触发,使原先属于只供选择的信息转化为命令性质的信息。会计信息系统主要是以微观经济活动为其空间范围,因为现代会计起源于商品经济,而商品经济总是由无数个独立的或相对独立的商品生产者和经营者组成的。会计的反映和控制的范围,主要应限于每一个独立的或相对独立的商品生产者和经营者,即每个企业。要独立地各自反映和控制各个企业的财务状况和经营成果,既要用这些信息组织企业本身的经营管理活动,使之达到高效益,争取高效益;又要把这些信息传输给企业外部(包括国家财政税务部门、企业主管部门、审计部门、银行和其他与企业有利害关系的组织及个人)进行信息交换,保证国家进行必要的宏观控制,有关部门和组织进行正确的投资、信贷和其他经济决策。把会计信息系统限定在微观范围之内是以“主体”假设为根据的。其目的仅仅在于正确地反映每个企业的财务状况和各自的盈亏。这当然有利于搞活微观,又不妨碍宏观控制对会计信息的需要。即使我们强调会计的主体观念,国家也完全有权通过统一的会计准则或会计制度,要求作为主体的企业向有关部门提供有助于宏观控制的会计信息。在我国,会计既应按每个主体来进行组织,发挥其反映和控制的职能。又应服从于国家的计划指导和管理。我国的会计,必须立足于微观,着眼于宏观。既要通过核算与分析搞活企业经济;又要按照国家法律、计划和制度,坚持会计监督,促进企业的微观经济活动符合宏观经济发展的要求。

(原载于《财经研究》1986 年第 9～10 期)

27 经济体制改革、会计改革和会计理论研究

葛家澍

我国的会计工作者都很关心会计改革，会计理论工作者则关心如何适应会计改革来发展会计理论。因为，随着经济体制改革的进行，为经济所决定，反转过来又能促进经济发展的会计必须进行改革。理论的发展取决于实践的需要，为了适应改革的新形势，会计学的概念、术语、内容和方法，看来都应当有一个适应时代要求的转换。

不论经济体制改革、会计改革和会计理论的发展，都必须符合有计划的商品经济的要求。这是改革的基本方向。

所以，经济体制改革、会计改革和会计理论研究是三个互相联系的问题。

为了说明经济体制改革，让我们先简单回顾一下改革的历史。八年以前，党的十一届三中全会决定把党的工作重点转移到经济建设上来的同时指出："现在我国经济管理体制的一个严重缺点是权力过于集中，应该有领导地大胆下放。""让地方和工农业企业在国家统一计划的指导下有更多的经营管理自主权。"从这时开始，我们就进行了一系列改革，改革首先在农村中进行，取得了重大的突破。由于全面推行了家庭联产承包责任制和其他一系列改革措施，极大地解放了农村的生产力，使农村经济开始向专业化、商品化和现代化转变。由于这一改革，使"六五"计划期间成为新中国成立以来我国农业发展的最快时期。在城市，"六五"期间，特别是在1984年10月20日中共中央作出《关于经济体制改革的决定》以后一年多，在计划、财政、税收、金融、商业和价格、劳动工资等方面都进行了一系列不同程度的改革。其中，分配领域又作为改革的突破口，首先是从财政税收体制的改革开始。十一届三中全会以后，中央和地方的财政体制先实行"分灶吃饭"的办法，对企业财务制度则进行了利润留成和盈亏包干的试验。1983年又实行了利改税的第一步改革。紧接着，在1984年10月1日起再实行利改税的第二步改革。这样，就使国营企业的缴纳形式，由长期以来的"税利并存"转变为"以税代利"。改革的目的在于：逐步做到既保证国家财政收入的稳定，又可使税后留归企业的利润大体上反映企业经营成果的好坏，为企业在平等条件下进行社会主义竞争创造一个必要的外在条件。经过这一系列改革，应该说，过去我国管得过多。统得过死的僵化体制，已经开始转向适应在公有制基础上有计划发展商品经济要求的、充满生机和活力的新体制。大家都知道，经济体制改革要求由一种经济运行模式转换成另一种经济运行模式。我国过去的经济运行模式通常称为集中计划经济模式。这是我们改革的起点。改变旧的模式，可以有两种形式：一是所有的配套改革全面展开，同时同步进行，也称"一揽子"方式；二是各个环节的改革有重点有步骤地先后进行，也称"渐进"方式。在我国这样一个大国，生产力水平比较低，管理水平不高，地区发展不平衡，再加上我国旧模式所表现出来集中化、实物化、封闭化和平均主义程度（总的来说是封建的自然经济的痕迹）都远比正在改革的东欧国家严重得多。所以，在我国，经济体制的改革只能逐步展开，不能急于求成。赵紫阳总理概括得很对：经济体制改革是"一个复杂的社会系统工程。"对于这样一个大工程，欲速则不达，必须既积极又稳妥。因此，我们的改革，采取了渐进的方式。在一个时期内，新旧体制或新旧模式将同时并存，不可避免地要带来一些摩擦和矛盾。

要解决双重体制所带来的矛盾和问题,主要还是靠改革。我国第七个五年计划期间将要重点抓三个方向的改革:进一步搞活企业;进一步发展社会主义商品市场,完善市场体系;国家对企业的管理逐步由直接控制转向间接控制为主。如果我们深入分析一下就可以看到:七五计划所列三项改革的重点,几乎没有一项不同会计和会计改革具有密切的联系。

为了进一步搞活企业,国家将采取许多有利于企业成为自主经营、自负盈亏的社会主义商品生产者和经营者的措施。这就要求把企业作为真正的会计主体,独立地核算自己的资产、负债和基金等财务状况,正确地核算自己的盈亏,及时地向国家、企业和其他与企业有利害的关系方面提供可靠而又相关的信息,建立一套既能为国家宏观调控服务又能为搞活企业、加强企业内部经济责任制服务的会计模式。

为了进一步发展社会主义的商品市场,逐步完善市场体系,国家将为企业创造一个既有动力又有压力,在平等条件下进行社会主义竞争的外在环境。这就要求企业除切实加强对过去的(已发生的)资金运动的核算,保证历史信息的质量外,应当在历史信息的基础上加强预测,掌握企业将会发生的资金运动及其可能带来的后果。应当扩大信息交换:一方面企业必须向外界提供自己的财务状况、财务状况的变化和经营成果的信息;另一方面要广泛收集来自其他企业和市场的信息。“知己知彼,百战百胜。”只有掌握足够的信息,才能对不断变化的市场需求,及时灵敏地作出相应的对策。

国家对企业的管理由以直接控制为主转向以间接控制为主,集中表现计划体制的改革上。即除进一步缩小指令性计划的比重,扩大指导性计划和市场调节的范围外,还要对计划工作的重点实行转轨:主要运用经济政策和价格、税收、信贷、工资、利率、汇率等经济杠杆,对宏观经济进行全面的管理和调节。在这一方面,会计也能起重要的作用。比如,正确制定价格就要正确地确定产品成本;要正确地对企业进行课税,就要正确地计算课税对象(例如,产品税和营业税为应课税的产品或其他销售收入;所得税为应课税的利润等等);而正确地运用信贷杠杆,就要经常掌握企业的财务状况,偿债能力和资金利用效果。这一切,都要求会计提供真实的报表资料。七五计划期间经济体制改革的基本要求是为了进一步发展社会主义商品经济,把企业真正搞活。今后,我们的企业既要依赖国家的计划指导,又要依赖于市场的需求和变化。为了加强企业在两个“依赖”中的反应能力和应变能力,会计信息(历史的和预测的;本企业的和他企业的;国内的和国外的等等)是必不可缺少的。除必须重视会计的反映职能外,会计的控制职能也要加强。马克思说过“过程越是按社会的规模进行,越是失去纯粹个人的性质,作为对过程的控制和观念总结的簿记就越是必要。”① 会计原是商品发展的产物。现在看得很清楚,在社会主义制度下,随着有计划的商品经济的发展,生产既立足于微观(作为相对独立的商品生产者的企业),又受宏观的控制和国家计划的指导,这才为会计信息的充分发挥作用提供广阔的前景。然而在当前,我国的会计尚不能提供既可满足国家实行宏观控制,又可促进企业真正搞活所需要的全部信息。至于控制职能,由于我国长期以来会计与财务混淆不分,一些同志把本来属于财务管理的内容称为“会计管理”。会计控制的真正含义也因此而模糊了。这个问题也有待于今后解决。

要解决上面所说的问题,必须进行会计改革。

会计改革一个很大的题目。我在这里所讲的“会计”主要包括:会计管理体制、会计机构、会计与财务的分工、会计人员的职责、会计原则、会计制度和一整套会计方法与技术等各个方面,改革就是针对这些内容来说的。我姑且把这些内容用“会计模式”这样一个不很确切的概念加以概括。

大家知道,我国的会计模式原是来自 50 年代的苏联。50 年代后期就发现这种模式并不完全符合中国国情;1957 年和 1965 年都曾试图改革,但由于指导思想上的左的错误,全盘否定西方财务会计和解放前会计模式中尚可以借鉴的东西,再加上当时的经济模式并没有改革,而且从 1966 年起,又开始了十年动乱,这就注定了那两次改革不可能成功的命运。我国现在的会计模式基本上是同集中计划经济体制相适应的。这种模式还有一个特点，就是：使会计完全从属于财政、服从于财政。在各企业、各单位中，会计与财务则基本不分，由一个部门，行使在性质上不同而且应当相互牵制(控制)的两种职能。这样的模式流传到我国，由于长期实行统收统支、统负盈亏，只相信人治，不相信法制，内部控制和监督可有可无，使会计对财政的依赖性，会计与财务的混淆不清都使它进一步得到了巩固和强化。过去，我们总是把全民所有制等同于国家所有制。而国家所有制又视为企业应由国家来直接经营管理，实际上不承认企业的所有权与经营权可以适当分离。所以，在统收统支，统负盈亏时代，我们的国家变成了一个“大企业”，其会计主体就是国家。这个大企业的所有权和经营权是由谁来行使的呢？是各级人民政府的计委、经委、财政部门和企业主管部门。由于资金的下拨上交都通过财政部门。各级财政部门成为国家这个大企业的“总出纳”[②]。可是，国家却没有一个“总会计”。新中国成立三十多年来，从中央到地方，从国家机关到企业，一直是“出纳”兼“会计”，管钱兼管账。财政部门既制定会计制度，又制定财政制度和财务制度。会计监督的依据只是财政制度和财务制度。很难设想，财政收支也列入会计监督的范围，谁有权去进行这种会计监督？这是因为，企业财务和企业会计从属于国家财政，财务与会计的最高管理机构也不过是各级财政部门下属的司或处(科)。我认为，这种会计管理体制是不认识会计的重要性从而不重视会计的一种表现。也是抑制会计在社会主义商品经济条件下发挥应有作用的重要根源。再从会计制度看，高度的统一性和对财政部门的高度依赖性也是很突出的。迄今为止，各企业各单位的基本会计活动——会计换算部分，从凭证的接收和审核到会计报表的编制和报送，也就是从数据处理到信息变换与传输，基本上是由财政部制定的会计制度和各部门、各省市的补充会计制度统一加以管理的。如会计科目、会计报表，甚至会计分录(科目对应关系)等莫不作出硬性规定，几乎没有灵活的余地。按照现行会计模式，企业所提供的会计信息，不但主要是历史信息，而且主要是为财政、税收服务的信息。企业会计信息要不要满足国家财政需要？当然要！我们的大中型企业多数是全民所有制企业，即使所有制的结构将来会有所变化，但国家作为这些企业的主要所有者或最大所有者这一点将不会改变，再加上国家的财政收入88%以上来自工商企业税收[③]。企业的会计信息要有助于国家进行增收节支是完全必要的。问题在于：第一，企业的会计信息还应当为国家实行宏观经济控制服务。财政并不能代表整个宏观经济。比如说，会计应当为国家必须管住几个最主要的平衡关系(比例关系)提供较为确切可靠的资料。这些重大的平衡关系有：以价值形式表现的总供给和总需求即国民总收入与总支出，在国民总支出中，又以基本建设投资和工资总额(包括奖金、福利费)两项指标最为重要。因为基本建设投资总额涉及与总供给中生产资料的平衡，而工资总额则涉及总供给中消费资料的平衡。正如陈云同志所说：“基本建设投资和劳动力两条管住，计划也就管住了，就不至于出乱子。”国民总收入和总支出的实际数字，特别直接、间接的(包括变相的)用于基本建设投资和工资、奖金、福利费等方面的金额，无不通过各部门、各地区、各单位、各企业的会计核算，都逃脱不了会计部门的审核与监督。当然，这些数字的发生是分散的，有的是张冠李戴，以假乱真的，但只要经过科学方法加以汇总、分析和检查，就不难水落石出，反映真相。目前，取得上述主要指标主要是依靠统计报表，而会计报表与统计报表却缺乏应有的联系与衔接。国家综合平衡急需掌握的总量指标恐怕很难从会计资料中直接取得所需的数据；第二，企业的会计信息还应当为搞活企业服务。会计报表同样要满足企业自主经营的需要。如果我们承认企业是相对独立的社会主义商品生产者，是一个独立的会计主体，企业独立经营对会计的需要就应当放在首位来考虑，可是，现行会计报表虽然不是完全没有，至少可以说基本上没有考虑这一点。有的同志把现行会计信息(包括会计报表)不能用于企业经营决策归咎于它只反映历史而未能预测未来。我认为这不是问题的实质。诚然，今后的会计必须加强预测，但预测也要以真实相关的历史信息为基础。真正相关的历史信息，不仅为预测所必需，也是控制(反馈控制)所必需。西方财务会计和对外财务报表(包括已经扩大了的“财务报告”)现在基本上还是提供历史信息，但在他们那里，这些报表对投资决策、信贷决策(包括企业自己进行理财决策)至今仍很有用[④]。所以,我们现在会计模式——最后表现为会计报表的根本缺陷不在于它主要只提供历史信息,而在于它同经济体制改革后的企业的性质与地位不相适应。现行会计模式所能提供的信息,与财政部门的决策是相关的(例如,它主要用于:监督企业各项上交财政款项——税金、利润和资金占用费——的完成情况;便于财政部门检查企业有否突破规定的各种财务、成本开支的"关口"等等),而与企业自主经营自主理财时进行的各项决策则很少相关。

现在,我国经济体制改革的方向——有计划的商品经济——已经非常明确了。符合有计划的商品经济要求的经济模式,既要加强和完善必要的宏观控制,又要充分发挥企业经营的自主性和经济上的职责,这也是明确的。今后企业的经济决策将有双重依赖:(1)在一定程度上和一定范围内对国家计划的纵向依赖;(2)在很大的程度上和很大范围内对市场的横向依赖。国家的计划和市场的供需是企业依以进行经营决策的"环境信息"。社会主义企业经营活动的前提,都将取决于如何认识有计划的商品经济这一客观环境。

既然如此,我国的会计模式也应当进行比较彻底的改革。会计改革的基本要求应当是:有利于发展社会主义商品经济,符合经济体制改革的需要而不能拉经济体制改革的后腿。

我把会计改革后的理想模式称为"有计划的商品经济条件下的会计"。

要达到这一会计模式,首先应进行以下若干方面的改革:

第一,要改革现在的会计管理体制。过去人们总是说,经济越发展,会计越重要。其实,这句话并不确切。在严格的意义上,应当说,商品经济越发展,会计越重要。因为,现代会计本来就是商品经济的产物。现代会计在一些经济发达国家得到充分发展的经验也证明了这点。赵紫阳总理在关于第七个五年计划的报告中指出:进行各项经济体制改革"必须十分注意和加强经济信息和决策咨询系统","充实和加强各级经济检查监督机构"。从经济信息系统来说,在宏观方面,主要指统计,而在微观方面则主要指会计。在我国,历来有一种偏见:重视宏观而不重视微观,其实这也是由于过去把国家当作一个"大企业",不承认企业的独立性,以为只要加强宏观控制就得管好微观的旧体制所造成的错误观念,这种观念和发展商品经济是格格不入的,中共中央关于经济体制改革的决定非常明确地指出:整个经济体制改革的中心是要搞活微观,而目前我国经济学界讨论经济体制改革真是热火朝天,议论风生。奇怪的是:几乎没有多少同志认真考虑过搞活企业所必不可少的会计这一环节的改革与加强,岂非智者千虑,终有一失?再从经济监督看,最经常、最具体的监督恐怕也非会计莫属!即使独立的、超然的审计监督也难以代替经常的会计监督。因为一切经济活动和财务收支所发生的数据,除非不进入会计信息系统进行分类、记录、加工处理,否则,就逃脱不了对数据的会计确认。而会计"确认"是最有效的监督。因此,考虑到会计是最重要的一个微观经济信息系统和监督系统,在管理体制上,必须赋予它一定的权威性和独立性,而在我国,恰恰缺少一个独立的、具有一定权威的会计工作的领导机构。我认为,今后应当建立一个与财政脱钩、对财政也应实行会计监督的会计管理体制。那就是:从国务院到省市,建立一系列多层次的、同财政部门审计部门平行的会计管理机构,大体上类似于国家和省市统计局的建制。在企业中,首先在大中型企业中,财务与会计必须分为两个职能机构。会计既要为财务决策提供信息又应对财务活动实行控制和监督。在企业中,财务管理的对象是资金运动(包括资金的筹集与运用),而会计处理的对象则是资金运动发出的信息,即应进入会计信息系统的信息,当然,经过会计加工处理后的信息,即有用的会计信息,又能更正确地反映和更有效地控制(包括监督)资金运动。也许有人说:我们现在的机构已经够多的了,再把会计管理机构从财政部独立出来成为部一级的机构(省市也相应地建立独立的、与财政厅、局平行的会计管理机构),在企业中又分设会计与财务两个部门,是否与精简机构的精神相违背?我说一点也不违背。精简机构主要裁并那些臃肿的、无事可做的因神设庙的机构。会计和财务都不是这样的机构。相反,随着商品经济的发展,真正要强化的,正是企业的经济信息和咨询系统和越来越复杂的企业的理财活动。精简机构决不能搞一刀切。有的要砍,有的要增。增或砍都要看是否有利于促进经济体制的改革和发展社会主义商品经济。

第二,要按改革计划体制的精神来改革会计制度。总的原则是大的管住,小的放手。

基本的会计原则、向国家报送或对外公开的会计报表以及会计机构的设置和会计人员的任免奖惩及其基本职责等等应当纳入统一会计制度,统一加以管理。有关具体会计问题的会计处理则应当通过带有灵活性的会计准则(包括推荐多种较好的会计实务)给予各单位以指导,放手让各单位结合自己的条件加以补充修改。因此,我国今后的会计工作规范可以实行双轨制:硬性的会计制度和软性(弹性)的会计准则相结合。此外,企业有权在不违反硬性会计制度的前提下,制定自己的会计制度包括内部报表。

第三,为了完善企业的经济责任制,真正把企业搞活,企业内部也要建立责权利相结合的经济责任制,从而建立责任会计。在这里,既要总结和推广我国企业创造的丰富经验,又要吸取国外合乎科学的方法。

第四,适应横向经济联合、多种形式进行集资的需要,要立即着手研究并制定有关股票、债券发行、股利发放和债券还本付息等会计处理的程序和方法。为了加重企业的经营责任,给企业造成一种努力提高经营水平的外在压力,企业的破产制度势在必行。但现行会计模式中各项会计程序和方法,则是建立在“继续经营”这一基本会计假设之上的。倘若企业一旦宣告破产,就意味着该企业已经结束经营,“继续经营”假设和建立在这个假设之上的会计原则与方法对它将不再适用。因此,亟需同即将通过的《企业破产法》密切配合,制定一套以《破产法》为依据的破产(清算)会计,以便破产企业用来处理有关清算的会计事务。

第五,要进行方法、技术上的改革,努力提高会计信息的质量。一方面,要加速把会计数据的处理和信息加工奠立在电脑基础上的现代化的进程;另一方面,既要提高会计的历史信息(目前还是主要)的真实性,又要增加它的反馈价值和预测价值并充分加以利用,但这还不够,要使会计信息有助于经营决策和理财决策,相关性(relevance)对于决策对象的不确定性,提供决策者认识差别或增加差别,比较差别并缩小差别,从而减少不确定性,提高决策能力——是非常必要的。这就要引进现代西方管理会计中一些预测和规划的方法,尽可能多提供各种预测信息(包括各种可资选择的备选方案)。

经济体制改革要求会计改革。反映到会计理论上,就要求会计理论工作者大胆探索有关会计改革的理论和实际问题。

初步设想,应当研究下列课题:

1.我国经济体制改革与会计改革问题

(1)我国经济体制改革对会计将提出什么要求?

(2)我国的会计改革应包括哪些方面?涉及哪些内容?

(3)我国有计划的商品经济条件下的会计模式。

(4)我国的会计改革将引起会计的基本观念、基本理论的哪些变化?

2.需要探讨的若干会计理论问题

(1)关于会计管理体制的研究:在我国,为什么要改革会计(工作)管理体制?如何按照有计划的商品经济要求来建立一个既可为宏观控制服务,又可为搞活微观经济服务的会计管理体制?

(2)关于财务与会计相互关系的研究:财务与会计是一门科学还是两门科学?财务管理与会计工作在一个企业是一项职能还是两项既有联系又有区别的职能?随着社会主义商品经济的发展,为什么在大中型企业中,财务与会计应当分开?

(3)关于社会主义制度下会计原则的研究:怎样认识在有计划的商品经济条件下也适用的会计基本假设?它将具有什么特色?有哪些共性的会计基本原则也适用于我国?我国有无具有特性的

会计基本原则?会计准则与会计原则的关系如何?

(4)关于会计假设、会计基本原则、会计准则与会计制度的相互关系的研究。

(5)关于我国股份公司会计的研究。

(6)关于我国经济联合的各种形式及其会计问题的研究。

(7)关于无形资产的计价及其会计问题的研究。

(8)关于企业破产清算会计的研究。

(9)关于改进和完善我国会计报表(包括对外和对内的两种报表)的研究。

(10)关于会计与审计的相互关系的研究。

(11)关于管理会计在我国的运用及其中国化的研究。

会计学总的来说是没有国界的。但它又会依存于社会制度和各国环境的特点,反映时代的气息。

历史的经验证明:凡是经济大变革,商品经济的大发展,就会推动会计的大进步。例如,14~15世纪,由于商品经济在意大利的一些城市占统治地位,出现了马克思所说的"资本主义生产的最初萌芽"[⑤],于是标志着现代会计时代已经开始的复式簿记便在那里茁壮成长,迅速推广。又如,美国原来并没有什么"公认会计原则"(Generally Accepted Accounting Principle,GAAP),由于20世纪30年代初出现空前的经济危机,证券市场基本关闭,迫使美国会计界为提高会计信息和质量,迎接在美国政府控制下重新开放的证券市场和萧条后的经济复苏作出重要的努力。从此,先后成立了会计程序委员会(CAP)、会计原则委员会(APB)和财务会计委员会(FASB)陆续制订并颁布了一系列有重要权威支持的会计原则,使美国的财务会计出现了既不同于传统会计又不同于管理会计的新特点。公认会计原则的制定和实施又推动了财务会计理论的研究。美国财务会计准则委员会从1976年开始进行关于财务会计的"结构"(conceptual framework,CF)的研究已产生了丰硕的成果。从1978年底至1985年底,先后发表了《财务会计概念公告》1至6号(Statements of Financial Accounting Concepts,SFACs No.1~6),这些研究报告所探讨的问题及其新颖而严密的观点,对西方财务会计理论和实务都将产生深远的影响。

我相信,通过我国经济体制改革和相应的会计模式的改革,也将推动我国计划的商品经济条件下会计理论和方法的大发展,我国的会计模式和会计理论的研究必能在世界的现代会计史上增添新的篇章。

(原载于《厦门大学学报(哲学社会科学版)》1987年第1期)

注释:

①⑤《马克思恩格斯全集》第23卷,第152页、784页。

②这里,我们暂且把银行撇开。因为在把国家当作一个大企业的情况下,意味着不承认商品经济的发展,而银行能否在资金再分配中起调节作用,则依赖于商品经济是否得到发展。我国过去的实际情况也证明:在旧的经济模式下,执行资金分配职能的主要部门是财政而不是银行。我们所说的"总出纳"当然不是单纯的款项进出,而是掌握企业资金的分配,考核企业资金的运用并监督企业及时足额的上交税利和多余资金。

③例如,按照1986年国家财政预算,来自企业的工商税收(产品税、增值税、营业税、资源税、奖金税)和来自国营企业所得税、调节税等项合计,就占国家预算收入(国内部分)的88.71%。

④在资本主义国家,只是在通货膨胀的条件下,由于财务报表仍旧以历史成本为基础,由此确定的企业财务状况与经营成果有可能脱离企业实际经营成绩甚至歪曲企业的真正盈亏,这才出现一些试图替代历史成本的会计模式或报告模式。

八十年代美国的财务会计

葛家澍

今年5月14日葛家澍教授来本刊编辑部指导工作，并与全体编辑人员举行了座谈。座谈中，提到我国会计理论比较贫乏，多数基层财会人员重实务，忽视理论的学习时，葛家澍教授说："基层财会人员要不要提高，毫无疑问，要提高，但没有理论基础就难提高。"为此，本刊编辑部乃约请葛教授撰写这篇文章，系统地介绍美国财务会计的过去、现状及其发展趋势，作为广大财会人员学习的参考。

财务会计(Financial Accounting)原来是传统会计的主要组成部分。在美国，通过财务会计，向企业外部公开以财务报表为中心的财务报告，为投资人、债权人提供投资决策和信贷决策所需要的经济信息而同传统会计相分离，具有自己的特色(主要指以"公认会计原则"为指导)，最早应从20世纪30年代末期即第一个代表"公认会计原则"的文告(《会计研究公报》第1号，ARB No.1)发布之年算起。不过，从那时(1939年)到现在，也近半个世纪了。

从70年代以来，特别是80年代，美国的财务会计同早期相比，有着明显的变化。它现在具有的特点和今后发展的趋势，都值得我们重视。因为，这对于建立我国有计划的商品经济条件下的会计理论和方法体系，推动会计改革，都有一定的参考价值。

一、职业会计界逐步感到会计基本理论的重要

20世纪30年代以前，美国私人经济活动是极端的自由放任。与此相适应，会计的处理程序和方法的应用也完全取决于企业自己的需要。这时，尚不存在着指导会计处理和报表编制的准则、原则及其理论。虽然，美国会计师协会(AIA)曾制定过《标准化程序备忘录》并于1917年、1918年和1929年先后以《统一会计》、《编制资产负债表的认可方法》、《资产负债表的验证》等标题出版，但它主要是为满足银行审查贷款对企业财务报表所提出的要求而制定的，对于职业会计师并不具有约束力。1929—1933年发生的空前经济危机，迫使美国政府对濒临崩溃的资本主义经济进行干预，特别是加强了对激发投机狂热的证券市场的管理。这种干预，涉及如何保证证券上市企业的财务报表的可靠性和编制程序的规范化问题。于是出现了"公认会计原则"(GAAP)。"公认会计原则"是在美国证券交易委员会(SEC)的授权、支持和监督下①，先后由美国会计师协会(后改为美国注

① 证券交易委员会是美国联邦政府为执行1933年证券法和1934年证券交易法而成立的政府机构，它负责管理证券市场，审批申请上市的证券，规定并检查证券上市企业应呈报的财务报告。1933年证券法，授予该委员会制定会计原则和报告原则的法定权限；1934年的证券交易法，又对企业应提供它的定期报告，授予它颁发填制报告程序的权限。因此，按照美国法律，制定企业会计和报告准则的权力属于证券交易委员会。但证券交易委员会并未直接行使此项权力，而在它的监督下，把此项权力转交给有充分权威支持的民间会计组织。

册会计师协会 AICPA)成立的会计程序委员会(CAP)、会计原则委员会(APB)以及独立的财务会计准则委员会(FASB)负责制定。第一个负责制定公认会计原则的民间组织——会计程序委员会由于受到自由放任思潮的强大压力,它的领导成员,例如先后担任过该会的主席和副主席,在委员会中最有影响的著名会计师乔治·梅(May George O.)一贯坚持实用主义观点。他认为,会计原则"不可能通过纯粹的推理得到而必须找出其实际意义上的合理性。该委员会只能从或多或少已被共同采用的方法中小心谨慎地选择那些正取得原则地位或正被接受为原则的方法"(见AIA1935 年的报告第 276 页)。因此,会计程序委员会发布"公认会计原则"的指导思想,就不是先研究会计的基本理论,用前后一贯的理论去指导会计原则的制定,而是企图从现有的会计实务或惯例中去发现原则。就是说,制定并公布"公认会计原则"似乎只需要反映和陈述现有的惯例。制定会计原则的这种方法论(纯粹的归纳法)实际上也不是乔治·梅和会计程序委员会的发明。当时,美国会计师协会同意发表的一份《会计原则说明》(*A statement of Accounting Principles*,由Sancteis、Hatfield 和 Moore 三位教授合写)同样是用陈述惯例来代替原则研究的典型。甚至该《说明》的作者之一,会计学家哈特菲尔德(Hatfield Henry R)也反对按这种方法来制定会计原则。他后来揭发说:这种制定会计原则的程序是基于下列荒谬的格言:"不论是精华,还是糟粕,有一条'真理'十分清楚:'能存在的东西就是对的'"。会计程序委员会在其存在的二十年中,负责制定并发布了代表公认会计原则的文告《会计研究公告》(ARBs)共 51 份,看来所遵循的正是上述"格言"。由于《会计原则说明》的第一作者桑德斯(T.Sanders)担任了会计程序委员会的研究部主任,人们更加认为,摒弃理论研究,试图从惯例中找原则,这必然是会计程序委员会发展会计原则的路线。情况正是这样,《会计研究公报》是名不副实的。它并非研究的产物,而不过是对现行会计惯例的选择和确认。比如,会计程序委员会明确表示它"要考虑专门的问题,推荐一个或几个可供选择的程序并否决不能接受的程序"。最引人瞩目的是,在第 1 号《会计研究公报》中,还附加了一个声明:"《会计研究公报》是可以有例外的规则。"这样做的结果是很明显的:对于同一问题可以选择采用不同的会计处理规则(程序),不同的会计处理规则常常互相矛盾,但又都是公认的。由于《会计研究公报》的制定缺乏科学严密的理论指导,很难具有真正的权威性,要使财务会计程序逐渐规范化也不可能。到会计程序委员会存在的末期即 50 年代末,美国职业会计界对它的不满情绪迅速地增长了。在研究会计理论,发展会计原则的活动中,把会计程序委员会同美国会计学会(AAA)对比,前者显然落后了一大步。甚至原来轻视会计理论,坚持要从惯例中找原则的著名会计师乔治·梅,此时也觉得会计程序委员会应当向美国会计学会学习,重视基本概念的研究了。在 1959 年,梅说:"美国会计学会从它发表的第一份研究报告(同会计原则有关)起,就力求将具体规定与广泛的概念联系起来。看来协会(指 AICPA 及其所属的会计原则制定机构。当时还是 CAP,不久即由 APB 接替)必须卓有成效地从事类似的工作才有理由宣称自己是这一问题的主要权威或主要权威之一。"会计程序委员会终于在 1959 年宣告结束而由会计原则委员会代替。其原因当然很多。但是,它始终未能对会计原则进行全面的综合研究,未能缩小惯例之间的分歧,应该是导致它被解散的一个重要原因。负有监督会计程序委员会权力的证券交易委员会,通过它的总会计师厄尔·金(Earle King)在 1948 年曾要求会计程序委员会提出权威性的关于会计原则的声明,避免会计处理的任意选择性。而会计程序委员会对此却置若罔闻!会计原则委员会的建立,反映了职业会计界要求把公认会计原则的制定奠立在会计基本假设和基本原则研究的基础上的强烈愿望。美国注册会计师协会在成立会计原则委员会的同时成立了会计研究部,主持人和参加者都是有名望的学术界人士。由会计原则委员会发表的《意见书》(APB opinions)代表"公认会计原则"的正式文告。而按照章程,在每一个《意见书》发表之前都要先进行研究,并由会计研究部以《会计研究论文集》(ARSs)的形式供会计原则委员会参考。当时重视基本理论的研究还可以用下列事实说明:会计研究部优先的研究任务是由美国注册会计师协会直接布置的两次研究课题:(1)会计的基本假设;(2)企业广泛适用性(主要的)会计原则。前一项课题由研究部主任穆尼茨(M.Moonitz)教授亲自承担,后一次课题由穆尼茨和斯普罗斯(R.Sprouse)两位教授合作,先后于1961、1962年以《会计研究论文集》第1号和第3号的名义发表。遗憾的是,这两份研究论文都遭到会计原则委员会的否决。实用主义的思想积重难返!会计原则委员会又回到会计程序委员会仍企图从惯例中找原则的老路。不过,事物毕竟是要向前发展的。会计原则委员会所处的时代已不同于会计程序委员会。职业会计界逐步认识到理论的力量。屈于舆论的压力,会计原则委员会一方面不得不支持会计研究部的新主任保罗·格雷(P. Grady)用归纳法编写《企业公认会计原则汇编》作为《会计研究论文集》第7号发表于1965年;另一方面,它自己则于1970年发表了题为《企业财务报告的基本概念和基本原则》的研究文件,即会计原则委员会的《第4号报告》(不是第4号《意见书》),不代表"公认会计原则"。通常称之为APB statement No.4)。这份研究报告比较全面系统地总结了财务会计的环境、目标、基本特征和基本要素、公认会计原则、财务会计和财务报表的本质及其局限性等各方面,平心而论,《第4号报告》已不单纯是惯例的描述而是提高到一定理论高度来认识上述问题。总的来看,会计原则委员会没有能执行为它规定的目标,它把会计研究部抛在一边而忽视基本理论和基本原则的研究,使会计职业界深感失望。这一点,同样成为它在1973年由财务会计准则委员会所取代的重要因素。在美国,会计界的有识之士早已感到:缺乏理论指导的会计原则或会计准则是没有权威性和生命力的。只有以首尾一贯、逻辑严密的理论为指引,才能正确评价现行会计原则并发展会计原则。逻辑严密的理论不能简单地来自对惯例的描述,不能靠归纳,而必须采用演绎法,或者正确地说,要在归纳经验的基础上进行推理,把感性认识上升到理性认识。会计程序委员会和会计原则委员会最多只是试图用归纳法去寻求基本的会计原则和会计理论。它们拒绝采用演绎法所获得的研究成果,这就使它们在发展会计理论方面不可能有所作为。人们寄希望于70年代成立的财务会计准则委员会。财务会计准则委员会总算没有辜负职业会计界的期望。它深知理论研究对于发展公认会计原则的重要。1976年,财务会计准则委员会就宣布,它要进行一系列关于财务会计"概念结构"(conceptual frame work,CF)即理论体系的研究。从1978年开始,截至1985年底为止,财务会计准则委员会前后共发表了1～6号财务会计概念公告(statement of financial accounting concepts, SFACs)分别对财务报告的目标、会计信息的质量特征,财务报表的要素、企业财务报表的确认和计量等方面进行了系统的、前后一贯的研究。这些概念公告不仅十分注意逻辑严密,协调一致,而且探讨了许多新问题,提出不少令人耳目一新的观点。这些概念公告如果出于美国会计学会之手,并不值得奇怪。问题是:一个负责制定公认会计原则(财务会计准则),需要花很大精力去解决会计实务中迫切要求解决的大量具体而又棘手问题的民间组织,能够腾出一部分力量,深入探讨一系列财务会计的基本理论问题,并提出卓越的见解,是难能可贵的。它标志着美国职业会计界从过去不重视会计的基本理论到逐步地重视会计的基本理论,其理论水平已达到一个相当成熟的高度了。

过去,会计程序委员会和会计原则委员会虽然制定了许多公认会计原则,对解决会计实务中的具体问题起了重要作用,但从来没有对会计原则及其理论基础全面地表达过自己的见解。财务会计准则委员会则通过概念公告系统地表述了有关制定和发展"财务会计准则"[①](financial accounting standards)的基本观点。按照财务会计准则委员会的说法,"概念结构是目标和互相关联的基本概念的协调一致的理论体系。这个体系可望导致一致性的准则并对财务会计和财务报告的性质、职能和局限性作出规定。"确立了财务报告的目标和其他基本概念,最重要的是能使财务会

① 财务会计准则委员会把它发布的,代表公认会计原则的文告称为《财务会计准则公告》(statements of financial accounting standards,SFASs)。公告中的公认会计原则称为财务会计准则。请注意"财务会计准则公告"与"财务会计概念公告"的区别。后者不是代表公认会计原则的文告,而只是一种理论研究报告。但它反映了财务会计准则委员会的观点,具有权威性。

计准则保持前后一贯。因为所有的准则都应当服从于同一个目标并引用相同的基本概念。所以,从长远的观点看,密切联系实际研究会计的基本理论,得益的还是制定会计原则的组织。正如财务会计准则委员会自己所说:“本委员会本身有可能成为这一系列概念公告所提供指针的最直接的受益者”,“它们提供本委员会在考虑各种备选方案优点时的共同基础和基本推理,将指导本委员会发展会计和报告准则”。

二、重视会计基本理论研究是重新认识会计的本质的结果

美国职业会计界长期以来不重视会计理论,直到70年代以前,负责制定公认会计原则的机构,重实际轻理论的倾向仍难以扭转,其原因究竟何在?如果从认识上找原因,可以说,它同人们怎样认识会计的本质很有关系。

大约从20世纪初开始,在资本主义国家,特别是在美国,对会计的看法,逐步形成了一个非常流行、甚至可以说是占统治地位的观点。即认为:会计是一项艺术(art)而不是一门科学(science)。1943年,乔治·梅在《财务会计:经验总结》一书中写道:“会计是一种艺术,不是一门科学,它是具有广泛和多种用途的艺术。”前面说过,梅曾经是三十年代会计职业界最著名的人物。他代表美国会计师协会同纽约证券交易所合作,导致了美国公认会计原则的诞生(1933—1934年经双方同意的五条会计“规则”,后来在1939年成为《会计研究公报》第1号的主要内容,就代表梅的观点)。梅还先后担任过会计程序特别委员会和会计程序委员会的领导。梅的观点不但有代表性,而且影响特别大。直到1953年8月,由美国注册会计师协会所属“名词委员会”(COT)重新整理出版的《会计名词公报》(ATBs)第1号,关于会计的定义,仍然肯定会计是一项艺术。《公报》写道:“会计是一种艺术,它用货币形式,对具有或至少部分具有财务特征的交易、事项予以记录,分类及汇总并解释由此产生的结果使之处于有意义(有用)的状态。”所谓“艺术”,一般是指通过经验、学习或观察而获得的完成一定行为的能力。当把会计理解为艺术时,强调的不是规范化的行为准则或会计必须遵循的客观规律,恰恰相反,强调的是经验、技巧和独立判断与解决具体问题的本领。“艺术论”形成的历史背景应当回溯到30年代前美国经济和会计的自由放任时期。当时,极端自由化的思潮笼罩着企业界和会计界,按照企业各自的利益来编造财务报表已司空见惯。在这种情况下,凡是提出会计有客观规律可循从而应当制定统一的规章制度或方法程序的观点,都会遭到企业和职业会计师的顽强反对。例如1912年,有人提出“会计是一门科学,或者说应当是一门科学……会计经得起确定的公理的检验并有可能在正确的实务中产生确定、精密的结果”时,就有人反驳:“说这种话的人是需要一部规章制度的书。而会计师决不可能有这样的书。环境迫使你运用经验。这就是为什么我们是职业会计师的原因”,职业会计师接受并欢迎“会计是一门艺术”的观点显然是出于切身利益的考虑。如果他们同意会计是一门科学就得承认会计有客观规律,从而就应肯定会计既有可能也有必要制定统一的原则和程序。这样,会计师的“经验”与“技巧”(主要指凭主观判断,名义上是能从实际出发,具体地解决具体问题,实际上这种经验和技巧常常用于帮助企业弄虚作假,导致财务报表的不实),将失去用处,会计师的地位有可能下降以至被非会计专业人员所取代。“艺术论”的形成当然也有其理论根据,这就是会计处理的交易或事项包含着很大的“不确定性”(uncertainty)即可能性空间。为了使会计处理的对象按照人们的要求加工成有用信息,需要进行选择。而在当时,只能靠会计人员的经验和技巧来选择了。

大约从60年代起,会计面临着新兴科学技术的挑战:信息科学的理论和思想迅速渗透到会计学科领域;强有力的定量化计算工具——“电子计算机”开始应用于会计数据处理收到了显著的效

果。存在决定意识。信息科学带来的新思想和新技术打开了会计人员的思路。人们开始重新探索和认识会计的本质和作用。于是,会计是“一个经济信息系统”或“会计是一项为决策提供经济信息的服务活动”等新的观点便陆续在美国会计界出现:(1)1966 年美国会计学会首先提出:“会计基本上是一个信息系统。更确切地说,会计是一般信息理论在它有能力加以解决的经济活动上的应用。”(2)1970 年美国注册会计师协会所属会计原则委员会又提出:“会计是一项服务活动,它的职能在于提供有关经济主体的数量化信息(主要是财务信息)以便用于决策。”由于美国会计学会和美国注册会计师协会是美国最有权威的两个会计团体,它们对会计观点的改变当然在会计界产生很大的影响。从 70 年代起到 80 年代,在美国出版的会计著作中,把会计定义为经济信息系统已相当普遍。例如:对美国注册会计师有重要参考价值的《现代会计手册》(S.戴维森主编,R.L.威尔副主编)在 1977 年第 2 版序言中明确写了“会计是一个信息系统”。在美国会计理论界享有盛名的《斐南和穆勒氏会计原理》导论部分于 1980 年的第 8 版中也肯定了“会计是一个经济信息系统或经济信息职业”。总之,关于“什么是会计”,即对会计本质问题的回答,在美国,现在占统治地位的观点已不再把它说成是“一项艺术”,而说它是“一个经济信息系统”。人们在认识上的这一转变,标志着美国会计界否定会计是一门科学的时代已经结束。而运用新兴科学的方法论重新观察会计并促进会计理论发展的时代已经到来了。

三、发展财务会计理论选择了把“目标”放在首位的“概念结构”的研究

在美国,研究财务会计的基本理论,目的在于建立一套严密的概念体系,用来指导和发展会计原则或会计准则。这一点,不论理论界和职业会计界都没有分歧。1940 年,当著名的会计学家佩顿(W.A.Paton)和利特尔顿(A.C.Littleton)发表《公司会计准则绪论》时就指出:会计理论是凝固而协调一致的整套理论,它虽然可用准则的方式描述,但并不用它来直接指导实务。作者只是试图建立一个在此框架内可以产生准则的结构。1980 年,财务会计准则委员会在《第 2 号概念公告》前改写的《财务会计概念公告》一文中也说:概念结构是一套把目标和有关联的概念联结起来的凝固体系,它也不用来代替当前的准则而只是作为评估当前准则和发展新的准则的指南和基础。不过,究竟怎样去建立一套凝固的理论却有两种不同的构想:

一是先研究作为会计前提条件的基本假设,在基本假设的基础上,推导出基本原则,然后用它们来指导会计准则。基本假设和基本原则共同构成财务会计的理论基础或概念体系。会计的基本假设最早是佩顿在 1922 年提出来的。1961 年穆尼茨写的《会计研究论文集》第 1 号则对这个问题作了系统专门的研究。但是,从佩顿到穆尼茨,会计学界对会计基本假设的理解和提出的假设内容都不尽相同。佩顿(包括利特尔顿)认为,会计的假设是会计的基本概念,其所以被称为假设(assumption[①])是由于它往往无法通过试验加以证实。穆尼茨则认为基本的会计假设(他列举的第一类)都是由会计所处的环境所产生,带有客观性质。佩顿 1922 年曾提出 8 项假设,当时使用了 postulates 一词。1940 年,他同利特尔顿共同提出的假设(观念)有 6 项,内容与前也有很大不同,而使用的名词是 assumptions。1961 年,穆尼茨则提出与佩顿及利特尔顿显然相异的假设 3 类 14 项,

① 如果为了区别其涵义,Assumptions 可译为“假设”,或多或少反映对可能出现的情况由人们作出的主观判断,Postulates 可译为“假定”,它基本上取决于经济、政治和社会环境(主要是经济环境),是不言自明的、构成会计活动的前提条件。

使用的名词又改为 postulates。从 80 年代美国出版的会计理论和财务会计著作可以看到,比较为多数作者所承认的会计基本假设约有以下 4 项:"会计主体假设"、"经营连续性即继续经营假设"、"会计分期假设"、以"货币为计量单位和币值不变假设"。[①] 会计的基本原则(普遍运用的原则)最早是由美国会计学会于 1936 年提出的。以后,会计学界对会计原则各有自己的看法。其中,最有代表性的是 1962 年由斯普罗斯和穆尼茨合写的《会计研究论文集》第 3 号"试行企业普遍性会计原则"和 1970 年会计原则委员会第 4 号报告中关于公认会计原则中一二两个层次["普遍适用原则"(pervasive principles)和"广泛业务原则"(broad operating principles)]的描述。在会计著作中,一般是将"历史成本原则"、"实现原则"、"配比原则"、"一致性原则"、"可比性原则"、"充分反映原则"等作为会计的基本原则,同时,把"稳健性"、"着重收益"、"重要性"、"效益>成本"等惯例或约束条件也视同会计的基本原则。按照演绎法,会计的基本原则应来源于会计的基本假设。实际上,美国的会计著作很少把两者的关系讲清楚。

二是先确定财务会计(财务报告)的目标,按照目标,规定会计信息的质量特征(把有用的信息和不大有用的信息加以区别);然后研究作为传递会计信息的主要手段的财务报表的构成要素(主要组成部分),要素的定义(质与量的规定性)及其确认与计量等问题。这一构想大约从 70 年代初,美国注册会计师协会和会计原则委员会就已经有所考虑。例如,1970 年,会计原则委员会的第 4 号报告已把财务会计的目标(包括质的目标即会计信息质量特征)的研究放在首位;1971 年 4 月,美国注册会计师协会的主席又指定特鲁伯鲁特(Trueblood)组成了以他为首的"财务报表目标研究组"即著名的特鲁伯鲁特委员会并于 1973 年 10 月提出了"财务报表目标"的研究报告即《特鲁伯鲁特报告》。但是这一构想的全面付诸实施,则是在财务会计准则委员会亲自主持下从 1978 年起直到 1985 年底仍在进行的一系列关于财务会计概念结构的研究计划。

很明显,在 70 年以前,美国会计界是设想按照会计假设到会计原则这条思路来发展会计理论的。这是因为,当时,会计被视为一项艺术,而艺术可以为所有的人服务。它既没有明确的服务对象,就难以确定目标,所以只能从会计作为一项艺术的活动环境去寻找它的制约条件(前提),探求并提出会计的基本假设。现在,会计已被看成是一个人造的经济信息系统。按照系统论的原理,任何系统,尤其是人造系统,它的运行,它应发挥的功能,它所输入、变换与输出的内容、程序与方法等等,都应当服从于系统的目标。因此,目标的研究是一切问题研究的前提。第二种构想之不同于第一种构想之处主要在于前者突出目标的作用而后者则突出基本假设的作用。美国财务会计准则委员会关于财务会计概念结构的研究方案,就是基于第二种构想形式的,截至 1985 年 12 月底,财务会计准则委员会已发表了 6 份概念公告。这些研究成果体现了:目标的研究被放在首位并用来指引所有其他问题的研究;会计信息质量特征的研究则当作桥梁;再顺序地研究报表要素,要素的确认与计量等问题。6 份概念公告是协调一致、相互关联的。它组成了一个有序的理论体系。回顾半个世纪以来,美国职业会计界发展财务会计理论的计划几经夭折,直到 70 年代后期到 80 年代,在财务会计准则委员会的带领下,坚定了信心,经过慎重的选择,才找到通过概念结构发展会计理论的道路——这条道路既摒弃了单纯归纳惯例,理论似乎只用来描述实务的做法;也不采取单纯分析环境的影响,由此推导出假设理论又显得远离实务的做法;而是从会计信息使用者的需要出发,力求提高理论的实用价值。

① "会计主体"可能是争论最少的一条基本假设。"继续经营"作为基本假设在美国会计学界就有争论。不过,国际会计准则委员会承认的三条基本假设("继续经营"、"一致性"、"权发生制")中,"继续经营"却列作第一条。

四、财务会计的目标起指引方向的作用

从70年代初期起，财务会计目标的研究开始受到了美国会计职业界的重视。美国佛罗里达国际大学会计学教授莫斯特写道："在过去十年中，似乎普遍接受了这样的看法：只有财务报告准则是以一致的目标为基础，准则才能成为有用的和有效的。"探讨会计目标的必要性可以从两方面看，第一，"任何研究领域的起点都是提出研究的界限和确定它的目标"，会计研究也不例外；第二，既然已经接受了会计是一个经济信息系统，财务会计是这个系统中向外界提供财务信息的子系统的定义，那么，没有目标的系统，特别是不明确自己的目标的人造系统是不可想象的。1960年，一篇题为《研究方法论和会计理论设计》的文章已说到目标在会计理论体系中的重要性及其特点。文章说："企业在构造一种起服务职能的理论体系中，第一个程序是建立职能的目的和目标。随着时间的推移，目的和目标是会改变的。但在任何时期，目的和目标都必须规定明白或有可能明白地予以规定。"在美国，不同时期提出的会计目标确实不尽相同。可是有一点却是共同的：目标的提出都把会计信息同经济决策联系起来。明确地联系经济决策的要求提出会计的目标可以追溯到美国会计学会1966年发表的《基本会计理论说明书》(ASOBAT)。这份说明书共提出四项目标，即会计应为了下列目的而提供信息：(1)对有限资源的利用所作出的决策，包括辨认决定性的决策领域，并确定目标与方向；(2)有效地管理和控制一个组织的人力资源与物质资源；(3)记录(保存)与报告资源的经管责任；(4)促进(会计主体)的社会职能并控制此种职能。上列目标的第一项，就是为资源利用的决策提供信息。

1970年美国注册会计师协会所属会计原则委员会也在第4号报告中特设一章来表述财务会计和财务报表的目标(第4章)。它认为："财务会计和财务报表的基本目的，是向财务报表的使用者，特别是所有者和债权人，提供有助于他们进行经济决策的有关一个企业的数量化的财务信息。这个目的包含提供能用来评估管理当局执行经管责任和其他管理责任的效率的信息。"这份报告把财务会计的目标明确地集中于一点：提供有关个别企业的财务信息，使之用于经济决策。关于制定财务会计目标的这一基本思想仍然明显地体现在80年代财务会计准则委员会发表的有关财务会计概念公告之中。

不过，美国会计学会1966年的《基本会计理论说明书》对于目标的研究还比较简单，未能引起人们的注意。至于会计原则委员会1970年第4号报告从整体来看，它是一个描述现行财务会计实务和公认会计原则是如何，而不是一个讨论现行财务会计实务和公认会计原则应如何的文件。这份报告发表以后，人们对它的批评和责备多于赞扬和肯定①。再加上，它所提出的目标和它接着阐述的财务会计的基本特征与基本要素(第5章)以及公认会计原则(第6、7、8章)也都缺乏有机的内在联系。而且，提出这样的目标，其根据何在？人们尚持保留态度。

美国会计职业界对会计目标开展认真的研究工作是从1971年4月，美国注册会计师协会主席宣布成立"财务报表的目标研究小组"开始的。由于这个研究小组的负责人是一位开业的注册会计师特鲁伯鲁特(Robert M.Trueblood)。因此，这个研究小组也称为"特鲁伯鲁特委员会"。为了指

---

① 美国注册会计师协会会计研究部曾于1961年9月和1962年4月分别发表了《会计研究论文集》(ARS)1号和3号，用演绎法论述了"会计基本假设"和"试论企业广泛性会计原则"，均遭到会计原则委员会的否决(见APB statement No.1，April，B，1962)，这在美国会计界造成了很不好的印象。这也是人们对会计原则委员会第4号报告起反感的原因之一。

导这个委员会开展研究工作,美国注册会计师协会理事会提出四个供它考虑的课题:(1)谁需要财务报表?(2)他们需要什么信息?(3)在他们所需要的信息中,有多少是能够由会计师提供的?(4)为了提供所需要的信息要求有一个什么结构?

为了从上述课题出发开展研究,使财务报表目标的提出有客观依据,即尽量反映实际要求,特鲁伯鲁特委员集中了一批有学术界、实际工作者和顾问参加的工作班子,征求了5 000家以上的公司和其他组织的意见,进行了50次以上的面谈并约请制定会计规章制度的团体和会计职业团体举行35次会议。此外,还在纽约举行三天公开听证会。经过这一系列调查研究,用了两年半的时间,于1973年10月才提出一份题为《财务报表的目标》的研究报告,通常称为《特鲁伯鲁特报告》。《特鲁伯鲁特报告》列举财务报表的目标有12项。显然,作为指引方向的目标,不可能有这么多。其中,必有一个是基本的,而其他目标则是从不同角度,不同方面,把基本目标加以具体化。所以,《特鲁伯鲁特报告》提出的财务报表的目标可以看成是一个分层次的目标体系:(1)基本目标;(2)信息使用者和用途;(3)所需要的信息;(4)信息的性质;(5)财务报表;(6)特别推荐的报表。现将《特鲁伯鲁特报告》列举的12项财务报表即财务会计的目标用一个分层次的图式加以表示。(见下页)在图式中,报告提出的目标分别用(1)~(12)的顺序号加以标注。特别推荐的报表和属于第(7)项目标的,则注为(7a)、(7b)、(7c),余类推。

《特鲁伯鲁特报告》对财务会计的目标的研究在纵深两个方面都有重要的进展,这个研究报告为财务会计准则委员会继续探讨财务会计的目标奠立了一个良好的基础。

然而我们仍然要说:财务会计准则委员会在70年代后期和80年代对于财务会计目标问题的研究有新的突破。财务会计准则委员会在这个问题的研究上同已往的研究相比有着重要的区别。以往的研究包括《特鲁伯鲁特报告》基本上是就目标来研究目标,几乎没有涉及目标同其他概念的关系。财务会计准则委员会则不同。它首先有一个关于财务会计概念结构的研究计划。它不但把目标放在财务会计概念整体研究中加以考察,而且十分明确地规定目标要起指引方向的作用。财务会计概念是在目标的协调下才能形成前后一贯、科学严密的体系的。财务会计准则委员会关于目标的研究成果集中表现在财务会计概念公告第1号(1976)和第4号(1980),特别是第1号。但是,有关会计信息质量特征、财务报表的要素、要素的确认和计量等概念公告也都体现目标的要求。即以第1号概念公告本身而论,至少有以下两个特点可以称道:

第一,虽然《特鲁伯鲁特报告》有不少新的设想,但较少考虑到它的设想是否切实可行。比如它根据所分析的目标,提出了一些不属于当前美国公认会计原则(GAAP)所要求提供的财务报表。[①]倘若要提供这些信息,势必改变现行公认会计原则。这就涉及理论研究如何才能应用于实际的问题。财务会计准则委员会也认为现行财务报表要完成财务会计的目标具有明显的局限性,但它又认为改变公认会计原则又必须十分慎重,因此,它提出了“财务报告”(financial reporting)和“财务报表”(financial statements)两个概念。财务报告包括财务报表,而且是财务报告的中心内容但财务报告可以包括财务报表以外的其他财务报告。其他财务报告可以提供预测信息,可以不受公认会计原则的支配。财务会计准则委员会把财务会计的目标由财务报表的目标改为财务报告的目标。这一改变,既维护了现行公认会计原则,又有助于改进会计实务,使理论研究同实际应用巧妙地结合了起来。

---

① 按照特鲁伯鲁特报告所规定的财务报表和特别推荐的报表,所要改变的是公认会计的几个基本原则。例如,要提供预测信息,就要改变现行会计确认的基本原则——实现原则,要反映现行价值,还要改变现行会计计量的基本原则——历史成本原则;而要提供现金流动的信息,又要改变现行会计确认的基础——权责发生制。这样一些重大而敏感的问题,财务会计准则委员会并没有回避,它或是予以妥善解决;或是作出必要的说明,以澄清人们思想上的可能混乱。

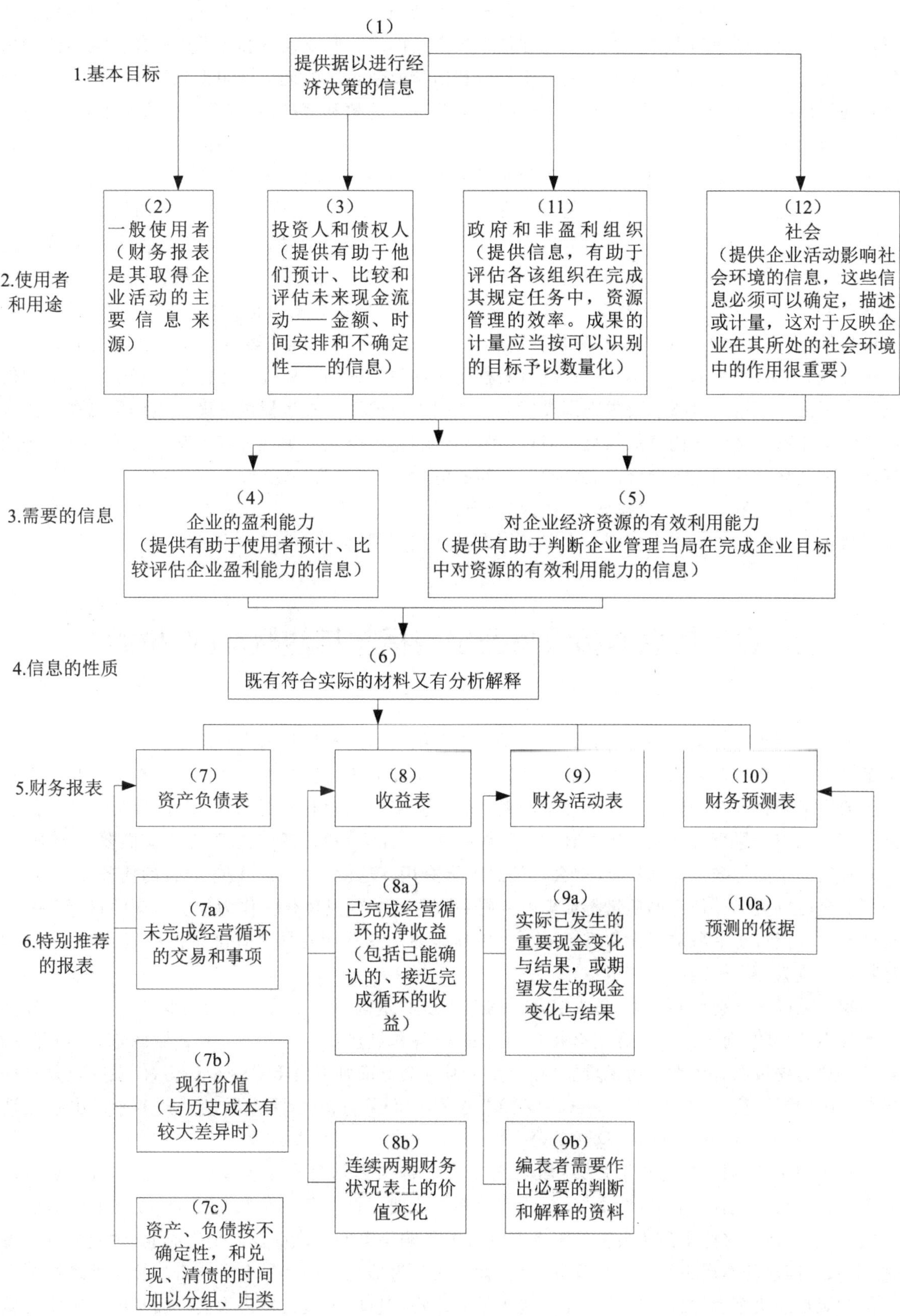

图 1 《特鲁伯鲁特报告》提出的财务报表目标图示

第二,在《特鲁伯鲁特报告》的基础上,财务会计准则委员会把财务报告的目标集中到投资人和债权人的需要。即应当提供有助于他们评估来自企业的现金收支前景和企业现金净流入前景的信息。因为投资人和债权人最关心的是基于投资和信贷而使自己的现金资源得到增加。第1号概念公告还指出:要关注企业未来的现金流动,必须关注企业的盈利信息,并应看到权责发生制的优点。第1号概念公告认为,由于投资人和信贷人所关心的现金流动,既不是现在的,更不是过去的,而是未来的。权责发生制正好记录了其经济影响虽在本期而在未来时期才会发生现金后果的交易或事项(如应收、应付);也记录了本期虽已产生了现金后果而经济影响则属于未来时期的交易或事项(如预收、预付)。这两种信息,不但能更确切地表述企业的经营成绩,对于评估企业未来的现金流动也将是有用的。财务会计准则委员会1979年12月29日公布过《企业财务报告的目标和财务报表的要素》草案。在评论这份草案时,有人就以为,针对财务报告的目标,财务报告需要提供"现金流动信息"、"现行价值信息"或"管理预测信息"。对此,财务会计准则委员会作了否定的回答:(1)第1号概念公告提出的目标不过强调现金对投资人和债权人的重要性。目标没有指明哪一类的信息是有用的;(2)第1号概念公告强调投资人和债权人需要财务报告提供有助于他们预测现金流入前景和企业净现金流入前景的信息。但这不是指他们需要企业有关现金收入和支出的信息。企业当前的现金流动和预期的现金流动是两个不同的概念,不能混为一谈。

从这里可以看到:第1号概念公告在财务报告的目标方面既有不少新的见解,发展了《特鲁伯鲁特报告》,又坚持了权责发生制并肯定了历史信息在实现财务报告目标中不容怀疑的作用。

五、会计信息的质量特征是目标与其他概念的"桥梁"

第1号概念公告集中回答了为什么需要提供有用的信息?那是因为要满足投资人和债权人的决策要求。第3号及其以后的各个概念公告则回答了如何按目标要求来规定那些形成信息的基本概念的定义和特性?如何加以确认计量和揭示、传递?所以,目标只是解决"为什么"的问题,而要素及其确认与计量等等又是解决"如何"的问题。在"为什么"和"如何"之间,似乎尚需要一个中介:明确有用信息的标准。即回答:什么会计信息才算有用?这就是第2号概念公告的任务。

完全可以把会计信息的质量特征理解为财务报告目标的具体化。作为指引方向的目标总是比较抽象的。但过于抽象的目标都难于形成比较具体的概念从而指导会计准则。所以,会计信息质量特征就成为一个桥梁。

我们可以清楚地看到:目标是决定会计信息质量的基础。第1号概念公告第9段说:"财务报告本身不是目的,而不过是打算用来提供有用的经营和经济决策。"因此,第2号概念公告(第32段)就把"对决策的有用性作为最重要的质量"。财务会计准则委员会进一步认为,信息究竟是有用还是无用主要取决于"相关性"(relevance)和"可靠性"(reliability)两个质量。突出地提出相关性和可靠性,而且强调两者并重。这还是第一次。

所谓相关性,通常指与决策相关。第2号概念公告则具体而精确地指出:所谓相关性,是指信息要具有"导致差别(差异)的能力"。凡具有预测价值或反馈价值的信息,都能导致决策所需要的差别。当然,所有这些信息都要使决策者在其失去影响决策能力之前及时地得到它。"差异"或"差别"本来是信息的本质特征之一。没有差异,就不成其为信息。第2号概念公告把相关性理解为会计信息能帮助决策者导致差别的特性。这实际上是将信息的本质具体化为会计信息的一个主要质量特征。如果肯定会计是一个经济信息系统,系统的输入是数据而输出是信息,又肯定了帮助进行经营和经济决策是系统的目标,那么,会计信息应能帮助决策者(信息使用者)对过去、现在或将来的事件及其结果作出预测;或者对先前的期望(预测)加以证实或改变、修正先前的期望(所有这些都能导致差别),就是顺理成章的要求。

所谓可靠性,是指会计信息能如实表述所要表述的对象并有可能加以验证。有人以为,可靠性似乎是会计信息特别是历史信息的固有属性。其实不然。首先,会计的对象充满了不确定性,而会计的程序和方法(特别是确认与计量的程序和方法)又可以自由选择,这就使会计反映的结果很难同会计意欲反映的对象完全一致。其次,会计是一个信息系统,信息的加工过程也是传递过程。在传递过程中,受到干扰而使信息失真几乎是不可避免的。这些原因说明了会计信息的可靠性并不会自然地得到。

除相关性和可靠性外,第 2 号概念公告还提出“可比性”、“一致性”等几个次要质量并把“受益成本”和“重要性”当作两个约束条件。

通过对第 1、2 号概念公告的说明,我们还需要再着重明确两点:

第一,第 1 号概念公告讲的目标是财务报告的目标,不是决策者的目标。因此,公告只能要求为决策提供有用的信息而不能要求作出什么样的决策。同理,第 2 号概念公告讲的决策有用性是针对不具备这种信息的决策者来说的。有用的信息并不意味着对每个决策者都同等有用。

第二,会计信息加工过程需要会计人员进行大量的选择,例如,关于资产、负债、收入、费用等要素的定义和性质的决定;关于会计确认标准和计量属性的决定等等,而会计选择的基本依据,就是会计信息的质量特征。只有方法手段符合质量特征,才能保证产生有用的信息。

六、财务报表的要素及其确认与计量体现财务会计的目标

财务会计概念结构必须是一个协调一致的体系。它的科学严密性和一贯性表现在:目标决定会计信息的质量特征,提供对决策有用的信息则主要靠财务报表。为了表现不同类型的信息,财务报表的构成要先按一定的标志分成若干(为数不多)概括的类别。如:资产、负债、收入、费用,等等。

这些概括性的大类通常称为报表的要素。虽然,要素也是信息,但财务信息是一个具有多层结构的组织,财务报表的要素还必须进一步分成项目和细目。财务信息在财务报表中是作为一个具有层次性和结构性的信息群体来加以揭示的。报表的要素可以理解为财务信息群体的分类(分群)基础。报表的不同要素,有区别也有联系;确认和计量不同要素的方法,有特性也有共性。所以,认识不同要素的共性和特性从而决定确认和计量它们的共同方法和特殊方法,才能形成既有联系又有区别的财务信息群体。因此,财务会计的目标能否实现,会计信息是否具有相关性和可靠性,就要具体地看财务报表的要素如何定义,如何确认,如何计量以及其他有关程序和方法问题的解决正确与否。用目标指引方向,使目标同其他财务会计基本概念互相关联和协调一致,是美国财务会计准则委员会从事财务会计概念结构研究一贯追求的宗旨。这一点,在 1980 年至 1985 年先后发表的第 1 号、第 3 号、第 5 号和第 6 号概念公告中都得到较好的体现。如果我们不去全面评价已发表的六个概念公告的成败得失,而只是看它究竟是否首尾一贯,就应当承认这一系列概念公告是高水平的,是美国历来的类似研究报告所没有做到的。

第 3 号概念公告和后来代替它的第 6 号概念公告主要内容是两个:一是提出企业(第 3 号概念公告)和会计主体——企业和非盈利组织都包括在内(第 6 号概念公告)的财务报表的要素;二是对这些要素下了定义并根据定义指出它们的特性。在这两个方面,第 3、第 6 两个概念公告都力求同第 1 和第 4 号概念公告规定的目标互相呼应。取代第 3 号概念公告的第 6 号概念公告共提出了 10 个要素。其中多数是既适用于企业也适用于非盈利组织,少数是只适用于企业或只适用于非盈利

组织。现列表如下：

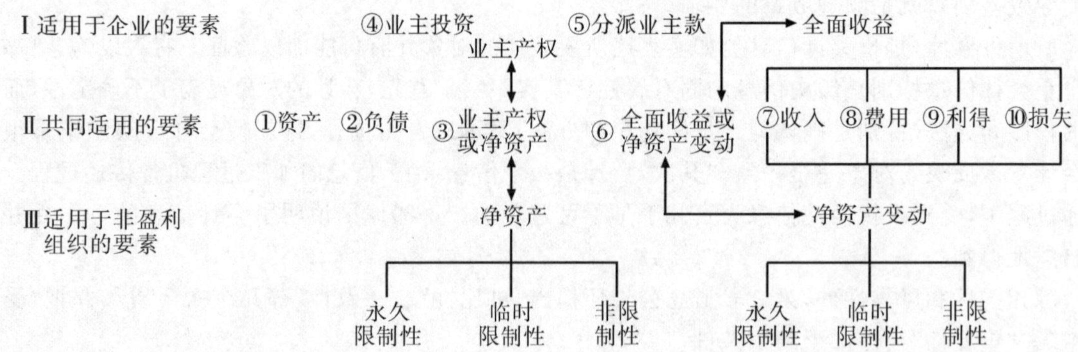

在上表中，10 项要素都用①～⑩标明；③、⑥两项要素都有两个可互相替换的名称，分别适用于企业和非盈利组织；净资产和净资产变动都分成三类，这主要为关于非盈利组织的资源提供者，对提供资源的用途是否规定限制：要素⑥、⑦、⑧、⑨、⑩存在着如下的数量关系：

⑥＝⑦－⑧＋⑨－⑩

资产、负债、业主产权、收入、费用原是财务会计早已肯定了的报表要素。第 3 和第 6 号概念公告新提出的要素是"业主投资"、"分派业主款"、"全面收益"和全面收益组成中起源于非主要经营活动或偶然发生的"利得"和"损失"。我们可以把新提出的要素和对要素(特别是主要的要素如资产)赋予的新定义同财务报告(财务会计)的目标联系起来考察。第 1 号概念公告曾对财务报告的目标作如下的描述："与特定企业最有直接关系的可能信息使用者一般关心企业创造有利的现金流动的能力，因为他们的决策同预期的现金流动的金额、时间安排和不确定性有关。全面收益是什么？第 3 和第 6 号概念公告都把全面收益定义为："一个主体在某个期间与非业主方面进行交易或发生其他事项所引起的业主产权(净资产)的变动"，"它包括这一期间除业主投资和分派业主款以外的业主产权的一切变动"。用公式表示就是：

$$\underbrace{\text{(期末净资产－期初净资产)－本期业主投资＋本期分派业主款}}_{\text{把业主投资和分派业主款除外的本期净资产变动即全面收益}}$$

财务会计准则委员会在第 1 号概念公告(46 段)中曾提出这样的观点(第 3 号概念公告 59 段和第 6 号概念公告 73 段重申了同样的观点)：在企业的整个生存期间，上述全面收益应等于除了来自业主产权变动(资本变动)以外的企业现金净收入，即企业创造的有利的现金流动。非常明显，从企业财务报告的目标看，如果集中到主要信息使用者(投资人和债权人)最为关心的方面，正是要提供有助于他们评估企业预期现金流动，特别是创造有利的现金流动能力的信息。当然，这里有两点区别：第一，全面收益是依据权责发生制来确认收入、费用和其他组成部分的，全面收益不等于该时期企业来自业主产权变动以外的现金净收入；第二，会计信息利用者所关心的企业现金流动，是预期的，不是现在的。正因为这样，全面收益对于立足于本期去预测未来时期的有利现金流动，提供了一个重要的基础。这是因为，全面收益包含了应收、应付等未来才能实现的现金流动。毫无疑问进一步分析这些项目，对于了解现金流动的金额、时间安排和不确定性是很有作用的。要素力求体现目标的事例，我们从第 1 号和第 6 号概念对资产赋予的新的定义中还可以看到。在所有的要素中，资产是最重要的要素。资产(经济资源)是企业和其他一切会计主体生存与活动的物质基础。如果说投资人和债权人是资源的提供者，那么，企业就是资源的支配和处理者。第 3 和第 6 号概念公告是怎样定义资产的呢？它们把资产定义为"某一特定主体由于过去的交易或事项所获得的或能控制的可预期的未来经济利益"(第 3 号概念公告 19 段，第 6 号概念公告 25 段)。在这个定义中，财务会计准则委员会的重大突破是：把资产的实质理解为可预期的未来经济利益。我们知道，1953年8月，美国注册会计师协会所属名词委员会发表的第1号《会计名词公报》，纯粹从结账技术的角度，把资产定义为“按会计规则或会计原则进行结账而被结转为借方余额所代表的某些事物”。[①] 1970年10月，会计原则委员会在第4号报告中又从公认会计原则确认和计量的角度，定义资产是“按照公认会计原则所确认和计量的企业的经济资源”。[②] 财务会计准则委员会摒弃了这两个被广泛流传的资产定义，不是从资产在企业周转中的静态而是从资产在企业周转中的动态，也不是从资产的形态而是从资产在企业经营活动中所发挥的功能来综合考察资产的实质。特别是注意联系到：像资产这样一个重要的要素，在企业中的存在和变动，应能为财务报告的主要使用者带来什么信息？财务会计准则委员会对“可预期的未来经济利益”作了意味深长的解释：可预期的未来的经济利益“包含这样一个能力：单独地或同其他资产结合在一起能对未来现金净流入作出贡献”（第3号概念公告20段；第6号概念公告26段）。所以，按照财务会计准则委员会赋予的新定义，资产的实质，就应当理解为一个企业对可预期的未来现金净流入作出贡献的能力。[③] 资产及其变动，如同前面讲过的全面收益一样，都属于符合财务报告的目标，而为报告的主要使用者所关切的会计信息。

财务会计准则委员会以同样的努力，注意在财务报表的结构，要素的确认和要素的计量中，体现财务报告的目标。我们只要认真分析一下1985年12月发表的第5号概念公告就可发现在这一方面取得的成果。

第5号概念公告重申了第1号概念公告的两个基本观点：第一，财务报表是财务报告的核心，财务报告的目标，就是财务报表的目标。为实现财务报告目标所应当提供的有用信息要尽可能在财务报表中确认；第二，提供有关企业产生“有利的现金流动”（即现金净流入）能力的信息，反映了主要信息使用者的共同利益，是财务报表的目标的集中表现。

按照上列基本观点，第5号概念公告分析了财务报表的结构特点。因为，投资人、债权人和其他没有特殊权力要求企业为他们提供会计信息的信息使用者，财务报表将是他们获得相关和可靠信息的主要的甚至是唯一的手段。

（一）企业财务报告要求提供的信息数量和种类（第1号概念公告34～53段）都是评估企业产生有利的现金流动能力所必需的，但它们应由一系列完整的财务报表来分别表述。这些报表和应表述的信息是：

1.财务状况表——①期末的财务状况。

---

① 第1号《会计名词公报》对资产下的完整定义是：“按会计规则或会计原则进行结账而被结转为借方余额所代表的某些事物。这种结转是适当的，或应当是适当的（实际上应抵销负债的借方余额不包括在内）。在这个基础上，它或者代表取得的财产权或价值，或者代表为了已创造的财产权或为了可适当有益于未来而发生的支出。因此，厂房、应收账款、存货、递延借项在资产负债表的分类上都属于资产”（ATB No.1，par 26，*Accounting Standards—volume I original Pronouncements as of June I*，1982，p.5009）。

② 会计原则委员会第4号报告对资产下的完整定义是：“按照公认会计原则确认和计量的企业经济资源。资产也包括虽非经济资源但经公认会计原则确认为资产并予以计量的某些部分”（APB Statement No.4 par.132，*Accounting Standards-Volume I Original Pronouncements as of June* 1982，pp.461～462）。

③ 马克思在《资本论》中揭示的货币资本循环的公式G……G，对于阐述当前资本主义企业中资本运动的规律，仍然具有效力。企业持有的资产，不论其现在的形态如何，通过经营循环，都要一次地或多次地转化为货币（现金）。在向货币转化的同时，实现了工人为资本家创造的剩余价值即盈利（全面收益中的主要组成部分）。从长期看，已实现的剩余价值，将相当于企业的现金净流入。按照马克思主义观点，体现剩余价值的企业现金净流入是由活劳动（工人、技术人员在劳动过程中的体力和脑力消耗）而不是由物化劳动（资产）所创造。这一点，必须肯定。当然，也不应否认：离开资产的帮助，劳动者也不能创造剩余价值，为企业提供现金净流入。正是在这个意义上，可以同意这样的观点：企业的资产（特别是合理地加以运用）可以对企业现金净流入作出贡献。

2.盈利和全面收益表——②期间的盈利(净收益);③期间的全面收益(非业主交易引起的产权变动)。

3.现金流动表——④期间的现金流动。

4.业主投资和分派业主款表——⑤期间内业主投资和分派业主款。

当前,美国企业对外公布的财务报表中有财务状况变动表,但无现金流动表。第5号概念公告建议编制这一报表,说明了它对现金流动信息的关注。

(二)财务报表要有助于实现目标。一方面,必须注意个别报表的有用性。这主要指:要根据相关性和可靠性进行项目的简并、浓缩和汇总,还要十分注意汇总项目的恰当分类;另一方面,必须注意财务报表是一个整体。要充分发挥报表的整体功能,使所有的报表都能互相补充,配合使用。例如,要评估企业创造有利现金流动的能力,就不能只靠现金流动表。上面列举的所有报表,都是全面了解这一最主要信息所必需的。

根据上述两个基本观点,第5号概念公告进一步把财务报告目标的要求贯彻到确认标准和量属性的研究中去。

第5号概念公告第一次提出会计确认的基本标准共四条,即:可定义性、可计量性、相关性和可靠性。其中,相关性和可靠性原是为实现财务报告目标而规定的会计信息的两个主要质量。当把它们列为确认的基标准时,意味着要根据某个项目是否具有相关性(具有导致决策差别的能力)或是否能增进整个报表的相关性,以及是否可靠来决定它应否列入报表和在何时才应列入报表。可以说,这是使报表项目体现财务报告目标的一项重要保证,也是编制财务报表时所作出的一项最重要的会计选择[①]。

第5号概念公告同样强调:保证财务报告目标的两个主要信息质量,也是选择报表要素的计属性时所要同时加以考虑的。我们知道,历史成本和历史交换价格是美国现行会计实务普遍接受的、符合公认会计原则的计量属性。但第5号概念公告对它是有褒有贬。既肯定它的优点,又指出它的不足(参看该公告第68、69段)。第5号概念公告明确指出:"当前,财务报表上报告的项目是以不同属性计量的[②]。这取决于有关项目的性质和计量属性的相关性与可靠性。本委员会希望兼用不同的计量属性这一现象得到继续(该公告66段)。

第5号概念公告最后有一段结论是意味深长的。结论说:如果有证据表明,比现行报告信息更加有用(更相关和更可靠)的某个项目的信息在合理的成本的条件下可以得到,这个项目的信息就应当包括在财务报表之中"(该公告第91段)。

可见,第5号概念公告的指导思想是:要素在报表中的确认和计量,必须服从于所提供的信息对决策应当有用(具有相关性和可靠性),亦即必须符合于财务报告的目标。

七、财务会计未来的发展趋势

从以上的说明可以看到,进入80年代,美国财务会计由于在概念结构上取得了一系列可喜成

① 第2号概念公告说:"那些不熟悉会计性质的人对会计人员需要作出大量的选择,往往感到惊奇。可是在每一个场合都会有选择。资产与负债,收入与费用的性质和定义以及确认它们的标准,首先就必须作出决定"(SFAC No.2,par.8,FASB,1980,*Accounting Standards Volume I original Pronouncements as of June I*,1982,p.3046)。

② 第5号概念公告列举了五种不同的计量属性。即:历史成本(历史收入)、现行成本、现行市价、可实现的清算净价值、未来现金流动的现值(贴现值)[SFAC No.5,par.67(FASB,1984)]。

果，由于明确了会计的目标，提高了信息的质量，明显地促进了会计准则的发展。但是，迄今为止，财务会计概念结构的研究仍然以维护传统的会计模式、不改变现行会计准则为前提。对于财务会计中若干被视为不容置疑的“真理”尚未受到财务会计概念公告的挑战。例如：会计所记录的内容，一向限于主体与主体之间发生的交易或事项和主体内部发生的事项而不涉及其他；由财务会计加以计量、记录和表述的经济资源，一向只限于物质资源，而把极其重要的人力资源放在视野之外；会计的确认，一向强调以权责发生制为基础，其实质是强调区分不同时期企业的经营成绩，以便于管理当局向业主报告资源的经营责任，这同80年代强调的财务会计目标——提供经济决策的有用信息——并不一致；企业财务报告的对象和内容，一向只面向投资人、债权人而很少考虑同企业有重要利害关系的职工（雇员、工人）；在管理会计方面，成本概念已经冲破了传统的束缚而被广泛应用于预测和决策领域，但在财务会计方面，成本计算仍局限于资产，等等。

80年代，随着财务会计概念结构研究的进展，人们越来越重视财务会计的目标。通过对目标的深入研究，开始感到要更好地完成目标，更广泛地提供会计信息乃是大势所趋。广泛地提供会计信息，势必要求突破财务会计的某些传统限制，发展若干新的研究领域。例如：

第一，应当突破财务会计只反映会计主体之间和会计主体内部的经济关系而把视野扩大到主体同环境之间的关系。具体地说，要求计量和揭示会计主体的活动给社会带来的经济后果，它或者表现为社会资源的增加，产生“社会利益”（social benefits）；或者表现为社会资源的减少，形成“社会成本”（social costs）。要开展“社会经济会计”（socioeconomic accounting）的研究，计算社会利益和社会成本并把两者加以比较。

第二，应当突破财务会计只把经济资源中的物质资源当作资产来反映的局限而扩大到也包括人力资产（human assets）。过去，对于具有资本支出性质的人力资源开支全部列入费用。现在，这些人力资源的开支也应当资本化。因此，要开展“人力资源会计”（human-resource accounting）的研究。

第三，应当突破在财务会计中只有资产才计算成本的传统观念，而把成本计算的对象扩大到资本（这里说的资本指的是全部产权，包括业主产权和负债）。负债要计算利息，业主产权也要计算利息，两种利息都应视为“资本成本”（cost of capital）。利息汇总后，应按比例分配于产权的占用项目。

利息汇总

来源：			去向：		
增加留存收益	1.负债	X	1.销货成本	T	减少本期收益
	2.业主产权	Y	2.其他费用	U	
			3.存货	V	增加资产价值
			4.财产、厂房设备	W	
		Z		Z	

为此，应开展“资产成本会计方法”（methods of accounting for the cost of capital）的研究。

第四，应当突破财务会计只建立在权责发生制基础上的唯一模式，而应当考虑把财务会计同时建立现金流动（cash-flow）基础上的双重模式。现金流动基础既不同于权责发生制（accrual basis），也不同于收付实现制（cash basis）。权责发生制的目标是寻求“理想的收益”，借以评估企业的成绩，而收付实现制的目标是了解企业已取得的现金收入和已发生的现金支出，借以评估企业当前的支付能力。现金流动基础还要预测企业未来的现金流动，评估企业在未来创造现金净收入的能力。显然，这一点才与企业财务报告的目标最为吻合。所以，不少人主张应开展“现金流动会计和报告”（cash-flow accounting and reporting）的研究，与此同时，必定要研究财务预测”（financial forecasts）。

第五,应当突破财务会计只为投资人、债权人提供报告的束缚而把报告范围扩大到企业的职工,要向雇员提供他们最关心的信息。在这类信息中非货币信息可能是主要的。例如设想中的雇员报告(employee reporting)包括的资料有:雇员人数、就业地点、年工作小时、雇员成本、报酬的结构和分派情况、退休金情况、教育和训练及其成本、就业比率、公司风险等等。雇员报告在西欧、英国已经风行。这是这些国家的资产阶级标榜"福利国家"的一种手法,其实质在于麻痹和腐蚀实际上处于被奴役、受剥削的工人阶级。

第六,要求突破现在的财务报表体系,把"增值表"(value-added reporting)也列入财务报表。"增值表"是在收益表基础上的改编,但经过这一改编,确能提供一些新的有用信息(特别是从社会经济会计的观点看,这类信息相当重要)。

收益表可用公式(1)表示:

$$R=S-B-Dp-W-I-DD-T \tag{1}$$

R=留存收益　　S=销货收入
B=外购原料及劳务　　Dp=折旧
W=工资　　I=利息
DD=股利　　T=税金(主要指所得税)

增值表则可用公式(2)、(3)分别表示

$$S-B=W+I+DD+T+Dp+R \tag{2}$$

$$S-B-Dp=W+I+DD+T+R \tag{3}$$

第(2)式表示的是"增值总额"(gross value added);而(3)式表示的是"增值净额"(net value added)。

(原载于《财会通讯》1987年第10～12期)

29 涉外会计制度与稳健原则

葛家澍　林志军　魏明海

一、问题的提出

赵紫阳同志在党的十三大报告中指出,要"使外国企业家能够按照国际惯例在我国经营企业"。按照国际惯例办事,为外国企业家创造一个能够按照国际惯例经营管理企业的软环境,是符合国际经济一体化趋势的。改善这种软环境,将有利于我国进一步落实对外开放政策,发展外向经济,也是我国参与国际经济大循环取得成功、进一步参加国际交换和国际竞争取得胜利的重要保证。

发展外向型经济,需要有一批涉外企业作为基础。建立和发展涉外企业,是我国开放政策中的一项重要措施,同时,也为外国企业家在我国施展经营本领提供了活动场所。因此,涉外企业应当参照国际惯例制定各项规章制度,其中也包括建立一套符合国际会计惯例的涉外企业会计制度,创造一个能够按照国际惯例办事的特殊环境,来吸引、利用外资,加快发展外向型经济。

国际惯例作为国际通行的习惯做法,是指国际经济交往中逐渐形成的一系列普遍为人们所接受的原则、准则或行为,其内容多种多样,涉及经济与管理工作的不同领域。在会计工作领域,目前的国际惯例基本上体现于国际会计准则委员会(IASC)发布的《国际会计准则》(简称《会计准则》)之中。

目前,我国的涉外会计制度主要是指《中华人民共和国中外合资经营企业会计制度》(简称《会计制度》),其他的主要涉外企业如中外合作经营企业和外资独资企业的会计制度,一般则参照合营企业会计制度。对比《会计制度》与《会计准则》,不难发现它们之间是存在差别的,其中的主要一点表现在是否承认稳健原则及其应用方面,从而使与此相关联的一系列会计处理方法和程序,如存货估价、坏账预提、汇兑损益处理等产生了较大的分歧。因此,在我国涉外企业工作中如何按国际惯例办事,必然需要认真探讨涉外会计制度中要不要承认以及如何应用稳健原则的问题。

二、稳健原则的分析

稳健原则能否为我们所用,特别是涉外会计制度中是否要体现稳健原则的思想,首先取决于我们对这一原则的正确认识。

稳健原则又称谨慎原则,是指对于某些经济业务或会计事项,面临不同处理方法和程序选择时,在不影响合理反映的前提下,尽可能选用一种不导致虚增盈利或夸大业主权益的做法。这是当今国际上,尤其是西方企业会计实务中普遍奉行的一项原则,而它的实质,是处理不确定经济业务时所采取的一种谨慎态度。根据这项原则,对资产估价和收益确定所选择的标准,如果不能准确确定,与其使之失于偏高,倒不如使之失于偏低;对于负债的确定,要全面勿漏;对于费用和损失,要宁足勿缺。即所谓:“宁可预计可能的损失,不预计可能的收益。”

稳健原则是西方国家在1929—1933年资本主义经济大危机后开始流行的一项重要会计原则。关于它的成因,一般认为有两条:一是为可能的损失风险留有余地;二是建立秘密商业准备。前者源于人们对未来不确定性的风险预计,是必要的和合理的;后者是为了保护某些特定集团的私利,显然是不科学的和不合理的。但是应看到,作为一个重要会计惯例,稳健原则的形成原因并不完全是人们的主观愿望所决定的,或者说,它的存在有其客观依据。

就一般意义而言,稳健原则形成和存在的基础在于商品经济中必然存在的不确定性。商品经济必然伴随发达的市场,市场存在竞争,因此企业的生死存亡就与市场竞争成败密切相关。另一方面,社会生产力的迅猛发展和科学技术进步日新月异,也促使企业间的竞争更加剧烈,“优胜劣汰”,企业的经营活动尤其是未来的经济业务,自然要带有很大的不确定性。例如,企业现在销售一批货物,尽管买主已承诺在未来支付,但不能排除其拒付或少付的可能性,因此作为企业经营活动的反映的会计信息系统,在设计其运行原则和操作方法时就不得不考虑这些不确定因素。

市场经济的瞬息万变和经济业务的不确定性,是会计上采用稳健原则的必要条件,但并不是充分条件。稳健原则之所以能成为会计的一个重要惯例,其充分条件取决于会计本身面对多变环境和不确定因素所作出的会计假设和规定的运行原则。也就是说会计基本假设和基本原则也是稳健原则存在的直接原因和条件。

现代会计有着四条基本假设:会计主体、继续经营、会计期间和币值稳定,它们对稳健原则有制约作用。具体地说:(1)如果不存在会计主体假设,就根本用不着区分不同企业的收益和费用,应收款收不回来,一方虽受到某些损失,但对方得到益处,没有主体界限也就没有必要或可能来反映这种利益和损失;(2)如果企业处于破产清算,债权债务均立即清偿,不能偿清的予以放弃,这样就无所谓未来经济业务的确定与否;(3)会计分期使得正确归集期间收益和费用成为必要,但正是由于这种分期才导致了考虑现在虽未实现,却因现在业务发生而逐渐形成,并在未来将要实现的损失;(4)币值稳定,各种货币之间的兑换比例即汇率固定在某一承平上,将不会存在任何汇兑,预先考虑汇兑损益也就毫无意义。由此可见,稳健原则是以会计基本假设为基本前提的。当会计假设与客观现实基本吻合时,稳健原则并不重要;一旦会计假设与现实出现较大差异时,稳健原则就显得重要。

从会计基本原则高度来看,稳健原则是弥补其他一些基本会计原则的适用性的修正性惯例。我们知道,在正常情况下,会计信息系统的基本运行原则,即历史成本原则、实现原则、配比原则、可靠性原则和充分披露原则等都是科学的和合理的。但是,当经济环境和经营活动出现明显的不确定性时,如果仍要坚持上述原则,那就需要采用稳健原则进行补充修正。这是因为:(1)当存货的市价低于其历史成本时,说明在此期间由于市价下降而使企业生产损失。尽管这笔损失可能是在未来期间才能确定,但它实际上应在现在和未来两个期间进行合理的预计和分摊。(2)在赊销商品时,通常以销售时点作为销售收入实现之日,这本身是以假定未来能如数收回货款为前提的。如果根据过去经验能预见到未来肯定会有一部分货款因顾客倒闭破产或其他原因而收不回来,销售之日确认销售收入实现就有一定的局限性。这样,采用稳健原则预先计提一定百分比的坏账准备无疑是合理的。(3)如果不考虑未来经济活动的不确定性,会计反映的可靠性和充分披露难免存在不少疑问,稳健原则的应用有助于消除这些疑问。

所以,在商品经济条件下,无论是从对付不确定性或是维护会计基本假设与基本原则的适用性来看,适当应用稳健原则是必要的。

三、涉外会计制度应体现稳健原则

前已述及，涉外会计制度主要适用于我国的外向型企业。作为外向型企业，一般要同时或部分具备下面四个标志：(1)企业的资本结构包括外资；(2)企业的生产活动以市场调节和满足国外订单需要为主；(3)企业的原料、机器设备和零配件以外商提供为主；(4)企业产品销售以国际市场为主。其中，产品主要销往国际市场是外向型企业的最主要标志。根据上面四个标志，“三来一补”企业、中外合资企业、中外合作经营企业和以出口创汇为主的内联企业都属于外向型企业。

由于外向型企业与国际市场有密切的联系，它所面临的环境是复杂而多变的，其经济业务同样具有较大的不确定性。例如：(1)较显著的国际市场物价变动使得按历史成本计价转移给产品的资本消耗(主要指固定资产折旧)不能为实体资本的保持提供足额的货币准备，因而适当提高折旧率或采用前期多提、后期少提折旧的方法有助于缓和这种矛盾。(2)涉外企业因汇率升降而产生的汇兑损益在所难免。由于我国人民币近年来连续几次调低汇价，不少涉外企业出现较大的汇兑损失，这时，非待汇兑损失实现才入账的做法并不一定可取。(3)国际市场上货物结算的周期较长，国外客户的情况也比较复杂，发生坏账损失的概率还是较大，直接冲销法看来有不少弊病。(4)国际市场竞争激烈，产品更新换代周期短，加上技术进步等因素，外向型企业固定资产无形损耗日趋明显，一些固定资产往往在其自然寿命结束之前就报废退弃。根据这些情况，在涉外企业核算中，适当预计可能损失的稳健处理是完全必要的。更重要的是采用稳健原则符合国际会计惯例，还能有助于改善投资环境和促进外向型经济发展。

目前仍有不少同志不赞成在涉外会计制度中采用稳健原则，他们认为，稳健处理容易使企业低估收益从而减少国家税收。这一理由似乎有道理，其实不然。因为从企业的整个经营期间来看，前期的低估必然造成后期的高估，所以稳健处理只是改变收益的期间分布，并不会减少经营收益总额，更何况，现阶段国家对涉外企业给予不同程度的优惠政策，运用稳健原则不会减少国家的税收收入。虽然用稳健政策时，企业开办头几年的利润可能会减少一些，但由于税法规定“三资”企业或其他涉外企业在开头几年可以减免所得税，因此担心税收收入减少而抵制稳健原则的顾虑是不充分的。

四、涉外企业应用稳健原则的几个方面

涉外会计制度体现稳健原则，最终还要落实到涉外企业运用它来处理某些经济业务，从而应部分改变和终止《会计制度》中的某些会计处理方法和程序，使之与《会计准则》趋于一致。

(1)如果有迹象表明，某种存货的国际市场价格持续呈下降的趋势，可采用“成本与可变现净值孰低”原则。目前，无论是国内还是国外，存货的物价人部分是上涨的，但这并不排除某些存货的市价持续下降，并且低于其取得成本。在实际工作中不少涉外企业都曾经遇到过这种情况。所以，稳健原则应用于存货估价有其客观基础。按照《会计准则》采用“成本与可变现净值孰低”原则，而不是“成本与市价孰低”原则进行存货估价，反映期内已发生但还未实现的存货跌价损失是有必要的。这里，要严格区分“可变现净值”(net realizable value)与“市价”(market value)两个概念。可变现净值是根据正常售价而不是现行市价计算的。正常售价不能以市价的暂时波动为依据。

(2)坏账损失的账务处理应从“直接销账法”改为“备抵法”。现行的“直接销账法”是指：在各种债权（如应收账款等）成立期间，不对潜在的坏账损失作出估计。当期的资产负债表按各债权项目的借方实际余额列示；若干时期后，如果某些债权确实无法收回，则按规定报经批准后转为当期的坏账损失，直接冲减有关债权账户的余额。这种处理方法看来有不少缺陷：其一，与涉外企业出现坏账损失概率增大这一事实相悖；其二，不符合分期配比的原则；其三，影响企业预测与决策，尤其影响企业下期货币收支的安排；其四，不利于分清经济责任。因此，有必要首先在涉外企业中以备抵法来代替直接销账法。备抵法的特点是：在债权（主要是应收账款）成立的期间，根据过去经验以及顾客财务状况等资料，预测可能出现的坏账数额，预计列入当期成本，抵减当期收益。待到确实出现坏账，可以先冲减坏账备抵，从而可以避免各期收益的不正常波动。

(3)改革原《会计制度》规定的汇兑损益账务处理方法。汇兑损益是指外币兑换损失和收益的简称。它是指已经收入的外币存款在使用时已经发生的外币债权债务在清偿前，由于汇率发生变动而造成的折合为记账本位币的差额，以及货币之间的兑换，由于实际兑换时的汇率与记账汇率（或账面汇率）不同而发生的记账本位币差额。《会计制度》规定：因汇率的变动而发生的汇兑损益，应以实现数为准作为本期损益入账，记账汇率变动，有关外币各账户的账面余额，均不作调整。这种处理方法在理论上是不充分的，实际也难以行得通。后来的《补充规定》虽然允许部分项目按期末汇率调整并可在几个期间内分摊较大额的汇兑损益，但它仅是权宜之计。由此看来，改革汇兑损益的原处理方法，在编制各期资产负债表时根据期末的现行汇率（资产负债表日汇率）调整外币存款和各种债权债务账上的记账本位币等值在汇兑损益形成和发生的各期内分摊这笔损益是合理的。特别是，为了适应外向型经济发展，尽量接近国际会计惯例，涉外企业的全部汇兑损益计算与账务处理应逐步从历史汇率基础过渡到现行汇率基础。

(4)合理使用加速折旧法。人们通常认为西方企业采用加速折旧法的原因是：①消除或减轻通货膨胀的影响；②谋求得到延期纳税的财务效益。应该说，通货膨胀对折旧会计的影响主要不在于要用何种折旧方法，而是在于对应计折旧资产采用何种计价基础。利用加速折旧法虽可获得延期纳税的好处，但它并不是这种方法存在的客观基础。根据前面的论述，我们认为涉外企业合理使用加速折旧法是应该的，它不仅符合这些企业固定资产无形损耗的实际情况，而且也是促使企业吸收世界先进科学技术成果，加快技术改造，大幅度提高劳动生产率，增加市场竞争能力的需要。更何况，使用加速折旧法并不会减少涉外企业应纳所得税总额。通过对固定资产进行迅速的技术改造而提高企业的劳动生产率和盈利水平，反而会相应增加国家的所得税收入。

综上所述，我们认为涉外会计制度应该承认稳健原则，涉外企业可以并且应该应用稳健原则来解决会计实务中存在的具体问题。

（原载于《会计研究》1988 年第 5 期）

关于在我国建立企业财务会计准则的几个问题

葛家澍

十年改革开放，促进了我国社会主义经济从产品经济向商品经济的转变，在以公有制为主体的前提下，由于多种经济成分并存和多种经营形式出现，我国社会主义商品经济的新格局已渐露端倪：国家要保证必要的集中统一，而企业则必须有充分的自主经营权力。

在经济环境发生重大变革的情况下，为经济建设服务的会计，特别是企业会计，必须实行相应的改革。随着企业体制改革的深化，密切依存于企业体制的会计制度，改革的必要性和紧迫性就显得更为突出。因此，中国会计学会会计原则与会计基本理论研究组首先对建立具有中国特色的会计原则（会计准则）问题展开研究，争取早出成果以供财政部门制订财务会计准则的参考，我认为是很有意义、非常及时的。

下面，我对有关建立企业财务会计准则的几个问题，谈一些不成熟的看法。

一、财务会计准则与会计制度的关系

新中国成立以来，全国各类企业特别是国有企业的会计核算（主要指所使用的会计科目及其对主要经济业务应作成的分录，应提供的会计报表的格式、内容及其编制方法）都是由财政部门和企业主管部门分行业制定统一的会计制度加以规范的。由于我国幅员辽阔，即使同一行业，各企业也分散于全国，其主客观条件千差万别，但它们却无权在保证国家宏观调控所要求的信息的前提下，按照本企业的具体情况，规定适合自己特点的数据处理和信息加工程序，也无权增添有助于经营决策和理财决策所需要的指标。会计制度的这种高度统一性，比之过去高度集中的计划体制，有过之而无不及。它所带来的统得过多过死的弊端，在会计改革中，企业对此早有比较强烈的反映。一般说来，按照统一会计制度所提供的报表信息，只能满足财政部门和企业主管部门的需要，在企业看来，虽不能说完全无用，至少可以说，用处很小。

我们应当看到，过去实行和现在仍在执行的统一会计制度，是由旧的经济体制所决定的。在集中计划经济体制中，国有企业名义上建立在经济核算制的基础上，实际上却建立在资金物资（特别是资金）供给制的基础上。尽管企业也核算盈亏，但并不对盈亏负责，而是由财政部门统负盈亏。统一会计制度，就是这种经济、财政体制和财务体制的产物。在旧的体制下，一统到底的会计制度曾经起过积极的作用。即使现在和将来，只要新体制尚未完全取代旧体制，统一会计制度的作用就不能完全抹煞。不过，随着经济体制改革的深化和对外开放的扩大，随着社会主义经济向商品化和现代化发展，逐步改变统得过多过死的企业会计制度，已经提到企业会计改革的议事日程上来了。

如何改革？不少同志认为，在我国，今后也可能需要借鉴国外经验，逐步用会计原则或财务会计准则来取代会计制度。我赞同这一看法。它不失为企业会计制度改革的一条可取的思路。

当人们提出这一改革思路时,应当先明确:会计原则、会计准则同会计制度有何区别?

在严格的意义上,"会计原则"和"会计准则"的含义并不相同,但不论我国还是西方,这两个概念又经常混用,以致难以区分。有关这两个概念关系问题的讨论打算留在后面再谈。这里,为了明确我的观点,我倾向于使用"会计准则"(accounting standards)一词,在本文中,则限于研究"企业财务会计准则"(financial accounting standard for business enterprises),那就是:既不涉及行政、事业等非营利性单位的财务会计准则,又不涉及企业的管理会计准则。

企业会计制度和企业财务会计准则都是用来指导会计核算(日常会计数据与信息处理和会计报表信息的加工及其报送)的规范,这是它们的共同点。但两者又有区别,概括起来,其区别有三:

第一,企业会计制度一般是由财政部门或企业主管部门制定的(如我国、苏联等国)。这种会计制度是政府财政法规的组成部分。作为法规,会计制度的一个显著特点是强制性。企业财务会计准则既可由政府有关部门制订,如日本,由大藏省制定《企业会计准则》;也可授权民间会计组织制定,如美国,由证券交易委员会(SEC)先后支持(实际上是授权)美国注册会计师协会所属会计程序委员会(CAP)、会计原则委员会(APB)和独立的财务会计准则委员会(FASB)颁布一系列代表"公认会计原则"(GAAP)的会计文告;还可由民间会计组织制定向会计界推荐,取得公认,如英国,先是由英国特许会计师协会(ICAEW)发表《会计原则推荐书》(Recommendations on Accounting Principles)(1942—1969),后来又由英国六个主要会计职业团体组成的会计准则委员会[ASC,其前身为会计准则指导委员会(ASSC)]发表《会计惯例公告》(SSAP)(1971—现在),代表英国的公认会计原则。但无论以什么机构制定和颁布,只要以"准则"的形式出现,它就不同于强制性的制度,而以指导性为主。

第二,作为制度,总是要求在一个部门、行业或地区按统一的规定进行会计核算,提供会计信息。统一性是制度的另一个特征;作为准则,虽然它也是用来规范企业会计实务的,但应当允许企业在执行中有较多的灵活性。

第三,同以上两个特征相联系,会计制度中规定的某些核算办法,或是没有选择的余地,或是只能在规定的办法中选择。例如,按我国的会计制度,折旧的计算和提取方法是不允许有什么选择的。在国营企业中,专用设备是按工作量法计算、提取折旧(见1985年4月26日《国营企业固定资产折旧试行条例》12～14条);又如,按我国的会计制度,国营企业发出材料成本的计算也只能在规定的三种方法中选择。这三种方法是:加权平均法、移动加权平均法和先进先出法[见1962年11月《国营企业材料核算办法》(草案)第24条]。至于财务会计准则,如果制定有关经济业务的核算准则,应当有一定的甚至较大的选择性,例如固定资产折旧的计算与提取,可以提出一些加速折旧的方法以供选择;材料发出成本的计算,也可以提出后进先出法、个别计价法和基本存量法(这些方法仍然以实际成本,即原始成本为基础)以供选择。

由于企业财务会计准则同现行的企业会计制度有以上几点不同,为了实行国家宏观调控和搞活企业的双重需要,才有必要改革过分集中统一的会计制度,逐步用财务会计准则加以代替。

二、力求两全其美:既保证会计信息的真实性和有用性,又保证国家财政收入不受影响

当我们设想用财务会计准则来代替统一的会计制度时,应当面对这样的现实并妥善地加以解决。这个现实是:长期以来,我国的财政(包括税收)、财务和会计制度是紧密地联系在一起的,在它们之间形成了"财政决定财务,财务决定会计"的依存关系。每当财政或税收的政策有所变化,财务

制度就相应地加以改变，然后，会计制度则紧紧跟上。“财政→财务→会计”的模式使会计成为国家和各级财政得心应手的工具。在实行集中计划经济、企业由国家统负盈亏的体制下，国家（含各级政府，下同）为确保财政收入，监督企业遵守财经纪律，由财政部门统一制订企业的会计制度，掌握会计这个得心应手的工具是完全必要的。虽然，随着经济体制改革的深化，我们已处于从产品经济向有计划的商品经济转换时期，但财政、财务和会计相互关系的体制尚未改变，在这种前提下，会计制度的重大变革，对财政收入必然发生影响。目前，我国财政尚有困难，确保国家财政收入是一项重要的任务。因此，进行企业会计制度的改革，倘若不考虑财政、财务的承受能力，不从这个严峻的现实出发，只能是一种空想。为了使逐步用企业财务会计准则代替企业会计制度具有可行性，应当从两个方面努力：一方面，要努力提高会计信息的真实性和有用性，使会计报表信息对国家实行经济调控和对企业进行经营决策真正有用。目前，企业假账真算、假表真报的现象相当普遍，这种虚假的信息不论对国家或对企业都是有害而无利的，我们应当力求避免。另一方面，要确保国家财政收入不至于因这种替代而受到影响。那么，如何做到“两全其美”呢？我认为，可以吸取国外的做法，首先，把“财务会计”同“税务会计”脱钩，就是说，财务会计及其所产生的报表，由企业财务会计准则加以规范。企业财务会计准则的主要目标，应保证会计信息的真实性（可靠性）和相关性（有助于宏观和微观经济决策的特性），财务会计所提供的“税前利润”，在纳税时可再根据税法和财政税务制度的要求重新调整为“应税利润”。报表上的“税前利润”和应予课税的“应税利润”可以是两个不同的数字，前者更多地考虑真实性和相关性，后者更多地考虑财政收入。举例来说，在通货膨胀条件下，为了提供真实可靠的成本和利润信息，转入生产成本的材料成本和外购商品成本可以采取“后进先出法”甚至“次进先出法（next-in first-out）”计算，等到计算应税利润时，再按“加权平均”、“移动平均”或“先进先出法”中的一种方法调整回来。折旧的计算也可比照处理，在会计账簿和会计报表上，转入成本的折旧可以采用“使用年数总和法”、“双倍余额递减法”或其他提高折旧率的方法加以计算，以确定报表上的税前利润。在确定“应税利润”时，再按国家允许的工作量法和直线法加以调整，冲减多提的折旧费用。这样做，虽然会增加课税前的报表调整工作，但可以兼顾会计信息的真实性、有用性和国家财政收入的稳定（不受会计方法改变的冲击），在一定程度上能够减少会计改革中的阻力。

三、会计理论、会计原则、会计准则及其相互关系

为了开展企业财务会计准则的研究，有必要简单说明一下有关会计的几个概念问题。

我们已经明确，企业财务会计准则是企业会计核算的规范。作为实践的规范，它当然来自实践又高于实践。借助于企业财务会计准则，会计核算的规律性将提到理论高度来认识。因此，企业财务会计准则，既要体现我国的有关方针政策，又要接受会计理论的指导。

会计理论、会计原则、会计准则和会计实务是一个理论与实际相结合，从抽象到具体、多层次的结构体系。

（一）会计理论

广义的会计理论包括会计思想、会计观点到构成会计原则、准则基础的理论。这里，我们把会计思想和会计观点暂时撇开。构成会计原则、准则基础的理论主要指三个方面：

第一，由现代会计存在的环境——商品经济——所决定的财务会计的“基本特征”（basic features），通常又称之为财务会计的“基本假设”（basic postulates）。主要指：会计主体、继续经营、会

计分期、以货币为计量单位。它还可以包括:以权责发生(应计)决定分期收益和期末财务状况;财务会计的最初计量以交换价格为基础;财务会计的计量在许多方面需要估计,因而表现为一个"近似值";由于估计,需要进行有见识的判断;所提供的会计信息(主要指对外提供的报表)是通用的[②],等等。

财务会计的基本特征是客观存在。它理所当然地会制约会计原则和准则。

上述财务会计的基本特征产生于商品经济共同的规律。在社会主义商品经济条件下,上述共有的基本特征是否呈现某些特点?有无新的、社会主义特有的基本特征?这都是我们需要加以研究的课题。

第二,财务会计的目的(目标)。应当确定三个问题:(1)谁是会计信息的使用者?(2)会计信息的使用者需要什么信息?(3)财务会计可能提供什么信息?

财务会计的目标代表会计信息使用者对财务会计的期望和要求。很明显,它应当为制定会计原则和准则的另一个出发点。在充分考虑基本特征(假设)的前提下,目标对原则和准则的制定起着指引方向的作用。

在我国,随着经济体制改革的深入,经济结构出现多元化,同企业有着利害关系的集团和个人将越来越错综复杂。因此,我国在企业财务会计的目标是什么?如何正确回答上述三个问题,也将成为我们今后研究的重要课题之一。

第三,财务会计的要素财务会计的要素(elements)是指会计科目体系和会计报表内容的基本框架。它构成会计科目体系的主要分类,也成为会计报表内容的主要分类。例如,构成资产负债表(资金平衡表)的主要要素有"资产"、"负债"和"基金"("净资产"即"所有者权益")等;构成利润表的主要要素有"收入"(产品销售和其他销售收入)、"成本和费用"、"营业外收入"、"营业外支出"、"利润"等。这些要素同样适用于企业的会计科目。实际上,财务会计的要素不过是会计对象的具体化。它们既互相联结,构成不同的会计报表和整个报表体系,又彼此区别,体现质与量的各自规定性。每当经济业务发生后,就要把由此引起的资金运动,按照不同要素的特点,确认有关要素并加以计量、记录和报告。可以说,在财务会计中,从填制记账凭证到编制会计报表,都离不开会计要素。

我们承认多少个会计要素取决于我国将来企业应编报的会计报表的种类及其基本结构。因此,今后我国企业的会计报表(主要指对外报送或应予公开的财务报表)体系,也应当认真加以研究。

(二)财务会计的原则和准则

在概念上,"原则"(principles)和"准则"(standards)的含义应该有区别。根据辞书的解释,狭义的原则,仅指观察问题、处理问题的准绳[③];而广义的原则,往往包括原理(指某一领域、部门或科学中具有普遍意义的基本规律)[④]。至于"准则",通常指衡量事物的标准、榜样或规范[⑤]。在美国,著名的会计学家 W.A.Paton 和 A.C.Littleton 也曾对这两个概念作过一些区分。他们认为"原则"一般具有"一种普遍性和永恒不变性",而"这些属性并不存在于为人类服务的社会事业机构诸如会计之中","会计注意的只是有实用思想的准则"[⑥],所以,他们主张用"会计准则"代替"会计原则"。但是,美国注册会计师协会于 1959 年成立的一个新的制定公认会计原则(GAAP)的组织却称为"会计原则委员会"(APB)。直到 1973 年,成立了代替 APB 制定公认会计原则的组织,才更名为"财务会计准则委员会"(FASB),由它发布的主要文告也才称为财务会计准则公告(SFASs)。可是,在美国,会计和审计的习惯用语仍然把符合"财务会计准则"的要求叫做符合"公认会计原则"。至于在其他国家,原则和准则甚至同惯例互相混用的现象也比较普遍。[⑦]考虑到这种情况,原则与准则两个概念将来确实应当加以研究,力求把两者的关系搞清楚。但在目前,不要急于弄清一时难以弄清的概念,不必花太多的时间去争论是原则高于准则还是准则高于原则。按中国的字义理解,似乎是原则高于准则,而西方国家的看法就不一定。例如 Paton 和 Littleton 两人认为准则既包括"表示会计事实的一般方法"(general approaches to the presentation of accounting facts),又包括"若干基本概念"(more fundamental concepts)[9]。他们所说的基本概念相当于本文所说的会计理论中的"基本假设"(fundamental assumptions)。可见,他们所理解的准则,其含义比原则更广,层次更高。我们不一定要接受西方会计学者的解释,但我们应当承认,这两个概念的含义确有争议。对于中外会计学者都有争议的概念,可以暂时放一放,留待长期研究。目前,把直接指导企业财务会计工作的规范定名为企业财务会计原则或企业财务会计准则,我看均无不可。只是按照中国的用词,考虑到当前较多国家的习惯,特别是考虑到国际会计准则委员会的提法,也为了便于同会计制度直接比较,我赞成中国会计学会提出的建议书和研究报告称为"企业财务会计准则建议书或研究报告"。一切从中国实际出发,这是我们大家都同意的。

如果我们用会计准则代替会计原则,就是说,在这里"原则"和"准则"具有相同的含义,而我们只是选择"准则"(standards)一词来表述,那么,也要划分准则的层次。企业财务会计准则大致可分为两个层次:一是对各项业务的核算过程具有普遍意义的基本准则,二是指导具体业务核算的业务处理准则。

基本会计准则应包括会计要素的确认、计量、记录和报告等四个方面,在会计报告的基本准则中,主要是有关会计信息的质量要求。当然,会计信息不仅指报表信息,也包括凭证、账簿中已加工了的数据。但对于外部使用者来说,最主要的信息是会计报表信息,也正是如此,对会计信息质量要求的研究,主要研究报表信息的质量要求。

至于具体的业务处理准则应结合各种不同的具体经济业务(如材料或存货、固定资产折旧、无形资产、物价变动、租赁、承包、股份公司的股票发行、股份分配、报表编制等)而作出有关会计处理的规范。

根据以上的分析,在会计理论到会计实务的多层次体系中,各个层次的关系可用下图列示。

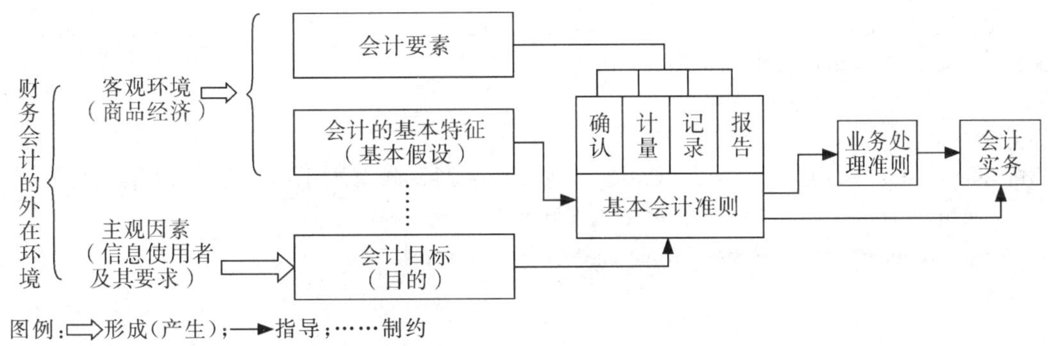

图例:⟹形成(产生);→指导;……制约

四、我国今后会计模式中,财务会计准则所处地位和应起作用的设想

有计划的商品经济是我国经济体制改革的方向,它当然也指引着我们的会计改革。适应有计划的商品经济的要求,通过会计原则或准则来指导并规范财务会计(会计核算)工作是大势所趋。问题在于:它与统一会计制度的关系如何?是完全代替?还是并列存在?

我设想有两种可能性:

一是以会计制度为核心的会计法规体系与以会计准则为核心的会计原则或会计准则体系同时并存,但作用的范围不同。在少数大型骨干企业(如关系国计民生,由中央直接管理的企业)以及主要由国家财政拨款开展业务活动的行政、事业等单位,仍以用统一的会计制度规范其会计核算特别是会计报表为宜。至于大量的其他企业,作为自主经营、自主理财、自负盈亏的商品生产者和经营者,则可改用企业财务会计准则规范它们的会计核算,而每个企业则应有权在不背离会计准则的前提下,自行制定各自的会计制度。这样,从全国范围来说,带有强制性的会计法规体系和带有指导性的会计准则体系将并列存在。即使设想用财务会计准则来规范其会计核算的那些企业,考虑到各企业情况复杂、条件悬殊,恐怕也要有一个制度与准则同时并存、逐步替代的过渡期。会计工作不同于其他工作,经济、财务活动每天、每时都在发生,数据必须及时处理,会计信息具有不可间断的连续性,在会计改革中,保证资料真实,指标口径统一,不把会计核算过程搞乱是极为重要的。

二是在会计法的指导下,全国的会计核算,首先是企业的会计核算,都用财务会计准则加以规范,逐步代替现在的分行业的统一会计制度。实际上就是:国家对全国各行各业的会计核算,包括会计报表,将有步骤地缩小指令性的要求,扩大指导性的范围。除国家由于实行综合平衡、宏观调节和控制以及为了编制、执行、检查和监督长远或年度国民经济与社会发展计划来自会计核算的资料,各企业、各单位必须保证提供外,其余的会计数据与信息,则逐步下放企业管理。这样,我们社会主义会计核算的管理体制,就能同有计划的商品经济相协调,把必要的集中统一同逐步的放开搞活结合起来。当然,要按照这一设想来完善我国的企业会计改革,同样会有一个过程。改革的方向是明确的,但改革的步骤必须谨慎。因此,即使按照第二种设想,制度与准则并存的"双轨制"也将是一个必要的过程。

(原载于《会计研究》1989 年第 2 期)

注释:

①即重置成本。

②参阅:APB Statement No.4 "Basic Concepts and Accounting Principles Underlying Financial Statements of Business Enterprises"(October,1970)Pars.114～128.

③、④见《辞海》"原则"、"原理"条,p.344～345.

⑤见《辞海》"标准"条,p.2930.

⑥Paton/Littleton:"An Introduction to Corporate Accounting Standards",January,1940,Chap-I,p.4.

⑦例如英国,就把《公认会计原则公告》称为《会计惯例公告》(SSAPs)。

⑧、⑨An Introduction to Corporate Accounting Standards,p.5、p.21.

31 关于会计改革的几个问题

葛家澍

一、我国现行会计模式的基本特点及其估价

要研究会计改革，应当对新中国成立以来逐步形成的会计模式有一个正确的认识。

新中国成立以后，限于当时的国际环境和历史条件，我们按照苏联的模式，建立了高度集中的计划经济体制。对于我们这样一个贫穷落后的大国来说，为了进行大规模的经济建设，通过这种经济体制，适当地集中全国有限的资源、资金和人才，有重点地进行配置和使用，看来还是必要的，甚至是不可避免的。但几十年来，国家管得过多过死，政企不分的现象严重地抑制企业的生机活力。同经济体制相适应，与此同时形成了高度集中统一的财政、财务体制。本来，我们曾要求国营企业建立在经济核算制的基础上，国家给予企业独立的流动资金和固定资金，让它们自己进行周转，要求企业必须用自己的收入来抵补支出并保证盈利。实际上，上述经济体制和财政、财务体制不可能替企业实行经济核算制创造必要的外部条件。相反，国家集中的权力愈多，企业就越加依赖于国家，经济核算制只是徒有虚名，实质上变成了资金供给制。企业独立核算，保证盈利则转化为国家统收统支，统负盈亏。我国的会计模式就是在上述体制下发展起来的，不论从会计的服务对象还是任务看，我国的会计都是掌握在国家手中，主要是为财政服务的一个工具。国家通过会计来执行财政政策，监督企业贯彻财务制度，达到增收节支，以保证国家的税利收入。按照上述体制，财政、财务与会计形成了如下的制约关系："财政决定财务，财务决定会计"。其模式可描绘为：财政→财务→会计。

每当财政政策（包括税收政策）或财政体制发生变化，企业财务制度就会相应地变化，从而就要改变企业的会计制度（包括会计科目、会计分录和会计报表）。所以我国的会计模式可以概括为是一种"面向财政，主要为财政服务的会计"。我认为这就是我国现行会计模式的最基本的特点。当前会计工作的管理体制最明显地表现了上述特点。会计工作归口于财政部门统一管理，会计主管机构实际上只是各级财政部门中的一个职能部门。例如，新中国成立后的一个相当长时期，在财政部内设置会计制度司，统一管理全国企业的会计制度的制定、审查和其他会计工作（在各省、市、自治区财政厅局内则陆续设会计制度处、科主管各地区的会计制度和会计工作）。以后，会计制度司（处）改名为会计事务管理司（处），而其建制与隶属关系仍与会计制度司（处）相同。

上述会计模式的另一个明显标志是由财政部直接制定或审查同意的分行业的全国统一的企业会计制度。在统一的会计制度中，不但会计科目和会计报表是统一的，而且运用会计科目作成的主要经济业务的会计分录也是统一的。这种统一的会计制度，基本上体现了国家财政制度和财务制度的要求。例如资金的来源与使用、成本费用的开支范围、营业外支出的内容等等，也是由财政部

门加以统一规定,再通过统一会计制度进行贯彻。企业上报的会计报表,反馈了各种成本、财务信息,使国家能够据以了解财政、财务制度的执行情况,监督财经纪律的遵守。

由于会计工作和会计信息的提供,是由财政制度和财务制度所决定,在企业和所有基层单位,会计和财务一直混淆不分,由企业内部同一职能机构来处理。在理论界,长期以来也很少研究会计与财务(财务管理)有何联系和区别,因此,人们就把会计与财务工作含混地称为财务会计工作,默认财务与会计是“你中有我”、“我中有你”,相互交叉,难解难分。其实,按照中国传统的、也是比较朴实的说法,财务是“管钱”(资金)的,而会计是“管账”(有关资金运动的信息和数据)的。在我国,企业不分大小,所有的会计机构或财务机构,几乎都是既管钱,又管账。

有人说新中国成立以来我国的会计理论比较贫乏。这一点,我也有同感。除了前面说到的,财务与会计在理论上无法分清外,其他一些重要的、同会计实务密切相关的会计理论问题也没有开展研究。例如:在社会主义制度下,会计的目标(目的)如何确定?对会计信息应提出什么质量要求?构成会计科目体系和会计报表的若干基本要素如资产、负债、基金(净资产即所有者产权)、收入、成本、费用和利润等概念如何给出科学的定义,从而逐一分析出可据以确认的特性?

以上所说,就是旧会计模式的若干基本特点。对于这种模式应当如何估价?历史地看,我国的会计模式具有这些特点有其客观原因。它对于我国社会主义有计划的经济建设曾经起过积极的作用。即使是现在,也不能全部否定。随着经济体制改革的深化,随着产品经济向商品经济过渡,现在那一套过分集中、过分依赖财政的会计模式,显得不相适应,因而需要改革。今后,我国的会计仍然要为国家财政服务,仍然要同国家制定的财务制度密切配合,但是,我国的会计更要为搞活企业服务。因此,我国的会计改革,既要立足于微观,又要着眼于宏观。立足于微观,是商品经济的需要;而着眼于宏观,则是计划经济的需要。把两者很好地结合起来,才能体现有计划的商品经济的要求。

二、会计改革的考虑与设想

任何改革,特别是同经济体制有关的各项改革,归根到底,都是经济利益的重新调整。当然也会涉及权力的再分配,而权力的背后还是利益。这是一个很现实的问题。要进行会计改革,恐怕不能不认真考虑它所牵连到的经济利益。如前所说“财政决定财务、财务决定会计”的模式,使会计成为掌握在财政部门手上的一个得心应手的工具。通过统一会计制度的制定和执行,能够有效地要求全国各行各业,所有企业都按照会计制度的规定,反映财政政策的执行,监督财政任务的完成,保证财政收入的实现。倘若改革了这一套会计模式,还能不能做到以上三点?特别是,能不能保证财政收入不受到影响?这必然是财政部门所关心的。

这样,重大的会计改革,一定要先考虑到:如何正确处理国家与企业的分配关系,确保国家的财政收入。例如固定资产折旧,我国长期实行“平均年限法”即“直线法”,折旧率偏低。这一点,国家并不是不了解。但为什么不能允许采用某些加速折旧的方法,既能加快设备更新速度,又可保证成本和利润信息比较真实可靠,符合实际?问题就在于:这样做,将影响财政收入。1985 年 4 月 26 日国务院关于发布《国营企业固定资产折旧试行条例》的通知中讲得很清楚:“目前,我国国营企业固定资产折旧率偏低,从企业设备陈旧落后的现状来看,需要对设备更新速度加快一些,适当提高折旧率。但是,提高固定资产折旧率,必须从我国实际情况出发,考虑我国财政的承担能力,有重点地、分期分批地实施。”可见,在会计核算中,即使成本、费用计算方法方面某些合理的改革,只要触犯了国家当前的经济利益,就有可能不被采纳。

从上述实际情况出发，为了使会计改革顺利地进行，我们应当设想一种方案，使会计改革后既能提高会计信息的真实性和相关性（对决策有用性），又能保证国家的财政收入不致由于会计核算的相对独立而受到影响。

能否做到“两全其美”呢？回答应当是肯定的。方法是使企业会计制度或会计原则在信息提供时同财政、财务制度脱钩，而在确定分配关系时（主要指企业应上交国家税利时），又要服从于税法和财政、财务制度。具体地说，日常会计处理和会计报表的提供，均以会计制度或会计原则（准则）为规范。这些制度、原则或准则，应力求体现真实和公允的观点，以保证提供决策有用信息为目标。当上交税金（主要是所得税）时，可以按照税法的要求调整会计已计算过的成本、支出，重新确定“应税利润”。要允许“报表利润（即会计利润）”同“应税利润”可以不一致。在进行利润分配时，还可以按财政、财务制度，再次调整税后利润，使作为分配对象的税后利润，所有收支项目，都属于国家财政、财务制度所允许的合法项目，以保证国家作为企业的所有者或最大的所有者在确定其分配份额时，不受会计制度或会计原则背离财政、财务制度的影响。

在西方，例如美国，一向允许“会计利润”与“应税利润”存在着差异。在那里，以“公认会计原则”（GAAP）为指导，形成了“财务会计”；而以税法为依据，则形成了“税务会计”。美国的这种做法，目前已成为国际的会计惯例。只要结合中国的实际而不是生搬硬套，适当地借鉴西方会计的这类经验，可能有助于我们的会计改革。

基于以上的考虑，再就以下几个方面谈几点会计改革的设想：

（一）关于扩大会计服务的范围问题

旧的会计模式，主要是面向财政，为计划经济服务。今后，新的会计模式，仍然要把服务于财政、保证国家宏观调控的需要放在重要位置。不过，服从于有计划的商品经济是会计改革的方向，搞活市场，搞活企业，需要会计作出更多的贡献。我们应当通过会计的反映和控制职能，促使企业真正成为自主经营、自负盈亏的经济实体，推动社会主义的市场体系，特别是证券市场和金融市场得以健康地形成、巩固和发展。在社会主义商品经济即有计划的商品经济条件下，会计的服务对象必须兼顾宏观和微观两个方面，要立足于企业，着眼于市场和整个国民经济。

我设想，今后，我国的企业会计，也要针对企业经营、理财和内部管理三个方面的需要，再把经营会计、理财会计和内部责任会计统一起来。

（二）关于会计制度和会计原则的关系问题

在旧的会计模式下，会计制度过分地集中统一，显然不利于搞活企业。今后的会计制度，既要保持必要的统一，又要更多地考虑分散灵活。看来，需要把会计制度同会计原则（准则）结合起来。过去，我国没有建立会计原则，今后，较为灵活的会计原则对有计划的商品经济也是需要的。我想，随着经济体制改革的进一步深化，少数由国家直接管理的骨干企业可能仍需要受会计制度的规范，大多数自主经营的企业，在会计制度上似乎应当放开。可以运用指导性的会计原则来规范大多数企业的会计工作，这样，才更有利于把企业搞活。对这些企业来说，只要保证提供国家宏观调控所需要的指标，不违反国家颁布的会计原则，具体的会计制度应当由企业或管理企业的公司来制定。

（三）关于会计工作的管理体制问题

到目前为止，我国的会计工作只由财政部设置的一个司——会计事务管理司来进行领导。而部内一个司，只是部的内部职能机构，它并不能对外。实际上很难执行会计事务的管理职能，特别是承担会计改革的艰巨任务。我个人多次提出，建议成立会计事务管理局，这个局最好由国务院领导，相当于国家统计局的建制。但作为过渡，可以先由财政部代管。按照我的想法，改变会计事务管理机构的建制，目的不仅在于提高这个机构的规格从而提高它的权威性，更重要的还在于表明国家对会计工作的重视。在从产品经济向商品经济转变的过程中，中央领导同志经常要求人们更新观念。我认为重视会计，就是商品经济条件下的一个十分重要的观念。马克思说过："生产越是采取社会的规模，越是失去纯粹私人的性质，作为对过程控制和观念总结的簿记(会计)就越是必要。"这里说的"社会的规模"，"失去纯粹私人的性质"，恐怕都离不开商品经济。例如，到目前为止，生产和经营的规模，恐怕再也没有比跨国公司更大的组织了；向社会公开集资的股份有限公司应当承认是"失去纯粹私人性质"(注意"纯粹"的含义)的企业。而这两者，正是商品经济高度发展的产物。世界各国的经验也证明，现代会计伴随着商品经济的发展而发展。反过来，它又对商品经济起重要的促进作用。所以，没有一个商品经济发达的国家是不重视会计、不通过各种方式加强对会计工作和会计职业的领导或指导的。

(四)关于财务与会计的关系问题

在理论上，财务的对象是货币关系。财务管理的对象是体现企业各种货币关系的资金运动。而会计，作为反映和控制的对象固然也是资金运动，但它直接处理的对象则是资金运动产生的信息(数据)。它们两者既有联系，又有区别。这一点，本来是明确的。但我国长期以来，在所有企业和单位中，这两项工作(两种职能)几乎都是互相交叉、渗透，因而互相混淆，以致"难解难分"。过去，在集中计划经济体制和资金供给制的条件下，企业基本上没有理财活动，财务与会计合在一个机构，由会计执行财务计划并加以监督，是完全可行的。改革开放以后，随着企业逐步成为自主经营、自主理财的商品生产者和商品经营者，集资和投资活动占据了重要地位，再加上出现了合营、联营、相互渗股等多种经营方式，特别是股份有限公司将扩大试点，有可能逐步推广，企业的理财活动就更复杂了。在这种情况下，财务与会计仍然合在一个职能部门，既不利于加强财务管理，也不利于加强会计核算与监督。不过，在企业中，财务与会计是否应当分成两个机构，也不要一刀切。两个职能机关的分开，是商品经济不断发展的要求，这是大势所趋。但这种改革，一定要从企业的实际出发。有的企业，理财活动日益重要和复杂，而会计也需要加强，生产经营规模又比较大，理财和会计两方面的干部力量比较强，在这种情况下，就可以考虑分开，既设财务部(处)，又设会计部(处)。至于有些企业，目前理财活动尚不太复杂，把财务同会计合在一个机构并不感到妨碍两项工作的开展，那就不必勉强分设机构。

(五)关于在中国建立会计原则的问题

前面已经讲到，今后，在我国，会计制度与会计原则可能同时并存。会计原则甚至有可能逐步替代统一的会计制度。那么，在我国应当建立什么样的会计原则？它同会计制度的关系如何？中国会计学会会计原则与基本会计理论研究组将在上海召开第一次专题讨论会，进行初步的探讨并提出一些建议供目前主管会计事务的财政部参考。

我个人的看法是：不论从对内改革或对外开放哪一个方面来看，总结我国的经验，借鉴国外主要是西方国家的做法，制定具有中国特色的会计原则，既用来指导会计工作，又用来充实和发展会计教学的内容，都是十分必要的。会计原则的涉及面很广。从横向联系看，有企业和非企业(即非营利性的事业、机关等单位)的会计原则，还有财务会计(即对外报告会计)原则和管理会计(对内报告会计)原则。但从成熟性和迫切性看，似乎应当先研究和制定企业的财务会计原则。再从纵向联系看，会计原则是一个多层次的结构体系。有基本假设、会计目标、基本原则(又涉及确认、计量等方面)和具体原则，还有会计的要素(报表的要素)。如果考虑到直接指导会计实务的需要，具体原则最实用，但具体原则却离不开基本原则和会计要素。究竟从何入手？我想，即将举行的上海会议将进行讨论。至于制定会计原则的机构，这个问题要请财政部加以考虑。中国会计学会是一个学术团体。会计原则与会计基本理论研究组是中国会计学会下设的一个研究组织。它的讨论意见以及将来对会计原则提出的研究成果，那都是学术性的，只能供未来负责制定会计原则的权威机构参考。

(六)关于物价变动会计问题

近年来，我国也出现了通货膨胀。这引起了全国人民的关注。中央关于整顿经济秩序、治理经济环境的决策，主要的目标，就是控制通货膨胀的速度，为深化改革提供一个较为稳定的经济环境。通货膨胀对于会计数据、会计报表的影响是很直接的。由于我们日常的会计处理和所编制的会计报表都是以原始成本(历史成本)为基础。在原始成本为基础的会计模式下，一切资产，凡按取得该资产时的原始成本入账的，除非经过交换，该资产已离开了企业，则其价值在企业的账上是不予变动的。假定出现了通货膨胀，该资产的价格不断上涨，而转作销货成本(营业成本)的所费资产的价值，仍以入账时(取得资产时)的历史成本来计量。那么，把收入同成本进行配比的结果，所确定的利润就会虚假：

按现行价格计算的高收入－按过去价格计算的低成本＝虚假的高利润

如果企业真的按这种高利润进行分配，显然，由于从高收入中扣减的低成本无法补偿(买回)已消耗掉的资产，这实际上等于将本作利，自我清算！因此，在西方国家，只要通货膨胀率接近两位数，甚至超过5%并有继续上升的趋势，会计界就要开始考虑如何消除通货膨胀对会计数据的影响，保证信息的真实性，以防止财务报表提供虚假的数字，避免作出错误的决策。第二次世界大战后，不少国家先后面临持续的通货膨胀。

为了适应这种形势，它们陆续制定了有关物价变动会计的原则或准则，对会计数字被通货膨胀所扭曲的现象采取了对策。例如，70年代，英国的年平均通货膨胀率达到13.2%，英国会计准则委员会(ASC)于1980年3月颁布了第16号标准会计惯例公告《现行成本会计》；美国的年平均通货膨胀率只有6.7%，但当时通货膨胀率上升的势头有增无减，美国财务会计准则委员会(FASB)也在1979年9月发布了第33号财务会计准则公告《财务报告与物价变动》。

通货膨胀对会计数字的影响可能有两种不同的情况：(1)一般物价水平(货币购买力)变动的影响；(2)具体资产价格变动的影响。针对这两种情况，可分别采取不同的会计模式计算物价变动对会计数字的影响程度。

反映一般物价水平变动的会计模式是：

原始成本/不变购买力　①

(式中：分子代表计量属性，分母代表计量单位(代表一般物价水平的货币计量单位)。下同)

反映具体资产价格变动的会计模式是：

现行成本/名义货币　②

同时考虑以上两种影响的会计模式是：

现行成本/不变购买力　③

此外，不论采取哪一种会计模式来计算通货膨胀对会计数据的影响，还可以通过两种不同的方式把它反映出来：第一，改变传统的会计模式，提供不同于以历史成本为基础的财务报表；第二，不改变传统的会计模式，仍然提供以历史成本为基础的财务报表。但在财务报表以外，通过其他财务报告，提供物价变动影响会计的某些重要的补充信息。

英国的第16号标准会计惯例公告，有关物价变动资料的计算，基本上采用第②个会计模式并按第一种方式加以反映。所以，会计处理的要求较高，变动较大。美国的第33号财务会计准则公告(尤其是1986年12月加以修改用来代替它的第89号财务会计准则公告)，有关物价变动影响的计算,则以第③个会计模式为基础,但按第二种方式加以反映。这样,并没有改变现行会计结构,只是增加提供表外补充信息的工作量。

考虑到我国缺乏各项商品价格变动的可靠资料,目前价格又存在着双轨制,会计人员的素质不高等具体条件,倘若要计算物价水平变动对会计数据的影响,恐怕只能采用第①个会计模式(因有国家统计局定期公布的一般物价指数的变动资料可作依据),即只计算货币购买力变动的影响。而反映的方式,也只能像美国那样,在账外和表外,列为补充资料。

根据葛家澍教授1988年12月27日在湖北省会计学会、湖北省成本研究会和《财会通讯》编辑部联合举办的学术讲座上的报告整理。

(原载于《财会通讯》1989年第4期)

32

西方国家的实证理论及其在会计上的应用

葛家澍　陈少华

在60年代前，西方国家的大部分会计文献都属于规范性理论（normative theory）而不是实证性理论（positive theory）。规范性会计理论的主要目的在于研究公司对外报告中采用的会计原则与政策。相反，实证会计理论并不研究公司对外报告中应采用的会计方法，而是旨在解释和预测各种会计实务。目前，实证会计理论在西方会计界备受重视，并成为当代西方国家财务会计理论的一个令人注目的新领域。

“实证理论”概念源于经济学。经济学家凯恩斯曾经非常简括地把实证理论与规范理论加以区分。凯恩斯说：“实证科学可以定义关于‘是什么’（what is）的系统化知识体系；规范性管理科学是关于‘应该是什么标准’（criteria of what ought to be）的系统化知识体系。”[①] 这一理论划分当然也适用于会计理论。实证会计理论的主要目的在于解释和预测各种会计实务。所谓“解释”指的是为所观察到的会计实务提供理由。例如，实证会计理论应能够解释一些公司为什么愿意采用后进先出法（LIFO）来计量存货的流动量而不采用先进先出法（FIFO）。所谓“预测”指的是会计理论应能够预测那些未观察到的会计现象（或实务）。在这里，未观察到的会计现象并不一定指尚未发生的现象，它们包括那些虽已发生但还未收集到其系统证据的现象。例如，实证会计理论可以设立一些假想来分别说明采用不同存货计价方法的公司的不同特征。这种预测的准确性可以根据有关的历史成本数据进行验证。

实证理论往往由两个部分组成：假设和假想。假设包括变量的定义和与变量有关的逻辑联系，它用来组织分析和理解所感兴趣的经验性现象；而假想则是从“假设”的分析中得出预言。在一般情况下，实证理论的发展首先从研究者意欲解释的某种现象起始，例如，管理当局对后进先出法或先进先出法的选择。研究者在解释各种现象时，必然作一些假设。例如，在上例中，研究者可以假设管理当局的目的是尽可能减少税款的现行价值并尽可能扩大公司的财富。从这些假设上，研究者可以直接或间接地引申出一些可以进行实际调查验证的含义。在上例中，研究人员可以进一步引申出企业管理选择后进先出法或先进先出法的环境条件。在此基础上，研究人员可进一步假设：对这两种存货计价方法的选择是依赖于公司产品和原料的价格变化状况。通过这些假设，研究人员可以在上述价格变化状况与存货计价方法的选择之间的联系建立一个（或几个）假想。例如为了尽可能减少当前的纳税额，在原材料价格不断上涨情况下，公司管理当局往往选择后进先出法来计算产品成本中的存货耗用量。然后，在广泛收集有关公司的原材料价格变化和存货计价方法选择情况的基础上，验证该假想的现实性。总之，实证会计理论的中心思想在于在大量调查的基础上，先设立各种有关影响会计实务因素的假设（和假想），然后采用一定的科学方法（如数理统计方法等），再回到实践进行调查研究以证明这些假设与假想的现实性。研究人员所设立的假设可以十分简单，所采用的逻辑可以是或不是数学方式。然而，在进行实证理论研究时，研究人员必须自觉地遵循这些步骤。因为，他们必须利用这些假设和假想来收集并加工数据，否则根本无法再回到实践中着手调查。当研究人员的研究对象或研究成果具有重要意义时，其他研究人员也可能对这些研究方法进行验证,或者把这些研究方法运用到不同现象的研究上,或者为最初的研究成果寻找其他的解释方式,这样,就促进了实证理论的发展。

在西方国家,例如在美国,实证会计理论的研究目前主要集中在选择会计程序假想上。该假想主要以西方经济学中有关公司的所有权(proprietary right)理论为基础。根据西方经济学的"公司理论",公司并非独立存在的实体,而是由一系列契约组成的集合体。具体说,公司是由与公司有契约联系并在公司具有一定产权的各种团体组成的。构成公司的各种团体都认识到各自的财富依赖于公司的生存与发展,并对公司的经营作出了一定的贡献(如人力,管理技能,资本,原材料与技术等)。然而,每一集团又有自己的利益和要求,他们谋求私利的动机总想把与公司有联系的其他团体的财富转移到自己手里。这种行为必然削弱了公司的财富和公司的竞争与发展能力。在价值规律的作用下,各个集团都会利用价格杠杆来保护自己的利益,与此同时,又会促使人们利用契约来限制这些行为并规定各种团体对公司产出的分配权利(即各种团体在企业中的产权)。这样,企图挖掘公司墙脚的有关集团就要为此而付出代价。所以债权、股东、租赁者、管理当局、雇员和购货客户等与公司有联系的集团都希望采用契约来限制各自有损公司财富的行为。例如,管理当局自己也愿意通过契约来限制自己超过工资以外的额外利益,包括不愿承担责任等。因为,管理人员如果不这样做,他们就有可能被降低工资、津贴和分红,减少或失去就业机会。由此可见,契约减少了以自我利益为中心的各种集团对公司所可能产生的各种损害,也就是对公司的耗费(成本),这种成本被称为"代理人成本"(agency cost)。签订限制各个集团有损公司行为的契约旨在降低"代理人成本"。很明显地,为降低代理人成本而设立的各种契约都采用会计数据。例如,贷款合同中经常规定负债/资产等财务比率来限制管理当局损害债权人利益的行为;在评估管理当局实绩时,也经常使用会计上的目标利润、目标成本等数据,以减少管理人员逃避责任的行为。此外,审计也在监督契约的制定与执行中起重要作用。公司外部审计人员与债权人签证契约,对观察到的任何违反限制性条款(如保证金的比率条款)的行为进行报告。在管理当局的奖金计划中也是使用审核过的收益数据。

会计在契约中的上述作用,使研究人员建立了以下假设:如果会计是公司契约的重要组成部分,那么,会计程序就会对现金流动(cash flow)与计价(valuation)产生影响。具体地说,假如契约对代理人成本的影响随着契约条款中所使用的会计程序的不同而不同,公司和管理当局的现金流动(即财富)也会随着会计程序的变化而变化。会计在契约中的作用使会计程序的选择与现金流动和价值之间建立了重要的联系。②它为从理论上解释管理当局选择会计程序的现象提供了一个重要的线索。在此基础上,实证会计理论研究人员建立了许多有关选择会计程序的假想。例如,他们提出:管理当局对会计程序的选择总是通过对比各种准则对其利害关系的影响程度来决定的。由此研究人员还更进一步建立了与审计人员、会计准则制定者等有关的假想。目前,研究人员已对上述假想进行广泛的研究,并在有关影响会计程序选择的因素的实证调查方面取得了可喜的进展。

有关管理当局选择会计程序的实证研究,成绩尤为引人注目。1978年,瓦茨(Watts)和齐默尔曼(Zimmerman)建立了一个关于公司管理当局选择会计程序的实证会计理论。该理论假设管理当局总是从最大可能扩大自己的利益(财富)出发,而他们的财富却与其报酬直接联系在一起。所以,管理当局对会计程序的选择总是通过对比各种准则对其利害关系的影响程度来确定。问题的关键在于:会计准则如何能够影响管理当局的财富?我们知道,在一般情况下,管理当局从企业获得的报酬包括工资和激励性报酬[如现金奖金、股票或认股权(stock option)]。由于工资额往往比较稳定,因此,管理当局财富的增加依赖于:(1)股票价格的提高(即股票和认股权价值的提高)和(2)激励性现金的提高。会计准则的选择可以通过以下因素间接地影响这两种形式的报酬。这些因素包括:(a)税收;(b)规章制度(指其收入等受政府有关法规的限制或控制的那些企业);(c)政治成本;(d)信息加工成本。③会计准则的选择还可通过:(e)管理当局的报酬计划直接影响管理人员的报酬。前四种因素可以通过增加现金净流入提高股票价格来增加管理当局的财富,最后是通过改变激励性报酬条件来增加管理当局的财富。

会计准则的选择又是如何通过上述因素影响着管理当局的报酬呢?我们知道,税法只有在个别情况下(如采用后进先出法来计价存货流动或采用加速折旧去提取折旧费用)才与会计准则直接联系在一起。但是,财务会计采用的特定会计程序并不会减少美国国内税收署(IRS)采用该程序的可能性,而可能的乃是增加该程序被采用的机会。假如管理当局认识到某一准备制定的会计程序将影响着未来的税法,他们采用的政治疏通措施将考虑未来税法的影响。至于规章制度,这主要是对受联邦政府或州政府严加控制的那些企业来说的。例如,大部分公用事业都是以会计成本数据为基础来确定收费标准。如果新的规章制度将减少公用事业部门的报告收益,那么,它就可能为管理当局提供提高收费标准的理由。当然,收费标准的提高还有赖于其他因素,如消费者团体的反应等,但会计准则变化与收费标准提高(也就是现金流动的提高)之间存在一定的关联性。政府部门自古以来就拥有影响财富在各个集团之间转移的权力。公司又是财富受重新分配的主要对象。为了避免或减少政府潜在的干预,公司往往采取一系列对策,如开展社会责任活动,参与政治疏通活动和选择尽可能减少报告收益的会计程序等等。由于广大公众的印象往往把"高利润"与"垄断"联系在一起。为了不引起公众的注意,管理当局常常采用尽可能降低报告收益的会计程序,减少不利的政治影响和舆论的谴责。这样,也就减少了预期成本(包括由于不利政治事项而可能发生的诉讼费用和由于高额报告收益而使工会要求提高工资、改善工作条件等造成的成本)。信息加工成本主要指簿记(会计)成本。对公司来说,会计程序的变化并不是毫无代价的。无论是要求增加披露(揭示)的会计准则变化还是改变会计方法的准则变化都会增加公司的簿记(会计)成本。最后,在公司管理当局报酬中,其主要组成部分包括激励性奖金计划,而该计划却往往以会计收益数据为基础。所以,在其他条件不变的情况下,提高公司报告收益的会计准则变化也会导致较高的激励性收益。

为了验证上述假想,瓦茨和齐默尔曼广泛调查了向美国财务会计准则委员会(FASB)递交有关一般物价水平会计(GPLA)准则的意见书的企业,并着重研究这些企业在意见书中所采取的立场以及这些立场与一些相关要素之间的联系。这些相关要素包括:(1)作为政治成本替代变量的公司规模和公司在市场上所占的比重;(2)管理当局的利润分享计划;(3)作为可能发生的税收影响的两个替代变量;(4)公司是否受政府严加控制等。调查结果表明,只有公司规模与企业在意见书中的立场之间才有显著的联系。也就是说,通过实证研究表明:大型企业往往赞成能报告较低收益数据的会计准则。

黑格曼(Hagerman)和兹米杰斯吉(Zmijewski)随后(1979 年和 1981 年)进一步研究了选择会计程序的实证理论(假想)。他们试图利用概率分析法来确定管理当局对四种会计方法[存货计价法、折旧计算方法、养老金摊销和投资税收货项(accounting for the investment credit)]的选择能否为上述实证理论所解释。调查结果表明,政治成本和管理当局的报酬计划与会计程序选择之间具有重大的关联性。这一调查结果为选择会计程序的实证理论提供了新的证据。其他持实证法的会计学者也进行了一些类似的实证研究,并取得一定的成果。限于篇幅关系,这里就不再一一介绍。

有关影响审计人员、会计准则制定者等选择会计程序的因素,运用实证理论,目前也发现了一些相关的因素。1979 年,哈林(Haring)对美国财务会计准则委员会关于特定会计准则的立场与同学术界、公司经理、大型会计师事务所和财务会计准则委员会的资助者的喜好之间的关联作了调查研究。调查结果表明,只有资助者和大型会计师事务所(如美国八大会计师事务所 Big Eight)的立场与财务会计准则委员会的立场之间才有明显的关联性。瓦茨和齐默尔曼在 1980 年的调查结果还与有关审计产生的原因的假想相一致。实证理论工作者提出审计产生的原因的假想认为:审计的出现并不是政府管理要求的结果,而是为了减少有关利害集团之间的利益矛盾造成的"代理人成本”。目前,美国会计学界对这一问题的实证研究还在继续进行,以期不断完善与发展上述假想。

实证理论对会计的贡献在于:通过对特定财务会计准则(或方法,程序)的成本——利益(这种成本和利益是同各种人、各种利益集团和整个国民经济资源的分配联系)的分析,来解释和预测公司管理当局、审计人员和会计准则制定者等对会计准则和会计程序的有意识选择。它把一种新的理论研究方法——“实证法”引入会计领域,使会计理论研究人员能够有意识地设立各种有关影响会计实务因素的假设和假想,然后采用一定的科学调查方法,进行实际调查以证明有关假设和假想的现实性。迄今为止,由这种方法建立起来的实证会计理论虽然初具规模,还有待进一步系统化与完善化,但它却弥补了传统规范性会计理论主观臆想的缺陷,为解释和预测会计实务提供了一个基本框架。目前这一理论在西方国家,特别是在美国会计学界正风靡一时,成为当代西方财务会计理论的一个引人注目的新领域。

(原载于《厦门大学学报(哲学社会科学版)》1989 年第 10 期)

注释:

①Keynes,Tohn Maynard:*The Scope and method of political economy*,Macnillrein,1981,pp.34~35.

②会计程序和方法的选择,通常称为“会计选择”(accounting choices,“会计选择”是财务会计上的一个重要概念。美国财务会计准则委员会(FASB)在它发表的财务会计概念公告第 2 号(SFAC No.2,1980)对这一概念及其运用有较详细的说明(见 SFAC No.2,paras 6~20)。FASB 认为会计选择至少在两个级别上进行:一是有权制定会计准则的机构如 FASB 自己和其他机构,二是各个企业(公司)。FASB 之所以发表财务会计概念公告第 2 号,对会计信息的质量特征作出分析并区分“较佳”(更有用)的信息与“较差”(有用性较差)的信息的标准,其目的,就是供会计选择的参考。

③主要指经济数据(来自交易、事项)通过簿记系统进行数据处理并加工成报表信息所费的成本。

试论我国会计对当前物价变动的可能反应方式

葛家澍　曲晓辉

近年来，我国物价变动较为剧烈，这种情况，不仅影响国民经济持续稳定的发展，而且使会计信息失真。1989年以来，党和国家通过治理整顿，采取了一系列控制物价上涨的措施。现在，年通货膨胀率已下降到4%以下，[①]这是十分令人鼓舞的。但通货膨胀是一个十分复杂的问题，它已成为二次战后世界性的普遍经济现象。把通货膨胀率控制在一定幅度内已很不容易，要使通货膨胀完全消失更为困难。目前，许多国家的会计界都在努力探求如实反映通货膨胀影响的会计理论与方法，有些国家还进行了积极的试验。在我国，面对几年来的物价持续上涨，是否也应在今后的会计和报表中作出反应？如何作出切实可行的反应？这是本文所要探讨的问题。

一、我国会计对物价变动作出反应的必要性

我国会计对物价变动是否应当作出反应，首先取决于物价变动对会计的影响程度。众所周知，1988年和1989年我国零售物价总指数的年增长幅度均为两位数。去年以来由于国家采取了压缩银根、抑制消费等一系列稳定经济的措施，物价上涨的幅度已明显降低，去年上半年的物价指数比前年同期只上涨2%左右，这是一个了不起的成就。但对通货膨胀，我们仍不能掉以轻心。在一般物价水平持续上升的同时，个别（具体、特定）商品的价格变动也不容忽视。一些重要生产资料的价格甚至两三年间就翻了一番。

物价的持续变动给会计造成的影响是很明显的：一般物价水平持续上升，必然导致会计的计量尺度持续缩小（如果以1950年人民币1元币值为基元，1989年1元人民币只相当于1950年的3角6分）[②]，以致目前按名义货币进行会计计量会造成某些重要的会计数据（如利润）的虚夸。另一方面，个别商品的价格上涨，则使目前按历史（原始）成本进行的会计计量低估资产、少摊成本和费用，从而虚计收益。二者的综合影响，往往使企业会计所反映的财务状况失实，不足以作为宏观、微观经济决策的依据，使企业经营成果虚增，以致超实际收益分配。超收益分配，必然削弱企业的生产经营能力，销蚀企业的资金实力。久而久之，企业必将在萎缩的状态下进行再生产，进而影响整个国民经济的持续稳定发展。

我国的经济是有计划的商品经济。国民经济的计划性，要求宏观决策以真实的经济数据为根据，而会计数据在各种经济数据中占有重要地位。只要是商品经济，就无法排除市场作用。市场行为是商品生产者和经营者决策的产物，会计数据则是这种决策的重要依据。因此，无论从宏观角度，还是从微观角度考虑，保证会计信息的真实性都是至关重要的。会计针对近几年物价变动的影响必须有所反应。

二、企业界的倾向

从理论上说,应当针对物价变动进行会计改革。从实践看,这种改革必须依靠企业及其会计人员去实施。因此,企业界的态度与这种改革的成败关系重大。为了了解企业界的意向,我们对长春、上海、厦门等地区的一些企业进行了调查。调查表明,企业(主要指全民所有制企业)界针对物价变动而要求进行会计改革的看法不尽相同。

目前,绝大多数全民所有制(国有)企业都实行了承包经营责任制。在应否改变现行会计方法以适应物价变动的情况这一问题上,经营者和所有者(国有资产管理部门)的看法并不一致,而经营者之中又有各种不同的想法。

从企业的经营者方面看,有相当一部分人并不希望因考虑物价变动而改变现行会计方法,另有一部分人则迫切希望作相应的改革。主张消除物价变动影响的经营者对于如何消除这种影响的意见也不一致。一些人主张采用加速折旧法计提折旧费用和后进先出法计算和结转存货(原材料、在产品和产成品及待售商品)成本;另一些人则主张重新评估现有资产,按资产的现行价值计提折旧,结转成本。但是,主张重估资产的同志对于现行价值的涵义和评估方法的看法又有出入。其中,大多数人主张采用现行重置成本重估企业持有的资产。至于如何重估,又有两种意见:一种意见认为应当如实重估;另一种意见则主张留有余地。主张留有余地的人认为企业经营实力的保持,不仅体现在资金保持上,而且在很大程度上取决于职工队伍的稳定和提高员工的素质。按照目前有关劳动力流动和职工收入的规定,企业既要注重资金的足额补偿,也要注意保持一定的利润水平。而当二者发生矛盾时,只能牺牲前者。

国有资产管理部门的态度与企业经营者的后一种情况比较类似。但他们更倾向于定期按现行重置成本重估资产而对后进先出法和加速折旧法等似乎不感兴趣。他们的着眼点在于使国有资产的原有价值得到保持。但是,这种保持究竟是原来投入货币额的保持,还是原来投入货币购买力的保持,或是原来投入货币额所形成的生产能力或经营能力的保持,对于这些部门来说,似乎仍是一个尚需时日才能逐渐取得共识的问题。

此外也有一些厂长、经理和会计人员以及国有资产管理部门的干部对物价变动给予会计数字的影响至今无动于衷。有相当一部分人尚不理解,甚至从未考虑过。

物价变动对企业财务状况和经营成果的影响是普遍的。但是,企业的反应却不相同。这并不奇怪。因为,任何一项会计方法的变动,只要影响到企业的利润指标,几乎都会触及企业和与它有关的各个方面的经济利益,引起经济利益的重新分配。针对物价变动所进行的会计改革尤其如此。因此,这种改革应当既优先考虑国家的利益,也顾及企业及其所有者和职工群众的利益。当然,还要求其他各方面特别是企业财务和税务等方面进行配套改革。我们的出发点应当是:在物价变动的条件下,力求保持企业实际的而不是名义的生产能力,保证企业可以在原有的规模上进行简单再生产,从而保证整个社会再生产的顺利进行和整个国民经济持续稳定的发展,避免未来某一时日出现经济的较大震动。但是,这一出发点又应以维持当前社会的稳定,保证必不可少的国家财政收入为前提。鉴于国家虽可以控制物价上涨的幅度却难以完全消除物价上涨的现实,会计的这种改革是势在必行的,却又必须十分谨慎从事。

三、改革的初步设想

考虑我国的现实，对于物价变动的影响，会计应当有所反应；鉴于财政和企业的承受能力以及企业所有者、经营者和职工群众等各方面的利益，这种反应应当是适度的。为此，我们提出一项全面调整和两项局部改动的建议。

1.一项全面调整

一项全面调整，是指对全国各类企业重置价格上升的固定资产进行一次全面调整。调整的固定资产可限于1990年1月1日前取得的，调整的根据是国家统计局公布的零售物价总指数，这种调整应分两大类进行，即：将固定资产划分为房屋建筑物和设备两大类，房屋建筑物调高的上限可定为100%，设备调高的上限定为30%。如果固定资产取得年份以来的零售物价总指数累计上升超过100%（房屋建筑物）或30%（设备），则分别以调增100%和30%为限；如不足100%或30%，则按实际累计上升幅度调整。据局部测算有15年账龄的房屋建筑物，大约平均增值400%，有15年账龄的设备大约平均增值100%。因此，上述调整比例还是相对保守的。但作这样的调整时，仍可在广泛征求各界意见和全国全面测算之后再进行。

至于重置成本没有明显提高的固定资产（例如计算机），则不应调高其账面价值。但是，根据会计的“重要性”原则，也不必调低。调整后的金额，作为今后计提折旧的依据。调整增值部分作为资产和基金的增加来处理，列入资金平衡表。这种增值既不是盈余，更不是当期收益，不能成为利润总额的组成部分，因而不应列示于利润计算表。

调增固定资产金额的计算方法似应如下：

(1)房屋建筑物的重置成本

①当房屋建筑物取得年份以来的零售物价指数累计上升超过100%时：

房屋建筑物的重置成本＝房屋建筑物原值×(1＋100%)

②当房屋建筑取得年份以来的零售物价指数累计上升不足100%时：

房屋建筑物的重置成本＝房屋建筑物原值×(1＋该房屋建筑物取得年份以来零售物价指数累计上升%)

(2)设备的重置成本

①当设备取得年份以来的零售物价指数累计上升超过30%时：

设备的重置成本＝设备原值×(1＋30%)

当设备取得年份以来的零售物价指数累计上升不足30%时：

设备的重置成本＝设备原值×(1＋该设备取得年份以来零售物价指数累计上升%)

(3)调增金额

调增金额＝固定资产重置成本－固定资产原值

(4)调增金额上的应计折旧额

调增金额上的应计折旧额＝调增金额×(1－固定资产新旧程度)

其中，固定资产新旧程度可按如下简便方法近似计算：

$$\text{固定资产新旧程度}=\frac{\text{调整前固定资产净值}}{\text{调整前固定资产原值}}$$

其账务处理如以国营企业为例则为:固定资产的价值按上列公式调高所发生的增值可按调增金额借记有关固定资产账户,按净增值贷记固定基金账户,并按调增金额上的应计折旧额贷记折旧账。这里贷记的固定基金并不意味着国家拨入了固定基金,而只是表明随固定资产价格上涨相应增加的资金来源。随着折旧的计提,这笔金额将累积为专用基金——更新改造基金,从而在一定程度上为有关资产的重置提供了资金保证,固定资产重估价增值折旧的恰当处理方法应是:通过前期调整调增前期成本或费用以调减或直接调整前期利润。但是,这会引起一系列棘手的问题:财政退税、企业调减税后留利形成的基金及追回这些基金中已使用(分配)部分。这种做法政策性强,牵涉面广,工作量大,难以做到均衡各个方面的利益。因此,一般不宜采用。简便的办法是:将这种重估增值视为"拨入资产",对调增金额上的应计折旧额只是一次贷记折旧账户,而不进行前期调整或后期补提。不过,这样做的结果,对于持有较为陈旧的固定资产的企业来说,可能意义不大。因此,可以考虑允许这类企业采取其他补救办法。

按照上述简便方法,调整时,增加固定资产账面原值并相应确认固定基金和折旧。分录如下:借:固定资产;贷:固定基金,贷:折旧。

2.两项局部改动

两项局部改动是指对于某些流转时间过长因而受物价变动影响较大的特殊行业(如飞机制造业、造船业、机车业、电梯业以及建筑业)的存货改用后进先出法计转其销货成本;对于主要固定资产受技术变革影响较大的行业(如电子加工业、服务业)其折旧的计提,可采用加速折旧法。这里所谓加速折旧法,既可以是西方盛行的以折旧费用递减为特征的加速折旧法,也可以是适当提高折旧率的直线法。这是因为,这项会计改革的实现,必须得到财政和税务部门的认可,适当提高折旧率的直线法,可能易于为财税部门接受,而且会对利润产生均衡作用,更符合我国的国情。

四、关于工效挂勾和补充揭示问题

工效挂勾是在产品经济向有计划商品经济转变的初期,针对我国不少企业重速度、轻效益的倾向而提出的一项措施。毫无疑问,我们应当始终把提高经济效益作为一个重要问题来抓。但是,我们所追求的效益应当是在保本前提下的真效益,而不是在少计成本、少摊费用从而虚计利润上所表现的假效益。物价上涨恰恰会在企业的效益即利润指标上造成上述假象。因此,只要固定资产的价值上涨,调增其价值并按重估价值计提折旧就是必要的。事实上,只有做这样的调整,才能使各企业的成本水平和利润水平具有可比性,利润作为效益指标也才具有真实性,有助于执行工效挂勾,调动职工的积极性。

在会计报表中,是否应当补充部分资料以揭示物价变动的影响?从理论上说,为了保证会计信息的真实性和有用性,当物价发生变动时,对于企业所编报的会计报表,应当提出这样的要求。然而,鉴于我国目前对通货膨胀已有所控制,而物价资料又比较匮乏,财政部门和企业对于提供此种资料的一般倾向是兴趣不大,顾虑较多,特别是从总体上看,我国会计人员的业务水平尚不高,要求所有企业都在报表中补充揭示有关物价变动的会计信息,恐怕很难做到准确可信。与其揭示仍然不够真实,甚至是虚假的物价变动影响的信息,不如暂不提出这样的统一要求。不过应当以自愿为原则,选择几个有条件的企业,帮助他们进行试点。待取得经验之后,通过对会计人员进行必要的培训,再逐步推广。为了排除某些顾虑,有关物价变动的会计资料,也可以暂不作为公开报表的一部分，而作为内部资料，仅限于在一定范围内报送有关领导部门参考。

五、余论——有益的借鉴

当我们考虑我国会计对物价变动影响的反应方式进而探讨建立中国的物价变动会计模式时，我们应当注意其他国家在这个问题上的经验与教训。关于如何反映物价变动特别是通货膨胀给予会计的影响，各国曾经采取和正在实行的会计处理（或财务报告）模式大体上有三种类型：一是以一般物价水平（GPL）为基础重新表述财务报表；二是采用重置价值（RV）或现行成本（CC）会计模式；三是不改变会计与报告模式，只在表外补充提供物价变动影响的信息。

南美的许多国家如巴西、阿根廷等国关于物价变动的会计处理属于第一种类型。一般物价水平会计模式之所以盛行于南美有两个主要原因：第一，南美的不少国家特别是巴西、阿根廷两个南美大国，长期经受极度通货膨胀（十几年来通货膨胀率一直保持二、三位数的水平，个别年份甚至达到四位数）[③]。第二，巴西和阿根廷虽是南美大国，但都缺乏有经验的会计人员。若采用其他物价变动会计模式（如现行成本或重置成本会计模式），由于计量、记录都比较复杂，要想普遍推行是较为困难的。按一般物价水平改编财务报表，尽管也会增加工作量，但比之改变传统的会计模式，那就简便多了。其中，巴西的经验又有其可资借鉴的特点。一是按照1976年12月15日6404号公司法，其货币性调整主要针对期末的永久性资产[④]和业主产权，所采用的调整指数，是由政府公布的期末的国库券指数（OTN.）[⑤]。二是，经过调整，永久性资产和业主产权所发生的调整差异还要作一次称为“净货币性修正”的再调整。调整后的业主产权大于永久性资产应减少当年利润；反之，调整后的永久资产大于业主产权则应列为“未实现的利润准备”。三是按上述指数重新表述的财务报表是正式的财务报表；应税利润也是调整后的利润。[⑥]

重置价值会计的理论和实务都起源于荷兰。大约五十年前，被称为“重置价值理论之父”的阿姆斯特丹经济学院教授林普格（Theodore Limperg Jr.，1879—1961）认为，根据继续经营的观点，企业投入的货物与劳务必须从购买市场再买进（即进行重置），而产出的货物或劳务则是通过销售市场卖出的。为了确定真实的利润，销售价值与购买价值的较量应处于相同的时间基础。即：应当用现行销售价值同现行购买价值（重置价值）互相比较，较量的结果，也就是经济上的利润概念。把林普格的重置价值理论运用于企业会计实际，主要是用重置成本对实体资产如土地、建筑物、机器和存货重新估价并调整利润。重置价值的计算基础是：个别物价指数、企业投保财产的重估价、公司自己的估计或来自货物劳务供应者的资料。不过，在荷兰，也只有少数公司实行重置价值会计。著名的菲利普公司（Philips Company）是始终坚持的一个。这家公司大约在1936年就建立了重置成本会计制度。荷兰注册会计师协会也一贯支持在荷兰推广应用重置价值会计。不过，现在该协会的态度却有所改变，尽管它仍明确地赞赏财务报告应以现行价值作为编制的基础的做法，但又接受了财务报表应按历史成本编制而在报表的附注中补充揭示以现行价值为基础的有关利润和产权信息的主张。[⑦]现在，荷兰注册会计师协会已不再坚持在全国普遍推行重置价值会计。这说明即使在实行这一模式已有几十年经验的荷兰，要把它应用于所有的企业，也有相当的难度。勇敢地试行现行成本会计并使之形成一个系统而全面的会计准则，那是英国。英国1980年公布试行的第16号标准会计惯例公告“现行成本会计”与其他国家的物价变动会计相比，确实有很大的创新和突破。按照第16号标准会计惯例公告的规定，企业倘若以现行成本报表为主要报表或唯一报表，就要按现行成本对固定资产和存货重估价并把历史成本利润调整为现行成本利润。即以历史成本利润为基础进行四项调整：“折旧调整”、“销货成本调整”、“净货币性运用资本（仅指应收账款与应付账款的差额)调整”和“举债经营调整(gearing adjustment)”。通过前三项调整可求得“税前和息(利息)前现行经营利润”,而通过最后一项调整则可求得“可归属于股东的现行成本利润”,现行成本损益表揭示了上述各项调整及其结果。从表面上看,这种做法似乎比较简便,其实不然。因为前两项调整须以对固定资产和存货的重估价为基础,工作量很大,而后两项调整既不易理解,又难于正确计算。因此,实行这项准则的阻力就很大。1984 年英国会计准则委员会已提出了修正第 16 号标准会计惯例公告的建议公告,它只要求少数大公司补充揭示折旧、销货成本和固定资产等有限的现行成本信息。然而,即使这样的建议公告仍不能为会计界所接受,只好于 1985 年予以搁置,与此同时,第 16 号标准会计惯例公告在无形中也废止了。[⑧] 迄今为止,英国的物价变动会计将采用何种模式似乎尚处于捉摸不定之中。美国采用的是第三类型。美国公认会计原则所要求揭示的物价变动信息,最初是由 1979 年 9 月第 33 号财务会计准则规定的。该项准则规定符合条件的证券公开上市的公司必须分别按不变币值美元和现行成本会计(现行成本/不变币值美元)补充提供两种有关的信息。1986 年 12 月,取代第 33 号的第 89 号财务会计准则则仅要求按现行成本/不变购买力补充提供一种有关的信息。同时,对于这种信息的提供,又由必须提供改为自愿(鼓励)提供。

综上所述,从世界若干国家推行物价变动会计的经验看,似乎可以得出如下的结论:(1)一般物价水平会计的实行,在恶性通货膨胀经济中才有必要;(2)现行价值或现行成本会计在理论上虽觉合理,而推行却相当困难。五十多年来荷兰的会计实践证明,能够坚持实行重置成本会计的企业并不多;在英国,推行现行成本报告模式只不过五年的历史就放弃了。这两个国家的经验与教训值得我们深思;(3)在那些通货膨胀率不太高的国家中,要反映物价变动对会计信息的影响,美国的方式(在表外补充揭示)可能较为适宜;(4)当物价发生变动时,以原始成本(历史成本)为计量基础虽然会暴露出它的弱点。但是,这种计量模式的固有优点却是其他计量模式难以比拟的。如果物价持续上涨,人们有充分理由来否定传统的计量模式。但是要能找到一个在理论上既讲得通,在实践中又行得通的模式来代替它,决不像人们单纯从理论上设想各种通货膨胀会计模式那么简单。因此,在我国,适应物价变动来改革当前的会计计量模式和报告模式,既要积极,更要慎重。

(原载于《厦门大学学报(哲社版)》1991 年第 2 期)

注释:

①引自《李鹏总理会见菲华各界代表的讲话》,《光明日报》1990 年 12 月 15 日第一版。

②根据国家统计局公布的零售物价总指数推算。

③参见 Dhid D. Ai hashim/Jeffref S. Anpan: *International Dimensions of Accounting*, second edition, 1988, p.108.

④包括财产、厂房、设备、长期投资、递延费用和相应的摊销。

⑤按照巴西 1979 年公司法规定,某些长期负债也要按货币购买力调整;对于某些公司,鼓励对其他资产按市价重估价,并设立重估价准备账户。

⑥参见 Gerhard G.Mueller/Helen Gernon/Gary Mock: *Accounting—An International Perspective*, 1987, p.76.

⑦参见 Henk Volten: “A response from the Netherlands”, *The Journal of Accountancy* (March, 1978).

⑧参阅 Work/Francis/Tearney: *Accounting Theory—A Conceptual and Institutional Approach*, second edition, 1989, pp.404～405.

34

会计教育改革必须坚持正确的指导思想*

葛家澍

在会计教育改革研究组1988年召开的第一次专题讨论会上，代表们曾讨论了上海财经大学、中南财经大学、福建财会管理干部学院和北京化工管理干部学院的教改方案和教改经验，引起与会者的很大兴趣，对推动有关高校的会计教育改革起了一定的作用。

从第一次讨论会到现在，三年已经过去了。在这三年中，我国社会主义事业包括高等教育都有很大的发展。“八五”期间和今后十年，我们面临着建立具有中国特色的面向21世纪的社会主义教育体系的历史任务。因此，深化会计教育改革是一项十分紧迫的要求。这次会议的召开，正好是十年规划和“八五”计划的第一年，关心会计教育改革的同志们再次聚会，既交流教改经验，又探讨深化改革的任务和设想，应当说是很有意义的，是非常及时的。

这次专题讨论会除听取有关院校的教改经验外，还要讨论：

一、适应我国社会主义经济的发展，普通高校和成人高校在专业课程的设置上，应当如何进行改革？对会计学专业来说，核心的专业课程应当包括哪几门？

二、在核心课程确定以后，如何进行教学内容的更新、改革？教材建设如何跟上去？

三、高等院校（包括成人高校）的会计学科在教学方法上应如何改革以及培养学生既有较为坚实的理论基础，又有较强的操作（动手）能力；既有较为宽广的知识面，又有独立分析和独立工作的能力？

四、如何循序渐进地逐步推广和加强电算化会计的教育？有什么经验可供借鉴？

在上列四个讨论题中，重点是第一个问题。因为这个问题的讨论，将有助于配合国家教委提出的、今后将在高等院校财经类各专业普遍推行11门核心课程的改革设想。

虽然我们这次研讨会的主要内容是会计专业核心课程的设置问题，但我们的讨论必须建立在正确的基础之上，这个基础就是：包括会计学科在内的所有教育改革必须有一个正确的指导思想，即高等院校必须把学生培养成为德智体全面发展、热爱党、热爱祖国、坚持四项基本原则的社会主义建设者和接班人。在研究如何提高学生的业务素质时，一定要把正确的政治方向放在首位，努力提高学生的思想政治水平。这就是说，建立和改革业务课程体系，更新教学内容，必须同正确的政治方向和正确的理论倾向紧密地结合起来。会计教育改革如同其他一切专业的教育改革一样，都应当全面提高学生的教育质量，尤其要重视学生政治素质的提高，把反和平演变和迎接21世纪新技术的挑战放在战略位置来考虑。会计专业的大专学生是为国家培养的社会主义的新型管理人才。毫无疑问，他们应当面向现代化、面向世界、面向未来，掌握会计科学的最新理论、最新的方法与最新技术，紧紧跟上现代会计学在世界范围内方兴未艾的发展趋势。但是我国高等学校培养出来的各类会计专门人才，又是社会主义经济管理方面的接班人，他们必须坚持社会主义方向，能够自觉地反对资产阶级自由化，反对和平演变，大公无私，廉洁奉公，具有拒腐蚀、抵制资产阶级糖衣

* 本文是作者致中国会计学会会计教育改革研究组第二次讨论会开幕词。题目为本刊发表时编者所加。

炮弹的能力。因此,我们这次讨论会,一定要把党的基本路线和党的教育方针作为我们研究各项问题的指导思想。

在党的“一个中心、两个基本点”的基本路线的指引下,以党的教育方针为准绳,经过我们大家的努力,我相信:我们的第二次讨论会一定能够适应改革开放的新形势,开得圆满成功:既能深入地交流经验,又能提出切实可行的建议与设想,为推动我国的会计教育改革作出新的贡献!

(原载于《会计研究》1992年第1期)

35

制定中国会计准则如何借鉴国际经验*

葛家澍

生产资料公有制是社会主义经济的本质特征。在坚持四项基本原则的前提下坚持改革开放是我们的基本国策。所以,我们要在社会主义公有制的基础上,建立有计划的商品经济,力求把计划经济与市场调节恰当地结合起来,促进国民经济稳定、持续、协调地发展。几年来,通过治理整顿,我国的国民经济已经开始进入良性循环的轨道。在这个基础上,有可能也有必要适当加大改革的分量和加快改革的步伐。从现在起,搞好搞活国营大中型企业是经济工作的中心任务。我们的一切改革与措施,都应有利于增强国营大中型企业的活力,使它们尽快地变成真正自主经营、自主理财、独立核算、自负盈亏的经济实体。经济体制改革,特别是涉及企业的改革必然要求会计进行相应的改革。会计是一个重要的经济信息系统。会计所提供的以财务信息为主的经济信息对于企业作出正确的、不失时宜的经济决策和理财决策是必不可少的。正确的决策带来满意的经济利益,意味着信息资源可以转化为物质资源和经济资源。过去和现在,规范会计核算信息即财务会计信息的主要手段是分行业一统到底的会计制度。这种规范形式的特点是统得过多过死,它对于保证宏观调控尤其是对于反映和监督国家财政、财务制度的贯彻执行曾经起过、现仍继续起着重要的作用,但却忽视了企业的经营者在实现自主经营和自主理财过程中对会计信息的需求。这是因为,会计核算规范完全由国家制定所形成的过分统一与集中的体制,会计信息只是考虑宏观用途所形成的单向服务和单一目标,是传统的经济环境(主要指集中的计划经济体制)的产物。针对已经变化了的经济环境,通过改革,逐步地采用以会计准则为主要手段的新的核算规范体系来代替以统一会计制度为主要手段的传统的核算规范体系,改正在会计核算规范体系中统得过多过死的缺点,较好地体现统一领导与分级管理相结合的原则,必能有助于在国家的法律法规和计划的指导下发挥市场调节的积极作用,有利于搞好国营大中型企业,巩固和完善社会主义的公有制。

在我国建立会计准则必须具有中国的特色,同时又应当尽可能接近国际会计惯例。前者是我国的社会制度——以生产资料公有制为基础的社会主义和在这个基础上所形成的有计划的商品经济——所决定的;后者则考虑到改革开放这一基本国策的需要。

要使我们的会计准则具有中国的特色,我认为,至少应当注意以下几点:

第一,我国的社会主义经济是以公有制为主体,多种经济成分并存,全民所有制企业是社会主义经济的骨干力量。从这一特点出发,中国的会计准则应主要适用于社会主义公有制经济,重点是全民所有制企业。

第二,我国社会主义企业不再采取单一的经营形式。当前,国营大中型企业普遍实行承包经营责任制。随着企业集团的发展,股份制可望成为值得推广的另一种形式。从这一点出发,我们制定的会计准则应能满足多种经营形式的需要。我们不但应当着重研究承包经营责任制企业的会计规范,为不断完善我国的承包经营责任制服务,而且应当认真探讨中国股份制的特点,制定与此有关

* 1992年2月26日在会计准则国际研讨会上的发言。

的会计准则,促进股份制的试点。

第三,我国的社会主义经济是有计划的商品经济。计划和市场是我们调节经济不可缺少的两个手段。我们既要加强必要的宏观调控,又要切实把微观搞活。从这一点出发,中国制定的会计准则必须兼顾国家计划管理和提高企业经营管理水平与决策水平的需要。

第四,改革开放是我国实现四个现代化的必由之路。改革要不断深化,开放要继续扩大。我们同国际经济交往将越来越密切。会计通常被称为国际商业"语言"。在国际经济交往中必然要求对会计的概念与处理程序相互理解、相互协调,要求财务报表保持较大的可比性。从这一点出发,我们制定的会计准则应尽可能地接近国际会计惯例。

对中国会计界来说,制定会计准则是一项崭新的工作。由于我们需要的会计准则既应具有中国特色,又应符合或接近国际会计惯例,难度自然较大。因此,一方面,要求认真总结我们自己在制定会计制度方面值得加以继承和发扬的传统与经验;另一方面,要求认真借鉴和吸取外国在制定会计准则方面的好经验与会计准则内容中的科学成分,为我所用。下面,我从三个方面谈谈制定会计准则如何借鉴国际经验。

一、关于制定会计准则的机构

目前,世界上多数国家都设置一个比较独立的权威机构(组织)来制定会计准则。美国1973年7月成立的"财务会计准则委员会"(FASB)和英国1990年8月改组的"会计准则委员会"(ASB)似乎成为多国仿效的典型模式。这种组织的特点是:(一)由民间组建;(二)强调超然、中立。

中国建立会计准则要不要效法上述模式?我认为我们不能照搬,但可以吸取这种组织形式的某些优点。我国是社会主义国家,公有制是主体,国营企业起着十分重要的作用。在社会主义的会计工作中,必须加强党的领导,服从国家的统一管理。这是制定会计准则时要考虑的中国国情。按照中国的特点,为了使会计准则能够较好地体现党和国家有关方针政策的要求,兼顾国家宏观调控和搞好微观经济的需要,应当遵照中华人民共和国会计法的规定,由财政部领导组建会计准则;负责这种工作的机构应是财政部会计事务管理司。考虑到会计准则不但政策性很强,技术性也很强,保持它的科学严密性和内在的一贯性是很重要的。此外,会计准则往往涉及多方面的经济利益、权责关系和不同使用者对会计信息的需求,因此,在财政部的统一领导下,还须广泛吸取各方面的意见,才能把这项工作做得更好。所以,还可以考虑建立一个评议委员会。但不是采用美国和英国的模式,而是借鉴日本的模式——设置在大藏省内,作为大藏大臣咨询机构的企业会计评审会。在我国,借鉴类似的组织形式,可以有两种设想:一是把这种组织作为财政部制定准则的咨询机构,对准则的评审意见只供会计事务管理司修改补充和进一步完善准则时参考,我们可称它为"财政部会计准则评审委员会"或"评议组",其成员可包括会计、审计、税务、财务、金融和国有资产管理等方面的专家、学者,还应当有企业的代表;二是赋予这个组织一定的评审权,即凡是由会计事务管理司拟订的会计准则草案都必须经过这个组织评审通过后,再送财政部批准。这样,这一组织就要求有相当大的权威性。主任委员可以由财政部分管会计事务的一位副部长兼任;副主任委员则由会计事务管理司司长兼任,下设秘书处或办公室,就设在会计事务管理司内。委员由财政部指定或聘请。总之,设立评议组织的作用在于更好地听取有关专家、有关部门和各方面代表的意见,协调经济关系,提高准则质量。

二、关于制定准则的程序

我所讲的会计准则的程序,主要指在下列两种方式中择一进行:(一)按照经验与惯例,即运用归纳法,先制定具体的应用会计准则,再制定一般的会计准则。在程序上,由具体到一般,所制定的准则是描述性的;(二)先确定具有一贯性的概念结构,运用演绎法,据以制定一般的会计准则,再制定具体的会计准则。在程序上,由一般到具体,所制定的准则是规范性的。在我国,这两种制定准则的程序都在分别试点。中国会计学会对于会计准则的研究是遵循具体到一般的程序;财政部会计事务管理司的会计准则课题组则按一般到具体的程序进行构思。从国际上制定会计准则的历史看,大多数国家走的是前一条道路,可以说,目前各国的会计准则基本是对会计惯例的概括与描述。但是,各国在制定准则的过程中越来越感到:科学的会计准则应当建立在首尾一贯、内在严密的基本概念和基本原则的基础上。否则,就难以从根本上解决在制定具体会计准则时可能产生的意见分歧,而协调会计准则和会计报表的差异就缺乏有说服力的理论依据。因此,从七十年代中期到九十年代,一些国家的会计准则机构和国际会计准则的制定与协调机构如国际会计准则委员会(IASC)和联合国跨国公司委员会国际会计和报告准则政府间专家工作组(UN Inter-governmental Working Group of Experts on International Standards of Accounting and Reporting)都致力于财务报告(报表)的概念结构(CF)的研究。这样就为我国制定会计准则提供了有益的启示和重要的经验,我们可以少走弯路。现在,我们制定企业会计准则,不但有必要也有可能从一般到具体,还可以借鉴国际上关于财务会计概念结构的丰富内容作为制定一般准则的理论基础。因此,我认为,财政部准则课题组关于先一般后具体的制定准则程序是可行的。事实也证明了这一点。

三、关于会计准则(主要指基本会计准则)的内容

1.会计的基本假设

会计的基本假设是由会计的外在客观经济环境(商品经济)所决定,它构成了现代会计的前提条件。我国是公有制基础上的有计划的商品经济。我们应当承认哪些基本假设?目前,国际上普遍认可的会计主体、持续经营、会计分期、货币计量等四项基本假设由于产生于商品经济,因而也适用于有计划的商品经济,我们也可以接受。但是,这些基本假设在我国的运用,将会形成某些特点。以会计主体假设为例,社会主义的微观经济,即每一个独立经营的企业和其他独立核算单位,应成为我国会计核算的主体,那是没有疑问的。然而,我们以这些“主体”为范围来加工、生成并传递主体的有关信息时,又必须立足于“主体”,着眼于国家。要兼顾微观管理和宏观控制对会计信息的需要,而不能由于承认“主体”是核算的前提条件就框住自己的手脚。国际会计准则委员会在1987年7月公布的编制财务报表的概念结构中还明确指出:权责发生制也是一项基本假设。在多数的会计文献中,权责发生制仅视为收入和费用确认的基本标准,不把它提到会计基本假设的高度。不过,列为一项基本假设也未尝不可。因为财务会计各项要素的确认(包括收入、费用、资产、负债和权益的确认)确实是以权责发生制为基本前提的。在这个意义上,有人甚至称现代会计为“权责发生制会计”。但把权责发生制列为会计的基本假设,就要考虑到当前各国(包括我国)普遍采用的记录方式——复式记账和计量属性——“历史成本”。这两点,对整个会计信息的生成也具有不亚于

权责发生制的作用。所以现代会计又被称为“复式簿记会计”和“历史成本会计”以显示现代会计的某些主要特征。从我国是社会主义制度这一根本特点出发,我们是否还应当提出一些新的基本假设?我认为,在有计划的商品经济里,必然会形成我国会计的特殊的基本前提。不过,这个问题还需要探索和研究。可否考虑:“合法合规”(包括符合计划要求)在我国也有资格成为一项会计的基本假设。因为,合法合规是计划管理所必需的,它对我国的会计核算也起着显著的、带有根本性的影响。把它列为一项新的基本假设,似乎也有一定的根据。

2.会计的目标与信息质量要求

目前,财务会计(财务报告)的目标正成为许多国家会计界探讨的热点。因为它对会计准则的评估和制定起着导向的作用。大多数国家都同意把投资人和债权人作为对外会计信息的主要使用者。所需要的信息要有助于投资决策和信贷决策。并认为,他们共同关注的信息是企业预期的有利现金流动。这一点,我国似乎也可借鉴,但我国在考察会计的目标时,首先应当把社会主义国家作为国营企业的主要所有者或唯一的所有者,按投资人的要求向国家提供信息。此外,还需要从另一个角度保证国家对信息的需要:即把社会主义国家再作为社会经济和发展的组织者与管理者,向它提供有助于计划管理和宏观调控所必需的会计信息。按照当前国际会计惯例,都把“对决策的有用性”列为会计信息质量的总要求,并认为它是由“相关性”和“可靠性”两个主要质量所构成。这样的提法,在原则上,我们也是可以参考的。但我认为,为了便于中国会计工作者理解,“相关性”改为“决策相关性”,“可靠性”改为“真实性”更好。同时,我建议:应当首先提“真实性”,然后再提“决策相关性”。事实上,不真实的信息不可能对决策相关。“真实性”代表信息使用者的普遍要求,且有可能为所有信息使用者认可。而决策相关性则不同。相关性总是依存于信息使用者的决策水平和具体的决策模式。严格地说,没有一种信息包括预期的现金净流动信息(例如,一些公司基于控股的目的,而不是为了牟取较高的股利购入了一家公司的股票,它们在购买股票时作出的投资决策,就不会把被控股企业的预期现金净流动信息作为决策的主要依据),是对所有的决策者都相关的。

3.我们应当如何看待“谨慎”这条原则?

严格地说,“谨慎”并不是会计的一项原则,而是会计的一个惯例。它是在现代商品经济中由于估计到竞争与风险可能带来的损失而对会计原则的修正。我国的企业也要参加社会主义的市场竞争,因而也会有风险。但我们若接受“谨慎”这一修正性的惯例,就应当注意它可能产生的副作用:高估损失,低估收入,从而歪曲企业的真实经营成果。我想,对于这一条修正性惯例,可以取其利而避其害。一方面要承认它;另一方面在运用这条惯例来预计可能的损失时,又要采取必要的控制措施,例如:(1)预计可能的损失必须经过上级或财政部门的批准;(2)一切估计的损失如坏账损失、存货跌价损失等都只在账外、表外揭示。

4.如何规定我们的报表体系?

在西方国家,由于股份公司是企业的主要组织形式,为了公司证券上市的需要,必须公开自己的财务状况与经营成果。因此,既要求有以对内提供管理报告为主的管理会计,又要求有以对外提供财务报告为主的财务会计。在我国,股份公司尚处于试点阶段。法律并未允许公司证券上市,公司对外提供报表也无法律依据。对国营企业来说,历来编送企业主管部门和财政部门的报告,很难说是对外报表。就我国的情况看,把报表分成对外和对内似乎并不必要。国外企业对外公开的报表仅限于财务报表而不包括成本报表的惯例,是否适用于我国,可以进一步研究。我国一向称报表为“会计报表”,我认为仍可沿用这个名称。会计报表顾名思义自然包括成本报表在内。但成本报表可以不列为主要报表。其报送的单位也应当加以限制。这样做,并不意味着成本报表不重要,恰恰相反,从经营管理的角度看,成本及其构成和升降原因的信息是十分重要的。它往往成为在市场竞争中取胜的手段。可是,在客观上又要求对企业有关产品成本的资料加以保密。限制它的扩散正是为了保护企业的“商业秘密”(经营秘密)。我国今后的会计报表中已考虑将增加财务状况变动表。这张报表对于帮助使用者进行理财决策将能起到一定作用。问题是，按照什么基础来确定这张表较好？是按“现金流动基础”还是按“营运资金基础”来编制？大多数国家是按照营运资金基础来编制财务状况变动表，但美国则改用现金流动基础。我倾向于采用现金流动基础。理由是：第一，现金流动表比较有用；第二，在权责发生制的基础上改编为以现金流动为基础的现金流动表虽有一定的复杂性，但容易掌握；第三，“营运资金”通常指流动资产减流动负债，其含义不很明确，计算比较困难，“营运资金”并不等同于“流动资金”，这对我国会计工作者来说，是一个既生疏又不好理解的概念。

（原载于《会计研究》1992 年第 2 期）

36

我国《企业会计准则》的基本特点

葛家澍

人们盼望已久的《企业会计准则》(以下简称《准则》)终于出台了。这是我国适应社会主义市场经济需要而深化会计改革的一项重大措施。如果说,1985年颁布和实行的《中华人民共和国会计法》旨在将全民所有制内部各企业、各单位的会计工作任务和会计人员职责用法律的形式固定下来而载入新中国的会计史册,那么,这次《准则》的颁布与实施,又成为中国会计发展史上的一个新的里程碑。它结束了中国没有自己的会计准则的历史,并为今后推动社会主义市场经济的发展而制定一系列应用准则和会计制度开辟了道路。

这次公布的《准则》实际是一项基本准则,它具有三个基本特点。

1.为在我国建立和完善社会主义市场经济服务

在我国,从所有制结构看,以公有制为主体,多种经济成分共同发展,不同经济成分自愿联合经营将会长期存在。在不断强化市场机制,逐步扩大市场范围的条件下,国有企业、集体企业和其他企业都将进入我国市场,为提高生产效率和经济效益、优化社会资源的配置而进行着平等竞争。这是市场经济发展的必然趋势,是社会进步的标志。为此,《准则》明确指出,它适用于设在中华人民共和国境内的所有企业。这就是说,会计核算与财务报告①对所有企业的要求都是一致的。这样,《准则》就为所有企业平等地参与市场竞争、传递基本可比的会计信息,提供了公平的外部条件。

2.立足中国实际、反映我国会计核算的成功经验

关于这一点,我们可以举以下事例来说明:

(1)不少国家的会计准则是由民间会计组织制定的,美国的做法是一个典型代表。他们制定的会计准则被称为“公认会计原则”,但所谓“公认”,不过是得到权威机构(例如,在美国是“证券交易委员会”)的支持,而准则的实施并不具有强制性的约束力。中国则不同。我国已有《会计法》作为会计工作的根本大法②,而企业会计核算的规范历来都是由国家会计工作的主管部门——财政部负责制定。所以在中国,《准则》理所当然地由财政部制定、公布和组织实施,不必要委托民间会计组织去负责。由国家会计工作主管部门制定的准则,既具有权威性,又具有强制性。它的公认性是不言而喻的。今后《会计法》(指修订后的会计法)、《企业会计准则》连同在《准则》规范下的会计制度,将一起构成社会主义会计核算的法规体系。

(2)当前,绝大多数国家进行会计核算(财务会计)所用的记录方法都是借贷记账法。这个方法的严密性和科学性是得到公认的。但在我国,一直存在着关于记账方法的争论。从60年代中期起,在我国的不同行业分别实行了借贷、增减和收付三种复式记账方法。时至今日,该是统一记账方法的时候了。为了符合国际会计惯例,又便于实行会计电算化,借贷记账法是较为理想的。因此

① 设在中华人民共和国境外的中国投资企业即境外企业,则应按《准则》向国内有关部门编报财务报告。

② 《会计法》制定并公布于1985年。七年来,形势变化很大,《会计法》中不少部分已不能适应社会主义市场经济的需要,亟待作重大的修订。

在《准则》中，专门写上“会计记账采用借贷记账法”一条。这样，就把借贷记账法作为在全国各类企业中一种规范化的记账方法明确地肯定下来。

(3)一些发达的资本主义国家对于会计信息的质量要求通常都提出两个主要特性，即相关性与可靠性。它们把相关性理解为提高决策的差别能力，而把可靠性理解为如实反映意欲反映的情况，并可以进行验证。多年来，由于政企不分，行政干预，有些企业有时会出现所谓“书记利润”、“厂长成本”等不实的账表，再加上其他主客观因素，会计数据不能如实反映情况的现象还比较普遍。针对这一具体情况，《准则》也列示了真实性和相关性两项要求，并对真实性作了较为具体的表述：“会计核算应当以实际发生的经济业务为依据，如实反映财务状况和经营成果。”对于相关性，结合中国实际，《准则》也作出了自己的解释。即会计信息必须满足三方面使用者的需要：①需要进行宏观经济管理的国家；②需要了解企业财务状况和经营成果的外界各方；③需要加强内部经营管理的企业本身。

(4)《准则》在“一般原则”部分，除列示了反映会计信息质量特性的两项主要要求(真实性和相关性)外，还列示了可比性、一致性、及时性、清晰性、谨慎性和重要性等，用来保证会计信息的质量。“一般原则”还包括：用来明确会计核算确认基础的权责发生制；用来确定一定会计期间内经营成果的配比；用来计量资产的实际成本以及把支出按其取得收益期的长短分为收益性支出和资本性支出以保证当年经营成果的正确性。

3.尽可能接近或符合国际会计惯例

会计本来是国际通用的“商业语言”。会计信息特别是财务报表信息，在国际范围内的规范化，是全世界会计工作者努力追求的目标。随着世界市场的形成和国际资本的迅速流动，不断提高各国财务报表的可比性是十分必要的，也是可能的。我国的社会主义市场是国际大市场的组成部分，国际资本将会越来越多地流入我国市场，我国的资金也将不断向国际市场流出。因此，使我国的会计准则尽可能接近或符合国际会计惯例对于进一步扩大开放十分重要。新颁布的《准则》明显地跨出了接近国际会计惯例的步伐，突破了一些传统的会计观念，吸取了国际上若干通行的准则和惯例。例如：

(1)在《准则》的“总则”部分，把国际普遍承认的几项基本会计假设都写了进去。如：会计主体、持续经营、会计分期、以货币(人民币)为计量单位(记账本位币)，只是没有使用“会计假设”这个名词而已。

(2)在国际上通常承认的基本会计原则，真实性、相关性、一致性、及时性、清晰性、谨慎性、重要性等，也都体现在《准则》的“一般原则”中。

(3)《准则》第一次吸取了国外的经验，提出会计核算的六项基本要素，即资产、负债、所有者权益、收入、费用和利润，并对它们进行定义。

(4)在《准则》的财务报告部分也参照了国际财务会计惯例，把对外应当提供的会计报表(财务报表)仅限于资产负债表、损益表、财务状况变动表[或现金流量表和它们的附注，而把不必对外公开的报表(如成本表)作为附表(必要时可向有关部门提供)]。

如上所述，《准则》是在适应社会主义市场经济的要求和向国际会计惯例靠拢而不断进行修改后形成的。总的看来，它是从中国实际出发，反映中国企业会计核算的规律，同时也已靠近了国际财务会计惯例。但是，事物总有一个不断完善的过程。为了进一步同国际会计准则接轨，《准则》在今后修订时仍有几个问题值得考虑。

第一，现在制定的《企业会计准则》应当相当于西方一些国家的财务会计概念框架(结构)。概念框架的任务，主要是用来指导各种应用性准则和会计制度的制定，而不是用来直接规范会计核算工作。概念框架一般只应涉及诸如财务会计的基本假设，财务会计的目标(目的)，对会计信息的质量要求，财务会计或财务报表的要素——定义、特性、确认的基本标准，可选择的计量属性，等等。

因此,作为概念框架的基本准则,宜粗不宜细,要有较大的可选择性和可容纳性,要能适应不同的时期、不同的情况的需要。如果用这个标准来衡量《准则》,我觉得,它的覆盖面似乎还应当更广一些,选择性还应当更大一些。比如,在基本准则中,就不能只考虑处于持续经营中的企业的正常业务,而不涉及企业在转换经营机制中普遍出现的改组、联营、合营、兼并等重大事项所必须采取不同的计量属性等情况。此外,在各项要素准则的部分,有些地方应当充实加强,而有些地方则需要简化甚至删除。比如,在《准则》中,对各项要素虽然下了定义但并没有明确指出通过定义应当体现的各该要素的基本特性,而这些特性是进行会计确认和会计计量所必不可少的依据;在提到会计计量时,基本准则似应列示一切可供选择的计量属性,如历史成本(实际成本)、重置成本、市场价值、可实现净值等等,并指出它们的适用条件。目前的《准则》则仅提到计量的一个属性,即实际成本。同时,又把要素的计量问题只归结为资产的计量;在提到各项要素时,为了使其具有可操作性,《准则》把确认、计量、记录甚至报告都同各该要素紧紧地结合在一起。但这毕竟不是长远之计。今后,对基本会计准则和应用会计准则还是要加以区分的。它们应当分别发挥概念指导、方法选择和具体业务规范等不同的作用。

第二,在《准则》中,有一个问题是应当加以规范和明确的,那就是会计核算或财务报告的目标,而这个问题在《准则》中却没有谈到。这是可以理解的,因为在制定《准则》的过程中,社会主义经济的新体制还没有明确。当时要确定会计核算的目标就比较困难。现在,由于党的十四大已提出了我国经济体制改革的目标是要建立社会主义市场经济。经济体制改革的目标模式确定了,企业会计核算和财务报告的目标也就比较容易确定了。明确会计核算目标是要回答:谁是会计信息的使用者?他们需要什么信息?很明显,今后国家、市场和企业都需要会计信息。但是,参与市场竞争、同企业有着密切的利害关系的外部集团(指市场中的供求各方)对企业的财务状况和经营成果将会越来越关心,市场对企业提供的财务报告的要求将会越来越高,这将是制定我国会计核算目标所应着重考虑的问题。总之,今后《准则》如需加以修订,应当把会计核算和财务报告的目标明确地写进去。

第三,由于现在出台的《准则》实际上是一个基本的会计准则,今后将陆续出台一系列应用性的会计准则。因此,今后在修改时,最好把现在公布的《准则》称为《基本准则》或《企业会计准则第1号——基本准则》,以保证系列企业会计准则之间的层次性、连续性和完整性。

最后,应当明确强调指出,《准则》的出台,使我国的会计准则从无到有。初步实现了各行各业的会计核算规范的基本统一,为我国社会主义市场经济的规范体系增添了一个新的、必不可少的内容,作用是巨大的,影响是深远的。

(原载于《会计研究》1993年第1期)

试论会计计量
——兼论统一会计问题

葛家澍　刘　峰

一、会计目标与会计计量基础

所谓会计计量，是“把数额分配于具体事项的过程”①。会计由于长期以商品经济为背景，逐渐形成以货币作为统一量度单位，因而，会计计量就是以一定的货币数额来表现某一物体或某项经济活动。例如，对某项购入的资产，按买价进行记录；对出售的资产按成本进行记录，等等。依照西方学者的研究，会计计量主要包括两个因素：即计量属性和计量单位。前者是指被计量客体的特性或外在表现形式，见之于会计，就是指能够用货币单位计量的方面。经济业务或事项可以从多个方面予以定量，因而存在多个计量属性，由于以货币作为计量单位，从而提供价值信息是会计的本质要求，而假设币值不变则是会计的一项基本假设，会计(主要指财务会计，下同)所用的量度单位，通常都是以名义货币作为标准。当名义货币的实际购买力不断发生变动，采用名义货币量度单位失去其内在统一性时，往往会考虑采用替代的量度单位(如不变购买力单位)。

从上面的介绍可以看出，会计计量并不是单一、固定的，实际计量方法的选用，存在着多种可能性组合。究竟应用何种会计计量方法，其决定性基础是什么，这又涉及会计目标问题。

会计目标是会计信息系统的运行方向。综观自 1966 年美国会计学会发表的《基本会计理论说明书》，1970 年美国会计原则委员会的《第 4 号报告》，到后来的《特鲁伯鲁特报告》及财务会计准则委员会的第一号会计概念结构公告等，它们都进行了会计目标的研究，并且在表述上差异颇多，但无论它们将会计目标分解为几点，所体现的不过是两个方面的要求，即：(1)提供如实描述企业经营状况和经营成果的信息，下文称之为“事实性信息”；(2)提供有助于信息使用者做出决策的信息，下文称之为“目的性(相关性)信息”。换言之，作为一个信息系统，会计的运行方向不是单一的，而是双重的，它力求既能客观、公正地表述会计主体的经济活动，也就是“记录并报告资源的经营责任”②或提供“关于企业的经济资源、对这些资源的要求权，以及使资源和资源要求权发生变动的交易、事项和情况的信息”与“关于企业管理当局在使用业主委托给它的企业资源时是怎样履行它对业主(股东)的‘管家’责任的信息”③；也要求能按照信息使用者的期望(决策需要)提供对决策有用的信息，如“对有限资源的利用所做出的决策……并确定目标与方向”④；或提供对各类信息使用者“做出合理的投资、信贷和类似决策有用的信息”以及“对企业经理和董事们在按照业主利益进行决策时有用的信息”⑤。简言之，前者要求提供事实性信息，它立足于过去和现在，以已发生的事项为基础；后者力图提供目的性信息，它立足于未来，以使用者的决策需要为基础。

会计是一个计量过程。对多种计量方法的选用，存在着两种理论基础：是报告事实性信息？抑或提供目的性信息？在这两种理论基础下，会计计量模式又呈现不同的特征。

二、会计计量模式(Ⅰ):服务于财产经管责任与利益分配关系的会计

向外界提供客观、公正地描述所依存主体的经济活动,是这一计量模式的目标。依照这一目标,会计信息系统所提供的应该是事实性信息。传统财务会计的发展正是遵循了这个基础,其计量方法的改进,也是朝着更加真实与公允的目标努力:

——人类早期的“刻木记事”、“结绳记事”,甚或较为复杂的“基普”(印第安人一种较为复杂的原始计数行为)等,都可视为会计的萌芽。而这些处于萌芽阶段的活动,正是人们力图正确记录各项活动的原始计量行为。

——随着商品经济的发展,经济活动日趋复杂,仅靠实物量度的记录活动已不能满足会计的需要,于是产生了货币量度计量的行为。运用货币作为计量尺度,是会计计量区别于原始计量行为的标志。而在目前已知最早论述复式簿记的专著中,还要求当存在多种货币计量单位时,“只能采用同一种货币单位,因为不同种类的货币不适用于汇总合计”[⑥]。会计计量得到了更进一步的发展。

——在由簿记向会计转变的过程中,它的服务重心由商业企业渐渐转向为工业企业,会计计量方法也有了长足的发展,其结果更加符合人们期望中的“真实”。如:资产(尤其是固定资产)按原始成本记录并逐期计提折旧,存货发出按先进先出或加权平均数等计价方法的运用等,使资产计量结果更符合实物流动;制造成本的计算、权责发生制应用于损益计算并划分资本性支出与收益性支出等,使收益的计量更加客观。

——进入20世纪中期,会计计量的“真实与公允”越发为人们所重视。为了最大限度地达到这一要求,当客观环境发生变化(如物价持续变动时),人们不惜修订沿用已久的历史成本计量模式,而采用各种新的计量属性并更换量度单位,如在实务中就用现行成本(重置成本)计量属性及不变购买力量度单位等。

提供信息本身并不是会计的终极目标,通过所提供的信息为有关方面服务,才是会计信息系统运行的真正目的。提供“真实与公允”地描述客观事实信息的会计,是服务于对企业经营利润进行公平分配,并协调参与分配各方的利益分配关系的。在社会化大生产阶段,由于所有权与经营权的分离,这一事实性信息还有助于明确管理者对受托财产经管责任的履行情况。值得注意的是,事实性信息只是力图“真实与公允”地提供所欲表述的客观事实,它本身并不能真正做到完全真实、客观地描述客观事物。之所以如此,又是受计量方法自身的特征及会计所要计量的经济事项的不确定性所限定。这里,我们要集中讨论会计计量的特征。

一般而言,计量可以分为直接计量与间接计量,前者是依照一定的标准或属性,对被计量客体直接加以计量,比如逐件辨认并按交易价格记录某项物品;后者则是在直接计量的基础上,借助于计算(如加、减、乘、除)推算出被计量客体的数量特征,这种计算包括将不同物品的价值加总得出某一类物品的价值,用账面原价减折旧得出固定资产净值等。严格说来,直接计量在会计上应用的范围非常狭窄,会计计量中大量地要运用间接计量。换言之,会计计量主要是通过计算得出被计量客体的数量特征。这样,力求准确地记录被计量客体是很困难的,因为在直接计量以及在对直接计量进行转换的间接计量的过程中,都可能存在差错(甚至可以说必然存在差错),更何况会计上,在收入汇总、费用分配等方面,还有假定或人为估定与判断成分存在。既然事实性信息是协调各利益集团的利益分配关系,并为财产经管责任服务,它应该力求如实表述,这样才能做公平地为财产的委托经营者和受托经营者服务而不损害其中某一方的利益。然而,会计计量的特性又决定了计量结

果无法达到完全准确、真实,它不可避免地带有不精确性和一定的主观“武断”性,这又必然会损害到利益关系各方的平衡与协调。

鉴于计量的特性导致它不可能杜绝“误差”,因此,试图通过引进各种计量方法,改进计量手段来达到计量的完全准确是不现实的,而力求缩小计量的“误差”,避免出现重大计算错误和明显的主观“武断”性判断,是会计发展的方向。至于将“误差”缩小到多大范围之内,我们认为,只要利益各方均能接受计量结果,或认为计量结果虽有“误差”存在,但影响不大,就应视为可允许计量“误差”的范围。

三、会计计量模式(Ⅱ):服务于资源配置与经营决策的会计

提供事实性的信息,是计量模式(Ⅰ)形成的理论基础;提供合乎决策需要的目的性或相关性信息,则是计量模式(Ⅱ)的理论基础。

由于事实性信息立足于已发生的事项,因而,在计量模式的操作、应用上,可验证性是它的一个显著标志。计量属性主要以历史成本为主,即便有足够的反证存在,要求修订历史成本原则,它也倾向于采用现行成本或重置成本等立足于现实的资料。在计量模式(Ⅰ)中,未来现金流量现值、目标成本(利润)等以未来事项为标准的计量模式是不予考虑的。恰恰相反,在计量模式(Ⅱ)中,由于它的基础是提供符合使用者的决策需要,立足点是使用者的未来决策,在确定被计量客体的属性时要考虑选择与所要作出的决策相关的特性,对所计量模式计量结果的评判,必须以使用者决策的相关程度为准绳。而决策,总是以尚未发生但预期发生的未来行为作为对象的。提供有助决策的“差别”,减少不确定性,提高决策的能力,是这一会计计量模式的主要任务。正是基于这一考虑,促使管理会计不断趋于完善,也促使财务会计得到了新的发展。

——在早期的会计实务中,就存在着通过操纵计量达到主观目的的行为。如卢卡·巴其阿勒在他的复式簿记著作中说过:“……给每样物品确定一个适当的现时价格,价格宁可高估而不要低估,……这样你将能获得较高的利润。”⑦

——为了达到在组织内部降低成本的目标,就会选择标准成本或目标成本作为被计量客体的属性;而为达到一个组织利润最大化,又可选用目标利润作为相应的计量属性。

——当存在不同的决策方案可供选择时,以机会成本、沉没成本、差别成本等作为计量属性,可以提供有助于做出决策方案所需的信息。

——计量属性的发展,一些新的计量属性的产生,同样也是与决策需要相关。如现行市价,是指企业资产在正常清理条件下的变现价值或“现时现金等值”,或“脱手价值”,该属性是基于这一前提假设:企业在瞬息万变的市场中运行,因而随时根据市场变化并基于有可能作出改组或停业等决策,而对资产变现应予计量的属性。

——为满足现在的或可能的投资者、债权人或其他使用者作出投资、信贷和类似决策的需要,会计提供关于企业经营成果、每股股利、可用于分派股利的现金、时间分布及不确定性等的信息。在美国,编制“现金流动表”取代“财务状况变动表”,并在表外提供更多的预测信息,是财务会计从只注意事实性信息朝着事实性与目的性两种信息并重转化的一个标志。

提供“目的性”即“相关性”信息,是为使用者的经济决策需要服务。就目前来看,这种服务包括两个方面,即资源配置决策与企业经营(含理财)决策。从整个社会来看,资源配置决策是指各企业通过股票、债券买卖等有价证券的流通,将资金流向利润率高的部门(应是最有效使用社会资源的部门),从而使社会资源客观上达到最优的配置⑧;经营决策是针对企业会计所存在的主体而言的,

这一决策既可以是内部某一部门的,也可以是关系到整个企业的。

显然,存在于模式(Ⅰ)中的计量"误差"问题,仍然存在于模式(Ⅱ)之中。对模式(Ⅱ)来说,彻底消除计量"误差"同样也是不可能的。与模式(Ⅰ)的要求相似,在模式(Ⅱ)中,不导致决策失误将是"误差"的许可范围。

四、两个计量模式的关系与统一会计问题

为了行文的方便,我们将计量模式(Ⅰ)称为"权益会计",将计量模式(Ⅱ)称为"决策会计"。尽管它们的基础不同,但不是相互独立,而是在很大程度上相互影响、相互关联的。

首先,从会计计量历史发展来看,产生会计计量的最直接需要是如实地记录生产(经济)活动的成果,因此,可以认为,提供事实性信息的权益会计是先于决策会计。但是,即便在早期原始计量活动中,人们也有意识地使计量与记录活动服务于管理即控制的需要,如中世纪英国的庄园会计就采用了类似于今天的内部控制的方法[9]。由此看来,它们二者又是难以区分的。但在股份公司的企业组织形式产生以后,使所有权和经营权彻底分离,不参与企业经营管理的股东和其他资金供应者只能借助于会计所反映的信息去判断是持有还是抛售股票,会计为用户投资和集资决策服务,从而进一步体现社会资源配置决策服务的功能就日益显示出来。此外,当企业内部组织结构较为复杂、外部竞争压力明显增大时,服务于经营管理决策的会计方法也会不断趋于完善。

其次,从会计信息系统与企业经营全过程来看,它们二者相互影响、互为因果的关系表现得甚为明显。下面的图式说明了这种关系[10]:

(1)关于决策方案的信息→由决策会计提供(这种信息既来自管理会计,也来自财务会计)

(2)作出决策的过程→管理部门根据(1)所产生的信息,从若干方案中选定一种

(3)执行决策方案的结果→生产等职能部门按照决策方案进行操作

(4)如实反映经营结果的信息→由权益会计提供(这种信息只来自财务会计)

(5)利益分派→依照权益会计信息所作的利益分派

从该图中我们可以看出,权益会计与决策会计同样都是企业经营过程中所必不可少的,但它们各自服务的重点有所不同。决策会计提供的信息会直接影响企业管理部门的决策,管理部门的决策在很大程度上又左右了企业经营成果,从而又影响到权益会计的内容。权益会计的结果所导致的利益分派,反过来,又从一定程度上影响到下一轮决策会计方案的比较与选择。同时,企业外部利害关系集团据以进行的投资和信贷决策,也依据服务于决策的财务会计(财务报告)。依次类推,这种交互影响会不断循环下去。

第三,由于现代商品经济错综复杂的影响,使得会计目标呈现多元化,同时,由于决策会计和权益会计的相互影响,使得会计信息系统不满足于单纯提供某一类信息。如,对需要做出决策的人来说,他常常也需要以如实反映实际情况的事实性信息为依据,最明显的例证就是财务会计信息为投资决策服务。这种需求也使得财务会计与管理会计出现相互融合的趋势,其中,反映企业现金流动状况、以供信息使用者判断企业现金流动数量、时间分布及不确定性的现金流量表,改由财务会计提供,就是这种融合的良好开端。

学科发展的规律显示,分离——融合——再分离——再融合,由分而合,由合而分,其中通过科学的分化、交叉、综合、再分化,似乎是学科发展的趋势。20 世纪 40、50 年代,正是各门学科纷纷形

成、学科分化剧烈的时代，管理会计与财务会计相分离，并形成两门独立的学科，这既反映了经济发展的需要和新学科导入会计的必然结果，同时也极大地丰富了会计科学的内容。到了20世纪八九十年代，不少学科又转向相互融合之路。财务会计与管理会计的重新融合，形成“统一的会计”，也存在着一定的可能性。对此，国内外的学者也不乏论述，这里不再一一引述。我们就本文计量理论基础的论述提出关于统一会计的几点认识：

——从会计所存在的内、外环境来看，财务会计与管理会计拥有完全相同的外部环境与依附主体，其对象是基本共同的。所不同的只是服务目标的差异。

——财务会计以提供事实性信息为主，管理会计以提供目的性信息为主。但在高度发达的市场经济环境下，由于会计信息系统多元使用者的存在，使得仅提供单一信息已不能满足需求，其结果是：财务会计最好也能提供管理会计的信息（这已是现实），管理会计在未来可能也要考虑如何进一步为财务会计的信息使用者服务。

——由于会计计量的单一基础（即事实性抑或目的性）已不能满足需要，也由于经济活动的日趋复杂，因而，会计计量在方法的选用上，要考虑多种属性和多种量度。看来，在高度发达的市场经济中，单一的计量属性和量度单位，既不能如实反映客观事实，也不能提供合乎目的的信息。多种计量模式共存并相互配合，在计量方法上将为统一会计奠定基础。

——现代科学技术的发展，特别是计算机的广泛应用，大大提高了信息处理的数量与效率，这也为将财务会计、管理会计融为一体，通过统一会计提供满足多种需求的信息提供了可能。

注释：

①②④转引自葛家澍、林志军《西方财务会计理论》，1990年，第118页、第83页。

③⑤FASB，Statement of Financial Accounting Concepts No.1.

⑥⑦林志军等译《巴其阿勒簿记论》，1988年，第60页、第59页。

⑧广义而言，资源配置也包括企业通过决追求效益最大化的行为。因为，企业决策的结果也会使生产要素优化组合，这也是在企业围内的优化资源配置。但这里，只取其狭义界定。

⑨文硕等译《会计思想史》，1989年，第33页。

⑩根据 Report of the Committee on Foundations of Accounting Measurement（*American Accounting Association*）第六章的图式改写。

（原载于《当代财经》1993年第4期）

纪念帕乔利复式簿记论 建立我国财务会计概念结构

葛家澍　王光远

一

1494年，卢卡·帕乔利的《算术、几何、比及比例概要》在意大利威尼斯城出版发行，这部被史学家誉为集算术、几何、代数、财政数学和会计学于一体的大百科全书，揭开了会计文化的第一页，帕乔利也由此成为会计科学的鼻祖、会计文艺复兴的旗手。500年后的1994年，世界各国的会计学者云集帕乔利的诞生地——圣西波哥，出席帕乔利协会举办的盛大纪念活动，学者们有幸观赏到纪念帕氏簿记500周年的录像片：《卢卡·帕乔利：未被歌颂的文艺复兴时代的英雄》(Luca Pacioli：Unsung Hero of the Renaissance)并向“帕乔利纪念碑”敬献“心中的花圈”。1994年意大利之夏，将把世界会计推向21世纪。

帕乔利生活在意大利文艺复兴的黄金时代，他顺应了时代要求，以极大的热情和毅力掌握了各种专业知识，将科学、数学、艺术和簿记浑然一体，从而使由此开始的会计科学成为“艺术的科学”。虽然在帕乔利的《算术、几何、比及比例概要》问世之前，复式簿记已流行数百年，帕乔利也肯定不是复式簿记的发明者，但他对当时臻于完美形式的威尼斯式簿记所进行的概括、提炼和升华，实质是对威尼斯复式簿记的再创造。在1494年后的100年内，帕氏簿记论就先后被译成五种文字在欧洲各国传播。在帕氏著作的启迪下，许多会计理论著作应运而生，像斯普拉格的《账户原理》、佩顿的《会计理论》、哈特菲尔德的《近代会计学》、凯斯特的《会计理论与实务》等。1920年，平井泰太朗根据约翰·B.盖吉斯彼克的1914年译本，将帕氏簿记论译成日文。我国会计大师陆善炽先生又根据平井泰太朗的日文版转译成中文，发表在1935年的《会计杂志》第6卷上。1988年，厦门大学的林志军、李松玉、李若山博士，根据布朗和约翰斯顿1963年的现代英文本，将帕氏簿记论完整地译成中文。各种译本的出版，使帕氏簿记论广为流传。其影响不仅表现在使许多年轻人开始投身于会计事业、许多会计学者著书发展会计理论和技术，而且表现在对商业、贸易和经济发展的巨大促进作用。

会计史学家评价帕氏簿记论是“为师者的会计教本，为商者的操作手册”。

经济史学家松巴特(W.Sombart)的评价是：复式簿记促成了资本主义的萌芽，倘若没有复式簿记，历史的进程将会是另一番模样。

约翰·布莱克(John Blake)认为：帕氏复式簿记促成了现代企业的发展。

帕乔利协会的韦斯和蒂纽斯教授认为：帕乔利是“现代会计之父”。

帕乔利的复式簿记论所以有如此巨大影响的关键在于：第一，他首次对复式簿记进行了理论上的概括，揭示了复式簿记的基本特征：双重性(duality)、综合性(integrating tendencies)和平衡性

(balancing),建立了“会计的基本框架”或“会计的基本结构”(basic framework of books and accounts),从而使整个会计界结束了纯粹面向实务而口授心会、单脉相传的实务簿记时代。第二,他的“会计基本结构”是一个以“经管责任”(accountability or Stewardship)为核心的结构。其实质是一个“复式簿记结构”,他在这一“结构”或“框架”(framework)中,着重给人们以这样的启示:

首先,他认为复式簿记是一个旨在及时地向商人提供资产、负债和损益等经营责任信息的会计信息系统。该系统的核心账户是“资本”账户。他充分强调资本主和所有权,强调损益的计算。

其次,他主张拟人学说,隐含地提出了“会计主体”假设;他鼓励按年度进行结算;鼓励采用统一的货币单位记账。这些隐含的假设成为“会计基本结构”的前提或基础。

虽然帕氏簿记论中既用到历史成本,又用到现时成本,但他还是建议在日常账务处理中按历史成本计价;按照李·伯顿教授的观点,帕乔利已隐含地提出了现今仍争论不休的一些会计问题——现值会计、重要性原则、客观性原则;帕氏还认为:数据相符才是反映信用的唯一可靠的基础。

第三,他明确提出了一些迄今被认为是基本会计要素的项目如资产、负债、收入、费用、利得、损失等,并将其置于复式簿记的合理程序之中。比如,在账户体系上,主张将账户分为影响损益计算的账户(如收支账户、费用账户)和不影响损益计算的账户(如现金、资本、债权、债务等)两大类。在一些基本的账簿设置、处理程序和试算表编制等方面,帕氏著作的论述与今天的复式记账可说是一脉相承。正如帕乔利协会的韦斯和蒂纽斯教授所评价的:帕氏簿记历经500年,依然是今日会计的职业准则。

帕乔利对“会计基本结构”的论述,实质上已涉及到了现代会计理论的要旨。所以,我们有理由说:现代会计离不开复式簿记,而复式簿记则离不开帕乔利。帕乔利及其簿记论对现代会计所产生的影响,是任何人都无法比拟的。

二

帕乔利时代是一个思想大解放、科学艺术大进步、商业贸易大发展的时代,也是复式簿记在实践中通行几百年之后迫切需要加以规范化的时代。今天,我们也同样处于一个会计思想大解放、会计文化大复兴、市场经济大发展的时代。

在我国,随着社会主义市场经济体制的建立和现代企业的发展,产权概念已进一步明确,资源的委托和受托关系也更为清楚。企业管理当局作为经营者(资源的受托人),负有向所有者(资源委托人)如实报告经营责任履行情况的义务;我们今天的财务会计应当公允地说明企业的资金、人才、劳力是否合理组织并有效地加以运用;企业的各类投资人、债权人等作为资源的委托人则有权利了解资源的利用情况,以决定受托人是否可信、是否可以继续受托。正如美国的两位会计学家W.B.梅格斯和R.F.梅格斯所说的,“我们正处于一个经管责任(accountability)时代”。

在帕乔利时代,经管责任是簿记的主要动因,而对经管责任履行情况的认定,是复式簿记制的核心内容;在会计走向科学化和现代化的今天,以复式簿记为基础的财务会计及其对外报告是真实、公允地报告经管责任的基本手段。在现时企业中,倘若没有财务会计所编制的财务报告,作为企业经营者的受托人就无法向作为资源委托人的企业外部集团进行交待,同时也就没有现在的和未来的资源委托人据以进行投资、信贷和类似决策所必须具备的信息,公开、公正和平等的社会主义市场经济就不可能形成。在这个意义上可以认为:以报告经管责任信息和其他对决策有用之信息为己任的现代财务会计是社会主义市场经济正常运行的保证。

那么,财务会计究竟怎样来反映、控制并报告经管责任和其他有用信息呢?概括说来是一句话:对财务会计和财务报表必须加以规范。伊尻雄治教授说得很形象:“从个别企业看,机动性可能是需要的,但是用之于一个经济生活的会计制度有必要准则化。没有准则,会计制度就不能发挥作用。正像语言一样,一个社会里的男男女女,如果高兴怎么讲就怎么讲而毫无规范,语言制度也就荡然无存了。”我国已经出台的《企业财务通则》和《企业会计准则》,以及即将陆续出台的具体会计准则,是在财务会计和财务报表规范化方面迈出的重要一步。如果说帕乔利对复式簿记的规范是会计发展史上的一个里程碑,那么,中国会计准则的颁发就是新中国会计发展史上的一个里程碑。

但是,对财务会计和财务报表实行规范的必要性和所依据的真实与公正的观点,必须建立在一系列基本概念和基本理论的基础之上,建立在能够解释、预测和指导财务会计实务的一套基本的“财务会计概念框架”或“财务会计概念结构”的基础之上。在我国,除教科书和论著之外,没有出现过“财务会计概念结构”(CF)这个名词,但从内容和作用上看,我国于1993年7月1日施行的《企业会计准则》,却与“财务会计概念结构”十分相似,只不过这一“结构”,还不很系统、不很全面,有待于理论界和实务界作深入细致的研讨。通过今后的不断修改,使之逐步完善。

三

关于在我国是否需要建立“财务会计概念结构”似乎无需再作过多的讨论,因为无论从理论上分析,还是从各国的实践看,都已经较好地回答了这一问题。人们普遍认为:以“概念结构”为基础制定的会计准则,比没有这一“概念结构”所制定的会计准则,彼此之间会有更多的一致性;依据“概念结构”,会计人员还可以用来解决会计准则所没有规定而出现的若干新的会计问题。总之,有了“概念结构”可提高我国会计核算的质量,提高财务报表的可信性。现在的关键是建立一个什么类型的“财务会计概念结构”。

就美国的FASB、国际会计准则委员会(IASC)、联合国经社理事会跨国公司委员会、英国会计准则委员会、加拿大的CICA、澳大利亚的AARF等组织机构所颁发的公告看,“财务会计概念结构”主要包括:财务报表的目标、会计信息的质量特征、财务报表要素的确认与计量。在这三项内容上,各国公布的“概念结构”已达成了较大的共识。比如,财务报表目标,除应继续报告经管责任之外;还应负责提供决策有用性信息;财务会计信息的质量特征包括可理解性、相关性、可靠性、可比性等。但现有“概念结构”仍有许多问题值得探讨,比如:

(1)到底潜在的会计信息使用者包括哪些人?

(2)会计信息的使用者到底需要哪些方面的信息?

(3)“决策有用性目标”对会计实务会产生哪些影响?

(4)怎样对会计信息和各个质量特征给予准确、清晰的解释?哪些质量特征最为重要?

(5)在“相关性”和“可靠性”中,何者更为重要?怎样认识二者间的关系?

(6)对会计要素确认的标准是什么?

(7)财务报表的“决策有用性目标”对“会计计量”的影响如何?

(8)如何计量各种不确定性事项?等等。

这些问题仅是现有“概念结构”三个组成部分中尚待进一步加以研究的问题。若从“概念结构”本身看,有待研究的问题更多、更重要。比如,会计的“基本假设”在“概念结构”中应置于何等地位?我国会计理论界几十年来一直比较关注的会计对象、会计职能等又应该在“概念结构”中处于什么地位?会计基本假设作为现代财务会计和财务报表存在与发展的前提,早在帕乔利簿记论中就隐含地涉及到,20世纪早期的一些著名会计学家在研究基本会计概念和基本会计理论时,都把“基本假设”视作最基础的概念，以此来支撑会计的其他基本概念。他们提出的会计主体假设、持续经营假设、会计期间假设、以货币为基本计量单位和货币价值不变假设、权责发生制假设等，多为后续会计学家和会计准则组织所圭奉，而成为现代财务会计的中心思想。数十年过去了，会计科学的进步很大、很快，但会计的“基本假设”依然未变，它是否应该成为“财务会计概念结构”的第一层次或最高层次？如何估价它的作用和它应包括哪些内容？

“会计对象”是西方财务会计文献极少出现，西方会计学者极少使用的一个基本概念，但“会计对象”作为会计所要反映和控制的内容，理应在“概念结构”中有一个恰当的位置。我们认为：如果“基本假设”作为第一层次的概念，规范了会计的主体和会计存在的前提，那么，“会计对象”同样也是第一层次概念，它阐明了会计的客体，从而规定了会计是一个反映和控制价值运动（或资金运动）的信息系统。倘若没有对“会计对象”的界定，也就谈不上“会计目标”和“会计要素”。因为会计的目标要求提供对决策有用的信息，而这种“信息”的内容恰是由“会计对象”决定的。“会计对象”以外的信息，即便信息使用者有这种需求，会计也无法提供。再看基本“会计要素”，为什么是六个，而不是更多？或更少？应该说它也是受制于“会计对象”，因为会计要素实质上是会计对象的具体化。当然对划分财务会计要素起决定作用的因素也还有财务会计的“目标”。

（原载于《会计研究》1994 年第 3 期）

39 关于会计准则与会计制度的关系等问题

葛家澍

我国《企业会计准则》和新的会计制度从1993年7月1日开始实施,已经一年多了。这是我国重要的一项会计改革。1993年7月以来,通过执行新的会计制度,基本上做到了新旧制度的平稳过渡。改革基本上是顺利的。但是,这只是会计改革的第一步。摆在我们面前的任务是应当加紧制定具体的会计准则,把财务与会计真正结合起来,真正跨越部门和行业的界限,把会计准则深入到各项具体业务中去。只有具体会计准则陆续制定、出台并顺利实施,才能初步形成一个完整的会计准则体系,既反映我国改革开放的要求,又同国际惯例接轨。

一、什么是具体会计准则?为什么必须制订具体会计准则?

会计准则是一个分层次的规范体系。具体会计准则是相对于基本会计准则来说的。我国现已颁布和实施的企业会计准则,谁都看得清楚,那是一份基本会计准则,即财务会计概念框架(虽然我国的《企业会计准则》比国外的财务会计概念框架稍微具体一些,涉及到要素及其分类中的大项的确认和计量的某些方面)。在这份准则中,主要表现了财务会计(目前,我们仍称之为"会计核算"或"会计")的基本前提、一般原则、六项要素(分类和按大类的确认与计量)和财务报表(主要是规定了资产负债表、损益表和财务状况变动表或现金流量表等三个主要报表、附表及报表附注)。过去分部门、分行业、分所有制的统一会计制度,在这几个方面因未取得共识从而形成部门、行业和所有制三个"分隔",严重地影响了会计信息的可比性。而用《准则》代替了三个"分隔"的会计制度,在上述若干基本概念方面作了明确而统一的规范,这就为统一认识会计基本概念和统一规范会计行为,提供了基本保证。正是在这个意义上,我们把《企业会计准则》的制定与出台,当作会计改革中跨出的重要而艰辛的一步!是我国会计规范发展史上的一次飞跃!不过,在《企业会计准则》出台以后,人们也看得很清楚:准则并未直接和具体地规范企业的会计行为,会计准则的作用又被新的会计制度所取代。这样,一种误解就产生了:以为我国的企业会计准则似乎就是已出台的10章66条,似乎会计准则总是抽象的、原则的,只有行业会计制度才是具体的、直接的。产生上述误解的主要原因是两个:一是我们宣传解释得不够。一些指导性文件和负责人讲话很少解释:1992年11月公布的《企业会计准则》实际上只是一份基本会计准则。在基本会计准则指导下,还应当有一整套(一系列)的具体会计准则,会计准则是一套(而不是一份)分层次、由抽象到具体的规范文件。二是我们制定具体会计准则的工作跟不上。由于具体准则所结合会计的具体业务(交易、事项和情况)是很复杂、很细致的,不可能一蹴而就。现在,财政部会计司正加紧制定具体准则。虽然可望在1994年内出台一批(或只能公布其征求意见稿在一定范围内征求意见),而要求全部出齐基本上可供使用的具体会计准则,恐怕非三五年时间不可。所谓具体会计准则,是指以基本准则为理论基础,跨越部门和行业的界限，把发生在企业中带有共性或具有特性的某个或几个会计业务，针对其特点，在概念、概念的确认(recognition)、计量(measurement)、记录(recording)和披露(disclosure)等方面一一加以具体规范。具体准则中提供的会计程序或方法，可以只是一个，也可有几个(其中有的是基准的，有的则是备选的)。我国正在制定的具体准则，据我们了解，不外乎四类：第一类是共性或通用的具体准则，即用来规范所有企业都可能发生的那些会计业务，如存货准则、固定资产准则、应收款项准则、应付款项准则等等；第二类是特性或特殊的具体准则，即用来规范不是所有企业都会发生的那些会计业务，如租赁准则、企业合并准则、无形资产准则等；第三类是特殊行业具体准则，如银行会计、保险公司会计准则、石油天然气行业会计准则、广播机构会计准则等等；第四类是有关财务报表的具体准则，如资产负债表准则、损益表准则、财务状况变动表准则等等。接下来的问题是：有了基本会计准则，为什么还必须制定具体的会计准则？答案很简单。基本会计准则属于原则性的规定，它还不能指导具体的会计业务处理，而对处理具体会计业务(交易、事项和情况)的指导，必须有具体的会计准则。在国际上，从会计准则的发展历史看，都是先有具体会计准则，而后有基本会计准则。最早出现的具有权威性的会计准则，是从30年代开始的美国“公认会计原则”(GAAP)。其第一个层次(最高层次)的代表文献是会计程序委员会(CAP)的《会计研究公报》(ARS)；会计原则委员会(APB)的《意见书》(APB Opinions)；财务会计准则委员会(FASB)的《准则公告》(SFASs)和《解释》(FASB Interpretations)，都是可用来作为处理具体交易、事项和情况的具体会计准则。那时属于财务会计概念结构性质的基本会计准则尚在研究之中。那时的研究者主要是会计的学术团体和教授、专家们。他们的研究成果散见于研究报告(如1961年的ARS No.1 “The Basic Postulates of Accounting”, by Maurice Moonitz；1962年的ARS No.3“Tentative Set of Broad Accounting Principles for Business Enterprises”, by Robert T.Sprouse and Maurice Moonitz，就是其中著名的两份报告)和专门著作(包括论文集和专著)之中。这些研究成果虽在学术上具有较高的权威性，但并没有被会计实务界所接受，而往往束之高阁。财务会计概念结构直到后来由准则制定机构自己进行研究并予公布，才具有公认性。而财务会计概念框架到70年代后期(1978年)起才开始出现(指美国财务会计准则委员会制定的财务会计概念公告，SFACs)[①]。在理论上，基本会计准则似乎应先于具体会计准则。而实际上则相反，具体会计准则先于基本会计准则。这也不难理解：理论只能来自实务。发生会计问题需要处理，迫切要求有准则可供遵循，于是具体会计准则就紧紧地结合会计业务一个一个地制定出来了。这是解决问题和指导会计实务的迫切要求。一旦大批具体会计准则出台以后，当人们发现在概念运用、处理程序和处理方法上不一致或者出现意见分歧时，才感到有对财务会计的基本概念、基本的确认和计量标准、基本的披露原则进行协调一致的必要。换言之，具体准则大量涌现后，由于在相互之间缺乏一致性和可比性，会计人员由于面临的新情况和新问题层出不穷，而具体会计准则势难立即跟上，这样，会计理论就显得重要了。于是，就需要研究一套基本会计准则来统一概念，协调矛盾，指引方向。然而，在理论层次上，尽管基本会计准则即概念框架高于具体准则，但基本会计准则一般是不用来直接指导会计实务的。它的主要作用在于：评估现有的具体准则和发展新的具体准则。因此，从实用的观点看，基本会计准则并不企图也不可能取代具体会计准则。在整个会计准则体系中，在基本会计准则的指导下，具体会计准则是最重要和必不可少的组成部分。

---

① 如果把美国注册会计师协会(AICPA)组织研究的报告《特鲁伯鲁特报告》(Trueblood Report)即“财务报表的目标”(Objectives of Financial Statement)作为最早的财务会计概念的文献，那么，时间就应当提前到1973年。

二、为什么我国先只出台基本会计准则,会计工作也能运作

在我国,会计准则如何制定?曾经有过两种不同的思路:一是先制定具体会计准则,后制定基本会计准则,即从具体到一般。这是中国会计学会会计准则与理论研究组提出的建议与方案。二是先制定基本会计准则,后制定具体会计准则,即从一般到具体。这是财政部会计司会计准则课题组的见解,财政部采纳了后者的设想并付诸实施,因而基本准则成为最早出台的会计准则。财政部会计司初步规定了我国财务会计体系是:

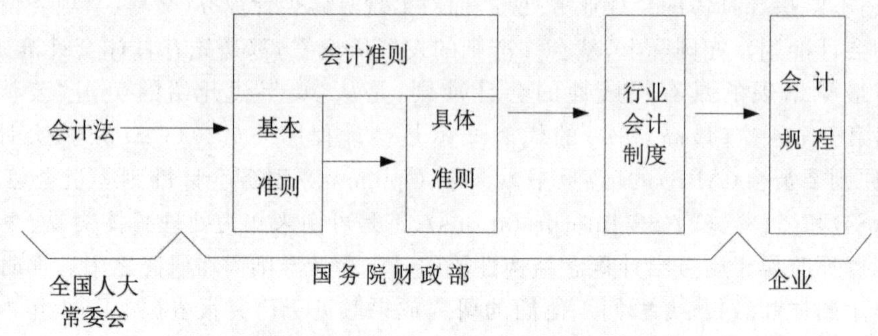

图 1　财政部会计司初步规定的我国财务会计体系

第二种准则制定设想的主要考虑是:

第一,我国原有的分部门、分行业、分所有制的会计制度,是计划经济的产物。当然需要改革,但它的主要问题不在于采用"制度"这种形式,而在于:①在基本概念、基本原则和一些重要的会计程序与方法等方面与国际会计惯例差距较大,迫切需要向国际会计惯例靠拢,并力争与之接轨;②分部门、分行业的会计制度,由于"三个分隔"而存在着不一致的内容,严重地影响会计信息的可比性。在这种情况下,设想先制定基本会计准则,先在财务会计的基本概念、基本原则和基本方法等方面,把借鉴国外经验同联系中国具体实际结合起来并取得共识,那么,分行业会计制度中的可比性就可以在一定程度上获得解决。

第二,现在已进入 90 年代,我们已有条件借鉴几个国家和国际会计准则委员会关于制定财务会计概念框架的经验,博取众长,为我所用,甚至后来居上。而这在 20 年前则是不可能的。那么,中国会计学会为什么提出相反的设想呢?它不是没有考虑到国外有经验可供参考,而是感到基本概念涉及基本理论,其中许多问题在国外也无定论。会计学会担心将会引起无休止的学术争论,从而影响会计准则的制定进程。在准则的制定问题上,意见的分歧是不可避免的。基本准则与会计基本理论的关系,类似于法律与法学的关系。法律中的一些条款不一定非等到人们达成共识才能加以规范。在法律制定以后,一些问题仍然可以在法学界进行长期研究、讨论。具体准则的制定也是如此。需要是第一位考虑的问题,从需要出发,先把合理的意见集中起来,形成基本准则。在准则制定以后,同样可以在学术界加以研究和讨论,将来再修订、补充已制定的准则,使之不断完善。

第三,先制定基本会计准则规范分行业会计实务,这样做其利有二:一是可以使会计改革从会计制度走向会计准则在整体上迈出重要一步;二是继续发挥分行业会计制度的规范作用,不致立即引起会计改革的过大震荡,从而减少广大会计人员在准则接受方面的阻力。此外,还考虑到:由于财政部会计司在人力和经验方面都不足,马上就能制定出一整套可取代行业会计制度的具体会计准则来指导企业发生的各项会计业务也有实际困难。

三、我国具体会计准则将采取什么形式，包括哪些内容？具体会计准则与行业会计制度的关系如何？

当前，世界上绝大多数国家和地区都是采用具体会计准则作为会计处理和报表编制的指导方针。各国具体会计准则的内容与形式不尽相同，详简也大有差别[①]。总的看来，国际会计准则委员会的内容较为简洁，可当作为一个参考的重要范本。按照国际会计准则，一项具体准则的格式大致如下：

（一）引言

引言主要说明准则制定的目的，适用范围（不适用的事项与其他准则的关系等）。例如存货准则中的引言就应说明：

1.本准则是为企业存货的会计处理与报告而制定。

2.本准则涉及企业在供应、生产、销售（包括产品销售和劳务提供）活动中形成的各种存货的会计处理与期末关于存货价值的报告。

3.本准则按历史成本（实际成本）或市价作为存货的会计处理的计量基础。编制报告时，存货可按成本与市价孰低原则选用计量标准。但重置成本或不变购买力在存货计量中的应用，则应按照反映物价变动会计的有关准则执行。一般应列举这类有关联的例外准则。

（二）术语及其定义

说明在该准则中所使用的主要术语并给出严密的定义。例如，在存货准则中就有：存货、历史成本、加工成本、制造成本、市价等应当给出定义并加以说明的术语。

"术语"是会计准则的概念，也是会计的概念。所有的会计概念都来自财务会计的基本概念。因而，具体会计准则中的术语都直接或间接地与基本会计准则中的要素和其他基本概念相关。例如，存货是流动资产的一部分，又是资产的组成部分。因此，在具体准则中，对于存货给出的定义，是不能同资产的定义相矛盾的。在给出存货定义时，等于规定了列入存货的范围。在存货准则的术语中，为了使术语具有可操作性，一般应规定其适用范围。应明确指出，哪些属于存货，哪些不属于存货，并在这里具体检验，该术语的定义是否与资产的定义相符。例如，其他单位寄存的代售商品，就不能列为本企业的存货，因为它不是本企业所拥有或可以控制的资源。又如，已变质损毁的商品也不能列为存货，因为这种商品已不能为企业带来预期的未来经济利益。再如，企业已付款但在运送途中的商品应当列为存货，而商品虽然已到企业，但企业尚未承付账款，则该商品却不应列为存货。这是因为，按照资产的定义，前者所有权已属于企业（即已归买方拥有），而后者则否，其所有权仍属于卖方。

（三）正文

正文应阐述会计处理的内容。主要包括确认、计量和记录等程序与方法。由于广义的确认包含

---

① 美国代表公认会计原则（GAAP）的几个文件，如 ARBs、APB Opinions、SFASs 和 FASB Interpretations，都属于具体会计准则，其内容就相当详细。例如，SFAS No.33《财务会计与物价变动》正文加附录共占 241 段 68 页，其中正文占 69 段，共 15 页；用来取代 SFAS No.33 的 SFAS No.89 正文只有 4 段，而附录则长达 104 段共 20 页。SFAS No.19《石油天然气生产公司的财务会计与报表》共 275 段 53 页。国际会计准则就比较简练。例如，IAS No.1《会计政策的披露》只有 25 段共 8 页；IAS No.2《在历史成本制度下存货的估价与报告》共 36 段 9 页；IAS No.23《借款成本资本化》有 30 段 9 页。我国台湾发布的财务会计准则公告也类似于国际会计准则一样的简练。例如，财务会计准则公告第 7 号《合并财务报表》只有 38 段共 8 页；财务会计准则公告第 17 号《现金流量表》才 13 页，正文仅 22 段共 6 页。

了记录[除在报表中再确认外,初始确认是指一个项目应在何时正式记入哪一个要素及其所属科目(账户)],因此,正文关于会计处理的说明实际上以确认和计量为主。仍以存货为例,在正文应当说明:

1.在何时,一个项目方可以当作存货初次入账?

2.初次入账应按存货的历史成本,其成本是多少?

3.存货既有收入,又有发出(包括发出交由生产使用、直接销售或间接销售变卖等)。存货发出时其成本应如何计算?我们知道,每批存货都按其历史成本(当时购买付出的交换价格及其他费用、生产完工的制造成本)来记录,但各批存货的入账成本并不相同。发出存货时,除非能个别辨认,实物流动与其成本流动保持一致。否则,存货的发出成本就只能是各批历史成本重新组合(或按加权平均,或按先进先出,或按后进先出等不同方法)后的一种由会计人员"加工"的成本。按组合的"加工"成本记录它的发出,实物流动与成本流动就不可能再一致。虽然,存货的收入总价值(金额)与发出总价值及结余价值之和是相等的,而每批存货发出成本应产生了差异。这一差异,会直接影响到当期损益(因为销售成本来自存货成本,存货成本高低马上从当期经营损益中反映出来)。因此,存货(发出)计价的几种方法:个别辨认、加权平均、先进先出、后进先出等,由于都以历史成本为基础,从而一般都被各国的存货准则承认。它们都成为准则所允许企业有权从中选择采用的备选方法。会计上,按这种企业在准则所允许范围内,选择会计程序和会计方法的权力,称为企业的"会计政策"(accounting policy)。其所以称为政策,按照我的理解,尽管采用某程序或方法在表面上属于会计技术,实际上由于选用不同程序和方法的结果,可以起到调节和均衡收益,推迟或提前纳税(所得税)等作用。因此,这些程序和方法的选用总会同企业的经营政策与理财政策联系着的。与存货计价类似的还有固定资产折旧时,准则允许的备选折旧方法等。

4.具体准则作为一种规范,对于备选方法的选用,既可以表达准则制定机构的倾向意见,又可以通过其他法规施加某种限制。

例如,国际会计准则委员会就准备在今后修改存货准则(IAS No.2)中规定"加权平均法"和"先进先出法"作为基准的方法(benchmark method),而把"后进先出法"作为备选的方法(alternative method)。也就是说,前面两种方法才是国际会计准则委员会推荐为"优先使用"或"必须使用"的方法。有的国家在会计准则中虽允许采用后进先出法,而税法则不允许采用。于是,在计算"应税收益"时仍需按其他方法加以调整。这就是限制。

(四)揭示(信息披露)

正文主要说明某一项目(或某几个项目)的确认与计量,正文之外的揭示部分还应说明有关该项目的哪些会计信息应在报表中披露,以及如何披露?

仍以存货为例,在资产负债表上应予披露的信息是期末存货的价值。上面已看到,存货是按历史成本入账的,但存货在资产负债表上的揭示,按照长期以来的国际惯例,并不是按期末的成本,而是按其成本或市价,或视两者孰低。这种特殊的计价方法是为了满足短期债权人了解企业偿债能力的需要而流传到现在,并构成了会计中贯彻稳健(谨慎)惯例的一个代表措施。

在严格的意义上,上述国际会计惯例,存货的日常记录和报表揭示执行了两套不同的计量标准:日常记录按历史成本和重新组合加工的历史成本;期末报告则按成本或按市价,取其低者。因此,存货在期末要进行重估价。其特殊之处在于:存货在期末应分品种或分类别按市价重估价,但不完全按重估的市价反映。在报表上,不同品种或类别的存货,采用了不同的计价标准。这种服从于稳健惯例的计价方法,既不全部按成本,又不全部按市价,是一种被扭曲了的双轨计价规则。除了"谨慎"这条理由外,似乎找不到其他理由。如果说财务会计由于允许会计人员进行估计与判断以致难以反映企业的真实价值而受到指责,那么,按成本与市价孰低原则来计量存货、有价证券等资产的做法,一直存在着争论就不难理解了。

在具体会计准则中关于信息披露的规定,既包括表内,也包括表外,即报表附注中应当说明的

事项。例如,在存货准则中应当要求在资产负债表附注中披露:

(1)企业关于存货计价所采取的会计政策(主要指存货发出的计价方法)。

(2)上述政策在本期若有变更(如原采用"先进先出法",本期改用"后进先出法"),应说明变更的理由和由于变更而对经营成果和财务状况所产生的影响。

(3)企业在报告存货价值时所采用的计价规则,如成本与市价孰低(但也可以在表内存货项目后用括号作旁注)。

(4)企业期末盘亏的存货和损毁的存货。

(5)寄存和其他应由企业代为保管的存货。

不同具体会计准则中关于信息披露的规定不可能完全一致。我们认为,应当遵循信息使用者对信息的需要和"充分披露"、"实质重于形式"等原则,根据不同的会计业务提出不同的要求。

(五)解释权和生效日期

一项具体会计准则不论定得多么详细,在执行过程中,总会遇到一些难以解决或不明确的问题。这就需要解释,如同法律需要解释一样。解释是需要有权威性的,它同准则应具有同等效力。因此,准则的解释权与制定权和发布权应是统一的,最好共同隶属于一个机构,以防止政出多门,产生不必要的矛盾。而且,由于准则机构负责解释,能较为准确地体现准则制定的意图,不致曲解准则的原意。在国际上,把准则的解释视同准则并集权于准则制定机构,美国可算是这方面的典范。例如,长期以来,美国公认会计原则的代表文献就包括美国财务会计准则委员会对财务会计准则以及过去发表仍可适用的《会计研究公报》(ARSs)、《会计原则委员会意见书》(APB Opinions)等进行的《解释》(FASB Interpretations)。1992 年 1 月美国第 69 号审计准则公告(Statement on Audit Standard No.69)《在独立审计报告中遵守公认会计原则公允表述的涵义》,进一步把代表美国公认会计原则的文献分为五个层次,其中第一个层次(即最具有权威性的层次)就是由包括 FASB Interpretation 在内的四项文献代表的。即:ARSs、APB Opinions、SFASs(FASB Statements)和 FASB Interpretations(第 10 段和第 15 段)。在这里,"解释"与"准则"处于同一个层次。解释权与准则制定权则同属于美国财务会计准则委员会。

具体准则的公布日期不等于生效日期,因此,准则应在最后明确规定于何时生效。

(六)附录

具体准则通常包括一些附录。附录通常有三类:

1.提供制定该项准则的草拟、讨论过程中的背景资料,以便人们更好地理解制定该项准则的必要性和有关的重要观点。

2.提出在制定该项准则过程中有争论的若干问题,介绍主要的不同观点并明确准则制定机构作出的结论。

3.对于准则中较为复杂、疑难的会计处理和信息披露事项,用一些简单明了的数字,举例说明准则所要求的确认、计量、记录和报告的程序与方法。

以上所说,是具体会计准则一般应具备的内容或基本结构。至于内容的繁简则取决于不同的准则。

有了具体会计准则后,它同行业会计制度的关系如何?这是人们普遍关心的问题。大体上有两种不同的意见。一种认为,行业会计制度原是我国计划经济条件下的产物,按照国际惯例,准则制定机构只制定和公布会计准则,并不制定会计制度。在美国,注册会计师协会虽定有《产业审计与会计指南》(AICPA Industry Audit and Accounting Guide)与《实务公报》(AICPA Practice Bulletins),但这两类文献主要是用来说明因行业特点而产生的特殊会计问题应如何处理和解决,它并不同于我国的会计制度。事实上,我们之所以要制定具体会计准则,就是要让它取代行业会计制度。一整套基本上够用的具体会计准则一旦出台,行业会计制度作为过渡性的规范手段就完成历史使命了。另一种观点则认为,从我国国情出发,即使大量具体准则出台,行业会计制度也不能立即取消。这是因为:第一,具体会计准则主要规范企业有关会计事项的确认、计量和报告,在广义上,是指那些必须加以规范的会计政策(允许企业选用的会计政策也要由准则作出规定),一般不涉及账户的设置、使用和账务处理(按复式簿记系统加以记录的全过程)。当然,会计确认包括会计记录(在何时记入哪一账户的借方或贷方),但这只限于同该准则所涉及的会计事项有关的账户和账务处理或报表的信息披露,至于全面核算该项会计事项所涉及的账户(科目)及其使用,尤其是一个企业应当设置多少账户来处理它的全部会计业务,应当编制多少报表,它具有哪些内容才能满足经营管理和外部使用者的需要,这一系列问题的解决似乎仍得借助于行业会计制度。虽然具体准则中已有资产负债表、损益表和财务状况变动表(现金流量表)等等,但具体准则对报表内容只作出原则性规定,不可能反映不同行业的特点。第二,考虑到会计制度是我国会计界所最熟悉的会计规范形式。过去出现三个"分隔",不是起因于制度的形式,而是基于它所规范的内容。事实上,具体会计准则与行业会计制度在内容上并无不必要的重复,而是各有侧重,仅仅略有交叉而已:具体会计准则是针对各行业共有的或少数行业(企业)会计业务(事项),跨部门、跨行业着重在确认、计量和信息揭示等方面所作的"横向"规定;而行业会计制度则是按某一行业中的每个企业应当设置的会计科目(账户)及其使用说明和应当编报的报表及其编报说明所作的"纵向"规定。两者是相辅相成可以结合使用的。结合的方法可以通过两条措施:一是根据具体会计准则,修改行业会计制度中关于会计科目及其使用说明以及报表的格式及其编报说明。为了使会计制度不致朝令夕改,具体会计准则要一批一批地公布实施,并应在准则公布前就对制度进行修改,使会计准则的出台与会计制度的修改尽可能同步。在这里,我认为,不求快,务求稳,不能乱,对于会计来说,这个要求是非常重要的。二是在具体准则的附录中除列举数字,用简例说明会计处理外,还可再列举该准则中会计处理需要运用到的会计科目,并进行使用说明;对于信息披露,也可列举在报表中揭示的方法。如果第二种观点能全面完善地执行,我赞同具体会计与行业会计制度同时并存。但不妨在执行中灵活一些,即允许有条件的大中型企业,经过批准,把行业会计制度仅作为示范制度,从本企业的特点出发,在会计准则的示范下,制定本企业的会计制度。其他企业,则仍需执行已受具体会计规范的行业会计制度。这样,既能符合中国实际,不搞"一刀切",让行业会计制度继续发挥它的积极作用,又可促进大中型企业努力提高会计业务水平和会计的规范技能,在向国际会计惯例接轨的道路上先行一步。

四、我国应当制定哪些具体会计准则?

(一)原则

会计准则是规范财务会计(会计核算)的一个体系。除基本准则(属于概念结构性质)外,主要就是具体会计准则。我们究竟需要制定哪些会计准则。其数量是多少?对于这个问题,那是很难作出肯定答复的。因为,财务会计作为一个信息系统,是一个开放的、不断发展着的系统,它存在于市场经济的环境中,而市场经济则是不断处于完善中的动态经济。政治、经济、财政、金融、贸易法律等因素,都直接影响处于市场经济中的现代企业的经营活动、投资活动和理财活动,从而决定财务会计必须处理哪些问题以及这些问题的会计处理应如何规范。例如,以股份有限公司为代表的现代企业不断发展,企业的长期股权投资就会出现异常复杂的情况。对于被投资企业而言,可能只属于少数股权,也可能具有重大影响力以至于达到控股的程度。于是,投资企业在后两种情况下同被投资企业应成为"有关联者"(related party)。这样,就有以下不同的会计方法需要运用,并因此而通过会计准则作出不同规定:(1)本企业若属于少数股权,而被投资公司的多数股权已达到控股程度因而需要编制合并报表时,应当反映包括本企业在内的少数股权的权益;(2)本企业若对被投资公司具有重大的影响力(参与该公司的经营、投资和理财等方针的决策,但尚不能控制决策从而控制该公司采用何种方针),长期投资应采用权益法进行反映;(3)本企业若对被投资公司已能控股(不仅参与该公司经营、投资、理财等方针的决策,使其采取的方针服从于本企业的投资目标和经营利益),则长期投资的核算就应通过"合并财务报表"进行反映。当投资企业成为母公司而购买子公司(被投资企业)的股份时要考虑商誉及其会计处理。凡属于有关联者的企业,不论母子公司,或具有重大影响力的投资企业和被投资企业,都必须在报表附注中披露:①有关联者的企业和个人;②与有关联者企业发生的交易,其性质与金额。又如,由于现代国际金融与国际贸易技巧的日新月异,为谋取预期利益或逃避预期风险的各种期货交易,包括远期外汇交易、利率互换交易等日益盛行。这样,一个企业就可能出现这样的合同:一个企业发生财务资产而另一个企业发生财务负债或权益证券这种合同(合约)通常称为"融资证券"或"融资手段"(financial instruments)。融资证券的确认与计量,已成为90年代财务会计面临的一个新问题,也是国际会计准则委员会、加拿大和美国正在致力制定会计准则的课题之一。由此可见,具体会计准则是很难确定它的内容和数量的。可以说,只要新的会计业务和问题随着企业经济活动和市场经济的发展而不断涌现,只要财务会计为规范这些业务而制定准则符合社会的需要,具体会计准则的制定任务就永不会终结。

我们现在的有利条件是:许多工业发达国家和国际会计准则委员会制定了一批会计准则,它们在制定时也是根据需要,一个一个地陆续出台的。但国外制定这些准则的经验都可以供我们借鉴,虽然我们不敢说后来居上,但至少可以少走弯路。

本来,西方国家出台的会计准则,并没有按照既定的原则决定其先后顺序,而是根据需要。已出台的会计准则大体上可分为通用、特殊、特殊行业、报表及信息披露四类。我想我国制定会计准则,可从中概括出几项原则。(1)如果特殊业务准则不是特别紧急和迫切,应先制定通用业务的会计准则。(2)在通用业务会计准则中,如果某个项目不需要优先加以考虑,则可先制定那些在交易事项中出现最为频繁和大量的项目(如存货、固定资产、应收款项、应付款项等)。(3)特殊行业会计准则应当限制对象,控制数量。制定权原则上应属于财政部,但可委托有关部门代为拟定。受托的部门或单位必须以基本会计准则为规范,在体例上注意同其他具体准则相互协调。

(二)对财政部拟制定会计准则项目的评述

最近,财政部将应收款项等7个准则的征求意见发到有关部门、单位和院校广泛征求意见,并附了"拟制定的会计准则项目"共32个(文件指出,这些项目"将根据形势的发展作必要调整和补充")。

第一,应当肯定,拟制定的会计准则项目是比较全面的,如果近期内都能出台,基本可满足指导会计核算的需要。

第二,从我国现在的企业经营形式和国有企业都将逐步向现代企业转变这一事实出发,建议增加几个准则:(1)股份制改组中的资本溢价及其会计处理;(2)股份制改组中的商誉计算及其报告;(3)股份制企业职工宿舍会计;(4)股份制企业公益金会计;(5)企业承包。

第三,有些类似项目其名称应当一致。如应收款项与应付项目,统一用"款项"或统一用"项目"。

第四,有的项目的名称很别扭,如"银行"。若改称为"银行会计"就比较顺。

第五,有的项目不明确,如"权益"究竟指全部权益抑或所有者权益?我认为只能定为"所有者权益"。因为,"应付款项"也代表权益(债权人对企业的索偿权或要求权)。此外,如再增加一个准则:长期投资(比如公司债的溢价、折价、利息计算、偿债基金的建立都比较复杂)则更好。有的项目在名词上则值得推敲,如:“研究与开发”、“或有与约定”等。建议把前者改为“研究与开发成本”,后者改为“或有事项和约定事项”。

第六,在国外,虽然具体准则是随着经济发展的需要而逐步制定的,它们之间并不形成体系,也无严格的分类。但我们不妨把它们作如下分类:

具体会计准则包括:

1.通用业务准则

应收款项　存货　投资　固定资产　无形资产　研究与开发成本　递延资产　应付款项　长期负债　所有者权益　收入确认　借款费用资本化　所得税会计　或有事项和约定事项

2.特殊业务准则

外币业务　期货　租赁　合营企业　企业合并　长期合同易货贸易　社会保障　补助与捐赠　企业清算

3.特别行业准则

银行会计　保险会计　石油天然气公司会计　音响影视业会计　电脑软件成本

4.报表准则

资产负债表　损益表　财务状况变动表(现金流量表)

为了明确不同类别具体准则的相互关系,还可以用下列图示来揭示:

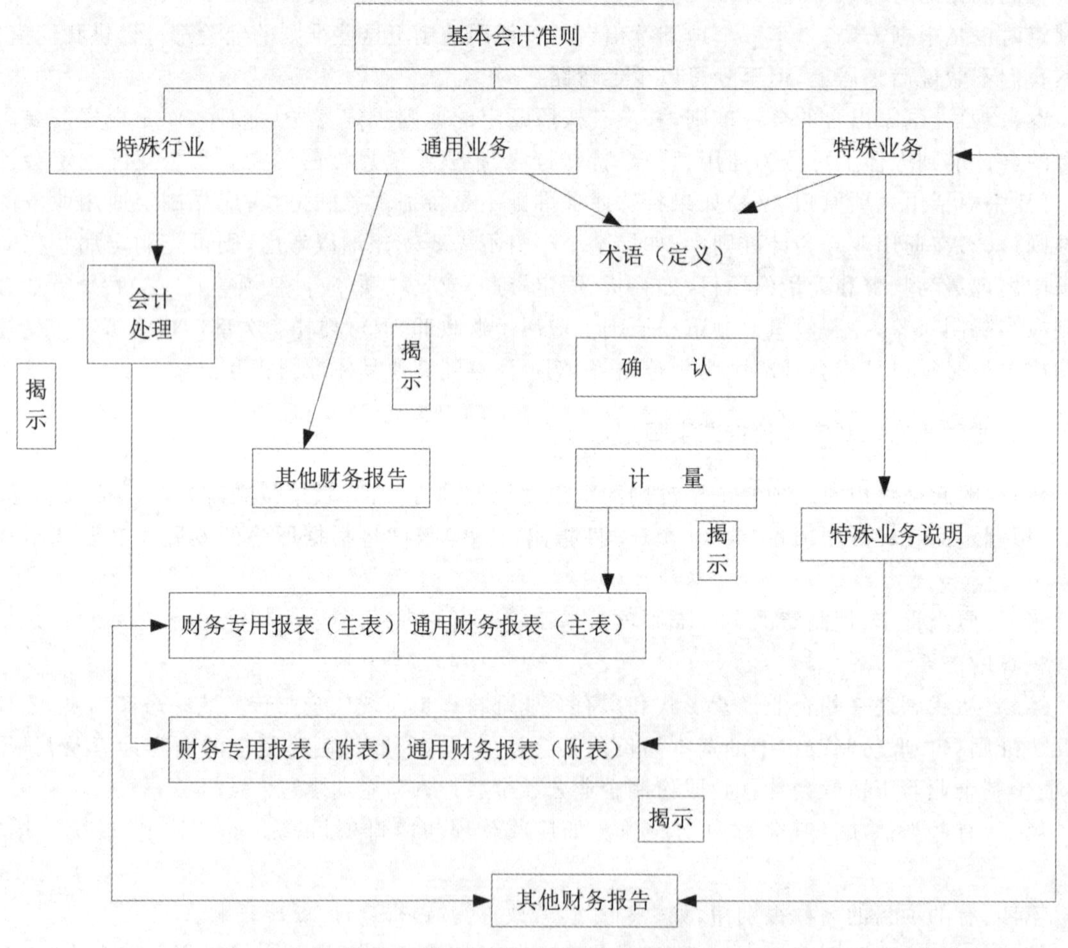

图2　不同类别具体准则的相互关系

(三)几点建议

1.现在就应当明确在具体准则出台以后是否逐步取消或继续保留行业会计制度。根据我国国情,还是使准则与制度双轨并行一个时期较为稳当。为此建议负责“××号准则”制定的部门和人员应同时据以修改行业制度,或拟一个行业制度“执行××号准则的补充通知”,一并发出征求意见。

2.有些问题可能需要组织研究与讨论。讨论的结果将有助于具体准则的制定与执行。这些问题主要是:具体准则与财务通则(或其他财务管理规定)的关系如何?具体准则与税法(主要是所得税法)的关系如何?具体准则的制定在不违反有关法律(法律明确不允许的)的前提下,是否应当参照国际上有关准则的制定趋势,适当地超前?搞一些暂不作为准则的征求意见稿或研究报告(类似于国外的 DM),力求未雨绸缪,以免临渴挖井,手忙脚乱。

3.建议财政部会计准则课题组与中国会计学会合作,共同拟定有关会计准则研究的两类课题:

第一,当前迫切需要解决的问题;

第二,属于基本理论的问题。

发动全国会计理论界与实务界,组织讨论研究并撰写文章,组织在《会计研究》和其他会计刊物上发表。

4.建议中国注册会计师协会积极参与具体会计准则制定的研究工作,并承担反馈意见的任务。希望把《注册会计师通讯》尽快改为公开正式发行的刊物,以扩大研究和讨论会计准则的阵地。

(原载于《会计研究》1995 年第 1 期)

关于市场经济条件下会计理论与方法的若干基本观点

40

葛家澍

一、关于财务会计概念结构

财务会计概念结构,是财务会计理论的一个组成部分,或者应该说是财务会计理论中有用的部分,因为它是直接用来评估现有的会计准则、发展未来的会计准则的。由于财务会计概念结构是财务会计理论的一个组成部分,我们不能把财务会计概念结构和财务会计理论画等号,它们的内容并不相同。会计理论比财务会计概念结构要大得多,还包括各种理论观点、各种学术流派、财务会计的发展历史等,而这些内容却不反映在财务会计概念结构中。

财务会计概念结构是一个理论系统,它是用来反映财务会计这一特殊的信息系统的。我们知道作为一个信息系统的会计,特别是财务会计,它产生于市场经济,并依存于现代企业。现代企业中资源的提供者通常称为企业的"外部",他们不参与企业的日常经营管理。而日常经营管理工作是由资源提供者委托经理人员来进行的,通常叫做管理当局。后者称为企业的"内部"。这样,出现了经营者和所有者之间的分离。这里,所有者是广义的,包括各种资源提供者,甚至债权人。经营者与所有者在法律、法规的约束下,通过各种合同,相互结合在一起,成为企业。在一定意义上,可以说现代企业是在法律法规的指导下各种合同的结合。现代企业的经营者和所有者是不可分割的,他们的利害关系是密切联系的。但他们又是互相分离的,他们之间存在着委托与受托的关系,也存在着利害关系的根本一致性和利害关系的矛盾性。矛盾在于所有者和经营者都要谋求各自利益的最大化,因此,他们是不可能没有利害冲突的。

财务会计作为企业的一个经济信息系统,由经营者控制。因为,企业的会计部门受经理的领导。但是,财务会计这一信息系统所输出的信息又是供所有者去使用的。因此,这里又出现另一个矛盾:财务信息的提供者与其使用者之间的矛盾。财务会计信息系统离不开市场经济与现代企业这样一个大环境。反映这一系统的财务会计概念结构是以市场经济与现代企业的一些基本理论为基础的。离开市场经济的理论,离开现代企业的理论,就很难理解财务会计概念结构。

财务会计概念结构是由一系列为财务会计提供说明并为财务会计所应用的基本概念所组成的。我们知道,概念与概念之间的联系是无穷的。把一些概念结合在一起研究,就必须作出人为的规定。那就是:只能把一些互相耦合的、联系紧密的、对评估与发展财务会计准则所必不可少的概念结合在一起,并定义为理论系统,这就是我们所说的概念结构。所以说,概念结构是为研究财务会计最实用理论而作出的科学的规定。通过这一科学的规定,把会计中无限的问题缩小为有限的问题进行研究。这样的研究,使我们只探讨财务会计中经常要引用的一些概念,其目的在于直接回答财务会计准则制定、执行过程中所存在的理论问题。

目前，各个国家和国际会计准则委员会都在研究财务会计概念结构，他们研究概念结构大多数都是从目标开始的，其内容几乎都包括目标、会计信息质量特征、财务报表的要素及要素的确认、计量，还有一些未出台的有关报表的内容、形式等方面。这种做法，是美国的发明，其他国家纷纷效尤。我认为，财务会计概念结构不应只限于这些内容，它还可以扩大。至少有两个问题也可以放到财务会计概念结构中去研究：一个是财务会计的基本假设，另一个是财务会计的对象。

二、关于会计基本假设

会计的基本假设（basic postulates），曾经是美国在60年代以前研究概念结构的出发点。美国会计原则委员会所属的会计研究部于1961年发表的《会计研究论文集》（ARS）第一号的题目就叫做《基本会计假设》。在此以前，美国在研究会计理论或概念结构时，是把基本假设放在首位，通过基本假设，演绎出一些会计的基本原则，然后，再根据这些基本原则，来制定财务会计基本准则。但是，自从财务会计准则委员会开始研究概念结构之后，或者说，在1970年美国注册会计师协会（AICPA）决定研究财务报表目标之后，情况有所改变。从这一时期开始，美国的职业界和学术界好像把目标看得最为重要。1971年成立了特鲁伯鲁特委员会（Trueblood Committee），该委员会提供了一份报告——《财务报表的目标》。这时，财务会计准则委员会刚刚成立，所以，把目标放在第一位，并不是财务会计准则委员会的发明。但从此以后，财务会计准则委员会在1978年开始发表一系列的概念公告，第一份公告就是目标。

《特鲁伯鲁特报告》（Trueblood Report）仅仅是一份研究报告，并且是由美国注册会计师协会所组织的。对这份研究报告，今后如何处理？任务就落在美国财务会计准则委员会的身上。美国财务会计准则委员会成立之后，即对《特鲁伯鲁特报告》组织进行了多次的讨论，发表了自己的见解，得出了关于财务报表目标的暂时结论。这时，财务会计概念结构的研究计划尚未开始。美国财务会计准则委员会也只是继承了美国注册会计师协会的工作。70年代后期，美国的通货膨胀率比较高，1979年美国的通货膨胀率曾高达10%以上。由于通货膨胀率比较高，因此，美国的财务会计界就面临着如何应付通货膨胀对会计的冲击的问题。这时，计量问题比目标问题更为重要、更为现实。例如，是继续用历史成本计量，还是改用其他的计量属性？怎样在物价变动的形势下提供有用的信息？都是迫切需要解决的会计问题。1976年美国财务会计准则委员会在提出要研究概念结构之前，曾提出一份讨论备忘录，其名称是《财务会计与报告结构：要素及其计量》（Framework for Financial Accounting and Reporting: Elements and their Measurement）。备忘录的名称没有提到目标。这个备忘录被公认为美国财务会计准则委员会将要研究概念结构的信号。可见，在当时通货膨胀、物价变动的环境下，计量问题被提到比目标更为重要的议事日程。当然，美国财务会计准则委员会对目标问题也做了一些研究，如前面所说，已对《特鲁伯鲁特报告》做了初步结论，但现在要优先研究要素及其计量，特别要研究与计量有关的收益的定义。我们知道，定义收益主要有资产负债观与收入费用观，在这份备忘录中要求对这两种收益观展开讨论。这说明，在当时物价变动的条件下，如何正确地确定收益是非常重要的问题，如果不能较好地处理此类问题，往往会高估或低估收益，这将影响到资本保持（capital maintenance）。高估收益实际上侵蚀了资本，低估收益则把一部分收益纳入到资本中。当时要求将收入区分为两个部分："资本补偿"（returns of capital）和"资本报酬"（returns on capital）。不过，1978年发表的第1号概念公告，还是企业财务报告的目标。等到发表第2号概念公告时，则对概念公告做了解释：财务报告概念结构是一系列相互关系、内在一致的基本概念，其中，目标是指引方向的，其他基本概念是人们经常要应用的。在第1号公告中,也说明了今后将要研究哪些概念,但其中没有提到基本假设。因此,基本假设的地位与作用似乎成了问题:例如,在财务会计概念结构中,会计的基本假设是否有一席之地?美国财务会计准则委员会是否真的把基本假设抛在一边?如何估计基本假设的地位和作用?

首先,让我们看一看美国财务会计准则委员会的研究报告究竟有没有提到基本假设。在第1号概念公告中,特别是有一节讲到环境与目标的关系,多次提到了一系列的基本假设,没有用"假设"的概念,而是被描述为财务报告目标的环境,比如提到以企业为主体、企业是持续经营的、以货币为基本计量尺度等,但是避免使用假设这个名词,是美国财务会计概念结构的一个特点。然而,它在讲目标时,还是讲了基本假设,不过它是联系环境、联系要素讲的。除第1号概念公告在目标的环境部分论述外,在第3、第6号概念公告中,都涉及与假设有关的概念(例如主体假设,几乎成为每一个要素的定义的基础,没有一个财务报表的要素和定义不用"主体"作为限制词)。因此,我得出一个初步结论:美国财务会计准则委员会不是把基本假设丢开,而是不把假设纳入基本的概念体系,但却作为概念结构的基础。概念结构本身已是一个基础,假设又作为概念结构的基础。这里,有必要分析有关"假设"的几个概念。

basic postulates(基本假设)、postulates(假设)、basic assumptions(基本假定)、assumptions(假定)这些概念在西方的会计理论中,经常混用,很不明确。其实,这四个概念的意义是不尽相同的。

基本假设(basic postulates)是假设中的基本构成,它的数目应当很少。基本假设是来自商品经济或市场经济的环境,并由经济环境所决定的。它的主观估计成分最少,基本上属于不言自明的规律性知识。比如,主体假设主要是指商品生产者和商品经营者,而商品生产者和商品经营者存在的前提则是商品经济即市场经济;反之,没有现代企业,就无所谓主体(当然也包括非企业单位的主体,但最主要的主体是企业)。因此,主体假设是建立在市场经济的基础上。又如,以货币为主要的计量单位假设,是与商品经济直接相关的。因为,有商品就有货币,有商品交换就需要有货币交换,只有货币才能代表一切商品的价值。价值是非常抽象、不可捉摸的,而价格则是唯一能够用来计量价值,使之可以捉摸的手段。持续经营假设可能带有一定的主观假定性,因为在市场经济中,竞争很激烈,企业很难真正长期、无条件地持续经营下去,而在经营过程中出现合并、改组、破产等,都是可能的。但就大量的企业来看,其中的大多数又可以持续经营。破产、改组、清算的企业毕竟是少数,持续经营的企业应该说是多数。因此,尽管持续经营带有主观假定性,但仍然是立足于市场经济环境之中的现实。所以,目前一般承认会计的四项基本假设。应该说,这四项基本假设都是来自商品经济,有些虽然包含有人们的主观判断成分,但其主观成分较小,客观成分较大。

在美国会计原则委员会所属的会计研究部第1号研究报告中,还曾提出了两条值得我们重视的假设:暂时性(tentativeness)和市场价格(market price)假设。

暂时性假设是与持续经营、会计分期相联系的一项假设。一个企业假定是持续经营的,又要人为地把它分为若干个会计时期分别提供会计报表,所以,这些报表必然有人为的估计成分和主观成分,由此而得出来的财务状况和经营成果应是暂时的,不能把它看成是永久的。永久的结果要等到企业经营结束时才能产生(确定企业究竟是盈还是亏)。因此,暂时性假设可以提醒信息使用者在作出决策时,要考虑到信息的不确定性。它并不代表企业的最后结果,而只能是暂时的结果。清醒地估计到这一点,对于我们进行决策将很有帮助。也正是基于暂时性假设,会计信息不存在客观性。换言之,会计信息不可能与客观现实完全一致,它只能是有条件地与环境一致,它要受到假设与环境的制约,并受到时间因素的限制。

既然承认商品经济是财务会计最重要的外部经济环境,货币是计量商品经济最好的尺度,那么就要承认市场价格是必要的计量属性。前已指出,价值是很抽象的,它本身不能直接被人们把握到。它只能通过货币来反映,货币相当于价值的一面"镜子",运用货币(观念的货币),价值才能捉摸到。问题是，货币本身只是计量单位，某一商品究竟值多少，取决于价格，人们在市场上进行交换，都是以市场价格而非成本为根据的。一旦进入会计账户，价格就转化为成本，原因何在？目前尚无法解释。当前(传统)的会计模式，过分夸大了历史成本的好处，认为资产按市场价格入账后，即不再变动，是会计的一个优点。确实，从简化的角度来看，这是优点；但从如实反映的角度来看，就应当说是一个缺点了。我想，随着计量属性的改进，今后，市场价格假设可能会提到议事日程上来。

把持续经营作为基本假设，或作为一项基本假定，争议较大。应当看到，持续经营具有两重特点：一方面，它对企业全部的经济业务都起作用；另一方面，又有一定的估计性，还要有证明它成立与否的证据。因此，持续经营这一概念作为基本假设抑或基本假定，是可以再讨论的。我们之所以把它作为基本假设，是因为在商品经济条件下，任何一个企业随时都可能遭遇风险，没有“万岁”的企业。但大多数企业是能够持续经营的，而且我们又补充一条：在没有相反的证据下，它才能够成立。在这个意义上，持续经营可以作为基本假设。不过，应当承认，持续经营与市场经济竞争的原则是相违背的。它不能适用于所有企业，总有一些企业不适用。权责发生制也是如此。商品经济条件下一般采用权责发生制，但也可以采用收付实现制。严格地分清经营责任，当然要用权责发生制；反之，收付实现制也有它的用途。另一方面，权责发生制或收付实现制不是对一项交易，而是对相当多的交易起作用的。这样看来，把持续经营、权责发生制等概念降为第二层次——基本假定——也是有道理的。

基本假设是第一层次，除基本假设外，还有第二层次的假设，它相当于学术界所说的基本假定(basic assumptions)。在这一层次的概念中，估计和假定的成分，比第一层次的概念要大。但从总体上说，又是必要的。即：必须要作出这样一些假定，才会有助于会计处理。如权责发生制，就是人们带有主观性的判断，但这种主观性判断基本上符合目标。前已指出，持续经营也可以视为基本假定。我认为，有了第二层次——基本假定，就比较容易解释国际会计准则委员会为何不用 postulates，而用 assumptions。国际会计准则委员会最早提过三个基本假定：持续经营、一致性、权责发生制。90 年代发表的概念结构，把一致性删除了，只提持续经营、权责发生制两项基本假定。但它也没有提到我们列为第一层次的几项基本假设。国际会计准则委员会不提这些基本假设，是否意味着它不承认这些假设？否！它在所制定的准则中，都遵守了这些假设。看问题要看实质，而不能看形式。国际会计准则委员会之所以不提它所奠定的基本假设，可能是因为在市场经济中，这几项基本假设已是不言自明、人人皆知的前提。

第三层次就是假定(assumptions)，会计上一般的假定很多，它是对个别经济业务、个别交易所作的判定，不少的假定带有估计性。比如，在记录应收款项时，开始都按全部交易价格记录，这实际上是假定到期能全部偿还；若到期不能如数偿还，又要假定客户信誉不好，并估计其可能收回的比例，假定只能收回 80%或 90%时，就要提 20%或 10%的坏账准备。又如，按预计使用年限提取折旧，这是假定设备在使用中会磨损，其磨损程度随时间推移而增大；按年限摊销商誉，是基于垫支资本多付了，实际购买金额与被购买企业账面净资产的差额，要从以后的经营收入中得到补偿。以上这些假定充满了整个的财务会计，甚至可以肯定，它们也是对事物发展的合理或必要的判断。但是，它们不能像基本假设和基本假定那样，成为整个财务会计的基础，而只能作为某些具体经济业务处埋的依据。

作为财务会计概念结构组成部分的假设，是上述的第一层次基本假设；第二层次基本假定中如带有全局性影响的，也可以列为概念结构的一部分；第三层次假定则不是财务会计概念结构的研究对象。第二层次有没有资格作为概念结构的组成部分，要具体判断。一些影响比较大的基本假定，可以作为概念结构的一部分。这就是国际会计准则委员会所说的权责发生制。我认为，如果权责发生制作为确认的基础而影响财务会计全局，可以列为基本假定，那么，借贷记账法似乎也可以作为基本假定,因为它对财务会计整个记录也有全局性的影响,但记录又不是非用借贷记账法不可。

基本假设可以列为与财务会计外在环境相联系的部分,也可以直接进入概念结构之中。这就看我们如何规定概念结构。上面说过,概念结构是人们主观的规定,它的范围不是固定不变的。基本假设如放在环境里论述,它就变成了环境和概念结构的中介。无论放在何处,问题是要承认它,前已指出,美国财务会计准则委员会主要是在环境对财务会计概念的影响中论及基本假设的。通过环境来描述基本假设的优点是:比较灵活和主动;不必再在基本假设概念的层次上进行争论(如承认多少假设?如何概括假设?是否应与目标等概念相并列以及在其他概念中如何体现假设等)。就是说放在环境中写基本假设,比较方便。但也有一个缺陷,就是对基本假设的作用不可能充分说明,分析不可能深透,从而不能体现基本假设的应有地位。其实,基本假设对财务会计所起的基础性作用,是非常大的。比如,财务会计现行模式的基本特点和局限性,倘若离开基本假设,就很难解释。又如,财务会计为什么只提供特定主体的信息,为什么主要提供历史信息,为什么财务会计中成本的核算取代了价值的核算,为什么目前的财务报表无法实现美国财务会计准则委员会在第一号报告中的目标要求等问题,如不研究财务会计的基本假设,同样难以回答。因此,我倾向于把基本假设作为财务会计概念结构的一个内容。这样,在财务会计概念结构中,最高层次将有三个概念:假设、目标和对象。50年代争论对象,一个明显的缺陷是没有研究目标和假设,如要将它们联系起来,我们可能会对对象的研究更推进一步。在基本假设中,一般承认的假设为会计主体、持续经营、会计分期和货币计量等四项。但我们忽视了莫尼次的"市场价格"和"暂时性"两项假设。现在美国财务会计准则委员会已开始重视市场价格这一计量属性了。当时之所以被忽视,可能是因为财务会计一向以成本为基础,重心是历史成本原则。而在货币量度假设中又加上币值不变假设。可能就是这样,价格的计量逐渐化为成本的计量。这是会计的一大发明,也是会计学的计量模式与经济学衡量企业价值模式的根本区别。因此,我认为,从现在起,我们应当重新研究市场价格假设。如前所述,任何一个企业所提供的某一期间的经营成果信息,都带有暂时性性质。这是因为,会计采用权责发生制,收入的确认和费用在不同期间的分配,带有主观性。每一个期间的财务报表所反映的财务状况、财务状况的变动和经营业绩的信息,都是暂时的,只有到企业最终清算才是真实的,斤斤计较每一具体期间信息的真实性,似乎意义不大。

如果承认基本假设是财务会计概念中的一个层次,那么,它理所当然应成为财务会计概念中的最高层次,和目标处于同等地位。基本假设由客观环境所决定,目标则反映使用者的主观意图。一般地说,主观必须服从于客观。也就是说,目标要以假设的限定为依据。比如,我们若要求财务会计主要提供非货币的信息,那么它就无法做到,至少在财务报表表内无法做到。信息使用者的要求,在一定程度上是受基本假设的制约的。所以说,基本假设是财务会计的基本前提。它包含了两层意思:一表示基本假设是基础,二表示从基本假设可看到财务会计同它的经济环境——商品经济——之间的密切联系。

三、关于财务会计的对象和要素

(一)关于财务会计对象

当前,我们在研究会计目标时,总要回答:谁是会计信息的使用者?他们需要什么会计信息?这里都提到会计信息。如果使用者需要关于企业人事变动和职工的信息,会计就无法满足这方面的要求。原因是它们不属于会计的对象,不是会计信息。所以,会计对象规定了会计处理所反映信息的性质及其界限。

开始我们并不知道会计对象是什么，认识只能从实践中来。通过会计实践，我们逐渐看到，财务会计所处理的只是能用货币表现的交易、事项和情况。进一步地研究表明，这些交易、事项和情况，都是同商品经济中当作价值物的商品相关联的。这样，会计处理的事物就同价值分不开。在整个商品活动中，价值物是流动的。它们的流动，构成企业经营过程的各个阶段和不同的环节。在供应阶段、生产阶段、销售阶段，都有作为价值的商品在流动。而且，价值物只有通过流动，才使得价值不但得到保值，而且可以增值，起到双重的功能。因此，我们将经济活动中价值物流动的这一侧面，称为价值运动，或价值增值运动。

企业中发生的、能用货币所反映的交易、事项和情况等，是十分具体且千差万别的。将它们的特性舍去，保留共性，就是企业生产经营过程的价值增值运动。更确切地说，是价值增值运动。从具体到抽象，从表面到深入，从个体到总体，从感性到理性，这就是我们对会计对象的认识过程。由于社会经济的发展和新兴科学的出现，我们对会计对象的认识，也在发展、深化。

由于信息科学的出现，越来越多的人同意，会计是一个信息系统。这一信息系统的主要功能，就是将体现价值增值运动的数据加工为更加完整集中地反映价值增值运动的信息体系，以便于外部使用者进行决策，实施必要的控制。这样，会计信息系统出现了两个对象：

一是会计信息系统所应当反映、控制的对象，即企业经营过程中的价值增值运动，它处于会计系统之外，由无数的经济活动所组成，也就是说，它们是货币所能反映的交易、事项和情况的集合。会计系统能影响它们、反映它们，但不能直接干预它们(当然，通过决策也能进行干预，即控制)。它们不是发生在会计系统的内部，而是发生在系统外部的企业生产经营过程及其结果。因此，体现生产经营活动的价值增值运动，对会计信息系统而言，是处于会计系统之外的一个客观环境。价值增值运动同样是一个客观存在的外部，构成会计系统的环境。

二是会计信息系统加工处理的对象，一些交易、事项和情况要进入会计信息系统加工。这些加工的对象，不是在系统之外，而是在系统之内，但它们不是价值增值运动本身，也就是说，它们不是交易、事项和情况本身，而是交易、事项和情况所带来的数据。就像照相，照相机之外的景物或人是摄影的对象，存在于摄影之外。通过摄影，将人或景物拍下来，通过加工，可洗出很好的照片。照相机所摄取的是客观景物所发出的信息(或数据)。照相机系统和摄影人员所能控制、干预的不是客观存在的景物，所能干预的是摄影的过程如冲洗等。摄影的加工过程不是对客观景物的加工，而是对所摄取的影像所进行的加工。会计也是如此，对交易、事项和情况本身，会计无法直接干预。会计所加工的是价值增值运动发出的数据。因此，价值增值运动和它所发出的信息的关系，就像人的形与影的关系一样，它们的关系十分密切。通常情况下，形影总是相随的；但在现代科学技术条件下，它们又是可以分离的。会计的性质同样是如此。会计在处理交易、事项和情况所发出的信息(数据)时，可以将零碎、个别的经济数据，进行提炼、整理和加工，使之符合会计系统的要求，最后，通过财务报告更集中、更完整、更可靠地反映会计对象(即价值的保值与增值运动)。与此同时，客观的生产经营活动照常运行，并不断产生价值增值运动的信息，以供会计摄取和加工。

过去，我们很少接触会计基本假设这一概念，更谈不上对它有所研究。因此，认识不到会计对象与基本假设之间的关系。这十几年来，我们在这方面的认识有所进步，我们逐步发现，会计对象与基本假设之间有着十分密切的关系。目前学术界所承认的四项假设，每一项都涉及会计对象。如会计主体假设，实际上为会计的对象规定了一个空间范围，成为财务会计对象的价值增值运动，一切交易、事项和情况，都离不开特定的主体，每一主体都是会计的空间范围。主体假设在这里非常重要，它决定了财务会计一个非常重要的性质，那就是：会计主要用于反映微观经济活动。它是一个微观经济信息系统。持续经营与会计分期这两个假设，为会计对象规定了时间的界限，即：价值增值运动的反映要有一个期间或某个时日，到一定时点，就把会计活动暂时告一个段落，以便进行总结。持续经营假定价值增值运动是一个无限期的、连续的“流”,而会计分期假设则要求按年、按月对连续不断的价值增值“流”加以分割。正由于这两个假设,才使得财务会计能定期地反映企业的财务状况、经营业绩及财务状况的变化。至于以货币为主要计量单位的假设,则直接了当地指出,会计的对象是价值增值运动,因为,只有货币才能反映价值,价值只有通过货币才能反映出来,使之量化。否则,价值就是抽象、且难以捉摸的东西。由此可见,四个基本假设,都与会计对象有着十分密切的关系。这是我们在会计对象研究中的一个比较深化的认识。从这里可以看到,财务会计的概念结构,它的最高层次应当包括:会计的基本假设、会计目标和会计对象。它们应处在会计基本概念系统中的同一个层次。相对而言,会计对象与会计目标的关系远一些,不像假设与对象的关系那么密切。但在进一步研究后将会发现,要素的出现,既不能离开对象,又不能离开目标。

(二)关于财务会计要素

我们将会计对象表述为价值运动或价值增值运动,是非常抽象、概括的说法。会计对象的界定,既要用文字作定性的说明,尤其要用金额进行定量描述。这样,就需要将会计对象具体化,使它便于计量。

1.价值增值运动的总括表现,一是从一定时日来看,它反映企业的财务状况;二是从一定时间来看,它反映企业财务状况的变动与经营的成果。这是价值运动的总括表现,它比价值增值运动概念要具体,但仍然比较抽象。根据财务会计目标的要求,也就是根据会计信息使用者对会计信息使用的要求,价值增值运动必须区分为若干个可以计量、加工成有用信息的要素,这些最基本的要素,是组成两个报表的框架,一个组成资产负债表:资产、负债、所有者权益;另一个组成收益表(损益表):收入、费用和收益。这些框架不仅能用文字表述,作定性说明,而且可以量化表现。它们之间有如下的数量关系:①资产=负债+所有者权益;②收入-费用=利润。利润在分配前,又是所有者权益的一部分。这两个框架,相互之间在数量上是可以沟通的、勾稽的。从任何一个时点看,我们所能看到的是资产、负债和所有者权益;而从一个过程或期间看,则是收入、费用和利润。这里也体现了复式簿记的巧妙。这六个项目,称之为财务会计的要素,或者叫财务报表的要素。

所谓财务会计要素,与我们一般所研究的要素的概念不一致。我们一般所说的要素,是构成任何一个物体最小的分子或最基本的单位,即它已不能再分割了。财务报表的要素则不然,它是构成财务报表的、既相互联系又有所区分的大类。在财务报表要素下,还要加以细分。倘若细分,在报表中就是报表项目;在日常记录中就是账户。每一个企业报表项目和账户都不尽相同,但它们都分别隶属于共同的要素。由于财务会计要素只构成财务会计信息的大类,为数不多。美国财务会计准则委员会将其比喻为“积木”,根据“积木”可以搭成房子。所以,我们将其称为财务报表的基本框架。

财务会计要素的特点和作用,可以这样来概括:(1)来自财务会计的对象。即这些要素是从价值增值运动中来;(2)依据财务会计的目标。即要素的确定与信息使用者的需要有关。资产负债表是反映财务状况的报表,收益表是反映经营业绩的报表;(3)分类统驭财务会计信息;(4)用于财务会计的确认。这说明要素设立的目的。

2.我们是只设置上面六个要素,或还要多设置几个要素,其依据是什么?美国就有十个要素。并且,它做了解释,对企业用“全面收益”,对非企业单位用“净资产变动”,对企业用“所有者权益”,对非企业单位用“净资产”。这样,共有12个要素。要素设置的多寡,主要取决于目标。即所设置的要素是否能满足信息使用者的要求。要素本身也是信息,但它是一个总括的信息,一个企业有多少资产、负债、净资产等,是非常重要的信息。然而,仅有这些信息,是不能用于进行决策的。所以,要素还要进一步分类。进一步分类就属于会计科目与报表项目了。

要素的设置、分类与对象的关系是:在要素设置与再分类时,总体上不能超越对象的范围。或者说，要素和要素的进一步分类都是来自对象。这是对象对要素的约束，同时要考虑目标的要求，即在对象的范围里，设置多少要素、要素如何分类，基本上是由信息使用者的需要，即目标来决定的。

3.财务会计对象最基本地分为六个要素，组成两个报表。可能的问题是：为什么至少要分成这六个要素，而且它们要划清必要的界限。理由在于：财务状况与经营业绩是企业外部利害关系集团最关注的两类信息，可是，这两类信息又容易互相混淆。例如，资产与费用、负债与收入、所有者权益和收益就可以互相转化。因此，分类时，特别要重视容易混淆和容易相互转化的项目。第一，为了提供这两类信息，至少应编制资产负债表和收益表，把会计对象先分为上述六个大类即六项要素，组成两份基本报表，以便据以向使用者传递基本的会计信息；第二，为了保证这种报表的质量（实际上也是保证财务会计的质量），必须对六项要素给出严密的定义，使之既能定性，又可定量；第三，要在定义以及会计确认中，指出每一项要素的特性，尤其对于容易混淆的要素，如资产与费用、负债与收入、所有者权益与收益之间，应该划出明确的界限，以便作为确认的依据。比如：一项交易是应列为资产还是列为费用？其中，有多少应当列为费用、多少列为递延支出？又如，一项收入，是应作为负债还是作为收入？其中，有多少应列为收入、多少应视为递延收入？这些都应当通过要素的划分、要素的定义和确认的标准等，作出合理的规定。我认为，划分要素，给出既有联系又有严格区别的定义，是正确提供财务报表的关键。

为什么我们对于什么是资产、费用，什么是负债、收入，要分得一清二楚呢？如果将应列为本期费用的项目，作为资产，结果是利润虚增、财务状况也不实；反过来，如果将本应作为资产的项目作为本期费用，结果使得本期利润下降，财务状况同样不实。对负债和收入之间界限的混淆，也会出现类似后果。设置这六项要素的目的，就是要便于正确地确认不同的要素，保证这两类报表的真实、可靠。总之，把会计对象划分为这六项要素，基本的考虑是为了企业经营业绩和财务状况的真实性与可靠性。尽管这种真实性和可靠性是相对和暂时的，但我们仍要确保这种相对真实。如果做不到这一点，就不能如实地反映受托责任，一些相关的决策也将会出现失误。

4.要素究竟设多少，比较恰当。现在看来，没有严格、统一的标准。从目前世界各国来看，上面这六个是最基本的。在这六个基础上，增加几个也可以，但不能太多。要素是财务报表的大框架，而报表只有通行的几份。框架不应太细、太密，要素不能太多，要素不应当也不可能代替账户与项目，尽管账户要受要素的控制。目前存在的问题是财务状况变动表或现金流动表要不要设置要素，如何设置？对这一问题，存在两种不同的观点：一是认为第三报表可以不单独设置要素，因为按现在的账户体系，就可以编制财务状况变动表或现金流动表，没有必要再设置单独的要素。如果单独设置要素，就要有相应的账户与相应的确认、计量方法，从而使得现行会计模式变得复杂起来。第二种观点认为，从理论上说，要素是报表的框架，那么，目前所说的六项要素只是两个报表的框架，第三个报表没有自己的框架，这是不合理的。至少要素的设置是不完整的。并且，设置要素不等于要设置账户，不等于要有一套日常记录的方法和确认计量的方法，因此，还是有必要设立单独的要素。财务状况变动表可设资金的来源、资金的运用、资金的净变动；现金流动表，可设现金流入、现金流出和现金净流量，更细一点可将它们按企业的三种活动作进一步的区分，比如，现金流入可分为来自经营活动、投资活动和理财活动。现金流出也可按这三种活动分类。但是，这个问题目前还有待进一步讨论。

四、关于资产的定义

资产是一个很复杂的概念，它不能等同于资源，也不能等同于资本。资源是经济学的概念，不一定涉及量化的问题，也不一定涉及任何单位控制与使用的问题。至于资本，非常明确，只代表产权——对资产的主权，也不是资产。

与资源不同，资产必须要量化，用数量表示；而且，一般要能被一个单位或个人所占有、控制，并能为所控制的主体带来经济利益(当然，也可能产生未来的经济损失)。所以，在定义资产时，往往和如何量化资产相矛盾。这是会计中一个突出的问题。

许多会计学家对资产都下过定义，例如：

(1)斯普瑞格(Sprague)在《账户的原理》(*Philosophy of Accounts*)一书中说："资产是包括以前获得的服务，以及其他还在得到的服务的积蓄。"然后，该书列举了资产包含的七个具体内容。

(2)坎宁(Canning)在《会计中的经济学》(*Economics of Accountancy*)一书中认为："资产是指处于货币形态的未来服务，或可转换为货币的未来服务。它的权益是属于某个人或某些人。属于某个人或某些人的权益是合法的，或应该得到的。这些服务，之所以成为资产，仅仅因为它对某个人或某些人有用。"

坎宁说过，在他之前，没有人对资产下过如此明确的定义。但他自己也承认，接近他这一定义的，可能是斯普瑞格的定义。

(3)斯普路斯(Sprouse)与莫尼茨(Moonitz)认为："资产是预期的未来经济利益。这种经济利益已经由企业通过现在或过去的交易的结果而获得。"但这一定义当时被美国会计原则委员会所否定，而现在美国财务会计准则委员会又把它捡回来。

(4)1953 年，《美国会计名词公报》第 1 号写道："资产是依据会计的规则或原则，而在账簿上结转至账户借方余额所代表的东西。"这一定义的基本点在于：认定资产是一种账户的借方余额，这一借方余额是按账户记账规则所结转而来。

(5)美国会计原则委员会第 4 号报告(APB Statement，No.4)则将资产定义为："资产是企业按照公认会计原则所确认和计量的经济资源。"

(6)亨德里克森(Henderikson)与范布德(Van Bride)合写的《会计理论》中认为，资产应定义为"在一个组织的控制下潜在的服务或预期利益的权益。"这与美国财务会计准则委员会的定义有些相似，但它未指明"基于过去的交易"这一限制。

(7)美国财务会计准则委员会(FASB)在《财务会计概念结构公告》第 6 号中的定义是众所周知的，这里不再重复。

(8)美国证券交易委员会(SEC)的首席会计师舒尔茨(W.P.Schuetze)于 1993 年 1 月 12 日在 AICPA 举行的一次全国性会议上提出了他的资产新定义。在会上，他对美国财务会计准则委员会关于资产的定义提出了批评，认为它非常复杂、抽象，不具备可操作性。并列举了很多案例，说明这一混乱给实务带来的困难。因此，他提出新的定义，并认为，不要将资产定义弄得很抽象。他举了一个例子：一个企业如有一辆汽车，所有的人都会将汽车本身作为资产，没有人将汽车由于未来可以运货载客而可能带来的收入(当然要资本化)作为资产。资产应是实实在在的东西。所以，他的定义是："资产是现金、对现金或劳务活动的要求权，以及能够单独出售、变现的一些项目。"这个资产定义采用的是列举式。他既反对美国财务会计准则委员会的定义，又反对将资产定义为成本。他列举了些将资产定义为成本的现象，并作了批评(《Accounting Horizons》)。

概括起来，资产的定义约有三类，第一类是指未来的经济利益，以美国财务会计准则委员会的定义为代表、包括以前 Sprague、Sprouse、Canning 等所说的未来的服务或服务的积蓄，都可以作为美国财务会计准则委员会所说的未来的经济利益。第二类指成本，不少过去的会计准则所下的定义，认为资产就等于成本。根据 SEC 首席会计师的列举，例子很多，如把保险公司所获得的合同的成本作为资产；把商誉的购买成本作为资产；把发明的成本作为资产；把计算机的软件成本作为资产；把举债筹集的成本作为资产；把石油、天然气的勘探成本作为资产，而不是把储藏量作为资产，等等。第三类就是 Schuetze 所下的定义。

分析一下上面的三类定义。"预期的未来经济利益"，应该说是比较符合企业持有资产的根本目的，因为从一个盈利的企业来看，它持有资产的目的，当然是为了要获得未来的经济利益。从持续经营的观点看，一切资产都要在经营过程中转换它的物质形式，最后变成现金，然后再购买其他资产。这就是马克思所说的经营资本的循环。用公式表示就是 $G \rightarrow W \rightarrow G'$。尽管预期的未来经济利益，是对资产的定性描述，并指出资产确实具有这方面的特性，但问题则在于，它是难以计量的。此外，预期的未来经济利益不属于单项资产的特性，甚至也不完全属于物质资产的特性。因为，任何一个企业要形成现实的生产力，要具有盈利能力，必须既有物质资产（这就是我们现在所说的资产），又有人力资源，再由经营者把它们进行结合并予以合理的配置。就是说要组织起来加以营运，才能够取得未来的经济利益。同样，有再好素质的员工，如不能很好地组织起来，也不能带来未来的经济利益。所以，未来经济利益是属于企业整体的资产，不能将其归之为单项资产，甚至也不能只归之于物质资产。

舒尔茨对美国财务会计准则委员会的定义的批评，有一定的说服力，但他用列举资产的主要构成来代表资产的定义，不能认为是科学的、严密的。一个严密、科学的定义，既要有可操作性，也要能概括资产的本质。

前面所讲的各种定义，似乎都存在着不足之处。问题在于：会计学上资产的定义与经济学上资产的定义是不是要有所区别？我在思考之后认为，会计学上资产的定义与经济学上资产的定义应该要有所区分。这就是说，我们在研究会计学上资产的定义时，不能离开会计的一些基本假设和假定，这些假设与假定包括会计主体、持续经营、会计分期、权责发生制等，还应考虑长期以来将会计记录奠立在复式簿记基础上的记录原则。所有这些假设和原则，都制约着会计的确认、计量和记录。以资产来说，如严格地按其经济本质下定义，资产确实是未来的经济利益，但用于会计确认，有些问题就不好解决：如递延支出（deferred charges），有的实际上是损失，已不能带来未来经济利益，然而却非列入资产负债表的资产方不可。这只能用复式簿记的平衡机制来解释。把本质上不是资产的项目，列入资产负债表，就使资产负债表"不纯"。这个问题在理论上怎样说明？能不能这样考虑，资产负债表既包含严格意义上的资产、负债等要素，又包含在性质上不是资产和负债，但却直接影响净资产的财务项目。前面提到的递延支出以及没有说到的递延收益贷项（要列入负债），都属于财务项目。将递延借项列入资产负债表，意味着不减少当期收益，而是虚增当期的净资产；将递延贷项放在资产负债表的负债方，同样也没有增加当期的收益，而是相反地虚减了当期的净资产。这些直接影响净资产的项目，既可称为财务项目，也可称为资产负债表项目，而把它们与资产、负债、所有者权益等要素区分开。这样，资产负债表虽然不纯，但其作用并没有因此而降低，还可能更好地反映企业在某一时日的财务状况，使资产负债表更充分地发挥其作用，成为名副其实的财务状况表，同时，一些影响财务状况的财务项目列入该表，也比较名正言顺。因此，我们从会计学的角度定义资产时，仍然可以参照经济学中的定性部分，但同时要考虑会计的计量要求。要在会计上可以操作，便于用这个定义进行确认与计量。我认为，过去有一些定义是有长处的，我们应吸取其中的优点。不要用一种定义去完全否定另一种定义。比如，从资产来说，说它代表某一个主体由于过去的交易所获得的未来的经济利益，并没有错，缺点是不便于操作。能否在它的后面再加一句：这一经济利益是“可以用取得它所耗费的成本或价格来计量的经济资源”。通过补充,可使资产的定义更完整些,更符合会计的要求或会计确认与计量的要求,而不是纯粹像经济学那样,把资产完全等同于资源。

对于像资产负债表的项目,如递延项目,就不说它可以带来未来的经济利益。在对其下定义时,要能描述清楚其特征:“某一个主体因为过去的交易所发生的、尚未分配的递延支出与收入,它直接影响到企业的净资产,能够用成本或价格加以确认的项目”,我称之为“财务项目”或“资产负债表”项目,而不称为资产或负债。如此处理,资产负债表包含的内容将更加广泛、容量更大,又更符合会计的特点。我们不去过分纠缠这种定义是按资产/负债观、还是按收入/费用观,而是把两者结合起来。当然,前提是:财务会计仍建立在传统的基本假设之上。如打破了基本假设和传统的财务会计理论体系,那时,这些项目包括所有的要素,恐怕都必须重新定义。

总之,资产、负债及其他项目的定义将随着基本假设和目标的改变而改变,不可能一成不变。如果我们思想解放一点,进一步地分析,也可以考虑财务报表的要素甚至不止目前所说的资产、负债、收入、费用、利润这几项,甚至还包括那些影响净资产,但本身不能带来经济利益的“财务项目”。为什么不能这么设想呢?这样设想,可以更加明确、清晰地把这些项目与真正的资产等项目区分开来。这有利于报表使用者更好地了解企业的财务状况,因为,这些项目本来就不是真正的资产,但它仍然可以放在资产负债表中,而且要告诉我们的报表使用者,它会影响到企业的净资产。

我们要密切注意经济环境的变化。当前,由于金融工具(financial instruments)的出现,负债和权益(净资产)的界限正在进一步缩小。这一经济形势可能给这个问题的解决,提供一个新的思路。

五、关于成本问题

“成本是一个企业的牺牲”。这是美国财务会计准则委员会的定义,非常抽象,并不能解决会计上的问题。它实际上只讲了一半,成本是企业的牺牲,但企业不是为了牺牲才发生成本,而是为了取得收入才发生成本。后一句话更重要,它表明了企业存在的目的,但美国财务会计准则委员会却没有谈到。我认为,还是要按马克思关于成本的定义,把成本理解为补偿价值,它是对企业资本耗费的补偿。当企业发生成本时,其中一部分可能立即被耗用了(即实现了经济利益),因而作为费用,与当期的收入进行配比;另外一部分可能代表未实现的(未来的)经济利益,而被确认为资产。不管对资产如何定义,这部分代表了资产的存在,即未来经济利益的存在。可见,在财务会计中,资产与成本的关系是很密切的。因为,现代财务会计模式的特点之一是运用配比来决定收益,收入要和与它有因果联系的费用进行配比,才能得出收益。其中,费用就是从资产转化过来的(当然,成本发生时,立即确认为费用者除外)。就是说,一个企业发生的成本,一部分直接转化为费用,另一部分通过资产逐渐地、分期地转化为费用。最终,资产又与收益联系起来,而问题在于期间,在于配比的具体运用。这种错综复杂的关系,我们应该很好地研究。有些会计学者之所以把资产定义为成本,可能是从这一关系出发的。不能说他们的定义没有理由,只是这一定义不能表达资产的本质。成本的发生不但说明了资产的存在,而且说明了取得资产的花费。任何一个主体,有投入才有产出,有耗费才有收益。一个主体一般不能无偿地取得经济资源,由于资源的取得是有偿的,所以,就要求对资源的运用,得到一定的回报。

我这里讲的成本是财务会计的历史成本,不考虑管理会计中若干新的成本概念。从上面的论述来看,成本与资产有着密切的关系。所以,我在定义资产时,把成本作为定语,来描述预期的、未来的经济利益,就是因为预期的带有确定性的未来经济利益,与成本相联系,才便于量化,不至于将会计学上的资产，变成经济学上抽象的经济资源。在研究了美国财务会计准则委员会的定义，也考虑了舒尔茨把成本定义为资产的批评之后，我的初步结论是：以前对资产的定义有其合理的成分，而舒尔茨的资产定义，并不是一个理想的定义。

前面说过，定义应该是概念，是对概念的描述，一般不能用列举方式，因为它是从各项属于资产内容的事物中抽象出来的，而列举是不能概括全部现象、难免挂一漏万的。我们应该先给出抽象的概括，然后解释，并作出列举。舒尔茨对美国财务会计准则委员会关于资产定义以及过去许多定义的批评，确实给了我们很大的启发。我想，我国的会计学界也将重新考虑资产的定义。但是，我们在考虑资产的定义时，不要完全否定美国财务会计准则委员会的定义，也不要否定过去一些学者用成本来定义资产的方式，我们应该认真地思考一下资产与未来经济利益的关系、资产与成本的关系以及资产与其他要素之间的关系。我觉得，会计学上资产的定义，只能基本上与经济学上资产或资源的定义相似，但不能雷同。这是因为，会计学对资产有一个量化的要求。这个要求在定义资产时应当得到满足。凡是不能量化的资产的定义，就不能搬用到会计学上来。我们也不能赞成过去美国《会计名词公告》的定义，即：完全不谈资产的实质，只从形式上看是账户的余额，或按会计规则得出的账户的余额。这也不是一个科学的定义。

总之，我们在下定义时，要考虑会计的确认、计量和记录。资产的定义及其他会计要素的定义，都值得我们重新思考。在思考这些问题时，同财务会计的基本特征、会计的基本假设以及其他一系列会计的基本概念联系起来，应当是可取的。孤立地研究会计要素的定义，容易产生片面性。

六、关于财务会计的目标

各国的财务会计概念结构总是把目标放在最高层次，认为目标起着指引方向的作用。概念结构作为一个人造的理论系统，是由人们的主观意志来做出一个规定。前面说过，概念与概念之间的联系是无限的，把诸多概念纳入一个系统，那就要把无限的问题化作有限的问题来研究。这样的规定应有一个目的，即应符合人们的用途。从这一点来说，把目标作为最高层次，是有道理的。因为，我们要研究什么，把多少问题放在系统中研究，都取决于目标。

前面说过，概念结构的最高层次有三个内容，即基本假设、目标和对象。基本假设之所以作为概念结构的内容，是直接由商品经济所决定的。美国财务会计准则委员会把它作为环境来考察，即视为概念结构的基础；我则倾向于将基本假设作为概念结构内容的一个部分来研究，这样，基本假设应处于概念结构的最高层次。基本假设和目标之间的关系，是客观与主观的关系，基本假设反映财务会计的客观环境，而目标则体现了设立财务会计的主观意图，它们相互影响。尽管不能说二者彼此决定，依我来看，在一定意义上，目标还是受基本假设所制约。因为，提出目标时不能离开基本假设。基本假设决定财务会计的最基本的特征，离开了基本假设，就达不到目的。实际上，目标在很多方面也是一种假设，包括谁是信息使用者，它们需要什么信息等，都是假设性的。从这两点看，假设还是最基本的。

在研究财务会计目标时，要把握以下两个问题：

1.哪些信息使用者应作为提供信息的主要对象？

为了确定财务报表有哪些外部使用者，应当通过调查研究，而不能主观想象。这里，我们可以看一看美国的经验。最早较成熟地提出报表的目标，是美国注册会计师协会的《特罗伯鲁德报告》(Trueblood Report)。这份报告在形成之前，提出四个问题：一是谁需要财务报表？二是需要财务报表的人要求什么信息？三是财务报表的使用者所要求的信息，会计人员能提供多少？四是为了提供信息使用者所要求的信息,需要一个怎样的财务报表框架?为了回答这四个问题,当时成立了以特罗伯鲁德为首的委员会,由学者界、实务界和专家顾问共同组成,委员会征求了5 000家公司和其他机构的意见,开展了50次以上的访问,同大学以及一些会计职业团体进行了35次座谈;在纽约,还举行过三天的公开听证会。经过这一系列的调查、研究,才提出《财务报表的目标》的报告。在这个报告提出以后,美国财务会计准则委员会为了完善这份报告,先后举行了两次有关目标问题的听证会,处理有关的书面来信共214件,听取了参加会议的27位专家、代表的口头表达意见。到1977年12月29日,美国财务会计准则委员会公布了《企业财务报告的目标与财务报表要素》的讨论备忘录之后,又收到135份评论的信件。所以,美国财务会计准则委员会在1978年能顺利地公布第1号概念公告,与这一系列的调查、研究分不开。这就是说,目标要反映使用者的要求,一定要经过周密、广泛的调查,充分反映信息使用者的要求,否则,所确定的目标就是不切合实际的。即使如此,目标的提出,还是带有假定性质,它总是或多或少地反映人们的主观判断,尽管这些判断有一定的依据。此外,还有两点可能存在争论:①不同的信息使用者是否有共同的目标?美国财务会计准则委员会认为,不同信息使用者所共同关注的是"一个企业创造未来有利现金流动的能力"。这一结论能否成立?也就是说,创造未来有利现金流动的能力,是不是所有的外部信息使用者所共同关心的?②财务报表的使用者为什么主要是投资人和债权人?有什么根据?再进一步看,还有几个问题也值得研究:为什么财务会计的要素定为财务报表的要素或框架?把财务会计要素定为财务报表要素,理由何在?而且,所定的财务报表要素,又是传统的两个基本报表,新的报表似乎没有框架。

美国财务会计准则委员会研究财务报表目标时,很强调企业未来的现金流动或企业未来的经济利益,即强调未来。而在定义要素时,尽管还是把要素的本质说成是未来的经济利益,但又非常强调必须是由过去的交易或事项所发生,这与目标所提到的"创造未来有利的现金流动的能力"有没有矛盾?以过去的交易、事项为基础的未来经济利益,与目标所说的未来经济利益的提法,有没有矛盾?

如上所述,美国财务会计准则委员会在论及财务报表目标时,尽管非常强调未来现金流动,但从第2号公告开始,没有哪一号公告说明如何取得未来现金流动的信息。第2号公告《信息质量特征》、第3号公告《财务报表要素》、第5号公告《要素的确认与计量》都没有涉及这一点。按照第5号公告,确认与计量的准则都难以满足第1号公告的要求。这说明,为什么目标的要求不能贯穿始终。会计学界对概念公告的评价,有些还是比较实事求是的:对第1号公告,一致肯定;对第2、3号公告,认为一般;而对第5号公告,则看成是倒退。

美国财务会计准则委员会认定目标是指引方向的,但后面的公告,并没有突出目标的这一作用,这其中的原因何在?所有这些问题,都需要进一步研究。应该说,概念结构的形成成绩很大,为我们研究财务会计,提供了重要的基础性概念。但这方面的研究,还相当不成熟。这一点,通过对比美国的这几号概念公告,就可以发现。如前所说,后面几号概念公告与第1号公告之间,存在很大的不一致。第1号公告始终要求注意未来,但第3、6号公告对要素的定义则立足于过去的交易。同时,美国财务会计准则委员会在第5和第6号公告中反复强调,权责发生制比收付实现制好,能预测未来的现金流动。实际上,权责发生制是当前会计模式的一个重要组成部分,它强调的是:不论权利或义务,都以已发生的交易和事项为依据。由于它面向过去,同时不直接考虑现金的流入与流出,因而在用于预测未来现金流量方面,其效果不理想。

我国正在制订具体会计准则,今后还要修订企业会计准则,当前,一个迫切需要研究的问题是要不要参考国外的财务会计概念结构,修订我们的基本会计准则,制订具体会计准则?回答应是肯定的。应当参考国外的概念结构,修订基本会计准则,制订具体会计准则结构。但要做到这一点,首要的问题是研究目标。我国现在似乎还没有把研究中国财务会计的目标放到重要的议事日程上来。尽管《企业会计准则》第二章谈到目标，但目标没有这么简单，要区分企业外部和内部。按照我国的会计准则，它是财务报表准则，是对企业外部而言的，而现行《准则》把对企业内部的要求也放进去，就与财务报表部分脱节(在报表部分，《准则》的第九章只提到外部报表，没涉及内部报表)。

即使我们要提财务报表的目标或会计核算的目标，也不应放在《准则》的第2章第2条。《准则》第2章第2条很清楚地是指信息质量要求中的“相关性”。而且，对相关性的理解，是否像《准则》第2章第2条那样，也还是一个疑问。美国财务会计准则委员会认为，相关性是能引起决策的差别，而我们则说能满足宏观管理、企业内部管理和企业外部需要等要求。总之，在我国社会主义市场经济条件下，财务会计的目标是什么，还需要进行认真的研究。而且，这种研究不是坐在机关办公室可以完成的，要进行详细、深入的调查。在我国，企业的类型、数量很多，调查的面也要广。因此，确定我国企业财务会计的目标，是一个非常复杂的问题。

2.财务报表的目标一般是指通用的目标，而通用目标的有用信息是什么？

如果说是用来进行投资、信贷等类似决策，毫无疑问，未来的信息是最有用的。美国财务会计准则委员会提出的关于使用者普遍关注企业创造有利现金流动能力的信息，就是未来的信息。但是，我们又不能说，有用的信息都是未来的信息，而历史信息没有用处。应该说，历史信息、现在信息和未来信息都是有用的。我们在会计记录中，偏重于历史信息；在决策时，则偏重于未来信息，往往忽略了现在的信息。实际上，在进行管理、控制时，则需要现在的信息。所以，我们在进行计量时，应当运用三种计量属性：过去价格、现在价格和未来价格。这三种信息对使用者都有用。对过去的信息——历史成本信息，则需要一个正确的评价。尽管近年来西方不少会计学者对历史成本信息持否定态度，但历史成本具有反馈价值和预测价值，特别是具有反馈价值，是众所周知的。我们所制订的计划、预算，如果没有信息反馈，即实际数据，就很难加以修正，使其完善，也很难达到预定的目标。而修正依据就是信息反馈，信息反馈正是历史信息的功能。当然，对决策来说，认为未来的信息更为相关和有用也是正确的。

七、关于会计确认

(一)会计确认的含义

会计确认的含义，到现在为止，似乎仍不十分明确。广义的理解，是指一项交易、事项和情况发生后，应不应该、在什么时候以及如何在账簿上加以记录；还包括应否、如何、何时在报表上进行披露。

应否——要求根据确认的标准；何时——要求明确确认所归属的会计期间；如何——要求选择应予确认的要素及其所属账户或所属报表项目。应否、如何、何时进行记录，称为初次确认；应否、如何、何时进行报告，称为再确认。无论是初次确认，还是再确认，都涉及计量、记录和报告等程序。因此，广义的解释使确认的包容面太广。如果按狭义的理解，确认只是应否与何时加以记录、报告的问题。

当我们把确认限于考察应否与何时进行记录与报告这两个问题时，就要求明确确认的标准，即根据什么标准来决定应否记录与报告。美国财务会计准则委员会的概念公告的一个重要贡献提出了确认的基本标准，这在以往的文献中都没有论述过。它所提出的四个标准是：可定义性、可计量性、可靠性和相关性。概括地说，一项交易、事项和情况，只有符合相应要素的定义，有可靠、相关的计量属性，才可以进行记录与报告。

至于对收入、费用等要素的确认,还需要有具体的标准。这里不再多说。

何时确认,即选择时间的基础,是确认的另一个重要问题。我们知道,确认的时间基础有两个:权责发生制——以权责发生为基础;收付实现制——以现金收付的发生为基础。当前,大多数国家以权责发生制为基础。当我们在讨论这个问题时,作为确认时间依据的权责发生制与收付实现制,其基础都是指过去。权责发生制是指权利、责任已经发生,不是将要发生;收付实现制是指已经发生的现金收入和付出,不是将要发生的收入和付出。不仅如此,它们所要确认的交易或事项,都是已经发生的。或者说,都是对已发生的交易或事项所引起的权利与责任的确认、或所引起的现金收入与发出的确认。[请注意:现金流动制(cash flow basis)与收付实现制(cash basis)是有区别的,前者的时间确认基础可以包括未来。]

上面的确认基础,按照传统的模式,都是建立在过去已发生的交易或事项基础之上。这一基础与普遍实行的历史成本计量模式恰好互相配合。因为,确认以过去为基础,因此,计量也是以过去为基础,即以历史成本为属性。这与收入和费用配比的具体基础也是一致的。如,收入按实现确认,费用也按与实现收入有因果关系来确认,从而确定了建立在过去基础上的收益。我曾经把传统会计模式归结为三个特点:记录按复式簿记;确认按权责发生制;计量按历史成本。这三个方面是相互关联的,特别是确认,它可以引申到其他方面。

传统确认基础的一个最大特点和缺点是面向过去。权责发生制或收付实现制,都是针对已发生的过去交易而言。前者指因过去交易而引起的权利和义务;后者指因过去交易而引起的现金收付,它们的共同特点是建立在已经发生的交易或事项的基础上。因此,我们可以把这两种确认基础归并为一个共同的基本特征,即面向过去的确认基础。基于确认的这一特点,记录、计量也只得面向过去,而不是面向未来。这使得许多重要的交易、事项和价值变化,不能在财务会计中得到反映。于是财务会计在帮助决策方面,显得不很得力。今后的趋势很可能是:如果交易成立,合同已订立,双方已承担了合同履行的义务,并且也享受了合同的权利,同时,风险已转移,恐怕就应确认。现在已出现了这种可能性(如各种“金融工具”的出现),它对改进财务会计是大有好处的。但人们可能又顾虑这种计量的可靠性。其实,可靠性也是相对的,在传统会计模式中,存在着很多不确定性因素,并允许估计、判断与分配,这样,信息的可靠性也不能绝对保证。事实上,在财务会计中,早就应用了估计和预测,只是所占分量较小而已。因此,随着科学技术的进步和会计技术的进步,提高估计与预测的可靠性,使得我们确认的基础,逐步地从立足于过去改变到立足于现在和未来,是完全可能的。

(二)关于权责发生制和实现原则

按照多数国家的惯例,会计确认基础是权责发生制。但概念结构公告却提出外部信息使用者普遍关注的信息是“企业预期的现金流动”或“企业预期未来创造现金净流动的能力”。因此,现金流动信息变得更为重要。有人怀疑,权责发生制是不是也发生了动摇,是否有必要用现金流动制来代替它?确实,权责发生制有它的局限性,但是,对于权责发生制,则需要全面地加以理解:(1)我们若要取得企业现金流动的信息,通过权责发生制也可以达到目的,当然,取得的方式比较间接。在美国财务会计准则委员会的概念公告中就反复强调,权责发生制比现金流动制可以更好地取得有关现金流动的信息。因为,权责发生制中的应计、递延、分配、摊销等程序,都与现金流动有关。如应计是未来的现金流入,待摊是未来的现金流出,递延支出则可减少过去、现在和未来的现金流出;同样,递延收益表明现在已收到、但属于未来的现金流入。所以,只要对权责发生制会计资料进行分析、调整,就可取得现金流动的信息。(2)权责发生制其实还没有得到全面的贯彻。正因为没有得到全面的贯彻,会计上有些交易,如购入商誉,其确认就是按照收付实现制:商誉在购买时才确认,说明了确认未考虑商誉可能早已形成。我们知道,商誉是代表企业一种超额的盈利能力,它应在购买之前已经发生。但发生超额利润时，我们并不进行确认。不确认自创商誉，严格地说，就偏离了权责发生制。如果正确地评估企业的成绩，就应该在超额利润创造、形成商誉，从而在取得超额利润的权利时予以确认。第二，在西方，养老金的确认长期以来采取收付实现制，即在职工退休时支付一笔养老金。现在，有人认为养老金是在职工进企业工作时就已经发生，而不是在退休时才发生。在理论上，养老金并非资本家给予职工的一种恩赐，而是职工自己创造的价值，职工在工作过程中，创造的价值应分为两部分：一部分通过工资已按月领取；另一部分则是养老金，在离开企业后才一次或分次领取。这样来理解养老金才合情合理。马克思关于价值是由活劳动创造的原理，现在，西方不少经济学家和会计学家也接受了。这样，在职工领取工资时，既应确认工资费用和养老金费用，又应确认养老金负债。商誉和养老金对企业的影响都很大。是否确认养老金负债，关系到企业每年的盈利水平。换言之，以往不确认养老金费用与养老金负债，企业的盈利水平是不真实的。最近美国的资料说明，有些大企业在确认了养老金费用和负债后，竟由盈利变为亏损。

前面说过，不论权责发生制和收付实现制，所确认的对象都是已发生的交易和事项。凡确认的收入、费用、资产和负债，都是已实现的收入、已发生的费用、已取得的资产或已承诺的负债。这又涉及另一原则，即实现原则。目前，在克服财务会计的局限性和在改进财务报表对决策的不适用性时，往往碰到一个困难：如何避开财务会计准则中的实现原则。因为，被许多报表使用者认为相关的信息，如资产(尤其是房地产)的涨价、已发现的油田的价值、正在成长中的森林、正在饲养中的动物的增重等等，由于它们不符合实现原则，因而不能在会计中确认。但它们所引起的资产、负债的变化，对企业经营状况与成果的影响却很大，财务报表使用者是很关心这方面信息的，没有这些信息，将导致决策的失误。除实现原则外，稳健原则也是一个问题。按照传统的观念，为了符合稳健原则要求，一般只确认可能的费用与损失，不确认可能的收入或收益。这样，使得一些可能性程度很高的收益，无法在会计信息中反映出来。而很多费用尽管带有不确定性，但其不确定性程度很低，即发生的可能性较小，却要确认，看来是不大合理的。因此，会计学界最近有人提出，应对不确定性的程度进行划分，如最低级为25%以下，较高等级是25%～50%，再高一级是50%～75%，最高级是75%以上。划分这四级的目的，是比较不确性程度的高低，决定应否确认和如何反映。总的原则是不确定性程度愈高，就不应确认。但这里的确认，既包括费用，也要包括收入。确认的方法有多种，有的可以明确地在报表中确认。如不确定性程度低、确定性程度高的收入和费用，就可在报表中确认(25%以下的不确定性)；不确定性程度在50%左右的，如果是损失与费用，应该要确认。如果是收入，就不在表内确认而在表外说明；如果不确定性达到75%以上，即使是费用，也不应该在表内确认，而应该在表外注明。这样，才能全面地解释稳健原则。

至于实现原则，应如何突破？现在看来很难，因为实现原则是与传统会计模式联系在一起的，对它的突破与计量等程序直接相关联。比如，要确认未实现的收入，就不能用历史成本而要用现行成本或公允价值(fair value)。由于计量与确认联系在一起，这就要改变传统的会计模式。如果我们不去彻底改革建立在历史成本和权责发生制基础上的传统会计模式，但又要求提供更多有用的信息，供报表使用者参考，一个可行的办法是增加一些不属于财务信息的其他报告。比如，英国会计界最近有人就建议增加“利得表”，作为一项重要的其他财务报告，这个报告可以反映没有实现的资产的涨价收入和跌价损失。所以，在实现原则无法突破时，可以参考美国财务会计准则委员会的建议，不在财务报表中确认，而把这些信息纳入其他财务报告之中。财务报表与其他财务报告是有所区分的，财务报表必须符合公认会计原则，或企业会计准则，而其他财务报告则可以突破传统的会计模式，不受公认会计原则或企业会计准则的约束。

八、关于会计计量

会计计量是财务会计中的一个核心问题。会计计量的关键在于计量属性的采用。尽管会计计量应该涉及属性与单位的选择两方面的问题,但计量单位不是一个重要问题,一般采取“名义货币”,只有在币值变动幅度较大时,才采用“不变购买力”。在计量属性方面,争议最大的是采用历史成本。目前,还是以采用历史成本为主,但是公允价值(在一般情况下为“市场价格”)的作用似乎越来越明显,使用的面可能越来越广泛。问题是:计量基础是否应该继续奠定在历史成本基础上。或者,更确切地说,我们要不要改革传统的计量基础,要不要用其他计量属性取代历史成本的地位。

对历史成本的批评和其他计量属性的估价,起源于物价变动。在二次世界大战以后,由于资本主义世界经受了持续的通货膨胀。在通货膨胀的环境下,按照历史成本所提供的信息,确实不能反映一个企业当前的财务状况和经营成果。因此,一些会计学家如美国的斯特林(Robert Sterling)教授甚至认为,按历史成本提供的信息是无用的信息。通货膨胀会计模式要求用现行成本、脱手价格(即销售价格),或同时考虑一般购买力的变动,来代替历史成本模式。一些会计学家预言,90年代将是现行成本的时代,历史成本不是退出历史舞台,就是退居第二位。主要的计量属性应该是现行成本。但我认为,不存在这一发展趋势。这是因为:(1)要用现行成本代替历史成本,是需要花费成本的。历史成本的最大优点是可靠。此外,运用历史成本进行记录,可以在持有资产不变化时,不必考虑持有资产价格的变化。也就是说,所持有的资产只要不加工、不交换,可以不考虑其价值的变化。这就大大减少了核算的工作量,减少了核算的成本。历史成本模式的这一优点,常被人们忽略。(2)历史成本之所以受到抨击,最重要的原因是在通货膨胀条件下,它不能反映真实的经营业绩。因为成本常常偏低、利润常常偏高,这样,把一部分资本转作利润,用来交税,并分配股利,这对企业的资本保全是不利的。但是,如果通货膨胀率较低,又当别论。现行成本会计在世界各国不是没有实施的经验的。例如,在荷兰,根据林普格(Theodore Limberg)的重置价值理论,在一些公司中(如Philips公司)一直执行现行价值会计(current value accounting)。即使如此,荷兰也没有在全国范围内推行,仅仅限于少数企业。因此,荷兰现行价值会计成功的经验,世界上知之不多,了解不多[林普格是荷兰阿姆斯特丹经济学院教授。他的重置价值会计理论在1912—1918年间已形成,后由他的学生(Mey,1966;Van der Schrodft,1975)整理发表]。又如,在英国,由于70年代末的通货膨胀率较高,英国会计界为了对付这一趋势,提出实行“现行成本会计”(current cost accounting)。它们公布了第16号《标准会计惯例公告》(SSAP 16),并从1980年开始实行。它所推出的方案,实际上只是在历史成本会计形成的利润的基础上,进行四项调整:A、销货成本调整;B、折旧调整(以现行成本为基础的固定资产所计算的折旧减去以历史成本为基础所计算的折旧);C、货币性运转资本的调整(应收账款减应付账款,如果期末的运转资本大于期初数,表示企业有一部分运转资本被客户所占用,企业要承担这部分资金购买力上的损失;如果是负数,应付账款大于应收账款,表示企业占用了客户的一部分运转资金,这部分资金上购买力损失应由客户承担),通过这三部分调整,以历史成本为基础的利润将转换为以现行成本为基础的利润。通过这几项调整后,还有一个问题:大多数企业是举债经营的,除了向股东筹资外,还要向银行和其他债权人筹资。除了上述的应收、应付账款外,企业还有其他的贷款、举债。在物价上涨的情况下,企业一部分物价上涨的风险已经转移给债权人,这样,应当由股东承担的通货膨胀的损失就比上述三项调整的损失少一些,它相当于上述三项损失扣减一部分已由债权人承担损失后的余额。换言之,股东可以用来分配股利的、以现行成本为基础的利润,大于上述经过三项调整后的金额。要把应由债权人承担的风险进行扣除，再加到可分配的利润中，以提高股东的可分配利润。由此可见，在通货膨胀条件下，企业有效地运用举债方式经营，对企业和股东都是有利的。表现在这部分的损失是由债权人承担。这样，还要进行第四项调整——“举债经营调整”，其公式如下：应当由债权人来承担可以返还给股东的调整额 D=(A+B+C)×［借入资本(长期负债)的平均数合计÷企业经营的净资产平均数合计］。

英国实行“现行成本会计”，只不过作了上述四项调整。严格地说，计算并不太复杂，但结果却不理想。经过三、四年，这一模式就推行不下去了。1985 年左右，SSAP 16 实际上已被废除。这里，既有企业的反对，又有会计人员的阻力(他们仍感到复杂)。看来，要完全否定历史成本并用其他计量属性取而代之，并非易事。可能的结局是：历史成本与市场价格共领风骚，而现行成本也会在某领域占有一席之地。

计量还可以从另一角度即计量的对象加以研究。我们知道，任何一个企业的经营活动，如加以抽象，不外是投入与产出的不断交替。这两方面都是计量的对象。因此，计量也应该有两个不同的方面：投入的计量和产出的计量。

关于投入的计量，这是历史成本的主要功能。如前所说，我们过去的会计模式，基本上是计量投入。当然，每一项交易的最初计量，也是市场价格，但市场价格是个变量，当我们把计量的重点主要放在资本投入这一方面时，我们的注意力就以所用资本和所费资本为主，而不是以通过所费的资本能够取得的或是交换得来的资产及其他收入为主。因此，交易最初虽按交换价格计量，当它一旦记到账簿中以后，就长期不变地表现在账上。这样，计量的价格基础就变为成本基础。尽管价格在变化，账簿中所记录的价格则不变，使得记账基础失去原来市场价格的特点。这个价格就是所谓历史成本(过去发生的)。不仅资产如此，负债也是如此，负债是按其发生时所确定的价格记录的，以后也不再改变(除非合同另有规定)。对负债的这种计量，采用的则是历史价格，也可称之为历史成本。这样，按历史成本计量的资产减去按历史成本计量的负债，所得的差额即为净资产，自然，净资产也是按历史成本计量的结果。这是计量的最终目的。这种计量的特点很明显：(1)在时间上代表过去，就是交易、事项发生时的初始计量；(2)计量后不再变动，除非计量的对象变动，如资产使用、出售了。

在历史上，当企业处于两权分离早期，或更早期的企业两权尚处于结合时，按历史成本计量是完全可以满足经营管理需要的。在两权开始分离后，会计的目标主要是经营者向所有者报告财产的受托责任。历史成本计量也能满足受托责任的要求，因为它在会计处理上手续简便，比较可靠，能够如实地报告受托资本的增减变动。但是，随着商品经济的发展，现代企业更重要的任务是通过经营使资本增值，而不是单纯地对受托资本进行保值。同时，它需要面向市场筹集大量的社会资金。从这时起，历史成本逐渐暴露其局限性，因为它不反映持有资产入账后价值的变动，对投资决策帮助不大。在历史成本模式下，计量收益所用的方法是配比。过去我们对此也没有什么怀疑，认为配比是科学的。但在历史成本模式下，运用配比原则，却有一个问题容易被人们所忽视，那就是：配比中收入与成本不是建立在同一个时间基础上，收入是按现行价格即现行收入确定的，而与现行收入相配比的销货成本却是历史成本。这里出现了两个不可比的基础(60 年代初，老一辈会计学家、中国人民大学的赵锡禹教授就提出过这个问题)。这就是说，企业家关注的是产出，但在会计计量时关注的则是投入。这与企业所关注的重心不一致。这样，历史成本的不适应性就较为明显。

关于产出的计量。如果从产出的观点来考虑计量问题，就必须采取另外的计量属性。这一计量属性的特点必须是：它不但可以测量垫支资本(成本)，而且可以测量垫支资本的增值(价格)。前一段时期，会计学界感兴趣的是现行成本。近几年来，受到人们关注的则是市场价格(market price)或公允价值(fair value)。

但是，现行成本并不符合计量产出的要求，因为成本总是表现投入(资本的垫支价值)。真正从产出角度来计量的属性是体现资本增值的公允价值。如果市场发育比较完善,那么,市场价格即能代表公允价值。此外,未来现金流量的贴现值也是公允价值的一种表现。应当指出的是:若按公允价值计量,对现行财务会计模式恐怕需要进行较大的变革。

(一)关于公允价值与市场价格

在西方国家,近年来关注产出的计量,主要是由于在它们的经济生活中发生了一些变化:80年代初期,取消了对利率的管制,利率、汇率在市场上不断地进行变动,企业在经营和理财上所承担的风险越来越大。金融界为了帮助企业逃避、分散风险,同时又能取得一定的利润,不断地创新金融工具。而金融工具的出现和创新,又带来会计上的新问题。

按照国际会计准则委员会的解释,一项金融工具是指一个企业发生财务资产,同时使另一个企业发生财务负债或权益证券的合同或合约。美国财务会计准则委员会的准则公告第105号和第107号则认为,一项金融工具应定义为"现金、一个主体的权益证券或者在下列两种情况下的合约:①形成一个主体的合同债务——交付现金或其他金融工具给另外一个主体,或是在可能不利的条件下,与另外一个主体交换其他的金融工具;②导致另一个主体的合同权利——从第一个主体收取现金或其他金融工具,或在可能有利的条件下,同第一个主体交换其他的金融工具。"实际上,这两种情况是并列的,它指一件事情的两个方面。简单地说,一项金融工具是指一系列合同权利的一部分,其结果是导致收入或支付现金,或者取得一个主体的所有者权益。

上述合约使会计计量出现了新的问题:对于金融工具的计量来说,历史成本已无能为力了。因为金融工具只产生合约的权利或义务,而交易或事项尚未发生,没有历史成本。或者说,在双方的报酬与风险已经开始转移,而权利和义务并未实际履行时,会计上已需要确认了。这时,按照新的金融工具的要求,确认的时间提前了,它不是按交易已发生的时间为标准,而是要以合约的签订时间为标准;一旦予以确认,随之而来的就是计量。此时,计量的基础也不同于过去,它要计量未来。但历史成本尚未发生,于是要运用公允价值。所谓公允价值,是指理智的双方,在一个开放的、不受干扰的市场中,在平等的、相互之间没有关联的情况下,自愿进行交换的金额。市场价格或未来现金流量的贴现值可以代表公允价值。

(二)美国财务会计准则委员会所采取的行动

应用公允价值进行计量,在会计上是一个重大的突破。美国财务会计准则委员会对此采取了既积极又谨慎的态度。让我们借鉴一下他们已经采取和将要采取的做法。

第一步,它采取了一些试探性的行动。最近两年,美国财务会计准则委员会发表了好几份讨论备忘录(DM),如《金融工具的确认与计量》(Recognition and Measurement of Financial Instruments)、《在会计中以现值为基础的计量》(Present Value-based Measurement in Accounting)、《会计的新基础》(New Basis of Accounting),等等。我们知道,讨论备忘录的特点是可以反映各种不同的意见,讨论各种不同的问题,同时反映财务会计准则委员会的倾向性观点。实际上,讨论备忘录是传达了美国财务会计准则委员会将要制订新准则的意图与信息。例如在70年代,美国财务会计准则委员会在发表研究概念结构的一系列概念公告之前,也曾发表一份讨论备忘录(Conceptual Framework for Financial Accounting and Reporting: Their Elements and Measurement, 1976)。这份讨论备忘录成为美国财务会计准则委员会发布概念公告的信号。

第二步,1993年5月美国财务会计准则委员会发表了115号准则(SFAS No.115)《在特定的债务和权益证券上投资的会计处理》(Accounting for Certain Investment in Debt and Equity Securities)。这份财务会计准则实际上考虑到金融工具在会计确认,特别是计量问题上有较大的突破。其主要内容如下:

1.证券的分类及其会计处理

(1)企业意图且有能力持有直至到期的债务证券,简单称为“持有至到期的证券”(held-to-maturity-security),这是第一类。这类债券应按摊余成本(amortized cost)报告。

(2)企业购入,持有某些证券的主要目的,在于短期内销售。这些证券列作正在交易中的证券,简称为“交易中的证券”(trading securities),属于第二类。这类证券应按公允价值进行报告,其未实现的利得与损失,可以包括在当期盈利中。

(3)凡既不属于第一类,也不属于第二类的债务证券和权益证券,列入第三类,称为“可供销售的证券”(available-for-sale securities),这类证券也应按公允价值报告,但对其未实现的利得与损失,不包括在当期盈利中,而作为所有者权益的一部分,单独加以披露。

2.不适用这份准则的情况

(1)按权益法进行会计处理的权益证券投资;已经纳入合并报表的附属公司的投资。

(2)一些企业的特殊会计业务,如对所有在债券和权益证券上的投资已按市场价格或公允价值在盈利或净资产中确认其价值的变动(这主要指证券的经纪人和买卖者、限定利益的养老金计划和投资公司等)。

(3)非盈利组织[但合作和共同发展的企业(共同基金),包括信用联合社和共同保险公司,仍适用本准则]。

3.三种分类转换的会计处理

(1)从“交易中的证券”转到其他两类时,其未实现的持有利得和损失在转换日可在盈利中予以确认,不需要再转出。

(2)凡其他两类证券转入“交易中的证券”时,其未实现的持有利得和损失,在转换日可立即在盈利中确认。

(3)“持有至到期的证券”转换到“可供销售的证券”类时,由于改按公允价值计量而形成的未实现持有利得和损失,在转换日就应在所有者权益部分单列项目予以确认。

(4)“可供销售的证券”转换到“持有至到期的证券”类时,未实现的持有利得和损失,在转换日将继续作为所有者权益中一个单独项目加以报告,但在它剩余的持有寿命中,应当进行摊销,作为收益的调整而与溢价和折旧的调整处理相一致。列入所有者权益部分,未实现持有利得或损失的摊销,可用来抵销或调整“持有至到期的证券”的溢价或折价摊销的利息收益。

4.证券的损失

列入“可供销售的证券”或列入“持有至到期的证券”,企业可以决定其中个别证券是否贬值。如果贬值不是暂时性的,且公允价值长期低于摊余成本,那么,这种证券就要把它的公允价值降低部分计入盈利或损失之中。而且,即使以后价值回升,也不再调整。

5.财务报表的揭示

(1)企业可以把全部“交易中的证券”作为流动资产,列入财务报表。对于某些“可供销售的证券”或“持有至到期的证券”,则要求按“会计研究公报”第 43 号第 3 章 A 的规定,恰当地列为流动资产或非流动资产。

(2)“可供销售的证券”和“持有至到期的证券”,通过购买、销售和到期而产生的现金流动应当作为投资活动的现金流动,并按每一类证券汇总,列示于现金流动表;但是,“交易中的证券”通过购买、销售和到期而产生的现金流动,在现金流动表上应当作为经营活动的现金流动来揭示。

6.信息披露

(1)凡属于“可供销售的证券”以及“持有至到期的证券”,都应以公允价值计量、汇总,并应按照每一个资产负债表日的证券的每一类别,分别三个项目汇总反映。这三个项目是:①未实现持有利得总额;②未实现损失总额;③摊余成本。

(2)所有的报告企业对于可供销售和持有至到期证券,在最近的资产负债表上都应披露按合同(合约)到期的日期。并且,把它分成以下四类,分别反映它的公允价值和摊余成本:①一年以内到期;②一至五年到期;③五至十年到期;④十年以上到期。

(3)在每一个经营成果的报告期间,企业还应当披露:①“可供销售的证券”的销售所得和这一证券的已实现利得和损失总额;②计算已实现利得和损失时所依据的成本基础(指可辨认的成本或平均成本计算时应用的方法);③从“可供销售的证券”转入“交易中的证券”时,已包括在盈利中的利得或损失总额;④在该会计期间,已经包括在所有者权益部分,并单独表示的,在“可供销售的证券”上未实现的持有利得或损失净额的变动;⑤在该会计期间,已包括在盈利中的、在“交易中的证券”上未实现持有利得与损失净额的变动。

(4)列入“持有至到期证券”类的任何销售和转换,其销售或债券转换的摊余成本额,有关的已实现或未实现的利得或损失以及引起销售或证券转换决策的情况,应当在每一个表现经营成果期间的财务报表的附注中进行披露。这种销售与转换是比较罕见的,除非出现以下情况:①证券签发人的信用价值大大恶化;②法定风险资本用于债券风险的比重大幅度增加。

综上所述,由于金融工具的产生和发展,计量属性似乎已非改变不可,SFAS No.115 已透露了“会计改革”的信息。但是,这并不意味着历史成本将完全退出历史舞台(例如,SFAS No.115 中关于“持有至到期的证券”仍按摊余成本计量)。我认为,在今后,历史成本与公允价值恐怕仍会同时并存。正如 SFAS No.115 对持有至到期证券与其他两类证券采用不同的计量属性一样。当然,历史成本的缺陷是不能提供对未来决策有用的信息。如果它能与公允价值同时并用,有可能弥补这一缺陷。在可预见的将来,历史成本似乎不大可能完全从财务会计中消失。对传统会计模式的修改是难免的。至于究竟要修改哪些部分,如何修改,则需要慎重研究,并应通过会计实务界和理论界的共同努力来妥善解决。

九、关于会计信息的质量特征

会计信息主要的质量由可靠性和相关性构成,似乎已成定论。一般要求两种主要质量特征同时并存,但二者有时也会发生矛盾:可靠的信息不一定相关,相关的信息不一定可靠。倘若两种质量发生矛盾时,应如何取舍?这要看具体决策的要求。我觉得,应把可靠性放在第一位,而将相关性列于第二位。因为可靠性的信息,对所有的人都是有用的;而相关的信息,并不是与所有的人都相关,它只对特定的人有用。美国财务会计准则委员会总是把相关性放在第一位,更强调信息质量应服从于目标的联系。因为目标是对决策有用性,相关就是与决策相关。但我认为,不可靠的信息会有相关性,是很难理解的。

在谈到可靠性时,有一个特性要研究,那就是真实性。真实性与可靠性是不是同一个属性?我的看法是:它们不是同一个属性。可靠的信息不一定真实。比如购买一件商品取得的发票是可靠的,但该发票本身是不是很真实?是不是符合实际情况?有没有什么问题?价格是不是恰当?即是否真实,那就不一定。因此,可靠的信息,未必是真实的信息,未必是反映客观情况的信息。一个很明显的例子是物价变动:一些会计学家对历史信息的责难,不是批评其可靠性,而是批评其真实性。在物价变动情况下,所取得的数据仍然是可靠的。比如,过去购入的材料,当时价格除非弄虚作假,否则应当说是可靠的,但物价上涨了,就脱离市场价格实际,变得不真实了。所以,可靠性与真实性是可能背离的两种特性。美国财务会计准则委员会只提可靠性,没有提真实性,是有一定道理的。当然,在解释可靠性时,也提到了信息要如实反映意欲反映的情况。然而,这一解释很难证明，意义含糊。真正能够证明的只是可验证性（可稽核性），而可验证性未必就是所要反映的。例如，折旧计算的程序与方法可能是一贯、规范的，因而可以稽核并具有可靠性，但固定资产使用年限的估计不合理，严重脱离实际，那就不符合真实性。

在会计信息的质量特征中，有一个质量需要注意，那就是可比性。现在看来，对可比性要给予足够的重视，特别是在跨国之间所提供信息。因为目前各国的会计准则虽然大同小异，但差异还不小。根据各国的会计准则所编制的会计报表，如不加以解释，既难以理解，又不可比。由于传统财务会计允许估计、判断等固有缺点，使得财务会计信息的客观性很难得到保证（所以，现在不提客观性）。唯一能得到弥补的办法是提高可比性。所以，国际会计准则委员会一再提出：相同或相似的交易或事项，不论在全球何处发生，都应该按照相同或相似的方式进行会计处理；相同或相似的交易或事项，不论在全球何处发生，都应该按相同或相似的方式进行报告。这两个要求，都是针对可比性而言的。

十、90年代财务会计理论与方法的发展趋势

（一）关于规范会计理论与实证会计理论

70年代以前，占统治地位的是规范会计理论。如果从方法论来看，是规范的会计方法。规范会计理论的目的是寻求一套会计应当是什么规则的系统知识。1976年，Stanford大学的教授Jenson M.C.发表了一篇题为："Reflection on the State of Research and Regulation of Accounting"的演讲，批评了规范会计理论，他认为传统的规范会计理论是不科学的，因为这种研究的中心任务只是找出会计的若干规则，并对许多会计概念下定义，而这些规则并不存在，概念也是主观的。Jenson的学生和他的同事们由此采用另外一种方法，这就是实证会计方法。他们所要研究的会计理论，不去解决"会计应当是什么"，而去解释与预测有关会计"是什么"。规范会计理论与实证会计理论从此成为会计理论研究中两种对立的方法论。

1976年以前，在会计研究中是以规范会计理论占统治地位的，我们简称这种理论为"N理论"。研究大量的会计实务，从中找出理想的、良好的会计实务，并加以提炼、概括，作为今后指导会计应当做的标准，这就形成了N理论。N理论既可用演绎法，也可用归纳法，而以演绎法为主。演绎法首先提出会计的一些基本概念，然后推导出会计的基本原则与方法，并从中推导出适合这些原则与方法的、比较理想的会计程序与基本方法，以便指导实务。从1976年到现在，实证会计理论成为会计研究的主流派，我们简称实证理论为"P理论"。P理论的方法论是：先提出假设；根据假设和一些有关的概念与定义去寻找证据；再提出一些假说（hyposis），这些假说就是实证会计理论的结论；但P理论还要根据这些假说，再去寻找样本和证据，看这些假说是不是能够成立？要找到足够的证据。如果得不到足够的证据，那么就对假说进行修改，甚至放弃假说。

实证会计研究方法在80年代的美国非常流行，特别是中青年会计学者，他们迄今的研究，大量采用实证法。进入90年代似乎又出现一个新的迹象，即会计学界开始平心静气地评价这两种理论。N理论也是有优点的，它的优点就是规范会计，它能找出较佳的会计规则和较优的会计程序与方法。因此，它能推动会计理论向前发展；规范会计理论最早只是由一些学者进行学术研究，到70年代以后则由准则制定机构用于财务会计概念结构的研究（CF）。从这里可以看到，N理论已一步步接近于实用。但是，规范会计理论也有它的缺点，就是许多的理论、概念没有经过验证，仍属于学术上的假设和推论。持这种理论的学者不太重视人们认识的过程总是"实践——认识——再

实践——再认识"的不断反复。它们往往只提出一些理论、概念,就没有再去寻找这些理论、概念是否在实践中得到证明的证据。P理论的最大优点是运用了较为科学的方法论,他们重视实践,重视对理论的检验。但P理论也有两个缺点:一是P理论所提出的假说,可能难以奠立在客观地收集样本检验的基础上,即运用P理论进行实践研究的学者所选择的样本和所调查的对象很可能服从于主观的目的,他们可能为证实自己的假说和结论,而去有选择地收集样本。二是P理论不承认会计应当如何,这就把会计发展的道路堵塞了,影响到会计理论的进步。因为按照P理论,理论的任务仅限于解释和预测现行实务,似乎不可能提出导致会计理论向前发展的新观点、新概念——这些观点和概念应能指出今后的会计应是如何。因此,P理论也有缺陷。两种理论差异的主要原因是这两种方法论的哲学基础不同:规范会计理论认为,客观世界(包括会计在内)存在一个"必然"王国,体现了会计发展的内在规律与必然性,我们可以认识、寻找它,利用它推动会计理论和实务的发展。实证会计理论则认为,客观世界是建立在许多不确定性的基础之上,他们不认为会计应当如何发展,没有这样的必然性,只存在一些可能性、偶然性,这些可能性、偶然性的发生,取决于复杂的环境因素。因此他们不去研究会计的规律,而是解释现在存在的会计实务是什么,理由是什么,为什么会出现这些会计实务,并预测会计将会如何发展,为什么会计将会这么发展。所以,90年代,有的会计学家认为,这两种方法论似乎可以结合起来,它们的优势可以互补,不要坚持一种理论,就否定另外一种理论。尽管实证会计理论仍然是主流派的理论,但应当对持这种方法进行会计研究的热潮适当降温,因为,在当前我们所处的客观环境中,不但要求对会计加以规范,而且要求不断发展新的理论和准则来指导会计实践。国内是如此,国际上也是如此。

由此可见,从会计发展的趋势来看,规范会计理论不应被否定,而实证会计理论的一套科学的方法论,又值得提倡,如果能把两种方法论结合起来研究会计理论,将会相得益彰。

(二)财务会计概念结构的研究趋向

从80年代起,财务会计概念结构研究已经走向国际化,我们应该了解这一趋势的原因和存在的问题。

如果把早期学者的个别努力撇开,有组织地从事概念结构的研究工作,大体上始于1976年,当时英国的会计准则策划委员会(ASSC)曾发表一份征求意见稿——《公司报告》(Corporate Report)。这份征求意见稿相当全面地提出了财务会计的一些基本概念,如目标、信息使用者、质量特征,特别是对计量的要求,最后还提出有关财务报告方面的改进意见。两年之后,美国的财务会计准则委员会才开始发布"财务会计概念结构"的研究成果。当然,迄今为止,成果最丰富、影响最大的项目,是美国财务会计准则委员会所从事的研究和它先后发表的概念公告。从1978—1985年中,它共提出6份研究报告,由于第3号公告被第6号公告所取代,实际上,发生作用的是第1、2、4、5、6号共5份概念公告。在美国对财务会计概念进行了系统研究之后,加拿大、澳大利亚、国际会计准则委员会、联合国跨国公司委员会都纷纷效尤,也都取得了一定的成果。90年代初,英国的会计准则组织(ASB)反过来要借鉴美国财务会计准则委员会的研究公告,并要求与国际会计准则委员会的概念框架接轨,计划要研究一系列的概念公告。但英国会计准则组织不把概念结构研究成果称为概念公告,而称之为"原则公告"(statement of principles)。总的来看,从80年代后期,财务会计概念结构的研究似乎已在世界范围内展开,许多国家和国际组织都推广美国的经验,使得这一研究走向国际化。同时,各国的研究成果也并不是完全照抄美国,每一份研究成果中都有某些特点,从而对美国的概念公告作了修正和补充。

现在我们要研究的是上述这种研究热潮的出现基于什么背景和原因?我们知道,正式开展财务会计概念结构项目的研究,并形成了系统的成果,是与负责制定企业会计准则的机构——美国财务会计准则委员会的直接推动分不开的。在此以前,美国的"公认会计原则"(GAAP)的制定机构都没有进行过系统的概念结构研究。这是因为，在美国，早期形成了这样一种观点，即认为会计是一门艺术或技术，不需要研究理论。后来，由于准则陆续出台，显得前后不连贯，分歧的原因涉及到基本理论，而基本理论又不一致。因此，会计职业界认识到：要使准则前后一致，有必要在这些基本理论上先取得一致。美国财务会计准则委员会之所以下决心要搞一系列的概念结构，其目的在于：①评估现有的会计准则；②指导与发展今后的会计准则（当然，概念结构不是准则，不能代替已生效的会计准则）。概念结构的研究之所以形成国际化的原因，最重要的是由于世界经济正在形成全球经济，国际资本正在全球流动，国际资本的投资人需要运用各个国家的财务报告，进行投资的决策，来寻找机遇、逃避风险，选择最佳的投资地区。但是，目前各国的财务报表都是按照本国的准则制定的，这样，各国编制的企业财务报表就变得不可比。比如，各国企业财务信息或报表项目，它是如何形成的，包含哪些内容，在不同国家几乎都不一样，国际投资人当然难以比较。其中，差别最大的是确认与计量。以存货为例，同样是执行成本与市价孰低的原则，但在不同的国家，市价就有不同的含义和内容，有的指“重置成本”，有的是指“市场价格”，有的是指“可实现的净值”，还有的是指“可实现净值扣减合理的基本报酬”。在美国，对市价还提出了所谓“上限”和“下限”；“上限”不超过“可实现净值”，“下限”不低于“可实现净值扣减合理的基本利润”。同样采取“成本与市价孰低”原则，同样在报表附注中都作了这一说明，但如此复杂的情况，仍然难于可比。因此，考虑到国际资本家决策的需要，国际会计准则委员会在国际证券组织（IOSCO）的推动下，为提高财务报表可比性而作了许多努力，以加速会计准则的协调进程。

为了提高财务报表的可比性，首先要在国际范围内对编报财务报表的基础概念有个一致的认识。这样，又涉及到概念结构。这就是国际会计准则委员会参与概念结构研究工作的动机。可以这样说，概念结构的研究之所以又形成一个热潮，原因在于经济的发展。就每一个国家而言，为了保持国内会计准则的前后一贯，必须遵循一个前后保持一贯的科学严密的基本概念；就国际而言，是为了通过国际会计准则协调各国的准则，提高财务报表的可比性。乍看起来，财务会计的概念结构似乎属于理论研究，但这种理论研究是服从于经济发展的。它既应服从国内资本市场的需要，又应服从国际资本流动的需要。财务会计的若干基本概念若能在各国取得共识，准则的协调就有所依据，财务会计，特别是财务报告，就能为投资人和债权人在国际范围进行投资与信贷决策提供可比与相关的信息。

财务会计概念结构的国际化，是一个值得欢迎的发展趋势，它将促进财务会计理论的发展，财务会计上一些悬而未决的概念问题，有可能因此而得到解决。但是，目前的研究也存在一些缺陷。各国财务会计概念结构研究，都按美国财务会计准则委员会的模式，以目标为导向。我们知道，目标是带有假设性的，特别是目标所规定的使用者及使用者所需要的信息，他们共同关注的信息，实际上都是一种判断，目前还无法加以证实。目前的概念结构，作为前后一致、内在严密的概念体系，看来还没有完全做到。比如，按照目标和信息质量特征，都非常强调信息的相关性，这一质量特征尽管放在第一位，却难得到落实。特别是，概念结构出台后，各个国家（首先是美国）并没有改革传统的财务报表。尽管在第 5 号概念公告中，提出财务状况表、全面收益表、现金流动表，但这一改革建议并不彻底。全面收益表只不过为了与全面收益要素相吻合，现金流动表也不是面向未来仍然是面向过去，没有打破传统财务会计的框架；又如谨慎原则的运用还是旧的观念，只预计可能的损失，没有预计可能的收益。总之，美国财务会计准则委员会所提出的改革建议，仍未能完全适应市场经济的发展。

美国所提出的这些概念公告，到现在为止，没有对财务报告的基本概念、基本结构、应揭示的信息等问题进行研究。就是说，到现在为止的概念结构，没有涉及财务报告的概念。我认为，这是不完整的。英国已提出要研究财务报告的基本概念，但研究成果尚未发表。从英国过去所发表的文献（如 1976 年的《公司报告》）和现在正在做的工作来看，英国将会进行一些大胆的改革，如增加增值表、雇员报告等;又如,90 年代初,英国特许会计师协会与苏格兰会计师协会联合组成的小组,曾提出一份研究报告,题为《未来财务报告的模式》,在这份报告中,他们建议编制“利得表”。利得表当然包括未实现的持有资产的利得与损失。他们还认为,报表中应当多种计量属性并存,即在报表中不仅反映以历史成本为基础,而且要以现行成本和市场价格为基础;报表不只是面向过去,而且要面向未来。这样一些建议,有可能在英国未来的“原则公告”中出现。看来,在概念结构的研究方面还大有文章可做。尽管美国会计界对美国财务会计准则委员会的概念结构公告,褒贬不一,但总的来说,能够出台概念结构,还是应当予以肯定。现在的问题是,缺少有关报告的概念公告,因而,概念结构作为一个理论体系,不够完整。同时,第 5 号概念公告比较含糊,表现了某些倒退,实际上是迁就当前的实务,不敢触动某些“公认会计原则”。但我们还是期待着今后美国的概念结构有所发展,并寄希望于英国的原则公告,希望它对报表部分的基本概念研究,有所创新和发展。

(三)90 年代财务报告的一些值得注意的新动向

财务会计最终所提供的信息是要通过财务报表和其他的财务报告,向信息使用者进行披露、传递的。因此,财务报表应该包括哪些内容?如何更好地向信息使用者提供信息?这一直是会计界关心的问题。对于传统的财务报表,历来就是有批评的。而对传统财务报表的批评,与对传统财务会计的批评是联系在一起的。因为,财务报表所具有的缺点和弱点,也就是财务会计所具有的缺点和弱点。比如说,财务报表主要是面向过去,这个缺点是因为财务会计的确认以过去的交易和事项为基础,财务会计本身是面向过去的,是以已发生的交易、事项和情况为基础进行确认、计量和记录的,当然,就要以这些交易、事项和情况为依据进行报告;又如,财务报表主要是提供财务信息,而很少提供非财务信息,这也是和财务会计本身的局限性联系在一起的。因为,财务会计需要确认与计量,它所确认和计量的信息,必须能以货币表现,这一点是受会计的对象与要素以及基本假设中货币量度单位假设等等因素制约的。进一步看,又要受复式簿记原理的约束。只要这些前提条件存在,那么,货币就必然是财务会计的主要计量属性。因为,离开了货币,会计上的数字很难平衡。而借贷不平衡,那就违反了复式簿记的原则。可见,财务报表的很多局限性是和财务会计的局限性联系在一起的。由于这种局限性,使得不少对报表使用者很有用的信息,在财务报表里得不到反映。例如,现行财务报表从不反映持有资产价格变动的信息,就是一个典型的例子。其所以不反映,一是实现原则无法突破;二是强调财务报表计量的可靠性;三是坚持传统的谨慎惯例。所以,要改革财务报表,就要改革财务会计所固有的缺点与局限性。

财务报表的缺点与局限性,不是现在才发现,而是很早以前就已经有人提出了。只是由于现在人们更重视财务报表的决策有用性,使得报表改革的要求更为迫切。美国财务会计准则委员会在第 5 号概念公告中提出,今后的报表应包括财务状况表、收益表、全面收益表、现金流量表。其中,现金流量表已由第 95 号准则公告规定实施了,而全面收益表尚未在实务中加以采用,这有待今后的进一步努力。在其他一些组织,如美国证券交易委员会(SEC)、美国注册会计师协会(AICPA)等,也在考虑在其他财务报告中,增加一些非财务信息,以提高决策有用性。这些报告主要包括董事长报告、总经理报告等。在这些报告中,可以对公司进行预测,包括对盈利的预测、未来发展的预测。这一点,联合国跨国公司委员会概念结构的文件,提得更为明确:跨国公司的报告不应该只限于经济信息,还应该包括一些社会发展的信息。在英国,根据英国特许会计师协会与苏格兰协会的研究小组所提出的“未来财务报告的模式”,建议突破实现的原则,在报表中增加“利得表”(a gain statement),该表以现行价值(current value)为基础,确定期末与期初净资产的变动额,然后分析这些变动,报告财富的真实变动。利得表主要是面向未来,它特殊地披露了在现行价值基础上尚未实现的有形和无形资产价值的变化,而这些信息在传统的财务报表中是找不到的。

总的来说,90 年代财务报表发展有两个趋向:有关准则制定的机构与组织,为提高财务报表的决策有用性，一方面要增加有关的财务报表；另一方面，要在有关的财务报表中增加有用的信息(特别包括非财务的信息)。这就使得财务报表可能会发生一些变化。

1.财务报表结构的变化。指资产负债表和收益表地位的变化。我们知道，从40年代以来，由于配比原则的建立与应用，使得收益表在实质上成为第一报表。在配比原则下，通常要采用收入费用观确定收益，为了保证收益表中收益的正确性，有些递延项目必须要放在资产负债表中，就使得资产负债表不“纯”。所以，我们说，收益表事实上变成了第一报表，资产负债表则退居第二报表。当然，收益表变成第一报表，还与当时人们对盈利的重视有关。不管是管理当局，还是企业的外部，都十分关心企业的经营成果，集中表现在税后利润和每股盈利上。这些信息当然要通过收益表才能得到。但90年代，情况将有所改变，资产负债表有可能成为第一报表。这主要是有以下原因：

首先，从美国财务会计准则委员会的概念公告第6号可以看到，它在定义全面收益时，已不是采用收入/费用观，而是资产/负债观了。它把收益定义为期末净资产对比期初净资产所发生的增减变化。这样，全面收益的定性与定量，就要服从资产负债表中的资产、负债、所有者权益等要素。尽管“全面收益＝收入－费用＋利得－损失”的公式仍然存在，但定义是采用资产/负债观，从这点可以看到，美国财务会计准则委员会将把资产负债表放在第一位来考虑。其次，90年代还出现了一些项目，而这些项目只能在资产负债表上才能得到全面反映。例如，在90年代，企业的兼并势头还会继续下去。既然有兼并，母公司与附属公司的关系至关重要。要想通过母公司的账表来了解附属公司的状况，特别是要了解附属公司与母公司的相互关系，需要通过合并报表，其中主要应是合并资产负债表。因为，母公司与附属公司某些重要的相互关系(例如商誉)，只有在合并资产负债表上才可以看出来。从这个趋势来看，资产负债表的重要性会越来越明显。它会再次变成财务报表的第一报表。这是市场经济发展的需要所决定的，不是取决于人们的主观意图。今后，资产负债表的内容会越来越多，项目会越来越复杂，对资产负债表的理解会越来越困难。

90年代，可以预料，对资产负债表和其他报表的分析和解释会变得重要起来。因为，分析可以帮助人们了解企业的财务状况和经营成果，并帮助人们从众多的信息中取得对其决策相关的信息。

2.其他财务报告内容也会复杂起来。不管财务报表的格式和内容怎么改变，只要基本的会计假设不变，传统财务会计的模式没有被打破，那么，它所固有的局限性仍然存在。比如，今后的财务报表仍然主要提供历史的、财务的信息，但非财务的、预测的信息对报表使用者将越来越重要。如何处理这一关系？看来还得要依靠其他财务报告，要在其他财务报告中增加非财务信息和预测的信息，这样，其他财务报告也会变得复杂起来。由于财务报告的复杂，将会增加审计的困难。按照传统，审计业务只涉及财务报表(包括附注)，但到90年代，如果不审计其他财务报告，将不能满足需要。因为，很多信息是包含在其他财务报告中的，倘若注册会计师对此不加以表态，将会降低注册会计师的鉴证作用。现在，美国的注册会计师协会、证券交易委员会都在研究如何使注册会计师也能对其他财务报告进行审计，有能力进行表态，并承担应有的审计责任，从而增加其他财务报告的可信性。

在90年代，财务报表发展总的趋势是内容增加、项目增多、理解困难，特别是对资产负债表的理解会增加难度。但也存在另一个趋势，即提供简化的年度报告(SAR)。与传统的财务报表相比，SAR的内容比较简单，说明简练，项目集中，图表较少，总的来说，给报表使用者提供一个对企业经营状况的概括的了解。简化的年度报告是摘要性的，它只包括一些主要项目；文字说明简练；图表经过压缩，数量较少。这样，阅读起来就比较清楚、简单、扼要、明确。但对简化年度报告也有不同的看法，有人认为它不符合美国财务会计准则委员会第1号概念公告第36段的描述，根据这段的描述，年度报告所反映的信息应当是全面的。所以，目前的简化报告只能算是一个补充报告，而不能代替按公认会计原则(GAAP)要求编制的年度报告。不过，按照美国证券交易委员会的见解,简化年度报告如果能涵盖企业年度报告的主要内容,同时,在开股东会时发给股东的材料中已包括了年度报告的主要信息,那么增加简化的年度报告是值得鼓励的。这样做,将有利于报告使用者从简化的年度报告中选择重点,再从传统年度报告中了解他们所需要的主要信息。

(原载于《财会月刊》1995 年第 2～7 期)

41

略论金融工具创新及其对财务会计的影响

葛家澍　陈箭深

80 年代初期以来，由于多种因素的共同作用，国际金融市场呈现出强劲的革新动力，金融创新层出不穷。一种新的金融创新形式可能在几天之内，甚至一夜之间被创造出来，并立刻被投入实际的业务操作，这不仅向金融市场的参与者提供了筹集资本和转移风险的工具，并为之创造了在市场变化中获取利润的机会，而且向金融市场的宏观控制以及完善金融机构内部管理提出了新要求，同时也对现行财务会计理论和实务可能产生较大的影响。

广义地讲，金融创新是整个金融领域所有新的创造和新的发展，包括金融工具（即金融产品）、金融交易技术、金融机构乃至金融市场、管理制度诸方面的创新。狭义的金融创新只是指金融工具的创新，而其他方面的创新不过是金融工具创新的伴随物。本文所及的是狭义的金融创新，即金融工具的创新。

一、80 年代的金融工具创新及其影响

自 70 年代中期以来，国际金融市场呈现出较为明显的变化。首先，各国政府都放松了对市场利率的管制，让利率随市场的供求关系自由变化，因而市场利率的变化颇为频繁。其次，在国际外汇市场上，随着“布雷顿森林体系”的瓦解，“固定汇率”被“浮动汇率”所代替，浮动汇率便波动不止。这两种现象给国际间的信贷和投资活动以及国际金融市场带来了巨大的价格风险，因此便出现了转移、减少或者消除利率风险和货币（汇率）风险的需求。另一方面，国际债务危机加剧，使国际银行业信贷资产质量下降，并导致信用风险（如贷款无法收回），这样，在客观上形成了对改善信贷资产结构、增加资产流动性从而转移信用风险的需求。此外，国际金融业的竞争日益激烈，包括非银行金融机构在内的借贷者越来越多地参与市场，通过发行各种债券和票据直接筹资，使银行业的传统业务即信贷业务受到威胁。激烈的市场竞争迫使银行业不断地拓展新的业务领域，同时也刺激了国际金融市场的参与者创造新的金融工具以提高其市场竞争能力。

80 年代国际金融市场的另一个特点是，各国政府对金融市场实施并加强了管制，例如一些国家为了限制本国资本流出国外，制定了较为严格的限制措施和规定。为了摆脱其束缚和限制，银行业只有通过创造新的金融工具，才能在不违反资本管制的前提下实现资本向国外流动。此外，为了保护银行客户的利益，各国政府和金融监督部门要求银行提高权益比率，使银行业面临增加资本投入以改善资本结构的巨大压力。然而，通过传统的方式筹集新增资本不但难度大而且成本高，因此，表外业务（off-balance-sheet transactions）得到大量的应用，从而促进了以表外业务为主的金融创新的发展。

金融工具创新之所以在 80 年代日新月异，除了上述原因外，还有两个客观条件。一是现代科

学技术,尤其是卫星通信技术、电子计算机技术和信息处理技术的飞速发展.这些科学技术不但为金融工具创新的发展提供了技术条件,而且在客观上使金融机构的传统业务萎缩。二是早期的金融创新也为80年代金融创新的发展提供了基础。事实上,目前金融市场流行的许多创新金融工具都是在60年代金融产品的基础上衍生而来。在十国集团中央银行研究小组所著《国际金融业务创新》[①]一书中列举的票据发行便利(NIFs)、互换(swaps)、期权(options)以及远期利率协议(FRAs)等四种创新金融工具无一例外的都是在早期金融产品的基础上发展起来的。

金融创新无疑给国际金融市场注入了新的活力,具体表现在:(1)诸多的创新工具使资本的需求者有了更多可供选择的融资手段,同时也降低了筹资成本;(2)创新金融工具的出现也为市场和各类投资者提供了从市场变化中获取利润的机会。由于许多创新工具都具有所谓"杠杆效应"(俗称"以小搏大"),即允许投资者能以相对少的成本完成大于成本数倍的交易额,因而投资报酬往往颇为丰厚;(3)由于银行业不再只是从事传统的贷款业务,而是直接地参与金融市场交易,既做代理业务(交易中介),又做投资业务,因而银行各种资产的风险得到分散。此外,金融创新也为市场的参与者转移风险提供了一种机制;(4)80年代金融创新的特点之一是所谓"证券化",即资金融通由传统的银行信贷转向可交易的债券工具,这使金融市场各种现有工具的流动性得到大大增强,从而在较大程度上改善和提高了金融市场的营运效率。

然而,我们必须看到,80年代的金融创新.特别是金融工具的创新给金融管制机构的管理监督甚至各国政府货币政策的执行者提出了新的挑战。不仅如此,对于金融市场的参与者尤其是利用创新金融工具进行投机的参与者来说,"杠杆效应"带来的丰厚报酬同时也意味着巨大的市场风险,一旦操作者行动不当或者参与者的内部控制不严,其后果往往是灾难性的。著名的英国巴林银行二百多年的基业竟毁于一旦,举世为之震惊。足见金融创新的影响之深,之广。除此之外,80年代的创新金融工具大都是表外业务,根据现行的会计准则,交易本身无法加以体现,人们无法从财务报表上直接地了解企业所从事的金融交易以及所面临的风险,从而使金融市场风险变得更加不可捉摸。

80年代国际金融市场上创新工具的不断涌现和广泛使用,特别是巴林银行事件以及在这前后因涉及金融创新而发生的一系列破产和严重亏损事件[②],不仅给诸如加强金融市场的宏观控制、完善金融机构内部管理等提出了更高的要求,而且也给现行的财务会计如何合理地确认、计量和充分地报告创新金融工具及其联带的风险提出了新的课题。

二、国际会计准则委员会针对金融工具创新所采取的措施[③]

早在1988年5月,经济发展与合作组织(OECD)就召开了一次关于金融工具的专题讨论会,与会者一致认为,应制订一个国际间协调的会计准则以满足不断扩大的国际金融市场的需要。1988年6月.国际会计准则委员会(IASC)成立了一个由来自美国、加拿大、澳大利亚、法国、日本、意大利及英国专家组成的项目指导委员会,开始了制订金融工具会计准则的工作。经过三年多的努力,IASC于1991年9月为拟议中的国际会计准则《金融工具》公布了第40号征求意见稿(简称为ED 40)。在广泛征求各界意见的基础上,该委员会对ED 40作了修订,并于1994年1月公布了第48号征求意见稿(简称为ED 48)。作为拟议中的国际会计准则,国际会计准则委员会在ED 48中试图解决以下方面的问题:

1.金融工具的定义及准则所涉及的范围

国际会计准则委员会在其ED 48中将金融工具(financial instruments)定义为"任何形成一个

企业的(已确认或者未经确认的)金融资产并同时形成另一个企业的(已确认或者未经确认的)金融负债或者权益性工具的契约”。不难看出,上述定义的核心在于什么是金融资产、金融负债以及权益性工具。

根据 ED 48,“金融资产”(financial assets)指的是:(1)现金;(2)从其他企业收取现金或其他金融资产的契约性权利;(3)在可能有利的情形下与另一个企业交换金融工具的契约性权利;(4)另一企业的权益性工具。“金融负债”(financial liabilities)是指任何契约性的义务,即:(1)向另一企业转移现金或者其他金融资产;或者(2)在可能不利的情形下与另一企业交换金融工具的义务。至于所谓“权益性工具”则是指任何能证明对某一企业扣减负债总额后的资产享有剩余权利的契约。

国际会计准则委员会对金融工具给出的定义是很原则的,既可作狭义理解,也可作广义理解。从它所举的金融资产、金融负债和权益证券的构成看,金融工具不仅局限于 80 年代的创新金融工具,如期权、互换和期货合同等所谓“衍生工具”(derivative instruments),它还包括一些传统的财务报表项目,如现金、应收款项、应付款项以及权益性证券等所谓“初级工具”(primary instruments)。此外,国际会计准则委员会在 ED 48 的第 9 段中还强调说明,定义中的金融资产、金融负债及权益性工具“并不一定符合契约开始时或嗣后在财务报表予以确认的标准”。可见,ED 48 所指的金融工具既可能是资产负债表项目,也可能是无法在资产负债表内加以确认(列示)的项目,即所谓“表外项目”(off-balance-sheet items)。

从国际会计准则委员会对金融工具的定义来看,该委员会的意图显然是为了制定一个关于处理所有金融工具的一般性会计原则的框架性原则,而不只是对创新金融工具制定个别的准则。做出这种选择的理由似乎很简单,这就是说准则所规范的金融工具不但应包括现有的,而且还应包括未来可能出现的,因为金融创新可谓日新月异,如果只对个别的创新工具制定准则,那么会计准则的制定无疑将处于被动的境地。此外,从理论上讲,国际会计准则应在全世界范围内适用,而目前各国金融市场的发展水平,尤其是各国企业参与金融创新的程度参差不齐,如果只就个别创新工具制定准则,也会使准则的适用范围受到限制。

2.关于金融资产和金融负债的会计确认

如前所述,国际会计准则委员会对金融工具定义的核心内容是金融资产和金融负债,因此有关金融工具的会计确认问题实际最终是归结为对金融资产和金融负债的确认问题。

当一个企业成为体现金融工具的契约的一方,对会计而言,这样的一个金融工具是否应该在财务报表中予以确认以及何时确认?与绝大多数传统财务报表项目不同,体现金融工具的契约双方在契约开始生效时只是开始享有某种权利或者承担某些义务,并没有发生实际的款项支付。而且,对某些金融工具而言(如期权),契约双方的权利与义务最终是否得到履行,在契约生效时往往无法预料。因此,对金融工具的确认标准显然有别于财务会计现有的确认标准。为此,国际会计准则委员会对金融工具的初始确认(initial recognition)设立了以下两个标准:

(1)与资产或负债有关的所有风险和报酬实质上已全部转移给了企业;

(2)企业所获资产的成本或公允价值,或者预计负债的金额能够可靠地加以计量。

国际会计准则委员会进一步指出,尽管某项契约(如外汇远期合同)双方的权利与义务只有在契约到期日才引起实际的交易,但这样的权利或义务仍然相应在构成金融资产和金融负债,且符合上述的确认标准[④]。

对于金融资产或金融负债的终止确认(discontinuing recognition)则设立了以下两个标准:

(1)与资产或负债有关的所有风险和报酬实质上已全部转移给了其他企业,且其所包含的成本或公允价值能够可靠地加以计量。

(2)契约的基本权利或义务已经得到履行、清偿、撤销,或者到期自行作废。

国际会计准则委员会在其《编制和表述财务报表的概念结构》中曾提出对可列入财务报表的项

目的确认标准是:(1)与拟被确认的项目有关的未来经济利益很有可能(probable)流入或者流出企业;(2)拟被确认的项目的成本或公允价值能够可靠地加以计量[⑤]。可见,对金融资产和金融负债的初始确认标准与上述确认标准几乎是一致的。然而问题在于,金融资产和金融负债等与一般的资产和负债毕竟有所不同。

第一,所有其他资产和负债符合确认标准的基本前提是要符合要素的定义。按照资产和负债两要素的定义,其未来经济利益从企业的流入和流出都必须来自过去的交易或事项。而金融工具则不是。金融资产(除现金外)和金融负债则来自双方签订的契约。按照传统的会计模式,签订契约(合同),比如签订购销合同是不能据以确认购销业务的。

第二,金融资产和金融负债的确认还有如下特点:(1)金融资产和金融负债的确认依据是与该资产和负债有关的风险与报酬实际上已全部转移给企业。所谓风险,应指未来经济利益的流出;所谓报酬,应指未来经济利益流入。因此,这种未来经济利益的流动,不必以交易或事项发生为依据,而可以契约签订为准,但怎样才算实质上已全部转移给了企业,目前尚缺乏一个明确而具体的标准;(2)金融资产和金融负债(也包括权益证券)还有在初始确认后再确认的问题。再确认包括:终止确认、确认金融资产的减项(①当持有至到期的金融资产按成本基础记录但有证据表明对该资产的有计划偿付的固定金额或可确定金额将会减少和遭致损失时;②当持有的金融资产不是按成本基础确认,而其公允价值已降到账面价值之下时)。此外,在初始确认时,对负债中有到期日,可长期持有,又可转换为其他资产或权益证券的混合工具,则需要按其性质分开确认。

国际会计准则委员会对上述情况的确认,都没有给出明确的回答。在初始确认和终止确认金融工具时,把与金融资产和金融负债有关的风险和报酬是否已全部转入或转出企业作为确认标准当然无可非议,但是对许多创新金融工具而言,风险和报酬是否已全部转移往往是很难判断的。有些创新工具在履约前风险和报酬实际上只发生部分转移也是有可能的。看来,要解决这些确认的难题,国际会计准则委员会还有相当长的一段路要走。

3.关于金融资产与金融负债的计量

计量问题历来是财务会计的一个核心问题,对金融资产或金融负债的计量当然也不例外。对于初始确认的金融资产或金融负债,国际会计准则委员会确立的计量基础为在契约开始生效时所交换资产的公允价值,也就是我们所熟知的成本基础。这一点与传统的计量基础并无不同。但关键的问题在于:体现金融工具的契约在生效以后的财务报表日应该按什么基础对金融资产和金融负债进行计量。对此,国际会计准则委员会参考了美国的第115号财务会计准则(SFAS 115)关于报告特定债券和可销售权益性证券的新分类,根据企业管理当局的持有目的与意图,将企业持有的金融资产和金融负债分为三类,即长期持有或者持有至到期日的金融资产和金融负债;以保值为目的而持有的金融资产和金融负债及其他金融资产和金融负债。对这三类不同的金融资产和金融负债分别采用不同的计量基础:

(1)如果企业打算将金融资产或金融负债长期持有或者持有至到期日,原则上按初始确认时的公允价值(即取得成本)计量。不过有两种例外情况:一是当企业有证据证明所持有的资产可能遭到损害(如无法按原定的契约条款收回全部金额)时,企业可以按预计收回金额的贴现值重新计量,由此而形成的损失则直接计入当期的损益;二是当所持有的资产属于非定期或者不是按定额收回的资产(如长期股权投资),且其公平价值下跌至账面金额以下时,可以对账面金额进行调整。如果此类资产在预期的持有期间可收回的金额无法确定,可以按估计的可收回金额对其账面金额进行调整,所形成的损失计入当期损益;而当估计的可收回金额最终增加时,则应该按所增加的金额予以调整,由此形成的利得则在其确认期间计入损益;有时,企业此类资产的账面金额可能高于其公允价值,在此情形下,必须对上述处理的理由、资产可按账面金额收回的证据以及资产的公允价值在报表中进行揭示。

(2)如果企业是为了对资产或负债进行保值而持有金融资产和金融负债,则按报表日的公允价值或者现行市价进行计量。因公允价值或现行市价变动所形成的损益,则在因所保值的资产或负债公允价值的变动而形成的损益得到确认时才计入损益表。如果所保值的对象为未来的交易,公允价值或现行市价变动所形成的损益则允许递延至交易发生时调整交易的公允价值,同时应对未来交易的性质、递延利得或损失的金额以及未来交易预期发生的时间在报表中进行揭示。

(3)对企业不打算长期持有或持有至到期日的,或者不是为了保值而持有的金融资产或金融负债,即所谓"其他金融资产和金融负债",则按其在报表日的公允价值或者现行市价进行计量,由于公允价值或者现行市价的变动所形成的利得或损失计入当期损益。

对于第一类金融资产和金融负债的处理,国际会计准则委员会显然既沿袭了对长期投资和某些长期负债所采用的传统的成本基础,同时也考虑了企业在持有金融资产和金融负债时所承受的市场(价格)风险及信用风险,这样的处理显然比传统处理方式更为恰当。而对第二和第三类金融资产和金融负债的处理,则类似于传统的处理(如对"有价证券"的处理),所不同的是考虑了所持有的金融资产和金融负债是用于为其他资产或负债保值(即规避风险),还是为了其他目的(如投机)这两种不同情况。与传统的处理方式相比,这当然也算是进了一步。然而,问题在于,上述的种种处理方式都是基于对金融资产和金融负债的分类,也就是取决于企业持有的目的和意图,这不但给了企业管理当局相当大的选择权,而且上述分类在实务中往往是难以做到的,例如对于企业购买的一项期权合同,其目的究竟是为了给已有的资产保值还是为了投机,有时是很难判断的。

4.关于对金融资产和金融负债的揭示

如前所述,80 年代金融创新的特点之一就是大多数金融工具为表外业务,根据现行的会计准则无法在财务报表中加以确认和计量,因此,通过表外注释来对这些工具进行揭示比以往任何时候都显得更为必要。有鉴于此,国际会计准则委员会在其 ED 48 中规定:对每一类金融资产和金融负债,无论其是否确认,企业都必须揭示四类信息,即(1)关于每一类金融工具的范围及性质的信息,包括对未来现金流量的金额、时间分布和不确定性可能产生影响重大条件和情况的信息;企业对这些资产和负债所采用的会计政策和确认、计量及表述的会计准则。(2)关于利率风险的信息,包括契约规定的再定价日或者到期日,以及实际利率。(3)关于信用风险的信息,包括:①当合同的另一方无法履行其义务时,在不考虑任何抵押品的公允价值的情形下企业可能蒙受的最大损失额;②企业对收回抵押品所采用的会计政策;③信用风险的集中程度;(4)关于金融资产和金融负债的公允价值的信息。

三、金融创新对财务会计可能产生的影响

迈克尔·查特菲尔德曾指出:"会计是反应性的,也就是说,会计主要是应一定时期的商业需要而发展的,并与经济的发展密切相关。"⑥会计发展历史上历次重大的变革和创新,无一例外地均与当时的商业需要和经济发展密切相关。现代会计发展史上,因通货膨胀而产生的物价变动会计是最能说明问题的一个例子。尽管由于后来西方各国通货膨胀得到缓解,物价变动会计在许多国家几乎半路"夭折",但是它对会计理论和会计实务所产生的影响是深远的,也是持久的。那么,金融创新对会计理论和会计实务究竟会产生什么影响?这些影响是否会长期地持续下去呢?

金融创新对现行会计理论和会计实务可能产生以下几个方面的影响:

1.对"资产"等财务报表要素以及财务会计基本概念的影响

撇开资产的经济涵义不说,按照对资产的传统定义,企业拥有的资产只能是过去交易或者事项

的结果,预计在未来发生的交易或事项本身无法形成资产。金融工具(尤其是创新金融工具)的特点之一就是契约所体现的交易并未发生,而是将在未来发生。如果将金融工具列为企业的资产,那么传统意义上的"资产"概念必须改变。不难想象,由此所引发的,将是对财务会计报表的其他要素以及一系列财务会计的基本概念的改变。

2.对会计确认标准的影响

财务会计传统的确认标准从来都是建立在权责发生制的基础之上,并要求所确认的收入必须是已实现的。无论是权责发生制还是"实现原则",两者都有这样一个特点,即以过去已发生的交易或者事项为基础,而对于未来发生的交易和事项(如签订一项购销合同等)则不予以确认。其结果是企业许多重要的交易、事项无法在财务报表中予以反映,使得财务报表所提供的信息缺乏相关性,不能满足使用者的决策需要。金融工具的广泛运用,迫使财务会计接受这样一个事实,像诸如外汇远期合同这样的未来交易必须在财务报表上予以反映,否则出现"暂记账户"这样的报表项目⑦,不但所表述的信息不具相关性,而且根本让使用者无法理解。随着金融工具的出现,传统的会计确认标准必然发生改变。可能的做法是:保留权责发生制,但必须对"实现原则"加以修订,同时对会计确认的标准也会有相应修改或补充。

3.对会计计量基础的影响

传统的会计计量是建立在"历史成本"的基础之上的,然而,熟悉现代财务会计的人都知道,这种计量模式从来就没有那么"纯粹"过。以资产负债表为例,撇开金融创新不说,像现金、应收款项、应付款项这样的项目很难说就是以"历史成本"计量的⑧,而像存货(假定不按"成本与市价孰低"规则计价)、固定资产等项目却又是以历史成本计量的。在金融工具为人们广泛运用的今天,财务会计在计量基础上这种矛盾会显得更为突出(从前述国际会计准则委员会在 ED 48 中对金融资产和金融负债的计量就可见一斑)。因此,金融工具的创新以及金融资产和金融负债在企业资产和负债总额中的比重的提高,历史成本不可能也不应该是财务会计唯一的计量属性,今后可能的发展趋势是,在相当长的时间内历史成本和公允价值将同时并存。至于选择历史成本还是公允价值做为特定项目的计量属性的依据,也有可能不再是财务报表上现有的项目分类,这是因为,不但现有报表项目的分类不尽合理,而且这一传统做法的不恰当性已在诸如外币报表折算的汇率选择等问题上得到了证明。

4.对财务报告的影响

金融创新对财务报告的可能影响体现在以下两个方面:一方面,传统的财务报表已无法完全适应在金融工具不断创新的情况下报表使用者的信息需要。例如按照资产负债表现有的项目分类,金融资产或者金融负债无法得到充分的体现。因此,必须对传统财务报表的结构和编报方式进行改进。可能的办法是(1)改进现有财务报表的结构,使之符合报表使用者能直接地取得有关金融工具的信息,如资产不再按其流动性分类,而是按"金融资产"和"非金融资产"分类;(2)增加报表的数量,编制一些适应金融工具特殊需要的报表,如"金融头寸表"。另一方面,对所谓"表外注释"的观念将可能改变,这是因为,许多金融工具(尤其是创新工具)都是表外项目,应用现有的会计技术还无法纳入财务报表,这样,表外注释就不再是原来意义上的对报表项目的"附注说明",而是与报表本身共同构成财务报表基本的和主要的内容。

就金融工具创新的发展趋势以及企业未来运用金融工具的程度而言、金融工具创新对会计理论和会计实务的影响将是长久的。这是因为:

其一,十国集团中央银行研究小组的研究结果表明,尽管国际金融市场价格稳定、均衡增长的环境将大大减少金融创新的动因,然而随着金融市场的全球一体化和金融创新的制度化,加上金融模型、金融产品(指金融工具)设计等所谓"软件"方面的技术进步以及计算机和通信系统等"硬件"方面的技术进步,金融创新的过程将继续延续。他们的结论是:"即使是在近年来出现的较为稳定的经济和金融环境中，一般强大的力量如技术、全球一体化和金融创新机构化，将继续支持新(金融)产品的不断发展。”⑨

其二，随着经济的发展，市场竞争也将愈加激烈，包括银行等金融机构在内的企业的经营活动将面临很大的风险和不确定性，这将迫使企业积极参与金融市场的活动，充分利用金融创新的产品为企业的经营活动进行各种规避风险的活动。此外，企业筹集经营活动所需资本的方式也将转向直接面向市场，更多地利用金融工具来进行。可以预见，随着金融市场的证券化，企业的筹资方式也将证券化。而筹资方式证券化的结果是，企业所拥有的金融资产或者金融负债在其资产总额和负债总额中的比例将越来越大。

严格地讲，对金融工具的会计处理并不是一个新的问题。自70年代实行浮动汇率制之后，诸如远期外汇合同等金融工具就广泛地运用于企业的日常经营活动之中了。除此之外，像外币货币性项目、长期投资以及融资租赁等“传统”的财务报表项目的会计处理，一直困扰着会计理论界和会计职业界。从目前的情形来看，对这些项目的会计处理已经或多或少地背离了传统的会计理论和会计原则⑩，也就是说，在金融工具被广泛运用的今天，传统会计理论与会计原则越来越无法适应新环境，改革势在必行。或许，金融创新的不断涌现正好为此提供了一个难得的“契机”。

(原载于《会计研究》1995年第8期)

注释：

①十国集团中央银行研究小组编著，金大健等译：《国际金融业务创新》，上海译文出版社，1989年。

②例如日本昭和壳牌石油公司远期外汇合同亏损案、美国加州奥兰治县破产事件、英国葛兰素公司亏损案、美国宝碱公司利率互换亏损案、智利铜矿公司亏损案、德国金属工业公司亏损案以及英国里昂联合公司外汇交易亏损案等，详见《全球衍生金融商品交易几桩大“惨案”》，载于《参考消息》，1995年3月19日，第4版。

③美国等主要发达国家的会计准则制定机构也开始了对金融工具会计准则的研究和制定工作，例如，美国的财务会计准则委员会(FASB)自1989年开始公布了一系列准则和征求意见稿，迄今已颁布了四项直接与金融工具相关的“财务会计准则公告”(SFASs)，即财务会计准则公告第105号《对具有表外风险和集中信用风险的金融工具的揭示》、第107号《金融工具公允价值的揭示》、第115号《关于特定债权性及权益性证券投资的会计处理》以及第119号《对衍生金融工具及金融工具公允价值的揭示》。由于篇幅所限，本文拟只讨论IASC迄今已公布的文告。

④IASC;Exposure Draft ED 48:Financial Instruments,para.21。

⑤IASC:Framework for the Preparation and Presentation of Financial Statements,para.83。

⑥迈克尔·查特菲尔德著，文硕等译：《会计思想史》，中国商业出版社，1989年，第2页。

⑦D.S乔伊与G.G.米勒著，常勋等译：《国际会计》，立信会计图书出版社，1988年，第114至118页。

⑧例如，“应收账款”余额代表未来可回收款项的金额，尽管它是由过去的交易所形成，但是一旦债权关系成立且金额确定，应该说它与过去的交易就不再相关，否则就是所谓“单一交易观点”。因此，应收账款的计量基础并非全都是“历史成本”(历史价格)。应收外币账款的年末汇率调整或许更能说明这一点。

⑨同①，第242至245页。

⑩D.S.Choi and G.G.Mueller:*International Accounting*,2nd edition,Prentice-Hall,1988,pp.180～187.

42

当前财务会计的几个问题

——衍生金融工具、自创商誉和不确定性

葛家澍

众所周知,财务会计是由确认、计量、记录和报告四个程序所组成,并且由公认会计原则或会计制度加以规范,形成了一套比较严密、但又比较固定而不够灵活的模式。我是这样来认识和描绘当前的会计模式的:全世界流行的财务会计,其基本模式的主要部分有些在九十年、一百年甚至几百年前就形成了。这种模式不论在确认、计量、记录和报告(揭示)哪一方面都以过去的交易(事项)为基础,因此,若干似乎是不可动摇的观念支撑着它的框架。例如,收入必须在实现时才能确认;历史成本为计量属性的最佳选择;或有事项则强调谨慎惯例:只确认或有损失和或有负债,不确认或有收益和或有资产等等。在这些观念支配下的会计惯例、规则、程序和方法,组成了所谓"公认会计原则"(GAAP)。在西方各国,大同小异、名称与形式不一,但内容并无重大差别的会计原则或会计准则,大约从20世纪30年代末就开始规范财务会计实务,我们称之为传统的会计模式。这个模式在会计实务界有着巨大的权威性和公认性。而在会计理论界,构成这一模式的会计基本观念,也几乎成为禁区,很少有人越雷池一步。如果要问,什么是国际会计惯例?概括地说,就是当前仍在各国流行的会计基本假设、基本概念及其指导下的会计惯例、程序与方法的总和。其根本特点是面向过去的会计。

这套会计模式应当说是市场经济的产物,但市场经济是在发展中的动态经济,经济发展了,新的情况和问题产生了,必然要求财务会计也要进行相应的改革。中国是如此,西方各国也是如此。首先对传统的财务会计模式进行冲击的是物价变动。二战以后,持续的通货膨胀席卷全球。20世纪70年代末,在西方经济发达国家,除日本和当时的联邦德国外,物价上涨都达到了两位数。不仅投资人和债权人,就是会计界,也有人开始抨击传统的会计模式。美国的斯特林教授认为,"公司所报告的是无用的数字"。这次冲击主要针对以历史成本为基础的财务报表。因此,先后出现了不变购买力会计、现行价值会计和现行成本会计、脱手价格会计等若干所谓通货膨胀会计模式,它们都要求改变流行会计模式中以历史成本为主的报告模式。但是,80年代以后,西方国家的通货膨胀率普遍回落,看来,这些新的会计模式要取代传统模式,不仅计量的可靠性尚存在问题,而且即使取得这些信息是较为可靠的,也不符合"效益＞成本"的约束条件,未必可取。其次,对传统财务会计模式的冲击还来自其他方面。具体内容很多,我这里着重谈下面三个问题:

一、关于金融工具创新带来的会计问题

金融工具(financial instruments)也称金融商品,是用于交换、结算、投资、融资的各种货币性的手段。基本的(第一代的)金融工具主要有:现金、银行和商业票据、债券、股票等,这些金融工具早已为人们所了解和应用,会计处理已不成问题。现在,金融工具不断创新,出现第二代或称为"衍

生”的“金融工具”(secondary or “derivative” instruments),简称“新金融工具”(new financial instruments),其名目繁多,花样经常翻新,主要包括:“期权”(options)、“期货”(futures)、“互换”(swaps)、“远期合约”(forward contracts)、“票据发行便利”(NIF)、“利率上限”(interest rate cap)、“利率下限”(interest rate floor)等等。当前,我们研究金融工具在财务报表上的确认和揭示问题,主要是指这些新金融工具。因为迄今为止,基本的金融工具早已在报表中确认,而新金融工具中的绝大多数未在报表中揭示。新金融工具仍被认为是“资产负债表外项目”(off-balance-sheet Items)。新金融工具的出现和发展,主要是从 20 世纪 70 年代开始的。一方面,西方国家的汇率普遍与美元脱钩而采取浮动汇率;另一方面,不少国家又放弃了对利率的管制。从此,在金融和外汇市场上,利率和汇率便瞬息万变,引起剧烈动荡,带来很大风险。新金融工具的创造与运用,首先是为了“避险”(hedge),以求转移价格风险导致金融资产的保值,但同时也引发了“投机”(speculation),即旨在谋取价差、利差而进行风险极高的期货及其他新金融工具的买卖。英国著名的巴林银行因缺乏必要的内部控制,操作金融工具,最后导致银行破产而被欧洲另一家银行收购,这一深刻教训,引起了全世界金融界和企业界的警惕。在我国的期货交易市场,也是由于屡次发生违规交易,引起风波,于是证监会决定全国从 1995 年 5 月 18 日起暂停国债期货交易的试点。这也是国家严格控制风险,防范市场违规交易的必要措施。应该看到,新金融工具的出现和不断创新,是人们更巧妙地运用价格、利率、汇率等经济杠杆的结果,是金融市场更加成熟和完善的标志。在市场经济中,风险总是与报酬并存。由于新金融工具既可用以避险,又可用于投机,两者有时却很难区分。有些金融工具往往只需交纳少量的保证金,就可操作 10 倍甚至 20 倍的金融资产或形成同等金额的金融负债(权益证券)。这种“以小搏大”的活动,报酬是诱人的,但风险也是惊人的。金融工具不仅风险大,而且影响其变化的因素十分复杂。因此,必须对它实行严格的管理,即使把它用于正当的套期保值(包括商业银行)也必须建立严密的内部监控系统,及时掌握有关它的信息及信息变化。由此可见,新金融工具的出现,使财务会计面临着确认、计量和揭示的新问题。首先,为了确认或揭示,必须对金融工具给出定义。尽管金融工具的种类繁多,彼此的性质很不相同,但它们仍有某些基本的共性。美国的财务会计准则委员会和国际会计准则委员会正是根据这些共性,分别给出了金融工具的定义:

美国财务会计准则委员会的定义:一项金融工具可定义为现金、一个主体权益的证据或者是一项合约,其双方:

A.要求一个主体承担下列约定的义务:(1)交付现金或其他金融工具给另一个主体;或(2)在潜在不利的情况下与另一个主体交换金融工具;

B.给予另一个主体的约定权利:(1)从一个主体收取现金或其他金融工具;(2)在潜在有利的条件下与一个主体交换金融工具(SFAS No.105,para.6;SFAS No.107,para.3)。

在美国财务会计准则委员会第 119 号准则公告中,进一步定义了衍生金融工具。“衍生金融工具是期货、远期合约、互换和期权合约以及类似性质的金融工具,如利率上限与下限和固定利率借款义务(承诺)等。”

国际会计准则委员会的定义:一项金融工具是使一个企业形成金融资产(确认或未确认),同时使另一个企业形成金融负债或权益工具(确认或未确认)的任何合约(IASC ED 48,para.5)。

从上列两个定义看,美国财务会计准则委员会的含义较广,它包括传统的金融工具如现金、股票等,又包括衍生的金融的工具,如美国财务会计准则委员会第 119 号准则公告所列举的,而国际会计准则委员会的定义则侧重于创新的(衍生的)金融工具。

当前财务会计所面临的难题不是传统的金融工具而是衍生的新金融工具,因为前者由过去的交易或事项产生,已经有条件在表(财务报表)内确认并按取得该项金融资产的历史成本计量,至少可以在表外揭示。新金融工具大多是一种尚未履行的或处于履行中的合约。若按传统的确认标准,它们一般是不能在表内确认的。由于金融工具的合约在签订之后至履行之前,往往存在着流动性风险、信用风险和市场风险等多种风险,因此,已确认的金融资产和金融负债有时需摊销确认即再确认。在金融工具中,除持有到期的长期债券可按摊余成本(amortized cost)计量外,其他的计量都需按现行会计模式所很少使用的"公允价值"(fair value)。但新金融工具又并非所有的类别都可能按统一的确认标准加以确认,如果需要确认,也不可能完全按公允价值去计量。由于新金融工具发展很快,种类很多,财务会计对它的反映和控制显得特别落后。现在,国际上比较权威的会计组织和团体如美国的财务会计准则委员会、国际会计准则委员会(IASC)及经济合作与发展组织(OECD)都已积极准备采取措施,分两步改进财务会计,先从报告的揭示入手,然后再探讨在表内予以确认和计量。美国财务会计准则委员会早已开始实施它的分步推进和计划,这同美国财务会计准则委员会早年研究概念结构(CF)的宗旨是协调一致的。财务会计准则委员会当年就认为,制定财务会计概念结构是为了评估现有的准则并指导未来的准则。在财务会计准则委员会的第1号财务会计概念公告中,它反复强调:一个企业"创造未来有利现金流动能力"的信息对于所有的报告使用都是有用的。企业的这种能力,大体上相当于它的"财务适应性"(financial adaptability)。财务适应性要通过现金流入流出的金额、时间安排和不确定性来决定。当前,一切新金融工具都同不确定的未来现金流量高度相关。每一项金融工具预期的报酬意味着应有预期现金流入,而它的预期风险则意味着将可能发生现金流出。由于不同种类金融工具的性质、条件、金额、期限均不相同,它们可能造成的风险程度也不同。目前,企业所操作的创新金融工具,基本上被排除在财务报表之外,这些资产负债表外项目对报告使用者构成了隐藏的潜在风险,即有可能形成"资产负债表外损失"的风险,影响了他们的正确决策,实际上损害了企业外部关系人的利益。所以,报告有关金融工具的信息已成当前财务会计和财务报告的重大问题,其紧迫性不亚于70年代末80年代初报告物价变动信息。

针对国际金融环境的急剧变化,美国财务会计准则委员会、国际会计准则委员会(也包括加拿大的特许会计师协会)所采取的对策比较切实可行。例如财务会计准则委员会的105、107和119号公告要求在财务报表(主要是资产负债表)外附注中按公允价值揭示金融工具及其隐藏的风险,以免财务报告使用者据以决策时被严重误导,人们还在进一步研究讨论金融工具的确认和计量问题,逐步改造传统的会计模式,以便与新的金融工具的广泛应用相适应。美国财务会计准则委员会已发表了"讨论备忘录"(DM)。国际会计准则委员会曾为此先后发表了两份征求意见稿(ED 40、ED 48),在确认和计量方面都显示了革新精神。此外,美国财务会计准则委员会还通过第115号准则,规范了特定债券和权益证券上投资的会计处理。这份准则至少在两个方面对比传统惯例有所松动:一是突破了实现原则,允许在收益表中确认"交易中证券"的未实现收益;二是突破了传统的计量原则,允许按公允价值计量在交易中和可供销售的两类证券的价值。

二、关于商誉会计处理的争议问题

在有关要素的确认与计量方面,会计学界争议最大、讨论的时间持续最久,至今仍有意见分歧的,恐怕莫过于"商誉"。因为,商誉是最无形的无形资产,不过,有两点在多数国家的会计界是得到认同的:①外购商誉可以按购买价格,即成本予以确认;②确认后的商誉,应按规定的年限,系统地进行摊销。

我认为,商誉之所以能作为资产,是由于预期的、未来超额(超过平均水平)的经济利益代表它的本质。更确切地说,商誉是能为企业未来带来超额盈利能力的资源。经济资源有有形的,也有无形的;可以外购,也可自创。外购的商誉,一旦进入收购企业,就意味着被收购企业已经为收购企业所兼并。商誉不同于其他无形资产的特点,是它不能同企业整体脱离,无法单独存在并用来进行交换。所以,外购商誉属于收购企业所有之后,它就变成收购企业整体盈利能力的组成部分,也就是说,它转化为企业的自创商誉。我们必须这样来理解外购商誉,否则,就很难解释:一个企业为什么愿意用1 200万元去购买一家账面净资产只有1 000万元的企业?这里,不会有什么不等价交换,有所失必有所得。收购企业之所以愿意多付200万元,不过是为了换取一种无形的资源——预期未来的超额盈利能力。在理论上,收购企业预期收购后每年预期(未来)的超额利润的贴现值应大于、至少等于现在作为商誉支付的200万元。凡是能带来未来经济利益的资产除土地这项特殊资源外,都要被耗用,都需费用化。把商誉的成本逐年作为费用摊销,以便从收入中得到补偿,既符合配比原则,又满足了资本保全的要求,这也无可非议。

本来商誉在财务会计中按上面所说的惯例来处理,可以不了了之。但是80年代以来,商誉的会计处理又成一个讨论的热点。主要由于:

第一,目前美国用来规范商誉的准则是会计原则委员会第16号意见书《企业合并》和第17号《无形资产》。它们都是1970年制定的,迄今已有25年。当时商誉的数字并不大,其重要性尚未引起人们的注意。可是在将近20年后,美国企业合并和收购时产生的商誉却出现了惊人的数字。1988年,菲利浦·摩利斯(Philip Morris)收购克拉特公司(Kraft Inc.)时支付12.9亿美元,其中90%是商誉,1989年在泰姆(Time Varner)合并中的140亿美元,其80%为商誉。这样,问题就发生了!比如,庞大的商誉是否在合并收购之日才突然形成?它究竟代表被收购公司何时何年何月的业绩?

第二,如果认为,只有购买商誉的价格才符合确认的基本标准——能够可靠地予以计量。那么,在交易过程中,收购价的大涨大跌又怎样解释商誉价值的可靠性呢?例如,从1989年8月至1990年3月,美国联合航空公司(UAL)处于被兼并的交易协商过程中。在这8个月内,不同买主的收购价从37亿美元升到67亿美元,而后又跌到约51亿美元左右。在8个月内该公司的有形资产几乎没有重大变化,显然这种价格变化应归结为商誉价值的动荡了。这说明:收购产生的商誉,同样不能反映可靠的计量。

这样,在理论界,主张确认自创商誉者逐渐抬头。主要理由是:当前,在企业合并中出现如此巨大的商誉价值,不可能产生于企业被收购、改组或合并之时。至少,该企业的商誉早已产生,只是收购、改组或合并时才实现而已。我们知道,收入按实现(收到现金或收取现金的权利)来确认只是一般原则,它也有例外,比如承包长期工程的收入确认就可以按实际发生的成本同预计合同成本的比例,甚至按合同完成进度来确认合同收入。对于商誉这样一个最无形的无形资产的确认,为什么不可以有所例外?前面说过,商誉的实质应是一个企业具有超正常(超过同行业平均水平)的获利能力。这一点是能够比较可靠地加以计量的。随着预测科学的进步,预测企业未来每年盈利及其能带来的现金流量,选择公认的(较合理)的贴现率,自创商誉的价值并不难计算。人们总认为这样的计算不可靠。其实,这是一种偏见。在财务会计中类似的关于风险的预测,如我们在探讨金融工具的确认、计量、揭示所说到的,衍生金融工具中的许多合约都建立在预测利率及其变动的基础上。其可靠性也是很可怀疑的!我的看法是,自创商誉的确认与计量已讨论几十年,现在该是有条件解决的时候了。而且,为了稳健,不妨也可以分两步:第一步,先在表外揭示;第二步,再在报表内确认。不论揭示或确认,都应当承认,在现代企业中,自创商誉是存在的,也是可以计量的。当然,不是所有企业中都有自创商誉,自创商誉只存在于那些长期具有超额利润(超过同业平均利润)的少数企业之中。因此,它既可以通过未来现金流量的贴现值确定,又可以通过股票市价总额(如果是上市公司)与其重估价后的净资产进行对比来确定。

自创商誉之所以长期在会计上得不到反映,是由于传统会计有一些框框难以突破。首先是实现原则。这一点,上面已经说过了。为了保证会计信息的可靠性,实现原则当然要坚持。但在基本上符合实现原则的前提下似乎应有所松动。比如可靠性略低,但确有相关性的情况下,为了使有用的信息得到充分披露(揭示),有关可实现的未来经济利益的信息就应该传递给信息使用者。自创商誉实际上是可实现的未来经济利益的资本化。其次,传统的会计模式常被称为权责发生制会计。权责发生制不仅被认为基本原则,甚至可列为一项基本假定(basic assumption),应当一视同仁地应用于所有的交易、事项和情况。自创商誉取决于十分复杂的因素,它本来也是过去若干交易的综合结果。至少可以把一个企业"长期存在超额利润"看成是一种十分重要的"情况"。不确认这种情况的发生而只确认基于这种情况才有可能产生的企业购买、合并和改组等形成收购商誉的交易(简称"产权交易"),似乎偏离了权责发生制,至少,它说明我们在权责发生制会计中,执行着双重的确认基础。最后,确认自创商誉的最大阻力来自可靠性这一信息质量要求,这也涉及到稳健即谨慎原则。应当承认,自创商誉是比较难于可靠计量的,然而,所谓计量的可靠性也是相对的概念。即使有些有形资产的初始计量是可靠的,是遵循历史成本基础的,例如存货及固定资产,可是随后的计量,就受存货流动假设和不同折旧方法的影响而变得不那么可靠了。人们并不怀疑存货和固定资产账面价值的可靠性。可见,会计中的一些传统偏见,是应当逐步改变的。

三、关于不确定性的计量问题

美国财务会计准则委员会在其第1号概念公告中指出:"财务报告应当提供有助于现在和潜在的投资人、债权人以及其他使用者评估来自股利或利息以及来自销售、偿付到期证券或贷款等实得收入的预期现金收入的金额、时间安排及其不定性的信息"(SFAC No.1 para.37)。财务会计准则委员会把不确定性的揭示作为财务会计的目标是很有远见的。前面讲到的两个问题都与不确定性有关。金融工具的确认和揭示,主要在于暴露存在的可能风险——即未来不确定的现金流出;自创商誉应予确认或揭示的争论,则主要针对未来不确定的现金流入。不确定性通常表现在利得和损失两个方面。会计上称为"或有事项"(contingency)。国际会计准则委员会在定义或有事项时,把它同不确定性关联地作了准确的描述,"或有事项",指这样一种状况或处境,其最终结果是利得或损失,只有在发生或不发生一个或若干个不确定的未来事项时才能确认(IAS No.10,para.3),那就是说,或有事项是一种不确定的"情况"。问题在于不确定性又应如何计量?在加拿大1994年《特许会计师协会会计手册》(Accounting Recommendations)中,曾把不确定性即可能性的范围分为很可能(likely)、未必可能(unlikely)和不可能确定(not determinable)三类。但是,特许会计师协会于1993年1月发表的一份《或有利得和损失》的征求意见稿,却在不确定性的量化、确定与揭示等问题上,提出了建议并促进AICA手册中3290条款进行修改。

新建议把不确定性的程度称为:概率(probability)。它把概率分为三大类二小类即五类:

1."很可能"(likely)其中又包括:"实际上可以确定(virtually certain)";

2."介于很可能和未必可能之间"(neither likely nor unlikely);

3."未必可能"(unlikely),其中又包括"可能性极小"(remote)一小类;

国际会计准则委员会的征求意见稿把概率分得更细,并且用百分比来加以量化:

(1)"实际上可确定"一类在大体上概率在91~99%之间;

(2)"很可能"一类大体上概率在50%以上至90%之间;

(3)"介于很可能和未必可能"一类大体上概率为50%;

(4)"未必可能"一类则概率在15%以上至50%以下之间;

(5)“可能性极小”一类概率在1～15％之间。

必须指出，对不确定性即可能性的计量只能建立在主观估计的基础之上，管理当局考虑内外环境和各种因素一般可作出较佳的估计。但由于谨慎原则深入人心，估计或有损失总会偏高；而估计或有利得则会偏低。因此，对于或有事项即不确定性的估计，所根据的影响因素及其性质，估计的程序与公式等都应当在表外揭示。最好，再请注册会计师或资产评估师进行审核，以提高计量的可靠性。

按概率划分不确定性的程度是为了确认和揭示不确定性。具体到或有损失和或有利得的确认与揭示，加拿大特许会计师协会的1993年征求意见稿也提出了新的建议。不过，它同样奉行谨慎原则。即确认和揭示或有损失所要求的概率低于确认和揭示或有利得的概率。比如只是“实际上可能确定”时，或有利得才能确认；“很可能”时，或有利得才要求在表外揭示。至于或有损失，只要概率在“很可能”范围内就可确认；而概率在“未必可能”时仍须揭示。

上述三个问题貌似相互独立，其实互有联系，它们共同反映财务会计和财务报表今后发展的趋势：

第一，实现原则是必要的，但必须有所放宽。一项合约，虽未实现但已签订，其报酬与风险（特别是风险）已经或极可能转移至本企业。这时，就应当确认或应予以披露（揭示）。

第二，在市场经济下，由于竞争和风险的日益加剧，放弃谨慎原则当然不行，但谨慎原则的运用又要同科学的估计相结合。财务会计不能只预计可能的损失而完全不预计可能的（如果它属于实际可以确定或很可能发生的）利得。因此，我们在运用谨慎原则的同时，不要忘记会计还有另外的重要原则，如充分披露和实质重于形式等。

第三，权责发生制仍是一个较好的会计确认基础。把它应用于会计应予确认的交易、事项和情况不应有所例外。

第四，今后财务会计确认的基本标准尚可加以研究和完善，要使它能适应市场经济中已经变化了的新情况。如“自创商誉”的确认与揭示问题。抱残守缺和裹足不前都会削弱财务报告在新的经济环境中的应有作用。

第五，要全面估计历史成本原则或成本基础。要承认可靠性是成本基础最根本的优点。但历史成本的可靠性也不是无可挑剔的。虽然在信息质量特征中，可靠性比相关性处于优先地位，但不是在一切情况下都不必考虑相关性。比如风险大的新金融工具的有关信息就要优先考虑相关性，从而要求优先考虑运用公允价值来反映金融资产和金融负债的增减变化和撤销确认。按照当前形势的发展，历史成本独领风骚的时代也许即将过去，未来将是多种计量属性并存的时代。今后，在财务会计的计量领域，至少公允价值（市场价值和未来现金流量的贴现值，即现值都可作为公允价值）与“历史成本”将平分秋色。

（原载于《会计研究》1996年第1期）

43 从会计准则的性质看会计准则的制订

葛家澍 刘 峰

我国于1992年底颁布了《企业会计准则》,现在正在紧锣密鼓地制订具体会计准则。学术界对会计准则的讨论,也日渐频繁。显然,无论是理论探讨,抑或是准则制订,明确会计准则的性质,都将大有裨益。然而,就我们的阅读文献所见,理论界和准则制订部门,都没有正面、直接地论述这一问题。本文就这一问题略作尝试,作为引玉之砖,以期能对会计准则的性质问题,展开更为全面的讨论,更好地改进、完善我国正在制订中的会计准则。

关于会计准则的性质,一般认为,高度发达的市场经济,导致财务会计信息的使用者和提供者相互独立、分离,他们的利益在一定程度上还存在着矛盾。财务会计准则的产生,就是为了从根本上协调信息的提供者和信息的使用者之间的差异和矛盾。由于不同的学者在分析问题、论证习惯、知识偏好、甚至价值取向上都有所差异,因而,对会计准则性质问题的认识,也歧义纷呈。综合中外学者的论述,关于会计准则的性质,大致有三种代表性的观点。下面分而述之。

一、会计准则是纯客观的约束机制(规范)

早在20世纪30年代,美国各界在批评当时放任的会计实务时,认为实务泛滥的原因在于缺乏有效的约束,因此,要建立一套规范或标准,能够约束放任自流的实务。在这一总体思想背景下,当时的学者普遍倾向于将会计原则视为"……检验实务的标准和未来实务改良的指针"。为了能作为检验实务的标准和未来实务改良的指针,会计原则本身必须是"有序、系统、内在一致,应能与可观察的客观现实相吻合;它们应该是不受个人所左右的(impersonal)、无偏见的(impartial)"(Littleton and Paton,1940,p.6)。

在这种思想指导下,人们倾向于将会计准则作为一种纯客观的约束机制,一种技术性的规范手段,它所存在的目的在于使会计实务处理达到科学、合理、内在一致。既然是一种技术,它的有效性应该能经得起检验,如:(1)会计原则是否能打破国界,普遍运用于全球各国;(2)各不同行业的会计原则是否完全相同;(3)不同组织形式企业的会计原则是否完全一致(Gilman,1939,p.193)。显然,能经受这三方面检验的会计原则,应代表真理之所在,不受任何限制,置之四海而皆准,行之万世而不移(朱国璋,1975年,第64页)。

如果详加分析,上述思想具有相互联系的三方面的特征:

首先,按照上述观点,会计本身应该是一个技术手段,其存在的目的在于传递信息、报告主体的经营活动与结果。如在佩顿与利特尔顿1940年合作的名著中,就直接将会计的目的界定为"提供关于某一企业的财务数据,加以归集、排列,以满足管理当局、投资人和社会公众的需要"(Littleton and Paton,1940,p.1);

其次，从论证方式来看，为了寻求达成内在一致的会计原则，研究者们一般都要先界定“原则”、“准则”等概念，并与其他相关观念如“规则”、“惯例”等比较，从而明确“原则”或“准则”的内涵。在此基础上，通过演绎或归纳的论证方式，提出会计原则。

最后，既然会计原则是一种内在一致的体系，就应该存在一些最基本、最核心的原则，这些原则构成了“永恒真理(universal truth)”的主体部分。因此，这一学派的学者，在经过详细的讨论之后，总是要提出一套在他们看来是最“科学”、“合理”的原则或准则。会计实务只要遵守了这些原则或准则，就能达到会计系统存在的目的。

我国关于会计准则的争论，开始于70年代末、80年代初。早期的学者主要是系统地介绍西方，特别是美国的“公认会计原则”及相应的财务会计理论(葛家澍，1978；1982)。随着讨论与认识的深入，一些学者尝试构建我国的会计准则框架。这些拟议的框架，同样是基于会计准则技术层面考虑的。因此，也具有与上述相似的表征，如：长期纠缠于会计原则、会计准则、会计规范等概念；通过一些基本名词的讨论(如原则、准则等)，试图给出会计原则或会计准则的最恰当含义；结合中国的实际情况，提出一些最“科学”、“合理”的会计原则。这些原则通常还分为若干层次，等等。

二、会计准则具有“经济后果”

如果我们仅仅将会计系统作为传递数据或信息的工具，而不去考虑不同的数据与信息可能的后果，那么，将会计准则——约束会计系统生成信息的行为规范——作为一种纯粹的技术手段，是无可非议的。但事实上，会计信息并不是抽象的数字，这些数字还代表了一定的经济意义。不同的数字将会有不同的影响。正是从这一意义出发，有些学者提出了会计准则的“经济后果”。

泽夫(Zeff，1978)在“‘经济后果’学说兴起”一文中认为，从60年代起，美国会计界开始意识到会计信息的经济影响。而所谓经济后果，按照泽夫的理解，是指会计报告将影响企业、政府、工会、投资人和债权人的决策行为，受影响的决策行为反过来又会损害其他相关方的利益。这样，会计准则不再是一种纯粹的技术手段，不同的准则将生成不同的会计信息，从而影响到不同主体的利益，它将使一部分人受益，而另一部分人受损。正由于会计准则具有“经济后果”，单纯地从理论上寻求最完美的准则，是不现实的。恰当的思路应该是寻求一种能达到帕累托最优[①]的会计准则，即：使会计准则的经济后果最公平、合理。

在一篇题为《会计准则的经济影响》的论文中，美国的另一位学者也提出相似的观点：对规范公司必须报告什么(如：披露问题)和如何描述其经济活动(如：计量问题)的准则制订过程来说，需要以一个更宽的眼界、而不是传统的技术会计角度，来重新认识(Rappaport，1977)。会计立法者们必须具有更宽广的视野，仅仅作为一个会计专家是不够的。他们必须既谙熟会计，又能洞悉会计在经济环境中的作用及会计决策对经济环境的影响(Mautz，1975)。

美国会计学会的一个专门委员会也认为：如果将计量视为仅仅涉及表述与报告存量和流量，是一种静态的观点；要认识到，所计量的存量和流量都属于历史。明天的存量和流量将取决于管理当局的决策，而这些决策又受到所选择的计量存量和流量的方法的影响(AAA，1977，p.24)。

会计准则对经济的影响，体现在三个方面：

(1)对公司财务报告的接受者如股东和其他投资者的影响；

(2)对“搭便车者”[②]的影响，即：在公司财务报告公开后，那些并不是公司法定财务报告的接受者，可以无代价地取得公司报告信息，如竞争对手、供应商、顾客、劳工等；

(3)对报告公司自身的影响，即：报告公司为了取得市场的正面评价，而选择使得财务报告更

“漂亮”的经济行为(Rappaport,1977)。

通过以上的引述,我们可以发现,西方的一些学者开始认识到会计准则的经济后果。但是,这些论述基本上都侧重于通过不同的会计信息,诱导出不同的经济行为,从而影响到市场上各行为主体的经济利益。这种经济后果是一种间接的影响。实际上,会计准则本身还具有直接的经济后果。

从外表形式来看,会计系统所提供的信息,只是一些数字的不同排列与组合。但从经济内容看,会计信息并非无实际含义的数学集合。相反,不论凭证、账簿和报表,作为信息载体,其数据都代表了不同的经济内容。比如,资产负债表中的资产数字,代表了主体的总体经营规模;负债数字则反映了主体所欠付的、具有法定求偿力的债务的金额;而利润额(体现为利润“数”),又表明主体在过去一定期间的经营所得,它不仅反映了管理当局的管理成就,也是企业利润分配的依据。实际上,企业外部各利益关系人所能取得的经济利益,有相当部分直接受这些“数字”的影响,比如:通过财务报表所反映的利润的高或低,将会直接影响到利润分配,即不同的利益关系人所取得的经济利益(刘峰、吴亚枫,1992)。甚至有学者直接提出会计具有确保合理分配的职能(娄尔行、张为国,1991),而从会计系统来看,分配职能的合理履行与否,主要取决于会计准则。

从历史发展角度来考察,人们很早已意识到会计准则具有经济后果,因而,人们一直就试图通过一定的手段,来保证会计准则的经济后果具有公平性与合理性。英国1844年的《公司法》,就规定公司的资产负债表必须是“充分与公允(full and fair)”(王德宝、仇林明英,1995)。这里,公允要求显然是从经济后果角度出发的,希望会计信息能公允地表述企业的财务状况和经营成果,以保证会计信息不偏袒某一方的利益而损害另一方的利益。英国对这一思想的不断补充、发展,形成了今天的“真实与公允”(true and fair)的观点,可以说,在相当程度上是考虑到了会计信息的经济后果。也因为此,英国的《公司法》,总是设法对公司的会计行为,作出较详尽的规定。

美国人在会计的发展过程中,一再体会到会计准则的经济后果的“妙用”。如早期铁路业不计提折旧,以大量发放现金股利,来吸引更多的投资人;而20世纪30年代以前的数十年里,注册会计师们巧妙地运用经验,分别不同的企业,确定采用“恰当”的计价方法与其他准则,从而在一定程度上助长了“大萧条”年代的到来。30年代的经济危机,十分强有力的证明,不当会计准则所可能具有的不良经济后果;1947—1948年,正值美国的通货膨胀时期,少数企业在其财务报表中采用重置成本折旧方法。是否采用重置成本折旧,将可能影响到税收改革、雇员工薪的谈判等,美国会计程序委员会顶住了各方的压力,支持历史成本。这是美国在制订“公认会计原则”过程中所直接感受到的、会计准则具有经济后果的早期例子(Zeff,1978)。

50年代以后,美国的会计准则制订机构,在会计准则制订过程中,对会计准则的经济后果的感受,越来越直接。一些有权力的机构和团体,出于不同的利益出发,往往直接干预准则的制订,以期达到有利于自己的经济后果[3]。较为有代表性的案例有:对投资减免税的处理、石油天然气行业未成功废井的勘探成本的处理等。一些法庭判决,也持相似的观点。

按照习惯法,审计师将承担一般疏忽、重大疏忽或欺诈的责任。其中,一般疏忽仅指执行审计业务时缺乏合理的关注;重大疏忽意味着在执行审计业务时缺乏最低限度的关注;而故意欺骗、隐瞒重大事项,导致他人受损的,则是欺诈。通常,审计师认为,只要他们遵守了“公认审计准则”,特别是:被审的财务报表符合“公认会计原则”,他们就可以免于疏忽或欺诈的指控。但是,美国六七十年代的一系列法庭判例,并不同意这一观点,有些甚至还直接对“公认会计原则”的允当性,提出了质问。如,1969年的“大陆自动售货机”案件中,法庭认为,“关键性”测试的实质是资产负债表是否公允地(fairly)表述了财务状况,而不是公认会计原则。法庭进一步阐述道:遵守公认会计原则是非常重要的证据,但不是确证。同样,在1974年的证券交易委员会诉邦格·朋塔公司(SEC v. Bangor Punta Corporation)案件中,法庭认为,如果在公认会计原则和符合证券法的公允表述要求之间存在差异的话,后者具有优先地位;同年的另一起诉讼案件也要求注册会计师对投资人承担公允反映财务状况的责任，而非仅仅是公认会计原则（Kam，1990，ch.18）。

这些法庭判决，再一次表明：现有的公认会计原则，并不是完美无缺的。特别是：法庭坚持认为，公认会计原则应该要达到“公允反映”经济现实的责任，如果不能达到这一要求，它就不能作为注册会计师履行业务的依据。对会计准则经济后果的强调，在这些判例中得到充分体现。

70年代兴起的实证会计研究，也相当关注会计准则的经济后果。他们从人的自利性假设出发，经过推论、验证，认为：企业选择一种、放弃另一种会计准则，同样是出于自身利益追求的考虑（Watts and Zimmerman，1986）。

三、会计准则制订过程本身就是一种政治程序

一般而言，在西方社会中，经济和政治是一组很难区分的概念。经济人为了实现自利的目的，往往会利用政治手段。从这一意义上说，区分会计准则的经济性层面与政治性层面，意义不大。实际上，下面所要讨论的会计准则制订过程中的政治行为，相当程度上就是经济后果的直接延伸。这里之所以要作此区分，是基于这样一种考虑：当我们说会计准则具有经济后果时，我们将会计准则定位于一种职业界的自发行为，或者说，此时的准则是自愿的、非强制性的，会计准则制订机构自身有可能实现利益公平化；而将会计准则制订过程视为一项纯粹的政治程序，更多地强调了准则的强制性一面。这时的准则往往被认为是一种能实现政府既定目的的手段，政府及其他权力机构往往干预准则的制订过程，通过权力强制某一准则的通过与执行。

最早引起准则制订受到政治干预，实际上与准则的经济后果是分不开的。如20世纪二三十年代美国不当的会计准则，导致不良的社会经济后果，引起美国国会的重视。在美国国会所通过的《证券法》与《证券交易法》中，就明确要求按照《证券交易法》成立的“证券交易委员会”，负责上市公司财务报表规则的制订。美国证券交易委员会将准则的制订权授予美国注册会计师协会的同时，仍然保留了最终的监督权与否决权。在美国“公认会计原则”的制订过程中，出现多起证券交易委员会直接干预制订的现象，包括否定已订立的准则。而随着投资贷项会计处理及石油天然气行业勘探成本的处理，关于会计准则的政治化问题，受到普遍关注。

1962年，会计原则委员会通过了第2号意见书，要求对投资贷项按“递延法”进行处理。众所周知，所谓投资贷项就是公司在进行固定资产投资时，政府给予的税收减免，这是美国国会为了刺激当时处于低谷的美国经济、增强美国企业在国际上的竞争力，而采取的一项措施。采用递延法自然较为“系统、合理”，也与权责发生制等原则“内在一致”，但这使得美国政府的减税政策，在企业财务报表上得不到充分体现，政策刺激经济发展的效果受到影响。为此，美国国会通过证券交易委员会施加压力，迫使会计原则委员会发布了第4号意见书，允许企业在“递延法”和“流尽法”中选用。同样较为著名的例子是财务会计准则委员会在制订关于石油、天然气行业会计处理准则（第19号准则公告）时，对废井成本采用“成功法”进行一次摊销。显然，这样使得一些小企业早期的财务报表不太“美观”，从而影响到这些中小企业在资本市场上寻求资本。为此，石油、天然气行业的中小企业家们通过游说，借助于国会的力量，美国证券交易委员会否决了这一准则，从而迫使财务会计准则委员会最后允许采用“成功法”、“递延法”等多样化的处理方法（Solomons，1978），最近一起事例是关于“补偿性认股权计划”（compensatory stock option plan）的会计准则问题。财务会计准则委员会自1984年开始提出这一议题，经过10多年的讨论，到现在，仍然未能形成一个完整的准则，其中之阻力，可想而知，美国众议院甚至也出面干涉（林蝉娟，1995年）。

通过这三起事例可以看出，会计准则的制订过程，已与政治程序中达成一项协议，没有什么两

样。讨价还价与强势集团,对最终的准则,有着相当程度的影响。

限于对这一时期总体背景知识的缺乏,我们无法把握造成这一现象的各种原因及其相互关系,因此,我们将就手头所得资料表明的可能的因素,大致归类罗列为下面几个方面:

1.重视会计准则的宏观影响。如上所述,从50—60年代起,美国会计界就开始意识到会计准则具有"经济后果"。但大部分人主要关注的是会计准则的微观经济后果,即:对微观个体所可能产生的经济影响。70年代初起,有些学者提出,会计准则不仅具有微观经济后果,还应该要从整个社会角度、从宏观管理角度,来重新看待会计准则的影响。其中,郝金斯(David M.Hawkins)于1973年11月在纽约所作的演讲《财务会计、准则机构和经济发展》,有一定的代表性,被广泛引证。在这篇文章中,作者提出,"联邦政府越来越意识到公司报告的行为性影响(behavior aspects)及其宏观经济后果。……公司报告准则应当能引导个体经济行为与国家宏观经济目标相一致"。因此,"(财务会计准则委员会的)目标必须……更为敏感、考虑更多的内容(Zeff,p.284)。公司报告准则应产生对经济决策有用的信息,前提是会计准则要符合政府宏观经济目标和经济计划,以便于达成这一目的。……由于(财务会计准则委员会)具有影响经济行为的权力,它就有义务支持政府的经济计划"。美国会计学会对这一问题也十分关注,专门成立了一个"会计信息的社会后果委员会",并于1978年发表了一份论述会计信息的社会后果的报告。该报告同样认为,每一项政策选择都在不同的个体偏好、不同的后果之间权衡。

正如郝金斯所指出的,既然会计信息具有宏观影响,那么,规范会计信息生成过程的会计准则,就应该要服从国家的宏观计划需要。如果这一理论是正确的话,将会计准则纳入国家宏观政策的范围之内,以政治决策的原理来形成相应的会计准则,是顺理成章的。

2.国会的直接干预。根据1934年的证券交易法成立的美国证券交易委员会,被国会授权制定上市公司财务报表的规则。在经过激烈的争论后,该委员会于1938年4月25日发表第4号会计文告《财务报表的管理政策》,明确将上市公司财务报表规则制定的权力,赋予美国会计师协会,自己只保留最终的否决权。从那时起,一直到今天,美国会计准则仍然由民间制定。

但随着50—60年代美国会计原则委员会的工作遭到各方批评,随着社会各界对公认会计原则的不满,包括一系列法庭判例都明确批评会计原则的不足,再加上对会计准则行为后果的重视,美国国会的少数政治家们开始插手准则的制定过程。1976年,由众议员约翰·莫斯(John Moss)为主席的州际和对外商务委员会,在经过一定的研究后,发布了一份报告,认为美国缺乏一套公允的准则,证券交易委员会应当在会计和审计准则的制定与执行过程中,发挥更大的作用。

与此同时,参议员梅特卡夫(Lee Metcalf)作为"政府运作委员会"(Committee on Government Operations)下属的"报告、会计与管理分委员会"(Subcommittee on Reports,Accounting and Management)主席,从事了一系列的研究。经过研究,梅特卡夫认为,"由于证券交易委员会未能较好地履行监管会计事务的权利,导致产生大量的问题。这些问题严重影响了公众对公司报告信息的精确性和有用性的信心"。在对会计界进行了大量的批评之后,联邦政府应直接对会计实务施加控制,应由联邦政府建立会计和审计准则,并严格监督审计人员执行这些准则(Kam,1990)[④]。

不能说议员的干预,将提高准则的政治化成分。但是,由职业政治家们直接插手批评准则,并要求将准则的制定权收回到专门的政治部门手中,这多少说明,准则的制定与政治行为有着一定的联系。

3.公共选择理论的影响。当代西方经济学的发展趋势之一,是应用经济学理论来解释各种社会现象,公共选择理论就是这一趋势的产物。

公共选择理论主要是以经济学的基本原理,来讨论政府决策行为,民众的公共选择行为及两者的关系。其中关于"公共物品"(public goods)的观点,对会计准则的认识,有一定的影响。

所谓公共物品,是指与商品相对而言的。一般来说,任何商品都有需求方和供给方,其中,需求方要想得到商品,就必须要支付一定的代价。当然,在支付相应的代价后,需求方取得了商品的独占性所有权。此时，别人无权使用。易言之，一般的商品具有“私人”性质。公共物品则不同，它有特定的供给方和需求方。而当公共物品被提供后，需求方可以不耗费代价就可以使用，或者是，某一个需求方耗费了一定的代价使用一项公共物品的同时，他无权限制别人无代价地使用同一种物品。比如，公园就是一种公共物品，它的提供者是政府，而它的使用者则无限；又如，上市公司的财务报表也是一种公共物品，它的提供者是上市公司，它的法定使用者包括股东、债权人等。一旦财务报表公开提供后，法定使用者无权禁止其他人使用。也就是说，其他人可以无代价地使用上市公司财务报表所包含的会计信息。

既然将会计信息视为一种公共物品，就涉及到两个问题：第一，它的提供方是否愿意尽责尽力地提供会计信息？就如政府在一些公共设施的建设上缺乏激励机制一样，公司当局实际上也不愿意过多地提供会计信息。因此，政府要通过一定的强制性手段，促使公司提供适当的“公共物品”；第二，公共物品的收益者是社会大众，不当的公共物品，也将损害大众的利益，因此，如何控制会计信息这一公共物品的质量，以保护大众利益不受损害？一个恰当的方法是：通过对生成会计信息的规范——会计准则——的管制，并辅以完善的制度，将能有效地保证会计信息的质量。

由此可见，公共选择理论的支持者们，也倾向于将会计准则作为政治制度的一部分。

四、从会计准则的性质看会计准则的制订

对会计准则性质所持观点的不同，将会产生截然不同的准则制订的思路：

1.既然会计准则是技术性，它就有可能达到完善：有序、系统、内在一致等。事实上，以美国为代表的会计原则发展历史表明，到目前为止，这一完善的准则尚未出现。一些学者在经过反思之后，认为：根本原因在于缺乏一套有效的理论。如果有一套自身内在一致、又能指导会计准则制定的理论，将有助于“完善”的准则的出现。在这一思想的指导下，当前各国的会计准则制订机构，纷纷投入大量的人力、物力，制订用来检验并指导会计准则的“财务会计概念结构”。其中，美国的财务会计准则委员会从 1978 年至 1985 年，共发布了 6 号财务会计概念结构；此后，澳大利亚、加拿大、英国、国际会计准则委员会等国家与国际性组织，纷纷效尤，制订各自的概念结构。由此可以推断，这些机构仍然在相当程度上认为，会计准则是一种技术性手段，其目的在于通过准则的实施，将能有效地促进、完善会计实务。

会计准则技术观同时也表明：寻求完善一致的准则，是一种学术上追求真理的过程。换言之，只要具备科学、合理的理论，再加上有效的准则制订程序，就可以制订出完善的准则。因此，准则的制订机构、制度程序，都不是问题的核心。

2.由于会计准则具有经济后果，因此，最完美的会计准则，并不一定代表了最公允的经济后果。事实上，由于经济人的自利行为和一些强有力利益集团的存在，现实生活中被采纳的往往也不是具有最公允经济后果的经济行为。因此，赞成会计准则的经济后果的研究者们，往往回避提出一套完整的会计准则框架，而只是就事论事，具体讨论某一准则的经济后果问题。所可能有的提议，往往是未来应如何制订会计准则，以及在会计准则制订过程中如何考虑有关各方的经济利益，它们不可能给出若干个准则。

对准则制定机构，要求其能充分代表有关各方的利益，特别是社会上占强势的利益集团。美国会计准则制定机构的几度变迁，以及当前财务会计准则委员会的构成，也印证了这一推论。而至于准则制订的程序，要能充分听取有关各方的意见。美国财务会计准则委员会在制订准则过程中采用的所谓“恰当的程序”(due process)，也就是经济后果观点的体现。

3.强调会计准则的政治化意义,必然将会计准则纳入政府宏观管理制度中去,这样一来,准则在一定意义上就成为政府的法规、制度的一部分。在以美国为代表的西方国家,任何政府制度的形成,都是政治家们谈判、协商、讨价还价的结果。希冀达成一种系统、完整、内在一致的准则,将永远成为完美的"蓝图":任何政治谈判所达成的结果,都将是某些强势集团的意愿的实现。或者,不存在强势集团时,它是一种"折中"。因此,任何强调会计准则政治化的文献,主要笔墨不是讨论准则本身,而是关于准则的形成过程、准则的制订机构等等。这时的准则只能由政府的权力机构制订,其程序上也将主要考虑政治上的合法性。

五、结论与启示

通过以上分析,我们可以看出,正如美国会计理论界一直所争论的那样,会计准则的性质究竟是什么,到目前为止,尚没有一个明确的答案。不同的理论,支持不同的观点;不同的观点,又将会导致不同的行动与结果。应该说,这几种思想都有一定的道理,但也都不完整。记得一则古老童话"盲人摸象"的故事说,每个盲人都只是接触到象的一部分,所下的断语在一个非盲人看来是相当可笑的,但在下断语的盲人本身来看,无疑是对的,是经过自己亲自感触所得的。在对会计准则性质的问题上,我们面对的,就是一个"不可见"的事物。以明眼人对不可见,与盲人对可见之象,应该说,有惊人的相似之处。这样推测,并不是说到目前为止,所有关于会计准则的研究都是盲人摸象似的各执一词,而是要说明,这些研究和结论都有其合理之处,但可能都不全面(注意,我们这里用的是可能,因为,我们也是"盲人"中的一员,无法给出一个比"墙壁"或"大树"之类更完整的结论来)。恰当的态度应该是:全面分析、考虑这几种观点,从更"宏观"、更综合的角度来看会计准则。

当我们从一个更高的角度来看会计准则,我们必须要面对两大类截然不同的观点,即:技术观和非技术观。会计准则制定机构不应该舍一取一,而是在两者之间取得一种平衡:既考虑各方经济的、政治的要求,做到公平;又要有一套完整的体系和结构。

(原载于《会计研究》1996 年第 2 期)

注释:

①帕累托最优(Pareto-optimality)是经济学上的一个术语,其大致含义是:在所有分配或行动方案中,存在一种方案使所有人的利益实现最大化。这时,不存在其他任何一种方案,能够在不损害某些人利益的前提下,增加一部分人的利益。或者说,在最优化下,任何行动方案的变化,在使一部分人受益的同时,至少会使某一个或几个参与者利益受到损害。

②西方经济学中常用的术语,其字面含义是指乘公共汽车不买票。现一般有两种引申意义,一是指不用花费任何代价,即可享受公用设施等公共物品的人;另一层意义则指经济人出于自利动机的败德行为。这里指它有第一层含义。

③这类似于公共选择理论中的"寻租行为"。对这一问题,在后面还将作进一步讨论。

④由于这两个人的干预,导致美国注册会计师协会和财务会计准则委员会采取了一系列的行动,去向国会证实他们在准则制订过程中的不可替代的地位。有趣的是,美国注册会计师协会的会刊《会计杂志》1978 年 2 月号上刊登了两条消息:

众议员莫斯宣布,他将于 11 月份第 95 届国会届满时退休;

参议员梅特卡夫于 1 月 12 日在其海伦娜(Helena)寓所逝世。

这多少也反映了注册会计师协会对他们的态度。

会计准则的制订和实施是我国会计改革中的核心内容。葛家澍教授曾于1996年1月在讲课中就我国会计准则制订中的若干理论问题作了长篇报告。现征得作者同意,将报告的第一部分在"本刊专稿"栏分期刊载;报告的第二部分"公认会计原则在美国的发展"也将在本刊的"国外视窗"栏陆续刊载。报告录音由博士生桑士俊整理,并经作者校阅。

44 会计准则制订中的若干理论问题

葛家澍

一、基本会计准则与财务会计概念框架

我国的《企业会计准则》是1992年11月份制定,1993年7月1日实施,已有三年时间了。现在,具体会计准则经过公开征求意见之后,也即将出台。在此之际,对有关问题做些探讨和研究,对今后试点和全面实施,将有助于加深理论上的认识。

(一)我国企业会计准则制定的回顾

首先,回顾一下我国已出台的《企业会计准则》。在制定这一准则的过程中,当时的会计界,包括财政部门都寄予很大的希望。但是如何制定这个准则在看法上是有分歧的。在理论界,以中国会计学会为代表,具体地说是以会计学会的会计基本理论和准则研究组为代表,曾研究过制定会计准则从何着手的问题。按照国际的经验,他们多半是先制定会计准则,然后才研究概念框架(conceptual framework)。我国是否也跟他们走这条道路呢?对这个问题存在着不同的看法。一种看法认为我们制定准则也应先从具体准则开始,到一定时期再来研究普遍适用的会计准则(当时还不叫基本会计准则)。另一种意见认为,我们一开始起点就可以高一些,西方已有制定概念框架的经验可供我们借鉴,我们可以先制定普遍适用的会计准则。财政部倾向于后一种做法,希望制定的准则既能指导全国各行各业,又具有可操作性;准则出台后,首先要能取代过去的分行业、分部门、分所有制一统到底的会计制度。所以它要具有广泛的适用性,而且要能指导新的大行业会计制度的制定。从普遍适用性来看,应该是一个概念框架;从可操作性来看,则应具有具体准则的功能。我国已出台的《企业会计准则》就是按这一思路制定的。问题是把概念框架的作用与具体准则的功能结合在一起,会产生一些矛盾和困难。

过去我国一直实行的是会计制度,从来没有明确过财务会计或者是会计核算的基本概念和基本原则。过去会计制度之所以不可比,人们把它归因于三个分割(分所有制、分行业、分部门);但还有另外一个原因,那就是当时还没有统一的概念框架和基本准则作为指导。过去我们对外说,我国也是有会计准则的,只不过没有把这些原则成文化,而是分散体现在会计制度之中。因此,制定现在这样的基本会计准则来全面反映我们所承认和运用的原则是很必要的。它有助于提高国内会计信息的可比性,也有利于与国际会计惯例衔接。

由于我国的会计准则是从无到有。在一个从无到有的国家要制定会计准则,除必须借鉴国际经验外,总是要根据实际需要来进行考虑。我们的基本会计准则,可以参考国外的概念框架,具体会计准则也可以参考国外的会计准则,但是更多地要考虑我们的需要。而且要在具体准则实施一段时间之后,当具体准则的数量已很多,准则与准则之间出现矛盾时,就会产生应有一致的概念和统一的理论进行指导的要求。国外的概念框架就是这样形成的。

我国制定会计准则的优势在于是在九十年代制定。起步虽晚,但可以更多地吸收国外的经验。当然,我们制定和实施会计准则也有自己的难处,我国过去实行的是计划经济,当时的统一会计制度是与计划经济相适应的,会计制度所带来的许多会计概念根深蒂固,而且影响深远。现在要改会计制度为会计准则,既需要行动上进行改革,也要求观念上加以改变。这些都不可能是一帆风顺的。例如,从国内来说,到目前为止,在概念上会计还不叫"财务会计"而叫"会计核算"。这个概念是从苏联的经济核算中引进过来的,"经济核算"原包括三个方面的内容:即会计核算、统计核算、业务核算,所以我们在会计的后面加上了"核算"两个字。我国过去对"会计"一词的解释是:"会"是综合计算,"计"是零星计算。"会计"两个字连用,本来已有核算或综合核算的意思,没有必要再叫"会计核算"。再如报表,在国外,对外报表叫财务报表,包括资产负债表、损益表、财务状况变动表。这三张报表都同"财务"联系在一起,资产负债表又叫财务状况表,损益表又叫财务成果表,再加上财务状况变动表,把它们总称为财务报表是有道理的。西方的财务报表不包括内部报表(如最重要的成本报表)。我们现在也学习西方的做法,在准则中将成本报表列为附表,不再作为第一层次的报表对外公布。但准则中的报表还是叫会计报表,而不称为财务报表。从这些难以改变的观念看,我国要从制度改变为准则不是一件轻而易举的事。破旧立新在会计改革中是一个深刻的变化。会计准则旨在适应社会主义市场经济。随着会计准则逐步取代统一会计制度,我们的许多会计观念也需要改变,这是必然的。目前只是在制度上做些改革,既制定会计准则同时又保留制度。随着准则的出现及今后具体准则的出台,我们需要更新哪些财务会计的观念?这些问题目前还来不及解决。

(二)财务会计概念框架的性质和特点

我国在制定会计准则时借鉴了国外财务会计(报表)的概念框架,这个方向是对的,但是我们对国外财务会计概念框架的特点、作用,研究是不够的。

1.首先,概念框架的性质是什么?是准则还是理论?准则与理论有没有区别?我认为,概念框架应是会计理论的组成部分,但这个理论是密切联系实际,直接用来评估、制定发展准则的理论。它与广义的理论不同,广义的理论可以包括各种学说、观点、思想等等,而概念框架着重研究与制定会计准则有联系的概念,以及概念之间的联系。实际上就包含了一些规律性的内容,如确认的标准、计量的属性等等。

概念框架不是准则。在制定概念框架时,国外对这一点是非常明确的。如国际会计准则委员会(IASC)在1989年7月发表的《编报财务报表的概念框架》引言第2段中明确地指出:"本框架不是一份国际会计准则,因此它不为任何特定的计量和报告问题确定标准,本框架的任何内容均不取代国际会计准则。"再如美国财务会计准则委员会(FASB)在它的《财务会计概念公告》中也指出:"概念公告不像准则公告,概念框架不要求成为公认会计原则。财务会计概念公告没有建立描述特定项目或事项的会计程序或披露实务,而这些是由财务会计准则公告发布的。"它还说:"由于财务会计概念公告没有建立公认会计原则,或在公布财务报告时在财务报表以外进行财务信息披露的准则,因此,它不意图援用AICPA职业道德规范中行为守则第203或204条。"AICPA职业道德规范行为守则第203条和204条指什么?第203条规定"当被审计的财务报表对财务会计准则委员会的文献所规定的会计原则有重大偏离时,禁止AICPA会员作出遵照GAAP的表态。除非会员能够指出，由于特殊的环境，不偏离 GAAP 将产生误导。”第 204 条要求 AICPA 会员在公布的财务报告上，对于财务报告以外应当遵守财务会计准则委员会文献规定进行披露的财务信息出现了偏离，要能证明这种偏离是正当的。

显然，财务会计概念不属于代表必须遵守的 GAAP 的文献。

GAAP 在美国之所以具有权威性，在很大程度上是通过 AICPA 职业道德规范 203 条和 204 条守则来维持的。FASB 在《财务会计概念公告》中特别说明偏离概念公告不要求援用 203 条和 204 条守则，这就表示概念公告不是准则。概念框架是用于规范准则的理论，而不是用于规范实务的准则。概念框架可以用来制定、修改准则，但它本身没有严格的规范性质。所以我们应该进一步研究概念框架的特点。

2.关于概念框架的特点，可从以下几个方面来探究：

第一，概念框架只涉及与财务会计处理以及与财务报表编制有关的概念，是对这些基本概念的描述。这些概念具有两个特点：纵向地看，它们具有一致性，有内在的密切联系。这就是佩顿（W. A.Paton）和利特尔顿（A.C.Littleton）所提出的“严密凝固内在一致”的理论。例如，它从目标开始，财务会计的目标是财务会计按照使用者的需求所应达到的目的。目标既定，财务会计和报表应围绕目标运转，并应实现目标的要求。所以，目标是用来指引财务会计方向的。在市场经济条件下，财务会计的目标通常被定位为：提供有助于使用者决策的有用信息。接着提出了会计信息的质量特征。因为目标提出的是会计信息的量的要求即使用者需要哪些方面的会计信息。但什么才是有用的信息，必须做出质的规定。有用信息必须至少符合两个最主要的质量：相关性和可靠性。按国际会计准则委员会的规定，会计信息的质量特征应是四个，即：相关性、可靠性、易懂性和可比性。对使用者需要的会计信息作了量和质的规定后，接着就应研究怎样加工产生符合目标与质量特征要求的信息。于是引进了财务报表的基本框架——报表要素（组成报表的基本“积木”）的概念。在要素的基础上经过进一步分类，就逐步形成报表的信息即会计的信息。因此，要进一步研究有多少要素，要素的定义是什么，要素的特征是什么？研究要素的定义与特征，目的在于提供要素的确认与计量的基本原则。所以，从目标的研究开始，研究会计信息质量特征、报表的要素及其确认与计量，最后是为了实现财务会计的目标——提供有助于信息使用者进行决策的有用信息。

从横向看，概念框架中还应包括会计基本假设。按照 FASB 的观点，会计基本假设是放在财务会计的环境中来研究的，确定目标的时候首先要考虑经济环境。在市场经济的环境当中，产生了四个基本假设：会计主体、持续经营、货币计量和会计分期。因此，FASB 是在财务会计的环境——市场经济中分散地研究了这些基本假设。

构成概念框架的各概念之间具有层次性。例如：会计目标是一级概念，使用者需要的信息是目标的二级概念；会计信息质量特征是一级概念，相关性、可靠性等信息的品质是质量特征的二级概念；财务报表要素是一级概念，资产、负债、所有者权益等要素是二级概念，甚至还有三级概念即会计账户和报表项目；会计确认是一级概念，确认的标准如可定义性、可计量性、相关性、可靠性等四个标准则是确认的二级概念；计量是一级概念，计量属性和计量单位是计量的二级概念，在计量的属性中还包括历史成本、现行成本、公允价值、可变现净值等三级概念。凡此，说明概念框架是一个多层次的结构体系。

所以，概念框架应该看成是人们对财务会计处理和财务报表编制的几个重要方面，围绕着提供有助于使用者进行决策的信息这个总目标，而作出的理论概括。至于理论的本身主要是描述性的，不是规范性的。理论不能命令人们做什么，但可以把理论转化为法律，用法律规定人们做什么，不能做什么。所以理论本身不是规范，但可以运用理论来制定规范。由此可见，会计理论和会计准则是有区别的，不应把这二者混为一谈。同时，尽管理论本身并不具有规范性质，由于它能对事物的发展作出描述，即使描述不十分准确，但未来事物发展的轨迹却由此可以寻找到。理论的优势也就在于能向人们展示事物未来发展的轨迹。

第二,财务会计概念框架并不对任何特定的确认、计量、报告问题作出规定,因为它只是个框架。例如,就要素的确认来说,它只是对所有要素共同运用的基本确认标准进行描述,而不具体地规定如存货、销售收入、管理费用如何确认。具体项目确认的具体化是准则的任务。我们可以把会计准则体系比作一辆自行车,概念框架相当于这辆"自行车"的框架,但只有这个框架人们还不能使用它。还需要装上轮胎、坐垫、车铃、车灯等许多零配件,然后才成为一辆可供骑坐行走的自行车。对自行车来说,框架很重要,没有它就形成不了自行车;然而,只有这个框架也不是自行车。所以概念框架的作用应该和具体准则分开,它和具体准则既有联系又有区别。这种区别之所以必要,就因为它是描述一般性的准则,是普遍适用的,不宜联系具体的业务和具体的项目。一旦联系到具体的业务和具体的项目,它就不具有普遍适用性了。我们仔细研究一下已公布的《企业会计准则》的第三章至第八章,就可以看到它的问题所在。

第三,概念框架的形成有一个发展的过程。概念框架从会计理论中分离出来是基于实际的需要。从美国来看,财务会计概念框架的形成经历了三个时期,试探了两条思路。三个时期是:第一个时期是60年代1960—1962年,第二个时期是1973年,第三个时期是1978—1985年。两条思路的过程是:1960—1962年是以基本假设为导向。《会计研究论文集》(ARSs)1962年发表的《基本会计假设》(ARS No.1)和《试论企业广泛适用的会计准则》(ARS No.3)反映了当时对概念框架的设想,它先从会计基本假设推导出会计的基本原则,然后再用以指导GAAP的制定。1973年AICPA的理事会直接组织的特鲁伯鲁特委员会研究了财务会计的目标,它发表的《财务报表的目标》和《财务报表目标:论文选》标志着美国会计界对会计理论思想转变的开始。会计理论研究不再从基本假设开始,而是从目标开始。然后就是FASB接替APB之后进行系统的有关会计概念框架——财务会计概念公告——的研究。从1978—1985年共发表了6个《财务会计概念公告》,其特点是以目标为导向,然后是研究会计信息质量特征,要素的定义和特征,确认和计量。实际上还有财务报表的框架没有完成。下面,我们对这两条思路作一些初步分析:

第一条思路从基本假设开始到一般原则,再到具体准则。这条思路的特点是纯粹地使用演绎法,即先设定出由经济环境要求的几条基本假设,然后,根据这些基本假设推导出一些基本原则(如实现原则、可比性原则、历史成本原则、配比原则)。有了基本假设和基本原则,再据以制定具体准则。完全使用演绎法的缺点在于,如果大前提没有证明具有科学和现实意义,那么根据这个前提所制定的会计原则就缺乏合理性和实用性。第一条思路的缺陷就在于它的演绎结果脱离当时的经济现实和会计实务界能够接受的限度,因而遭到否定。同时,它完全没有考虑财务报表的目标,也没有明确地研究用来形成财务会计信息基础的报表的框架——财务报表的要素。但是第一条思路所假定和推导的会计基本假设和基本原则尽管当时有些脱离实际,但却有重要的理论上的创新。80年代FASB制定的财务会计概念公告,在要素的定义、确认、计量等方面也吸收了ARS No.1和ARS No.3中一些合理的意见。因此,正确的理论需要经得起时间的考验。

第二条思路从目标开始。具体地说,从信息使用者的需要开始,明确地提出以提供信息使用者决策需要的信息为目标,并把使用者的重点放在企业外部的投资者和债权人,这就弥补了过去思路的不足,保证了概念框架内在的一致性和适用性。我们从这个基本点来认识会计概念框架,可以看出它是实用的理论,是用来指导、评价和发展准则的,它本身不是准则,不具有规范性,其性质是描述性的。但它具有科学性,因此它能比较客观地描述现在的会计规范和会计规范的未来发展,即具有科学的预见性。

(三)我国基本会计准则中可资研究的问题

用西方概念框架的特点来同我们已颁布实施的《企业会计准则》对比,可以看到现在的《企业会计准则》一方面借鉴了西方概念框架的内容，另一方面又增加了准则的内容，是概念框架与准则的结合体。基于这一考察，我国的《企业会计准则》作为基本准则有如下可资研究的问题。

第一，在第一章总则中，基本上反映会计的基本假设；在第二章中，一般原则反映了会计的基本原则；从第三章开始到第八章讲的是会计要素。但《准则》中缺乏会计概念框架的一个非常重要的概念——目标。有人认为，在《准则》的第二章第十一条中也谈到了目标。这一条指出："会计信息应当符合国家宏观经济管理的要求，满足有关各方了解企业财务状况和经营成果的需要，满足企业加强内部经营管理的需要。"但这里存在两个问题：一是如果说这是目标，就不应把它列入一般原则的第二项。一般原则的第一项即第十条是讲可靠性，而第二项即第十一条则很多人把它理解为相关性而不是理解为目标。二是如果是讲目标，却没有详细指出信息的三个方面的使用者：国家、有关各方和企业本身究竟需要什么信息。特别是后一问题，假定满足国家宏观管理的需要是会计目标之一，那么，会计目前应如何满足国家宏观管理的需要？如何明确用来满足国家宏观管理需要的具体信息？会计是一个微观的经济信息系统，它是很难直接满足宏观管理需要的。因为它是以企业作为反映主体的，它不能反映整个国家的财务状况（财政状况）和财务收支。因此会计要满足宏观管理的需要，还必须经过综合、加工、筛选。在社会主义市场经济条件下，会计要不要满足国家宏观管理的需要？答案是肯定的。但解决这个问题需要认真调查研究。要研究：会计的信息怎样同宏观管理的要求联系起来？这里一方面需要加工，另一方面还可以提出国家基于宏观管理的需要，而要求企业提供特定的信息，如为了国有资产的保值和增值，可以要求企业提供有关这方面的特殊信息；为了控制国家的基本建设投资的规模，可以要求企业提供有关基本建设投资方面的特殊信息，而这些信息同样需要加工、汇总，不汇总是不能满足宏观管理的需要的。因为国家宏观决策所需要的信息往往是总量指标，不是单个企业的信息。又如第十一条假定要满足企业加强内部经营管理的需要，为了达到这个目标，必须包括财务会计和管理会计的全部信息，至少应把成本报表和与成本报表有联系的其他内部管理会计报表都包括进去，但在第九章会计报表中就没有这部分报表。至少第十一条的要求与后面报表的构造是脱节的。所以《企业会计准则》的一个很重要的缺点是没有很好地研究财务会计的目标，不从目标出发，其他一系列概念研究就缺乏科学性和针对性。

第二，我们借鉴了国外的概念框架，但在借鉴之前没有认真地研究概念框架的性质、作用和特点，没有认识到概念框架的性质是属于财务会计理论，是制定准则的基础。从第三章到第八章的会计要素准则，如按西方的概念框架，一般只讲要素的定义和特点，即给要素下一个完整的定义，然后分析每一个要素的特点。比如：什么叫资产，资产具有什么特点？什么叫负债，负债具有什么特点？而我们对资产的定义从历次的修订稿来看，在这些方面的研究是不够的，开始几乎没有了解为什么在概念框架中要对要素下定义。我认为在概念框架中之所以要对要素下定义，不是为了下定义而下定义，而是为了要指出要素的基本特点作为确认的标准。由于对资产的定义还不完整，这就影响到确认为资产的项目的科学界定。现在，在《准则》中，对资产下的定义是："资产是企业拥有或者控制的能以货币计量的经济资源"。但却没有提到作为资产的经济资源必须是带来可能的未来（不是现在，更不是过去）的经济利益，而能带来"未来的经济利益"是资产最本质的东西。任何一项资产当它还是资产的时候，现在只是占用，而带来的利益却是未来的，如果它已带来经济利益，那么它现在就不再是资产而转化为费用了。资产和费用的区别就在这里。如存货是资产，当存货被加工使用之后即被消费之后，被生产消费的存货部分就变成了销货成本。当固定资产还没有使用的时候是全新的固定资产，现在不会带来任何经济利益，它是未来的经济利益；当它被使用之后，转化为折旧的费用则已带来了使产品价值增值的经济利益，未折旧的部分才是未来的经济利益。未来的经济利益和已实现的经济利益则分别表现为资产与费用。相反，我们在定义"资产"时把不应该放在概念框架中的东西也放了进去，如资产分为固定资产、流动资产、长期资产等；接着又指出流动资产包括些什么，现金应该怎么记账，短期投资如何记账，甚至具体到应收账款可以计提坏账准备，坏账准备应在报表中作为应收账款的备抵项目来列示等具体的会计处理。这些都不是概念框架的内容,而是具体准则的内容,这样,概念框架的普遍指导作用却被降低了。在概念框架中列示越具体,基本准则作用的范围就越小。

西方概念框架的特点是它不具体说明具体项目如何确认,而是只提出所有要素确认的共同标准,不说明具体项目如何计量,而只说明计量有多少属性(如有历史成本、现行成本、市场价格、公允价值、可变现价值等),并对这些属性作出说明,指出它们在什么场合下才可以适用。其好处在于它能为制定具体准则提供参考。具体准则由于比较实用,允许经常修改,概念框架一般是不经常修改的。美国的概念框架第6号代替第3号,并不是修订,而实际上是将它的适用范围扩大化,把原来应用于企业的要素扩展到包括企业和非企业单位。国际会计准则委员会对概念框架到目前为止也没有修订,但1993年国际会计准则委员会则全面地修订了10个已公布的会计准则。总之,我国目前的《企业会计准则》主要存在两方面的问题:一是没有明确会计的目标;二是借鉴概念框架时,把两种不同层次的规范——具体准则和概念框架混合在一起了。我们要求的基本准则应该起到概念框架的作用,保持相对的稳定性,具有普遍的指导作用。

二、基本会计准则与具体会计准则

基本会计准则与具体会计准则的关系看起来似乎只是指导和被指导的关系,即:基本准则指导具体准则,或规范具体准则。实际上,它们之间的关系并不如此简单。

历史地看,每一个具体准则都是根据需要而制定的。每当产生了新的经济业务,出现了新的会计问题,为了解决这些问题,处理这些经济业务,就需要制定和修订具体会计准则。因此,基本准则并不能指导或决定需要制定哪些具体准则,以及制定多少具体准则。这与在基本准则内部,比如说通过基本假设可以推导出一般会计原则;或者通过目标可以确定会计信息的质量特征,并且影响了会计的要素这样一系列的必然联系是不一样的。

基本准则当然对具体准则具有指导作用。

第一,在制定一个具体会计准则时,必须用目标来指导方向。每一个具体会计准则都应体现财务会计的目标。具体地说,都应该通过特定的经济业务为信息使用者提供对决策有用的信息。

第二,具体准则所采用的术语、专用名词,凡是与财务会计要素有关的,特别是会计要素的进一步细分,如:资产是财务会计的第一个要素,存货、固定资产、无形资产、应收账款等就是资产要素的进一步分类,这些分类往往就构成具体准则的专有名词即术语,对这些专有名词的定义都不能偏离要素的定义。举例来说:我们在《企业会计准则》及国外的概念框架中都把“资产”大致定义为:一个企业通过过去的交易或事项所拥有的或可供支配的(能带来未来经济利益的)资源。这个定义在总的方面应规范与资产有关的所有具体项目的定义,如作为无形资产的商誉,是资产的组成部分,对“商誉”的定义就不能离开对资产定义的总的框架。我国最近公布的无形资产征求意见稿中对商誉这个术语的定义是:“企业获得超额收益的能力”。如果按照这个定义,就出现这样的问题:(1)能力是不是资源?我们是把资产定义为资源的,商誉也是资产,为什么又定义为“能力”?(2)获得这个能力是否要通过过去的交易或事项?这两个问题都不明确,这就偏离了我们对资产的定义。如按这个定义,自创商誉也可以确认了,因为自创商誉也是一种获得超额利润的能力,尽管它没有通过过去的交易或事项。因此,具体准则的制定必须考虑基本准则中的基本概念,特别是要素的概念。

第三,具体准则是对会计的确认、计量、报告结合特定的具体业务加以规范的具体化。会计的确认、计量、报告都不是抽象的,它们都必须结合某一项具体业务如存货、应收账款、外汇、固定资产、流动资产等业务才可以看出是如何确认和计量的。这一点也表明具体准则要服从基本准则。具体准则在确认、计量、报告这几个方面，从总的来说都不应背离（稍微有所偏离是可以的）基本准则所确定的一些基本要求。

第四，具体准则尽管要服从基本准则，但由于基本准则具有相对稳定性，而具体准则是不断地根据新事物的发展而发展着的。所以经过一段时间往往需要根据具体准则的发展情况回过来修改基本准则。我国就面临这一情况。究竟是应该根据已公布的基本准则把具体准则统一起来，还是根据具体准则中应有所发展的新内容（中国国情与国际会计惯例的更好结合）来修改基本准则？毫无疑问，应该走第二条道路。因为已有的基本准则无论从思想认识，还是从具体情况来看，当时都还不允许我们更多地借鉴国际惯例。谨慎（稳健）原则的采用最有代表性。当时在制定基本准则时对此争议很大。当时有人认为，如果承认谨慎原则，则将导致会计人员弄虚作假，因为他们可以用谨慎原则作为借口来降低利润，提高成本，其结果可能减少国家税收，影响企业与国家的分配关系；同时，谨慎原则从会计信息来说与一致性是相矛盾的，如存货允许在期末采用成本与市价孰低来表现，这显然就与实际成本相背离，致全部存货或分大类的存货或分小类的存货所采用的计量属性都不一致。所以当初在《企业会计准则》中虽提出谨慎原则，但运用时却有所控制，如：存货流动允许采用后进先出法；应收账款只允许按年终账面余额的规定比例提取坏账准备；固定资产要经过批准才可以采用加速折旧法等。而最能体现谨慎原则的成本与市价孰低规则当时却没有被采纳。现在，存货具体准则的征求意见稿规定期末的存货可采用成本与市价孰低法。因为这个准则是多年来的国际惯例，它确实会带来上述的两个问题，但总的来说，由于企业是在一个竞争很激烈的市场中求生存、求发展的，竞争就会带来风险。所以，要允许企业采取谨慎的政策，即不预计或少预计可能的收益，而要预计一切可能的损失来保存实力，以便更好地应付挑战，抓住机遇。总之，这样的一个惯例，实际上是适应市场经济竞争的需要而产生的。

从这里可以看出，具体准则往往先个别地突破了基本准则的规定，当具体准则的突破具有普遍意义时，回过来就要修改基本准则了。在国外就必须修改财务会计概念框架。例如：从计量来看，历史成本是世界各国长期以来普遍采用的计量属性；在历史成本原则下，资产的取得按照交换价格入账，以后如资产不加以处置，即不更动账面价值，这样就省去很多会计处理的手续。因此在市场价格比较稳定的情况下采用历史成本是合适的，它既容易被会计人员接受，在会计处理中又符合成本低、效益大的原则。但如果出现了相反的情况，比如60年代到70年代在全世界范围内出现了比较激烈的持续通货膨胀，在这种情况下，如果再坚持按历史成本来提供信息，显然这种信息就不可靠了。失真的信息不但对决策无用，而且贻害很大。这样，具体准则、基本理论都要相应地做些修改。所以，在六七十年代，很多国家制定了物价变动处理的会计准则，如美国的第33号《财务会计准则公告》；同时出现了一些物价变动会计理论和通货膨胀的会计模式，特别是现行成本理论和方法在60年代至80年代初还相当流行。这些都是客观经济现实的需要，具体准则往往对活跃的经济现实起敏感的反映作用。在具体准则中先通过某些业务、某些问题的会计处理反映客观现实的要求，当这种业务日后逐渐普遍以至需要理论来指导时，就要求修改基本准则，使会计理论和会计观念同它相适应。

所以，基本准则与具体准则的关系应该是互助、互补的关系。总的来说，基本准则指导具体准则、规范会计制度；但在一定时期和特定的情况下，具体准则也会反过来促进基本准则的修订和完善。不管是具体准则还是基本准则都不是凝固不变的系统，两者都处在不断地变化中，并随着环境的改变而发展，它们始终又是相互依存的。

三、具体会计准则与会计制度

具体会计准则是按不同的经济业务,具体化为财务报表的不同项目所进行的确认、计量、记录和报告的规范。它是对财务会计处理与财务报表编制的具体规定。我国现在所制定的具体会计准则,相当于西方国家的公认会计原则(GAAP);而我国的基本会计准则在西方国家则为"概念框架",已如前述。

具体会计准则究竟应该重点规范些什么呢?我认为重点应该规范影响企业财务状况、财务成果的确认与计量程序及对程序的选择,同时也应当规范在报表上披露的信息。其目的就是要影响企业的财务状况和经营成果,使所有企业的财务状况、财务成果和现金流动通过这种规范能够得到"真实和公允"的表现。所以准则规范的重点是具体的,并与企业的财务行为密切相联系。

例如,美国第一个公认会计原则——《会计研究公报》第1号(ARB No.1)主要就规定了以下6点(见1953年修改的ARB No.43):(1)收益账户不应该包括未实现的利润,利润是指销售后已实现的净值。(2)资本盈余不能用来调节任何一年的收益账户,但企业改组或准改组可以例外。改组是指所有者权益的变动,准改组是指留存收益的变动,而且这种变动会影响所有者权益的变动。(3)控股公司对附属公司在取得控股权之前所创造的盈余,不能作为控股公司合并盈余的一部分。(4)库存股如果分得股利,该股利不能再作为收益。(5)对高级职员、职工和联营公司所欠的应收票据和应收账款要在报表中单独列示,与一般的应收票据和应收账款分开。(6)捐赠的资本不能作为经营收益。

这些规定的准则既同确认和计量有关,又同财务有关;它们不但规范了会计行为,也规范了财务行为。准则是一定时期会计思想的反映。这些准则体现了当时的会计思想,一方面看待收益表比资产负债表更重要;另一方面,由于股份公司的发展,股东责任的有限,重视保持股本账户的价值即注重资本保持,以保护债权人的权益。此外,对股利的分配也予以高度关注,为了稳健还强调收益必须是已实现的和企业已赚取的。

从第一个公认会计原则到以后美国及西方其他国家公认会计原则的构建,使我们看到具体会计准则总是紧紧地围绕着具体项目的确认、计量和信息披露这几个方面。

它不把重点放在记录方面。簿记不是会计准则的重点,因为它是纯记账的技术问题,不需要会计人员的判断和估计。而确认、计量与披露则需要会计人员运用他的知识和经验进行必要的判断和估计,即使有准则也需要选择:在什么情况下运用什么计量属性?特别是运用权责发生制的四个程序:递延(defferal)、应计(accrual)、分配(allocation)或摊销(amortization)时都需要作出判断。要求会计信息做到真实公允,这就需要会计人员在运用具体会计准则选用确认和计量属性时有较高的专业知识水平。因为确认和计量的选择会影响企业的财务后果:财务状况和经营成果。当采用不同的确认程序和计量属性时,就可能导致不同的财务状况和经营成果。我国今后将不会再制定具体财务通则,否则,就与具体会计准则重复了。财务通则是我国从计划经济向市场经济转换过程中出现的,"两则"的并存在当时是不可避免的。但随着我们向国际会计惯例靠拢,随着市场经济的发展和国有企业改组为现代企业,这种双轨制必将逐步消失。

最后,从这里也可以看到,影响企业会计信息的真实性、公允性、可比性的关键因素并不是复式记账的方法和技巧,也不是报表编制的技巧,而是具有很大灵活性的、经常需要会计人员和企业管理当局进行职业估计和判断的会计政策。根据西方制定会计准则的经验,会计政策主要指准则允许企业选用的确认、计量和信息披露等方面的不同程序和方法。因此,要始终紧紧抓住财务会计中确认、计量、信息披露这几个环节。我们通常说会计可以选择，是指确认的时间、计量的属性、信息披露的内容等方面可以选择，而对于记录的方式，企业是无权选择的。一个交易发生以后，借就是借，贷就是贷；根据复式记账原理，不可能，也不需要有什么灵活。

会计制度是我国一种特殊的会计核算的规范形式。从50年代以来一直使用这种规范形式。会计制度的特点是：以一个特定行业中的企业作为对象，对每一个企业应当设置的账户，账户的使用，应当编制的会计报表和报表的编制方法这四个方面作为重点。所以它与具体会计准则有区别。主要的区别有两点：

1.两者的对象不同：具体会计准则是以某项经济业务和某一项目为对象，如存货、固定资产、外币折算、无形资产等；而会计制度是以一个特定行业的某一企业为对象。

2.两者规范的侧重点不同：具体会计准则规范的侧重点是确认、计量和信息披露；会计制度的规范对象是记录和编制报表的具体方法。当然在会计制度中不能说没有涉及确认、计量，在会计科目的使用说明部分，也会规定有关确认和计量的内容。如“固定资产”科目的使用说明就会规定要核算固定资产的原价，这就是计量问题；同时也要规定原价是怎么确定的，以及按其取得的不同来源分别确定原价的方法；并规定已入账的固定资产在什么情况下可增加它的价值或减少它的价值；还规定固定资产借方记什么，贷方记什么，等等。尽管如此，在会计制度中，确认和计量并不是作为重点来规定的，至多只作分散的而不作集中的规定。具体会计准则则不同。比如，固定资产准则，它既规定了固定资产的范围以及与固定资产有关的术语和定义，还着重规定固定资产的确认与再确认：对固定资产价值进行摊销即提取折旧；进行修理，重估价的确认；折旧的允许方法；改扩建和修理的条件、定义；对固定资产处置的确认等。由此可以看出，具体会计准则不仅规定了固定资产的确认和计量，而且涉及到固定资产在用、耗用、价值恢复及其处置的全过程。

在一定条件下，具体准则和会计制度两种规范形式可以结合使用。不过，这两种规范形式具有层次的差别，具体会计准则层次比较高，它要求运用准则的会计人员具有较高的会计水平和较丰富的经验，因为会计准则具有可选择性，会计人员对此必须作出合理的估计和判断。而会计制度的层次则比较低，可选择性不强，按照制度即可以进行日常记录和编制报表，在执行会计制度中一般不会面临会计政策的选择问题。

具体会计准则出台以后，会计制度怎么办？还要不要会计制度？这是我国会计界比较关心的问题。一种观点认为考虑到我国会计与国际会计惯例接轨，而行业会计制度原是我国计划经济条件下的产物，两者并存，不可避免地会造成会计信息的不可比，不符合市场经济的要求，根据会计发展的大趋势，会计制度应当取消。另一种观点认为，目前具体会计准则过于简单，可操作性不够，大部分会计人员不大可能直接用它作为实务的规范；再者，会计制度比较符合我国会计人员的习惯，具体会计准则实施以后，再配合修改的会计制度，两者同时并用，比较适合我国的国情，这样也使具体会计准则易于推广。我赞同第二种观点，但第二种观点在执行中不妨灵活一些，允许有条件的大中型企业，经批准，把行业会计制度作为示范制度，从本企业的特点出发，在会计准则的规范下，制定本企业的会计核算办法。其他企业则仍需执行已受具体会计准则规范的行业会计制度。

四、具体会计准则与借鉴国际会计经验

(一)关于制定具体会计准则的原则问题

西方国家关于具体准则的制定完全基于需要，这是他们制定具体准则的基本原则。此外，他们

还把保证信息质量特征放在优先地位来考虑。美国财务会计准则委员会在第2号概念公告中指出,信息的质量特征主要用于进行会计选择,会计选择至少在两个层次中进行:一是制定准则的机构。制定准则的机构有权要求企业按照本机构所规定的特定方法来编制财务报表。二是企业。因此,具体准则的制定在根据"需要、实用"的前提下,主要是保证会计信息的质量要求。

我国制定具体准则起步较晚,应把实用性同一定的超前性结合起来。实用,就是要符合我们社会主义市场经济的需要。西方国家已制定的具体准则大多数都可以供我们借鉴,特别是与共同业务有关的以及少数与特殊业务有关的具体准则。所谓一定的超前性,是指由于我们的市场经济发育还不够成熟,有些经济业务目前在我们国家还没有出现,在可以预见的将来也还不可能大量地出现,但这些业务迟早总是要出现的,如金融工具等。如果没有一定的预见性,今后要制定这方面的准则就会被动。

我国把具体准则分为四类:(1)与共同经济业务有关的准则,如存货、固定资产等;(2)与特殊经济业务有关的准则,如租赁、外币折算等;(3)特殊行业的基本经济业务准则,如银行的基本业务即存款、放款、结算等;(4)关于会计报表的准则。

这四类准则的分类,总的来说是比较科学的,能覆盖经济活动的全部。但我们也应该看到市场经济在不断地发展,新的经济业务与会计问题将不断地出现,现在被认为是特殊业务,今后也可能转化为共同业务,所以特殊与共同不是固定不变的。再加上以后出现的某些新兴业务有时会涉及会计观念的改变,例如,负债与权益如何划分,过去是比较清楚的。负债是对债权人的债务,具有定期偿还性;所有者权益是投资人的投资,一般不能要求企业返还。但现在很多的证券既带有权益性又带有债务性,两者已很难区分。因此,今后所制定的具体准则,关于上述四类的区分将有所变动。目前财政部行将颁行的具体准则大体上能够覆盖上述的四个方面,但绝不止30个左右。现在美国FASB制定的财务会计准则已超过了120份,如果再加上过去APB的意见书及更早的CAP的会计研究公报,可能接近200份。即使如此,美国的会计准则还在不断地向前发展。

此外,还有一个具体准则制定的步骤问题。我国制定具体准则基本上分两个步骤:一是征求意见稿,二是具体准则的发布。国外不止这两个步骤,除了内部讨论稿不说,对外公开的大体上有四个步骤:一是研究报告,二是讨论备忘录,三是征求意见稿,四是正式的准则。我认为前面两步也是重要的。为什么要立项制定准则?其背景是什么?在这个项目的会计处理上曾存在哪些分歧的意见?曾提出过哪些观点?这一系列问题只能在研究报告和讨论备忘录中才能予以阐述。在我国《征求意见稿》说明中,有时虽也简明扼要地涉及这些问题,但显然是很不够的。

(二)制定准则的机构要研究会计准则的理论

通过西方各个国家,包括国际会计准则委员会制定会计准则的历史可以看到,准则制定机构不研究会计理论,特别是不研究直接指导会计准则的理论是不行的,是要走弯路的。财务会计概念框架的出台是西方制定会计准则过程中总结出来的经验。会计准则需要以前后一致、内在一贯、科学严谨的概念与理论为指导。因此,准则制定机构不能只埋头草拟和修改准则,而必须研究有关制定会计准则的理论。就我国目前的需要来说,我认为应当研究讨论下面几个理论问题:

1.财务会计(会计核算)的目标问题。到目前为止,我们没有明确系统地研究过财务会计的目标。目标研究应该成为我国准则制定机构研究会计理论的起点。我国要建立社会主义市场经济新体制,会计信息的使用者除参与市场的投资人和债权人外,还有负责调控市场经济的国家。这就决定了我们应提供多样化的会计信息,在目标上不能照搬照抄西方国家。我们应认真研究在中国,即在社会主义市场经济条件下,信息使用者和他们对信息的需求。特别是要研究我们的会计信息如何为国家的宏观经济管理服务。这个问题从新中国成立以来始终没有很好地解决。会计如何与统计联系起来,组成国民经济核算体系?我们要实事求是地分析一下会计的信息是否能直接地为宏观调控服务。如果不能，那它是怎样间接地为宏观调控服务？这些信息如何经过加工、汇总变成国家宏观调控有用的信息？我不赞同会计有宏观会计与微观会计之分。我认为会计从本质上来说是微观的，但这不等于说会计信息不能为宏观管理服务。会计信息是经济信息的基础，会计信息可以根据国家宏观管理的需要来进行加工、改制、汇总、调整、分析，以求得对宏观管理决策有用的指标。

2.会计准则与会计制度的关系。关于会计准则和会计制度的关系及其区别，前面已经讲过。目前看来，也以两者并存为宜。但是，从长远的观点来看，会计制度终将被准则所取代。目前，我们要很好地研究两者的关系。它们各有什么特点？今后在我们国家如何用准则来取代制度？何时取代？在什么条件下才能离开制度用准则来指导会计工作？解决这些问题，我们应当先通过准则的试点，再深入调查研究，逐步创造取代的条件。

3.现代企业会计的特点。我国的现代企业并不等同于西方的股份公司，因为它首先是国有企业或由国家控股的企业。所有制是问题的核心，反映在会计和理财上，产权结构和由此产生的分配关系始终是比较复杂的，不能简单地搬用西方股份公司会计，把它套用到我国今后的各种不同类型的现代企业中来。因此，在制定准则时要很好地研究我国现代企业的特点。

4.物价变动问题。目前西方国家的物价涨幅普遍都回落到5%甚至5%以下。而我国的通货膨胀率据公布的数字，1995年为14.8%。按照国际会计惯例，物价变动超过10%时，在会计报表上就应适当地反映物价变动的影响。会计信息是否真实，除主观原因外，客观因素主要就是物价变动，否则提供的信息就是不真实的。但考虑到国内外及人民心理的影响，我国物价变动会计应按特殊方式处理，即不必用作对外报告，而用作对内报告，只供高层领导决策之用。

5.研究如何提高会计信息的真实性问题。物价变动是影响会计信息失真的主要方面。但除此之外，还有其他的主客观因素。因此，要认真研究会计信息失真的原因，加强会计监督的力度，甚至可制定有关防止会计信息失真、严惩会计信息弄虚作假的法律。

6.研究我国现在虽还没有出现，但今后将会出现的新兴的会计业务以及与它有关的准则制定问题。这种业务我们可称之为创新的经济业务，如金融工具、兼并中产生的商誉、软资产（soft assets）、人力资产（human assets）、不确定性和传统财务报表的改进等问题。我们要研究有关这些业务和项目的会计处理及其在报表中的披露。同时，我国也应参与研究传统报表和报告的改革问题。

（原载《上海会计》1996年第5～7期）

《上海会计》于1996年第5～7期"专稿"栏连载了中国会计学会副会长、厦门大学葛家澍教授的《会计准则制订中的若干理论问题》的报告。现续将报告中有关专论美国公认会计原则发展的经过,在本栏发表,以飨关心这一问题的读者。

45 公认会计原则在美国的发展

葛家澍

一、从原则(Principles)到公认会计原则(GAAP)在概念上的演变

在美国,大约19世纪末,会计界才有"会计原则"的提法,美国早期著名会计学家查尔斯·E.斯波拉格在1890年10月美国会计师协会(AIA)年会上的演讲中提出"把收益同支出(income and outlay)恰当地进行处理是与同期性原则(principle of periodicity)相联系的"。这被认为是美国会计学界第一次使用"原则"的概念。当时,这个概念的含义仅指可以应用的会计方法。在随后较长的时间内,会计原则是与会计实务(accounting practice)和会计规则(accounting rules)混同使用的。如美国著名的会计师乔治·O.梅——美国公认会计原则的创始人之一,第一个公认会计原则的参与拟定人——在1936年美国注册会计师年会上就解释说:"会计原则是正式采纳的规则(rules)"。1953年,AICPA会计名词委员会对《会计研究公报》(ARB)第7、9、12、16、20、22、34、39号等八份进行了修订和合并,改写为《会计名词公报第1号》(ATB第1号)。《公报》对"会计原则"和"公认会计原则"做了解释。ATB第1号认为:按照词典,Principle至少有三个含义:第一,表示起源和原因,这一定义着重表明某些原则的基本属性;第二,表示一项供事物建立起来的基本原理,基本命题,或一项综合的基本真理,或形成若干附带真理的基础;第三,被采纳的一般法则或规则,或直接作为行动的指南或行为或事物解决的根据和基础。上述第三个定义最接近多数会计师关于会计原则的观点,特别是比较接近于注册会计师对Principles的描述。

"原则"是如何变化为"公认会计原则"的?开始,从建议和推理产生"会计假设",由此形成的假设如证明是有用的,则被采纳为"会计原则",当这些被接受的原则达到足够的普遍程度时,它们就变成"公认会计原则"的一部分,成为会计师从业的规则。该公报的基本观点是:建议和推理产生会计假设,有用的假设才变成会计原则,而会计原则被普遍接受时再成为公认会计原则。公报还提到:"必须清醒地注意到原则并不是代表一个不得有所偏离的法则。在这个意义上,一项原则可以与其他原则不一致,原则是可以互相矛盾的。在许多情况下,问题在于:在几个相关的原则中,哪一个具有决定的适用性?我们就采用它。"从这里也可以看到当时对GAAP并不强调权威性和可比性,只强调公认性。只要能被大家普遍接受,即使是矛盾的原则,也可以变成公认的会计原则。在早期,美国公认会计原则之间的分歧很大,与这一个观点有很大的关系。

二、关于公认会计原则的定义

美国注册会计师协会所属的会计原则委员会(APB)在1970年公布的第4号说明书中有两个述及公认会计原则的定义。一个在137段:“公认会计原则代表在某一特定时期有关下列事项的一致意见:何种经济资源和义务应由财务会计作为资产负债予以记录,资产与负债的何种变动应予记录,这些变动应在何时记录,资产和负债应如何计量,何种信息应予揭示,应如何揭示,以及应编制何种财务报表。”一个在138段:“公认会计原则是财务会计上的一个专业术语,公认会计原则包括某一特定时刻公认会计实务所需要的种种惯例(conventions)、规则(rules)和程序(procedures)。公认会计原则的标准不仅包括一般应用上的广泛的指南,而且包括详细的实务和程序。”这两段都是描述性的,但描述方法不同。前者是从财务会计的几个环节如确认、计量、记录、报告等问题来描述;后者则是从它所包括不同性质的组成部分如惯例、规则、程序等方面进行描述。这两个定义在会计文献中被广泛地采用。

三、公认会计原则的性质、结构和作用

从现象上看,公认会计原则是在某个时期取得比较一致意见的、且被普遍接受的惯例、原则和规则,既包括广泛的指南,又包括详细的规定。这些取得一致意见的会计原则,不能界定为尽善尽美、静止不变的会计原则,它是建立在当前的会计思想和会计实务基础上的,它会继续向前发展和完善。对此,有的文献认为应是“相对稳定又可能加以流动的会计原则”。

从公认会计原则的构成来看,美国最早代表公认会计原则的文献是1939—1959年由美国的会计程序委员会(CAP)发表的《会计研究公报》(ARB)。从1959—1973年增加了《会计原则委员会意见书》(APB Opinions),过去的ARB仍然有效,除非它与后者有矛盾。从1973年至今,又增加了财务会计准则委员会的《财务会计准则》(FAS)或《财务会计准则公告》(SFAS)和《财务会计准则委员会的解释》(FASB Interpretations)。FASB的《解释》不仅对FAS可解释,而且对过去的ARB和APB Opinions也可解释、修改和废止。从上述情况看,美国的公认会计原则是不断发展和完善的。

从作用来看,公认会计原则是对会计的确认、计量、报告和披露四个方面作出的统一的要求。

确认:几乎所有的公认会计原则的文件都对某一特定项目规定了确认的时间、条件和方法。

计量:在公认会计原则的文献中,计量是重点,有确认就必然有计量。因为确认主要是指何时予以记录和报告,而要记录和报告就必须采用适当的计量属性。

报告:不是所有的公认会计原则都涉及到报告。只有部分涉及到报告。

披露:披露比报告的概念更广泛一些,包括表内与表外揭示。信息在表内披露就是确认;信息在表外披露,则不限于已确认的和可量化的项目,而且包括未经确认和不可量化的项目。不少的公认会计原则涉及到披露,有的则主要是涉及披露。

从本质上来看,公认会计原则的性质和作用可从以下五个方面来考察:

1.公认会计原则是市场经济的产物。

历史地看,公认会计原则是20世纪30年代以后出现的。在30年代以前,美国的市场经济是

政府不加干预的、完全放任自由的,而会计也就出现了完全不受任何约束的信息系统。企业对外提供的报表可以由企业聘请会计师任意地进行加工,所采用的规则可以是公认的惯例,也可以是管理当局的主观意志。因此,当时把会计界定为"一门艺术"(art)是很自然的。1929—1930 年美国出现了空前的经济大危机,人们当然不能说这场经济危机是由于会计不受任何干预引起的,但是若认为大量不真实、不可靠的会计报表对投资人和债权人产生误导,从而对经济危机起"火上加油"的作用则并不过分。美国政府从这次危机中吸取了教训。首先是加强了对经济的干预,同时也加强了对会计的规范。1933 年《证券法》和 1934 年《证券交易法》主要是对证券市场和证券交易进行整顿,但同时也整顿了上市公司所应披露的财务信息。从此人们认识到市场经济是法制经济,对外提供的报表必须符合一定的原则。这些原则反映了市场经济的内在要求。另一方面,在现代企业中,由于所有权与经营权的分离,投资人、债权人和其他的企业利害关系人与企业的管理当局之间,既存在着利益的一致性,又存在着利益的矛盾性。掌握企业的真实会计信息,不论对于加强企业内部管理或实行外部管制从而作出有关的决策都是不可缺少的。但由于所有权与经营权的分离,导致了财务报告提供者与信息的使用者之间的分离。提供信息的管理当局不可避免地会站在利己的立场,去加工信息以保护自身利益,这就有可能会损害投资人、债权人,甚至职工的利益。因此,对财务报告要求真实和公允,就是为了协调企业内部与企业外部之间的矛盾。保证企业财务信息的质量,不仅可保护外部信息使用者的利益,即使对企业管理当局也是有利的。企业所提供的信息只有得到市场的信任,企业的投资融资、产品的市场占有率才会处于有利的地位。可见,公认会计原则的出现并非偶然,它是市场经济的必然产物。

2.公认会计原则与会计准则是两个含义相同的概念。

会计准则的基本功能是对企业对外提供的报表加以引导的约束,市场经济要求信息提供遵守自律性和互律性的规则。所以,应当把会计准则看成是市场经济对企业加工与传输信息的约束机制,它不是可遵守也可不遵守的标准,只要它作为会计准则,就必须具有普遍接受性和权威性。因此,会计准则与公认会计原则应是含义相同的概念。即同一概念的两种不同提法。从上述美国在 1973 年起使用 FAS 和 SFAS 的名称后,仍承认 ARB 和 APB Opinions 发布的内容为有效(除非明文作出修改或废止),也就可说明这一点。我们不能设想,会计准则得不到公认又缺乏权威性时,它还能成为会计准则。

3.会计准则应只限于财务会计准则。

会计准则规范的对象是对外提供的财务报表,以及财务报表的会计处理程序。财务报表的特点是提供者与使用者相分离,规范这种财务报表的主要目的是协调企业内外各方面的经济关系,保证使用者与提供者都能得到企业有关经营、理财等各方面的真实、公允的信息。因此,只有财务会计才有这样的需要,而管理会计一般没有这个需要。因为管理会计是对内提供信息的,不需要制定公认的会计原则来规范、约束企业相互独立的各自的决策行为,不需要在会计信息上谋求公开、可比。在市场竞争条件下,企业的很多信息,比如高科技新产品的研究和开发、成本和质量等信息都极为重要,却必须保密。因此,企业会计准则指的是财务会计准则。

4.财务会计的信息质量在很大程度上取决于可选择的和不可选择的两种要求。

第一类可允许选择的会计处理,带有非强制性。它允许企业可以根据实际需要和经营特点来选用不同的备选方案,以便协调各方的利益,于是产生了不同的"会计政策"。如存货的计价和固定资产折旧等都有多种备选方法。可选择的会计处理可以产生而且允许产生不同的经济后果,主要是允许在不同时期反映着不同的经营业绩。会计准则具有可选择性是会计准则与过去的分行业会计制度的最重要的差别。

第二类不可选择的会计处理,带有强制性,几乎不存在备选方案,不存在会计政策的问题,这一部分一般属于财务会计内在规律性的反映。不可选择的会计处理有的属于国家的政策或会计惯例;有的则属于技术方法,如记录实行借贷记账法、企业财务报表至少必须包括资产负债表、损益表、现金流量表等基本财务报表,严格区分表内与表外(附注)。在表内,一切项目都需要确认并需用货币计量,均应计入报表总计。在表外(包括附注),可以只用文字描述某些经济事实,也可兼用货币计量这些事实(结果)等等。

财务会计处理既要规范化,也要允许有一定的灵活性。会计的真实、公允不像自然科学那样绝对,它允许企业按照特殊的经营环境有所选择。确定会计信息真实、公允的标准不是、也不可能是唯一的。可选择的会计规范就是从这一点出发,充分考虑到企业经营的不同条件和经营特点。要求一个企业真实、公允地提供会计信息,不能作出一视同仁的、具有一个模式的规范,要提供几种方法供其选择。相反,如采用统一的规范,可能会造成利益上的矛盾,失去公允性。但要注意,允许选择并不意味着放弃了约束。选择必须在"准则允许"的范围内进行。采用了准则允许备选方法之外的方法,那就偏离会计原则了。

5.公认会计原则还取决于现代企业的根本性质。

现代企业是在一定法律和法规的约束下,投资人和债权人、职工与企业管理当局之间各种合同(契约)的结合。因此,会计信息是用来协调各种合同关系使之能够顺利执行的一个重要手段。只有按照一定的规范来加工处理所形成的会计信息,才能做到这一点。

如果说公认会计原则是市场经济的产物,那么,同时也可以说它是现代企业制度的产物;如果说公认会计原则是用来维护市场经济,那么,同时也可以说它是维护现代企业的会计制度。没有公认会计原则,证券市场、现代企业都很难正常运转。注册会计师确认一个企业的会计信息是否真实、公允,就是根据公认会计原则即财务会计准则。美国总统里根在 AICPA 成立 100 周年之际曾致贺说:"没有你们的努力,我们的市场经济就会土崩瓦解。"虽然这是美国人所作的评价,但是,市场经济作为法制经济中的各种约束机制的相互连接与相互作用,不论在市场上或在现代企业中,都相互交错地规范着竞争者的经济行为。而在所有的经济机制中,公认会计原则应该是其中一个非常重要、不可或缺的部分。

6.公认会计原则或会计准则的趋势是向国际化方面发展。

会计准则与市场经济和现代企业密切相连,而市场经济正向着国际化、全球化的方向发展,所以会计准则发展的总趋势也是在国际化的大道上协调、前进。在会计信息质量特征中,除应强调相关性和可靠性以外,会计信息的另一个质量特征可比性将越来越受到人们的重视。可比性是使会计成为全球通用的商业语言的一个非常重要的前提条件。因此,提高可比性意味着尽可能缩减准则"允许的备选会计处理"(allowed alternative treatment),并使其中的"基准会计处理"(benchmark treatment)在世界范围内得到认同。1993 年年底修改,1995 年开始实行的第 2、8、9、11、16、18、19、21、22 和 23 号等 10 份国际会计准则,就是国际会计准则委员会在提高财务报表可比性方面采取的重大步骤。

四、公认会计原则的公认性和权威性

美国会计原则的公认性(generally accepted)是与其由民间机构制定有关。由于这种原则不具有法律的强制性,它要求的只是会计界普遍接受,成为流行的惯例。在美国制定会计原则的早期,主要强调的是原则被普遍接受,当时没有提到权威性。但在 APB(1959 年成立)制定公认会计原则期间,其制定的 APB Opinions(APBO)第 2 号遭到当时会计界、企业界的反对。APBO 第 2 号的主要内容是:美国 50 年代末开始执行一项政策,即鼓励企业进行设备更新,以提高美国企业在全世界的竞争力,政策规定投资可减免所得税即投资贷项(investment credit)以资鼓励。按规定,如果企业按照规定的新技术项目进行投资如购买先进的设备,可以按照投资的一定的百分比从其所得税中扣减。该意见书提出用递延法(deferred method)对投资贷项进行会计处理,即按照投入资产的使用年限分期实现所得税的减免。这种方法一出台就遭到当时会计职业界和企业界的反对,他们主张采用流尽法(flow through method),一次体现政府优惠的所得税减免,而不是在每个会计期间摊销。由于美国联邦政府的目的也是要通过这个政策来刺激企业将大量的资金用于设备更新,因而赞同采用流尽法处理。APB在各方面的反对和压力下,终于在1964年取消了APBO第2号,另外发表了第4号意见书取代它。第4号意见书以妥协的口吻说明,企业可以在两个方案中选用其一。在第4号意见书中,APB坦率地写道:"本委员会意见书的权威性寄托于它的公认性","本委员会第2号意见书发表以后,一些事情及其发展使我们认识到第2号意见书的结论没有达到可接受或可认可的程度,而这种认可的程度应当被认为是意见书生效的必要条件"。所以,公认性应是公认会计原则的第一个属性。然而APB的第2号意见书没有得以实施并非得不到公认,主要是没有得到联邦政府和证券交易管理委员会(SEC)等的支持。这时,争取得到权威支持的问题就呈现在公认会计原则的面前。

实际上,公认会计原则的公认性和权威性应该是联系在一起的。因为,公认性并没有一个检验的标准,可接受程度很难公正地加以衡量,而得到重大权威支持(substantial authority support)却十分现实。从此,APB一直在谋求这种支持。

首先,在1938年,当第1号《会计研究公报》出台时,SEC就发表了《会计文告集》(ASR)第4号表示了一项政策:"企业财务报表的编制所遵循的会计实务如果没有重大权威支持将引起误解,(报表)附注和其他信息披露都不能弥补这种可能的误解。"这里最先提出了"重大权威支持"的要求。SEC的这个声明含蓄地支持了《会计研究公报》。

其次,在1964年10月,AICPA理事会有鉴于APB在第2号意见书发表后遭到抵制而不得不进行修改的教训,通过一项决议,发表了一份特别公报,明确地指出:APB Opinions和过去的ARBs都具有重大权威支持。特别公报认为:

(1)公认会计原则是指那些具有重大权威支持的会计原则。(2)APB Opinions构成具有重大权威支持的会计原则。(3)ARBs与APB Opinions具有相同的权威地位。(4)如果AICPA成员审计的财务报表所运用的会计原则与APB Opinions和ARBs的原则不同,则该注册会计师必须做到以下三点:第一,必须认真研究这些做法是否具有重大权威支持;第二,如果认为缺乏重大权威支持,必须在审计报告中按"保留意见"进行表态;第三,如果认为这些做法具有重大权威支持,则必须在审计报告中对这些做法所依据的重大权威支持加以说明,还必须用货币金额表示,由于这些做法偏离公认会计原则而对年度的净收益(net income),以及对编表日留存收益(retained earnings)产生的影响。这项特别公报后来成为APB Opinions第6号的附录。

再次,1973年,AICPA重新修订了会员的《职业道德守则》。在《职业道德守则》的第203条中,再次重复了AICPA理事会1964年10月的特别公报,并把它作为会员的一项职业道德,成为对会员具有约束性和互律性的要求。到1973年,被认为具有重大权威支持的会计原则除ARBs和APB Opinions外,还包括FASB的《财务会计准则公告》(SFAS)和《解释》(FASB Interpretations)。

最后,最为重要的权威支持是美国证券交易管理委员会。它在1973年12月30日,即FASB成立之时,发表了ASR第150号《建立与促进会计原则与准则的政策说明》。它赞扬了AICPA以FASB取代APB,肯定了FASB能够胜任制定会计准则的任务,同时它重申了支持民间机构制定会计准则的政策。最后则明确地表示支持FASB。ASR第150号指出:"FASB所制定的会计原则、准则和实务具有重大权威支持,而背离FASB文件的则认为缺乏重大权威支持。"这是SEC作为美国联邦政府机构第一次公开地支持民间准则制定机构，从而大大提高了FASB的权威性。因此，FASB发表的《财务会计准则公告》和《解释》被会计界视为半官方的准法规。

五、公认会计原则的层次性

美国公认会计原则的层次性在过去是不明确的。AICPA所属审计准则委员会在1991年公布了《审计准则公告》(Statement of Auditing Standards，SAS)69号《关于在提供审计报告时遵守公认会计原则和公允地表述的含义》指出，公认会计原则是由多层次的文件所组成，可分为以下五个层次：

第一层次：包括(1)FASB的公告(SFAS)和解释(FASB Interpretations)；(2)APB的意见书(APB Opinions)；(3)CAP的会计研究公报(ARB)。

第二层次：包括(1)FASB的业务公告(Technical Bulletins)；(2)AICPA的行业审计和会计指南(Industry Audit and Accounting Guides)；(3)AICPA的立场公告(Statements of Position)。

第三层次：包括(1)FASB的新现问题工作组的一致意见(Consensus Positions of the FASB Emerging Issues Task Force)；(2)AICPA的实务公告(Practice Bulletins)。

第四层次：包括(1)AICPA的会计解释(AICPA Interpretations)；(2)FASB的问题解答(Questions and Answers Published by FASB)；(3)FASB工作组出版的问题与解答被广泛认可的相关的行业会计实务。

第五层次：主要是其他会计文献，包括(1)FASB的概念(Concepts)公告；(2)APB的公报(Statements)；(3)AICPA的有关会计问题的论文；(4)国际会计准则；(5)政府会计准则委员会的公告(GASB Statements)、解释(GASB Interpretations)和业务公告；(6)其他职业团体、会计法规制定机构的文件；(7)会计教科书、手册和论文。

美国公认会计原则规定了从高到低的层次性，其优点在于注册会计师运用会计原则进行选择时有一个权威性高低的顺序——第一层次文献中有规定的，应遵守第一层次有关文献的规定；第一层次文献中无规定的，才参看第二层次的文献；依次类推。

六、注册会计师或审计师如何判断和运用公认会计原则

注册会计师如何判断、运用公认会计原则以便促进企业在财务报表中公允表达财务状况、经营成果和现金流动，是一个十分重要的职业判断问题。关于这个问题的认识有一个发展的过程。

1.早在1947年美国会计协会(AIA，后称AICPA)曾发布《公认审计准则》(GAAS)，1954年又将其重新发布(几乎没有修改)。当时在《公认审计准则》中规定：要判断是否遵守公认会计原则，需要注册会计师进行职业判断，因此要求他们必须具有公认会计原则的有关知识。

首先，要考虑重要性原则。如对于某些次要的设备，一家企业把它列为固定资产，逐期摊销；另一家企业则把这一设备一次性作为费用进入成本。这两种做法都可以认为符合公认会计原则。又如，在折旧方法上，一般采用直线法、年数总和法、余额递减法，但如果有的企业运用偿债基金法，也可认为符合一般公认会计原则。

第二，应当注意公认会计原则的使用要符合企业的特点，考虑企业的差别性。如在不同的企业

之间,计提折旧和坏账准备等都可能存在差别,注册会计师要承认这种差别。

第三,所谓遵守公认会计原则不能采用僵化的观点。不要拘泥于是不是遵守某一项很具体的原则,只要在总的原则上符合公认会计原则,就可以认为遵循了公认会计原则。

上述观点同会计程序委员会的观点是一致的。当时发布的《会计研究公报》就保留了互有矛盾的备选方案,就强调多样性、灵活性,而比较忽视规范性即可比性。美国的公认会计原则至今仍受这种观点的影响,在一定程度上也使美国会计职业界不愿接受国际会计惯例,并造成了美国的公认会计原则同国际会计准则进行协调的困难。

2.1970年会计原则委员会第4号公报指出:"遵循公认会计原则,公允地表现企业的财务状况和经营成果",这一质量的准则,在评估财务表现时是十分重要的。该准则指导财务报表的编制,并成为独立注册会计师判断可成立会计信息的基础。在符合下列条件时,才认为遵循公认会计原则,公允地表现企业的财务状况和经营成果。

第一,在处理和理解企业财务会计信息的过程中,在每一场合已运用了可适用的公认会计原则。

第二,公认会计原则重要的变动已适当地予以披露。

第三,基本记录当中的信息已遵守了公认会计原则,同时在财务报表中又确当地加以反映和披露。

第四,当一方要求遵循传统的概念披露财务状况和财务成果的重要方面;而另一方则要求将大量的基本数据汇总为有限的财务报表指标和补充的附注。对这两者之间的矛盾,已做了确当的平衡。

3.《审计准则公告》第69号指出:

第一,独立审计师关于公允地表达财务状况的判断,必须在公认会计原则的框架(即前述公认会计原则的五个层次)中进行,没有这个框架,审计师就缺乏统一的标准来判断财务报表中的财务状况、经营成果和现金流动的表现。

第二,是否按公认会计原则公允地表达一个主体的财务状况、经营成果和现金流动,取决于注册会计师自己对下列五个方面的判断:a.所选择和所运用的会计原则是公认的;b.所运用的会计原则在企业的经营环境中是确当的;c.财务报表,包括有关的附注,有助于使用、理解和解释;d.财务报表中所表现信息的分类与汇总是比较合理的;e.财务报表所反映的基本交易与事项是在表现一个企业的财务状况、经营成果和现金流动可采纳的限度之内的。

因此,注册会计师进行审计判断,必须要了解公认会计原则的内容、框架和作用。

七、对公认会计原则的评价

《现代会计手册》(Handbook of Modern Accounting,1977)第一章指出:公认会计原则包括了许多的惯例和实务,而这些惯例和实务经常受到批评。一些人认为:有些公认会计原则的表述并不合理,运用这些原则在若干情况下并没有用处。在这些人看来,在审计报告中的"按照公认会计原则合理表述"的语句不过是注册会计师用来保卫自己及保护他们的报告不受外部攻击的手法。但多数人认为:公认会计原则还是经过历史考验的、被认为是最有用的会计实务和会计程序。尽管公认会计原则不一定在所有情况下都是最优选的会计处理程序,但总的看,它们还是能够令人满意地反映出一个企业的现状、发展及全貌。

美国著名会计学家泽夫(Zeff)指出:公认会计原则已运用了56年,但所谓公认会计原则到现在还经常令人误解。“原则”这个词现在已变成既包括实务，又包括方法和程序。而且“认可”(accepted)本来只表示一项或几项实务由一些公司加以运用，后来在前面加上 generally 一词，目的是这些被某些公司所运用的实务、方法和程序可以被普遍接受，具有权威性。因此，公认会计原则就与权威联系在一起，没有权威性就不具有公认性。但这个问题在美国一直存在着不同的意见，表现在：对审计师在审计报告中“按照公认会计原则公允地表述一个企业财务状况、经营成果和现金流动”的不同理解上。

一种意见认为，“公允地表述”与“按照公认会计原则”是两回事。例如：美国安德森公司1946—1962 年就将这两个定语分开，它认为“公允地表述”与“遵循公认会计原则”要在审计报告中分别表达。很多人对这种做法持不同意见，但 SEC 表示同意。

另一种意见认为，应把“公允地表述”与“遵循公认会计原则”紧密地联系起来，这也是多数人的意见，认为只有遵循公认会计原则才能谈得上公允地表述。另外，在一个有关诉讼的案例中，法院最终也判决：“只有按照公认会计原则，财务报表才不至于虚假和误导”，也是遵循这种理解。

但在 70—80 年代美国审计准则委员会又有人提出不同的意见，他们建议去掉“公允地表述”，只保留“遵循公认会计原则”，因为将它们同时并提，会引起读者的误解，这种建议后来被否定。

总之，“按照公认会计原则公允地表述一个企业的财务状况、经营成果和现金流动”，至今在美国没有一致的意见，经常引起争论和误解。这十分类似“真实与公允”(true and fair view)原则的性质与地位问题。“真实与公允”原则在英国至今虽无确切的定义，却在英国会计职业界审核企业财务报表时具有至高无上的地位。英国 1985 年和 1989 年公司法赋予了会计准则(SSAPs 和FRSs)的法律地位，并要求对偏离会计原则作出说明。这等于含蓄地承认：遵守了会计准则也就符合“真实与公允”的原则。

八、公认会计原则的制订过程及其理论的发展

(一)公认会计原则的制订及其机构的变迁

公认会计原则在美国 30 年代就已经出现。前已指出，在 30 年代以前美国的经济是放任的市场经济，政府基本上不加干预，企业的会计和对外报表尽管也有会计惯例加以规范，但基本上是由企业自己决定的。在美国经济从自由放任到政府加强干预后，财务会计也产生具有一定强制性的公认会计原则来规范企业对外提供的财务报表。公认会计原则的制定与美国职业会计师组织的努力是分不开的。从 19 世纪末以来，其组织机构大致经历了以下几个阶段的变化：1887—1917 年，美国职业会计师联合会(AAPA)；1917—1957 年，美国会计师协会(AIA)；1957—现在，美国注册会计师协会(AICPA)。

最早对会计和会计报表进行规范化的机构是 AAPA。在 1894 年 AAPA 曾经按照资产变现的难易与负债到期的快慢把资产负债表的项目按流动性进行排列，试图对这一点做出统一的规定及规范化的尝试。1909—1910 年 AAPA 又试图使会计的术语标准化。

1917 年按照银行对贷款人的需要，在美国联邦储备委员会与联邦贸易委员会的帮助与支持下，AIA 制定了《标准化程序的备忘录》，后改为《统一会计》，1918 年改名为《编制资产负债表的标准方法》，1929 年再次易名为《财务报表的验证》。其主要内容包括以下四个方面的建议：(1)折旧要同利息和费用分开，但都作为税金的抵减项目；(2)区分本期净收益与本期损益(后者不仅包括本期正常的经营收益，而且包括本期非正常的收益)；(3)建议对前期损益所进行的调整作为盈余的调

整;(4)建议把损益表与盈余表合并编制。但这些建议在当时对企业和注册会计师进行审计时并不具有约束力。

1933年,AIA所属的特别委员会与纽约证券交易所进行合作,改进财务报表的编制。他们合作出版了《公司账目审计》,这本书提出了"认可的会计原则"(accepted principles of accounting)的概念。到1939年,AIA的审计程序特别委员会提出一份报告,认为:审计师的审计意见在表达时的用语应改为"遵循公认会计原则"。所谓"公认会计原则"就是在这个时候开始出现的。从此,公认会计原则就成为美国一个具有特定含义的会计概念。这些原则是在不同时期由不同的会计文献所代表,并由不同的机构所制定。

(1)从1939—1959年,AIA组成会计程序委员会(CAP)负责制定公认会计原则的文件。它所制定的文件是现在列为公认会计原则第一个层次的《会计研究公报》(ARB),一共发表了51份。1～42号ARB中有8份是关于会计名词的公告,这8份ARB后来单独进行修改,从1953年开始把它们并成1～4号《会计名词公报》(ATB)出版。这4份公报中涉及到的名词有:第1号——会计原则、资产负债表、资产、负债、损益表、利润、损失、未分配利润、已赚得的盈余、价值、折旧、准备、盈余;第2号——净收入、收入、收益、利润、盈利;第3号——账面价值、业主收益;第4号——成本、费用、损失。

1～42号《会计研究公报》扣除8份以后,其余34份中的31份则加以合并修改成为一份公告即43号公报发表,另3份公报作废。所以51份ARB现在只有43～51号共9份,这9份公报除了其中几份后来经会计原则委员会审查后认为需修改和废除外,其余的部分目前仍然有效。

(2)从1959—1973年,AICPA组织了会计原则委员会(APB)代替原来的会计程序委员会,负责制定公认会计原则的文献。它所制定的文献是APB Opinions。同时AICPA又成立了负责研究会计基本理论及普遍适用的会计原则的会计研究部,配合APB。在APB存在的14年中,一共发表了APB Opinions 31份,同时还发表了不代表公认会计原则的APB Statements 4份。另外,会计研究部又发表了《会计研究论文集》(ARS)15份。

会计原则委员会与会计程序委员会对制定公认会计原则都作出了历史性的贡献,但会计原则委员会的贡献更大。会计程序委员会主要采用归纳法,把流行的会计实务、惯例、程序及方法集中起来,经过分析、研究、挑选后作为公认会计原则被采纳。在这种方法下备选的方案较多,出现的矛盾性较大,其规范性与可比性都不够。它不能对有关方面的利益作出很好的协调,在一定程度上还加大了矛盾。而会计原则委员会则力求缩小矛盾,提出优选方法,且能坚持自己的见解,其工作成效比会计程序委员会显著。不过在APB时期也存在一些问题,如:公认会计原则与政策之间的矛盾;会计原则委员会本身与会计研究部之间在某些原则的观点上存在着矛盾;由于其成员不是脱产的而是兼职的,因而带来组织机构上的缺陷等。

(3)1973—现在,成立了财务会计准则委员会(FASB)。其最大的特点是:以AICPA为主,由美国会计学会、美国全国会计师联合会、美国财务主管委员会等共同组成美国财务会计基金会,由基金会负责筹措资金,并由它聘请代表各个方面的7个委员组成财务会计准则委员会。这些人士一旦成为FASB的成员,则必须割断与原来机构的一切联系,专心致志地制定准则,并给予优厚的报酬。由FASB负责发表的公认会计原则文献主要是《财务会计准则公告》(SFAS)和《FASB解释》(FASB Interpretations)。从1973—现在,已发表了190多份《公告》和40多份《解释》,公告与解释具有同等的地位。如前所说,FASB一成立就得到SEC的明确支持,发表了《会计文告集》(ASR)150号,肯定:只有按照FASB的文献所编制的财务报表才具有重大权威支持。可见FASB与SEC的关系非常密切。自FASB成立以来,SEC与FASB十分注意沟通相互关系:从1973年起,SEC的首席会计师一直出席FASB顾问委员会的季度会议并报告SEC的最近发展与活动;每一季度,FASB的工作组则派出代表向SEC的首席会计师及其工作组汇报FASB的计划(现状与进展);从1977年起,SEC委员和FASB成员举行多次联席会议;两个组织还不断地交换领导人员的位置,如FASB的领导调任SEC的首席会计师,SEC的首席会计师在卸任后则受聘为FASB的委员。当然,由于这两个机构毕竟性质不同,SEC是政府部门,而FASB是民间机构,他们之间也必然有矛盾。此外,FASB作为一个民间机构,其资金来源以大企业、大事务所为主要渠道,FASB要做到与企业、财团都没有利害关系也是不可能的。

从以上可以看到,美国的会计准则是由民间机构制定的,政府机构虽然依法授予SEC制定准则的权力,但后者不使用这种权力,而是作为民间机构制定准则的后盾,即它对民间机构制定的准则保留最后的否决权。这种做法给我们的经验教训是:民间制定机构的缺点是缺乏权威性,因此,它的规范性不够。它所制定的准则,备选方案较多,可比性不高。亦即按照民间机构所制定的准则作为编报的依据,对报表的使用者和注册会计师进行报表审计都带来不便,从而使财务报表的真实和公允的要求比较难以达到。但民间机构制定准则也有优点,由于它与报表使用者、债权人、投资人、各大企业接触较多,易于了解他们的呼声和要求,因此从另一方面看,它所制定的准则又比较接近于使用者的需求。

(二)公认会计原则发展中的若干理论问题

在公认会计原则的发展过程中,美国的财务会计理论(与会计准则密切相关的理论)也有了长足的发展。当然,财务会计理论的发展并不是完全与会计准则的发展直接相关,它一方面基于制定会计准则的要求,另一方面也适应市场经济的需要。

1.利润归属的理论。第一个引人注目的财务会计理论是关于会计利润归属的理论。早在30年代以前,公司已成为现代企业的典型形式。作为现代企业的公司是独立的法人,具有自主经营、自负盈亏的特点。于是,在会计上如何确认和计量公司的利润以及如何确定公司利润的归属,在理论上出现了分歧。有关公司利润方面的会计理论主要有两个相反的观点和主张:

第一,所有权理论(Proprietary Theory):所有权理论认为,不论企业的组织形式如何,企业的目标就是所有者的目标。如果企业的目标是为了盈利,那么追求最大利润也是所有者的目标。所以,企业的利润应是所有者的利润,在一个公司中,超过资本金以外的所有收益都归投资人所有。所有权理论确定了两个概念:一是资本保全(return of capital),即所费资本的补偿;二是资本报酬(return on capital),即所用资本的回报。一家公司期末的财富对比期初的财富有所增加的部分,理所当然地归投资人所有。所以,所有权理论对收益的确定是按照资产/负债观(asset/liability view)确定的,这个理论与新古典学派经济学的收益理论是一致的。所有权理论强化了资产负债表的优先地位,把资产负债表列为第一报表。因为根据两期的资产负债表才可以确认公司即投资人的期间收益。

第二,主体理论(Entity Theory):主体理论最早是由佩顿(W.A.Paton)提出的,他认为一个公司的收益在分配股利或者分配给业主的其他各项资金之前,其所有权不应属于股东,而应归公司作为一个独立的营业主体所有。在《公司会计准则绪论》中,他把营业主体作为会计的第一个基本假设。按照这个假设,通常把公司看作是独立于股东之外的法人,公司的盈利在分配以前,所有权属于公司本身。因此,立足于营业主体的观点,经营收益应看成企业本身的收益,只有在股利宣布以后,应分配给股东的股利部分才转移其所有权。

所有权理论和主体理论是相互对立的,表现在会计处理的各个方面,包括确认、计量及很多项目的处理都有所反映。

2.各个时期具有代表性的会计理论。在30年代以后到80年代,是西方财务会计理论的大发展时代。与此同时,财务会计理论研究也出现了几次高潮。

第一次高潮出现在公认会计原则制定前后的30年代到40年代时期。在这个时期陆续发表了一系列反映会计原则的文献,如:美国会计学会(AAA)1936年发布的《公司财务报表的会计原则暂行说明书》,1939年美国会计师协会(AIA)发布的《会计原则说明书》,1940年美国会计学会组织专家学者发表了一系列的论文,最为著名的是佩顿和利特尔顿合著的《公司会计准则绪论》。这些文件和论文都是为公认会计原则的出台作舆论准备的。因为第一个代表公认会计原则的文件是1937年的《会计研究公报》第1号。在上述所有的著作中,影响最大的应是《公司会计准则绪论》一书。

第二次高潮出现在60年代前后,以美国注册会计师协会的会计研究部所发表的《会计研究论文集》为代表。其中最为著名的两本是:ARS第1号《会计基本假设》和ARS第3号《试论企业普遍适用的会计原则》。这两本文集都提出了一些与当时传统会计观念不完全一致的新观点。比如在第1号文集中认为,基本会计假设中应包括市场"交换价格"假设;而在第3号中则提出,过去、现在和将来的交换价格都可以作为计量的属性,等等。这些与当时只接受历史成本为主要、甚至是唯一的会计观念是背离的。由于这些观点在当时难以为会计界所接受,所以被APB所否定。从现在来看,这些观点的实用价值已默默地被美国会计界重新加以评估。当前,由于历史成本暴露了越来越明显的局限性,赞成兼用公允价值(fair value)和市场价值的看法越来越多,这就说明了这两本文集当时提出的看法是有远见的。当时,还对现行成本(current cost)进行了研究。在60年代,美国出版一本由Edwards和Bell合著的《企业收益的理论和计量》一书。该书着重阐述了重置成本即现行成本计量的必要性及优越性,并对以历史成本为基础的传统会计模式提出了批评。直到目前,有关现行成本理论和计量模式,基本上以此书为基础。

第三次高潮出现在1980年以后,以财务会计概念结构的研究和实证会计理论的兴起为标志。第二次高潮中AICPA会计研究部的ARS第1号和第3号之所以被否定,其本身也有不足,即它们只研究会计假设与会计计量,而忽视了会计目标的研究。到80年代以后的第三次会计理论研究高潮,就系统地对会计目标、会计信息质量特征、会计的要素等一系列新的概念及其结构进行全面研究了。它的代表文件是美国从1978年—1985年发布的6份《财务会计概念公告》。

3.关于规范会计理论和实证会计理论。从第一次高潮到第三次高潮,所有的会计理论都是直接或间接为公认会计原则或后来的公认会计原则基础——财务会计概念结构服务的。这些理论的特点是研究财务会计应当是什么?我们把这种理论称为规范会计理论。它提出会计应当如何发展,首先从一般理论出发,然后归纳到直接为准则服务的概念结构,再到"会计准则"本身,实际上是为了指导会计实务。这时,却出现了一种相反的会计理论,即实证会计理论。其特点是要解决会计是什么?既解释现在观察到的会计现象,也预测尚未出现或尚未观察到的现象。但它不指出会计今后应当如何?实证会计理论只把理论归结为两项任务:解释和预测。解释的对象是我们已掌握和所收集到的信息,预测的对象则是会计还没有发生的信息或已发生但我们还没有收集到的信息。至于规范会计理论,则认为会计理论除了这两个任务之外还有一个非常重要的任务即指导实务的发展。实证会计理论则反对这一点,它认为已往规范会计理论除一两个显著例外,都是不科学的。首先从方法论上看,规范会计理论提出一些理论之后,没有再进一步去验证这些理论的实用价值如何,这是规范会计理论普遍存在的弱点。实证会计理论最主要的代表人物罗彻斯特大学的琼(Jone)教授1970年在斯坦福大学所作《关于会计研究与会计观念现状的评论》的演讲中,强烈抨击了过去的规范会计研究。这个演讲导致了实证会计研究方法论的诞生。后来他的同事瓦茨和齐默尔曼发表了两篇很有影响的论文:《关于决定会计准则的实证理论》和《会计理论的供给和需求》;接着,在1978年写成《实证会计理论》一书,1990年又发表了《实证会计理论的十年回顾》的文章。这些著作,都引起了美国会计学界的轰动。

目前在西方,特别是在美国,实证会计理论甚为流行,几乎成为一种风尚。我认为这两种理论不应当互相排斥,而可以在扬长避短方面进行互补。会计理论的任务,应如规范会计理论所提出的那样，既要能解释和预测会计现象，还要能指导会计实务，否则，理论就没有实用价值和生命力。但是，规范会计理论的缺点在于它的方法论，它没有遵循认识、实践、再认识、再实践的过程，它提出的理论经常没有经过大量的数据进行论证。就这一点来看，实证会计理论是可取的。它在先进行研究，掌握了数据的基础上，提出一些假设，然后再根据这些假设，收集大量的数据反复进行验证，提出假想。假想要再进行实证，得到证实时，假想才成立；否则，就放弃假想。这一点是符合实践是检验真理的唯一标准的唯物主义观点。因此，规范会计理论和实证会计理论应该相互结合，相互补充，从而相得益彰。

（原载于《上海会计》1996 年第 10～12 期）

46

基本会计准则与财务会计概念框架

——关于进一步修改完善1992年《企业会计准则》的个人看法

葛家澍

一、我国企业会计准则制订的背景

我国于1992年11月颁布了第一个企业会计准则,它是在这样的背景下出台的:新中国成立后不久,即1951年下半年,我国就实行了分部门、分行业、分所有制一统到底的会计制度。四十年来,它与当时的计划经济是适应的,在维护财经纪律、保证财政收入、促进增产节约等方面,曾起过积极作用。但改革开放后就逐渐暴露了与社会主义市场经济不相适应的缺陷。这种缺陷可以从两方面看。对内,由于实行部门、行业和所有制三个分割,使不同部门、行业和所有制的企业的会计信息缺乏可比性。同时,由于会计制度一统到底,使企业运用会计制度规范自己的行为时,没有灵活性;对外,我国统一会计制度从账户设置、会计处理,到会计报表,都同国际惯例存在着很大的差距,所产生的会计信息,不可能成为国际通用商业语言的一部分,从而也就不可能在对外交流中起到应有的媒介作用。1992年开始用基本会计准则取代统一会计制度的改革,把我国会计改革推进到一个崭新的阶段。

近五年来,我国的会计改革,仍以建立企业会计准则为中心而继续走向深入。五年中,共完成了约30个左右的具体会计准则征求意见稿并反复地进行了修改,形成了各种草稿。根据需要,财政部在1997年5月22日又出台了继1992年11月份以来的第二份企业会计准则,也是第一个具体会计准则——《关联方关系及其交易的披露》,同时还公布了这份准则的指南。要求以上市公司为范围,从1997年度起执行。

上述举措,消除了国内外可能产生的疑虑:中国的会计准则是否由于遇到什么困难和阻力而停止制订了?其实,会计准则的制订,是一项严肃而细致的工作,不可能一蹴而就。要深入调查、细致研究,要反复征求意见,不断修改和完善。这当然需要时间并考虑恰当的出台时机。每一个国家制订会计准则都曾走过这样的道路。改革开放是我国的基本国策,我们要建立社会主义市场经济体制,大力推进国有企业的改革,建立和完善我国的会计准则是一个不可或缺的条件。但是,决心要大,而步子要稳,工作要细,这也是自然的。我相信,不久,更多的具体会计准则将会陆续出台。

二、我国将建立的企业会计准则应是一个完整的体系

从制订会计准则开始直到现在,看来会计界有一点是没有分歧的,那就是:我们将建立一个既

符合国际惯例，又有中国特色的会计准则体系，它在《会计法》的指导下，以会计准则为核心，以会计准则指南为补充（当然，在过渡时期还应同时采用相关的行业会计制度）。在我们的会计准则体系中，将包括三个层次：第一层是基本会计准则，它是用来指导方向的，它包括会计准则所要运用到的基本概念、基本原则和基本方法；第二层是具体会计准则，它是准则体系的主体，是财务会计确认、计量和披露的恰当规范。用英国会计准则委员会（ASB）的话来说，它才是“应当如何在财务报表上反映具体种类的交易和其他事项的权威表述”（Forward to Accounting Standards，1993，par.16）；第三层是会计准则指南，它是用来说明具体会计准则的各个部分，加上必要的举例，以提高可操作性。本文要着重讨论的是关于基本会计准则的修订问题。

三、关于我国基本会计准则

1992年11月份颁布的企业会计准则，一般都认为它是一份基本会计准则。确实，今天看来，它具备了基本会计准则的雏形，但需要修改与完善。

讲到基本会计准则，人们会想到西方的概念框架。这里需要研究说明两个问题。第一，基本会计准则是什么性质的准则？第二，基本会计准则与概念结构有什么异同？

关于第一个问题，我认为，基本会计准则是准则的准则。如果说，《会计法》是整个会计规范体系中的基本法，那么，基本会计准则就是整个准则体系中的基本法。它通过假设、目标、要素、确认、计量、披露等基本概念和一般原则，用于指导会计准则的制订、评估已制订的会计准则，并对在没有具体准则的领域中所发生的一些交易和事项，可据以进行恰当的会计处理。所以，我国的基本会计准则，既是理论，又是准则。在我国的准则体系中，处于第一个层次，而不是最后层次。

关于第二个问题，西方的概念结构，应包括两种思路：一是60年代的思路，以基本假设一般原则作为概念结构的基本框架，它以美国注册会计师协会（AICPA）所属的会计研究部（Accounting Research Division）于1961年和1962年分别发布的ARS No.1和No.3为代表，当时没有包括目标。另一个是美国财务会计准则委员会（FASB）于1978年开始发起、现在较为流行的概念结构，它以目标为导向，包括目标、信息质量、要素、要素的确认与计量，以及1995年12月英国会计准则委员会在《原则公告》（Statement of Principles for Financial Reporting，SP）征求意见稿中所讨论的财务报表的编报（presentation of financial statements），但又没有包括会计假设。对于西方关于概念结构的研究，多数人认为，概念结构是理论而不是准则的一部分。比如，美国财务会计准则委员会在所发布的概念公告前都作此申明；同样，国际会计准则委员会的概念框架（1989）的引言部分也有类似的阐述。其实，准则和评估与发展准则的理论并没有不可逾越的鸿沟，所以美国注册会计师协会在1992年发布的第69号《审计准则公告》（SAS No.69），已把概念框架列为“公认会计原则”（GAAP）的第四个层次（最后一个层次），也是有道理的。尽管如此，西方的概念结构主要是用来评估现有准则、发展新的准则，而不是直接用来指导会计实务则很明确。我认为，“理论”不存在什么新旧的问题，只要它科学地反映客观世界，代表真理，有创造性，就经得起时间的检验，就有生命力。美国ARS No.1和No.3等会计文献，今天看来，并不陈旧，甚至还有新意。为什么说它有新意？试以资产的定义及其计量为例。关于资产的定义，目前大家普遍接受的是FASB的定义，即按资产的实质定义为可能的未来经济利益（probable future economic benefits）（FASB concept No.6 par.25，1985；concept No.3 par.19，1980）。其实早在18年以前的ARS No.3中，Sprouse和Moonitz已把资产定义为“预期的未来经济利益”（expected future economic benefits）了[更早是在1929年，Canning在*The Economics of Accountancy*一书中曾把资产定义为在货币中或可转化为货币的任何未来的服务(*any future service*)(*p.*22)]。关于资产的计量,1984 年 FASB concept No.5 只是列举 5 种计量属性,它甚至不能像 IASC 在 IAS 中提出计量属性适用的基准方法(benchmark treatment),而只是希望各种计量属性同时并用(par.66;70)的情况继续下去。但是,22 年以前,ARS No.3 已大胆地提出资产的计量可以采用过去的交换价格、现在的交换价格和未来的交换价格三种。而且明确地不赞成存货按历史成本计价,主张应按预期的销售价格计价。ARS No.3 的见解未能被 APB 所接受,但 Sprouse 与 Moonitz 在 60 年代初就敢于向历史成本、实现原则和稳健惯例等几乎被认为会计中神圣不可侵犯的常规挑战,不能不令人钦佩!今天,我们不是准备要确认与计量衍生金融工具吗?不是要试图确认大量的自创商誉和其他软资产吗(近年来企业兼并收购中出现大量商誉)?ARS 当年的建议难道不值得今天的会计界反思吗?总之,包括 60 年代所颁布的一些属于概念结构的文件和现在关于概念结构的一系列文件,都值得我们借鉴和参考。前一系列文件未涉及目标,后一系列文件未涉及假设,都不能认为是全面的。但恰好可以相互补救其缺陷。ARS 有关确认与计量的建议,是值得我们结合今天的实际加以研究的。

我国 1992 年发布的基本会计准则,实际上已参考了上述两种思路,并以第一种思路为主。如总则、基本原则就是借鉴第一种思路,而要素部分才是借鉴第二种思路。我很同意这种处理。我认为我们应当借鉴的是国外会计理论中的精华,是其中科学、合理的部分,不是赶时髦,追求风尚,照搬照抄今天的流行观点。不要看人家是一个什么模式,我们就必定是同样的模式,这未必符合与会计国际惯例相协调的精神。

四、关于今后修订我国基本会计准则的个人设想

我这里想就三个问题谈一点个人看法:关于基本会计准则的总体安排;关于基本会计准则如何突出财务报表的目标以及关于英国会计准则委员会在 1995 年 SP 中提出的关于报表内容、披露等方面应否也列入我国的基本会计准则。

1.关于基本会计准则的总体安排。根据上面所说的,我们应该既借鉴西方概念结构中现在的框架,也应该借鉴过去已提出而被遗忘的部分,特别是美国注册会计师协会 60 年代所发布的第 1 号、第 3 号会计研究论文集中所讨论的一些会计基本假设和基本会计原则。下面我着重谈谈会计基本假设应否列入我国基本会计准则的问题。

我是倾向于要把会计基本假设作为基本会计准则的第一部分的,因为基本假设是财务会计的前提和基础。比如,不考虑主体假设,就无法核算每一个企业的盈亏,如此一来,我们就应当承认没有会计主体的国民经济会计、社会会计等等也都属于财务会计;如果不考虑持续经营,那么,现在建立在权责发生制之上的会计方法,就要彻底改变(即使改变了,也还是要建立在其他某种假设之上,如清算假设等);如果没有会计分期,就无法定期编制财务报表;如果不承认货币为基本计量单位,我们就不可能把企业作为一个整体来总括反映它的财务状况、经营成果和财务状况的变动。甚至我们可以说,Moonitz 在 ARS No.1 中提出的交换价格假设也应该加以考虑。过去大学不重视、甚至加以否定(会计原则委员会在 Statement No.1 中就否决了它们),有那时的历史原因。今天不同了,目前出现的许多新问题需要运用新的概念来解释和解决,这一点,前面已经说过。

对会计这样一个人造经济信息系统来说,财务会计和财务报表的目标当然很重要。但目标实际上也是一个假设,并以基本假设为前提,对信息使用者和使用者所需求的信息作出的推定或假定。不管人们关于财务会计目标的研究和调查多么广泛、深入,最后形成的结论也不能说就是充分的、确定的,因为,使用者和使用者的需求是随动态的市场经济环境而不断变化着的。这样,目标的

提出，始终是一个假设。

据上所述，我对今后基本会计准则的总体框架的构想是：第一部分，仍然是基本假设，名称最好不要回避国际上普遍认可的"基本假设"的术语；第二部分是会计目标；第三部分是一般原则，因为"信息质量特征"一词不如"一般原则"通俗易懂、容纳面更广；第四部分是会计要素、要素的确认与计量；第五部分是财务报表的内容、表述和表外信息披露。

2.关于财务会计的目标。1992年基本会计准则的一个重大缺点是没有提出、至少没有明确提出我国财务会计的目标。它对假设是突出了，但对目标是忽略了。每个国家的会计目标都应该适合自己的国情。西方国家的经济体制大多数都是高度发达的市场经济，所以，在财务会计目标的提法上只是大同小异，或基本相同：(1)评估管理当局对受托资源的责任的履行情况；(2)为外部使用者的投资、信贷等决策提供依据。我国实行的是社会主义市场经济。社会主义市场经济不能完全等同于西方的市场经济，因此，我国财务会计的目标与西方国家的目标既有相同之处，又应有相异之处。相同点在于上述的目标在我国基本上也可适用，不同点是我们要考虑我国还有更重要的信息使用者，他们对会计信息有着特殊的需求，那就是社会主义国家。国家至少在三方面要求企业提供会计信息：第一，国家作为社会管理者(宏观调控者)，在制订与社会资源配置、产业结构、企业改组及其他与企业有关的重大经济政策时，需要会计信息；第二，国家在收取各项税收时，要以企业的会计记录和会计报表为依据；第三，国家作为国有资产的所有者(国有经济是我国经济的主体)，需要时刻注意国有资产的保值、增值，同样离不开会计信息。我国企业的基本会计准则对此应有所规定。

3.关于财务报表的内容、表述和表外披露。实际上，美国财务会计准则委员会在1981年11月16日就发布过一个财务会计概念公告的建议稿，题为"Reporting Income，Cash Flow and Financial Position of Business Enterprises"，主要涉及有关财务报告内容和表述的概念。后来，却没有形成一份概念公告。因此，严格地说，美国现有的概念结构是不完整的，因为它缺少了财务报告本身这一块内容。英国会计准则委员会1995年发布的原则公告征求意见稿，弥补了美国财务会计准则委员会和国际会计准则委员会的共同缺陷。我认为，这是概念结构研究方面的新发展，值得我们借鉴。况且，我国的基本会计准则作为准则的准则，涵盖面应当广一些，财务报表是财务会计最重要的部分，财务会计的最终目的就是要提供财务报表，对它的内容、形式、项目分类、要求、表内表外的关系、确认与披露的关系，以及个别企业报表与合并报表的关系等问题，都应该在基本会计准则中做必要的原则性、概念性的规定。

总之，后来居上。我们应该尽量吸收各国有关这方面的研究成果，要博取众长，在一个较高起点上，结合中国的实际，加以借鉴和发展，修改我国的基本会计准则。现在，我们尚未见到英国正式的原则公告，我建议，我国准则机构应密切注意其发展；此外，国际会计准则委员会理事会也开始把"报表表述"列入它的议题了，已在1995年3月通过"委员会"提出《原则公告》(Draft statement of Principles：Presentation of Financial Statements，1995)。据说现在已发展成为一份ED。国际会计准则委员会的这一动向，也十分值得我们关注。我希望，随着我国社会主义市场经济的发展和会计改革的深入，基本会计准则的修订，能尽快提到我国会计准则制订的议事日程上来。

(原载于《会计研究》1997年第10期)

47

财务会计:特点·挑战·改革

葛家澍

一、财务会计的概念

财务会计是现代企业会计的一个重要分支,是对传统会计的继承和发展。

作为一个经济信息系统,财务会计立足企业,面向市场,把企业当作整体,主要向企业外部信息使用者提供:(1)某一时点企业的财务状况;(2)某一期间企业的经营业绩;(3)某一期间企业的现金流量等三方面的信息。其目的在于:(1)用于各项微观经济决策的依据;(2)用于评估管理当局对经济资源的受托责任;(3)用于国家有关宏观经济决策的参考。

财务会计主要向市场传递一个企业(尤其是涉及千家万户利益的上市公司)的财务信息,它可以保护投资人和债权人的合法权益,维护资本市场的秩序,促进资本的合理流动,推动资源的优化配置。

因此,在市场经济中,财务会计和用于传递财务信息的财务报告,起着十分重要的作用。

二、财务会计的特点

任何事物的特点总是相比较而存在的。财务会计的特点是同管理会计、传统会计相比较才显示出来的。

(一)财务会计和管理会计是两个不同的分支,它们之间的差别比较容易识别

我们可以把能显示财务会计和管理会计各自特点的方面,归纳为下表:

表1 财务会计与管理会计的特点比较

比较项目	管理会计	财务会计
1.服务对象	注视市场、立足企业、面向内部	面向市场、立足企业、服务外部
2.核算对象	预计要发生的交易与事项和企业未来经济行为	已完成或已发生的交易与事项
3.核算方法	以预测、规划、评估为主	以记录、计量和报告为主
4.信息特点	面向未来、货币和非货币信息并重	面向过去、以货币信息为主
5.同公认会计原则的关系	不必遵守公认会计原则(GAAP)	必须遵守公认会计原则

(二)财务会计的特点还必须和传统会计相比

所谓传统会计,是指在现代企业会计发展成为财务会计和管理会计之前的企业会计。在时间

上是指30年代末出现公认会计原则以前。总的来看，财务会计是传统会计模式的主要继承者，但又有发展。

1.财务会计继承了传统会计模式中主要的会计程序。传统会计长期形成并行之有效的概念、惯例和会计处理过程，堪称现代会计的精华，大部分由财务会计继承下来。例如：

(1)会计确认，以权责发生制为基础，收入的确认必须实现；

(2)会计计量，主要遵循历史成本原则；

(3)会计记录，运用复式记账法；

(4)会计报告，把资产负债表和损益表作为最基本的报表；

(5)会计处理的每一个环节都考虑谨慎原则和稳健惯例。

2.在继承的基础上财务会计有所发展。

(1)同传统会计相比较，财务会计有它的侧重点。财务会计也是由确认、计量、记录和报告四个环节所组成，但其核心的环节是报告。因为对外报告是财务会计的目的。在财务会计之中，记录只是为报告准备数据，只有把它列入财务报告(主要是指财务报表)才是最有用的信息。确认和计量也是如此。日常确认和计量，都属于初始确认和计量，在财务报表中的确认和计量才是最终的、可信的。很明显，财务会计以对外报告为重点，是财务会计和管理会计分离的结果。在此之后，对内部有用的信息的提供，应由管理会计承担。

(2)财务会计不论在确认、计量、记录和报告中的哪一个方面，都发展了传统会计。

第一，在确认方面：

①财务会计的确认只能说以权责发生制为主，它也运用了收付实现制。这是因为：A.考虑到现金具有较强的流动性，及时反映和监督现金的动态是会计的一项任务，当交易或事项发生时，凡是涉及现金，不论其影响到企业权责后果如何，都要先行记录(按收付实现制)而后调整(按权责发生制)。所以在日常的会计处理之中，两种确认基础缺一不可。B.联系到基本的财务报表，资产负债表和损益表是以权责发生制为基础，而现金流量表就以收付实现制为基础了。这也说明财务会计不能采用单一的确认基础

②财务会计迄今仍坚持实现原则，但是它把已实现(realized)扩展为可实现(realizable)。前者限于已收取现金或其等价物；后者则扩大到可收取现金或其等价物的权利，只要这种权利的金额是确定的，收回是有保证的。

③当前，在财务会计概念框架之中，已总结出确认财务报表每一个要素共同适用的基本标准(参见美国FASB、IASC的《概念框架》或英国ASB的《原则公告》)。这样，确认就由一个抽象的会计术语，被提升为一个能指导会计实务、具有可操作性的会计概念。

第二，在计量方面：

①财务会计已经不再强调历史成本是唯一的计量基础。会计实务界出现的多种计量属性并用的局面已被理论界认可。

②除历史成本外，现行成本、市场价格、可实现净值、公允价值都可以用来进行计量，但条件是既要符合相关性，又要有可靠性，要确保可靠地计量。

第三，在记录方面：记录的原理没有多大变化，仍是运用复式簿记原理。但是记录的技术产生了质的飞跃。在财务会计中，记录和报告，特别是记录，已经实现了电脑化。虽然由于各国各地区经济发达和科技发展程度不同，会计的电算化程度也不同。但是用电脑代替手工记账已是大势所趋。

第四，在报告方面：由于财务会计侧重于报告，所以在报告方面，改革和变化的力度更大。

①在传统会计中，报告的唯一手段是会计报表；在财务会计中，会计报表只保留其中的财务报表(成本报表除外)。财务报表仍是报告的主要手段，在财务报表之外，增加了“财务报告的其他手段”(Other Means of Financial Reporting)，简称其他财务报告。在财务报表部分，财务报表(指表

内,Face)、财务报表附注(Notes)和补充资料(Supplementary Information)等不同部分。

②在财务报告的各个组成部分之中,确认和计量有着不同的要求,并赋予不同的概念:比如,财务报告所传递的全部信息都可称之为"披露"(disclosure)。财务报表披露的全部信息则称之为"表述"(presentation),而表内表述的信息又赋予一个专门的术语——"确认"(recognition)。表内确认需要遵循确认的基本标准并符合公认会计原则(GAAP),必须同时用文字和数字(金额)进行描述。文字指的是应归入的报表要素及所属项目,"金额"则应加入报表的有关合计与总计。因此确认是严格规范化和专业性的会计表述方式。确认的信息应当最为有用(既相关又可靠)。表外附注不属于确认,但也要求符合公认会计原则。附注表述既可以用文字表述,也可以只用数字描述,或两者兼用。它的任务是使表内的信息更容易理解,更加相关。表外附注可以补充表内确认之不足(即尚无条件在表内进行确认的某些有用信息,可在附注中补充披露),但不能用来纠正表内的错误。对使用者和独立审计人员而言,财务报表的表内部分和附注是一个整体,不可分割,两者同是审计的对象。补充资料是指由公认会计原则所要求的,既不在表内、又不在附注中补充的披露。例如在美国,过去按照FAS 33,现在要按FAS 89补充提供的物价变动的信息就属于补充资料。补充资料和其他财务报告的区别在于:补充资料还在公认会计原则的影响范围之内,而其他财务报告则不必严格遵守公认会计原则。其他财务报告所披露的内容和方式,可以是除准则以外的其他法规(如证券法规)、机构(如在美国有证券交易委员会,在我国有证监会等)所要求,也可以是企业自愿披露。所以,其资料的来源和方式是多种多样的。(按我国企业会计准则的规定,其他财务报告则仅列举了"财务情况说明书"。这样在我国,财务情况说明书就兼有补充资料和其他财务报告的性质。)财务报告的各个组成部分的基本特点及其相互关系可用下图表示:

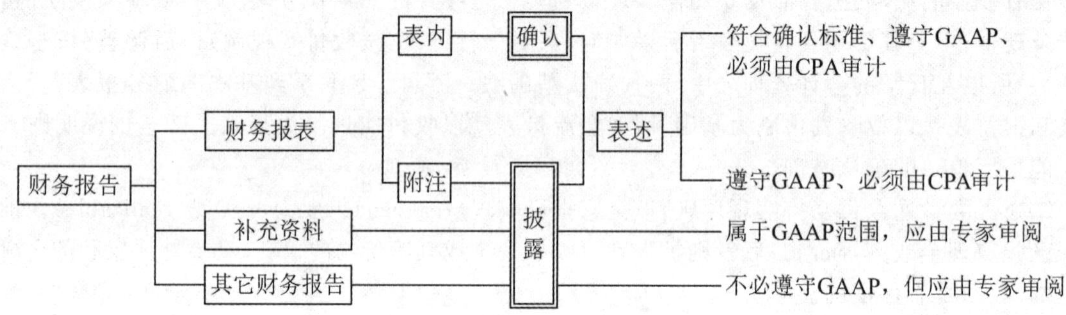

图1　财务报告组成部分特点及关系

对财务报表来说,财务会计最重要的发展就是:

A.制定了财务会计(报表或报告)的概念框架;

B.制定了具有权威性的、用于规范财务报表的(也包括财务会计处理程序)GAAP或企业会计准则。甚至可以说,由于GAAP的出现(最早代表GAAP的美国ARB第一号是1939年发布的),才标志着传统会计向财务会计转化;遵守GAAP与否,也是财务会计和管理会计相互区别的重要标志。

三、局限性与面临的挑战

(一)在财务会计的特点中也暴露了它的局限性

1.由于立足于过去的交易与事项,结果:(1)所提供的信息主要是面向过去和历史信息,而使用者的决策总是面向未来；(2)过去的交易和事项是一些确定性的经济活动，而企业不少的经济活动具有不确定性；(3)一些有用的信息例如持有资产的价值变动由于尚未实现、尚未形成交易或事项，便不能在报表中进行确认。

2.由于统一运用货币计量，结果：(1)用金额表示的许多汇总数据和信息比如合计、总计，乃是反映若干交易或事项的金额汇总、抵销所形成。这些数字，掩盖矛盾与问题是难以避免的；(2)按照当前财务会计的计量，当物价发生持续性的、剧烈的变动时，若不剔除物价变动因素的影响，便不能如实反映情况；(3)当前，有不少尚难以用货币计量、但却对使用者的决策有参考价值的信息，如人力资源、企业的外部环境、地理位置、主要管理人员的水平能力素质和在地位中的威望等只好被排除在财务报表、甚至是财务报告之外。

3.在财务会计提供的历史信息中，往往只重视企业经营业绩即盈利信息的计算与报告，而对反映企业支付能力、财务状况、倍受使用者关心的现金流量(特别是预期现金净流入量)的信息则重视程度不够(当然在现金流量表取代财务状况变动表之后，情况有所改观)。

4.重视形式、忽视实质。这个问题在财务会计之中普遍存在。例如人们对某些交易比如有退货款权的销售，往往从形成上把它视同一般的销售业务，在交易发生时即确认收入，实际上与该商品有联系的风险并未在交易发生时完全转移。再如，当前按照财务会计概念框架，资产是当作未来的经济利益来确认的，可是人们却很少使用现值(present value)去计量资产，而经常采用的计量属性是取得资产的历史成本。这种计量的结果必然同资产的经济实质不符。

5.在财务会计处理过程中，又允许会计人员进行必要的估计和判断、因此，财务会计的数据是一个近似值，它的可靠性，也还是相对的。

财务会计的上述局限性，早已受到会计界的批评。在20世纪60年代末至80年代初，西方国家(除当时的日本和德国外)，包括美国、英国、法国等通货膨胀都达到10%或10%以上。以历史成本为主要计量属性的财务报表，受到了会计界和企业界的尖锐抨击，美国的Robert R.Sterling教授甚至批评“财务报表已经失灵，公司在报告无用的数字”(美国《财富》杂志，1984年1月14日)。此后由于各国通货膨胀率的普遍回落、经济环境的变化挽救了财务报表。改革的呼声才逐渐平息。

(二)80年代以来财务会计面临新的挑战

80年代以来，通货膨胀的浪潮虽然暂告平息，而科技和金融浪潮又开始威胁财务会计。大家都可以看到，在近20年中，科学技术(特别是高新技术)的进步加快、信息和金融正成为今天社会的支柱产业。当今市场经济的一个重大特点是：竞争加剧、风险加大。除高技术产业突飞猛进外，金融创新、市场创新和企业收购兼并也层出不穷，愈演愈烈。这标志着信息社会和金融社会即将到来，再一次向财务会计、财务报表和财务报告提出了挑战。它集中表现在以下一个问题上：以提供历史信息为主的财务会计能否满足当前正在迅速变化中的信息使用者的要求？例如：

1.由于金融创新，大量名目繁多、风险与报酬转移的不确定性愈来愈高的衍生金融工具日新月异。衍生金融工具的特点是：风险和报酬的转移不是在交易完成之日，而是在合约签订之时。于是，带来了如下的会计问题：何时确认？确认什么？如何计量以及怎样披露？

2.由于市场创新(销售创新)，一项简单的交易(即风险与报酬一次性转移)往往变成一项拖延时间很长的复杂交易(即风险与报酬在交易期间多次转移，如“分期付款销售”或貌似全部转移而其一部分风险仍旧保留在企业之中如“附有部分或全部退款权的销售”)，有些销售交易还同融资业务相互结合，貌似购销商品业务，实为产品融资，如“产品融资协议”(product financing arrangements)。这些都对确认、计量和披露提出了新的要求。

3.近年来，西方国家公司兼并现象十分流行。这种旨在增强竞争实力，扩大和重新分配市场占有份额的浪潮往往出现难以理解的现象:收购公司往往不惜以高于几倍甚至数十倍于被收购公司重估净资产的价格进行收购。1992 年 6 月,美国《会计月刊》(*Journal of Accountancy*)发表了《商誉会计:彻底检查的时刻到了》一文,据作者透露:1988 年美国菲利浦毛里斯公司(Philips Morris)付给克拉夫特公司(Kraft Inc)收购价 12.9 亿美元之中有 90%是商誉(即克拉夫特公司的重估净资产只有 1.3 亿美元左右);在 1989 年,泰姆庄娜集团兼并所支付的收购价 14 亿美元也有 80%是商誉(即被收购公司的净资产也只有 3.8 亿美元左右)。

上述情况引起的问题是:如此巨大的"商誉"从何而来? 应否确认"自赚商誉"? 如何确认?

4.在高科技产业和技术含量较高的行业中,人力资源和知识产权变成了企业巨大的财富。可是在财务会计中,人力资源的价值却得不到反映,知识产权的真正价值也不能在无形资产之中显示出来。

5.近年来,财务报告的使用者十分重视信息的相关性,期望财务报告能够提供更多的面向未来的信息、基于财务会计仍以历史成本为多数报表项目的计量基础,有些人对会计信息的有用性正在下降表示忧虑(如美国 SEC 委员 Steven M.H.Wallman 在 *Accounting Horizon* 的 1995 年 9 月、1996 年 6 月、1996 年 12 月和 1997 年 6 月连续发表了总标题为《在发展的世界中会计与信息披露的未来:需要富有引人瞩目的变化》共四篇文章,充分流露了这一点)。

四、未来的改革

只要客观环境和人们的需求发生了变化,依存于环境和需求的财务会计就会发生可能的与必要的变化。这是肯定的。问题在于如何变革?

前面已经指出,财务会计是传统会计的主要继承者。财务会计的存在和发展,既依存于使用者的需要,又要受传统会计固有特点的制约,要全面地考虑这两个方面,才能认识财务会计信息的有用性。可以这样认为,相关性是体现信息使用者需求的属性;而可靠性,乃是反映财务会计固有特点的属性。

分析前述财务会计的特点,若从相关性来衡量,显示的往往是财务会计的缺陷,但从可靠性方面来衡量,似乎又变成了财务会计信息的优势。

由此可见,轻易否定财务会计的有用性,未必符合广大信息使用者的观点。

美国 AICPA 在 1994 年通过调查,发表了一份《改进企业报告》即 Reporting of Jenkins Committee。这份报告曾提出以下两点结论:

第一,没有证据表明,使用者由于认为信息不相关或其他原因而放弃财务报表分析;

第二,没有使用者建议,财务报表应当予以放弃而由基本不同的组织财务信息的手段来取代(AICPA:*Improving Business Reporting——A Custom Focus*,1994,p.26)。

既然广大的使用者包括专业使用者并不认为财务会计模式和财务报表已经无用,那么,我们的任务就应当是发扬财务报表的优势,改进它的局限性,提高有用性。

我认为,改革或改进,似应考虑以下三项原则:

第一,可靠性是财务会计信息区别于管理会计信息和其他一些信息的优势。对财务会计的任何改进都不能改掉这一点。完全不相关或完全不可靠的信息均不宜确认,不够可靠的要推迟确认。不论多么相关,其计量的可靠性必须在可以容忍的限度之内。

第二,不论从反馈和预测的哪一个角度看,历史信息都不可少。当然,在其他财务报告中,要力求增加预测信息。会计信息不论是历史的或未来的,都要重视质量、控制数量。根据报酬和风险的披露是否充分为标志,有的信息要细化,有的信息则应压缩归并。

第三,未来的会计改进着眼于报告。但应立足于会计确认和计量,要合理地修改确认的标准,其中关键是对要素的定义要加以必要的修改。

(一)关于确认

当前财务会计概念框架所表述的报表要素的定义已不能完全适应新的形势,看来需要修改。这是因为要使各项要素能在日常记录和财务报表中加以确认,必须符合要素的定义(见 FASB Concept No.6 par.64),所以定义是关键。

按现有的概念框架对所有要素的定义,有两个根本点:一是所有要素的实质都同未来的经济利益的变化(拥有或控制;牺牲或放弃;获得或增加;耗用或减少等等)有关;二是上述变化之所以形成相应的要素(资产、负债、收入、费用等等)是以一个会计主体中发生的过去的交易或事项为前提的。问题在于第二点。在科技迅猛发展和金融创新与市场创新的新形势下,一个企业未来经济利益的变化应不限于已完成或已发生的交易或事项,而在于风险与报酬在实质上有否转移?基于这一观点,对财务报表要素的定义做必要的修改,既是必要的,也是可能的。

试以资产的定义为例,按照 FASB 的概念框架,"资产是可能的未来的经济利益,它是特定主体从已经发生的交易或事项所取得或予以控制的"(FASB Concept No.6,par.25,1985)。现在,我们不妨做下列修改:

"资产是可能的未来经济利益。它是通过下列条件之一由特定主体取得或加以控制的:

(1)由于过去的交易或事项(包括产权交易);

(2)由于签订了权利和义务不可更改的合约,其风险和报酬实质上已经转移;

(3)由于其市场价值(有公开标价或由独立公正的中介机构评估)长期高于账面价值并在可以预见的将来不会有基本上的改变,在已取得或控制的未来经济利益上的增值部分;

(4)由于环境和自然原因,在可靠计量并极可能实现的前提下,未来经济利益的增值。"

上述修改的原则是:既根据形势的发展适当扩大资产可确认的范围,又力求保证信息的可靠性。根据上述定义,确认金融资产、无形资产、持有资产的增值就比较容易。资产是最基本的要素,一旦修改资产的定义,其他要素的定义,特别是收入的定义当然也必须做相应的修改。

(二)关于计量

我认为各种计量属性并用,仍是今后的方向。由于确认的范围扩大,以及在初始计量后需要后续计量,而后续计量常常缺乏历史成本,因此"公允价值"(fair value)这一新的计量属性就有了广阔的应用天地。按照上述建议的资产定义,倘若未来经济利益的取得或控制是基于(2)(3)(4)项,那么,就需要用公允价值来计量了。

所谓"公允价值",按照 FASB 针对金融工具而给出的一个定义:"金融工具的公允价值是在双方自愿、而非由于强迫性的清算销售而在当前交易中达成的该工具可予以交换的金额。如果一项金融工具具有可应用的公开标价,那么金融工具应予披露的公允价值就是此项工具在交换中的产品单位数乘以其市场价格"(FAS No.107 par.5)。按照 FASB 的定义,公允价值的具体代表还是市场价格、现行价值和现值。

美国 FAS 115《特定债券和权益证券的投资会计》是同时运用成本和公允价值来评估投资的范例。这里不妨加以介绍以供参考。FAS 115 把企业持有的债券和权益证券的某些投资,根据管理当局的意愿,作了灵活的、可转换的新分类。不同的分类运用不同的估价,并对持有利得和损失做不同的会计处理:

表2 FAS 115 对投资的分类、计量及会计处理

	计量	持有利得或损失的会计处理
1.持有至到期(指债券)	折余价值(成本)	——
2.在销售(贸易)中的证券	公允价值	直接进入收益表
3.可用于销售的证券	公允价值	在资产负债表的权益部分单独列示

(三)关于报告

财务报告的改革应从两个方面入手,首先是财务报表,其次是其他财务报告。

近年来,关于改革财务报表已有不少的意见和建议。我们基本同意美国AICPA1994年发表的Reporting of Jenkins Committee的建议。现在的财务报表表内信息若进一步重组、整理,可增加一系列可能更有用的补充报表。例如:

1.不论资产负债表、损益表或现金流量表,已经确认的信息均可以分为"核心信息"(core information)与"非核心信息"(non-core information)。前者为主要的、正常和持续经营的业务所形成;后者则为次要的、非正常和不再持续经营的业务所形成。把非核心信息从核心信息中加以分离,对于使用者的决策应很有帮助。

2.增加分部信息。一个企业如有许多分部,其报酬与风险有明显差异,不论属于地区分部或行业分部,都应当补充报告它们的业绩、财务状况和现金流量。

3.为保证信息的及时性,应增加中期报表,包括半年报、季报和月报。

4.为补救因为信息过量而使现行财务报表不易理解,可以推广美国在80年代业已在部分大型公司试行的"简化年度报告"(Summary Annual Reports,SAR)。简化年度报告作为年度财务报表的摘要,对使用者起着"导读"作用。

财务报表改革的另一个方向是在现有的基本报表之外增加一些报表,主要指:

1.当前的损益表(或收益表),严格来讲并不能代表企业全部经营、投资理财业绩(以下简称经营业绩),特别是在放宽了确认的条件之后(如在本文建议的资产和其他要素定义进行修改之后)将可能出现更多的未实现但已可确认的利得或损失。只有把这些利得或损失也予以估计并在财务报表中进行表述(presentation),一个企业的全部经营业绩才得到全面反映。为此,我认为,英国ASB在ARS No.3《报告财务业绩》中和1995年12月重新发表的《财务报告的原则公告》征求意见稿(Statements of Principles of Financial Reporting,SP,ED,1995.12)所推荐的"全部已确认的利得和损失表"(Statements of All Recognized Gains and Losses)是值得推广的。按照ASB的要求,一个企业的财务业绩是由下列两张报表构成的:

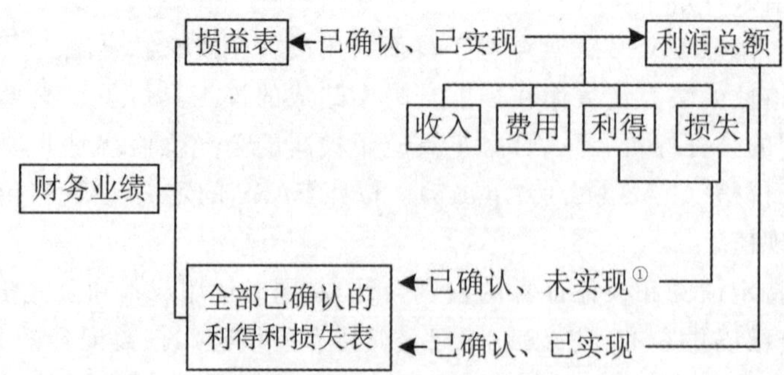

图2 按ASB要求,企业财务业绩的报表构成

这样,全部已确认的利得和损失表比损益表更全面地反映一个企业的财务业绩。基于这一原因,英国 ASB 已经将财务报表的要素名称进行了变更,用"利得"和"损失"替代了"收入"和"费用"。

应当指出的是:国际会计准则委员会 1997 年修改的第 1 号国际会计准则(IAS 1)题为《财务报表的表述》(Presentation of Financial Statements)也借鉴了英国 ASB 的上述经验,即除了收益表确认已实现的收入、费用、利得和损失外,也在"所有者权益变动表"中确认未能在收益表中确认的利得和损失[主要根据 IAS 16(1993 年 2 月修订),par.39;IAS 25(1994 年重排),par.33 和 IAS 21(1993 年 12 月修订),par.17]。实际上,这些都是未实现的利得或损失。为此,IAS 1 又建议再编制一份"已确认利得和损失表"(Statements of Recognized Gains and Losses)。它同样可起着汇总一个企业已确认的全部利得和损失的作用(参见 IAS 1 附录:财务报表结构举例,IASC,1997)。

2.增值表(A Statement of Value-added)。这份报表对国家进行宏观调控是有用的。因为它能反映一个企业的新增价值(附加值)的形成及分配。它是在损益表的基础上改编的,但是它的用途却是损益表所不能代替的。

其次是报表附注及其他财务报告。附注和其他财务报告越来越成为信息披露所必不可少的手段。今后的问题是,控制数量、提高质量、加强审核,既要防止信息过量,又要避免信息误导。在表内进行确认要注意相关性;在附注和其他财务报告中披露则要保持相对的可靠性。

面向未来,是人们对财务会计改进的要求,但保证信息相对可靠的则是财务会计的固有特色。随着 21 世纪的到来,人们对财务会计、财务报表和财务报告将会提出各种各样的改进意见。总的方案将不外乎在下列三者中择一:

1.保持现行财务会计模式,但应做必要的改进,使财务报告提供更多的未来信息;

2.彻底否定现行财务报告模式如 Sterling M.H.Wallman 所设想的:财务会计信息的提供不论在 who(为谁)、when(何时)、what(提供什么信息)和 how(如何提)等各个方面都要重新进行研究;

3.继续保留以面向过去、主要提供历史信息为特征的传统财务会计,另外创建并发展一个面向未来、主要提供预测信息为特征的新的经济信息系统。

考虑到科学发展具有继承性,已经存在了几百年的传统会计和它的主要继承者——财务会计在 21 世纪还不至于退出市场经济的历史舞台。在市场经济中,历史信息仍然可以发挥它的作用。可靠性始终是人们在决策的过程中衡量信息质量所需考虑的一个主要特征,今后可能性和可行性最大的发展结果,恐怕还是第一种选择。要想完全摒弃现行财务会计模式,兴建一个全新的信息加工与传递手段绝非指日可待。

(原载于《财会通讯》1998 年第 3 期)

注释:

①见 ASB:FRS 3 "Reporting Financing Performance",Illustrative Examples,Profit of Losses Account Example 2,October 1992。

迎接21世纪密切关注国内外财务会计的新动向

48

葛家澍

随着1999年的到来,曾经极大地推动人类文明与进步的21世纪即将结束。再过一年,人们就迎来科技更加发达、经济更加繁荣、社会更加进步而竞争也更加剧烈的21世纪。现代会计,作为推动社会经济发展必不可少的工具,已经度过了五个世纪的漫长历史。在这个意义上,会计可以称得上是一门古老的科学;今天,面对信息爆炸和知识经济的新时代,会计又很年轻。“而今迈步从头越”。会计应当适应新时代的挑战,突破传统的模式,努力改进已有的内容、方法和技术,为促进高质量、更有用的会计信息作出新的贡献。

在世纪之交,不论国内和国外,都掀起一股改革或改进会计的浪潮。

在我国,以建立会计准则体系为核心的会计改革正在深入。它主要表现在:

(1)适应会计改革的需要,国家将再次修改《会计法》。要在所有的基层单位中建账。要完善大中型企业的内部控制制度,切实加强会计信息质量的监管。要为有效地防止信息失真而建立严格的会计秩序、完善的会计法制。这一切,都是为深化会计改革提供更坚实的基础。

(2)加快建立具有中国特色的企业会计准则体系,特别是加大制定具体会计准则的力度。要使之主要满足上市公司会计规范与信息披露的需要。对于非上市公司和其他企业,在一个相当长的时期内,可能还需要通过行业会计制度来规范。准则与制度并存,即在我国实行财务会计(会计核算)规范的双轨制,是立足于中国国情(社会主义初级阶段),从计划经济转变为社会主义市场经济尚须经过一个过渡时期等特点决定的。“准则”与“制度”都是用来规范财务会计与报告的。“实质重于形式”。只要在内容上借鉴通用的会计惯例,吸取世界上先进的会计处理和信息披露的技术,即使采用我国会计界喜闻乐见的“制度”作为形式,也未必降低它所能起的会计规范的作用。当然,制度所产生的财务报表(会计报表)作为对外传递会计信息的主要手段,则必须同准则所形成的报表一致,或基本一致。除上市公司的报告,证券监管机构对其信息披露有权作出特殊的补充规定外,一切公司的对外报告,其基本的财务信息都应当具有可理解性、可比性、可靠性和相关性。高质量的报表,即公允而充分披露的报表,可能是21世纪对公司财务报表的普遍要求。

(3)加强会计人员的继续教育。国务院现已决定成立中国会计学院,着重对全国会计人员更新知识,进行继续教育,努力提高高级财务会计干部(其中包括财务总监和国家委派的稽查特派员)的素质。这也是会计改革的一个新举措。

(4)会计理论研究出现了百花齐放的新气象。主要是一批中青年会计学者引进了西方实证会计理论的研究方法,利用中国证券市场的资料发表了一些实证研究的文章,填补了我国运用新方法、新工具进行会计研究的空白。近年来,一些同志运用经济学与财务学的理论、数理统计方法和新的运算工具,检验了同会计信息(主要是盈利信息)作用有关的观点(如盈利信息与股票价格变动是否相关的),并探索了一些新的财务与会计问题。这是值得肯定的。可以预料,进入21世纪,这种研究风尚将会继续下去,发扬光大。我衷心希望,我国会计界在大力倡导实证研究的同时,不要像美国中青年会计学者那样,把规范研究的科学性全盘否定,不要搞形而上学。历史已证明,今后还将继续证明,单靠实证研究不可能发展理论而只能检验理论。“实践、认识、再实践、再认识”,这才是推动科学前进的完整的方法论。因此,中国的会计学者应当力求把规范研究与实证研究有机结合起来,运用真正的、完整的、科学的方法论,开创中国会计理论研究的新局面。

在国外,几乎会计的所有领域(其中包括财务会计)都在变化与革新之中,接近20世纪末的10年,变化尤其明显。例如:

(1)在会计研究方面,实证研究方法的崛起就十分令人瞩目。大约从20世纪70年代末,詹森(Gensen M.C)发表了题为《会计研究和会计规则现状的思考》的演讲,公开宣称规范研究是不科学的。随后,瓦茨和齐默尔曼(Watts & Zimmerman)运用了与规范研究根本不同的实证方法,发表了《用于决定会计准则的一种实证理论》(1978)、《会计理论的供给与需求》(1979)等一系列文章,由此形成了所谓会计的罗切斯特学派(The Rochester School of Accounting)。在此以前,在西方国家,尤其在美国,规范会计理论长期占据统治地位。而最近20年,实证会计理论几乎独领风骚!如在近10年美国的主要会计理论刊物—《会计评论》(*Accounting Review*)上,充满了实证研究的文章,规范研究成果则接近于销声匿迹!影响所及,欧洲和亚洲一些国家与地区也纷纷效尤。这是西方会计理论研究的一大重要转折。

(2)在会计确认、计量与披露方面,由于金融创新发展迅速,衍生金融工具[①]层出不穷,表外融资日益增多,而传统的会计不仅不能在表内确认计量,甚至也未能在表外披露。面对这种状况,改进财务会计的呼声甚嚣尘上!首先是设法把原先的表外项目(off-balance-sheet-items)纳入表内予以披露,其中最主要的披露项目就是衍生金融工具和避险活动(derivative instruments and hedging activities)。关于这个问题,美国财务会计准则委员会(FASB)和国际会计准则委员会(IASC)分别于1994和1995年颁布了两个准则即FAS 119《关于衍生金融工具和金融工具的公允价值的披露》和IAS 32《金融工具:披露和列报》,已基本上得到解决。其次是着手研究衍生金融工具的会计处理,争取在财务报表内对由此引起的金融资产和金融负债进行确认和计量。在这方面,美国FASB也取得了显著成果,走在规范衍生金融工具会计的前列。早在1986年,FASB就着手研究一项广泛的金融工具项目,开始,主要面向信息披露,其中1990年3月制定的FAS No.105《有关金融工具表外风险和金融工具的集中信用风险的信息披露》,1991年12月制定的FAS No.107《金融工具公允价值的披露》都为进一步在表内确认与计量金融工具奠定了基础。近年来,由于衍生金融工具和避险活动会计日益迫切,而衍生金融工具和避险活动的复杂性又迅速增长。全球金融市场的变化和相应的金融创新已经导致用于揭示管理风险的新衍生工具的发展,包括利率、汇率、价格和信用风险。当前不少人批评会计准则没有保持与金融创新变化的同等速度,对衍生工具是有用的风险管理手段重视不够,对财务报表缺乏如下意识:不充分的财务报告将会妨碍财务报表在不确定性环境下可起的作用。现实情况也令人担忧。在美国具有大量衍生物损失的一些公司,其财务报表披露不充分的现象仍在增大。因此,美国SEC、国会议员以及其他人士开始强烈要求FASB迅速处理这一领域的财务报告问题。例如1994年5月美国国会总会计师办公室(GAO)写信给国会的报告中明确指出:“FASB应继续地迅速发展一份为处理衍生金融产品而提供的综合一致的会计规则的征求意见稿”。又如,1994年12月,由势力强大的美国注册会计师协会(AICPA)发表的《改进企业报告》,同样要求对创新金融工具进行披露和会计处理。由于经济环境的发展需要和各方面的强烈要求,FASB从1993年起便把部分精力转到衍生商品和有关避险活动的会计处理准则的制定上来。1994年10月,FASB发表的FAS 119修正了FAS 105 paras.17～18和Foot note 12、FAS 107 paras.10～13。对衍生金融工具和金融工具公允价值的披露,都明显地前进了一步。这当然不够。FASB现在不能再限于在财务报表的附注中对衍生金融工具进行披露了。它需要进一步考虑怎样把这些创新的经济业务尽可能纳入财务报表之中,怎样使衍生金融工具的确认与计量有新的突破。1996年6月,FASB公布了题为《衍生商品和类似金融工具以及对避险活动的会计处理》

(Accounting for Derivative and Similar Financial Instruments and for Hedging Activities)的征求意见稿,这份征求意见稿引起了人们的广泛关注,近300个组织和个人对这一征求意见稿作出了反应。FASB为此成立了金融工具紧急工作组,专门研究分析多种意见并提出相应的处理建议。在此基础上,1997年FASB逐步形成了一个新准则的初稿并草拟了几十个例解。“千呼万唤始出来”。1998年6月终于发布了一份有关金融工具会计的新准则,即FAS No.133《衍生工具和避险活动会计》(Accounting for Derivative Instruments and Hedging Activities)。FASB出台的这份准则长达245页,分540段,包括34个举例。应当说,它是在吸收了IASC和英国、加拿大、澳大利亚等国经验的基础上,结合自己的长期研究和探讨,初步解决了财务会计中一大难题。(以上参阅FAS No.133 paras.206~216)。FAS No.133的基本观点可以概括如下:

第一,衍生金融工具代表了符合资产或负债定义的权利(rights)或义务(obligations),因而应当在财务报表中予以报告。

第二,公允价值(Fair Value)是对金融工具最相关的计量属性;而对衍生金融工具来说,可能是唯一相关的计量属性。衍生金融工具应当按公允价值计量,避险项目则按账面价值调整,它应当反映避险交易公允价值变化(即利得或损失),这些利得或损失产生于避险活动生效之时,从而可归属于避险活动产生的风险。

第三,只有这样的资产或负债项目(即金融资产或金融负债)才应当在财务报表中报告。

第四,计划列为避险项目所应提供的专门会计处理仅限于合格的项目。合格的含义是:存在着风险的避险交易期满时,可预期用于有效对抵公允价值或现金流量变动的一项评估。(参阅FAS No.133 para.217)

按照FASB的观点,财务会计概念框架第6号关于资产和负债的定义和特性是可以适用于衍生金融工具的。因为,衍生物的结算无非处于有利或不利两种情况之下。在有利条件下,衍生物的结算能导致收入现金、或其他金融资产或非金融资产,这是可能的经济利益的权利的证明,而FASB把这一点看成是“令人信服地说明此种衍生金融工具是一项资产”;同样,在不利条件下去结算衍生物,需要支付现金、或一项金融资产或非金融资产,即承担未来牺牲资产的责任,这又足以说明此项衍生金融工具是一项负债。FASB认为,确认此种资产和负债使财务报表更为完整,并包括更多的信息。在此以前,许多衍生物还被排斥在资产负债表之外(off-balance-sheet)。FASB强调,这些衍生金融商品不像股票、债券、借款等传统的金融商品,它们开始发生时常常只反映一种相互承诺的交换(a mutual exchange of promise),而很少甚至没有转移有形的补偿物。

由此可见,按照FASB的思路,把衍生金融工具作为取得未来经济利益的权利或未来经济利益的义务能符合财务会计概念框架中的资产与负债的定义②,而确认为金融资产或金融负债,若用公允价值计量又能顺利地解决它们的计量问题(无须考虑有无成本发生)。至于公允价值的变化,形成利得或损失,则可根据不同情况,分别确认为变动期间的盈利(净收益)或其他全面收益。至于旨在避险的套头活动,其公允价值的变动可以互相对抵,对抵后的利得或损失也可确认为盈利(或其减项)。

(3)在财务报告模式方面。近年来,各种改进财务报表和财务报告的建议众说纷纭,莫衷一是。其中,引人注目的是AICPA的Jenkins Committee发表的《改进企业报告》(1994)和Steven M.H. Wallman的《财务会计与报告的未来:彩色报告方法》(1996)等系列文章。不过,一些国家准则制定机构和国际会计准则委员会却首先致力于财务业绩报告的改进:

• 英国ASB在1992年10月发表的《财务报告准则》第3号(ARS No.3)通过两份财务报表反映企业的财务业绩(financial performance)。其一为传统的“损益表”(profit and loss account);其二为新增的“全部已确认利得和损失表”(statement of total recognized gains and losses),“损益表”仍然是基本的财务报表,而且作为反映企业财务业绩的报表,它应当由突出企业财务业绩中的最重要的数据组成:①持续经营的成果(包括获得的成果);②非持续经营的成果;③销售或一项营业结束的利润或亏损、重组或重建的成本、固定资产处置的利润或损失;④非常项目。

全部已确认利得或损失表也是基本的财务报表。它不同于损益表之处首先在于它能报告企业的全部财务业绩,而把那些在本期绕过损益表而直接通过"准备"(reserves)使股东基金(shareholders' fund)[③]发生变化的与股东交易无关的项目集中到一起。所以,它包括:当期的利润或亏损连同应归属于所有者权益在准备项目中已确认的所有其他利得或损失。这份报表并不反映在前期确认的已实现的利得,也不涉及准备项目之间的变换,后者应继续在财务报表的附注中说明。其次在于:对于是否反映未实现的利得或损失问题,两表有明显差异。损益表的所有项目,都是已实现并已确认的;而全部已确认利得和损失表则包括已确认但未实现的项目[④]。

下图列示了两表的联系与区别:

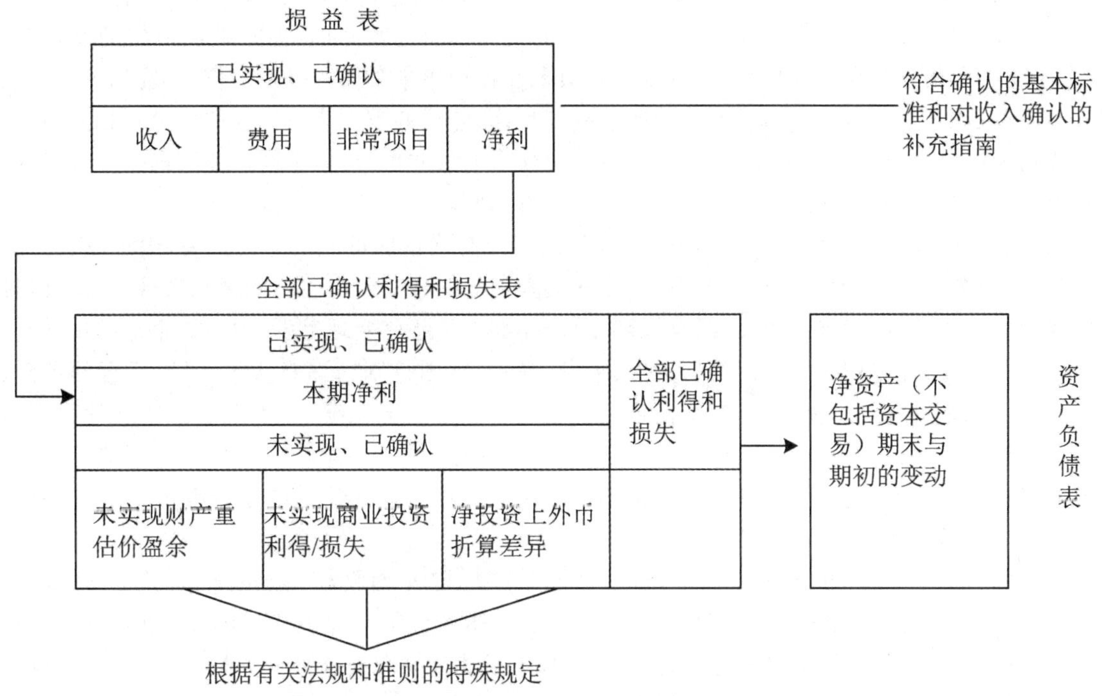

图1　损益表与全部已确认利得和损失表的联系与区别

必须指出,考虑到全部已确认利得和损失表已成为整个财务报表的必要组成部分,利得和损失应赋予广义的解释。利得同收入和损失同费用的关系是:利得包括收入,损失包括费用。用公式表示应为:

利得=收入+其他利得

损失=费用+其他损失

因此,英国ASB在其财务报告的原则公告(即财务报告的概念框架公告)的征求意见稿中只把利得和损失列为财务报表的要素取代了收入与费用。同时,对利得和损失重新作了定义:

利得是除涉及所有者投资以外的所有者权益的增加;

损失是除涉及分派给所有者款项以外的所有者权益的减少[⑤]。

上述定义,显然曾参考美国FASB的SFAC No.6关于定义"全面收益"的方法。由利得和损失取代收入和费用作为财务报表的要素,不仅加强了"全面已确认利得和损失表"在整套财务报表中的地位,而且改进了利得或损失的会计处理。过去,某些并未实现但按具体准则的特别规定,允许确认的利得或损失,因不能计入当期损益而绕过损益表计入资产负债表中所有者权益的准备项目,直接影响净资产的变动。现在,这些项目在发生时就可当作一项报表要素记作利得或损失并在全部已确认利得或损失表中予以报告。一个企业在当期的全部财务业绩,从确认、计量到报告,包括其中未实现的某些项目,都可以在财务会计上得到集中的、完整的处理与表现。

回顾历史,西方会计界对损益表的编制应按"当期经营业绩观"(current operating performance view point)还是应按"满计当期全部损益观"(all inclusive view point)长期存在着争论。早在30年代,当时争论的焦点主要是净收益应否包含"非常项目"(extraordinary items)?后来,美国APB通过用收益表两行数字表示净收益(不包括非常项目和包括非常项目)在一张收益表解决了这个问题[⑥]。总的看来,不论美国或英国的准则机构,现在都倾向于按"满计当期损益观"来编制企业的财务业绩报表。

按照满计当期损益观,APB认为按这种观点计算的收益意味着包括所有影响本期所有者权益的净增加或净减少的交易(股利分配和资本性质的交易除外)[⑦]。APB当时举例引出的非常项目有:①企业厂房或重要分部的出售或撤销;②一项未在再销售中买回的投资销售;③在当期,由于特殊事项或发展的原因注销商誉;④财产的征用或没收;⑤外币的重大贬值。这些项目在扣除所得税后应单列为影响净收益的非常项目。从内容看,所列举的这些项目,似乎同目前已确认未实现的一些利得或损失项目颇相类似。实质上,当年所说的非常项目都是已确认已实现的。当时,按照GAAP和稳健惯例,对于未实现的任何收入(利得)还没有确认的可能。那就是说,当年"满计当期损益观"与现在"全部已确认利得与损失"并非含义等同的概念。两者主要的区别表现在:满计当期损益观中的非常项目(利得或损失)同收入、费用一样都必须是已实现已发生的;而全部已确认利得和损失表中的项目除净利外,可以是未实现、未发生的但准则特别允许确认的,所以后者的范围比前者要大。现在,按照FRS No.3,英国报告一个企业的全部财务业绩,已不限于已实现的收入、费用、利得或损失,而扩大为已确认、已实现和已确认未实现的利得与损失。这样,全部已确认的利得和损失信息是否真实与公允,关键在于有关准则对未实现项目的确认标准是否考虑其实现的可能性,恰当地予以规定。

• 美国FASB早在1980年原第3号概念公告中就提出"全面收益"(comprehensive income)的概念作为财务报表的要素之一[⑧],并把它定义为一个主体不包括与业主往来的期末对比期初的净资产的变动。在1984年第5号概念公告中,FASB正式建议企业在整套财务报表中应报告当期的全面收益[⑨]。由于美国各方面(特别是投资人)的要求和推动,FASB在1997年6月正式颁布了FAS No.130《报告全面收益》。这份新准则明确了:

(1)全面收益=净收益(盈利)+其他全面收益

净收益仍由收益表提供,它仍只反映已实现已确认的收入、费用(包括税后非常项目和会计变更的累计影响)和净收益;其他全面收益则反映已确认但未实现、平时绕过当期损益而直接计入业主产权部分的利得或损失;

(2)该准则只涉及全面收益的报告,而不涉及全面收益的确认与计量(全面收益的确认与计量,应分别根据其组成——收入、费用、利得和损失,由有关准则规定);

(3)全面收益的报告可以采取多种形式,如:①与收益表合并报告,称为"收益与全面收益表"(statement of income and comprehensive income);②与收益表分开,单独编制"全面收益表"(statement of comprehensive income)。这一报表,被称为第4财务报表;③同产权变动表(statement of changes in equity)合并即在本期产权变动部分详细揭示本期净收益和其他全面收益的组成。

(4)同一种利得或损失不应当在其他全面收益和净收益中确认两次(这一点,英国的FRS No.3也有类似的规定)。比如,某项固定资产重估价确认了减损(或盈余),不能在该项固定资产销售时再确认一次损失(或盈余),但实际上常会出现重复的会计处理。如果这样,就要进行所谓"重分类调整",消除全面收益或全部已确认利得中的重复计算。

因此,美国FASB的FAS No.130"报告全面收益"与英国ASB的FRS No.3"报告财务业绩"只不过名称有别而内容基本相同。差别可能主要在于,FASB不必再谋求修订它的概念框架即SFAC No.6,因为在SFAC No.6中,已把全面收益、收入、费用、利得、损失都列为财务报表要素了。而ASB则将据以修改它的"原则公告"(概念框架),在财务报表要素部分用利得和损失取代收入和费用。

• 国际会计准则委员会在1997年修订的IAS No.1中也参考了英国的FRS No.3。IASC考虑到由于某些国际会计准则特别允许确认若干未实现的利得或损失但避开了收益表,直接计入资产负债表中的所有者权益(业主产权)。这样,收益表中的净收益同业主产权变动(不含与产权交易有关的变动)就不能直接勾稽。所以1997年修订的IAS No.1也要求补充编制"已确认利得和损失表"(statement of recognized gains and losses)或在业主产权变动表中详细披露已确认的未实现利得,以弥补这一缺陷。

综上所述,可见英国的ASB、美国的FASB和国际会计准则委员会在90年代均先后采取了相同的步骤:增加企业的财务业绩报表,把已确认未实现的利得或损失同已实现的盈利合并,共同反映一个企业的全部业绩。这一改革说明了:准则制定机构判定任何准则,都要服从财务会计的目标,努力提高会计信息的有用性,为什么目前首先改进企业业绩报告?这是因为:

第一,收益指标仍然是财务报表使用者特别是投资人最为关心的会计数据。实证会计研究表明:会计收益特别是非预期的收益信息同股票市价是相关的。西方准则制定机构集中改进企业财务业绩报告,提高反映企业财务业绩信息的质量,把只报告已确认已实现的净收益扩大为还包括已确认未实现的一部分利得或损失,必可使报告的收益更加全面和更加真实[10],从而有助于投资人进行投资决策。

第二,收益同现金流量信息也是紧密相关的。众所周知,按照FASB的论证,就潜在用户来说,普遍关注的是一个企业的创造有利现金净流量的能力(SFAC No.1 para.25)。在企业中,收益总是该企业有利的现金流量的主要来源。全面收益的特点是除净收益之外,还包括已确认的其他利得或损失,后者,由于已赚得,尽管在当期未实现,但它很可能在下期或近期即可实现,从而就成为投资人预测企业未来现金净流量的一个可靠的基础。在这个意义上,今后的全部已确认利得和损失或全面收益信息比原先的净利或净收益数据对财务会计信息的用户预测企业的未来现金流量将更为有用。也就是说,英国的FRS No.3、美国的FAS No.130和ISAC的IAS No.1(1997年修订)都对提高会计准则的质量,增进会计信息(主要是指财务业绩信息)的有用性起了重要作用。

(原载于《会计研究》1999年第1期)

注释:

①以下有时称为"衍生工具","衍生金融商品"或"衍生物",其含义皆相同。

②见FAS No.133 para.217a。但按照FASB第6号概念公告,资产定义为可能的未来经济利益,当时并无"权利"的意思。FAS No.133的解释,实际上已参考英国的财务报告原则公告(Statements of Principles for Financial Reporting)而作了修正。

③即所有者权益或净资产。

④已确认、已实现和已确认、未实现的更准确的说法应当是前者指已赚得(to be earned)和已实现(to be realized),而后者指已赚得(to be earned)但未实现(but not realized)(参阅 Mike Davies,Ron Parlsen and Allister Wilson:UK GAAP,fifth edition 1997,p.1291),"赚得"是确认的前提。实现则决定其可以进入损益表的标准。

⑤参见ASB财务报告的原则公告征求意见稿"statement of principles for financial reporting(ED)"Issued November 1995 para.3.48(ASB 许诺 1997 年修正它的征求意见稿,但迄今尚未成为现实)

⑥见 APBO pinions No.9《报告经营的结果》(1996 年 12 月)

⑦APBO pinions 9,para.13

⑧SFAC No.3 于 1985 年已为 SFAC No.6 所取代

⑨SFAC No.5,para.13,Dec.1984

⑩例如,可防止不计入当期业绩报告的一些已赚得的利得和损失用来“平滑”下期或以后各期收益,为“粉饰”收益信息敞开大门。

美国关于高质量会计准则的讨论及其对我们的启示*

葛家澍

从1991年起，美国会计学会（AAA）与财务会计准则委员会（FASB）每年一度举行财务报告问题研讨会。在1997年的年会上，着重探讨了高质量会计准则的特征问题。本文主要介绍并评述美国近年来关于高质量会计准则问题的讨论及其对我们的启示。

一、关于高质量会计准则的建议与反应

（一）美国证交会（SEC）主席的演讲

高质量会计准则问题是由SEC主席Authur Levitt提出的。他在1997年9月29日的一次演讲中阐述了一个主题：我们需要高质量的会计准则①。作者在文章中主要阐述了以下几个观点：

第一，根据美国的经验，要建立发达而健全的资本市场，必须有效地保护投资人，使投资人能够得到上市公司经营活动的真实、完整、公允并具有透明度的财务图象——那就是公司通过财务报表所披露的信息，他说："美国SEC自1934年成立以来，就始终要求上市或者发行证券的公司必须不间断地披露信息。这些信息应当公允而充分，防止误导，以利于投资者据以作出自己的决策"。作为规范会计信息披露的会计准则，在保证会计信息的质量上起着关键性的作用。什么是高质量的会计准则呢？Levitt没有下定义，但他举例说："按良好会计准则产生的财务报告，要使应在本期报告的事项，既不提前，也不滞后；不提过多预防意外的准备；不确认递延损失；公司的经营业绩实际上在各年是起伏不定的，财务报告不应进行所谓的'平滑'；不人为地粉饰一个似乎前后一致的、稳定发展的假象"。总之，要根据会计准则来表现经济真实。而表现企业的经济真实才是投资人所需要的信息披露。

十分明显，要使企业的财务报告达到高质量，就外部条件来说，必须保证会计准则的高质量。

第二，当前，资本市场已经全球化。人们不仅要求本国准则高质量，而且要求有一系列在世界范围内能够普遍接受的高质量的国际会计准则。Levitt明确指出，国际会计准则要获得普遍认可，必须符合以下三项目标：

• 准则必须包括现有的会计文献中普遍接受的、综合性的会计基础概念中的核心部分。我认为这应当是财务会计概念框架。

• 准则必须高质量。Levitt把高质量理解为"能够导致可比性、透明度和提供充分的信息披

* 本文系中国会计学会副会长、厦门大学教授、博士生导师葛家澍在中国会计学会"会计准则理论研讨会"上的讲话。文字略有改动。

露,利用这些信息,投资人在公司的不同会计期间能够有意义地分析公司的业绩”。

• 准则必须严格地加以解释和应用。如果会计准则满足了这样的目标——“不论交易或事项是在何时、何地发生,凡相似的交易或事项均按照相似的方法进行会计处理”,那么,全世界的审计师和会计准则制定者就应按照一致的口径严格地予以解释和运用。否则,可比性和透明性就会受到损害。

把上述三项目标概括起来就是:以财务会计基本概念为基础,能导致可比性、透明度和充分的披露并在应用时进行严格的、统一的解释。这就是 Levitt 对高质量会计准则的全面要求。

第三,高质量的会计准则不可能一朝一夕就能够达到。它是适应投资人和资本市场的需要变化不断修订、完善的结果。因此制定一项高质量的准则是需要花费成本的,而且不可能一劳永逸。衡量准则的高质量,归根结底是看它是否有利于投资人的投资决策。

Levitt 发表了“高质量会计准则的重要性”的演讲后,在美国会计界引起了强烈的反响。1997 AAA & FASB(12 月)财务报告研讨会上,许多与会者围绕“什么是高质量会计准则(high quality accounting standards)的属性(attributes)或特征(characteristic)”这样一个问题展开了讨论。

(二)美国会计学会的意见

美国会计学会是通过“财务会计准则委员会”(Financial Accounting Standards Committee, FASC)发表意见的。FASC 认为,一项高质量会计准则能够促进财务报告提高其使用者作出投资和信贷决策的能力。它应当考虑以下三个问题:

第一,新会计准则是否能够指出财务报告中的薄弱环节?

第二,新会计准则是否通过提高财务报表使用者作出投资和信贷决策的能力来纠正已经觉察的财务报告的缺陷?

第三,新会计准则的颁布,是否使预期效益超过预期成本?

要评估上述三个问题中的每一个,FASC 认为:

第一,如果学术界的研究是相关的,那么高质量的会计准则应当按照学术研究的结果来形成并与研究结果取得一致。学术界可以既通过经济因素,又通过经验证据去评估建议中的准则,学术界的研究可以:(1)指出财务报告模式中的缺陷;(2)提高财务报表使用者作出投资与信贷决策的能力;(3)使经济利益超过经济成本。

第二,高质量的会计准则必须与 FASB 的财务会计概念框架相一致。

(三)美国投资管理研究协会的意见

在美国,美国投资管理研究协会(Association for Investment Management and Research, AIMR)是最有影响的、代表投资人利益的团体,而其所属的财务会计政策委员会(Financial Accounting Policy Committee, FAPC)则是它对财务会计准则的发言机构。FAPC 提出,高质量会计准则应当达到以下六项最重要的标准:

第一,新准则应该改善对投资决策者有用的信息。

AIMR 的成员经常进行财务分析和投资评估,他们需要大量及时相关的信息。但是信息收集要花费成本,因此要求信息带来的效益必须大于成本。FAPC 还认为,最有用和最重要的会计准则是那些能够提供外部使用者原来不能够估计到的最相关的信息的准则。

第二,新准则产生的信息应该与投资评价相关。

FAPC 提出:

①应取消一些与投资评价无关的信息。他们主张立即注销未摊销的商誉。因为投资者关注的是能带来未来现金流量的资产价值。而商誉则相反——它是由未来现金流量所产生,已经不能再

形成任何价值[②]。

②公司财务报告中大部分的定性描述是无用的，需要改进。

③有些信息，只需要在报表以外进行披露。严格地讲，会计信息无论是在表内或者表外披露，两类信息都是重要的。

第三，反映必须真实。

第四，如果不考虑计量的可靠性，现行成本信息通常比历史成本信息更有用。

第五，广泛披露应该成为新准则的一个完整的组成部分。

第六，平滑化和正常化是财务分析而不是财务报告的职责。

（四）美国管理会计师协会的意见

由美国管理会计师协会（IMA）所属的财务报告委员会主席 L.Hal Regers 在其“高质量会计准则的特征”一文中阐述了对高质量会计准则问题的反应。L.Hal Regers 把 IMA 对高质量会计准则特征从内容（content）和程序（process）两方面进行分析。

第一，从内容方面看：

• 高质量的会计准则（以下简称准则）应当以清晰明了、可理解的方式进行表述，其内容应该具有可操作性。为了达到这个目标，应该坚持以下的原则：

①在可以执行的范围内，准则应该建立在概念的基础之上，准则应该有一套它所遵循的基本目标和概念。

②要尽可能地利用现有的信息，其中包括内部管理所使用的信息。这是因为把这些信息用于报告的准则，既容易执行、成本又较低，还有较高的相关性与可靠性。

③为了满足节约成本的要求，或显著提高准则的可操作性，可以牺牲一部分精确性。

④一项新准则的制定，要提出准则在公布之日起至生效之日这一过渡时期的、符合实际的要求。

⑤新准则的出台要确保其经济效益超过成本。

• 准则所提供的确认与计量指南，应当能够如实地反映包括原始交易或事项的经济实质。

• 披露的内容应该加以限制，只要求披露那些与投资决策相关的信息。其中：

①关键性的、对计量未来盈利和现金流量的估计是必要的假设，应该在 MD & A 中得到说明。

②财务报表的项目不应该分得过细。

③一项新准则的制定应该仔细认真地考虑所要求披露的信息的价值——效益大于成本。

第二，IMA 还对新准则形成的程序提出了一系列的建议，主要有：

• 制定一项新准则应该有证据表明其所涉及的问题是普遍的，并且，所涉及的问题没有准则可循。除非情况出现重大变化，准则不应该轻易修改。

• 新准则的表决，应当吸收特别工作组（课题组）的成员参加，还应当组织现场实验。

• 新准则的制定，应该寻求国际范围内的协调。

• 一项新准则的内容，应当是迫切的、突出的、涉及投资人所面临的最重要的问题。要防止把问题扩大化，防止把准则制定的成本强加给每个企业。

IMA 认为前几年人们对衍生金融工具带来的风险宣传得有些过分夸大。财务报刊报道的几家操作衍生金融工具失败的公司的案例在大多数公司中并不存在。问题的关键不在于急急忙忙地制定新准则，而在于加强管制。严格监管那些巨额衍生物损失的金融机构，这才是解决问题的关键所在。

二、结论与启示

(一)结论

会计准则是指导财务报表和其他财务报告以及财务会计处理程序的指针。把其他若干影响财务报告的因素撇开不谈,高质量会计准则应该能够产生高质量的财务报告、能够造福于投资人、有利于资本市场的完善与发展,低质量的会计准则则反是,它带来的是负面影响,误导投资决策,损害投资人的利益。

准则质量的高低,需要评估,1997 年 AAA & FASB 试行了评估,当然,这次评估还没有建立评估标准。1997 年美国 AAA & FASB 公开对已经颁布并仍生效的会计准则进行评估,共评估出 5 份最好的会计准则和 5 份最差的会计准则。尽管这次评估是非正式的,却是史无前例的。

高质量会计准则的讨论,向人们提出"什么是评价准则质量高低的标准"以及"一项高质量会计准则应该具备哪些必不可少的特征"等一系列的问题。在这些问题上,通过以上介绍的几种意见可以看出:看法很不一致,尚需进一步讨论。

综合上述讨论,结合我个人的看法,初步将高质量会计准则特征归纳如下:

第一,高质量的会计准则在理论上应当运用了财务会计概念框架中的、在全世界范围内基本达成共识的那些概念,主要包括:①财务报告以决策有用性兼顾受托责任为目标;②以相关性、可靠性、可比性等一系列既有层次又相互联系的信息质量为达到目标的必要保证与中介;③以财务报表要素及其确认与计量为主要手段;④再配合必不可少的、保证企业经营具有透明度、提高决策有用性的表外信息披露为补充。

这一系列基本的概念本来起源于美国。1966 年 AAA 的《基本会计理论说明书》(ASOBAT)、1970 年 APB Statement No.4 和 1973 年 AICPA 的 True Blood Report 以及 FASB 的 6 份概念公告,都对财务报告的目标、会计信息的质量特征等核心概念作了权威性的论述。包括 IASC 的《财务报表编制框架》在内的其他国家有关此类文献,基本上接受了美国的看法(当然,在个别地方也有所发展)。其中,以财务报告目标和会计信息的质量特征最为重要。

高质量的会计准则,必须符合使用者的目标,既要满足投资人、债权人和其他类似使用者的决策需求,又应当如实地反映管理当局关于资源营运的受托责任的履行情况。

第二,高质量的会计准则原则上应当符合所有的质量要求。而最重要的质量是相关性、可靠性、可比性、公允性与充分披露。让我们先说明一下构成高质量会计准则重要属性之一的相关性。

按照会计信息的质量特征的概念公告如 FASB Concept No.2,最主要的会计信息质量是相关性和可靠性。相关性是会计信息的一个重要质量标准。具有相关性意味着可以增进决策者的决策预测能力,从而影响人们的投资或者其他经济行为。正如 FASB 所说的"不相关的信息,为取得它而耗费的精力等于白费"(SFAC No.1,par.100)。对于财务报表和其他财务报告来说,相关性具有不同的意义。财务报表是一个通过确认与计量、记录而形成的、较为稳定的报告模式。它的相关性,既表现在每项具体的会计信息上,也表现在信息总体上。但总的看,财务报表并不经常变动,它的重要性得到使用者的充分肯定。AICPA 1994 年发表的"Reporting of Jerkins Committee"中写道:"本委员会肯定财务报表的重要性";"财务报表是捕捉并组织财务信息的绝妙模式";"没有证据表明,由于信息不相关或者其他原因,使用者放弃财务报表的分析"("Improving Business Report",1994,AICPA,p.26)。这就是说,财务报表对于投资人的决策和维护资本市场的正常运转具有根本的相关性。财务报表所载有和传递的信息,除非使用者看不懂或者不愿去进行分析,否则对于所有的、具有理解能力的投资人、债权人和其他类似的使用者都是有用的。财务报表在总体上的这种相关性是财务会计能够继续存在的理由。60 年的历史也可以反证:如果财务报表是无用的,即它无助于投资人的决策和资本市场的发展,通过财务报表所发出的企业盈利、现金流量、企业偿债和支付能力等信息若不能影响证券价格,那么财务报表连同财务会计早已经被人们弃之不用,送进了历史的垃圾堆了!其他财务报告的特点是经常变动。其他财务报告所披露的信息也是以相关性为前提的,但它不是对所有的报告使用者都具有相关性,而是为特定的使用者(如财务分析家)所关注,尤其是有些在其他财务报告中的披露出于对企业监管的需要,如:

①关联方关系及关联方交易;

②企业未来财务预测;

③分部财务报告。

第三,可靠性是高质量会计准则的最重要的属性。公允性和充分披露是可靠性的组成部分。

当我们把相关性作为有用会计信息的前提时,相关的会计信息是否有用,在很大程度上就取决于其是否可靠。例如,财务报表中的盈利、现金流量等信息都是投资决策相关的信息,但是决定这些信息是否真正有用还要看它们是否具备可靠性。如果这些具有相关性的盈利、现金流量等数据不具备可靠性,甚至弄虚作假,那么这些信息的相关性不仅毫无价值,还由于产生误导而对决策有害。FASB 对此也有警告:“散发不可靠的、有可能引起误解的信息[③],从长远来看,对一切有关方面都不利”(SFAC No.1,par.110)。在相关性既定的前提下,不可靠的数据,就可能否定相关性,变有用为无用。而有用的信息,也必须通过可靠性来落实。正是在这个意义上,我们说可靠性是会计信息,尤其是财务报表表内会计信息的灵魂。历史是一面镜子。1929—1933 年的大经济危机,美国证券市场陷于崩溃的边缘。其根本的原因当然是资本主义制度内部矛盾的总爆发,但会计实务方面的混乱,也起了火上加油的作用。在 20 年代,美国允许发行无面值股票(no-par stock)更为企业会计的舞弊和欺诈开了绿灯。例如道奇(Dodge)公司上市销售了普通股 800 万股和优先股 85 万股,总共收到股金 9000 万元。其中优先股按照每股 100 美元出售,而在账面上仅列示每股面值 1 美元即总共 85 万美元,其余的 765 万美元却不翼而飞了!同样,普通股则仅以每股 0.1 美元即 20 万美元列示为股本,其多收的 8130 万美元也从账面上消失了。除了无面值股票外,一些公司的内部交易包括赠送重要官员的优先股名单、不合理的奖金制度以及强调“保密”(secrecy、more secrecy、and even more secrecy)更使营私舞弊有机可乘(*A History of Accounting in American*,by Previts / Merino,1979,pp.231～235)。那时,资本得不到补偿,股利可以从资本中支付。账目的混乱、欺诈的盛行,可以说达到登峰造极的地步!从今天的观点来看,就是严重的会计信息失真,既不真实,更谈不上公允和充分地披露。在这一背景下,罗斯福新政出台。1933 年通过了证券法,1934 年通过了证券交易法并成立证券交易委员会,对资本市场实行有力的整顿和规范,同时规范会计行为,特别是规范财务报表的编报。1939 年公布第一份《会计研究公报》即第一份代表公认会计原则(GAAP)的权威文献。从此,展开了财务会计的新篇章。会计和报告标准必须由政府监督下的民间机构制定,并对其进行监管,这是放任自流惯了的美国会计界、企业界所不愿看到的,然而他们不得不面对严峻的现实:市场经济不是无序经济,会计信息的弄虚作假严重地伤害了广大投资人的利益。SEC 的监管和公认会计原则的推行使资本市场有序化,使投资人恢复对会计信息的信任,可靠的会计信息显示了它极端的重要性!

美国 SEC 成立伊始,就把不断对外公开企业的财务状况和经营业绩作为上市公司自始至终必须承担的义务。按照 SEC 的经验,可靠的会计信息不仅意味着如实反映公司的经济真实,而且也意味着公开、真实、公允地进行信息披露。这是对以前弄虚作假、尔虞我诈的企业宣扬的“保密、再保密”而提出的针锋相对的要求!

公允性(fairness)即中立性(neutrality),是指会计准则制定机构制定准则时不应考虑对某一特定利益集团产生有利或不利的影响,而应该关心所产生的会计信息的相关性与可靠性,使其影响对于所有的使用者一视同仁(参见 SFAC No.2 par.98)。

充分披露是可靠性不可分割的部分。在市场经济中,企业内部和企业外部不可避免地会存在着信息的不对称。充分披露是力求减少内部信息,提高信息的透明度,从而有力地保护获取会计信息处于不利地位的投资人和其他的外部信息使用者。

当前,由于金融创新和销售创新等一系列的复杂因素,使得企业的交易和事项也变得复杂起来。高质量的会计准则应当帮助使用者判别交易的实质以及正确地按照某项准则来规范会计处理、报表编制与产生相应的会计信息。

第四,高质量的会计准则还应该具有以下几个特征:

• 能够提供新的信息。例如 FAS No.95“现金流量表”就属于这样的准则。它所提供的关于企业现金流量(来自经营活动、投资活动和融资活动)和现金流量的净增加或净减少都是投资人十分需要的会计信息,而且通过其他会计准则不能导致财务报表产生此类新信息。

• 要便于理解,具有可操作性。例如 FAS No.33“财务报告与物价变动”,就其内容来说,是比较复杂的。它要求在表外披露的信息涉及确认、计量,特别是改变计量属性(要运用历史成本以外的“现行成本”计量属性,计量单位要从“名义美元”改为“不变价格美元”)等问题。但是,这份会计准则在所运用到的会计概念(术语)方面交代得比较清楚,表外补充信息的说明也十分详尽,而且附有例解,说明如何操作以达到该准则的要求。在当时,在不改变传统的计量与报告模式的前提下用来反映物价变动对会计数据的影响,是一份既便于提供新的信息,又便于理解和运用的好准则。

• 要正确处理表内确认与表外披露的关系。既要把表内确认和表外披露严格地进行区分(其区别主要在可靠性的程度上),以便财务报告的使用者进行会计信息的选择,又要努力提高会计信息披露的质量,不使表内确认和表外披露在可靠性的程度上差别过大。要通过缩小而不是拉大确认与披露的差距,强化披露的作用。

• 良好的会计准则不仅在确认方面,而且在计量方面要作出实事求是的规定。要考虑到交易和事项的复杂与多样性,单一的计量基础不可能满足会计实务的需要。现在是这样,今后也还是这样。历史成本“独霸天下”的局面已经一去不返了!但不能设想:公允价值或者其他的会计计量属性将取代历史成本的“霸主”地位。今后,仍应让多种会计计量属性同时并存,各有其特定的用途与适用范围。会计准则应该使其“对号入座”,最恰当地表示一个企业经济活动的数量方面。比如,经常处于变动之中的金融资产按照公允价值计量是无可挑剔的(如 FAS No.133 的规定),但是对于一项本金和利息均固定的负债,按照历史价格计量就比较恰当。

• 力求与国际会计准则相协调。这个问题不用多说。资本流动的全球化日益要求提高会计信息在国际范围内的可比性。国际会计准则是当今公认的国际惯例的代表文献,各国的会计准则努力与它协调是全球经济的需要。

第五,高质量的会计准则在制定过程中严格实行专家与群众相结合,力求准则制定过程公开化、民主化,增加透明度,应该吸收各种会计信息使用者及其代表的参与。最后又要通过协商、选择,进行集中。美国 FASB 制定 FAS 的过程和 IASC 制定 IAS 的过程均积累了有益的经验。

(二)启示与借鉴

美国关于高质量会计准则的讨论,对我国会计准则的制定有什么启发和借鉴意义呢?

如果把我国 1992 年颁布的《企业会计准则》作为基本准则(相当于西方国家的财务会计概念框架),那么我国迄今仅颁布了 8 份具体会计准则,起步较晚,数量较少,尚没有必要进行全面评估。

但是要求会计准则达到高质量,也是我国会计准则制定所追求的目标。

因此,除了尽快研究我国财务会计的目标、争取修订既符合国际惯例又适合中国国情的基本会计准则外,我们所制定的具体会计准则也应当努力达到以下几点来提高它的质量:

第一,具体会计准则的制定与评估应当以基本会计准则为依据,在基本会计准则未进一步修订并明确其性质及地位以前,应该符合国际惯例中的基本概念与原则。

第二,可靠性、相关性、可比性和公正性适合于一切企业财务会计的规范要求,公开性则是依法充分披露适合于上市公司财务报告规范的质量的补充要求。

第三,具体会计准则涉及到确认的,一定要能够反映交易和事项的经济实质。例如我国1998年6月20日制定的《企业会计准则——收入》在第五条规定,满足商品销售收入确认的第(1)项条件为"企业已经将商品所有权上的主要风险和报酬转移给购货方"。这种明确商品销售收入确认须以与商品有关的主要风险和报酬的转移于购货方为条件,而不是笼统地仅以"销售日"为条件,是触及了当今商品交易的经济实质——商品交易越来越复杂。商品销售合同往往附有销货方必须承担的义务,这些义务的履行经常在发货之后,如负责产品的安装。同样,合同还可能赋予购买方某些权利,如允许购买方在规定的期限内退货等等。这样,在形式上的销售日,比如商品已经发出,对方也承诺了支付货款的日期,但有关商品的报酬和风险并未完全转移,就不能完全满足确认收入的条件。所以在收入确认的条件中列入"商品所有权上的主要风险与报酬是否转移"这一条是很必要的。

第四,具体会计准则都应该能够提供新信息。例如我国所制定的"关联方关系及其交易的披露"这一准则所要求披露的信息就是其他准则所不能够提供的新信息。

第五,我们的具体会计准则的制定,当涉及确认时,要明确记录的具体时间、如何记录以及如何在财务报表中表述;当涉及计量时,要明确计量属性;当涉及披露时,应该明确是在附注中还是在附表中予以披露。凡是对会计信息使用者有用的信息而又无法在财务报表内进行确认时,都应当在表外进行披露。

(原载于《会计研究》1999年第5期)

注释:

①这篇演讲,后来以"高质量会计准则的重要性"为题发表在1998年3月的《会计瞭望》(*Accounting Horizon*)第12卷第1期上。

②当然这只是代表投资分析机构的意见,商誉是否属于资产,在会计界仍存在较大的分歧。

③若是故意歪曲经营真相、伪造假象的信息,就更加有害。

本文主要参考资料:

Ⅰ.*Accounting Horizon*, March, 1998:

1.Authur Levitt, The importance of high quality accounting standards.

2.Six Commentaries on characteristic of high quality accounting standards.

3.Thomas J.Linsmeicer and other authors: Criteria for assessing in the high quality of an accounting standard.

4.John I.Smith: Respond to FASB standard-setting proposals.

5.Peter H.Knutson and Gelrielle U.Napolitono: Criteria employed by the AIM R Financial Accounting Policy Committee in evaluating financial accounting standards.

6.L.Hal Rogero: Characteristic of high quality accounting standards.

7.David Kaplan and Elizabeth A.Fender: The development of comment letter on FASB proposals by the AICPA Accounting standards Executive Committee.

Ⅱ.Gray John Privits and Barlara:*A History of Accounting in America*,1979,chs.5,6.

Ⅲ.Original Pronouncements—— Accounting Standards(USA).

1.APB Opinion 16.

2.FASB SFAS No.2,5,13,48,49,33,87,95,115,123.

3.FASB SFAC No.1,2.

新中国会计理论研究 50 年回顾

葛家澍　刘　峰

理论总是适应社会的需要而产生、发展的。会计理论[①]也是如此。50 年来，我国的会计理论和会计研究，虽然经历了一个曲折的历史，但创新和改革始终是整个过程的主流。

中华人民共和国成立以后，社会制度发生了根本的变革。当时的国际政治环境，决定了我国的经济管理只能实行高度集中的计划管理体制，借鉴苏联的计划经济模式又是唯一可行的选择。作为既服务于微观经济管理又为宏观经济管理提供信息的会计，其管理体制、技术方法以及相应的会计教材，也只能学习“苏联经验”。我们知道，新中国成立以前的会计，长期采用的是以美国为主的西方模式（即后来所批判的“资本主义会计”），当时的会计教材要么是美国教材的译本或改写本，要么直接采用美国的教科书。会计界深受西方会计思想的影响。由于西方会计思想根本上不同于苏联的会计思想，为了学习“先进的”苏联经验，推广苏联的会计制度和会计教材，就必须从思想上清除会计界所受的西方会计思想的影响，于是，一场带有政治敏感性的理论大论战就不可避免地在 50 年代初展开。这一论战就是：西方会计（当时普遍使用“资本主义会计”一词）与苏联会计（当时视为“社会主义会计”的唯一选择）有无本质的区别？会计的属性是技术性还是阶级性？关于会计属性的讨论，下文将作具体介绍。讨论的结果以苏联专家马卡洛夫的“会计具有阶级性”的看法作为结论而“一锤定音”，从而也完成了会计制度和会计教材改革前的舆论准备。

在随后的一个较长的时期里，会计理论的发展主要是围绕着如何推行苏联所谓“先进经验”而展开研究的，其中，最典型的经验是会计核算形式中的“凭单日记账”、材料核算中的“余额法”、成本核算中的“定额法”。从此，苏联的一套名词生硬、内容复杂的会计制度在我国得以全面实施。实践结果表明，这套制度过于繁琐，这样，在 1958 年的整改中，就对会计制度进行“大破大立”。由于受极左思潮的影响，一场本属于正常改革的活动，被引入了歧途，在 1958—1960 年间出现了所谓的“无账会计”。但有一点必须指出，当时会计理论界的思想比较冷静，几乎没有学者著文对此推波助澜或进行理论论证与宣扬。

极左思潮的影响，在 60 年代初期得到初步纠正，一些原来被认为是“繁琐哲学”的必要的会计制度，在实践中又逐步得以恢复。但是，这次的恢复，不是 50 年代初的照搬苏联制度，而是结合中国的具体情况，有所创新与改进。主要特点是：去掉其中过于复杂、难懂的部分，改造成通俗易懂、简便易行的方法，包括改进后的会计核算形式（如汇总记账凭证记账程序）和成本核算方法（如定额比例法）等。

在党的“百花齐放、百家争鸣”方针的指引下，这一时期会计理论研究较为活跃，出现了很多突破性的观点。比如，关于会计属性的讨论，当时学术界突破了 50 年代只有阶级属性的结论，先后有学者提出会计具有两重性的观点[②]，该观点很快被写进了由财政部组织编写的第一本全国性会计教材[③]。这一时期还有其他一些新观点，如会计对象中的一种看法：“社会再生产过程中的资金运动”的观点开始广为流行；提出会计包括会计核算、会计分析和会计检查三部分，其中会计核算是基础，会计分析是继续与发展，会计检查是必要的补充，等等。

十年动乱期间,会计科学与其他学科一样受到遏制以至扼杀,会计学科处于停滞与倒退的局面。动乱结束为会计理论发展带来新局面。但是,“两个凡是”仍然禁锢了人们的思想,会计界对不少重要理论问题心有余悸,视为“禁区”,如记账方法中的借贷记账法、西方财务会计理论(包括会计准则和其他会计理论能否为我所用)等等。会计界利用这个大好时机、特别是受十一届三中全会实行改革开放的鼓舞,又对上述会计问题展开了一系列的讨论与研究,这可以看作是会计界的思想解放运动。通过讨论,逐步剔除了动乱期间强加给会计的错误认识,为后来的基本会计理论的全面研究,确立了基础。

如上所述,改革开放为包括会计在内的各门科学进行独立、自由的研究,提供了一个良好的学术环境。随着改革的深入和开放的扩大,特别是随着人们对市场经济认识的深化,会计界对会计的本质、属性、西方会计理论,尤其是对财务会计理论与准则的认识不断深入,研究与讨论文章不断增加,至少在若干问题的认识上取得了一致或基本一致。比如,会计是一门技术性的学科;借贷记账法是科学的记账方法;为了改革、开放的需要,我国应当推行会计准则,以逐步取代分部门、分行业、分所有制的统一会计制度;应当结合中国的情况,引进西方财务会计与管理会计的先进理论与方法;应当积极引进西方公司理财的先进经验,等等。在这段时期,认识上存在的唯一分歧是:会计理论是否有中国特色?是否要建立一套中国的会计理论体系(即会计理论是否有国家界限)?

随着会计改革的深入,一个值得可喜的现象是,在会计研究方法上也出现了新的变化,对外开放初期,人们所学习接受的主要是西方规范会计理论,而从80年代中后期起,我国会计界开始引入西方实证会计的研究方法与成果,进入90年代中后期,一些年轻的会计学者已结合中国市场经济的实际,进行了实证研究的初步尝试,并取得可喜的成果。

一、关于会计属性的两次讨论

1949年10月新中国的成立,无疑是中国历史上具有划时代意义的重大事件。新中国成立初期,社会制度的根本改变,要求建立与它相适应的一整套上层建筑,包括意识形态。在会计学界,有些人闻风而动,他们忙于否定旧中国的会计理论与方法,试图从零开始建立新中国的会计理论与方法。首先是章乃器先生在《大公报》上先后发表的两篇文章,阐述以收付记账法取代借贷记账法,并将收付记账法称为中国“自己的簿记原理”(1950a;1950b)。从当时的会计刊物(主要是《新会计》、《工业会计》、《企业会计》、《大众会计》、《会计》等)来看,这一时期的热点话题,也是关于会计属性的讨论。

1951年1月,《新会计》创刊号上刊登了一篇《怎样建立新中国会计理论基础》的论文(以下简称《怎样》),这是一篇为在中国推行苏联会计模式的重要宣言,其重要性与影响不同凡响。文章提出:“……每一个社会经济制度都有其独特的生产方式,因此作为一种监督和管理的方法的会计,也就随之不同。”“在资本主义经济制度下,产生并发展了资本主义的会计理论。……旧中国是半殖民地半封建的性质,这样的社会性质就决定了旧中国会计的特点……”文章还提出,新中国的建立,标志着一种性质完全不同的社会经济制度的形成,这就要求建立与资本主义会计完全不同的社会主义会计理论基础(邢宗江、黄寿辰,1951),这篇文章所提出的不同的社会经济制度要有不同的会计理论,在当时被归之为不同的阶级需要有不同的会计(该文的行文上也不时出现这种措辞),进而得出会计是完全隶属于阶级需要、不同的阶级就有截然不同的会计的命题。《怎样》一文的发表,引发了新中国初期一场关于会计属性的大讨论。

在《怎样》一文发表不久,《新会计》杂志第4期发表了与《怎样》一文针锋相对的文章——《〈怎样建立新中国会计理论基础〉读后》(以下简称《读后》)。《读后》作者认为,"会计理论在本质上是无所谓阶级性的,它只是文字和数量相结合的应用技术罢了"(陶德,1951)。这是我们所能见到的当时正面、直接论述会计并无阶级性的唯一的一篇论文。该文作者也就是因为发表了这篇论文,而招致了全国性的批评④!

随着《读后》一文的发表,对会计究竟是阶级性的(或隶属于生产关系的)还是非阶级性的(或隶属于生产力的)争论,成为学术界讨论的热点话题。当时各有关会计杂志上所发表的文章,除了介绍苏联的经验外,占很大比重的文章是批评《读后》、拥护《怎样》的,但也有个别文章比较客观,认为会计具有"两重性",它将会计分为"内核"与"外涵"两个部分,前者是借助于"复式簿记的记账方法来完成的,它是生产力的反映",因而,只具有科学性;后者"接受经济学的指导,与社会经济制度的生产关系不可分开的",它具有阶级性(陈重丞,1951)。

在当时的历史条件下,要想完全客观地探讨会计属性,是不大可能的。当时对会计属性的讨论,很明显地出现一边倒——会计具有阶级性——的倾向。1952年,《工业会计》杂志发表了苏联专家带有总结性的文章,肯定了会计具有阶级性,并对中国会计界持有异议的知识分子,提出了严厉的批评:"在中国某些知识分子中间,关于一些经济科学的阶级性问题直到现在还没有一个明确的概念。目前还散布着关于许多经济科学没有阶级性……的这种论调","这是完全错误的而又十分有害的论调"。"所有这些都表示着,会计是一种有阶级性的科学,是永远执行着该社会统治阶级所赋予它的那种目的和任务的科学。……苏联的经验就证实了这一点,在苏联,会计已经逐渐取得了只为社会主义经济核算所特有的那种特殊的形式和技术"(苏联专家,1952)。苏联专家这一文章发表后,关于会计属性的讨论,就以会计是一门有阶级性学科的论点而宣告结束。

这场讨论确实为我国当时的会计制度和会计教学改革做了舆论准备。例如,约在《怎样》文章发表的同时,《新会计》就系统介绍苏联的会计知识与经验,同时,苏联专家马卡洛夫在财政部作了《社会主义会计实务》的长篇报告,而从1953年11月开始,财政部陆续发布了以原苏联会计制度为蓝本的国营工业、建设单位、总预算、农业、供销机构、建筑包工企业等若干个统一会计制度;1964年,结合全国第一次高等财经教育会议,学习中国人民大学教改经验,完全按苏联模式,改造会计专业,改革教学内容和方法,全面地使用苏联会计教材。

第一次关于会计属性的讨论,是以全面否定西方会计、全面推行苏联的会计理论和实务为目的,这是当时实行高度集中的计划经济的需要。但历史有惊人的相似!在"文化大革命"结束后,党中央决定把全国工作的重点转移到经济建设上来,而随后的十一届三中全会批判了"两个凡是",否定了以阶级斗争为纲。适应这一需要,会计界又展开了一次会计属性的讨论。

1978年,一篇题为《必须替"借贷记账法"恢复名誉》(葛家澍,1978)的论文公开发表。在这篇文章中,作者通过深入的分析,认为"文革"期间强加在借贷记账法上的种种"罪名",实际上都不能成立,"全盘否定借贷记账法,实际上是割裂会计发展的历史,拒绝学习和吸取外国管理方法中合乎科学的东西。不纠正这种错误,对于努力提高我国会计工作水平,大大加强社会主义经济核算,从而为加快实现四个现代化作出应有的贡献,妨碍很大。"这篇论文的发表,被称为"打响会计界'拨乱反正'的第一炮",引发了关于记账方法阶级性的讨论。在这场讨论中,学术界的观点至为分明:有些人认为记账方法是无阶级性的,另一些人则持相反的观点,认为记账方法是有阶级性的。在经过一段时期讨论后,会计界逐步倾向于记账方法是无阶级性的观点,借贷记账法也完全可应用于我国经济实践。因而,在80年代初,当时的工业企业就开始逐步恢复使用借贷记账法。

记账方法讨论的后期,会计界开始转向会计属性(而不仅仅是记账方法属性)的认识。当时的《会计通讯》(后改为《财会通讯》)发表了很多这一专题的论文。与50年代的讨论不同,这次讨论逐渐形成了"技术性是会计主要属性"的观点,因此,西方会计理论与方法中的科学成分,完全可以为我所用。问题在于要结合中国国情,而不要生搬硬套。可以说,第二次关于会计属性的讨论,同样为推行社会主义市场经济新体制作了舆论准备,这是对新中国成立初期否定会计技术性的否定,是把被颠倒了的事物重新颠倒过来,也是对会计领域中极左思潮的一次清算。这场会计属性的讨论,对会计界的影响还体现在90年代会计准则的制定与实施。显然,如果会计界长期认为会计具有阶级属性,那么,期望1992年在中国颁布《基本会计准则》、1997年起实施具体会计准则,是不现实的。

二、以会计对象为核心的会计理论体系的形成

新中国成立初期有关会计对象的认识,主要是介绍苏联观点,包括苏联学者对会计对象问题的讨论,当时参与这一问题讨论的文章,大都是介绍、说明自己学习苏联观点的体会。1956年,在一篇题为《试论会计核算这门科学的对象和方法》(葛家澍,1956)的论文中,中国学者开始对苏联的观点提出怀疑与批评,并在分析的基础上提出自己的看法。由于一些学者的自发推动,会计对象的讨论成为当时会计理论研究的中心,很多学者纷纷撰文探讨这一问题,所发表的直接或间接讨论会计对象的论文很多,如:刘炳炎:《论会计核算的对象和方法》(1957)、丁洪范:《关于社会主义会计核算的对象》(1957a,1957b)、上海财经学院会计核算原理教研室:《关于"社会主义会计核算对象问题"讨论的综合报导》(1957)、赵玉珉:《关于会计核算对象问题的初步体会》(1957)、余绪缨:《社会主义经济核算的客观基础问题》(1961)、殷宗鄂:《依据资金运动的客观规律来探讨会计核算的基本理论》等等。

资金运动论在我国会计界逐步为人们所接受并成为主流派观点后,我国学者开始逐渐摆脱苏联会计理论的消极影响,转而从事创造性会计教材建设工作,并通过教材建设深化了"资金运动"的系统认识[⑤]。

我们之所以将会计对象是"资金运动"的认识作为这一时期会计理论的核心,是基于这样几点考虑:第一,对会计对象的探讨和认识,是我国学者直接摆脱苏联理论影响、能够正视苏联理论权威性的标志,以前的会计教材和书刊,几乎都是苏联观点的翻版。从对会计对象问题的认识起,中国会计界开始探索现实的、与中国经济环境相符的会计理论;第二,将会计对象表述为"资金运动",并进一步具体化为静态和动态,为我国长期所奉行的计划经济模式下的会计实践提供了理论依据,较好地解释了"专款专用"财务体制下会计问题的处理;第三,关于会计对象是"资金运动"的认识,在当时所探讨的理论问题中受到认可的程度最大、范围最广,几乎每一本会计教科书,都涉及到这一问题,并都引用或评论了"资金运动"的观点;第四,以资金运动论的静态和动态表现形式为基础,可以较好地解释会计上的资金平衡表、利润表、成本表及相互间的联系,从而为会计教材的编写,提供了较好的基础理论。

随着会计本质的讨论,资金运动理论的探讨也有所深入。主张会计是一个经济信息系统的学者认为,当把资金运动(价值增值运动)作为会计对象时,必须考虑到:资金运动和由它所引起的交易、事项以及相应的资金流动,是客观地存在于企业经济活动之中,它没有、也不可能进入会计信息系统予以加工处理。进入会计系统的,不是资金运动本身,而是由资金运动通过交易和事项(或称经济业务)发出的信息。作为一个系统输入的信息,也称为数据。会计数据不同于其他经济数据,它含有财务内容。通过会计这一特殊系统的处理和加工,在会计目标的指引下,就生成对经济决策者有用的会计信息。因此,持信息系统论的学者又提出了会计反映对象和会计系统处理对象的观点(葛家澍、李翔华,1986;葛家澍,1986)。这个观点认为,资金运动是会计的反映对象,独立于会计系统之外;资金运动过程所发出的信息是会计系统的处理对象,它应进入会计系统之中。这个观点

与美国财务会计准则委员会(FASB)在其第6号概念公告中关于“要素与财务表述”(elements and financial representations)的描述颇为相似。FASB在论及财务报表的要素(相当于会计对象的具体化)时,明确要求把要素同它在财务报表中的表述分开。FASB说,“正式列入财务报表的项目是对某一主体的特定资源、对资源的要求权和导致这些资源和要求权变动的交易、其他事项及情况的影响所作的财务表述”(以文字和金额所作的描述)。也就是说,“财务报表中的符号(文字和金额)代表了银行存款、房屋、结欠工资、销售、耗用人工、地震造成的人工损失,以及在所谓‘现实世界’中存在、与经营主体有关的许多其他经济事务或事项”(CON 6,par.6)。FASB又说,“这一公告遵循通常的惯例,对财务报表中的财务表述和它们所代表的资源、要求权、交易或事项使用同一个名称。例如,存货或资产既可以指零售商店寄存的商品,也可指企业报表中对这些商品的文字和金额表述;销售或收入既可指把这些商品转移给顾客的交易,也可以指在财务报表中代表的这种交易的文字和金额”(CON 6,par.7)。同样,我国会计学者提出的两种会计对象的论述,也不要求把会计对象(现实世界中的)和会计系统处理的对象(账表上的)加以严格区分,而是按照惯例,仅使用会计对象一个术语。

三、会计本质的两个代表性观点:“信息系统论”与“管理活动论”的论争

80年代初期,随着会计属性问题讨论的深入,人们自然要重新讨论“文化大革命”中被歪曲的一些会计基本概念,从而开始了全面、深入地讨论会计的定义、职能、对象、性质、方法等的时期。

综观这一时期的讨论,我们不难发现,尽管在这些概念上仍存在着歧义纷呈的认识,但又以会计定义(讨论中的“信息系统论”和“管理活动论”)的争论最为突出,前者认为会计是一个以提供财务信息为主的经济信息系统(余绪缨,1980;葛家澍,1983),而后者则认为,会计自身就是一项管理活动,并提出了“会计管理”的概念(杨纪琬、阎达五,1980)。在此基础上,它们各自都力图形成系统的认识与看法。可以说,80年代上半期,会计定义的争论、特别是“信息系统论”与“管理活动论”的论争,是这一时期的主要特征。

把会计的本质视为一种管理活动而提出“会计管理”的概念,是在党的十一届三中全会以后的两年即1980年(杨纪琬、阎达五,1980)。这个观点既否定了会计是一种应用技术的看法,又否定了会计是管理经济的一种工具的看法,转而强调会计具有反映和监督的双重职能。管理活动的提出,对于提高会计工作的地位,从而增强改革开放以后会计人员的信心,并激励他们为加强企业管理作出更大的贡献,有着积极的作用。会计管理把会计职能扩大到反映、监督、预测、决策,并将这些活动都理解为管理活动,也有理论和实践方面的依据。管理活动论需要进一步探讨的问题有:第一,管理活动论认为,会计管理既是国民经济的重要组成部分,又是微观经济管理的必要组成部分。这就需要研究“国民经济会计”即“宏观会计”或“社会会计”的对象、内容和方法;第二,管理活动论又认为,会计管理是对价值运动的管理,但财务管理也是对价值运动的管理,这又需要探讨会计与财务的关系,弄清两者的联系和区别。

信息系统论是从西方会计引进的观点。1966年,美国会计学会的一份“基本会计理论报告”(A Statement of Basic Accounting Theory)就提出“在本质上,会计是一个信息系统”;1970年,美国注册会计师协会所属会计原则委员会的第4号报告也同意“会计是一项提供信息的服务活动”。中国会计学者在引进这个概念之后,把它进一步具体化:“会计是在一个微观范围内建立起来的、以提供财务信息为主的经济信息系统”。这个定义旨在刻画会计不同于其他活动的本质特征:第一,

会计活动不生产产品或劳务,而只生产信息、特别是财务信息;第二,会计生产并提供信息,需要一系列相互联系的加工步骤。以财务会计来说,它需要通过确认、计量、记录和报告等要素,形成一个数据输入和信息输出的系统。

在把会计活动理解为一个"系统"的问题上,管理活动论与信息系统论的看法是一致的,它们的区别在于:管理活动论把会计管理看成是一个会计控制系统,强调监督与控制;而信息系统论则把会计看成是一个信息生成与提供的系统,强调反映。其实,管理活动论认为,会计可直接参与经济管理,信息系统论则认为会计主要是提供信息,供决策者参考,对决策(即管理)起支持作用,两种观点的差别已不太显著。

四、会计准则的研究与制定

新中国成立之前,由于潘序伦等老一辈会计学家的努力,美国的会计模式在我国得到相当程度的普及。1949 年之后,我国开始逐步引进苏联统一会计制度,并沿用达 30 年之久。会计原则或会计准则、包括术语本身,已从实务界和理论界消失了。因此,当中国 70 年代末开始经济体制改革时,不仅广大实务工作者不知道会计准则为"何方宝物",就连会计学术界也有很多人、特别是那些新中国成立后接受高等教育的研究人员,也不了解会计原则或会计准则的实质。

1980 年,新创刊的《会计研究》发表了第一篇有关会计原则的论文《论社会主义会计原则》(李宝震,1980)。经过 30 年的政治思想教育和意识形态控制,凡是与资本主义沾边的任何内容,当时的学术研究都不敢"越雷池半步"。因此,早期关于会计原则的研究,都过于强调其所谓的社会主义特征或特色,如群众路线、通俗易懂、合法性、合规性等等,这在相当程度上弱化了会计准则研究的理论性、科学性。与这种趋势相反,当时也有少数学者认为,会计理论具有继承性,对西方财务会计理论、包括美国的"公认会计原则",也应予以研究,并批判地加以吸收(葛家澍,1982)。

从 80 年代初起,《会计研究》、《财务与会计》、《会计通讯》(后改为《财会通讯》)等杂志陆续刊登出介绍美国、日本等国的会计原则以及国际会计准则的文章。与此同时,一部分美国的会计教科书也被翻译、出版,并被一些院校采用为教材或教学参考书。

尽管如此,直到 1988 之前有关会计准则研究的论文,主要是介绍性的。一些讨论也纠缠于若干抽象术语的定义,如"原则"、"准则"、"规范"、"标准",等等。这些论文很少涉及到会计准则的具体内容。并且,这一时期会计界讨论的热点话题不是会计准则,而是会计的定义、对象、职能等等。

1987 年,中国会计学会成立了七个专题研究组,其中之一是"基本会计理论与会计准则研究组"[⑥]。该研究组于 1988 年夏天在全国范围内公开征集论文,并于 1989 年春天在上海召开了第一次专题讨论会。这次讨论会主要提出以下建议:第一,在我国,建立会计准则的时机已经成熟,我们要建立具有中国特色的会计准则;第二,学术界不要在"准则"和"原则"等概念上进行太多无意义的争论,可以把"原则"、"准则"等视为同义语。按照国际惯例,可以采用"会计准则"术语;第三,应当先制定企业会计准则,并限于规范财务会计的处理;第四,可以先易后难,从具体到一般。具体地说,可以先制定会计信息质量特征、会计信息的真实性、股份公司会计、外汇及汇率折算会计等具体准则;待条件成熟时,再制定类似国外财务会计概念结构的基本会计准则(后来,有关部门研究决定,为了加大会计改革的力度,全面改革分部门、分行业、分所有制一统到底的会计制度的弊端,还是先制定一份能在全国各行业推行的基本会计准则为好。这就导致了作为基本准则的"企业会计准则"先于具体准则的出台)。这次会议可视为我国会计理论研究从务虚转向务实的转折点,理由是:以中国会计学会的名义呼吁进行会计准则的研究,把中国会计理论研究的重心吸引到这一问题上来;通过组织全国性的会计准则理论讨论会,提高了人们(不只是限于理论界)对会计准则问题的重视,并直接促进财政部开始着手准则制定的准备工作;讨论会上提出不过多地争论准则、原则等术语上的差别,而建议今后我国使用“会计准则”一词,并将重心放在具体内容的研究上,这就加速了我国会计准则的研究、讨论与制定的进程。从这时起,会计准则成为学术界的“热点”话题,并且,会计准则的研究开始从抽象概念的争论转向具体内容的构建,少数研究甚至开始尝试建立关于企业合并、价格变动、外币折算等事项的会计准则。也就在这时,财政部会计司(当时为会计事务管理司)开始介入会计准则的制定,其结果是1992年发布基本会计准则,1997年起陆续发布具体会计准则。

我国学术界关于会计准则的研究,有力地推动了我国会计准则的制定进程,在已发布的会计准则上也留有这一时期会计准则理论研究的“烙印”。比如,我国所制定并发布的各项会计准则(包括基本会计准则与具体会计准则),都体现了很强的英美取向,会计准则无论在外表形式上还是具体内容上,都借鉴了英美模式,包括美国的财务会计概念结构和体现英美会计准则特征的国际会计准则。这一“烙印”的形成,不仅有准则制定者的考虑,比如:英美模式在当前世界范围内影响最广,即便那些原先采用完全不同模式的国家如法国、德国,也逐步采纳英美模式的内容。作为一个发展中国家,中国没有理由不如此。但是,会计理论研究的重要影响,也不容忽视,因为,自70年代末起会计界所介绍的“国外会计”,大都集中于美国、英国或其他英美模式国家的会计。只有极小部分是非英美模式如苏联和日本[⑦]的会计制度与规则。80年代中期所进行的理论研究,也都是围绕美国的“公认会计原则”及财务会计概念结构所展开的。1987—1992年间发表在中国会计学会主办的《会计研究》杂志上有关会计准则研究的论文,几乎都是关于美国“公认会计原则”和国际会计准则[⑧]。上海财经大学的娄尔行教授和厦门大学的常勋教授都翻译了美国财务会计准则委员会的系列文告财务会计概念结构。常勋教授还翻译了一些对美国财务会计概念结构评论的论文;厦门大学葛家澍教授在80年代初发起了对财务会计概念结构的研究、而不仅仅是介绍[⑨]。所有这些研究,都集中于英美模式。到80年代末,这一模式已被学术界和部分实务界所广泛了解。会计准则已被视为英美模式的专用术语。有资料统计,1980—1989年的10年间,中国会计学术界共翻译出版国外会计著作74种,其中从美国引进的会计著作便达到50种(汤云为、薛云奎,1998)。与此相反,德国、法国等的会计规则很少被介绍,截止到90年代初,没有人完整地翻译法国的“会计总计划”,也没有人完整地翻译、介绍德国的会计规则,而日本“会计法规”的完整翻译本也是在基本准则发布之后出版的。这也就不难理解,当制定会计准则势在必行时,英美模式成为当时的首选参照对象。可以不夸张地说,它也是唯一可参照对象。

综观新中国成立以来我国会计基本理论研究的历史,尽管受极左思想的影响走过一些弯路,但总的看来,它仍力求联系实际,为不同时期的经济建设服务,在迂回中前进,在前进中有所创新。人们不难看到,50年来,我国会计研究成果累累,会计著作和教材异彩纷呈。各种会计思想、观点和不同的研究方法,在党的“双百”方针指引下,均得到各自的发展。改革开放,为我国知识分子带来了前所未有的春天,也为会计科学的进步带来了无与伦比的动力。一个“又有集中,又有民主;又有纪律,又有自由;又有统一意志,又有个人心情舒畅、生动活泼的政治局面”已经形成。在共和国成立50周年大庆来临之际,我们回首过去,展望未来,无不感到由衷的喜悦和无比的振奋!它将激励我们会计理论工作者更加关注和支持我国的会计改革,更加关注并努力站在当前会计理论研究的前沿,为缩短同发达国家在会计理论和工作水平方面的差距而奋斗!

注释:

①本文所说的会计理论,仅涉及基本会计理论,即不涉及管理会计理论,也不涉及财务会计的具体理论。

②60年代再次讨论会计属性时,最先明确提出会计两重性观点的,应当是当时上海社科院院长黄逸峰。

③该教材由杨纪琬教授出面组织,参加编写的人员有赵玉珉、娄尔行、葛家澍、吴诚之等四位教授。

④陶德是《读后》一文的署名。该文真正作者是谁,至今还不清楚,但由于这篇文章同《怎样》唱反调,集所谓"资产阶级会计观"的大成,在当时,确实是一篇难得的"反面教材"。

⑤在当时,会计对象问题的讨论是一比较自由、平等的学术论争,不论在苏联和我国,这一学术争论都没有受到任何政治影响。中国部分学者之所以参与这一问题的讨论,一方面是为了学习,另一方面又希望在理论上有所创新,因为会计对象是会计的一个基本概念,正确认清会计应当反映什么、核算什么与报告什么,对于改进会计的方法与程序和进一步完善会计教材的内容,都有重要的意义。现在可以看到,在西方的财务会计概念框架中,所缺少的一个基本概念正是会计对象,西方财务会计概念框架直接论述财务报表的各项要素,而不把各项要素作为一个整体(即对象)来研究,总使概念结构缺乏内在一致性。因此,当时资金运动论的主张者就企图用这一观点贯穿于会计原理教材,写出较苏联同类教材更具特色的内容。

⑥该研究组最初成立时名为"会计原则和基本会计理论研究组"。它在1989年第一次年会后改为现名。这次会议对会计准则在我国的产生,有着相当大的促进作用(参见刘峰,1996,第八章)。

⑦严格地说,日本模式不应完全独立于英美模式之外,因为二战后日本的会计受美国模式影响较大。

⑧实际上,截止到90年代初,有关会计准则的研究还不足以支持会计准则的制定。(参见刘峰1996,第八—九章)。

⑨娄尔行教授所翻译的本子,刊登在《会计学丛》上;常勋教授翻译的本子刊登在《财会探索》上。这两本杂志先后停刊。此外,厦门大学葛家澍教授还于1988年编辑了一套《西方重要会计理论文献译编》,作为国家"七五"社科重点课题"新体制下会计理论与方法体系研究"的资料之一。该套资料除收集了由常勋教授翻译的美国财务会计概念结构外,还收录了美国会计原则委员会第4号公告(1970)、英国的"公司报告",以及Solomons等的评论文章的译文。

参考文献:

财政部会计司:1991,会计改革纲要(讨论稿);

1992,企业会计准则(基本准则);

1994—1997,企业会计准则(具体准则征求意见稿);

1995,会计改革与发展纲要;

1998—1999,企业会计准则(具体准则);

陈郁.制度变迁、市场演进与非正式的契约安排,《中国制度变迁案例研究》(第1集),上海人民出版社,1996年版;

陈重丞.会计学的科学性与阶级性,《新会计》,1951年第8期;

丁洪范.论会计核算的研究对象和方法,《大众会计》,1957年第9期;

丁洪范.关于社会主义会计核算的对象,《大众会计》,1957年第3期;

贺南轩.记账方法没有阶级性,《财务与会计》,1979年第2期;

高等财经院校会计教材编写组:《会计原理》,中国财政经济出版社,1963年版;

葛家澍.试论会计核算这门科学的对象和方法,《厦门大学学报》,1956年第2期;

葛家澍.对社会主义会计对象的再认识,《厦门大学学报》,1961年第1期;

葛家澍.必须替"借贷记账法"恢复名誉评所谓"资本主义的记账方法",《中国经济问题》,1978年第4期;

葛家澍.论会计理论的继承性,《厦门大学学报》,1981年第3期;

葛家澍.制定中国会计准则如何借鉴国际经验,《会计研究》,1992年第2期,第16～19页;

葛家澍.关于会计准则与会计制度关系等问题,《会计研究》,1995年第1期,第18～27页;

葛家澍,李翔华.论会计是一个经济信息系统,《财经研究》,1986年第9、10期;

葛家澍,陈仁栋,吴水澎.《会计基础知识》,上海人民出版社,1980年;

葛家澍主编.《会计学基础》(高等学校文科教材),中国财政经济出版社,1980年;

葛家澍,刘峰.会计准则国际化:沟通、协调、规范,《财务与会计》,1993年第2期;

管锦康.论社会主义会计学的对象、任务和方法,《大众会计》,1957年第11期;

顾准.社会主义会计的几个理论问题,《会计通讯》,1979年第2、3、4期;

李宝震.论社会主义会计的原则,《会计研究》,1980年第1期;

刘峰.《会计准则研究》,东北财经大学出版社,1996年版;

刘峰,黄少安.科斯定理与会计准则,《会计研究》,1992年第6期;

刘炳炎.论会计核算的对象和方法,《中南财经学院学报》,1957年第2期;

娄尔行.会计是一门有阶级色彩的经济管理科学,《会计通讯》,1980年增刊第4期;

娄尔行,张为国.确保合理分配是会计的一项分配,《会计研究》,1991年;

裘宗舜.会计阶级性浅议,《会计研究》,1980年第2期;

孟凡利.试论会计的国家差异与国际化,《会计研究》,1994年第2期;

上海财经学院会计核算原理教研组:关于社会主义会计核算对象问题的综合报导,《经济研究》,1957年第3期;

苏联专家.论会计核算的阶级性,《工业会计》1952年第4期,中国人民大学簿记核算教研室译;

陶德."怎样建立新中国会计理论基础"读后,《新会计》,1951年第4期;

谈惠.关于会计学的几个理论问题的讨论,《经济研究》,1963年第2期;

汤云为,薛云奎.中国会计研究评述,《会计研究》,1998年第9期,第1～7页;

王文龙.试论会计是生产力的问题,《财务与会计》,1979年第4期;

Watts and Zimmerman. The Demand for and Supply of Accounting Theories: The Market for Excuses, *The Accounting Review*, April 1979;

吴水澎.会计是阶级斗争的工具吗?,《中国经济问题》,1980年第5期;

夏高波.新中国会计往哪儿去,《新会计》,1951年第3、4期;

夏冬林,马贤明.中国会计改革之路,《会计研究》,1993年第4期分行;

朱元午.会计的国际化趋向和国际会计的道路,《会计研究》,1991年第1期;

邢宗江,黄寿辰.怎样建立新中国会计理论的基础,《新会计》,1951年第1期;

叶荫松.记账有没有阶级性与贺南轩同志商榷,《财务与会计》,1979年第8期;

阎达五,陈亚民.会计国际化发展中的矛盾与对策,《会计研究》,1991年第6期;

杨纪琬等.《中国现代会计手册》,中国财政经济出版社,1998年版,第12页、第253页;

杨纪琬.进一步加强会计核算工作,《财政》,1961年第5期;

杨纪琬,阎达五.开展会计理论研究的几点意见兼论会计学的科学属性,《会计研究》,1980年第1期,《会计原理》,中国财政经济出版社,1979年版;

杨时展.论我国会计工作者的思想解放问题,《财会通讯》,1992年第11期;

杨雄胜.思想解放必须脚踏实地,《财会通讯》,1993年第3期;

易庭源.复式记账原理研究,《会计核算原理参考资料》,东北财经学院编,1956年版;

余绪缨.社会主义经济核算的客观基础问题,《中国经济问题》,1961年第3期;

余绪缨.要从发展的观点看会计学的科学属性,《中国经济问题》,1980年第5期;

余绪缨.以社会主义市场经济为指导,对几个会计理论问题的重新认识,《厦门大学学报》,1993年第1期;

赵玉珉.会计核算对象问题的初步体会,《教学与研究》,1957年第4期;

章乃器.应用自己的簿记原理记账,《大公报》(上海),1950年1月29日;

章乃器.再论应用自己的簿记原理记账,《大公报》(上海),3月31日。

(原载于《会计研究》1999年第10期)

51

反映经济真实是会计的基本职能

——学习《会计法》的一点体会

葛家澍　黄世忠

市场经济是法制经济。会计是企业和单位向国家和市场以及它们自己的管理部门和职工提供各该主体最主要的经济信息,以满足管理与监督的需要。因此,会计行为(主要指会计核算和报表的编报、披露)也必须规范化和法制化。依法规范会计行为,不论对于加强国民经济管理,严格资本市场的监控,维护社会主义市场经济的秩序,也不论对于如实反映与有效监督各单位、各企业,尤其是涉及千家万户经济利益的上市公司的财务状况、经营或理财业绩,保证所有部门、单位和个人作出正确的经济决策,都有至关重要的意义。

在新中国成立五十年大庆前夕,党的十五届四中全会作出了《关于国有企业改革和发展若干重大问题决定》,这是一个加快国有企业改革和发展的纲领性文件。它明确指出:要"狠抓管理薄弱环节。重点搞好成本管理、资金管理、质量管理。建立健全全国统一的会计制度。要及时编制资产负债表、损益表和现金流量表,真实反映财务状况。切实改进和加强经济核算,堵塞各种漏洞。"

由于党中央的亲切关怀并对会计工作做了重要指示,考虑到我国社会经济环境所发生的巨大变化,1999 年 10 月 31 日,全国人大九届常委会第十二次会议对我国《会计法》进行第二次修订(以下简称《会计法》)并定于 2000 年 7 月 1 日起施行。

《会计法》的内容非常丰富,对比 1993 年的会计法,有许多重大的修改。按照我们的学习体会,它至少在进一步规范各单位和企业的会计行为,整顿会计秩序,切实防止会计数据的弄虚作假,加强对伪造报表的打击力度,维护国家和其他投资人的合法利益,促进国有企业改革与发展等许多方面将产生重要而深远的影响。

本文仅就《会计法》所涉及的一个重要精神——严禁会计数据弄虚作假,防止会计信息失真,进一步谈谈我们的看法。

一、反映企业和单位的经济真实是会计的基本职能

会计不是从天上掉下来的,也不是人间固有的,它是人们随着生产和其他经济活动的发展,基于管理的需要而创造的,人们之所以需要会计(包括早期的簿记)是为了帮助人们记录、计算那些通过观察和记忆已无法直接了解的、越来越复杂的经济活动。早在 500 年前,现代会计的创始人帕乔利在"簿记论"中,谈到借贷记账是记录商业活动的最有效方法时就写道:"这对商人来说是非常重要的。因为如果没有系统的记录而仅凭商人的记忆,那将不胜其烦,也会遇到困难,以致无法从事经营"(帕乔利,1494 年)。不言而喻,如实反映经营状况,使人们了解经济真实是创造簿记和会计并使其不断完善和发展的初衷,也是对会计(以下主要指会计核算的财务会计)的一项基本要求。

会计使用一系列核算工具并通过严密的规则与科学的程序把它们组成一个经济信息系统,这

是五百年来人们实践的总结。其中,有的已成为各国的法律、准则或制度,有的则成为通用的国际惯例。不论从核算工具或从核算程序看,无不贯穿一个基本精神:要通过每一个环节,保证会计数据和会计信息的真实性。

会计的基本核算工具是凭证、账簿和报表。凡是要由会计处理的交易、事项和其他情况,首先必须取得或编制合法、合理的原始凭证,内容必须真实,数字必须正确,证明其有效的签章必须齐全。在严格审核的基础上,要依照会计准则或会计制度,按复式记账的要求进行分类浓缩,运用正确的会计科目(账户)形成会计特有的记录方式——会计分录,产生记账凭证。原始凭证和记账凭证都只反映个别的经济业务,为了连续、全面和系统地反映企业(单位)的经济活动,必须根据凭证,在账簿上进行登记(即使在电算化的记账技术下可以不存在人工记录的账簿形式,但全面记载的账簿实质仍然存在。从电脑中仍然可以输出账页构成账簿)。从凭证到账簿,是会计数据的加工转换,这种加工转换不是离开企业经济活动的真实,而是更逼近经济真实。因为它把个别的、局部的记载转换为整体的、全面的和系统的描述。如果把经济数据转换加工过程理解为是人们对客观经济过程认识的抽象,那么,正确的抽象将更正确、更完全、更深刻地反映着企业(单位)的经济实际(参阅列宁,1914—1916 年)。账簿的记录虽然完整、系统、全面,但信息却嫌太多,重点不够突出,要使账簿的记载对决策有用,最后,还需再浓缩、分类和汇总,编成各种会计报表。会计报表,特别是对外公开的财务报表,集中反映了一个企业(单位)的财务状况、经营业绩或理财业绩,备受企业和单位内外各利害关系方面的关注。国家的宏观经济调控,有关部门对企业和上市公司的财务监管,投资人的投资决策,凡利用到的会计数据,大部分来源于会计报表。当然,凭证、账簿和报表是一整套完整的有机结合的核算工具,会计数字的真实性是由它们共同保证的。所以,新修订的《会计法》在第二章和第三章对此作出了十分详细的规定,而第四章又规定了加强会计监督的重要条款,更为防止信息失真,提供了有力的法律保证。

各种核算工具的使用,还需要通过严格的规则与严密的程序把它们联系起来,形成一个机制。这套机制同样是以可靠和相关的概念为基础进行运作的,它包含确认、计量、记录和报告四个部分。为了保证信息的真实、有用,必须按公认的基本标准来确认所有报表要素,其中,收入的确认还要符合实现(包括已实现和可实现)原则;计量要依据计量对象的特点,采用相关的属性,但不论采用哪一计量属性,都应使计量的结果可靠;记录要应用科学的借贷记账法;报告要在表内进行恰当的再确认,在表外进行充分的披露。

上面是我们对会计核算过程所作的简单描述。这一描述旨在说明一个事实:现代会计的发展已经历经五百年,它的理论、方法、内容、形式都发生了深刻的变化。但是,会计数据和会计信息必须反映企业(单位)的经济真实这一基本要求却没有改变。真实和公允即可靠性,始终是会计的最重要质量特征,如实地反映(包括文字说明和数字描述)企业(单位)的经济与财务真相是会计最基本的职能。也许有人问:"现在国外会计界不是很强调会计的相关性吗?"(如美国财务会计第 2 号概念公告和 1999 年 3 月发布的《在会计计量中利用现金流量和现值的征求意见稿》),"有人不是主张即使不够可靠,但只要相关的信息也可以报告吗?"(如美国证券交易委员会委员沃尔曼在《财务报告的未来Ⅱ:彩色方法》中的建议)。我们承认,相关性也是会计信息的主要质量,但不应当把相关性与可靠性对立起来。如果所提供的信息虽真实可靠却对人们没有用处,即完全缺乏相关性,人们当然不会浪费人力、物力和财力去获取这种信息。历史和现实都证明:现在的会计模式,特别是会计报表所规定要揭示的项目或披露的信息,对报表的使用者都是有用的,尽管对他们的有用程度各不相同。在这个意义上,应当肯定现在会计核算要求提供的数字与信息(反映一个企业或单位的财务状况和财务业绩以及现金流量)具有根本的相关性。问题是,只有规定的账户和报表项目还不行,还必须要求对它们的表述要真实,数字要可靠,要符合(至少基本符合)经营状况和经营结果的实际。否则,相关性就会落空,有用性就会丧失。所以,我们应当特别强调可靠性(真实性)。沃尔曼先生的建议虽然很有新意,但如果披露相关而不可靠的信息,对使用者的决策只能产生误导,有害而无利。万一可靠性与相关性产生矛盾,我们赞同英国 ASB 最近在其发表的《财务报告原则——若干问题解答》中的观点:如果出现矛盾,应当选取"那些具有可靠性中最为相关的项目"(ASB,1999)。

总之,为了更好地领会《会计法》的精神,把握这次修订的要点,首先要从理论上认识会计的基本职能是反映企业和单位的经济真实。关于这个问题,让我们再看一看一些经典的经济与会计著作的说法。

《资本论》在论及簿记(即会计)时指出:资本的运动是由"包含商品定价或计价(估价)的内的簿记来确定和控制的",又说:"簿记的方法改变不了账簿所记事物的实际联系"(马克思,1885)。20 世纪 30 年代英国一位著名的注册会计师在其所著的《会计的真实性》一书中,第一章即开宗明义地写道:"会计是财务语言。会计职业界的成员是会计的解释者。广大公众必须根据所解释的信息去了解他们所不熟悉其内幕和个别情况的每一个企业或项目,如果解释者不能说明真实,或者不能说明全部真实,或所说明的只包含真实的一半,许多公众将被蒙蔽而遭致损害"(Macnel,1939)。说得最清楚不过的是著名会计学家 A.C.利特尔顿。在他的《会计理论结构》一书中,不厌其烦地反复说明会计是以反映真实经济事实的数据为基础进行综合、浓缩,既有规则又有条理的手段。他把会计的最高目标归结为"帮助某人借助数据了解某个企业。为了实现这一首要目标,会计必须对数据加以如实的分类,正确的浓缩和充分的报告"(Littlelon,1953,引文中的着重点为作者所加,下同)。

上面的引证已足够说明:从古到今,不分国别,对会计核算在理论上的基本要求,就是要如实反映经济活动的真相。1999 年修订的《会计法》,其精神实质,是同会计的这一基本职能完全一致的。

二、依法抑制虚假会计信息

(一)会计信息失真现状

任何事物都是一分为二的。反映经济真实是对会计的基本要求,也是会计的本质所在。但是,会计核算和会计报表的数字,由于直接涉及人们的经济利益,就有少数见利忘义、知法犯法的企业(单位)主管和会计人员,受利益的驱动,钻法律、法规、准则、制度的空子,造假账,编假报表,欺骗国家和人民。近年来,这种现象已发展到令人不能容忍的地步。《中国证券报》1999 年 10 月 23 日转载了这样三组统计数字:

——财政部对全国 110 户酿酒企业的会计状况进行抽查,结果有 102 户企业的会计信息严重失真,收入、费用不实的金额共计近 25 亿元,导致虚假利润 13.88 亿元;其中企业会计报表利润与检查组核实利润金额相差一倍以上的达 41 户!

——上海对 22 家市管企业及 202 家子公司进行了经济责任审计,审计前这些企业财务会计报表显示的利润总额达 26.45 亿元,审计查出 114 家企业虚增利润 22.69 亿元,65 家企业虚减利润 4.93亿元,相抵后共计虚增利润 17.76 亿元,实际利润仅 8.69 亿元,还不到"报表利润"的三分之一!

——深圳有关部门调查发现,全市 1.2 万家登记注册的公司中,仅有不到 6 000 家是经过法定会计师事务所验资的,多半公司的注册资金是假的!抽查了 201 份企业验资报告,结果 130 份是假的,其中 98 份纯属伪造!

此外,还有中农信倒闭、株洲有色巨亏、上市公司丑闻(如琼民源事件、红光事件、渝太白事件、东锅事件等),以及最近中创集团、海南发展银行被接管、广国投被关闭等案例。这些都从不同侧面反映出会计信息失真的严重性和普遍性。

根据我们的研究,目前企业会计信息失真的最突出表现为虚盈实亏、资产不实、隐瞒负债。常见的作假手段可分为传统手法和现代手法。传统手法主要包括:利用虚拟资产谎报利润、利用利息资本化夸大利润、利用长期股权投资编造投资收益、利用其他应收应付款调节利润、利用存货难以盘点低估销售成本、利用时间差提前确认收入等;现代手法主要包括:利用不等价交换的关联交易转移利润、利用资产重组虚构利润、利用会计政策及会计估计变更调节利润、利用资产评估消化“资产泡沫”掩盖潜亏、利用财政补贴粉饰盈利能力等。这些虚假或严重失真的会计信息已成为我国经济生活中的一大公害,它不仅误导投资者和债权人,使他们根据虚假或失真的财务信息作出错误的判断和决策,而且误导政府监管部门,使监管部门不能及时发现、防范和化解企业集团和金融机构的财务风险。

(二)会计信息失真的根源

会计信息失真主要是有关单位对会计报表进行粉饰(包括包装、伪装、账外核算、随意变更或选择会计政策、披露不完整或避重就轻等行为)的结果。我们认为,经济利益驱动和政治利益驱动是导致我国会计信息失真的最主要根源。具体地说,企业往往由于以下动机,粉饰会计报表,导致会计信息失真:

1.为了业绩考核而粉饰会计报表。企业经营业绩的考核办法一般以财务指标为基础,如利润(或扭亏)计划的完成情况、投资回报率、产值、销售收入、国有资产保值增值率、资产周转率、销售利润率等,均是经营业绩的重要考核指标。而这些财务指标的计算都无不涉及会计数据。经营业绩的考核,不仅关系到对企业总体经营情况的评价,还关系到企业厂长经理的经营管理业绩的评定,直接触及厂长、经理的利益(如提升、奖金、福利等)。为了在经营业绩考核中得高分,谋求不正当的经济利益或得到升迁,企业高级管理人员往往示意会计人员对会计报表进行粉饰。

2.为了获取信贷资金和商业信用而粉饰会计报表。众所周知,在市场经济下,银行等金融机构出于风险考虑和自我保护的需要,一般不愿意贷款给亏损企业和缺乏资信的企业。为了获得金融机构的信贷资金或其他供应商的商业信用,经营业绩欠佳、财务状况不健全的企业,也经常对其会计报表乔装打扮。

3.为了发行股票而粉饰会计报表。股票发行分为首次发行(IPO)和后续发行(配股)。在IPO情况下,根据《公司法》等法律法规的规定,企业必须连续三年盈利,且经营业绩要比较突出,才能通过证监会的审批。此外,股票发行价格的确定也与盈利能力有关。为了多募集资金,塑造“绩优股”形象,企业在改制时往往对会计报表进行粉饰。在后续发行情况下,根据1999年之前证监会的有关规定,要符合配股条件,上市公司最近三年的净资产收益率(ROI)每年必须在10%以上。因此,10%的净资产收益率已成为上市公司的“生命线”。统计数据表明,1997年在755家上市公司中,净资产收益率在10%至11%的高达211家,约占28%。1999年证监会修改了配股条件,其中对净资产收益率的要求改为三年平均不低于10%,但每年应不低于6%。结果,1998年度上市公司公布的净资产收益率低于10%的比比皆是,但低于6%的却屈指可数。可见,为配股而粉饰会计报表的动机并不亚于IPO。

4.为了减少纳税而粉饰会计报表。所得税是在会计利润的基础上,通过纳税调整,将会计利润调整为应纳税所得额,再乘以适用的所得税率而得出的。因此,基于偷税、漏税、减少或推迟纳税等目的,一些企业便会对会计报表进行粉饰。当然,也有少数国有企业和上市公司,基于资金筹措和操纵股价的目的,有时甚至不惜虚构利润,多交所得税,以“证明”其盈利能力。

5.为了政绩而粉饰会计报表。国有企业改革已进入了攻坚阶段,党中央和国务院十分重视,提出力争用三年的时间使国有企业走出困境。因此,从某种意义上说,国有企业扭亏为盈、创造良好经营业绩既是一项经济任务,也是一项政治任务。对厂长、经理而言,完成这项任务可能仕途光明,否则可能职位难保,甚至下岗分流。在这种情况下,国有企业也有可能粉饰会计报表,导致会计信息失真。此外,许多地方的市长、局长从大型国有企业的厂长、经理中挑选。为了表现其才能,体现业绩,厂长、经理们就有粉饰会计报表的动机。不难发现,一些企业的负责人一旦被提拔为市长或局长,继任者往往不得不花费几年的时间来消化上任厂长、经理因粉饰会计报表而遗留下的沉重历史包袱。

6.为了推卸责任而粉饰会计报表。主要表现为:(1)更换高级管理人员时,新任总经理为了明确责任或推卸责任,往往大刀阔斧地对陈年老账进行清理;(2)会计准则、会计制度发生重大变化时,可能诱发上市公司粉饰会计报表,消化潜亏,并将责任归咎于新的会计准则和会计制度;(3)发生自然灾害时,或高级管理人员卷入经济案件时,企业也很可能对会计报表进行粉饰。

(三)抑制虚假会计信息的若干建议

企业出于各种动机,采取各种手段,编造失真的会计信息之所以频频得手,一方面是因为过去的《会计法》对会计作假处罚力度不够,另一方面是因为我国的会计准则、会计制度未能及时根据社会经济出现的新情况和企业经营的变迁作出调整。新修订的《会计法》通过加大对编造虚假会计信息的人员,特别是单位法定代表人的处罚力度,无疑将在很大程度上抑制虚假会计信息泛滥的局面。但是,我们认为,要从根本上解决会计信息失真的问题,还必须做好以下工作:

1.会计信息失真的原因很多,会计制度本身的缺陷也是导致会计信息失真的重要原因。我国目前的会计制度还不稳健,容易导致虚盈实亏,形成“资产泡沫”。如果不推行更加稳健的会计制度,不论修订后的《会计法》有多完善、处罚力度有多大,仍无法从根本上解决会计信息失真的问题。财政部已颁布的具体会计准则不仅与国际惯例相当接近,而且十分稳健(如允许上市公司根据实际情况计提短期投资跌价准备、坏账准备、存货跌价损失准备、长期投资减值准备),可在较大程度上解决企业的资产不实、虚盈实亏的问题。令人遗憾的是,大部分具体会计准则目前只在上市公司中运用,而没有推广至其他类型的企业。为此,我们建议尽快将具体会计准则推广运用至所有企业,或者根据具体会计准则的精神,全面修订行业会计制度。

目前,银行、保险及其非银行金融机构的会计信息失真也比较严重,特别是对于逾期贷款和资金拆借及其相关利息收支的核算极不稳健。我们建议财政部抓紧制定适用于金融机构的特殊会计准则,以便政府有关部门了解我国金融机构的真实财务状况和经营成果,及时采取措施防范和化解金融风险。此外,针对行政事业单位也存在着会计信息严重失真的问题,财政部除了应加快企业会计准则的制定工作外,还应着手制定行政事业单位的会计准则,尤其应对行政事业单位财务报告的真实性、透明度进行规范。

2.针对许多上市公司和企业集团利用关联交易进行作假,我们建议财政部进一步完善《关联方关系及其交易的披露》准则,规范关联交易的作价问题。对于以不等价交换方式进行所谓的资产重组以达到粉饰会计报表的重大关联方交易,应当要求企业充分披露关联交易的定价依据、定价与公允价格的差异、账款结算方式和支付时间等。对于明显导致国有资产流失的不等价关联交易,还应当获取国有资产管理部门的批准。

3.尽快制定资产确认准则,或完善基本准则中有关确认标准,对资产的确认标准进行规范,防止企业将不符合资产确认标准(其中最重要的标准在于能否产生未来的现金流量)的项目(如虚拟资产)确认为资产。对于资产确认准则颁布之前已经存在的虚拟资产,应要求企业予以披露,以便会计信息使用者能据以评估企业真实的财务状况和经营业绩。

4.会计秩序混乱,会计信息失真在一定程度上与企业对我国的会计规定不了解有关。许多中小企业无法通过正常渠道获取会计规定。为此，我们建议财政部通过诸如“会计文告”等形式，将国家统一的会计制度等及时告知企业和社会公众。

5.为解决企业做多套账或账外账的问题，可借鉴法国商法的规定，要求企业设置的账簿和记账凭证预先编上序号，并报财政部门备案。在序号之外设置的账簿和记账凭证均属非法会计记录。

6.借鉴证监会颁布的《会计报表附注指引》，尽快制定《会计信息披露》准则，对包括上市公司在内的所有企业的会计报表及其附注的披露内容进行规范，以提高会计报表的信息含量和可理解性，增强会计报表使用者识别虚假会计信息的能力。

必须指出，财务会计和财务报告的弄虚作假现在已成为一种国际现象。美国就相当突出。美国证券交易委员会主席 A.利维特对公司财务报告的弄虚作假表示十分担忧，并揭露了操纵盈利和会计造假的五种常见的手法。他把这种现象讽刺为“数字游戏”甚至可称为“数字赌博”(numbers game)(Livett，1998)并表示要坚决采取防范措施。今年，美国证交会已经处罚了一些违法公司和人员。同时，他要求健全美国的公认会计原则，保证会计准则的高质量(Livett，1997)，以便产生真实、公允、充分披露并有透明度的财务报告。

他山之石，可以攻玉。在贯彻《会计法》的同时，我们应当借鉴他国经验，健全和完善其他财务与会计法规、会计准则和会计制度，并对造假账、编假表、违法操纵利润和粉饰其他重要财务数据者，依法追究责任，加大打击力度。

总之，学习并推动《会计法》的贯彻，维护会计信息的真实性和可靠性，是一切会计理论工作者和会计实务工作者义不容辞的责任。

最后，让我们引用 32 年前美国注册会计师协会《主席报告》中的一段话，作为本文的结束语：“这是他(会计师)的责任，在处理数字和发现事实之后，把数据加以综合，并清楚、简明和客观地说明它们之间的内在真象……我希望，从事本职业的人们要有直率的头脑和不屈不挠的勇气，去探求和说明真象。我们的职业一直有一个信念，即必须去探求和说明事实真相。我们必须坚持这一信念，并为之实现而持续奋斗。”(Montgomery，1967)

(原载于《会计研究》1999 年第 12 期)

主要参考书目：

1.马克思《资本论》第 2 卷，第一编第六章和第八章，1885。

2.列宁《哲学笔记》《黑格尔“逻辑学”一书摘要》第三册“概念总论”，1914—1916。

3.中华人民共和国会计法(1999 年第二次修订)。

4.帕乔利《算术比例与几何概要》(1494)，本文参阅其中关于论及会计的第三编的英译本(Paciolo on Accounting，1863)和中译本，(1988)第一章。

5.阎涛.会计作假的克星，中国证券报，1999 年 10 月 23 日。

6.Robert H，Montgomery.“Report of the President”.*AIC*，*Yearbook*，1937，本文转引自林志军、黄世忠等《会计理论结构》中译本第一章，1989。

7.Kenneth Macneal：Truth in Accounting，1939，Chapter 1。

8.A.C.Littlelon Structure of Accounting Theory，1953 Chapters 1，7，12，同时参阅林志军、黄世忠等中译本(见上)。

9.ASB：Statement of Principles for Financial Reporting：some questions answered，March，1999，

①Technical supplencent to the Revised ED

②Introductory Booklet

10.FASB Concept No.5 和 “using Caeh flow information and present value in Accounting measurements” ED of FASB Concept(Revised)，March 31，1999

11.Aruither Livett:

①"The Importance of high quality standards",*Accounting Horizons*,March,1988

②"The 'Numbers game'" Nyu,center for law and business,September 28,1988

12.Steven M.H.Wallman:"The future of Accounting and financial reporting part II:The Colorized approach",*Accounting Horizons*,June,1996。

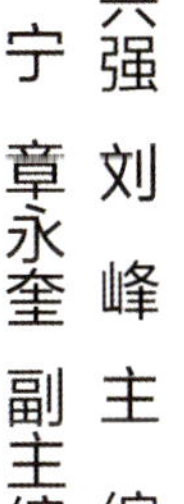

杜兴强 刘峰 主编

蔡宁 章永奎 副主编

厦门大学出版社
XIAMEN UNIVERSITY PRESS
国家一级出版社
全国百佳图书出版单位

目 录

中国会计学会成立以来的我国会计理论研究[*]

葛家澍

中国会计学会成立于1980年，它是改革开放的产物。20年来，在邓小平理论的指引下，中国会计学会取得了有目共睹的业绩。会计学会，顾名思义，是组织、推动我国会计工作者进行会计学术研究，并总结、交流会计工作经验，从而促进会计理论发展和会计工作提高的学术团体。中国会计学会成立以来的工作充分表明，它对推动会计理论研究的深入，并向实用方向发展起了重要的作用。

理论具有明显的继承性。我们在探索学会成立以来的会计理论发展时，也还需要简略地回顾一下学会成立以前30年的会计论坛。

一、中国会计学会成立以前我国的会计基本理论的研究

会计学是一门社会科学。社会科学一向被人们视为上层建筑，它必须服务于经济基础并密切依存于经济基础。中华人民共和国的成立，标志着我国的经济基础发生了深刻变化，社会主义取代了半封建半殖民地社会。当时认为，所谓“社会主义”，就是十月革命后的苏联模式。高度集中的计划经济似乎是社会主义经济的唯一标志。就会计来看，解放以前，各单位采用的会计制度、方法及其理论，基本上都是来自资本主义国家(以下简称“英美会计”)，而与苏联所采用的模式(以下简称“苏联模式”)不同。经济制度包括会计制度，经济理论也包含会计理论。按照当时的环境和条件，若不肃清英美模式的影响，苏联模式确实是不可能在中国顺利建立的。因此，建国之初，一场关于怎样建立新中国会计理论基础的理论争论开始了。焦点是社会主义会计(指苏联会计)和资本主义会计(指英美会计和解放前旧中国的会计模式)是否有根本的区别。这个问题的关键又在于：会计核算是否具有阶级性。肯定会计有阶级性，社会主义会计根本不同于资本主义会计的代表性文章是《怎样建立新中国会计理论基础?》(邢宗江、黄寿宸，1951)，而否定会计有阶级性，认为会计只不过是一种应用技术，社会主义会计与资本主义会计并无根本区别的代表作则是《〈怎样建立新中国会计理论基础〉读后》一文(陶德，1951)。争论的结果明显变成一边倒，肯定了会计具有阶级性。这次会计属性的理论论争为在我国按苏联会计模式进行会计制度建设和会计教学改革作了重要的舆论准备。它对会计理论的影响是：逐步改变了人们对会计属性的认识，并使会计的性质这个过去很少讨论的问题从此提升为中国的会计原理之类的教材中必须阐明的基本概念之一。从50年代后期起，中国会计界关心的另一个基本理论问题是会计(会计核算)的对象。会计对象的讨论，是受了

* 此文为中国会计学会副会长葛家澍同志在2000年3月29日召开的“《会计法》研修班暨中国会计学会成立二十周年纪念大会”上的书面发言。

苏联会计界的影响,对1950年苏联高教部批准的"会计核算原理"提纲中把会计核算对象定义为"各企业和各组织的范围内,按货币方式来反映监督和总结有计划社会主义扩大再生产过程及其物质基础社会主义财产"(列昂捷夫、沙洛莫维奇,1953)持有不同意见而引起的。这是一次由会计学术界自发发起的理论讨论,讨论时间之长,参加人数之众,发表文章之多,均是空前的。这次讨论的影响也是积极而深远的。例如,一是修改了苏联教学大纲中会计对象的定义,使之表述更为简洁而准确,也较为中国化。修改后的会计对象定义是"在企业、事业、机关等单位中能够用货币表现的社会主义再生产过程以及社会主义财产"(高等财经院校会计教材编写组,1963、1974);二是出现不少会计对象的新提法,其中被广泛接受的一个新观点是:"会计的对象是在企业和其他单位中的资金运动。"会计对象的讨论,不在于深化了对会计所应当反映和监督的内容的认识,而在于它激发了会计学界以会计对象的新认识为契机,纷纷编写在一定程度上具有中国特色的,而不是照抄照搬苏联教材的"会计原理"、"会计学原理"、"会计基础知识"等教材,促进了会计原理一类著作的繁荣。

中国会计学会成立以前,比较集中代表并综合我国会计理论界研究成果的著作是由财政部组织编写的《会计原理》(财政部高等院校会计教材编写组,1962),这是新中国成立以来第一部统编会计教材,是对新中国成立13年以来的会计工作基本经验进行的一次理论上的总结。13年来,在我国推行苏联的会计理论、制度与方法上,既有经验,也有教训。《会计原理》在吸取苏联有益经验的基础上,根据当时党的"调整、整顿、充实、提高"的方针,力求建立一套符合中国实际的会计基本知识体系。而在重要的学术观点上,则尝试在书中反映不同学派的意见,体现"百花齐放,百家争鸣"的方针,为了集思广益,财政部邀请了有代表性的高等院校和会计学界有代表性的人物组成编写组,编写组的成员有:中国人民大学赵玉珉教授、上海财经大学娄尔行教授和吴诚之教授以及厦门大学葛家澍教授。财政部会计司司长杨纪琬教授则自始至终参加编写组的集体研究与讨论,并负责全稿最后的审定,实际上起了主编作用。《会计原理》至少在以下几个方面在当时是有创新意义的:

第一,在会计对象的表述上,正文基本上参考了苏联高教部审定的对象定义,但进行了重要的修正,即前述的"在企业、事业、机关等单位中能够用货币表现的社会主义再生产过程以及社会主义财产"。同时。为了贯彻"双百"方针,用小字表述了另一个在全国有代表性的会计对象的定义,即"社会主义再生产过程中的资金运动"。

第二,在阐述会计的基本任务时,特别强调如实反映和加强监督,这是针对50年代后期,由于极左思潮泛滥,在全国造成假账错账,甚至无账(比如1958年左右,"书记成本"、"厂长利润"以及"无账会计"曾风靡一时)的不正常现象来写的。历史是一面镜子,时隔30多年,今天看来,强调这两点仍有重要的现实意义。在《会计原理》一书中,含蓄地把反映和监督当作会计的职能(体现会计本质的任务)并作了较为精辟的论述:"在会计工作中,反映和监督是密切联系不可分割的。会计首先是如实反映,提供数字资料,说明情况和问题,提出改进工作的建议和措施,就这点来说,它是经济管理工作的晴雨表。但是,如实反映只是会计工作的一方面,另一方面还要通过反映加强监督,严格按照政策、法令、制度和计划、预算办事。如实反映是为了加强监督,会计监督必须以如实反映为基础;而加强会计监督,又有助于如实反映情况。既要如实反映又要严格监督,才能使会计工作成为管理经济的有效工具。"(《会计原理》,1963)

第三,把会计分为会计核算、会计分析和会计检查三个组成部分,并提出会计核算是会计的基本环节,会计分析是会计核算的继续和发展,而会计检查则是对会计核算的必要补充。这就同一向把会计等同于会计核算,甚至等同于簿记核算的苏联会计中的传统观念有所区分,特别是针对当时"无账会计"和把必要的会计监督视为"管卡压"的错误思潮,该书明确把"登记账簿"作为会计核算的专门方法;同时专设一章,讲述会计分析和会计检查。这不仅在理论上具有新意,而且对加强会计工作,起了有效的促进作用。

第四，为了实事求是地说明会计的性质，该书从历史发展的简述中得出了：在阶级社会中，会计虽有阶级性，也有一定的特性的结论。并强调指出：会计作为生产机能的一部分，作为反映和监督生产过程的一种方法，既有为某一特定阶级服务的东西，也有为各个阶级共同需要的东西。

在当时的历史条件下，在以阶级斗争为纲的社会政治环境中，《会计原理》能够在一定程度上摆脱1954年苏联专家关于会计核算具有明显阶级性的权威定论，编写者敢于按照自己的独立思考，在书中明确说明会计具有两重性。这是很不容易的。

二、中国会计学会成立以来，在邓小平理论指引下，借改革开放的强劲东风，带来了我国会计理论研究的空前繁荣

我们回顾历史，是考虑到任何理论包括会计理论的发展都有继承性。以史为鉴，将能正确地评价现在和未来。建国以后到会计学会成立的30年，我们虽然受到极左思潮的严重干扰，会计理论研究甚至一度停滞和倒退（在所谓史无前例的“文革”期间），但总的来说，还是在曲折中发展，在迂回中前进的。例如除《会计原理》教材外，也还有其他独树一帜的教材以及其他有创见、有新意的文章，特别应该一提的是我国已故著名会计学家顾准。他身处恶劣的环境但仍坚持真理、探求科学。记得在1962年12月举行的文科教材《会计基础知识》书稿的讨论会上，顾准同志首先并明确地提出会计是一种经济计量系统，无所谓阶级性的观点。他甚至认为复式簿记如果抽象了它的经济内容，纯粹是一种数学方法，可以通过矩阵来描述（《经济研究》，1963；顾准，1982）。在当时的条件下，他的真知灼见，语惊四座，至今记忆犹新！但是，只有改革开放，才为我国的知识分子，包括会计理论工作者专心致力于科学研究，自由进行学术讨论，营造了前所未有的春天。其中包括会计学界组建了自己相互切磋的学术团体——中国会计学会。

20年来，由于邓小平理论的指引，借改革开放的强劲东风，在中国会计学会的推动下，我国会计理论研究出现了空前繁荣，具体表现为：

第一，按照党中央提出的解放思想、实事求是的思想政治路线，在会计理论中拨乱反正，把由林彪、“四人帮”颠倒了的若干会计基本观念重新颠倒过来。比如众所周知的关于对借贷记账法的评价，对会计性质的认识都通过学术界的热烈讨论，先是替借贷记账法恢复了名誉，而后较多的人摒弃了会计只有阶级性的极左观点，赞同会计具有“两重性”，近年来则倾向于会计属于生产力范畴，只有技术性。同时，还否定了所谓“资本主义会计”和“社会主义会计”等不恰切的提法，在把会计视为“国际通用的商业语言”上则逐步达成了共识①。

第二，为了建设具有中国特色的会计理论，根据改革开放的新形势，认真探索了会计的本质与职能等概念问题，既引进了西方国家较为流行的观点（如“信息系统论”），又创建了我国自己的新看法（如“管理活动论”）。不论在会计本质还是会计职能的讨论上，都出现了各种观点异彩纷呈、百家争鸣、百花齐放的学术繁荣景象。

1.概念是人们认识事物本质的阶梯。任何理论包括会计理论都是由概念及其相互关系组成的，不从会计概念探索入手，就不可能把会计研究引向深入。此外，还由于改革开放，使我国国情起了深刻的变革，从而促使人们必须重新审视对会计性质及其作用的传统认识。一方面，在粉碎林彪、“四人帮”以后，会计界也从长期的精神桎梏中解放出来，人们的思想空前活跃；另一方面，随着改革开放，我国的经济体制逐步而迅速地从计划经济向市场经济过渡。这一过渡突出了“经济越发

① 参看葛家澍、吴水澎等编的资料书《会计基本理论问题探索》（立信会计图书用品社），1989年第一部分。

展,会计越重要”的社会现象。于是,科学地认识会计的含义、性质与作用,重新定义会计,并对社会主义市场经济中会计人员进行恰当的定位,既在客观上产生了紧迫性和必要性,又在主观上具备了条件性和可能性。

中国会计学会建立之日,就引发了关于会计本质与职能的学术论争,这场学术讨论的热烈程度与时间之长(几乎贯穿20世纪80年代),都不逊色于建国以后关于会计对象与方法问题的讨论。

从50年代起,从我国当时的国情出发,会计界流行的看法是:会计是反映和监督社会主义生产过程的工具,或经济管理的工具。由于当时公有制经济在整个经济成分中的绝对优势,国家实行高度集中的计划经济。国家同企业(基本上是国有企业)的财务关系基本上是按照统收统支,国家统负盈亏的模式运转的。财政部门既管理企业财务,又管理会计事务,形成了财政决定财务,财务决定会计的格局。在这种条件下,说会计是经济管理的工具甚至是财政与财务管理的工具,都是恰当的。人们把对会计本质的这种认识称为“工具论”。

改革开放变革了过分集中的计划经济体制,建立并发展社会主义市场经济,使我国的经济建设出现了前所未有的腾飞。国家同企业之间的关系,会计在市场经济中的作用,都有明显的变化。“工具论”在新的经济环境下显然已不能确切地表述会计的本质与特征。审时度势,理论界组织、推动了关于会计本质问题的讨论。

讨论中形成了两种有代表性的观点。

一种观点被称为“管理活动论”。它是我国会计学家杨纪琬、阎达五两位教授提出的具有中国特色的新看法①。“管理活动论”认为“人们只要进行生产活动,就需要会计管理”。“无论从理论上还是从实践上看,会计不仅仅是管理经济的工具,它本身具有管理的职能,是人们从事管理的一种活动”(杨纪琬、阎达五,1980)。进一步,“管理活动论”又提出“会计管理”的概念:“‘会计管理’是建立在‘会计是一种管理活动,是一项经济管理工作’这一认识的基础上的。……客观现实中会计地位、作用的提高,是产生‘会计管理’概念的重要基础。”管理活动论还认为:“会计是管理,早就有人论述过。”其中包括法国的法约尔、美国的古利克以及马克思说的会计是对“过程的控制和观念总结”。马克思的这一论述应看成是“对会计管理职能的高度概括”(杨纪琬,1984)②。社会主义经济是由企业经济和整个国民经济组成的,因此,“会计管理论”又认为会计管理既是企业管理的必要组成部分,又是国民经济管理的重要组成部分。

另一种观点被称为“信息系统论”,主张会计是一个信息系统。这一观点并非我国会计学者自己的创造,而是从国外引进并有所发展。早在20世纪60年代,美国会计学会在为庆祝其成立50周年时,曾撰写一份长篇的研究报告。报告在展望会计的未来时指出“在本质上会计是一个信息系统。更精确地说,它是把一般信息理论在有效率的经济营运问题上的一种应用”(AAA,1966)。70年代初美国注册会计师协会所属会计原则委员会主要从注册会计师的功能(为客户服务)出发,在会计的提法上稍有改变:“会计是一项服务活动。它的职能是提供有关经济主体的性质上属于财务的数量信息,以便有助于做出经济决策”(APB,1970)。这里,虽然未提信息系统,但实质上是以提供财务信息为手段,而以做出经济决策为目的。到70年代后期,在美国会计界很有影响的《现代会计手册》,其主编在手册的序中第一句话就说:“会计是一个信息系统,是把一个企业或其他主体的重要经济信息指定传递给有利害关系集团的一个信息系统”(Davidson and Weil,1977)。最早引进

① 在提交中国会计学会1980年年会的论文中,熊德琪的《试论会计的职能和作用》也提出类似于“管理活动论”的观点。熊文也认为会计本身“就具有管理的性质”,但他称为“管理职能论”。熊文认为管理职能论是60年代以后出现的观点。但该文没有注释,不知根据何在,姑提出存疑(参见《中国会计学会1980年年会论文选》,中国财政经济出版社1981年版,第17~28页)。

② 详见杨纪琬、阎达五两位教授合写和分别撰写的文章。

并主张会计是一个信息系统的我国会计学家是余绪缨教授。“什么是会计呢?”他说,“根据当前的现实及其今后的发展,应把会计看作是一个信息系统,它主要通过客观而真实的信息,为管理提供咨询服务”(余绪缨,1980、1982)。葛家澍、蒋义宏、裘宗舜等教授也是“信息系统论”的主张者。“我们是赞同信息系统的。……我们对会计所下的定义是:旨在提高企业和各单位活动的经济效益,加强经济管理而建立的一个以提供财务信息为主的经济信息系统”(葛家澍等,1983)。“信息系统论”包含了其他会计定义①的主要观点:“……综上所述,信息系统论的提法有助于把几种会计定义统一起来”(蒋义宏,1984)。② “可以明确提出,会计是个信息系统。会计信息系统是由会计、信息和系统三个框组成的”③(裘宗舜,1984)。

会计本质的讨论在我国的特定环境下具有重要的理论意义和实践上的指导意义。如果把它视为“理论上的空谈,对会计研究与会计工作毫无用处”则是一种误解,至少说,持这种看法的人根本不了解中国当时的具体情况。当人们还保留计划经济的观念时,要冲破计划经济条件下的传统观点的束缚,促进会计改革是多么不容易!会计改革每前进一步,为它进行必要的理论准备都是不可缺少的。

这场讨论在理论上的价值是:它探讨了比当前财务会计概念框架更为深层次的会计基本概念:什么是会计?会计未来是什么?它应当而且可以在不同的历史条件下的不同的经济环境中发挥什么作用?至于它在实践中引起的反响和深远影响更不同寻常。“管理活动论”既提高了会计工作的地位,增强了广大会计人员投身于改革开放的信心,起了鼓舞士气、振奋人心的作用;又促进了会计职能的发展,会计人员纷纷进行预测,提供信息,参与决策,提高效益,推动改革。“信息系统论”则开阔了人们的视野,不仅使会计人员认识到信息是一项重要的(越来越重要的)资源,而且使他们认识到会计所提供的财务信息和其他经济信息对于经济决策极为必要。信息系统论还有助于我们学习、借鉴发达国家的会计经验,直接促进会计改革。人们的认识总是不断深化的,但看法往往不能完全趋于一致。现在看来,“管理活动论”与“信息系统论”的观点正日趋接近。管理活动论也承认信息和系统的存在,只是管理活动论强调,这个系统的主要职能应是控制和监督,而不是反映即信息提供;信息系统论同样承认会计系统是管理系统的一部分,只是强调其主要职能是提供信息,为决策咨询服务,起决策(即管理)的支持作用。

2.会计本质问题的讨论还带动了会计的另一个基本概念:会计职能的研究。

对于会计职能的研究,主要是探讨会计职能的性质、会计具有哪些职能等问题,会计的基本职能是反映和监督(控制)的认识似乎一致,但哪一个更为重要则经常出现分歧。

60年代编写的会计原理教材虽未涉及会计的职能(一般只讲会计的任务或基本任务),但学术界已经出现了有关会计职能问题的讨论,表达了一些有分歧的观点。当时有些同志说,“会计核算有两大职能,一是反映,二是监督。反映和监督都是以货币形式进行的”(朝阳,1962)。“会计有两种职能,一是反映,一是监督,会计的一切作用,都是通过这两种职能来实现的”(陈忠贵等,1962)。“会计反映离不开计量登记和计算,但它不是机械地被动地反映现成事实……事前分析是正确反映和有效监督的前提条件”(阎达五,1964)。然而1963年12月举行的一次《会计基础知识》(文科教材)的讨论会上,“有的同志认为,说会计的职能是反映还好理解,说它有监督的职能,就不太好理解。监督总是同一定的生产关系联系在一起的。所以它是一种经济职能,而会计不过是生产过程的物量反映”(谈惠,1963)。

---

① 几种会计定义指“管理活动论”、“管理工具论”和“艺术论”,详见蒋义宏教授的文章。

② 不过,蒋义宏教授又认为“会计的定义是多值的,而不是单值的,会计的三种定义是相容的,而不是相斥的”(《会计是个信息系统兼论会计定义的值性》,《财会探索》,1986年第3期)。

③ 详见裘宗舜的文章。

80年代关于会计本质问题的讨论使会计职能的讨论更加热烈及深化了。例如"管理活动论"和"信息系统论"的主要分歧,可以归结为对反映和监督(控制)职能的不同认识。"管理活动论"强调会计的主要职能应是监督和控制,而"信息系统论"则强调会计以反映职能为主。

究竟什么是职能,这是应当首先弄清的问题。会计职能的概念大体上都是根据马克思关于簿记"作为过程的控制和观念总结"这句话引申出来的。前一句被理解为"控制",后一句被理解为"反映",两句话的完整意思应当是马克思对会计性质所作的高度概括。因此,有人把职能当作整个会计工作的基础和灵魂(杨纪琬,1984),是会计的本质体现(葛家澍,1986),还有人认为"对会计的职能,应根据会计对象的特点进行总结概括"(吴水澎,1986)。

总之,会计的职能是会计的本质属性。它同会计基本性质和基本作用以及对象不可分割。在不同的历史时期和具体环境中,职能就表现为会计的任务。会计任务可能多变,而会计的职能特别是它的基本职能则不易改变(当然不是说不能改变,而是说不会轻易改变)。如果承认会计的职能是会计本质的表现,那么,人为地缩小或拓宽会计的职能都是违反会计发展的规律的。

会计有哪些职能?这是80年代以来讨论的热点。反映和监督或核算与监督(杨纪琬,1984)或反映和控制被视为会计的职能,看法基本没有分歧,除这两项基本职能外,会计还有哪些职能,认识就很不一致。有人说:"反映和监督两个职能,实际上已经包含核算、计划、保证、促进、分析、检查等许多功能的涵义"(李宝震,1982)。意思是说会计已没有更多的职能。但不同的看法则认为,"过去会计只履行了历史职能,主要是数据的记录和计算,当然这是很不够的。现代会计要向参与管理、参与决策等高级职能方向发展,这是大势所趋"(裘宗舜,1985)。

通过讨论,会计职能已从2个职能说(反映和监督或反映和控制)发展为6个职能甚至7个职能说。王文彬同志等列举的7项职能是"除了记账、算账、报账以外,还要进行企业的经济分析,监督经济活动,预测前景,参与经济决策"(王文彬、方克安,1986)。也许主张会计具有6项作用即6项职能的同志多一些,也讲得较为明确。例如潘序伦先生说:"会计的作用具体地表现在哪些方面呢?第一,通过计量,正确反映生产过程的实际情况;第二,便于控制整个生产过程;第三,对贯彻执行党和国家财政经济法令,起监督作用;第四,分析生产,促进生产;第五,预测生产发展情况;第六,为决策提出建议"(潘序伦,1980)。黄逸峰同志也认为会计具有6项作用,他把会计的6项作用概括为"反映、控制、监督、分析、预测、决策等"(黄逸峰,1984)。

综上所述可知,会计职能讨论的特点是:议论很多,分歧较大,不像会计本质讨论的观点那样集中。但对于什么是会计基本职能的问题,认识还是基本一致的。因为反映和控制(管理、监督)毕竟体现会计的本质。至于对反映和控制(管理、监督)两个基本职能的看法,可能各有侧重,则又与会计本质的不同观点有关。因此,会计职能的讨论可以看作会计本质问题讨论的继续。探讨会计的本质和特点,对会计改革也有深远的意义,但影响却比较间接。而探讨会计的职能,阐明会计的作用,对于促进会计改革和经济发展的影响就比较具体和直接。由于会计职能体现会计的本质,会计的本质只能说相对固定而不会永远不变,职能更是如此。人们当然不应脱离会计的本质与特点,去勉强要求会计承担它力所不能的任务;但是,作为会计活动的承担者,会计部门和会计人员又应根据改革开放的需要和市场经济的灵活性,与其他职能部门密切配合,在经济和财务管理上多提咨询建议,主动参与经济决策,对生产经营发挥更积极的作用。"在1980年召开的全国会计工作会议和会计学会年会上,曾把会计的职能归纳为这样几句话,即在如实、及时、全面、系统地记录反映有关经济(业务)活动的基础上,分析经济情况,核算经济效果,监督经济活动,预测经济前景,参与经济决策"(杨纪琬,1981)。这样的归纳,正是以会计的基本职能为基础,结合经济发展的需要,在我国改革开放新形势下,对会计职能所作的必要的拓展。不过,在任何时候,会计部门和会计人员都不要忘记会计的最基本职能是反映经济真实——正确地进行核算,可靠地进行报告,合理地进行预测,坚决地同数字上的弄虚作假作斗争。

第三，引进并开展对财务会计与管理会计的研究。从50年代至80年代，我国的会计以学习苏联的经验为主。60年代初曾结合中国的国情，力求表现自己的特色，有所创造与发展。可惜到“文革”期间，此种努力又遭夭折。在中国会计学会成立以前，我国的会计学科基本上是以“会计核算原理”、“部门会计核算”、“部门经济活动分析”等几门课程为主。我国的会计工作也一直局限于会计核算，即记账、算账和报账三个方面。在苏联会计模式的长期影响下，人们几乎不了解西方国家会计理论与会计学科的进步与发展。改革开放首先开阔了我国会计界的视野。当时会计论坛上发表的《结合我国实际，学习管理会计》(阎金锷、汪家佑，1980)、《现代管理会计的主要特点及其吸收利用问题》(余绪缨，1981)、《论经济核算制与会计》(葛家澍、黄忠堃，1980)等文章都起了解放思想，学习借鉴国外会计的作用。对西方会计的引进，会计界最早瞄准“管理会计”。这是因为，管理会计广泛采用数学和数理统计方法，技术性明显，科学性较强。正如娄尔行教授所说：“对国外会计要慎重，要善于识别真伪科学。凡是真科学要消化吸收，洋为中用，如管理会计中的量本利分析，经过我国实践证明行之有效，当然应当吸收到教材中来”(娄尔行，1984)。而且在当时，正在加强企业改革，迫切要求提高企业经营管理水平和经济效益，也需要运用一些能够量化企业经营业绩的考核方法。现代管理会计虽然是一门新兴的会计学科，但它的发展很快，它的丰富内容绝不限于量本利分析。在中国会计学会的推动下，会计学界迅速形成了介绍、探讨管理会计的热潮。除发表大量论文外，还有不少管理会计的论著问世，其中一本内容丰富、自成体系、结构严谨、论述深入的《管理会计》教材于80年代初出版(余绪缨，1983)，这标志着现代管理会计学在我国已由引进、借鉴进入消化、吸收并结合中国国情加以理论概括的高度。此后，学者们进一步致力于建立具有中国特色的管理会计理论与方法体系的深入研究。用会计准则来规范，以财务会计报告和其他财务报告为信息传递手段的财务会计，是资本市场发展的产物。开始，人们对会计准则及其理论基础，在西方构成公认会计原则的各个组成部分(尤其是构成公认会计原则基础的财务会计概念框架)，能否适用于社会主义中国，尚有疑义。随着改革的深入与开放的扩大，人们进一步认识到，西方的财务会计，同样也可以洋为中用。于是，探讨会计原则、准则、会计假设、会计目标、会计信息质量特征、会计要素以及财务会计报告等论文、教材和专著如雨后春笋。联系中国实际的《中级财务会计》、《高级财务会计》等教材也先后问世。由于“社会主义市场经济要求有同它适应的财务会计和财务会计报告体系，这就必须开展服务于市场经济的财务会计理论研究”(葛家澍等，1996)。这里所说的市场，应着重指“证券(资本)市场”。我国的证券市场是随着改革开放和现代化建设逐步成长起来的。1981年恢复国库券发行，1984年北京天桥百货首次向社会公开发行股票，标志着我国证券市场的起步。1990年底，上海、深圳分别成立了两个证交所，使证券市场进入了一个新的、重要的里程碑。它同时表明我国市场经济对财务会计和财务会计报告产生了需求。再加上，以后将要谈到的，我国也于1992年11月制定了企业会计准则来规范上市公司的财务会计报告。从此财务会计及其理论研究，进一步成为会计讨论和研究的热点，中国会计学会和各地、各专业分会都利用各自的刊物，推动研究的深入。值得一提的是，在财务会计、管理会计和会计理论等方面研究的成果中，许多项目获得各省市、各系统的奖励。有些则获得前国家教委国家级教材奖和科研成果。例如《会计学基础》(葛家澍主编，1980)、《会计原理》(杨纪琬主编，1986)获得全国高等院校优秀教材奖；《中级财务会计》(葛家澍主编，1984)获得普通高校优秀教材国家教委一等奖。在普通高校第二届人文社会科学研究成果奖(1998年12月)中，获得经济学一等奖的有《会计审计理论探索》(娄尔行)、《市场经济下会计基本理论与方法研究》(葛家澍主笔)；获得经济学二等奖的有《会计核算制度改革方向、模式及实施》(阎德玉、唐国平、孙贤林)；获得经济学三等奖的有《财务会计基本理论研究》(吴水澎)、《论证券市场管理中的会计规范》(孙铮)和《财务会计发展所面临的挑战与出路》(汤云为)等。其中《市场经济下会计基本理论与方法研究》还获得“六五”至“八五”期间国家社会科学基金项目优秀成果奖(1999年9月)、专著奖三等奖。这里，均不包括由中国会计学会直接组织评授的奖励。所有这些奖项,都对近20年来会计理论和财务会计的发展,起着促进和激励作用。

第四,围绕企业会计准则的制定,开展了有关会计准则及其理论的研究。从80年代后期起,由于改革开放尤其是引进外资的需要,企业,尤其是股份有限公司的会计核算、报表编制和信息披露必须同国际会计惯例协调、接近,把建立会计准则和新的会计制度,逐步取代过去分部门、分行业、分所有制一统到底的会计制度作为会计改革的重点。中国会计学会配合财政部作了大量舆论宣传和理论准备。中国会计学会于1989年初在上海召开的会计理论和会计准则专题讨论会就起了明显的舆论宣传和理论导向作用,通过这次讨论以及以后的研究,在理论上着重探讨了以下几个问题,在若干重要观点上达成共识:第一,中国必须制定会计准则,而且应具有中国特色;第二,中国首先应当制定企业财务会计准则,以后逐步推广到事业和其他单位;第三,肯定会计准则是同会计原则含义基本相同的概念,建议不必在"原则"和"准则"两个概念上进行过多的争论,并建议采用"会计准则"的名称(国际上目前流行的概念)来规范我国未来的会计核算与会计报表;第四,这次会议和以后参加讨论的学者还研究了"中国会计准则的含义、性质、作用,由谁来制定和发布,有哪些层次,与国际会计准则如何衔接等等"(谢明,1990)重要问题。由于我国企业会计准则的制定是从基本准则开始,再到具体准则,有关会计准则及其理论的研究,也是围绕着准则制定的这一进程。制定准则在我国是会计改革中的新事物,所以首先是着重研究国际经验,分析国际会计惯例,开展改革与借鉴的探讨,然后再开展对准则的完善与发展的研究。同时,先是较多地研究财务会计的基本理论,特别是关于财务会计概念框架和若干基本概念以及假设、目标、会计信息质量特征、会计报表的要素、要素在报表中的确认与计量学等的探讨,继而则联系到我国已制定和将要制定的会计准则,研究一系列现实问题。如我国需要制定哪些具体准则、制定的先后顺序、制定的程序以及对已出台的会计准则的评论等等。1999年修订《会计法》,对会计核算和会计监督提出了新的要求,又推动了会计如实反映和加强监督的理论研究。近10年来,围绕会计法、会计准则和会计制度的理论研究是建国以来会计理论发展史上的又一个高峰。[①] 随着以会计法为指导,会计准则和会计制度为主体的会计规范体系的建立和发展,我国会计界在中国会计学会的推动下,多次组织了会计准则的专题研讨会。预计这一研究方兴未艾并将会长期继续下去(项怀诚,1999)。

第五,组织具有中国特色的会计理论与方法体系的研究,开展会计的新兴学科和新会计领域的探讨,并推动实证研究方法在我国会计理论研究中的运用。

中国会计学会成立之时,就提出要把"建立一套符合我国国情的中国式的方法体系作为我国会计学界进行理论研究的重大课题"。1983年中国会计学会第二届理事会则明确肯定中国会计理论研究的目标是:"建立具有中国特色的,以提高经济效益为中心的会计理论、方法体系。"以后,又以这个总体目标为指导,制定科研规划,提出了重点研究课题,成立了相应的专题研究组(现已改为专业委员会)。20年来,我国会计学界对会计理论的研究基本上是自觉或不自觉地围绕上述主题而展开的。每年会计界公开发表的研究成果都通过专家评选,出版了每年的会计学论文选。学会的重点研究课题,则从"八五"期间开始,就制定了重点科研规划,提出重点科研课题,进行公开、公正、平等的招标竞争,择优予以资助,已出版了《中国会计学会重点科研课题文集》(第一集)。同时,每年评选优秀会计论文,这对会计理论与方法的研究,无疑起了重要的促进作用。我们还应注意到:会计理论与方法的研究,在财政部和中国会计学会的指导下,除了由中国会计学会直接组织、评选

① 有关会计准则的研究与过去若干会计理论研究的一个重要不同是:除发表大量研究论文外,还出版了若干研究专著。例如:陈信元等《中国会计准则导论》(1993),孙铮《论证券市场管理中的会计规范》,刘峰《会计准则研究》(1996),曲晓辉、陈少华、杨金忠等《会计准则研究借鉴与反思》(1999)以及两本有影响的论文集:

(1)《改革与借鉴》(会计准则国际研讨会,深圳,1992),中国财政经济出版社1992年版。

(2)《完善与发展》(会计准则国际研讨会,上海,1994),中国财政经济出版社1995年版。

并资助会计重点课题外，其他部委、各省市自治区的会计学会以及国家社会科学基金和国家自然科学基金，也在不同程度上给予了会计学者的科研以资金上的支持。

在具有中国特色的会计理论与方法的研究中，有一个问题在会计界可能有不同看法，那就是“会计理论与方法”有没有中国特色？必须指出，明确反对会计理论具有中国特色的人是极少的，但持怀疑态度者大有人在。他们认为会计是一种通用的国际商业语言，围绕它的研究而形成的理论应当是各国、各种社会制度共同需要的，似乎不存在什么中国特色。赞成会计和会计理论具有中国特色的则认为，“中国会计应该有自己的特色，照搬外国东西的做法是不对的”（杨纪琬，1999），“会计不仅是一种信息披露工具，也是一种社会产品，它要满足不同的社会需要，在我国……国情决定了政府是我国会计信息的主要使用者……在我国的会计改革中，没有可直接从国际会计惯例中照搬的东西，我国将根据我国国情不断借鉴国际会计惯例中有益于我国会计改革的东西。实际上，中国在借鉴……的基础上进行的会计改革是很成功的，被国际会计界视为发展中国家和转型经济国家进行会计改革的典范。从这个意义上讲，就是树立了中国特色”（冯淑萍，1999）。再就会计理论看，“各国的会计理论研究成果都有其适用的国家环境和特殊背景，因此其研究结论并不一定具有普遍性。在国外被证明合理的、行之有效的研究成果，在与其政治、经济、文化、背景和会计职业发展水平相异的中国，就有可能不适用”（刘玉廷，1999）。我们赞同会计和会计理论具有中国特色的观点。一切理论，作为意识形态都是人们对客观现象在认识的基础上所进行的理论概括。会计理论是社会科学，会计行为、准则、制度等均属于社会现象，它密切依存于会计的社会环境、社会政治经济等条件。会计属于国际通用的商业语言，会计行为、准则中有许多共性是毫无疑义的。然而，产生于不同国家和地区，运用于不同社会经济条件下的会计又必然具有特性。不仅中国会计不同于美英等国会计，就是美国与英国之间，有关会计的惯例与理论认识也有一定的差别。承认会计实务具有国际性和会计理论具有继承性同肯定会计与会计理论具有各国的特色并无矛盾。这里正说明任何事物都是普遍性与特殊性的统一。一个明显的例子是20年来，翻开《会计研究》和其他会计刊物，人们所研究讨论的文章绝大多数是联系中国实际，具有现实意义或有长远历史意义的课题。另一个明显的例子是有关会计准则理论的财务会计概念框架。美国提出的“概念框架”，同英国以及国际会计准则委员会提出的“概念框架”都不一致。就一个要素“资产”的定义来说，美国、英国和国际会计准则委员会均有各自的看法。其他“概念”也是在大同中至少有小异。极少国家是照抄照搬别国的，也不会把国际会计准则及其有关见解全部移植过来。所以，我国不叫“财务会计概念框架”而称为“基本会计准则”就不值得大惊小怪。今后，国际会计准则即使都改进为“核心准则”，得到了IOSCO（International Organization of Securities Commissions，国际证监会组织）的认可，它同样不能消灭和取代各国自己的会计准则。在国际范围内，会计准则、会计制度和与此有关的理论，只能相互借鉴，取长补短。也就是：在高质量、严要求的基础上进行协调。协调而不是统一，将是国际会计准则委员会的长期任务。只要国家存在，国家的主权和利益存在，不同的社会、政治、经济制度存在，那么，所谓“国际会计惯例”恐怕只能是各国会计协调的产物，而要把它变成全球范围内的公认会计原则虽不能说不可能，至少可以说，它的实现将要等到很遥远的未来。

中国会计学会成立后，不仅推动具有中国特色的会计理论的研究，同时还促进会计的若干新学科、新领域的探索。这些学科和领域包括具有中国特色的管理会计，具有中国特色的会计核算规范体系，具有中国特色的成本管理、责任会计，质量成本管理论，社会经济环境会计，人力资源会计，注册会计师制度，电算化会计，会计史，会计教育，企业理财，比较会计，衍生金融工具会计，商誉与负商誉会计，知识经济与会计创新，财务会计报告的改进，总价值理论，作业管理和作业成本计算，政府及非盈利组织财务报告，不确定性和或有事项会计，国有资产管理与会计，公允价值会计，合并财务报表与分部财务报告，会计与经济学，会计信息与证券市场等等。这些领域的研究，既反映了会计学科在国际范围内的前沿课题或最新成就，又突现了我们改革开放以来对开拓新兴会计学科所需探索的会计热点问题。有关会计新学科、新领域的研究成果,不仅频繁出现于《会计研究》、《财会通讯》、《财务与会计》等会计刊物上,而且集中表现在近15年来我国的会计学博士学位论文之中。我国会计学博士们在他们的导师——我国一些著名会计学家的指导下,由于具有广阔而坚实的理论与专业基础,善于发现问题,勇于开拓研究,思想活跃,观点新颖,他们的论文,作为他们攻读博士学位的知识积累与智慧结晶,均具有令人耳目一新的独创性。他们应是近10多年来我国会计理论研究中新学科、新领域和新问题探索的主力军。

近10年来,我国会计理论在一批中青年会计学者的倡导下,同时也得力于中国会计学会的推动,经验—实证研究方法在我国开始兴起,这是我国会计理论研究中带有改革和创新意义的一件大事。我们知道,长期以来,我国会计界流行的研究方法是规范方法,形成了规范会计理论,而在西方,从60年代后期起,会计理论界即开始应用实证方法,形成了实证会计理论①。正如美国经济学家在简介实证经济学与规范经济学时所说:"经济学家试图分清价值观在哪些地方影响分析。当他们描述经济和建立模型预言经济的变化或者不同政策的后果时,他们是在应用实证经济学。当他们评价不同的政策以及不同政策的好处和代价时,他们是在应用规范经济学。实证经济学关系到'是'什么,关系到经济社会如何运行;规范经济学则牵涉到'应该'是什么,牵涉到对各种不同的行动手段是否合乎要求做出的判断"(斯蒂格利茨,1997年中译本)。实证会计理论同样也是试图通过经验数据并运用数学模型解释并预测会计现象,由于实证研究需要运用大量的已核实的数据,因此,它的研究目前主要依据证券市场上已公开的上市公司报告,分析会计数据同股票市场的各种关系。我国会计研究中实证方法之所以运用较晚,同我国证券市场的建立只是近16年(以1984年初北京天桥百货向社会发行第一批股票为标志)才开始有关。若从上海、深圳两个交易所成立后,人们才有可能取得上市公司较完整的资料算起,还不到10年。但我国学者在诸如《论证券市场中的会计研究:发现与启示》(汤云为、陆建桥,1998)、《证券市场发展与财务信息公开揭示》(张为国,1995)、《上市公司盈利信息、报告、股份变动与股市效率的实证研究》(吴世农、黄志功,1997)、《我国股市弱型效率的实证研究》(陈小悦等,1997)、《上市公司利润操纵实证研究》(蒋义宏,1998)、《会计盈余披露的信息含量——来自上海市的经验证据》(赵宇龙,1998)等论文中均在结合中国股市实际,解释并预测会计数据与股市变化的关系,分析解剖盈余管理(即操纵)现象等方面作了有意义的尝试,并对推动实证方法在我国会计研究中的运用起了很好的示范促进作用。1998年,中国会计学会通过《会计研究》等杂志和《1998年会计学论文选》发表了《论证券市场中的会计研究:发现与启示》(汤云为、陆建桥)、《1985年—1997年中国股市发展对会计思想的影响》(蒋义宏),又把人们对实证研究方法的认识推进了一步。我国的实证会计研究尽管起步较晚,处在方兴未艾阶段。它的发展,势必改变规范研究方法长期统治我国会计理论研究的局面。我国会计理论当前的研究形势大体上类似于美国七八十年代。正像美国会计学会在1977年一份研究报告中指出的:"由于会计是一个重要的、理论丰富的领域,它已吸引了大批有思想的优秀研究人员,因此,必须定期对它进行再认识。在这点上,过去的10年是异常活跃的。自《基本会计理论说明书》(ASOBAT)发表以来,已经发生了根本性变化,传统的会计理论所应用的主要学科显著变动,会计研究人员已积极运用新的手段、新的视角和新的分析技术,从全新的方位来探索更为广泛的会计问题,我们认为,这种变化是令人鼓舞的,它标志着知识的进步"(AAA,1977)。这里所指的变化,就是一些青年会计学者纷纷

① 最早运用实证研究方法的著作,通常认为是鲍尔(Ball)和布朗(Brown)的《会计收益的经验评价》(An Empirical Evaluation of Accounting Income Numbers)。文章通过实证,认为会计盈利是一些无意义的数字。建立在这些数据基础上的股票价格不可能向竞争性投资活动中的资源分配发出有用的信号,文章是针对60年代早期一些文献包括一个共同假说"公司报告是获取公司信息的唯一来源"所作的否定意见(Watts & Zimmerman,"Positive Accounting Theory",1986,p.20)。

运用实证法去研究、分析会计问题。作为方法论，实证研究与规范研究都是不可或缺，且应是互为补充的。理论(包括模型—理论的数量表现)包括一系列假说(假设)和从中得出的结论。如果人们只要求描述(解释和预测)会计现象与会计行为，而不对它是否合乎要求做出判断和选择，那么，使用实证方法就够了，但如果要求做出是否符合目标的判断，就要同时运用规范方法。所以，在理论研究中，两种研究方法需要完美结合。不过，在今后一个较长时期内，在中国我们还是应当大力倡导实证研究方法在会计研究中的运用，我们要努力缩短我国会计界同发达国家会计界在这方面的差距。

三、未来的展望

建国50年来，我国会计理论研究虽然受到一些干扰和挫折，但总的看来，是在迂回中前进的。中国会计学会成立20年来，由于会计界高举邓小平理论的伟大旗帜，乘改革开放的东风，会计理论研究取得了历史性的突破。其显著成就是众所周知的。理论来自实践，反过来又能指导实践，随着社会主义市场经济的建立与完善，随着我国社会主义经济建设的发展，会计理论必将不断地旨在服务于社会主义经济建设而开拓前进。21世纪即将来到，知识经济社会将给会计带来一系列前所未有的新问题，面对我国改革开放的要求和新世纪带来的挑战，中国会计理论界任重而道远，我们必须继续奋进，力争在较短期间内，使会计的各个领域中的研究赶上国际先进水平，并始终立足中国，保持中国特色。

回顾过去，是为了展望未来。跨入21世纪后，中国会计学会应当组织推动会员和广大会计工作者研究哪些重大课题呢？这个问题需要由新一届理事会认真研究，精心规划，立足中国，放眼世界，在广泛吸取各方意见后才能做出决定。我不揣冒昧，仅提出几点个人的不成熟的意见，供今后制定科研规划作参考：

第一，应当继续深入研究具有中国特色的会计理论与方法体系。在会计研究中，我们始终要高举邓小平理论伟大旗帜，而建设具有中国特色的社会主义是邓小平理论的精髓。为了建设具有中国特色的社会主义，我们就要继续深入地研究具有中国特色的会计理论与方法。

第二，要围绕会计法的宣传贯彻，深化会计改革，对进一步建立和健全中国的会计规范体系进行研究。

第三，要面向新世纪，面向知识经济，开展各种传统会计学科的纵深研究和新兴学科的开拓性研究。其中，具有中国特色的管理会计的研究，符合中国国情又与国际会计惯例协调的财务会计与财务会计报告的研究，人力资源会计、无形资产与知识产权会计等问题的研究，环保会计研究等可能要优先考虑。

第四，要进一步推动、鼓励实证研究方法在我国会计理论中的应用。这些研究不仅要联系中国证券市场的特点，而且应把研究的领域拓宽到会计学科本身。举例来说，为什么长期以来会计计量采用历史成本？公允价值在会计计量属性中的前景如何预测？为什么会计报表是现在这种模式？未来的模式将是如何？等等。

会计在实践中的发展过程是无穷的，人们对它的认识的发展过程也是无穷的。会计学的不同学科、不同领域以及所运用的研究方法，都在向前发展，我们对它们的认识和应用永远不会完结。可以预言，进入令人鼓舞的21世纪以后，由于全球经济的迅速形成和我国社会主义市场经济的快速前进，它们必将为会计理论的进一步繁荣开辟无限广阔的道路。

参考文献:

[1]邢宗江,黄寿宸.怎样建立新中国会计理论基础? 新会计,1951(1).

[2]陶德.《怎样建立新中国会计理论基础》读后.新会计,1951(4).

[3]列昂捷夫,沙洛莫维奇.论会计核算的对象与方法问题.工业会计,1953(6).

[4]杨纪琬(主编),赵玉珉,娄尔行,葛家澍,吴诚之.会计原理(高等财经院校试用教材),中国财政经济出版社,1979.

[5]谈惠(葛家澍).关于会计学的几个理论问题的讨论.经济研究,1963(2).

[6]顾准.我国社会主义会计理论问题(遗著).上海人民出版社,1982年"第二稿说明".

[7]葛家澍.论会计理论的继承性.厦门大学学报,1981(3).

[8]杨纪琬,阎达五.开展我国会计理论研究的几点意见兼论会计学的科学属性.会计研究,1980(1).

[9]杨纪琬.论会计管理.1982年会计学论文选.中国财政经济出版社,1983.

[10]AAA.A Statement of Basic Accounting Theory 1966 Ch.5.

[11]APB:Statement No.4.Basic Concepts and Accounting Principles Underlying Financial Statements of Business Enterprises,AICPA,1970 Ch.2 para.5.

[12]Davidson & Weil.Handbook of Modern Accounting 2nd.Ed.1977.

[13]余绪缨.要从发展的观点看会计的科学属性.会计通讯,1980(4).

[14]余绪缨.关于建立适应我国社会主义现代化需要的会计学科体系问题.会计研究,1982(2).

[15]葛家澍,唐予华.关于会计定义的探讨.会计研究,1983(4、5).

[16]蒋义宏.浅谈会计信息系统.会计研究,1984(4).

[17]裘宗舜.会计与信息革命.江西会计,1984(6).

[18]朝阳.谈谈会计核算的反映和监督.大公报,1962-07-06.

[19]陈忠贵,等.加强会计监督.财政,1962(15—16).

[20]阎达五.提高成本核算质量:论反映、分析和监督的结合.中国经济问题,1964(7—8).

[21]杨纪琬.关于"会计管理"概念的再认识.会计研究,1984(6).

[22]葛家澍.会计的基本概念:一个以提供财务信息为主的经济信息系统.会计学刊,1986(2).

[23]吴水澎.会计"信息系统论"与"管理活动论"可以"合二为一".福建会计,1986(11).

[24]李宝震.正确认识会计的职能,更好地发挥会计在提高经济效益中的作用.财务与会计,1982(7).

[25]裘宗舜.会计与信息革命.江西财经学院学报,1985(1).

[26]王文彬,方克安.对会计监督职能的讨论.财会通讯,1986(3).

[27]潘序伦.重视会计工作.解放日报,1980-03-05.

[28]黄逸峰.会计工作者要为四个现代化作出贡献.财务与会计,1980(4).

[29]杨纪琬同志论会计的职能.财会通讯,1981(11).

[30]阎金锷,汪家佑.结合我国实际,学习管理会计.中国会计学会1980年年会论文选,中国财政经济出版社,1982.

[31]余绪缨.现代管理会计的主要特点及其吸收利用问题.1981年会计学论文选,中国财政经济出版社,1982.

[32]葛家澍,黄忠堃.论经济核算制与会计、会计研究,1980(1).

[33]娄尔行.立志改革,开创高等院校会计教学新局面.会计研究,1984(1).

[34]余绪缨.管理会计(高等财经院校统编教材).中国财政经济出版社,1983.

[35]葛家澍.市场经济下会计基本理论与方法研究.中国财政经济出版社,1996.

[36]谢明.总结过去,开拓未来,努力建设具有中国特色的会计理论方法体系.会计研究,1990(2).

[37]项怀诚.新中国会计50年.中国财政经济出版社,1999.

作者在谈到"关于会计准则问题的讨论"部分说:"归纳起来,理论界关于会计准则问题的研究主要有:建立我国会计准则的必要性,我国会计准则体系的构成,我国会计准则制定的主体,会计准则与会计核算制度的关系,我国会计准则与国际会计惯例的关系,以及会计准则具体内容的研究等"(622~623页);"另外,会计界还对会计准则的具体内容进行了许多研究,领域之广,观点之多,分歧之大,都很空前,实难一一描述"(625页)。

[38]刘玉廷.当前会计理论研究中的几个问题.会计研究,1999(2).

[39]斯蒂格利茨.经济学.中国人民大学出版社,1997.

[40]汤云为,陆建桥.证券市场中的会计研究:发现与启示.经济研究,1998(7).

[41]张为国.证券市场的发展与财务信息公开揭示.中国会计教授会.1995年—1996年论文集.中国财政经济出版社,1997.

[42]吴世农,黄志功.上市公司盈利信息报告,股价变动与股市效率的实证研究.会计研究,1997(4).

[43]陈小悦,等.我国股市弱型效率的实型研究.会计研究,1997(9).

[44]蒋义宏.上市公司利润操纵实证研究.中国证券报,1998-03-19,1998-03-20.

[45]赵宇龙.会计盈余披露的信息含量——来自上海市的经验证据.经济研究,1998(7).

[46]蒋义宏.1985—1997年中国股市发展对会计思想的影响.证券市场导报,1998(3).

[47]AAA.Statement on Accounting Theory and Theory Acceptance,1997.

[48]中国会计学会召开"中国特色的会计理论与方法体系专题研讨会",在关于中国会计的特色问题中杨纪琬、冯淑萍等同志的观点。见《学会动态与法规信息》第三期(中国会计学会秘书处编,1999年12月28日)。

(原载于《会计研究》2000年第4期)

02

什么是会计理论

——规范会计理论的一种观点

葛家澍

摘 要:本文主要从规范会计理论视角探讨什么是会计理论。首先分析马克思主义者关于会计理论的认识和西方会计学家的会计理论观,然后形成关于“什么是会计理论”的初步观点。

关键词:会计理论;规范会计理论

一、引言

会计理论是会计学的主要组成部分。但会计学者对会计理论的定义、作用和形成会计理论的研究方法的认识却存在着分歧,马克思主义者同西方学者的观点有着显著的不同。在西方,会计界两种学派——规范会计学派和实证会计学派在如何看待理论的作用问题上,也持有各自的看法。科学的特点是实事求是。我们的观点是:一方面,我们不同意实证会计理论的某些倡导者(Jensen为首)以“过分侧重于规范研究和解说(界定)研究”为理由,轻率地把“不科学”(unscientific)三个字强加于传统的会计理论(即规范会计理论)①。如果是这样,就美国来说,至少包括《账户原理》(*The Philosophy of Accounts*)[1]、《会计理论》(*Accounting Theory*)[2]、《会计中的经济学》(*The Economics of Accountancy*)[3]、《会计中的真实性》(*Truth in Accounting*)[4]、《公司会计准则绪论》(*An Introduction to Corporate Accounting Standards*)[5]、《会计理论结构》(*Structure of Accounting Theory*)[6],以及《企业收益的理论及其计量》(*The Theory and Measurement of Business Income*)[7]等经典性、同时也是规范会计理论的名著都应当加以否定。但是,在Jensen等一批实证研究者的论文中,却不同程度地参考了上述的规范性会计理论成果②。显然,简单地用“不科学”来定性1976年以前的会计理论研究成果是不够慎重的!另一方面,我们应该充分肯定实证会计研究工作者的某些新方法、新观点和新思维。实证会计理论在西方尤其是在美国的崛起,迅速地取代规范会计理论,这是70年代以来的一种特殊的引人瞩目的“会计现象”。这一现象揭示了规范会计理论缺乏实践检验的固有缺陷。实证会计研究的迅速崛起值得规范会计理论工作者深思,取长补短,为时未晚!90年代,《会计理论——教科书与参考读物》(Accounting Theory—Text and Read-

① 对规范会计理论持批评态度的始作俑者是芝加哥大学的詹森(Jensen)教授。参见 Jensen, M.C.,“Reflections on the State of Accounting Research and the Regulations of Accounting”, Stanford Lectures in Accounting, Stanford, CA: Stanford University, 1976, p.11。

② 以Ball和Brown1968年的经典性文献《会计收益数据的经验性评价》一文为例,该文中就曾经参考规范性研究成果9篇,占参考文献比例的35%左右;其中多处参考了上述提到的Canning的《会计中的经济学》,Paton and Littleton的《公司会计准则绪论》、Edwards and Bell的《企业收益的理论及其计量》等。

ings)一书中谈及会计理论时公允地认为:“理论可以被描述为规范和实证。规范理论解释‘应当如何’(What Should Be),而实证理论则解释‘是什么’(What Is)①。其实,不应当有如此区分,因为,完善发展的和完整的理论包含应当如何与是什么两个方面。”[8]

此外,不同的会计理论对会计理论作用的看法确实存在着差别。在谈到“会计理论”的性质时,《实证会计理论》一书认为:“会计理论的目标是解释和预测会计实务”,“解释是指为观察到的实务提供理由……预测是指会计理论应能够预计未观察到的会计现象”[9]。显然,实证会计理论把理论的作用只限于解释已观察到的会计现象和预测尚未观察到的会计现象,是为使他们所研究的任务限于“是什么”和“将会是什么”,他们认为理论是不去研究“应当如何”的。而在规范会计理论研究者看来,理论的根本任务不仅在于解释和预测世界,而且在于(或更注重于)改造世界。就会计理论来说,良好的会计理论应当导致良好的会计实务。

由于理论认识上的差异,本文以下的叙述将不过多地涉及实证会计理论。我们重点研究的是西方规范财务会计理论的定义、作用和理论形成的诱因。但是在研究这些理论以前,必须先简单说明一下马克思主义关于理论与概念等范畴的基本看法。

二、马克思主义者关于理论的认识

马克思主义者观察世界上的一切事物时,都坚持唯物论和辩证法。马克思主义者认为,理论是人们对事物从现象到本质的观察,运用科学的概念(范畴)去阐明事物之间的内在必然联系,即规律性的认识。规律就是关系,它反映事物的本质。本质是抽象的。但是,“物质的抽象、自然规律的抽象、价值的抽象及其他等等:一句话,那一切科学的抽象,都更深刻,更正确,更完全地反映着自然”[10]。通过思维,把具体的东西上升到抽象的东西,不是离开真理,而是接近真理。

1.现象与概念(范畴)

人们总是从观察周围的事物,作为现象开始思维。事物的本质存在于现象中。但现象并不总能代表本质。古人说“白马非马”,并非纯粹诡辩,而含有现象并不代表本质,观察到的东西并不等于概念的意思。在现象上,你只能看到白马、黑马、黄马等等,当你经过仔细观察,不管什么颜色的马,都是食草的四足动物,它们的共同特点是善于奔驰,快的速度可达到“日行千里、夜行八百”,于是把对这样一些动物的认识——从现象得来的感性认识,上升为理性认识,给予它们一个反映其共同特点与本质的概念:“马”。同样的道理适用于会计。资产、负债、所有者权益、收入、费用、利润以及历史成本、公允价值、财务报表、公认会计原则等等都是从接触并认识大量的会计现象和会计行为中产生的。严格地说,“概念”即“范畴”已经是人们理性思维的产物。不过,它只是人们通向真理认识的第一步。但这却是非常重要的一步。“在人面前是自然现象之网。本能的人,即野蛮的人没有把自己同自然界区分开来,自觉的人则区分开来了。范畴是区分过程中的一些小阶段,即认识世

---

① 关于实证研究和规范研究的基本内容,马克·图恩(《自决的经济学》,商务印书馆1979年版,第279页)曾作过一个简明扼要而又比较全面的对比分析,即:

实证 是 手段 事实 现实 描述 真或假 精神的问题 解释 分析

规范 应该 目的 价值 理想 规定 好或坏 心灵的问题 评价 政策

我们可以看出,上述的区分涉及语言形态、研究领域、内容性质和作用特征等多个方面,如果具体到会计理论研究中来,多数会计学者首肯实证会计研究主要回答会计“是”什么,认为进行实证会计研究时应该超脱或排斥一切价值判断,只考虑建立会计信息系统运行之中的会计处理程序之间关系的规律;而规范会计研究一般着重回答会计“应该是”什么,因此往往含有一定的价值判断,需要提出某些准则,作为进行会计处理的标准和制定会计政策的依据。

界过程中的一些小阶段,是帮助我们认识和掌握自然现象之网的网上纽结。"[11]

2.本质与规律

人们在观察现象之后,之所以要提出概念,就是要探求事物背后的本质,而进一步要寻找规律。规律是本质的现象或者像黑格尔所说是本质的关系。因此,找到规律,人们的认识就大大地前进了一步。它代表"人们对于世界过程的同一的、相互联系、相互依赖和整体性认识的一个阶段"[12]。在会计中,最能说明概念与规律之间的关系的就是西方会计界对财务概念框架(Conceptual Framework for Financial Accounting)的研究。早在1940年,《公司会计准则绪论》的作者就试图不是研究会计准则本身而是把与此有关的会计基本概念汇总起来,形成一系列凝固、连贯的协调一致的会计理论整体;80年代初,美国会计准则制定机构FASB发表的"财务会计概念说明"中认为:"概念框架是互相关联的目标和基本概念的协调一致的系统。"[13]西方会计界对财务会计概念框架的定义,都阐明了概念框架作为财务会计理论体系是概念与概念之间关系的有机整体,它应能反映财务会计特别是财务报告所赖以建立的基本概念与它们之间的内在一致的联系。这就是用来指导财务报告编报的规律。

在规范会计理论看来,建立这种规律性的联系是为了不断完善会计准则与财务报告,即指导准则和报告应当如何,而不只是为了解释和预测未来的会计准则和财务报告是如何。在这一点上,同马克思主义的理论观是一致的。

马克思主义者认为理论来自实践,又应再回到实践。这个过程应当循环反复。因为人们的认识需要不断深化。理论应能反映真理,至少逼近真理:理论的任务不仅是为了解释世界,主要是为了改造世界。会计理论,其任务与作用也应当如此。

三、西方会计学家的会计理论观

在西方,除实证会计理论外,规范会计理论学者们在理论范围的界定、理论的定义及其形成的原因等方面均众说纷纭,莫衷一是。以下列举几个代表性的学者及其有关会计理论的观点。

1.利特尔顿(Littleton)

把理论概念界定得最广,认为会计理论是说明会计行为的理由,可以追溯到50年代。著名的会计学家A.C.Littleton是一位规范会计理论的大师,但他一方面界定理论只是"解释"实务,为行动提供"理由";另一方面却对理论的解释作用作了甚为宽广的规定,反映了规范会计研究工作者关于理论应能发挥的作用的代表性看法。他说:"实务就是做事,理论则是解释。"会计人员"为什么必须做一些事而不是做另外一些事,总是有道理的。"①在会计中"为什么一些方法比另一些方法更优越也是有道理的。这些理由构成了理论"。理论的作用虽是解释,但解释是多层次的梯形(见图1):

各种解释:

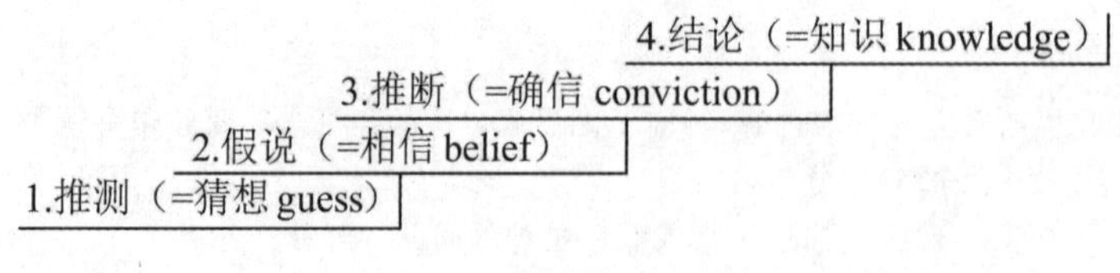

图1

① Littleton被称为会计界的"达尔文主义者",其信奉的观点是"适者生存"、"存在的即是合理的"等。

Littleton认为在许多学科(主要是自然科学)中,其结论可得到检验,因而是科学的知识。会计不属于这种学科。但我们"必须承认,会计中也包括着知识,以及组成这些会计知识的观念之间的重要关系"。"在会计中存在着真理。这些真理是建立在账户分类,明确的目标和数据之间的关联性之中,于是产生了会计原则。"[14]可见,Littleton所说的理论即解释,包括猜想到科学知识,即从现象的观察、假设到定理的形成(在财务会计中,Littleton所说的科学知识即用文字表述的,可解释并指导会计实务的会计原则)。

2.亨德里克森(Hendriksen)

Eldon S.Hendriksen是美国60年代至90年代活跃在会计论坛上的一位有影响力的会计学家。他对会计理论的性质有着自己的看法。

1977年和1982年,在《会计理论》第3和第4版中,Hendriksen把Webster新国际词典中的理论定义引进到财务会计领域。他认为会计理论应定义为"一套广泛适用的、作为形式的原则所进行的逻辑推理。会计理论的主要作用是(1)作为评价会计实务的一般依据;(2)指导和发展新的会计实务和会计程序。会计理论还可用来解释会计实务以便更好地理解他们"[15]。值得注意的是Hendriksen并不把解释作为会计理论的首要作用。通过解释以便理解会计实务虽然也是会计理论的任务,但理论的首要任务则是评价实务和指导、发展实务。Hendriksen关于理论的这一观点显然不同于实证会计理论的看法,而充分反映了规范研究的要求。

1992年,即在1982年的《会计理论》10年之后,Hendriksen与VanBreda合写了《会计理论》第5版,在基本观点并无太大改变的前提下,他们重新定义了"会计理论":"一套逻辑严密的原则:(1)使实务工作者、投资人、经理和学生更好地理解当前的实务;(2)提供评估当前会计事务的概念框架;(3)指导新的实务和程序的发展。"在这里,会计理论虽然包括构成会计原则的基础,但主要指一系列内在联系的会计原则,亦即财务会计概念框架。因为在第4版发行以后的10年中,美国财务会计最引人瞩目的发展就是从1978年开始至1985年,FASB研究并发展了一系列财务会计概念公告(SFAC No.1—6)。它把会计理论从抽象引向务实,从间接影响会计实务到直接评估和促进会计准则与实务的发展。概念也是发展的,这是科学发展的规律。Hendriksen在修订第5版时,不得不把财务会计概念框架的出现这一会计理论方面的重大变化反映在他们的新版"会计理论"定义中。

3.贝克奥伊(Belkaoui)

Belkaoui的《会计理论》也是一本经典著作。1993年第3版认为:"会计理论的基本目标是为了预测和解释会计行为和事项提供一个基础。理论可定义为'一套相互联系的结构(概念)定义和前提,是各种现象的系统化观点的表现'。理论'用来指明在各种变量中的相互关系,其目的在于解释和预测各种现象'。"[16]不过,这个定义并非Belkaoui的观点,而是引用Kerlings在"Foundations of Behavioral Research"中的说法。他还根据*Corporate Accounting*一书的观点,认为一项理论应具备三个要素:(1)把现象转变为象征的变现,如运用"借""贷"记账符号和其他会计的专门术语;(2)按照规则加以处理与结合,如对交易或事项按复式记账规则作为分录;(3)再转回到现实世界中的现象中来,如最后决定企业的收益。看来,Belkaoui所说的"理论"已经是运用会计原则处理会计实务,而他阐述的理论的作用则与实证会计研究者的观点基本相同。

4.沃克和泰利(Wolk and Tearney)

Wolk和Tearney合写的《会计理论——概念的和制度的方法》第一章全面论述了会计理论与政策制定、会计计量的作用的关系。在谈到会计理论的定义时,他们说:"在会计文献中提供了有关会计理论这个捉摸不定的名词以许多定义。'会计理论'一词实际上十分模糊。本书在这里把会计理论定义为基本假定、定义、原则和概念——以及多少我们能够加以衍生的名词——他们用来作为立法机构制定政策的指导,并指引会计报告和财务信息。至于基本假定、定义、原则和概念等应当是什么,这是人们现在和未来讨论与争论的内容。特别是随着新的争论点和问题的产生,对立的讨论会持续下去。在这里,会计理论主要用于财务会计而不是管理会计和政府会计。"作者把"会计理论"同其他因素的关系放在整个财务会计环境加以考察,并用图表列示如下(见图2):

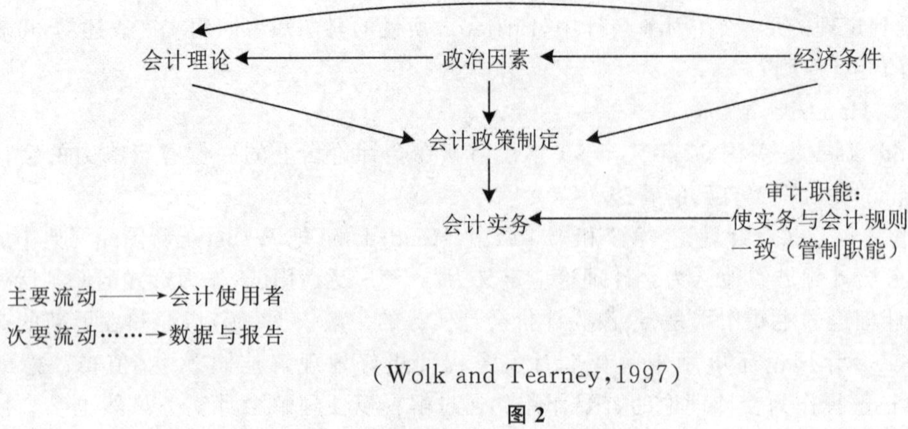

(Wolk and Tearney,1997)

图2

这本书所描述的会计理论的定义有一定的代表性。在西方,迄今没有一个完整严密的"会计理论"的定义,他们把假设、原则、定义和概念都包含在"理论"的范围之内,这个界定并非失之宽广,而是失之狭窄,定义仅指实用的直接规范会计实务的理论即概念框架。会计的学术思想、观点、不同流派的论争似乎都被排斥在定义之外。Wolk和Tearney的观点其实早在90年代初就已出现。例如,Kan在其《会计理论》(第2版)中把理论分为三个层次,基本上概括了Wolk和Tearney所描述的内容。

会计理论的三个层次

假设(基本假定)

Ⅰ.定义(包括要素在内的基本概念),如成本、价值、资产、收入和费用会计目标

↓

Ⅱ.原则(准则),如收入、确认、历史成本、配比等

↓

Ⅲ.程序(方法),如折旧的直线法、存货计价的先进先出法等

(Kan,1990)

图3

资料来源:Kan.Accounting Theory.Second Edition.1990:42

5.美国会计学会(AAA)

60年代和70年代,AAA关于会计理论的看法产生明显的变化。

1966年8月,AAA成立50周年纪念,为纪念这一盛典,AAA专门成立了一个专家委员会,为期两年,完成了一份有关会计基本理论的综合报告,题为《基本会计理论说明书》(ASOBAT)。在ASOBAT中,引用了新国际词典的理论定义。理论是"前后一致的,将假定的、概念的和实用的原则结合在一起,形成研究某一领域的一般框架"[17],该报告虽承认有会计的综合理论存在,却未进一步对"会计理论"给出定义。而只是说,要研究会计理论的四个方面[18]:

(1)确定会计领域,以便归纳有用的基本会计规则,并形成会计理论;

(2)建立应据以判断会计信息的标准;

(3)提出改进会计惯例的建议;

(4)向那些随着社会对会计的需求扩大而试图拓展会计应用范围和审计问题范围的研究人员提供一个有用的基本框架。

从这份报告所要研究的范围可以看到,AAA 在 1966 年所肯定的会计基本理论是规范理论。至于研究方法,则是典型的演绎法。

11 年后,AAA 于 1977 年在其《关于会计理论和理论认可的说明书》(SOATATA)中的口气不大相同。它明显地受实证会计理论兴起的影响而改变了 1966 年对会计理论的看法:1966 年,AAA 承认存在着覆盖一切的、综合性的会计理论;而 1977 年,该报告认为,目前不存在"单一的,得到普遍认可的会计理论"(single universally accepted basic accounting theory),相反地,所形成的是"多重理论"(a multiplicity of theories)。因此,它得出结论[19]:

(1)不存在单一的、支配性的会计理论,其内容丰富到可以有效地涵括使用者—环境各种情况的全部范围,因此,

(2)在财务会计文献中,所存在的不是财务会计的单一理论,而是可以表述使用者—环境各种情况差异的一种理论集合(a collection of theories)。

这是因为:

第一,先就"使用者"而言,使用者是多种多样的,他们对信息的偏好、需求与使用上不相同。没有一个全面的、单一的理论可以满足各种使用者的不同要求。

第二,再就"环境"而言,一个突出问题是财务报告主体存在着多种信息源。有些理论没有考虑多种信息源,有些理论只把会计视为财务信息源之一。有的理论偏重于信息的编报者,而另一些理论则关注于信息的使用者。

会计系统应趋向于报告主体的那些比其他信息源有相对优势的特征。另一个突出问题是在编报者和使用者之间存在着的市场交换行为和非市场的交互行为(外部性)。

就市场交换行为看,在获取信息方面,多大程度上证券市场是有效的?尤其是,我们是否发现市场已衰退到需要社会干预的程度?就外部性看,在多大程度上,这种非市场行为在使用者中存在?它们的相关度多大?在编报者中是否也存在着外部性?例如,为所得税报告而传递的信息就会影响到财务报告。管理当局的决策与对外财务报告存在着相互影响。

此外,审计观念同财务报告也会相互影响。

总之,使用者—环境的不一致和差异,便会产生有差别的会计理论,以至于现存的会计理论中没有一种理论能为全部会计人员(实际上也包括全部使用者)所接受[20]。

实证理论与规范理论之间的分歧,现在已导致会计理论的很大分歧。

四、初步结论

会计理论同一切其他理论一样,来自实践,又应再回到实践。来自实践意味着我们在观察大量会计现象之后,从中发现某些带有共性的特征,研究工作中通过理性认识,把它上升为"概念"。概念就属于理论范畴。比如会计人员通过实践,对每一项交易或事项都同时用相等金额记入两个账户,认为它能形成一种系统、全面的记录,于是把这种记录方式用"复式记账"的概念来表示;又如通过实践,凡是在收取收入的权利发生时,就确认为收入,而在发生费用的义务时则确认为费用,而不管是否已经为此而收到或付出现金,并认为这样记录能区分不同期间的权利和责任,直接符合受托责任的目标,这样一种记录方式,又用"权责发生制会计"或"应计会计"(accrual accounting)概念来代表。我们提出概念,是为了研究事物的本质。上述概念共同反映财务会计(主要指它的会计处理

程序)。复式记账、权责发生制、成本或价格计量原则、财务报表都是财务会计这一模式的本质的关系,即内在规律。我们要不断完善财务会计系统,总是要从这些概念的分析入手。

会计理论的作用是什么?我觉得实证会计理论和规范会计理论有分歧,也有一致。解释和预测事物是一切理论研究工作者都认同的。理论可以解释那些抽象、一般的会计现象,比如,会计假设;也可以解释一些具体的、个别的会计现象,比如存货计价中的先进先出法。Littleton讲得有道理:做这件事,不做那件事;事物是这个样子,不是那个样子,总有它的理由。这就是理论。理论就是说明理由。

以会计假设来说,为什么会计中也有假设?人们在思维中存在着假想。首先还是先有客观存在,之后才有主观设想。财务会计是商品经济发展到现代企业已经出现的产物,是客观存在的,然而这种客观环境对会计有什么影响,这些影响将会造成财务会计什么特征,这就要人们提出一些假说。正如恩格斯所说:"只要自然科学在思维着,它的发展形式就是假说。"[21]在会计中,我们通常把假说称为假设。虽然假设比较抽象,但它能解释财务会计最基本的特点。会计所提供的信息总是以单个商品生产者(经营主体为范围),把经营主体同时视为会计主体,这些主体通常都以持续经营为前提,对每一个持续经营的主体,会计信息又应当分期提供,并以货币为主要的量化手段。这样,财务会计的对象、对象的空间范围和时间界限、信息计量的主要尺度,即会计信息的基本性质(财务信息)便由若干基本假设所决定。会计学家提出会计基本假设时,往往称它们是"不言自明"的真理,用不着验证也无法验证。这种看法是不对的。世界上不存在什么不言自明的真理。诺贝尔经济学奖得主科斯在《企业的性质》一文中说过:"过去,经济理论一直未能清楚地说明其假设而备受困扰。在建立一种理论时,经济学家常常忽略对其赖以成立的基础的检验。而这种检验对于防止因对有关理论赖以成立的假设缺乏了解而出现的误解和不必要的争论是必不可少的,而且对于经济学在一系列不同的假设的选择中作出正确的判断也是极为重要的。"[22]科斯的论断也适用于会计学。会计理论和会计基本假设也是如此。检验真理的唯一标准是实践。人们提出的任何假说都要检验,但需要时间。我们之所以不赞同实证会计研究只把检验范围局限于上市公司的财务报告的数据(如盈利)同其他变量(如股价)的关系,而且样本的选择又比较主观,讲来讲去讲不到财务会计自身的问题,是因为:研究社会科学不能照搬照抄研究自然科学的方法。化学、物理试验都可以在试验室中进行。会计学则不行。会计的实验室在社会,至少在既包括资本市场也包括其他市场错综复杂的经济环境之中。

会计理论的作用包括解释和预测,包括说明已观察到的现象存在的理由,并预测尚未观察或尚未出现的未来现象的条件和原因。但理论还包括"什么是最佳选择"的研究,即要研究"应当如何"。若理论不包括指导实践、改造环境和世界的任务,科学的存在与发展就失去最重要的意义。

理论是有层次的。从抽象的会计原则到具体的会计程序、方法的研究,只要讲出道理,预测前景并指导怎样做将更好,会计中的大小道理都属于理论。所以,假设、目标的研究是理论,具体的会计程序,如权责发生制,具体的方法如存货中的先进先出法等等研究也是理论。问题在于,所有这些道理是否能够正确地解释和预测现象,并指导人们去运用它们更好地处理会计事务,产生相关、真实、公允的会计信息,并有效地利用它们为经济决策服务。

本文虽然着重从规范会计的观点解释会计理论,但我们并不认为单纯依靠规范研究能够形成科学的理论。在规范研究中,不论运用归纳法或演绎法,都离不开通过实践去检验(而归纳法必须先从大量的现象和事实中进行加工、概括)。也就是说要同实证研究相结合。实证研究的结果不再进行规范研究,不能产生有用的科学的会计理论;相反的情况也是如此,规范研究的结果没有经过经验——实证的检验,同样是空洞的,是没有得到证明的非科学理论。

参考文献：

[1]Sprague.The Philosophy of Accounts,1907.

[2]Paton.Accounting Theory,1922.

[3]Canning.The Economics of Accountancy,1929.

[4]MacNell.Truth in Accounting,1939.

[5]Paton and Littleton.An Introduction to Corporate Accounting Standards,1940.

[6]Littleton.Structure of Accounting Theory,1953.

[7]Edwards and Bell.The Theory and Measurement of Business Income,1961.

[8]Richard G.Schroedor and Myrtle W.Clark.Accounting Theory:Text and Readings,1998.

[9]Watts and Zimmerman.Positive Accounting Theory,1986.

[10]列宁.哲学笔记.人民出版社.181(此处见《黑格尔逻辑学一书摘要》,为列宁 1914—1916 年所写).

[11]列宁.哲学笔记.人民出版社.

[12]列宁.哲学笔记.人民出版社,158.

[13]FASB.Statement of Financial Accounting Concepts.1996,11:1024.

[14]Littleton.Structure of Accounting Theory,1953.

[15]Hendriksen and Breda.Accounting Theory.Fifth Edition,1992:22.

[16]Belkaoui.Accounting Theory.Third Edition,1993:36.

[17]Webster.Third New International Dictionary,1961:2371.

[18]AAA.A Statement of Basic Accounting Theory(ASOBAT),1966:Chapter 1.

[19]AAA.Statement on Accounting Theory and Theory Acceptance(SOATATA),1977:Preface and Chapter 1,同时参考刘峰对 SOATATA 的译稿.

[20]AAA.A Statement of Basic Accounting Theory(ASOBAT),1966:Chapter 1.

[21]恩格斯.自然辩证法.马克思恩格斯选集 3:561.

[22]Ronald H.Coase.The Nature of the Firm,Economica,1937,4:386-405.

（原载于《会计研究》2000 年第 10 期）

关于高质量会计准则和企业财务业绩报告改进的新动向

葛家澍

摘　要:本文主要评述两个方面的动态:一是美国财务会计准则委员会(FASB)对于Arthur Levitt提出的"高质量会计准则"的反应,二是关于财务业绩报告的改进。FASB除同意Levitt的观点外,还强调一份高质量的会计准则应当尽量减少以至最终取消备选方案,准则的含义必须十分明确,准则的制订需要有严密的程序。在英美分别提出第四财务报表以后,G4+1集团则主张把传统的收益表与新增的全面收益表合二为一。G4+1集团提出了新的反映全面财务业绩的"财务业绩表"。本文在系统介绍这两个方面动态的同时,均根据自己的看法进行必要的评论。

关键词:高质量会计准则;财务业绩报告;新动向

一、FASB对高质量会计准则的反应

1997年9月29日,美国证券交易委员会(SEC)主席阿瑟·利维特(Arthur Levitt)在一次演讲中呼吁"对高质量会计准则的需要",随后美国会计学会(AAA)会刊《会计瞭望》(*Accounting Horizons*)以《高质量会计准则的重要性》为题全文进行发表,在美国国内引起了强烈的反响[1]。Levitt提出高质量会计准则是基于两个背景:

在美国国内,一些上市公司存在有选择的信息披露(selective disclosure),通过电话会议或违禁的新闻发布,使得证券分析师和机构投资者经常在信息公开之前探得消息,以至于发生大量不正常的交易。尤其令人担心的是利润操纵(又译盈余管理,Earnings Management)在不断滋长蔓延,这被Levitt称为"市场参与者之间的游戏"(a game among market participants)[2]。这种"数字游戏"(numbers game)与支撑资本市场成功的基本原则——真实、公允、充分披露和透明度等背道而驰①。Levitt作为SEC的负责人,对这一不良现象十分关注和日益担忧。他提出高质量的会计准则,意欲导致高质量的财务报告,规范上市公司的会计数字,特别是制止备受关注的盈利数字的虚假不实。

在国际范围内,国际会计准则委员会(IASC)在证券委员会国际组织(IOSCO)的支持与合作下,完成了30份核心准则(core standards)的制定和评估任务②。美国SEC也参与了这项工作,国

① "the numbers game" Remarks of Chairman Arthur Levitt(SEC) September 28,1998(同时参考译文:"数字游戏",《资本市场杂志》,1999年1月,第14～17页).

② 根据IOSCO的新闻公报,IOSCO已经完成了IASC所修改的30个国际会计准则(即核心准则)的评估,并向各国证券发行商推荐(IOSCO Press Release "IASC Standards",Sydney,Australia,17th May,2000)。

际会计准则特别是核心准则的制定是 IASC 的成员国所密切关注的。美国尤其关注核心准则,因为一旦核心准则为 IOSCO 所认可,将来外国到美国上市的公司将按照核心准则而不是按照美国的 GAAP 编制财务报表。正如 Levitt 所说:"我们对于不一致的会计准则所费的成本是很敏感的。但是当我们试图回答会计准则更加协调的要求时,我们必须面向(首先必须面向)资本市场和资本市场参与者的需要。"①为此,他提出了国际会计准则获得认可而必须符合的三项主要目标,也就是要求会计准则的高质量[3]。

对于 Levitt 的建议,通过 1997 年 AAA 与 FASB 举行的财务报告问题研讨会,AAA、AIMR、IMA 等在美国有影响的会计团体,均做出了积极的反应,在 Levitt 的建议的基础上,各自阐述了有关高质量会计准则的特征的观点。

Levitt 代表 SEC 关于高质量会计准则的要求及其与国际会计准则的协调任务,是由 FASB 来落实的。人们期待着 FASB 的反应。由于 FASB 与 SEC 有着相互沟通的渠道,并保持良好的协作关系,FASB 能更好地理解 SEC 的意图,并在准则制定中予以贯彻。②

1998 年 12 月,FASB 发表了一份题为"国际会计准则的制定:未来的一种设想"的研究报告[4](本文以下简称"the Report"),对高质量的准则提出了比较全面的看法。虽然它主要针对国际会计准则的制定,但也适用美国的国内财务会计准则。③

1.关于整体要求

"the Report"指出,FASB 参加未来国际会计准则制定的基本目标与目的是基于这样一个信念:不断改进的会计准则应能导致这些准则质量的连续改进,最终可提高全世界财务报告的质量。这一信念已经使 FASB 在美国国内进行准则制定的努力延伸到国外,并推动 FASB 准则制定的作用延伸到国际环境。

高质量的财务报告是指向(企业)外部投资人、债权人以及其他在经济中有关资源分配决策者提供决策有用信息的财务报告。考虑到 IASC 是一个国际民间组织,它过去制定国际会计准则的一贯立场是争取会员国的支持,把协调,甚至妥协放在首位。而这种协调必然要牺牲准则的质量。针对 IASC 的一贯行为,FASB 不能不表示对 IASC 所制定的核心准则的担忧。所以,FASB 坚持,牺牲质量去追求一致性,而不是在不同条件下最好地解决问题是危害财务报告的消费者,即财务报表使用者的。这样做,等于破坏全球资本市场的信誉和效率。

定义准则的"高质量"(high quality)的确是困难的。但 FASB 认为,还有一系列高质量会计准则的属性可以识别。这些属性是以高质量财务报告为基础进行分析所获得,FASB 认为:

一整套恰当的(reasonable)、公正的(unbiased)会计准则应当提供相关的、可靠的,对外部投资人、债权人以及类似决策者决策有用的信息,这就必须制定一系列高质量的会计准则。每一份高质量的准则必须:

(1)同基本的财务报告概念框架所提供的指导原则相一致。

(2)只允许有最低限度的(最好没有)备选会计程序(包括明确的或默许的)。因为可比性和一致性才能促进会计信息的有用性,而备选方案的存在就很难保证信息的可比性和一致性。

(3)清晰的(不含糊的)和全面的,使准则容易被编报者和审计师(他们必须应用准则)、监管机构(他们必须执行准则)以及被使用者(他们必须从准则中产生信息)所理解。

---

① Arthur Levitt,"The Importance of High Quality Standards",*Accounting Horizons*,March 1998,pp.80～81.

② 关于 SEC 与 FASB 的接触、沟通和联系情况,Stephen A.Zeff 在其"A Perspective on the U.S.Public/Private Sector Approach to the Regulation of Financial Reporting"(*Accounting Horizons*,March 1995)中有详细介绍。

③ 以下将主要介绍"International Accounting Standard Setting:A Vision for the Future(FASB)"中有关高质量会计准则的观点。

总体来说,在 FASB 看来,按照高质量准则所产生的财务报告应能形成具有透明度的信息(transparent information)。透明的信息具有足够的信息含量,它能很快地被理解,以便为财务报表使用者据以做出经济决策提供一个重要的基础。应当反复强调:与做出经济决策相关的透明信息绝不是模糊不清的信息。

2.关于与概念框架一致

财务报告概念框架的作用是评估现行准则并发展新的准则。框架所阐述的目标指引着会计准则制定的方向。概念框架所列举的会计信息质量特征以及其他概念(如报表要素、确认标准、计量属性等)都要在会计准则中加以运用或得到体现。

(1)财务报告的目标

财务报告本身并不表示一种目的。它应当在企业和经济活动中提供对稀缺资源做出合理选择的备选方案,并据以进行经济决策。高质量的会计准则对经济的有效运行是很重要的。因为有关资源分配的决策主要依靠可信的和可理解的财务信息。在美国,财务报告的目的主要是满足外部使用者(投资人和债权人以及他们的顾问)的需要。因为他们无权命令企业按他们的要求去报告财务信息,而只能利用由管理当局传递给他们的信息——通用的财务报表和其他财务报告。因此,企业的财务报告应当体现外部使用者的共同需要。最重要的,是有助于使用者的投资、信贷等决策。

财务报告的目标在第 1 号财务会计概念公告已作了全面的阐述。“the Report”再把企业财务报告的目标概括为以下三点:

第一,提供现在和潜在的投资人、债权人和其他使用者做出合理的投资、信贷和类似决策的有用信息;

第二,提供有助于现在和潜在的投资人、债权人和其他使用者估计一个企业预期现金净流量的金额、时间安排和不确定性,并以此为基础最终估计他们自己的现金流入;

第三,提供一个企业有关经济资源、对资源的主权,以及交易、事项和情况对资源和资源主权变动影响的信息。

很明显,符合财务报告的上述目标是高质量会计准则的标志之一。

(2)会计信息的质量特征

财务报告目标的重点是利用会计信息可做出明智的投资、信贷和类似的决策。所以,会计准则的质量必须以它为基础来判断是否可用来产生对经济决策有用的信息。

会计信息质量特征在第 2 号财务会计概念公告中已作了系统阐述。“the Report”着重说明了几个信息的质量特征。FASB 仍然认为相关性和可靠性是会计信息有助于做出决策的主要质量特征。信息是相关的,指的是信息必须及时和必须有预测价值、反馈价值或两者兼而有之。信息是可靠的,指的是信息必须如实反映和必须可证实并且是中立的。增加相关性和增加可靠性是使信息变成更加称心如意的“商品”,那就是对决策更有用。只要这种质量中的某一个不具备,信息将不会有用。不过,“the Report”有一点没有提到:如果相关性与可靠性发生矛盾时应如何对待?英国 ASB 作了这样一个表述:“假定在那些质量特征中出现矛盾,如位置的转换但仍能符合财务报表的目标。即假如信息是最相关的,但不是最可靠的,或者情况相反(信息是最可靠的,但不是最相关的),则有用的信息项目是这些可靠信息中最相关的项目。”[①]这就是说,可靠性是有用信息的基础或前提。

“the Report”还强调中立性、可比性和一致性。

所谓中立性,就是一项会计准则要求所提供的信息必须能够客观地如实报告经济活动,要尽可

① 见 ASB “Statement of Principles for Financial Reporting: Some Questions Answered-Introductory Booklet” Part 2, Para.9, March 1999。同年 3 月,ASB 在另一份文件 “Statement of Principles: A Technical Supplement to the Revised Exposure Draft”中再一次表明上述观点,即当相关性和可靠性冲突时,应采取的方法是“这些可靠的方法中最相关的方法。所以,矛盾仅发生在:可靠的方法不相关或相关的方法不可靠”(参见 Part B, Chapter 3, B 3.14)。同年 10 月,ASB 在通过的 “Statement of Principles for Financial Reporting”再次肯定了引文中所表述的观点(3.34)

能地防止歪曲信息图像、旨在影响任何特定决策的行为。在准则制定中,根据准则所要求的信息,应主要关注其相关性和可靠性,不受其他基于特殊利益的新规则的影响。准则的制定必须不偏不倚地面向预定结果。财务报表的目标服务于许多不同的信息使用者,他们有着形形色色的利益,各有他们自己关注的重点。但财务报表不可能满足所有利益相关者的需要。

高质量的会计准则应当促进可比性和一致性。与某一特定企业有关的信息之所以能够获得比较大的有用性,是因为它能同其他企业相似的信息相比较,并且与相同企业在其他期间或时点的相似的信息可比。比较的目的是要观察和解释相似性和相异性。可比性不应把有时相一致而进一步加以研究的结果是其差异性大于其相似性的这种现象混淆起来。名副其实的会计信息的可比性不是靠更多地把不相似的事物看成是相似的,或把相同的事物看成是不同的事物来达到的。高质量会计准则对一致性的要求是:相似的交易和情况要按相似的方法进行会计处理,而不同的交易和情况则按不同的会计方法进行处理。

3.会计的备选方案

允许特定的备选方案的会计准则是不符合促进可比性的目标的。然而所有不同制度的国家和地区今天都存在着会计备选方案。FASB 在 1996 年发表了《国际会计准则委员会—美国比较项目:关于国际会计准则与美国公认会计原则的异同报告》第一版(The First Edition of the IASC-US Comparison Project: A Report on the Similarities and Differences Between IASC and US GAAP)中发现 27 个例子中都默许了会计备选方法,其中:

(1)IASC 允许在其中 19 个事例中有备选方案;

(2)美国允许在其中另 4 个事例中有备选方案;

(3)美国 GAAP 和 IASC 在其他 4 个事例中都允许相似的会计备选方法。

默许会计备选方法将增加不可比性。希望财务报表使用者自己去试图调整这种不可比性是很难成功的。至于明确的会计备选方案则更会导致会计准则要求的不精确和模棱两可,或者提供不恰当的指导。要知道,财务报表使用者是不大可能去调整他们未察觉到的不可比性的。

4.含义明确的会计准则

那些不可能被理解的会计准则就不符合财务报告的目标。因为财务报告的编制者需要了解他们所编制的财务报表被外界接受与肯定的程度。审计师需要了解他们能否决定所审计的财务报告是否遵守公认会计原则的要求。证券监管机构需要足够清楚的准则以利于对准则的监督执行等。可见,只有清楚而不含糊的准则才能增加编制者、审计师、证券发行者与交易监管者有关准则的要求从而达成相似的结论。

高质量的会计准则不应当有多重解释,同时应能防止它被错误理解和被错误解释。为了对会计准则做出明确的判断,会计准则应有明确的表述。FASB 在这份报告中特别强调会计准则的描写要用准确的语言。FASB 强调:会计准则所用的语言不能含糊,规定必须十分明确。含糊不清的规定,必然默许备选会计方案的形成。财务报告使用者需要确信一项会计准则应用在企业之间是可比的,在每一个企业中是一致的。尤其是国际公认的准则,其语言的透明和清晰是非常关键的。因为这种会计准则应用于不同国家的很多企业,必须达到足够的清楚与明确,并且要精确到能克服不同国家的文化差异。理由很清楚,编制者在法国和澳大利亚,而审计师则在日本、美国和英国,如果是一项含糊的准则,在不同国家的解释和应用就不可能一致,即使把它应用在同一个国家,也达不到一致性的要求。

“the Report”特别提出,会计准则的制定程序对于保证准则的高质量具有重要的意义。孤立地依靠概念框架尚不能完成高质量准则的制定。准则制定机构要遵循严密的制定步骤,一方面要听取所有关心准则制定的团体和个人的意见,另一方面要在考虑各方面意见后,将结论向关心的团体和个人公开。没有这种从群众中来,再回到群众中去的多次反复,不经过透明而公开的程序制定,就不可能形成既保证会计信息相关性,又保证会计信息可靠性的会计准则。

5.结论

从1998年12月FASB发表的关于《国际会计准则制定:未来的一种设想》(“the Report”)这份报告的基本内容可以看到:

第一,FASB是基本赞同Arthur Levitt的观点,并且作了进一步的阐述和补充。例如:

(1)FASB十分强调高质量的会计准则要以财务会计概念框架为基础,其中特别重要的是:

首先要符合财务报告的目标,主要是指提供有助于使用者(投资人、债权人和其他类似的使用者)进行投资决策、信贷决策和类似的其他经济决策所需要的信息。

其次,高质量的会计准则要在提供的会计信息的质量上达到以下要求:

①具有主要的质量特征:相关性和可靠性;

②具有可比性和一致性;

③要非常明确而不模棱两可,具有可理解性。

(2)高质量的会计准则应尽量减少以至避免会计程序的备选方案,因为备选方案的明确许可或默认许可,都会影响可比性和一致性,也会影响可理解性。

一项高质量的准则无论何人和在何地加以应用和解释,财务报告的编制者、审计师、监管机构和使用者应能得出相同或相似的结论。FASB在报告中再一次强调“相同的交易和事项,按相似的方法进行会计处理;不同的交易和事项则按不同的方法进行会计处理”这一十分重要的观点。

(3)FASB在“the Report”中非常强调准则应含义明确,不能有多义解释。国际会计准则尤其要注意这一点。

第二,FASB认为高质量会计准则的制定需要有严密的程序,这个程序可使准则在广泛地听取不同观点和意见的基础上形成。这样的会计准则才能协调各种利益关系。

但是,FASB的报告对比Levitt的讲话,有两个问题似乎强调尚不够:一是怎样提高准则的透明度,二是怎样达到充分披露。其实这两个问题可能是同一个问题的不同表述。例如,以下两个例子表明,如果一个项目虽被确认,但没有充分披露,透明度就不够,就影响信息的可靠性:

(例一)在交易中,购买方认为销售方违反合同条款,要求赔偿,并提出了赔偿金额。但销售方尚未承认,双方可能在诉讼中。如果销售方确认了此项未决的赔偿损失,即为不透明或不可靠的信息。

(例二)销售一批商品,合同规定购买方在三个月内有退货权,如果销售方未到退货权失效的期限内就确认该商品的销售,也是不透明或不可靠的信息。

第三,FASB的这份报告虽然进一步阐述了Levitt的许多观点,但重点仍然围绕着FASB的第1号和第2号财务会计概念公告,而对Levitt反复强调的高质量会计准则必须能够导致可比性、透明度和充分披露以及必须表现经济真实等观点,除可比性外,其他方面的说明均不够透彻。前面已经提到,SEC主席要求会计准则具有高质量,不仅是针对国际会计准则,不仅反对IASC把协调变成无原则的迁就,而容纳较多的备选方案以致降低国际会计准则的质量——在资本市场上不能提供透明度高和可信的财务报告,而且也是针对美国国内近年内大量存在的“利润操纵”(earnings management)的现象①,因为在美国国内,要求公司提供透明、及时和可靠的财务报表的迫切性和重要性以及它对保护美国投资人的意义,可能从来没有像今天这样显著。FASB却没有触及美国国内上市公司日趋严重的盈利数字作假问题。

第四,FASB早在1980年即提出关于会计信息质量特征的概念框架。近20年过后,SEC又提

① 正如Arthur Levitt所言,“管理(Management)应当改为‘操纵(Manipulation)’,其结果造成盈利和报表质量的大滑坡,完整性(Integrity)将丧失,而代之以‘假象’(Illusion)”(见Levitt 1998年3月28日在纽约大学法律和商业中心的演讲,题为“The ‘Numbers game’”)。

出高质量会计准则，并在引导人们去研究高质量会计准则的特征，人们不禁会问：一项财务会计准则如果完全遵守了FASB的第2号财务会计概念公告中的要求，是否意味着它已是一项高质量的准则？高质量准则的含义与FASB第2号财务会计概念公告中的要求有何异同，为什么SEC官员们都不再强调财务报告的相关性？“相关性”质量在高质量会计准则和高质量财务报告中的地位如何？这些问题都耐人寻味！

二、关于G4+1对财务业绩报告的新建议

1.概述

在财务报告的改进意见中，近年来人们比较集中关注财务业绩报表（如传统的损益表和收益表）的改进。这是因为，由于市场经济的发展和其他环境的变化，传统的实现原则已开始被突破，在一些特殊的准则中，对某些很有可能实现（例如已赚得）但尚未实现的项目已允许当作利得来确认，如外币折算调整差额、未实现的证券销售利得、固定资产重估价盈余等。但这些利得和损失通常是绕开损益表（收益表）而在资产负债表中的所有者权益部分来确认的。这样，原来的损益表和收益表就不能完整地全面地反映一个企业的财务业绩。英国在1992年10月率先在第3号财务报告准则中增加“全面已确认利得和损失表”（statement of total recognized gains and losses）[5]，美国在1997年6月也颁布了第130号财务会计准则，提出：为了报告全面收益，企业可以在原收益表中反映两个部分：净收益和其他全面收益，改为“收益和全面收益表”（statement of income and comprehensive income），也可以在收益表之外增加第四财务报表：“全面收益表”（statement of comprehensive income），还可以在业主权益变动表（Statement of Changes in Equity）中单独反映“累计的其他全面收益”（accumulated other comprehensive income）[6]；1997年修订的第1号国际会计准则则要求报告其他利得和损失，并允许在下列两法中选择：①在业主权益变动表中单独报告已确认而未列入收益表的其他利得和损失；②除收益表外增加一份业绩报告——已确认利得和损失表（statement of recognized gains and losses）[7]。

美英和国际会计准则委员会对企业财务业绩报告的改进集中表现在：把传统的“收益表”或“损益表”一张报表增加为两张报表，即增加“全面收益表”或“全部已确认利得和损失表”；把分散在传统财务业绩报表之外的已确认的其他利得和损失聚集到第二张财务业绩报表中来，目的在于让报表使用者更清楚地得到有关一个企业财务业绩的全部信息。

2.G4+1的财务业绩表[8]

最近，由加拿大、新西兰、澳大利亚、英国、美国组成的G4+1（它还邀请国际会计准则委员会为观察员）都对英国的FRS 3和美国的FAS 130建议的两份财务业绩报表提出不同看法。在1999年10月，G4+1发表了一篇研究报告，题为“Reporting Financial Performance: Proposals for Change Recommendations of the G4+1”。报告认为，两份财务业绩报表看起来好像比一份财务业绩报表提供更详细的信息。其实，这同把已确认未实现的某些利得和损失项目列示在资产负债表的权益方没有多大区别。报告财务业绩是通过一张表还是两张表是一个应用问题而不是理论问题。两张报表都按照“满计当期损益”（all-inclusive）的观点来处理他们在本期所确认的各个部分损益的，但若坚持“满计当期损益”的观点，似乎应当在一张业绩报告上反映交易和其他事项的全部影响，通过把已确认利得和损失集合起来，在收益表上刻画完整的财务业绩图像，而不要分裂现存的收益表。两张业绩报表的主要缺点是不恰当地强调其中一张报表而损害另一张报表（英国已有这一教训）。此外，G4+1还认为目前两张报表的区别主要在于传统的报表反映已确认已实现的利

得和损失,而新增的财务业绩报表(全部已确认利得和损失表、全面收益表)则反映已确认未实现的利得和损失,在它们之间,对于利得和损失的来源则缺乏有机的内在的分类。这样,使用者仍难以获得有关一个企业财务业绩的科学的分类信息。

为此,G4+1的研究报告建议,反映企业的财务业绩仍以用一张表改用两张表为宜。

G4+1的研究报告推荐一张财务业绩报表称为"财务业绩表"(statement of financial performance)。该表共分为三大类:

第一类经营(贸易)活动(operating or trading activities);

第二类理财和其他筹资活动(financing and treasury activities);

第三类其他利得和损失(other gains and losses)。

上述三类分别报告三种损益:"经营收益"(operating income)、"理财收益"(financing income)和"其他利得和损失"及其组成项目。

G4+1的研究报告推荐了一家典型的制造业主体的财务业绩表的结构如下(见表1)[①]:

表1 财务业绩表

经营(贸易)活动[①]	
收入	775
销售成本	(620)
其他费用	(104)
经营收益	51
理财和其他筹资活动[②]	
债务利息	(26)
金融工具上的利得和损失	8
理财收益	(18)
税前经营和理财收益	33
所得税	(12)
税后经营和理财收益	21
其他利得和损失	
非持续性经营项目处置利润	3
持续经营活动中财产销售利润	6
长期资产重估价	4
关于外币净投资的汇兑折算差额	(2)
税前其他利得和损失	11
来自其他利得和损失的所得税	(4)
税后其他利得和损失	7
合计[③][增加(减少)除业主净投资和派给业主款以外的所有者权益]	28

①所有这三部分都可分为持续经营活动(continuing activities)、主体当期取得的(获准的)经营活动(acquisitions)和非持续经营活动(discontinuing activities)。这三类活动(实际上是两类,当期取得的经营活动也属于持续经营活动)既可在表上加以区分,也可在附注中加以区分。例如表1中的持续经营(包括当期取得的)与非持续经营可区分如表2(见G4+1,1999年10月报告6~11)。

②对于特殊行业的经营主体,例如银行和金融公司,这一部分可能是它的经营活动。

③"合计"一栏可以用其他方法表示。例如:在美国可称为"全面收益";在英国可称为"全部已确认利得和损失"。

① 见G4+1,Invitation to Comment:Reporting Financial Performance—Proposals for Change Recommendations of the G4+1,October 1999,Chapter 2。

表 2

	持续经营	非持续经营	合计
收入	600	175	775*
销货成本	(455)	(165)	(620)*
净收入	145	10	155
分配于成本的经营费用净额	56	13	69
管理费用	41	12	53
其他经营收益	(8)	(0)	(8)
	59	25	114
减:前期备抵	(0)	(10)	(10)
	89	15	104*
经营收益	56	(5)	51*

* 表示与财务业绩表相互勾稽的数字。

G4+1 推荐的这份财务业绩表有什么特点呢?它的主要特点是把反映财务业绩的两表合一。它的前两个部分相当于传统的收益表(损益表),第三个部分则相当于增加的第四报表。显然,这样的合并也不无道理,正如 G4+1 所说,它不涉及理论问题,而纯属实用问题。

不过,需要指出两点:

第一,"经营活动"与"其他利得和损失"是比较难于区分的。在 G4+1 的 1999 年 10 月的报告中用下表(见表 3)表示两者的不同性质(见报告的 2.12)。这在原则上容易理解,而在实际操作时可能比较难办。

表 3

经营活动的较典型特征	其他利得和损失的较典型特征
经营活动	非经营活动
重复发生的	不再发生的
非持有项目	持有项目(指持有,不直接用于销售的,如固定资产)
内部事项(如价值增值活动)	外部事项(如价格、汇率等的变动)

第二,在财务业绩表中,已确认已实现和已确认未实现的界限已经打破了。其中理财活动和其他利得和损失部分,既包括已实现的,也包括未实现的,但都应当是已确认的。这一点,报告没有讲清,而这是最重要的。

总体来说,G4+1 的建议有自己的新思路,它的确能把"满计当期损益观"更好地贯穿在一张财务业绩报表中,因此,这个建议值得加以研究和参考。但两张财务业绩报表的见解在英国、美国和国际会计准则委员会都已形成了有关的准则。要根据 G4+1 的建议修改它们的准则恐怕不太容易。我认为,财务报告的改革总是要不断前进的,任何不同的新思路都能启发人们的思考,从而把财务业绩报告改进得更好。所以,G4+1 的建议不失为改进财务业绩报告的一种有新意有创见的备选方案。当然,这不能算是权威意见。何况,这一建议尚处于研究报告阶段,从研究报告到征求意见稿再到准则(比如说将成为国际会计准则)还会有争论和分歧。因为两张业绩报告也有它的特点与优点[9]。G4+1 的建议最后能否被国际会计准则委员会、英国和美国以及其他成员国所接受,是很难预料的。

参考文献:

[1]Arthur Levitt.The Importance of High Quality Accounting Standards.Accounting Horizons,1998(3).

[2]Arthur Levitt.The Numbers Game.Speech at New York University,Center for Law and Business,1998.

[3]葛家澍.美国关于高质量会计准则的讨论及其对我们的启示.会计研究,1999(5).

[4]FASB.International Accounting Standard Setting:A Vision for the Future.AICPA Press,1998(9).

[5]ASB.Reporting Financial Performance.Financial Reporting Statements,1992(10).

[6]FASB.Reporting Comprehensive Income.Statements of Financial Accounting Standards,1997(6).

[7]IASC.Presentation of Financial Statement.International Accounting Standards No.1(Revised),1997(10).

[8]CICA.Reporting Financial Performance—Proposals for Change Recommendations of the G4+1,1999.

[9]葛家澍.损益表(收益表)的扩展——关于第四财务报表.上海会计,1999(1).

(原载于《会计研究》2000 年第 12 期)

04 关于我国会计制度和会计准则的制定问题

葛家澍

摘　要:本文包括三个主要部分。首先阐述会计规范的必要性。然后,立足于我国的实际情况,提出会计规范的目标是依存于不同的经济体制特点的,会计规范的内容和形式则取决于会计规范的目标;区分会计确认、计量、记录和报告在不同会计行为中的差别揭示了会计准则和会计制度两种规范形式在我国的并存性和各自的侧重点,即会计准则侧重于确认和计量,会计制度侧重于记录与报告。最后,对我国会计准则、会计制度的关系问题,未来会计规范问题提出作者的观点。

关键词:会计规范;会计制度;会计准则

一、会计规范的必要性

不论在计划经济条件下或在市场经济中,在我国称为会计核算而在西方称为财务会计的部分都需要进行规范——主要是规范信息的提供,但同时也就需要规范交易和事项的整个会计处理过程。这主要因为会计核算或财务会计具有一个重要特点:它的信息提供者不是主要的信息使用者。在计划经济条件下,企业基本上是国有的。名义上称之为国营,实际上不可能由国家直接经营,而是由国家委派厂长经理作为组织生产、经营的代理人。国家作为所有者同厂长经理(统称为企业的管理当局)作为经营者由此形成了委托和代理关系。当然在当时的条件下,国家插手企业很深,行政命令很严重,管理当局的权力相对较小,形成政企不分。但所有权和经营权在实行经济核算制企业——企业有独立的资金,允许自主经营,独立核算,自负盈亏——中至少在形式上或一定程度上也是分离的。经营者直接指挥并控制企业的会计部门及其核算与报告活动,经营者不但比国家掌握企业更多的经济活动与财务收支信息,而且根据利己的动机有可能粉饰报表,提供不充分甚至虚假的信息(在我国50年代末期以后,在浮夸风的影响下出现的“书记成本”、“厂长利润”就是虚假信息)。在市场经济中,现代企业的所有权与经营权明显地甚至彻底地分离。投资人与企业管理当局之间,形成了至为明确的委托—代理关系,代理人控制企业财务信息的加工与对外披露,代理人远比委托人了解企业更多的内幕消息,企业管理当局同投资人、债权人等外部利害关系集团在对企业财务信息的占有上,产生了严重的不对称。我们知道,信息是一种产品和资源,不论计划经济或市场经济都不能没有会计信息的真实传递、顺利流通和有效使用,否则,人们不可能做出影响企业经济活动同时又利于自己的财务决策。信息不对称,势必危害在信息占有上处于劣势的一方,它是违反公平原则的。在计划经济中,国家理所当然地要进行干预,使会计信息服从计划指标并用来检查计划;在市场经济中,信息不对称标志着信息市场失灵,从而导致受会计信息媒介的商品、劳务,特别是证券市场失灵,这也需要政府或其他社会公正机构出面干预。上述的干预,表现为需要对企业按真实、公正、充分、可比等原则做出加工和提供会计信息(主要指财务信息,它由会计核算或财务会计产生)的制度性安排。会计规范,就是这样产生的。由此可见,会计核算规范或财务会计规范是国家或社会防止或纠正市场失灵而做出的制度性安排,它虽然不是直接产生于市场经济本身,但它一旦出现,即成为市场经济正常运转(信息市场公平运转)的一种必不可少的机制[1]。

二、关于会计规范

对于会计规范,我们需要研究两个问题:一是会计规范的目标,二是会计规范的内容与形式。

1.目标

会计规范的目标,主要反映一定的经济体制和主要信息使用者的信息需求。我们可以考察一下中华人民共和国成立五十年来,会计核算规范的主要变迁来说明这一点。

1949年至1951年左右,新中国成立伊始,国民党政府留下来的是一个烂摊子经济,再加上严重的内战创伤,这时,国家治理经济的主要任务是医治战争创伤,改造烂摊子经济,争取财政经济状况的根本好转。于是在1950年3月中央人民政府做出了《关于统一国家财政经济工作的决定》。《决定》要求集中全国的人力、物力、财力,建立强有力的集中统一的财政经济体制。会计的一个重要任务,就是建立统一的制度,恢复正常的会计秩序。要能通过会计制度,使会计活动如实反映,加强监督,提供可靠的信息,为制止当时的通货膨胀,稳定经济,恢复国民经济,争取财政经济状况的根本好转服务[2]。

从建国以后,我国的会计规范就采取"制度"的形式。这种形式不但在我国由来已久,为人民所亲见乐闻,而且制度向来被认为是法规的组成部分,具有明显的统一性和强制性。因此这同国家需要直接管理全国会计事务,统一会计制度的制订,更好地适应统一财政经济体制的需要是异常吻合的。而且,通过统一制订的会计制度,又能使会计信息直接满足国家宏观经济管理的需要,这也十分符合当时高度集权的财政、经济体制的形势。

可以说,从这时起,我国的会计规范体制就形成了财政制度决定财务制度,财务制度决定会计制度的格局。

由于1953年起开始执行第一个五年计划,从1951年下半年财政部就在苏联专家的帮助下,陆续制定了服务于计划经济的会计制度,如《国有营业统一会计报表格式及说明草案》、《国营企业统一会计科目及说明草案》等等(1952)[3]。而在1953年,除把原先分散在统一会计制度中的共性内容如财产清查、账簿登记与凭证填制、材料核算、成本计算等规定修订为单项"办法"或"规程"外,对于其他核算内容则建立分部门、分行业的制度,如由财政部会同各主管部门共同分别制定工业、供销及农业、商业、铁路、交通等会计制度,同时,在分部门分行业的制度中,又把基本业务和基本建设加以区分,在基本建设会计制度方面,再划分为建设单位和包工(施工)企业两种不同的制度。这样,我国从第一个五年计划开始,就确定了分部门、分行业一统到底,密切依存于计划管理的会计规范体制,集中的计划经济体制是由苏联创造的,而且主要存在于苏联等一些社会主义国家,我们要建立并实行计划经济下的会计模式,只能借鉴苏联的会计经验[4]。在50年代中期,从账户名称、报表格式(如凭单日记账核算形式)、成本核算方法(如成本核算的定额法)、材料核算方法(如材料核算的余额法)等几乎全面地照搬苏联。虽然以后不断地加以修订,力求切合中国情况,但是整个会计模式,包括会计规范,始终是强调集中统一,适应计划经济需要,服从于国家宏观经济管理,主要是服从财政管理。由于长期受计划经济的深刻影响,社会主义市场经济体制下的国家财政、企业财务与会计的关系尚有待探索。迄今为止,在我国的国家财政、企业财务同企业会计之间,存在着某种程度的剪不断、理还乱的关系就可以理解。

80年代末和90年代初，由于邓小平理论的正确指引，党的十四大把建立社会主义市场经济体制确立为我国经济体制改革的目标，适应市场经济对会计信息的需求，促进改革的深入和开放的扩大，我国会计规范也作了突破性的改革。即用企业会计准则取代过去分部门分行业分所有制一统到底的会计制度，并按“准则”的内容改革各种重新归并后的会计制度，实行准则与制度两种规范形式同时并用。

以上的说明只是表示，会计规范的内容与形式都取决在不同经济体制下对会计提出的要求，即会计的目标。

建国50年来，我国的经济体制大体分为三个阶段：经济恢复时期、计划经济时期、社会主义市场经济时期。

不同的经济体制，总是要求建立与各该经济体制相适应的不同会计模式，特别是建立为各该经济体制服务的有所差别的会计核算（财务会计）规范。

2.内容与形式

如前所说，会计规范所讲的会计是指财务会计（会计核算）。它是指最后通过财务报告（主要是通过财务报表）来表述的某个特定企业的财务状况、经营业绩和现金流量的会计程序。因此，会计规范的内容，总的说，主要是某个企业过去已经发生的，引起资产、负债、所有者权益、收入费用、利得损失和损益的交易事项和情况，或者说，指一个企业发生的经济业务和由此引起的资产负债与净资产的变化[5]。不论会计规范采取什么形式，这一基本内容应是共同的。但是，财务会计有自己的特定的、严密的会计程序。这些程序概括起来包括：确认、计量、记录、报告（包含表外披露）等基本环节，采取不同的规范形式，组织这些程序的方式，特别是规范的重点会有所不同。强调什么、突出什么，按准则来规范和按制度来规范并不一样。

首先，让我们分析一下确认、计量、记录与报告的关联性和各自的功能。

确认的含义最广。广义的确认可以涵盖计量、记录和报告三个程序。例如美国财务会计准则委员会（FASB）认为“确认是将某一项目，作为一项资产、负债、收入、费用等要素正式记入或列入某一企业财务报表的过程”（SFAC No.5，para.6）。然而狭义的确认，应要求解决两个问题：①在交易事项发生后，何种项目应作为何种要素来记录和报告？②它们应在何时加以记录和报告？简单地说，确认是一种职业判断，要求会计人员把交易事项等现象提到理性高度来决定：其中有无项目应记作财务报表的要素（当然具体地指要素的再分类——账户与报表项目）？如果有，那么应当在何时予以记录和报告？

计量是紧接着确认要解决的会计程序。计量主要的任务是选择何种既相关又可靠的计量属性，这里面临着与确认同样的职业判断问题，即如何选择计量属性。

确认与计量是会计人员进行会计处理时应当按规范予以思考并通过经验和自己的业务水平来加以判断所作的决策。我们可以把它们称为会计决策。这种决策付诸行动，就表现为科目使用（凭证填制与账簿登记）与报表的编制。

如果把确认与计量称为会计决策，记录与报告就是把会计决策付诸实践的会计行动。会计决策是会计行动的前导，它表现为会计人员在记录和报告之前，应当对经济业务的会计处理具有的盘算、识别与判断的过程，得出了判断之后，人们才开始进行记录与报告的行动。

确认计量记录与报告都是财务会计不可或缺的会计程序。它们的功能可以互补但并不相同。确认与计量发生在会计处理之初，并引导着记录与报告。在整个会计行为（包括会计决策和会计行动）中层次较高。严格地说，解决了会计的确认与计量，记录与报告只不过是具有固定程式的技术问题，随之应容易解决。反之，没有经过或不懂得会计的确认与计量的判断过程，记录与报告往往不是真正的理解。

会计的确认,特别是何时确认,可能是财务会计的最复杂的问题之一。最典型的确认时间的难题是收入的确认。财务会计所面临的,同收入确认有关的交易、事项是十分多样的。美国的一本《中级财务会计》按照交易的性质把收入确认的时点绘成下图[6](见图1):

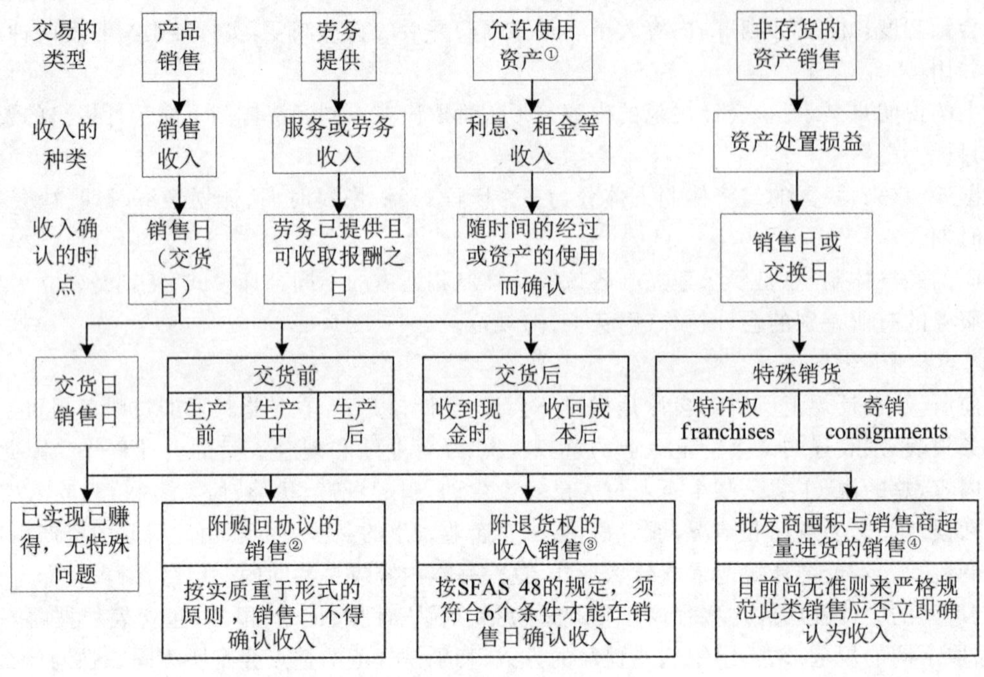

图1

①permitting use of an asset;②sales with buyback agreements;③sales with right of return exists;④trade loading and channel stuffing。

(资料来源:D.E.Kieso & J.J.Weygrandt,"Intermediate Accounting",9th ed.,John Wiley & Sons,Inc.,1998,Chapter 19,pp.970~974。)

上图所列举的交易类型,确认时点还不可能囊括与收入有关的交易事项和情况的全部,随着金融创新而带来的交易与销售创新,正如雨后春笋,方兴未艾。

在会计准则中,对于确认的基本标准与主要原则仅就商品销售一项而言,也只能概括为:

一、符合收入的定义,有预期的经济利益流入企业,并能可靠地计量。

二、收入已实现或可实现(取得收取现金的权利)并已赚得(完成收入赚取的全过程)。

三、与销售商品有关的所有权与风险,在实际上已经转移;或实质胜于形式。

十分明显,一项交易或事项发生后,若仅同商品销售收入有关,则应否和何时确认为收入,就需要会计人员运用其专业知识和实际工作经验,即职业判断,从交易的类型、收入的种类、销售时有无附加条件而使所销售的商品在似乎钱货两清的表面现象后,与商品有关的所有权及其风险在实质上并未完全转移等方面进行分析与判断,才能决定:收入应否确认、在何时确认,从而应做出怎样的记录,如何正确计入财务报表。因此,可以说,应否确认商品销售收入和何时确认这项收入似乎是人所皆知的会计常识,其实,它乃是一个很复杂、很难回答的问题。收入的确认固然困难,其他要素的确认也未必容易。这就是我们把确认(也还有计量)视为会计决策,列为会计行为中的高层次的理由。

认清了会计的确认、计量与记录、报告在会计行为中的差别,我们就可以看到准则与制度两种规范形式的各自侧重点。

会计准则是以特定的经济业务(交易与事项)或特别的报表项目为对象,它详细分析各该业务或项目的特点,规定所必须引用的概念的定义,然后以确认与计量为中心并兼顾披露,对围绕该业务或项目有可能发生的各种会计问题做出处理的规范。人们学习了一份具体的会计准则,将会熟练地了解特定会计业务的会计处理的全过程。

会计制度则采取另一种形式。它是以某一特定部门特定行业或所有部门的企业为对象，着重对会计科目的设置、使用说明和会计报表的格式及其编制加以详细规范，从这里可以看到，会计准则同会计制度有两个最主要的差别：一是规范的对象不同，具体准则按经济业务或项目，制度按一个企业；二是规范的重点不同：准则侧重于确认和计量，制度侧重于记录和报告，确认和计量的内容有机地体现在会计科目及使用说明中。这样，准则重点是规范会计决策的过程，而制度是重点规范会计的行动与结果。采用准则的形式可引导会计人员从经济业务的确认、计量开始考虑进一步决定怎样记录和报告(披露)；采用制度的形式，会计人员能直接使用科目进行记录，并按规定程序和格式编制报表。对比起来，准则比较抽象，比较难学难懂；而制度则比较具体，容易了解和操作。但准则的优点是能够提高会计人员的职业判断能力，掌握财务会计的全过程，并能举一反三，增强解决新问题的本领；制度的优点是容易被广大会计人员所接受，操作方便，易懂易学。此外，目前准则和制度一般都保留备选方案，有一定的灵活性，从提高可比性和会计信息质量的观点看，取消和减少备选方案，可能是应当努力改进的方向。FASB 已经把这点作为高质量准则的标准之一。

总的来说，准则和制度都是会计规范的形式，它们之间的优缺点是可以互补的，而且可以结合起来运用。

但考虑会计是国际通用的商业语言，而会计规范作为这种特殊“语言”的语法，也在国际上形成了一定的通用形式，那就是会计准则。可以说，会计准则这种规范形式实际上已构成了国际通用会计惯例的一个组成部分。会计制度这种规范形式在我国的计划经济时期，甚至解放以前流行了五六十年，我国会计人员比较习惯于接受它运用它。这就产生了既要与国际会计惯例衔接，又要照顾中国国情之间的矛盾。当前，深化我国的会计改革，就是要正确处理引进、借鉴国际会计惯例与中国国情相结合，寻求具有中国特色的会计核算规范。[7]

三、几点设想

1.现在，我国的社会主义市场经济体制已经初步建立，随着即将参加 WTO，中国的经济将是全球经济的一部分，我们更需要在各方面借鉴并接近国际惯例，其中包括用来规范国际通用商业语言的会计规范。虽然内容同形式相比，后者不是主要的，但形式在一定条件下也会影响内容。我们不能忽视会计准则这一国际通用的会计规范形式的重要意义，至少为了进行国际上的沟通，为了使国外投资人(跨国资本家)更容易理解和接受我们的会计规范及其所形成的会计信息，我们也需要采用会计准则的形式来规范我国现代企业的财务会计和财务报告。

考虑到中国的国情，考虑到会计制度也有易懂易学，便于操作的优点，我觉得按会计制度来规范其会计核算仍然是必要的。那就是说，在我国今后一段时期，准则与制度两种形式在会计规范中应当同时并存[8]。

2.在准则和制度同时并存的情况下，首先要明确它们各自的适用对象(范围)，其次应在《会计法》的统一指导下，使两种形式的规范相互协调，保持规范的一致性。

会计准则与会计制度处于两个平行的平等的层次，要求企业既执行准则又执行制度，那么，准则与制度的相互协调与配合就非常重要。虽然准则所规范的重点是确认与计量，但有的准则也有记录和信息披露的要求；制度规范的重点是记录与报告，但科目的应用与报表的编制中也体现了确认与计量的要求。因此，在《会计法》统一指导下的两个平行的会计规范，由财政部统一发出的两个作用基本相同的法规，无论如何不能出现过于明显过于突出的矛盾，而且，出现矛盾，可能随时要用补充规定来调整而不能等到一个年度之后。

3.按照我个人不成熟的设想,对于我国会计规范的改革也可以提出远期目标和近期目标,分两步走。第一步即近期目标是准则与制度并行,即实行两种形式的规范;第二步即远期目标,远期目标应采取单一的规范形式,至于是选择准则还是选择制度,等我国参加 WTO 以后,由整个国民经济进一步发展,会计人员整体素质的提高状况来定。但那时,即使我们仍采取我国会计人员喜闻乐见的"制度"形式,到时"制度"的实质及其规范的重点与要求必然更加接近国际会计惯例。

4.我国会计规范的改革尚有需研究的问题。

最近财政部正在拟订中的《企业会计制度》,第一部分"一般规定"几乎把有关基本准则的内容都写了进去,这显然是一个进步。与此相协调,企业会计准则的基本准则也需要修改,即既要力求与国际惯例中的财务会计概念框架协调,又要参照"企业会计制度"中的"一般规定"。未来的基本会计准则还要全面反映《财务会计报告条例》的内容。

此外,本次企业会计制度改革,通过中国财经报等媒体广泛征求意见,这种形式很好,可继续坚持。因为如何增加会计准则制定程序的透明度和公开性,是会计界议论较多的问题,这方面还需进一步努力。

要使会计规范的改革迈开较大步伐,我认为,我们应当重新审视会计准则和制度的本质即特点,在我国目前社会主义市场经济条件下,在修订会计规范时,我很同意三个"有利于"的基本思想,即:①有利于会计信息的真实性;②有利于报表编制者阅读、理解和运用;③有利于监管机构的监管。

参考文献:

[1]葛家澍.市场经济下会计基本理论与方法问题研究.北京:中国财政经济出版社,1996.

[2]杨纪琬.现代会计手册.北京:中国财政经济出版社,1987.

[3]项怀诚.新中国会计 50 年.北京:中国财政经济出版社,1999.

[4]项怀诚.新中国会计 50 年.北京:中国财政经济出版社,1999.

[5]葛家澍.关于会计基本理论与方法问题.北京:经济科学出版社,1988.

[6]参阅 D.E.Kieso &J.J.Weygrandt.Intermediate Accounting.John Wiley & Sons,Inc.1998:970-974.

[7]Zeff and Dharan.Readings and Notes on Financial Accounting.McGraw-Hill,1997:74-77.

[8]葛家澍.会计基本理论与会计准则问题研究.北京:中国财政经济出版社,1999.

(原载于《会计研究》2001 年第 1 期)

公司治理与对外报告

葛家澍

摘　要：公司治理是指正确处理所有者(委托人)与经营者(代理人)之间的相互制衡关系，在股东、董事与经理层之间建立一种组织架构及有关的法律、法规、准则、制度。公司治理的目标是谋求股东利益的最大化，同时也提升其他利益相关者的受益水平。在公司治理中，建立和加强信息披露，提高上市公司对外报告的完整性和透明度，至为关键。要建立以财务报表为中心、其他财务与非财务信息披露为辅助的对外报告。

关键词：公司治理；对外报告；财务报表

中图分类号：F23　　**文献标识码**：A　　**文章编号**：0438-0460(2001)04-0005-06

一

股份有限公司(以下简称公司)是现代企业最先进的组织形式。公司是各种利益关系者(包括股东、董事、经理层、员工、客户、债权人等)，特别是股东、董事、经理层之间的契约的结合。在他们之间，存在着各种利益关系。其中，最核心的关系是股东、董事和经理层之间的委托—代理关系。公司治理(corporate governance)就是要建立一种合理的组织架构和相关的法律、法规、准则与制度，正确处理好上述关系，使所有者既能有效地监督经营者，而又不干预公司的日常经营管理，同时使公司的经营者(经理层)的个人利益同公司的利益紧密地联系起来，能主动维护股东利益，以公司利润最大化为目标。

因此，公司治理的本质是协调处理公司的各种利益关系，主要手段是要有一个合理的组织架构。公司治理之所以十分必要与迫切，是由于：

(1)在市场经济中，理智的市场行为人(交易各方)都有谋取各自利益最大化的动机；

(2)现代企业的一个主要特点是所有权与经营权的分离，这种分离必然导致委托和代理关系的出现；

(3)作为代理人的经营者(经理层)总是比作为委托人的所有者(股东及其代表董事)了解公司更多的信息，于是在委托人和代理人之间产生信息不对称，出于利己的动机，经理层往往在股东、董事不知情的条件下，利用自己的信息优势，做出有损于后者的利益的决策。

20世纪90年代以来，公司治理形成一个全球性浪潮。主要由于资本市场全球化，竞争十分激烈，有效的公司治理才能赢得融资和投资的机遇。

我国上市公司同样存在着相当严重的公司治理问题。整顿我国上市公司的治理水平是提高我国资本市场质量的当务之急。我国公司治理有自己的特点。众所周知，我国上市公司中的大多数

是由国有企业经过资产剥离,然后再由集团公司作为发起人上市发行公众股创立的。其中,国有股和法人股都不能上市。因此:

(1)由于国有股、法人股不能流通,国有股权变成虚设,国有股产权不清晰、不明确,"内部人控制"现象严重。

(2)上市公司在人员、财务、资产上没有真正独立,通过关联方交易,控股集团公司往往挖上市公司的墙脚,损害非控股的中小股东的权益。

(3)国有股一股独大。董事会基本上由控股公司所控制,再加上缺少外部董事和独立董事,难于发挥制衡作用。

(4)监事会形同虚设,经理层也大都由控股股东所控制。对经理层一般又缺乏长期的激励机制和约束机制。

(5)我国的上市公司,近年来围绕着利润指标,做假账、造假表、操纵盈利,粉饰财务状况的情况也相当严重。其后果是欺骗信息处于劣势的企业外部利益各方,特别是中小投资人和社会公众。

公司治理的最重要功能,应是在所有者和经营者之间建立起最佳的相互制衡关系,实现股东利益最大化。同时,也保证经理层和其他利益各方不断提升其受益水平,促进社会资源配置的优化,使社会的生产率更高。

尽管公司治理的核心是所有权分离引起的委托与代理问题,但股权结构问题也不能忽视,不论股权过于分散,或一股独大,都不利于公司的有效治理。

在我国,"一股独大"问题显得特别突出。这是因为我国许多控股集团公司是上市公司的唯一发起人和最大股东。这样,在控股集团公司和上市公司之间,便存在着垄断和被垄断的关系。当前,在我国全部上市公司中,约有54%的股权属于国家所有和国有法人所有,上市公司的全部董事的73%是代表着国有股(27.9%)和国有法人股(45.4%)的"官方"董事。控股股东(控股集团公司)轻而易举地控制着上市公司的经营管理大权。下列两个现象是人所共知的。

第一,控股集团公司与上市公司作为两个法人组织在资产、人员、机构、财务等方面严格分开的甚少,不少上市公司严格说来还不是真正的独立核算单位。

第二,控股集团公司与上市公司的关联交易特别多。这种关联方交易的背后,往往变成:不是将资产向集团公司转移,就是把债务向上市公司转移。

公司治理的目标可以有两个:一是实现股东利益最大化,二是满足多种利益相关者的不同利益需求。后者可能符合我国经济转轨时期的短期目标。但从长远的观点看,只有在股东利益最大化的基础上,才能增加现有股东的投资回报,吸引更多的投资,把潜在的投资人转变为现实的投资人,从而提高企业的经济实力并扩大经济规模。实现股东利益最大化,如果采取合理的分配政策和有效的激励与约束机制,也会提升经理层和其他员工的福利水平。因此,实现股东利益最大化,应是我国公司治理的长远目标,也代表目前公司治理政策的国际潮流。

1999年世界经济合作与发展组织(OECD)提出的5项治理原则和标准值得我国借鉴和学习。这5项原则和标准,若结合中国情况,具体地应指:

(1)保护股东权益,平等对待所有股东。

(2)明确并强化代表股东权益的董事会对经理层实行战略指导和有效监督。要设立外部董事和独立董事。所有董事都应诚信勤勉,对全体股东特别是对中小股东负责。

(3)要发挥利益相关集团的作用,特别是要激励经理层为执行股东代表大会的最高决策,贯彻董事会的经营战略,为实现股东利益最大化而独立、诚信和勤勉地工作。为了使经理层尽忠职守,服务于股东利益最大化,也要使他们自身的利益最大化。为此,要建立对经理层,特别是对高级经理人员的激励机制和约束机制。如年薪制、股票期权制和其他与公司业绩挂钩的参与分红制度。

(4)董事会的职能要细化,例如,可以下设提名、审计、酬薪与考核以及战略决策等委员会,使董事分别参加各专业委员会，各司其职，各负其责。

(5)原则上，董事长不能兼任总经理。否则，委托人和代理人之间的关系便变得模糊起来，难以发挥董事会同经理层的制衡作用。

(6)要明确监事会的职责。监事会不可形同虚设。监事有权经常检查董事会、经理层的工作，并对公司的财务与会计以及对外报告实行内部审计。为了更好地发挥监事会的监督功能，一要明确监事的职责，在监事中要有懂行的会计专业人士；二要引入外部监事和独立监事制度。

(7)公司治理的全过程，都离不开信息，其中包括财务信息，而公司治理的成果，应当集中反映在公司的财务成果(财务业绩)和财务状况上。定期并及时对外报告(披露)以财务信息为主的经营管理信息是上市公司必须承担的持续责任。完整、透明的对外报告是提高公司治理水平的关键。

必须特别强调信息(包括财务和非财务的)对公司治理和保护投资人利益的极端重要性。应当认识到，信息不对称是导致公司治理产生问题的一个重要原因。信息不对称还是导致处于企业外部的股东因不知情或受蒙蔽、受欺骗而做出错误决策，造成投资损失的一个主要原因。信息不对称又是导致资本市场失灵，市场质量下降的重要因素。因此，不论在任何国家和地区，只要实行市场经济，规范上市公司的对外报告都是政府(社会)纠正市场失灵、维护资本市场的公正、公开和平等的一种必不可少的制度性安排。

总起来说，以上7个方面(体现OECD的5项公司治理原则)都是重要的，对公司治理来说是缺一不可的。以下，本文将联系公司治理的原则，着重阐述公司的对外报告(external reporting)问题。

二

财务报表是上市公司对外报告的核心。

公司治理的主要目标是促进股东利益的最大化。股东的利益主要来自利润分配。股东是净资产的主要受益者。公司的剩余索取权虽非股东单独享有，但他们应成为这种权利的主要享有者。

怎样量化股东剩余索取权并与此同时量化经理层作为代理人受托责任产生的经营成果？要依靠公司定期提供的资产负债表、损益表和现金流量表。股东最为关心的主营业务收入、净利润、股东权益、总资产、每股净收益(每股全面收益)、每股净现金流入、每股净资产、净资产收益率等信息；股东和债权人以及其他利益关系人关心的股权结构(特别是多数股权占有的净资产和收益比例)信息；债权人和员工关心的公司流动比率、速动比率、现金比率以及债务与净资产比率，股东和其他关系人共同关注的企业资产的质量和资产的流动性、资产的生产率(或收益率)、资产的良好率(不良资产占全部资产比例)以及资产负债率等财务信息，都是在分析资产负债表等三个主要财务报表(three main financial statements)以及参考其他会计数据之后得出的。

相关、可靠、公正和完整的财务报表是高质量信息披露的集中反映。所谓相关，是指其所载信息必须对决策有用；所谓可靠，就是指信息必须真实(如实反映)，可以稽核；所谓公正，就是指信息的提供必须中立，不偏不倚，不能倾向(有利)于利益关系的任何一方；而所谓完整，是指在财务报表上要保证有效反映财务状况、财务业绩和现金流量的基本的、必需的信息，而无重大遗漏。一套完整的财务报表至少应当包括各该报表表内确认的定性与定量相结合的描述，和表外附注披露的定性或定量(或两者兼有)的表述。经验已充分证明：资本市场的质量，即市场是否公开、公平和公正，在很大程度上取决于上市公司是否能提供经审计合格的高质量的财务报表。

财务报表以外的信息披露是上市公司公司本国(对外报告)必要和重要的组成部分。

1.上市公司对外报告除财务报表外还有财务报告的其他手段。这些手段包括附表、说明、董事长报告、总经理业务报告(MD & A)以及由董事会秘书经董事会授权向监管机构、投资人和新闻媒体报告和发布的信息。除应披露财务信息外,还应披露同公司治理有关,同公司经营报酬与风险有关,即为股东和其他利益相关者监督公司治理做出正确投资决策所不可少的(或对之极为有用)的非财务信息。

财务报表同财务报告的其他手段相结合,构成上市公司的财务报告。广义地理解财务报告,则一切的公司对外信息都可包括在财务报告之中,这样理解的财务报告(包括年度、半年度、季度和月度,特别是信息更加完整的年度报告)才构成本文所说的公司对外报告。也只有这样的对外报告,才能服务于公司治理的整个目标、原则与标准。

2.股东与企业利益相关的所有的对外报告的使用者,除应首先关注财务报表中有关公司经营业绩、财务业绩、财务状况和现金流量等信息外,切不可忽视有时甚至要特别关注(包括分析研究)财务报表以外的信息披露(包括财务的和非财务的)。

公司披露的信息可分为强制披露(forced disclosures)和自愿披露(voluntary disclosures)两种。强制披露首先应指按准则或制度要求在表内确认和报表附注或以附表等方式所进行的表外披露,不过在这里,却应强调在会计准则或会计制度之外由国家证券监管部门明确要求上市公司应披露的实质性的重要信息。所谓实质性的重要信息,指公司的目标与战略,公司的重大财务指标和经营情况以及直接间接涉及股东利益,股东、董事、监事之间的相互制衡关系,对经理层(指高级管理人员)的薪酬、奖励和控股股东的人数与控股情况等信息。这些信息之所以特别重要,是因为它们从不同侧面共同反映了公司治理的水准、成绩和问题。

为了更集中具体地说明一个会计年度的公司治理状况,还可以就公司治理中的三大机构,即董事会、经理层和监事会的组织构成(包括人事变动),本年内的主要的决议与主要工作(特别是关于外部董事、外部监事、独立董事、独立监事的工作表现、获得的报酬及其发挥的监督作用)等方面进行更充分的披露。在国外,公司信息的自愿披露是受到鼓励的。1994 年 AICPA 的《改进企业报告——面向用户》中就提出属于企业自愿披露的使用者需要信息的模型,共由 5 类信息构成:

(1)财务与非财务数据;(2)管理当局对上述数据的分析;(3)前瞻性信息;(4)有关经理层和股东的信息;(5)公司背景。[1]

2001 年美国 FASB 的企业报告研究项目等专门委员会又发表了《改进企业报告:对增进自愿披露的洞察》,提出了自愿披露的 6 项信息内容(再分别按行业具体化),其中前 5 项基本等同于 1994 年 AICPA《改进企业报告》所提的模型。这份报告则增加了第 6 项。

(1)经营数据(例如,管理人员用来管理企业的高层次经营数据和业绩数据)。

(2)经理层对经营数据的分析(例如,经营数据与相关的业绩数据的变化原因和关键趋势的特性与过去的影响)。

(3)前瞻性信息(例如,包括那些产生于关键因素且包括关键因素在内的机遇与风险;包括关键成功因素在内的管理计划;用实际经营业绩同以前披露的机遇、风险与管理计划相比较等。在这里,必须特别强调,影响企业成功的重要方面,是最为重要的前瞻性信息)。

(4)有关经理层和股东的信息(例如,董事、高级经理的姓名、经历与报酬;主要的持股人及其所持股份;关联方交易等)。

(5)公司背景(例如广泛的目标与战略,企业和资产的范围和内容,产业结构对公司的影响等)。

(6)未在报表中加以确认的有关无形资产(包括自创商誉、人力资源、知识产权和其他软资产等)。在 21 世纪,公司的重要资产正日益不具备实物形态。资产的本质在未来的企业中可能出现急剧的变化,有远见的企业界人士已开始认识到,今后的企业,对其获得成功做出巨大贡献的,将不再是硬资产,而是难以(甚至不可能)量化的企业员工、客户、知识基础和企业的声誉(company's people, its customers, its knowledge base and its reputation)。2000年8月28日美国《商业周刊》(*Business Week*)甚至认为,在21世纪的公司中,“人力资本是唯一的资产”。[2]

在我国,也应当鼓励公司自愿披露对股东和其他使用者更相关、更有用的财务和非财务信息。但董事长和总经理必须对这种披露的可靠性承担责任。这种披露除应当请企业外部独立审计人员进行审计或审校外,在企业内部,应先经独立董事和独立监事进行审核并请他们对披露的真实性与公允性发表声明。

3.风险与不确定性的提示与披露。

在经济全球化以后,随着知识经济的到来,产品的科技含量不断提高,现代企业经营的资产结构发生巨大变化:硬资产的比重迅速下降,软资产的比重快速上升;企业面临着前所未有的竞争与不确定性,机遇在增加,而风险也无所不在。

公司治理的根本目的是最大化股东的利益和公司利润。但巨大的、潜在的、随时可能转变为现实的风险却又严重威胁着公司利润最大化目标的实现。

信息是减少不确定性的。经常对风险保持警惕并及时向股东进行提示应是21世纪公司治理面临的一个新任务。在风险方面,公司至少(不限于)应披露:

(1)与经营活动有关的风险,如由于面临竞争对手而引起市场占有率的减退;分部经营的过分集中情况;在主要业务方面,市场需求发生的重大变化等。

(2)与融资投资活动有关的风险,如对重大的关联方投资,对控股公司和其他关联企业进行的借款担保,即将到期付款的公司债或巨额银行借款,企业的财务弹性及其可能的变化等。

(3)与市场信用有关的风险,如价格、利率或汇率方面可能发生的重大变化;超过正常估计的坏账损失等。

(4)其他风险:这里包括或有事项(或有负债),未决诉讼,难以保证成功的大额研究与开发费用,人力资源(重要的技术、业务、管理骨干)的流失,衍生金融工具的操作等。

从更高的角度看,公司治理可以理解为在市场经济的基础上,在现代企业范围内,意识形态与其他上层建筑的结合。它不仅需要有一套组织架构、一系列规章制度和真实、相关、完整与透明的信息披露要求,而且需要有同它相适应的市场环境、商业道德环境和法律环境。此外,还必须建立一套新的投资理念:不论股东、董事、经理层和企业利益相关者都应当在促进股东利益最大化和公司利益最大化(当然也能最大化经理层的报酬)的目标上取得共识。不论公司的组织架构、规章制度等的建立和公司对外报告即对外信息披露都应当服从于公司治理的这种新的投资理念。这不但有利于投资者和经理人个人,而且有利于全社会的经济发展。从整个社会看,提高公司治理水平的最终目的是:最大限度地发挥现代企业的优势,进一步释放市场经济蕴藏的巨大潜力,最大可能地实现社会资源的优化配置。

参考文献:

[1]AICPA.Improving Business Reporting—A Customer Focus[R].1994.

[2]FASB.Improving Business Reporting:Insights Into Enhancing Voluntary Disclosures[R].2001.

(原载于《厦门大学学报(哲学社会科学版)》2001年第4期)

人力资源会计及人力资源信息披露的彩色模式

葛家澍　杜兴强

一、人力资源会计的发展回顾及知识经济下人力资源会计问题的重要性

人力资源会计发轫于20世纪60年代的美国。此后,人力资源会计曾经在美国、加拿大等国家获得较快的发展,一些公司纷纷采纳了人力资源会计制度,如巴瑞公司(Barry Corporation)就成为第一个"吃螃蟹"的企业。鉴于人力资源会计在20世纪60年代的发展,美国会计学会(AAA)专门成立了"人力资源会计委员会",并颁布了一系列的研究文告,大大促进了人力资源会计的发展。这个时期,人力资源会计的一系列方法和程序初见雏形,其中在人力资源成本会计和人力资源价值会计方面已经形成了一套理论体系。但是,人力资源会计的发展在80年代后期却陷入了低谷,20年左右的时间内几乎停滞不前,既有人力资源会计在会计计量方面的困难原因,也与会计理论和会计实务植根工业经济的土壤密切相关。因为,会计的发展是反应性的(Chatfield,1978),会计理论和会计实务的发展通常与会计环境密切依存并相互影响。在20世纪末叶和21世纪初叶,随着知识经济(knowledge-based economy,又称新经济 new economy)的初见端倪,以及整个社会对知识经济的关注,人力资源会计的发展呈现出"柳暗花明"的现象,人力资源和无形资产的会计问题成为新经济下企业会计问题的热点。如FASB(2001)颁布了一份具有指导性意义的特殊报告——《企业和财务报告:来自于新经济的挑战》,其中详细阐述了知识经济下的无形资产、人力资源等会计问题。其实,学术界对知识经济下的人力资源和无形资产会计问题的关注更早,其间涌现出相当一部分富有创见性的研究成果①,这在一定程度上推动了该方面的研究,丰富了人力资源会计的已有研究成果。我们认为,客观地分析人力资源会计的诸多问题对我们理解和推行人力资源会计大有裨益。本文正是立足于目前关于人力资源会计的研究成果,从分析人力资源会计的基本理论出发,试图构建一种人力资源信息披露的"彩色模式"②,以便披露充分、透明的人力资源信息,更好地满足知识经济下战略人力资源管理的需要。

人力资源会计的问题,归根结底可以归结到无形资产(尤其是商誉问题)的问题上来。人力资源会计的重要奠基人弗廉姆侯兹(Flamhoutz,1985)曾经指出,人力资源会计之所以能够在20世纪60年代导入会计信息系统,最主要的原因是人力资本因素是形成企业商誉(goodwill)的一部分。无独有偶,美国注册会计师协会(ACPA)1968年颁布的会计研究系列第10号(ARS No.10)中揭示,形成商誉的15项因素中,一个很重要的部分源自人力资源因素③。此前,在美国会计学会(AAA)1966年颁布的《基本会计理论说明书》中,就首次提出会计目标之一是"有效地管理和控制一个主体内的人力和物力资源",把人力资源与物力资源(非人力资源)并举。

知识经济下，一个企业的人力资源（连同其他智力资本因素如组织资本、顾客资本）成为创造企业价值的主要驱动因素（Johanson，etc，1999；Westphalen，1999），智力资本与企业价值形成的关系可用下图（见图 1）来表示：

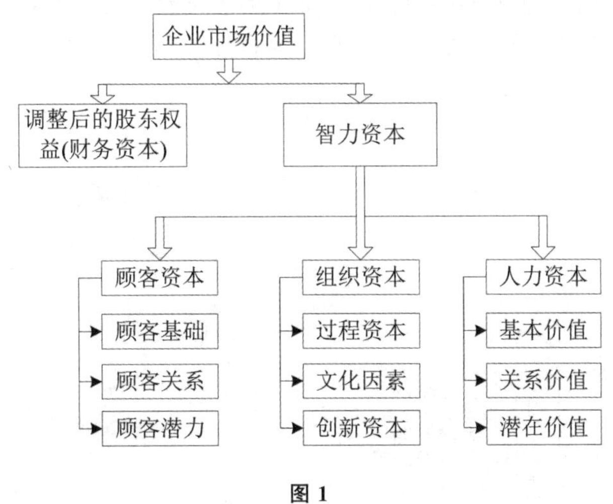

图 1

从图 1 中可以清楚地看出，对一个企业市场价值产生影响的因素包括两个部分：财务资本和智力资本。而智力资本又可以由顾客资本、组织资本和人力资本三个因素构成。人力资本是企业市场价值的主要驱动因素之一，作为人力资本的对立面和载体的人力资源的信息就应该得到恰当的反映，知识经济时代呼唤人力资源会计信息系统和进行人力资源信息的透明披露。

二、“利益相关者”理论与人力资源会计彩色模式的构筑

传统的企业理论以股东财富最大化为终极目的，认为股东是企业唯一的、主要的或终极的利益相关者，体现在一切以股东的利益为重心。然而，近期的研究发现，“股东财富最大化”并不等价于企业的其他利益相关者的利益最大化，也不等价于整个社会的利益最大化（Westphalen，1999）。现代企业理论则认为，企业体现为一系列契约关系的结合（Jensen and Meckling，1976），从而在契约理论的框架下突出了企业的利益相关者理论。企业的利益相关者理论认为，除股东外，企业的其他利益相关者如国家宏观管制机构、债权人、雇员甚至顾客的利益都应该在一个总的企业目标下得到考虑和权衡。同时我们注意到，报告人力资源方面的信息既照顾到传统的股东利益，又包容了企业的利益相关者的利益。

在企业的利益相关者理论下，传统的、以股东利益为中心的财务报告体系正发生着急剧的转变，其重心也在不断地嬗变之中。与此相对应，植根于以股东利益为重心和工业经济下的、传统的人力资源会计模式也应该进行转变。一种在更为广泛的框架内提供的，既满足企业内部管理需要，也照顾到对外信息提供的人力资源会计模式正在逐渐形成。换言之，企业的财务报告在知识经济下已经成为一种方式，而不再是一种目标。我们认为，其蕴涵的思路可以体现为以下几个主要方面：(1)人力资源会计的研究不应该仅仅局限于经济范畴，而应该在社会—经济背景（socio-economic context）下进行研究和重新构筑；(2)人力资源会计不应该局限于企业或者主体的刚性框架下，而应该在知识经济下使人力资源会计的报告空间范围更具弹性，从个人、企业（传统的主体）

和社会三个层次(level)和政治、经济、社会和心理等方面进行多维(dimensions)报告;(3)与此相对应,人力资源会计及其报告的方法和信息披露的侧重点将发生转移;(4)针对人力资源会计而言,可以区分为对内和对外报告两个基本的范畴;(5)对于"报告",在知识经济下应该系统地披露一个主体的信息,而不必也不局限于企业的财务报表。如上的思路就是要考虑人力资源信息的方方面面,这样的报告可以形象地概括为如下的"人力资源会计报告"的彩色模式(见图2):

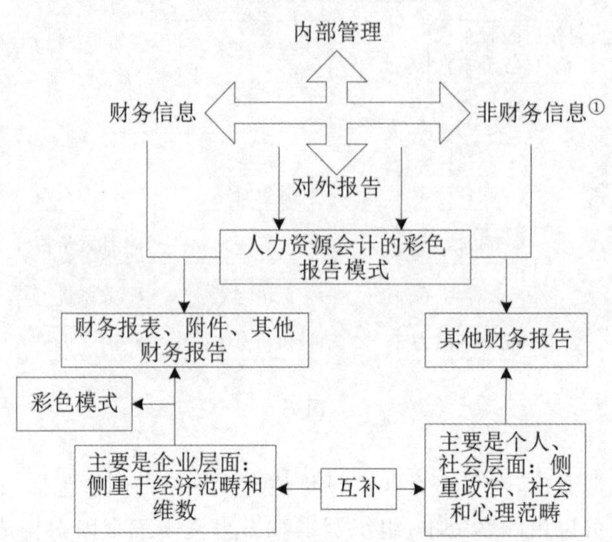

①本文后面对非财务信息部分的论述,参考了 Leandro,1999,"Measuring Intangibles:Discussion of Selected Indicators"。

图2

对于如上的彩色模式,需要简单加以说明:

第一,彩色模式含有双重意义,首先排除了以前要么进行财务信息披露、要么不进行披露的"黑白"模式,而从企业、个人和社会层面上区分了财务信息披露和非财务信息披露的侧重点。这一点,我们是从"The Future of Accounting and Financial Reporting Ⅱ:The Colorized Approach"(Wallman,1996)中得到启发。

第二,在人力资源会计的财务信息披露方面,由于确认惯例的存在,使得相当一部分人力资源会计的信息,要么因为"可计量性"方面的原因,要么因为计量的相关性和可靠性方面的原因而使得不能够进行人力资源会计的确认,从而无法进行财务信息披露。为此我们又参考了 Wallman 的观点和其提出的"彩色报告模式",构筑人力资源会计报告第二层次的彩色报告。

第三,关于人力资源会计的财务信息披露主要用于企业层面上的对外报告目的,侧重于对内报告;关于非财务信息披露则侧重于个人和社会层面,综合考虑政治、社会和心理范畴。两者是互补的。

三、权益理论的拓展与企业(主体)水平的人力资源会计的确认和计量

会计理论中传统权益理论的核心是,只确认财务资本投入者在企业中的所有者权益,而无视人力资本拥有者在企业中的权益。这种会计惯例的根源在于传统的权益理论。

(一)权益理论的拓展

传统权益理论体现在“资产＝负债＋所有者权益”等式中,等式右边权益只包括财务资本投入者(股东、债权人)在企业中应享有的权益。在相当长的一段时期内,尤其在工业经济发展的初、中期,由于财务资本相对于人力资本而言相对稀缺,所以财务资本投入者在企业(一系列契约)中占据支配性的地位是由“最稀缺的要素所有者拥有权益”的企业理论所造成的。但即使在工业经济环境下,在财务资本相对稀缺的时期,也不能排除人力资本在企业中的作用,因为人力资本是企业不可或缺的生产要素,若没有人力资本的参与,严格地说企业就无法创造价值。马克思劳动价值学说的精髓是剩余价值理论,而企业的剩余价值正是由可变价值(V)即人力资本所创造的(当然,若没有财务资本的协作,劳动者也不可能创造价值)。而且,透过资本市场的发展,我们的确可以发现,随着工业经济逐渐成熟并向知识经济的过渡,人力资本及其相关的衍生项目正成为企业价值的主要驱动因素。考虑到会计发展的反应性(Chatfield,1979),披露关于人力资本及人力资源方面的信息就成为一种必然。这样,企业的权益理论将同时涵盖财务资本所有者和人力资本所有者两个层面,资产负债表等式也将演变和拓展为“资产＝(财务负债＋人力负债)＋(财务资本和人力资本)”。

(二)确认和计量

按照FASB财务会计概念框架,要素的确认必须符合四项基本条件:(1)可定义性;(2)可计量性;(3)相关性;(4)可靠性。然而,在许多会计学者看来,人力资源的确认在要素定义方面和计量方面均存在严重的障碍。如Turner(1996)曾指出,人力资源会计发展30余年的里程,一直将讨论人力资源会计的核算放在首要位置。力图将人力资源融入主流会计总是面临两个障碍:第一,人力资源难以符合资产的定义;第二,不能够符合成本效益地建立一套完善的人力资源会计计量系统。因此,我们必须回答如下两个问题:(1)人力资源是否可以确认为一项资产,以及同时应该确认为什么样的负债或者权益;(2)人力资源会计计量能否予以计量?

一是人力资源是资产吗?资产是“一个主体由于过去的交易或事项所拥有或控制的可能的未来经济利益”。从该定义中可以看出,资产的本质是“未来的经济利益”。那么,只要能够为企业贡献未来的经济利益,无形资产(请注意,人力资源本质上是企业的一种无形资产)和有形资产就不应该有所区别,而都应该在财务报告中进行一致性的表述。尽管如此,是否将人力资源确认为一项资产还面临两个问题:第一,如何理解“控制”的含义,以及人力资源带来的未来经济利益是否可以为企业所控制?第二,如何理解“可能”这个限制性的表述?而这两个问题也是人力资源会计的反对者们所关注的。

法律或者契约性的限制是一项资产是否为特定主体所“控制”的证据。为此,相当一部分人力资源会计的反对者认为,尽管人力资源的存在可能给企业带来未来的经济利益,但由于企业对人力资源所贡献的未来经济利益缺乏控制,所以人力资源并不符合资产的定义。我们认为,对这个问题的理解应考虑到“经济实质重于法律形式”(economic substance over legal form)这项会计惯例,人力资源带来的未来经济利益是否可以由企业所控制,不应该仅仅拘泥于法律或者契约性限制,而应该从经济本质角度进行审视。从人力资本和非人力资本在企业中的博弈历程中可以归纳出,随着专业化的发展,随着企业对人力资本所有者的投入的增加,一方面人力资源价值的确在增加,另一方面人力资本和财务资本一样,其专用性(specialities)也在与日俱增,由此可以期望专用性的人力资源和企业形成一种隐契约(一种固定的长期契约),一旦人力资源所有者脱离企业,其人力资本价值将无从体现,并将因其对其他主体的非专用性而发生贬值。所以可以认为,随着人力资源专用性的提升,人力资源所有者将会选择合作博弈,同时增进企业和自身人力资本的价值,这样,人力资源贡献的未来经济利益,从本质上看其实已经为企业所控制。例如随着公司治理机制的发展,对企业经理等高层管理人员实行股票期权(stock option)、对企业职工实行职工持股等一系列激励措施，都能够起到稳定企业的人力资源队伍，从而促进企业在实质上对其内部人力资源的控制，使之长期服务于企业。

关于可能一词，按照 Upton(2001)的理解，其本意确切地应该解释为"期望"(expected)。按照其逻辑，我们认为，只要事前(ex ante)认为或能够预期一个项目有价值而且愿意付出代价去进行交换，该项目就符合资产的定义，而不论最终的(事后，ex post)结果是否能够证明其有价值，"可能"这个限制性表述的存在，在于揭示不确定性的存在和未来的经济利益是不确定的。因此 Upton 认为，"可能"一词并不是资产定义的一个必要组成部分。其实任何一项资产，即使是有形资产如存货或固定资产，其给企业带来的未来经济利益都内含着不确定性的成分，正如我们不会因存在不确定性而不确认存货和固定资产一样，我们同样也不能够仅仅因为人力资源带来的未来经济利益具有不确定性而就断然将其排除于会计信息系统之外。

二是人力资源会计计量的困难性。符合资产的定义只是人力资源确认为资产的必要条件而非充分条件，人力资源要能够确认为一项资产，还必须满足可计量性以及相关性和可靠性。虽然人力资源和有形资产在贡献未来经济利益方面并无本质的区别，然而一个主体却不能够清晰地将某项未来的经济利益和特定的人力资源联系在一起，而这正是人力资源难以量化和计量的症结之所在。但是，在人力资源会计出现的若干年来，计量问题被过度地予以强调，使得人力资源会计的报告及人力资源方面的信息披露成了一种典型的"黑白"模式，要么确认并通过财务报表进行披露，要么就不披露。但是，人力资源会计信息的确可以影响利益相关者的决策，所以绝对不披露未必是恰当的。

三是人力资源会计的确认。人力资源会计应该如何进行确认呢？人力资源应该在资产负债表上确认为一项什么样的资产项目？在将人力资源确认为一项资产的同时，到底应该不应该确认为一项负债或权益？

传统的观点只将企业付出的人力资源的招募费用和追加支出确认为一项"长期投资"。我们认为，此种处理方法并不尽合理，原因在于：

1.该处理方法是以交易为导向或以成本为导向的，而忽略了人力资源的基本价值(base value)。人力资源的基本价值是一种事先(ex ante)的、在为企业控制之前的客观存在[④]，此部分价值应该得到体现。企业对人力资源的追加支出其实相当于一种"附加或追加投资"，只能够使人力资源这项资产价值或服务潜能得以加强，而并不能够替代其原本价值。企业若只把招募费用资本化为"长期投资"，而无视人力资源本身的价值，显然不能真实公允地揭示一个特定企业相关的资源状况。

2.将对人力资源的招募费用或培训费用资本化为"长期投资"从本质上讲也是不合理的。首先，所谓投资，是指"企业为通过分配来增加财富、或为了谋求其他利益而将资产让渡给其他单位所获得的另一项资产"。那么，按照会计主体的空间范围限制，只有一个主体对其他主体的投资，在会计上才核算为"投资"(会计上，投资意味着对外投资)，而人力资源并非其他主体。其次，如果投资关系成立，那么投资方因为其投资而拥有了对被投资方的一定的权益求偿权。事实情况正好相反，不是企业拥有人力资源的求偿权，而是人力资源所有者因对企业的产出做出了贡献而具备一定的求偿权。最后，企业对人力资源的追加支出(假如存在的话)应该同在物质资源上的追加投资采取一致的会计处理原则，恰如对固定资产的大修理支出应该资本化为固定资产的价值的一部分一样，对人力资源的培训等支出也应该资本化为人力资源的价值。

3.前面曾经提及，人力资源会计问题起因于无形资产(尤其是商誉)问题，那么能否干脆将人力资源确认为无形资产的一部分？我们的回答如下：尽管人力资源因素是形成商誉或某些无形资产的一项重要因素，但是人力资源本质上和商誉还是有区别的。商誉必须附着于特定的企业，而人力资源的价值则是附着于特定的人力资源所有者；本着正确核算商誉的需要，若能够清楚地辨别哪些是人力资源的价值,哪些是商誉的价值,就应该分别独立地进行核算。FASB在《企业合并及无形资产》的ED(Exposure Draft,征求意见稿)(1999)中曾提出一个关于商誉的6个组成部分的划分的看法,认为"被收购企业未曾确认的其他净资产的公允价值"这一组成部分并非商誉的组成部分,而人力资源的对立面"人力资本"正是FASB的ED中所指出的上述内容之一。这就是说,人力资源和人力资本因素通常被包含于商誉因素中,但严格来说并非商誉,至少不属于核心商誉(core goodwill)。

综合上述,我们认为人力资源在资产负债表上应该确认为一项单独的资产"人力资产"。

问题是,人力资源在确认为一项人力资产的同时,应该如何同时按照复式记账原理进行确认?我们认为,对于这个问题可能存在着三个方面:第一,一项资产减少;第二,一项负债增加;第三,一项所有者权益增加(杜兴强,2000)。或者更普遍和更简洁地,其分录如下(假设满足所有计量方面要求):借记"人力资产",贷记"银行存款"、"长期应付款"、"人力资本"。

其中,借记"人力资产",贷记"银行存款"表示企业为了增加人力资产的未来服务潜能,在可以"控制"的前提下进行的追加支出;借记"人力资产",贷记"长期应付款"表示一种人力资源价值的计量模式——未来薪酬贴现法计量的人力资源的基本价值,它一般适合于生产型的人力资源。对于管理型的人力资源,则除用借记"人力资产",贷记"长期应付款"之外,还应该应用借记"人力资产",贷记"人力资本(所有者权益)"的分录。原因在于,企业一般允许其所有者分享企业的剩余索取权,所以一方面应该确认一项关于未来薪酬贴现的长期应付款,另外一方面,应该同时在所有者权益方确认一项按照欧洲看跌期权确认的人力资本(李忠民,1999)。

需要说明的是,上述确认模式其实可以分为三个独立的分录:借记"人力资产",贷记"银行存款"(反映企业对其控制的人力资源的追加投入价值);借记"人力资产",贷记"长期应付款"(反映生产型人力资源的价值或管理型人力资源的基本价值)";借记"人力资产",贷记"人力资本(反映管理型人力资本的潜在价值及其对企业权益的分享)"。以上三个独立的分录将有助于形成人力资源会计报告的彩色模式。

四、人力资源会计报告的彩色模式

会计是一个信息系统。从某种程度上讲,企业层次和经济范畴的人力资源会计报告是否必要,取决于人力资源会计信息的经济后果。文献检索表明,人力资源成本和会计信息的经济后果体现在影响投资者的决策、影响管理当局的决策,并可能影响个人或组织的学习能力。Elias(1972)、Ackland(1976)、Hendricks(1976)通过实验室研究发现,人力资源会计信息能够影响投资者的决策,导致决策差异。与此相对应,Hansson(1997)通过研究后得出结论:由于并未通过财务报表向资本市场传递人力资源方面的相关信息,所以企业对其员工进行培训,提高其未来服务的潜力,由此可能构筑企业长久性竞争优势的举措的"信号显示"作用非常有限。我们认为,在缺乏基本的人力资源会计信息披露的情况下,资本市场无法及时进行"学习",相对科学地评价企业的市场价值。因为,企业对员工的培训若不通过人力资源会计的相关方法和程序加以资本化,在信息不对称和交易费用存在的情况下,资本市场可能并不能够了解到企业在人力资源方面的战略;此外,企业对人力资源的追加投入,可以理解为以牺牲短期的现金流量为代价换取持久性的现金流量,而企业的市场价值却正是取决于其未来现金净流量的贴现值。可以合乎逻辑地推定,如果企业关于人力资源方面的信息无法恰当地向资本市场进行披露,那么将导致资本市场低估企业未来的持久性盈利能力和投资报酬率,而且也可能导致企业价值的不确定性。

从人力资源信息披露的经济后果角度理解,企业应该披露人力资源相关的信息。如果人力资源贡献的收益和成本能够清晰地加以分离,那么人力资源会计的报告将无疑是完美的。下面列举的瑞典 Volvo 企业某部门人力资源利润表[5]就可以说明这一点(见表 1):

表 1

项目			
收益			504
减:供应成本		−96	
总增值(gross added value)			408
减:折耗		−110	
净增值			298
直接工资	−198		
雇员流动/更替	−47		
缺勤成本	−47		
个人/社会成本	−17		
再教育成本	−7		
减:个人总成本		−316	
利润			−18

但是,人力资源会计报告可能面临如下的问题:对人力资源价值的计量未必符合成本效益原则,也未必满足可计量性、相关性和可靠性。然而这些障碍并不能作为不披露人力资源信息的充分理由。Wallman(1996)的"彩色报告模式"(colored model)为人力资源信息披露提供一种新思路[6]。目前的财务报告模式属于一种典型的"黑白"模式(black and white model),即若能够确认,则进入财务报表;而若不符合确认的条件,则根本不能够进入财务报表。Wallman 针对目前财务报告的确认局限,提出了一种"彩色报告模式",进行多层次的披露[7]。

我们发现,人力资源会计信息的特点在于:人力资源符合资产的定义,也符合可计量性和计量的相关性,但在可靠性方面存在着一定问题,这相当于 Wallman 彩色模式的第二层次的内容。同时我们还认为,人力资源会计计量缺乏可靠性的问题要辩证地进行理解:人力资源价值可以区分为三部分:基本价值、追加价值以及由此导致的潜在价值。人力资源的追加价值并不存在计量可靠性方面的问题,也同时满足了要素定义、可计量性(实际发生的事项)和相关性;存在计量相关性的只是人力资源的基本价值及其潜在价值。人力资源的基本价值是内含于人力资源所有者自身的,虽已经发生,但由于缺乏必要的客观证据和可验证性,其计量可能不可靠;人力资源及其形成的团队的价值,则由于不确定性的存在而使计量的可靠性不满足,但是可以由资本市场来进行甄别。

因此,能否设想,对于人力资源的追加投入价值,在财务报表中进行确认并披露,而对于人力资源的基本价值及其潜在价值则可以按照彩色报告的思路,在其他财务报告中进行披露。这样做的依据在于:

第一,人力资源的追加投入价值是企业内实际发生的事项,能够满足可靠性。而且,将企业的人力资源的追加投入价值资本化为一项单独的资产——"人力资产",有助于资本市场区别资本性支出和费用化的界限。由于资本化支出可能使随后的若干个会计期间受益,并使投资者能够正确领会企业牺牲短期利益换取未来持久性现金流量的经营思路,从而正确地评估企业的市场价值。因为企业的市场价值不是由本期的盈利,而是由未来的现金净流量来决定的。

可能有人指责人力资源的追加投入并不能够恰当地反映人力资源给企业带来的未来现金流量,进而指责人力资源计量的可靠性。我们认为,从投入角度确认人力资源的追加投入价值与目前对物质资产的确认是一致的,因为当企业花费 10 000 元购买固定资产时,其反映在资产负债表上的固定资产的金额正是这 10 000 元的支出,而并未按照固定资产给企业带来的未来经济利益进行贴现[8]。

此外，人力资源的真实价值，还可以通过在其他财务报告中人力资源的基本价值和潜在价值的披露来进行理解、评估。

第二，财务报表、财务报告和其他财务报告之间存在着如下的关系（葛家澍，1999），见图 3。

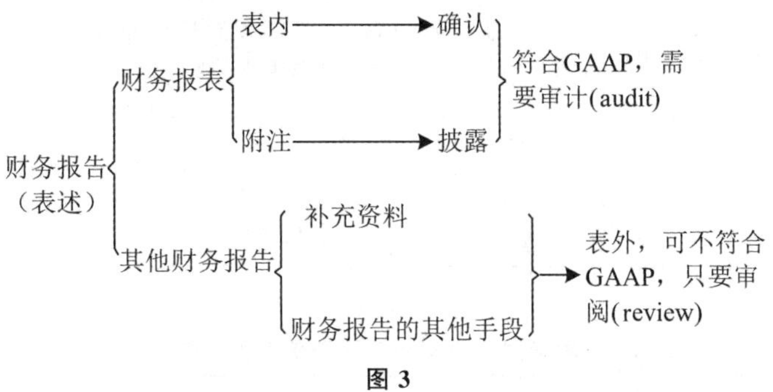

图 3

根据如上关系，若在其他财务报告中披露人力资源的基本价值或潜在价值，既可以不受到公认会计原则、会计制度或会计准则的制约，又可以为企业的利益相关性提供决策所需要的相关信息，可以说是一举两得。

下面，我们通过一个例子来简单列举如何在其他财务报告中披露人力资源的基本价值和潜在价值（见图 4）：

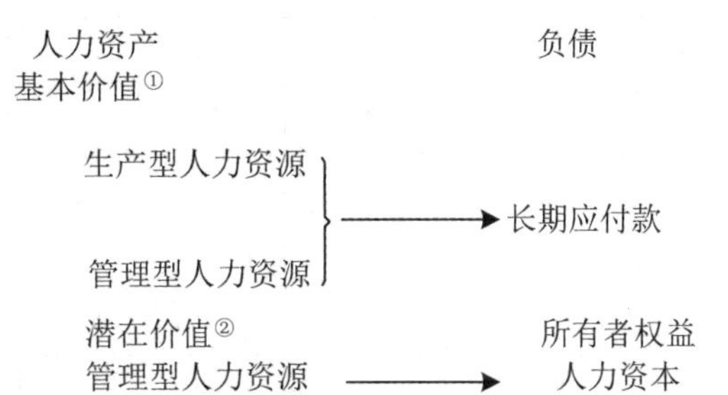

①按照未来薪酬的贴现值计算，贴现率可以选择一国教育投资的内含报酬率。

②按照欧洲看跌期权模型计算。

图 4　WWW 企业 200×年 12 月 31 日人力资源资产负债表

此外，还应该披露可能的经济后果。例如如此披露可能给企业的资产负债率带来的不利影响，因为同时确认人力资产和长期应付款，正常情况下导致企业的资产负债率的提高[9]；给企业的净资产收益率带来的影响。

五、关于人力资源的非财务信息披露

虽然将人力资源纳入财务会计范畴并通过财务报告（财务报表）提供相关会计信息是人力资源会计的一个重要的内容和职能，但是知识经济的特点和需求决定了这可能并不是人力资源会计的全部内容或唯一目的。换言之，我们应该改变会计界长期以来形成的、将人力资源纳入财务报表这种传统的、若干年来占据支配地位的思路，下面我们通过对人力资源会计发展的历程和世界各国人力资源非财务信息披露情况揭示这一点（见表 2、表 3）：

表 2　人力资源报告的发展

方法	计算成本	人力资源会计	人力资源管理	战略管理
发轫期	20 世纪 60 年代中期	20 世纪 60 年代早期	20 世纪 70 年代晚期	20 世纪 90 年代早期
特征	个人选择的财务效用	企业人力资源的财务价值	学习和知识分布作为内部管理战略	财务指标、人力资源、内部企业运作、顾客关系和创新
方法	效用分析	人力资源会计、人力资源成本和会计	学习型组织、知识管理	平衡记分卡
报告框架	成本效益计算	财务报表	非财务报表	绩效计量

资料来源:Westphalen(1999)。

表 3　世界各国人力资源非财务信息披露情况一览

	英国	加拿大	美国	德国	日本	韩国	总计
培训程序	12	9	10	16	3	12	62
价值增值战略	6	7	2	5	5	8	33
增值表	0	0	0	3	0	0	3
雇员权益	8	4	3	3	0	0	18
残疾问题	16	0	2	1	1	0	20
人力资源部门	16	12	6	17	6	11	68
安全问题	7	5	4	2	0	2	20
工会行动	0	3	1	5	0	0	9
雇员人数	20	9	11	19	11	11	81
补偿方案	10	0	2	15	12	0	49
养老金	19	14	19	20	18	1	91
利润分享(股份)	8	7	16	3	0	0	34
利润分享(期权)	17	16	19	0	0	0	52

资料来源:Subbarao and Zegha(1997)。

根据相关作者研究结论,可以归纳出企业应该在如下重要方面披露个体和社会层面上人力资源的相关信息,这类信息基本上属于非财务信息披露的范畴。这样,非财务信息披露和人力资源会计报告中的财务信息披露一同构成了人力资源信息披露的彩色模式框架(见表 4):

表 4　人力资源报告的非财务信息

揭示内容	解释
教育水平	整个企业人力资源教育水平的分布
性别	整个企业人力资源的性别比例
雇员人数	雇员总数和部门分布
平均工资	按照职业类别划分的工资类别
加班情况	在正常工作小时之外的加班情况
病假	缺勤时间

续表

揭示内容	解释
工伤	与工伤相关的工作时间
培训计划及覆盖面	有机会接受培训的雇员人数比例
受教育和培训时间	总教育时间/雇员人数
教育成本	总教育成本/雇员人数
直接人工	工资
管理评价	雇员问卷调查
参与企业经营情况	雇员问卷调查
雇员满意程度	雇员问卷调查
合作能力	雇员问卷调查
独立性	雇员问卷调查
个性发展	雇员问卷调查
内部交流	一般会议的频率;经理和中层人员交流频率;部门会议情况

资料来源:参考 Leandro(1999)。

注释:

①这些成果可以从 www.oecd,org/在线查阅。

②彩色模式思路来源于 Wallman(1996),但也有所区别。

③这 15 项因素包括:优秀的管理队伍、出众的销售经理或组织、竞争对手管理上的弱点、有效的广告、良好的劳动关系、卓越的信用等级、高瞻远瞩的雇员培训计划、崇高的社会威望、竞争对手经营的不景气、与其他公司的良好关系、战略性的地位、智能资源的发现、有利的税收条件及与政府良好的社会关系等。

④从特定企业的层面上进行理解,一个雇员之所以能够进入企业,或为企业所招聘,正是因为其本身已经具备了一定的价值或服务潜能,而这是与企业无关的。比如在中国,一个接受了九年义务教育的人在进入企业之前,是由于国家的投资而不是由于企业的投资而使其本身具备了一定的价值。

⑤Grojer and Johanson,1996,Human Resource Cost and Accounting,from Johanson(1999).

⑥关于 Wallman"彩色报告模式"的思路及其评价和相关问题,请参考葛家澍(1999)。

⑦Wallman 的彩色报告模式分为 5 个层次:(1)完全符合相关性、可靠性、要素定义和可计量性,相当于目前财务报表所反映的内容,属于核心信息层;(2)符合要素定义、可计量性以及相关性,但可靠性存在着问题;(3)符合相关性和可靠性,但在要素定义和可计量性方面存在疑问;(4)相关性和可计量性符合要求,但要素定义和可靠性方面存在缺陷;(5)只符合相关性的要求。

⑧尽管如此,我们并不否认按照未来现金流量的贴现值来确认资产的合理性。关于完全按照现值技术计量资产的有关理论探讨,请参见 Nash,2000,A Discipeined Approach to Added Accounting:Accounting for the Future.

⑨假设确认前一个企业的资产负债率为 L/A(一般情况下 L/A 小于 1),当资产和负债同金额增加 a 时,将会导致资产负债率提高,因为(L+a)/(A+a)肯定大于 L/A。这也是为什么企业不愿意确认融资租赁的原因之一。

参考文献:

[1]葛家澍.中级财务会计.中国人民大学出版社,1999.

[2]葛家澍.未来财务会计及财务报告的模式.财务与会计,1999(2).

[3]查特菲尔德.会计思想史.中国商业出版社,1989.

[4]杜兴强.人力资源会计的理论基础及其确认和计量.会计研究,2000(6).

[5]李忠民.人力资本——一个理论框架及其对中国一些问题的启示.经济科学出版社,1999.

[6]Upton.Business and Financial Reporting:Challenges from the New Economy,2001(FASB Special Report).

[7]Nash.A Disciplined Approach to Added Accounting:Accounting for the Future(AFTF),2000.

[8]Johanson.Human Resource Costing and Accounting Versus The Balanced Scorecard:A Literature Survey of Experience With the Concepts,1999.

[9]Westphalen.Reporting on Human Capital:Objective and Trends(UK),1999.

[10]Jensen and Meckling.Theory of the Firm:Managerial Behavior,Agency Cost and Ownership Structure. Journal of Law and Economics,3,1976.

[11]Wallman.The Future of Accounting and Financial Reporting,Part Ⅱ:The Colorized Approch.Accounting Horizons,1996,10(2).

[12]Leandro.Measuring Intangibles:Discussion of Selected Indicators,1999.

(原载于《财会通讯》2001 年第 11—12 期)

会计确认、计量与收入确认

葛家澍

摘　要：确认和计量是记录和计入财务报表的两个程序。本文较为系统地讨论这两个会计程序。作者认为，确认是财务报表的关键性步骤，因为它是决定记录和报告的第一道关口。本文研究了确认和计量的简短发展与历史。关于确认，文章分析了它的定义、过程(包括初始确认、后续确认和终止确认)和确认标准，然后分析了计量，包括：计量的单位、计量的对象、计量的结构、计量属性和确认与计量的关系。最后，文章的讨论把重点放在收入确认上，特别关注 SEC 的 SAB 101 应用于收入确认的补充指南(1999 年 12 月)和 FAS 48。作者相信，SAB 101 和 FAS 48 的有关规定，对于审计我国上市公司的盈利也是非常重要的。确认与计量也是非常复杂而困难的问题，我们将关注改进确认标准和计量属性这两方面的未来发展。

关键词：确认；计量；收入确认

一、会计确认

本质上，财务会计是一个立足企业、面向市场的开放的信息系统。它主要运用确认和计量，处理财务数据，使之转化为财务信息并披露相关的非财务信息，通过财务报告(主要是财务报表)的传递，供信息使用者进行投资、信贷和其他类似的经济决策。财务会计作为一个信息系统，它其实由确认、计量、记录与报告四个程序组成，四个程序各有自己的功能。但确认和计量需要会计人员专业判断，在整个会计行为中起导向(决策)作用。一般地说，每一交易与事项发生，若能做出正确的确认，并给予可靠的计量，则只要遵循复式簿记技术，符合财务报告框架，就能保证财务信息的可靠与相关，并有足够的透明度。

会计确认与计量虽然重要，但由于它们所代表的会计决策是一种深层次、鲜为人知的隐蔽的会计活动，经常不被人们所注意，确认尤其是如此。记录与报告则代表会计的行动，比较容易觉察它们。认识任何一个事物，人们总是由浅入深，从现象到本质，经历着一个深化的过程。对于会计的上述四个程序的研究和认识，大体上也是如此。

20 世纪 60 年代前，会计尚仅以记录和报告作为自己的特征。例如美国 1953 年 8 月，由会计程序委员会组成的会计名词委员会(the Committee on Terminology)重新整理发布的“第 1 号会计名词公报”Accounting Terminology Bulletin(ATB) No.1 把会计定义为“一种艺术，将具有或至少部分具有财务特征的交易、事项予以记录、分类和汇总，使之成为有意义的形态并用货币表示以及解释由此产生的结果”(ATB No.1，para.9)。这个在当时最具权威性的会计定义，完全没有提到确认，至于计量，只是笼统地用“货币表示”来表述。1966 年 8 月美国会计学会为庆祝学会 50 周年纪念大会而发表了著名的《基本会计理论说明书》(A Statement of Basic Accounting Theory, ASOBAT)。该说明书将会计重新定义为"为了使信息使用者可作出判断与决策的辨认、计量和传递经济信息的程序"(ASOBAT chapter I)。AAA在会计程序中第一次明确地提出了计量,同时也涉及确认。不过,仍仅用辨认(identifying)这一狭义的概念,与后来FASB提出的确认(recognition)概念不尽一致。1970年美国会计原则委员会(APB)发表第4号报告《企业财务报表的基本概念与会计原则》(Basic Concepts and Accounting Principles Underlying Financial Statements of Business Enterprises)仍沿用ASOBAT的观点,但对确认这一会计程序的认识上有了发展。APB Statement No.4认为,财务会计存在着财务会计程序(financial accounting process)。它由一系列操作构成,并在每一会计期间内有系统地加以执行,这一系列程序的第一、二两点就是:(1)选择事项,即将要报告的事项予以识别。因为影响一个企业经济资源及其义务的事项,并不是当其发生时即能加以报告;(2)分析事项,即决定这些事项对企业财务状况的影响(APB,1970),究竟什么是识别即确认,APB在这里作了进一步(尽管尚不全面)的解释。不过,对于会计确认,做出迄今被公认为科学而全面的解释,应为美国财务会计准则委员会1984年12月颁布的第5号财务会计概念公告。早在FASB的第3号概念公告(1980年12月)的第83段(即取代它的第6号概念公告第143段)就指出,确认是将某一项目正式记入或计入一个主体财务报表的程序。在这一定义的基础上,第5号概念公告对确认的定义,确认与非确认的界限,以及确认的基本标准和收入确认的指南都作了重要的阐述:

第一,在整个会计程序中,确认是项目应否列入财务报表某一要素的第一道关口。其中要素的定义又是应否确认的首要考虑因素。"确认是将某一项目,作为一项资产、负债、收入、费用之类正式地记录或计入某一主体财务报表的程序(过程),它包括同时用文字和数字描述某一项目,其金额则包括在报表总计之中。对于一项资产或负债,确认不仅要记录该项目的取得和发生,还要记录其后发生的变动,包括从财务报表中予以取消的变动"(FASB,1984)。

第二,由于确认,既要用文字,又要用数字来描述一个项目,其金额且必须包括在财务报表的总计之中。那么,用其他方法(如注释,正文中的括号,辅助信息等)在财务报告中披露的信息与事实,就不是确认。

第三,确认一个项目和有关信息应符合四个基本标准,即可定义性、可计量性、相关性和可靠性。从以上阐述可以看到:

1.确认这个程序需要会计人员的专业判断。每当一项交易、事项发生,就要识别是否某两项目应在会计上正式记录(即按复式记账要求,作成会计分录),它们应记入哪一个财务报表的要素(项目)和账户,应在何时予以记录并计入报表,在记录或计入报表时是否符合四项基本标准。并且还应考虑:效益是否大于成本,所应记录和计入报表的项目是否符合重要性原则。

2.凡是在财务报表上通过确认加以表述的部分,必然正式经过会计记录,其文字归属于报表的要素与所属的账户与项目,而金额则必须计入报表的总计,因此确认总是指在财务报表之内且不包括括弧中的旁注。在整个财务报告中,财务报表是核心,而在财务报表中,表内确认部分应是最相关、最可靠的财务信息,确认不可能包括非财务信息。财务报告有两种表述信息的方式:一是确认(仅限在财务报表表内的、可计入总计的财务信息);二是披露(包括报表附注、辅助报表和其他信息传输手段所表述的财务、非财务,主要是非财务信息)。

3.确认的范围,包括记录和报告,但确认不等于也不是要替代后两者。对记录来说,确认主要指:(1)是否有项目应作为要素进入会计系统正式记录;(2)何种要素应当记录;(3)何时应予记录。而如何记录则在上述三点决策之后才能运用复式簿记原理与技术做出。可见,如何记录虽然也在广义的确认程序(过程)之内,但狭义地看确认,此时已进入另一个会计程序——记录。从报告来看,也是如此。对于在财务报表的表述而言,有无项目应进入报表系统,该项目应列入何种要素,何时应当在报表中表述并将其金额列入报表总计等三个步骤属于会计确认,它所代表的是会计的决策行为。至于如何在财务报表中表述(除确认外还包括披露),那也意味着财务会计的活动进入了最后的程序——报告。总之,确认之所以重要,就因为它代表会计行为中的识别、判断即决策阶段,只有正确地进行确认,才能正确地记录和报告,也才能产生对会计信息用户决策有用的信息。正确的确认依靠什么?主要依靠会计人员的专业判断水平。

4.作为一个程序和过程,确认对大多数交易和事项所应予记录和报告的项目可以一次完成。例如发生的费用如电费,由于购入的该项劳务(能源)当时就能消耗掉,已记录的项目不可能发生后续的变动,因此这类交易和事项只需要一次确认即可完成,但是因为确认涉及对记录和报告两个程序的决策,所以我们仍然可以认为,一切交易和事项都要经过初步确认作成记录,然后通过再确认(第二步确认)予以报告。

有一些交易和事项的确认,其已记录和已报告的项目嗣后可能发生变动,而需要后续确认甚至不再符合确认标准而需要终止确认,比如:

(1)固定资产按历史成本确认为资产后,由于价值变动而批准进行重估价,则重估价的记录与报告的确认,应属于后续确认(subsequent recognition)。

(2)按现行成本或公允价计量的某些项目在其交易开始时是通过初始确认(initial recognition),在初始确认后如现行成本或公允价值发生变动时,一般于下一个报告年度开始按变动后的成本或价值重新确认,即所谓后续确认。如果已确认的某个项目不再符合某一要素的定义,例如已确认的资产由于作为其他企业的抵押(担保)而当作担保品被偿付债务进行处置,本企业对它不再保持控制的能力,这时,对该项资产,就要在会计记录和财务报表中终止确认(derecognition)[①]。由此可见,确认不一定一次完成,它可能形成一个较长期的,甚至多次才会完成的过程。

5.FASB在第5号概念公告中的重要贡献,就是第一次提出财务报表所有要素必须共同遵循的确认标准以及收入确认的补充指南。

确认的第一项标准是需符合要素的定义,也许有人认为"定义"是抽象的概念,它如何作为确认的标准?其实,在财务会计概念框架中,定义要素不是为定义而定义,而是为确认而定义。要素的定义必须是要素的特征(本质属性)的反映。因此要素的定义乃是定义的基本特征的组合,我们分解每一项要素的定义,就能发现不同的要素有什么特点。比如,资产,其定义是"特定主体基于已发生的交易或事项而形成的可能的未来经济利益,它为主体所取得或主体能加以控制"[②]。从这个定

---

① 要注意初步确认(first-step recognition)和第二步确认(second-step recognition)即再确认与初始确认(initial recognition)和后续确认(subsequent recognition)的区别。前者指交易和事项发生后每一个应予以确认的项目都先在账簿(或其他记录手段)上记录,然后再计入财务报表的两个步骤。后者则指相同的项目可能由于计量上的变动,通过不同的事项修改(调整)原先确认的金额。不论初始确认或后续确认均须通过初步确认加以正式记录并通过第二步确认在财务报表表内表述。

② 这里是引用美国SFAC No.5 p.25的资产定义。IASC在其《财务报表编表框架》中则把资产定义为"资产是企业能加以控制的资源,该资源是过去事项的结果,预期可使未来经济利益流入企业"(International Accounting Standards 2001,IASC P.66)。两个定义的明显区别是FASB的资产定义认为资产是企业的可能的未来的经济利益;ISAC的资产定义是预期使未来经济利益流入企业的资源;FASB认为该项可能的未来经济利益为企业取得和控制而IASC则认为该资源仅为企业所控制。至于我国,则把资产定义为:"是指过去的交易、事项形成并由企业拥有或控制的资源,该资源预期会给企业带来经济利益"[《企业会计制度》(2001)第5~6页]。我国定义同时参考了FASB和IASC的提法,但对于"经济利益"的表述,既不加"未来的",也不加"可能的"等定语。

义可以分解为资产的三个重要的特征:第一,它是可能的、未来的经济利益[①];第二,该经济利益已为企业所取得或予以控制;第三,企业所取得或已能控制的可能的未来经济利益是过去的交易、事项已发生的结果。这样,会计人员对这三个特征就不再感到抽象,而可当作辨认某一项目是否属于资产的本质的标准。

按照当前的FASB的概念框架,一个项目要作为资产来确认,这三个特征是缺一不可的。但是FASB首先又强调未来的经济利益才是资产的本质(the essence of an asset)(FASB,1985),因为资产对企业必须有用:或用于交换其他经济资源;或用以清偿其债务;或用以生产有价值的商品与劳务。这一特性是资产最不可或缺的。其次它必须属于企业所有或企业有权予以控制。否则,它的有用性对企业来说便是空的。至于说"为企业取得或控制的未来经济利益是过去的交易或事项的结果",这一特性,似乎可以灵活看待。就是说,不一定是过去(已发生)的交易或事项,也可以是尚未发生的未来事项,只要通过合约(合同),严格规定了双方的权利和义务,未来经济利益已经明确地转移企业,也可符合确认中的可定义性标准。最后,对于资产的三个重要特性中第三个特性作灵活的解释,FASB似乎已有先例。在FASB颁布的《衍生工具和套期活动会计》的准则中,它先重述了资产和负债的三项重要的特性,而后,就衍生工具来说,FASB指出"一项衍生工具的清算能力通过收取现金、其他金融资产或非金融资产而处于有利的条件之下,是未来经济利益的权利(right)的证据,从而是衍生工具成为资产的必须承认的证据"(FASB,1998)。这里讲衍生工具的清算能力,显然指未来,未来经济利益的权利也是指未来。把衍生工具定义为资产(金融资产)的基本标准是它能在未来为企业带来经济利益[在获得"利得"(gain)的条件下有收取现金、其他金融资产或非金融资产的权利],可见,FASB把衍生工具确认为资产的基本标准,正是资产特征中的第一个特征——未来的经济利益,也体现了FASB在第6号概念框架第172段中着重阐述的原则:"未来的经济利益是资产的本质。"

确认的另一项重要标准是要素具有可计量性。这里,应当着重阐明两点:

1.每一个被确认的项目要成为会计上的某一项要素,必须符合要素的质与量的两个方面:一方面,被确认项目要符合要素的定义,是要求该项目合乎要素的质的规定性,即要素的各项特性,尤其是代表本质的特性例如资产,是指可能的未来的经济利益这一特性;另一方面,被确认的项目要具有可计量的属性,即要求该项目合乎要素的量的规定性,由于财务会计的对象是能用货币表现的价值增值运动,可计量性主要指能用货币计量,一般指市场价格,包括过去的市场价格(历史成本)、现在的市场价格(现行成本市价)、未来的市场价格(按预期未来现金流量现值计算的公允价值)。以资产为例,正如FASB所说:"市场价格是未来的经济利益最明显的证明"(FASB,1985)。前面曾经说过,计量也是财务会计的一个重要程序,对确认来说,计量又是确认的基本标准之一。即使一个项目符合要素的定义,若不能可靠地计量,则会计惯例认为,宁可推迟确认也不冒降低信息的可靠性与相关性的风险,正是基于这一理由,有些符合要素特性(特别是符合要素本质的特性——代表可能的、未来经济利益)的项目如企业自创商誉、人力资源等之所以不能确认为资产,就因为它不能满足可计量性、可靠性和相关性的要求。[②]

2.计量作为一个重要的会计程序引起会计学家的注意远远早于确认。这是因为,记录和报告

① 在未来的经济利益加上"可能的"定义,主要为了表明未来经济利益的不确定性。关于这个问题的详细阐述,可参考SFAC No.6注释(18)和(21)(见娄尔行译《论财务会计概念》),中国财经出版社1992年版,第211页,FASB,Original Pronouncements-Accounting Standards,June 1,1996,1996/1997 edition,Vol Ⅱ,pp.1119~1120.

② 在这些项目的确认问题上,会计界一直存在着争议。21世纪后,已迈入知识经济时代,无形资产在企业财富的创造中所起的作用与日俱增!确认自创商誉、人力资源和其他无形资产的呼声甚嚣尘上!可以预料,在财务会计的今后发展中,人们必能重点解决这些项目在财务报表中的正确确认与可靠计量的问题。

应是最早被人们利用并被人们识别的会计活动，当时人们称之为簿记，而随着簿记向会计发展，为了使记录可靠，报告真实，计量就被提到会计活动的议事日程，而予以特别的重视。在一个相当长的时期，代表今天“计量”的会计术语是“资产估价和收益决定”。

二、会计计量

早在1907年，Chartes E.Sprague在其主要讨论记账原理的名著《账户的哲学》中，在说明账户的形式时，就涉及同计量有关的价值信息。该书第二章“账户的形式”指出：账户“需要提供如下的信息：多少价值(Value)？如何提供？何时提供？为何提供以及向谁提供”(Sprague，1907/1922)。1922年W.A.Paton则明确把反映价值列为会计的功能。他说：“会计的作用(功能)是记录价值，分类价值并按照所有者及其代理人可以明智地利用他们处置资本的要求来组织现行价值数据”(Paton，1922/1962)，Paton还说：“会计人员的职责的本质包括分期决定企业净收益和财务状况”(Paton，1922/1962)，1929年，John B.Canning也重视计量与估价问题的研究。在他的名著《会计的经济学》中，有五章涉及会计计量，除第8章专门讨论收益的计量外，9～13章都讨论资产、负债、所有者权益即财务状况的估价与重估价。Canning把估价分为直接估价和间接估价。“直接估价是当，而且仅当已实现的货币收益存在并满足可决定的条件，这种收益的增加，既可能是正的符号，也可能是负的符号(钱进来或钱出去)，它可用任何方法在将来的时期分配。”(Canning，1929)S.S.Alexander则更强调收益决定。他写道：“收益决定是企业会计人员的主要职责”(Alexander，1962)。其实，Paton也是一贯强调收益决定的重要性的代表人物。他后来在1940年同A.C.Littleton合著的《公司会计准则绪论》则把他们重视收益决定的观点发展到了新的高峰。该书共七章。其中三章(Ⅲ、Ⅳ、Ⅴ)就分别讨论了同收益决定有关的成本、收入和收益。还在第Ⅱ章会计的基本概念中，创造性地提出了也是同收益决定密切相关的“计量的计价(报酬)”(measured consideration)、“成本归属性”(costs attach)和“力量与成就”(effort and accomplishment)等三个概念。尤其在“力量与成就”部分，他们全面而深刻地阐述了会计上的“配比”(matching)原则，所谓“力量”是用“成本”测量的，而“成就”则由取得的“收入”表示。由于企业行为具有连续性，其最终的经营结果总是在不确定性的将来，管理当局、投资人和政府以及所有与企业利益相关的团体，其决策绝不能等到企业经营的最终结果(ultimate outcome)，而必须对企业业务进度，在不同期间有一个“测量上的读数”(test reading)，其方法就是把期间的收入同所费成本进行比较，这就是会计上的配比原则(Paton，Littleton 1946/1977)。从会计的历史考察，Paton和Littleton的这部著作的出版年代(1940年)，大体上可以作为在会计计量上对资产估价与收益决定孰轻孰重的分水岭。在20世纪40年代以前，会计界重视资产估价，资产负债表被列为第一报表；而在20世纪40年代以后，会计界转向重视收益决定(通过配比)，损益表(收益表)变成实际上的第一报表，会计人员的作用也发生转变。其实，Paton和Littleton(1940年)已把资产视为“等待它们命运的未分配成本”(unallocated costs awaiting their destiny)，会计师本质上是“成本员”(cost ers)而不是“估价员”(valuers)[①]。为了进一步分析会计计量，以下将从三个方面对它加以探讨：

---

① Pierre Jinghong Liang，Recognition：An Information Content Perspective，*Accounting Horizons*，September 2001，p.225.

(一)关于计量的对象

计量的对象应区分财务报表和其他财务报告。就财务报表而言,由于它仅反映财务信息(若含报表附注,则主要反映财务信息),货币计量是唯一或主要的计量属性。财务报表的计量,又分为资产(包括作为负资产的负债和净资产的所有者权益三部分)估价和收益决定两项内容。所谓收益决定一般指对收益表(损益表)的估价,亦即按实现原则确认收入,按配比原则分配费用,从而确定收益。其实资产的估价除决定企业财务状况外,也能达到收益决定的目的。按照复式簿记机制,资产负债表与收益表存在着内在联系:

资产－负债＝所有者权益即净资产(期初投入资本＋本期资本的变动＋本期净收益)

本期净收益＝收入－费用＋利得(营业外收入)－损失(营业外支出)

两表的这种内在的勾稽关系决定了收入可以采取两种方式之一来完成,其结果应当一致:

1.资产/负债观。通过资产负债的正确估价,然后将不包含本期资本本身变动在内的期末与期初净资产相比较求得本期净收益。

2.收入/费用观。通过收入确认与费用配比,并对利得和损失进行确认①求得本期净收益。

至于其他财务报告的计量特点,将在"关于计量的结构"部分说明。

(二)关于计量的结构

计量是一个会计程序,也是会计的一项活动,这一活动需要进行两个方面的选择:

1.计量的单位。计量的单位取决于计量对象的性质。凡是要计量企业经济活动中的价值(财务)方面,就只能选择货币为计量单位。货币是唯一可以捉摸商品价值存在的形式。所以对财务报表的计量,只能或主要必须以货币为计量单位。由于货币作为一种特殊的商品,其本身的价值具有不稳定性,在物价基本不变或变动幅度不太激烈(例如没有发生恶性通货膨胀②的国家和地区)的条件下,作为会计计量单位的货币通常都用一个国家或地区的法定名义货币,如中国用人民币,美国用美元,香港用港币。当物价发生激烈变化,发生恶性通货膨胀,则财务报表必须以不变价格货币(constant dollars)即不变购买力(constant purchase power)重新表述,通常按资产负债表日的计量单位表述(the measuring unit current at the balance sheet date)(IASC,1994)。凡是要计量企业经济活动的非财务方面,那就不能用货币为计量单位。近年以来,会计信息的用户对非财务信息越来越表现出浓厚的兴趣和深切的关注。美国 AICPA 1994 年发表的 Jenkins Committee Report 即众所周知的改进企业报告中就推出了一个企业综合报告模型,共涉及五种非财务信息,包括经营数据、前瞻性信息、有关营业部门和股东的信息和公司背景。FASB 则在 2001 年《改进企业报告:对

① 对于利得与损失,通常只确认已实现和已发生的。但近年来,包括国际会计准则在内的各国准则常常允许对某些未实现的利得和损失如外币折算损益、固定资产重估价涨价或跌价进行确认,在美国按 FAS 130"报告全面收益"的要求,所确认这些项目应列入"全面收益表"中的其他全面收益部分。

② 恶性通货膨胀有一个国际惯例和标准,1994 年重编的 IAS No.29 第 3 段列举(但不限于)通货膨胀有 5 个特点可以参考(International Accounting Standards 2001,IASC,2001,pp.701～702)。

增进自愿披露的洞察》中增加了有关无形资产的信息(FASB,2001)[①]。但这里必须指出,《改进财务报告》中列举的各项信息在非财务信息披露中有些是不能用货币计量的,它们属于非定量信息;有的如无形资产的确认,又可能属于货币计量的信息。一切事物都有质和量两个方面,非财务信息当然也能计量,但需要采用适用计量对象性质特点的多种计量单位。如"市场占有率"的量化标准是百分比;管理部门及股东的量化指标是这些人员的学历高低、经历长短和股份比率多寡以及人数,等等。

2.计量的属性。计量的属性代表计量的特性,如何选择恰当的计量属性,对于计量的可靠、相关与否,至关重要。美国FASB曾列举过五种通用的计量属性(见SFAC No.5和SFAC No.7),其中较常用的是历史成本、现行成本和公允价值。历史成本是财务会计沿用最久的计量属性。根据AICPA在1994年的调查,大多数用户仍赞成历史成本为基础的计量模式,这不仅因为采用历史成本,运用的是过去的交换价格,有相对可靠的证据可以检查稽核;也不仅因为采用历史成本计量,可以不考虑入账后的价值变动,从而节约核算成本;而且因为它能向用户提供"稳定的和一致的基准(benchmark),对于了解一个企业,识别其发展趋势,通过推断盈利和现金流量来评估一个企业有很大的好处"(AICPA,1994)。非常明显,历史成本的严重缺点是相关性不够,经常被人们认为无助于面向未来的决策[②],取而代之的,就是现行成本和公允价值。在世界经济处于高通货膨胀的20世纪60年代末至70年代初,现行成本曾被会计界看好。英国SSAP 16和美国的FAS 33,曾以现行成本(重置成本)为基础的计量模式逐渐取代历史成本计量模式的传统地位。所谓现行成本是指企业替换一项现在拥有的、功能良好的资产(减折旧或摊销)所应付出购买现金数,它关注该资产的潜在服务成本[③]。现行成本的一个重要特点是每一个会计时期,都要按现行成本重新开始计量,现行成本与历史成本,或前后两项现行成本的差额,要确认持有(未实现)利得或损失[hold (unrealized)gains or losses]。Edger O.Edwards和Philip W.Bell在其《企业收益的理论和计量》中指出:"每一个企业的活动都有持有活动(holding activities)和经营活动(operating activities)。一个企业意图取得利润的活动很方便地分为(1)通过联合或转换生产因素形成产品,其销售价值超过生产要素所产生的利润和(2)由于资产价值升值(或负债价值减值),而这种资产(或负债)是企业

---

① 有关非财务信息的披露问题,英国*Accountancy*(September 2001)刊登的一篇文章"Counting More than Numbers"作了详细的论述。它把非财务信息分为前瞻性的非财务信息(如公司的自身环境、公司的周围环境和战略与管理)和历史的非财务信息(如产品、顾客、公司发展趋势)。在前瞻性非财务信息中可细分为:

①公司周围的环境	②战略与管理	③公司发展趋势
·新公司进入该行业的能力; ·在行业中的竞争对手及其地位; ·市场、竞争或技术的变化; ·影响分部的法规和法律。	·外部发展趋势战略的一致性和管理方法。 ·授权的基础结构 (a)组织结构;(b)企业战略; (c)管理哲学;(d)雇员激励。 ·主要目标,战略和影响战略的实施因素。 ·任务,广泛目标和达成目标的战略。 ·指标的类型和数额/管理奖金和用丁计算的方法。	·影响公司未来现金流量增减的有利和不利环境。 ·公司的财务弹性、变化和原因(资源流动性的识别)。 ·前瞻性信息的质量。

[以上见*Accountancy*(September 2001)p.115表1和p.116表2]

② 历史成本其实也并非对用户的决策毫无帮助。用户肯定它有用的优点中就说明:它在人们决策中具有反馈价值和预测价值。

③ 见FAS 33第99段关于c."现行重置成本"和f."现行成本"的解释。(FASB,*Accounting Standards*,Vol Ⅱ,Original Pronouncements as of June 1,1982,pp.1152-1153)

所拥有而产生的利得，在第(1)种情况下利润的形成由于利用要素；在(2)种情况下利得的形成结果则由于持有要素或产品”(Edward，1961/1973)。现行成本的这一特点，决定它对决策具有相关性，但比较难于可靠地计量，要确定现有资产具有相同服务潜力(即可带有相同的未来经济利益)的同类资产的现行购买金额不是一件容易的事情。就是说，用现行成本取代历史成本计量，未必符合效益大于成本的原则。因此当通货膨胀浪潮在全世界已基本平息的时代，除英国、荷兰等少数国家外，大多数国家的财务报表已很少按现行成本表述财务报表。当前，看好的计量属性是公允价值(fair value)。严格地说，公允价值应当视为“公允价格”。因为，公允价值最理想的代表就是市场价格。如果某种资产并无公开的活跃的市场，没有形成能为买卖双方均可接受的市场价格，则可用未来现金流量的现值来寻求公允价值(见 SFAC No.7)或通过模式计算。公允价值若能取代历史成本，意味着财务会计报表模式将以历史成本为基础的传统模式向以价值为主的创新模式转变。这将在一定程度上消除会计界与经济学界在企业计量问题上长期存在的分歧。但根据 AICPA 1994 年 Jenkins Committee 的调查研究，在美国，大多数用户并不赞成用以价值为基础的计量模式替代现行的会计模式(应指多种计量属性并用历史成本为主)。反对的理由主要是：第一，以价值为基础的会计模式与大多数用户评估企业或衡量风险的方法不一致。“资产负债表的目的不是提供公司价值的预计。使用者一般并非通过把个别资产的价值相加减去个别负债总计去计量(估价)一家公司的持续经营价值，而是以(企业)未来盈利或现金流量为基础计价持续经营活动。这通常是公司价值占支配地位的驱动器。”第二，“在财务报表中，取代历史成本的价值信息缺乏足够的可靠性。价值的估计可能是管理当局的主观决定或以不完整市场或以假想市场模式为基础。”(AICPA，1994)。

(三)关于计量的过程与确认的关系

计量包括货币计量与非货币计量。货币计量产生财务信息，它构成财务报表的内容并同确认存在着密切联系，就货币计量来说，实际上也是一个过程。凡是初始确认的项目都需要初始计量，历史成本、现行成本、公允价值等属性都可用于初始计量。但它们有区别。历史成本在初始计量后由于不再反映计量项目的价值变化，因而不需要后续计量。而采用现行成本或公允价值为初始计量属性时，在价值变化后需要结合后续确认进行后续计量，一般为重新开始计量(资产的重估价除外)。如果终止确认，则同样要终止计量。运用历史成本进行计量的项目，其价值变化通常属于摊销和分配，有时采用未来现金流量贴现值来表示。

严格地说，只有初始确认时用于计量的历史成本、现行成本、公允价值等才能称为财务会计的一项完整的计量属性。比如未来现金流量的现值，由于不能作为初始计量属性，它总是在历史成本或现行成本的基础上加以应用的，因此，只能算一种摊销的方法(FASB，2000)。

三、收入的确认

在第一部分，我们已较为详细地研究了会计确认，并指出正确的会计确认对于保证财务报表的信息的完整、可靠与相关，具有至关重要的作用。确认离不开计量，否则财务会计就不能提供对决策有用的定量信息。因此，在第二部分，又讨论了会计计量，回过来，仍须进一步研究会计要素中最重要的一个要素——收入的确认。按照配比原则，一个企业的盈利(收益)主要是由收入同与其相配比的费用确定的。“盈利及其组成内容，作为报告期业绩的基本计量，其重要性被普遍承认。因此，盈利组成确认标准的应用，需要进一步的指南。”考虑到在企业中常常有许多复杂因素交互作用，其合理分析，往往令会计分析无能为力。这样，再基于盈利信息的重要性，指南“对盈利组成内容的确认，比确认资产或负债的其他变动更为严格”(SFAC No.579 和注㊽)。

财务会计实务的发展，完全证实了 FASB 在 15 年前的预言。盈利的确认，尤其是收入的确认必须特别严格，需要有防止虚假确认收入的具体指南。根据刊登在 2001 年 6 月份 *Journal of Accountancy* 的一篇文章透露：在美国上市公司中，从 1987 年到 1997 年的十年中，超过半数的财务报告欺诈，涉及收入的高估①。这难怪美国 SEC 前主席 Arthur Levitt 1998 年 9 月 28 日在纽约大学法律与商务中心所作的演讲，把这种行为斥之为“数字游戏”(the numbers game)并揭露了五种造假手法，四种手法属于粉饰盈利，一种手法则为明显地通过提前确认收入来高估盈利。在这篇演讲中，他代表 SEC 表示要重新研究一个关于收入确认中允许确认和禁止确认的解释性指南。基于打击会计作假的需要，收入确认标准再一次成为美国会计界关注的热点。现在，我们研究收入确认，既要重温 FASB 在 1984 年第 5 号概念公告中关于收入确认标准和指南(该公告第 4 部分)，更要关注 SEC 在 1999 年 12 月颁布的“Staff Accounting Bulletin SAB 101”。这对于我国防止上市公司粉饰盈利，弄虚作假，也有十分现实的意义。

众所周知，FASB 在 1984 年的第 5 号概念公告中，曾对盈利组成(包括收入)的确认制定了具体的指南。FASB 认为，收入确认的补充指南是两条：

(1)已实现(realized)。指商品及其他资产已经转换为现金或收取现金的要求(claims to cash)，或可实现(realizable)，指收入或持有商品不难转换为已知的现金数额或收取现金要求。所谓的不难转换，则指该资产有互换的组成单位，在交易活跃的市场上有公开的标价且该资产进入市场后，一致严重地影响价格。

(2)已赚得(earned)。指已完成取得收入所必要的生产、销售等核心活动。

仔细分析上述两个标准，都还不够严格和严密。例如，收取现金的要求能否实现；所谓不难转换为现金的两个特性，是否具备；都存在着不确定性。就算已经收取了现金的收入，是否能肯定这种收入已能实现呢？恐怕未必能够肯定。对于提供的劳务，如购买者已经消费(比如供水、供气、供电)，则收取了现金的劳务收入确实已经实现，就可以确认。但对于提供销售的商品，如合同给予购买者的退货权，则虽收取了现金，买方仍有退货的可能，收入的现金仍可能全部或部分退回。因此，美国 FAS 48《存在退货权的收入确认》(June，1981)进一步作了规定，即必须完全符合下列条件，有退货权的收入才能确认：

- 销予买方的销售价格实质上是固定的，或该价格在销售日能够确定。
- 买方已向卖方支付了货款或买方对卖方承诺支付的义务。当产品再销售时，这种支付义务不是或有的。
- 买方对卖方的支付义务不会因为商品被盗窃，或实物自身损毁或产品受到损害而变化。
- 买方基于再销售获得产品具有卖方所提供以外的经济财物(附注删节)。
- 由于买方造成产品的再销售，卖方的未来业绩没有产生重大的义务。
- 未来退货的金额能够合理地估计。(para.6)

很明显，上述补充条件在于：第一，合理评估有退货权销售中存在的不确定性；第二，比较突出地强调与这种产品所有权相关联的风险和报酬必须已由卖方转移于买方。所以，上列条件中多处提到“义务(风险)”的转移。再如已赚得，也很难作为收入确认的标准，这同已实现和可实现的含义基本相同。而且，这一标准主要从卖方角度考虑，企业已完成赚取收入而必须付出代价的全部或仅是主要行为。以商品销售来说，如已经发货，或买方已经签署了账单，这都应属于已赚得的标志。

① Phililips，Michael，Luehling，Daily，The Right Way to Recognition Revenue，*Journal of Accountancy*(网上摘取，该文第 1 页).

其实,这并不意味着风险和报酬已经转移,收入就能确认。

正因为FASB第5号概念框架的收入确认标准尚不严密、具体,SEC根据前主席Arthur Levitt的指示[①],一年之后,发布了SAB 101。SEC首席会计师Lynn E. Turner再一次强调“从SEC来看,我们认为财务报告的质量是非常严重的……交易需要按照它的经济实质而不是按其形式加以会计处理。我们要求公司、审计师、财务分析师和投资人关注总体的质量……”[②]

关于SEC的SAB 101,它特别要求,收入确认之前,交易必须符合以下四条标准:

- 具有说服力的双方协议的证据;
- 货物已经发出,劳务已经提供;
- 对购买者的销售价格是固定的或可以确定的;
- 收账能力能够合理加以肯定。

这四项标准是通用的,主要适用于大多数传统企业。它比传统收入确认标准增加的要求,是第一条和第四条,即交易要有交易双方协议的有力证据;对于可实现的收入,其收账能力要能够合理加以肯定。对于电子商务公司和互联网交易占很大比重的公司,SAB 101还提供了收入确认的补充指南,主要包括:销售协议的时间证明,主要契约的次要协议,发货标准,买方有退货权等等。此外,SAB 101还要求根据APB Opinion No.22《会计政策披露》,对收入确认政策进行披露。例如,公司必须在财务报表中披露预计退货的重大变化。同时应在“管理当局的讨论与分析”(MD&A)中说明以下三点:

- 影响收入的有利或不利事项;
- 收入与成本之间的关系;
- 影响收入增减原因与事实的分析。

总之,对于企业的收入,SAB 101不仅补充规定了确认的标准,而且要求对无法确认的、有关收入的非财务事项在报告外进行披露,并要求在财务报告的其他手段——“MD & A”中作必要的补充说明。各种手段同时并用,当然都是为了有效地防止企业粉饰盈利,确保财务报告的质量,特别是利润的真实性。

四、结论

确认、计量和披露都是财务报告表述财务和非财务信息的手段。虽然近年来,人们日益关注非财务信息的披露,鼓励涉及企业经营前景、经营战略和经营规划、在竞争中的机遇和风险以及有关无形资产(包括人力资源、企业品牌、知识基础和商誉等)等方面的自愿披露,因为这些披露对于投资人的长期决策具有重要意义。但是,在财务报表中进行的确认和计量(主要指货币计量)仍然能提供最可靠和最相关的财务信息。由于收入确认涉及企业的业绩计量,一个企业弄虚作假,欺骗投资人,也往往集中在确认、计量,确认一直被会计学家视为会计难题[③]。近年来为了防止报表作假,

① 见他在1998年9月28日关于“the numbers game”那篇演讲中提到的“九点行动方案”(nine-point program)第四点“SEC将对收入确认的允许和禁止事项研究一个解释性的指南”。

② 见2001年6月载于*Journal of Accounting*的“The Right Way to Recognize Revenue”一文。

③ Kiso & Wekgandt指出:“会计问题中‘何时应当确认资产?’是一个复杂而很难回答的问题。收入确认则是会计职业面临的最困难和最紧迫的问题之一。由于生产产品和劳务的方式很多,要建立一个适用于所有情况的指南是极端困难的。”(*Intermediate Accounting*,English edition,1995,p.939)

人们特别关注收入的确认，其他如衍生金融工具、股票期权、研究与开发费用、人力资源、自创商誉等等的确认，也困扰着会计界。即使 SEC 在 FASB 的确认标准之外，又补充了 SAB 101。但是，我们仍不能指望这一补充指南能堵塞收入确认中的所有漏洞。而且这些准则和指南更不可能解决会计确认中的许多理论问题。在财务会计中，有关计量属性的选用也存在着分歧。尽管公允价值的应用日益被国际会计界看好，但它能否完全取代历史成本，对金融资产和金融负债以外的所有项目有无普遍的适用价值，始终有巨大的争议。因此今后会计计量如何演变，人们也将拭目以待。

参考文献：

[1]APB.1970.Basic Concepts and Accounting Principles Underlying Financial Statements of Business Enterprises.APB Statement No.4.

[2]Alexander S.S.1962.Income Measurement in a Dynamic Economy.In:Studies in Accounting Theory.W.T. Baxter & S.Pavidson.

[3]AICPA.1994.Improving Business Reporting—A Customer Focus.

[4]Charstes E.Sprague.1907/1922.The Philosophy of Accounts.

[5]Canning,John B.1929.The Economics of Accountancy.The Ronald Company.

[6]Edwards,Edgar O,and Philip W.Bell.The Theory and Measurement of Business Income.Berkley and Los Angles:Universality of California Press.

[7]FASB.1984.Recognition and Measurement in Financial Statements of Business Enterprises.FASB Concepts Statement No.5,6.

[8]FASB.1985.Elements of Financial Statements.FASB Concepts Statement No.6.

[9]FASB.1998.Accounting for Derivative Instruments and Hedging Activities.FASB Statement No.133.

[10]FASB.2001.Improving Business Reporting:Insights into Enhancing Voluntary Disclosures.

[11]FASB.2000.Using Cash Flow Information and Present Value in Accounting Measurements.FASB Concepts Statement No.7.

[12]IASC.1994 Financial Reporting in Hyperinflationary Economies.IAS No.29(reformatted).

[13]Paton,William Andrew.1922/1962.Accounting Theory.New York:The Ronald Press Company.

[14]Paton,William Andrew & Littleton,A.C.1940/1977.An Introduction to Corporate Accounting Statement Sarasota,Fla:AAA.

（原载于《会计论坛》2002 年第 1 期）

关于财务会计基本假设的重新思考

08

葛家澍

摘　要:今天,新技术、新规则和新发明不断地重塑着我们的世界。会计准则制定者已采取重大措施来回应这种变化和发展。因此,会计基本假设("假设")或基础概念("概念")不能停滞不前。作为传统的四项假设的替代,本文建议假设可按国家宏观经济调控、会计主体(现实主体与虚拟主体相结合)、持续经营(持续经营与非持续经营,整个企业持续经营与个别分部终止经营同时存在)、时间分期(定期报告与实时披露相结合)、权责发生制与现金流量制、公允价值与成本(公允价值、历史成本、现行成本等各种计量属性并用)、货币与非货币计量单位(财务与非财务数据)等7个概念来描述。另外,财务报表由于允许估计与判断而具有暂时性。使用者凡是意欲应用财务信息进行企业和经济决策时,都必须注意财务信息的这一特性。

关键词:财务会计基本假设;国家宏观经济调控;公允价值与成本

本文着重探讨财务会计基本假设或会计基础概念(以下简称假设或概念)及其变迁。

假设构成财务会计与报告的基础。假设表明财务会计(会计核算)的环境特征。经济环境总是在不断变化着。财务会计与报告,它的规范体系及其基础也会随之变动。长期以来,财务会计、财务报告以及用来规范它们的准则与制度,不论在哪一个层次上,都已经发生并仍在继续变革与创新。但是,假设则几乎没有什么变化。这说明会计理论明显地落后于会计实务。如今进入21世纪,这是一个同过去工业社会具有重大差别的知识经济时代。知识经济为财务会计提供了以高科技和创新为特征的新经济环境。新经济出现之后,财务会计的使用者必然对财务报告应予披露的信息提出新的要求。会计的理论工作者不可避免地要求重新审视构成财务会计及其规范的基本概念——财务会计基本假设。财务会计理论正面临知识经济时代的挑战。我认为,我们的因应之道,就是要探讨关于假设的两个方面的问题:第一,流行已久的假设,其数量与内容是否应作必要的更新与补充?第二,在新经济条件下,有哪些假设需要作新的解释?

一、对国际公认的四个基本假设——主体假设、持续经营假设、时间分期假设和以货币为主要计量单位假设的考察

关于主体假设

通常都认为,主体假设是财务会计基本假设的基石(Paton & Littleton,1940;Paton,1922),今后也还可以这样看。财务会计本是立足主体,面向市场,提供该主体关于财务状况、财务业绩和现金流量的一个经济信息系统。在财务会计的这些基本特征中,立足主体是前提。所以,主体成为第

一个假设。主体假设的主要作用在于:主体规定了财务会计所应处理的交易、事项的空间范围,从而规定了财务报告的内容与边界,即为谁报告,报告谁的经营、财务活动。根据主体假设,通过信息的提供,把企业同市场区分开来。主体假设表明,财务会计与报告的边界是企业,而不是市场,在本质上,它只直接提供某个特定企业的微观经济信息。至于宏观决策若使用会计信息则需要再加工改制。换言之,主要承认主体假设,就难以肯定离开会计主体的宏观会计的存在①。

主体假设的性质虽有上述限制,但这个假设的内容还是发展的,我们需要通过企业的概念与形式来考察它的变化。

在漫长的工业社会中,企业历经独资、合伙和公司等组织形式的变迁。会计的发展甚至比这一历史还长。但主体假设是财务会计的一个基本假设,财务会计的形成则是在股份有限公司即现代企业出现之后。主体假设的另一个作用是必须把企业同它的所有者在经济上、财务上严格地分开。显然,经济和财务分开的前提是企业的经营与所有权的分离。因此在股份有限公司中,作为财务会计,尤其是财务报告的前提的主体假设,其重要性才凸现出来。有了主体假设,企业向市场传递的财务信息,将严格以各该企业(主体)为边界,既不应涉及其他主体的财产和产权,也不应涉及所有者个人的财产和产权。这是保证财务报告正确性的最基本的条件。

在工业社会中,迄今为止,绝大多数企业(公司)都拥有大量的有形资产,能够长期持续经营,因而可以观察到企业的存在。这样的企业可称为"现实的企业或主体"(actual firms or entities),其特点是:易于识别且相对稳定。今天,新经济已初现端倪,在新经济下,由于人力资源和知识基础对财富与经济创造的贡献越来越大,无形资产将逐步取代有形资产而成为今后的企业的最重要的资源,当前竞争、技术和全球化正形成一股势不可挡的潮流。互联网则以难以置信的速度向前发展。知识经济与网络经济的汇合促成了企业结构的空前变化。某些所谓企业或一连串企业或称主体串(clusters of entities),它们未来完成某种产品或作业的生产,将把全国甚至全世界某一些生产者、经营者、供应商、销售商通过互联网联结在一起,分工协作,共同分担利润和风险。一旦任务完成,该企业或企业串也就解散了,于是再捕捉其他机遇、资本、技术与人才,进行新的组合与分工,新的企业又诞生了。如此,再生再灭,这些虚拟的企业投资不多,创办和停业都比较容易,它们能快速地创造无比巨大的财富,从而不断地推动人们走向富裕的道路,其结果是在全球涌现大量的中产阶级和富裕阶层。这就是 Steven M.H.Wallman 为我们描述的,今后可能大量出现的所谓"虚拟企业"(virtual firms)或所谓主体串(Wallman,1996)。因此现实主体与虚拟主体同时并存,将是新经济时代赋予主体假设的新含义。由于虚拟主体不易观察和区分主体的边界,必将给确认、计量和报告带来新的问题。

关于持续经营和时间分期假设

这两个假设是紧密联系,相辅相成,缺一不可的。如果说主体假设是由于企业作为独立法人的出现,并且是在现代企业两权分离的条件下才显示其重要性,那么,持续经营和时间分期假设却不是由环境所决定,在承认企业为一个独立的核算与报告主体的前提下,尽管现实世界中具有高度的不确定性,为了使会计有可能科学地处理该主体日常发生的交易与事项,并定期报告主体的经济、财务信息,假定主体有可能持续经营(除非有反证)并定期从其持续经营的长河中,截取一个"时间段"总结其在特定期间内的经营成果,描述其在特定时日的财务图像,是完全必要的(Moonitz,1961)。

持续经营假设和时间分期假设都是对一个会计主体经营时间长度的描述。会计主体的特征也

---

① 就会计来说,由于主体假设为前提,只能有企业会计和各单位会计,而不能有缺乏主体的宏观会计。但这并不等于说,没有宏观经济核算或国民经济核算。后者应是社会经济统计学科中的范畴。

决定了这两个假设的内涵。

从持续经营假设看,对于现实主体和虚拟主体,应当做出不同的解释。每一个现实主体,由于它相对稳定,在缺乏反证的情况下,可以承认它是持续经营的。但即使现实的主体,在全球化和竞争不断加剧的环境中,改组、兼并也是常有的事。有时,整个企业在持续经营,而出于战略或经营下去可能不利的考虑,关闭、合并或增设该企业所属的某些分部(包括地区分部和业务分部),这也会导致企业整体持续经营与某些分部不再持续经营现象的存在。虚拟主体则可能是另外一种情况。这种企业(企业串)的特点就是经营期限短暂多变,持续经营假设基本上不适用于此类企业。因此,我们面临的企业将是持续经营与非持续经营、企业持续经营与分部终止经营同时并存的复杂局面。

从时间分期假设看,由于它同持续经营假设密切联系着,凡是持续经营的现实主体,就需要进行时间分期,而不适用持续经营的虚拟主体,时间分期也可能不再适用。

时间分期是为了定期提供财务报告。当前,经济瞬息万变,财务报告的使用者迫切要求不断提高报告的及时性。互联网的快速发展已为在网上发布适时的财务信息提供了可能。但这并不等于说使用者已不需要现行财务报告体系了。AICPA 的 Report of Jenkins Committee 的调查研究证明了这一点(AICPA,1994)。

因此,在今后一个相当长的时期内,按会计分期定期提供分类、汇总的财务信息与通过互联网实时发布各种财务信息将同时并存。

关于以货币为主要计量单位假设

货币是价值唯一可以表现的、能够量化的形式。“商品并不是由于有了货币才可以通约。恰恰相反。因为一切商品作为价值都是物化的人类劳动,它们本身就可以通约,所以它们能用一个共同的特殊商品来计量自己的价值,这样,这个特殊的商品就成为它们共同的价值尺度或货币。”(马克思,1867)会计要反映价值的形成、耗费、收回及其循环周转,非依赖货币计量不可。为什么称它为主要计量单位,而不是唯一计量单位呢?因为在财务报表的量化表述中,货币应是唯一的计量单位,财务报表是财务报告的核心,所以它是主要计量单位,但其他财务报告以及报表附注都还需要披露其他不能用货币量化的信息。这些信息对使用者特别是对投资人的决策非常相关。例如,在知识经济时代,知识资本、人力资源就非常重要,一批高素质的专家、技术人员和职工队伍可能对企业财富、价值和盈利的创造贡献最大。对这些资源的披露,就要按专家、工程师的职称、专业水平(和熟练程度)以及他们的创造发明等特殊的标志为量度。又如看一个企业的发展前景不仅要预测其盈利水平、未来的现金净流量,而且要观察它的产品品牌、职工的服务态度、产品在市场上的占有率、未来经营的风险程度等等。后几种信息也不是能够用货币来计量的。因此,这个假设应当更明确地表述为:货币与非货币度量并用,以货币度量为主。

以上我们考察了流行的四项基本假设即四个基本概念,并均赋予新的解释,以使它们能适应新经济时代的需要。但这还不够。我们说过,主体假设是用来描述财务会计处理和报告的空间范围的;持续经营与时间分期则是用来描述主体经营的时间长度并根据会计报告的要求把经营的连续性加以人为的分割。严格地说,这两项假设着重服务的会计职能(程序)是报告。至于货币计量单位假设,虽涉及会计的计量职能,但只提了计量的一面,即计量的单位,而计量非常重要的另一面,计量的属性却完全没有提到。此外,财务会计的另一个重要职能——确认,特别是确认的基础,在假设中也不应当遗漏。

二、对确认的基础与计量的属性的考察

假设是财务会计的基础概念。之所以是基础，是因为这些概念基本上由客观的经济环境所决定，除持续经营与时间分期外，都不以人们的主观意志为转移。主体假设的提出是以市场经济中存在着企业，企业是生产、经营的基本单位为前提，货币计量假设的提出则由于财务会计主要反映价值增值运动，而货币是表现价值的必然尺度。如果我们进一步考察确认的基础与计量的属性，也会发现类似的环境所造成的影响。

权责发生制与现金流量制

在研究会计确认基础时，我们发现：在工业社会中，就已经孕育并发展了信用制度。产业资本是伴随着信用资本进行流通的。这就是会计上权责发生制或应计制（accrual basis）取代古老的收付实现制的客观基础。现代企业形成以后，由于所有权与经营权的分离，受托责任便成为所有者与经营者共同关注的问题，从而逐渐成为财务会计的目标。权责发生制就衍生于这样的经济环境之中。权责发生制的产生与发展也许是偶然的，而它能够一直成为财务会计的确认基础则具有经济环境所造成的必然性。

国际上有识之士实际上早已认识到权责发生制的重要性。1989 年 4 月，国际会计准则委员会理事会在其批准的“编报财务报表的框架”（Framework for the Preparation and Presentation of Financial Statements）中，就把权责发生制作为两项基本假定（underlying assumptions）[①]之一。

权责发生制本来是针对收入和费用的确认来说的。收入的确认是收取收入的权利已经发生，费用的确认则是支付费用的责任已经确定。但从复式簿记的观点来看，确认一项收入的同时会确认一项资产的增加或一项负债的减少；确认一项费用的同时也会确认一项资产的减少或一项负债的增加。权责发生制实际上涉及所有会计要素的确认。现在的问题是：什么时候，什么条件才确定为权利已经发生，责任已经形成？如果是有形的商品与劳务的销售，这一时点是比较容易确定的。那就是商品已经交付，劳务已经提供。如果买卖的是无形的期货、期权等衍生工具，那么确认权责的发生，应是与该衍生工具所有权有关的风险与报酬已经转移。1999 年 12 月，美国 SEC 发表了“会计业务公报”（Staff Accounting Bulletin，SAB）101 号《财务报表中的收入确认》，提出了收入确认的一般适用标准：

- 有说服力证据表明协议的存在；
- 货物已发送或劳务已提供；
- 销售方提供给购买方的价格是固定或可确定的；
- 收现能力有合理的保证。

上述的四条规则仍体现一个总的收入确认原则，那就是：除非收入已实现（realized）或可实现（realizable）和已赚得（earned），否则，不能确认。这一原则在 FASB Concept No.5 已经给出（para. 84）。不过，SEC 进一步把它具体化并扩大了它的适用性。例如，来自衍生金融工具买卖产生的利得（收入）也可运用上列标准决定应否确认。SAB 101 还要求按 APB Opinion 22 披露收入确认的政策，同时要求在“管理当局讨论与分析”（MD & A）中说明以下三点：

---

① 本文所称的基本假设，英文译为 basic postulation，应比基本假定高一层次。前者由环境所决定，带有客观性质；后者则不然。不过，持续经营与时间分期严格说来也属于基本假定，这里两者就不再严格区分。

(1)影响收入的重大的有利因素和不利因素;

(2)收入和为获取收入而发生的成本之间的关系;

(3)分析收入增加、减少的原因和因素(reasons and factors)。

还应当指出,权责发生制只用来作为编报资产负债表、损益表(收益表)和全面收益表的确认基础。另一个重要的报表——现金流量表的确认基础是现金流量。现金流量表若用直接法编制,其直接的确认依据是现金流量制;若用间接法编制,表中各项目的确认则通过权责发生制进行转换,最终仍是现金流量制。再考虑到:现金流量在未来公允价值的计算,在今后投资人的投资决策中都有越来越重要的作用,新增的确认基础即基本假设应当加入现金流量制,才比较全面,并能适应发展的需要。所以,这个假设的提法是:权责发生制与现金流量制。总体来说,权责发生制与现金流量制应成为一项基本假设,用来描述会计确认的基础。

公允价值与成本

传统的会计假设已经涉及计量的量度,即以货币为主要计量单位。现在需要补充的是会计的计量属性。尽管传统的计量属性是历史成本,而后则是历史成本、现行成本、现行市价、可实现净值(结算净值)、公允价值等各种计量属性同时并用(FASB,1984/2000)。但构成这些计量属性应是市场价格。过去的市场价格被会计称为历史成本,现在的市场价格则为现行成本,未来的市场价格则为按未来的现金流量计算的现值或公允价值。在 ARS No.1 中,Moonitz 就首先把市场价格列为他概括的 B 类假设(Moonitz,1961)。市场经济的机制主要是价格机制。市场价格是财务会计计量的基本属性。公允价值和各种成本都从市场价格衍化而来,之所以是会计的基本计量属性是因为会计核算主要是价值核算。而价格(市场价格)则是价值表现的公允形式,如果我们要计量某项资产,可以为大家观察到,且为人们共同接受的公平价值就是它们的市场价格(市价)。在不可能取得市价的条件下,一般是通过未来现金流量折现或其他计量模式而求得的公允价值(fair value)。要注意,公允价值也是一种价格。市场价格是公允价值最理想的代表,用其他方法和技术求得的价格则是市场价格的近似值。财务会计不仅要计量资产和净资产的价值,而且要计量资产价值在生产经营过程中的耗费,即成本。企业的最终目标当然是追求最大限度的财富创造和价值增值。但产出是以投入为前提的。产出要求最大,投入则要求最小。因此,成本的计算同样是财务会计的任务。这样从计量属性考虑,有关的一个基本假设是市场价格和成本或公允价值与成本,承认这个假设并不是我们的创新,只是对 40 年前 Moonitz 的正确意见在今天重新加以肯定。

补充权责发生制与现金流量制和公允价值与成本两个假设,财务会计的基础概念可涵盖企业、企业的报告、确认和计量等基本程序各方面的基础概念(基本假设)。会计基本概念作为一个体系将更具完整性。

两个值得进一步探讨的问题

第一,主体(特别是未来将大量兴起的虚拟主体)的不稳定性。由于持续经营和会计分期基本上属于人为的假定,在不确定的持续经营中,基于人为的分期而提供的报告,必然对某些项目,允许会计人员去主观估计和判断(所谓"职业判断"),各种财务和非财务信息(包括表内确认和表外披露)都带有暂时性质(to provisional in character)。《公司会计准则绪论》一书曾经指出:"必须认识到,即使在最顺利条件下编制的财务报表,在性质上都是暂时的。从报表中得到的印象和据以作出的决策,必须根据未来事项予以变化,并应将有关这些或有事项的知识加以调和。经营账户的期间总计可能与最后揭示的事实相距甚远!资产负债表上的各项数据在很大程度上属于持续经营假设。一个企业的完全图像在其最终清算之前是绝不可能全部识别的(Paton & Littleton,1940)。ARS No.1——《论会计的基本假设》也把暂时性(tentativeness)列为假设的 B-3 项,并作如下说明:

"由于需要在过去、现在和未来期间分配，有关一个短时期内的经营成果是暂时的。"（Moonitz，1961）暂时性这个基本概念对于现在会计基本假设对财务报告所造成的后果，具有重要的意义。我们应否把暂时性也列入假设，可以作进一步研究，但运用财务报告信息做出决策的人们则应当牢记会计信息具有的这一基本特征。

第二，我国自改革开放以来即开始实行市场经济。以上的假设（基础概念）在我国也是适用的。承认上述会计的基础概念，实际上是我国在财务会计（会计核算）规范的制定方面学习西方、借鉴国际会计惯例的理论依据。但我国要求建立的经济体制是社会主义市场经济。我们采用了计划与市场两种调节手段。国家的宏观经济调控和力度远远超过西方国家。财务会计的基本假设是经济环境特征对会计影响的客观反映。我国企业的财务会计与报告置身于这种远较西方国家宏观监控力度大得多的市场经济环境中，必然造成社会主义市场经济和西方国家的市场经济之间的差别，这种差别是否也应导致有差别的，即体现中国特色的基本假设，值得我们思考。在我国，市场、企业都可协调生产，也都对社会资源在不同范围内起配置作用。不过，市场是借助于价格机制在整个市场范围内，而企业则是通过企业所有者和经营者在企业的权力范围内各自协调、配置生产要素。[①] 毫无疑问，我国的国家宏观调控（包括计划指导和行政法规的约束）也有力地协调生产、配置资源，在某些部门和领域（如金融、证券、国防和经济要害部门），在特定的条件下，宏观调控不仅能够纠正而且直接取代市场调节和企业调节，国家的宏观经济调控职能已经直接地、很明显地影响着财务会计、财务报告及其规范。例如规范财务会计和财务会计人员行为的最高形式是表现为国家法律的《会计法》；管理全国财务会计工作的机构是政府的行政部门也是国家宏观调控部门——财政部；对上市公司实施监管的则是中国证监会（也是政府的金融管理机构）；企业的财务报告的基本要求则由国务院（中华人民共和国政府）制定，而财务报告编制及其内容与形式的具体规范则是由财政部制定的企业会计制度和企业会计准则以及由中国证监会制定的上市公司报告披露准则。会计信息具有经济后果。谁控制规范会计信息表述与披露的权力，谁就会通过这一权力为自己的经济利益服务。我国的财务会计处理、财务报告编制与披露要求非常明显地体现为把国家利益放在首位。我们已经说过，财务会计和财务报告是立足企业、面向市场，提供各该企业整体的财务状况、财务业绩和现金流量等财务信息与非财务信息的，这些信息实际上是特定主体的资源配置及其效益的货币表现。会计信息所表现的乃是一个主体的经营效率、经济效益、竞争能力和发展前景。在我国，这些方面绝不是单凭企业自身的努力，也不是仅由市场机制这一环境的影响所形成。它们在很大程度上取决于企业的另一外部环境——国家的宏观调控的广度和力度。因此，我们是否可以考虑，在社会主义市场经济体制下，由于国家通过计划、法规和行政命令进行干预的巨大影响，在财务会计的基本假设（基础概念）中，增加一个在西方国家不会出现的新概念：国家宏观经济调控。

三、结论

财务会计的基本假设是财务会计的基础概念，它决定了财务会计处理和财务报告编报的基本特征。假设一般是由财务会计赖以存在和发展的环境，主要是经济环境决定的，是动态的。如今，

---

① 科斯（Ronald Coase）指出："在企业外部，价格变化指导生产，这是通过市场上的一系列交易协调的。在企业内部，这些市场交易被取消，进行这些交易的复杂的市场结构被企业主——协调者所取代，后者指导生产。很明显，这些都是协调生产的不同方法"；"我想，我们可以认为，企业的本质特征是对价格机制的取代"。路易斯·普特曼·兰德尔·克罗茨纳编：《企业的经济性质》，上海财经大学出版社2000年版。

我们不但要对国际公认的四个基本假设做出必要的解释,而且要新添一些必需的假设。其中有的是IASC已经明确肯定的"权责发生制";有的则是对20世纪60年代会计学前辈们曾提出的"市场价格"假设予以重新确认并略加修改。考虑到我国实行的是社会主义市场经济,它同西方国家的市场经济有所差别。在我国,国家实行了强有力的宏观经济调控,使我国的财务会计处于一个与西方市场经济不完全相同的经济环境中,而且它对会计核算及其规范产生了巨大的影响,因此,本文设想我国是否还应承认一个新的假设:宏观经济调控。这样,成为我国财务会计的基本假设将是:

(1)国家宏观经济调控;

(2)会计主体(现实主体与虚拟主体并存);

(3)持续经营(持续经营与非持续经营、企业持续经营与分部终止经营同时存在);

(4)会计分期(定期传递与实时传递相互结合);

(5)权责发生制(要进一步以"与商品所有权相关的报酬和风险是否实际上已经转移"为具体的确认标准)与现金流量制;

(6)公允价值与成本(公允价值、历史成本、现行成本等各种计量属性并用);

(7)以货币为主要计量单位(同时发展非货币计量单位)。

同时,我们在运用会计信息进行决策时,还要注意它的暂时性,即企业在报告上显示的财务状况、经营与财务业绩或现金流量,都不具有最终的确定性。

总起来说,会计理论既有继承性,又有动态(发展)性。财务会计是环境和时代的产物,会计理论也应当是随着环境的改变而变化,并与时俱进。虽然作为会计的基本理论——财务会计基本假设或基础概念是相对稳定的,但也不能长期停滞不前。20世纪20年代开始形成的会计基本假设迄今已有80年。市场经济的变化是如此迅速,它总有需要改进和创新的地方。财务会计和财务报告是实用性非常强的一门学科和技术(工具),我们不应当坐视它所依据的理论,特别是基础概念,不考虑时间、地点、环境的变化而僵化。

参考文献:

[1]马克思.1867.资本论,1.

[2]AICPA.1994.改进企业报告——面向用户.

[3]ARS No.1.1961.The Basic Postulates of Accounting.

[4]FASB.1984,SFAC No.5,paras.65-68;2000,SFAC No.7.

[5]Maurice Moonitz.1961.The Basic Postulates of Accounting.

[6]Paton & Littleton.1940.An Introduction to Corporate Accounting Standards.Chapter Ⅱ.

[7]Steven M.H.Wallman.1996.The Future of Accounting and Financial Reporting Part Ⅱ:The Colorized Approach.Accounting Horizons.

[8]W.A.Paton.1922.Accounting Theory,441-449.

[9]Paton & Littleton.1940.An Introduction to Corporate Accounting Standards,7-23.

(原载于《会计研究》2002年第1期)

安然事件的反思*

——对安然公司会计审计问题的剖析

葛家澍　黄世忠

摘　要：本文首先介绍导致能源巨擘安然公司崩塌的会计审计问题，在此基础上探讨安然事件对美国会计准则制定和注册会计师监管模式的影响，最后从会计审计和公司治理等角度总结安然事件的启示。

关键词：安然事件；反思；会计审计问题；剖析

近代会计审计史表明，证券市场发生的重大危机事件，必然影响甚至改变会计审计的发展进程、发展模式和方向。1929 年美国股市的崩溃以及由此引发的长达四年的全球经济危机，不仅终结了放任自由的资本主义时代，也彻底改变了证券市场的"游戏规则"，根据 1933 年证券法和 1934 年证券交易法而成立的证券交易管理委员会（SEC），最终促使美国公认会计准则和审计准则的诞生。我们认为，安然事件需要引起社会各界特别是会计界的充分关注，因为安然事件所涉及的绝不仅仅是会计信息失真的问题，也暴露出美国为确保会计信息真实性所做出的制度安排（如公司治理的独立董事制度、注册会计师的行业自律机制等）存在着严重缺陷。不可否认，我国近年来不论是证券市场的监管，还是会计审计的规范，都不同程度地借鉴美国的做法。理性地分析发生在成熟证券市场上的安然事件，不仅有助于我们从中吸取教训，也可避免今后在借鉴美国的做法时盲目照搬。正是基于这样的考虑，本文拟较为全面地介绍导致安然公司坍塌的会计审计问题，分析安然事件对美国今后会计准则的制定以及注册会计师监管模式的潜在影响，并从会计审计和公司治理的角度，总结安然事件给我们的启示。

一、导致安然公司崩塌的会计审计问题

（一）会计问题

根据安然公司 2001 年 11 月 8 日向 SEC 提交的 8-K 报告以及新闻媒体披露的资料，安然公司的主要会计问题可分为四大类：

（1）利用"特别目的实体"高估利润、低估负债。安然公司不恰当地利用"特别目的实体"（special purpose entities，简称 SPE）符合特定条件可以不纳入合并报表的会计惯例，将本应纳入合并报表的三个"特别目的实体"（英文简称分别为 JEDI、Chewco 和 LJM1）排除在合并报表编制范

* 本文系教育部人文社会科学重点研究基地 2001 年度重大研究项目"证券市场舞弊审计技术方法及规范研究"的阶段性研究成果，批准文号为 01JAZJD630004。

围之外,导致1997年至2000年期间高估了4.99亿美元的利润、低估了数亿美元的负债。此外,以不符合"重要性"原则为由,未采纳安达信的审计调整建议,导致1997年至2000年期间高估净利润0.92亿美元。各年度的具体情况如下(见表1):

表1

项目名称	1997	1998	1999	2000	合计
净利润					
调整前净利润/亿美元	1.05	7.03	8.93	9.79	26.80
减:重新合并SPE抵销的利润/亿美元	0.45	1.07	2.48	0.99	4.99
审计调整调减的利润/亿美元	0.51	0.06	0.02	0.33	0.92
调整后净利润/亿美元	0.09	5.90	6.43	8.47	20.89
调整后净利润占调整前比例/%	8.6	83.9	72.0	86.5	77.9
债务总额					
调整前债务总额/亿美元	62.54	73.57	81.52	100.23	—
加:重新合并SPE增加的债务/亿美元	7.11	5.61	6.85	6.28	—
调整后债务总额/亿美元	69.65	79.18	88.37	106.51	—
调整后债务总额占调整前比例/%	111.3	132.1	108.4	106.3	—

资料来源:Enron Corporation's 8-K filing with the SEC on November 8,2001.

安然公司的上述重大会计问题,缘于一个近乎荒唐的会计惯例。按照美国现行会计惯例,如果非关联方(可以是公司或个人)在一个"特别目的实体"权益性资本的投资中超过3%,即使该"特别目的实体"的风险主要由上市公司承担,上市公司也可不将该"特别目的实体"纳入合并报表的编制范围。安然公司正是利用这个只注重法律形式,不顾经济实质的会计惯例的漏洞,设立数以千计的"特别目的实体",以此作为隐瞒负债,掩盖损失的工具。更令人不可思议的是,这个3%的惯例,原先是10年前一个从事租赁业务的主体所设计的,后来该主体极力说服了有关当局认可了其会计处理。以后,这神奇的3%规则便逐渐演化为约定俗成的惯例,并适用于对几乎所有"特别目的实体"的会计处理。安达信在安然事件东窗事发之后,就是以此为自己作辩解的。但我们认为安达信的辩解是片面的,作为全球著名的会计师事务所,安达信难道不明白这项荒唐可笑的惯例有悖于"实质重于形式"的基本会计原则?难道审计只是机械地照搬准则和惯例,而不需要专业判断?难道安达信不清楚安然公司通过"特别目的实体"隐瞒负债、掩盖损失对投资者可能造成的后果?安然公司前执行副总裁兼首席财务主管安德鲁·S.法斯焘(2001年10月被革职)在1998年一起名为"仙人掌3"诉讼案件的作证中曾坦言,安然公司通过设立"特别目的实体",就是为了将负债转移到资产负债表外,在进行"业务安排"和"组织设计"过程中,均与安达信密切磋商(Kurt Eichenwald & Michael Brick,2002)。可见,安达信并非不了解安然公司设立"特别目的实体"的用意。

(2)通过空挂应收票据,高估资产和股东权益。安然公司于2000年设立了四家分别冠名为Raptor Ⅰ、Raptor Ⅱ、Raptor Ⅲ和Raptor Ⅳ的"特别目的实体"(以下简称Ⅴ类公司),为安然公司的投资的市场风险进行套期保值。为了解决Ⅴ类公司的资本金问题,安然公司于2000年第一季度向Ⅴ类公司发行了价值为1.72亿美元的普通股。在没有收到Ⅴ类公司支付认股款的情况下,安然公司仍将其记录为实收股本的增加,并相应增加了应收票据,由此虚增了资产和股东权益1.72亿美元。按照公认会计准则,这笔交易应视为股东欠款,作为股东权益的减项。此外,2001年第一季度,安然公司与Ⅴ类公司签订了若干份远期合同,根据这些合同的要求,安然公司在未来应向Ⅴ类公司发行8.28亿美元的普通股,以此交换Ⅴ类公司出具的应付票据。安然公司按上述方式将这些远期合同记录为实收股本和应收票据的增加，又虚增资产和股东权益8.28亿美元。上述两项合计，安然公司共虚增了10亿美元的资产和股东权益。2001年第三季度，安然公司不得不作为重大会计差错，同时调减了12亿美元的资产和股东权益，其中的2亿美元系安然公司应履行远期合同的公允价值超过所记录应收票据的差额。

(3)通过有限合伙企业，操纵利润。安然公司通过一系列的金融创新，包括设立由其控制的有限合伙企业进行筹资或避险。现已披露的设立于1999年的LJM开曼公司(简称LJM1)和LJM2共同投资公司(简称LJM2，LJM1和LJM2统称为LJM)在法律上注册为私人投资有限合伙企业。LJM的合伙人分为一般合伙人和有限责任合伙人。安然公司在东窗事发前，以LJM的多名有限责任合伙人为与安然公司没有关联关系的金融机构和其他投资者为由，未将LJM纳入合并报表编制范围。但从经济实质看，LJM的经营控制权完全掌握在安然公司手中，安然公司现已承认LJM属于安然公司的子公司。LJM从1999年设立起，至2001年7月止，其一般合伙人推选的管理合伙人为当时担任安然公司执行副总裁兼首席财务官的安德鲁·S.法斯泰。LJM设立之初，有关人员曾明确向安然公司的董事会说明设立LJM的目的，就是要使LJM成为向安然公司购买资产的资金来源、向安然公司投资的权益合伙人、降低安然公司投资风险的合作伙伴。

1999年6月至2001年9月，安然公司与LJM公司发生了24笔交易，这些交易的价格大都严重偏离公允价值。安然公司现已披露的资料表明，这24笔交易使安然公司税前利润增加了5.78亿美元，其中1999年和2000年度增加的税前利润为7.43亿美元，2001年1至6月减少的税前利润为1.65亿美元。在这24笔交易中，安然公司通过将资产卖给LJM2确认了8 730万美元的税前利润；LJM购买安然公司发起设立的SPE的股权和债券，使安然公司确认了240万美元的税前利润；LJM受让安然公司联属企业的股权，使安然公司获利1 690万美元；安然公司与LJM共同设立5个SPE，并通过受让LJM2在这5个SPE(其中四个为前述的V类公司)的股权等方式，确认了与风险管理活动有关的税前利润4.712亿美元。

安然公司通过上述交易确认的5.78亿美元税前利润中，1.03亿美元已通过重新合并LJM1的报表予以抵销，其余4.75亿美元能否确认，尚不得而知。但安然公司在2001年第三季度注销对V类公司的投资就确认了10亿美元亏损的事实(Gretchen Morgenson，2002)，不能不让人怀疑安然公司在1999年和2000年确认上述交易利润的恰当性。

(4)利用合伙企业网络组织，自我交易，涉嫌隐瞒巨额损失。上述三个重大会计问题所涉及的金额，在我们看来已是天文数字。但安然公司的会计问题并非到此为止。目前已披露的不到10家合伙企业和子公司所涉及的上述会计问题，说不定只是冰山一角。安然公司拥有错综复杂的庞大合伙企业网络组织，为特别目的(主要是为了向安然公司购买资产或替其融资)设立了约3 000家合伙企业和子公司，其中约900家设在海外的避税天堂。虽然安然公司2001年10月组成了由新增选为独立董事的德州大学法学院院长威廉·鲍尔斯教授担任主席的独立调查委员会，对安然公司的合伙企业和子公司进行调查，但要查清这些具有复杂财务结构和千变万化商业风险的网络组织的真实情况，恐怕得历时数载。尽管如此，根据《纽约时报》2002年1月17日的报道以及1月16日该报全文刊载的安然公司发展部副总经理雪伦·沃特金斯女士在首席执行官杰弗利·K.斯基林突然辞职后致函董事会主席肯尼思·莱的信函，安然公司很有可能必须在已调减了前5年5.86亿美元税后利润的基础上，再调减13亿美元的利润。这13亿美元的损失，主要是安然公司尚未确认的与合伙企业复杂的融资安排等衍生金融工具有关的损失，其中5亿美元与安然公司已对外披露的V类公司有关，其余8亿美元则与安然公司至今尚未披露的Condor公司有关。至于众多以安然股票为轴心的创新金融工具及其他复杂的债务安排所涉及的损失和表外债务，很可能是个难以估量的“财务黑洞”。

(二)审计问题

尽管从理论上说,审视上市公司的任何重大恶性案件时都必须严格区分会计责任与审计责任,但不可否认的是,在现实世界中,注册会计师与上市公司是一荣俱荣,一损俱损。安然大厦的坍塌,除了蒸发掉安然公司员工的血汗钱和众多无辜投资者的财富外,很有可能使安达信身陷绝境,并引发了对“五大”空前的信任危机。目前披露的证据显示安然公司蓄意舞弊,但为其提供审计鉴证和咨询服务的安达信是否涉嫌与安然公司串通舞弊尚无定论,不过,美国国会的6个调查组,以及司法部、联邦调查局和SEC等部门对安然公司和安达信发起的规模空前的刑事调查所掌握的初步证据,足以表明安达信在安然事件中难辞其咎。根据目前已披露的资料,安达信在安然事件中,至少存在以下严重问题:

(1)安达信出具了严重失实的审计报告和内部控制评价报告。安然公司自1985年成立以来,其财务报表一直由安达信审计。2000年度,安达信为安然公司出具了两份报告,一份是无保留意见加解释性说明段(对会计政策变更的说明)的审计报告,另一份是对安然公司管理当局声称其内部控制能够合理保证其财务报表可靠性予以认可的评价报告。这两份报告与安然公司存在的前述重大会计问题形成鲜明的反差,已成为笑柄。经过与安达信的磋商,安然公司2001年11月向SEC提交了8-K报告,对过去5年财务报表的利润、股东权益、资产总额和负债总额进行了重大的重新表述,并明确提醒投资者:1997年至2000年经过审计的财务报表不可信赖。换言之,安然公司经过安达信审计的财务报表并不能公允地反映其经营业绩、财务状况和现金流量,得到安达信认可的内部控制也不能确保安然公司财务报表的可靠性,安达信的报告所描述的财务图像和内部控制的有效性,严重偏离了安然公司的实际情况。

(2)安达信对安然公司的审计缺乏独立性。独立性是社会审计的灵魂,离开了独立性,审计质量只能是一种奢谈。安达信在审计安然公司时,是否保持独立性,正受到美国各界的广泛质疑。从美国国会等部门初步调查所披露的资料和新闻媒体的报道看,安达信对安然公司的审计至少缺乏形式上的独立性,主要表现为:

①安达信不仅为安然公司提供审计鉴证服务,而且提供收入不菲的咨询业务。安然公司是安达信的第二大客户,2000年度,安达信向安然公司收取了高达5 200美元的费用,其中一半以上为咨询服务收入(Reed Abelson & Johnathan D.Clater,2002)。安达信提供的咨询服务甚至包括代理记账。社会各界纷纷质疑,既然安达信从安然公司获取回报丰厚的咨询收入,它能保持独立吗?安达信在安然公司的审计中是否存在利害冲突?它能够以超然独立的立场对安然公司的财务报表发不偏不倚的意见吗?即使安达信发现了重大的会计问题,它有可能冒着被辞聘从而丧失巨额咨询收入的风险而坚持立场吗?面对诸如此类的质疑,即使安达信能够从专业的角度辩解自己并没有违反职业道德,但社会大众至少认为安达信缺少形式上的独立性。关于会计师事务所能否同时扮演审计鉴证和咨询服务角色的辩论由来已久。SEC前任主席阿瑟·利维特2002年1月17日在《纽约时报》上发表了题为《谁来审计审计师》的文章,重提3年前的主张,要求对会计师事务所同时提供审计鉴证和咨询服务予以限制。SEC在这场与“五大”的较量中败下阵来,从反对“五大”的先锋人物利维特的离职,到力挺“五大”的哈维·彼特[①]继任SEC主席,足见“五大”的影响力。资料显示,安达信的政治行动委员会(Political Action Committee)在2000年美国国会选举中就捐赠了99万美元的“政治献金”。会计师事务所居然设立政治行动委员会,试图影响国会选举,独立性何在?

②安然公司的许多高层管理人员为安达信的前雇员,他们之间的密切关系至少有损安达信形

① SEC现任主席彼特当时作为私人开业的律师,代表AICPA和安达信,与SEC展开激励的角逐,以致一些国会议员要求他在SEC对安达信的调查中回避,但遭到彼特的拒绝。

式上的独立性。安然公司的首席财务主管、首席会计主管和公司发展部副总经理等高层管理人员都是安然公司从安达信招聘过来的。至于从安达信辞职,到安然公司担任较低级别管理人员的更是不胜枚举。

(3)安达信在已觉察安然公司会计问题的情况下,未采取必要的纠正措施。目前,美国国会调查组披露的证据显示,安达信在安然黑幕曝光前就已觉察到安然公司存在的会计问题,但未及时向有关部门报告或采取其他措施。国会调查组获得的一份安达信电子邮件表明,安达信的资深合伙人早在2001年2月就已经在讨论是否解除与安然公司的业务关系,理由是安然公司的会计政策过于激进。我们注意到,安达信为安然公司2000年度财务报表出具的审计报告是2001年2月23日,因此有理由相信,安达信在出具审计报告时很可能就已经觉察到安然公司存在的会计问题,否则,合伙人是不可能在2月份讨论是否辞聘的问题的。2001年8月20日,沃特金斯女士致电她过去在安达信的一名同事,表达了她对安然公司会计问题的关注。与此同时,她致函安然公司董事会主席,警告安然公司"惊心构造的会计骗局"(elaborate accounting hoax)有可能被揭穿(Richard A. Oppel,Jr.,2001)。8月21日,包括首席审计师大卫·邓肯在内的四名安达信合伙人开会讨论沃特金斯女士发出的警告。此时,安达信已经意识到事态的严重性了。尽管如此,安达信并没有主动向证券监管部门报告,也未采取其他必要措施来纠正已签发的审计报告。安达信的这种做法是否违反规定,目前尚难以断定,但至少让社会公众对安达信的职业操守大打折扣。

(4)销毁审计工作底稿,妨碍司法调查。在沸沸扬扬的安然事件中,最让会计职业界意想不到的是安达信居然销毁数以千计的审计档案。我们知道,审计最重证据。以客观、真实的证据为依据的审计,被Paton和Littleton(1940/1970)称为英国对审计行业的最重要贡献。客观、真实的证据也是他们提出的会计基本假设之一。安达信销毁审计档案,是对会计职业道德的公然挑衅,也暴露出其缺乏守法意识。目前,美国司法部、联邦调查局和SEC等部门正就此丑闻对安达信展开刑事调查。丑闻曝光后,安达信迅速开除负责安然公司审计的大卫·邓肯,同时解除了休斯敦其他三位资深合伙人的职务。但这一弃车保帅的招数看来并不高明。邓肯在接受司法部、联邦调查局和SEC的问讯时,拒不承认是擅自做出销毁审计底稿的决定,而坚称是在2001年10月12日接到安达信总部的律师通过电子邮件发出的指令后,才下令销毁审计底稿的,直至11月8日收到该律师的指令后才停止销毁活动。至今,安达信总部尚未对邓肯的说法做出反应。如果邓肯的说法属实,那么,安达信的麻烦可就大了。从安达信的角度看,销毁审计档案的事实,极有可能使安然事件由单纯的审计失败案件升级为刑事案件。许多国会议员和SEC的官员誓言将彻查此事。销毁审计档案不仅使安达信的信誉丧失殆尽,而且加大了安达信串通舞弊的嫌疑。如果这仅仅是一件因判断失误而造成的审计失败,安达信值得冒天下之大不韪而销毁审计档案吗?答案只有一个:被销毁的审计档案藏有见不得阳光的勾当。

二、安然事件对美国会计审计的潜在影响

安然事件既是对号称全世界最好的美国会计准则的一种嘲讽,也使"五大"神话般的光环骤然褪色,更有可能使美国注册会计师的行业自律模式成为历史。

(一)安然事件再次引发了关于会计准则的制定效率和制定模式的争论

安然丑闻惊曝后,"五大"的首席执行官于2001年12月4日发表了联合声明,指出美国现行会计准则的缺陷,并就如何提高财务报告质量作了三项表态:(1)向SEC提出改进关联交易、特别目

的实体、相关市场风险(包括能源合同)披露指南的具体建议。(2)在更加宽泛的范围内,与 SEC 密切合作,参与财务报告制度现代化的进程。现行的财务报表披露往往十分冗长,但缺乏意义。进行有根据的决策需要许多不同的信息流,而不仅仅是盈利信息,定期提供的回顾式财务报表再也不足以传输真实的价值和风险。(3)在当今的经济环境下,会计准则制定程序过于笨拙和缓慢。“五大”将与其他方合作,寻找出更加高效和现代的准则制定方法。

尽管“五大”在这微妙时刻发表联合声明难免给人转移公众视线的印象,但不可否认的是,财务会计准则委员会(FASB)也确实需要检讨美国的会计准则是否适应日新月异的经济环境。尤其是,美国现行准则严重滞后于金融创新。为此,不少有识之士呼吁以安然事件为契机,重新审视美国会计准则的制定效率及其缺陷。利维特在《谁来审计审计师》一文中尖锐地指出,美国现行的财务报告制度并不能向投资者提供关于上市公司健康状况的信息,在许多方面已演化为数字游戏。上市公司顶不住华尔街盈利预期的压力,纷纷采用激进的会计方法,有些甚至不惜采用欺诈的手段。他还指出 FASB 在制定新的准则方面行动缓慢。为此,他建议从提高效率和独立性的角度,对 FASB 进行改革。为了提高 FASB 的效率,他建议给予 FASB 充裕、独立的资金,不仅应当向上市公司,而且应当向金融机构(如互助基金、证券公司和商业银行)征收信息使用费,因为金融机构的决策有赖于会计准则所促成的透明度,但金融机构至今只受益,却不付费。

在独立性方面,利维特主张 FASB 应当不受制于国会的压力。他指出,每当 FASB 拟发布的准则可能降低公司的盈利时,势力强大的美国大公司往往通过国会,对 FASB 施加压力,这种现象应当制止。我们赞同利维特的这一主张。安然事件是市场衰败的典型例证。市场运转正常时,谁也不要政府干预。但发生重大的市场衰败时,社会公众必然会指责政府监管不力,并强烈要求政府介入。安然事件再次引发了对美国会计准则制定模式的争论,争论的焦点是,会计准则完全由民间机构的 FASB 制定是否合适,国会或政府部门(如 SEC)是否应当在会计准则的制定方面发挥更大的作用。应当说,这一方面的争论并不新鲜,1994 年前后就有过一场类似的争论。当时,FASB 拟出台一项要求将股票期权作为费用予以确认和计量的准则。由于该准则的出台,将严重损害美国大公司经理阶层的经济利益,为了维护自己的利益,美国大公司不断游说国会,以至于以参议员利伯曼为代表的许多国会议员提出了一项《1994 年会计改革法案》,要求“任何新的准则或原则,以及对现行准则或原则的修订,只要准备用于根据本法案提供的会计报表的编制,只有获得 SEC 法定委员多数赞成票的情况下,方能生效”(Dennis R.Beresford,1995)。后来,在时任美国总统克林顿的干预下,该项法案未予通过。为了避免出现 FASB 制定准则,SEC 批准准则局面的出现,FASB 相当“明智”地做出妥协,只要求将股票期权视为费用予以披露,而无须确认。安然事件后,这种局面是否会重新出现,人们拭目以待。我们认为,维护 FASB 的独立性是确保 FASB 制定高质量会计准则的前提,如果因为安然事件而采取“民间机构制定准则,官方机构批准准则”的准则制定模式,未必是明智之举。因为既然安然公司和安达信等利益当事人能够影响国会,它们也必然能够影响 SEC。从这个意义上说,利维特最近提出的观点显然有助于防止美国在会计准则制定模式的选择上矫枉过正。

安然事件很有可能引起的另一场争论是:会计准则应当是以具体规则为基础(detailed rules basis),还是以基本原则为基础(basic principles basis)。目前,FASB 选择的是以具体规则为基础的准则制定方式,而国际会计准则委员会(IASC)及改组后成立的国际会计准则理事会(IASB)选择的是以基本原则为基础的准则制定方式。两种方法各有利弊。一方面,以具体规则为基础的准则,其操作性较高,但容易被规避。安然事件表明,以具体规则为基础的准则,不仅总是滞后于金融创新,而且企业可以通过“业务安排”和“组织设计”轻而易举地逃避准则的约束。安达信首席执行官乔·贝拉尔迪诺在接受记者的采访时,曾发出这样的感慨:“安达信无权迫使客户披露隐藏在特别目的实体的风险和损失,客户常说,准则并没有要求对此予以披露,你不能要求我遵循更高的标准”(Floyd Norris,2001)。另一方面,以基本原则为基础的准则,较不易被企业精心策划的“业务安排”和“组织设计”所规避,但要求会计人员和注册会计师在运用准则时具有较高的专业判断能力。如何在这两种准则制定方式中抉择,确实值得FASB和会计界深思。美国的准则既多又细,但上市公司的会计问题仍层出不穷(据安达信2001年的一项调查,2000年度230家上市公司披露的财务报表因为存在严重的会计问题,不得不重新编制,Jonathan D.Glater,2001),说明以具体规则为导向的准则制定方式,并非完美无缺。

(二)安然事件可能改写注册会计师的监管模式

安然事件不仅使“五大”陷入空前的信任危机,而且极有可能改写注册会计师的监管模式,使沿用了100多年的行业自律寿终正寝。

美国注册会计师协会(AICPA)自设立以来,一直扮演双重角色:既是注册会计师合法权益的守护神,又是注册会计师执业行为的监管者。AICPA除了负责制定审计准则外,还负责制定职业道德和后续教育准则,并组织全国性统一考试。但注册会计师的执业资格由各州授予,对违规注册会计师的制裁也由各州负责,AICPA在这方面缺乏相应的权力。1977年,针对国会对审计质量下降的关注,AICPA发起设立了“公共监管委员会”(Public Oversight Board,简称POB),负责对注册会计师的监管。不过,POB事实上形同虚设,无所作为。SEC前主席理查德·C.布雷登指出:“POB是大多数美国人都从未听说的机构,其有效性值得怀疑。过去就有不少人对POB经费不足、对审计行为的监督缺乏切合实际的能力等问题表示担忧。”(Reed Abelson & Jonathan D. Glater,2002)

为了确保审计质量,美国实行的民间自律模式还引入了同业互查(peer review)机制。前不久,“五大”之一的德勤对安达信作了同业互查后,给安达信的审计质量开了“绿灯”。安然事件曝光后,德勤对安达信审计质量的评估报告已成为笑料。

面对社会公众对AICPA及POB缺乏信心,对“五大”的审计质量(美国超过90%的上市公司是由“五大”审计的)忧心忡忡的局面,SEC在安然事件后迅速做出反应。2002年1月17日,SEC主席彼特郑重向新闻界宣布,拟设立一个独立于注册会计师行业的监管机构,以防止安然悲剧的重演。彼特强调,新设立的监管机构将由会计人士与非会计人士组成,其主要职能是:制裁与质量控制。他并且特别声明,AICPA将不在新设立的监管机构发挥任何作用。新的监管机构将有权要求当事人移交文件资料,有权要求他们作证,有权进行调查,有权启动制裁程序,有权公布处罚结果,有权限制不符合道德和胜任能力标准的注册会计师从事上市公司审计业务。

SEC的这一决定,终结了美国注册会计师行业自律的历史,标志着“后安然时代监管模式”的到来。尽管SEC尚未对这一具有鲜明官方色彩的监管机构作进一步解释,但这一决定仍然受到普遍关注。SEC前首席会计师利恩·特纳(2002)评论道:“毫无疑问,我们需要一个独立于会计职业界的新的监管机构。但如果该机构不是全部由代表公众利益、有能力调查、制裁和制定审计准则的人士所组成,它将难以实现其目标。”特纳的观点与利维特如出一辙。利维特指出:“我们需要建立一个可能是由SEC任命的监管机构,来监督会计职业,尤其是审计了绝大多数上市公司的五大全国性会计师事务所。这是确保审计师真正独立的最佳方法。这样的专门机构不应当依赖于行业的资金捐献。它应当有权制定审计准则、获取证词和资料、制裁非职业行为。其结论应当公之于众。”(Arthur Levitt,2002)

由此可见,如果利维特和特纳的设想最终被采纳,不仅AICPA和POB将丧失对注册会计师的监管权,而且AICPA的审计准则制定权也将被剥夺。针对SEC咄咄逼人的攻势,AICPA出奇地沉默。看来,安然事件不仅关系到安达信的生死存亡,也危及了AICPA的地位。这不仅是社会审计的一大悲哀,也是重塑注册会计师信用所付出的高昂成本,但愿SEC的这一举措能够成为美国会计职业界"浴火重生"的转机。

三、安然事件的五点启示

毫无疑问,安然事件将成为财务舞弊和审计失败的经典案例而载入史册,值得会计界深思。从会计审计和公司治理的角度看,安然事件给予我们的教训是深刻的,同时也给我们许多启示。

启示一:既不应夸大独立审计在证券监管中的作用,也不应将上市公司因舞弊倒闭的全部责任归咎于注册会计师

独立审计是证券市场发展的基石,也是确保上市公司会计信息质量的制度安排。然而,独立审计在证券市场监管中的作用是有限的。诚然,安达信对安然公司的崩塌负有不可推卸的责任,但在证券市场监管这个系统工程中,其他相关部门也脱离不了干系。布什政府的高官们以及众多国会议员都接受过安然公司的巨额捐款,且与其关系密切,在他们觉察或被告知安然公司深重的财务危机后,难道他们就没有责任向监管当局报告?SEC现在口口声声要加大对上市公司和注册会计师的监管力度,但他们对安然公司的监管尽心尽责了吗?谁来监管SEC这个监管者?新闻界现在对安然公司口诛笔伐,但过去将安然公司捧为"最具开拓创新精神"(金融时报的评价)的,不也是新闻界吗?新闻监督是证券监管的有机组成部分,如果连新闻界都不能客观公正,还能指望注册会计师超然独立吗?如果说安达信因丧失独立性而偏袒安然公司,律师们难道不也是安然公司的帮凶吗?当安然公司利用"特定目的主体"掩盖损失、隐瞒负债时,从安然公司获得不菲报酬的律师在审查相关法律文件时,为什么三缄其口?此外,在证券监管这个链条中,花旗和摩根等著名投资银行及其证券分析师们、标准普尔和穆迪等信誉卓著的信用评级机构,为什么也"患上帕金森综合征"而反应迟钝?(郄永忠,2002)

可见,无限地拔高独立审计在证券监管中的作用,只会将注册会计师置于万劫不复之地。同样地,将上市公司因舞弊而倒闭的责任全部归咎于注册会计师,既不公平,也无助于我们冷静地剖析原因并从中吸取教训。美国著名经济学家保罗·克鲁格曼2002年1月18日在《纽约时报》发表了文章《一个腐朽的制度》[①]。他在分析安然事件时尖锐地指出:"安然公司的崩溃不只是一个公司垮台的问题,它是一个制度的瓦解。而这个制度的失败不是因为疏忽大意或机能不健全,而是因为腐朽……资本主义依靠一套监督机制——其中很多是由政府提供的——防止内部人滥用职权。这其中包括现代会计制度,独立审计员,证券和金融市场制度以及禁止内部交易的规定……安然公司事件表明,这些制度已经腐朽了。用于制止内部人滥用职权的检查和约束机制没有一条奏效,而本应该执行独立审计的工作人员却妥协让步。"从克鲁格曼精辟的深层次分析中,可以得出的结论是:安达信也是这个"腐朽制度"的殉葬品。因为如果整个制度都腐朽了,注册会计师还能独善其身吗?

启示二:不要过分崇拜市场的力量,民间自律不见得是最佳选择

克鲁格曼指出,现代资本主义制度本身是腐朽的,其结果是显而易见的:自由变成了欺骗的武器。他还认为,市场经济本身不能解决所有问题。[②] 克鲁格曼的观点无疑是正确的。经济学的大量研究结果证明,市场经济需要适度的管制,以防止市场衰败(包括证券市场衰败),会计准则和审计准则虽是管制的一种表现形式,其本身看来也需要管制。安然事件表明,"看不见之手"总有失灵的时候,完全依赖市场力量和民间自律进行会计审计规范是不切合实际的。就会计规范而言,会计

① 保罗·克鲁格曼的文章,转载于2002年1月21日的《参考消息》第1版。

② 保罗·克鲁格曼的文章,转载于2002年1月21日的《参考消息》第1版。

制度和准则完全由民间机构制定，其权威性必然遭到削弱，其监督实施效率也较低。反之，完全由官方制定，在提高权威性和监督实施效率的同时，可能会降低制定机构的独立性，也难以保证会计制度和准则的高质量。因此，会计规范的民间主导模式不一定是最佳选择，而会计规范的官方主导模式也不见得就是完美无缺。问题的关键不是两种模式孰优孰劣，而是会计规范的制定者能否真正保持独立，能否以社会公众利益为己任，真正做到客观、公正；从审计规范的角度看，美国式的民间行业自律模式，其弊端在安然事件中已暴露无遗。注册会计师行业协会要同时扮演"守护神"和"监管者"的角色，本身就存在着利害冲突。唯一可行的是角色分立，要么成为注册会计师正当权益的"代言人"，要么成为注册会计师执业行为的"监管者"。

启示三：既不要迷信美国的公司治理模式，也不可神化独立董事

公司治理是确保会计信息质量的内部制度安排。健全的公司治理既可防范舞弊行为，也有助于提高会计信息的可靠性。问题是，什么是健全的公司治理？美国式的公司治理，历来是备受推崇的，也是我国的重点借鉴对象。美国式的公司治理，是在股权相当分散的环境下逐步发展起来的。为了防止公司高级管理层利用股权分散滥用职权，侵犯中小股东的正当利益，美国十分注重引入独立董事制度，并要求独立董事主导提名委员会、审计委员会和薪酬委员会的工作。这种强调独立董事功能的公司治理模式，当然有其合理的成分，但安然事件表明，独立董事并非万能！我们查阅了安然公司2000年度的年报，分析了安然公司董事会成员的构成及其背景，结果惊愕地发现，安然公司的17名董事会成员中，除了董事会主席肯尼思·莱和首席执行官杰弗里·斯基林外，其余15名董事均为独立董事。审计委员会的7名委员全部由独立董事组成，主席由已退休的斯坦福大学商学院前院长、会计学教授罗伯特·杰迪克担任。独立董事不乏知名人物，包括美国奥林匹克运动委员会秘书长、美国商品期货交易管理委员会前主席、通用电气公司前主席兼首席执行官、德州大学校长、英国前能源部长等社会名流。但即使这些德高望重的独立董事们，也未能为安然公司的股东把好对高层管理人员的监督关，最终导致投资者损失惨重。现在，这些独立董事们不仅受到社会各界的责难，而且遭到投资者的起诉。我国有关部门目前正大力推行独立董事制度，许多高校的学者纷纷"投笔从戎"。这是一件好事，也符合理论联系实际的学风。但我们殷切希望诸君牢记"独立"二字的千斤之重，切实代表中小股东的利益，行使权力时慎之又慎，认真研究安然事件，以免重蹈覆辙。

启示四：不能只重视制度安排，而忽视全方位的诚信教育

证券市场是充满机会和诱惑的博弈场所，需要通过制度安排对参与者和监管者进行制约和威慑。然而，如果证券市场的参与者和监管者不讲正直诚信，制度安排将显得苍白无力。当巨额的经济利益与严肃的道德规范发生碰撞时，只有潜移默化的诚信教育，才能使天平倾向于道德规范。安然事件表明，诚信教育应当是全方位的。注册会计师需要诚信教育，律师、证券分析师、投资银行、信用评级机构以及中小投资者等证券市场的参与者，以及政府官员、监管机构和新闻媒体等证券市场的监督者，也需要诚信教育。诚信教育首先应当从政府抓起，否则，克鲁格曼所说的腐朽制度就无可救药了。

启示五：不要迷信"五大"，"五大"的审计质量不总是值得信赖

客观地说，"五大"在管理咨询、内部管理、公关能力和业务培训方面是无与伦比的，但"五大"并不是方方面面都伟大。安然事件后，许多新闻报道的资料显示，"五大"的审计质量令人担忧。20世纪80年代末臭名昭著的国际商业信贷银行倒闭案，迫使普华在两年前支付了1亿多美元的赔偿，才与蒙受巨额损失的投资者达成庭外和解；90年代加州奥然治县破产案、巴林银行理森舞弊案也把毕马威、德勤、普华永道卷入了代价高昂的诉讼；最近发生的施乐公司、朗讯公司、山登公司等重大恶性案件，"五大"也都牵涉其中，如2001年8月，法院裁定安永向山登公司的股东支付3.35亿美元的赔偿(王凌旭，2002)。万众瞩目的安然事件的焦点方之一安达信最近几年更是官司缠身，

丑闻不断。2002 年美联社发表了题为《安达信的过去有审计问题》的报道，历数了安达信过去 20 年存在的严重审计问题，其中包括最近发生的阳光公司案和废物管理公司案(Alex Berenson & Jonathan D.Glater,2002)。阳光公司因舞弊败露而退市并申请破产保护，安达信为此支付了 1.1 亿美元的赔偿，才了结与阳光公司股东的法律诉讼；2001 年，安达信因纵容废物管理公司的财务舞弊，被 SEC 判罚了 700 万美元的罚款，创下 SEC 对会计师事务所单笔罚款的纪录。此外，2002 年 1 月 14 日，SEC 对毕马威做出公开谴责，因为毕马威在对 AIM 互助基金有大量投资的情况下，没有实行回避制度，仍为其提供审计鉴证，违反了独立性的规定(Reed Abelson & Jonathan D.Glater, 2002)。类似案件不胜枚举，表明“五大”的审计不总是值得信赖。

参考文献：

[1]郄永忠.2002.安然：拔出萝卜带起泥.中国证券报,01-17.

[2]王凌旭.2002.民事赔偿机制威力渐显.人民日报(海外版)“中国资本市场周刊”,01-26.

[3]许菲.2001.境内外会计师事务所在中国审计市场审计质量的对比分析——关于审计质量的另一种角度.厦门大学 MBA 学位论文打印稿.

[4]Arthur Levitt.2002.Who Audits the Auditors?.New York Times,January 17.

[5] Andersen's Past Had Audit Problems, Associated Press, January 17, 2002, 引自 www.accountantsworld.com.

[6]Alex Berenson and Jonathan D.Glater.2002.A Tattered Addersen Fights for Its Future.New York Times, January 13.

[7]Dennis R.Beresford.1995.How Should the FASB Be Judged?.Accounting Horizons,June.

[8]Floyd Norris.2001.The Distorted Numbers at Enron.New York Times,January 14.

[9]Gretchen Morgenson.2002.Enron Letter Suggests $1.3 Billion More Down the Drain.New York Times,January 17.

[10]Richard A. Oppel, Jr.. 2001. Auditor Received Warning on Enron Five Months Ago. New York Times, January 17.

[11]Reed Abelson and Jonathan D. Glater. 2002. Who's Keeping the Accountants Accountable?. New York Times,January 15.

[12]Jonathan D.Glater.2001.Five Questions for Lynn Turner: Lessons for Auditors in Enron's Collapse.New York Times,December 2.

[13]Kurt Eichenwald with Michael Brick.Deals That Helped Doom Enron Began to Form in the Early 90's.New York Times,January 18.

[14]Paton and Littleton.1940/1970.An Introduction to Corporate Accounting Standards.

[15]Statement from Big Five CEOs on Enron, www.aicpa.org.

[16]SEC's Pitt Proposes Post-Enron Accounting Boss.2002 REUTERS,January 17.

(原载于《会计研究》2002 年第 2 期)

10 关于高质量会计准则的几个问题*

葛家澍

摘　要:本文回顾了五年前在美国讨论的高质量会计准则。我发现有两个主要问题需要进一步加以阐述:第一,高质量会计准则与高质量财务报告的联系与区别;第二,涉及高质量会计准则制定、解释、应用和基础条件的较好步骤。本文认为,许多会计信息质量特征如相对性、可靠性、可比性、中立性(公允性)、充分披露和透明等仅仅是财务报告的质量特征而不是会计准则的质量。

关键词:高质量会计准则;高质量财务报告;基础结构

美国证券交易管理委员会(SEC)前主席阿瑟·利维特(Arthur Levitt)1997年在美国国内发展银行发表了以"高质量会计准则的重要性"为主旨的演讲之后,引起美国会计界前所未有的热烈反响。有关重要的会计团体纷纷就高质量会计准则的含义、属性、特征进行了探讨并发表各种不同的见解。对此,我曾分别以《美国关于高质量会计准则的讨论及其对我们的启示》(1999)和《关于高质量会计准则和企业财务业绩报告改进的新动向》(2001)为题,撰文作了较全面的评介[①]。

当时,美国安然事件和我国银广夏事件虽尚未发生,但上市公司财务报告弄虚作假的案例,特别在所谓"盈余管理"(earnings management)的美名下行盈余操纵(earnings manipulation)[②]之实,已屡见不鲜。在讨论中,除Levitt又陆续作了几次讲话,联系这一令人担忧的不正常现象外[③],多数人均未涉及。提出高质量会计准则,对防止会计造假能起什么作用?或者说,由于要求会计准则高质量,对会计和审计实务的改进将产生什么深远的影响?人们至今尚未做出足够的估计。此外,高质量会计准则与高质量财务报告的关系如何?特别是联系到高质量的属性,一项会计准则应如何制定、应用和解释,才能成为对经济决策最有用的准则?类似这一系列问题,均有待于进一步讨论。

---

* 本文为葛家澍教授主持的国家社会科学基金2002年课题"参加WTO与我国会计准则体系建设"的阶段性研究成果。

① 两文分别刊登于《会计研究》1999年第5期和2001年第8期。

② Levitt则斥之为"数字赌博"(the number game)。

③ 例如,1998年2月25日,Levitt又在纽约大学法律与商务中心作了题为"数字赌博"(The Numbers Game)的严厉讲话,揭露了上市公司五种造假手法,并决心采取九点方案的应对措施;1990年10月18日Levitt再一次在纽约经济俱乐部作了题为"高质量的信息:我们市场的生命线"(Quality Information:the Life-blood of our Markets)的讲话,全面而深刻地指出:"完善的资本市场要求高质量的信息。透明诚信曾经是美国资本市场被认为是全球市场楷模的标志。虚假的信息就是在破坏市场的质量和形象。今天我们的环境与条件是改变了,但市场要求公正、公平和公开的观念并没有改变。证券监管的宗旨也不能改变。不论在理论上或在实务上我们都不允许市场变质"。他呼吁上市公司、审计师、证券分析师都必须对投资的诚实度和透明度做出庄严保证。

背景和宗旨

高质量会计准则这个概念并不是Arthur Levitt首先提出来的。在Levitt发表讲话三年之前,即1994年12月,我国财政部在上海举行会计准则国际研讨会,出席该会议的国际会计准则委员会(IASC)主席白鸟荣一(日)和秘书长凯恩斯(David Cairns)在联合发言中说:"IASC的长期目标是建立一套可用于世界各国企业发布财务报表的高质量的通用会计准则"(财政部会计司/财政部国际合作司,1994)。IASC领导人当时宣布要发布高质量的会计准则是有其特定背景的,从时间表上可以看到,从1973年(IASC成立)到1988年,IASC制定国际会计准则所奉行的原则是:协调各国流行的会计惯例,制定一套可为多数成员国遵守的通用国际会计准则(IASs)。但这些IASs,由于保留过多的会计处理备选方案而被视为质量不高的准则。从1989年1月起,IASC决心大力缩减会计选择而公布并实施著名的可比性计划(1989年9月,ED 32《财务报表可比性》和1990年6月IASC理事会《财务报表可比性》的意向书)。这个计划反映了IASC的一项重大改革行动——对已发布的IAS进行了修改或重编。修改或重编后的IAS除提出一项或两项基准会计处理方案(benchmark treatment)外,只保留一项备选会计处理方案(alterative treatment)。IASC的雄心勃勃的改革行动受到证券委员会国际组织(IOSCO)的赞赏与支持,并鼓励IASC在此基础上制定核心准则(core standards),以便应用于跨国公司进行跨国发行证券和国际融资出具的财务报告。1993年,IASC与IOSCO达成了由IASC制定核心准则5大类40项的协议,由IOSCO负责评估后予以推荐①。IASC领导人在1994年公开宣布要制定高质量的通用会计准则,显然指的是他们正在修改或重编的核心准则。用"高质量准则"来称呼核心准则,用心也很清楚,那就是旨在提高核心准则的声望,为它能在全世界被接受作舆论准备。若从更广泛的国际背景看,IOSCO甚至WTO,都是IASC制定核心准则的明确和幕后的支持者。一套高质量的国际会计准则,将能消除信息的不可比与不透明,有利于实现IOSCO资本全球流动和WTO关于世界贸易自由化的宗旨。

美国SEC前主席提出高质量会计准则的重要性则基于不同的背景。从美国国内形势看,从20世纪90年代起,上市公司财务报告的弄虚作假日益严重。这一现象若任其发展,不仅损害投资人和社会公众的利益,而且将带来更为严重的社会后果(现在出现的安然破产事件,充分证明了这一点),通过信息披露②对会计数字(包括代表财务业绩的"利润"和有关财务状况的其他指标)弄虚作假,原因当然是多方面的,有法律、法规、准则制度不够健全等方面的原因,也有上市公司内部人利益驱动的原因;有上市公司为主谋,审计师、证券分析师等参与策划的问题,也有会计人员和审计人员专业水平的问题;更有上述有关方面缺乏诚信意识和职业道德败坏等深层次原因。彻底防止和抑制会计造假,肯定需要标本兼治,全面治理。为什么Levitt首先提出会计准则必须高质量?这是因为,不论企业报告的编报或注册会计师对表内审计(audit)或表外审阅(review),基本上都以会计准则的规范为标准。表内确认与表外披露是否真实和公允?客观的依据只能是一个,那就是所适用的公认会计原则(GAAP,它是代表美国不同时期发布,采取不同形式,至今仍具效力的会计准则的总称)。为

① 2000年5月17日IOSCO正式宣布:对于IASC的30个核心准则项目(30份2000年准则连同11份解释公告)已由IOSCO的技术委员会(IOSCO's Technical Committee)通过了评估,IOSCO主席随后批准了评估报告。

② 本文所说的"信息披露"、"披露制度"等术语,一般是广义解释。既指财务报表表内确认的内容,也指表外无须确认进行披露(后者可以只是定性说明,也可以兼有定量描述),若是狭义解释,则仅指表外披露。究竟应如何理解,请联系上下文的有关叙述。

了不使弄虚作假者有所借口，为了从源头上堵塞作假的漏洞，Arthur Levitt 首先对会计准则提出高质量的严格要求，是抓住了问题的实质与要害，是正本清源之举。会计准则是上市公司编报财务报告和注册会计师对报告进行鉴证的主要环境条件。反对会计与报告造假，自然应当先治理造假的环境。事实上，Levitt 以后公开披露的五种常见的造假手法：(1)一次性冲销公司的巨额重组费用；(2)公司并购、重组或拆分时，将不断增长的并购费用作为 R&D 予以费用化；(3)滥用重要性原则，而把故意创造的错误数字说成不重要，略而不计；(4)根据不真实的假设去估计负债，形成秘密准备；(5)提前确认收入①等，并不是什么高明的造假技术，审计师一般都能觉察。但问题在于：准则没有明确的禁止规定。可见，Levitt 提出高质量准则这个概念，与 IASC 领导人的意图不同，他首先是为了打击美国国内的会计数字造假，净化会计信息市场，保证美国资本市场健康地发展。

再从国际形势看，由于 IASC 制定核心准则，核心准则的推广，将在世界范围内取代美国 GAAP 的领导地位，而这是美国所不甘心的。即使现在出现了安然事件之后，美国 SEC 现任主席 Harvey L.Pitt 也仍然认为美国的信息披露制度（当然包括规范它的 GAAP）在世界上是最好的。因此，Levitt 当时提出高质量会计准则同时也是针对 IASC 的核心准则谋求得到美国认可而提出的苛刻要求。IASC 的核心准则主要是在减少会计备选方案、提高可比性方面有所改进。如果 IASC 当时的主席白鸟荣一和秘书长凯恩斯仅在这一点上就把核心准则称之为高质量的会计准则，那么，它同 Levitt 提出的高质量的要求就有很大的差距。Levitt 认为，国际会计准则必须实现下列三项目标，才能得到世界（主要指美国）的认可：

第一，要以国际公认的财务报告概念框架中的核心概念为基础；

第二，准则必须能导致可比性、透明度和充分的信息披露，可供投资人在不同期间进行公司业绩的分析；

第三，准则必须严格地解释和应用。

IASC 和美国 SEC 前负责人均提出高质量会计准则同一个概念，但不仅其背景与宗旨不同，各自的要求与特征也不一致。就 Levitt 所要求的高质量会计准则而言，仍有两个问题需要研究：高质量会计准则与高质量财务报告有何异同？联系当前美国 SEC 吸取安然事件的教训，制定并运用高质量的会计准则应当注意哪些方面？

高质量会计准则与高质量财务报告

会计准则是用来规范财务报告的。在财务报表表内，何时和应否确认某一交易或事项以及如何确认，采取什么计量属性，均必须遵守会计准则。如果编报者可以挑选，也只能在会计准则所允许的备选方案内进行选择。因此，在美国 GAAP 对于财务报表的表述内容具有很强的约束力。至于在财务报表表外，必须披露哪些内容，即最低要求的表外披露，也应由 GAAP 来规定。Levitt 曾形象地把会计准则比喻为照相机，而财务报告则是用照相机拍摄的、可反映公司财务状况和经营业绩的图像。高质量的会计准则好比性能良好的照相机，高质量的财务报告则是真实、清晰的财务图像。我认为这个比喻既通俗又确切地说明了高质量会计准则与高质量财务报告的关系，会计准则是用来规范财务报告的种种标准，反映企业经济真相的财务报告依据会计准则才能产生。投资人和其他会计信息使用者最关心的是能向他们传输有关一家公司对投资决策有用的信息，而这是财务报告的功能并非会计准则的职责。那就是说，高质量的会计准则有可能导致高质量的财务报告，

---

① 见 Levitt，“The Numbers Game”(1998)。

但不能把高质量的会计准则和高质量的财务报告混为一谈。现在看来,Levitt 的讲话和围绕他的讲话进行的一场讨论在不少地方并未明确地分清这一点。高质量的财务报告必须真实公允地反映公司的业绩。表内确认和表外披露的各种信息(不论是定性的或定量的,财务的或非财务的)应当具备美国财务会计准则委员会(FASB)第 2 号概念公告中要求的全部信息质量特征。特别是应要求清晰易懂、明确而不含糊,可靠,相关,充分披露,即很透明。但这些特征是对会计信息即财务报告的披露来说的,它不能,至少不能全部适用于会计准则。由于高质量会计准则是高质量财务报告的一个重要的保证条件,会计准则在形成有关术语的定义时,在制定确认、记录、计量和披露的标准时又不能不充分考虑高质量财务报告应具备的信息质量特征。所以,有些高质量特征,对准则和报告可能是共同的。但解释与应用应有所差别。比如对财务报告若要求可比,则对会计准则应要求尽可能减少备选方案并规定对会计原则(政策)的选择进行详细披露;对财务报告若要求透明,则对会计准则的制定程序也应要求透明,并应对某些复杂和新兴的交易与事项[如关联方交易,安然公司设立的所谓"特别目的实体"(SPE),具有退货权的销售,产品融资协议,以及一些复杂的衍生工具等],着重分析其经济实质,按照实质重于形式的要求分别做出恰当的确认、计量或披露的规范。

总之,我们既要识别会计准则和由它形成的财务报告是不同的事物,又要承认,在高质量要求上,两者具有一定的关联性。

高质量会计准则的制定、解释、应用和基础条件

究竟什么样的会计准则才算是高质量的会计准则?这必须从准则的制定,准则的内容,到准则的应用(含解释)和支持的基础条件,进行全面考察。

第一,一项准则的制定,首先要在立项、发布和实施时间方面,做出恰当的选择。例如,从 1971 年至 1989 年在美国(实际上也包括其他西方国家)企业编报的基本财务报表中,除资产负债表和收益表(损益表)外,只有第三报表——"财务状况变动表"(其基本依据是 1971 年 3 月的 APB 19)。可是,20 世纪 80 年代以来,根据对信息需求的调查,广大投资人迫切需要了解的是一个企业的现金流量,以便做出可靠的投资决策。1978 年 FASB 在其第 1 号概念公告《企业财务报告的目标》中,就把提供企业的现金流量,特别是创造有利的现金净流量的能力,作为财务报告使用者直接相关的信息[①]。根据这一普遍的信息需求,FASB 在 1989 年 11 月制定了第 95 号财务会计准则《现金流量表》,要求企业在编报的财务报表中,用"现金流量表"取代"财务状况变动表"。这是在全世界范围内对于"财务状况变动表"最早的改革,也是美国上市公司可据以向投资人提供"现金流量"这一新信息的第一份 GAAP。所以,在美国 20 世纪 90 年代末的一项调查中,FAS 95 被列为高质量准则之一。又如在我国,第一份具体准则是 1997 年 5 月公布的《关联方关系及其交易的披露》。这份准则之所以率先出台,不仅由于当时出现了关联交易中的舞弊案件,而且由于在我国,基于国企改革而进行股份制改造的企业大量出现。这类上市公司背后都有一股独大的集团公司。在集团公司和由它控股的上市公司之间,具有内幕性质和舞弊嫌疑的交易时有发生,其问题带有普遍性。若不及时进行规范,势必侵害中小股东的利益,不利于我国新生资本市场的健康成长。仅从这一点看,我国第一份具体准则也是高质量的。

最近,在美国,由于安然事件涉及该公司设立大量的"特殊目的主体"(special purpose enties)

① "与特定企业关系最直接的财务信息的可能使用者,一般地说,关心的是企业创造有利的现金流动的能力"(FASB Concept Statement No.1,para.25,1978)。

产生复杂的、模糊的关联方交易，SEC公开要求FASB应为“特殊目的主体”制定专门的准则。

第二，一项准则的基本结构，应当符合财务会计概念框架的要求。1979年美国要求企业在财务报告中披露物价变动信息，就是一个奠定在第1号财务报告概念框架基础上的典型准则。按照美国的GAAP，当时上市公司所编制的财务报表，必须以历史成本计量为基础，但是反映物价变动则要求突破历史成本计量，而用现行成本或不变美元(不变购买力)取而代之。这样做将违反公认会计原则，使FASB处于两难境地。正好，FASB在其第1号概念公告中对财务报表作了新的解释，即一个企业对外提供的信息由财务报表和其他财务报告两部分构成。财务报表是财务报告的中心，它应按GAAP编制(例如计量，应以历史成本为基础)并由注册会计师审计；其他财务报告可以不遵守GAAP，只要求注册会计师审阅。这样，FASB就可以根据第1号概念公告在FAS 33《财务报告与物价变动》中建立如下的披露制度：在表内确认历史成本为基础的信息，在表外披露物价变动的信息(见图1)：

财务报告{ Ⅰ.财务报表——仍按GAAP的原规定编制，即以历史成本为基础进行编制
Ⅱ.其他财务报告——分别按历史成本/不变美元和现行成本为基础，披露
(通过附注或其他报告)同企业持续经营收益、存货、固定资产等相关信息的物价变动的影响

图1

第三，一项高质量的准则，从术语的定义、确认标准、计量属性选择和对披露要求都必须清晰、明确、易懂、严密、完整。

比如术语的定义，FAS 33也有突出的优点。通常“重置成本”(replacement cost)与“现行成本”(current cost)总是被会计界混淆使用。而FAS 33的附录C的99段f中对两者就作了明确的区分并对存货和固定资产计量当时所用到的八种属性[历史成本、现行再生产成本、现行重置成本、可实现净值、预期未来现金流量的净现值、重恢复价值、现行成本、企业价值(现行成本或可恢复金额孰低)]分别作了清晰的描述。关于确认的标准，基本标准已在财务报告概念框架中作了说明(见SFAC No.5)，对准则的要求是：应确认交易与事项的经济实质而不是它的形式。英国ASB的第5号财务报告准则的题目就是“交易实质的报告”(FRS No.5 “Reporting the Substance of Transactions”，1994)，它对于如何确定一项交易的实质，在资产负债表中，在损益表和现金流量表中，怎样报告资产、负债、权益、利得、损失和现金流量才恰当地揭示交易的实质，都作了十分详细的规定。即使美国的GAAP在这一方面也没有涉及。但美国的GAAP中也有一些会计准则是规范了编报者应如何确认和报告交易与事项的经济实质的。例如，FAS 48《当存在着退货时的收入确认》和FAS 49《产品融资协议会计》就是规范了应予报告交易的经济实质的两个代表性的准则。一项销售业务如果购货方保留退货权，当产品已经发出，货款亦已收到时，形式上似乎表现销售已经成立，因而销货方似乎可以确认收入。其实不然，在退货权期满之前，与该产品所有权相关的风险并未转于购货方，其报酬亦未转移于销货方。这种交易中产品的发出与货款的收到实质上是不能构成销售的。FAS 48为此规定，如果销货方要在此时确认收入必须符合6项条件(FAS 48 para.6)。否则，只能在退货权期满之时，才能按从已收到货款中扣去退货款的余额确认为销售收入。至于产品融资协议，只要“发起人”(产品提供方)保证将来再购回产品，则此项产品虽发给其他企业(中介企业)，并收到“货款”，交易的实质就是将产品作为担保进行融资。中介企业一般是将产品作为抵押向银行借款来支付“货款”的。其所以要通过中介企业，是因为中介企业处于较高的信用等级和有良好的商誉，具有向金融机构融资的较强能力。因此，“发起人”再购回产品，意味着偿付贷款(除原先取得的货款外，还应包括产品运输、保管费用、银行利息和付给中介企业的酬金)，而与购买产品业务无关。总之，这一复杂的业务，决不能确认为产品销售与回购，而应按产品发出抵押、融资、偿还贷款并收回产品等一系列环节进行恰当的会计处理。会计准则若不能准确地指明商业行为的实

质,势必导致企业在财务报告上进行虚假的披露。2002年2月4日美国SEC主席Pitt针对安然事件而提出的十点改革主张中,就有一点(第6点)涉及这一问题,值得我们注意。①

当前的会计实务是允许多种计量属性并用的。企业能否恰当地采用不同的计量属性,对于确认一项资产负债,所有者权益或损益(包括利得与损失)的关系很大。就是说,高质量的会计准则应能明确区分不同计量对象应予选择的不同计量属性。美国FAS 115《在特定债券和权益证券上投资的会计处理》就提供了正确选择计量属性的范例。在美国,企业对于在债券上的投资,允许管理当局根据经营理财的需要,按"持有至到期"、"可销售"、"在销售中"加以分类并在三类之间进行流动。FAS 115为此对各类债券分别采取了不同的计量属性,并规定在转换分类时,若发生"持有利得与损失"(holding gains or losses)也应明确其不同的处理方法。

我们可以把FAS 115关于计量属性的分类规定和"持有利得与损失"的会计处理,列示如下(见图2):

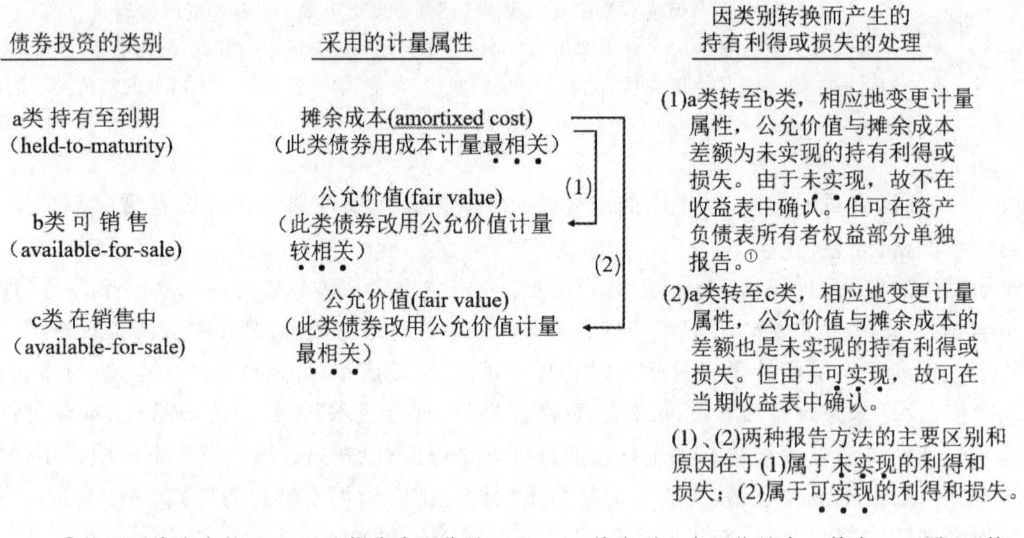

①按照后来发布的FAS 130《报告全面收益》,(1)、(2)均应列入全面收益表。其中,(1)属于"其他全面收益",(2)属于"净收益"。

图2

就上述关于计量属性的规定看,FAS 115是一份十分明确而又规定严格的会计准则。

第三,关于披露。广义的披露指整个财务报告,甚至包括公司的其他非财务报告。当前,不论会计准则或是概念框架都建立在定期披露的制度上(包括年报、半年报、季报,而以年报为主),要提高披露的质量,首先必须改进定期披露(定期报告)制度。有关财务报告的改进,从上世纪80年代起,就受到学术界的重视,且议论不断,主张财务报告必须适应全球化、竞争和高科技三股力量而努力创新者为数不少。最近Pitt的十点改革主张中的第一点,建议大力改革信息披露制度,这当然更加引起会计界的关注。按Pitt的建议,定期披露应当同流动披露相结合。即使定期披露仍须保留,也应力求迅速、及时、简明易懂。对于一些重要的公司信息,反映公司发展前景和趋势的信息,则应当实时地进行流动披露。在电子技术和互联网迅速发展的今天,要做到这一点,并无太大的困难。这就是说,今后的高质量会计准则应当要求企业既进行定期披露又进行流动披露。至于披露

① a.黄世忠、林启云编译:《后安然时代如何监管会计职业》,《中国注册会计师》2002年第3期。

b.Public Statement by SEC Chairman,"Regulation of the Accounting Profession",Harvey L.Pitt,January 17,2002.

的内容，应当重点披露那些关键性的会计原则与政策。对于实行兼并后的企业，对其关联方关系和关联交易的披露，应有定量描述的严格要求。过去的财务报告主要反映企业经营、投资等行为带来的报酬，很少反映与报酬俱生的风险。高质量会计准则所要求的信息披露，应当涉及风险，特别是揭示企业操作高风险的衍生工具之类的业务时，更应侧重于风险的披露。但会计怎样量化风险似乎尚缺乏成熟的经验与技术，今后需要加强这方面的研究。

第四，制定一项高质量会计准则，其指导思想即“方法论”是按美国制定 GAAP 所遵循的详细的“规则基础”(rules-based approach)还是按 IASB 制定 IAS 和 IFRS 所遵循的简明的“原则基础”(principles-based approach)，这是一个有争议而必须通过反复实践才能回答的问题。

由详细的规则形成准则，其优点是严密、完备，具有较强的可操作性。而缺点是挂一漏万，易为违反准则者寻找借口。由原则基础形成准则，优缺点正好相反。

美国制定 GAAP 的模式已有 65 年的历史(从 1937 年公布第 1 号 ARB 开始)。65 年来，美国的资本市场被世人公认为最开放最完善的市场。这当然同它用来规范上市公司向市场进行信息披露的制度——GAAP(公认会计原则)有关。历史地看，美国资本市场出现过不少问题，最近的安然事件最为典型。美国的 GAAP 也曾遭到过政府和公众的反对，如 1962 年 APB 发布的 APB Opinion No.2《投资贷项》(Investment Credit)就因只规定按“递延法”确认所得税减免，不能刺激企业对技术更新的投资，企业、CPA 和 SEC 群起而攻之，终于迫使 APB 不得不放弃 APB Opinion No.2 而发布 APB Opinion No.4 进行取代，增加备选方案——“流尽法”，放宽了会计确认的要求。但总体上说，美国的全部 GAAP(包括 ARBs、APB Opinions、FASs 和 FASB interpretations)还是全球会计准则的样本。IASC 的核心准则和 IASB 今后制定的 IFRS，可望成为高质量的会计准则。不过，它们毕竟缺乏足够的实践经验予以证明。预期不等于现实。所以，两种制定会计准则的方法论应当说各有千秋，很难判断哪一种方法较优越。

第五，高质量会计准则的制定，需要有组织保证。那就是要有由一流专家组成的会计准则委员会。2000 年 IASC 进行战略重组，组成由技术专家为主的国际会计准则理事会(执委会)即 IASB 也是一个可供参考的样本。IASB 共有 14 名委员。其中，5 人具有审计师的背景，3 人具有财务报表编报者的背景，3 人具有财务报表使用(分析)的经验，1 人具有学术背景。技术性、专业性保证了 IASB 的权威性和独立性。这是显而易见的。当然，各国的社会制度不同，会计工作的管理体制也不一致。IASB 的组成模式当然不能在各国照搬，但各国均可借鉴它在人事安排上的原则和精神。

第六，一项高质量会计准则的出台，必须有一套公开、透明的应循程序(due process)。应循程序是保证制定高质量会计准则从立项到发布的必经步骤。在《国际会计准则 2000》(IASC，中文版)的引言中，列举了国际会计准则制定的若干程序可供各国借鉴：

(1)在 IASB 下设立同立项有关的筹划委员会。

(2)筹划委员会在充分调查、研究、讨论与该项目有关的会计问题后，向 IASB 提出要点大纲。

(3)IASB 对要点大纲提出修改意见，再由筹划委员会起草并发布原则公告(草案)，向有关方面征求意见，期限为 3 个月。

(4)筹划委员会根据 IASB 批准的原则公告，起草征求意见稿(ED)，并经 IASB 成员 2/3 同意，ED 可以发布。ED 征求意见的时间也至少为 3 个月。

(5)根据反馈意见，筹划委员会起草 IFRD 的草稿，经 IASB 讨论修改后，在不少于 IASB 成员 3/4 同意后，准则才能予以发布。①

在全部应循程序中必须贯穿一个重要的原则，即透明度原则。

从立项开始，到准则发布，都应公开广泛地征求意见。既然会计准则是用来规范上市公司应予

① 参阅《国际会计准则 2000》(中文版)引言，第 5 页。

披露的信息的工具,那么,要使信息披露可靠、相关、公允、充分披露和透明,用于规范财务报告的准则就必须首先做到公开、透明。不论准则、指南或解释公告,都要在执行前公开,不能变成内部文件。准则的制定和执行都不能"暗箱操作",没有透明度,就不能体现公开、公平、公正的市场法则,就不可能确保会计准则的质量。

第七,高质量准则要求在执行—解释和运用中能保持严格的一致性。不允许管理当局和监管机构、编报者、审计师做出相互分歧的解释。要确保相同或相似的交易,不论发生于何时、何地,都应当进行相同或相似的会计处理,并编成相同或相似的报告。

第八,一项准则是否高质量,要经过一定实践,并须通过专家和公众评估,"高质量"是不能自封的!

第九,要使会计准则高质量,还需要若干基本的、必备的环境条件。例如:

(1)制定和执行会计准则的所有有关人员,都必须具有诚信的职业道德与操守,坚持公正和独立性的原则。

(2)财务报告编表人员和注册会计师,除提高自身的道德修养外,还必须通过各种方式不断提高会计、审计的专业水平和专业判断能力,要在会计确认(accounting recognition)、会计计量(accounting measurement)、信息披露(information disclosure)、会计选择(accounting choice)、会计估计(accounting estimation)和会计预测(accounting prediction)等方面具有足够的恰当处理的经验。

(3)每一个上市公司都应当建立健全公司治理结构,加强内部控制,充分发挥监事会、审计委员会的内部审计作用,增强独立董事的监督功能。

(4)要有一个保证高质量会计准则运作的基础结构(supporting infrastructure),这一结构主要包括:

①高质量的审计准则;

②具有健全质量控制,实力强大的会计师事务所;

③在审计(注册会计师)行业中,要有规范的、一致的、在全行业执行的审计质量控制制度;

④国家证券监管机构对会计和准则的制定及其运用,有权进行检查监督。[①]

参考文献:

[1]葛家澍.1999.美国关于高质量会计准则的讨论及其对我们的启示.会计研究,5:2-9.

[2]葛家澍.2001.关于高质量会计和企业业绩报告改进的新动向.会计研究,12:2-8.

[3](日)白鸟荣一,(英)凯恩斯.1994.国际会计准则在建立和维护会计准则中的作用.见财政部会计司/财政部国际合作司.1994年会计准则丛书(完善与发展).北京:中国财经出版社,175-212.

[4]葛家澍,黄世忠.2002.安然事件的反思.会计研究,2:3-9.

[5]国际准则中文翻译审核专家组.2000.国际准则2000.北京.中国财经出版社,1-10.

[6]黄世忠,林启云.2002.后安然事件如何监管会计职业.中国注册会计师,3:53-57.

[7]Arthur Levitt.1998.The Importance of High Quality Standards,Accounting Horizons,June 1998.

[8]FASB Concepts,FASB Statements.

[9]Pitt.2002.Remarks by SEC Chairman,January 17.

[10]SEC Concept Release.2000.International Accounting Standards,February 16.

[11]Turner.1999.Remarks.The Year of Accountant,June 14.

(原载于《会计研究》2002年第10期)

---

① 见(a)"The Year of Accountant",Remarks by Lynn E.Turner(Chief Accountant,U.S.SEC),at the SEC Institute,New York,June 14,1999。(b)SEC Concept Release,"International Accounting Standards"(by U.S SEC),February 16,2000。

11

美国安然事件的经济背景分析

葛家澍

摘　要:本文分析美国证券公开发行公司如安然披露欺诈财务信息的经济背景。财务作假既不是孤立的也不是偶然的现象。财务作假的关键问题产生于经济环境。首先,今天美国经济中生产、流通、分配和消费四个主要环节失去了相互制衡的作用;其次,不论美国的上市公司制度和公司治理都存在若干缺陷。

关键词:财务欺诈;经济背景

2001年9月,在美国纽约发生了震惊世界的"9·11"恐怖事件,使人们尤其是美国人普遍觉得缺乏人身的安全感。同样在2001年11月,爆发了安然公司的会计丑闻,纽约股市大跌,造成国际五大之一的安达信会计公司的破产,又使美国股民甚至全球的投资人缺乏投资的安全感。它对全球的资本市场同样引起巨大的震动。安然事件和随后曝光的若干起上市公司的财务舞弊行为,作为一种会计现象,既不是偶然的,更不是孤立的。如果我们回顾一下美国19世纪末以来的经济发展史,特别是若对美国20世纪最后20年以来的经济特点作一些分析,将不难看到:上市公司之所以通过其财务报告,屡屡操纵盈利,粉饰财务状况,对投资人作不实的报道,是有深层次的经济背景的。

一、历史的回顾

历史是一面镜子,回顾过去,人们往往会发现现在发生的某些现象与历史上曾发生过的某些现象,有着惊人的相似。

大家都知道,上个世纪初,即1929—1933年,在美国曾出现一次空前的、影响全球经济的大经济危机,导致了完全放任的自由资本主义的结束,开辟了市场经济与政府管制相结合的所谓"混合经济"(Semuelson & Nardhaces,1955)的新时代。这次危机是美国当时各种社会经济矛盾的总爆发。在此以前,至少有以下几个现象值得我们注意:

第一,大约从19世纪末到20世纪初,金融资本或金融资本主义(financial capitalism)在美国兴起。1893年美国就曾发生过一次经济危机,危机过后,银行家大量参与了美国公司的经营业务。到1913年,美国的金融托拉斯已在112家公司中拥有341名董事,控制了约220亿美元的资本化资源和资产。金融资本的发展很快地就向证券市场渗透。19世纪末,纽约证券交易所所长Henry Clews曾说:金融家们虽然仍对可销售的商品生产企业感兴趣,但他们对发行证券、策划企业并购,同样地,很可能是更感兴趣(Previts & Merino,1979)。金融业与证券业相结合,助长了金融投机行为便非常清楚了。

第二,20世纪20年代,第一次世界大战以后,美国总统W.G.Harding采取了所谓恢复"正常状态”的政策,开创了工商业的“黄金时代”。那就是鼓励经济的自主放任主义,否定了政府的积极干预。另一位总统 Coolidge 则认为,全体公民均有宪法赋予的积累财富的权利,并认为工商企业是促进(美国)精神进步的最主要因素。这就是说,当时的美国政府是把拥有财富看成公民的天经地义的权利并认为不干涉主义才会促进社会的进步。到 1925 年,美国联邦贸易委员会已放松对公司的控制。工商企业在消除价格竞争方面完全可以自由行动。正像 Previts 和 Merino 在《美国会计史》中所说,现在“工商界人士可以自由地管理他们自己的事务”了。

第三,与上述第二点相联系,由于政府对管制企业不感兴趣,会计和审计的作用就改变了,大多数公司的财务报表不需要也不经过审计。会计师们只好转而为企业提供诸如编制预算,推行标准成本制度等方面的咨询服务。此外,他们则主要是在向银行提供信用报告时,成为企业的顾问并帮助企业纳税。从 1918 年颁布类似公认会计原则的《编制资产负债表的认可方法》(Approved Methods for the Preparation of Balance Sheet Statements)以后,到美国股票市场崩溃为止,美联储(它是最关心企业按一定的规则编制报表寻求银行信用的)几乎不再制定什么财务报表准则。在这一段时期,美国基本上已没有独立审计在发挥监证企业财务报表的作用了。

可以想象,在大危机的前十年,美国的企业在财务上进行弄虚作假是没有任何障碍的。另外,还有两个因素又加剧了财务报表的虚假性:

一是许多公司发行无面值的股票。这种股票的实收资本与其设定价值的差额本应记入资本公积。但由于没有规定资本公积不能转记为盈余公积的准则或制度,于是有些公司,不但把这种溢余转记为“盈余公积”,而且用它来支付股利。二是当时在会计界,不但提倡独立性,而且提倡保密性。而“保密”则正中企业的下怀,它们可以在保密的掩盖下肆无忌惮地在财务与会计上作假。我们可以举两个例子说明上述问题:

(1)1925 年道奇兄弟公司(Dode Brothers)进行重组时,公司资产的公允价值(fair value)仅为 8 500万美元,而重组时却按账面价值 24 000 万美元被收购,理由是为了遵守历史成本原则。

(2)美国火柴大王克鲁吉(Krueger)支付股利从来不是靠营业利润而是通过发行一批新证券取得的收入。但他几乎拒绝向外界透露任何情况,并得意地把他的成功秘诀归结为“保密,更加保密和进一步保密”(secrecy,more secrecy,and even secrecy)[①]。

二、近二十年美国经济(也涉及全球经济)一些引人瞩目的变化

会计是经济活动的反映。20 世纪 30 年代的大经济危机前,在美国曾出现如上述的会计作假,并产生种种不正常的经济迹象,而从 20 世纪 80 年代以来,我们也能看到一些类似的蛛丝马迹。

第一,金融业大发展,金融创新日新月异。金融创新虽有避险功能,却又能助长金融投机。美国《外交政策聚焦》杂志在 2002 年 7 月 18 日一篇文章中透露:20 世纪最后 20 年,全球资本主义发展的一项极其重要的变化是,金融资本成了全球经济的驱动力。这是因为,不少国家,特别是美国解除了对金融市场的管制,金融资本基本上是货币资本,流动性最强,最容易参与投机。当然,它会成为利润率最高的行业。90 年代初,以网络经济为代表的所谓新经济在美国崛起,金融资本大量注入股市,于是造成了华尔街股市牛气冲天,金融业又进一步得到扩张。金融资本的活跃可以从下列数字看出:20 世纪 90 年代末,全球外汇市场每天成交量超过了 1.2 万亿美元。它相当于当时全球整整一季度的商品贸易和交易总额。不过好景不长。新经济带来的经济繁荣只维持了四年

① 参见《美国会计史》第 5、6 两章。

(1997—2001)。从2000年开始,美国的股市,特别是一路攀升的高科技股就下滑了。据估计,华尔街的投资者仅2000年,由于股市下跌共损失约4.6万亿美元,相当于美国国内生产总值的一半,是1987年股市下跌损失的4倍。

过剩的金融资本总还要寻找出路。各种金融创新便应运而生。尤其是各种衍生金融工具如股票期权(stock options)、金融期货(financial futures)、股票指数期货(share price index futures)、利率互换(interest rate swaps)、货币互换(currency swaps)、远期利率协议(forward rate agreement)、利率上限和利率下限(interest rate caps and floor)、票据发行便利(note issuance facilities)等等令人目不暇接。安然公司利用来高估利润、低估负债的"特别目的实体"(SPE),也同金融创新有关。衍生金融工具最初的创设,一般是为了避险或融资(如设立SPE)。但几乎所有的衍生金融工具都被用于投机。几年以前,巴林银行新加坡分行的一个职员就因为炒作东京日经指数而产生巨额损失,导致这家历史悠久的银行被德国的一家银行兼并。这一惨痛教训,人们记忆犹新。但直到今天,不论在财务报告的表内确认和表外披露,都难以充分揭示它的性质和风险。谁都知道,衍生金融工具是可怕的高报酬与高风险相结合的双刃剑。操作这种业务又具有很大的隐蔽性。按照当前的会计准则和财务报告,投资人是不大可能从报告中预测到一家公司操作衍生金融工具可能带来的风险和报酬的。

怎样看待金融创新?创新意味着随着新经济的发展促进金融的改革和金融技巧的进步,是金融证券等领域与时俱进的表现。其积极意义必须充分肯定。但金融资本并不能创造财富与价值。过剩的金融资本通过各种衍生工具进行活动,结果就会使理性的投资转变为狂热的投机!

第二,与金融业大发展相比,工商业的形势却不景气。这应当说是20世纪最后20年发生的另一项重要的资本主义经济的变化。1997年之后美国的工业企业已停止了利润的增长。它们期望通过扩大生产与交易规模来增加利润,由于无法依靠自己的留存收益(即自我积累)来自我发展,只能求助于银行借款和发行证券。但20世纪90年代末,工业产品却一方面因利息过重而提高了生产成本,另一方面,生产的扩大并没有扩大需求,反而出现生产过剩。例如:全球汽车年产量约7 000万辆,销售量只有5 000万辆,26%成为积压产品;又如计算机,单是美国,每年的生产能力即可上升40%,而这个比例远远超过每年计算机市场的需求比例的增长。这里,生产能力与市场需求之间的矛盾,已经明显地反映美国再生产的四个环节,即生产、流通与消费和分配之间的不相协调。

第三,市场衰退导致企业(特别是生产企业)利润率的降低,企业家为了做大利润,除向银行大量借款并发行股票、债权融资外,又希望通过企业兼并来提高利润,从1987年起,资本主义世界兴起了新的合并浪潮。如:戴姆勒·奔驰-克莱斯与三菱合并;雷诺收购日产;美孚、埃克森合并;英国石油与阿莫科和阿尔科合并;美国在线和时代华纳合并;美国世界通信公司兼并微波通信公司等。合并的目的有的是消除竞争,而有的则希望合并后通过"协同效应"增加新的利润。事实上,许多企业合并后虽然由于大量裁员,降低了成本,确实增加了收益,但却提高了社会的失业率,从而增加了社会的动荡和不稳定。而总体上看,合并后的企业一般未能带来预期的利润增长。

第四,近20年来,新自由主义流行,对企业实行放任的思潮再一次在美国抬头。网络经济兴起后,美国出现了新的经济繁荣,似乎"市场"这只看不见的手无所不能。理论界对政府实行的种种经济管制表现反感者日益增多。既被一时的经济繁荣的假象冲昏头脑,又遭到日益强大的理论界(也包括舆论)的压力,在20世纪最后20年,美国政府便逐步解除了对金融市场的管制,允许资本可以跨国界跨行业自由流动。放松对金融、证券市场的管制,也涉及对会计、审计市场的监管。原来在资本市场中自发形成或有意安排的一些中介机构如会计师事务所、资产评估所、经济(证券)分析师等都具有自我约束和相互监督与制衡的功能,它们在法律法规和准则的框架内,在SEC的监督下,共同促进资本市场的公开、公平和平等的运转。可是放松了管制之后,相互监督和自我约束的机制就被削弱了。由于利益的驱动,它们有的不但不互相制约,反而互相妥协,甚至与企业互相勾结。

美国SEC前主席Arthur Levitt在1999年一次题为“高质量的信息:市场的生命线”的演讲中曾说:“我们看到是功能失调的关系——分析师(指证券分析师)‘确切地’估计公司的盈利而又严重地依赖公司的‘点拨’,公司的报告则迎合这一‘估计一致’的预期盈利,而不去反映波动中的经营业绩的现实。”Levitt还揭露证券分析师与注册会计师达成默契,在审计报告中认可这种“制造”的经营业绩。尤其是,分析师进行选择性的披露。通常是宣扬那些由公司在幕后提供的、不公允的重大信息。从这里可以看到,与20世纪20年代公司以保密为理由,不肯披露真实信息不同,现在是:企业、证券分析师和注册会计师串通一气地向投资人和证券市场发出虚假的投资信号。当前美国的经济学和财务学到处鼓吹所谓理性的个人、理性的投资人。什么是“理性”?其实,这是亚当·斯密著作中的“经济人假设”。纯粹是一种假设。虽然出于生存的天性,人有利己行为,但经济学还是要研究怎样约束这种行为。市场也必须有约束利己行为的制度安排。因此,现实的人只应当具有有限理性。可是,现在的经济学和理财学却恣意宣扬人的“无限的”理性,即经济人在投资和理财甚至在其他生活的各个方面都以谋取个人最大利益为动机。利益的驱动成为参与资本市场所有方面(也包括监管市场的政府)和所有人的原动力。如果是这样,怎会有真正的“道德”和“良心”出现于这一社会?“诚信”这一文化观念有可能在这种土壤上滋生成长吗①?所以,当前在美国,诚信危机实际上是其文化危机和道德危机的表现。而文化与道德的污点,则是在资本主义自由经济下,狂热追求企业利润与个人利益最大化的必然反映。经济基础决定上层建筑(含意识形态),上层建筑则反作用于经济基础。看来马克思揭示的这一社会发展的原理现在并没有过时。

第五,美国的资本市场一向被投资人认为是世界上最完善的。其实美国的公司制度和公司治理方式,至少存在两个问题:一是公司的资金主要靠公开发行股票募集即主要来自资本市场。股东是十分分散且不断地流动着。大部分中小股东并不关心公司的经营管理和长远利益,而更多地关注当前的业绩和现金流量,即使跨国公司,真正控股的大股东是个人或其家族的也不多。一些机构投资者(如共同基金)可能拥有较大股权,但它们不过是分散的个人投资者的代表。这样,管理公司的真正权力就掌握在作为受托方的经理层,特别是高级经理层如首席执行官、执行董事等的手里。作为委托方的投资人即公司的所有者,反而处于公司的外部。对于公司的经营内幕,真正的经营业绩和未来的发展前景,经理层和投资人之间产生严重的信息不对称。这样的公司制度,已颠倒了委托人(所有者)和受托人(经营者)之间的权责关系,对传统的代理理论产生了冲击。甚至可以说,在当前的美国上市公司中,已开始形成“所有者缺位,经理层(主要指掌权的董事和高层经理)越位”的反常现象;二是经理层在公司经营管理中已经拥有很大的决策权,而按照美国的公司治理原则,对经理层还要实行激励制度,通过经理股票期权让经理们也享有剩余索取权,并把他们的利益高低同股票价格直接挂钩。因此,这又将促使高层经理通过所谓盈余管理来粉饰企业盈利,哄抬股价,以便在他们的股票期权行权时牟取暴利。

如果把本文一、二两部分对比考察,可以看到:美国经济,特别是其资本市场方面的发展轨迹,20世纪初20年和后20年,竟有某些重要的相似(当然,差别也是存在的)。比如,两个时期的金融资本都有较大发展,而20世纪末则更突出,多种金融创新和衍生金融工具的出现为金融资本近年来的投机和发展,开辟了广阔的空间;两个时期上市公司都对会计和财务报表作假,20世纪初是在

① 我们说诚信不会出现于资本主义社会,仅仅是对资本主义制度本质的分析。这并不等于说,美国的社会,尤其是在它的资本市场中不提倡诚信,不再存在诚信的行为和如实的信息披露了。尽管基于自我利益的膨胀和驱动,少数人和少数企业可以置诚信于不顾,但健康的资本市场决不能容许长期的尔虞我诈,资本的自由流动可以切断那些欺诈公司的经济命脉,投资人在蒙受损失后,将会抛售股票,把资金抽走,从而能置该企业于死地(破产)。市场在这里仍然有抑制企业作假的调节作用。同时,政府会进行干预,通过强有力的法律手段,对企业欺诈行为进行惩戒。总之,通过利益追求者的碰撞、协调和平衡,通过市场的反复调整和公司治理的改善以及政府运用法律加以约束和引导,完善的资本市场仍会回到诚信的文化道德基础上来。

审计不起作用，由企业以“保密”为挡箭牌，各自秘密进行的，20世纪末，美国已有各种监管证券市场的法规，建立了监管机构——SEC，并且既有外部审计，也有内部审计。就在这样似乎相当严格的监管条件下，监督者与被监督者竟串通一气作假，特别要指出的是：证券分析师在这里扮演了极不光彩的角色。至于注册会计师，在安然事件中安达信会计公司所涉及的审计缺乏独立性，如既提供审计服务又提供非审计咨询服务，许多前雇员成为安然公司的主管，以及在觉察安然的会计问题后，不仅未采取必要的纠正措施，甚至销毁审计工作底稿等，都背离了公共会计师（public accountant）的应有责任。最近，美国《会计瞭望》杂志在《安然事件的教训》（James A.Largay Ⅲ，Editor，2002）一文中指出：“公共会计师不应当为他们的委托人作管理决策。相反，他们应当忠告有关会计问题，并反对管理当局的财务报告缺乏透明性，要提醒资本市场去注意公司活动的内幕。”此外，两个时期都代表自由放任经济思潮的抬头。不过，20世纪初，是百分之百的“市场”这只看不见的手在起作用，而20世纪末，美国已经是市场与政府管制相结合的混合经济了，只是在管制方面却有所放松。

三、结论：根本问题在制度

美国经济在20世纪最后20年代由于金融资本的大发展和网络经济的兴起，曾经出现一时的经济繁荣。但在这种繁荣的背后，却隐藏着生产过剩和市场萎缩的危机，金融行业的高利润率并不能取代工商业利润率停滞不前所带来的忧患。金融是一个分配领域，金融资本本身是不能创造财富和价值的，它必须通过生产的发展和市场需求的增加才能促进社会的进步。过去20多年，在美国，分配的不均衡明显地增强了。据统计，1981年，收入最高的1%的家庭，仅占美国财富的25%，而到90年代末，这一部分最富裕家庭占有的美国财富的比例已上升到38%以上。与此对照，美国同期的失业率则由4%上升到7%。过去10年的泡沫经济使美国财富的转移产生了新的特点：从中小投资人阶层向高层经理阶层转移。

为什么美国上市公司频频爆发财务丑闻呢？直接原因是上市公司的利润率下降，导致股价低迷，这不仅直接影响经理层（特别是高层经理们）的丰厚利益，而且有可能引发公司的财务危机以至破产。所以，他们必须编造虚假的经营业绩和良好的财务状况来欺骗投资人，力求稳定资本市场。进一步分析就可发现：深层次的原因在于美国的经济制度和公司制度。过度膨胀的金融资本，使分配支配了社会再生产的其他环节，引起生产、消费、流通与分配之间失去合理的相互制衡；公司制度中所有者与经营者之间的错位关系和公司治理中激励措施（经理股票期权）所存在的负面影响进一步激发了经理层为谋取他们的最大利益而欺骗所有者（主要指中小投资人）的财务作假的动机。

事与愿违。美国上市公司的财务作假终于引起了美国资本市场的诚信危机。美国《商业周刊》2002年7月15日一篇文章指出，2002年7月美国人开始大量抛售股票。而正是股票文化，创造了过去20年美国的繁荣和强大。因此，文章惊呼，美国正处在一个大厦将倾的关头。但我们并不认为，20世纪30年代的大危机将再次降临美国。因为毕竟时代不同了。美国已积累了70年监管资本市场的经验。而且，由美国参众两院所共同制定、布什总统已签署的《2002年证券公开发行公司（上市公司）会计改革和投资者保护法案》（Sarbanes-Oxley Act of 2002），是一项有针对性的严厉法律手段。它寻求在SEC的监督下成立了一个独立性很强的非政府组织“上市公司会计监察委员会”（Public Company Accounting Oversight Board），该委员会有权对上市公司和会计师事务所制定审计、质量控制、道德、独立性和其他标准；有权对注册会计师的审计报告进行审查并有权予以惩戒和处罚。法案还规定对被审计客户禁止执行9种非审计业务，以维护注册会计师的独立性。法案还要求SEC研究美国公认会计原则（当前为财务会计准则）制定的思路，是规则（rule）导向还是原则(principle)导向。最后,企业管理当局若蓄意进行财务欺诈,还可最多判处 20 年监禁和 500 万美元的罚款。看来,在未来,美国将借助于这一法案和其他法律进一步加强 SEC 对资本市场和会计、审计的监管职能,严厉打击弄虚作假的违规企业和会计师事务所,反复强调保护投资人的利益,以保证美国引为自豪的股票文化不致因公司的财务欺诈行为而衰落。这些措施真正实行,肯定是可以见诸成效的。但要从根本上制止上市公司的财务作假,恐怕还需要采取更多更有效的经济政策——要防止经济衰退;要扭转经济过程中各个环节的失衡,使生产和市场需求都步入正轨。既然市场已经失灵,政府更多的介入就是完全必要的。

参考文献:

[1]美国参众两院商定公司改革.新华社.2002-07-24 电讯.

[2]尼尔.完整的马克思主义.金融时报(英).2002-08-17.载参考消息,2002-09-03.

[3]田帆.假账丑闻发人深省.人民政协报,2002-07-09.

[4]沃尔登.贝洛.2002.资本主义经济危机与公司犯罪.外交政策聚焦(美)7-18,载参考消息,2002-08-11.

[5]资本主义的信任危机.解放报(法).2002-07-31.载参考消息,2002-08-11.

[6]AAA.Accounting Horizons.Vol.16 No.2,June 2002.

[7]James A.Largay Ⅲ,Editor.Bessons from Enron.Accounting Horizons,June 2002.

[8]G.J.Previts & B.D.Merino.A History of Accounting in America,1979.

[9]Paul A.Samuelson & William D.Nardhaus.Economics,15th ed,1995.

[10]Remarks by SEC Chairman Arthur Levitt:Quality Information—The Lifeblood of Our Markets.At The Economic Club of New York.http//www.Sec gov/news/speecharchive/1999/spch 291.htm.

[11]Remarks by SEC Chief Accountant Lynn E.Turner.The Year of the Accountant.At the SEC Institute,New York.http://www.Sec.Gov/news/speecharchive/1999/spch 304.htm.

[12]Sarbanes-Oxley Act of 2002.Be enacted by The Senate and House of Representatives of the United States of America in Congress assembled.

[13]"To protect investors by improving the accuracy and reliability of Corporate disclosure made pursuant to the securities laws and other purposes"(Sarbanes-Oxley Act of 2002),An Act,U.S.A.

English Abstracts of Main Papers

The Analysis of Economic Background of Enron Incident

Ge Jiashu

This paper analyses the economic background on disclosing fraudulent financial information from some America's Public Companies such as Enron.The financial frauds are neither isolating nor fortuitous phenomena.We must research their essence.The key problems of financial fraud are based on economic environment.The first,now the main links of American economy e.g.production,circulation, distribution and consumption fail to condition each other. The second, some weakness exist both in the system and governance of America's public companies.

(原载于《会计研究》2003 年第 1 期)

美国上市公司财务欺诈及其对会计准则制定的可能影响*

葛家澍　杜兴强

一、引言

"'9·11'什么都没有改变,而安然改变了一切!"这是美国著名经济学家克鲁格曼向人们提出的警示①,它揭示了美国上市公司一系列的财务欺诈对美国投资者的信心和美国资本市场的打击要比"9·11"恐怖事件造成的后果严重得多。20世纪90年代,美国曾向全球吹嘘他们引以为自豪的商业模式和价值观念,而且试图将其公司治理的模式推广到全世界,规劝欧洲列国的公司将股东的利益放在首位。与之相联系的是,过去美国人引以为自豪的是他们"严格的会计审计制度",曾被视为是美国最主要的"出口产品",如今,在接连发生的上市公司(除安然之外,还有世界通信、施乐、环球电讯等)财务丑闻后,美国人哑口无言了! 其实,美国的一套公司治理模式蕴含着结构性危机,只不过为经济繁荣的表象所暂时掩盖而已。"9·11"事件是一个催化剂,突然打乱了整个经济周期的常规运行,将投资者、管理当局和监管方的可资调整的空间压低到最小限度,从而使一系列的机构性危机提前到来,当然也包括一系列上市公司财务欺诈的曝光。

美国式资本主义和财务欺诈在世界各国及其上市公司中并不罕见,其背后的深层动因除了经济制度背景外,还存在利益驱动因素。这是我们需要研究的问题,因为会计的发展是反应性的,会计密切依存于其赖以存在的客观经济环境。如果不从根源上探讨财务欺诈的深层动因,只局限于"救火式"的修修补补,那么很难确保安然事件不会重演。我们还需要仔细探究面对财务欺诈,美国的会计准则制定应如何做出迅速的反应,对准则制定的基本模式如何进行适度的修正,以抑制愈演愈烈的财务欺诈。

二、财务欺诈的深层原因探析

财务欺诈的深层次原因应归咎于美国经济制度中生产、流通、分配和消费的各个环节之间的失衡,也有美国公司制度(投资者十分分散,形成"所有者缺位和经营者——主要是高层经理缺位")和公司治理方面的缺陷。对于经济制度、公司制度中的问题,我们将另行研究,本文主要是在探索公司治理生态缺陷等问题的基础上,分析财务欺诈对美国会计准则制定的可能影响。

1.公司治理生态缺陷。高质量的会计信息披露需要奠定在健康的公司治理生态(ecology of corporate governance)基础之上。所谓"公司治理生态"是奠定在包括投资银行家、注册会计师、企业内部管理当局和会计人员、律师等专业人员组成的企业的“知识共同体”基础之上。然而在安然、世通等一系列财务丑闻的背后,我们分明看到公司治理生态的各个环节“不约而同”地出现了疏漏,换言之,这无异于一种“合谋”[2]!一个简单的逻辑推论告诉我们,财务欺诈的公司,其公司治理生态的每个环节,无论是内部控制、独立审计、投资分析,还是之前类似事件的法律制裁(美国是判例法国家)的威严性都存在着问题。

安然丑闻及其之后的安达信事件告诉我们,安然公司的确和安达信进行了合谋,因为安达信会计师事务所可能已经丧失了基本的独立性。只要看看安达信对安然公司的非审计服务包括管理咨询、内部控制设计等收入远远超过其审计收入的事实就可以证明这一点。看来,不加限制地允许注册会计师为客户同时提供审计业务和非审计服务的确是造成作为公司治理生态关键一环的独立审计失效的主要原因之一。缺乏独立性的注册会计师出具的审计报告中不可能真实、公允和透明,从而误导投资者。实际上,财务欺诈往往导致投资者终生的积蓄毁于一旦,大量财富被掠夺而不恰当地转移到公司高层管理人员手中。要知道,一般的中小投资者之所以愿意投资于一个企业的证券,在很大程度上是因为信任了注册会计师出具的审计报告(Scott,1997)。

当然,如果将财务欺诈完全归因于注册会计师未免有失公允,我们还应该看到公司治理生态的另外一个环节——财务(证券)分析师所起到的推波助澜的“作用”。随着会计准则的日益复杂化,一般投资者根本无法理解企业财务信息中所反映的复杂的交易如金融工具创新、租赁和特别目的实体(SPE)等,所以投资者尤其中小投资者一般需要依赖财务分析人员的观点进行投资。然而,财务分析人员往往辜负甚至背叛了投资者的信任,在察觉这些公司财务疑问的同时仍做出诸如“建议强烈买进”的推荐。可以说,财务分析师为了一己私利[3]完全背弃了社会公义和社会责任,也完全背弃了他们对资本市场必须信守的诚信义务!即使公司的管理当局能够利用会计准则留下的空间进行操纵,并且和注册会计师进行合谋出具了无保留的审计意见,财务分析师也应该能够加以识别。即使诸如特别目的实体等复杂的交易不在财务报表中进行确认,而只在财务报表附注中进行了披露,这虽然可以蒙蔽一般的投资者,但并不能够逃过训练有素的职业财务分析人员的敏锐分析。美国会计界都会注意到,在1994年AICPA的一项题为《改进企业财务报告》的调查中,财务分析人员已经被列为会计信息的主要使用者之一,也正是他们在呼吁财务报告的改革。据了解,在安然公司中,曾经有一名财务分析人员,发现了安然公司的“财务疑问”而质疑其财务的健康性,却遭到了解雇。由此可见,考虑到财务分析人员的知识结构和决策模型,他们并非不能够发现财务欺诈,实乃因为个人利益考虑不愿意揭发而选择了默认而已。

当然,如果有严厉的事后惩罚措施的存在,可能财务欺诈还不至于如此猖獗。最近几年,Sunbeam公司、Waste公司的高层管理人员都曾涉嫌财务欺诈[4],然而在中饱私囊之后并无人因此而入狱,也无人因此而受到刑事处罚。国际“五大”(the Big Five)每一次的审计失败都如履薄冰地延续下来,然后再有下一次……也许我们期待美国总统最新签署的《2002上市公司会计改革和投资者保护法案》(简称2673法案)[5]能够以“乱世用重典”来威慑财务欺诈。也许还要再加一句:执法必严!

综上所述,难怪安然丑闻爆发后,美国能源和贸易委员会民主党人士John Dingell发出了如下的严厉质问:“证监会干什么去了?会计师协会干什么去了?公司的审计委员会干什么去了?律师干什么去了?投资银行干什么去了?财务分析师干什么去了?人们的投资常识何在”?[6]可见,财务欺诈的存在,告诉我们这样一个问题:在整个公司治理生态中,不是某个环节,而是公司治理生态的每个环节都存在着疑问,而不论其是自愿的或被迫的。为此,上市公司的财务欺诈已不是一个微观经济中的现象,它已经逐渐蔓延至宏观领域。

2.股票期权激励问题。完善每个公司治理生态环节的确可以抑制财务欺诈,但是公司毕竟还是要以盈利为主要目的。这就涉及财务欺诈产生的另外一个问题:公司追求利润而对管理人员进行激励所带来的财务欺诈动机问题。

由于社会分工、知识结构和个人禀赋的制约，企业成为一个人力资本和非人力资本（财务资本，下同）缔结的特殊契约：拥有财务资本但不具备管理技能的人逐渐远离企业的日常经营管理，而将企业交给职业经理（管理当局，下同）去进行经营管理，这就是最为普遍的委托代理关系。由于管理当局的努力程度很难观测，再考虑到管理当局的效用函数往往和股东的目标函数不一致，所以需要在监督的基础上对管理当局进行激励。股东对管理当局的激励，从最初的“工资＋奖金”模式、“年薪制”逐渐过渡到20世纪80年代开始盛行的“股票期权”激励模式。股票期权激励的存在，恰如一把“双刃剑”，如果加以恰当规范，则可能通过赋予管理当局一定的剩余分享权而使其尽可能地与股东的利益保持一致，促使股东财富最大化的目标实现；反之，在利益的驱动下，股票期权可能诱发公司管理当局对盈利进行作假的动机，而且股票期权一旦运用不当，就成为管理当局操纵盈余、进行财务欺诈的根源之一。实际上，在美国资本市场上一系列的财务丑闻，都和企业管理当局操纵股价并将其股票期权在高价位进行套现紧密联系在一起。

应该指出，股票期权作为一种激励措施并非一定导致财务欺诈，其关键是股票期权行权机制。如果允许企业管理当局不加限制地随意选择对股票期权行权的时机，再外加管理当局和投资者本身信息不对称性的存在，那么管理当局完全可能在对自己最有利的时机，利用信息不对称操纵股价，在牟取个人暴利的同时使投资者承担巨额的损失。这是应该绝对禁止的，因为此类财务欺诈的危害性不仅在于它导致财富的不恰当转移，给不知情的中小投资者的利益带来致命的损失，而且在于它给资本市场带来的资源浪费、扰乱证券市场运作规律和在市场承受能力最低的时候起到致命的危害作用[⑦]。

3.空口承诺、劣币驱逐良币和业绩泡沫。财务欺诈的形成也许并不能直接归因于股票期权等激励机制的过错。实际上，整个资本市场的非有效性和短视性，往往也会对财务欺诈起到重要的环境诱导作用。这种诱导作用是通过如下的相互联系的环节来诱发财务欺诈的：(1)为了从资本市场上筹集到扩大再生产所需要的资金，公司会在财务预测中通过“空口承诺”描绘企业未来盈利的美好前景[⑧]；(2)资本市场的不确定性和经济周期的繁荣、衰退的更迭性决定了公司管理当局的财务预测并不总是能够顺利实现，许多原本进行空口承诺的项目最后可能会陷入亏损的境地，这种现象会迫使管理当局利用财务会计准则的弹性、选择财务欺诈来人为营造出一种企业平稳甚至是高速发展或持久性盈利的假象，当然并不排除管理当局也有出于自身套现股票期权的目的；(3)在经济处于衰退期，资本市场留给投资者、管理当局和监管方的可资调整的空间被压低到最小限度，最终财务欺诈昭然若揭！

此外根据博弈论原理，如果一些上市公司的财务欺诈在一系列的公司治理生态疏漏面前存在而没有受到应有的惩罚，那就要么会使其他公司纷纷效仿，要么会基于“劣币驱逐良币”问题而使高质量的公司退出资本市场，最终不利于资本市场引导资源配置功能的发挥，也不利于资本市场的健康发展。结果，资本市场上充斥着财务欺诈的低质量企业，这些企业通过会计操纵营造一个个诱人的泡沫，直到泡沫破裂、财务欺诈曝光为止。

也许应该重新审视资本市场的有效性，投资者应该进行理性投资，资本市场应该远视一点，或许这些因素的综合作用会在一定程度上抑制财务欺诈的发生。

三、上市公司财务欺诈对美国会计准则制定的启迪

1.由具体规则导向到原则导向的转变。自从20世纪70年代初FASB成立、以会计目标为逻辑起点制定财务会计概念框架(1978)，并以此为指导制定会计准则开始，美国的公认会计原则

(GAAP)就采取了“具体规则导向”的制定思路。具体规则导向的会计准则具有较强操作性的优点,但却非常容易被规避。譬如融资租赁准则(FAS 13)规定,凡是租赁期限不短于租赁资产经济寿命的75%或最低租赁应付款的现值不低于租赁资产公允价值的90%的租赁,都可以归类为融资租赁,那么就有一些企业故意将租赁期限限定在租赁资产经济寿命的74%、最低租赁应付款的现值控制在89%以内,从而躲避将融资租赁在财务报表上进行确认,因为融资租赁的确认将会显著提高企业的资产负债率,使企业的财务风险凸显,从而不利于企业的后续债务融资。在具体规则导向模式下制定的FAS,面临着朝令夕改的尴尬!一旦准则涉及的详细而具体的规则出台,正如融资租赁一样,企业的管理当局总能够在绕过、不违反具体的会计规则的前提下,选择与具体规则主旨相反的会计政策,于是FASB却不得不经常忙于修补具体会计规则,因此美国的会计准则条款越来越详细、复杂,FASB的Interpretations也越来越多。但即使如此,也无法扭转或明显或潜在的财务欺诈。更何况美国的会计准则制定从来就不是一个纯技术性的过程,因为会计准则具有的经济后果性使会计准则的制定逐渐演变为充斥着游说活动的政治过程。面临此起彼伏的游说压力、政治方面的约束乃至准则制定权力的不稳定性,时不时就会受到SEC收回准则制定权力的威胁,使得FASB改革会计准则制定模式、完善会计准则步履沉重,前途难卜。值得庆幸的是,布什总统新签发的《2002上市公司会计改革和投资者保护法案》给美国的会计准则制定投下一缕改革的“曙光”。按照该法案,责成SEC对美国会计准则制定思路——规则导向或原则导向进行研究,一年内提出研究报告结果。

美国会计准则制定的具体规则导向模式的缺陷使我们想到了国际会计准则委员会(IASC)制定国际会计准则(IAS)时的原则导向模式。原则导向的会计准则虽然在操作性方面存在一定的困难,但是却着重于反映业务的经济实质,因此不容易受到有意的规避。譬如国际会计准则在租赁准则(IAS 17)中,相应进行了原则性的规定,“租赁期限占资产使用寿命的大部分,最低租赁应付款的现值几乎相当于租赁资产的公允价值”。这样职业判断就难以违反这一原则。

此外,值得注意的是,具体规则导向的准则制定模式的缺陷还在于:(1)会计准则的制定绝大多数时候总是滞后的,难以超前反映经济环境的变迁和企业经济业务的不断创新。这也是美国会计准则制定目前面临的最大困境。这一点值得我国制定会计准则的有关方面关注。为了抑制上市公司财务欺诈的发生,美国似乎应该从国际会计准则制定中借鉴经验,对具体规则导向的会计准则制定方式予以革新,至少应该在会计准则中适当增添一些原则性的规定,以防止上市公司层出不穷的会计规避和由此导致的财务欺诈。(2)具体规则导向的会计准则追求(法律)形式更甚于(经济)实质,而这是一个会计准则制定过程中应该竭力避免的问题。

2.基准处理方法、备选方案及可比性。实证会计研究学者的研究结果表明,从会计准则制定的成本效益制约和企业管理当局拥有对会计政策的选择权利角度去审视,对会计政策进行完全的标准化、对每种经济业务只允许一种方法存在,未必是一种最佳选择。因为管理当局对会计政策的选择具有信号显示作用。这种结论具有一定的局部合理性,可以通过契约理论得到解释。但是,如果要将上述结论普遍化,则是谬误,真理和谬误之间往往只有一步之遥!当前从国际会计准则委员会的核心会计准则之所以得到越来越多国家的支持,就可以得到旁证。允许各种备选方案的广泛存在,然后希冀于通过观察管理当局对会计政策的选择来获取增量信息,这一命题往往是以资本市场有效性为前提的。实际上,按照美国20世纪60年代到80年代之间的经验数据检验的结果,资本市场有效性是否适合目前的美国资本市场本身就存在疑问。前提存在疑问,命题自然值得怀疑!尽管我们并不否认个别经济业务可以允许备选方案的存在,但是过多地允许备选方案的存在,使会计信息的可比性和可靠性名存实亡。这绝非上策。

我们看到,由于院外游说和政策对会计准则制定的影响,美国的会计准则针对特定的经济业务往往允许有多种备选方案存在。这给企业管理当局根据自己的切身利益需要选择于己有利的会计政策提供了借口和方便。借鉴IASC的做法,尽量缩小各种备选方案的范围,为每种经济业务的会计处理提供一种基准处理方法(最多允许一种备选方法的存在),对提高会计准则的可比性,促进会计信息的透明度和高质量是非常重要的。这里,有必要回顾国际会计准则委员会的改革历程,也许FASB和IASC的关系对我国的会计准则制定有所启发。

20世纪80年代和90年代初,国际会计准则委员会意识到,由于经济全球化的加快,国际货币的流动需要遵循可比性、高质量的国际会计准则,为此,1989年就推出了“财务报表的可比性”(ED 32)计划,删除了大部分任意选用的会计处理方法,1990年7月公布了理事会(the Board)的“意向书”,同意ED 32提出修改的29项中的21项,修改后同意3项,并将另外5项推迟做出修改决定。从此,IASC展开了按可比性要求修订(或将格式重排——正文与说明相结合)几乎已公布的全部IAS,其特点是对同类交易和事项既提出IASC的一种基准会计处理,同时允许一种备选的处理方法。在提高可比性的前提下,把规范要求和必要灵活结合起来。这项工作从1993年开始,至2000年基本完成。推动IASC的重要力量是对全球资本市场的发展起重要指导作用的“证券委员会国际组织”(IOSCO),它在2000年认可了IASC修订后的30份国际会计准则为核心准则作为跨国上市和国际融资应当呈报的财务报告的规范。在此形式下,FASB改变过去不屑参与IASC的傲慢态度,转为积极参与并力争控制IASC的活动。IASC在新的形势下迫于IOSCO和全球经济迅速发展的压力,本来就要进行组织机构和制定准则的应循程序(due process)的改革,美国也表示愿接受核心准则,如外国资本进入美国市场,其财务报告所遵循的准则,现在必须按美国的GAAP,将来可以按IASC的核心准则[9]。不知美国近年来一系列的财务欺诈是否可能使美国改变对其国内会计准则质量的自以为是的态度,在修订自己国内会计准则的同时尽量与国际会计准则委员会保持合作,促进IAS在全球范围内的广泛采纳。

3.从股票期权的会计处理看美国的会计准则制定改革。上市公司中期权制度的存在的确在一定程度上为管理当局进行财务欺诈及管理当局想方设法与独立审计人员、财务分析师进行合谋提供了一定的动力,但是在美国的会计准则中,迄今股票期权仍未能够计入企业的成本。究其原因如下:(1)既然与股票期权相关的会计准则实施将带来巨大的不利经济后果,那么以硅谷为代表的美国诸多国内公司(如微软、思科)的游说反对期权成本化就不足为奇了,因为期权一旦成本化,则高科技公司利润将出现惊人的锐减,如2001年,Dell公司股票期权费用化后利润锐减59%、Intel公司利润锐减79%、思科公司利润则更是减少了171%[10]。(2)政治压力。美国的国会就否决了期权成本化的会计政策,总统布什也在不同场合认定现行的股票期权制度本无问题。难怪美国经济界的风云人物格林斯潘在失望之余发出如此的感慨:“公司丑闻显示,并非现在的管理当局比以前更贪婪了,而是如今管理当局将贪婪付诸实施的途径更多了。”[11]没有成本的期权制度难道不是一个鲜活的例证吗?

具有讽刺意义的是,口口声声与改组后的国际会计准则理事会(IASB)保持一致的FASB(甚至SEC也规定FASB应该与IAS尽可能保持一致)如何应对IASB对股票期权的迅速反应——IASB决定从2003年开始将股票期权计入企业的成本费用。可以预计,在各个方面的压力和形势的逼迫下,也许FASB将会通过一系列的听证会重新审视股票期权的会计处理和相关的会计准则问题,是迫于政治压力“遵循两种方案共存、允许企业选择其一”的老套路,还是痛定思痛、与SEC协商取得谅解,坚持将股票期权计入成本费用、维护准则制定的高质量,我们需要拭目以待。也许资本市场的博弈规则和市场的力量将以一种动态演化的方式将股票期权计入成本、费用的方案自动实施,因为率先推行股票期权成本费用化会计政策的公司有可能被资本市场辨别为有竞争力的公司,从而赢得投资者的信息,占据先发优势。但是,我们更愿意看到FASB的迅速反应,因为这可能蕴含着美国会计准则制定模式在《2002上市公司会计改革和投资者保护法案》后的重要变革动向。

四、结束语

会计准则制定的最佳模式应该是什么？是像美国 FASB 那样采取具体规则导向还是像 IASB 的原则导向？至少美国上市公司的财务欺诈已经给我们展现了具体规则导向的会计准则的弊端。此外,透过美国上市公司的财务丑闻,我们也再一次领会了会计准则的性质——技术性、经济后果性和政治性的复合产物,我们也发现美国的财务会计概念框架并未在会计准则制定过程中得到先后一致的贯彻实施。当然,我们并不能够就此否定在我国制定自己的财务会计概念框架的必要性,而是应该吸取教训,不仅要制定自己的财务会计概念框架,而且要研究如何使之在制定准则的过程中发挥应有的指导作用,确保我国会计准则的高质量,防范我国上市公司财务欺诈。此外,研究美国上市公司财务欺诈对财务会计确认、计量和报告带来的冲击也十分必要,一系列的财务欺诈可能敦促由目前的重收益计量逐渐转向重资产计价,严防脱离企业基本价值的虚假利润繁荣;而且财务报表的重心也有必要进行转移,资产负债表将取代利润表成为第一财务报表,不是形式上的,而是实质上的。

注释:

*本文是 2002 年度国家社会科学基金“加入 WTO 与我国会计准则体系建设”(02BJY021)的阶段性研究成果。

①“9·11”并未像有些经济学家预测的那样使美国经济遭到灭顶之灾,除了对航空、旅游、保险等行业冲击较大之外,恐怖袭击直接造成的股市震荡和消费者信心不足大约只维持了 2 个月。克鲁格曼的言外之意是,安然丑闻及在其中起到推波助澜作用的财务欺诈给全球资本市场带来的冲击甚于“9·11”带来的直接经济损失。

②公司治理生态包含 n 个环节(如内部控制、独立审计、职业财务分析人员等),健康的公司治理生态要求这些环节彼此之间是独立的,假设每个环节发现企业财务欺诈的概率为 P_t($P_t > 50\%$,$t=1,2,\cdots,n$)。照此公司财务欺诈要想不被发现,概率 P_F 是非常低的[$P_F = \prod_{t=1}^{n}(1-p_1)$]。反过来思考,之所以小概率事件发生了,那么意味着公司治理生态的各个环节“有意识”地失效了!

③鉴于此,应该改革目前财务分析师的报酬体系,不允许其收入和投资银行家获取证券业务所获得的收入挂钩,否则不能够避免两者之间的合谋。

④黄明:《美国式会计欺诈和美国式资本主义》,吴敬琏主编:《比较》第 2 期,中信出版社 2002 年版。

⑤该法案规定,公司高层管理人员必须对公司财务报告的真实性宣誓并保证,蓄意提供虚假财务报告的管理当局将会被处以 20 年的监禁和 500 万美元的罚款。我国的《会计法》也有类似规定。

⑥哀铭良:《安然事件引“五大”诚信危机》,《新财富》2002 年第 1 期。

⑦同注④。

⑧关于财务预测,不可避免地会出现“空口承诺”的问题,但是目前来看,美国的 GAAP 缺乏有效的规范措施。

⑨当然,美国现在承认 IASC 的核心准则仍是非常苛刻的。实际上,可能当时的目的是诱使 IASC 的改革基本上按照美国 FASB 的模式,遵循 SEC 的建议框架。之后,IASC 成立的战略工作组(SWP)于 1998 年提出《重塑 IASC 的未来》的研究报告,公开征求意见。美国 FABS 与 FAF 和 SEC 选择发表了作为评论回应的报告(FASB,“International Accounting Standards Setting: A Vision for the Future”,December 1998; FASB&FAF, A letter responds to the request for comment on the IASC Discussion Paper,“Shaping IASC for the Future”,March 10,1999; SEC,“International Accounting Standards”,Concept Release,February 16,2000)。SWP 根据美国和其他方面的反馈意见修改它的报告,修改后得到 IASC 理事会批准(2000 年 3 月)。

⑩参见邱海旭:《股票期权怎么穿帮了》,《三联生活周刊》2002 年第 33 期。

⑪同注⑩。

(原载于《财会通讯》2003 年第 1 期)

13 财务会计的本质、特点及其边界

葛家澍

摘　要：为了指明财务会计的本质特点，我认为财务报表是财务报告的中心部分，而报表附注、其他财务报告等传送财务信息方法仅是次要的手段。在财务报表上确认的任何项目，都必须符合可定义性、可计量性、相关性与可靠性的特征。会计程序包括计量、记录和报告都必须以确认为基础。因此，财务报表的信息可以按真实和公允的要求来描述财务业绩和现金流量。财务会计的基本职能既不试图提供可能的未来的信息，又不产生非财务信息。财务会计的主要目的是通过它的报表反映一个企业经济活动及其结果的真实图像。结论：财务会计作为一门学科是历史科学，作为一项实务是一个信息系统，它的任务是为企业提供历史的财务信息。

关键词：财务会计；本质；特点边界

对财务会计来说，21世纪的开始，就是一个不吉祥的年代。先是2001年11月18日美国能源巨头安然公司（Enron）曝光了超过12亿美元的假账；其后，2002年6月，美国第二大长途电话公司世界通信（Worldcom）又公开承认它在2000年一年中，通过将大量的收益支出（本应费用化）转列为资本支出（资本化为资产），虚增了38亿美元的收入和16亿美元的利润，成为美国历史上利润造假的最大案件；时隔几天，2002年6月28日，又传出了全球最大的复印机制造商，被认为全美最可信赖的50家公司之一的施乐（Xerox），从1997年起，在四年内，共虚报收入60亿美元，虚增利润14亿美元。与此同时，作为五大会计师事务所之一的安达信会计公司由于涉及安然和世界通信财务报表的审计，也因此宣告破产。

上述财务作假都体现在这些公司的财务报表上，而造假行为则隐藏于财务会计的处理过程中，人们不禁要问：财务报表究竟还能不能据此做出可靠的经济决策？财务信息还值得投资人信赖吗？

财务作假或财务欺诈是一种人为的社会现象。产生这种现象具有深刻的经济背景和社会根源。在市场的激烈竞争中，在泡沫经济破灭、经济处于衰退的情况下，由于投资人和经营者之间的信息不对称，由于利益的驱动，公司管理当局通过会计数字作假来欺骗不知情的广大中小投资人，看似偶然，实为必然。资本主义制度下的诚信、良心和道德等等危机，会暴露无遗。不过，积70年之经验，美国政府对资本市场的干预还是有应变之策。20世纪30年代，通过《证券法》和《证券交易法》并建立了监督市场的SEC，有效地克服了当时会计虚假和经济大萧条给美国经济带来的危机，逐步使美国资本市场成为世界上最完善、最透明的投资市场，保证了美国近一个世纪的经济繁荣与强大。现在美国国会再次通过了《2002年证券公开发行公司会计改革和投资者保护法案》即"Sarbanes-Oxley Act of 2002"，成立了权力很大，超然独立的"上市公司会计监督委员会"（Public Company Accounting Oversight Board）。通过检查、禁令和惩戒等手段，必然能有效地遏止上市公司的财务作假，恢复投资人对投资股票的信心（当然，从根本上说，还需要完善美国的经济制度、公司制度和公司治理等各个方面）。

上述财务作假主要是公司主管、公司财务会计负责人，也包括证券分析师和注册会计师违反诚信的社会道德和职业道德,不能归咎于财务会计和报告模式。但是虚假的数字既然反映在会计记录和财务报表上,这说明:财务会计模式就有被利用进行欺诈的空间。因此,通过对美国上市公司一系列财务欺诈案件的反思,重新审视财务会计与报告模式,对于改进和完善财务会计,是大有好处的。财务会计是现代会计的一个分支,如果从20世纪30年代在美国制定第一个"公认会计原则(GAAP)"(即会计研究公报ARB No.1,1937)算起[①],财务会计乃是工业社会的产物。它的特点,主要是立足企业(指证券公开发行公司即上市公司,public company)面向资本市场,通过确认、计量、记录和报告对不参与企业经营管理的投资人提供投资决策所需要的通用财务信息,财务信息的主要载体是反映该公司整体的财务状况、经营业绩和财务状况变化的财务报表。财务报表的内容及其形式,必须遵守"公认会计原则"(GAAP)并由审计加以验证,这是因为财务报表是由公司的管理当局(企业的经营者)编报的,而使用者则是处于企业外部的投资人、债权人和其他类似的使用者。在所有权与经营权分离的情况下,管理当局与企业外部的投资人、债权人等所占有的公司信息是不对称的。财务报表几乎成为企业外部信息使用者的唯一信息来源。为了确保投资人利用财务信息能做出购买、持有和出售股票决策的可靠性,社会必须做出一种制度安排——保证公司提供财务信息的真实与公允,保护投资人的利益(不致做出错误的决策)。这就是美国的GAAP和各国的准则制度。因此,直接规范财务报表的GAAP和保证GAAP正确制定的财务报告概念框架(CF)就成为财务会计的重要的特征。如果GAAP和用来制定GAAP的CF都是高质量的,又有独立的审计验证其质量,一般地说,这样的财务报表应能提供可靠、相关和透明的信息。上市公司的重要义务就是,尽可能报告高质量的财务报表和其他财务报告,共同维护一个公开、公正、平等竞争的资本市场。

6年前,美国证券交易委员会(SEC)的一位委员在他的文章《未来的会计与财务报告Ⅱ——彩色方法》中曾高度赞扬掌握了财务会计的会计师在美国的资本市场中起了真实可靠的"主要守门员"(primary gate-keepers)的作用,他甚至说"如果没有一套连贯的思想完美的会计、审计准则来保证会计信息的质量和可靠性,资本市场的效率会低得多,资本成本会提高,我们的生活水准也会下降"(Steven M.H.Wallman,1996)。1994年,美国注册会计师协会(AICPA)发表的《改进企业报告——面向用户》,通过调查也得出对财务会计十分肯定的结论:"本委员会研究指出财务报表是捕捉并组织财务信息的一种卓越的模式"。"没有使用者建议,财务报表应当予以放弃,而由一个基本不同的组织财务信息的手段来取代它"(AICPA,1994)。AICPA研究了财务报表的作用及其重要性,它认为财务报表是一种有组织形式的相互关联的财务信息体系。它能够显示存在于经济数据中的企业经营趋势和结果,其中包括使用者进行决策所必须了解的一个企业发展中的机遇、风险、成本、生产能力、盈利能力和流动性等主要项目。这就是说,通过会计界和企业界财务报表分析,对经济决策尤其是对投资决策是具有相关性的。

我们也都承认在过去70年中,财务会计、财务报表和以后逐步扩充发展的财务报告在维护资本市场、保障正确的投资决策、促进市场经济的繁荣等方面做出了不可磨灭的贡献。

现在,美国上市公司出现了一系列财务欺诈的丑闻,人们不免对上市公司披露的财务报告的真实性心存疑虑,甚至丧失信心。因此,我认为有必要实事求是地重新审视现行财务会计模式(其核心是财务报表)。Wallman和AICPA在20世纪90年代对财务会计(财务报告)的肯定评价并不能因为出现安然、世界通信、施乐等事件而动摇。但是,财务会计受到批评的声音越来越高了。首先,必须指出,财务会计(主要是传统会计)把经济业务的数据转换为有用的信息,本来只有确认、计量、记录和报告等四个程序。而计量、记录和在报表中列示又都以确认为前提。这一套程序应当是

① 财务会计原是从传统会计演变而来。它作为会计的分支,与1934年美国证券交易法要求上市公司公开报告其财务报表有关。

相当严密的；至于表外披露，即不经过严格的确认而仅考虑用户的需要所提供的，既不要遵守GAAP、又不必经过审计、其可靠性并无保证的信息（包括财务和非财务的），则是后来逐步在财务报表之外的附加物。由于使用者对信息的需求不断扩张，表外披露的信息也就越来越膨胀。虽然美国财务会计准则委员会（FASB）一再强调，财务报表是中心，是核心，最有用的信息应当在财务报表中确认。实际上，通过表外附注和其他报告披露的信息，往往更受使用者的重视。过量的表外披露信息对比财务报表的表内确认信息而言，大有强宾压主之势。其次，财务信息的传输手段，本来只有财务报表（由于发展的需要，由只有资产负债表、损益表两张主要报表已发展到包括现金流量表和全面收益表等四张报表）。现在，除报表附注外，不断补充要求提供附表如董事长声明、经理的关于企业前景的讨论与分析，甚至包括招股说明书、新闻发布稿（见美国 FASB 的 SFAC No.1，para.7）。所有这些财务报表外的内容，有谁能负责其真实可靠性？表 1 列示了传统的财务会计与发展了的财务会计之间的区别：

表 1

	传统的财务会计	发展了的财务会计
会计程序	确认、计量、记录、报告	增加了表外披露
报告形式	财务报表	财务报表＋其他财务报告＋其他报告
是否遵守 GAAP	是	否
有无经过审计	有	无
可靠性与相关性	可靠性与相关性基本上有保证	可能有相关性但可靠性缺乏保证

表 1 可以集中说明一个问题：财务会计有可能逐渐失去它的传统特征，人们对财务会计及其报告的要求已经使财务会计力不从心。我认为财务会计正处在这样一个十字路口：是保持财务会计的传统特色，忠实地用货币金额提供企业以过去交易和事项为基础的经济活动及其结果的历史图像，还是要扭曲财务会计以记录和报告过去为主的本质，把它改变为另一门学科——企业财务预测？

最后必须承认，对企业的经济活动进行预测并提供相关的信息是非常有用、非常必要的。但它不是会计特别是财务会计的任务。每门科学都有其独立的对象，因而相互区分。科学的发展史证明：随着社会、经济的需要，边缘科学和新兴科学会相继出现，但边缘科学的出现并没有消灭传统科学。例如海洋物理和海洋化学都是边缘科学，海洋学、物理学和化学依然存在。为什么一定要把对企业未来的财务预测强加给财务会计呢？

基于以上的现象，我设想，要使财务会计继续发挥它的作用，应当做到保留它的一项基本职能，不断完善它的确认、计量和报告三个基本程序。

（一）必须明确财务会计的基本职能

财务会计的基本职能是什么？是反映企业的经济真实，是可靠地记录并报告企业经济活动（主要是财务活动）的历史。把财务会计当成历史科学并不是我的发明。早在 30 多年前，美国会计原则委员会（APB）的第 4 号报告第 41 段中就说："企业财务会计是会计的一个分支。它在下述范围内，以货币定量的方式提供企业经济资源及其义务的持续性历史，也提供改变那些资源及其义务的经济活动的历史"（AICPA，1970）。这样，财务会计就产生下列几个固有的特性：

1.以过去的交易和事项所引起的企业资源及其义务的变化为具体的记录和报告的对象。也就是说，过去的交易和事项是财务报表要素的基础。FASB 在其第 6 号概念公告中，对于资产和负债的定义无不强调这一点。

2.由于以过去的交易和事项为基础，按过去交易和事项发生时的公允价值作为记录和报告的计量属性是一种科学合理的选择。基于历史成本计量基础所形成的信息,应当是最可靠、最真实,而且可以稽核。什么是过去交易和事项发生时的公允价值?它就是人们熟知的历史成本。除历史成本外,其他计量属性一般都同过去的交易和事项无关,都没有资格成为财务会计的计量属性。现在美国会计界不断强调的公允价值属于需要重新开始计量的属性。它或是当前的市场价格,或是未来现金流量的现值。它对于一个企业所有者持有的资产与负债来说,既同过去的交易与事项无关,也未发生任何使资产和负债发生变动的现行交易和事项,其计量难以客观、可靠,是不辩自明的。

3.只有以过去的交易和事项为基础,才能辨明确认的时间,从而有根据地正式记录并计入财务报表。

(二)要不断完善确认、计量和报告三个基本程序

确认的主要问题是正确确定财务报表要素正式记录和计入报表的时点。这里,特别要注意的是"收入"的确认。美国 SEC 前主席 Arthur Levitt 在题为"数字游戏"的演讲中揭露了上市公司五种常见的作假手法。他专门指出手法之一是提前确认收入。其他几种作假手法也同虚增或有意压低收入有关。美国最近曝光的公司作假案件,同样直接或间接地涉及虚增收入从而虚增利润。为此,美国 SEC 在 1999 年 12 月发表 Staff Accounting Bulletin(SAB)101《在财务编表中的收入确认》。FASB 在第 5 号概念公告中对收入确认只提出"已实现和可实现"以及"已赚得"这样两项比较抽象的指南。SAB 101 则补充了以下四项具体的确认标准:

• 有说服力的证据表明协议的存在;
• 货物已发送或劳务已提供;
• 销货方提供给购买方的价格是固定的或可确定的;
• 收现的能力有合理的保证。

第一条是对交易的存在找到证据,防止假销售;第二条是把已赚得的过程具体化;第三条表明收入的计量有可靠性;第四条则要求证明可实现是具有收现能力的。SAB 101 还要求:

1.在财务报表附注中要按 APB No.22 的要求披露收入确认的政策。

2.在管理当局的讨论与分析(MD&A)中说明三点:

(1)影响收入的重大有利因素和不利因素;

(2)收入与其发生成本之间的关系(说明配比原则的应用);

(3)分析收入增加或减少的原因(因素)。

SAB 101 不仅改进了收入确认标准,而且提高了企业收入变动的透明度,这对于防止利润作假至关重要。当然,收入确认是一个非常复杂的问题,由于销售种类的繁多和销售创新业务在不断涌现,补充和改进收入确认的标准永远需要会计人员加以关注。

计量的问题主要是选择计量属性。按照财务会计的固有特性,一项交易和事项在其发生时按公允价值计量后,只要嗣后不发生引起与该交易有关的资产、负债的变化,即不应再进行后续计量,对企业持有的资源和义务始终保持初始公允价值,即历史成本于账表是一项明智的会计决策。因为这是财务会计保持财务记载真实性的基本保证。财务会计与经济学在计量上最大的差别就是:前者反映成本,后者要求反映企业的价值。价值是随着市场价格的变化而变动的,这就不可避免地在计量上带来主观随意性并受风险和不确定性的重大影响。"可靠的计量"必然成为一句空话。正如著名经济学家萨缪尔森和诺德豪斯合著的《经济学》第 16 版所说,与经济学家的价值概念不同,会计人员在一般情况下采用历史成本。"会计人员之所以使用历史成本,是因为它反映的是客观的评价,并且容易证实。"(1999 年中译本)

但财务会计按历史成本计量为基础,既不排斥必要的计量调整(如各种估价准备),也不排斥按现行成本或现行价格对某些价值变化迅速、又能随时按变化了的价格进行变现的资产(如金融资产）予以计量。不过，按照财务会计的本质职能，它的计量属性应当是以历史成本为主，辅以现行成本或现行价格等计量属性。公允价值（fair value）是否能成为一个科学的计量属性，值得研究。难道历史成本不是过去的公允价值？现行成本和现行市场价值不是现有的历史成本？如果按照FASB的第7号概念公告，通过未来现金流量为基础计算现值，未必能求得真正的公允价值。因为，第一，未来的现金流量是预测性的，是很难归属于每一特定资产的（衍生金融工具除外）；第二，折现率的确定很难合理。说它公允，只不过交易双方在自愿的基础上同意而已！这同在市场上通过竞争，由无数交易所导致、为所有交易双方所普遍接受的市场价格，在公允性上是不能相提并论的。

财务会计提供的信息主要是财务信息，是由财务报表传递的，其核心部分是表内信息。前已述及，表内信息要通过确认、计量和记录。在理论上，这部分信息应当最可靠，也最相关。表外的附注仍然是需要的，但必须把它限制在为更好地理解表内信息所必要的范围内。一切同表内无关的信息都应当另行报告。对于附注，不但要防止信息过量，而且要防止主次颠倒，冲淡了使用者对表内信息的注意力。

现在有一种倾向：似乎非财务信息比财务信息重要，其他财务报告比财务报表重要。这种倾向发展下去，无异于取消财务会计，或是把不应当由财务会计负责提供的信息强加于财务会计，也会不适当地加重审计的责任与负担。我认为这是不可取的。现在，公司报告的概念已经与财务报告的含义等同起来了。其实，披露不等于会计确认。一个公司应当对外报告（广义的披露）的事项，不等于财务报告中披露的会计信息，更不等于财务报表中确认的会计信息（只限于财务信息）。如图1所示：

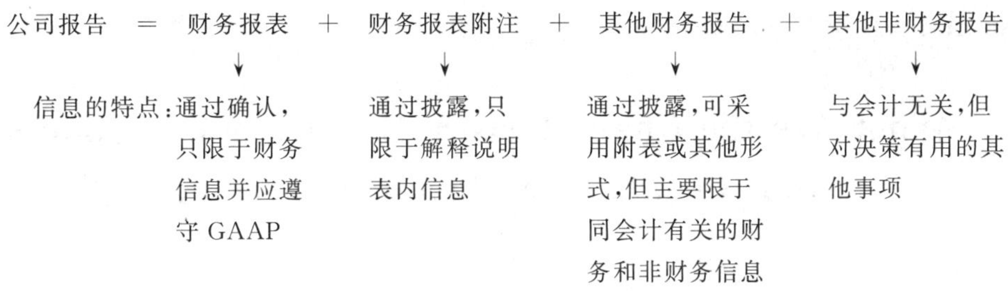

图1

（三）其他几个问题

1.本文强调财务会计应反映一个企业的经济活动和真实历史。这只是说，真实性应当是财务会计及其报表质量的主流。但并不等于说在财务会计信息中，不对未来作某些估计和判断，对于流动性较强的存货和有价证券，就允许在期末采取成本与市价孰低的原则进行报告；对于存在着信用风险的应收账款，就允许计提必要的坏账准备；对于长期资产，在使用中，也应当计提折旧并分期摊销，以及对收入的确认时点及其与费用的配比，允许会计人员根据其专业经验，进行合理的估计与判断等等。不过，这一切都必须以遵守GAAP为前提，而且估计与判断的范围应尽可能限制在不可避免的场合之内。

2.通过对交易和事项的初始确认、计量和记录并在报表中再确认是财务会计最具有特征的处理程序。或者说按照GAAP在财务报表中确认的信息是最具有可靠性和相关性的通用会计信息。包括财务报表附注在内，所有在表外披露的信息都只起辅助作用。当然，个别使用者的个别决策，也可能更加关注表外披露的某一信息或一组信息，但这只是例外。

3.我们强调财务会计信息的真实可靠，既是财务会计的本质所决定，也是最近美国一连串上市公司进行财务欺诈所告诉我们的一条重要的反面经验。缺乏可靠的虚假信息是不可能引导投资者进行正确的决策的。因此,对于会计信息的质量要求来说,可靠性是首要的必备的质量特征,缺乏可靠性,相关性就不存在。"宁可不说话,不可说谎话"这句格言难道不是普遍适用的真理吗?

4.世界上没有绝对的真理,因而,会计中也没有绝对的真实。我们允许在一定程度上和一定范围内做出估计和判断,就是承认会计信息的真实性也是相对的。但它毕竟有一个严格的检验标准——GAAP,并经过严格的检查验证——审计。因而它的可靠成分就比不符合任何会计规则所做出的评论、分析和预测要大得多。

(四)结论

通过以上的分析,我只试图提出一个供讨论的问题:究竟什么是财务会计的本质和特点?财务会计和财务报告的边界究竟在哪里?可否这样设想:第一,今后的财务会计是企业财务历史的报告和企业未来财务预测合二为一的一门创新学科;或第二,今后,保留财务会计的传统特色和作用,坚持可信性放在首位,而同时发展另一门以相关性为主的新兴学科——财务预测。

参考文献:

[1]葛家澍,黄世忠.反映经济真实是会计的基本职能.会计研究,1999(12).

[2]Accounting Horizons,June 1996.

[3]AICPA,Audit Issues in Revenue Recognition,February 1999.

[4]APB Statement No.4,1970.

English Abstracts of Main Papers

What Are the Characteristic Essence, Basic Functions and Boundary of Financial Accounting?

Ge Jiashu

In order to indicate the characteristic essence of financial accounting, the author recognize that financial statements are the central feature of financial reporting and other methods of communicating information such as notes to financial statements, supplementary schedules and other reports are secondary means. Any item recognized in the financial statements should meet recognition criteria of definitions, measurability, relevance and reliability. Accounting processes including measurement, recording and reporting are all based on recognition. Hence, the information from financial statements may be described as showing a true and fair view of the financial position, performance and cash flow of an entity. The fundamental functions of financial accounting are neither intended to provide probable future information nor to produce nonfinancial information. The main objective of financial accounting is to reflect the true picture of the economic activities and results of a business enterprise through financial statements. Here comes the conclusion: As a discipline, financial accounting is a historical science; as a kind of practice, financial accounting is an informative system which function is to provide historical financial information of business enterprises.

(原载于《会计研究》2003 年第 3 期)

财务会计的基本概念、基本特征与基本程序*(一)

葛家澍　杜兴强

编者按:由本刊学术顾问、中国会计学会副会长、我国著名会计学家、厦门大学博士生导师葛家澍教授倡议开辟的《当代会计继承与发展》专栏自2002年7月开栏以来,迄今已分期、分专题刊出文章12篇,主要是由厦门大学会计系从事"会计基本理论与方法"方向研究的诸位教授和少数博士生围绕相关主题分别撰写。一年以来,承蒙读者的鼓励和关爱,对于本栏目发表的文章,给予了积极的支持。对此,本刊编辑部谨代表本栏目的作者,向关心和支持本刊及本栏目的读者表示衷心的感谢。

从本期开始,《当代会计继承与发展》栏目更名为《科研报告》,将分期连载《知识经济下财务会计理论的发展及财务报告的改进研究》的系列论文。这是葛家澍教授主持的2002年教育部人文社会科学重点研究课题(02JAZ790012)和2002年国家社科基金(02BJY021)的阶段性研究成果。该系列论文由葛家澍教授和他的学生杜兴强博士(副教授、博士后)共同完成。本系列论文包括前后相互联系、依次继起的两大部分:(1)财务会计的基本概念、基本特征与基本程序;(2)财务会计概念、特征与程序在知识经济下可能的发展与财务报告的改进研究。其中第一部分由葛家澍教授执笔,第二部分由杜兴强博士执笔,但两个部分均由两人共同研究、相互补充,并由葛家澍教授总其成,作为本课题的阶段性成果。

本文(指《知识经济下财务会计理论的发展及财务报告的改进研究》系列论文——编者)分为两大部分,我们的目的是要研究今后在知识经济下财务会计与报告的可能的发展。但展望未来,必须回顾过去、注视当前。为此,本文从一些基本概念、基本程序和基本特征开始,大体上刻画财务会计发展到今天,已经形成的一个本质职能及其边界,以便为第二部分的研究奠定基础,如应否和如何突破这个边界,把财务会计推向新的方位,更好地服务于知识经济时代对会计的要求。这就是本文第一部分(即《财务会计的基本概念、基本特征与基本程序》——编者)的基本任务。

本文第一部分准备对构成财务会计理论和方法的几个重要方面——基本概念、基本特征与基本程序作一次较为系统的归纳和探讨。之所以称为"归纳",是因为这几个方面在我过去的一些文章中均已涉及,本文未必含有新意;之所以又说"探讨",是因为时代在进步,事物在发展,人们的认识不能停滞不前。科学研究总是一个不断向真理逼近的探索过程。有些问题需要从发展的观点加以思考。对于会计这门学科当然也不例外。

21世纪已进入知识经济时代,技术、竞争、全球化使新事物层出不穷。风险和不确定性①充满了会计将要面对的问题。由于环境的改变,会计的若干基本问题同样需要随着社会、经济、科学、技术的变化而进行深入探讨。

一、财务会计的基本概念

我们所说的财务会计的基本概念包括非常广义的范畴,它主要指构成财务会计基础和财务会计活动(如把数据转化为信息,以及信息的表述与传递[2])中所必须依据和使用的各种专门的概念。这些概念又是有层次的,其中包括主要和次要、基本和派生的概念。本文将着重探讨若干主要的,即基本的概念。在研究这些概念之前,必须首先对会计和财务会计这两个范畴做一些分析。

(一)会计与财务会计

会计是一种社会现象。或者说它曾经是生产的一项附带职能。这项职能是以记录和计量为基础,提供有关生产、分配等数据与信息的活动,其目的主要在于反映和控制生产。人们把这种现象概括为"会计"则是长期观察的结果。在我国,会计这一概念最早出现于《周礼》。《周礼》写道,"司会掌握之六典、八法、八则……而听其会计"(《周礼·天官下》)。其后,《孟子》一书又提到会计:"孔子尝为委吏矣,曰会计当而已矣。"清代学者焦循针对孟子的这句话在《孟子正义》一书中作了解释:"零星算之为计,总和算之为会。"由于我国长期处于封建社会,小农经济是主导,工商业很不发达,所以早期的会计如上所说仅仅是不够系统的记账即簿记,而达不到复式簿记的科学水平。直到建国以后才在国有企业中全面建立起以复式簿记为基础的会计核算制度,但在20世纪80年代以前,我国也只把会计概括为记、算、报和查(这时,会计和审计是结合在一起的,会计的职能则明确为反映和监督),总起来称为会计核算。虽然"会计核算"四个字并用在含义上有重复,但把会计工作的重点放在核算方面是显而易见的。

20世纪70年代末期至80年代,我国会计界开始对于包括会计含义在内的若干会计概念展开了争论,在什么是会计问题上形成了两种具有代表性的观点:

第一,"管理活动论"。持这一观点的学者认为,"过去把会计说成是经济管理的工具,今天看来显然是不够全面的。应该说,会计本身就具有管理职能"[3];"会计是一种管理活动,是一项经济管理工作"[4],"会计是经济管理的重要组成部分,是经营管理的核心……会计管理在微观经济中是企业管理的重要组成部分,在宏观经济中是国民经济的重要组成部分"[5];"在微观经济中,会计管理是一种重要的价值管理。在社会主义条件下,企业的价值运动就是个别资金运用,会计管理是对这种运动进行管理的一种重要形式"[6]。"管理活动论"是我国学者首创的提法。这一观点是对建国以来长期流行的"工具论"即把会计看作是经济管理工具的否定,其目的在于提高会计和会计人员在社会主义经济建设中的地位与作用。这一观点的代表学者是杨纪琬和阎达五两位教授。

第二,"信息系统论"。持这一观点的学者认为,"根据当前的现实及今后的发展,应把会计看作是一个信息系统,主要是通过客观而科学的信息,为管理提供咨询服务"[7];我们基本同意把会计理解为经济系统,我们所下的定义是"会计是旨在提高企业和各单位活动的经济效益,加强经济管理而建立的一个以提供财务信息为主的经济信息系统"[8];"根据一般信息系统的理论,会计信息系统具备了信息系统的特点,首先它具有明确的目的性……其次,它具有整体性……再次,会计信息系统具有层次性"[9];"会计信息系统论的基本观点自1980年引入中国,并经过一些著名会计学家的研究,在以往的基础上作了新的论断,从而克服了以往研究中的片面性,使这一论说得到了发展"[10]。信息系统论观点来自国外(主要是美国),但引进以后我国学者有所发展。这一观点的代表学者是余绪缨、葛家澍、唐予华、裘宗舜、郭道扬等教授。

比较科学的会计定义是由市场经济最发达的英、美等国尤其是美国的会计界所提出的,因为经济越发达,会计越重要,会计的内容和职能也更加丰富。人们有可能也有必要从丰富的会计实践中概括出现代会计的内涵。下面我们着重评价美国20世纪关于会计的性质、含义及其争论。

1.现代会计的性质与含义

早在20世纪初,美国会计界对会计的性质就产生了"会计是艺术还是科学"的争论。例如1912年亚历山大·斯密(Alexander Smith)在《销售证券审计中的弊端》一文中写道,"会计是,或者应该是一门科学[11],而不是一种道德标准的体系,它经得起确定的公理(axiom)[12]的检验,并且在正确的实务中能够产生明确和精确的结果"[13]。此文发表后,Auther Lowis即在AICPA 1912年的年鉴上载文反驳Smith的观点。按照Lowis的观点,"Smith需要的是一部规章的书(rule book)",而Lowis认为"会计师从来不需要一部会计规章的书,必须服从具体情况去运用经验,这就是为什么我们是职业会计师的原因"[14]。在1912年5月份 *Journal of Accountancy* 的一篇社论中也指出,大多的职业会计师的见解是,"会计从来不是也不可能是一门精确的科学"[15];同样大多数人认为审计也不是精确的科学。在这一时期,会计之所以被认为是一项艺术而不是一门科学,主要是因为会计师们担心,一旦建立了会计的规章制度,他们就不能再以自己的技术夸耀于会计职业界,就不能够再垄断会计行业,而有可能被非职业(注册)会计人员所取代。当时,美国会计师普遍反对"统一的程序"(uniform procedures)和"基本公理"(fundamental axioms)。也基于同一理由,会计师们强调会计所面临的不确定性。会计工作的本质是进行判断,恰当的程序只能由会计师从不同的环境中寻找。20世纪40年代在美国会计界具有重要影响的会计师乔治·O.梅(Orage O.May)在其《财务会计》中明确写道,"会计是一门艺术(an art),而不是一门科学(a science),是一门具有广泛的、多种用途的艺术"。大约在20世纪60年代以前,在美国把会计看作是一项艺术的代表性人物就是乔治·O.梅。

(1)艺术论。受乔治·O.梅的影响,美国《会计名词公告》第1号《回顾与摘述》(1953年8月)中定义"会计"如下:"会计是一门艺术,对于具有或至少部分具有财务性质的交易或事项,以有意义的方式并按货币(金额)表示予以记录、分类和汇总并解释由此产生的结果。"[16]其实,早在1949年,与第1号《会计名词公告》相似的定义就有人提出:"会计是把每一天进入社会的商业事务的若干和多种多样的交易按照货币单位进行记录、分类和汇总的一种艺术。"[17]

(2)信息论。大约在20世纪60年代中期,美国会计界对会计的认识开始有所转变,最早提出不同于ATB No.1的观点、对会计的含义进行重新表述并预测"会计的未来将是一个信息系统"的新看法的是美国会计学会(AAA)。1964年,AAA为纪念美国会计学会成立50周年,建立了以Charler T.Zlatovich为首的"基本会计理论报告委员会",并于1966年完成并发表了著名的《基本会计理论说明书》(ASOBAT)[18]。在ASOBAT中,会计被重新定义为"为了使用者能够作出有根据的判断和决策而辨认(identification)、计量(measuring)和传递(communicating)经济信息的程序"(ASOBAT,Ch.Ⅰ导论)[19]。这个定义既反映了会计信息加工的主要程序:辨认、计量和传递,又指出了财务会计的目标(供使用者进行有根据的判断与决策),而定义描述的会计处理程序实际上构成一个由若干要素组成的系统。如果说,在ASOBAT第一章尚未明确提出会计这一概念的实质的话,那么在该报告第五章探讨"会计概念的基础(Conceptual Bases of Accounting)"时所讲的一段话就比较明确了:"在本质上,会计是一个信息系统,更正确地说,它是一般信息理论用于解决经济效率运行的问题",该报告同时指出,在一般信息系统中,用于提供决策所需数量化的信息占有很大的位置(ASOBAT,Ch.Ⅴ)[20]。

在美国,经济信息系统的另一个提法是APB Statement No.4,该报告认为,"会计是一种服务活动,其功能在于提供有关主体的数量化的信息(主要是财务信息),旨在有助于进行经济决策——在各种可行的行动方案中作出合理的选择"[21]。虽然报告认为会计是一项服务活动,但其服务的内容是提供有关经济主体数量化的信息,而服务的对象则是供使用者在各种备选的行动方案中做出合理的选择,因此它与信息系统的提法仅仅是殊途同归。特别是,APB Statement No.4 又给出财务会计的定义:"企业财务会计是会计的一个分支,它在下述的局限性之内,以货币即定量化的方式提供有关企业经济资源及义务的持续性历史,也提供改变那些资源及义务的经济活动的历史。"[22]

这个定义着重指出财务会计的两个非常重要的性质:

第一,财务会计所提供的信息主要是财务的,其对象为有关企业经济资源及义务和它们的变动情况;因为是财务的,它需要运用货币定量的方式。

第二,它所提供的关于某个企业经济资源及其义务(即资产、负债和所有者权益)以及变动,它是一个持续性的历史信息。

2.财务会计的全面定义:

APB Statement No.4 虽然给出了财务会计的定义并正确地指出它具有的财务性和历史性两个重要的性质,但作为管理会计相对应的一个会计学分支,它所提供的信息主要是供企业外部的使用者如投资者、债权人等进行投资决策和信贷决策参考的,而且财务会计是传统会计的主要继承者。把来自交易和事项发生的数据转换为信息的过程,不是由管理会计而是由财务会计提供的。由于所有权和经营权的分离是现代企业的重要特点,在经营者和所有者之间对于企业经济信息特别是财务信息的占有,产生了明显的不对称现象。市场经济的原则是公平、公开、公正。按照这个原则,在企业产权可以通过资本市场进行自由交易的条件下,社会必须保护在产权交易(如股票买卖)中信息占弱势的一方[23],这是通过所谓的"公认会计原则"(GAAP)规范企业财务会计及其提供的真实、公允与透明信息的根本原因。因此,为了全面地反映财务会计的含义,结合当前财务会计发展的新趋势与特点,财务会计可以进一步定义为:

"立足于主体(企业),面向市场,对企业已发生的交易与事项运用确认、计量、记录等程序,主要通过货币表现形式,以公认会计原则为依据,在财务报表内表述财务信息,并通过报表附注加以解释和补充。同时通过其他财务报告或其他手段,充分披露同财务会计有关的、而不能够在表内或附注表述的、一切有助于使用者进行经济决策所需要(并有用)的财务、非财务、数量化或叙述性的信息。"

如上的定义比较冗长,可能不够简洁,但它包含了财务会计比较全面的特性:

首先,财务会计是以提供历史的财务信息为主的企业经济信息。由于财务会计面向市场,立足企业,其信息是资本市场得以正常顺利运行的媒介(血液),甚至可以说是整个市场各种资源流动的媒介,所以他的特点密切依存于社会经济环境。产生财务会计的基本前提,通常称为财务会计的基本假设,成为财务会计区别于管理会计的基本特征。

其次,财务会计是一个人造的信息系统,人们总是为了达到特定的目的才造成这样的一个特殊的经济信息系统,所以系统的运动,从数据转化为信息,必须有特定的目标。这个目标主要是两个方面的结合:(1)有助于使用者,特别是企业外部使用者,主要是投资者进行投资决策和经济决策的依据;(2)反映企业的资源的受托人(经理层)对资源所有者的受托责任的履行情况,这也是财务会计的重要特征。

20世纪30年代初,适应资本市场的需要,现代企业会计逐步分化为对内加强效率、提高效益的管理会计和对外适应筹资和融资的财务会计这两个分支。早期的财务会计,主要或仅以提供财务报表对外传递加工后的信息,这个系统主要由确认、计量、记录和呈报报表等四个元素(环节或程序)组成。其后,为了提高财务报表的可理解性和透明度,又增加了报表附注,从数据处理到加工列入报表中的信息都属于广义的确认,而报表附注则增加了会计信息系统的一个新元素——披露。20世纪70年代,FASB在第一号财务会计概念框架中认为,财务会计的信息传递终端不仅是财务报表,而且可以扩展为财务报告。财务报表是财务报告的中心,但只是财务报告的主体。围绕这一主体的信息传输手段,还应有报表附注、其他财务报告,所有这些部分的信息表述都应属于披露的范畴。这样,当前的财务会计,作为一个信息系统应该包括确认、计量,记录、报告和披露等元素或程序。当前披露的内容越来越复杂,信息过载(information overloading)的现象越来越严重。应当注意到,当前上市公司的年度报告已经超出财务报告,从而超越了财务会计的范围[24]。具体见图1:

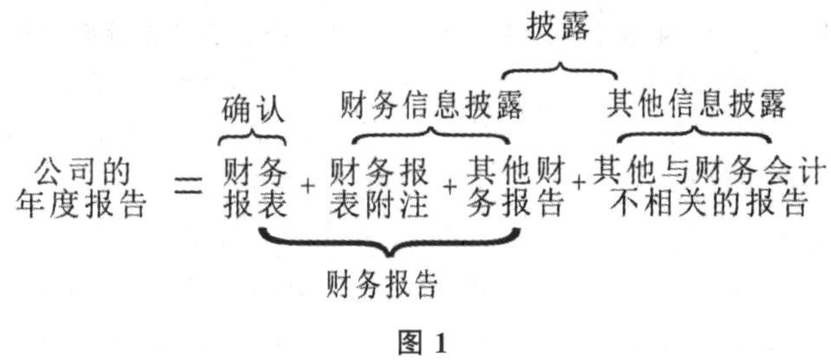

图1

注释:

*2002年教育部人文社会科学重点研究课题《知识经济下财务会计理论的发展及财务报告的改进研究》(02JAZ790012)和2002年国家社科基金(02BJY021)的阶段性研究成果。

①严格地讲,风险与不确定性是两个不同的概念,这一点早在奈特(Knight)1921年的著作《风险、不确定性与利润》中就有强调。简单进行区分,风险是指这样一种情况:进行决策时能够根据原本已存在的案例确定一个概率分布,然后通过计算"期望"、"标准离差"甚至"标准离差率"来综合进行权衡;而不确定性意味着对可能出现的情况几乎一无所知。从而风险意味着可以借助经验进行决策,而不确定性则体现为面对的是崭新的、根本不可能重复的问题。奈特(1921)和汪丁丁(2002)借助"经理和企业家"两种角色形象地解释了两者的区别:企业家是处理"不确定性"的,而经理则是处理"风险"的。

②数据(data)、信息(information)是两个有区别的概念。数据本身可能包含着一定的信息(初级信息),但要获取数据中所包含的信息,有时必须进行恰当的整理与分析(当然在整理和分析的过程中由于价值判断的存在可能意味着某些信息被人为"过滤")。会计作为一个信息系统,其主要任务之一在于将来自经济活动的财务数据转化为能够以货币量化的信息,随着财务会计的发展,一些非财务信息也逐渐进入财务会计信息系统。

③杨纪琬、阎达五:《开展我国会计理论研究的几点意见——兼论会计学的科学属性》,《会计研究》1980年第1期。

④杨纪琬:《关于"会计管理"概念的再认识》,《会计研究》1984年第6期。

⑤杨纪琬、阎达五:《论会计管理》,《经济理论与经济管理》1982年第4期。

⑥杨纪琬、阎达五:《会计管理是一种价值管理》,《财贸经济》1984年第10期。

⑦余绪缨:《要从发展的观点看会计学的科学属性》,《会计通讯》1980年增刊第4期。

⑧葛家澍、唐予华:《关于会计定义的探讨》,《会计研究》1983年第4、5期。

⑨裘宗舜:《会计与信息革命》,《江西会计》1984年第6期。

⑩郭道扬:《世界会计职能论研究(下)》,《财会月刊》1997年第3期。

⑪会计学作为一门社会科学,其科学性最初受到的挑战来自自然科学界,反对者认为会计(包括经济学)往往缺乏可重复性及可检验性,因此不是一门彻底意义上的科学;为了改变这种现状,实证会计研究方法开始出现并在西方会计界迅速推广,以至于目前世界顶尖的学术杂志上(如 *Accounting Review*, *Journal of Accounting Research*, *Journal of Accounting and Economics*, *Journal of Financial Economics* 等)几乎看不到纯粹规范性的文章,这也滋生和导致了会计学科内部实证会计研究学者指责规范会计研究的非科学性的论断(如 Jensen 等)。但是,我们认为,研究方法并不能够作为科学与否划界的唯一标准,除了研究方法之外,还要依据一项研究能否对一个学科的知识增长起到重要的贡献作用,更要看其结论是否能够经得起时间和实践的检验(对社会科学尤其如此),这里不是立即的可检验性,而是需要足够长的时间经受充分的考验,以此来判断理论的生命力和得出理论的研究方法的合理与科学与否,譬如我们后面讲到的 Moonitz 提出的"市场价格假设"(采纳典型的规范研究方法),在其被否决后的13年后重新被会计界考虑并纳入财务会计概念框架,目前被广泛采纳和认可的事例,就生动地说明了这个问题和我们的观点。

其实,即使就研究方法而言,也很难说实证研究方法就一定是科学的,规范会计研究方法就一定不科学。恰恰相反,会计学要真正成为一门像物理学那样的硬科学,必须是实证与规范的结合。关于这个问题的详细讨论请参见葛家澍:《市场经济下会计基本理论与方法问题研究》,中国财政经济出版社 1996 年版。

⑫所谓"公理"(axiom),是自然科学经常采纳的术语之一,它比命题、定理更严格,往往指那些得到公认的、普遍成立的事实,譬如"两点确定一条直线"、"两点间直线距离最短"(平面几何)等。会计中是否存在着"公理",这与会计学的科学属性紧密相关。一般认为,硬科学如数学中都存在公理。会计学者如 lriji 曾尝试探讨会计学的公理化问题,但不甚理想。这从一个侧面反映了会计学不可能是一门硬科学,因而不可能像数学那样全然的公理化。

⑬Alexander Smith,"The Abuse of Auditing in Selling Securities",In AICPA Year-book,1912,p.170.

⑭Auther Lowis(其文不详),参见 AICPA Year-book,1912,p.59 及其后诸页。

⑮Previt and Merino,A History of Accounting in America,1979,p.162.

⑯ATB(Accounting Terminology Bulletin)No.1,Review and Resume,1953(USA)

⑰F.Sewell Bray,The Measurement of Profit,Oxford University,1949,p.1;转引自 ARS No.1,p.10。

⑱值得注意的是,此后大约每隔 10 年,AAA 就会发表一份具有相当影响的研究报告,譬如 1977 年 AAA 颁布了《会计理论及理论的认可报告》(ATTA);1988 年,AAA 颁布了《AAA 对会计和审计计量问题的报告》等。

⑲AAA,A Statement of Basic Accounting Theory,Chapter Ⅰ,Ⅴ,1966.

⑳㉑㉒APB Statement No.4,"Basic Concepts and Accounting Principle Underlying Financial Statements of Business Enterprises",1970,pp.40-42.

㉓财务会计信息在公司治理中具有关键作用,会计信息披露机制的存在可以促进公司治理的完善——财务会计信息既可以衡量管理当局的经营业绩,也可以降低投资者决策过程中面临的不确定性,从而达到降低决策风险、促使资本的趋利性流动、改善社会资源配置的目的;公开的财务会计信息披露(充分披露和信息透明度)可以确保中小投资者的利益不受侵害,而是否能够确保中小投资者的利益不受侵害则恰恰体现着公司治理的效率和一个国家的资本市场发展的健康与否(Shleifer and Vishny,"A Survey of Corporate Governance",*Journal of Finance*,1997,52:737-787)。

㉔这迫使我们必须关注财务会计的边界问题,而探讨财务会计的边界问题又依赖于我们对若干财务会计的基本概念及对财务会计的特征的认识。

财务会计的基本概念、基本特征与基本程序(二)

葛家澍　杜兴强

(二)财务会计基本假设

我们一再强调,财务会计系统是立足于企业、面向市场,所以它提供的信息,直接的服务对象是投资者和债权人等微观经济决策者,但对政府的宏观经济决策也有用处。企业是国民经济的细胞和基础,是市场最为重要的参与者。在这个意义上,企业和立足于企业的财务会计又受到企业外在经济环境的影响。财务会计的基本概念、基本特征和基本程序都离不开主要由企业内部和外部经济环境所建立(决定)的假设。著名的经济学家 Ronald Coase 在其获得诺贝尔奖的经济学论文《企业的性质》中说过,"过去经济理论一直未曾清楚地陈述其假设"。经济学家在建立一种新的理论时,常常忽视对理论赖以建立的基础的考察。值得庆幸的是,会计学家在这方面表现得还比较明智。80 多年前,美国现代会计之父佩顿(W.A.Paton)写了第一本《会计理论》[②]。该书第 20 章即最后一章明确地探讨了会计假设共 7 项(the business entity;the going concern;the balance-sheet equation;financial condition and the balance sheet;cost and book value;cost accrual and income;sequences)。此后 20 年左右的时间里,Paton 和其他会计学者并未对上述会计假设重新做深入的考察直到 1940 年,Paton 与另一著名会计学家 A.C.利特尔顿(Littleton)合著了《公司会计准则绪论》(An Introduction to Corporate Accounting Standards),在这本名著中,他们才把假设改称为基本概念(Concepts),除保留主体假设(the business entity),并将 the going concern 改为 continuity of activity 外,另提出同计量和权责发生制(其核心是通过收入和费用的配比确定企业的利润即净收益)有关的四项基本假设(四个概念),即可计量的对价(measured consideration)、成本的归属性(cost attach),努力与成就(effort and accomplishment)、可稽核性(verifiable,objective evidence)。《公司会计准则绪论》是会计学中的一部经典著作,但作者提出的会计基本假设除了会计主体(营业主体)和持续经营两项外,并未被会计界视为财务会计的基础。也正如 Coase 在其《企业的性质》一文中引用罗宾逊(Robinson)的文章所指出的:经济学的假设,有一类未必可控,但符合现实。会计假设可能也是如此。可计量的对价、成本的归属性、努力与成就与可稽核性的客观证据都是会计程序中的必需步骤,但并非用来指导和控制财务会计特别是财务报表的基本概念。会计假设研究的巅峰是美国会计学会 1961 年出版的 ARS No.1(Accounting Research Studies No.1,会计研究公报)《论会计基本假设》(The Postulates of Accounting),该论著的作者为穆尼茨(Moonitz),他创造性地提出 A、B、C 三类共 14 项假设。其中 A、B 类均列示了会计主体假设,在 C 类中列示了持续经营假设。Moonitz 的论著既相当系统全面,又可称独树一帜[③]。

本文不准备探讨全部会计假设,但是会计学家迄今为止共同承认的会计主体持续经营等几项假设至少可以成为我们分析会计特征的出发点[④]。

1.主体假设

会计是现实世界的产物。会计的外在经济环境是市场,内在环境则是企业。新制度经济学认为,市场是通过价格机制配置资源并使生产与消费、需求与供应互相适应,自行进行协调。在企业内部,价格机制的功能被企业家的权威和指令所取代。但是,不论市场还是企业的经济活动都离不开信息。价格既是调节资源流动的机制,它本身就是一种信号(signal)。在企业内部,所有者和经营者,特别是决定资源在企业内部有效配置的高层经营者(简称高层管理当局)不再可能直接利用价格信号,而必须依据一种据以决策的特殊的信息系统,而且这种信息不能是封闭特征的。因为企业的所有权与经营权相互分离,而处于资本市场上的投资者、信贷人等也需要来自这一系统的信息做出投资决策、信贷决策及其他经济决策。这个特殊的信息系统就是财务会计。

经济学家认为"在企业外部,价格变化指导生产,这是通过市场上一系列的交易协调的;在企业内部,这些市场交易被取消,进行这些交易的复杂的市场结构被企业家的协调所取代,后者指导生产。很明显,这些都是协调生产的不同方式"[5]。为什么指导生产(资源配置)不直接地全部通过市场这个可以自行运转的体系,而必须同时借助于除市场之外的按照一定边界存在的若干个相互联系并作为市场参与者的企业呢?这是因为,市场的运行如果没有企业而由供给方和需求方直接通过谈判而达成的双赢的价格,将产生过高的交易成本。企业之所以能够取代市场的价格机制,一方面在于它能够降低(尽管并不能够完全排除)交易成本,另一方面还在于企业的存在节约了社会生产力[6]。

其实,企业不仅能够降低交易成本,由它来组织生产,将使资源配置优化,而且可通过会计这一特殊的手段,来量化生产的进程及其结果。就是说,会计信息系统作为一种手段可以回答资源配置是否优化,投入企业的生产要素和由企业产出的资源可以进行对比并反映其经济业绩。在所有市场上,在全部社会经济活动中,会计可能无直接的用武之地。但有了资本市场,人们就看到了会计信息在市场运转中所能够起到的媒介作用。在企业中,会计巧妙地运用了价格机制和价格的转化形式,产生了它特有的用来反映和控制企业生产经营过程的若干基本概念。例如投入企业的资源转化为企业的"资产",资源的耗费转化为企业的"成本"和"费用",而企业投入并进行经营的产出(结果,努力后的成就)则转化为企业的"收入"。将收入同成本、费用进行比较,又产生了可以反映企业经营业绩的"利润"概念。它们都抽象了资源流动中的使用价值,按照 Paton 和 Littleton 的话说,变成了可以量化、加总和比较的价值概念。

从价值派生的概念,组成了会计信息的基本框架,生成于企业,从整体上反映企业对经济资源的占有(控制)、义务及其成果,但这些信息在对外揭示之前,是企业的私有产品(private goods),而一旦向社会公开后,就为社会所共享而具有公共产品(public goods)的属性[7],也成为投资者、债权人和其他一切愿意利用这些信息的人们进行经济决策的依据。就资本市场和市场参与者的上市公司而言,各个公司生产并对外传输的会计信息,可以看作是企业与市场相互沟通的媒介。运用上市公司的会计信息,社会资源就可能从效率较低、效益较差的企业被抽走,而向效率高、效益好的企业中流去,即实现了资源的趋利性流动。从这个意义上说,会计信息也是促使社会资源优化配置的手段。

尽管经济学家分析了企业出现的必然性,从科学的分析中得出前面的结论:为了优化资源配置,降低交易成本,有市场就必须有企业,但会计学家则认为财务会计之所以立足于企业是一个假设,一个必要前提。以上我们实际分析了财务会计的第一个基本假设或第一个基本概念——会计主体(主要是企业)的性质与作用。主体假设的一个重要作用是规定了会计活动的空间、范围及其存在的基础。会计信息系统不能建立在整个市场上。尽管财务会计信息能引起资源流动,并能对供需平衡起导向作用,但它毕竟不能取代调节市场的价格机制本身。财务会计是立足于有自己的资源、义务、收入、成本并可确定其经营业绩的企业之中,主要限于观察企业全部活动中的财务方面,这就确定了会计最基本特点及其边界。

所以会计主体概念即以企业为边界的假设是财务会计(其实也包括管理会计)的第一个基本假

设和第一个基本概念。它同时也成为财务会计的第一个也是最基本的特征。严格地说,立足于企业、面向市场是我们对会计主体这个基本假设的概括,也是对财务会计基本特征的部分概括。

一般认为,把会计建立在每一个经营主体(主要指企业)的基础上,要求会计只反映涉及该主体的资产、负债、业主权益、收入、费用和盈利(或亏损)的交易或事项,要把该主体的经济活动与其他主体的经济活动,把企业的经济活动与企业所有者的私人经济活动严格分开。其实,这不过是从现象上描述会计主体的含义。根据以上对企业性质和作用的分析,主体假设至少还有两个特点是值得我们注意的:

第一,在主体(企业)范围内进行的经济活动(都同资源配置与运用有关),能够比在市场上通过价格机制进行资源调配活动节约交易成本(其中包括一系列的缔约成本、代理成本及剩余损失)。

第二,在主体内进行的经济活动能够有效地控制并节约生产和经营成本,使资源使用的优化能够量化表现,其中集中表现为利润(价值增加)和现金净流入这两个财务指标上,也表现在通过资产,负债和所有者权益对比所提供的流动性、财务弹性和风险等其他重要的财务信息上。

当然,上述特点并非依靠会计主体假设一个概念就能形成,它必须同其他几个相关的概念相结合。但不把会计定位在一个主体(企业)的范围内,会计的其他概念将不会产生,也就没有会计的一系列其他的特点和特有的功能与专门的程序,所以,从 Paton、Littleton 到现代的会计学家,都无一例外地把主体假设列为财务会计的第一个基本假设,值得我们深思[8]。

2.其他几个基本会计假设

同会计主体假设直接相联系的是持续经营假设。在市场经济的环境中,企业是最基本的生产单位,家庭则是消费单位。企业向家庭和其他企业购买劳动服务和原材料等投入品,把这些投入品转化为商品和服务,并出售给家庭和企业,目的是最大化其收入与支出之差即利润[9]。企业的这种追求带来了两个由于不确定性所引发的问题:

首先,企业对商品的生产是根据市场需求和预测而不是为了满足自己的需要。对其他企业和家庭的需求决定着企业生产经营什么和如何生产经营。这种预测存在着不可控制的风险和高度的不确定性。

其次,市场不只你一家企业生产同类产品或提供类似的服务,同行业之间的竞争又产生前途未卜的不确定性,如果认定企业的活动不仅充满挑战而且朝不保夕,那么会计这一经济信息系统将无法在企业中建立。为了使会计经常和定期提供各种财务信息以供企业内部和同企业存在着利害关系的外部(包括其他企业、家庭与个人)进行各自的经济决策,会计学中主体假设中的"主体"的主要代表——"企业",与现实世界中的企业有所不同,它把那些随时可能破产、关闭、改组及可能合并的具体企业加以舍弃,而认为在市场上寻求生存、获利、发展即参与市场竞争的大量企业将会长期继续经营。持续经营假设把企业经营中的不确定性转化为确定性,这看来似乎有些武断,但这种人为的假定不但符合多数企业的实际,而且反映了财务会计的要求。因为有了持续经营这个会计假设,企业才会有长期控制、使用并能带来未来经济利益的资源——"资产",企业也才能承担在未来时期向其他主体支付资源或提供服务的义务——"负债"。此外,一个主体的收入,不是某一天的资源流入,而是长期资源流入的积累;同样,一个企业的费用,也不是某一天的资源流出,而是长期资源流出之和。这里,所谓的"长期"、"未来期间"都是以企业持续经营为基本前提的。例如,更具体地说,一个企业购入的一批商品之所以分为立即投入使用(当作费用)和未来继续使用(当作资产),都是因为企业的经营具有持续性。

总之,在一个主体的范围内,假定其生产经营持续不断,会计才能把连续不断的交易与事项产生的数据进行加工处理,转化为对生产、经营,理财、投资及进行决策时都有帮助的信息。从这里可以看到持续经营假设的重要性。持续经营假设是会计能在一个主体内发挥反映和控制生产的作用,把分散的经营数据连续、系统地通过确认、计量、记录和报告,如实陈述各该主体持续经营的状况和业绩的必要前提。

对这样一个带有主观色彩的假设,会不会影响会计信息的真实性呢?不会的!在持续经营假设中,还应有一项补充的假设,那就是一旦发现与企业持续经营的相反证据和将出现前述破产、清算、改组和合并的各种情况,则正常的、奠定在持续经营假设上的会计信息系统将停止运行,取而代之的是可以用来专门反映和控制中止经营等特殊情况的会计系统如破产会计,清算会计等[10]。财务会计是以持续经营的主体为前提,这是它的第二个基本特征。

会计的基本功能是定期并及时地向企业内部的经营者、企业外部的投资者和债权人等提供经营活动及其业绩的信息。于是,要有明确的时间边界。持续经营假设是一个时间概念,但持续经营乃假定企业具有无限的经营时间,之所以会计学家提出持续经营假设是为了使会计信息系统的运行处于企业的正常的经营状态,它并未企图解决应在何时和应反映哪一个时间段的会计信息。持续经营在理论上包含无限的、可分割的时间段。会计分期或时间分期则把企业无限连续的经营活动划分为若干个据以总结工作并报告经营业绩的期间。这当然也是人为的假设,但会计分期假设对财务会计来说同样是一个必要的假设。把持续经营和会计分期两个假设联系[11]起来看,前者是假定企业能够无限期经营下去,而后者假定这一连续的经营过程能够按照一定的时间间隔(如年、半年、季度甚至月份)加以分割。这体现了辩证法在会计理论中的运用,所以会计分期成为财务会计的第三个基本假设,即又一个基本的前提与特征。在一个持续经营的企业中所发生的交易和事项,必然是具有连续性的,而会计的确认、计量和报告,特别是以财务报表为主要形式和核心的财务报告,则总是反映某一特定会计期间末的财务状况和各该会计期间的经营成果以及现金流量情况。这样,收入与费用不可避免地会出现跨期分配,由此产生了权责发生制的确认基础,运用了应计、递延、分配和摊销等专门的会计程序。

被公认的另一个会计基本假设是以货币为计量单位。如果说财务会计的第一个基本特征是在企业范围内以它的正常经营活动为对象,那么以货币为计量单位则进一步界定了会计的对象是企业经营活动中能够以货币作为计量单位加以量化的那些方面。这也决定了会计信息主要是财务信息。进一步可以说,会计所能够反映和控制的主要对象是一个企业的价值耗费、收回和价值增值的循环反复(我们通常简称为价值增值运动)。价值是看不见、摸不着的东西,它总是依附于使用价值(具体资源或财富)之上,并伴随着企业经营活动而流动。但可以进行量化的唯一形式是货币(包括观念上的货币)。货币也是一种商品,在市场经济中,货币的价值(反映为货币对其他商品的购买力即价格或各国货币之间的比率即外汇汇率)是不稳定的。价格、汇率等方面波动使各国的货币价值带有人所共知的不确定性。这种不确定性必然会损害货币作为会计计量尺度的功能,于是这里就需要一个补充的假设:用作货币计量单位的货币,通常指各国(各地区)的法定的名义货币,并假定货币的价值稳定不变。

以上分析的是财务会计几个最为基本的概念,它们构成财务会计的基本前提,并成为财务会计的基本特征。从总体上说,这些概念是由财务会计所依托的经济环境决定的,即使其中某些假设是人们的主观假定,但把财务会计建立在这些假定之上(例如持续经营与会计分期假设和假定用于货币计量单位的货币价值不变)却是必要的,在一定程度上仍带有客观性质。否则,财务会计这个信息系统就无法发挥它的功能,会计信息将变成对人们无用的数据而失去存在的价值。

研究了上述几个基本假设以后,尚需补充两点:

第一,会计主体假设以及以货币为计量单位的假设,是由企业的外在经济环境(主要是市场经济)决定的,它们均具有客观性质。至于持续经营、会计分期以及货币的价值稳定不变假定等,尽管也是客观经济环境要求会计进行的必要补充(假设),但其主观性却较为明显。即使不考虑作为计量单位的货币的币值稳定不变这个假设,以持续经营和会计分期两个假设为基础的财务报表及其信息,并不能够代表一个主体(企业)的最终财务状况和经营结果。1940 年,Paton 和 Littleton 在其经典著作《会计准则绪论》中在分析"经营连续性"这个概念(即持续经营假设)时,着重指出:"必须认识到,即使在最顺利的情况下,财务报表在性质上也是暂时的(provisional),从报表获得的印象并据此进行的决策,常常可能由于未来事件的变化而需要适应这种或有信息予以进行调整。经营账户(即损益表)的期间合计可能被看作是企业经营的记录,其实它距离真实的记录相去甚远。资产负债表中的重要指标,也是从属于至关重要的经营连续性假定。一个企业的全部(完整)图像,在企业最后清算之前是不可能完全看清的。"[12]

1961年,AICPA的ARS No.1[13]针对会计分期假设必须运用摊销程序而带来的不确定性,也把"暂时性"(tentativeness)列为第四个补充假设(Postulate B-4),这项假设认为,"每当在过去、现在和未来之间予以分配,则有关短期内的经营成果总是暂时性的"[14]。每一会计期间的财务报表,所传输的信息带有暂时性。不论是否承认"暂时性"可列为一项会计假设,但对于利用财务信息(包括财务报表和已发展了的财务报告)的使用者,在根据或参考这种信息进行决策时,关注上列提示,是非常重要的。为什么人们在考虑到每一会计时期,在做出决策时,往往要观察、比较并分析若干个相毗邻的会计期间(比如若干个连续的会计年度)的经营业绩,并评估其发展趋势,这就是大多数会计信息的使用者自觉地认识到财务报告,特别是投资者最关心的盈利等财务指标具有暂时性的特点而形成的应用财务信息的重要经验。

第二,前面已经提到,由于财务会计的对象是价值增值运动,所以以货币为基本单位的假设就明确规定了会计的这一基本特征,这条基本假设说明了会计信息主要是能够用货币量化的价值信息(财务信息)。在市场经济条件下,几乎一切的产品、劳动和知识与技能都属于商品。商品的使用价值(除了无形资产外)都有它外表的特征和各种用途,人们完全可以看得见、摸得着,而商品的价值(比如企业的厂房、设备与存货的价值),你无法看到它的存在。那么,怎样确定和量化价值呢?"只有商品价格的分析才能导致价值量的决定;只有商品的共同货币表现才导致商品的价值性质的确定。"[15]价值不能够自我表现,它主要表现为市场价格。而反映市场价格又必须以货币为尺度,货币是价值的独立的、可以捉摸的存在形式[16]。货币具有多种职能[17],在我们看来,最重要的是:第一,它代表商品的价值,可用来购买任何商品和资源,因而在这个意义上,货币就是财富。人们之所以努力工作,努力赚钱,其积极作用应看成是为社会创造财富并增加财富,推动社会进步,这指的是现实的货币。第二,货币可以作为价值尺度,是一切商品的等价物,这指的是观念上的货币。而要使观念上的货币作用发挥出来,就必须以货币为形式来表现并计算商品的价值。严格地说,商品价值及其增值的货币表现就包括以货币为计量尺度(不可能是千克、米、磅等其他计量尺度),而把价值的属性加以量化表现。什么是用货币量化价值的最公认、最公允的属性?一般地说,是在商品交换活跃市场上所形成的价格即市场价格。

上述第四项基本假设仅涉及货币计量单位(当然这是用来限定会计的对象、边界所不可或缺的)。不足的是,没有提出财务会计的基本计量属性。这一点,在ARS No.1中却曾被明确指出,并列入其补充的假设Postulate B-2即市场价格(market prices)。该假设指出,"会计数据是以已实际发生或预期的过去、现在或将来的交易为基础而形成的价格"[18]。过去的市场价格是已经发生的交易在成交时的价格,在会计上就表现为历史成本;将来的市场价格是对未来交易成交价的估计;而现行市场价格才是通常所说的现行价格(即现行成本)。可见,一个"市场价格"概念可以基本上包容现行会计实务流行的各种计量属性,遗憾的是,当年Moonitz在ARS No.1中提出的该项假设,由于APB(美国会计原则委员会)的反对(认为同现行公认会计原则差异太大)而被搁置在一旁[19],甚至被人们遗忘。不料在23年后,Moonitz提出的"市场价格"假设又能作为FASB(美国财务会计准则委员会)的主要参考,在做了修改补充之后,把"市场价格"这一假设反映在了其制定的财务会计概念框架第5号中[20](FASB,1984)[21]。

注释:

①Ronald Coase,"The Nature of the Firm",*Economica*,4,1937,pp.386~405.

② Paton,*Accounting Theory*,The Ronald Press Company,1922.

③不过可惜的是该份公告及其之后的 ARS No.3《试论企业广泛适用的会计原则》(作者是 Moonitz 和 Sprouse)都被否决(APB Statements No.1。

④还有会计分期和货币为基本计量单位等两项假设。

⑤Moonitz,The Basic Postulates of Accounting,1961(即 ARS No.1)。

⑥企业的交易成本节约论是 Coase 及其追随者对经济学的贡献,然而将交易成本绝对化似乎也背离了经济学发展的基本规律,以企业的存在为例,企业之所以能够替代最基本的生产单位——家庭,并且存在不同的生产制度结构,一方面有降低交易成本的原因,但也同企业可作为节约社会生产力的机制不无关系。

⑦所以,会计信息并不必然是公共产品。历史地看,在相当长的一段时期内,甚至包括企业面向社会公众筹集资金开始后的一段时期内,会计信息还停留于"私有信息"的阶段,那时"保密、保密、再保密"是商业社会的信条。会计信息公开并具有公共物品的属性是公司治理动态变迁对资本市场信息披露提出的新的要求。Watts 在 1977 年指出,(已审计的)财务报表披露的信息体现并维系利益相关者之间的均衡。

⑧我们认为,即使有人认为知识经济下会计主体假设正面临着巨大的冲击,但是知识经济影响的更多的只是企业和会计主体的外延,而会计主体的内涵仍未发生本质的变化。

⑨普罗曼、克罗茨纳:《企业的经济性质》第二版序言,上海财经大学出版社 2000 年版,第 12 页。

⑩持续经营假设是一项未曾很好定义的概念,我们通常的定义是,"除非有明显的反证,否则都假设企业在可以预见的将来都将持续经营下去"。这样的定义方式等于告诉我们"除了不持续经营就是持续经营",这种非此即彼的定义方式是不科学和不严谨的(类似的缺陷也是会计为什么不能够像物理学那样成为硬科学的原因之一),更未充分回答持续经营的核心问题:什么确保企业的持续经营。我们认为,决定企业持续经营与否的关键是企业是否能够形成自己的核心竞争能力、能否缔造自己的持久性竞争优势等各个方面。由于篇幅所限制,我们将对该问题专门进行探讨。

⑪应该说,从历史的演进过程看,会计分期概念先于持续经营概念而出现,因为早期的企业并不具备持续经营,持续经营的企业是在工业化大生产出现后才成为可能。在簿记出现的早期,由于缺乏持续经营的企业(大多为短期合伙贸易),往往利润的确定只需要在一次合伙贸易结束后按照期末、期初净资产的对比(扣除与所有者或业主的经济往来)得到利润,并进行分配,所以此时尽管有会计分期的萌芽但这种分期并不是人为的,而是以合伙贸易的周期进行的自然分割。直到 1673 年,法国国王路易十四签发了世界上第一个《商业条例》,规定商人必须每两年提供财产目录,为此会计分期才体现出其固定性和一定的人为分割色彩。工业化和机器大工业带来了资本投入规模的扩大和耐用资产的投入,此时持续经营才在理论上成为可能,由于同时产生的还有利润确定的问题,会计分期才进一步体现着人为分割的特征。

所以,尽管会计分期先于持续经营而出现,但直到企业的持续经营成为可能,且持续经营与会计分期实现了系统的联系和有机辩证的结合,会计的发展才摆脱了簿记的阶段,我们今天接触到的、会计中的一些基本概念如应计、递延、摊销、分配以及权责发生制等才成为可能。

值得一提的是,我们会计学中还存在若干容易引起混淆的概念,如《会计学原理》讲授时往往先讲利润表,而后讲资产负债表(利润表的未分配利润进入资产负债表所有者权益),这好像是先有利润表而后才有资产负债表。但事实恰恰相反:先有资产负债表,而后才有利润表。其实,企业必须先有可运营的资源(即资产)和负债,才有可能形成利润。正如 Paton and Littleton 所指出的:利润是企业努力与成就对比的结果。什么是努力?就是耗费一定的资源(资产)或承担未来支付资产的义务(负债)形成"费用",而后才能取得成就(回报)即"收入",把"收入"同"费用"进行配比后才能确定利润或亏损。可见利润的系统确定是在持续经营、会计分期假设以及相应的、会计所特有的程序与方法(如配比、应计、递延、摊销、分配)下才成为可能。再说,在利润表出现之前,企业也可以通过期末期初净资产对比来确定利润。

了解到这一点,我们才能够理解财务报表重心应该是资产负债表。资产负债表是理所当然的第一报表。

⑫Paton and Littleton,*An Introduction to Corporate Accounting Standards*,1940,p.10.

⑬ARS No.1 "The Basic Postulates of Accounting"(作者 Moonitz),AICPA,1961.

⑭Moonitz,"The Basic Postulates of Accounting",AICPA,1961.

⑮马克思:《资本论》第1卷,第92页。

⑯马克思:《资本论》第2卷,第69页。

⑰关于货币出现及其功能的理论分析从来就未间断过,马克思主义学者和产权制度派的经济学家都对该问题进行了持续的关注,目前最流行的观点(契约经济学家的观点)是:在不存在需求的双向契约(double coincidence)中,货币起到的是润滑交易、减少交易费用的作用也有学者从信誉机制和承诺问题角度论述了货币的产生。

⑱ARS No.1 "The Basic Postulates of Accounting"(作者 Moonitz),AICPA,1961.

⑲APB Statements No.1,1962.

⑳只不过,Moonitz提出的"市场价格"假设是广义的市场价格,包含了过去、现在和将来的三个时间点,实际上覆盖了企业持续经营的整个区间,而FASB将Moonitz提出的市场价格"狭义化"并进行分类,把过去的市场价格(交易价格)称为历史成本,把现在时点上的市场价格分为如下几类:(1)从投入角度看的、购买方角度看的、现在的虚拟交易市场价格——重置成本。(2)充分竞争市场上的均衡价格——现实的市场价格;(3)未来的交易预期的市场价格——未来现金流量贴现值(后被SFAC No.7修正,认为现金流量贴现值是一种计量技术,而不是计量属性);(4)对市场价格进行微调后得到的可变现净值;(5)对重置成本、(现行)市场价格和未来现金流量贴现值进行综合后的现行成本(现行成本的确定是首先从"可变现净值"和"未来现金流量的贴现值"中选择较高的一个,然后再与重置成本进行比较,选择较低者,由此确定现行成本;因此,现行成本并不等于重置成本),现行成本不等于重置成本,FASB在其1979年11月份颁布的FAS 33(现已被FAS 89替代)曾有一种解释:"现行成本不同于现行重置成本是因为现行成本计量关注的是企业持有资产的内含的服务潜能(Service Potential),而现行重置成本可能计量不同的资产,但它可用来代替企业持有的资产。"现行成本可能小于现行重置成本,如果代替的资产的服务潜能小于被代替的资产(FAS 33,para.97)。

㉑FASB,SFAC No.5,"Recognition and Measurement in Financial Statements of Business Enterprises",pp.65~70,1984.

财务会计的基本概念、基本特征与基本程序(三)

葛家澍　杜兴强

3.关于财务会计假设的其他观点

财务会计的基本假设(基本概念)是会计的基本前提,但它不是外在于会计的。它是主要受经济环境的直接和间接影响而造成的内在于会计的基本特征。缺乏这些特征,就不会有财务会计。

财务会计除了上述的基本假设构成它的特征外,还有其他由假设、惯例、原则所构成的特征。人们对财务会计其他特征的看法并不尽一致。具有代表性的观点包括 Paton and Littleton、Moonitz、APB Statement No.4 三种典型的观点。

(1)Paton and Littleton 的观点。Paton 和 Littleton 在他们的经典著作《公司会计准则绪论》一书中,除了提出会计主体(营业主体)假设和经营活动的连续性(即持续经营)两个基本概念外,还提出:①计量的对价(measured consideration),即每一交易合同赖以签订的一方交付产品(劳务),另一方支付报酬[①];②成本归属性(cost attach);③努力与成就(effort and accomplishment),即努力的成本(费用)同由此取得的、代表当期成就的收入相配比,这一概念为权责发生制和配比原则奠定了理论基础;④可检验性、客观证据(veriable,objective evidence)等四个概念,也应当成为财务会计的特征。在以上讲经营活动的连续性这一概念时,Paton 和 Littleton 特别强调:要意识到,即使在最顺利的情况下,财务报表都具有暂时的性质(provisional)。[②]但暂时性是以科学的会计程序为前提的,并应是严格遵守会计准则的结果。所以它同虚假性有着本质的区别。

(2)Moonitz & ARS No.1 的观点。Moonitz 在其《会计的基本假设》中共提出 A、B、C 三类共 14 项会计假设。除了 A-3 提到的会计主体假设,A-4 提到的会计分期假设,C-1 提到的持续经营假设,B-2 提到的主体假设(与 C 类假设和 A、B 类有所重复)均与其他会计学者意见相同外,它还专门提出的、可视为会计特征的假设包括:①A-1,数量表现(quantification);②A-2,交换(exchange),指会计处理的交易和事项基本上是通过市场交换;③B-1,财务报表(Financial Statements),指会计数据处理的结果应该表现为一系列相互关联的、可提供基本数据的财务报表;④B-2,市场价格(market price),指会计数据是以过去、现在和未来的交换价格为基础形成的,这一假设概括了财务会计所使用的各种计量属性(这一点前面已经论述过了);⑤B-4,暂时性(tentativeness),这一假设与 Paton 和 Littleton 所提出的"provisional in character"含义相同,只不过使用了不同的术语;(6)C-2 客观性(objectivity);(7)C-3,一致性(consistency);(8)C-5,披露(disclosure),会计报告需要不至于引起误导的信息披露。Moonitz 提出的与众不同的 8 项假设,均可以视为财务会计的基本特征。

(3)APB Statement No.4 的观点。以上列举的财务会计的基本特征都是用会计的基本假设来代表的,而 1970 年 APB 发表的第 4 号报告《企业财务报表的基本概念与会计原则》则明确地使用了财务会计的基本特征(basic feature of financial accounting)的术语。这个转变说明财务会计的基本特征是环境的本质对财务会计程序的一种影响的反映。这些特征,构成了现行公认会计原则的基础。但他们也可作为其他会计原则的基础,只要这些原则是基于同样的环境本质(APB Statement No.4,para.114)所产生。

综合上述具有代表性的观点,我们发现:(1)把 Paton 和 Littleton、Moonitz 和当前会计学者公认的基本会计假设作为财务会计的基本特征,与 APB Statement No.4 的观点是一致的。会计的基本假设,就是财务会计所处的环境对它产生的影响,从而使它形成若干基本特征。这些都是 GAAP 和其他会计原则的基础。(2)按照上述意义,财务会计的目标也应作为财务会计的基本特征。因为目标从根本上讲也是一项假设。目标是财务会计必须面对并做出反应的人为环境。区别仅仅在于:被认为会计基本假设的一些概念来自财务会计的客观环境——不以个人意志为转移的市场经济对财务会计形成的影响,具有客观性质。而财务会计或财务报告的目标是财务会计信息使用者及其对信息的共性要求,带有使用者的主观愿望。

财务会计的目标应该同基本假设一样也理解为现行财务会计的基本特征,这是没有疑义的。有争议的问题是,目标与假设相比哪个更为重要?或者说财务会计(财务报告)的概念框架中,假设与目标应同属于财务会计的基本概念,但它们在财务会计概念框架中哪一个层次更高?

第一,从美国发展财务会计概念框架的历史进程和经验看,在 APB 负责制定 GAAP 的时代,才开始由 AICPA 的会计研究部研究财务会计的基本概念。当时财务会计概念框架的构想是分为两个层次:第一层次为基本假设,其代表文献为 1961 年颁布的、作者为 Moonitz 的 ARS No.1(前面已经介绍);第二个层次为作者为 Moonitz 和 Sprouse 的 ARS No.3《试论企业广泛适用的会计原则》,然后以此为基础制定 GAAP。在这种设想下,会计基本概念是以会计基本假设为基础,并以它为出发点(逻辑起点)形成下列层次:

基本假设→基本原则→GAAP[③]

而按照 APB 的上述构想,并未考虑到财务会计的目标。

在 ARS No.1 和 ARS No.3 被 APB 否定后,AICPA 责成 APB 提出自己的设想。1970 年 APB 出台了 Statement No.4,反映了 APB 关于财务会计基本概念的观点。这份研究报告同 ARS No.1 和 ARS No.3 的最大区别是:

APB Statement No.4 不再提会计基本假设,而增加了"财务会计的环境"这一章,对财务报表所受到的环境影响作了分析,其中某些部分涉及了会计基本假设。例如 APB Statement No.4 第 51 段提出,"在美国,大多数的生产活动是由投资者所拥有的企业来经营的,他们为出售而生产而非为自身的消费而生产,并且一般从事于市场的交换";第 52 段说,"在生产单位之内,现代组织允许长期的、持续的及复杂的程序,而现代的技术也要求如此"。该报告还指出,"现代经济的复杂性,对财务会计具有下述含义:(1)因为现代经济倾向于连续性,所以与一段期间(如一年或一个季度)相关的计量只能基于假设或传统的分摊程序。(2)由于现代生产的复杂性及经济结果的连接性,各种生产资料和相对效果是交织在一起的,资源之间的情况是这样,他们与外部市场的情况也是这样。除非建立在随意的基础上,否则要精确计算某一特定投入单位或特定外部事项的作用是不可能的。(3)在一动态的经济体制中,经济活动的结果在决策当时是不确定的,而且财务结果往往无法合乎原来的愿望"(参见 para.54)。

另一方面,现代经济组织和某些要素的经济活动的某些方面可提供基本的连续性和稳定性,从而有助于计量该活动的义务。如:(1)几种企业形式(尤其指公司组织)当作法律主体可继续存在较为长久的时期;(2)法律、风俗、习惯及传统行为方式的构架,对经济环境的许多重大方面提供重大程度的稳定性。在这样的经济社会中,财产权利受到保护、契约必须履行、债务必须偿还、银行信用及让渡业务被有效地加以操作,从而使不确定性的程度降低,而各种经济活动的结果的可预测性就会相应地提高(paras.54～55)。此外,这一章还指出,在货币经济里,经济活动的影响是以货币形式来计量(para.69)。由于资源是以货币表现的价格来计量,因此"在财务会计上使用的四种货币价格,均为交换价格(交换价格按时态分可分为:过去、现在、未来。其中现行交换价格还可分为现行购买交换价格和现行销售价格两种)"(参见 para.70)。

以上的分析表明:APB Statement No.4 是在“财务会计环境”的名义下,几乎分析了前述几个重要的基本假设,特别是对于在市场经济中怎样认识不确定性和稳定性的辩证关系,作了相当深刻的阐述,从而为企业经营的连续性提供了更有说服力的证据。

第二,APB Statement No.4 第一次提出财务会计与财务报表的目的。它写道:“财务会计与财务报表的目的,就是提供关于一个企业的定量化的财务信息,而这些信息有助于报表使用者(尤其是业主及债权人)进行经济决策[④]。这一目的包括提供可用于评估管理当局在执行其受托和其他管理责任方面的有效性信息,在这些目的的框架内,财务会计与财务报表具有许多目标:(1)决定财务会计信息适当内容(一般性目标)[⑤],(2)指明使财务会计信息有用属性(即质的目标)[⑥],这些目标提供了改进公认会计原则的手段。”(参见 para.73)

这一段论述非常重要。它创造性地把“目标”提到了财务会计的基本概念中。按照 APB 的观点:

第一,财务会计的一般目标既服务于信息使用者的决策有用性又服务于反映管理当局受托责任的履行情况。后来的特鲁伯鲁特报告(Trueblood Report)[⑦]和财务会计概念公告第 1 号都从这里得到启发,后两者仅是发展和完善,APB 才是创新。创新功不可没!现在人们只牢记 FASB 的第 1 号概念公告,赞赏这份概念公告有新意,而不知在 8 年以前,APB 已经提出有关财务报表目标的基本观点了,而且兼顾决策有用性和受托责任,比 FASB 的观点仅注重决策有用更为可取。

第二,特定财务会计(财务报表)的目标就是遵照公认会计原则而公允地列示:(1)财务状况;(2)经营成果;(3)财务状况的其他变动。一个企业的财务状况及财务状况的变动是以经济资源与义务,以及他们的变化来定义的,而这些项目又是根据报表编制当时的公认会计原则予以确认和计量。

如果说,会计基本假设是代表社会、政治经济(主要是经济)环境对财务会计的影响而使财务会计产生的具有客观性质的基本特征,那么财务会计目标就是代表财务会计信息(主要指财务报表)使用者对财务会计的要求而使财务会计产生的基本特征,反映财务会计的现实需求。

第三,APB Statement No.4 不直接研究会计基本假设,但以经济环境对财务会计程序的影响加以概括,表述了财务会计的 13 项基本特征(其实,它们是会计基本假设的具体化和扩展,并在一定程度上反映了目标的影响)[⑧],这也是一个创见。

APB Statement No.4 所列举的财务会计的 13 项特征是:

(a)会计主体(accounting entity)。会计信息从属于会计主体。主体则约束企业权益的范围即企业的边界。在财务会计中,主体是唯一(即特定的企业)乃是在财务报表中被识别的。

财务会计着眼于个别企业的经济活动。会计主体的边界可能与法律主体的边界不同,例如,母公司与其各子公司分别是各个法律主体,但被视为单一的会计主体(最终要把母公司和所有具有权益投票控制权的子公司的若干份财务报表编制成单一的合并财务报表)。(参阅 para.116)

(b)持续经营(going concern)。在缺乏相反证据下,一个会计主体被视为继续经营,由于企业具有相对持久性,财务会计的形成基本上是考虑企业的持续经营。过去的经验表明:对大多数的企业而言,虽然其持续经营无法预知其确定性,却有高度的可能性,至于面临清算,当然不能再视为持续经营(para.117)。

(c)经济资源与义务的计量(measurement of economic resources and obligations)。财务会计的主要内容是经济活动,所以,它必须涉及企业经济资源的创造、积累及使用的计量与报告。财务会计强调的是能够(用观念上的货币)予以定量化的企业活动,财务会计不会直接涉及“财富”(welfare)或“满意”(satisfactions)等主观概念。财务会计的关注重点并非社会学的或心理学的方面(para.117)。

(d)时间分期(time periods)。一个企业在特定会计期间(短于该企业的寿命)的经济活动的信息是由财务会计的程序通过数据加工后提供的。为了可比,在正常情况下,时间分期必须等长。时间分期应在财务报表中加以识别。

与企业有利害相关人士要在企业存在的寿命中的若干时点上进行评估和决策,这样,企业的连续活动就不得不被分割为相对较短的期间,以便提供决策使用的信息(para.119)。(这里,要注意信息的可靠性只能是相对的,即 Paton、Littleton 和 Moonitz 等人一再强调的暂时性。)

(e)货币计量(measurement in terms of money)。财务会计对经济资源及其义务和它们的变动的计量运用货币。这里要研究货币计量单位和货币计量属性两个方面,关于后一方面,常被会计学家认为是有争议的,分歧较大(参阅 para.121)。

(f)权责发生制[⑨]即应计制(accrual)。每期损益与财务状况的确定,取决于经济资源与其义务发生变动的计量。应计制要求计量是在变动发生的当时,而不取决于现金收付有无发生。企业在较短期内的经济活动由于广泛运用信用,难以使每项带有现金后果的交易都能实现 W(商品劳务)→G(更多货币的收回)的循环。其结果是:每期资源与义务的发生期间,与收付货币的期间不一致,为了如实反映各期损益及计量财务状况,记录这些变动(指发生时为非现金资源与义务,而在将来才会产生现金后果)是必要的。这就是权责发生制或应计制(参阅 para.121)。

(g)交换价格(exchange price)。财务会计的计量主要是根据资源交换时的价格而定。货币计量(的属性)主要就是这种交换价格,因交换以外的因素而发生的资源则或分摊过去的交换价格或参照类似的现时价格予以计量。交换价格具有多重概念(前已提到,见 para.70)。会计人员的一个重要的职业判断是在交易与事项发生时,怎样正确选择与财务会计信息使用者决策相关的交换价格(参阅 para.122)。

(h)估算(approximation)。财务会计的计量(因限于会计分期),必须涉及在短期内和对复杂的共同活动的分摊,这就要依靠估计,经济活动固有的连续性、复杂性、不确定性和结果的共同性使估算成为必要(参阅 para.123)。

(i)判断(judgment)。上面提到财务会计不可避免地存在着估计,即应允许会计人员的职业判断。财务会计程序不可能成为一套刻板的规则(参阅 para.124)。

(j)通用的财务信息(general-purpose financial information)。这一特征显然是财务会计(财务报表)目标的反映与要求。它是指:财务报表必须满足投资人、债权人、管理当局和其他使用者的需要,特别是现在的潜在的投资人和债权人的需要。上述目标是一种推定(即未经证实),从历史的经验得出的推定是:使用者对会计信息有共同的需要。该报告第 46 段认为,"财务会计信息可能趋向于……共同需要……例子有:对企业财务状况与发展所提供的通用目的报告,即众所周知的资产负债表与损益表。……大多数使用者需要类似的信息"(参阅 para.125)。

(k)基本相关的财务报表(fundamentally related financial statements)。数据按会计程序处理的结果表现为财务状况表及财务报表变动表,这些报表基于相同的会计资料,基本上具有相关性,经济资源、经济义务及其变动基本交错,使得期间的损益计量与资产负债计量成为同一程序的不同组成部分(参阅 para.126)。

(l)实质重于形式(substance over form)。财务会计强调反映交易和事项的经济实质而要撇开其可能不同的法律形式(参阅 para.127)。

(m)重要性(materiality)。财务会计及报告仅关注足以影响评估企业业绩和进行决策的重要信息(一般指金额较大,但要考虑企业的经营总量,大小通常按照比重),对于那些不够重要,即对企业评价起微不足道影响的项目可以变通处理(参阅 para.128)。

APB Statement No.4 所列举的上述 13 项特征比较全面地概括了传统财务会计的基本特点。把这些特点联系起来,就是说:财务会计是在一个持续经营的主体内,对由于交易和事项而影响到的经济资源及其义务(即资产与负债)的变动,以权责发生制(应计制)为确认基础,运用相关的交换价格进行货币计量,并在不同的会计期间,允许一定程度的估算和判断,确认收入和费用。最后,通过基本相关的财务报表,反映通用的财务信息,在确认、计量和报告的整个过程要遵循“实质重于形式”和“重要性”等会计原则。

注释:

①Paton 和 Littleton 又将其称为“价格积数”(price aggregate),既表示成本,又表示交换价格(参见 An Introduction to Corporate Accounting Standards,pp.11～13)。

②这一点,前面已有详细论述。

③该模式最终因为 APB 否决了 ARS No.1 和 ARS No.3 而流产。

④什么样的会计信息才是决策最有用的?关于这个问题,学术界看法并不一致,且不说如今对会计信息的相关性和可靠性的选择问题,单就盈利信息还是现金流量信息哪个更有用,学术界大量的研究成果结论也各不一致。

⑤一般性目标主要指:(1)提供关于一个企业的经济资源与义务的可靠的财务信息;(2)提供关于企业因其盈利活动而产生的经济净资源(资源减去义务)的变化的可信的信息(见 APB Statement No.4,paras.77～78)。

⑥质的目标,后来被 FASB 发展成为财务报告概念框架第 2 号《会计信息的质量特征》。

⑦美国 AICPA 于 1971 年成立旨在建立 FASB 的怀特委员会(Wheat Committee)和旨在研究财务报表目标的特鲁伯鲁特委员会(Trueblood Committee),后一委员会必须研究:(1)谁需财务报表?(2)他们需要什么信息?(3)多少需要的信息有可能由财务会计来提供?(4)需要的信息应采取何种必须提供的框架?Trueblood Committee 经过研究,于 1973 年提供了两份报告:①Objective of Financial Statements;②Objective of Financial Statements:Selected Papers。前者称为《财务报表的目标》,是主报告;后者称为《财务报表的目标:论文选》,是附属报告。通常,把前一报告称为 Trueblood Report,该报告共提出 12 项目标,但分 6 个层次。在第一个层次是基本的目标,定位于“决策有用”;第二个层次提出有一般使用者、使用者、组织和社会四类使用者;第三个层次则为使用者需要的盈利能力(earning power)和受托责任(accountability)。为了提供这两类信息,财务报表应当包含资产负债表、收益表、财务活动与财务预测。特鲁伯鲁特报告发展了 APB Statement No.4 并为 FASB Concept Statement No.1 提供了基础。

⑧APB Statement No.4 把它们归为基本特征,本文则认为基本假设和目标才是财务会计的基本特征,这里列举的 13 项是基本假设和目标对会计程序影响的具体化,已经不属于基本概念,因此本文改称为“特征”。

⑨权责发生制(应计制)在财务会计中是一个至关重要的概念,因为它不仅是当前财务会计确认的基础,而且各项要素通过有关的交易和事项,也是应用权责发生制进行记录并列入财务报表的。实际上,现在流行的财务报表的要素,又都考虑了权责发生制才给出它们的定义。例如,资产定义中的“未来经济利益”(未来现金流入)、在负债定义中“将来要放弃的经济利益的义务”(放弃的现金即未来的现金流出)这些时态(未来,将来)定语,都由于考虑到权责发生制是记录和报告的基础。为此,本文进一步引用 SFAC No.S.1.6 中关于权责发生制会计的说明,以补充 APB Statement No.4 121 段的不足。

FASB 指出:权责发生制发生企图将交易与其他事项和情况,在其所发生的现金后果,作为交易与其他事项和情况来影响某一主体的财务结果而进行记录,它不把财务结果的影响仅限于该主体收入或付出现金的某个报告期。权责发生制关注的是某一个主体取得产品或劳务,并用以生产和推销其他产品或劳务。权责发生制用于反映这样一个过程,那就是:购置各种资源和进行各种活动所支用的现金将会带来更多(也可能更少)的现金收回,而不是反映这一过程(现金实际流动)的结束和开始。权责发生制认识到:某一个主体在一个报告期间内的购、产、销等经营活动以及影响该主体业绩的其他事项,与该期内的现金收入和现金付出往往是不同步的(SFAC No.6,para.139),显然,这同广泛运用的商业信用有关。“权责发生制不仅以现金交易为基础,而且与赊账交易、物物交换、非互惠产品或劳务交换等非现金交易为基础,甚至某些交易虽有现金后果,却不发生现金运动。权责发生制能把某一主体的经营活动和其他活动与它的现金收支联系起来,因而它既能提供现金流动,又能提供资产和负债及其变动信息”(参阅 SFAC No.6 140,文字有所变动);“采用权责发生制来计量企业的收益及其组成内容,一般比按当期收入和支出能更好地说明企业的业绩”(参阅 SFAC No.1,para.44)。这是因为“权责发生制的目的是将交易与其他事项和情况对某一主体的财务效果,在其可确认、可计量的范围内,归入发生这些交易、事项、情况及其财务影响的同一报告期内予以计算”(参阅 SFAC No.6,para.145)。

财务会计的基本概念、基本特征与基本程序(四)

葛家澍　杜兴强

(三)财务会计的目标

在第(二)部分我们已经阐述了财务会计的目标。本文按历史发展的顺序,肯定 APB Statement No.4 首先提出了财务报表的目标并把它分为一般目标和质的目标两类。在一般目标中已明确提出各类信息有用性,特别是投资人和债权人用于他们的决策。同时在附注中介绍了 AICPA 专门成立的特鲁伯鲁特委员会研究财务会计的目标并取得“财务报表的目标”和有关论文集两份报告,应当说 APB Statement No.4 关于一般目标的提出和 Trueblood Report 提出的 12 项目标是美国会计界研究财务报告的目标和财务会计概念框架的序幕,代表着在财务会计概念中,究竟从假设开始还是从目标开始的转变。20 世纪 60 年代 ARS No.1 和 No.3 的发表反映基本假设是财务会计概念框架的第一层次,那时还没有“目标”概念的提法,那么,以 APB Statement No.4 和 Trueblood Report 为基础,FASB 从 1978 年 11 月开始发表的第 1 号概念公告到 2000 年 2 月发表的第 7 号概念公告,就明确地以财务报告的目标为第一层次,所以基本假设都涵盖其中,国际会计准则委员会则采取另一种做法,在它的财务报表的编报框架(1989)中基本假设则被一分为二,属于真正代表客观政治经济环境影响的假设,一般作为目标所依存的环境(如主体假设、以货币为计量单位假设等)来描述,不再用“假设”(postlulates)的名义。而真正带有主观意志但又必须作为财务会计前提的几个概念如“持续经营”、“权责发生制”则命名为基础假定(underlying assumptions)列于目标之后。这里也回答了前述有争议的问题:目标与假设哪个更重要。

在 FASB《财务会计概念说明》一文(载 FASB 的第 2 号财务会计概念公告)中明确写道:“这一系列《财务会计概念公告》的意图在于阐明作为财务会计基础概念——指导如何选择应予记账的交易事项和情况,其确认与计量,以及加以总结并把它们传递给利害关系集团方法的那些概念”;“概念结构是互相关联的目标和基本概念协调一致的系统……目标指引方向概念则是解决问题的工具”[①]。透过这份说明和整个概念框架我们可以看到:

1.FASB 认为,在财务会计的所有基本概念中,目标是第一位的。从提出会计信息质量特征,对财务报表要素给出的定义并规定其特点,从确认基本标准的建立、计量属性的选择,到财务报告的编报(包括表外披露)都必须服从于财务报告的目标,所有其他概念运用的正确与否,特别是财务报告对决策是否有用,归根到底,评估的最终标准是目标。那么,假设既然在概念框架中似乎已经消失,它还有没有作用?答案应当是肯定的。假设的作用表现在目标的提出上,人们提出财务会计目标,仍然以财务会计和报告的客观经济环境(基本假设所赖以形成)为基础。

2.FASB 第 1 号概念公告是迄今美国企业财务报告目标的公认提法[②],也是世界上多数国家学习的楷模。FASB 关于企业财务报告的目标,总的提法是人们把它概括为决策有用性。全面阐述见第 1 号概念公告第 32 段至 56 段共 25 段。1998 年 12 月 FASB 发表的一份题为《国际会计准则的制定:未来的一种设想》(International Accounting Standing:A Vision for the Future)的报告主要是回答 SEC 的要求,对高质量会计准则,特别是高质量国际会计准则提出 FASB 的观点。在这份报告中,它重申了财务报告目标的含义,把第 1 号概念公告关于企业财务报告目标的阐述概括为以下三点:

第一,供现在和潜在的投资人、债权人和其他使用者做出合理的投资、信贷和类似决策的有用信息;

第二,提供现在和潜在的投资人、债权人和其他使用者估计一个企业预期现金净流量的金额、时间安排和不确定性,并以此为基础最终估计他们自己的现金收入;

第三,总的看起来,FASB 关于财务报告目标的设立,仍然以提供一个企业有关经济资源、对资源的主权以及交易事项和情况对资源主权变动的各种财务信息,帮助投资人、债权人和其他类似使用者进行投资、信贷和其他类似决策为主。

财务会计的目标取决于财务会计信息的使用者及其所需求的信息,这同一个国家融资筹资的方式有很大的关系。美国企业的融资主要方式是来自投资人十分分散的资本市场。投资人进行投资的目的一般不在于控制企业从事长期经营而在于:①在低风险下取得优厚的现金股利,因而普遍关注企业的现金流量,特别是企业现金净流入量;②把股票作为一种特殊商品,通过股票的买卖,赚取卖出价大于买入价的利差,因而十分关注企业股票价格的行情。以上是美国投资人决策所关注的事项,也是他们所谓决策有用性的具体内容。但在欧洲大陆如德国和亚洲的日本等国家,企业资金的主要来源是银行。他们的投资人是比较稳定的,且有长期的经营观点,他们更关心企业的未来盈利能力,亦即委托企业经理人员从事经营资源的保值和增值能力,因此,国际会计准则委员会认为"财务报表还反映企业管理层对交付给它资源的经营成果或受托责任"[3]。英国的《财务报告原则公告》(Statement of Principles for Financial Reporting)也把反映受托责任和用于经济决策同时并提,这份公告的第 1 章说"财务报表的目标是提供报告主体的财务业绩和财务状况信息,用于广泛的各类使用者评估主体管理层的受托责任和作出经济决策"[4],才是比较全面的。这就是说,财务会计的目标应是相互联系的两个方面(但各国的侧重点可能不同):

第一,使用者进行经济决策(如投资人进行股票的购买、持有或抛售的决策);

第二,供使用者评估企业管理层对委托经营资源受托责任的履行(当然投资人的代表和董事据以做出激励、惩戒或撤换某些管理人员的行动也是一种决策)[5]。

(四)其他基本概念

本文不打算全面阐述财务会计概念框架中的全面和全部概念,而着重论述了会计与财务会计、基本假设和财务会计的目标,这里只着重探讨会计信息质量特征和财务报表要素两个问题,至于确认和计量与报告(披露)则作为财务会计的基本程序另行研究。

1.关于会计信息的质量特征

现在研究财务会计信息的质量特征都以 FASB 的第 1 号概念公告为代表,按照第 2 号概念公告,作为对决策有用性的两个首要质量是相关性和可靠性。尽管 FASB 从未明确表现相关性与可靠性哪个更重要或两者发生矛盾时怎样取舍,但它把相关性列于可靠性之前,已经暗示了它重视相关性的观点。

把相关性列为会计信息质量要求的第一位并非 FASB 的首创。AAA 在 1966 年的 ASOBAT 中建议采用的四项基本会计信息准则,相关性就列为第一位:①相关性;②可验证性;③公正性;④可定量性。APB Statement No.4 在谈到质的目标(即会计信息质量)时也明确地指出,"本委员会相信财务会计有七个质量目标,最重要的质量目标就是相关性(para.87)。为什么从 AAA 的 ASOBAT、APB Statement No.4 到 SFAC No.2 都对会计信息质量特征强调相关性或以相关性列为第一位?因为它们都先研究了目标并把目标定为"作出关于利用有限资源的决策"(AAA);"财务会计与财务报表的基本目的，就是提供关于一个企业定量化的财务信息，而这些信息，有助于报表的使用者(尤其是业主和债权人)进行经济决策”(APB Statement No.4，para.73)；“信息具有各种特征……其中决策有用性是最重要的”(参阅 FASB Concept No.2，para.32)。在这段中，FASB 列有一个会计信息质量的层次结构图，其中对决策有用性的首要质量是相关性和可靠性。FASB 把相关性理解为信息影响决策的能力，即这种信息应当帮助使用者预测过去、现在和将来事项的结果或用来证实与纠正预期的情况。总之，信息之具有相关性，表现在它能证实按预期期望做出决策或应当改变期望值从而修改决策，两者都直接影响决策(参阅 FASB Concept No.2，paras.46～50)。毫无疑问，正如 FASB 指出的，为了对决策有用，相关性和可靠性缺一不可，两者都是重要的。如果不具有相关性，则人们寻求会计信息而为之花费成本等于白费；反之，没有可靠性，相关性就根本不存在。那么，相关性与可靠性究竟谁更重要？两者出现矛盾时应如何取舍？

让我们从会计的本质来说明这个问题。著名的会计学家 A.C.Littleton 扼要说明贸易和金融的发展怎样为簿记和会计的发展提供一个基础，以及会计反过来对大型贸易公司采取合伙和合资经营形式中所起的促进作用。他认为“会计在促进这一发展过程中的作用，以及对会计数据的新需求，是和会计作为提供有关企业经营真实信息的机制有关”[⑥]。

以后伴随着工业革命的发展，公司这种现代企业的形式迅速得到发展，公司需要通过发行股票和其他债券筹集资金，投资人分散于企业外部已明显不同于早期的会计实务——当时业主和经营者是一体化，业主即经营者可以从会计中了解企业的全部经营情况并由个人做出决策；现在，会计成为企业和众多利益相关集团之间进行沟通不可缺少的工具，企业同外部关系越复杂，就越需要可靠的会计信息来保障与企业利益相关集团的利益。审计之所以发展为一种专门行业，也是为了提高规模越来越大，交易与事项越来越复杂，各种经济关系越来越盘根交错的大型公司会计的真实性与可信赖程度。Littleton 认为会计所处理的特定主题是财富的数量方面，是基于整个交易(不是单项交易)的货币价格总计。它既包括经济的真相(因为交易是经济事实并用价格定量)，也体现统计的真相(因为所有经济事实进入会计就要按复式簿记系统中的账户加以归类，按会计特设的科目——会计要素的再分类加以记录和报告)，然而会计只是从经济学中借用一些范畴，从统计学中借鉴分类的方法，而会计的记录计量和报告有自己的道德色彩(moral coloration)。Littleton 引用 Robert H.Montgomery 在 1937 年 AIA 年会的主席报告中说：会计师的责任，是在处理数字和发现事实之后，把数字加以综合，并清楚、简明和合理地说明它们之间的内在真相，以使管理者可以阅读。……我们的职业一直有一个信念，即必须去探求和说明事实真相(this urge to find and tell the truth)。Littleton 接着写道：“正是这种事实构成会计的道德色彩，探求真实(truth finding)和反映真实(truth reflecting)是会计职能的重要部分。”他强调会计师的基本责任是要证明为探求和反映真实而努力[⑦]，为了强调会计信息的真实性，Littleton 又在《会计理论结论》第 12 章理论的应用部分再次阐述他在第 7 章提到的会计目标，“第 7 章的一个简明概括‘是会计的最高目标在于帮助某人借助数据了解某个企业’可以通过一个具有同样意思的更详细的论点来说明。为了实现帮助管理当局和其他人士了解企业这一首要目标，会计必须对数据加以如实的分类，正确的浓缩和充分的报告”[⑧]。我们为什么不厌其烦地引述 Littleton 的观点？因为这本书关于会计信息质量的见解，始终同会计的本质和目标相联系，始终强调会计信息的真实性，也就是现在很多文献所说的“可靠性”。会计信息应当具备各种质量特征，但最本质和最能体现会计职能和会计系统所提供数据特征的则是真实性和可靠性。因为会计信息不是一般信息，而是同企业资源(财富)的流量和存量密切联系着的，社会各有关集团必须根据会计信息，做出它们对资源配置的决策，并协调经济利益关系。因此，不论有意或无意，歪曲真相都是不能允许的。任何一个社会都不能允许一部分人利用会计数字为自己谋私利而损害他人利益，破坏市场经济的正常秩序。我们承认相关性非常重要，但离开可靠性这个前提，会计信息如何能据以做出正确的决策？皮之不存，毛将焉附？历史的经验证明，美国安然、世通、施乐等公司的会计作假进一步证明,企业若不提供真实可靠的财务信息,必然导致投资人丧失信心,完善的投资市场和环境将可能破坏殆尽。英国 ASB 的财务报告原则公告指出:"有时候,信息是最相关但不是最可靠,或者相反。去计量一项资产或负债选择的金额恰好包含这样一个矛盾。在这种情况下,一般恰当地所应用的信息是在任何最可靠信息中寻求最相关的信息。"[⑨]即可靠性是相关性的前提。或者说,应当把 FASB 在第 2 号财务会计概念公告中提出的、决定决策有用性的两个主要质量特征的并提顺序倒过来,即可靠性与相关性,而不是相关性和可靠性。

当前,在会计信息质量特征中,人们常常谈到"透明度"(transparency)的问题。这一质量是 SEC 前主席 Arthur Levitt 在 1997 年《关于高质量会计准则的重要性》的演讲(文章)中提出来的。然而什么是透明度的真正含义,始终没有人做出明确而统一的解释。Levitt 提出透明度,当然重点在于披露,是充分披露(full disclosure)的一种概括。但按照 Levitt 所举的例子,则又涉及表内确认各项要素,特别是确认收入和费用的真实性。比如他反对提前或推迟收入,平滑每期盈利,把本来就是被动的企业业绩加以粉饰,包装成好像盈利在平稳中逐年上升,造成欺骗投资人的假象。这样看来,透明度的要求又是对高质量会计准则和高质量财务报告的概括。透明度不仅要求公开确认(表内)和披露(表外)所有不应当隐瞒的交易、事项及其对财务状况和财务业绩的影响,不应当含糊不清,而且应当对所列示的信息保证其可靠性、相关性、可比性、公允性和可理解性。有着高度透明性的财务报告,应当符合会计信息的所有质量特征。披露是否充分,只是报告的形式,而披露是否完整和真实,才是问题的实质[⑩]。

2.关于财务报告的要素

财务会计或财务报表的对象予以具体化,使之成为不同交易和事项的归类,在日常记录中初次确认,并在财务报表中再确认,这就是要素。由于要素需要确认并构成(仅构成)财务报表的框架或大类,因此,财务会计要素应等于财务报表要素,而不能说成是财务报告的要素。因为其他财务报告没有固定的分类和项目,不一定除定性说明外还要进行定量(运用观念货币)描述(以金额表示)。特别是其他报告的金额并不属于确认,多数不是来源于日常会计记录[⑪],不可能计入财务报表的合计数,它只属于披露(狭义的)的范围。

由于现行财务会计的确认是以权责发生制为基础,在初次确认的基础上对报表进行再确认(也仅指资产负债表和收益表即利润表)。现金流量表只有在编表时才转换为收付实现制[⑫],因此财务报表的要素通常只需考虑资产负债表和收益表这两张基本报表的结构。前者主要由"资产"、"负债"和"所有者权益"所构成;后者的构成大类是"收入","费用"、"利得(营业收入)"和"损失(营业外支出)"。但这只是企业中财务报表中比较典型的分类。在美国,还有"业主投资"和"派给业主款",并加"全面收益"。至于在非盈利组织中就没有这三类要素,而是将"所有者权益"改为"净资产",并将净资产再分为"永久限定"、"暂时限定"和"未限定"三类[⑬]。由于英国最早要求企业编报"全部已确认利得和损失表",所以它在损益类的要素上另有特点:把"利得"(包含收入)和损失(含费用)取代收入、费用,称为要素。ASB 提出的报表要素是:"资产"、"负债"、"所有者权益"、"利得"、"损失"(包括各种收入、收益和所有已确认的已实现和未实现的损失)"、"业主投资"和"派给业主款"[⑭]。

研究财务报表的要素主要是探索要素的定义及其特点。在会计学中,给定要素的定义既不是纯经济研究,更不是纯理论研究。会计学研究财务报表要素的定义有明确的目的,这就是:为在会计系统中确认该要素而确立一个基本标准——可定义性(符合要素的定义)。所以,要素的定义应由不同要素所具有的不同特征所组成。要素诸特征的有机结合是会计中的各项报表要素的定义。而把定义进行分解,则又呈现可以识别甚至可以量化的一个又一个特征。

由于要素是会计对象的具体化,作为企业会计对象的价值增值运动是一个有机整体,财务报表也是如此。所以,要素与要素之间不是孤立的,而且资产在所有要素中总是占据最重要的位置。按照会计的传统概念,资产是企业可控制的一种资源,没有资产,企业就无法实行持续经营,其他要素也不能产生,所以负债被有些会计学家认为是“负资产”,而所有者权益则是“净资产”。按照复式簿记系统的机制,收入是资产的流入(增加)或是负债的减少(未来资产流出义务的减少),费用是资产的流出或负债的增加(未来资产流出义务的增加)。资产的定义既然在一切要素定义中起决定作用,那么解决了这个主要矛盾,其他矛盾(其他要素的定义)也就迎刃而解。因此,本文仍然着重研究资产的定义。

(1)资产的定义。1995 年我曾经在《财会月刊》上写过《关于资产的定义》的文章,文章曾引用美国一些会计著作和会计文献中关于资产定义的不同观点。当时把资产的定义概括为三类:一是指未来的经济利益,以 FASB 的第 6 号概念框架中论述的资产定义为代表。二是指成本。我在那篇文章中,虽然介绍了 W.P.Schultze(舒尔茨)所写《什么是资产?》一文中提到他反对把资产定义为成本,但没有列举把资产定义为成本的文献。其实,Schuetze 曾举了一些例子,如“AICPA 的会计准则执行委员会公开披露一个关于报告‘关于广告成本’的立场公告的公开草稿,就认为直接反映广告的成本可以报告为资产,如果该广告活动的后果带来可能的未来经济利益;在原油和汽油会计处理中,或者按 FAS 19 被 FASB 描述为‘成功努力’(successful efforts)或者按 SEC 描述的‘全部成本’(full cost)。按照规则 S—X,表现在资产负债表中的资产都是填写原油和汽油准备的成本而不是准备本身”。又如“在 FAS 60 中,取得保险合同的成本是资产”;“在 FAS 86 中,资产是计算机软件的成本,而不是从软件形成的未来经济利益”。此外他还列举了不少把成本当作资产的例子[15]。三是 Schultze 的定义——“资产是现金、对现金或劳务活动的要求权,以及能够单独出售、变现的一些项目”[16]。现在看来,还可以增加两类[17]:第四类是把资产定义为“由于过去的事项而由企业控制的,预期会导致未来经济利益流入企业的资源”(IAS Framework),“资产是一个主体控制的经济资源,是能取得未来经济利益的、过去交易或事项的结果”(CICA,Financial Statement Concepts,General Accounting－Section 1000.29)。这两个基本相似定义(一为国际会计准则委员会“编报报表框架”,1989;另一为加拿大特许会计师协会的会计推荐书中“财务会计概念”,1991)。与美国 FASB 的概念框架第 6 号关于资产定义的主要不同在于:前两者都把未来的经济利益落实到资源或经济资源,就是说资产的这两个定义都认为是能取得未来经济利益的资源(resources)而不是未来经济利益本身。第五类是把资产定义为“由于过去的交易或事项,一个主体控制未来经济利益的权利(rights)或对未来经济利益的其他使用(other access)”(ASB,“Statement of Principles For Financial Reporting”,1999,paras.4,6)。

在以上五类定义中,我们认为,成本、未来经济利益和资源三个概念并不互相矛盾,而可统一运用在资产的定义中。一个企业的资产既代表企业的投入结果又代表企业产出的依据,一个企业拥有的绝大多数资产,除国家补助或私人捐赠外,都只能通过交换取得。交换,就要付出与资产等价的现金(或表现为成本,或表现为市场价格和公允价值),这就是资本的投入。企业购置资金用于直接经营买卖,或用于生产消耗,制造新的资产最终仍需出售,收回现金,但产出的价值必须大于投入的价值。即用于购买资产的现金流出应能最后给企业带来更多的现金流入,用最简单的公式表示就是“G(现金)…G′”(更多的现金流入)。如果先反映资产投入企业经营而后再退出企业的全过程,既考虑了企业的投入,又考虑了企业的产出,则实现了对企业拥有的资产在经营中从头到尾进行考察的全过程。就是说,在资产的定义中,既反映投入,又反映产出,不但没有矛盾而且比较全面。比如,资产也可这样表述:由于过去的交易和事项,一个主体通过市场价格或其他公允价值取得的,该主体可以控制并使用的可导致未来经济利益(未来现金流入)的资源。

上述定义有三个部分的内容需要说明:

①过去的交易和事项在定义中仍然是前提。因为它代表财务会计的本质,但也是财务会计的局限性。“财务会计和财务报表主要是历史性的,即有关业已发生的事项的信息提供了财务会计与财务报表的基本数据”(APB Statement No.4,para.35)。历史的信息是已经确定的,且有凭证可以

查询,具有可靠性和真实性,不过有人也许会说历史信息对决策无用。因为决策总是对未来事项的预期与判断,似乎用不着回头看。其实历史信息对决策还是有用处的。因为对未来做出评估预测和判断总是要以过去的事实为基础。任何事情总要有一个开始和起点。今年的计划(预测)总要参考去年计划的执行结果,而且今后的预测究竟有多大程度的可信性与合理性,又要用今后的财务会计所记录与报告的实绩来验证。所以,历史信息至少有一定预测作用和反馈价值[18]。把数据及其加工的信息和对外报告局限于过去的交易和事项之上,代表财务会计的传统边界。随着经济的发展和技术的进步,要不要扩大这个边界,作为财务会计对象的交易和事项要不要冲破过去已经发生的,能否考虑未来将会发生的交易或事项,这是一个需要进一步探讨的问题[19]。

②通过市场价格或其他公允价值取得的。这里讲的就是资产的购买成本,代表企业资本的投入中的一部分。投入的价值是已经发生了的,所以它的金额具有确定性(代表过去的交换价格或其他公允价值),资产的价值可以用它来量化,成为资产的购买价值。这一价值能真实地反映企业为取得的资产而投入的资本。

③能带来未来经济利益的资源。能带来未来经济利益的资源是企业持有资产的目的,正如FASB第6号概念所说,未来的经济利益代表资产的本质(SFAC No.6,para.172)。但资产应是未来经济利益的依附物而不是未来经济利益本身。资源可以是有形的,也可以是无形的,还可以是法律或合同赋予的权利(包括使用权和所有权)。尽管能带来未来经济利益代表企业持有资产的目的,是资产的实质,但毕竟只是企业资本产出一方的预期目标,因此未来经济利益作为资产的定性说明是恰当的。但它不能加以可靠地计量,因为预期的未来经济利益毕竟是一种估计,它只具有可能性,即使能够量化,也难以像资产购买时通过交换付出市场价格或公允价值那样具有肯定(已知)的可靠性。缺乏可比性和存在着很大的不确定性是未来经济利益的致命缺点。

我们还必须看到,不是所有的资产作为商品、权利或劳务在购入后即可单独卖出,从而能确定其收入中给企业带来的净现金增量[20]。有许多企业的资产(特别是制造企业)总是需要同其他生产要素相结合,制造出新的产品,创造了新的价值才能为企业带来现金净流入,而这种未来经济利益很难在相互结合的各种资产(例如有的资产是原材料,有的资产是机器设备)中正确加以分离,这里,尚未考虑对新价值创造起重要作用的管理人员、工程技术人员、工人们的组织作用和劳动的贡献,更未考虑新产品创造所采用的高科技、新发明和新技术。我们还可以设想,假如一位农场主买了一块土地(其购买成本是确定的),但始终没有雇佣农业工人,又没有进行播种、耕耘和田间管理,整个土地一直荒芜着。试问,其未来的经济利益如何预测?难道仅仅预期这块土地将会涨价而产生"持有利得"(holding gain)?

总之,把"未来的经济利益"或"能带来未来经济利益的资源"作为资产定义的主要组成部分,虽能够正确地对资产进行定性说明(反映企业持有资产的目的),但却无法进行定量描述。这就是FASB和IASB的资产定义的根本缺陷——定性说明与定量描述无法协调一致。若把资产购买时付出的现金(过去的交换价格)加到资产的定义中去,至少可以真实地反映为取得该项资产而耗费的资本。这当然也代表资产的价值(只不过它不包含不确定的预期的未来增值而已)。

在一个持续经营的企业中,任何资产都在投入与产出的过程中进行流动。我们可以特别关注产出,预期资产能带来的未来价值增值,但也应同时关注为取得该项资产而对企业资本的耗费——资本的投入(从现金转化为生产要素)。把资产定义为成本(仅注意投入),这当然带有片面性,但把资产定义为未来的经济利益或可获得未来经济利益的资源(仅注意产出)又何尝没有片面性。对于财务会计中的若干基本概念的理解,不能说凡是"面向未来"都是正确的。我们在定义资产时应当有一个全面观点,即既要关注过去,又要面向未来;既要考虑正确确认的需要,也要满足真实计量的要求。这就是我设想修正当前流行的"资产"定义的理由。

(2)其他要素的定义。负债、所有者权益以及收入、费用都同资产定义中的未来经济利益或可获得未来经济利益的来源互相联系。例如,负债的定义中应包括最重要内容的是“承担对能获得未来经济利益资源在未来流出的义务”;所有者权益的定义中应包括最重要的内容是“企业持有的可获得未来经济利益的净资源”;收入的定义中应包括“可获得未来经济利益资源的增加”(或该资源未来流出义务的减少);费用的定义中应包括“可获得未来经济利益资源的减少”(或该资源未来流出义务的增加)。

但是,上述任何一个要素,同资产一样,定义中均还应包括可以量化的确定性内容。现金的流入和偿还时的现金流出的金额与时间安排都是由借贷合同或购买合同中的信用条款规定的,因而是确定性的。又如收入和费用,都是两项交换行为所形成。收入实际上是向其他主体或个人交付或提供了可获得未来经济利益的资源(商品或劳务),因而才取得了现金或收取现金的权利,费用正好相反。

我认为,FASB在概念框架中所给出的定义都只考虑确认,而未顾及计量,因而造成了定义与计量属性应用的脱节。我们可以想一想,在财务报表中,有多少资产、负债等要素的所属项目是按可能的未来经济利益来计量的?而对这一严重缺点,会计界有识之士,未必没有察觉,而却默认不言!于是造成一个错觉:美国FASB的概念框架似乎是完美无缺、无懈可击的![21]

注释:

①FASB,Statements of Financial Accounting Concepts(SFAC)No.2,Original Pronouncements 2002/2003 Edition,p.1024.

②值得一提的是,SFAC No.1关于财务会计目标的提出参考了Trueblood报告,该报告存在一个明显的缺陷,即Trueblood在确定会计目标而进行实地调查时,选择了房地产企业的样本来进行,但房地产企业是否具有代表性,以其为主要调查对象得出的“投资者最为关心一个企业现金流入、流出和时间分布”的结论是否具有代表性,是否适合所有企业的投资者信息需求的类型,能否涵盖资本市场中不同类型投资者的信息需求,至今悬而未决。也正是从这个意义上讲,我们前面曾提到财务会计目标本质上仍是一项会计假设,是对所有者类型(群体)、使用者需要的信息在一个特定的历史横截面上、在一个特定环境中做出的假定。

③IASC,“Framework for Preparation and Presentation of Financial Statements”,1989,para.14.

④⑨⑭ASB(英),Statements of Principles for Financial Reporting,1999.

⑤FASB在第1号概念公告中谈到财务报告的目标也说过,“编制财务报告应提供表明企业的管理层怎样利用受托使用的企业资源,向业主报告其受托责任”(SFAC No.1,para.50)。但FASB把决策有用性放在目标中过于突出的地位,反映受托责任的目标似乎就被掩盖了。甚至也可以认为,投资人评估管理层受托责任的履行情况,也要做出各种奖惩或人事变动等决策。

⑥⑦⑧Littleton,“Structure of Accounting Theory”,1953,pp.1~7,9~10,216.

⑩Levitt,“The Importance of High Quality Standards”,*Accounting Horizon*,1998.

⑪在表外附注中,某些解释性的披露则可能来自某一账户的明细记录。

⑫可以部分回答“为什么现金流量表没有设置专门的会计要素”这个问题。如果要为现金流量表设置单独的会计要素,那么势必意味着在收付实现制下,要像权责发生制一样为现金流量表设置一套账户,按照“凭证→账簿→报表”的程序来最终提供财务报表——现金流量表。但由此导致的簿记成本(包括账簿费用、会计人员的工资、以及为了适应新的变化而增加的会计人员的培训支出等)将非常高昂。Watts and Zimmerman在其1978年的经典性论文中曾提及簿记成本对企业执行会计准则及对新颁布的会计准则的影响。实践经验告诉我们,若根据权责发生制的资料进行恰当的调整,然后通过将权责发生制转换为收付实现制编制现金流量表,则相对簿记成本会降低许多。为此,我们认为无须专门为现金流量表设置单独的会计要素。应当看到,成本—效益原则也是设置会计要素的制约条件。

⑬我国的会计准则和会计制度规定的会计要素有6个,即资产、负债、所有者权益、收入、费用、利润;美国的财务会计概念框架(SFAC No.6,1986)涉及的会计要素包括10个,分别为资产、负债、所有者权益、收入、费用、利得、损失、业主提款、业主投资、全面收益;国际会计准则委员会颁布的《财务报表编报说明》则仅仅提及资产、负债、所

有者权益、收益、费用;而英国的会计准则委员会(ASB)为财务报表设置7项要素,分别为资产、负债、所有者权益、利得、损失、业主提款及业主投资。

⑮⑯Schultze,"What is Asset?",*Accounting Horizon*,1993,Vol.3.

⑰里查德·A.萨缪尔森(Richard A.Samuelson,1996)曾定义资产为,"资产是能够用于交换的抽象权利,资产价值是财产价值的货币表现"。这可以看作是资产的"产权观",意即资产的货币表现和实物存在只是其形式,资产背后所蕴涵的权利关系才是资产的本质。

⑱FASB在第2号概念公告中讨论相关性时说"信息对决策所起的作用,就是增强决策者预测的能力,或者证实或纠正他们早先的期望"(SFAC No.2,para.51)。历史信息对增强决策者预测的能力有一定的作用,而对证实或纠正他们早先的期望就有明显的作用。

⑲对于问题的详细讨论,参见葛家澍:《财务会计的特征及边界》,《会计研究》2003年第3期。

⑳从这点考虑,利用现值技术搜寻的公允价值也并非适用于所有的资产(譬如FAS 133就指出,公允价值是衍生金融工具唯一相关的计量属性),原因大致可归纳为以下几点:首先,现金流入量和现金流出量存在着很大的不确定因素。管理人员自身的因素和会计环境因素无疑都会影响到对企业的未来现金流量的估计——未来现金流量的贴现值在时间概念上属于未来,未来无可辩驳地具有极大的不确定性,受到知识结构、社会分工和个人精力的约束,因此对未来现金流量流入、流出的时间和数额的概率分布是一般会计信息使用者所不能够驾驭的。对此分析也具有相当的难度(事实上,概率并不等于事实,在数学和控制论学科当中,对小概率事件的研究一直未曾获得突破性的进展,更毋庸谈及经济活动或企业经营之中的人为因素诸如盈余管理、收益平滑等干扰——任何局部的小概率都可能引起所谓的"蝴蝶效应",最终导致会计信息系统的巨大变迁和投资者的决策严重失误)。其次,进行未来现金流量的贴现时,贴现率的选取也存在着不少的难题,宏观经济的波动、利率的调整、通货膨胀的因素等都会影响到其选取,也就是说未来现金流量的贴现率的确定也含有较大的选择性,那么就不可避免地含有各种估计判断在内,而现金流量的贴现率又是对确定特定资产的现金流量之和所十分关键的,人为因素的影响将会带来会计收益的操纵和相应的盈余管理。再次,未来现金流量的可操作性应当引起我们的关注。试想,要获取一项特定的未来现金流量,费用的发生不可避免,但是如何辨认与该项现金流量相联系的各项费用并最终进行恰当的配比呢?各项现金流量如何与产生它们的费用之间进行适当的分配,是一个极为复杂的问题。这个问题的不易解决,导致了运用现值搜寻的公允价值不能适用于所有的资产,而仅仅能够适用于可单独产生现金流量的资产或可以辩明某几项资产共同创造了某项现金流量的情况。如衍生金融工具、长期非货币性资产和负债等,至少在目前的会计水平下由于计量技术的不完善只能如此。

㉑这一点可以从FASB在概念框架中曾对各种计量属性的具体运用进行明确的解释就可以看出。我们要说的是,要素的定义在财务会计概念框架中的层次高于会计要素的确认和计量,所以会计要素的定义将直接决定着其计量的原则及计量属性的选择。试问,如此存在缺陷、操作性方面存在疑问的"资产"定义如何指导资产的计量?FASB的这个缺陷在"安然"事件后终于为FASB自身所意识到。在题为《以原则为基础的会计准则制定方法》的征求意见稿(ED)中,FASB对其财务会计概念框架制定进行了反思,认为没有对各种计量属性的应用予以说明和给出指导的原则是其一个主要缺陷。

财务会计的基本概念、基本特征与基本程序(五)

葛家澍　杜兴强

二、财务会计的基本程序

财务会计是一个以提供财务信息为主的经济信息系统。作为一个系统,由数据转化为信息并向外传递,主要通过初次确认、记录、计量、报告(在报表中再确认和在表外披露)等若干元素组成,它们共同形成系统运行的内部加工程序。在理论上,这几个程序也是基本概念,但它们又具有可操作性,含有一系列可供操作的原则与步骤。把上述财务会计的基本程序概括起来就是:确认、记录、计量和报告(包括确认与披露)。

财务会计是传统会计程序的继续与发展。所谓传统的会计程序,是以复式簿记系统为中心的两个主要程序:一是记录,二是编制报表。记录是运用账户对日常发生的交易和事项的分类记载,这种记载的基本原理是人所共知的复式记账,它表现了具有会计特色的、对能用货币表现的交易和事项所创造的一种全面而又简洁的记录方式。我们说它简洁,是指只用两个账户名称及其相等金额就能相联系地表现并描述纷繁复杂的交易和事项的经济实质;我们说它全面,是指这种记录能交代一个交易或事项的主要来龙去脉的经济影响。根据账户的记录,在会计期末,凡是有余额的那些账户,基本上属于资源及其义务的账户,其余额最终可形成反映企业财务状况的资产负债表;凡是没有余额的那些反映资源与义务变化的账户,其"发生额"经过加工整理,则形成能反映该企业会计期间的经营成果的损益表或收益表。账户与报表中的项目都属于会计要素的两种大致相同,但可能有一些差别的进一步分类。

传统的会计程序是:"原始数据→按复式簿记系统的要求在账户中作成分录→编成两个基本财务报表"。

传统的会计程序在15世纪已开始形成,经历了几百年的历史,而财务会计的出现则在20世纪30年代以后。经过了30年代的经济大萧条,美国通过了1933年和1934年的《证券法》和《证券交易法》,重建了已崩溃的资本市场,同时,依法组建了证券交易委员会(SEC)加强对资本市场的监管,对于企业的财务会计,主要指公开发行证券的上市公司的财务报表,提出了严格的要求。

随着资本市场的不断完善和市场经济的日益发展,企业发生的交易、事项,控股企业与其子公司之间的关系,企业与其相关联方的交易等等,都出现了前所未有的复杂情况。在整个财务会计程序中,不仅使确认、计量和报表成为财务会计必不可少的基本程序,而且,它们的重要性很快地超过了相对稳定的记录和编表(仅指两个基本财务报表)这两个传统程序。股份公司的发展日益促使所有权与经营权的分离,于是财务信息便在所有者与经营者之间,在处于企业外部的各种利害关系人和企业管理层之间,暴露了严重的不对称(asymmetry)。会计信息和财务信息,作为市场参与者之间的重要媒介,特别是作为投资人、债券人和类似财务信息使用者进行投资、信贷和其他资源分配决策的重要依据,如何确保它的公平,公正和真实、可靠性就成为保护投资人和债权人利益最必要的措施。于是,又创造了用于规范财务报表的公认会计原则(GAAP)——属于资本市场的制度安排,其重点也正是确认(包括日常记录的初始确认和在财务报表中的再确认)、计量(包括计量单位和应采用的计量属性,特别是后者)和披露(在附注中和其他报告)这三个程序。当然,财务报表也是必须改进的,比如增加必要的报表,研究报表的简化等。

(一)确认

美国FASB谈到确认,都是指在报表中的确认,这似乎不符合会计实务的实际程序。报表并非直接来自交易或事项的数据,恰恰相反,它是会计把数据加工转化信息的终结,而不论是手工操作还是运用电脑记账。记录这一环节,复式记账原理的运用都还是必要的。因此任何一项交易,从开始进入会计信息系统进行处理到通过报表传递已加工的信息,总要经过两次确认:第一次确认是为了正确地记录,我们称为初始确认;第二次确认是为正确地列报(在财务报表中表述),我们称为再确认。

1.关于初始确认

最早涉及初始确认的论述是1970年APB的Statement No.4。在该报告的145段中APB用的术语是"初始记录"(initial recording),并且仅对资产和负债而言。APB认为初始记录有三项原则:第一,进入会计程序的数据;第二,做出分录的时点;第三,通常要予以记录的金额。这三项原则都是初始记录确认的原则。第一项原则解决反映企业可能发生财务影响的经济事项应否都进入会计信息系统,通过会计程序来处理。例如,购买一项原材料,其数量、价格、交货期限均已在合同中予以规定,双方已在合同上签字,合同上的经济数据是可能影响企业财务活动的,但它不是应由会计处理的,对会计来说,合同上是未实现的经济活动,因而合同上的数据不能进入会计信息系统进行处理。但是,如果供货方按照合同发来了一批原材料,并附有正式的发票和其他运杂费及应税单据,经验收合格,企业或立即付款,或经供货方同意在一个月后付款,或开出一个月后付款的银行承兑汇票,在上述任何一种付款条件下,该交易引起的经济数据都基本确定,因而都可以在会计上予以确认,正式加以记录。第二项原则要解决的问题非常明确,那就是记录和确认的时点,即何时确认。这一点,对于收入和费用,尤其是收入的确认是极为重要的。

所谓何时,是指哪一个会计期间。凡是本期购买的资产、承担的负债、发生的收入、应付的费用均必须在本期进行记录,既不能提前,也不应推迟。否则,都会扭曲当期的财务状况和经营业绩。早在美国安然(Enron)丑闻曝光(2001年11月)之前3年,即1998年9月,当时的美国证券交易委员会主席阿瑟·利维特(Arthur Levitt)在纽约大学法律与商务中心所作的题为《数字游戏》(The Number Game)的演讲中,曾痛斥上市公司的会计作假行为,并把"提前确认收入"作为五种最主要的作假手段之一加以揭露。后来,在美国上市公司一系列的财务欺诈案件中,确有类似的作假行为发生。可见,在初始确认中,何时进行记录是最为关键的确认步骤。一个企业的期末财务状况和本期的经营业绩,其真实性[①]如何,在很大程度上取决于各项会计要素特别是收入和费用要素确认的正确时点。如果再重复一遍,是指:不任意(指无正当理由)提前或推后,也不任意递延或预提。总之,不应该将经营业绩本就具有波动性的财务真相,人为地加以平滑(smoothing)与粉饰(dressing)而导致其歪曲[②],这才是初始确认的基本含义。至于第三项确认的原则,则属于计量问题,本文以下将专门探讨。

2.关于在财务报表中进行再确认

在初始确认的基础上,按照财务报告的目标把账户记录转化(加工、整理、分类和归并)为报表要素与项目,成为对报表使用者有用的信息,所有金额均计入报表的合计。这一程序属于我们所说的再确认。再确认有四个特点:第一,它的数据(信息)来自日常的记录。第二,它在财务报表表内(仅仅是表内)既用文字表述为财务报表的要素(报表大类)、项目(要素的分类),又用数字(金额)描绘为要素和所属项目的数量,并求出各类合计和报表的总计。第三,把日常记录转化为报表的要素与项目有一个挑选、分类、汇总或细化的加工过程。第四,在报表中的表述,资产负债表和利润表是以权责发生制为基础,而现金流量表是以收付实现制为基础。

3.关于确认的时间基础和确认的基本标准

以上我们把确认按会计信息系统的基本程序分为初始确认和再确认,前者指应否、何时和如何进行日常的会计记录,而后者则指应否、何时和如何在财务报表表内进行表述。它们对于任何交易和事项涉及的财务报表要素的变动都是适用的。当然,从个别交易或事项引起的要素变动来说,也还可以分为初始确认、后续确认甚至是终止确认。

现在,我们不是研究个别交易引起的要素在日常记录中和财务报表上整个存续期间的金额增减或者消失,而是全部交易的确认基础和确认的基本标准。

确认的基础主要是确认的时间基础。对资产和负债来说,是否即期确认;对收入和费用来说,是否在发生的当期进行确认。确认的时间基础,对收入和费用比对资产和负债更为重要,因为前者较为复杂。资产和负债通常都是单项交易,属于时点概念(即使一揽子交易也发生在同样的时点),所以只要交易成立,资产已经从其他主体取得,或已承诺在未来向其他主体交付资产的义务,则资产与负债就可以进行确认。收入和费用则不同,它们仍是反映企业经营业绩的期间概念。在一个期间内,绝不止发生一笔交易或费用,而是若干笔收入和费用的积累。更重要的是:(1)收入和费用发生的时间有先后;(2)以收入来看,赚得和实现都有一个过程;(3)过程的起点和结束参差不齐;(4)发生的收入和费用,同其实现的期间经常要跨越一个甚至若干个相互毗连的时间。由于收入和费用尤其是收入的确认面临较为复杂的情况,因此有两种确认基础可供选择:一为收付实现制(cash basis),二为权责发生制(accrual basis)。传统会计最早采纳的是收付实现制即收到现金时方确认收入,支付现金时方确认费用。后来由于经济业务的日益复杂,伴随着大量的商业信用,而且收入有了一个从发生、赚取得到实现的过程,收付实现制已不能适应会计确认的需要,取而代之的是权责发生制(应计制),即收取收入的权利已发生时才确认收入,支付费用的义务(责任)已发生时应确认费用。收入确认是在三个连续的过程均已完成的那一时点确认的:收入赚取过程开始→收入赚取过程(即企业整个经营过程,具体到应销售的产品,指产品已完工验收、打包,发送并开出包括发票在内的全部单据)→已实现或可实现(购货方已经支付现金,或已经收货并承诺在一个确定的期限后付款,或已开出商业承兑汇票或银行承兑汇票支付这笔货款)。毫无疑问,已实现或可实现是确认收入的正确时点。费用除确认外还有一个同收入配比的问题,即同收入相比较来确定期间经营业绩(成果)的问题。权责发生制貌似收入费用的确认基础,其实也是资产、负债的确认基础。这正是复式簿记的巧妙机制之所在:每当确认一项收入,必然同时以相同的金额确认一项资产的增加或一项负债的减少;而确认费用,又必然同时以相同的金额确认一项资产的减少或负债的增加。权责发生制或收付实现制,只解决了要素(重点是收入)确认的时点,而不能解决确认为何种要素及其计量的可靠与否。解决后一问题,必须参考 IASC Framework(1989)和 FASB 在其第 5 号财务会计概念公告中提出确认的基本标准。

最早提出确认基本标准的是 FASB。在 1984 年 12 月,它提出"项目应符合要素定义(可定义性)","应有一个相关的计量属性,能可靠地计量"(可计量性),"有关信息对决策有重要作用"(相关性),"信息是真实的反映,其数据是可稽核,可偏向的"(可靠性)(SFAC No.5,para.63),是对会计确认的重要发展。

1989 年 7 月,IASC 参考 FASB 提出的四项基本确认标准(可定义性、可计量性、相关性和可靠性),对要素的确认重新表述为"如果符合下列标准,就应该确认一个符合要素定义的项目"(可定义性):(1)与该项目有关的未来的经济利益将很可能流入或流出企业(可定义性的本质特征);(2)"对该项目的成本或价值能够可靠地加以计量"(可计量性)(参见 IASC Framework,1989,para.83)[③]。

把 FASB 和 IASC 的确认标准加以比较,可以看到,两者存在较大差别:

第一,FASB 提到的第四条标准——相关性,在 IASC 的确认标准中没有出现。但是,IASC 的概念框架中没有涉及相关性是有道理的,因为:A.如果属于初始确认,是把原始数据记入某一要素所属的账户,数据中虽含有信息,但此时尚难断定它的相关性。否则就不需要先通过初始确认、记录、计量等加工步骤,逐步性地转换为具有相关性的报表项目了。B.即使属于再确认,个别可进入财务报表,属于某一要素的所属项目,也未必具有足够的相关性。报表是一个整体。以资产负债表为例,对企业的财务状况具有相关性的那些项目要把全部资产同全部负债与所有者权益相互联系起来观察。要了解企业流动性,也要分析资产的构成并确定流动资产在全部资产中的比例。严格地说,除了少数例外(个别项目对决策有明显的相关性),在通常情况下,相关性主要体现在一组项目而不是体现在单个的项目上。

第二,IASC 的确认标准,把可定义性作为前提,着重指出两个方面:A.该项目必须使未来的经济利益(即未来的现金)能够流入或流出企业,这是确认时的一个本质特征。B.该项目的成本和价值必须能够可靠地计量,这是确认的量化要求。A、B 两项可以不相互联系。因为未来经济利益的流动未必能够可靠地按照某一计量属性计量,但应以确认的项目必有成本或价值,而它们应当符合可靠计量的要求。

如果把 IASC 的确认标准具体化到资产,则除必须符合资产的定义外,其余两个标准就是:

第一,从产出考虑该资产应为能够获得未来经济利益的资源,而这一点代表了企业控制或拥有资产的目的与本质要求,但它尚未发生,具有较大的不确定性,因而不涉及计量问题。

第二,从投入角度进行考虑,企业为控制(取得)该资产而发生的成本或价值,一般为交换价格,由于它代表了已发生并已确定的金额,因而有可能进行可靠的计量。

IASC 的确认标准同我们提出的资产定义还是较为一致的。这一确认标准分别指出:(1)资产的本质(预期其带来未来的经济利益)以及(2)资产能量化的成本和价值两种属性。FASB 不仅在资产的定义上而且在用于确认资产的四项标准上,都侧重于资产(实际上也包括其他要素)的定性特征,即单纯地考察资产未来对企业的有用性。IASB 尽管对资产的定义基本上与 FASB 相似,但在确认标准中却兼顾了要素的定性说明和定量描述两个方面。而且实事求是地指出,定性特征与量化属性是不一致的:前者由于面向未来(如对资产则面向产出),其结果(未来的经济利益)具有不确定性,难以可靠地量化;后者由于面向过去(如对资产,则面向投入)在记录中已有确定的成本或价值,有可能取得可核实其真伪的证据而核算其数量(金额)。这样,就在确认标准中,进一步解决了资产定义和资产的记录(列报)之间产生的定性与定量的矛盾。

在整个会计处理程序中,确认是第一道关口。具体地说,记录是以交易或事项的初步确认为前提,而编制报表则以再确认为前提。记录包含一系列技术程序,其中最重要的程序是按恰当的要素所属账户作成互相联系的会计分录,并按照账户把分录进行科学的分类;编制报表也包括一系列技术程序,即把账户及其金额按财务报表中要素所属的项目[④],根据对决策有用的要求进行重新分类,其中包括合并、汇总、细分类和在报表中重新组合排列等技术。

由于会计的基本特点之一是要求在定性说明的同时还需要按货币金额进行量化表现,于是计量就成为一个与确认同等重要甚至是与确认难解难分的程序。

如果把确认加以广义地理解,即既包括初始确认又包括再确认,它是在交易与事项发生后,把受到交易与事项影响到的会计要素的变动正式按账户加以记录并按报表项目列示于财务报表的全过程,那么在这一过程中,计量则贯穿于始终。

注释:

①我们曾强调过,"反映真实是会计的基本职能"(《会计研究》1999年第12期)。然而,不少的人以真实性缺乏操作性为由,认为并无绝对的真实性,而将"真实性"划分为程序真实和事实真实,并认为会计只能够做到程序的真实性,而无法做到事实的真实。但是,仅仅强调程序的真实而忽略事实的真实,往往将可能使会计信息系统的"输出物"——会计信息成为所谓的"真实的谎言"(true lies)。所以,尽管结果的真实性需要程序的真实性,但仅仅程序的真实性并不能够确保结果的真实性,程序的真实是结果真实的"必要非充分条件",程序真实和事实真实相结合才能够确保最终结果的真实,保证结果真实的最重要的依据就是客观、真实(绝不是伪造)的原始凭证。

②资本市场和投资者必须能够辨别真实的波动和虚假的平滑。如此其决策才可能奠定在正确的基础上,只要信息不完备(incomplete),只要承认资本市场存在着不确定性,企业的经营结果就不可能实现前后各年绝对的平滑化。换言之,经营业绩在前后各年之间的波动性是客观的和可预期的,而平滑化则大多是人为操纵的结果。由于会计信息的提供存在着一个供需市场,如果投资者对人为平滑无动于衷甚至表示"欢迎",那么必将助长上市公司人为平滑业绩的"激情",最终风险将被不恰当地隐匿,而当事实(波动)无情地出现时,受到损失的将只是在信息不对称中处于劣势的中小投资者。

③关于可能一词,按照 Upton(2001)的理解,其本意确切地应该解释为"期望"(expected)。按照其逻辑,我们认为,只要事前(ex ante)认为或能够预期一个项目有价值而且愿意付出代价去进行交换,该项目就符合资产的定义,而不论最终的(事后,ex post)结果是否能够证明其有价值。"可能"这个限制性表述的存在,在于揭示不确定性的存在和未来的经济利益是不确定的,因此 Upton 认为,"可能"一词并不是资产定义的一个必要组成部分。其实任何一项资产,即使是有形资产如存货、固定资产,其给企业带来的未来经济利益都内含着不确定性的成分,所以我们也不能够仅仅因为存在不确定性和概率或然性而不确认一项资产,而断然将其排除于会计信息系统之外。

④这里应当看到,"账户"与"报表项目"是相互呼应的。它们都是报表要素在日常会计处理和在财务报表表内列报的不同表现形式,但账户是初始确认后的表现,而报表项目是再确认后的表现。从账户到报表项目,是数据转换为信息,并进一步提高信息含量的过程。也可以说账户及其金额是初步加工的信息,而报表项目则是深加工的信息。

财务会计的基本概念、基本特征与基本程序(六)

葛家澍　杜兴强

(二)计量

财务会计不仅要说明一个企业的经营活动及其经营结果,而且要(甚至应当说主要是)定量描述这一活动和结果。难怪一位著名会计学者认为"会计计量是会计系统的核心职能"[①]。研究数量的科学,首先是众所周知的数学。数学研究的对象是数与形,它不涉及自然界和社会中的各种具体活动。但数学研究的成果却是一切需要量化研究的基础。统计学也研究数与量的方面,尤其是社会经济统计学(以下所说的统计仅指社会经济统计),其运用计量的广阔程度甚至超过会计。但社会经济统计的对象是大量经济现象的所有数量方面,它没有"主体"为前提。大数法则(定理)产生了统计特有的计量方法如抽样法、典型调查等。统计也运用货币作为计量尺度,但货币尺度并非统计计量运用的唯一尺度,甚至不能说是主要的计量尺度。而会计学的计量总是同货币计量密切相结合。从传统的会计到当前的财务会计,严格地说,其计量尺度即计量单位应仅限于货币(是观念上的货币,是商品的价值唯一的、可以为人们所能见到的价值符号),这是同它的计量对象和以一个主体为前提相关联的。当会计还处在簿记时代,记录就是定性描述与货币计量有机结合的结果。一个企业(主体)每发生一项应由会计处理的交易或事项,就要连续、系统、全面并分类进行记载的同时,伴随着货币计量,正式同复式簿记的框架要求相结合的计量构成了复式记录的特征:首先是通过会计分录以不同账户而用相等金额分别借记和贷记同一个交易,然后按账户分类汇总和加工。这些特点都同会计的计量分不开。会计的分类、汇总和加工,都离不开量化(金额)的计算。这是一种独特的计量方式。没有这种独特的计量方式,就不会从日常记录到财务报表,既能分散地、又能集中地表示出一个企业在某时点的财务状况和在某个期间中的经营业绩(集中表现为"利润"及其有关信息)以及现金流量。为什么人们说会计信息主要是财务信息?所谓财务信息,就是用货币来量化的信息。为什么财务信息既受到企业管理当局的关注,也受到投资人、债权人和其他与企业利益相关方面的特别关注,作为他们日常管理和理财的依据[②],主要原因就在于财务信息基本上是那些涉及企业经营的历史、现状和预测其前景的量化信息,直接影响到各方面的经济利益,具有明显的经济后果,对经济决策、对协调经济关系是必不可少的[③]。

1.计量单位与计量属性。任何计量都要确定采用的计量单位和计量属性。对会计计量来说,计量必须以货币为计量单位是确定无疑的。作为计量单位的货币,通常指某国、某地区法定的货币,只有在恶性通货膨胀的条件下,才不能假定币值不变的法定货币为计量单位,而应当按资产负债表日的计量单位(即资产负债表日的货币购买力)重新表述以受到恶性通货膨胀影响的法定货币所编报的所有的企业的财务报表(IAS.29,para.8)。

任何计量都离不开计量所依据的单位或尺度以及计量应当采用的属性,即计量对象的特征、形状、标志等等。对会计计量来说,考虑会计对象的特点,是价值及其增值过程,而且在会计假设中已作了明确规定。凡是确认的交易或事项,其计量单位确定无疑地应是货币(观念上的货币)。在市场经济中,在正常情况下,用作计量单位的货币一般总是某国或某地区的法定货币。因不考虑该货币购买力的非剧烈变动,通常称为名义货币。但如果一般物价水平发生剧烈变动如20世纪60年代至70年代出现的通货膨胀,名义货币作为会计的计量单位就受到巨大的质疑和挑战。至于会计的计量属性,在相当长时期内,由于具体的商品价格经常有起伏变动乃是市场经济的必然现象,而且有些商品价格上涨的同时另一些商品价格会下跌,总的趋势可趋于平衡。所以会计计量一般采用过去交易或事项成交时的市场价格。这种价格在入账之后,只要它所依附的商品仍然归企业所持有,就不考虑该商品市场价格的正常变动,仍假定它是固定不变的,也就是不考虑持有资产的价格变动。于是,这种被固定了的价格就转化为会计上的历史成本。但若具体商品的价格变动幅度很大,为了保证销售成本的真实,以免虚盈实亏,有人主张以现行成本代替历史成本。

20世纪60年代至70年代,除传统的计量模式历史成本/名义成本外,陆续出现了下列三种适应物价变动的计量模式:(1)历史成本/不变购买力——供一般物价水平出现剧烈上升(特别是出现恶性通货膨胀)时采用;(2)现行成本/名义货币——供具体物价水平出现剧烈上升时采用;(3)现行成本/不变购买力——供一般物价水平和具体物价水平均出现剧烈上升时采用。1979年9月,美国FASB颁布的FAS 33《财务报告与物价变动》就要求在财务报表以外按上列第3种计量模式分别补充披露在不变购买力(不变价格美元)下的有关财务报表和有关现行成本的信息(FAS 33现已由1985年12月的FAS 87所取代)。这是财务报表被扩展为财务报告的创举。国际会计准则29号《恶性通货膨胀经济中的财务报告》则要求"以恶性通货膨胀经济货币报告的企业财务报表不论是以历史成本法,还是现行成本法为基础编制的都应按资产负债表日的计量单位表述"(para.8),这里所谓"资产负债表的计量单位"即指以资产负债表日的购买力为不变购买力,并要求用它来重新表述按历史成本/名义货币或现行成本/名义货币编报的报表。

从20世纪80年代至今,通货膨胀在绝大多数国家都被抑制。用不变购买力取代名义货币重新表述财务报表已成为罕见现象,在计量单位问题上,已不再对采用名义货币产生争议,现在计量问题的分歧,集中在应予采用的计量属性上。

2.历史成本与公允价值。会计的计量同价值及其流动密切相关,计量单位又是货币,则计量属性也应当就是市场价格或交换价格。因为前已多次论及,货币是唯一可以捉摸的价值形式,而价值的数量不能自我表现,只能通过价格。在市场经济中,通过无数交易被买卖双方普遍接受的公允价格,应是由市场形成的市场价格。市场价格是动态的,任何时候从时态分,市场价格都可以分为过去、现在和将来(预期)三种。财务会计与财务报表一个重要的、基本的职能,是以一个企业已发生的、过去的交易和事项为处理的对象,即APB Statement No.4所明确指出的"财务会计与财务报表主要是历史性的,即有关业已发生的事项信息"(para.35)。因此,对财务会计的账户和财务报表的项目而言,最相关的计量属性应为过去的市场价格。这种价格的优点在于:第一,它是交易成交时发生的,既公允又平等;第二,由于交易已经发生,这种价格已经确定,并有证据可供稽核,其可靠性有保证。在一个持续经营的企业中,除流动资产外,其他资产既不是为卖而买,一般也不作为交换和交付的手段,持有这类资产(几乎所有是长期资产)是供企业长期使用和生产消费的。市场价格的变动,对企业持有的资产特别是长期持有的资产完全可以不予考虑,否则,对资产价格这种频繁调整不但没有意义,而且会加大会计处理成本,不符合效益应该大于成本的原则。会计学者把取得资产的当时价格(成交后即成为过去的市场价格)以形成负债时承诺的未来支付就都转化为(即改称)历史成本和历史价格。

我们评价所采取的计量属性在什么情况下才比较恰当,主要的标准应看它是否符合计量对象的特点。历史成本之所以成为财务会计的主要计量属性,其根本原因是财务会计对象的特点——财务会计基本上属于企业的经济活动及其业绩能够用货币量化的历史——所确定的。在这一方面,按历史成本计量是原则,但也有例外(即灵活性)。例如存货和有价证券在年终报告时,除可考虑存货的跌价损失外,还往往按照成本与市价孰低(或可变现净值孰低,这表明也不局限于历史的市场价格)来列示;应收账款按照历史成本表明其账面价值后,在年终报告时又往往把应收账款的账面价值减去应收账款上应该计提的坏账准备而列示其净值;固定资产也是如此,在年末资产负债表上列示时,一般可将其账面价值(如有减损则先将历史成本扣除减损部分)减去已计提的折旧准备来表述。以上这些都是适应市场经济的变化,不拘泥于计量中必须刻板地坚持历史成本,为使用者提供决策更有用的信息。在财务会计与财务报表中,历史成本成为长期被广泛采用的计量属性,与财务会计和报表本质上是对一个企业活动的历史进行量化的描述有关。由于所描述的项目都是已发生的交易或事项所引起,所以具有确定性,是一个已知数。这正是历史成本计量能够反映历史的经济真实。但历史成本计量也有局限性,这主要表现在:它只能反映一个企业投入时的资本耗费,而不能够反映产出时预期的资本增值;或者说,它能量化企业在经营中所付出的努力,但不能量化经营后取得的成果。此外,历史成本不能够反映资产在持有过程中的不确定性。实际上,一项资产的不确定性在决定之前(如应收账款在收回之前)一直处于风险状态(有发生坏账的可能性)。面向过去,计量已知数,不考虑不确定性和风险,是历史成本的缺漏,也是历史成本的特点。公允价值可以认为是用来补历史成本而面向未来的一种计量属性。按照定义,最能够代表公允价值的应是现在和未来(特别是后者)的市场价格。某些商品如果缺乏活跃的交易市场,而无法形成市场价格,那么交易双方在自愿平等的基础上进行交换时双方一致达成的交换金额,也可以称为公允价值。该金额之所以能称为公允,是因为双方皆不认为自己吃亏。在这个意义上,这种公允价值也可以称为是"双赢价格"。除了市场价格之外的公允价值,一般要有公正、合理的计算方法,比如用预期的未来现金流量进行贴现[④],甚至需要复杂的计价模型,如计算看涨期权通常要利用布莱克—斯克尔斯模型(Black-Scholes)[⑤],甚至一个企业的价值也可以通过资本资产定价模型(CAPM)来计算或估计[⑥]:

$$V_{i\cdot o}=\sum_{t=1}^{T}\frac{C_{1,t}}{\prod_{T=1}(1+r_T)}$$

但是,不论是 Black-Scholes 模型还是 CAPM 模型都需要严格的前提条件,其中有些与市场经济的实际情况和人们的行为并不一致,而且最有可能促使应付现值计量的资产和负债的计量问题,经常最不可能满足诸多理论模型严格的前提假设(FASB Concepts No.7,2000,para.71)。

从以上说明可以看到,历史成本和公允价值都是以市场价格为基础的。市场有多种功能,其中一种功能是以价格形式传递信息。实际上,不论是过去、现在或未来的市场价格都已将商品(资产)的不同风险和报酬区分开来了。但是历史成本作为过去的市场价格所包含的风险和报酬已经被固定为一个已知数,因此,它具有人们最为信赖的可靠性。但在反映不确定性和风险方面,历史成本则不如公允价值。首先,在历史成本中,不确定性似乎已经消失,不再反映资产和企业的风险,因而无法预期该资产或整个企业的现行市价和预计能带来的现金流量,显然缺乏对决策的相关性;公允价值是含有不确定性的预计数,预计当然不可能精确,所以人们必然担心它的可靠性(特别是预期未来现金流量进行折现包含的变数太多)。但即使预计一个不甚可靠的现行价值或未来价值,总比没有预计或完全依靠已知的历史成本去预测要好。其次,历史成本与公允价值还有一个重要的区别,那就是:历史成本在不同会计期间的变化只是已知数的摊配,而公允价值则每期必须进行新起点的计量,这种计量能反映当期考虑不确定性和风险的市场价格。公允价值计量对于使用者的决策,当然比历史成本具有相关性也是显而易见的。

FASB Concepts No.5 曾提出五种计量属性(按 SFAC No.7,未来现金流量的现值只是捕捉公允价值的一种技术,第五种计量属性应为公允价值),在当前会计实务中同时并用。在五种计量属性中,最常用的是历史成本和公允价值两种。传统的资产和负债,特别是长期资产,大多按成本(历史成本)计量,只有金融资产和金融负债以及那些无从寻找历史成本证据的资产或负债,才采用公允价值。从计量技术上看,对历史成本的应用,一般着重于初始确认及以后期间的成本摊销和分配,而公允价值(也包括现行成本、现行市价)的应用,则着重于初始确认的计量及以后期间的新起点计量。现在看来,历史成本和公允价值作为财务会计两种不同的计量属性,各有优缺点和适用性。如果按照FASB的第1号概念公告所提出的目标——财务报表及其有关的附注提供的信息应能够“有助于当前的和潜在的投资者、债权人及其他信息使用者对以股利、利息、销售收入、证券或贷款的赎回和到期偿还等形式出现的现金流量的金额、时间安排和不确定性作出评价”(SFAC No.1,para.37),那么公允价值是它有用的计量属性。

如果看财务会计的本质,如 APB Statement No.4 所说,“财务会计与财务报表主要是历史性的,即有关业已发生的事项的信息”(para.35)。同它的本质相适应,已发生的过去的交换价格即历史成本,又应是最相关的计量属性,历史成本不但能量化企业的历史财务图景,而且有凭可据,有证可查,虽不能精确的客观(由于允许会计人员的职业估计与判断),但至少比估计的公允价值可靠。所以,从财务会计的本质看,当可靠性与相关性发生矛盾时,应当从具有可靠性的计量属性中选取最相关的属性。至于历史成本与公允价值的使用,除与公允价值相关的项目(如金融资产与金融负债)外[⑦],一般的资产与负债,还是应当按历史成本计量较好。不论在任何情况下,一旦选用公允价值为计量属性,则应要求达到“最佳估计”(best estimate)。

注释:

①Yuri Iriji,The Theory of Accounting Measurement,1979.

②一般认为,委托方(投资者、债权人)最为关心其货币收益的最大化,代理方虽然具有复合效用函数(既关心货币收益,也关心非货币收益),但货币收益的追求仍是其主要目标。而企业提供的财务信息可以有助于他们评估其获取货币收益的可能性,为此在信息不对称时备受关注。

③企业产出的分配是一个复杂的过程,会计信息虽然并不直接体现分配的规则,但是毫无疑问,不同的会计信息揭示的内容将间接影响到最终的分配结果,因此可以认为是影响了分配的过程。

④1988年10月,FASB即着手研究会计计量中的现值问题。从1990年12月至1999年12月期间,FASB共发表了32份财务会计准则公告,其中15份涉及确认和计量问题,11份涉及现值技术问题,而且FASB注意到第5号财务会计概念公告中对计量属性的阐述并未回答在会计计量中何时和如何应用现值技术的问题。为了克服这一缺陷,2000年FASB颁布了第7号财务会计概念公告《在会计计量中运用现值技术》。

⑤FASB,SFAC No.7.

⑥Watts and Zimmerman,*Positive Accounting Theory*,Prentice-Hall,1986.

⑦公允价值的特点在于其作为计量属性时,更多地应用于“重新计量”(fresh-start measurement),因此它并不适合于所有的资产,至少不适用于那些企业并不准备出售或变现的资产。事实上,公允价值迄今为止的应用主要局限于衍生金融工具、准备随时变现的有价证券等。

财务会计的基本概念、基本特征与基本程序(七)

葛家澍　杜兴强

(三)披露

从交易和事项发生开始根据有凭证可稽核其可靠性的经济数据,按照确认的基本标准,通过初始确认结合初始计量按照科学的复式簿记的要求,用会计特有的方式作成简单而易懂的会计分录,把该交易或事项显得颇为纷繁的现象正式地加以整理,并在账户(报表要素的初次分类)分别归集汇总,然后再根据信息使用者的要求,考虑财务报表的特点,主要根据记录(并经过账证、账实和账账之间的核对)的数据和信息,按报表的项目(报表要素的再分类)在财务报表中进行再确认(有必要对某些项目进行的再计量——包括对初始记录数字仍按历史成本的调整,也包括重新开始计量如按现行成本或公允价值计量),获得了并将向使用者传递有用的财务信息。这就是传统财务会计的加工与处理全过程。把这个过程简化表述,如图1所示:

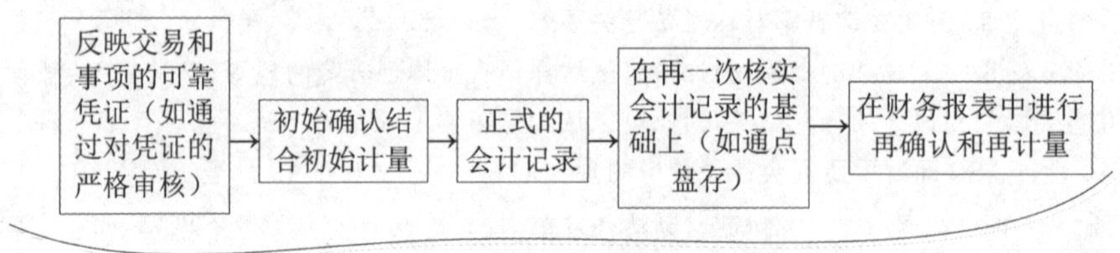

图1　会计数据转换为财务信息的全过程

人们通常把上列程序进一步抽象,可再简化为确认、计量、记录和报告(只限于编报报表)四项主要程序。这里,并没有会计人员皆熟知、备受财务报告使用者关注的"披露"(disclosure)部分。

披露即信息披露,是在财务会计中,把信息传递的手段从财务报表扩大为财务报告之后才兴起的一个重要的会计程序和概念。把财务报表扩展为财务报告,是1978年1月FASB发表的第1号财务会计公告中正式提出来的。该公告指出,"财务报告的编制不仅包括财务报表,还包括其他传输信息的手段。其内容直接地或间接地与会计信息系统提供的信息有关";"常见的财务报告,其中包括财务报表、财务报表附注、载有其他财务信息和非财务信息的辅助报表、其他报告(如公司的年度报告、招标计划书以及呈报SEC的年报等)"(参见SFAC No.1,para.7)。第1号财务会计概念中还说,"财务报表只是那些对企业进行经济决策的人们所需要信息的一种来源。企业以及那些在企业有经济权益的人们受到许多以复杂方式交互作用的因素的影响。那些把财务信息应用于经营和决策的人们需要把财务报告提供的信息与其他来源有关信息结合起来"(SFAC No.5,para.22)。此外,1978年FASB曾提出一个征求意见稿《编制财务报表的目标和企业财务报表的要素》(Objective of Financial Reporting and Elements of Financial Statements of Business Enterprises)。对这份征求意见稿的一些反馈意见认为,"为了达到所定的目标,需要"现金流量信息"、"现行价值信息”或“管理预测信息”。但是FASB认为,所定目标要针对用途,要求信息有用……而不是针对可能有用的各种信息。第1号概念公告所定目标,“既不明确要求提供,也不禁止提供‘现金流量信息’、‘现行价值信息’和‘管理预测信息’或其他任何特定的信息”①。为了更加明确确认与披露的区别和会计信息的范围,FASB在第2号概念公告中,既作了说明又用图表来表示各种信息的特点与界限。

第5号概念公告第8段指出,“这一概念公告的内容范围限于财务报表的确认(和计量),这种规定不会改变报表附注、辅助资料和财务报告其他手段的性质,根据以上所述的理由,这些种类的信息(指附注、辅助资料和财务报告的其他手段)仍然是重要和有用的”。接着它列示一个图(见图2)说明在投资、信贷和类似的决策中所需要的信息种类,将其应在报表内确认和应在表外披露加以明确区分。

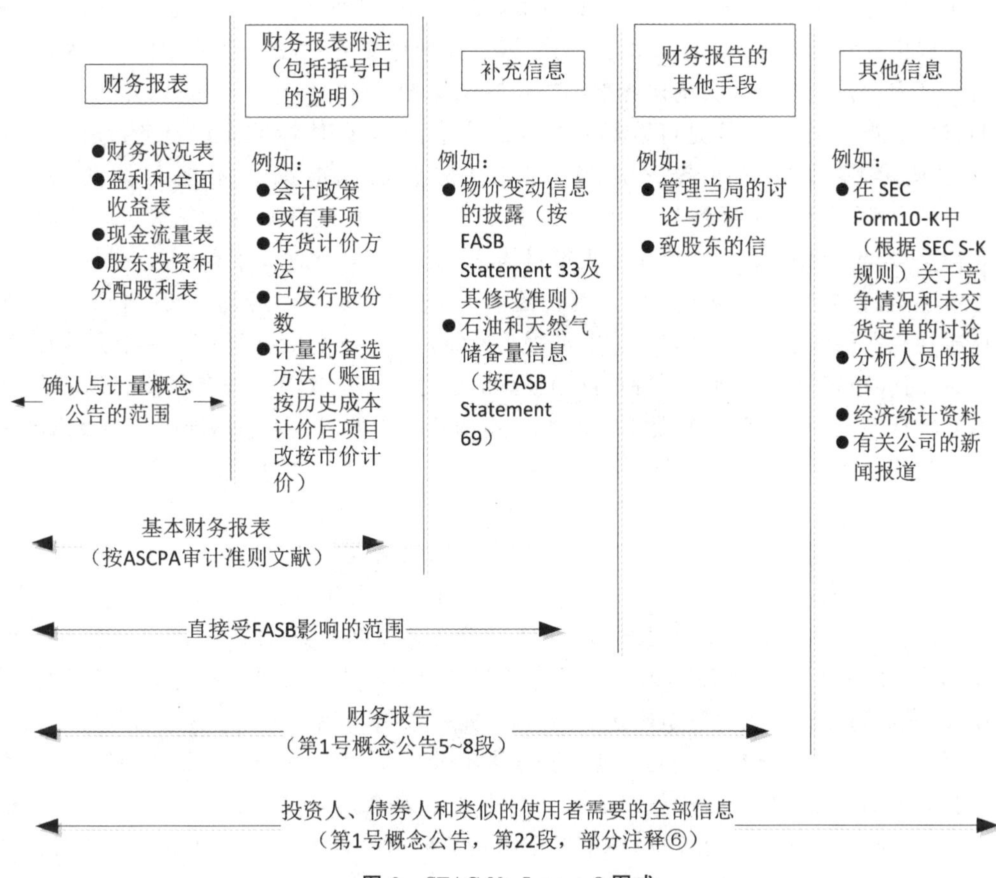

图2 SFAC No.5,para.8 图式

1.披露与确认

从字面上看,披露是指向公众公开报道(揭示)信息。在早期,财务报表是会计信息的公开传输与报道手段,不过,在公开发行证券公司出现以前,会计信息是不需要公开披露的。当独自经营一个企业,业主同时是经理时,虽也可编制报表,但其目的仅限于投资人兼经理独自使用,也就是借助财务报表了解自己经营的盈亏和企业的财务实力;当独资蜕变成合伙时,财务报表的使用者就扩大为所有合伙人。但是从数据处理到财务报表编制及其使用,在以独资、合伙为主的商业社会中,这一过程只局限于企业内部暗箱操作,并以商业秘密为由不对外公开。

股份公司出现并公开发行证券以后的一段时期,财务报表逐渐具备了公开性的特征。上市公司的一个重要标志就是所有权与经营权的分离。不参与公司管理的众多分散的投资者需要借助于财务报表做出投资决策。在这个意义上,披露的企业信息应是关于一家公司的财务状况、财务业绩和财务状况的变动。英国1885年颁布的《公司法》可能较早要求企业公开资产负债表和利润表。当时很多公司并不在表内而在表外附注中用阿拉伯数字表述金额[②]。

然而在当时,披露仅仅限于财务报表及其附注,而披露与确认(再确认)并未严格分开。把确认与披露严格分开是从1984年FASB的第5号财务会计概念公告开始的。FASB 1978年的财务会计概念公告第1号《财务报告的目标》率先把财务报表扩大为财务报告。1984年财务会计概念公告第5号《会计要素的确认与计量》中指出,“确认是将某一项目作为资产、负债、收入、费用等正式记入或列入某一主体的财务报表的过程。它包括同时用文字和数字(金额)描述该项目,其金额包括在报表总计之中”(SFAC No.5,para.6)。这是FASB对确认的全面描述,随后第5号财务会计概念公告中又说,“既然确认的意思是既用文字又用数字描述一个项目,其金额也包括在总计数中,则用其他手段所做的披露(disclosure by other means)就不是确认。财务报表的项目的披露与它们的计量可以由附注或财务报表正文的括弧内,或补充信息或财务报告的其他手段来提供,但不能取代在财务报表中按照符合项目确认标准的确认”(para.9)[③]。

按照FASB严格区分,同样是可以对外公开的信息,符合确认标准而在财务报表内以报表项目来定性说明,项目的金额来定量描述,而且这些金额都应列入报表总计的,称为确认(recognition)。表外附注(包括表内用括弧表示的旁注和表下的底注)、辅助报表及补充说明、财务报告的其他手段,不论是只有定性说明而无定量描述,也不论是否两者兼有,不论是属于财务信息或非财务信息,皆称为披露(disclosure)。也正是依据FASB的第5号财务会计概念公告,我们把确认同披露加以严格区别,并把披露作为财务报表发展为财务报告时而增加的一个会计程序。

同确认相比,披露具有6项主要特点:(1)披露的信息来源主要不是来自会计信息系统,不必符合确认的基本标准,也不必经过“审计”(audit),但有时需要专家“审阅”(review);(2)披露的信息除会计准则有规定外,可不受公认会计原则(GAAP)的制约;(3)披露的信息不一定既有定性说明又有定量描述,其定量部分也不一定是用货币表示的财务信息;(4)披露的信息除了表内用括弧的部分外,都在表外;(5)确认基本上是法定的要求,披露可以包括自愿披露的信息;(6)披露并无确切的边界。按照美国FASB的解释,确认与披露有严格的界限。但实务中两者的界限是比较模糊的,有时确认的内容也称为披露。例如我国证监会关于公开发行股票的公司信息披露的内容与格式——1995年12月21日修改后的第2号《年度报告的内容与格式说明》就包括财务报表[见该说明第7项(2)],而财务报表的内容是确认的结果,不是一般的披露。此外,不易划分的是属于其他财务报告(包括附注)的信息披露和同其他财务报告不太相关(当然也有助于决策)的信息披露。在中国证监会规定的公司年度报告中就包括后一类的内容,如年度报告正文的10项内容中,“公司简介”、“股东会简介”、“公司其他有关资料”就属于同其他财务报告无关的其他信息。从财务会计的观点看,公司年度报告的内容如图3所示:

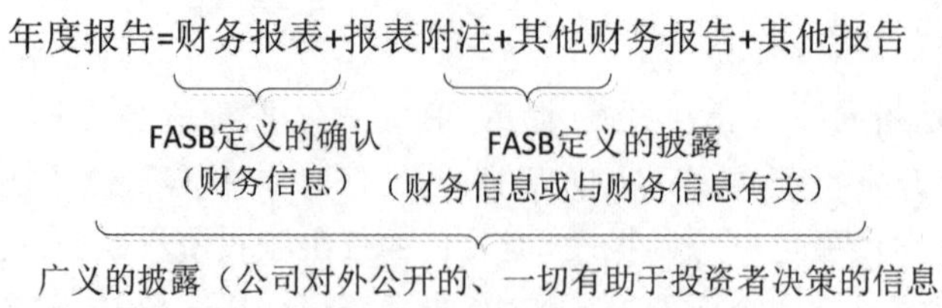

年度报告=财务报表+报表附注+其他财务报告+其他报告

FASB定义的确认(财务信息)　　FASB定义的披露(财务信息或与财务信息有关)

广义的披露(公司对外公开的、一切有助于投资者决策的信息)

图3

2.财务报表的局限性导致表外披露的产生与发展

在财务报表之外,何时产生表外披露,现在尚难有确切的资料加以佐证。但可以肯定的是,披露是由于财务报表的局限性所引起的。在美国会计界,20世纪70年代曾引起较为热烈的关注与讨论。例如：

(1)1970年的APB第4号报告提出，要公允地表现一个企业的财务报告与经营成果，至少应包括资产负债表、收益表、留存收益表、股东权益的其他类别变动披露和相关的附注(参阅APB Statement No.4，para.191，R-1)。

(2)1972年4月APB发表的第22号意见书《会计政策的披露》要求对会计政策的披露作为财务报表整体的一部分(APB Opinion No.22 "Disclosure of Accounting Policies"，para.8)，于是"在大多数财务报表中，第一个附注就是对遵循会计政策与否的描述[④]。

(3)20世纪70年代，美国会计实务界也激烈批评财务报表，一本著名的《现代会计手册》指出了财务报表的一些严重的局限性，主要包括：

①需要采用估计。如应收账款上可能发生的坏账、应予折旧的长期资产和应予摊销的无形资产上的寿命以及应交所得税等均需要进行估计，使财务报表信息有可能失真。

②允许在备选会计方法上进行选择。如存货的流动可以从先进先出法、后进先出法、加权平均法中任选一种方法，无形资产可以费用化，也可当作资产进行摊销。

③允许采纳不同的计价方法。如存货既可采纳成本，也可采纳成本与市价孰低计价，有些资产按照取得成本计价，而有些资产则只按照市价(如账外发现的资产)计价。

④有些资产和负债完全被删除。可能被删除的资产是矿产、石油、天然气已发现的储藏量及其价值，饲养动物和种植树木的增重、增长的价值、公司的自创商誉、人力资源价值从未进入会计，而属于负债的删略有经理人员的报酬合约。

⑤持有资产与负债价格发生的变化。在物价变动较为剧烈的时期，这种变化若不反映，包括一般物价水平的变动价值和具体物价水平变动使计量单位不可靠，现行成本与历史成本会产生很大的差异，会影响报表数字的有用性。

⑥在财务报表上不反映重要的质量信息和难以量化的事实。如组织机构的价值、高超的管理能力、某些合同和积压而未交的订货等[⑤]。

鉴于财务报表的上述各种局限性，于是要求在财务报表之外，增加附注、辅助资料、附表和其他报告。

(4)FASB在1978年11月第1号财务会计概念公告中首先提出财务报表和财务报告的编制。FASB虽然指出"财务报表是财务报告的中心部分，它们是企业向外界传递信息的主要手段"(para.6)，但它又指出"某些有用的信息用财务报表传递较好，而某些信息则通过财务报告提供比财务报表更好"(para.5)；"财务报表的编制，不仅包括财务报表，还包括其他传递信息的手段——其内容直接或间接地与会计信息系统提供的信息有关"(para.7)。

从以上说明可以看到，披露之所以成为一个重要的会计程序，是因为财务报表所提供的信息已不能够满足使用者的需要。FASB根据美国资本市场的发展，主要是投资者对信息的需求的变化而将财务报表扩展为财务报告。

3.财务报表附注或注释(note)

与财务会计关系最密切的表外信息就是财务报表附注或称注释，包括在表内用括弧进行的旁注和表外的底注，而以后者为主。通常，财务报表附注被认为是财务报表一个必备的组成部分[⑥](SFAC No.5，para.7)。

从法律形式看：第一，大多数情况下，列入附注的披露都遵循公认会计原则(GAAP)、企业会计准则或企业会计制度(以下将只简称为GAAP)，即附注也与财务报表一样受到各种会计标准的规范。第二，按照惯例，财务报表连同它的附注，都是企业外部独立审计的对象，而其他的信息披露，通常只要求专家(也包括具有独立性的注册会计师)进行审阅。审计和审阅所负的法律责任显然是不同的——审计必须对审计内容是否按照GAAP公允地反映企业的财务状况、经营成果和现金净流量,并对前后各个会计期间所采纳的会计政策的一致性负责。

从经济实质上看,附注所反映的内容往往涉及财务报表中至少10项非常重要的部分:第一,编制财务报表所依据的会计基本假设;第二,若GAAP允许有备选会计方法,则披露企业关于会计方法(也称会计政策)的选择;第三,重要的估计和判断,如对应收账款上坏账的估计、存货价格变动的估计、某些收入在本期确认所做判断的理由、某些非常损失不在本期立即费用化列为递延费用的理由;第四,重大的投资、融资活动,特别是高风险的衍生金融工具的种类、性质、期望风险与报酬等;第五,关联方关系与关联交易;第六,或有事项(特别是或有负债,包括未决诉讼等);第七,担保与抵押;第八,资产负债表日后发生的、重大有利或不利事项;第九,财务报表表内各主要项目的细节分析;第十,其他为确保会计信息披露的透明度,公司应当披露的重大的但尚未发生而有可能发生的事项。在阅读和分析财务报表时,必须结合上述(不限于)披露的内容,才能够提高财务报表的可理解性,使财务报表中的信息对使用者更加有利。

财务报表附注究竟包括多少内容,各国均无统一的规定。从表外披露看,大体上可分为法定披露与自愿披露两个部分,而附注一般为法定披露的内容。附注的披露又可以分为两种情况:一是由法规(含GAAP)统一规定的、报表附注的基本内容;二是由具体的会计准则或制度分别补充规定有关交易、事项应披露的事项(这类披露,除特别规定外,均列入报表附注)。在美国的GAAP中没有在概念结构或其他准则中为报表附注的内容做出单独的规定,第5号财务会计概念公告第8段所列图表(例示投资、信贷和类似决策所用各类信息图表)曾举例说明了5项内容的财务报表附注。当然这一举例不足以反映任何一家公司附注的全貌。但国际会计准则委员会1997年修订的国际会计准则第1号(IAS No.1)《财务报表的列报》(Presentation of Financial Statements)、中国证监会1995年颁布的《财务报表附注指引(试行)》和2000年国务院颁布的《企业财务会计报告条例》均对财务报表附注做了专门的较为详细的规定。现将这3份文献中有关附注的主要内容列示如下(见表1):

表1

IAS No.1(paras.91—102)(1997年)	企业财务会计报告条例(第14条)(2000年)	中国证监会财务报表附注指引(试行)(1995年)
1.总体要求 (1)提供关于财务报表的编制基础及选择并运用重要交易和事项的标准。 (2)提供国际会计准则要求的,但未在别处提供的信息。 (3)提供未在财务报表表内列报,但对于公允价值却是必要的附加信息。 (4)附注通常按照下列顺序列示,这种顺序有助于使用者理解财务报表,并可用来同其他财务信息比较:①遵循国际会计准则的声明;②应用的计量基础与会计政策的说明;③支持各财务报表表内列报项目的信息;④其他披露。 2.会计政策的表述 (1)编制报表时使用的计量基础; (2)对于恰当地理解财务报表所必需的各项特定政策; (3)具体会计政策,共列举了(不限于)20项,如:收入确认、合并原则、企业合并、金融工具和投资、租赁、研究开发支出、外币折算和套期保值、通货膨胀会计、政策补助等等。 3.其他披露 (1)企业所在地和法定形式,公司的国家以及总部注册的地址; (2)企业经营的性质及其主要活动的描述; (3)公司及集团最高的母公司的名称; (4)当期期末或当期平均的雇员数量。	至少包括如下内容: (一)不符合会计基本假设的说明; (二)重要的会计政策和会计估计及其变更情况、变更原因及其对财务状况和经营成果的影响; (三)或有事项和资产负债表日后事项的说明; (四)关联方关系及其交易的说明; (五)重要资产转让及其出售情况; (六)企业合并、分立; (七)重大投资和融资活动; (八)会计报表中重要项目的明细资料; (九)有助于理解和分析财务报表而需要说明的其他事项。	一、公司的一般概况。 二、公司采用的重要会计政策;其中包括11项,如公司执行的会计制度,合并财务报表的方法,记账原则和计价基础,外币资本折算方法,存货计价方法,债券、股权和联营投资利润分配等。 三、报表项目的明细情况。 四、比较报表中相同项目变动幅度达30%以上(含30%)的,应说明原因。 五、少见的报表项目,或从名称看不清项目的性质,或报表项目的金额异常。 六、分地区、分行业资料。 七、承诺事项、或有事项(需详细披露)。 八、资产负债表日后事项。 关于第三项,对财务报表项目附注的内容另有详细的要求。

1978年7月25日欧洲共同体(EEC)委员会理事会发表的第四号指令第8节专门列示报表附注内容,共有13项(全部内容见第8节第43条)。要点如下:(1)年度报表中各个项目所采用的计价方法和计价调整方法,用外币表述的项目转为本币表述的转换基础;(2)企业的名称及注册机构,说明持有20%股份的大股东;(3)会计年度期间在法定的资本限度内认购的股份及数量,若有面值股,应说明会计的账面价值;(4)若有不同种类的股份,应说明其种类、数量、名义价值或会计价值;(5)所有参与证书、可转换债券,或其他证券和权力,并说明其数量和应有的权力;(6)公司所欠的、在五年到期并偿付的金额,公司发行的有价证券(债权)金额、性质与形式;(7)没有列入财务报表的财务承诺原总金额,养老金和关联方的承诺必须单独列示;(8)当差异较大时,营业净额要按经济活动类型和按区域划分的市场进行分解;(9)会计年度内的雇员平均数,并按类分解;(10)会计年度的损益计算受某种计价影响的程度和对税收金额的影响;(11)以前年度应付税金与本年度应付税金的差异;(12)对行政管理监督部门应付的津贴、退休金和已记录的其他承诺;(13)对行政管理和监督机关的预付金额和任何形式的承诺。

从上列附注看,它要求反映的内容同财务报表的目标有关。欧共体第4号指令在财务报表附注中特别关注股份、负债、税额,各种欠款和一切形式的承诺,而重点在对资产负债表负债方的进一步理解,目的显然与提供企业偿债能力和对股东的受托责任等方面的详细信息有关。这与美国的财务报表目标要求的提供有助于投资者、债权人等估计、预测未来现金流量的金额、时间安排和不确定性,不尽相同。

此外,从表1可以看出,IASC与我国对报表附注的要求皆有不同。同样在我国,2000年《企业财务会计报告条例》和1995年中国证监会《财务报表附注指引(试行)》也不尽相同。这又说明,作为财务报表表内表述的确认和作为财务报表表外披露的附注的又一不同特点——前者以GAAP为依据,较为规范;而后者则根据需要,具有增删的较大自由度。

由于近年来交易和事项日趋复杂,一些难以确认或企业为了规避确认而只在表外披露的信息日益增多,这就可能导致如下问题的出现:

第一,过多地使用附注而使表外信息过量。附注的一个重要作用原是为了帮助投资者更好地理解财务报表表内的内容,如果附注本身就很难理解,就更不可能对投资者理解表内内容——主要是了解一个企业的财务状况、财务业绩有所帮助。

第二,由于附注过多,甚至有些对投资者决策至关重要的信息不是列入表内而是混杂于附注之中,且轻描淡写,几乎难以引起使用者的关注。如关联关系及关联方交易涉及的重大投资、融资活动,风险性和隐蔽性都很高的衍生金融工具的性质与金额,特别是极可能给企业带来的风险、出现概率很高(几乎可以确定)的所谓"或有负债"等等。

第三,虽然FASB一再强调财务报表是财务报告的中心部分(a central feature of financial reporting),是企业对外传递会计信息的主要手段(SFAC No.1,para.6;SFAC No.5,para.5),但随着表外附注的不断扩展,表内确认和表外附注信息的主次地位有可能被颠倒。

注释:

①后来发布的第5号概念公告已明确要提供期间的现金流量信息(SFAC No.5,para.13),并承认现行市价可作为计量属性(SFAC No.5,para.67.C),并于1987年11月发布了FAS 75《现金流量表》要求企业按FAS 75必须提供现金流量信息。

②附录六——《英国公司法中的财务报表格式》:参见潘琰(主译):《比较国际会计》,东北财经大学出版社2002年版,第122页。

③由于要素的确认必须满足前面所提到的严格的标准,尤其是计量的可靠性问题往往会导致相当一部分项目无法在财务报表中进行确认从而无法向资本市场传递相关信息。因此,有些文献提出根据财务报告的不同组成部

分区分相关性和可靠性取舍的思路,即对于财务报表中的会计信息应该首先满足可靠性,甚至牺牲相关性;而对于其他财务报告,是强调相关性,甚至不惜牺牲可靠性。但是作者认为,按照这种"两分法"最终将导致一种尴尬的局面,那就是财务报表提供的是高度可靠同时几乎不相关的会计信息,结果财务报表披露的会计信息很可能将失去其决策有用性。此外,这似乎与 FASB 的 SFAC No.1(para.6)指出的"财务报表是财务报告的中心,是企业向外界传输会计信息的主要手段"相互矛盾。

④⑤David and Weil,*Handbook of Modern Accounting*,1977,Chapter 2.

⑥我国国务院颁布的《企业财务会计报告条例》把会计附注与会计报表分开,成为财务会计报告(即财务报告)而不是会计报表(即财务报表)的组成部分(第 7 条)。

财务会计的基本概念、基本特征与基本程序(八)

葛家澍　杜兴强

4.辅助报表

辅助报表没有固定的格式,它根据需要进行编制。例如在物价变动时,基本报表仍按照历史成本为基础和前提进行编制,同时采取不变价格货币重新表述、编制辅助财务报表以反映物价变动。

(1)设 A 公司 1996 年(截至 1996 年 12 月 31 日的会计年度)的财务报表如下:

A 公司收益表(按照历史成本编制)(1996 年度)

销货	$ 190 000
销货成本	100 000
毛利	90 000
经营费用	20 000
净收益	$ 70 000

A 公司资产负债表(按照历史成本编制)(1996 年 12 月 31 日)

资产	1996	1995
现金	$ 145 000	$ 110 000
存货	35 000	——
土地	80 000	80 000
资产合计	$ 260 000	$ 190 000
负债和所有者权益		
股本	$ 190 000	$ 190 000
留存收益	70 000	——
负债与所有者权益合计	$ 260 000	$ 190 000

(2)相关的物价指数如下:

1995 年 12 月 31 日	100
1996 年 12 月 31 日	160
1997 年 12 月 31 日	200

(3)A 公司收益表(截至 1996 年 12 月 31 日,按不变价格美元编制)

销货	$ 237 500($ 190 000×200/160)
销货成本	125 000(100 000×200/160)
毛利	112 500
经营费用	25 000
购买力损失前收益	87 500
购买力损失	118 750[计算见(4):货币性项目上的购买力损失计算表]

购买力损失后收益	(31 250)

(4)货币性项目购买力损失计算表

	1996年历史成本	×重新表述的比率	=按1996年12月31日购买力表述
现金			
①期初余额	$110 000	200/100	$220 000
②+销货	190 000	200/160	237 500
③-购货	(135 000)	200/160	(168 750)
④经营费用	(20 000)	200/160	(25 000)
⑤全部项目按照购买力重新表述后的金额			$263 750
⑥期末余额	(145 000)		145 000
⑦货币性项目上购买力损失			$118 750

(5)不变价格美元资产负债表 1996年12月31日

资产	
现金	$145 000(与历史成本相同)
存货	43 750($35 000×200/160)
土地	160 000($80 000×200/100)
资产合计	$348750
负债与所有者权益	
股本	$380 000($190 000×200/100)
留存收益	(31 250)(与历史成本收益表相同)
负债与所有者权益合计	$348 750

在本例中,除了第(1)部分按照历史成本编制的收益表和资产负债表外,第(2)、(3)、(4)、(5)等四部分的资料都属于辅助报表。这是基本上按照1979年9月美国FAS 33《财务报告与物价变动》[①]的部分要求编制的一个简化的例子[②]。当时,按照这样的例子来反映物价水平的一般变动对财务报告的影响,既不影响企业对基本报表——仍遵循GAAP要求的、以历史成本作为计量基础,又可以补充说明物价水平的变动是如何影响基本报表(特别是计算"货币性项目上的购买力损益")。1978年,FASB在第1号财务会计概念公告中提出"财务报告=财务报表+财务报表附注+辅助表+……"这样一个模式后,第二年就在物价变动会计中得到了应用。可以认为,上述辅助报表是其他财务报告中第一类由准则规范、有典型意义的辅助报表。

5.其他直接或间接涉及财务会计的报告

若以一家公司的年度报告看,在其他财务报告中,除了附注(也可看作是财务报表本身的组成部分)和辅助报表之外,还有各种各样的报告,其中直接或间接涉及财务会计的也很多。我们仍以美国的公司为例,列示美国证券交易委员会(SEC)所要求的两个报告。

(1)管理当局的讨论与分析(Management's Discussion and Analysis,MD&A)

这份报告应当涵盖企业经营中的三个财务层面:流动性(liquidity)、资本来源(capital resource)和经营成果(result of operations)。它要求管理当局在此报告中必须充分披露有利或不利的趋势,并指出影响上述三个财务层面(因素)的重大事项和不确定性。[③]

C公司MD&A的摘录

管理当局的讨论与分析(摘要)

由于采用新的会计准则增加300百万美元的支出,净盈利降低8百万美元,每股盈利降低了0.03美元,在此项支出发生前,净盈利为574百万美元,比1992年会计年度(该年度比1993年度多一个星期)增长17%。今年销售净额为6.6百万美元,比去年的6.3百万美元提高了约5%,而购并之贡献为2.12百万美元。

影响1993会计年度三个主要的事件为:取得Arnotts公司(澳洲主要饼干制造商)的大部分股权,有一个重整计划,采用新的会计准则。重整计划和会计改变(新准则替代旧准则)的影响为每股225美元,这一问题将在以下"特殊支出"部分再充分说明。

公司的Flagship Soup业务在全球数量上增长了3%,其国际营运的获利性已连续四年有所改善。这一重要进步是由于公司重构了其投资组合决策(包括取得了Arnotts公司的大部分股权)。

在上述报告中,有三个主题的讨论与分析是备受关注的:

①按现行MD&A的要求,是否可以披露足够的前瞻性(sufficient forward-looking information)?

②MD&A的披露是否应更多地转向风险分析(risk analysis)?

③MD&A的审计是否应由具有独立性的审计师来担任?

(2)管理当局的责任报告

P公司管理当局报告书

本公司管理当局编制年度报告内的财务报表及其他信息,并对这些信息承担责任。该项信息是遵照公认会计原则,基于管理当局的最佳估计与判断并考虑到重要性原则编制的,这些财务报表已由独立审计师进行过审计,他们的审计报告包括在内。

公司(运营)的维持和依赖是我们的内部会计控制系统。它制定接受公司内部审计人员审阅和独立测试。内部审计人员的报告定期发送管理当局、董事会的审计委员会和独立审计师。

审计委员会完全由外部独立董事组成,并定期与内部审计人员和独立审计师(以及管理当局)交换意见。独立审计师和内部审计人员均可在管理当局不在场的情况下出席审计委员会,讨论任何须通知审计委员会的事项。

管理当局相信,公司的制度政策和程序能够为公司运营遵守法律和管理当局努力的最高企业规范,提供合理的保证。

主席和总裁(签字)　　　　执行副总裁和首席财务官(签字)

6.自愿披露

以上所讲的,基本上是法定披露中的部分举例,此外,企业还可以选择自愿披露(voluntary disclosures)。美国的FASB于2001年发表了一份《改进企业报告:对增进自愿披露的洞察》(改进企业报告筹划委员会的报告)[④]。现扼要介绍自愿披露的六大类[需要说明的是,前五类已在AICPA的Reporting of Jenkins Committee(1994)第5章第1节中的"企业报告的综合模式"[⑤]中作了说明]:

①经营数据(如管理当局用来管理企业的、高层次的经营数据和业绩指标);②管理部门对经营数据的分析(这一部分可能已包括在MD&A中);③前瞻性信息(例如关键部门的机会与风险,其计划与实绩的比较);④关于管理部门和股东的信息(这里包括主要持股的大股东、董事,其报酬和关联方关系与关联方交易);⑤公司背景(如广泛的目标与战略,企业和资产的范围与内容,产业结构对公司的影响);⑥未在财务报表确认的有关无形资产信息。

但更为重要的是FASB为企业自愿披露提供一个框架:①要披露公司经营中对公司成功特别

重要的方面,即公司取得成功的关键因素(critical success factors);②要披露过去和将来管理部门控制的那些关键成功因素的战略与计划;③要披露管理部门衡量并控制战略与计划实施所运用的测度(metrics)(如经营数据与经营业绩指标);④要考虑前瞻性战略、计划和测度(forward-looking strategies,plan and metrics)的自愿披露是否会对公司的竞争地位产生不利影响,这种影响的风险是否超过自愿披露此类信息的预期效益?⑤如果披露被认为是恰当的,就要规定如何最好地自愿披露这些信息,并对所用的测度,即有关指标的本质做出解释,并按相关测度持续地、定期地加以披露,以便比较并预测趋势。

在自愿披露中必须防止两种可能:第一,通过不恰当的、夸张的、不诚实的披露,特别是对公司未来的前景预测信息,误导投资者;第二,通过真实的充分披露,但泄露了公司的商业秘密,为竞争对手所利用,从而影响本企业的竞争能力。

注释:

①FAS 33 现已为 FAS 89(1986 年 12 月颁布)所取代。

②本处例于译自 Keiso and Weygant,*Intermediate Accounting* 一书(第 8 版)第 26 章附录 A"Constant Dollar Accounting",1995,pp.1375~1380。

③本处(1)(2)的举例译自 Keiso and Weygant,*Intermediate Accounting* 一书(第 8 版)第 26 章,1995,pp.1366~1367.

④参阅厦门大学会计系许业荣博士的翻译稿。

⑤可直接参阅"Improving Business Reporting—A Customer Focus",p.52,Exhibit 1.

财务会计的基本概念、基本特征与基本程序(九)

葛家澍　杜兴强

三、财务会计的基本特征

在我们阐述财务会计的基本概念时,就已经同时涉及财务会计的某些基本特征。进一步考察财务会计基本程序时,既把基本概念中的某些特征(例如以货币为计量单位、会计分期等)体现在会计的程序中,又补充了符合会计本质和基本概念的特殊技术与方法,使由交易、事项产生的经济数据转换为财务信息和与之相关的非财务信息。在研究财务会计的基本程序时,财务会计的一些方法层面的基本特征也逐一地显现出来。

不论分析财务会计基本概念或基本程序哪一方面,都是对财务会计的理论研究。但是,为了人们更清楚地理解到财务会计并非一个纯理论研究的领域,而是对当今市场经济特别是对其中的资本市场的运转起着媒介、润滑和调节(经济利益)作用的实用工具,那么进一步考察财务会计的特征和固有特性(包括它的局限性)就是必不可少的。尽管在第一、第二两部分,我们时时注意揭示出某一概念,某一程序代表着财务会计的特点,而且还介绍 APB Statement No.4 在这个问题上的专门论述,但是这并不排除本文经过第一、第二部分的分析,按照自己的观点,更全面地从中概括出我们对财务会计基本特征的看法。

其一,应当从财务会计的定义开始,联系作为财务会计理论基础和运用工具的基本概念,分析它怎样从数据转换为财务会计特有的信息(最简单地说,是反映特定会计主体——其典型代表为独立经营、自负盈亏、自我约束、自我发展的企业经济活动的财务信息)的特殊步骤(程序),解开这个系统加工信息的奥秘。

在本文第一部分(即“财务会计的基本概念”——编者)已把财务会计的定义作为第一个基本概念作了说明。由于认识的不同,对会计和财务会计给出的定义也不同。我们主张把财务会计视为一个以提供财务信息为主的经济信息系统。它立足企业,面向市场。这个定义反映了 20 世纪以来传统财务会计的继承和发展。

在现代市场经济中,一切信息都像美国著名科学家 N·维纳所说的,“信息这个名称的内容就是我们对外界进行调节,并使我们的调节为外界所了解时与外界交换来的东西。接收信息和使用信息的就是我们对外界环境中的种种偶然性进行调节并在该环境中有效地生活着的过程”[①]。不论自然界或人类社会,被维纳称的这个东西(既不是物质,又不是能量)就是信息,信息无所不在。它对人们显示事物变化的差异、事物的特征并传递给使用者。以财务信息为主要形式的财务会计信息也是如此。财务会计信息是由人造系统根据数据按使用者的要求一步一步地加工而成。但作为一个经济信息系统,财务会计必然受周围的环境(客观的和主观的),尤其是经济环境的制约,并直接或间接地成为财务会计存在发展并能提供信息的前提和基础。考察财务会计的基本特征,首先要从它赖以存在的假设、目标等开始,并进一步考察以假设为前提,用目标指引方向所形成的,带有自己特色而与其他经济信息系统截然不同的加工、转换程序。

其二,通过本文第一、第二部分的详细论述,财务会计的基本特征可以概括如下:

1.财务会计立足于构成会计主体的企业[②],它反映该企业整体的财务状况、经营业绩和现金流量,并把这些信息传递给企业外部的投资人、债权人和其他使用者,帮助他们进行投资、信贷等决策和考核经理层受托责任履行情况。总的来说,财务会计是立足企业、面向市场的。

2.财务报告是财务会计的最终"产品",而中心部分是财务报表。在财务报表中几乎不可能有非财务信息,主要提供一个企业的财务信息是财务会计的另一个重要特征。

3.为了连续、全面地反映企业的经营活动及其成果,要把市场的风险和不确定性对企业存在寿命的可能性予以撇开,即每个企业虽然都会面临终止经营的风险,但从绝大多数企业看,持续经营的概率还是占主要地位。因此,尽管带有一定的武断性,在理论上必须假设企业是持续经营的,除非是有明确的破产清算、被兼并而终止的反证。

4.包括财务信息在内的任何信息,及时性是其有用的前提。而且信息的加工与交换,也有一个时间界限。于是把企业连续的经营活动划分为一系列期限相等的时期间隔,分期处理,生成并报告财务信息,也是企业财务报告目标的要求。持续经营与会计分期是两个相互矛盾而又相互依存的特征。

5.财务会计从数据处理开始。这些数据来自企业每日每时已发生的,过去交易和事项中能用货币量化的方面,是对企业经营活动的历史记载。信息来自数据,既然数据是历史的,那么加工后的信息(有用的数据)也必然是历史的。因此,财务会计所提供的信息不但主要是财务的,而且主要是历史的,这是人们应该切记的关于财务会计的两个非常重要的特征。

6.从数据处理开始到生成对经济决策有用的财务信息和有关的非财务信息是一个经济信息系统。数据处理的第一步是初始确认,即必须解决以下三个问题:(1)该数据应否由会计系统来处理,即应否在会计中正式记录;(2)如果答案是肯定的,就要决定在何时予以记录;(3)记录的时间确定后,则要决定如何进行记录。

应予记录的主要标准是由交易和事项发生的数据,其项目(数据的载体)必须符合财务报表要素[在记录时为要素的分类——会计科目(账户)]的定义和特征,并能用金额可靠地计量。

由于交易或事项的发生能引起企业未来经济利益的流入、流出或增减变化,决定记录的时间是权责发生制。即当收取收入的权利已发生时即可记录收入和相应的资产增加或负债减少;而当支出的义务(责任)已发生(承诺)时即可记录费用和相应的资产减少或费用增加。

对于收入的确认,还必须补充以下几个指南[③]:(1)收入应当是已赚得的,并且应当是已实现和可实现的(1984年,SFAC No.5的要求);(2)对于收入的交易必须是具有说服力的、双方协议的证据(参见美1999年SEC的SAB 101提出的补充要求);(3)货物已经发出,劳务已经提供(同上);(4)对购买者的销售价格是固定的或可以确定的(同上);(5)(如果可实现)其收账能力能够合理地确定(同上)。

对于费用的确认,主要应分析其同收入的因果联系,收入代表成就或结果,费用则是努力,因而双方应当符合配比原则[④]。

如何记录则运用复式簿记系统,每次交易或事项均按相等的金额,同时借记和贷记两个对应的账户,然后再按账户归类汇总。

如何记录还应遵循一个重要原则,那就是要反映交易和事项的经济实质,而不能只看法律形式。如果说初始确认是财务会计进行数据处理的一个重要特征,那么,这个特征又是由四个不可缺少的部分构成的:(1)以四项基本确认标准(可定义性、可用货币计量性、相关性和可靠性)决定交易或事项应否由财务会计处理的基本依据。(2)以权责发生制(应计制)为记录各项要素及其所属账户的时间基础;对于收入要素,必须考虑已赚得、已实现或至少可实现。至于可实现问题,还必须进一步关注与收入交易有关的合同及信息(付现能力)的可靠证据;对于费用,还要考虑配比的要求。(3)记录的方式为复式记账,并就组成会计分录与账户体系有机结合、能自行调节、在金额上可自成勾稽与平衡的复式簿记系统。(4)记录经济实质是初次确认的一条重要原则。

7.在初次确认的基础上,对账户中的数据按照财务报表中资产、负债、所有者权益、收入、费用和利润等要素及其在报表应列示的各要素的所属项目,加工整理再确认为基本的财务报表。再确认是从记录转化为报表的另一个重要程序,它也要解决应否报告、何时报告、如何报告三个主要问题,同时,也要贯彻实质重于形式的原则,即必须报告交易和事项的经济实质。

当我们论述财务会计的基本特征时,特别强调它立足(企业)主体,面向市场。一个企业的经济活动主要是以交易为基础。市场经济充满了商品(劳务)的交换行为。企业相互之间以及企业同非企业单位的商品与货币交换,就是财务会计要捕捉的能用货币量化的财务信息。一项交易行为,可能是很简单的商品与货币之间的交换,也可以是一个经过复杂步骤才能完成的过程,还可以通过不断地创新,构成一个迂回曲折、包含若干不同性质的业务相结合(例如销售与回购、销售和融资等等)的活动。由于现代交易无不由一个,甚至若干个合同(契约)来规范,合同规定的条款、限制越多,对双方权利义务的制约越大,交易就越复杂,因此,一项交易其法律形式和它的经济实质往往不相一致。要保证财务会计反映经济真实,不论确认和披露,尤其是确认,都要深入分析交易(当然也包括事项)的性质,根据丰富的财务会计理论知识、GAAP 的原则与解释、会计师应有的职业判断能力报告交易的经济实质。

我们说过,确认主要解决三个问题:一是应否确认,二是何时确认,三是如何确认。

第一,关于应否确认(即应否记录和通过财务报表表述)。这里的问题是:按经济实质,某项交易的经济活动是否已构成应予确认的财务会计要素?如有可确认的要素,是哪些要素?应予计量的数量和金额是多少?我们可以举三个简例来说明这个问题:

[例一]假定甲股东决定对已有投资的某有限责任公司增资 1 亿美元,甲与公司及其他股东谈判达成了协议,并签订了增资扩股意向书,意向书中规定此项投资 1 亿美元将在一年内分三期投入。财务会计对此项投资意向书如何处理?

首先它只是一项协议,而不是一项应由会计处理的交易。由于没有投入金额,其未来投入金额的数量、时间安排并无法律的约束力,具有高度的不确定性,因此,不应根据此项协议(意向书)来确认甲股东的权益。换言之,这里未形成交易,没有可确认的要素。

[例二]甲企业同乙供应商先在第一年 10 月签订将在第二年由乙供应商供应 1 亿吨煤炭的合同。第二年 1 月 20 日甲企业收到乙供应商发来煤炭 4 000 吨,但来电声明,其中 1 000 吨暂存甲企业仓库,一个月内就近转运丙企业(丙企业将负责支付仓储费每天 100 元和全部运费)。财务会计对上述活动如何处理?

①第一年 10 月的供应合同尚未形成购货交易,不能确认。

②第二年 1 月 20 日可以确认 3 000 吨煤炭为购货(或借记"原材料",贷记"应付账款")。对于其余 1 000 吨煤炭属于寄存物资,其所有权不属于甲企业,甲企业于 1 月末则应在表外披露——"乙企业寄存本企业物资(煤炭 1 000 吨)"。同时在第二年 1 月 31 日确认 12 天的应收仓储费1 200元,可借记"其他应收款",贷记"营业外收入"或"其他收入"。

[例三]2003 年 1 月 10 日 A 公司售予 B 公司一批自制产品,售价 50 000 元,成本 30 000 元,但 B 公司并不使用这批产品,它只是作为第三者为 A 公司融资。为此 A 公司同意若 B 公司转卖此项产品达不到价款 50 000 元,A 公司将回购这批产品,并承担全部货物的保管、储存运输及融资费用。事实上,B 公司是以 A 公司的产品作为抵押,向银行借来 50 000 元支付货款的,1 月 15 日此款

已汇交A公司,期限一个月(利息2 000元)。1月31日B公司向A公司开具有关该产品作为融资抵押品的有关费用如下,A公司如数以现金支付。

运输及储存费	1 000(设运输费由B公司垫付)
保险费用	800
利息费用	1 000(1月15日起息至1月31日按半个月计算)
	2 800

2月15日A公司归还借款5 000元同时支付下列费用并购回售予B公司的产品,有关现金支出如下:

归还借款	5 000
运输及储存费	800
利息费用	1 000
融资手续费(付B公司)	800
	7 600

对于上述业务应作如下的分析并作相应的会计处理:所谓A公司把自制产品售予B公司并列示了售价与成本都是产品销售的假象,这里的关键问题在于A公司同意一个月后购回该产品。因此,整个交易就不应按销售业务来确认而应按融资活动来确认。以产品为抵押,由A公司为发起人委托B公司为第三者向银行贷款为期一个月,这才是上述全部交易的经济实质,全部会计分录如下(仅指A公司):

1/10 产品运出时

应收账款	5 000	
短期借款——产品融资协议		5 000
存货——产品融资协议	3 000	
存货		3 000
1/15 现金	5 000	
应收账款		5 000
1/31 财务费用	2 800	
现金		2 800

2/15 归还借款和有关费用并购买产品

短期借款——产品的融资协议	5 000	
现金		5 000
财务费用	2 600	
现金		2 600
存货	3 000	
存货——产品融资协议		3 000

第二,关于何时确认。在确认的三个问题中,确定应记录和报告的期间是关键,而且它通常指收入和费用的确认,特别是收入的确认。

按照国际会计惯例,一般是按照美国FASB第5号概念公告关于确认的时间标准:首先,要符合确认收入要素的四项基本标准;其次,该项收入已赚得并已实现或至少可实现。

但这些标准都比较原则,难于具体掌握,我国企业会计制度第5章第85条提出了确认收入的两个时间条件:①企业已将商品所有权上的主要风险和报酬转移给购货方;②企业既没有保留通常与所有权相联系的继续管理权,也没有对已售出商品实施控制。这两个条件,比较深刻地接触到与商品销售交易的经济实质。我们也可举例子来说明:

[例一]假定某企业的一批商品,已经完工,检验合格入库,然后按销售合同规定时间和交货条件,如数发往购货企业并按双方同意的价格开出发票,运费(代垫)和保险费税金以及提货单等全部单据。在合同中对交货方——某企业无任何约束条件,经调查,购货方是一个业绩很好、信用等级属于3A(信用最高,支付能力很强)的企业。

在上述条件下,该商品的销售完全符合以下几个条件:(1)收入已赚得;(2)收入可实现(3A的信用等级证明购货方有足够的支付能力);(3)与该商品所有权有关的风险与报酬已全部转移于购货方,某企业对该商品未保留任何控制权利;(4)由于合同没有任何其他条款,货款及有关单据已发出,此时该企业按借记应收账款贷记商品销售收入来确认此项商品的销售收入,反映了该交易的经济实质。

[例二]设某企业售予公司一台生产设备,按合同规定,某企业必须将该设备运往X公司,进行安装、调试并须经公司试一个月,正式运转,才接受该设备,否则有权退回。

这个例子很清楚地告诉我们,这台生产设备的销售,按合同必须负责安装调试且购货方具有运行一个月的退货期。因此,在该设备发出时只能记录为发出商品,不能确认为销售,所发生的运输安装与调试费用应构成销售成本,正确的销售时间即可以确认收入的时间应等到X公司试产一个月即退货期期满之时。

设备发出安装,试调时间与该设备有关的风险与报酬尚未转移给X公司,故分录为:

发出商品　　　　　　　×××

　　存货　　　　　　　　　×××

有关运输安装调试费用的记录可以推迟确认(若销售成立时,可记为销售成本;若商品退回时,直接当作费用记当期损益)。

退货期期满,标志着风险与报酬已完全转移给X公司了,说明销售已成立。其分录为:

商品销售成本　　　　　×××

　　发出商品　　　　　　　×××

　　现金(运输、安装调试费用)　×××

现金(应收账款)　　　　×××

　　商品销售收入　　　　　×××(此时方确认收入)

第三,关于如何确认。这个问题涉及计量、记录等各种会计处理。要根据交易的不同实质,采用不同的会计程序和计量属性,类似的例子不胜枚举。

[例一]以长期投资为例,说明其经济实质不同时应采取不同的方法来报告。

应分以下几种情况:(1)一项股权长期投资对于被投资企业的生产经营活动不具有重大影响力的——按成本法报告。(2)一项长期股权投资对于被投资企业的生产经营活动具有重大影响力的——按权益法报告。(3)一项长期股权投资占有被投资企业的股权已具有控制力,或虽不能控制但本企业承担被投资企业的主要风险和报酬的——纳入本企业的合并报表。(4)又如美国安然公司设立评为"特别目的实体"(SPE),按照美国会计惯例,第三方的投资只要占有SPE全部资产的3%(已改为10%)则作为主要受益方的美国安然公司就可以不把SPE纳入自己的合并报表,但如按经济实质分析,安然可能还承担SPE的主要风险和报酬,在这种情况下,安然公司不合并SPE的资产与负债就是错误的。

[例二]同样属股权和债券投资,对于债券投资,按美国的GAAP(FAS 115),允许管理当局在下列类型中转换:①持有至到期;②在销售中;③可供销售。

显然,这三类投资的经济实质是不同的,第一类属于非金融资产的长期投资,第二类已作为随时变现的金融资产,第三类则可能成为金融资产。因此,要采用不同计量属性并对由于转换造成的利得和损失按不同的方式进行确认。现列表如下(见表1)。

表 1

<table>
<tr><th>类别</th><th>项目的初始计量
(账面价值)</th><th>各类债券投资若转换
计量属性亦转换</th><th>各类债券投资若转换的
会计分录</th><th>转换时发生的计量
差额如何报告</th></tr>
<tr><td>①</td><td>持有至到期的债券投资(held to maturity securities)——摊余成本*(amortized cost)</td><td rowspan="3">①类摊余成本 ②类摊余成本
转换 转换 转换 转换
②类公允价值 ③类公允价值</td><td rowspan="3">①类转换为②类的会计分录
借:股权与债券投资(债券部分)
——在销售中(公允价值)
贷:股权与债券投资(债券部分)
——持有至到期(摊余成本)
贷:持有利得×××
①类转换为③类的会计分录
借:股权与债券投资(债券部分)
——可销售(公允价值)
贷:股权与债券投资(债券部分)
——持有至到期(摊余成本)
贷:持有利得×××</td><td rowspan="3">此处,持有利得×××(即转换时计量的差异,假定公允价值大于摊余成本,下同)视为已确认、已实现的持有利得,可直接计入当期利润,由收益表报告。
此处,持有利得×××视为已确认、未实现的持有利得,一般列入资产负债表的所有者权益部分,但应作为单独的项目,由资产负债表报告,但在美国,按照 FAS 130《报告全面收益》,则可列示于全面收益表中的“其他全面收益”部分,由第 4 报表即“全面收益表”报告;在英国,按照 FRS 3《报告财务业绩》,可列示于“全部已确认利得及损失表”中,由该表进行报告。</td></tr>
<tr><td>②</td><td>在销售中的债券投资(trading securities)——公允价值(fair value)</td></tr>
<tr><td>③</td><td>可销售的债券投资(available-for-sale securities)——公允价值(fair value)</td></tr>
</table>

* 摊余成本原应为债券的账面价值,但由于债券通常是折价或溢价发行的(前者是由于债券的票面利率低于市场利率,后者是因为债券的票面利率高于市场利率),而溢价或折价都是随着债券付息时从债券的账面价值中摊销的,以折价为例,发行时票面价值减未摊销折价称为摊余成本。所以,摊余成本是一个动态的数字:本期摊余成本=期初摊余成本-本期末摊溢价。

8.确认不论是为了记录或为了报告(即制财务报告),都不能离开计量(货币计量)。计量要注意三个问题:计量单位、计量属性及计量客体。财务会计通常是以法定的名义货币为计量单位,以历史成本、公允价值、现行成本、可实现净值等为计量属性。计量属性的采用,应符合计量课题(项目)的具体特点。

9.在基本的财务报表中,资产负债表和收益表(损益表或利润表)以权责发生制为时间确认的基础,它同时又是日常会计记录的时间基础。现金流量表则以收付实现制为时间确认基础,但它只是在编表时才由权责发生制转化为收付实现制。因此,财务报表的要素,日常记录的所属账户,列于报表中的所属项目,一般只受权责发生制的影响。当前财务会计的要素,仅限于建立在权责发生制基础的两个基本报表。资产负债表由资产、负债和所有者权益三项要素构成,收益表(损益表或利润表)一般由收入、费用和利润三项要素构成[5],权责发生制为了相对准确地确定分期收入和费用,从而分期确定损益,提供对决策有用的经营业绩,通常要采用 4 个特殊的会计加工程序:应计(accrual)、分配(allocation)、摊销(amortization)和递延(deferral),这也构成财务会计程序的重要特征。

10.由于不确定性的存在和上述特殊程序的应用,在整个数据转化为信息的过程中,估计(approximation)与判断(judgment)就不可避免。只要这两个特征存在,财务会计信息包括财务报表的表内信息,尽管它们是历史的数据且已经发生并可以从客观证据中进行查核,但它们的可靠性也不会是绝对的(当然,如果会计人员具有诚信道德,并有正确的职业判断能力,将会提高估计与判断的可靠性)。

11.初始确认和再确认的财务信息,只构成财务报表的内容,而不涉及其他财务报告。当前,财务会计的信息加工和传递,实际上已发展为财务报表、报表附注、其他财务报告等若干部分。除财务报表的表内信息需要确认外,附注及其他财务报表都属于披露。披露可以不直接以会计记录为信息源,可以只是定性表述,而无须同时进行定量描述,也可以是非财务的和非历史的信息。增加预测信息和非财务信息,特别是增加反映企业关键发展的信息,如核心能力的信息、未来重大战略与计划的信息。一些重要的软资产如无形资产、智力与技术资源等日益成为财务报告披露的新特征。披露的主要形式是表外附注、辅助报表和其他报告财务和非财务信息的手段。除由准则、证监会所规定及其他法律法规要求的法定披露外,在美国,FASB鼓励企业进行自愿披露,而且应把这种披露具体到若干不同的重要行业。

12.现代企业的两权分离,导致了财务报告的编报与使用者的分离,这意味着对于一个公司经营状况、经营业绩、现金流量和有关的其他信息,在管理当局和投资人(包括债权人)之间产生严重的不对称。缺乏足够的信息,任何人都不能支配企业资源的流动,从而无法规避风险,谋取利益。在两权分离的情况下,如果说投资是对企业的信任,那么企业的诚信就是对信任的回报。在市场经济中,参与市场竞争的任何一方都有利己的要求。资本市场的一个主要任务,就是通过公平、公正、平等互利的一些制度安排,不断提高投资人的信心并不断增加管理当局传递信息的诚信。在这些制度安排中,美国的《公认会计原则》(GAAP),英国的《标准会计惯例公告》(SSAP)、《财务报告准则》(FRS)、国际会计准则委员会的《国际会计准则》(IAS)、《国际财务报告准则》(IFRS)和我国的《企业会计准则》、《企业会计制度》都属于规范财务会计与财务报表的标准。必须遵守相关的会计标准,力求所提供的财务信息的真实、公允,努力提高企业经营活动的透明度,是财务会计的又一基本特征。

传统的会计,包括财务会计还有一个特点(视为局限性也可以),那就是,按照现行模式,它不可能反映一个主体(企业)的价值增值过程。

财务会计是以已发生的交易为基础,而交易是发生在市场上,本企业购入作为加工制造产品的原料、半成品和用于生产的一切设备与工具,都是其他企业已完成其价值创造(已赚得)并已在市场实现其价值的产品;当本企业把它们投入生产时,则为成本(严格地说是转移价值);等到新产品在本企业完工进入市场前,会计从本企业作为一个会计主体的角度只能确认产品成本的积累过程;通过市场销售,按产品售价所确认的收入,才能间接地表现本企业产品的价值(其中包括其他单位的转移价值,即外购材料物资的成本、外购设备动力、外购设备的折旧等等)。那么,本企业新创造的价值是怎么确定的呢?是在产品销售已可确认收入的时点上,通过收入同费用的配比大致确定的。就是说,不仅财务会计,即使把财务会计加成本会计,也不能直接反映本企业产品价值的形成(创造)的真实过程。

在这个意义上,会计不能完成价值核算的任务,它既然以货币为计量单位,价格为计量属性(目前的计量属性如历史成本、现行成本、现行市价、公允价值等都属于过去的、现在的,或未来的市场价格或公允价格的不同表现形式),那么价值也好比价值规律这只在市场看不见的手一样,在任何企业中同样也看不见。通过会计,我们所能得到的不仅是一系列观念上的数字,而且是部分的(如成本)或间接的(如收入)价值概念。主体假设对于财务会计,也包括成本会计是十分重要和必要的,而交易却使主体之间产生了千丝万缕的直接和间接依存的联系。这种联系为直接计算和精确计算每种产品和每个企业的价值及其形成过程制造了几乎难以克服的障碍。

四、小结

上述基本概念、基本程序和基本特征都是针对过去和现在的财务会计来说的。在这个意义上,我们可以概括财务会计的本质职能及其边界。财务会计和财务报告基本上用货币金额定量描述特定主体(企业)的资源和义务及其变化(增值或减值)的历史。描述的对象是该企业发生的交易或事项的经济实质,最初表现为数据,最后加工为有用的信息,其依据是相关的会计标准。财务会计的信息特别是由财务报表传输的信息是历史的,并有证据可以核实,因而反映特定企业经济实质是财务会计的基本职能。记录和报表都只涉及企业经济活动的过去。这是财务会计的传统边界,但表外披露已日益向企业的未来发展。估计和预测在财务会计中的应用前景正在不断扩大。每一个事物都有质的规定性。财务会计的上述特点是在工业社会中逐步形成的。因此,财务会计也有动态性。世界上没有一成不变的东西。财务会计在进入新经济时代,它必然要反映新社会的特点,解决过去不可能发生的新问题,从而改造过时的方法和技术,推动自己的发展,本文(指《知识经济下财务会计理论的发展及财务报告的改进研究》系列论文——编者)第二部分将探讨这一令人感兴趣的问题。但是有三点必须肯定:

第一,已经发展到现在的财务会计、财务报表和其他报告,曾经为资本市场的建立和发展已经做出了和正在做出并将继续做出重要的贡献,这是 1994 年 AICPA 为编写《改进企业报告——面向用户》(Improving Business Reporting—A Customer Focus)进行调查时的结论。尽管近年来若干名扬世界的公司产生令人厌恶的财务欺诈,但过错不在于财务会计本身。不可能设想,没有企业向投资者提供关于财务会计信息的传输、交流并用来合理配置社会的资源和调节各方的经常冲突的经济利益,资本市场能够正常运转。

第二,预测可能对决策最为有用。但在任何时候,都还需要反馈的信息,用来证实或改正已作成的预算和计划的执行情况。人们的智慧总是在总结经验教训的基础上才能不断提高,从而有可能创造日益增长的财富,规避无处不在的风险。这时,我们回头看就会认识到历史信息的作用。

第三,不论财务会计今后如何发展,当前财务会计特有功能——如实地反映特定企业的经济活动的历史——是永远不会消失的。科学一般不会在空地上产生,许多科学的发展和分化,或交叉融合——大都没有消灭,也不可能消灭它所赖以兴起的原先的基础学科。这又要回到我在 22 年前写的《论会计理论的继承性》(1981)中的预言,“我们所以有今天,在很大程度上取决于我们的昨天”。因此,在任何国家,要建立自己的会计理论,在空地上是砌不成大厦的。人们不能割断历史,不能忘记会计理论的继承性。

注释:

①维纳:《人有人的用处》,商务印书馆 1978 年版,第 9 页。

②例外情况是上可以扩大到母公司对子公司具有控制力的企业集团(合并报表的理论依据),下可能具体到具有自己特殊报酬与风险的企业内部的可报告分部(分部报告的理论依据)。

③见 SEC 1999 年 12 月 Staff Accounting Bulletin(SAB)No.101。

④对于那些缺乏因果联系的少数费用只能系统地摊配,更少的例外,是将该费用当作损失一次从期间收益中抵减。

⑤这里,讲“一般”,是因为有例外。在英国,由于增加了“全部已确认利得及损失表”(Statements of Total Recognized Gains and Losses),损益表(Profit and Loss Account)虽然仍由收入、费用和利润所构成,但它已不能够完全反映企业的最终财务业绩,而能够反映企业最终财务业绩的报表是“全部已确认利得及损失表”。因此,收入和费用已经分别包含在“利得”和“损失”中,这样利得和损失就上升为财务报表的要素(见 Statements of Principles for Financial Reporting No.3)。

(原载于《财会通讯》2003 年第 7—9 期、2003 年第 11—12 期、2004 年第 1、3、5、7 期)

23

当代财务会计的发展趋势*

葛家澍　杜兴强

摘　要：本文在对财务会计存在的历史必然性进行认识的基础上，着重探讨了：(1)财务会计在20世纪的发展，包括财务会计与传统会计相比在确认、计量、记录和报告四个基本程序方面的继承与发展；(2)未来财务会计确认和计量的模式、财务报告的彩色模式、规范财务会计确认和计量的会计准则的制定模式、国际会计准则协调化等方面论述财务会计的可能发展趋势；(3)对财务会计未来发展的两个具体趋势——事项会计及因特网上的财务报告进行了简单的探讨。

关键词：财务会计；发展趋势；会计准则

一、财务会计出现的历史必然性

会计的发展是反应性的[①]。财务会计是适应委托代理关系下所有权和经营权高度分离的经济环境而产生的、以对外报告为主要特征的会计。财务会计主要立足于企业、面向市场，目的是向企业外部的利益相关者提供评价受托责任履行情况及有助于进行各类经济决策的信息。透过资本市场的发展历程，我们发现这样一个事实：高质量的会计信息能够降低投资者在投资过程中所面临的不确定性，引导资本的趋利性流动，促使社会资源的优化配置；而低质量的会计信息将会增加投资者的决策风险，风险威慑投资，最终将导致资本市场规模的萎缩，影响资本市场，乃至一国经济的健康发展[②]。

在传统会计发展相当长的一段时期内，由于企业筹集资金的方式主要局限于向银行借款[③]，所以"保密，保密，再保密"曾是当时资本市场中流行的惯例[④]。但是，在资金稀缺性的制约下，当少数几个初始所有者拥有的财务资本无法满足企业扩大规模所需的大量资金时，当银行出于财务风险的考虑不愿向企业提供资金时，企业面向社会公众筹集资金就成为必然考虑到财务资本趋利性流动的基本特征。可以合乎理性地推定，企业之所以能够在资本市场上筹集到经营发展所需要的资金、投资者之所以愿意将其拥有的财务资本让渡给企业的管理当局进行日常管理，其根本原因在于——在追求经济利益的驱动下，企业能够取得投资者的信任。特定的企业之所以能够取得投资者的信任，必然是向资本市场传递了"信号"(signal)——一种能够显示异质性的，具有甄别作用的信息，更确切地说，考虑到投资者作为委托方效用函数的特征——主要追求货币收益满意化(满足特定约束条件的最大化)，所以企业提供的，能够显示异质性和对投资者而言具有甄别性的信息主要是会计信息。此时，财务会计作为一个旨在为企业外部的利益相关者提供评价受托责任履行情况及进行各类经济决策相关信息的人造系统，便在继承和发展的基础上，从传统会计中分离出来。

二、财务会计在20世纪的发展

(一)财务会计发展的基本脉络

财务会计作为一个独立概念的出现是在20世纪30年代(更确切地说是“公认会计原则”出现之后),迄今财务会计的发展已历经60余年。考虑到财务会计出现的背景及逻辑,财务会计的发展注定与对外提供会计信息紧密联系在一起,甚至可以说财务会计的一个终极目标主要就是向企业外部的利益相关者提供会计信息[5]。对财务会计60余年的发展脉络进行梳理,我们发现财务会计在历史横截面上的若干次重大发展,都有一个共同的特征,那就是以提高对外报告信息的决策有用性为中心,对财务会计的确认、计量、报告(披露)进行革新,进而延伸到规范会计确认、计量的会计准则领域。

值得注意的是,综观当代财务会计的发展,我们发现,财务会计一经产生,就与对财务会计及会计信息披露的规范与管制如影随形。因为,作为外部投资者,由于社会分工和个人禀赋的不同,往往并不直接参与企业的经营管理,也无法符合“成本效益”地对企业的日常运营保持实时(real-time)监督,而只能够通过企业定期披露的通用财务报告(general financial reporting)来评价受托责任履行情况及进行各项经济决策。但是,评价受托责任的可行性及决策合理性与否,取决于管理当局(作为提供方主体)提供的会计信息的真实和公允性。而信息不对称的存在,必然使得投资者对管理当局提供的会计信息的质量心存疑虑,由此带来了企业(形式上是法律虚构,实质上体现为一系列契约关系的结合[6])契约关系的摩擦——导致过高的交易费用,阻碍企业的筹资活动,从而影响到企业运作的润滑性,甚至对资本市场的发展带来毁灭性的影响(从历史发展看,美国资本市场1880年至1929年期间会计信息披露的混乱性成为1929年美国经济危机的导火索)。为此,在以对外提供会计信息为主的财务会计发展到特定的历史阶段,就必然会产生权威机构(或由权威机构将制定权下放给民间制定机构,并赋予其权威性)以矫正会计信息产权(property rights of accounting information)为目的[7],对会计信息披露进行管制——制定具有公共物品性质的会计准则或公认会计原则,规范会计信息披露,使会计信息能够真正起到引导社会资源配置的作用[8]。当然,由于准则制定机构无法一一核实特定企业是否都遵循了公认会计准则,这就催生了注册会计师审计作为独立、公正的第三方对企业管理当局提供的财务报表(后来发展为财务报告)进行审计,以取信于投资者[9]。企业管理当局借助于财务会计提供的、经过审计的会计信息,就成为协调委托代理关系中各个利益集团的利害冲突的一种机制,体现着契约关系的均衡[10]。

(二)20世纪财务会计的发展[11]

依托资本市场及公司治理背景,在公认会计原则的规范下,面对独立审计机制的约束与制衡,再加上学术研究的推动,20世纪财务会计的发展体现为一个对传统会计进行继承和革新的过程。财务会计继承了传统会计模式之中在会计实践之中得到检验而积淀下来的、合理并行之有效的、若干普遍接受的会计惯例。这主要指它在确认、计量、记录和报告等四个主要加工程序中保留了传统会计中的一些精华。尽管财务会计也是由确认、计量、记录和报告四个基本的会计处理环节所组成,但与传统会计的一个显著区别就是以报告作为其核心环节。因为尽管在传统会计阶段,所有者(所有权)和经营者(经营权)已经分离,但是当传统会计过渡到财务会计之后,这种分离的趋势更加显著——现代大型股份有限集团公司不仅在股东人数上是昔日的企业所无法比拟的,而且由于股东人数的剧增,“在区分所有权和控制权时,必须记住这样的事实——即使许多人在企业之中拥有一定的权益，但是他们实际上已不再具备能够控制经营者的能力，因此我们通常不再认为他们是企业的所有者”[12]。实质上，在现代大型股份有限公司之中，众多的小股东尽管从法律意义上仍然是企业的所有者，但是他们不仅没有能力而且也不愿意去设法联合控制企业的行为，包括约束、替换经营者，在一个资本趋利化流动的不断完善的资本市场上他们所能、所愿意做的只有、也只能根据公司管理阶层及其代理人所编制的财务报告来进行决策——购买或抛售特定公司的证券，更改自己的既有决策，主动撤换乃至放弃自己“虚设”的股东权利，即“用脚投票”。鉴于此，企业的对外财务报告就成为，也必须是财务会计的首要目的。其实，在财务会计之中，初始确认、计量和记录只是为报告准备数据，只有把它列入财务报告（主要是指财务报表）才是最有用的信息，在财务报表中的确认和计量才是最终的，可信的。

财务会计在确认、计量、记录和报告中的各个方面，都发展了传统会计，这主要体现在如下方面：

1.确认方面的发展。按照传统会计的观点，权责发生制是唯一的确认基础。资产负债表和利润表都是权责发生制的产物，但随着现金流量表（最初为财务状况变动表）先后被美国财务会计准则（FAS 95）、国际会计准则（IAS 7）、英国会计准则（FRS 1）等国家或地区的准则制定机构确定为第三张财务报表后，在财务报表中确认的信息就不再是单纯地以权责发生制为基础了。换言之，自从现金流量表出现之后，财务会计已由过去以单一的权责发生制为基础转变为以权责发生制为主，兼用收付实现制。

财务会计的确认以权责发生制为主，但是并不排斥使用收付实现制。这是因为考虑到现金具有较强的流动性，及时反映和监督现金的动态是会计的一项任务，当交易或事项发生时，凡是涉及现金，不论其影响到企业权责后果如何都要先行记录（按收付实现制）而后调整（按权责发生制）。所以在日常的会计处理之中，两种确认基础缺一不可。而实际上，对于基本的财务报表而言，资产负债表和损益表是以权责发生制为基础，而现金流量表则以收付实现制为基础了[13]。美国 FASB 颁布 SFAC No.1 的一个特点就是将权责发生制和收付实现制并提。

此外，对于收入的确认，尽管财务会计迄今仍坚持实现原则，但是实现概念的内涵和外延都有所发展——这主要体现为财务会计的“实现”不再像传统会计那样固执地坚持严格的已实现（realized），而是将之扩展为可实现（realizable），这也为全面收益表的出现奠定了理论基础。

2.计量的发展。传统会计强调会计信息的可靠性和稳健性惯例，因此主要采取历史成本计量属性，在财务会计的发展过程中，先后经历了世界范围内持续的通货膨胀、衍生金融工具和金融创新的日新月异，人们越来越对历史成本的局限性表示不满，转而求其他能够提供更符合相关性信息的计量属性。公允价值开始发挥前所未有的作用，譬如 FASB 指出，“公允价值是计量衍生金融工具唯一相关的计量属性”。不仅如此，FASB 甚至雄心勃勃地试图将公允价值应用于所有资产的计量中。

从财务会计的发展过程看，历史成本已经不是唯一的计量基础[14]，财务会计的计量模式从一定意义上讲正是一种混合计量模式，而且会计实务界出现的多种计量属性并用的局面已被理论界所逐步认可。除历史成本外，现行成本、重置成本、公允价值[15]都可以用来对特定的资产项目进行计量，但必须关注计量的相关性和可靠性的有机权衡。

3.记录技术的发展。在财务会计中，已经逐渐实现了由手工簿记系统到电子数据处理系统的转变。不过，可以明确的是，虽然电子数据处理系统已经是大势所趋，但毕竟改变的只是记录所采取的技术手段，并未从根基上动摇会计记录所依据的基本原理——复式簿记原理。此外，电子数据处理系统的推广普及，可能因此影响“报告”环节，使因特网上的财务报告披露成为可能；再者电子数据处理系统替代手工记账系统，可以在一定程度上将会计人员从烦琐的记账工作中解放出来，使其有更多的时间和精力扮演参与决策的角色。

4.财务报告方面的发展。在传统会计中，财务报告其实就是财务报表，而且仅包括资产负债表和利润表。由于财务会计以对外报告为导向，因此在报告方面改革的力度最大。财务会计在传统

会计提供的资产负债表和利润表之外,还增加了两张基本的财务报表:

(1)"现金流量表"(反映某个期间资金或现金的流量,体现企业在该期间内现金资源的增减变动及其结果);(2)"全部已确认利得和损失表"或"全面收益表"。

同传统的会计报表相比,财务报表需要增加表外附注,并十分重视附注的作用,这也是为了适应外部信息使用者的需要,旨在提高报表内容的可理解性。这样,就形成了财务报表(指表内,face)、财务报表附注(notes)和补充资料(supplementary information)等不同部分。表内项目与表外附注共同组成财务报表不可或缺的整体。不过,表外附注的主要作用在于帮助报表使用者理解和使用报表,它所揭示的信息不能代替表内信息,也不能通过表外附注来更正表内错误。在财务会计中,财务报表仍是报告的主要手段,在财务报表之外增加了"财务报告的其他手段"(other means of financial reporting),简称其他财务报告。概括起来,财务会计就形成如下的信息披露体系(见图1):

财务报告(表述)
- 财务报表
  - 表内→确认
  - 附注→披露
  - 符合GAAP,并需要接受审计
- 其他财务报告
  - 辅助(补充)资料
  - 财务报告的其他手段
  - 披露→不符合GAAP,但需要审计

图1

更有甚之,企业对外报告的范畴已经超越了财务信息的范畴,包含了大量的非财务信息。现在,企业的年度报告范畴如下(见图2):

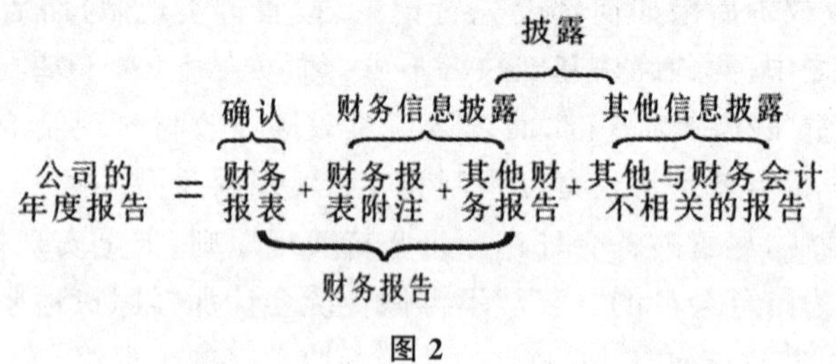

图2

5.20世纪90年代以来会计界对财务会计和报告模式缺陷及改进的若干观点,列示如下表(见表1)[16]。

表1

不同的公告	缺陷/理由	改进意见
ICAEW&ICAS(1991)《未来财务报告的模式》	①重成本而轻价值; ②过于重视单一计量; ③重过去而轻未来; ④重盈利而轻现金流量; ⑤重法律形式而轻经济实质。	①不要重视单一的盈利数字,重视现金流量信息、重视未来信息,坚持实质重于形式; ②应提供目标与战略计划表、资产负债表、收益表、利得表、现金流量表、未来展望表。
AICPA(1994)《改进企业报告——面向用户》	①财务报告不能面向未来; ②会计信息失去相关性; ③会计信息严重地不完整。 同时该报告认为:第一,没有证据表明,使用者由于认为信息不相关或其他原因而放弃财务报表分析;第二,没有使用者建议,财务表应予以放弃而由基本不同的组织财务信息的手段来取代。	①改进企业分部信息的披露; ②衍生金融工具的核算及披露; ③表外融资的特征,风险及机会的披露; ④区分核心、非核心业务,按照公允价值计量非核心资产及负债; ⑤特定资产和负债计量不确定性的披露; ⑥单独披露第四季度报告,按季度提供分部资料; ⑦取消缺乏相关性的披露; ⑧其他建议。

续表

不同的公告	缺陷/理由	改进意见
Wallman(1996)《会计与财务报告的未来(Ⅱ):彩色报告模式》	①会计和财务报告的相关性日益下降,体现在:(a)未考虑会计主体外延的弹性;(b)对软资产如人力资源、智力资本未能进行恰当的确认与计量;(c)财务报告的及时性及预测性严重不足;(d)会计信息传递渠道不畅通。 ②财务报告的黑白模式。	彩色报告模式: ①相关性、可靠性、可定义性和可计量性均符合要求; ②相关性、可计量性和可定义性都符合要求,但可靠性存在着疑问; ③相关性与可计量性符合要求,但可定义性与可靠性存在疑问; ④相关性、可靠性和可计量性符合要求,但可定义性存在疑问; ⑤仅相关性符合标准,可靠性、可定义性和可计量性都不符合。
IASC(1999)《因特网上的企业报告》	①网络为基础报告的增长; ②网络为基础交易的增长; ③全球化与网络报告的前景; ④全球化和信息技术发展对管制市场的冲击。	因特网上的财务报告,含多维报告模式、多种在线资料等。
Upton(2001)《企业报告和财务报告:来自新经济的挑战》	投资者需要的信息和企业提供的信息在新经济下存在着巨大的鸿沟。	①更多的非财务信息披露; ②更多的前瞻性信息; ③更多的无形资产信息。
FASB(2001)《改进企业报告:对增进自愿披露的洞察》	改进自愿披露可以使资本流动更富有效率、降低资本成本。	①企业资料、管理当局对企业资料的分析、预测性信息、管理当局与股东的信息、公司背景信息、未确认无形资产的信息; ②企业的重要方面、管理当局的战略及计划,非财务计量(如市场占有份额、经营效率等)、竞争劣势等。

6.小结。综合上述,今天我们看到的财务会计及报告,和最初区别于传统会计的财务会计相比,已经远非可比。过去60余年的时间内,财务会计的边界不断地扩大,与之相伴随的是财务会计的边界日益模糊[17]。从20世纪70年代开始,由于经济环境的变迁,投资者不满当时会计信息的相关性,从而要求改进财务报告的呼声此起彼伏、甚嚣尘上。也正是从那时起,财务会计的发展几乎都是围绕着提高相关性而努力。也正是在这一段时间财务报表从原来的两张报表(资产负债表、利润表)发展为四张报表(增加了现金流量表和全面收益表),财务会计对外提供信息也由财务报表扩大为财务报告(FASB,SFAC No.1)的贡献甚至扩大到了企业报告(AICPA《改进企业报告》1994年首先提出、FASB《企业报告与财务报告:来自于新经济的挑战》2001年再次提出)。但是,财务会计有可能正在逐渐失去其传统特征,人们对财务会计及财务报告的要求已经使其力不从心!财务会计的发展目前正处于一个十字路口:是保持财务会计的传统特色,忠实地用货币金额反映企业以过去交易和事项为基础的经济活动及其结果的历史图像,还是要扭曲财务会计以记录和报告过去为主的特征,把它改变为企业财务及预测[18]?

三、财务会计的发展趋势

从20世纪财务报告的发展历程,尤其是20世纪90年代以来财务会计及报告的数次改进来看,目前的财务会计模式的确存在着诸多的缺陷。财务会计作为一个信息系统,要想在与其他信息源的竞争中不至于缺乏信息内涵(information contents)而被淘汰,必须对财务报告进行改进,且最终必须落实到财务会计的确认和计量上,也必须提高规范确认和计量的会计准则的质量。企业财务会计与报告改进的终极目的,是为了向投资者提供真实公允的、有助于其评价受托责任和进行各类经济决策的信息。为此,财务会计必须考虑会计环境的基本特征,结合投资者的需求提供会计信息。目前,由于确认和计量的技术性限制,大量对投资者决策相关,但由于不能够同时满足确认的四项条件(即符合要素定义、可计量性、相关性及可靠性)的信息,大量涌入了表外。大量的表外披露使得目前公认的财务报表作为传递最有用信息的角色和地位(FASB,SFAC No.1)受到了严重的挑战,因为现在投资者要想进行决策、需要相关的会计信息时,往往是从表外而非从表内去寻找!这样,FASB设想的整个财务报告体系各个组成部分的重要性正在本末倒置——尽管AICPA在1994年的《改进企业报告》中一再重申财务会计(财务报告)的不可替代性!

为了防范财务报告体系中的此种“本末倒置”,未来财务会计的发展急需进行革新:第一,财务会计的确认和计量必须取得长足的突破——包括确认和计量的内容,使得目前大量在表外披露的信息,能够纳入财务报表表内进行确认,以更好地向投资者传递决策相关的会计信息;第二,在既定的确认和计量技术制约下,财务会计必须对表外披露强化规范,防范财务风险。此外,还应该注意到,财务会计确认和计量技术的发展是表外披露信息减少的必要而非充分条件,因为诸多表外披露的信息并不全然是因为确认和计量技术的制约,而是企业的管理当局出于特定的目的把本应在表内确认的信息放在表外进行披露,如融资租赁、养老金负债等。这一点主要结合财务会计在技术性之外具有的社会性,以及会计信息所具有的经济后果性质就不难理解。

为此,我们认为未来财务会计的发展可能体现在如下一些方面:

(一)财务会计的确认和计量

现行财务会计模式已经相对科学地融合了确认的时间基础——权责发生制和现金收付制的关系问题,并在收入的确认方面由已实现扩展到可实现。但对于资产的确认,却还有诸多值得改进的地方。目前,财务会计确认的内容主要局限于财务资本和财务资源,而对人力资源等软资产却拒绝在财务报表中进行确认。知识经济下,一个企业的智力资本(含人力资本、组织资本、顾客资本等)将成为创造企业价值的主要驱动因素[19]。对企业人力资源(human resources)状况和各种软资产(soft assets,如知识产权、智力资产)等对企业长远发展意义深远的项目在财务报告体系中进行反映,将有助于投资者评估企业的未来盈利能力和可持续发展能力。但确认问题的解决有赖于会计计量问题的解决。

会计本身就是一个计量过程。知识经济下,大量有价值的会计信息如人力资源、智力资本、知识产权无法在表内进行确认,其中一个主要的原因就是财务会计无法选择恰当的计量属性,对这些项目进行相对可靠的计量——即使某些无形资产在目前的财务报表中进行了确认,但往往并不能够反映这些无形资产的真正价值,也就无法向投资者传递能够导致决策差异的会计信息,财务会计计量的可能发展体现为以下几方面(结合目前财务会计计量的缺陷进行论述,因为目前计量存在的不足孕育着未来发展的趋势):

1.由成本计量逐渐转向价值计量。目前的财务会计计量一般体现为重成本而轻价值的特征。尽管财务会计对某些项目的计量选择了公允价值计量属性进行计量,但毫无疑问更多的资产和负债项目仍然是按照历史成本进行计量的。历史成本虽然具有可验证性,可从投入层面上对资产进行计量,然而无法揭示资产的经济实质——未来的经济利益,在软资产(soft assets)的计量上体现得尤其明显。这个缺陷导致企业的市场价值与其账面价值严重背离。

随着投资者日益意识到利润表所揭示的、企业的经营成果具有暂时性(tentativeness)的特征,资产负债表作为第一财务报表的地位日益凸显,资产负债表揭示的信息将对投资者的决策产生至关重要的影响。资产负债表项目按照价值模式进行的公允计量将有助于夯实利润,确保企业的干净盈余(clean surplus),提高利润的信息含量——全面收益表的出现可以看作是资产由成本计量向价值计量迈出坚实的一步。

2.精确性计量和模糊性计量的融合。过分强调货币计量和精确计量的一个直接后果就是财务报表逻辑的混乱——貌似确定的假象掩盖了计量结果不确定的真相。在财务报表上列示的单一、仿佛十分确定的数字到底向会计信息市场传递了什么样的信息呢?理智的会计信息使用者不会为这些貌似十分确定的数字所迷惑,他们会通过各种途径去验证和再确认,甚至会对财务报表上的单一数字去进行重新分解,然后再按照自己的判断去重新组合和汇总。照此,会计人员将零散的会计数据汇总为单一的数字,而会计信息使用者又将之按照自己的需要分解再组合,对整个社会资源意味着一种巨大的浪费。那么,未来的财务会计的计量结果是否可以表述为一个区间(如[987,1032])呢?此外,财务会计的计量是否可采用像事项会计研究方法(event accounting method)那样将原始的会计数据直接传递给会计信息使用者呢?

貌似精确的计量结果无法掩盖财务会计处理过程中存在的大量估计与判断,过分强调货币计量和精确计量往往导致"过犹不及",大量有价值的信息无法在财务报表中进行适时的确认。明确会计计量的多维性,就可以对财务会计的可计量性进行辩证的理解——难以用货币进行精确计量并不代表着不可计量。作为计量的客体,具有不同的属性,因此不能够完全强求统一用货币进行精确计量。对于某些项目如人力资源、顾客满意程度、市场占有率、竞争优势,完全可以利用非货币指标进行模糊性计量,而这些信息对投资者决策的作用并不亚于财务报表上按照货币计量的其他项目。

3.确认和计量将更侧重于反映经济真实。目前,企业管理当局往往利用其天然控制的会计政策的选择权,人为地平滑企业的经营业绩,营造一种企业平稳发展的假象。换言之,"平滑的假象"掩盖了"波动的真相"。财务会计确认和计量应侧重于经济活动的真实图景,如实地反映企业的财务状况和经营成果,既不提前、也不推迟;不计提过多预防意外的准备,不确认递延损失[20]——当然,这需要高质量的会计准则进行规范。

(二)财务会计的彩色报告模式

财务会计发展到今天,面临着如下的困惑——一方面投资者指责财务报表会计信息的相关性程度正在逐渐降低,另一方面财务会计的确认、计量技术及财务会计本质特征限制了相当多的项目无法进入财务报表进行确认,而只能够在表外进行披露,带来了表外信息披露的激增和信息过载现象,即便如此,还有相当一部分有价值的项目无法在财务报告体系中进行披露。换言之,财务报告体系中的财务报表和表外披露出现了严重的"不协调性"。所以,未来的财务会计必须在强化自愿披露、鼓励表外披露的同时,对表外信息披露进行深层次的规范。

我们曾多次引用的 Wallman(1996)提出的彩色模式为财务会计的发展趋势提供了可能的描绘。该模式将财务会计确认的四项条件进行分解,由此形成如下五个层次[21]:(1)相关性、可靠性、可定义性和可计量性均符合要求,这形成了财务报告体系的核心层次(core layer)。目前的财务会计与财务报表上反映的信息都属于这一类别。(2)相关性、可计量性和可定义性都符合要求,但可靠性存在着疑问。这个层次的划分主要涉及的是财务会计上目前拒绝确认的项目,如顾客满意程度、人力资源、研究开发支出等。(3)相关性与可计量性符合要求但可定义性与可靠性存在疑问,如顾客满意程度的支出。(4)相关性、可靠性和可计量性符合要求,但可定义性存在疑问,如企业的战略风险、企业的竞争优势、市场占有份额等。(5)仅相关性符合标准,可靠性、可定义性和可计量性都不符合,如企业的持续经营价值和智力资本价值等。

该模式的特点是淡化了财务会计及报告的"确认"概念,认为确认并不应被绝对强调,而仅将其看作是财务报告体系核心层次和非核心层次的分界线。Wallman 提出的彩色模式一旦被采纳,将会使目前财务会计模式中未曾揭示的信息如无形资产和其他难以用货币精确计量的项目得以纳入财务报告中。

(三)作为规范确认和计量的会计准则的发展

1.会计准则的制定模式。曾几何时,FASB 制定会计准则的规则导向模式一度是世界范围内诸多国家效仿的对象,美国国内也一直自诩其具有最完善的会计审计制度,然而安然等一系列美国上市公司的财务丑闻事件使美国会计界哑口无言!安然事件后,美国国内开始对其制定会计准则的方式进行反思,最典型的莫过于 The Sarbanes-Oxley Act of 2002 要求对会计准则制定的原则导向征求意见,决定是否应该转变会计准则的制定方式。FASB 迅速对此做出反应,颁布了《美国会计准则制定的原则方法》的征求意见稿。美国会计学会刊物《会计瞭望》(*Accounting Horizon*)2003 年第 1 期上刊登了三篇专门讨论会计准则制定导向的文章,分别是:(1)"Evaluating Concepts-based vs Rules-based Approaches to Standards Setting"(Maines 等)。作者认为目前美国考虑以概念为基础[②]的会计准则制定方式是美国目前应有限考虑的会计准则制定导向和方式。但是,作者在以 SFAS 87"养老金会计"为实验对象进行研究后,同时不无忧虑地指出,美国转向以概念为基础的会计准则制定方式并非易事,一系列的问题还待解决;推行以概念为基础的会计准则,还有赖于企业管理当局、董事会、审计人员等的通力配合和精诚合作。作者也认为,无论是规则导向还是原则或概念导向的会计准则,都不是解决利益冲突的关键,准则的制定方式和监管问题应该分开进行考虑,会计准则的性质应该不受这些因素的影响。作者同时还对推行概念为基础的会计准则制定方式后会计界和注册会计师的职业判断表示了担心,认为若推行概念为基础的会计准则,FASB 应该竭力为编制财务报告提供明确指导。(2)"Principles-based Accounting Standards"。作者 Katherine Schipper 则坚持,美国的会计准则制定原本就是以原则为基础的,该原则来源于美国财务会计准则委员会制定的财务会计概念框架。(3)"Behavioral Evidence on the Effects of Principles and Rules-based Standards"。作者 Nelson 以 The Sarbanes-Oxley 法案和 FASB 可能的会计准则制定导向的转变为研究背景,提供了部分的行为证据。

其实,在会计准则的制定方式和导向方面,采用原则导向或规则导向孰优孰劣,未经长期实践检验尚难下结论。若贸然紧追美国,按照或武断地根据美国会计准则制定模式,改变我国的会计准则制定方式,可能会考虑不周。原则导向与规则导向似乎并无不可逾越的鸿沟,原则导向本质上体现为规则导向的抽象化,而规则导向往往是原则导向具体化的结果。因此,将会计准则制定的原则导向和规则导向绝对对立未必可取。制定会计准则的现实和战略选择是,在充分考虑规则导向和原则导向会计准则的各自优缺点的基础上,根据各自经济环境的具体特点和财务会计人员、注册会计师的总体水平,融合两者的优点,对可能出现的缺陷进行扬弃。

2.会计准则的国际协调。综观 20 世纪 80 年代以来,信息技术革命和国际资本市场的发展以及贸易障碍的逐步消除,催生了全球经济的交互性(inter-connected economy)。2001 年 10 月在中国上海召开的 APEC 会议的主题是新经济(new economy)及其互享,为此企业必须尽快地融入全球经济之中。企业之间的交流需要一种"语言",这就体现为通过财务报告,以其为载体反映的会计信息。会计信息可以反映一个企业特定时点的财务状况,一个期间的经营成果和现金净流量的有关情况,促使社会资源的趋利性流动,实现社会资源的有效配置。财务会计作为一门商业语言(business language)要在全球新经济中发挥其应有的作用,必须尽快实现规范财务会计确认,计量和报告的会计准则的国际化协调(harmonization)。在 WTO 的促进下,全球经济正走向一体化,国与国之间的经济交往密切,各国经济之间的依存度已达到休戚相关的程度,此外,跨国公司的发展、资本市场的国际化、区域经济合作的发展都要求会计这种"商业语言"不仅在一国内"通用",而且要在全球范围内"通用",为了使会计在全球范围内"通用",协调各国的会计及各国制定的会计准则就成为必然。

从1978年开始,当时的国际会计准则委员会(IASC)就采取一系列措施,转移制定准则的目标,把重点放到加大协调力度,提高不同国家、地区之间企业财务报表的可比性方面上来。根据上述目标,IASC着手修订已发表的IAS,尽可能删减过多的备选会计处理方案并应提出IASC所倾向的某种会计处理方案——列为"基准会计处理"。其余的,在压缩之后,只能作为"允许的、备选会计处理",总之,IASC要通过比较和优选允许的会计处理方案,鲜明地表示自己的见解,从而把IASC修改成高水平的对国际投资人真正有用的准则,在客观上成为"国际公认会计原则"的准则。

为了达到这个终极的目的,国际会计准则委员会付出了艰辛的努力,甚至在2001年进行了改组。国际会计准则委员会的改组体现着国际领域和世界范围内会计准则制定"谁执牛耳"的问题,也是一个国际会计准则委员会和美国财务会计准则委员会在世界范围内争夺会计准则制定"制高点"和谁将引领会计准则国际化潮流的问题[23]。在"9·11"事件和安然事件前,美国借助其成熟的资本市场优势和以全球最严格的会计审计制度自诩的"老大"地位而在与国际会计准则委员会的博弈中占据上风,这主要体现在:在与IASC进行协商后,带有附加条件地支持IASC制定一套适用于跨国上市公司的财务报告准则(International Financial Reporting Standards),但必须满足三个条件,即:①准则必须包括一套核心的会计文告,以构成全面和公认的会计基础(请仔细品味"公认"一词与美国公认会计原则的联系);②准则必须是高质量的,能够体现可比性与透明度,并能够提供充分的信息披露;③准则必须严格地加以解释和应用(葛家澍,1999)。作为反应性的对策,IASC于1998年提出了"重塑IASC的未来"的报告,基本体现了美国的要求;1999年12月及2000年5月,修改IASC的章程;2001年4月,IASC改组为IASB,制定国际财务报告准则(IFRSs)[24]。

根据2002年Deloitte Touche Tohmatsu、Ernst&Young、Pricewa terhouse Coopers、KPMG等会计公司每年一度的对国际财务报告准则(之前是国际会计准则)在全国范围内的趋同进行的调查结果—— GAAP Convergence(2002)的结果显示,对国际财务报告准则的遵循存在如下情况[25]:

第一,政府或其他管制机构要求本国的上市公司必须在2005年之前遵循国际财务报告准则(IFRS)的国家或地区包括:①欧盟国家有奥地利、芬兰、希腊、卢森堡、西班牙、比利时、法国、爱尔兰、荷兰、瑞典、丹麦、德国、意大利、葡萄牙、英国;②欧盟候选国(成员国的上市公司必须采纳IFRS)有保加利亚、拉脱维亚、波兰、斯洛伐克、斯洛文尼亚、匈牙利、捷克、罗马尼亚等;③其他国家或地区有挪威、俄罗斯、中国台湾、新加坡、秘鲁、突尼斯等。

第二,准则制定机构已经正式计划与国际财务报告准则趋同的有澳大利亚、印度、新西兰、南非、中国香港、马来西亚、菲律宾、美国等。

第三,其他趋同情况的有阿根廷、智利、印度尼西亚、墨西哥、瑞士、巴西、中国、伊朗、巴基斯坦、泰国、加拿大、埃及、以色列、韩国、委内瑞拉。

四、事项会计模式及因特网上的财务报告:未来财务会计发展的趋势

(一)财务会计的事项会计模式[26]

根据索特[27]的观点,由于单一的历史成本计量无法反映经济环境特有的动态性和不确定性,也往往与经济现实不符,而多元计量属性并存存在缺乏可比性的问题,且通过单一财务报告体系提供

的会计信息又难以满足所有会计信息使用者的不同决策需要,那何不将企业经济活动的主要事项提供给投资者,将根据这些基本事项生成会计信息的任务转移给投资者,以更好地实现信息加工和信息使用的连贯性,避免对企业会计信息披露不相关无休止的指责。事项会计的主要特点(优点)如下[28]:

1.在肯定会计目标是向使用者提供决策有用会计信息的前提下,认为由于决策类型的不同,不同的会计信息使用者所需要的会计信息的相关性各不相同,企业通过一套财务报告体系提供的通用会计信息不可能符合所有投资者的决策所需。

2.由于投资类型的制约,决定了投资者在决策时可能依据自己的知识结构、决策模型、偏好对企业财务报告上的数据进行重新排列组合,来获取自己所需要的,与特定决策更为相关的会计信息(体现为分析和理解过程)。

3.随着投资者素质的提高,他们已掌握会计信息处理的能力,掌握大量社会资源的机构投资者可能比企业会计人员具有更强的信息处理能力。既然如此,若企业能够在不影响企业商业秘密的情况下将企业经营活动的基本数据和相关资料传递给投资者,既抑制了信息不对称问题,又由投资者按照自己的决策类型进行会计信息的生成和利用,可以很好地解决不同投资者的不同会计信息需求问题。

4.由于现行的、通过一套财务报告提供通用会计信息的范式,要受到公认会计原则的制约,导致企业提供的会计信息侧重于可以用货币计量的内容,而对另外一些不能够恰当进行计量的项目则得不到任何的反映。事项法则不然,由于该模式下会计信息不是由企业会计人员是由投资者自己进行生成和分析,因此投资者个人如何生成会计信息、如何利用会计信息是投资者自己的事,所以可摆脱公认会计原则的束缚,使投资者能够了解那些原本在财务报告中得不到反映的事项或情况(如竞争优势、核心能力等)。

5.事项法下,企业向投资者传递的企业经营情况的有关资料,不再拘泥于价值或净收益,也不再通过现在的三张报表,即资产负债表、利润表和现金流量表来提供。平时借助于发达的通信技术,将企业进行经济活动的有关情况归类,通过一种"经营事项表"的形式,实时(real-time)传递给投资者(满足及时性)。若有必要,可以进行提示性的结构排列,以便投资者在进行决策时,具有更大的重构(reconstructability)价值。

6.按照事项法,会计人员就可以很大程度上从传统的、复杂的记账、算账和报账工作中摆脱出来,着力于对经营活动进行各种预测、分析,更好地发挥参与决策的作用。

互联网时代技术上障碍的逐步消除,以及由此可以较好地解决成本—效益问题,这些都为事项会计的推行奠定了一个良好的基础。未来随着事项会计的应用前景的广阔,会计信息的相关性问题也将得到逐步解决。

(二)因特网上的财务报告

网络经济交易行为下,企业的外部环境将出现"基础设施网络化,经济活动全球化,经济信息化,商务运行电子化,竞争日趋网速化,经济活动直接化"等鲜明的特征,企业的内部环境也呈现出"企业组织形式多样化,企业功能虚拟化、弹性化,权力机构扁平化,管理信息化"等诸多新特点,这直接影响了企业特别是上市公司财务报告所依赖的环境,为此必须转变现行的财务报告模式,适应网络经济交易行为的挑战[29]。

美国作为全球最先关注因特网和网络交易的国家,其对网络交易行为下的财务报告和会计问题关注也最早。1996 年,Petravick 和 Gillett 对美国财富 500 强企业的调查结果显示,已经有 69%的公司有自己的网站,81%的企业提供各种类型的财务信息;1997 年 Gray 对财富 50 强企业的调查显示,34 家企业选择在因特网上披露财务信息。1999 年 9 月,Hollis 和 Johnstone 调查显示,因特网上披露的财务报告可以提高会计信息披露的及时性和决策有用性。网络交易行为和因特网上财务报告的发展带来了相应的规范问题,为此从2000年左右开始,世界上一些职业组织和准则制定机构纷纷采取行动,制定和出台相应的规范,力图对网络交易行为下企业因特网上的财务报告实务进行规范。1999年国际会计准则委员会(IASC)对因特网上的财务报告进行了专题的研究,美国投资管理与研究协会(AIMR)发表了《利用技术和因特网研究:研究公司战略和财务信息》的报告;2000年1月,美国财务会计准则委员会(FASB)针对"Electronic Distribution of Business Reporting Information"进行了专题研究;2001年,苏格兰特许会计师协会发表了《企业报告:使用者利用因特网的能力》的报告,研究各个利益相关者对企业财务报告的看法及态度。

我们认为,因特网上财务报告的语言——XBRL(可扩展的企业报告语言)日趋成熟和因特网技术的发展,财务会计及报告将可能利用事项会计(event accounting)模式提供实时报告(real-time report)前景广阔。

注释:

*2002年教育部人文科重点课题(02JAZ790012)、福建省"十五"社科基金(2003B084)的阶段性研究成果。

①Chatfield,*A History of Accounting Thought*,Krieger Publishing Company,1977.

②杜兴强:《公司治理、会计信息及产权博弈》,《财会通讯》2003年第4期。

③至于为什么早期企业筹集资金的方式主要是向银行借款的详细解释,请参见Ross(1977)、张维迎(1996)、杜兴强(2002)从不同侧面进行的有关详细解释。

④Previts and Merino,*A History of Accounting in America—An Historical Interpretation of the Cultural Significance of Accounting*,John Wiley and Son,Inc,1979.

⑤忽视财务会计的终极目标所导致的财务会计发展中的困境可从美国的会计准则制定中得到佐证,早期的会计程序委员会(CAP)、会计原则委员会(APB)正是因为其缺乏逻辑一致性,"救火式"和"修修补补"的会计准则制定方式,未能很好地注意到财务会计信息披露的质量,导致会计界和投资者的不满,而最终由财务会计准则委员会(FASB)所替代——而后者正是尊重了财务会计的这个终极目标,从研究目标入手,力图向资本市场和投资者提供决策有用的会计信息。

⑥Jensen and Meckling."Theory of The Firm:Managerial Behavior,Agency Cost and Ownership Structure",*Journal of Law and Economics*,1976,3.

⑦详细解释参见杜兴强:《契约·会计信息产权·博弈》,厦门大学博士论文,2001年。

⑧管制并非会计信息披露的充分必要条件,而只是必要条件。因为,即使缺乏会计信息披露的管制,企业管理当局为了显示企业的异质性,借以筹集资金,仍会披露会计信息("看不见的手"机理及重复博弈的结果),但由此披露的会计信息可能具有如下几个缺陷:(1)可能会计信息披露具有非连续性,即只有在需要筹集资金时才披露(考虑股权的软约束性及不可抽回性)。(2)即使连续披露,可能也无法保证会计信息披露的质量(请注意:披露与否是一回事,而披露质量则是另一回事)。(3)导致会计信息披露要么过载(overloading,对中小投资者而言),要么不足(对大投资者而言)。请注意管制存在时通用会计信息披露仍然无法完美地解决这个问题。(4)选择性会计信息披露,缺乏透明度,无法保证中小投资者的利益,导致公司治理的紊乱。

⑨从历史史实看,会计信息规范和独立审计的出现是交互影响的,难以确切地辨别何者较早出现。

⑩Watts,"Corporate Financial Statements,A Product of the Market and Political Process",*Australian Journal of Management*,1977,2.

⑪参考了葛家澍:《财务会计:特点·挑战·改革》,《财会通讯》1998年第3期;葛家澍:《会计基本理论与会计准则问题研究》,中国财政经济出版社2001年版;葛家澍:《财务会计理论方法准则探讨》,中国财政经济出版社2002年版。

⑫Berle and Means,*The Modern Corporation and Private Property*,The MacMillan Company,1944,pp.75～76.

⑬鉴于权责发生制和收付实现制的各自缺陷,若干年来,许多会计学者提出了诸如修正的权责发生制、现金流动制等会计确认的新思路,这也从另外一个角度表明了会计界对权责发生制和收付实现制相结合观点的认同。

⑭实际上,传统会计的计量属性也并非绝对的历史成本。对存货、短期投资等变现能力强的资产,就是按"成本与可变现净值孰低"或"成本与市价孰低"进行计价的。

⑮所谓公允价值,是指在一个公平、公正的资本市场上,熟悉情况的双方自愿进行资产交换和债务清偿时达成的交易价格。一般认为公允价值的最佳代表为公平、完全竞争的市场价格,也可以按照未来现金流量贴现值技术进行搜寻。

⑯本文并未完全列举相关文献及其代表性观点,只选择最具代表性的文献、公告及其观点。相关的论述请参见各份具体的文献。

⑰参考了葛家澍:《财务会计的本质、特征及边界》,《会计研究》2003 年第 1 期。

⑱但是,具有讽刺意义的是,财务会计在展示自己边界的同时(无论主动还是被迫),正面临着别的学科的渗透——包括方法和研究领域等各个方面。

⑲ Johanson, Human Resource Costing and Accounting Versus The Balanced Scorecard: A Literature Survey of Experience with the Concepts, 1999; Westphalen Reporting on Human Capital: Objective and Trends(UK), 1999.

⑳Levitt, "The Importance of High Quality Accounting Standards", *Accounting Horizon*, 1998(03).

㉑Wallman, "The Future of Accounting and Financial Reporting, Part Ⅱ: The Colorized Approach", *Accounting Horizon*, 1996(6).

㉒原则为基础的会计准则制定本质上属于以概念为基础的会计准则制定。

㉓朱海林:《会计准则制定:原则导向还是规则导向》,《财务与会计》2003 年第 2 期。

㉔在改组后的 IASB 中,由美国 SEC 前主席阿瑟·利维特(Levitt)任提名委员会主席,美国联邦储备委员会前主席鲍尔·沃克(Volker)担任第一届受托人委员会主席;在 14 位 IASB 新的理事会成员构成中,美国占了 5 位。

㉕关于国际会计准则得到遵循的有关情况,请参阅 Deloitte Touche Tohmatsu、Ernst & Young、Pricewaterhouse Coopers、KPMG 等会计公司每年一度的、对国际财务报告准则(之前是国际会计准则)在全国范围内的趋同进行的调查结果—— GAAP Convergence, 2000、2001、2002。

㉖主要参考了杜兴强:《会计信息的相关性问题研究》,《财经研究》2002 年第 12 期。

㉗Sorter, An Event Approach to Basic Accounting Theory, *The Accounting Review*, 1969(1)。

㉘葛家澍、刘峰:《会计理论》,中国财政经济出版社 1998 年版。

㉙主要参考了潘琰:《因特网上的财务报告研究》,厦门大学博士论文,2002 年。

(原载于《财会通讯》2003 年第 10 期)

回顾与评介

——AICPA关于财务会计概念的研究

葛家澍

摘　要：财务会计与报告的概念框架项目是在1976年由美国会计准则委员会开始的，但此前15年，其前任美国注册会计师协会进行了数次的尝试，包括ARS No.1、No.3，APB Statements No.4，Trueblood报告等。美国注册会计师协会的努力既有成功经验，也有失败的教训，可供美国会计准则委员会及各国会计准则制定机构参考。

关键词：财务会计概念框架；会计研究论文集第1号和第3号；会计原则委员会公告第4号；Trueblood报告

一、引言

2003年2月，我国财政部调整充实了会计准则委员会的人员组成，并在委员会下成立了三个专业委员会。其中，会计理论专业委员会的任务之一是研究中国的财务会计概念框架，探讨制定我国具体准则应依据的会计概念(会计原则)，以便逐步在准则制定导向方面与今后的国际惯例趋同。

美国制定财务会计概念框架的历史最为悠久，从20世纪60年代初到70年代初，美国注册会计师协会(AICPA)及其所属准则制定机构就着手于概念框架的研究，其经验与教训对于其继任机构美国会计准则委员会(FASB)以及包括中国在内其他国家的准则制定机构都有重要的参考价值。所以本文以"回顾与评介"为题，简要地对美国早期(FASB以前)制定财务会计概念框架(以下简称CF)的历史、经验及教训进行回顾与评介。

作为规范财务会计与财务报告的公认标准，企业会计准则起源于现代企业的两权分离和由此引起的企业内部管理当局(报告提供者)及企业外部投资人和其他利益关系集团(报告使用者)的信息不对称。当然，由会计准则规范的财务报告在一定程度上可以保证会计信息披露的真实公允性，降低使用者用于寻觅信息的交易成本。高质量的财务报告需要高质量会计准则的指引。会计准则总是以会计的基本概念为基础的，即需要连贯、协调、内在一致的理论体系来支撑。当1936年6月美国《会计评论》发表由美国会计学会组织撰写的《公司财务报表所依据的会计原则的暂行说明》[①]以后，引起了热烈的争论。争论主要表现在对涌现出的许多处理会计问题的建议和方法需要有评估，并寻找其中被普遍认可的方法的标准。因而基本概念、基本原则的研究就提到了议事日程。最早自觉研究用于评估会计准则理论的著作是Paton和Littleton的《公司会计准则导论》(An Intro-

① 这可以说是美国证券市场经过了1929—1933年大危机崩溃，由于通过了《证券法》和《证券交易法》而重新建立以后，美国会计理论界制定会计准则的最初尝试。

duction to Corporate Accounting Standards，AAA 专题研究报告第 3 号)，其特点是：它不是直接阐述会计准则，而是以 1936 年的《暂行说明》为开端，对其中的基本概念展开详尽而严谨的研究。正如作者在序言中所说的："我们尝试将会计的基本概念交织在一起，而不是像'暂行说明'那样表述准则。我们的意图是构建一个框架，随后在此框架中建立起对公司会计准则的说明。在这里，会计理论被视为一个凝固(连贯)、协调、内在一致的理论体系，而且如果愿意的话，可以用准则的形式予以紧凑地表达出来"(Paton/Littleton，1940)。所以毫不夸大地说，两位作者提出的要有连贯(coherent)、协调(coordinated)、内在一致(consistent)的理论体系来指导会计准则也成为构成 CF 的基本要求。

现在，人们都把美国财务会计准则委员会的七份财务会计概念公告(目前生效的有 6 份)作为 CF 的范本。美国 CF 的形成是一个不断完善的过程。CF 不同于一般的抽象会计理论，它是用来评估、发展会计准则的理论，而且在缺乏会计准则的情况下，根据 CF 的概念和原则，还能提出具有权威性的会计处理意见以解决新出现的会计问题。这样，我们在研究 CF 的历史发展时，会计理论界的意见，比如上述《公司会计准则导论》，毕竟只能作为参考，而准则制定机构有关会计准则的理论研究的态度、举措及其成果才值得人们更加重视。

二、会计程序委员会(CAP)研究 CF 的回顾与评介

在美国，从会计准则的第一个制定机构开始，就已认识到会计理论对会计准则的重要性，但由于不同的环境和条件，有的机构或只有设想而未付诸行动(如 CAP)；有的机构已采取了行动，也有研究成果，而未得到认可(甚至本身就没有取得共识如 APB，其成果只能束之高阁，而努力则付诸东流)。只有美国财务会计准则委员会是幸运的成功者，但它在 CF 方面的进展，在很大程度上吸取了它的前任机构和其他会计组织的有用成果，把功劳一概算在美国财务会计准则委员会的身上是不公正的。这里再一次证明：会计理论具有继承性。对此我们可以从美国用于指导公认会计原则(GAAP)的基础理论、基本概念直到当前的财务会计概念框架的发展历程中找到证据。

存在于 1936—1959 年的会计程序委员会(CAP)是美国通过 20 世纪 30 年代经济大萧条，《证券法》和《证券交易法》出台以后，第一个具有权威支持的民间会计准则制订机构。它发表的代表公认会计原则的会计准则文献《会计研究公报》(ARBs)常遭到人们的嘲笑。因为这些公报并不是在研究的基础上产生的，而不过是把不同的惯例进行评比，并挑选其中为多数实务界所接受的内容。没有理论根据导致委员们的意见经常各执一词，结果只能赋予会计处理方法以较大的弹性，这就造成了相似的企业由于采用不同的会计方法，所报告的净收益却出现了重大分歧。必须指出，会计程序委员会并非不注意理论，他们曾设想先研究一套会计准则的基本理论，然后据以制定会计准则，但要实现这一研究计划，大约需要 5 年。一方面美国证券交易委员会(SEC)不允许会计程序委员会不解决当前迫切问题，而先花长达五年的时间去研究会计基本理论；另一方面，美国会计学会已在 1936 年抢先发表了《公司财务报表所依据的会计原则的暂行说明》，并于 1941 年至 1948 年、1950 年、1954 年和 1957 年至 1964 年多次修订补充。会计程序委员会如不迅速针对当时的热点制定会计准则，则公认会计原则的制定权有可能落入美国会计学会手中。再加上会计程序委员会的成员开始只有 7 人，以后虽然增加到 21 人，而其成员都是注册会计师，且均为兼职并无薪资补助。因此，我们估计除 SEC 的压力外，还由于经费不足和缺乏研究人员，会计程序委员会才不得不放弃原先制订基本会计理论的设想。

"坏事也会变成好事。"会计程序委员会制定的《会计研究公报》导致企业报表可比性的降低和

不能在解决会计新问题时有自己的创见,因而使人们看到:《会计研究公报》的制定缺乏理论基础,这一缺陷终于成为会计程序委员会被会计原则委员会取代的重要原因之一。

美国的经验表明:准则制定机构所制定的会计准则(美国称为"公认会计原则",GAAP)要得到公众的认可,需要两个条件:第一,会计理论界的支持;第二,美国证券交易委员会赋予该机构的权威(Evans,2003)。因此,回顾美国会计准则制定的过程,用于制定准则的基本理论始终受到会计界的关注。

三、会计原则委员会(APB)研究CF的回顾与评介

(一)对会计研究论文集第1号(ARS No.1)与第3号(ARS No.3)的评介

美国注册会计师协会决定以会计原则委员会(APB)取代会计程序委员会之后,就吸取后者失败的教训,一手抓会计准则的制定,一手抓会计基本理论的研究,因而成立了由专家学者组成的会计研究部(ARD),会计原则委员会制定的会计准则改用会计原则委员会意见书(APB Opinions);会计研究则通过理论研究来支持发展"意见书"(APB Opinions),这是美国注册会计师协会吸取会计程序委员会的失败教训而在理论研究方面采取的重大举措[①]。根据美国注册会计师协会的会计研究项目委员会的建议,会计研究部应首先研究作为会计原则基础的基本会计假设(basic postulates)和建立在基本假设之上的"公允的一系列广泛的同样重要的会计原则"。在该目标指引下,会计研究论文集第1号(ARS No.1)"基本会计假设"(Moonitz,1961)和会计研究论文集第3号(ARS No.3)"试论企业广泛适用的会计原则"(Sprouse&Moonitz,1962)先后出台,这是继1940年Paton和Littleton合著的《公司会计准则导论》(Paton&Littleton,1940)后,可用于准则制定的重要基础理论成果,也是由美国准则制定机构自己开展财务会计概念框架的前驱。

尽管会计研究论文集第1号和第3号与后来美国会计准则委员会对CF研究的思路不同(前者以假设为起点,而后者以目标为起点),而且当时就未被会计原则委员会所接受,但这两份文献中的一些在当时被认为脱离实务太远的创新思想,却可以在当前美国财务会计准则委员会和其他国家的CF中找到。会计研究论文集第1号和第3号产生于20世纪60年代初,两份文件均采用规范—演绎法。它们带有时代局限性是难免的。40年来,这两份文献早已处于很少受人重视的地位。其实,真理并不会过时,有些观点需要经过长时期的历史检验。如果要认真研究并建立或完善当前的概念框架,正确评介这两份文献的贡献及其局限性对目前研究CF是具有启发意义的。

这两份研究报告发表后,总的来说是毁誉参半。会计原则委员会委员公告第1号认为,这些报告为解决重大会计问题所提出的参考和建议"部分具有纯理论和探索性质"(in part of speculative and attentive nature)……因而"这些研究对会计思想是一种有价值的贡献",不过"它们过于激进,同在此时被接受的现行公认会计原则差异太大",因此被会计原则委员会搁置,实际上被否定[②]。那么,这两份文献究竟对会计思想有哪些新贡献呢? 会计原则委员会只是抽象地承认,未作具体分析。

---

① "1958年,AICPA的一个关于研究项目专门委员会建议,开始的研究应以会计假设和会计原则为重点,'假设是为数较少的,但它是建立基本原则的基础'。委员会建议:'一套公允的配套的原则应当在假设的基础上形成'。这份报告得出结论'一系列原则连同若假设应当用来作为解决具体问题的参考框架'"(AICPA"Special Committee on Research",1958,p.62)。

② APB Statement No.1 "Statement by the Accounting Principles Board",April 1962.

我认为,首先,同 Paton(Accounting Theory,1922)和 Paton& Littleton(1940)相比,Moonitz在会计研究论文集第1号中至少有以下三点创新:

第一,在提出基本假设之前,作者深入地分析了经济、政治和社会环境及其对会计的影响,把基本会计假设分为ABC三个层次,它们分别是由环境所衍生、深入分析环境和现实会计存在的补充假设,以及为使会计实现其职能的必要假设。

作者提出的14项假设也是一个内在一致、相互关联的概念框架。这14项假设是:A-1 数量化;A-2 交换行为;A-3 主体(经济活动都要通过主体,任何报告也必须指明特定单位或主体);A-4 时间分期;A-5 计量单位;B-1 财务报表;B-2 市场价格;B-3 主体(似与A-3重复,而这里指特定单位或主体会计过程的结果);B-4 暂时性;C-1 持续性;C-2 客观性;C-3 一致性;C-4 稳定的单位;C-5 披露。

例如:从第一层次(A层次)的"数量化假设"(它是基于有助于制定经济决策的需要)引发了第二层次(B层次)的"财务报表"假设;从第一层次的"交换行为"假设引发了第二层次的"市场价格"假设;从第一层次的"时间分期"假设引发了第二层次的"暂时性"假设(由于进行会计分期,一个企业的经营成果总要在过去、现在和将来的期间分配)。

第二,Moonitz提出的"市场价格"假设是一个十分重要的假设。他提出:市场价格可分为由过去、现在和未来的交易形成的过去价格(即历史成本)、现在价格(即现行成本和现行价值)、未来价格(如利用未来现金流量和现值技术形成的公允价值)。[①] 这一基本观点成为会计研究论文集第3号会计计量原则的基础,但不能为当时的会计界所接受,而40年后,它却与当前会计界对计量属性的倾向观点(如美国主张"公允价值"、英国主张"现行价值")十分接近。

第三,有人批评当时Moonitz撰写基本会计假设的一个失误是没有涉及会计的目标。"会计研究论文集第1号和第3号都没有从什么是公司会计目标或公司会计目标应当是什么开始。"[②]其实,从假设为起点还是以目标为起点,是人们探索财务会计概念框架的两条不同的思路,当时美国注册会计师协会赋予会计研究部的研究使命是以假设为起点,进而研究普遍适用的会计原则,作为会计研究部的主任,Moonitz带头执行这一任务是他的职责。何况在会计研究论文集第1号中,Moonitz也提到了会计的目标,不过他用的术语不是目标(objectives)而是职能(functions)。Moonitz从会计职能(目标)给出了新的会计定义:"会计的职能是(1)计量特定主体持有的资源;(2)反映在这些主体中资源的要求权;(3)对这些资源、要求权和权益的变动进行计量;(4)确定(分配)特定的时间分期的变动;(5)运用货币当作共同标准来表示前述事项(ARS No.1,para.23)。"以上描述的自然是会计的职能,但怎样认识会计的目标呢?"用会计的话说,目标应表述为三个领域:(1)爱好者(the audience)。数据是直接向这些人提供的('为谁'的问题 the who issue)。(2)职能。数据被用于何种目的('为什么'的问题 the why issue)和(3)内容分析。什么数据或信息予以传递('什么的'问题 the what issue)。"[③]

如果我们根据上列关于会计目标的三项标准来分析会计研究论文集第1号中列举的会计定义组成的五项职能,可以看到:

1.关于为谁的问题。Moonitz的定义是暗示着谁是信息的使用者,例如对主体资源有要求权的投资人和债权人等,而且Moonitz在A-1"数量化"假设中就明确指出:数量化信息的需要是为了满足经济决策。

---

① 括弧中的解释在ARS No.1的原著没有,而是作者所加的。

② Paul A.Pater,"The Conceptual Framework:Make No Mystique about It",Financial Accounting Theory—Issues and Controversies,Third edited by Zeff/Keller.

③ Evans,Accounting Theory,2003,p.49.

2.关于为什么的问题。Moonitz 的定义亦暗示应用信息的目的，如职能中的(3)、(4)、(5)。

3.关于传递什么数据与信息的问题。上述中(2)、(3)、(4)、(5)特别是第(5)点应当是比较明确的。

根据以上的分析，Moonitz 在写 ARS No.1 时已考虑到会计的目标，但不足之处是：他没有提供会计信息使用者所需的信息和会计信息的用途①。但是，过错不在 Moonitz，因为在当时会计目标不是美国注册会计师协会交给会计研究部(ARD)研究的主题。

其次，从会计研究论文集第 1 号和第 3 号来看。直接引起会计原则委员会(APB)多数成员反感的可能是会计研究论文集第 3 号。倘若会计原则委员会接受第 3 号一系列广泛适用原则的建议，将要大幅度修改公认会计原则并且与当时美国证券交易委员会的观点和会计界的成规有抵触。但今天看来，会计研究论文集第 3 号有两大新意。它当时所谓"激进"的见解，与当前美国会计准则委员会的 CF 几乎不谋而合：

第一，以会计研究论文集第 1 号提出的基本会计假设为前提，本论文集首先研究了财务报表要素的性质及其定义。它所提供的要素定义，与第 6 号财务会计概念公告的要素定义十分接近。例如，关于资产的定义，会计研究论文集第 3 号认为：资产代表预期的未来经济利益和权利，它们是某个企业通过某种现在或过去交易的结果而已经取得的(Assets represent expected future economic benefits, rights to which have been acquired by the enterprise as a result of some current or past transaction)。定义与第 6 号财务会计概念公告(SFAC No.6)的资产定义的不同之处仅有两点：一是会计研究论文集第 3 号的资产定义中包括"权利"，而这一点类似于英国的财务报告原则公告("Statement of Principles for Financial Reporting", 1999, para.4.6)；二是上述未来经济利益或权利的取得不限于过去的交易，还包括现在的交易。

第二，会计研究论文集第 3 号的创新主要表现在计量属性的采用。以资产的计量为例，它考虑到既然资产的价值在于它代表未来的经济利益(即能提供未来的服务)，那么资产的计量问题就应当计量其未来的服务。这就需要分三步：

1.计量的基本步骤。(1)决定现存资产的未来服务，如某种设备能提供制造产品的能力；(2)估计未来服务的数量，如一项设备预计可使用 20 年或现仅能再使用 10 年；(3)根据以上第(2)点估计，要通过以下三种交换价格(exchange prices)即会计研究论文集第 1 号所说的市场价格进行计价：

①过去的交换价格(a past exchange price)，如取得资产的成本或其他初始计价基础，这时，在资产销售或处置前，不应确认任何损益；②现在的交换价格(a current price)，如重置成本。采用这一基础，既要确认重置成本与原始成本的差额(即持有损益)，又要确认销售价格与重置成本的差额(已实现代持有损益)；③未来的交换价格(a future exchange price)，如预计销售价格。如采用这一基础，一切损益均已予以确认。

2.计量原则(属性之采用)。会计研究论文集第 3 号涉及财务报表全部要素的计量原则。以下仅介绍其关于资产要素的计量问题。关于资产由于资产的主要问题是计量其未来经济服务，其计量一般经过前述三个步骤，因此恰当的资产计价和利润分配在很大程度依靠对存在于资产中未来经济利益的估计。

全部资产不论是以货币为形式或是对货币的要求权都必须表现为现值的贴现值或其等值(discounted present value or the equivalent)，其贴现率按取得资产日的市场利率(小额的短期应收项可无须表现为贴现值，但其账面价值应扣除预计折让)。具有不确定性的应收款项应按现行市价表示，如市价也具有不确定性以至不太可能实现，则可按成本列示。

能较快销售的存货(具有预计的处置成本)，应按可实现的净值(net realizable)予以记录，同时

① 以上的分析参考 Evans, Accounting Theory, 2003, p.51。

反映与之有关的收入。其他存货应记录它们的现行(重置)成本(replacement cost),并分别列示有关的利得或损失(gains or losses),全部财产和设备项目按取得或建造成本(cost of acquisition or construction)记录,但当发生重要事项如企业重组、合并,在对外报告中,它们必须按现行重置成本重新表述。(上均见 ARS No.3 第 7 章第 53~59 段)。

从会计研究论文集第 3 号(ARS No.3)的创新观点看,Sprouse 和 Moonitz 在 20 世纪 60 年代已经主张采用现行(重置)成本会计,而同当时美国证券交易委员会和美国会计原则委员会所维护,美国会计界所广泛推行的历史成本相对立,他们当时在会计计量问题上的主张比 24 年后美国会计准则委员会发布的第 5 号财务会计概念公告(1984 年 12 月)要进步得多,而且观点非常明确。美国会计准则委员会的 CF,一个重大缺点是它对要素的定性虽面向未来(实际上基本上是参考了 ARS No.3 关于要素的定义),而对要素的定量却又采取折中观点——各种计量属性同时并用,因而在要素的定义中,定性说明与定量描述经常处于矛盾之中。会计研究论文集第 3 号则不同,例如资产,它定义了资产是未来的经济利益,在计量中就基本扬弃了历史成本而倾向于现行成本和未来的现金流量的贴现值。

正是由于会计研究论文集第 1 号和第 3 号对当前仍有参考价值,本文方不厌其烦地作较为详细的介绍。作者在这里的意图,无非是希望我们在研究 CF 时,不要过分相信当前美国会计准则委员会的一套概念公告,而仍应同时以史为鉴。

(二)对会计原则委员会公告第 4 号(APB Statements No.4)的评介

会计研究论文集第 1 号和第 3 号被会计原则委员会(APB)(实际上是 SEC)否定后,会计研究则由格雷·保罗(Grady Paul)采用规范—归纳法把企业中流行的会计惯例、规则于 1965 年汇总为一份公认会计原则的文献,即会计研究论文集第 7 号《企业公认会计原则汇总》(Inventory of General Accepted Accounting Principles for Business Enterprises)。这份得到会计原则委员会(APB)支持的研究论文集,只是整理描述当时的会计实务,几乎没有什么新意。就在 20 世纪 60 年代初,会计原则委员会发表的第 2 号意见书《投资贷项的会计处理》(Accounting for the Investment Credit,1962)因主张递延法,而与美国证券交易委员会主张"流尽法"相背离,不得不于 1964 年 4 月重新发布第 4 号意见书取代第 2 号意见书而允许两种会计处理均可使用,这显然打击了会计原则委员会制定的意见书的威信。基于这一事件,美国注册会计师协会一方面在 1964 年 10 月 2 日通过理事会致美国注册会计师协会成员的一封信中表示,给予会计原则委员会意见书(也包括 ARBs)以重大的权威支持[①];另一方面它仍然认为应改由 APB 继续研究与会计准则相关的基本理论。美国注册会计师协会于 1964 年 3 月成立了一个关于会计原则委员会意见书重新检查的专门委员会。这个委员会向美国注册会计师协会理事会提供一份报告建议:

APB 应当尽快地:(1)对于公开发表的财务报表,提出该报表的目标和局限性的观点;(2)列举并描述会计原则所依据的基本概念;(3)陈述会计实务和会计程序必须遵循的会计原则;(4)对会计职业界的专业用词,如"重大权威支持"、"概念"、"原则"、"实务(惯例)"、"程序"、"资产"、"负债"、"收入"和"重要性"给出定义。[②]

由于美国注册会计师协会的督促,并对其应研究的基本概念、原则做出明确的指示,会计原则委员会再次作了研究会计概念框架的努力,其结果于 1970 年 10 月形成了会计原则委员会第 4 号报告《企业财务报表的基本概念和会计原则》。会计原则委员会第 4 号报告作为一份历史的财务会

---

① 见 APB Opinion No,6 附录 A,1965。

② 关于会计原则委员会意见书的专门报告的摘要,此处转引自 Zeff/Keller,"Financial Accounting Theory—Issues and Controversies",1985,pp.87~88。

计理论文献既对当时的会计实务作了描述与概括，又对若干基本概念(尤其是会计的目标)以及公认会计原则的各个层次作了系统并有一定创见的分析，如同会计研究论文集第 1 号和第 3 号一样，会计原则委员会第 4 号报告对后来美国会计准则委员会的 CF 的形成与发展，具有相当大的影响。

我们应当怎样评介会计原则委员会第 4 号报告？这份报告并非完全采用描述法，它也采用了演绎的方法。例如，该委员会首先提出了财务会计和财务报表的目标(包括一般性目标和质的目标)。也就是既说明了目标，又说明了会计信息的质量特性(APB No.4，paras.73～113)。这些通过演绎而提出的重新观点对于后来的特鲁伯鲁特报告(Trueblood Report)和美国会计准则委员会的第 1 号概念公告都有重要的启示。此外，会计原则委员会第 4 号报告还有以下一些关于企业财务会计的新见解：

1.它最早正确地把发展到 20 世纪 70 年代的企业财务会计定义为"会计一个分支，是……以货币定量方式提供有关企业经济资源及其义务的持续性历史，也是提供改变那些资源及义务的经济活动的历史"(para.41)。当然，主要"提供历史信息"既代表财务会计的特征，也反映财务会计与报表的局限性。[①]

2.它第一次明确地概括了财务会计的 13 项基本特征：(1)会计主体；(2)持续经营；(3)经济资源与义务的计量；(4)期间；(5)货币计量；(6)应计制(权责发生制)；(7)交换价格；(8)估算；(9)判断；(10)通用目的大财务信息；(11)基本相关的财务报表；(12)实质重于形式；(13)重要性。这些特征都是环境的产物。例如，在商品经济中，货币是最重要的交换媒介，于是形成了"货币计量"这个特征。现代市场经济中，经济活动的复杂性和不确定性是"估算"和"判断"两个特征的基础(paras.114～129)。

3.它也是第一次对公认会计原则给出权威定义："公认会计原则代表某一特定时期有关下列事项的一致意见：何种经济资源及其义务应由财务会计作为资产以记录；资产与负债的何种变动予以记录，这些变动应予何时记录；资产和负债及其变动应如何计量；何种信息应披露，应如何披露以及应编制何种财务报表。"(para.137)它接着又说："公认会计原则是财务会计中的一个术语。公认会计原则包括某一特定时刻为公认会计实务所需要的各种惯例、规则和程序。公认会计原则不仅包括一般的应用上的广泛指南，而且包括详细的实务和程序"(para.138)。

会计原则委员会第 4 号报告把公认会计原则分为"普遍性原则"(pervasive principle)、"广泛适用原则"(broad operating principles)和"详细会计原则"(detailed accounting principles)三个层次。

(1)普遍性原则是用来确认和计量影响企业财务状况和经营成果的各种事项的原则，它分为普遍计量原则和修正性惯例。

普遍计量原则涉及资产和负债初始记录、收益的决定、收入的实现、费用的确认和计量单位等问题。其中，至少有两点是被当前的美国会计准则委员会所参考并加以发展的，那就是收入实现和费用确认的指南[②]：

①会计原则委员会第 4 号报告对收入的实现(realization)提出两个条件：一是盈利的过程已完成或基本完成，二是交易行为已经发生。

②会计原则委员会第 4 号报告对费用的确认提出三种标准(第一、二两种标准通过配比程序)：

第一，因果联系(与收入有因果联系的费用)。

第二，系统而合理的分配。

---

① 在 1978 年，美国会计准则委员会发表的第 1 号财务会计概念公告中同样承认，"编制财务报告所提供的信息，主要是已经发生的业务和事项的财务结果。……信息主要是事后的"(SFAC No.1，para.21)，显然，它参考了 APB4 号报告的提法，只是在表述上有所不同。

② 见 SFAC No.5，para.50 和附注 30(即 para.50 的脚注)。

第三,中期确认列为当期费用直接计入损益。[①]

修正惯例主要有稳健性、注重收益、会计界总体应用判断等三项。

(2)广泛适用的原则是比普遍原则具体,但又不如详细原则那么具有操作性的一般化原则。例如资产的减少,按广泛适用的原则是按该资产入账金额(一般为历史成本)计量,但是,实际应用时则受详细原则(如先进先出法、后进先出法、平均成本法)的支配。[②]

广泛适用原则旨在指引财务会计事项的选择、计量及报告,如上所述,这一原则的运用往往通过详细原则,而且其例外处理更可能属于详细原则。广泛适用原则由选择事项(欲确认和报告的事项)、分析事项、计量影响、分类所计量影响、记录所计量影响、汇总所记录的影响、调整记录和传递所处理的信息等 8 大指引适用(操作)的原则所构成,并可分为①选择与计量原则;②财务报表表述原则两大类。[③]

总起来看,会计原则委员会第 4 号报告定义了“财务会计”、“公认会计原则”等会计的基本概念;第一次提出财务会计的基本特征、一般目标和质的目标;描写了构成详细原则(当时的 GAAP)的两个基础性的会计原则(普遍原则和广泛适用原则),并为确认(尤其是收入与费用的确认)、计量和报告提供一些基本指南。所有这些,对后来美国会计准则委员会研究财务会计概念框架都有显著的贡献。我们应当肯定:除 ARS No.1、ARS No.3 之外,APB Statement No.4 也是研究美国 CF 的沿革与发展的重要文献。[④]

(三)对 Trueblood 报告的评介

在美国注册会计师协会负责制定公认会计原则期间,所作的最后一项有意义的促进 CF 发展的工作是,1971 年 1 月,美国注册会计师协会的理事会召开了代表 21 个主要会计师事务所的 35 位著名会计师参加的会议,研讨会计准则的制定。在充分讨论以后,会议坚定地促使美国注册会计师协会主席成立两个委员会,一个以 Francis M.Wheat 为首的会计准则建立委员会和以 Robert M.Trueblood 为首的财务会计目标委员会。前者研究的结果是建议组建独立、超然的美国会计准则委员会取代完全由美国注册会计师协会控制的会计原则委员会,后者则于 1973 年 10 月发表著名的特鲁伯鲁特报告(Trueblood Report)——《财务报表的目标》,这份报告是由美国注册会计师协会发表的,但却作为重要的理论遗产留交接替会计原则委员会的美国会计准则委员会。[⑤] 美国注册会计师协会要求 Trueblood Committee 回答四个问题:(1)谁需要财务报表?(2)他们需要什么信息?(3)会计师能够提供他所需要的信息是多少?(4)要提供所需要的信息应建立什么框架?

Trueblood Committee 集中了学术界、实务界和咨询专家进行了研究,并听取了超过 5000 家公司和其他组织的意见,举行了超过 50 次面谈和由国家机构和会计职业界团体参加的 35 次会议,并在纽约举行三天公开听证会。[⑥]

Trueblood 报告共提出 12 项目标,其实是以一个目标为主,其他名为目标,实为对该目标按美国注册会计师协会提出 4 个问题分层次进行的补充说明。例如:基本目标是决策有用性即用于做出决策(1.decision making),接下来的 4 个目标是提出使用者和用途(2.一般使用者;3.用途;11.组织;12.社会),以下的目标是指使用者(实际上是指企业)需要的信息(4.盈利能力和 5.受托责任),

---

① 见 APB Statement No.4,paras.157～160。

② 同上。

③ 详细原则不可能一一列举,它主要体现在当时代表 GAAP 的文件 ARB 和 APB Opinions 中(paras.203,224),SEC 的文告也是详细原则的来源(para.205)。

④ APB Statement No.4 的基本内容是面向过去,对会计目标的关注不够,构成了它的重要局限性。

⑤ 以上参见 Zeff,Keller,Financial Accounting Theory—Issues and Controversies,3rd edition,1985,pp.86～87。

⑥ 参见 Kenneth S.Most,*Accounting Theory*,2nd edition,1982,p.149。

第 6 项目标是描述信息的信息(6.真实的和解释性的),第 7、8、9、10 项是指提供上述信息应编制的 4 类财务报表(7.资产负债表;8.收益表;9.财务活动表;10.财务预测表)。

Trueblood Report 还提出对后来美国会计准则委员会制定 CF 有参考价值的 7 项财务报告的质量特征:(1)相关性和重要性;(2)实质重于形式;(3)可靠性;(4)不偏不倚(中立性);(5)可比性;(6)一致性;(7)可理解性。

四、美国注册会计师协会研究 CF 的启示

以上是美国准则制订机构从研究指导发表会计准则有关会计基本理论到制定财务会计、概念框架(从 20 世纪 60 年代初到 70 年代初)10 年左右的简短历史。时间虽短,却给我们不少有益的启示。

第一,近代企业由于两权分离,造成企业内部和外部信息不对称,而高质量的信息则是资本市场的生命线。为此,必须进行一种规范企业对外传递真实与公允财务信息的制度安排,由此出现了以美国公认会计原则为代表的企业会计准则(或会计制度)。但任何制度的出现,要使它为社会公认,具有权威性,总需要寻找并解释其存在的理由。理论的必要性就产生了,对于会计准则来说,尤其需要前后一贯,内在一致,有明确的目标为方向并有科学严密的确认、计量和报告等基本概念。从 20 世纪 60 年代到 70 年代,美国会计准则的制定过程为我们提供了一条重要的反面经验。会计程序委员会被会计原则委员会取代,会计原则委员会又被美国会计准则委员会取代,尽管原因很多,其中一条重要的原因是:会计程序委员会制定的会计研究公报根本没有连贯而一致的理论来支持,会计原则委员会意见书(APB Opinions)的制定也与原应在理论上支持它的会计研究分道扬镳。

第二,在这 10 年左右中,美国的准则制定总的来说是美国注册会计师协会在前台表演,证券交易委员会在幕后操纵。美国注册会计师协会在会计程序委员会时代几乎听任它把基本会计的研究放在一边,采取救火式的方式制定会计研究公报,实际上并未经过研究,而总是挑选归纳流行的会计惯例,赋予它们以“公认会计原则”(GAAP)的权威名称。在会计原则委员会时代,美国注册会计师协会已经意识到制定会计准则缺乏理论支持的危险,成立了由专家教授主持参加的会计研究部,但研究从何开始,并非由会计研究部的专家,而是美国注册会计师协会另请一批专家所决定,那就是从基本假设开始,再制定普遍适用的基本原则,用于指导准则(当时为 APB Opinions)。这一研究计划是完成了,但会计原则委员会却拒绝以会计研究论文集第 1 号和第 3 号为其原则与概念基础。美国注册会计师协会明显地偏向于会计原则委员会,并未认真研究会计研究论文集第 1 号和第 3 号中的一些可取之处,又责成会计原则委员会自己去制定指导企业财务报表的基本概念与会计原则,于 1970 年出台 APB Statement No.4。应当说,这份文件尽管以描述现行会计实务中应用的惯例规则,面向过去为主,但它也提出目标和特征(是假设)的具体化,并对普遍会计原则和广泛适用原则做了详细的分析,还在公告的最后讨论了会计的未来。这份公告,连同会计研究论文集第 1 号和第 3 号是可以相互补充的,美国实际上是在此基础上把指导、评估和发展会计准则的理论引向深入的。

第三,美国注册会计师协会对如何研究会计理论,研究什么样的会计理论,特别是这样的会计理论应当从何开始,始终举棋不定。1971 年 4 月,又是美国注册会计师协会理事会,决定成立 Trueblood Committee,重点研究财务报表的目标。这意味着美国注册会计师协会关于会计理论的研究设想发生了重大的转变:

1961 年基本假设→广泛适用的原则→会计原则委员会意见书

1971 年会计报表目标→会计信息质量特征→(确定了美国会计准则委员会制定 CF 的思路)

第四,在整个财务会计的理论体系中,假设和目标都是重要的,假设主要代表会计所赖以存在

的环境的特点,它是财务会计主要的制约因素(或称基本概念),不考虑这些基本概念,包括会计目标都不可能实现。人们可以改变现实,但在现实改变以前,一切行动和计划都要同现实相适应。主观不能超越客观,这是人们在社会活动中的基本常识。因此,会计理论即使从会计目标开始,也还要先研究会计所处的环境的特点。这就说明:中国的财务会计不能完全照抄照搬美国财务会计的目标。因为两国的国情、资本市场的成熟程度、监管的力度、中介机构的水平和职业道德均有很大差异,财务报告信息的使用者及其所需信息不可能完全相同。

第五,在美国的财务会计概念框架中,第1号概念公告《企业财务报告的目标》得到最高的评介,这是因为它在很大程度上得益于 Trueblood 报告的启发,而 Trueblood 报告的形成,历时两年多(从1971年至1973年)并经过广泛的讨论、评论、会谈和听证。这表明:CF 的制定如同会计准则制定一样,也要遵循应循程序(due processes)最大限度地发扬民主,广泛听取各方的正反面意见,然后进行集中。

English Abstracts of Main Papers

Review and Useful Lessons

——A Brief Review on the Financial Accounting Concepts by AICPA at the 1961—1973 of CF

Ge Jiashu

The Project of Conceptual Framework for financial Accounting and Reporting(CF project) has been created by FASB in 1976.But fifteen years before 1976, the FASB's predecessor, AICPA (APB)has led to develop basic postulates, broad principles and other concepts in 1961, 1962 and 1970.AICAP's effect provided both successful experience and failing lesson for FASB to do CF project.In a long time, AICPA felt some hesitation in studying basic theory. The AICPA created APB issued opinion as GAAP, in addition, it appointed an independent Accounting Research Division(ARD)to study basic postulates and broad principles.ARD quickly completed its mission(The Publication of ARS No.1 and No.3).Unfortunately, APB rejected ARS No.1 and No.3 on its statement No.1 in April 13, 1962. After this event, APB were required continually to research some basic accounting concepts by AICPA council instead of ARD. After six years, APB formed its statement No.4 "Basic Concepts and Accounting Principles Underlying Financial Statements of Business Enterprises", finally, AICPA seemed to change its research project at the 1970s. AICPA president decidedly adopted to appoint the "Trueblood Committee". The task of Trueblood Committee was to find the objectives of financial statements. But those theory will not directly solve current financial accounting problems. Rather, objectives give direction, because objectives identify goals and purposes of financial statement, a coherent system of other basic accounting concepts flow from objectives(e.g.qualitative characteristic of accounting information; elements of financial statements). Objectives and other concepts are expected to lead to consistent standards. As two standards setting body in the United States, AICPA(APB) and FASB formed a connecting link between the preceding and the following. Therefore Trueblood Reports to enhance FASB's CF project starting from objectives of financial reporting by business enterprises exerted a significant influence.

(原载于《会计研究》2003年第11期)

25

建立中国财务会计概念框架的总体设想*

葛家澍

摘　要：本文围绕在我国建立财务会计概念框架的基本问题，系统探讨了财务会计目标、财务报告信息的质量特征、财务报表的要素、要素的确认与计量、财务报告的列报等问题。本文在借鉴国外既有研究成果的基础上着重探讨了资产要素的定义，结合收入要素探讨了确认问题，在财务报告列报部分还具体探讨了财务报表确认、财务报表附注及其他财务报告的披露问题。

关键词：财务会计概念框架；会计目标；质量特征；确认与计量；财务报告列报

我国于1992年11月制定第一个企业会计准则，迄今已近11年。在作为基本准则的第一个准则之后，我国陆续制定了16个具体会计准则，2000年还制定了与国际会计准则基本协调的企业会计制度。在具体准则和会计制度中，都在不同程度上运用了财务会计的基本概念和基本原则。虽然1992年的基本准则也重点提出了可供具体准则运用的若干基本概念，但在当时，我国刚从计划经济向市场经济转轨，计划经济条件下的会计观念的影响还相当深刻，长期受苏联会计模式影响的我国会计不可能立即摆脱其阴影，致使1992年的基本准则还是过分强调反映中国国情(实际上是计划经济旧体制)，国外财务会计概念框架中的许多新观点、新思想和新提法未能吸收和接受。但从第一个具体准则的制定开始，到16个具体准则的制定所运用的基本概念，包括准则所用术语的定义，会计核算依据的一些基本原则，已逐步远离基本准则的内容，而向国际财务会计概念框架靠拢。这不仅反映我国证券市场已经建立并不断完善的要求，而且符合由于全球经济已经形成，各国会计准则的发展不得不逐渐走向趋同(converge)的大趋势。由于会计基本假设的问题我已经在以前专门做过探讨①，所以本文将着重探讨财务会计目标、财务报告信息的质量特征、财务报表的要素、要素的确认与计量、财务报告的列报等问题。

一、财务会计(财务报告)的目标

财务会计目标所要回答的问题主要是：(1)谁是财务报告的信息使用者？(2)信息对使用者的主要用途是什么？(3)现行财务报告能提供哪些主要信息？

关于第一个问题，各国财务会计概念框架或类似文献(以下简称CF项目)的提法基本是一致

* 本文是国家社会科学基金(02BJY021)及国家自然科学基金(70302012)的阶段性研究成果。

① 详细参见葛家澍：《会计基本假设的再认识》，《会计研究》2002年第1期。会计基本假设应该成为财务会计概念框架的一项重要内容，联系我国经济环境的现实特点，应将宏观调控、会计主体、以货币为基本计量单位、市场价格(或交换价格)四项作为会计基本假设，持续经营、会计分期、权责发生制(应计制)等作为会计基本假定。

的,那就是不参与企业经营管理,远离企业的投资人、债权人及其他企业的利害关系人。我国也是如此,不过应突出我国国有企业国有股控制、最大的投资人是代表国有投资人的"国资委"。

关于第二个问题,信息对使用者的主要用途是:供投资人用来监督检查经理层受托管理企业资源的受托责任,了解企业净资产的保值、增值,并对企业的重大经营、理财方针和人事变动进行决策;供各类使用者进行经济决策,特别是投资决策(如买进、卖出或保持股票的决策)和信贷决策(如应否继续贷款,已贷借款应否催收的决策)。

关于第三个问题,现行财务报告可以提供一个主体的经济资源、经济义务、资源与业务的变动、财务业绩(特别是每股盈利、每股净资产等业绩指标)、现金流量(特别是现金净流入的金额、时间分布和不确定性)、流动性、偿付能力、发展前景的预测等财务和非财务信息。

总起来说,在我国,财务会计即财务报告的目标可概括为:第一,反映企业经理层受托责任的履行和完成情况;第二,为投资人、债权人和其他与企业有利害关系的使用者提供有助于各类经济决策的信息,主要是表内和表外的财务信息;第三,在必要时,按照国家的政策法规,在表外披露国家宏观调控所必需的信息。

二、财务报告信息质量特征

财务报告信息的核心部分是财务报表表内信息。各国 CF 关于信息的质量特征大同小异,而以美国的第 2 号财务会计概念公告最为详尽,我们基本可以借鉴吸收。财务报告的信息质量特征可以分为两大类:一类是财务报表内容的质量,另一类是财务报表表述和在其他财务报告中披露的质量。

关于第一类,可靠性与相关性是主要的质量,可比性(含一致性)是次要质量。不论主要或次要质量都要具有可理解性。重要性是有用质量的前提,效益大于成本是选择信息的约束条件。

信息是可靠的,说明信息必须真实公允;信息是相关的,说明信息必须导致决策的差异;信息是可理解的,说明信息必须含义明确和准确,不可含糊不清、模棱两可;信息是可比的,说明应尽可能减少备选的会计方法;信息是重要的,说明它对决策不是无足轻重。

国际会计准则委员会(IASC)、美国、英国、加拿大、澳大利亚的 CF 所认可的主要质量并不完全相同。但有一点共同处,就是把相关性列在可靠性之前。我们的设想同它们相反。可靠性应列在相关性之前。就是说,当一种方法所能提供的信息不可能在可靠性与相关性两个方面等量齐观时,我们的选择应该是:在可靠性的前提下,选择最相关性的信息。更重视可靠性是财务会计的本质——反映经济真实所决定的,也是近年来美国和我国上市公司财务欺诈案件给予我们的教训。不相关的信息固然无用,但并非对所有人都无用。而不可靠的信息更为危险——所有的使用者的决策都会被它误导,从而带来难以估量的风险。

关于第二类,完整性、充分披露、实质胜于形式、谨慎和透明度。完整性说明无论是表内还是表外,不应遗漏按照准则制度必须列报的所有项目;充分披露说明虽然未曾违反准则和制度隐瞒列报该列报的项目,仍须尽可能披露对使用者决策有用的、并非法定披露的其他事项和情况;实质胜于形式说明对任何一项交易或事项的报告,必须反映其经济实质,而不能只反映其法律形式而导致错报、误报;谨慎则说明在准则或制度允许选择的前提下,宁可多报可能的损失或负债,而不多报可能的收益或资产;透明度是一总体信息质量。形式上看,似乎等于"充分披露",而在实质上,应是在可靠性和相关性的基础上,同时具备了第二类信息的全部特征(完整性、充分披露、实质胜于形式和谨慎),真实地反映一个企业整个财务图像。这样的报告才认为具有透明度。

三、财务报表的要素

一个主体的财务报表主要包括财务状况表(资产负债表)、财务成果表(业绩报表)和财务状况变动表(主要指现金流量表)。CF 项目通常只研究资产负债表和业绩报表的要素(即其组成大类),而把现金流量表排除在外,这并非现金流量表没有自己的基本构造,而是因为财务会计一般以权责发生制为确认的基础。现金流量的基础是收付实现制,它可以通过前两种报表加工转换。如果也为现金流量表设置要素,将使会计确认奠立在双重基础上。这样做,既无必要,也会带来对交易和事项进行第一步确认的困难。

第一,关于要素的名称和数量。

资产负债表的要素通常分为资产、负债、所有者(业主)权益,美国的第 6 号财务会计概念公告为业主权益的变动增设了业主投资和派给业主款两个要素。

业绩报表的要素取决于该报表的组成。若只是“收益表”或“损益表”作为单一的业绩报表,则其要素应是收入(含利得)和费用(含损失);若以“全面已确认利得与损失表”作为主要或最终的业绩报表(如英国),则其要素为利得(含收入)和损失(含费用);若业绩报表既含“收益表”又含“全面收益表”(如美国),则其要素为全面收益、收入、费用、利得和损失。

在我国业绩报表是利润表(国外称为收益表或损益表),所以利润表的要素应是营业收入(相当于收入)、营业支出(相当于费用)、营业外收入和支出(相当于利得和损失)。

第二,关于要素的定义和特征。

在世界已有的 CF 中,分歧较大的就是要素的定义。众所周知,在 CF 中给出要素定义的主要目的是严格划分不同要素的质与量的界限,从而为确认一个项目为某项要素确立一个严格而规范的标准。因此,要素的定义应由其基本特征组成,并尽可能揭示最本质的特征。因为这也是“实质重于形式”,即会计必须记录和报告每一交易或事项的经济实质的要求。

在所有的要素中,资产要素最为重要。一个企业若没有资产,就没有营运的物质基础,其他要素都不会产生。因此,人们最关注的是资产要素的定义。此外,我们之所以特别注意资产(也包括负债)的定义,还因为,我们主张定义“业绩”要素应当采用资产/负债观。一个企业的净利润应表明企业财富的增长(按经济学家 Hicks 的话说,在保持财富与期初相等的情况下,企业可供消费、处置的财富),即期末净资产－期初净资产＝期末(资产－负债)－期初(资产－负债)＝净资产的增长(企业价值的增加)。当然,这里不包括权益自身的变动。

美国第 6 号(原第 3 号)财务会计概念公告中关于资产的定义,是各国(包括 IASC)制定 CF 的参考蓝本,但有的则作了一些重要的修改。

FASB 的资产定义是“由于过去的交易和事项而由某个特定主体取得或加以控制的可能的未来经济利益”(FASB Concepts No.6,para.25)。

IASC Framework:在借鉴上述定义时主要的修改是最后一段话,“由企业控制的,预期导致未来经济利益流入企业的资源”,这里(1)不提企业取得;(2)在未来经济利益前删去了“可能的”(probable)这一定语;(3)最重要的改动把资产落实到含有未来经济利益的资源(resource)上。按照原文,IASC 首先肯定“一项资产是一项资源……”[IASC Framework,para.49(a)]。

英国 ASB 的原则公告:在借鉴美国 FASB 的资产定义时的重要修改是:“资产是未来经济利益的权利(rights)或其他使用权(other access)。……”(ASB Statement of Principles for Financial Reporting,Chapter 4 Principles,para.406)。

在1988年1月11日联合国经社理事会跨国公司委员会秘书长报告《财务报告的主要目标与概念》第七部分涉及资产的定义。该报告认为:"公司所控制的资源称为资产,它们说明了公司创造未来资源的潜力","资产是由于过去事项的结果,使报告公司带来未来经济利益的资源(有形的和/或无形的)"①。

以上所介绍的资产定义,由于均参考了美国FASB的第6号概念公告,因而都把未来的经济利益作为资产的本质特征②。

在这个特征上,对美国的CF已有发展,但资产的定义中还包括两个特征:

(1)上述未来的经济利益或含有这种利益的资源、权利为一个主体所拥有和控制;

(2)一个主体能控制未来经济利益或含有这种利益的资源或权利是过去交易或事项的结果。

关于"拥有"和"控制"问题,可以不必两者同时并提,只要企业能够控制该资源或权利,就拥有最主要的使用权和处置权,就能使未来的经济利益流入企业,成为企业的资产。

关于一个企业之所以能控制未来经济利益是由于过去的交易与事项结果问题是由传统的财务会计本质——主要提供一个企业的历史信息、历史的财务图像(参见APB Statement No.4,para.35),反映已发生的交易和事项的影响(FASB Concepts No.1,para.21)决定的。

当前,财务会计和财务报告的有用性备受人们的抨击,其原因之一就是由于财务会计具有这一基本属性,从而成为它的主要局限。但是,不把交易与事项限制在已发生的交易与事项的范围内,人们又担心能否可靠地带来含有未来经济利益的资源或权利。

现代市场是一个充满不确定性的市场。在这个市场中发生的交易事项日益纷繁和复杂,一项交易完成的时间很长,而且衍生许多未来的事项。往往交易双方先通过各种方式达成不可更改的合同(契约),并在合同成立后立即产生了权利和义务。就是说,已签订的、尚未执行的合同,同样可使企业控制未来的经济利益。这样,构成资产的第三个特征(不仅是资产,也包括负债,甚至其他要素),"由于过去的交易和事项的结果"似乎可作一定的松动,例如可改为"由于过去的交易、事项和虽未执行但已签订的不可更改的合同"的结果。

能否设想,把资产定义为:"由于过去的交易、事项和虽未执行或还在执行中的不可更改的合同,导致一个主体控制含有未来经济利益的资源和权利。"一切有形资产都属于资源,一切无形资产(包括应收款项、投资和人力资源)都属于权利。一项资源可能包含多种可带来未来经济利益的权

---

① 以上见 United Nations Economic and Social Council Commission on Transnational Corporations Intergovernmental Working Group of Experts on International Standards of Accounting on Reporting Sixth Session 8~18 March 1988 Item 4(6)of the Provisional Agenda:"Objectives and Concepts Underlying Financial Reporting" report of Secretary-General,para.65。此外,看来1989年IASC的Framework,是参照上述联合国文献的。

② 对于FASB的资产定义,即把资产定义为一个主体控制的未来经济利益,在美国,1993年曾遭到当时美国SEC首席会计师Water P.Schultze的激烈抨击。Schultze认为"FASB的定义如此复杂,如此抽象,如此无肯定答案,如此无所不包,和如此不明确,以致我们不可能用它来解决问题"。他把FASB的资产比喻为一个"空洞的大盒子",他举例说明FASB的资产定义令人费解,按照FASB的逻辑,"假定一个企业拥有一辆货车。货车就其本身而论似乎不是资产。资产是来自货车运送木材、钢材、煤炭、面包而产生的现金流量的现值。然而,在今天的实务中,反映在资产负债表的资产是货车,财务报表信息使用者看货车也是当作资产。使用者没有把资产看成是利用货车去运送木材这一经济利益,我想,绝大多数人令人宽慰的资产想法是货车,而不是一个抽象的东西"。Schultze的批评不能说没有道理,因为FASB的定义确实容易引起误解。但若修改为"含有未来经济的资源或权利"就比较明确了。因为定义应当反映事物的本质,货车毕竟是资产的现象。(Schultze的引文见他的文章"What is An Asset?",*Accounting Horizons*,September 1993,pp.67,69)

利，如人力资源。[①] 但我认为，在制定我国财务概念框架时，对于财务报表要素的定义，特别是对于资产的定义，是一个需要广泛征求意见，深入进行探讨的问题。

四、要素的确认与计量

许多CF项目(包括FASB的财务会计概念公告)都将要素的确认与计量表述为"财务报表的确认与计量"。但这一提法并不全面和确切，因为确认是指在交易或事项发生后，应按某个要素正式通过账户—要素在日常记录中的分类—记录因交易或事项引起的某个项目(通常按照复式簿记的要求，还有与之对应的另一个项目，至少两个项目)，并在记录后通过要素在报表中的分类——报表项目在报表中表述——并连同金额计入报表的小计、合计和总计的过程。在这里，要确认的乃是(1)交易或事项引起的项目应记入哪个(哪些)要素及其所属账户，以及(2)嗣后再计入报表中相应的要素及其所属报表项目。两项确认或两个阶段的确认的特点是先在账户中正式记录，后在报表中正式表述。会计确认说的都是要素(既可称为财务报表要素，也可称为财务会计要素)的辨认记录和列报，或者准确说，都是指将交易或事项的内容进行分类，先确定其在日常记录中应记入哪个要素及其所属账户，在期末再通过汇总、分类、再分类，确定其在财务报表中应列报为与日常记录一致的要素及其所属项目和细目。

会计确认最终是指在财务报表表内列报内容，但其信息来源是由日常的会计记录运用了复式簿记系统所作数据向信息的转换。概括地说，会计确认(把后续确认、中止确认除外)是一个过程，两个阶段(如图1)。因此，本文改称为要素的确认与计量。

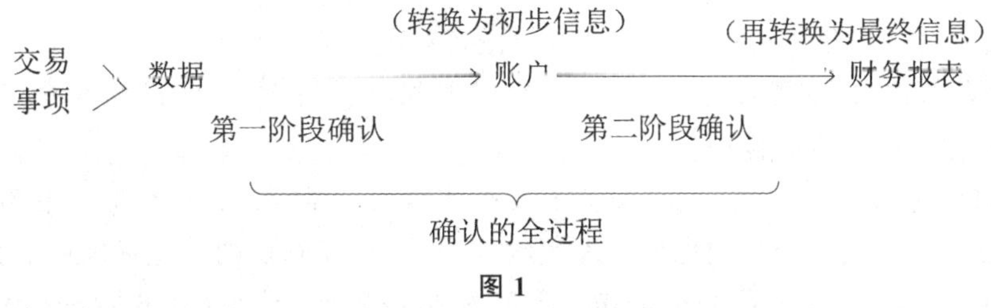

图1

第一，关于确认。

确认是财务会计日常记录及编制财务报表的把关标准。在何时(主要指收入和费用)，符合何种条件才应予以确认是我们研究确认的主要任务。

凡发生交易或事项后，辩明其使何种项目已出现了变动，该项目是否属于会计要素和应当属于哪一要素(特别需要正确辩明属于该要素的哪一账户)是会计确认第一阶段的任务。到了期末，在编制财务报表时，再次辩明账户中已积累的信息和金额，应当按照报表中要素和要素所属项目与细

---

① 人力资源应否和如何作为资产是一个争议很大的问题。每个人作为人力资源来仔细考察是异常复杂的，因为一个人具有各种能力和本领，共同构成某人作为人力资源的组成部分。如一位机械工程专家被企业聘用为高级工程师，他对企业的贡献，或企业要求他提供的服务是他的机械工程技术。但这位专家可能是一位业余画家、音乐家和有其他专长，他被企业聘用时，企业通过这位工程师获得的未来经济利益的使用权只限于他的机械工程技术，而不能要求他在业余作画、歌唱上为企业带来的经济利益。由于人有无限的智慧和创造力，可提供各种未来的经济利益和效益，从而产生有经济效益的权利。但这种权利是属于某个人的，都凝集在他一个人身上。于是，人力资源就可能是各种权利的综合。

目的要求,经过浓缩分类汇总和再分类,将日常记录转换为报表内的信息,账户名称归入相关的报表项目,账户金额计入各该项目的金额和小计、合计与总计,这是确认的第二阶段。在两次确认中,尤其是在第一次确认中,应否确认为某一要素及其所属账户最为关键。美国 FASB 提出的四条确认的基本标准:可定义性、可计量性、相关性和可靠性是有重要参考价值的。但 FASB 的四项确认的基本标准可以不必割裂而联系起来,就是:当一个项目在符合要素定义的前提下,与使用决策相关(能导致决策的差异),并有计量属性(成本或价值),能可靠地予以计量,即应进行确认。如果该项目是一项已发生的交易或事项的结果,双方按市场交换价格或卖方账面价值(carrying value)成交,应按此种价值入账,入账后即成为历史成本;如果该项目是由于正在执行或尚未执行的合同所形成,则应按双方自愿达成的公允价值入账。以上的基本确认标准对所有的要素和在两个阶段中的确认都是适用的。

但对于业绩要素,应有补充的确认要求,以收入、费用要素为例。由于收入的取得或费用的支付,有时需要跨期。这就应当运用权责发生制作为它们确认的时间基础。当一项交易或事项发生后,只有产生了收取收入的权利,或者承担了支付费用的责任(义务),就要在权利和责任发生时,确认收入和费用,而不问其何时收到或支付现金。

对收入来说,怎样证明权利已经发生?让我们先看收入的定义。

按照与定义资产一致的观点,收入是"由于过去的交易、事项或正在执行甚或尚未执行的不可更改的合同导致企业增加一项资产或减少一项负债"。这都表明企业增加了一项收取含有未来经济利益的权利或减少付出此项利益的权利。问题是要确切了解此项权利发生的时间及其他证据。这里,可以参考美国 FASB Concepts No.5 和 SEC 的 SAB 101 的确认收入的补充标准:

1.首先要有合同或协议证明双方有此种交易的存在。

2.若是属于商品劳务的销售与提供,必须证明商品已发送而对方无退货权的任何规定,劳务已经提供。这两点表明:收入的赚取过程已完成,即收入已赚得。

3.商品购买或劳务提供的价格是固定的或可以肯定而不会改变的。

4.若是尚未收到现金,必须有充分证据表明,对方既愿意付款,又有足够的支付能力。这一点是说可实现有转化为现金流的保证。

这些确认的补充标准主要针对由于过去的交易或事项的结果所产生的收入和费用。至于正在执行或尚未执行的不可更改的合同也可能发生收入或费用,其确认的补充标准尚需另行研究。

我们讲确认分为两个阶段是根据正式记录和编制报表两个阶段划分后,前者可算初次确认(first recognition),后者可再确认(second recognition)。对于每一项交易或事项所产生的某个项目,当交易或事项初始发生而应当记为某一要素(所属账户)并计入报表内相应的项目和金额中的小计、合计、总计,称为"初始确认"(initial recognition)。如果此一项目嗣后发生价值的增减变动,则还要进行补充的记录,这种记录称为"后续确认"(subsequent recognition),若已记录或已计入报表的项目已经消失,则要进行"中止确认"(removal recognition)。

第二,关于计量。

会计是一个量化的信息系统,财务会计主要运用货币(观念上的货币)即金额来表示每项交易、事项、合同而产生的项目和数量。

计量与确认是密不可分的。在日常记录中要通过计量正确地记录每一笔交易、事项,按复式簿记应予记录两个或两个以上的对应账户的名称与金额,期后要把这些记录加工汇总再确认于财务报表,除不重要的项目外,所有账户的金额都应当重新分类之后,再现于报表有关项目的金额、小计、合计和总计之中。因此,FASB 在提出四项确认的基本标准中,把可计量性作为其中的重要一条。IASC Framework 在确认标准中则明确认为"该项目的成本或价值应当能可靠地计量"。计量要考虑以下三个问题:

1.计量的对象。除计量单位应统一为法定的名义货币外，所选择的计量属性应取决于计量对象的性质和特点，比如长期持有在持续经营下供企业自己使用的非流动资产，原则上应按其购买或取得时的价值即历史成本计量，而对于处于销售中的流动资产，一般按成本或可实现净值孰低计量。至于已签订了不可更改的合同而形成的金融资产和金融负债，参照美国 FAS 133，唯一相关的计量属性是公允价值。

2.计量的单位。这一点，会计基本假设已经明确为货币。基本假设说的货币，在物价不发生激烈变动的环境中，通常都是按作为报告主体企业所在国或所在地的法定名义货币。但如果发生恶性通货膨胀，按照国际惯例，原按名义货币为计量单位的财务报表，应当再按“不变购买力”（期末资产负债表日，按通货膨胀指数表示的货币额）重新表述（参见 IAS 29，para.8）。

3.计量属性的选择。财务会计的属性，按照由经济环境决定的基本假设，其计量属性应是市场价格。

但由于交易和事项日趋复杂，财务会计在计量技术上也不断发展，在市场价格的基础上衍生了一系列可用于计量的属性。因此，在财务会计中计量属性的基础是市场价格。但实务中在此基础上衍生了若干不同的计量属性，主要有：(1)历史成本；(2)现行成本或现行价格；(3)脱手价格；(4)可实现净值；(5)公允价值。其中，应用最广的是历史成本（因其具有其他计量属性难以比拟的可靠性）和公允价值（因其与金融资产和金融负债最为相关）。

我们不能抽象地断定哪种计量属性为最优，计量属性的运用必须针对各种计量对象的不同性质和特点。因此，FASB 第 5 号概念公告主张：“当前，在财务报表中报告的项目是按不同属性来计量并根据项目的性质即计量属性的相关性与可靠性来决定的。本委员会期望，不同计量属性同时使用的情况将会继续下去（FASB Concept No.5，para.66）。”这种提法我认为是实事求是的。当前，任何一国的概念框架都不能武断地把计量属性定为一个（即使美国 FASB 近年来十分倾向于公允价值）。在我国的概念框架中，对于计量属性的选择，也应当允许企业作为一种可由自己决定的会计政策，根据应予计量项目的性质和特点，看哪一计量属性在可靠性的前提下最具相关性来决定。

五、财务报告的列报

按照美国 FASB 第 1 号概念公告的说明，企业财务会计所生成的信息，最终是由以“财务报表”（financial statements）为核心的“财务报告”（financial reporting）作为传输手段，提供投资人、债权人和其他类似使用者使用。下列简单的图式（见图 2），可以说明财务报表、报表附注、其他财务报告以及年度报告中的其他报告同财务会计各种处理程序、企业会计准则、有关证券监管法规和注册会计师审计的范围之间的不同关系。

（一）财务报表与确认

财务报表是一个企业所有已发生的交易或事项或通过不可更改的合同而由会计准则确认为资产、负债、所有者权益、收入、费用等要素，在可靠的计量和正确的记录的基础上，再次确认为报表项目而形成，它分别反映：①某一时点（通常为会计期末）的财务状况，可称之为“财务状况表”，通常称为资产负债表；②某一期间（通常为会计期间）的经营和财务业绩，可称之为“业绩表”，通常称为利润表或收益表；③某一期间（通常为会计期间）的现金流量（流入、流出和节余），可称之为“以现金为基础的财务状况变动表”，通常称为现金流量表。

财务报表是财务报告的核心。从产生有用信息的观点看，财务会计的主要程序不过是手段，而

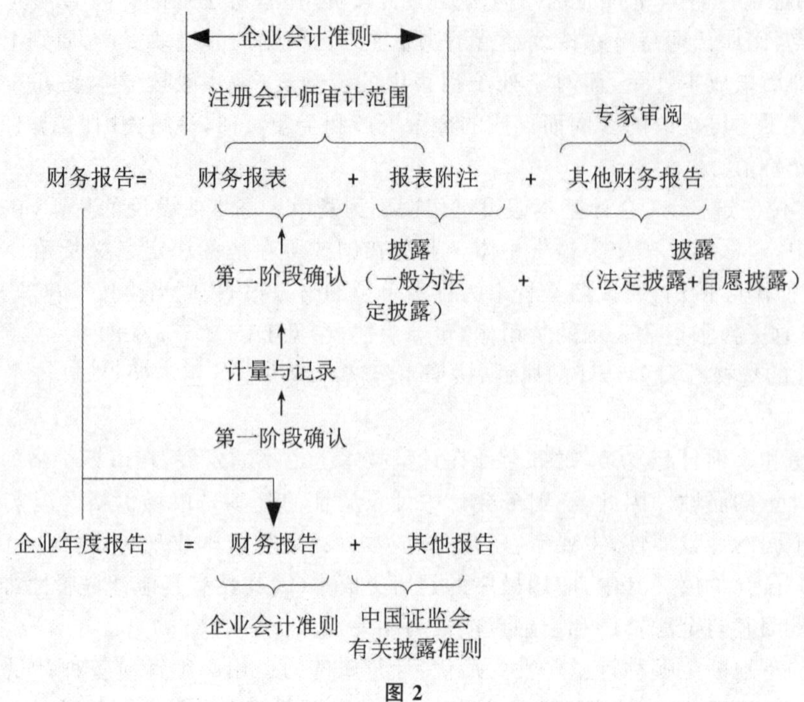

图 2

以财务报表为核心的财务报告才是目的。因此,财务会计程序的加工结果,财务会计的基本假设、财务会计的目标、财务报表的要素无不在财务报告,特别是在财务报表中得到集中的体现和要求。这些体现和要求可以归纳财务报告,主要指财务报表列报(presentation)的基本原则:

(1)财务会计的主体应当就是财务报告的主体。所有独立经营、独立核算并自负盈亏、自我增值和发展的企业都必须编报各自独立的财务报表,在每一份财务报表中都要冠以该企业的名称,如果报告主体不是单一企业而是拥有若干控股企业的企业集团,则还必须编制合并财务报表并在附注中披露所包括的全部控股企业名称和数量。

(2)所有的财务报表都是持续经营假设下编报的。一个企业的财务报表不包括已中止经营的独立的可报告分部;一个企业集团的合并报表不包括已中止经营的被控股企业。因此,不论是反映财务状况、经营和财务业绩或现金流量的哪一报表,都必须具有可比性和一致性,但又都带有暂时性。

(3)财务报告总是在持续经营的前提下按设定的会计分期(年、半年、季)编制的,因此所有财务报表之上都要列示时间。例如,属于时点的报表——资产负债表,应在表首作编报日的表示:"200×年12月31日",属于期间的报表如利润表和现金流量表,则在表首作编报期间的表示:"截至200×年12月31日"。

(4)除现金流量表外,其他的主要财务报表均按权责发生制这一基本假设编报。

(5)所有的财务报表(除境外、国外企业)均以人民币为计量单位,为了简化,可根据企业规模,将单位元改为千元或万元等,这一计量单位也必须在表首表明,就是说,以货币为计量单位的报表,其内容必须是可用货币量化的财务信息。

(6)由于计量属性不能一刀切,允许各种属性并用,因此,计量属性的改变属于会计政策的选择。但改变会计政策应在附注中披露。改变计量属性还必须用金额表述由于计量属性的改变而对企业财务状况和财务业绩的影响程度。

(7)财务报表的内容和金额来自保存日常记录的账户,进入账户的数字已经经过第一阶段的确认而不是交易或事项发生时的数据。就是说,它已经是初始信息。但把账户中的数字(初始信息)

进入财务报表，转换为既符合目标，又满足会计信息质量特征的要素及其分类的知识（有用的信息），还需要第二步确认。它主要通过浓缩（condensing）、抽象（abstracting）和编纂（indexing）。具体的手段是汇总、分类和有序排列。

浓缩不是任意删除账户中的记录。浓缩的重要形式之一是把相同或十分相近的账户合并为一个项目。例如报表中的“存货”就可能包括存放在仓库中的原材料加处于加工程序不同阶段的在产品、半成品再加入库的商品和虽发出而买方尚未收到的在途商品等各种存货账户的汇总。同样，固定资产也是如此。如果浓缩等于减少项目的金额不变，就达不到突出重点的目的。在这里，“重要性”（materiality）起重要作用，即凡不重要的项目①即不影响决策有用性的项目，可以略而不计。浓缩的结果，使报表中的某些项目的金额将少于相关账户合并之和，即某些（应是极少数）账户的金额，可不在报表中计列。总之，浓缩的作用在于既不使信息过量，又凸现有用信息，以利于使用者据以做出经济决策。此外应注意，财务报表中的分类是展示崭新的、有用信息的重要手段。不同的分类标志能表达不同的新信息，从而不同类型的分类具有不同的用途。

（二）关于利润表和现金流量表的分类

在利润表中，有以下三种分类：(1)主营业务和次营业务；(2)核心业务和非核心业务；(3)当期经营业绩和总括财务业绩。

按照第(1)种分类，主营业务应详细地按其收入和费用再分类，并原则上按配比原则确定主营业务的业绩（利润或亏损），而对于非主营业务，则可将收入与其费用对比后仅反映这种业务的净业绩。这种分类使利润表上所反映企业经营活动和业绩能代表该企业经营的主要特色与性质。

按照第(2)种分类，凡属持续经营的主营业务、经常性的收入和支出均列为核心业务，而对于中止经营的分部收入和损失、非经常性的收入和支出、自然灾害造成的损失则列为非核心业务。核心业务及其业绩具有连续性，因而具有可比性。在分析和判断一个企业的经营的前景时，投资者应当关注其核心业务的收支和业绩，而不应被可能金额巨大的非核心业务收支所迷惑。因为后者往往是一次性的，以后不再重现。因而不符合持续经营的假设。

按照第(3)种分类，那就是凡属于已实现已确认的各项收入和费用，列为收入和费用；而属于会计准则对于未实现和可实现但也允许确认的收入和费用，则列为营业外收入（在西方列为已确认未实现利得）和营业外支出（西方列为已确认未实现的损失）。在这种分类下，业绩报告的末行数字在美国称为“全面收益”，在英国称为“已确认的全部利得和损失”，它与利用资产负债表的资料按下列公式求得的数字是勾稽符合的。

期末净资产（不包括所有者权益本身的变动）－期初净资产（不包括所有者权益本身的变动）＝本期全面收益或已确认的全部利得和损失

在现金流量表中，我国的准则将现金流量分为三类，即：经营活动产生的现金流量、投资活动产生的现金流量和筹资活动产生的现金流量。这种分类反映了企业经营和理财等三个渠道，对于投资人评估企业现金流量的来龙去脉是有用的，可以不必再考虑其他分类。

（三）关于资产负债表的分类

在资产负债表中，最重要的分类是资产和负债两大部分。由于资产负债表实际上是财务状况

① 关于重要性问题，美国 FASB Concepts No.2 的附录 C《关于数量重要性的若干思考》可供我们参考。例如这个附录的表 1 有一个数量化重要性指南的举例共七项，头两项是：(1)每股收益的稀释，凡降低每股收益总计不足 3%者可当作不重要（见 APB Opinions No.15）；(2)资产负债表项目的单独列示，凡占资产总额 5%以下或占本类 10%以下者也视为不重要。（见 SEC ASR No.41）

表。在资产方面,使用者最关注现有资源的性质、金额和变现能力,因此,按流动性分类即分为流动资产和非流动资产(包括长期的有形和无形资产),是最主要的分类。在负债方面,使用者最关注债务到期的先后,这关系到企业偿付的义务,因此,把流动性分类同样是负债最主要的分类。资源和义务是相关对应的。一个企业偿付能力的大小,在一定程度上取决于资产的流动性,而企业偿付义务的快慢和金额又要看它的流动性即偿付能力。资产负债表的分类如能满足一定期间内偿付能力与偿付义务的评估的需要,应是分类的主要目标,那就是名副其实的财务状况表。当然,资产负债表在特定场合,也可按其他标志分类,例如:在物价变动时期,可按货币性项目和非货币性项目分类;为了着重评估金融工具的操作业务,还可按金融资产和非金融资产、金融负债和非金融负债分类;如果利润表按照核心业务与非核心业务分类,资产负债表也可按核心业务运用的资产和形成的负债与非核心业务运用的资产与形成的负债分类排列,不过,资产之属于核心业务抑或属于非核心业务有时是很难区分的。

从日常的账户和财务报表的项目总是运用分类技术可以看到,会计在很大程度上是一种分类的艺术。它的分类(也包括排列)是在评估企业现状(status)和发展前景(progress)时,以种种有用的特性和差别性(a variety of distinctions and differences)作为依据的。[①]

尤其必须指出的是,日常账户的正式记录和在财务报表的表内所列示的文字(报表项目)与数字(货币金额)皆属于确认。凡属确认既要用账户和报表项目定性说明,又要用货币金额定量描述,两者缺一不可。

(四)附注其他财务报告与披露

1.关于财务报表附注

附注具有双重性质,就其内容看,它同报表项目是密切联系着的。附注的重要任务之一是补充、解释、说明报表项目的详细内容和编制报表所运用的会计政策。附注能大大提高报表内容的可理解性,从而增加会计信息的有用性。在实务上,报表附注也是注册会计师的审计对象。因此,财务报表和报表附注是一个整体。但是附注和报表内容的质量特征又有一定的区别,表内项目的文字和数据都来自日常记录(已经过第一步确认)而进入报表,又经过浓缩、汇总分类和重排即再经过第二步确认。两步确认都必须遵循企业会计准则和企业会计制度即GAAP。

简单地说,财务报表表内表述的信息都属于确认,既有相关性,又有可靠性。报表附注则不同,在附注中可以既用文字表示又可兼用数字表述,也可只用文字说明。尽管附注中多数项目是由有关准则所规定,[②]但企业也有权自愿披露某些可增进使用者了解报表内容的说明。简单地说,财务报表附注不属于确认(它不能更正表内的错误或为表内合计增添任何数字)而属于披露(disclosure)。

2.关于其他财务报告

在我国,按照《企业财务会计报告条例》规定的其他财务报告只有"财务情况说明书"。按照西方的惯例,其他财务报告可能有:(1)补充信息(supplementary information)。例如物价变动的有关信息披露(最早见美国FASB Statement 33,现由FASB Statement 89所取代)、石油与天然气储藏量信息(见FASB Statement 69)。(2)财务报告其他手段(other means of financial reporting)。例如"管理当局讨论与分析"(MD&A)、"致股东的信"(letters to stockholders),我国证监会也有类似要求。(3)其他信息。例如在美国,按SEC格式接受订单和竞争的讨论(discussion of

---

① Davison and Weil, Handbook of Modern Accounting, Second Edition, 1977, Chapter 1, pp.1-2.

② 关于报表的附注内容,也包括其他条例和标准,如在我国,2000年7月8日国务院颁布的《企业财务会计报告条例》,就对报表附注作了明确的规定。中国证监会也曾对上市公司年度报告中的报表附注,做出了指引。

competition and order backlog in SEC forms)、分析者的报告(analysts reports)、经济统计、有关公司的文章。

3.关于披露

传统的财务会计程序是以产生财务报表中的信息为终端(目的)。为了产生真实而公允的报表信息,在报表表内信息列报之前必须运用确认(第一步确认为记录,第二步确认为编表)、计量和记录等会计程序。其中最具有特色的是确认。广义的确认不仅包括第一步的确认即正式记录,而且包括记录和计量并集中表现为第一步的确认。即在财务报表表内既通过报表项目(文字说明)又通过数字即金额来描述其数量。一切被确认的项目,其金额都应包括在表中某个项目的金额,以及报表各部分小计、合计和最后的总计之中。但由于发展了报表的附注,以及提供财务信息的其他手段,在财务会计程序中便出现了披露。披露是会计对表外附注和其他财务部分的表述方式(程序)。以上说明的财务报表附注和其他财务报告的表述形式都属于披露。严格地说,确认和披露都是财务报告的表述方式(又是两种会计程序),它们的区别主要表现在:财务报表表内的表述是确认;财务报表以外,包括附注、其他财务报告的表述都是披露。

确认在会计上有较严格的要求:①不论第一步确认或第二步确认,其资料皆来自交易或事项,都要符合确认的四项标准,并遵守企业会计准则和制度。②确认表现在日常的正式会计记录,实际上就是复式记账的运用。当每次交易或事项发生时,在确定其属于会计应予处理的对象时就要辩明其应记录的报表要素及其所在账户,然后同时按相等的金额记入相互联系的要素所属的借方和贷方账户。在编制财务报表时,则应根据账户记录,按报表的要素及所属项目列示报表,同时将相关金额分别表述为报表中各项目的金额、小计、合计和总计。③一般地说,一个企业最可靠、最相关的财务信息是在财务报表中表述的。

披露则是财务会计程序中的新发展(对比确认而言),它与确认的主要区别:一是它只适用于除财务报表内列报的一切表外表述的各种形式:二是相对而言,披露不像确认那样严格。

披露的主要特点是:①可以只用文字说明而不一定要求必须同时用数字描述;②不必遵守企业会计准则和制度;③除附注外,不必经过注册会计师审计(audit);而只要请专家审阅(review);④其数据、资料来源不一定要来自日常会计记录;⑤披露的信息应当既有相关性,又有可靠性,但对后者的要求比较宽松;⑥各国的 CF 对确认都提出基本标准,而对披露,迄今尚难提出统一的标准。

近年来,财务报告的使用者往往更加关注表外披露的信息。这是因为,在法定披露中就经常包括一些对使用者可能很相关的信息,但这些信息尚不可在报表中确认。此外,在国外还鼓励企业自愿披露。以美国为例,根据 1994 年 AICPA 的《改进企业报告——面向用户》和 2001 年 FASB 企业报告研究项目专门委员会发表的《改进企业报告:对增进企业自愿披露的洞察》提出的关于自愿披露的模型,共包括 6 项信息[①]:①经营数据(例如,管理人员用来管理企业的高层次经营数据和业绩数据)。②经理层对经营数据的分析(例如,经营数据与相关的业绩数据的变化原因和关键性的特性与过去的影响)。③前瞻性信息(例如关键因素的内在概念与风险,包括关键成功因素在内的经营计划;用实际经营业绩同以前披露的机会、风险与经营计划相比较等。必须强调的是:最为重要的前瞻性信息是影响企业成功的重要方面)。④有关经理层和股东的信息(例如,董事、董事长、独立董事、首席执行官、首席财务执行官等的姓名、学历、经历、报酬;主要持股人及其所持股份,等)。⑤公司背景(例如广泛的目标战略,企业和资产的范围和内容,产业结构对公司的影响等)。⑥无形资产和人力资源(包括目前尚不能在报表中确认的公司自创商誉、人力资源、知识产权和其他软资产)。在已经初现端倪的知识经济时期,包括人力资源在内的无形资产在本质上已经不同于

① AICPA, Improving Business Reporting—A Customer Focus, 1994; FASB, Improving Reporting: Insights into Enhancing Voluntary Disclosures, 2001.

传统的无形资产,如可用取得成本加以量化的外购商誉、专利权、商标等等,而是主要由无法量化的人力资源构成的知识资产,如自创商誉、企业的员工、它的客户、知识基础和企业的声誉(company's people,its customers,its knowledge base and its reputation)等等所构成。所有这些无形资产都称为"软资产"(soft assets)。有人预言:在知识经济时代,为企业做出最大贡献的,将不是传统的"硬资产"(hard assets)而是这些软资产。2000 年 8 月 28 日美国《商业周刊》(*Business Week*)甚至说,在 21 世纪的公司中,"人力资本是唯一的资产"①。

English Abstracts of Main Papers

Some Thoughts on Formulating Conceptual Framework for Financial Accounting in China

Ge Jiashu

The paper discusses comprehensively the objective of financial accounting, the quality characteristics of accounting information, the elements of financial statements, the recognition and measurement of accounting elements and the presentation of financial reporting on formulating conceptual framework for financial accounting. Based on experiences and lessons from some research conclusions, the paper elaborates the concept of asset, recognition criterions with the example of revenue, and the presentation of financial reporting including the recognition of financial statements and disclosure of note and other financial reporting.

(原载于《会计研究》2004 年第 1 期)

① FASB, Improving Business Reporting: Insights into Enhancing Voluntary Disclosures, 2001, Ch.2.5.

28

关于企业财务会计的属性问题

——美国安然等一系列财务作假案件引起的会计危机及其未来发展的思考

葛家澍

现代会计学有500多年的历史了。至于财务会计作为立足企业(主要指上市公司),面向市场(主要指资本市场),把企业作为整体,将其日常发生的交易和事项,通过确认、计量、记录、报告和表外披露等程序,以财务报表和其他财务报告为载体,集中反映该企业的财务状况、经营和财务业绩、现金流量等方面的一个以财务信息为主的经济信息系统,若从美国第一份"公认会计原则"(GAAP)会计研究公告(ARB)第1号算起(1939年),或者从美国20世纪三四十年代著名的会计师乔治·梅(George May)写的第一本《财务会计——经验的精华》(*Financial Accounting*: *An Distillation of Experience*,1943)起,也有60年以上的历史。

60年来,美国能够对由于20世纪30年代的经济大萧条而崩溃的资本市场进行重建,并使它日益健全完善,以至在整个20世纪成为全球公认的报酬高、风险低、监管严格的投资者的乐园,促进了美国经济的繁荣与强大,财务会计是功不可没的。1989年,美国"注册会计师协会"(AICPA)成立100周年,当时的美国总统里根亲笔写了一篇贺信。里根在信中说:

> 你们的协会和注册会计师职业在建立和维持资本市场的完整性方面发挥着至关重要的作用。独立审计人员为企业和政府机关的财务报表提供可信性。没有这种可信性,债权人和投资人就几乎无法作出给我们的经济带来稳定和活力的决策,没有你们,我们的金融市场就将土崩瓦解。

1996年美国"证券交易委员会"(SEC)委员沃尔曼(Steven M.H.Wallman)也称赞负责验证企业财务报表的注册会计师是我们金融市场中主要的,正直的"守门员"(gatekeepers)。他说:

> 没有这些会计师,没有一致的和一套审计与会计准则与原则去保证财务信息的质量和公正性,资本市场必定缺乏效率,资本的成本将会很高,而我们的生活水准将会降低。

上述这些赞美的言论都来自美国的官方人士。他们对财务会计、财务报表和负责审核财务报表的注册会计师所发挥的作用均持充分肯定的态度。可是,从20世纪90年代以来,正是在美国,上市公司的财务欺诈和报表作假的丑闻纷至沓来。根据美国注册会计师协会(AICPA)的《会计月刊》(*Journal of Accountancy*)所刊登的文章报道,从1987年至1997年,美国公开上市公司有一半以上的收入是高估的;《幸福》(*Fortune*)杂志还说,他们1997年所调查的世界500强的盈利总额达3 240亿美元,而到1998年,这些公司经过资产减值重组,网络的研究与开发费用达到963亿美元,竟冲减利润的26.26%。自从20世纪90年代起,安然、施乐、世通的财务欺诈案件不断爆发,不仅美国投资人,包括全球投资人,都对财务报告丧失了信心。

财务欺诈和会计作假有深刻的经济、道德和制度等背景原因。但由于假的会计数字表现在账本和财务报表上，而且总是要通过财务会计师之手进行处理。这样，人们不禁要问：财务会计是不是一门科学？它本身有没有防伪和揭露伪造行为的机制？什么是财务会计？财务报表的根本性质和基本特征是什么？人们现在对财务会计的要求是否超出了财务会计力所能及的范围？

这是一些非常现实而严峻的问题。每一个会计工作者，特别是会计理论工作者，都应当认真思考一下财务会计的特征和作用。

财务会计的根本属性

财务会计有许多特征，从众多特征中可以挑出最能代表其本质的、最根本的属性。

可以从两个方面看，一方面是从财务会计发生发展到现在的历史看，这是历史和现实的财务会计；另一方面是从财务会计可能预测的未来的前景看，这是未来可能的(但不一定能实现的)财务会计。科学是实事求是的，我们还是先从前一方面去考察财务会计所展示的本质与特征，历史地看财务会计是什么。这个问题在学术界曾经有过激烈的争论。现在，基本上达成了共识，那就是：财务会计是会计的一个分支，会计是一个经济信息系统，财务会计是一个以财务信息为主的历史信息系统。

根据定义，我们可以看到财务会计的根本属性有以下四个：

第一，立足企业，面向市场。

这个信息系统设置在每一个特定的企业或主体之中，它只反映各该企业的财务信息和其他经济信息，它不应涉及由于交易或事项形成的关联单位的经济变化，更不涉及整个社会的经济变化，但它所生成的产品，主要是企业的财务信息，又必须向市场公开，供参与市场的投资人、债权人和其他利益关系人使用。所以，它不是一个封闭的信息系统，而是一个开放的信息系统。在这个意义上，财务会计信息是微观经济信息。但是，虽然信息是反映一个特定企业的经济现实，而信息的使用却属于市场的所有参与者(包括个人或单位)。这里说的企业，当然是指向社会公开募集资金的上市公司。

这样，财务会计加工为财务报告数据转变为信息。而随着信息的公布，信息也由私人产品转变为公共产品。

可以这样比喻：在市场上进行资源配置的指令信号是各种市场价格；而在资本市场上最初进行资本流动和配置的指令和信号是所有上市公司财务报告信息，特别是盈利信息。盈利信息则转而影响股票价格。最终在资本市场上起资源配置作用的仍然是价格(股票价格)。因此，人们不应当低估会计信息的作用。资本市场越发达，现代企业会越发展，它们向市场公开传输的财务信息对社会资源配置的影响力就越大。如果联系到《资本论》中的观点："生产过程越是按社会的规模进行，越是失去纯粹个人的性质，作为对过程的控制和观念总结的簿记(今天的会计)就越是必要。"这段话，我看比现代任何一个西方经济学家在论及会计时说得都要深刻。

从这里还可以看到：财务报告(财务信息)的提供者是企业的经理层及其领导下的财务会计人员，而财务报告的使用者则主要是远离企业的投资人、债权人和其他外部使用者。这就产生两个问题：(1)报告编制提供者与使用者的分离导致信息不对称。前者总是对企业的经营活动占有信息优势。(2)由于利益的驱使，报告提供者有可能隐瞒重大的，甚至关键性的信息，误导外部使用者据以做出的各种经济决策。

第二，由公认会计原则(或准则制度)对会计处理和报表编制进行规范。

由于财务报表的编制者和使用者的分离而产生的信息不对称，投资人和债权人，特别是投资人又缺乏其他途径了解企业的内幕信息，即使可以了解到，也将需要付出信息的寻觅成本，这也是交易成本。在这种情况下，资本市场将难以得到投资人的信任而顺利运转，这也是市场失灵的一种表现。这就需要社会进行一种制度安排，尽可能减少信息不对称，尽可能减少投资人为寻求信息需付出的交易成本，于是产生了公认会计原则(GAAP)，这是美国的会计规范。其他国家也都有类似于GAAP的会计准则、会计制度之类的标准，它规定了财务会计的处理程序，财务报表的编制，及应在其他财务报告中披露的其他事项，保障了不参与企业经营管理的外部利益关系人掌握企业的公开的财务报告。

第三，以过去的交易和事项引发的经济数据为会计处理的对象，最后产生反映企业的经营活动状况及其结果的历史信息。

财务会计既然是一个信息系统，那么它处理什么数据，加工并传递什么信息，这是我们必须弄清的问题。

财务会计处理的对象是经济数据。从过去到现在，这些经济数据都不是企业正在发生或未来尚未发生的，而是由过去的交易和事项已经产生，已经完成的。这些数据基本上已排除了不确定性，是已经基本确定的交易或事项的反映。财务会计通过确认、计量、记录和报告等一系列程序把数据转换为对决策有用的信息，归纳为三个基本的财务报表，再把它对外传递。很明显，财务报表中反映的信息是历史信息。这一点，早在1970年10月美国APB的第4号报告《企业报表的基本概念和会计原则》(Basic Concepts and Accounting Principles Underlying Financial Statements of Business Enterprises)就明确指出：

> 企业财务会计是财务会计的一个分支，它在下述局限性之内，以货币定量方式提供有关企业经济资源及其义务的持续性历史。也提供改变资源及义务的经济活动的历史。(APB Statements No.4，para.41)
>
> 财务会计与财务报表主要是历史性的，即有关业已发生的事项的信息，提供了财务会计与财务报表的基本信息。(APB Statements No.4，para.35)

应当特别注意美国FASB的观点。在FASB概念公告第1号第21段中，它同样在描绘财务报告所提供的信息的特性和局限性中写道：

> 财务报告提供的信息主要反映已发生的交易和事项的财务影响……财务报表和大部分财务报告是历史的。……信息主要是历史的。但使用这些历史信息的人们可能是试图据以预测未来，或去用以证实或否定他们原先的预测。

从这里可以看到，到目前为止：

(1)财务会计的信息基本上是历史信息，这是它的根本属性；

(2)历史信息不仅对决策有用，而且是必不可少的(主要指它的反馈作用)。

人们做出任何行动(比如持有、增加、抛售股票或参与对经理层任免奖惩的表决)都不仅主要依据对企业或某个经理未来业绩的预测评估，而且要仔细考察企业和高层经理过去的业绩。这就是人们常说的以史为鉴。

第四，财务会计和报告，正如它的名称所表示的，它提供的信息主要是财务的。

一个企业日常发生的交易和事项会产生各种经济数据，而当前财务会计要求处理的，是能够用货币定量的数据。财务会计加工的信息都是各种价值信息，而货币是价值唯一可以捉摸的形式，更重要的是，只有运用货币形式加以处理，才能舍弃商品性质的千差万别，而只看其价值(金额)，即数量的多少,从而可以加减乘除、汇总、分类、浓缩与扩充。倘若不是用货币表现的财务指标,会计就不能反映企业经营业绩的利润信息,包括每股盈利,也不能提供股本、净资产和现金流量等汇总的信息。

所以,财务信息之所以重要和必要,就因为它能够集中反映一个企业的经济资源、经济义务、经营业绩和资源与义务的变化。在商品货币经济中,要想捕捉各种价值信息,离开货币计量是不可能的。

由于以上几个属性,(1)立足企业又面向市场,信息的提供者不是信息的使用者或不是信息的主要使用者;(2)整个会计处理程序和报告编制(主要是财务报表编制)必须遵守 GAAP;(3)所提供的信息是历史的,是已确定的;(4)所提供的信息是财务的(能用货币表现的商品和其他经济资源),是财务报告使用者最为关心的、涉及重大利益关系的信息,我们认为财务会计及其报告既有必要(涉及多个参与方的重大利益关系)也有可能(由过去交易和事项决定的,基本已确定的历史信息,受 GAAP 制约,此外,还有企业内部审计和外部独立性审计的检查验证)保证真实公允。除非人为的欺诈作假,除非会计人员在需要进行专业判断的估计问题上出现意见分歧,除非各国的会计准则不够协调,难以趋同,否则,相同的或相似的交易,无论发生在世界任何地方,都应当以相同或相似的方法进行会计处理,并按相同或相似的内容进行报告。如果说财务会计有用,就在于它具有可靠性、相关性和可比性,从而提高每一个企业经营活动的透明度,让投资人放心,得到投资人的信任。

什么是资本市场完善的标志?我认为,从上市公司来说,是提供真实公允,即诚信的财务报告;从投资人来说,由于报告讲的是真情实话,投资人对它相信从而对整个资本市场就产生信任。可以说,可靠的财务报告意味着诚信,投资则意味着信任。诚信加信任才能保证资本在资本市场上有效地流动,从而促使资源在整个社会中得到最优配置。

现行财务会计与报告的不足

上面讲的四个属性,是财务会计的本质特征,它们给人们带来有用的信息。但这是从历史的发展直到现在的财务会计的特点来看的。如果从发展的观点看,分析财务会计的前途,面向使用者的需求——决策总是面向未来的,显然,历史的信息和财务信息都具有局限性。况且,财务会计程序中允许会计人员进行某种程度的职业判断和主观估计,那就是说随着形势的发展,经济活动的日益复杂,仅仅以反映历史为主的财务信息常常不能满足使用者的期望,同时这一信息系统本身也不是尽善尽美,它的一些主要环节在运用中还需要会计人员有较高的职业判断水平,很好地理解 GAAP 的要求,并严格执行,事后还需要通过审计进一步检验其真实、公允、合规、合法。下面,我们应当从现行财务会计与报告的不足方面作一些分析。

第一,关于确认。

财务会计的基本程序是由确认、计量、记录和报告所构成,输入是财务性质的数据,产出是充满财务信息的财务报表。在四个基本程序中,确认最为重要,因为它对会计处理起着把关守口和正确导向的作用。确认要解决在交易和事项发生后,由此产生的经济数据:(1)应否由会计信息系统来处理(记录和报告)?(2)何时进入会计信息系统处理?(3)如何进行处理?其中,第三个问题实际上属于记录和报告两个独立的程序,因此,确认的主要作用或严格意义上的确认要解决"应否"与"何时"两个问题。

"应否"问题的解决是要求会计人员正确判断:(1)交易的事项是否已经发生?(2)由此产生的经济数据有没有能够用货币加以计量,并进行记录和报告的项目?比如,举行几次交易的谈判,并已签订了投资或交易的协议,算不算交易已经发生呢?除非这种协议是依法不可改变的(违约的一方将为此付出重大的代价),否则就不能说已发生的交易需要会计加以处理。而同样理由,在任何达成的协议中,如果没有任何项目能用可靠的金额予以计量,同样不应进行会计处理。例如,甲乙两个机场和甲乙两个航空公司达成协议,自下月起可以对开一周一班的班机。两个航空公司均需进一步与机场达成各种服务及其费用补偿的协议,这时也不需进行会计处理。

"何时"的问题,主要指确认收入与费用,尤其是收入的时点,因为提前或推后确认收入,对于一个企业的本期经营业绩关系重大。美国 SEC 前任主席 Levitt 揭露的上市公司五种舞弊手法中,直接提到的一种舞弊手法正是提前确认收入,一次性地冲减企业巨大的重组费用。其他手法也同不正确地确认收入间接有关。

美国 FASB 在第 5 号概念公告中,除规定确认的四项基本标准:可定义性、可计量性、相关性和可靠性外,对于收入确认又补充了两个要求:(1)已实现和可实现;(2)已赚取。

1999 年 12 月,美国 SEC 还发表了《会计业务公报》SAB 101 号,又进一步规定:

1.有说服力的证据表明协议存在(防止假销售);

2.货物已发送或劳务已提供(明确什么是已赚取);

3.销售方提供给购买方的价格是固定的,可确定的(减少可实现的风险);

4.收现能力有合理的保证(可实现→已实现)。

只有符合上述六条标准,收入才可以确认。但是,即使有以上这些规范,在千变万化的现代交易和事项中,收入确认仍然是一个难以正确解决的难题。这一难题的存在,总是在一定程度上使当前的财务会计与报告的可信性产生阴影,也就是说,当前的财务会计与报告,仅就收入确认来考察,其真实与公允程度也只能说是相对的。

如何确认,涉及计量、记录和报告。这里有两条原则应当特别强调:

1.在计量方面,计量单位一般是用各国、各地区的名义货币,计量属性一般是用市场价格。历史成本是过去的市场价格;而公允价值则是现在和未来的市场价格。他们都是常用的计量属性。历史成本较为可靠,而公允价值的可靠性就很难判断。

2.在记录和报告方面,必须反映其经济实质,而不能反映其法律形式。

例如,附有退货权的销售在退货期满以前不能确认收入,因为它尚未赚取;又如,把商品销售给第三者,但附有回购的义务,在销售时不能确认为收入,因为此项交易的经济实质不是销货业务,而是以产品为担保的融资业务。现在,在企业中,由于交易的复杂性日益增加,而会计人员的专业水平又参差不齐,要做到所有交易都能反映经济实质,绝非易事。

第二,关于披露。

传统的财务会计程序本来没有披露。自从在表外增加报表附注以来才有披露(disclosure)的内容。FASB 在第 1 号概念公告中把财务报表扩大为财务报告,实际上把财务会计的原先四个程序扩大为五个程序(见图 1)。

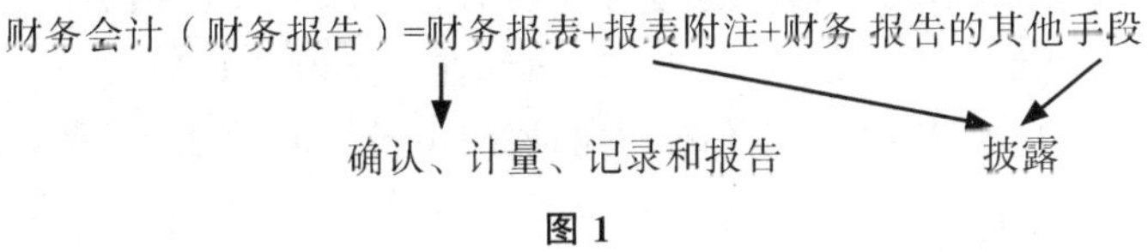

图 1

披露不同于确认之处是:

1.可以揭示非财务信息;

2.可以只揭示定性事实,而不同时进行定量描述;

3.可以不受GAAP的约束；

4.可以不通过审计(audit)(附注除外),而只通过审阅(review)；

5.可以反映预测信息、远景规划；

6.披露的信息可能部分来自财务会计信息系统,大部分可能来自同财务信息相关的其他信息来源,而不是会计加工程序中每一个程序的数据。

通过披露,既提高了财务报表的可理解性,又增加了财务报表不可能提供的与决策相关的其他信息。实际上,增加了披露等于扩大了财务会计传统边界与功能。但披露也带来许多问题。

由于披露可容纳多种多样的信息,而作为财务报告披露的信息,总要直接或至少间接同财务会计相关。例如,通常应当披露：

1.反映估计判断正确与否,和会计选择要求的主要会计政策；

2.反映同企业有内部往来,从而有可能涉及中小股东利益的关联方关系和关联方交易；

3.具有高风险的经济业务和衍生金融工具的种类、性质、金额和不确定性；

4.经济业务复杂不容易理解而又必须加以说明的；

5.有担保,承诺某种义务的真实内容,特别是企业可能存在的或有负债；

6.财务报表中某些汇总项目的明细说明；

7.其他由企业财务会计准则规定应当披露的事项。

可是,现在财务报告披露的事项,在当前的财务报告中不论是法定披露或自愿披露,都超出了上述范围。如果这些披露出现了问题,是谁之过?现行的财务会计与报告对此应否承担责任?

第三,关于预测。

如果我们从发展的观点看,财务会计与报告,就应当关注并研究预测。历史地看,财务会计的本质是提供特定企业的历史财务信息,而预测则要充分估计未来的风险和不确定性,预测不属于传统财务会计和财务报告的职能范围。现在的财务会计模式不可能产生可靠的财务分析信息。根据美国的实际情况,财务预测是由华尔街的证券分析师做出的,他们既不是注册会计师,也不是企业的会计师。许多弄虚作假正是起因于他们虚假的预测。他们那种不科学的财务预测是当前美国上市公司财务舞弊案的罪魁祸首!

不过,科学总是要向前发展的。如何适应社会需要就是一门科学发展的方向。会计学特别是企业财务会计学也是如此。当前,财务会计与报告的使用者,尤其是投资人迫切需要财务报告提供与其决策相关的有关企业发展前景的信息和人力资源的信息等等。而在当前,这些信息都不在财务报表中表述,也不可能在财务报表表内反映(因为它们都难以可靠地计量)。在会计人员看来,表内确认的信息比表外披露的信息重要,因为它更为可靠和相关;但从报告的使用者看来,确认的信息与披露的信息并无轻重之分。他们关注的是信息对决策的有用性,并不在意有用的信息在报告中何处表述。

从历史发展直到今天,财务会计这门学科的根本职能还是反映一家企业历史的财务信息。只要输入财务会计系统的数据不严格局限于一个企业已发生的交易和事项,它作为一门历史科学的属性就不会改变。对决策来说,历史信息也是有作用的。它既可反馈预测活动实际执行的业绩,从而肯定预测的正确性或更正预测的偏差;同时,它总是进一步预测的基础。

但是,表外披露有足够的空间可以弥补表内确认的不足。问题在于:要对披露的内容和准确性进行认真的研究。

不论财务预测今后是否属于财务会计的内容,我们都必须在表外披露。应把如何准确科学地展示财务预测,特别是展示一个企业各种前瞻信息作为研究和关注的重点。

(原载于《会计师》2004年第1期)

27

财务会计概念框架研究的比较与综评*

葛家澍

摘　要:本文在对目前主要的财务会计概念框架进行比较的基础上,着力阐述和综评了美国财务会计概念公告、国际会计准则委员会编报财务报表的框架、英国会计准则委员会的财务报告原则公告的各自优缺点。

关键词:美国财务会计概念框架;国际会计准则委员会框架;英国财务报告原则公告

一、引言

财务会计概念框架(Conceptual Framework for Financial Accounting,CF)作为一个专门术语,最初出现于1976年12月美国财务会计准则委员会(FASB)公布的《财务会计概念结构:财务报表的要素及其计量》。但系统地对财务会计概念框架进行研究,始于1961年成立,并开始公开出版其研究成果——会计研究系列(Accounting Research Study,ARS)的美国会计原则委员会(APB)会计研究部(Accounting Research Division,ARD)。而广义地看,该领域的研究还应该追溯到Canning的《论会计中的经济学》、Paton和Littleton的《公司会计准则绪论》等。

目前,不同的国家对财务会计概念框架性质的公告的名称也不尽一致,譬如英国的会计准则委员会制定的类似概念框架称为"财务报告原则公告"(Statement of Principles for Financial Reporting,SP),国际会计准则委员会制定的具有概念框架性质的文件称为"编报财务报表的框架"(Framework for the Preparation and Presentation of Financial Statements简称IASC框架)。澳大利亚的类似文件称为"财务会计概念公告"(Statement of Accounting Concepts,SAC)等。加拿大特许会计师协会制定的具有财务会计概念框架性质的文件则称为"财务报表概念"(Financial Statement Concepts,FSC)等。不论名称是否相同,其实质是相同的,即都是对财务会计和会计准则制定过程中涉及的一些基本概念进行研究,借以更好地指导会计准则的制定或会计实务,为其提供一个更一致的概念基础,并作为评估既有会计准则质量的一个重要标准,指导发展新会计准则。

综观目前各个国家及国际组织的准则制定机构制定的财务会计概念框架,美国、英国及国际会计准则委员会的CF更具代表性。所以,本文的阐述将以美国、英国及国际会计准则委员会的CF比较为主线,再综合考虑其他国家准则制定机构制定的CF的典型特点,通过比较得出我国财务会计概念框架制定中可资借鉴的内容。

* 财政部课题(2003CASC01041及2003CASC01021)的阶段性成果。本文承接《回顾与评价》(《会计研究》2003年11月),也是《在中国建立财务会计概念框架的总体构想》(《会计研究》2004年第1期)的基础。

二、关于各国CF的简单比较

表1

(一)目标	SFACs	向投资人、债权人和其他类似信息使用者提供有助于经济决策的信息。
	IASC 框架	提供在经济决策中有助于一系列使用者关于企业财务状况、经营业绩和财务状况的信息,反映企业经营管理层受托责任的信息。
	SP	(1)提供有关企业财务业绩、财务状况的信息要有助于帮助一系列使用者评估管理当局的受托责任和进行经济决策。(2)上列信息符合现在的和潜在的投资人需要。(3)现在的和潜在的投资人需要报告主体有关财务业绩、财务状况的信息并用来评估其产生现金(时间和不确定性的)并估计主体的财务适应能力。
	FSC	财务报表的目标是传输有助于投资人、组织成员、捐赠者、债权人和其他使用者用来进行资源分配决策和评估管理当局受托责任的信息。
	SAC	通用的财务报告提供信息给使用者,用于做出并评估有关稀缺资源分配的决策。
(二)会计信息质量特征	SFACs	主要质量特征:相关性与可靠性;次要质量特征;可比性与中立性。
	IASC 框架	可理解性、相关性、可靠性、可比性。
	SP	相关性与可靠性(如果彼此排斥,则选择的方法,应使信息的相关性最大);可比性、可理解性、重要性。
	FSC	可理解性、相关性、可靠性、可比性(可靠性与相关性相互交替适当平衡,服从目标,取决于职业判断)。
	SAC	财务信息的质量特征:相关性、可靠性、重要性测试;财务报表编报的质量特征:可比性、可理解性;关于相关性和可靠性的约束条件:及时性、成本与效益对比。
(三)财务报表的要素	SFACS	资产、负债、所有者权益、业主投资、派给业主款、全面收益、收入、费用、利得、损失。
	ASC 框架	财务状况:资产、负债、权益;业绩:收益(收入+利得)、费用(包括损失)。
	SP	资产、负债、所有者权益、利得、损失、所有者投资、派给业主款。
	FSC	资产负债净资产、收益、费用、利得、损失。
	SAC	财务状况:资产、负债、产权;业绩:收益、费用。
(四)确认	SFACs	确认的基本标准:可定义性、可计量性、相关性、可靠性 盈利确认的补充指南:①收入:已赚得,已实现或可实现;②费用:报告期内经济利益的消耗(耗用)或发生未来经济利益的损失。
	IASC 框架	如果符合下列标准就可确认一个符合要素定义的项目:①与该项目有关经济利益将很可能流入或流出企业;②对该项目的成本或价值能够可靠地加以计量
	SP	确认的标准是:①该项目有一个恰当的计量基础并可合理地估计其包含的金额;②与该项目有关获得的或放弃的未来经济利益,其获得或放弃是可能的。
	FSC	无明确规定。
	SAC	(1)资产确认准则。一项资产应当在财务状况表中确认:①体现在资产中的可能的未来经济利益将终于发生;②资产拥有的成本或其他价值能可靠地予以计量。 (2)负债确认准则。在下列情况下(只有在下列情况下)一项负债应当确认:①未来经济利益牺牲的可能性将是必需的;②负债的金额能可靠地计量。 (3)收入的确认准则——当发生(只有发生)下列情况时,一项收入在决定报告期内的成果时应在经营报表中予以确认:①未来经济利益的流入或促使节约流出的可能性已经发生;②上述流入或流出的节约能可靠地计量。 (4)费用确认准则:当发生(只有发生)下列情况时,一项费用在决定报告期内的成果时应在经营表上予以确认:①未来经济利益的可能耗费或损失导致资产减少或负债增加已经发生;②经济利益耗费或损失能够可靠地予以计量。

续表

(五)计量	SFACs	计量单位按名义美元计量属性。在财务报表中表述多种项目,视项目的性质、计量属性的相关性与可靠性而采用下列不同属性:①历史成本;②现行成本;③现行市价;④可实现净值;⑤公允价值[首先考虑市价,其次可利用现金流量和现行技术探求公允价值,特殊项目还可用数学模型求得适用于特殊项目(如期权)的公允价值]。
	IASC 框架	财务报表在不同程度上并且以不同结合方式采用不同的计量基础包括:①历史成本;②现行成本;③可变现现值;④现值。
	SP[①]	在编制财务报表中,计量的基础或是历史成本或是现行价值(current value)——需要为每一类资产或负债选择的基础应是最符合目标和信息质量特征的要求,还要牢记有关资产、负债的性质和它们所处的环境。 一项资产或负债是利用历史成本基础进行计量的,其初始确认按"交易成本"(transaction cost);一项资产或负债是利用现行价值基础进行计量的,其初始确认的取得或承担将按它们的现行价值。如果保证以下各点是必需的,将发生后续的重新计量(subsequent remeasurement):①资产按历史成本计量,通过成本与可收回金额孰低(the lower of cost and recoverable amount)来表述;②以外币标明的货币性项目,通过按现行汇率(up-to-date exchange rates)为基础的金额予以表述;③资产和负债的计量基础是现行价值,应通过现行成本价值(up-to-date current value)来表述,然而这种重新计量要被确认,仅由于:货币性的资产和负债有足够的证据已经变动,资产和负债的新金额有足够的可靠性予以计量。
	FSC	计量是决定一个项目的金额在财务报表确认的程序。计量有许多基础,然而编制财务报表基本上是利用历史成本计量基础。计量也可在有局限性的情况下利用其他基础:①重置成本;②可实现价值;③现值。
	SAC	在澳大利亚,SAS 仅发表 4 份,即:SAS 1 报告目标的定义;SAS 2 通用财务报告的目标;SAS 3 财务信息的质量特征;SAS 4 财务报表要素的定义和确认。因此没有 SAS 涉及计量。但 AASB 已发表了两份理论专题研究:①财务报告的计量;②关于偿付能力和现金状况的报告(故"计量"从缺)。
(六)财务信息的呈报[②]	SP	①财务报表包括主要的财务报表以及进一步阐述和解释基本财务报表的支持性附注。主要财务报表本身包括财务业绩表、财务状况表和现金流量表。 ②财务业绩表的呈报重点面向业绩的组成和组成项目的特征。 ③财务状况表的呈报重点面向持有的资产与负债的类型和作用以及在两者之间的关系。 ④现金流量表的呈报将表示主体各种活动产生的现金及其用途并应在经营结果产生的现金流量和来自其他活动的现金流量之间特别区分。 ⑤在财务报表附注中的披露不能代替确认,也不能为在主要财务报表中更正或为任何错误表述或遗漏寻找理由。
(七)对在其他主体中权益的会计[③]	SP	(1)个别主体的财务报表和合并财务报表可以从不同的视野表述报告主体在其他主体中的权益。 (2)在个别主体的财务报表中,对在其他主体中的权益是面向从这些权益产生的收益(根据所采用的计量基础)和资本增长的处理。 (3)在合并财务报表中,对在其他主体中权益的处理,取决于内含于该权益中(报告主体对其他主体)的影响程度。①涉及可控制其他主体的经营和财务政策的一项权益应作为报告主体可控制的一部分进行处理[④];②涉及对其他主体的经营和财务政策可实行共同控制或施加重大影响的一项权益应通过确认报告主体在其他主体的成果和资源中所占的份额,而不是像他们被报告主体控制那样在报告主体的业绩报表和资产负债表中反映成果和资源;③其他权益按与任何其他资产的相同方式予以处理。 (4)虽然合并财务报表是把一个集团作为整体列示的财务报表,但它们是从母公司的观点进行编制的。这样,应面向母公司在其所有子公司中所占的股权。在子公司中,任何在权益以外的利益流动的影响因而将被单独列示(识别)。 (5)合并财务报表反映整个母公司在其子公司中投资,包括购买的商誉。 (6)涉及两个或两个以上并购的报告主体的交易,按其性质在合并财务报表中予以反映。所以:①一项购买业务如同购买者在公开市场上购买被收购者的一批资产和负债在其合并财务报表中反映这些资产和负债;②一项合并业务在合并财务报表中的反映,如同新的报告主体,包括交易时所有业已存在的部分。

①英国原则公告中所说的现行价值包括入账价值(entry value)即重置成本(replacement cost)、脱手价值(exit value)或可实现净值(net realizable value)、在使用着的价值(value in use)即从现在的所有者持续使用或最终销售预期的现金流量的贴现值(discounted present value of cash flow expected from continuing use and ultimate sale by the present owner)。

②SFACs、IASC 框架、FSC、SAC 均未明确涉及。

③SFACs、IASC 框架、FSC、SAC 均未明确涉及。

④实际上指这一其他主体的财务报表应是报告主体合并财务报表的一部分。

通过表1,我们简括地比较了目前业已存在的财务会计概念框架的组成内容(未详细列示财务报表的要素及其定义)。总体看来,既有大同又有小异,且各具特色。

三、主要CF特点及解释

(一)美国的财务会计概念框架

美国从1978年开始至2000年,前后共颁布了7份财务会计概念公告。由于SFAC No.6是用来代替SFAC No.3的,所以至目前为止生效的是SFAC Nos.1,2,4,5,6,7(其实SFAC No.7实际上是作为SFAC No.5的补充)。美国CF主要的特点及贡献在于:

1.以目标为制定概念框架的起点。FASB的这一做法,几乎影响世界后来的所有的概念框架制定者。从上述的比较中可看出,在所有的CF文献中,"基本假设"(basic postulates)概念几乎不再出现在正文中,而只是含蓄地在环境的描述和其他因素的论证中涉及。

2.提出财务报告的目标是提供对经济决策有用的信息,人们简称为"决策有用性"(见SAFC No.1)。

3.提出会计信息质量特征的完整框架及其层次联系。FASB把"相关性"和"可靠性"列为主要质量。这一点也为其他CF所效法,只不过英国ASB增加了"可理解性"和"重要性",加拿大CICA增加了"可理解性"和"可比性"而已。此外,近年来,美国SEC前主席Arthur Levitt(2000)又提出"透明度"(transparency)作为重要的会计信息质量特征[①],并由此对准则制订机构提出要求:要制订高质量的会计准则。

4.给出财务报表的要素及其定义并给予其他CF制定者以重要的影响。仅就适用企业的报表看,FASB提出了资产、负债、所有者权益、业主投资、派给业主款、全面收益、收入、费用、利得和损失共10项要素[②]。对比美国以前的文献,FASB在要素的定义上具有重要的突破:

①对要素下定义的目的很明确,即为了在记录上和报表中确认各该要素提供一项最基本的标准。

②要素定义是由要素的若干特点合成的。换言之,把定义拆开来就是该要素的特点;而把若干特点组合起来,就是要素的定义。这样,在确认某一项目是否属于某项要素时,不是抽象说它符合某项要素的定义与否,而应检验其符合某项要素的所有特点与否。

③在给出要素定义时仍充分考虑财务会计是以提供历史信息为主的基本属性,但又密切地关注未来。所以它认为,一切要素特别明显地指出资产、负债、所有者权益三个要素都来自过去的交易和事项,但却代表着面向未来的一系列可能的、未来经济利益的不同变化。

例如,资产是由过去的交易和事项发生的,由企业控制或拥有的、可能的未来经济利益[③]。从资产的定义可以看到,FASB既继承财务会计传统特征,把主要的要素立足于过去的交易和事项所

① 即财务报告=财务报表(中心部分)+包括报表附注在内的其他财务报告。

② 由于企业普遍采用权责发生制(应计制)为确认基础,通过转换,可以产生另一个重要报表——现金流量表,因此,FASB没有为现金流量表规定其特有的要素。如果考虑到所有者权益变动表并非基本的财务报表,则"业主投资"和"派给业主款"两个要素就显得多余。

③ 在这里,"未来的经济利益"前,本来还有"可能的"(probably)的定语,我们引用时取消了。未来的经济利益已经说明该经济利益具有不确定性。若再加可能的,那么这样的资产,就只能指"或有资产"了。能否可靠地确认资产就成了问题了。

发生的结果,但更关注在该要素中未来经济利益的流动(控制、持有、流出的未来义务和现在的流入与流出)。因此,FASB在SFAC No.6中反复强调"未来的经济利益是资产的本质"(p.172)、"资产定义的要点主要在某一主体所拥有的未来经济利益"(p.185)。

④关于要素的定义虽然说立足过去又面向未来,正确指出未来的经济利益是资产的本质。其实未来经济利益的流动也是其他要素的本质,不过这个定义也具有缺点:为FASB所最关注的未来经济利益,对于单个要素来说,往往难以可靠地单独计量。目前,例如资产,其计量的基础一般还是过去交易和事项发生时为取得该资产的代价——过去的交换价格即后来的历史成本,这就是说:定义的重点是未来的经济利益,而计量的对象仍是企业为取得该经济利益所作的牺牲(成本)。定性说明与定量描述出现了明显的矛盾。FASB在2003年1月3日关于准则制定以原则为基础的建议书中也承认资产与负债的定义,具有含糊不清、内在不一致等问题①。

5.在财务报表的确认和计量方面有重要创新。在确认方面,提出确认的四项基本标准,即可定义性、可计量性、相关性和可靠性,同时补充了对盈利构成内容(主要指收入和费用)确认的补充指南。以收入来说,两个补充的确认标准是:①已实现或可实现;②已赚得。这两项标准往往会同时具备,但FASB没有要求必须同时具备。可能考虑一些特殊情况:比如商品虽已交付即已赚得,但收货方尚未验收或附有退货条件;又如某些贵金属,只要采挖到即使未加工完成赚得全过程,国家即已收购,表现为已实现或可实现。

在计量方面,FASB仍主张根据项目的性质和计量属性的相关性和可靠性的不同,各种计量属性同时并用。但第7号概念公告则鲜明地倾向于采用公允价值②。

FASB把计量属性分为两类:一类是着眼于初始确认及后续期间的新起点计量(包括现行成本、现行市价,应用现值估计的公允价值);另一类是着眼于初始确认及后续期间的成本分摊,这仅是历史成本。

6.FASB的概念框架在某些方面还存在不完整、内在不一致以及含混等问题。这体现在③:

①概念框架的内容过于详细,犯有与其制定的财务准则同样的毛病,那就是面面俱到,主次不分,重点不突出且论述重复甚至有明显的矛盾。第1号概念框架的第二部分,从第32段至第54段,几乎用了23段来描述这个主题。其实,紧紧围绕第32段,完全可以重点回答第1号概念框架的主题。"使用者为了经济决策,究竟最需要什么信息?以及现在的财务报告能否提供这些信息?"反而淹没在大段大段的重复描写之中。我们认为,作为概念框架,应当是粗线条地、重点地(当然要十分准确地)描写基本概念,应当突出它对实务的指导和应用。FASB的概念框架,姑且不论其内容,在写作方法上,存在着令人遗憾的败笔!

---

① FASB的要素定义虽然为各国CF所借鉴,但修正之处也不少。例如,仍以资产定义为例,在IASC的框架中,首先定义资产为资源(resource),再说这种资源"预期会导致未来经济利益";在英国ASB的原则公告中,则在企业控制的"未来经济利益"之后加上"权利和其他使用权(rights and other access)"即资产不是未来经济利益本身而是经济利益的权利和其他使用权。

② FASB在第7号概念公告中对第5号概念公告的部分概念做了更正:可实现净值不是一项可提升到概念框架地位的计量属性,它只是一种摊配的方法,并且是在一项资产或负债缺乏可观察到的市场价格时,它同现金流量相结合(即现金流量结合恰当的折现率)可以有资格作为一项计量属性的公允价值的选择金额。由于现金流量同利率的任何组合,都可算出一个现值。现值计算不是最终目的,把任何一个现值作为计量属性都是不恰当的。现值是捕捉最能反映并凑成公允价值各项要素的手段。

③ FASB在2000年10月21日发表一份"Proposal:Principles-based Approach to U.S. Standard Setting"中关于"Principles developed using the Conceptual Framework"部分已举例列举4个缺陷。

②在其研究项目中缺少“财务报表的列报和财务报表其他手段的披露”[①]。

③FASB七份概念公告中存在不少矛盾和含糊不清之处。例如:第2号概念公告中,对于相关性和可靠性若发生矛盾时的取舍问题一直避而不谈;第6号概念公告中第168段曾强调指出:要使某一项目成为资产,必须符合含有未来的经济利益,该利益为主体所获得,交易和事项已经发生共3个基本特征(essential characteristics)。同时它又在第172段强调未来经济利益是资产的本质(essence)。人们不禁要问:作为资产的本质和作为资产的三个基本特征有何区别?此外,在FASB Statement 133中,FASB认为衍生工具(derivatives)符合资产或负债的定义应当在财务报表中报告是因为它们代表权利(rights)或义务(obligations)(FAS 133,para.218)。本来,在FASB第6号概念公告中关于资产的定义中并无“权利”这一概念,即使我们同意权利等于含有未来的经济利益,也还不能满足资产的全部特征。尤其是衍生工具难以肯定所带来的权利(可能的未来现金流入)是由于过去交易和事项的结果。另外,在第6号概念公告中,定义资产、负债和所有者权益都把它们同一个主体的未来的经济利益联系起来,认为它们“都属于相同的一批可能的未来经济利益”。可是,定义综合(全面)收益及其组成要素却不再提未来的经济利益(例如收入、利得是流入或增加,费用、损失是流出或减少,本来是很好定义的),不知为何在定义时各要素的提法恰不一致?

(二)IASC概念框架

1.它不称为财务报告的概念框架,而称为财务报表的编报框架[②]。这是因为,IASC在核心准则出台之前主要起协调作用。它面对全世界和差别性很大的各国国内会计准则。因此,它提出的基本概念更应是:①粗线条的;②仅限于具有可比性的各国财务报表的编报,不可能涉及复杂分歧的表外披露。

2.它提出的财务报表的目标,既考虑一系列使用者经济决策的有用性,又要求反映企业管理层对交付给它的经济资源的经营成果即受托责任。这样就更能满足世界上不同筹资方式的国家的需要。

3.它对于财务报表的质量特征中的主要特征,除相关性和可靠性外,还增加可比性和可理解性。

4.对资产和负债定义不是落实于未来的经济利益而是落实于资源,但明确指出这种资源是含有未来经济利益的。其流入为资产,而现时承担在未来流出该资源的义务是负债。

5.定义收益(不是收入)(包括利得)和费用(包括损失)也通过经济利益的增加和减少来表述。

6.与其他CF项目不同,IASC的编表框架在“目标”之后增加“基础假定”(underlying assumptions)共列了两项假定:①权责发生制即应计制(accrual basis);②持续经营(going concern)。提出这两条假定,一是为了实现目标,二是为了编制报表提供基础。

(三)英国ASB的财务报告原则公告

1.在每一项目下先列示若干原则,然后分别对每条原则进行解释和说明。这样一种框架,既重点突出(重点就是原则),又条理分明(对原则进行解释说明)。我认为英国的这种形式的CF,值得我们参考借鉴,因为由基本概念组成一个框架,就应当勾画出在基本概念基础组成的会计处理和编

① 我们本来期待在第5号概念公告之后(6号概念公告实际只是取代第3号概念公告)接下来的第7号概念公告应是报表列报(确认)和表外披露的项目,却是在会计计量中应用现金流量和现值,目的在于探求在不可观察到市场价格下的公允价值。可见,美国制订和发展CF项目不但重点研究基本概念,而且服从当前会计实务(积极推广“公允价值”的应用)的需要。

② 在制定概念框架时,缩小范围,仅以财务报表为对象是比较明智的。

报原则。如果实行以原则为导向制定会计准则，那么，原则从何而来？主要应来自概念框架。

2.英国的原则公告对比 FASB 的概念公告，在结构上还有两个特点：

第一，在引言中提到产生于英国的重要会计概念——真实与公允(true and fair)。公告认为，这一概念在英国始终处于财务报告的核心地位，是对财务报表的最终检验。真实公允高于一切。如果公司法的规定与真实与公允的要求相矛盾，甚至可以违反公司法。真实与公允也是一个动态概念。如何才能实现"真实与公允"不断具有新的内涵，原则公告并不对也不可能对"真实与公允"的含义做出定义。但有一点要指出：不论是准则，还是法律，凡对财务报告做出规定，都必须符合"真实与公允"的观点，甚至可以说，真实与公允是一个可望而不可即的要求。因此，在英国，是否符合真实与公允，不仅要求通过高水平的职业判断，而且最后要由法庭来判决。必须指出，英国 ASB 1993 年 7 月发表的《会计准则前言》(Foreward to Accounting Standards)第 16 段有一些话非常重要，它反映了英国 1989 年公司法从法律上承认了会计准则并暗示了会计准则在财务报告中的作用，特别是，它在一定程度上表示遵守了会计准则，也就基本符合了真实与公允的观点。"前言"的第 16 段写道："会计准则是有关特定类型交易及其他事项如何在财务报表中予以反映的权威性表述(authoritative statement)。财务报表为了实现真实与公允的观点就必须遵循会计准则。"

第二，对比 FASB 的概念公告，增加了财务信息的列报(presentation of financial information)和对在其他报告主体中的权益的会计处理(accounting for interests in other entities)。

3.关于财务报表的目标。它向广大的财务报表信息使用者提供：①单个主体的受托责任和②判定经济决策的信息——要求主要考虑当前和潜在投资者及其他使用者对信息的需求；财务报表能够提供的信息是主体的业绩、财务状况并借以评估报告主体生产现金的潜力，评价其财务适应能力(in assessing the entity's financial adaptability)。

4.关于报告主体(the reporting entity)。这是 FASB 的概念公告未涉及的内容。它讨论了两个有关报告主体的问题：确认报告主体和确定一个报告主体的范围。原则公告提出的原则是"如果法律要求的信息财务报表可以提供，而且该主体是一个有凝聚力的经济单位，则该主体必须编制并公布财务报表"。关于第二个问题，原则公告提出的原则是："报告主体的边界决定于报告主体所控制(control)的范围，为此目的，可以考虑的首先是直接控制，其次是直接加间接控制。"

5.关于财务报表的质量。明确提出了 FASB 所一再回避的问题，财务报表的信息必须相关和可靠，当两者互相排斥，需要对产生信息的方法选择时，所选择的方法应当是能使信息相关性最大化的方法。

上述提法与 ASB 1999 年 10 月通过的"Statement of Principles for Financial Reporting"(以下简称"10 月公告")有明显的不同。10 月公告说：如可靠性与相关性互相排斥，那么，有用的信息应是"那些可靠信息中最相关的项目"(para.3.34)。该公告是把可靠性作为相关性的前提和基础的。时隔两月，ASB 修改了这段话的含义，改为似乎只考虑提供相关性最大化的信息了。

6.关于财务报表的要素。英国的原则公告中在两个方面具有特色：

第一，它推出资产、负债、所有者权益、利得(gains)、损失(losses)、业主投资和派给业主款共七项报表要素，其中与众不同的是，收入和费用不见了，而代之以利得和损失。在英国，尽管"损益表"也还是目前许多企业编报的业绩报表，但更重要、更全面的企业财务业绩，是反映在另一份业绩报告——"全部已确认利得和损失表"中。这就是利得和损失被提升为财务报表中两个反映业绩报表要素的原因。

第二，对资产的定义与美国 FASB 的资产定义和 IASC 概念框架 Framework 的资产定义都有

明确的区别[①]:

①它也承认资产的本质是未来的经济利益,但是,它认为资产不等于未来的经济利益,也不等于含有未来经济利益的资源,而是具有未来经济利益的权利或其他利益增长;

②权利一般是法定权利,如主体拥有的资产,就对该资产的未来经济利益有所有权、使用权、流通权、处置权、租赁权等等。

③其他经济利益的增长一般指非法定的使用权,如租入资产的使用权、对未注册专利的使用权等。

④未来的经济利益最终表现为现金流入,但也可表现在投资、债权和其他对现金流入产生要求权的其他事物上。

7.关于财务报表的确认。原则公告分别为资产、负债和利得、损失提出确认的标准。其中,原则公告特别提到一个令人感兴趣而其他 CF 项目都未涉及的问题:未执行合同(unperformed contracts)的确认,这个问题同衍生工具的确认是有关联的。

8.关于计量问题。提出两种计量基础,即历史成本与现行价值(current value)。可以对所有的资产和负债采用历史成本计量,称为历史成本制度(historical cost system);也可以对所有的资产和负债采用现行价值计量,称为现行价值制度(current value system);也可以对某些类别资产或负债采用历史成本计量而对另一些类别的资产或负债采用现行价值计量,这称为混合计量制度(mixed measurement system)。如同 FASB 在其第 5 号概念公告中的立场一样,ASB 在原则公告(第 6 章)中主张采用混合计量制度,即不同计量属性同时并用。其中,现行价值可以表现为至少三种形式或三种方法:入账价值(entry value)、脱手价值(exit value)和在用价值(value in use)。怎样从中选择相关性最大的一种方法?公告认为"如果现行价值可以反映主体由于丧失有关资产可能受到的损失,则它就是最相关的"[②]。这一计量价值通常称为"丧失价值"或"剥夺价值"(deprival value),又称"企业价值"(value to business)。英国原则公告第 6 章第 8 段列示了如下的图式(见图 1)。

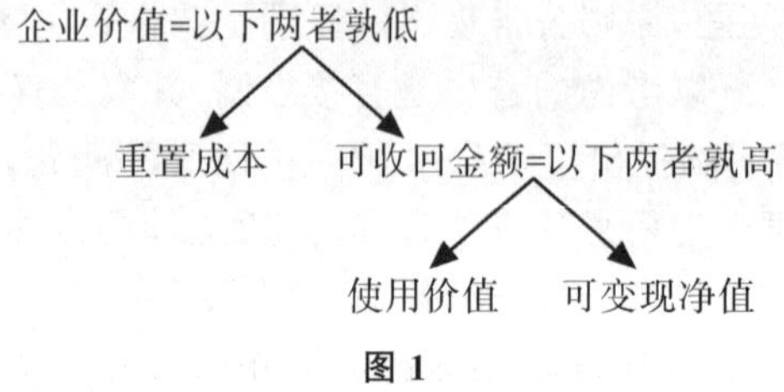

图 1

9.英国原则公告对比 FASB 的概念公告而言,增加了一个重要的组成部分即"财务信息的列报"(present of financial information)[③]。

(原载于《会计研究》2004 年第 6 期)

---

① 资产是一个经济学的概念,所以把它的本质定义为未来的经济利益,但它又是法律上的概念,未来的经济利益要由某个企业控制,因而拥有对它的使用权、处置权等和其他能使此种经济利益增长的权利,才是某企业的资产。

② "资产和负债的账面金额必须充分可靠。如果只有一种计量基础是可靠的,只要它同时相关,就可以采用这种计量基础。另一方面,假定历史成本计量和现行价值计量都是可靠的,那么,较好的计量是其中最相关的一种计量。"

③ 详见第二部分表 1 中的比较。

28 现行财务会计与报告的缺陷及改进*

葛家澍　杜兴强

一、改进财务会计与报告:关注公司治理因素

财务报告的改进,作为会计领域内一个令人瞩目的论题,吸引着会计理论及实务界的普遍关注。透过20世纪70年代以来财务会计及财务报告的发展,可以发现财务报告的改进始终在环境变化的需求和会计特有的程序与技术的限制之间踟蹰地发展着。会计环境变化促使财务会计及财务报告的"反应性"[①]发展——譬如知识经济对传统的、以工业经济为环境依托的财务会计与报告模式带来了极大的冲击,而会计的程序和技术则制约着财务会计及财务报告的诸多改进建议难以在企业的财务报告中得到实施和应用。是突破财务会计固有的程序与技术,改变财务会计的特征,来满足越来越多的信息需求甚至信息过载(overloading),还是恪守会计的本质、特征及边界,任由外界指责财务会计与财务报告缺乏信息含量,变为一堆"无用的数字"? 近年来,随着公司治理理念的日趋成熟和对公司治理的关注,公司治理和财务会计信息之间的共生性(coexistence)逐渐得到重视——高质量的会计信息是公司治理的重要环节,健康的公司治理生态是确保会计信息高质量的基础(bushman,2001)。这样,公司治理机制就成为架在环境变化要求和会计程序与技术制约之间的"桥梁",与特定公司治理背景相联系的财务会计与报告的改进,既起着反映环境变化要求的功效,也促使着财务会计与报告的发展。所以,植根于公司治理变化要求的会计信息披露就成为改进企业财务会计报告的现实动力。以上对会计环境变化、会计程序与技术制约、公司治理机制要求及财务报告与会计信息之间关系的概括其实是对20世纪70年代以来财务报告改进的粗线条概括(可用图1进行表示),也可以用来分析目前财务会计模式的缺陷及衡量改进企业财务报告的各项建议。

若将上述观点应用于会计信息披露或财务报告信息的质量上(见图2;葛家澍,2001),我们发现受财务会计与报告的程序和技术制约的那部分信息,主要是目前在财务报表的表内进行确认的信息,它们较好地满足了财务会计的确认标准,较好地在相关性与可靠性之间进行了有机的协调;但这部分的信息由于其固有的"历史性质与财务性质",显然无法满足投资者全方位了解企业信息的"饥渴"。若无增量的信息披露,那么其他信息源的竞争势必将削弱会计信息系统作为信息源的"有用性"。为了避免信息"浑浊",体现保护投资者的公司治理目标(功能),客观上要求在财务报表之外提供强化"透明度"的信息(含表外的信息)披露。

下面我们立足于财务会计的程序与技术,结合公司治理的现实特征及其与会计信息之间的共生性,对现行财务会计与报告模式在知识经济(一种以现代科技知识为基础、以信息产业为核心的经济类型;参见现代汉语词典,2002)背景下的缺陷进行简单阐述,并对财务会计与报告模式的改进进行展望。

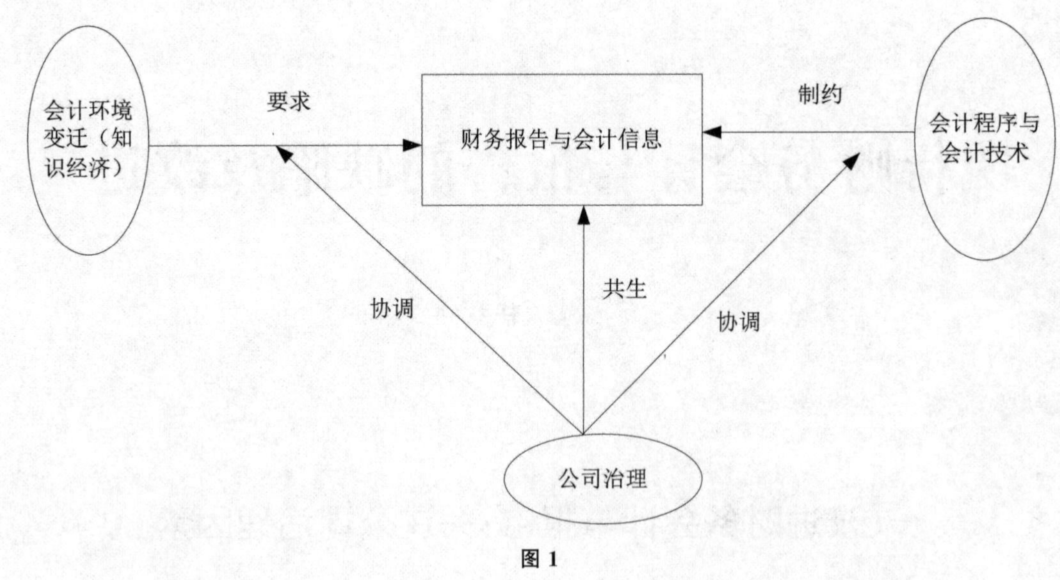

图 1

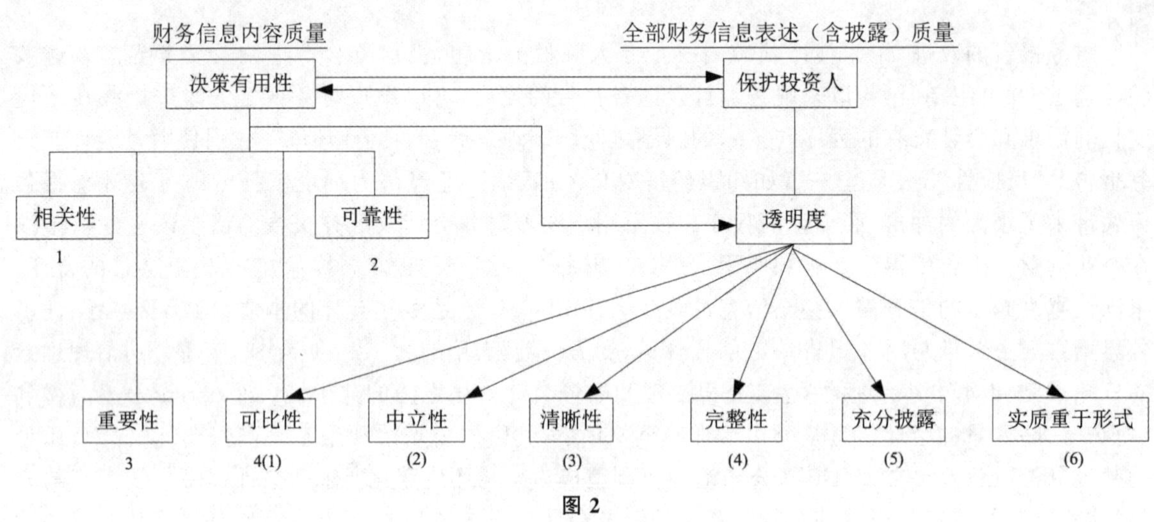

图 2

二、20 世纪 70 年代以来财务会计与报告模式缺陷及改进的若干观点②

表 1

机构及文献	缺陷	改进意见
ASSC(英国)公司报告(1975)	①传统的财务会计与报告目标不合时宜;②不能够反映日益复杂的经济活动。	①重新评估会计目标;②反映社会责任信息。
Corbun《现代会计手册》第二章	①估计及主观性;②资产多重备选方案导致净收益的差异;③大量的资产项目(如自创商誉)及负债(如养老金负债)无法在财务报表中体现;④资产及负债的相对价格变化无法体现。	

续表

机构及文献	缺陷	改进意见
美国 FASB 的 SFAC	①重利润而忽视现金流量；②收入费用观；③财务报表的局限性。	①将财务报表扩展到财务报告；②坚持资产负债观；③盈利及全面收益表(1997 年已公布了“全面收益表”准则)；④业主投资及派给业主报表。
ICAEW(1991)“The Future Shape of Financial Reports”	①企业业绩和财务状况的计量过于侧重成本计量，与业绩预测和充分计量不相关；②盈利的单一性；③重利润而轻现金流量；④财务报告的向后看(looking-back)的模式，对使用者帮助不大；⑤重法律形式而轻经济实质。	①根据资产的特征选择计量属性，使用现行市场价格等计量属性；②降低对单一盈利数字的强调；③突出现金流量的重要性；④提供关于企业未来发展前景的信息；⑤着重考虑交易的经济实质；⑥提供如下报表：目标及战略计划表、资产负债表、收益表、利得表、现金流量表未来发展前景表、分部信息。
美国会计学会计与审计计量委员会(参见 *Accounting Horizon*，1991)	①报表信息不完整；②不确认自创商誉及将确认的外购商誉分期摊销；③资产负债表外项目披露不足；④对子公司及准子公司的披露不充分；⑤负债与权益的混淆；⑥财务会计与报告忽略货币的时间价值；⑦缺乏对企业社会业绩的反映。	①当且仅当外购商誉的价值的确减损时才应予以注销，自创商誉应有条件地加以确认；②应认识历史成本的缺陷及考虑市场价值或现行价值等属性；③财务报表应充分反映货币的时间价值；④增加雇员报告、增值表等；⑤企业应报告其社会影响信息；⑥应提供经注册会计师审阅的预测信息。
AICPA(1994)	①财务报告不能面向未来；②会计信息失去相关性；③会计信息严重地不完整；④使用者的信息需求关注不足：不同机会与风险的企业分部，企业经营业务的性质，着眼于未来，管理部门的意图，企业报告信息的相对可靠性，竞争对手及其他企业的企业，影响企业的重大变动。	(1)新企业报告模式(5 类 20 项)：①财务与财务数据；②管理当局对财务、非财务数据的分析；③前瞻性信息；④管理当局与股东的有关信息；⑤公司背景信息。 (2)具体改进意见：①区分核心、非核心项目；②混合计量属性，但应区分核心、非核心项目分别采用；③披露非总计信息；④摘要信息及财务数据重新表述；⑤中期报告；⑥对尚无准则规范的其他披露。
Wallman(1995，1996，1997)	①未考虑会计主体外延的弹性；②对软资产如人力资源、智力资本未能进行恰当的确认与计量；③财务报告的及时性及预测性严重不足；④会计信息传递渠道不畅通。	彩色报告模式：①相关性、可靠性、可定义性和可计量性均符合要求；②相关性、可计量性和可定义性都符合要求，但可靠性存在着疑问；③相关性与可计量性符合要求，但可定义性与可靠性存在疑问；④相关性、可靠性和可计量性符合要求，但可定义性存在疑问；⑤仅相关性符合标准，可靠性、可定义性和可计量性都不符合。
ASB(1999)		增加了“全部已确认利得及损失表”。
ASC(1999)&FASB(2000)	全球化和信息技术发展对管制市场及会计信息披露的冲击。	因特网上的财务报告，含多维报告模式、多种在线资料等。
《企业和财务报告：来自新经济的挑战》(Upton，2001)	投资者需要的信息和企业提供的信息在新经济下存在着鸿沟	①更多的非财务信息披露；②更多的前瞻性信息；③更多的无形资产信息。
《高质量财务报告》(Miller and Bahnson，2002)	①低估证券市场；②模糊的表述；③假设与虚构；④利润平滑；⑤最少限度的报告；⑥最少限度的审计；⑦编制报告成本上的缺乏远见。	①完善、改进 GAAP；②补充披露；③改进审计工作内容；④提高报告的频率；⑤报告市场价值。

三、现行财务会计与报告的主要缺陷

透过上述文献罗列的20世纪70年代以来关于企业财务会计及报告缺陷的揭示及改进的建议,不难发现有的已经被采纳,并已融入目前的现行财务会计与报告实务之中,然而目前的财务会计与报告仍存在如下的缺陷:

1.财务会计信息的及时性不足。及时性是会计信息的灵魂。随着企业生产周期的缩短,经济活动风险的加剧,目前以年度审计报告和季度会计报表体系已不能够适应投资者的信息需求了。然而,现行财务会计与报告模式下披露的会计信息,由于会计处理程序和传递渠道的限制,却正在经历着会计界的指责。由于会计信息披露的及时性不够,使得财务报告在正式公布之前,其信息内含(information contents)就已经几乎被“清空”(emptied),这是会计信息的相关性下降的主要原因之一,也使得会计信息系统在与其他“信息源”的竞争中逐渐处于劣势。为此,必须利用技术进步带来的便利,在符合成本—效益原则的前提下,采取一些可能的措施(如借助于XBRL语言,利用因特网来披露会计信息等)来提高财务报告信息的及时性。此外,为了能够贯彻向会计信息使用者传递有用的信息这一基本目标,预测信息将日益成为财务报表应该揭示内容的主要部分之一。但是,预测性的信息不能够是随意的,而应该进行恰当的约束与规范,否则预测性的信息将有可能形成所谓的“空口承诺”(空口承诺的问题可参见有关博弈论原理),而且也有可能诱发财务欺诈的盛行[③],影响公司治理生态(ecology of corporate governance)的健康性。

2.财务会计信息内容的不完整。尽管完整性(completeness)是一个相对概念,但不可否认这是现行财务会计与报告模式在知识经济下面临的主要挑战之一。目前以交易为基础(transaction-based)的现行财务会计与报告模式,拒绝确认某些虽然与交易无联系但是却十分重要的期间价值变化,使得投资者无法识辨企业价值创造的关键驱动因素(key driven factors)。这将导致财务会计信息披露出现如下几个重要的不完整倾向(杜兴强,1999),而这些信息既是投资者极为关注的,又是确保资本市场信息透明度,保护投资者利益的关键——因为浑浊的信息披露将误导投资者:(1)对交易过分关注,而对母子公司和关联企业之间的经济活动(事项)却缺乏必要的规范手段,企业集团之间利用关联方交易频繁虚拟利润,粉饰财务业绩,进行财务欺诈就是佐证。(2)导致企业对经营业绩——包括例如企业经营过程之中造就的竞争优势因为不直接与企业的交易活动直接相关而在财务报表上得不到反映,但是这类事项或情况却对企业日后的经营业绩意义深远——犹如一种商誉,而且对管理阶层的管理才能和绩效的衡量也不尽如人意。(3)对企业内生的人力资源(human resources)状况和各种软资产(soft assets,如知识产权、智力资产)等对企业长远发展意义深远的项目更是得不到反映;再如对企业履行社会责任(social responsibility)的信息也在财务报表之中长期被忽视,而这样引致的管制成本足以影响企业日后长远的经营业绩,甚至导致企业被迫破产。在知识经济下该缺陷尤其明显。(4)在知识经济下,在信息革命面前,会计主体的空间范围正在发生急剧的变化——会计主体的空间范围正变得越来越难以界定。正如AICPA下属的紧急事务委员会(Breakthrough Task Force)所指出的,到2005年,法律主体的平均规模将大大下降,企业的供应商、雇员和顾客将以“交易为纽带”进行经济活动,这些交易网络将围绕存在着密切联系的企业群体或“虚拟企业”的会计信息,这些企业群的经济活动的规模、迅捷性和复杂性也许是目前的企业甚至是企业集团所不能比拟的。会计主体的弹性化和虚拟化给我们带来了如下的思考:如果企业的空间范围界定如此具备弹性,那么未来的非传统性企业——“虚幻企业”,将会是一些企业网络,甚至是成千上万的个人联合在一起形成的网络,那么极具潜力的“人力资源”或“智力资本”将构成虚拟企业的主要资产(Wallman,1996)。

其实,财务报表的不完整性还在于它在绝大多数意义上来讲是一种“通用目的”(general purpose)的报表,随着新经济下职业财务分析职业的兴起,市场和会计信息使用者正在呼唤“通用目的”财务报表以外的考虑到特殊信息使用者需要的“专用”财务报表。

3.财务报表项目的貌似确定性掩盖了其本质的不确定性。不可否认,由于估计和判断的客观存在,“不确定性”充斥着整个会计处理过程。而各项资产、负债乃至企业的期间利润却以非常确定的单一数字体现在目前资产负债表之中。事实上,只要会计确认以权责发生制(包括回顾过去、立足现在和展望未来)为主,那么财务会计处理过程之中的估计和判断就不可避免——对于坏账准备的计提、固定资产折旧的年限和残值的确定、无形资产经济寿命的认定、或有负债、养老金和递延所得税等项目,都要求会计人员的估计和判断。但问题在于,现行财务会计与报告模式却掩盖财务会计处理所具有的这个固有的特点,在财务报表中只列示单一的、仿佛十分确定的数字。理智的会计信息使用者不会为这些貌似十分确定的数字所迷惑,他们会通过各种途径去验证和再确认[假如交易费用(transaction cost)不是大到让会计信息使用者望而却步的话],甚至不厌其烦地去对财务报表上的单一数字进行重新分解,然后再按照自己的判断重新组合和汇总。那么,会计人员将零散的会计数据经过确认、记录和计量程序最终汇总为单一的数字,而会计信息使用者又将之按照自己的需要分解再组合,这样合了又分,分了又合的报表编制与分析程序,对整个社会资源是否意味着一种巨大浪费?

4.重法律形式而轻经济实质。目前的财务会计与报告模式下,“实质重于形式”还是“形式重于实质”[④]的问题一直困扰着会计界,而且往往是“法律形式”取代了“经济实质”占据了对会计处理的指导地位。其实,这与现行的财务会计与报告模式的如下特点紧密相关:①重成本而轻价值;②侧重于反映过去(looking-back)而对未来(looking-forward)关注不足;③不恰当的会计准则制定导向及会计准则的低质量。

关于现行财务会计与报告的第①②个特点,毋庸多述。但对于第③个问题,还值得进一步说明。财务会计与报告是一个受到严格规范的领域,会计准则(会计制度)是规范的主要形式。在会计准则的制定过程中,一定要注意洞察涉及的交易的经济实质,使制定的会计准则能够约束企业提供的会计信息能够反映交易的经济实质。但会计准则一经制定,若很容易受到规避,则本质上就演变为一种“法律形式”(而不论会计准则是否具有“法”的性质)。所以,会计准则制定的模式也有可能诱发“实质重于形式”或“形式重于实质”的分歧。当然,这个问题的存在同市场经济的不确定性有关,一旦事过境迁,再严密的准则也会出现脱离现实,从而为“规避”留下了空间。在这个意义上,实质与形式一致则只是相对的、动态的和暂时的。这样,“实质重于形式”始终是对会计和审计人员的一种要求和提醒,如同“真实和公允”一样。会计准则的制定的基本模式有原则导向(principles-based)和规则导向(rules-based)之分[⑤]。一般来说,原则导向的会计准则制定模式更容易促成会计人员在处理交易或事项时,尽量遵从交易的经济实质而非法律形式选择恰当的会计政策和进行正确的确认与计量。而规则导向下制定的会计准则原本就是希冀通过严格的限制条件来限制企业管理当局对会计政策的选择域,但是往往适得其反,企业的管理当局总能够“创造性”地避开不利的会计政策而选择能够使个人效用最大化的会计政策。尽管美国口口声声宣称其制定的会计准则的高质量性[⑥],尽管美国的会计准则制定机构(FASB)和有关监管机构也赞成实质重于形式,然美国以规则为导向的会计准则制定模式却与之良好的初衷背道而驰!所以可以认为高质量的会计准则导致高质量的财务报告,那么高质量的财务会计准则和财务报告将成为改进企业财务会计与报告模式的关键之一。

四、现行财务会计与报告模式的改进

(一)现行财务会计与报告模式改进的方式:急剧式还是渐进式

1.财务报告改进中的摩擦成本与实施成本。在对现行财务会计与报告模式进行改进和发展的过程之中,无法确保在不使任何既得利益集团经受损失的前提下而使其他利益集团受益,因为会计信息具有经济后果,财务报告的改进必然会触及各个利益集团的既得利益,引起经济资源在不同的,甚至是对立的利益集团之间的再分配(事实上,往往正是在财务报告的改进过程之中出现的利益分配不均衡现象加大了财务报告改进的难度)。此外,现行财务会计与报告模式的改进本质上总是诱导性的,因为在"理性行为假设"的前提约束下,现行财务会计与报告模式之所以需要改进和发展,是因为从长远的观点来看它能使会计信息使用者在新的条件(内部和外部客观或主观条件)下经济收益获得提高。

在改进现行财务会计与报告模式的过程之中,存在着两类不同的成本——实施成本和摩擦成本(往往是此消彼长)。实施成本主要包括签约或重新签约时的巨额交易成本或订约成本,会计人员适应改进了的财务会计与报告模式时的重新学习或获取知识的时间、精力(很大程度上是机会成本)、物质耗费和沟通代价。而摩擦成本主要是指在进行财务会计与报告模式改进和发展的过程之中,由于利益格局的变更,利益相关集团因为彼此的利益分歧而进行的博弈所招致的成本。在美国制定会计准则的过程中,不同的利益集团基于政治成本、簿记成本、红利方案等原因进行的游说行为其实就是很好的注解。

设定现行财务会计与报告模式是低效率的[7],由此出发进行改进和发展,如若采取"渐进式",那么每次改进,既有的财务会计与报告模式仍然处于一种"次优"状态。结果不是使下一步的改进更容易,而可能是使下一步的改进更加困难(典型的积重难返)。原因在于:(1)每一次改进都会产生巨额的签约成本,都必须在财务报告的各个既得利益集团之间进行协调;(2)在财务报告的任何一个既定状态,不论它是"低效率"的或"次优的",都有自己所积的"适应性",因此在既有的次优状态下的改进甚至比在原有的低效率下进行的改进更困难,对现行财务会计与报告模式的扭曲势必会更大。此外,采取"渐进式"的改进方式,由于逐步改进现行财务会计与报告模式下原有的利益分配格局,因此在每一个阶段或在每一步上"触及面"较窄,使得不可能形成对现行财务会计与报告模式进行阻挠的强大联盟,遇到利益集团反对的数目较少,反对的力量也会较小,比较容易控制,付出的摩擦成本就更小。

如果对现行财务会计与报告模式采取"急剧式"改进——直接按照理想的财务会计与报告模式重新改进现行财务会计与报告模式,那么,即使改进伊始会产生诸多不适应、招致一些反对的呼声或带来大量的损失,但是通过直接"跳跃"到最佳状态,这样可以避免长期的会计信息市场信号扭曲、信息失真和由此带来的社会资源配置的低效率或无效率。但若采取"急剧式"的改进方式,那么在迅速打破现行财务会计与报告模式下已经形成的既有利益分配格局时,可以想象其必然会遇到各个预计会受到损失的既得利益集团的巨大抵抗力,招致巨大的摩擦成本。

2.渐进式或急剧式的财务报告改进:艰难的抉择[8]。如果摒弃交易费用因素,只考虑理想情况,也许急剧式的财务会计与报告改进方式——由植根于工业经济的财务会计报告模式一跃而过渡到知识经济下的财务会计与报告模式,更为令人"振奋"(该思路大多由学术界所持有)。然而,财务会计与报告的改进不能够脱离现实而孤立运行,至少公司治理生态的现实因素不得不考虑由于会计信息具有一定的经济后果,那么财务会计与报告模式的改进,如何在利益相关者之间进行权衡(甚至妥协)就成为选择改进方式的关键。

假设将与现行财务会计与报告模式存在利益相关性的利益集团简化为 A、B、C 三个(假设 A、B、C 都是理性化的“经济人”),为了使我们的分析不失一般性,我们又假设对于现行财务会计与报告模式,A、B、C 可以选择的改进方式有 X(急剧式改进)、Y(渐进式改进)和 Z(维持现状,不改进)三种(杜兴强,2003)。为了简便起见,我们假设每个利益集团都有能力获取与现行财务会计与报告模式改进相关的充分、完全的信息⑨。

若 A 代表在现行财务会计与报告模式的既得利益集团——诸如许多大型公司,他们往往反对将已经计提的职工退休金中超过委托给信托机构的退休金资产的部分作为一项负债,原因就在于这样会导致某些不利的财务比率指标如流动比率、速动比率、负债对权益比率,不利于企业的股票市价和企业日后在证券市场上的融资;又如处于困境之中的金融财务公司,若按照历史成本作为计量属性还可以通过掩盖部分的财务困境或粉饰自身的经营状况来欺骗投资者,但是一旦按照公允价值来进行资产的计价,那么最终的盈利数字和资产负债表的结构再也不能展示对自己有利的状况了,所以势必会反对进行现行财务会计与报告模式的会计计量模式的改进。大致相同的例子不胜枚举。鉴于以上分析,这些相关的利益集团往往会抵制对现行财务会计与报告模式进行改进和发展,因为这会对他们的既得利益造成极大的损害。但是,如果形势所迫必须对现行财务会计与报告模式进行改进时,他们一定会支持“渐进式”的改进方式,因为这样即使他们会蒙受一定的损失,但是毕竟并未完全丧失原有的既得利益而且未来的不确定性和历史的“复辟”经验往往使他们幻想对现行财务会计与报告模式的改革只是雷声大雨点小而最终夭折——事实上,正如利用实施成本所进行的分析,这种情况在特定的环境下很有可能出现。譬如 70 年代的通货膨胀会计盛行时期 GAAP 要求对按照一般物价水平重新编制的财务报表仅仅作为一种补充资料就属于一种渐进式改革,结果由于 80 年代以来西方国家通货膨胀比率的普遍回落而旧事不提;大的方面联系到各国的经济体制改革更是如此。面对现行财务会计与报告模式进行的“急剧式”改进是他们最不愿意看到的。那么,A 最终的选择就是 Z>Y>X。

若 B 代表现行财务会计与报告模式中如下的利益集团:他们从现行财务会计与报告模式之中获得的个人效用已经处于停滞状态或已经出现逐步下降的局面,如果他们被劝说或理性地预见到现行财务会计与报告模式改进和发展后个人效用会增加(增加的幅度不确定),那么他们势必会成为对现行财务会计与报告模式进行改进的支持者。但是,由于他们在现行财务会计与报告模式下的效用仍然为正,因此他们一般会支持“渐进式”改进而不会支持“急剧式”改进,原因在于作为典型的“经济人”,由于他们总是厌恶风险的,未来的不确定性将会使他们不得不顾及在“急剧式”改进时可能失去的在现行财务会计与报告模式下可以得到的效用,尽管这些效用的损失属于代垫或预付的性质,且日后几乎可以肯定将得到更大的补偿,但是毕竟在一个相对较短的时期内无从补偿。因此,他们希望的是一种逐渐的、平稳的增加效用的改进方式。最终,他们会做出 Y>X>Z 的选择。

若 C 代表现行财务会计与报告模式下这样一种利益集团:他们是现行财务会计与报告模式下部分的牺牲品——如在现行财务会计与报告模式下,会计确认以交易为基础,收入以实现为前提,会计计量主要采用历史成本,那么通过管理阶层的努力获得的对企业有利的情况如良好的企业信誉或良好的顾客信用网络关系和新的竞争优势等,在现行财务会计与报告模式下的财务报告之中得不到确认,更毋庸谈及报告。但是我们知道现行财务会计与报告模式下的财务报告又是委托者衡量管理阶层履行受托责任的主要指标和途径,这势必会给管理阶层的心理上造成一种“有功不受禄”的阴影。所以他们最为赞成对现行财务会计与报告模式进行改进,而且往往心情急切,支持采用“急剧式”的改进方式,只有在激烈的改进中,他们才能在表现和实现自己才能的环境中获得新的满足和最大效用。而 C 类还有一个特点,那就是他们认为要么对现行财务会计与报告模式采取急剧式改进,要么就维持现状。那么 X>Z>Y 必是他们的最终抉择。

假如 A、B、C 具有同等的表决权,那么我们能够得出什么结论呢?将上述分析结果归纳为表1:

表1

集团类型	最优	次优	最坏
A	不改进(Z)	渐进式改进(Y)	急剧式改进(X)
B	渐进式改进(Y)	急剧式改进(X)	不改进(Z)
C	急剧式改进(X)	不改进(Z)	渐进式改进(Y)

根据公共选择学的阿罗(Arrow)不可能定理,假设 A、B、C 三人的影响力和决策权力相同,那么三种利益集团的决定都不可能成为最终的决策(即所谓的投票悖论)。

上述的讨论是假定各个利益集团的“权力”均等,然而现实并非如此,这可以从美国和 IASB 的会计准则制定过程中出现的游说现象,及相关的一系列实证研究结果中得到佐证。问题在于在公司治理生态中,在学术界理想主义的诱导下,在利益集团针对财务会计与报告改进的博弈过程中,何种改进财务会计与报告的方式将成为“纳什均衡”[⑩]?

3.财务会计与报告模式的渐进式改进。对现行财务会计与报告模式进行“激进式”改进一度是而且现在仍然是会计界相当多数人支持的观点,最典型的代表当属当时美国证券交易委员会委员之一的沃尔曼,他在 1995 年 9 月、1996 年 6 月、1996 年 12 月和 1997 年 6 月的《会计瞭望》杂志上连续发表了总标题为“The Future of Accounting and Disclosure in an Evolving World: the Need for Dramatic Change”的四篇文章,设想彻底否定现行财务会计与报告模式,另行构建一种崭新的财务会计与报告模式。但是需要注意的问题是,对现行财务会计与报告模式改进的理论探讨并不等于现实可操作,“急剧式”多由会计学术界来支持或赞成,而会计实务界、准则制定机构往往比较温和,采取截然不同于学术界的做法——采用并支持“渐进式”改进。其实,会计理论和实践在一定历史横截面上的背离并不为奇!

我们认为现行财务会计与报告模式的改进应该采取“渐进式”理由如下:现行财务会计与报告模式的使用者的需求。需求是原动力,这是放之四海皆准的道理。那么,现行财务会计与报告模式的使用者如何看待其所提供的会计信息呢?根据《改进企业报告——面向用户》(AICPA,1994)的观点:第一,没有证据表明使用者由于认为信息不相关或其他原因而放弃财务报表分析;第二,没有使用者建议应放弃现有财务报表而由截然不同的传输财务信息的手段来取代。也就是说,现行财务会计与报告模式的会计信息使用者并不赞成对之进行“急刷式”改进。原因大抵是财务会计的特点制约。

赞成对现行财务会计与报告模式进行“急剧式”改进的会计人员主要想一劳永逸地实现会计信息最大限度的相关性,然而却忽略了一个事实,也同样走向了另外一个极端。虽然现行财务会计与报告模式侧重于可靠性,而相关性则无疑受到一定程度的削弱,但假若按照沃尔曼的急剧式改进观点,改进后的财务会计与报告模式则在相关性方面大大加强,而可靠性则受到损害。从一定程度上来讲,现行财务会计与报告模式的存在和发展,既要考虑环境变化及会计信息使用者的需要,又受到财务会计固有特点的制约,要全面地考虑这两个方面,才能认识财务会计信息的有用性。可以这样认为,相关性是体现信息使用者需求的属性;而可靠性,乃是反映财务会计固有特点的属性——若从相关性来衡量,显示的往往是财务报告的局限性,但从可靠性方面来衡量似乎又变成了现行财务会计与报告模式下信息的优势(葛家澍,1998)。

(二)现行财务会计与报告模式改进的总体设想

下面我们借鉴"科学研究纲领方法论"的观点来探讨财务会计与报告模式的改进[①]。科学研究纲领应该由"硬核"、"保护带"和"启发法"三部分组成,其中"硬核"由一组庞大的辅助假说群——"保护带"所保护,并韧性地抵御外界对"硬核"的反驳和非难。此外,更为重要的是,"科学研究纲领"还有一种"启发法",即利用精致的强有力的手段来消化反常,并在一定的条件下将之转化为对"硬核"有利的正面证据。"启发法"包括正面启发法和反面启发法两种。在拉卡托斯那里,一个研究纲领的形成是以其"硬核"作为标志的。同时研究纲领作为一种概念框架对依靠这个研究纲领进行工作的人员提供"启发法"(拉卡托斯,1987)。若将现行财务会计与报告模式看作是一种"研究纲领",那么权责发生制原则、实现原则和历史成本原则无疑是其"硬核",会计基本假设、会计目标和会计对象这三个基本概念则承担了"保护带"的作用,而谨慎性原则等会计惯例无疑则具有"启发法"的功效。照此,如果欲对现行财务会计模式进行改进,仅对构成现行财务会计模式"硬核"的权责发生制原则、实现原则和历史成本原则进行责难和"救火式"的"修修补补",不能从本质上触及和改进现行财务会计模式。正确的思路应该是先行对现行财务会计模式的"保护带"——会计基本假设、会计目标和会计对象进行研究和修订,这就恰如治疗传染病必须先行切断传染源一样。

上述思路在本系列文章的第一部分《财务会计的基本概念、基本特征与基本程序》中已得到很好的体现,本着"继承与发展"的思想,我们已经对财务会计的基本假设、会计目标等问题进行了再认识,也对权责发生制、实现原则和历史成本(包括公允价值)进行了深入的分析。在包括本文及以后的系列文章中,我们将分专题探讨如何对现行财务会计与报告模式进行改进。

(三)现行财务会计与报告模式改进的若干问题

1.完善财务会计报告内容。主要有如下几个问题:

(1)无形资产的会计问题。知识经济下,传统资产负债表上的实资产或硬资产(hard assets)和虚资产(主要是那些本质上并不是企业的资产,但由于权责发生制和复式簿记机制所限而具有借方余额的项目)将无法解释企业间业绩的差异,无形资产代表的超额盈利能力将成为缔造企业竞争优势的源泉。受目前的财务会计程序与技术的制约,关于无形资产的会计处理与知识经济极为不相适宜,为此无形资产的会计确认及报告问题就成为改进企业财务会计与报告模式的关键之一。

(2)商誉的性质及其确认与计量。谈及无形资产的会计处理问题,将不能回避"商誉"这种特殊的无形资产。我们认为对商誉的会计处理合理与否,是否符合知识经济的基本环境特征,取决于我们能否对商誉的本质进行相对科学的认识。

(3)人力资源的会计及报告问题研究。目前,人类正经历着从工业经济向知识经济的历史性跨越。联合国"经济合作与发展组织"认为,知识经济是指"建立在知识和信息的生产分配和使用之上的经济"。它是与农业经济、工业经济相对的人类社会发展的又一经济形态,在一些发达国家,知识经济已经开始取代已有上百年历史的工业经济。知识将成为继土地、劳动、资本之后的第四种生产要素,并以其重要性跃居于各生产要素之首。据统计,发达国家GNP增长中,科技进步的贡献,自80年代以来已上升到60%~80%,科技进步对经济增长的贡献已明显超过实物资本和货币资本。企业在生产要素的投入中,知识、信息、技术的投入比例愈来愈大,往往占到生产成本的90%。这一切都表明21世纪将是一个知识经济的社会,掌握知识和技术的人力资源成为社会经济的主导力量。会计作为对社会经济的反映,必须适应经济发展的要求,而传统会计不能提供人力资源方面的信息,因此必须有所创新、发展和研究人力资源会计。探讨知识经济下的人力资源会计及报告问题,可作为一种补充,提供目前财务会计模式很少提供的企业人力资源状况的信息,有助于投资者辨识财务资本和人力资本因素在企业价值创造过程中的各自作用,通过人力资本和财务资本之间形成的广义资本结构、财务资本内部的狭义资本结构来判断企业的可持续发展能力。

如上所叙述,将无形资产(含商誉)、人力资源等软资产逐步纳入财务会计与报告体系,将在很大程度上解决前已述及的现行财务会计与报告模式的不完整性的缺陷。

2.财务报告的及时性问题。随着以网络为基础交易的增长和以网络为基础报告的增长,再考虑到全球化与网络报告的前景及全球化和信息技术发展对管制市场的冲击,为了解决财务报告的及时性问题,事项会计及因特网上的财务报告(含多维报告模式、多种在线资料等)逐渐成为改进现行财务会计与报告模式缺乏及时性的有力措施之一。

必须指出的是,对目前会计界所指责的“财务报告缺乏信息内含”必须辩证地理解。诚然其中有财务报告内容不完整,无法揭示企业的市场价值等原因,但是不可忽视的是,及时性问题是导致信息缺乏内含的主要原因之一——注意将“财务报告缺乏信息内涵”与“已公布的财务报告缺乏信息内涵”两个概念进行区分。由于现行财务与报告体系缺乏及时性,已经远远不能够适应信息高度流通的资本市场提出的要求,因为即使再具有信息内含的财务报告,如果不具有及时性,那么在其最终对外公布之前,资本市场可能已经几乎“清空”了其原本应具有的信息内涵。

3.高质量财务报告问题探讨。目前企业管理当局往往利用其天然控制的会计政策的选择权,人为地平滑企业的经营业绩,营造一种企业平稳发展的假象。换言之,“平滑的假象”掩盖了“波动的真相”。财务会计与报告应侧重于经济活动的真实图景(实质重于形式),如实地反映企业的财务状况和经营成果,既不提前,也不推迟;不计提过多预防意外的准备,不确认递延损失(Levitt,1998)。知识经济与公司治理需要高质量的财务报告。

注释:

*国家自然科学基金(70302012)及教育部人文社科重点课题(02JAZ790012)的阶段性成果。

①会计发展具有反应性的论断,最初见查特菲尔德:《会计思想史》,文硕译,中国商业经济出版社1989年版,第3页。

②葛家澍、刘峰:《会计理论》,中国财政经济出版社1998年版;葛家澍、杜兴强:《当代财务会计的发展趋势》,《财会通讯》2003年第10期。

③实际上,一些公司之所以一步步滑向财务欺诈的不归路,其大致经历了如下的几个相互关联的公司治理生态失衡的典型阶段:“经济繁荣期→管理当局空口承诺→利用会计准则的灵活性竭力掩饰和粉饰财务业绩→注册会计师和投资分析师“助纣为虐”→经济萧条→财务欺诈曝光”。

④“实质重于形式”(substance over form)这一概念首次出现于AICPA所属的会计原则委员会公布的第4号说明书《企业财务报表的基本概念和会计原则》(APB Statement No.4,1970,para.25)之中,并作为财务会计的13项基本特征之一。按照IASC的观点,“实质重于形式”原则的含义为“要使会计资料如实反映其意欲反映的交易或事项,那就必须根据它们的经济实质,而不是只根据它们的法律形式进行反映和核算”(IASC,1989)。

⑤规则导向的会计准则具有操作性高的优点,但却非常容易被规避;而原则导向的会计准则虽然在操作性方面存在一定的困难,但是却着重于业务的经济实质,因此不容易受到恣意的规避。尽管两者并无绝对界限——原则是抽象化了的规则,而规则则是具体化了的原则,但若要举例的话,规则导向的会计准则和原则导向会计准则的典型代表是美国财务会计准则委员会制定的财务会计准则(FAS)和国际会计准则理事会(IASB)制定的国际会计准则(IAS)。

⑥20世纪90年代,美国曾向全球吹嘘他们引以为自豪的商业模式和价值观念,而且试图将其公司治理的模式推广到全世界,规劝欧洲列国的公司将股东的利益放在首位。与之相联系的是,过去美国人引以为自豪的是他们“严格的会计审计制度”,这曾被视为是美国最主要的“出口产品”,如今在接连发生的上市公司(除了安然之外,还有世界通信、施乐、环球电讯等)财务丑闻后,美国人哑口无言了!

⑦当然,低效率并不意味着负效率,只是说明效率正在递减——这一点正恰物理学之中的速度与加速度的关系,在加速度为负的情况下,即使速度依然为正,但是不可挽回的是速度会越来越小直至为零、为负。如果具体到现行财务会计与报告模式,就必须在其产生负的效率之前改进。

⑧樊刚:《两种改革成本和两种改革方式》,《经济研究》1993年第1期。本部分主要是借鉴了上文的思路,对财务报告的改进方式问题进行探讨。

⑨即不存在信息不对称现象,当然这是一个相当“强”的假设,现实生活中不可能存在这种情况,但是有一点需要说明,即使是信息不完全不充分,我们下面的结论依然成立。

⑩也许我们可以通过下列的会计准则制定模式来窥探财务会计与报告模式的改进:“代理问题→信息披露→会计准则→经济后果→影响管理当局(政治因素、簿记成本、红利方案)→自利动机→实验研究→游说支持或反对→准则公布→经济研究→准则修订”。很显然,无论是具体的财务会计准则制定,还是会计准则制定模式(原则导向或规则导向的转变)都是一个渐进式的过程。

⑪较早借鉴拉卡托斯的“科学研究纲领方法论”研究经济学和会计学问题的包括杨瑞龙(2000)、杜兴强(1998)等。

(原载于《财会通讯》2004年第9、11期)

29 人力资源会计相关问题探讨*

葛家澍　杜兴强

科学技术的日新月异及社会经济环境的急剧变迁使会计学面临着挑战。由于会计的发展是反应性的(Chatfield,1977),因此对人力资本在科技发展和社会经济中所扮演的“催化剂”和“驱动”作用就不容忽视,会计信息系统就应该采取适当的方式,适时地反映关于一个企业人力资本来源、人力资源占用的信息,以供投资者的决策所需。实际上,早期的会计学家如佩顿(Paton)对人力资本的关注与经济学家相比毫不逊色!Paton曾指出:“在企业中,组织良好且忠诚的职工是一项远比商品更为重要的资产……而传统资产负债表忽视报告这项资产,是一种严重的缺陷。”[①]然而,尽管会计界对人力资本和人力资源问题一直十分重视和关注,但人力资源会计的发展在经历了短暂的繁荣后却一直未有大的发展。本文将首先分析人力资源会计陷入困境的原因,然后对人力资源会计的确认、计量与报告问题进行探讨。

一、人力资源会计陷入困境的原因分析

近20年来,会计理论界和会计实务界对现行财务会计模式批评和要求改进的呼声此起彼伏,其中一个最主要的原因就在于:现行财务会计模式过分被囿囿于历史成本、权责发生制和稳健性原则之下(葛家澍,1996),过分注重会计信息的可靠性而使财务会计信息系统的最终输出物——“会计信息”无法真实公允地反映企业的未来发展前景和在市场经济中的持续性竞争优势地位,其集中体现在对衍生金融工具、自创商誉、不确定性和一个企业最宝贵的财富即人力资源方面的会计信息严重不足,从而导致投资者无法全面了解企业的相关信息并进行正确的决策。

通过会计界二十多年不懈的努力,现行财务会计模式因会计界的呼吁(voice)而在渐进式地发生改变,譬如衍生金融工具的研究已经取得了长足的进步,美国、国际会计准则委员会等会计准则制定机构已专门颁布了一系列与之相关的研究备忘录、征求意见稿及正式的会计准则。但是,我们遗憾地发现,最初发轫于20世纪60年代的人力资源会计却被遗忘于一个角落,几十年未曾有过重要的发展,这严重影响了人力资源会计作为一个信息系统为企业内部战略人力资源管理提供决策有用会计信息的作用,也影响了企业外部投资者的相关投资决策。

我们认为,人力资源会计研究及人力资源会计在会计实务中经过短暂的繁荣后又归于沉寂的根本原因可能在于如下几个方面:(1)人力资源计量及确认方面的困难;(2)传统会计及当代财务会计学的框架无人力资源会计的“容身之地”;(3)人力资源的经济后果性;(4)财务会计的内涵及外延(边界)问题。

关于第一个问题,即人力资源计量及确认面临的困难,是国内外会计学文献极力渲染的一个论断。财务会计作为一个以提供财务信息为主的经济信息系统,其存在严格的确认和计量标准——

符合要素的定义、可计量性、相关性及可靠性(FASB,1978)。就确认的标准看,人力资源由于无法用货币进行可靠的计量,所以尽管人力资源可能符合资产的定义、人力资源的信息可能对投资者而言也是决策相关的,但长期以来却被摒弃于财务会计的范围之外。这里需要思考的问题是:(1)难以计量并不等价于不能计量;(2)难以用货币可靠地进行计量并不等价于不能采取其他方式如模糊性计量模式进行人力资源的计量——尽管货币计量有其天然的优势而一直受到财务会计的青睐,但货币计量并非财务会计计量的全部(货币计量只是财务会计主要的、核心的计量方式),而只是财务报表的表内进行确认的主要特征;(3)即使利用货币进行人力资源相对可靠的计量也并非没有可能(这里不要将可靠性与精确性等同,财务会计计量本身就具有精确性和近似性的特征),且人力资源的货币计量结果的不确定性程度也不见得一定会高于受到人为操纵的、财务报表中的其他项目②;(4)实际上,自从 SFAC No.1《财务报告的目标》颁布后(1978),财务报告就不再局限于财务报表,还包括表外信息披露,那么以其他计量手段表述的、关于人力资源会计的非财务信息在表外披露并不为过。

诚然,人力资源会计的推行受到这样或那样的限制,一个重要的原因确实在于其计量的困难性上,但是我们认为仅仅计量的困难性并不足以造成人力资源会计目前推行受到阻碍的现状,甚至可能不是最主要的原因,除此之外还必然存在着其他重要的限制,如对人力资本所有者是否能够分享企业的剩余索取权以及人力资源会计与会计学理论③的相容性。换言之,我们认为人力资源计量的困难性只是人力资源会计面临困境的一个侧面。这其实与上述第二个问题有关——会计理论能否在继承的基础上进行发展,这等价于会计学能否"敏感"地触及经济环境的变化,"反应性"地拓展自己的边界,将人力资源作为对象纳入自己的范畴。

人力资源会计发轫于工业经济环境下(20 世纪 60 年代),工业经济信奉的教条是"股权主导型",我们可以将之理解"财务资本(物质资本)主导型"、"财务(物质)资本所有者拥有企业的剩余索取权"。受此教条的影响,人力资源会计的核算大多数情况下拘泥于人力资源会计成本核算如招募、聘任、培训成本等。即使会计界后期注意到了人力资源会计的价值模式,但是工资贴现法、商誉法等各种人力资源会计价值计量模式其实并未客观、公允地反映一个主体所控制的"人力资源"的真正价值,而只是一种介于成本模式和真正价值模式之间的变异模式。工业经济下的思维在知识经济下遭遇到巨大的挑战。在知识经济下,"人力资本"相对于"财务(物质)资本"逐渐体现出其相对"稀缺性"④,从而要求分享企业的剩余索取权。这样,奠定于物质、财务资本所有者拥有剩余索取权基础上的传统人力资源会计模式必须发生转变。

具体来讲,目前财务会计的"权益理论"⑤主要是植根于工业经济年代的、以物质(财务)资本为中心的。要想将人力资源纳入财务会计的体系,在解决计量问题之余,恐怕最重要的还是考虑修正权益理论,将财务会计对象由财务资源扩大到能够导致企业价值增值的财务资源与人力资源,并将之反映到相应的权益理论中,为人力资源会计信息进入财务会计信息系统扫平障碍。传统的人力资源会计被园囿于传统会计模式的范围内,但是人力资源会计作为一个会计学的新领域,其必然存在着属于自己的社会环境需求性,需求是原动力,但是人力资源会计模式的供给不可能永远代生(coexistence)于传统财务会计模式的"界面上",人力资源会计模式的发展和突破需要奠定自己的理论基础。唯有如此,人力资源会计的发展才可能摆脱诸多束缚,迎来一片广阔的前景。

第三个问题是人力资源信息披露的经济后果性,其逻辑在于:既然会计信息具有一定的经济后果性,那么在考虑人力资源信息应否纳入财务会计系统的时候,必须在"成本—效益"制约因素下,综合考虑信息披露可能给企业带来的竞争优势,以及由此导致的竞争劣势,决定人力资源会计信息披露的程度、方式及时机。可能正是基于这种考虑,人力资源会计长期以来发展并未实现大的突破,要么只是将招募人力资源过程中的费用进行资本化,作为人力资源的入账价值;要么是将人力资源的工薪进行折现,资本化为人力资源的入账价值。但是如此的思路过于迁就可验证性,而忽略基本的客观性及中立性,导致了相关的信息披露对改进投资者的决策效用并非有益,信息披露中的“噪音”甚至起到“扭曲”的作用。其实,成本—效益原则的权衡是一个动态的过程,早期因为成本—效益制约而放弃采纳(或认为不可行)的人力资源会计模式今天应该予以重新考虑。当然,人力资源会计作为一个新兴的财务会计学分支,在继承的基础上必须尽可能地摒弃传统会计残留的不利影响,譬如应该突破“重成本而轻价值”的传统惯例,科学权衡人力资源信息披露给企业带来的竞争优势或竞争劣势,真正从资产的本质——“未来的经济利益”视角去理解人力资源,去确认和计量人力资源,去进行人力资源信息的披露。

关于财务会计的边界问题,近年来不少的会计学家曾进行了深入的思考(葛家澍,2003)。的确,人力资源若纳入财务会计信息系统会导致财务报告信息披露的过载(overloading)程度进一步加强,随之财务会计的边界也将进一步扩大。但是,财务会计边界的扩大并不能成为拒绝人力资源信息的判断标准。其原因在于:(1)人力资源信息有助于投资者了解一个企业的创新能力和智力资本情况,借以判断一个企业可能的竞争优势和可持续发展能力。(2)一项信息提供与否的标准在于其是否有足够的信息含量(information contents)、是否能够导致决策差异,既然人力资源信息具有决策相关性,那么就应该将由人力资源信息披露导致的财务会计的边界扩大及信息含量增加,与目前财务报告体系中虽然庞杂,但无助于导致投资者决策差异的、低信息含量或无信息含量的披露进行严格区分,采取摒弃、缩减后一类信息披露,强化人力资源信息披露的方式来缓解目前财务会计面临的信息过载倾向。(3)人力资源会计在20世纪80年代陷入研究低潮后,我们对传统的人力资源会计模式提出了一浪高过一浪的诸多批评,但却并未改变人力资源会计持续性遭受“冷遇”的格局,反而使人力资源会计的发展落后于商誉、不确定性和衍生金融工具,使后三者后来居上。出现此种局面的关键之处在于,会计界在对传统人力资源会计模式进行批评的同时,未曾注意到用于批判的观点和理论本身就值得推敲。这主要体现在:第一,许多批判缺乏一个内在逻辑一致的分析框架,忽略了人力资源会计理论建构的明确性、一致性和全面性等必然要求,结果绝大多数批判者都未能够给人力资源会计传统模式提供合理的解决方法,未曾出现超越也就不足为奇了!第二,批判要“有破有立”,而在批判的同时未能够提出一个能够真正适用于人力资源会计的新的分析框架,而只是为了批判而批判。

财务会计必须能够适应经济发展的需要,转换提供信息的范畴(如由纯粹的历史成本信息到成本与价值信息提供并重)、提供信息的方式(如由手工簿记系统到电子数据处理系统,乃至因特网上的财务报告),最终扩大自己的边界,以便在“信息源”的相互竞争中不至于被淘汰。关于这个问题,美国注册会计师协会(AICPA)1994年颁布的《改进企业报告——面向用户》、Wallman在*Accounting Horizon*上发表的关于未来财务会计及报告的系列文章、美国财务会计准则委员会(FASB)2001年颁布的《改进企业报告:对增进自愿披露的洞察》、Upton的《企业与财务报告:来自新经济的挑战》等一系列的重要文献都传递了相同的信号。也许,财务会计在保持其基本特征的前提下,适当地扩展其原有的边界已经成为必然。

二、人力资源会计的计量问题

人力资源的计量,一度被认为是人力资源会计推行中的最大障碍。目前存在的人力资源计量模式,大致可以分为两类:一类是货币性计量,包括人力资源的成本计量模型(历史成本法、重置成本法等)、人力资源的价值计量(包括未来收益贴现法、未来工薪贴现法等);另一类是人力资源的非货币性计量方法,包括行为矩阵法等。这些人力资源的计量方法中,人力资源货币性计量方法最初是满足财务会计的可验证性，为了在财务报表中确认人力资源的目的而提出的。然而，按照这些方法计量的人力资源却根本不能够反映人力资源的真正价值。下面，我们对人力资源会计的计量问题进行分析。

(一)传统的人力资源计量方法(见表1——编者注)

表1

方法及创始人	基本原理	特点
历史成本法 (Flamholtz)	将与招聘、挑选、雇佣、培训、安置与发展等一个雇员有关的全部成本资本化，然后再将这些成本在这一资产的期望有效期限内摊销，该资产消除时或为了补偿期望增加资产的潜在效益的任何增量成本而增加资产价值时，确认为损失。	优点：实用、客观，具有可验证性。 缺点：(1)有违资产定义的实质(未来的经济利益)；(2)将人力资源招募过程中的支出列为人力资源的成本则只相当于将“附加费用”进行了资本化，而根本未能够揭示人力资本的真正成本；(3)企业的市场价值和账面价值的背离程度无疑将急剧拉大，换言之人力资源不恰当地计量将导致大量的企业价值信息被隐匿(hidden)。
重成本法 (Flamholtz)	估计重置一个企业现有人力资源的成本，包括与招聘、挑选、雇佣、培训、安置和发展新雇员直至他们达到现有雇员的能力所发生的有关全部成本。	优点：(1)尊重人力资源获取中的市场因素；(2)重置成本是资产经济价值的较好替代值；(3)人力资源重置成本理论上等同于个人经济价值的概念。 缺点：(1)企业所认可的特定雇员的价值可能比其相关的重置成本要高许多；(2)管理型人力资源由于稀缺性和非同质性，所以并不存在等同替代者；(3)难于估计在雇员之间完全替代的成本，而且不同的管理人员也许会得出差异很大的估计。
未来薪酬贴现法 (Hermanson)	$v=\sum_{t=1}^{n}\frac{W_t}{(1+r)^t}\times\frac{\sum_{t=0}^{m-t}(m-t)\times\frac{RF_t}{RE_t}}{\frac{m(m+1)}{2}}$ ①估计企业在未来 n 年内的每年的工资支付额 Wt(Wt 代表第 t 年工资额)；②用该企业所处的同行业的平均收益率 r 进行贴现；③根据该企业前 m 年的经营情况计算效率比率；④根据未来 n 年工资支付总额和效率比率计算人力资本的计量现值。	优点：属于产出计量角度，能够在一定程度上揭示人力资源的部分价值。 缺点：(1)将企业支付的工资当作人力资本价值的替代变量，缺乏说服力；(2)贴现率选择将具有敏感性；(3)效率比率的确定也具有很大的“人为性”。
随机报酬计价法 (stochastic rewards valuation method，Flamhotzs)	$\begin{cases}\mathrm{ERV}=\mathrm{ECV}\cdot P(R)\\ P(R)=1-P(T)\\ \mathrm{OCT}=\mathrm{ECV}-\mathrm{ERV}\end{cases}$ ERV表示预期可实现的价值，ECV代表预期条件价值；$P(R)$代表继续在目前岗位上工作的概率；$P(T)$代表特定人力资源离职的概率；OCT表示特定人力资源离职后造成的机会成本。	优点：能够反映企业人力资源的动态性。 缺点：概率和估计偏多，主观性较强。

续表

方法及创始人	基本原理	特点
未来盈利贴现法 (discounted future earning method) (Lev&Shuwartz)	$E(V_y)=\sum_{t=y}^{T}p_y(t+1)\sum_{t=y}^{t}\frac{I^*(t)}{(1+r)^{t-y}}$ $I^*(t)$代表人力资源目前到退休为止、每年可为企业净收益做出的贡献;r代表贴现率;T表示退休年龄。	优点:属于产出计量角度,能够在一定程度上揭示人力资源的部分价值。缺点:(1)企业作为一个人力资本与财务资本缔结的合约,其未来的收益(即通常意义上的利润)需要人力资本和财务资本的精诚合作来实现,该方法无法分离企业每年的收益中财务资本和人力资本贡献的贡献;(2)人力资本的高流转性(turnover)已给测定企业家人力资本的离职概率带来了极大的困难。
机会价值法(利用自由现金流量贴现法计量人力资源价值) (Damodaran,1996)	$V_{人力资本}=\Delta V_{企业价值}=\frac{FCF_0^*(1+g^*)}{r-g^*}-\frac{FCF_0(1+g)}{r-g}$ 假定人力资源给企业带来的是持续、稳定的自由现金流量(FCF)的增长,而且人力资源在企业中可以存续足够长的时间,并且有良好的、同质的继任者。	优点:突出了人力资源在企业中的关键性和不可替代性,强调利用自由现金流量估价企业人力资源的价值。缺点:(1)将有无人力资源存在时企业自由现金流量的贴现值作为企业人力资源价值的依据,也有其武断之处。因为企业自由现金流量并非人力资源所能够单独贡献的。(2)贴现率的选择将是一个容易为该模型导入"噪声"(noise)和不确定性的过程,这无疑降低了该模型的实用性。
其他方法	行为矩阵法 (behavioral matrix method)(Flowers&Coda)	将企业对各类人力资源的需求状况、价值体系乃至每类(每个)人力资源主体的有关情况(如知识、技巧、健康、才能和工作态度)等作为变量,形成矩阵通过模糊运算得出人力资源的工作满足感、在职倾向和工作意愿三个产出变量。
	经济价值方法 (economic value method)(Brummet&Pyle)	将一个企业的预期的未来盈利视为企业人力资源群体的未来服务的潜能,然后按照一定的折现率折成现值(present value),再赋予该现值一定的权数,根据现值和权数共同决定企业人力资源的群体价值。
	李可特计量法 (Likirt's measurement method)	认为企业人力资源的总体和企业的管理制度之间存在着联系,以此来解释、衡量和预测各项变量之间的因果联系。李可特计量法中包含三个变量即原因变量、中介变量和最终变量。其中最终变量代表企业的整体价值,而原因变量和中介变量则是影响最终变量的因素。
	内部投标法 (competitive bidding method) (Hekimian&Jones)	假定企业内的人力资源是稀缺性的和富有价值的,各个部门可以通过内部竞争的方式,投标最高者/部门取得该人力资源主体。那么,在竞标过程中最高竞标者的标底即该人力资源的价值。

(二)人力资源计量方法综评与反思

1.人力资源的成本计量方法陷入了资产的定性规定和定量描述之间的困境,譬如历史成本法将人力资源招募过程中的支出列为人力资源的成本则只相当于将"附加费用"进行了资本化,而根本未能够揭示人力资本的真正成本——招募过程中的支出只相当于人力资源完全成本的极小一部分，而人力资源在形成过程中的诸多成本根本未曾在历史成本计量方法下得到反映，更不能够反映人力资源的本质——未来的经济利益了。

2.人力资源的传统价值计量方法——譬如未来收益贴现法和未来工薪贴现法，也无法揭示人力资源价值的本质。这些模型的不足之处在于：(1)工资本身并不是人力资源的价值的全部，尤其对企业家人力资源(管理型的人力资源)更是如此；(2)按照(自由)现金流量贴现计量人力资源的价值，显然不合适——因为现值计量技术仅适用于那些能够单独贡献现金流量的项目，如衍生金融工具等，而人力资源是无法单独贡献现金流量的；(3)我们无法从企业的收益中准确地区分出由人力资源贡献的部分，更无法分解出特定的个体人力资源贡献的收益。无论是人力资源的成本计量还是传统的价值计量，都无法揭示企业的市场价值和账面价值严重背离的原因。

3.纯粹的人力资源的非货币计量或模糊性计量诚然可以摆脱计量不可靠的指责，然而却与会计信息系统以提供财务信息为主的特征完全背离。看来，模糊性计量只能作为补充，只有货币性计量和模糊性计量相结合，才能对人力资源的计量客体进行相对完善的描述。

4.上述的各种计量方法没有区分生产型人力资源与管理型人力资源，而用统一的计量方法试图计量企业内这两类具有不同特点的人力资源。对于管理型的人力资源对企业的贡献，则应该力图单独辨认，因此管理型人力资源的价值也应该单独计量。此外，由于生产型人力资源更多的是属于团队生产的特征，具有一定的同质性，不可能也不必进行单独计量，因此应该尽可能地用群体计量的方式进行计量，这样也符合重要性原则与成本效益原则。

5.即使是人力资源的货币计量，要达到或追求精确性计量也是不可能的。财务会计的计量本质上就是精确性计量、近似性计量和模糊性计量的复合和交叉运用，所以我们认为对人力资源会计而言，计量过程必然含有估价的成分。

6.关于人力资源的计量与估价问题，我们认为既应考虑到人力资源的基本价值或内在价值，还应根据人力资源的模糊性计量结果和综合评价结果进行适当调整(杜兴强，2003)，据此全面估价人力资源的市场价值。只有估价了人力资源的市场价值，才能够部分弥合企业的市场和账面价值之间的巨大背离，增加企业财务报表的信息内涵。

(三)人力资源估价：以企业家人力资源为例的尝试

1.基本价值的估价，管理型人力资源具有相对稀缺性和不可替代性。由于其拥有处理不确定性和风险的能力，因此往往成为决定一个企业竞争位势和企业价值驱动的关键因素。所以企业家人力资本往往与生产型的人力资本具有非同质性，应采纳不同于生产型人力资本(群体计量或估价模型)的计量模型。在这个问题上，我们基本同意李忠民(1999)研究的结论(但将之进行了修正)——企业家人力资本定价可以在委托代理关系的框架下，在财务资本所有者和人力资本所有者利益趋向一致性的过程中，在追求企业价值最大化的目标下，(虚拟)转化为一个期权定价模型，且企业家人力资本任期内的“横截面”价值体现为“企业家人力资本对企业资产价值的看跌期权”计量结果。

$$P=p\times n$$

$$p=S[N(d_1)-1]+Xe^{\prime T}[1-N(d_2)]$$ [$N(\cdot)$代表正态分布]

$$d_1=\frac{\ln\left(\frac{S}{X}\right)+\left(r+\frac{\sigma^2}{2}\right)\cdot T}{\sigma\sqrt{T}}$$

$$d_2=d_1-\sigma\sqrt{T}$$

其中,S 代表现行的每股市场价格,X 代表期权到期日的每股市场价格,r 代表无风险的利率,T 代表任期,σ 代表波动率。

2.模糊计量。利用股价的期权模型的计量结果是企业家人力资本价值调整前的价值(或基本价值),由于企业家人力资本价值确定的复合性、股价确定的综合性,我们必须考虑企业家从事管理的若干方面,所以单纯的货币计量不一定能够全面反映企业家人力资本的价值,譬如我们需要从管理能力、工作态度、团队精神、创新能力等方面评价和模糊性计量,最终计算企业家人力资本模糊性计量的隶属度 L(相关的论述请参考陈仁栋,1991)

3.财务、非财务业绩的综合评价。企业家人力资本的计量,与其经营业绩(包括财务业绩和非财务指标)密切相关。为此我们可以选择净资产收益率、国有资本保值增值率、成本费用利润率三个指标考核企业的持久盈利能力;选择速动比率、资产负债率分别用来衡量企业的长、短期偿债能力;应收账款周转率、存货周转率用来衡量企业的营运能力;选择技术创新投入率来考核企业管理当局在创新方面所做出的努力;选择市场份额增长率来衡量竞争位势;为了促使企业在努力追求盈利目标之外,恰当地履行社会责任,就应该考核企业的社会贡献率或社会积累率。这样,就可以从持久盈利能力、偿债能力、营运能力、竞争位势及社会责任诸多方面全面衡量企业家人力资本的贡献(杜兴强,2003),避免期权模型纯粹考虑股价的单一因素所导致的种种规避和操纵结果。财务、非财务业绩的综合评价就是按照沃尔比重评分法的思路,从上述的五个方面,选择适当的财务、非财务指标,并赋予这些指标一定的权重,将这些指标的实际值与基准值(综合考虑行业基准及本企业历史发展趋势)进行比较,再乘以权重,计算综合评价指数 K。

4.市场价值的确定。在基本价值的估价、模糊计量、业绩综合评价的基础上,最终可以计算企业家人力资本的市场价值 $V=P \cdot L \cdot K$。

(四)人力资源计量与估价在人力资本折股中的应用

目前,人力资本参与企业剩余分享作为一种激励手段得到普遍认可,但人力资本如何参与企业剩余的分享,则可以采取不同的形式,如"工资+奖金"、"年薪制","股票期权"等。由于激励机制的存在,必须保证恰当地激励含量,即既不能过度激励,也不能激励不足,所以"工资+奖金"、"年薪制"随着社会经济的进步,由于激励力度可能不足而逐渐退出主流激励制度的行列,股票期权制度正在成为一种主要的、对人力资本所有者进行激励、允许人力资本参与企业剩余分享的重要机制。如果将股票期权制度广义化,则成为"泛股制"。

股票期权制度在运行的过程中,在不同的历史阶段曾出现过诸多变通形式,如虚拟股票期权、后配股、补偿型股票期权、激励性股票期权等。在我国,股票期权要想整体移植西方国家经过多年实践已相对稳定的、股票期权制度的全部内容,主要障碍在于:(1)由于我国企业管理当局在传统的分配体制下并未积累足够的货币资金(一般情况),因此无法按照约定的价格来购买既定量的股票期权;(2)由于我国目前法律上对企业增发新股和回购本企业的股票都有着很强的限制性条款,即使企业愿意推行股票期权制度,即使高层管理当局能够拿出足够的货币资金,也无法容易地形成运行股票期权制度所需要的股票(可能意味着要大股东出让一部分的股票);(3)当然,有些企业为了克服上述的障碍率先试行了虚拟股票期权等诸多措施,但且不论虚拟股票期权的实际问题(例如,如何确定虚拟股份的持有数量、虚拟股份权利受到限制带来的激励损失),可以肯定的是,虚拟股票期权制度等变通的方式并未完全体现人力资本参与企业剩余的本质。

我们的观点是:企业的本质是财务资本和人力资本缔结的契约,双方分别以财务资本和人力资本对企业进行投资。照此,既然财务资本所有者因其投入的财务资本而拥有了分享企业剩余的权利(或相机分享权利),那么人力资本所有者以人力资本对企业进行投资后,理所当然地要求以投入的人力资本为依据分享企业剩余——人力资本折股。

下面将简单介绍人力资本折股的基本步骤：

(1)按照相对稀缺性、可替代程度，区分管理型人力资本和生产型人力资本，对生产型人力资本进行群体估价，对管理型人力资本按照恰当的方法进行个别计价。不妨标注为：[V_{M1}、V_{M2}……V_{Mn}；V_p]，前者代表单独计价的管理型人力资本的计量与估价结果，后者代表群体估价的生产型人力资源计量与估价结果。

(2)剥离企业的各项虚资产如待摊费用、递延资产、长期收不回的应收账款等。

(3)重新确定企业有形资产的市场价值。

(4)按照确当的估价方法确定企业无形资产的公允价值——注意绝对不能够以账面价值替代，确定无形资产的公允价值时要尽可能地剔除人力资本因素对无形资产价值的影响。

(5)调整负债的账面价值，按照公允价值确定企业的真实负债，杜绝表外负债、隐性负债等。

(6)确定企业的财务资本(非人力资本)的净市场价值 V_t。

(7)确定企业出于激励，允许人力资本折股情况下拟订的股份数 N。

(8)确定每股净资产及管理型人力资本、生产型人力资本和财务资本所有者应该分享的股份数，分别为：

$$\frac{\left[\sum_{t=1}^{n} V_M + V_p\right] + V_t}{N};\quad \frac{\sum_{t=1}^{n} V_M}{\left[\sum_{t=1}^{n} V_M + V_p\right] + V_t} \cdot N$$

$$\frac{V_p}{\left[\sum_{t=1}^{n} V_M + V_p\right] + V_F} \text{ 和 } \frac{V_F}{\left[\sum_{t=1}^{n} V_M + V_p\right] + V_F} \cdot N$$

(9)生产型人力资本分享的股份数可以按照贡献的大小，在生产型人力资本内部进行分割，这有点类似于职工持股，只不过此持股非彼持股。此持股是人力资本股，而彼持股则是缘于职工对企业有贡献，而允许其出资购买企业一定比例的股份。

(10)无论是管理型人力资本还是生产型人力资本所享有的股份，都可以参与企业的利润分配，都可以具有表决权，并承担着人力资本贬值的风险(当然，这需要人力资本市场，主要是经理人市场的逐步建立与完善)——这也应验了承担风险的一方或多方应该拥有剩余索取权的基本命题。

三、人力资源信息披露的必要性

1.人力资源信息披露的逻辑：基于企业理论及会计信息功效的理解。市场经济中的企业是一个人力资本和财务资本共同缔结的契约，那么为了降低交易费用，抑制不确定性并确保契约在允许范围内的完备程度，缔约双方——人力资本和财务资本所有者，乃至财务资本、人力资本各自集合(set)内部不同的利益集团之间必然会为了各自的利益进行博弈。

博弈的目标是企业所有权——剩余索取权和剩余控制权如何进行分配，博弈的理想状况是剩余索取权和剩余控制权相互匹配，博弈的正常"解"是一种状态依存，剩余索取权和剩余控制权远不可能实现完美匹配，为此博弈是动态的、连续的。在博弈过程中，剩余索取权的可转让性是问题的关键。

博弈得以继续的前提是"共同知识"(common knowledge)。代理关系下，由于信息不对称，企业的投入—产出状况不容易为处于企业外部的投资者所了解。同时由于成本—效益权衡、分工、个人禀赋等因素的制约,决定了财务资本投入者不愿意对企业的“投入—产出”(一个连续的过程)进行“实时监督”。否则,财务资本所有者就宁愿选择自己直接经营企业,管理当局和财务资本投入者之间的委托代理关系也就不复存在了!既然财务资本投入者因为诸多因素的限制,不愿也不能对企业的生产经营进行实时监督,而利益的驱动性又决定了他们仍会关心企业的产出,那么就需要一种机制,来协调财务资本投入者所面临的两难性。会计信息披露机制的存在无疑在很大程度上可以解决这种两难性。原因在于,财务资本投入者是追求货币收益满意化的经济人,而会计信息正是反映一个企业财务状况、经营成果、现金净流量情况的替代变量。管理当局通过会计信息这种替代变量,供远离企业日常经营管理的投资者了解情况。因此,会计信息是一种有价值的资源,高质量、透明的会计信息在一定程度上影响着缔约各方的受益和受损的可能性。(杜兴强,2002)

高质量的充分透明的信息披露的内涵是一个变迁的过程,也是根据剩余索取权和剩余控制权进行博弈的过程。博弈所需的共同知识经历了如下几个显著的历史阶段:(1)资产负债表信息;(2)资产负债表信息和利润表信息;(3)资产负债表信息、利润表信息及现金流量表信息:(4)财务报表(含资产负债表、利润表、现金流量表)信息及其他财务报告信息;(5)财务报表(含资产负债表、利润表、现金流量表)信息、其他财务报告信息、企业提供的有助于投资者决策的其他信息。

在人力资本和财务资本所有者、人力资本所有者、财务资本所有者内部进行的动态博弈,已促使会计信息披露的日益扩展,人力资源会计信息必不可少!人力资源会计对人力资本作为会计对象的反映与控制过程有如下特点:(1)作为一种补充,提供目前财务会计模式很少提供的、企业人力资源状况的信息[⑦],有助于投资者识别财务资本和人力资本因素在企业价值创造过程中的各自作用,并通过人力资本和财务资本之间形成的广义资本结构、财务资本内部的狭义资本结构来判断企业的可持续发展能力;(2)提供关于特定会计主体赋予人力资本所有者的剩余索取权的信息,向资本市场传递公司治理的有关信息,供投资者据此辨识该企业人力资本和财务资本在“监督—激励框架下”可能的精诚合作程度,推断企业未来的竞争优势[⑧];(3)企业的持续经营有赖于具有创造性的智力资本及人力资源的流转(turnover),人力资源会计信息提供可以吸引富有才华的、积极性(positive)的人力资本对本企业进行投资,这对企业引进竞争机制、激活存量人力资本及消极(negative)的财务资本将是十分重要的;(4)人力资源会计提供的信息,也可以为企业内部经营管理提供决策支持,如可以促进企业借助于人力资源整合来提高企业业绩,可以为薪酬委员会提供对人力资本进行激励的第一手资料等;(5)提供进行人力资源宏观管理方面的信息,譬如可以提供人力资源证券化趋势、人力资本估价及折股的相关信息,对于我国转轨经济中如何在既定制度框架下促进人力资源投资和相关决策提供政策性建议。

2.人力资源信息披露是否具有经济后果:实验研究的启示。会计目标是向利益相关者提供决策有用的会计信息,但传统的财务报表只考虑一个企业招募、雇佣和培养人力资源的成本或费用,而未按照未来的经济利益来计量人力资源。会计实务的此种现状严重扭曲了财务报告中的有关信息,从而可能误导投资者的相应决策。假如人力资源会计资料影响投资者的决策,那么人力资源会计的相关信息就应该在财务报表中予以披露。Pouran 1981 年的研究正是从这个视角出发,假设了一个虚拟的企业(virtual firm),研究人力资源会计资料对财务分析师(相当于今天所说的会计信息的专业用户,professional users)估计该企业市场价格的影响。Pouran 准备了三套财务报表,每套财务报表都包含资产负债表和利润表,第一套财务报表不包含人力资源方面的任何资料,第二套财务报表包含以成本计量的人力资源方面的资料和信息,第三套财务报表同时包含了按照历史成本和重置成本计量的人力资源会计信息。实验的主题和问题随机地分配给三个实验群体(group),每个受实验者都接受三套财务报表,受实验者被要求严格按照所掌握的资料估计该虚拟企业股票的市场价格。每个受实验者都被问及他们的经验、受教育程度、对人力资源和人力资源会计专业知识方面的掌握程度。在该实验研究中,Pouran 主要使用 ANOVA 模块设计,发现了两个重要的三维交叉(three-way interactions):(1)人力资源会计信息、受教育程度和经验之间的交叉。从普遍意义上,接受第三套财务报表的财务分析师估计的股票价格最高,接受第一套财务报表的财务分析师估计的股票价格最低。在估计股票市场价格过程中,接受第三套财务报表且拥有硕士学位的财务分析师对价格的估计还受到经验的影响。(2)人力资源会计信息、经验和对人力资源会计概念熟悉程度三项因素之间的交叉性。对该虚拟企业股票市场价格估计最高的群体依然来自那些接受第三套财务报表的财务分析师。此外那些了解人力资源会计概念的受实验者估计的股票价格较高。该实验的结果表明人力资源会计信息的确可以影响财务分析师的决策,尤其对那些熟悉人力资源会计概念的财务分析师影响最大。最后,Pouran 得出结论,人力资源会计信息应该在财务报表中进行披露。

传统的观点对人力资源会计的最大批评来自其对财务报表数据缺乏影响,因此认为人力资源会计数据或资料是不重要的。经验研究表明,人力资源会计对利益相关者的决策将会产生巨大的影响。Jacob 1985 年的研究使用了对人力资源会计的敏感分析(sensitivity analysis),研究考虑人力资源因素并进行调整后的净收益与传统净收益的背离程度。通过上述的研究设计,Jacob 检验了是否人力资产的余额总是等于实验中所假设的余额 0。Jacob 假设:若相对于净收益,人力资源变量的重要性程度较小,那么就可以得出一般性的结论,即人力资源会计会对资产负债表和利润表带来影响。实验发现,随着短期内不断地改变变量和净收益,人力资源变量是非常小的,从普遍意义上小于净收益的 10%。因此 Jacob 得出结论:人力资源会计至少在 5%的置信重要性水平上是重要的。因此 Jacob 推定,人力资源会计的确对财务报表带来冲击,人力资源会计应该融入财务报表之中。

Eugene(1983)的博士论文主要论述三个问题:第一,决定人力资源会计(HRA)资料是否能够给投资者的决策带来(传统财务报表资料所不具备)的影响;第二,哪些人口学变量(demographic variables)影响决策;第三,哪些职能部门影响决策。Eugene 的研究主要通过信件调查的形式来完成。包括解雇、资源分摊和雇佣决策在内的三个案例被各自邮寄给控制和实验群体。这些受实验群体之间接受的资料的区别和差异体现在:控制样本接受的是关于人力资源会计信息的定性资料,而实验者得到的是关于人力资源会计的定量性资料。此外,美国全国会计学会(National Accounting Association,NAA)的管理会计师,被选择作为信件调查的对象范围。在 5 235 名 NAA 的成员中,Eugene 随机挑选了 600 名成员作为受信件调查的实验对象,并且随机地决定受实验的群体和控制群体。之所以要如此限定受调查对象的范围,原因在于他们在企业中同时作为决策制定者和作为管理决策影响者的双重(dual)身份。在分析资料时,Eugene 调查了决策关系和人口学变量对实验者决策的影响,调查结果表明:(1)一定的人力资源会计信息的确可以影响投资者的决策。但是 Eugene 认为并不能够罗列关于人力资源会计信息有用性的一切情况,因为并非所有的变量都对投资者的决策带来影响。(2)Eugene 进一步得出了另外一个基本的结论:应该将人力资源会计资料融入信息系统之中,利用有用的人力资源会计资料来替代传统的、对决策缺乏影响的资料。

3.人力资源信息报告的方位。财务报表是财务报告的中心与主体,人力资源会计信息如能够在财务报表中进行确认,那固然最佳。然而,由于众所周知的、人力资源货币性计量过程中存在的估计、判断及主观因素,人力资源要系统和完整地在财务报表中进行确认,存在着不少的困难,最多只能将与人力资源相关的、可验证的项目进行确认,并进行单独标注(如表明与人力资源相关)。然而,人力资源的信息在表外进行披露,却是十分必要的,且这是人力资源在财务报表中进行确认的基础上,是一种渐进式改进的稳妥思路。而且,人力资源在表外披露并非不具有决策有用性——根据 FASB SFAC No.1 的观点,管理当局完全可以将那些认为对外界的利益相关者有用的信息,通过财务报表以外的途径对外公布。但是,我们同时也看到了财务报告体系内部的"紊乱"特征——

大量对投资者有用的,但受现行GAAP和财务会计的特征与程序制约的信息涌入表外,俨然表外信息才是财务报告的主体。再考虑到财务报表信息由于其缺乏及时性,所以在公布之前绝大部分的信息内部就已经几乎被"清空",因此会计界普遍指责财务报表缺乏相关性的现实,我们更加相信,目前的财务报告模式必须改革,最终人力资源会计将融入财务会计信息系统之中,利用有用的人力资源会计信息来替代传统的对决策缺乏影响的信息。

注释:

* 教育部人文社科重点项目(02JAZ790012)及国家自然科学基金(70302012)的阶段性成果。

①③本处的表述转引自 James A.Caslia and Ralph S.Polimeni, *Human Resource Accounting*, McGraws-Hill Book Co,1981,p.827。

②例如自行研制的无形资产在目前的财务报表上的确认难道就可靠吗？目前自行研制的无形资产大多将研究开发过程中的支出直接费用化,而只将研究开发成功后发生的注册费用和律师费资本化为无形资产的入账价值。这样看来,无形资产的确认和计量充其量只是符合可验证性而已！而可验证性只是可靠性的必要而非充分条件！

④人力资本和财务资本的关系及其重要性对比问题,是由两者的相对稀缺性来决定的,是一个连续的博弈过程。工业革命之前,财务资本相对于人力资本更为稀缺,所以主要是财务资本所有者拥有企业的剩余索取权;随着知识经济初见端倪,人力资本也可以在财务资本的博弈中逐渐占据一些主动,从而拥有了部分的剩余索取权。但是,上面的结论是历史横截面上的局部命题。在考虑相对稀缺的同时,还要在可持续发展的大环境下考虑绝对稀缺问题——从历史的连续性角度审视,财务资本的稀缺性是持续的、永恒的,而人力资本的稀缺性则可以通过"干中学"效应实现递增或改善(尽管企业家的禀赋并不可复制)。

⑤权益理论是当代会计学的基本理论之一,其主流观点包括"所有权理论"、"主体理论",其他的观点还包括"基金理论"(适合于非盈利组织)、"指挥者理论"、"剩余权益理论"等。

⑥因为虚资产本质并不能够给企业带来未来的经济利益,只不过是由于权责发生制机制和复式簿记原理产生的、具有借方余额的项目罢了！

⑦日前的财务会计模式,套用拉卡托斯的科学研究纲领方法论的观点,其硬核是历史成本原则、权责发生制及实现原则;其保护带是一系列财务会计基本概念的制约,包括会计基本假设、会计目标、会计要素定义等;其启发法则是一些修正性的惯例如谨慎性原则、重要性惯例等。所以,根据其基本的特点,其主要是提供以能够以货币计量的、能够满足确认基本标准的财务信息——物质(财务)资产状况、经营成果及现金净流量的信息,无法或很少提供除财务资本信息之外的人力资源信息。

⑧AICPA在1994年布的"Improving Business Reporting－A Customer Focus"及随后颁布的一系列相关调查报告中,在强调传统财务报表信息有用性和不可替代性的同时,指出企业提供信息的范畴应该扩展到企业报告,而不是传统的财务报告。有关公司治理的相关信息,由于关系到投资者最为关心的,未来不同于其他企业的风险和报酬机会和可能的竞争优势,理所当然地被投资者所关注。

(原载于《财会通讯》2004年第13、15期)

无形资产会计的相关问题:综评与探讨*

葛家澍 杜兴强

一、引言

企业的价值链在一定程度上影响着企业的价值创造及能否在市场经济中缔造竞争优势。为了获取竞争优势,企业必须日益关注价值链的异质性及漂移性。企业价值链的异质性来自不断创新导致的不可模仿性与核心能力,而由工业经济向知识经济的过渡则使价值链的重心由实物资产投资的规模效应"漂移"至无形资产,从而使无形资产对企业价值的驱动作用日益凸显(企业的创新主要是通过加大研究开发费用的投入而实现的)。知识经济的发展必将导致企业资产结构的重塑(reshape)。

企业的资产可分为实资产(hard assets,硬资产)、金融资产,虚资产(virtual assets)及软资产(soft assets)。[①]其中虚资产是指那些本质上并非资产(资产的本质是未来的经济利益),而只是在权责发生制下具有借方余额的项目[②];硬资产是指那些具有实物形态的资产,如固定资产、存货等;金融资产是指那些容易受到汇率、利率、期限等因素影响,使其可回收额具有不确定性的资产;软资产则是指那些缺乏实物形态、能够给企业带来不确定性的超额未来经济利益的资产,包括我们所熟悉的无形资产(专利权、商标权、非专利技术、特许使用权等)、组织资本、智力资本、人力资本等。工业经济时代,由于追求规模经济的刺激,实物资产成为企业资产负债表中的主要资产,同时由于工业经济时代的传统会计模式的影响,资产负债表上也出现了大量的副产品——"虚资产"。随着企业经济活动中科技含量的增加,规模经济的优势出现了"瓶颈",实物资产投资日益饱和且无法维系和构筑企业的持续性竞争优势。为了确保企业在市场中的竞争优势,企业逐渐转换了竞争战略,要么采取剥离(spin-off)战略[③],要么增加研究开发活动的投入,以创新求发展、以创新寻求核心能力和竞争优势。企业通过加大R&D投入力度及相关的创新活动,使得企业资产结构潜移默化,无形资产的比重日益增加。时至今日,"当今社会财富和经济的增长主要受无形资产的驱动"[④]的论断已获得普遍认可。

二、无形资产会计处理的现状、经济后果及原因

尽管无形资产日益凸显出其重要性,但会计的发展并未充分地对市场经济中的这一新现象产生"反应"[⑤],与无形资产相关的研究开发费用几乎从财务报表中神秘地"蒸发"了。虽然有时企业

财务报表中有无形资产的项目,但按照公认会计原则确认的无形资产却根本无法反映无形资产的真正价值。下面一组数据可以说明这一点[⑥]:《财富》杂志1999年世界500强排名中,通用汽车公司排名第一,其年销售额为1 090.58亿美元,资产总额为2 739.21亿美元,2000年3月14日的股票市场价值为638.38亿美元;微软公司排名第84位,其销售额为197.47亿美元,资产总额为371.56亿美元,而其股票市场价值在2000年3月4日却高达4 924.62亿美元,相当于通用汽车的市值的8倍左右,与其净资产账面价值(284.38亿美元)的背离更是高达17倍之多!如何解释这一背离?恐怕最终还得落脚到软资产尤其是无形资产上。因为,厂房、存货等实物资产并非微软最主要的资产,而隐匿在财务报表之外的大量的软资产,如智力资本及知识产权才是关键。美国《商业周刊》公布的,排名世界第1、2、5、7、10的品牌及其价值为可口可乐(689.5亿美元)、微软(650.7亿美元)、诺基亚(350.4亿美元)、迪士尼(325.9亿美元)、美国电话与电报公司(228.3亿美元),但是这些公司的财务报表却无一例外地将如此巨额的无形资产"遗漏"了!

无形资产的研究开发过程需要巨额支出,且这部分巨额的支出却具有管理会计中所言的"沉落成本"的性质;而一旦研制成功,边际成本(与先期研究开发支出相比)则极其低微[⑦],但目前财务报表中确认的无形资产却在"可验证性"的借口下,只反映边际成本(如律师费、注册费等),真是"捡了芝麻,丢了西瓜"![⑧]这好比实物资产如固定资产的计量只反映了运费、安装调试费等,却丢弃了购买成本!由此导致的后果就是:企业的市场价值与其账面价值严重背离,且大量的、本应能够反映企业价值的信息被隐匿(hidden)在了表外——Hall(2000)的研究发现,2000年左右标准普尔(S&P)500家公司的平均净资产倍率几乎达到6.0,这意味着每6美元的公司市场价值大约只有1美元体现在了资产负债表中,而大约有2美元则保留在无形资产中。[⑨]难怪在2000年7月19日美国参议院举行的一次听证会上,Robert Elliott、Baruch Lev、Steve Samek、Peter Wallison及Michael Young等五位实务界和理论界的听证专家感慨"现在是将20世纪30年代的财务呈报系统应用于21世纪"。[⑩]那么,在知识经济下,无形资产上述的会计处理将导致什么样的不良后果?有形、无形资产信息披露不对称(asymmetry)[⑪]的内因是什么?

在目前的财务会计与报告模式下,将有形资产的支出进行资本化,将无形资产的支出(主要为R&D支出)直接费用化,这种对有形资产和无形资产会计处理的不对称性直接导致了两者在信息披露方面的不对称性。下面我们将层层递进地解释目前无形资产会计处理和信息披露的不对称性将可能导致的经济后果(负外部性)及可能的原因:

1.利用无形资产进行相应的会计操纵。姑且不论无形资产研发支出费用化或资本化何者更为合理,但有一点可以肯定,那就是将无形资产形成(研制)过程中的支出进行费用化,相比较于资本化而后进行摊销,或者允许企业在资本化和费用化会计政策之间进行选择而言,企业管理当局会计政策"选择域"尽管未曾扩大,甚至更彰显刚性[⑫],但其实却有可能导致管理当局相机(state-contingent)进行无形资产投资,借以操纵各期的利润。因为是否进行无形资产投资以及进行无形资产研发支出是企业的商业秘密,管理当局完全可能掌握对外进行相关信息披露的时机。在补偿(激励)方案存在时,管理当局就可能出于个人私利的考虑,有选择地在某一年将研究开发费用进行披露,并完全费用化。而且需要注意的是,这样的相机处理将导致企业利润与费用化的无形资产支出按照100%的比例变化,但若无形资产资本化并摊销,其对利润的影响比例是$1/n$(n代表摊销年限)。也许,费用化和资本化都可能导致管理当局进行相关的会计操纵,前者未必就一定比后者的经济后果严重[⑬]。但问题的关键在于我们选择什么样的参照系(基准、合理、中性的会计政策)[⑭]、什么样的时间横截面进行判断?若以无形资产研发支出资本化,并逐期计提减值准备为参照(该方法的合理性本文后面将涉及),那么何者对企业利润的影响更大则是不言而喻的。此外,值得一提的是,费用化有时会被企业的管理当局和财务分析人员所支持。因为费用化本身就具有"以现在换未来"的意味,前者支持费用化是因为如此进行处理确保了未来的利润及成长性,并在一定程度上增加了未来净资产收益率提升的可能性；而后者支持费用化的动机很简单，那就是财务分析师往往属于风险规避者，他们不愿意承担无形资产研发支出资本化带来的不确定性——因为如此可能使其预测与企业的实际产生背离。殊不知，财务分析师最为担心的不确定性并不因费用化或资本化而有本质区别，若干实证研究结果表明企业管理当局可能采取逆向选择的方式，迎合财务分析师的预测结果。

2.极度的信息不对称导致的信息缺乏信号传递功能和缺乏透明度。无形资产研发支出不加区别的完全费用化将可能使会计信息失去基本的、直接的信息传递功能。投资者在缺乏相关信息的情况下，普遍将研制中的无形资产上发生的研究开发支出当作好消息并产生了积极的反应(reaction)(Deng and Lev，1998)[15]，因此公司的估价并未因费用化而降低。这意味着公司管理当局从费用化中得到了所有能够得到的好处——包括当期股价的非负变化及未来报告激增的可能性，但是却留给了投资者一种浑浊的(turbid)、最小的、不充分和缺乏透明度的信息。在这种关于无形资产的信息披露格局下，管理当局拥有过多的私有信息，往往以牺牲投资者的利益为代价来追求个人私利，其终极结果可能是，幡然醒悟的投资者对资本市场的诚信失去信心，以呼吁(voice)和退出(exit)的方式对企业进行"惩罚"。Lev(2001)引用 Kyle(1989)的研究结果阐释了这样一个命题："无形资产本身的不确定性增加了公司价值的不确定性，而不确定性的程度可能与无形资产投资的强度正相关，即在浑浊信息的情况下随着无形资产投资强度的增加，企业的价值将变得更为不确定。"(非原话)

3.无形资产信息披露的缺乏将导致"劣币驱逐良币"及企业价值的低估。在无形资产信息披露浑浊的现实下企业若要以 S 股权筹集 W 金额的资金时将面临如下(见表 1)的非完全信息动态信号博弈[R 代表筹资收益，且 $R>W\times(1+r)$，r 为资本成本][16]：

表 1

投资者 管理当局	接受(A) 股权比例 S	拒绝(F) 股权比例 S
高利润$(1-P)\to H$	$(1-S)\cdot(H+R),S\cdot(H+R)$	$H,W\cdot(1+r)$
低利润$(P)\to L$	$(1-S)\cdot(L+R),S\cdot(L+R)$	$L,W\cdot(1+r)$

显然，该博弈的混合策略贝叶斯均衡成立的条件为：

$$\frac{W\cdot(1+r)}{X\cdot L+(1-X)\cdot H}\leqslant\frac{R}{R+H}$$（X 代表投资者认为企业利润是低状态的概率）

由此确定的混合策略贝叶斯均衡点为：

$$S=\frac{W\cdot(1+r)}{(1-X)\cdot H+X\cdot L+R}$$

问题在于，初始博弈状态时，投资者往往对无形资产上的 R&D 投资反应积极($X\to 0$)，$X\to 0$ 意味着上述不完全信息动态博弈存在均衡点。若投资者确信企业利润属于 H 状态，所要求的权益比例 S_H 的临界点为 $\frac{W\cdot(1+r)}{H+R}$，即 $S_H\geqslant\frac{W\cdot(1+r)}{H+R}$。然而一旦浑浊的信息使投资者受到损失并对资本市场诚信产生怀疑时($X\to 1$)，不完全信息动态博弈达到均衡日益困难，因为高利润状态无法和低利润状态进行辨别和区分，导致"对于管理当局提出的筹资条件(体现为股权比例 S)，低利润状态比高利润状态更有吸引力"[17]，即在缺乏无形资产的必要会计信息披露时，信息浑浊导致资本市场中高利润状态的企业必须补贴低利润状态的企业，最终高利润状态企业将退出。这是典型的"劣币驱逐良币"。如上博弈揭示的内涵也可以这样理解，无形资产信息披露的不对称必将诱致公司资本成本的激增，最终影响无形资产投资的投入，对于高科技公司尤其如此。高的资本成本意味着无形资产价值及企业价值的系统性低估(lemon discounted[18])。

三、无形资产的会计确认与计量的探讨

一个项目和有关这个项目的信息在成本效益和重大性原则的约束前提下,只有满足四个基本的确认标准后才能进行确认:(1)可定义性,即应满足财务报表要素的定义;(2)可计量性,即应具有合适的计量属性;(3)相关性,有关项目的信息应能够引起使用者的决策差异;(4)可靠性,有关项目的信息应该是真实的、可验证的和中立的。[19]关于无形资产会计处理的争议,目前主要集中在无形资产相关的投资是否符合资产要素的定义、是否可计量及相关信息的可靠性上。

1.无形资产是否符合资产的定义。符合要素定义是一个项目在财务报表中进行确认的“门槛”。我们在本系列文章的前半部分(即《财务会计的基本概念、基本特征与基本程序》——编者)曾经列举了两种关于资产的定义,FASB认为“资产是过去的交易或事项产生的,由特定的企业主体拥有或控制的可能的未来经济利益”;IASC认为“资产是过去的事项产生的,由企业控制的经济资源,从这种经济资源将会产生流入企业的未来经济利益”。[20]那么无形资产是否符合资产的定义?问题的关键在于对上述定义中几个中心词如何理解。

(1)控制。反对将无形资产上的投资进行资本化的一个重要理由在于“控制”概念上。如果企业有能力获得潜在资源产生的未来经济利益,并能够限制其他主体获得这些利益,则称企业控制这项资产。企业对产生于无形资产的未来经济利益的控制能力通常源于强制执行的法定权利。在缺乏法定权利时,很难证明控制的存在(IAS 38)。但必须明确,法定强制的权利并不是控制的必要条件,因为企业可能通过其他一些方式控制未来经济利益。的确,由于无形资产不像实物资产或金融资产那样具有明晰的产权和排他性,而其产权并不明晰,即部分和有限期的独占性,即便如此,企业并不能够阻止竞争对手在无形资产上的低成本模仿,甚至面临反托拉斯的控诉(如微软公司面临的指控)。此外,由于人力资本具有不可抵押性,所以企业往往无法完全限定与无形资产研制有关的,掌握无形资产相关知识和经验的关键人力资本的流转(turnover)带来的创新思想流失,Lev(2001)表述了大致相同的观点。因此,企业无法对无形资产研制带来的未来的经济利益实施严格的控制权。这是传统的会计模式所不能够接受的,因此无形资产的投资被一次性地计入费用。但是,上述的表述忽略了一个问题,企业并不强求完全的(complete)控制权,而只要能够对无形资产投资拥有足够的(sufficient)控制权就可以了(如及时申请专利制度、对参与研究开发的人力资本进行充分的激励等),此时企业就可以将无形资产的投资进行资本化(还需满足其他条件)。而这并非完全不可能。因为在一个尊重产权的市场经济中,企业在有限的期限内拥有充分的控制权并非难不可及。而一旦能够确保研制成功且能达到充分的控制,那么无形资产在资产负债表上进行确认将有助于向资本市场和投资者传递差异性(discriminate)、具有信息含量(information)和有用、相关的信息。这样企业无形资产的信息披露将具有信号显示(signal)的作用,因为按照一项经验研究的结果,无形资产研制的固有风险(来源于“成功主宰一切、失败颗粒无收”的残酷竞争)导致无形资产创新过程的“偏态分布”——美国前10项专利占全部专利价值的80%以上,这意味着其余数量众多的专利往往价值不高,甚至属于损失。这表明若允许企业有条件地进行资本化,那么无疑将可以为资本市场传递更直接的信号。

(2)可能的。Upton(2000)认为[21],“把‘可能的’这个词插入到定义中,其实意味着‘预期的’(后者更合适)。只要某人认为一个项目有价值,并且愿意为它付钱,这个项目就是有价值的,因而就满足资产的定义,即使这种预期最终可能是错误的。‘可能的’这个词容易引起更多的误解。‘可能

的'并不是资产要素定义的基本部分,其作用在于昭示不确定性的存在,并说明使特定项目具有成为资产或负债资格的未来经济利益的流入或牺牲并不是确定的,也不一定是现在必须有的特征”。这样看来,几乎所有的资产(包括有形和无形资产),由于无法单独为企业贡献未来的现金流量,而联合贡献的现金流量又需要按照某种人为的方式进行分配,所以不确定性必然伴随着几乎每一项资产。既然有形资产如实物资产不会因“不确定性”而放弃确认,那么为什么独独无形资产却要因“不确定性”而放弃确认?难道仅是因为无形资产更不确定?

概而言之,无形资产非独占性、产权的非完全排他性的固有特点决定了无形资产在符合资产定义的关键词“控制”及“可能”上比实物资产和金融资产略微逊色,但这并不能够成为拒绝确认无形资产的依据。无形资产上的研究开发支出在特定情况下仍是可能满足资产定义的。

2.可计量性及无形资产的投资估价。许多人认为,妨碍无形资产投资在资产负债表上进行确认的一个重要因素是“可计量性”。然而,应谨防“不能计量”和“不能够符合成本效益地进行计量”不加区分导致的“误区”!前者意味着不能够进入会计信息系统,而后者则可以融入会计信息系统的分层次披露中——要么在财务报表中进行确认,要么在表外进行披露。

(1)可计量性意味着必须能够选择某种计量属性进行计量,对无形资产的计量而言,可以选择的计量属性包括实际成本、公允价值与实物期权。[22]成本计量模式固然可靠,但却大大削弱了相关性——对无形资产的计量尤其如此,不仅因为成本计量根本无法揭示无形资产的真正价值,从而无助于弥合账面价值与市场价值的背离;而且因为无形资产投资的成本从本质上就很难进行准确的归属与确定,例如多代无形资产的问题。有些无形资产如计算机软件,在其生命周期中可能要经过多次改良。版本1的编码可能在版本2中依然很重要。那么版本1的成本到底应该如何计入升级后的版本2?应该全部或部分计入版本2的成本吗?如果是部分计入,应怎样确定相关的金额?

也许反对者又要列举实物资产的例子反驳本文的观点,但是必须注意的是,实物资产虽然是以成本进行计量的,但由于其往往存在较为活跃的市场,或者可以相对容易地找到同类资产的替代品,因此其重置成本,乃至市场价格相对较为容易取得。无形资产则不然,其不可能存在活跃的市场(因为无形资产具有一定的非竞争性与垄断性),也不存在同类替代品,这决定了无形资产一旦以成本计量,那么最终提供的信息含量将不足,缺乏决策相关性。此外,这里还注意不要以一个错误代替另一个错误——目前实物资产主要以成本的形式加以计量本来就违反了资产的本质(未来的经济利益)[23],由此导致了账面价值和市场价值的背离,若无形资产依然遵循历史成本计量,那么这种“背离”程度势必进一步加强——况且无形资产的投资与其价值更不相关(相比较实物资产而言)。因此,无形资产的计量必须寻求不同于实物资本的计量思路,其核心思想是以价值而非以成本进行计量。

(2)那么是否可以利用现值技术计量无形资产?现值技术计量无形资产的主要缺陷在于:与无形资产有关的研发活动贡献的现金流量具有极大的不确定性,贴现率有时难以进行恰当的选择。不可避免的尴尬是,我们将面临对未来现金流入、流出量和贴现率的估计。这意味着太多的主观因素融入我们对研究开发项目的计量系统之中,从而难以保证最终无形资产的信息所应具有的可靠性。因为,从无形资产的研发开始到最后未来经济利益的流入的实现,这一过程需要相当长的时间,这势必大大降低了对预期未来现金流量估计的可靠性。而且,未来现金流量贴现值对贴现率将是非常敏感的,任何微小的偏差都将导致整个计量结果的很大变化。此外有些无形资产可能在当前或者近期并未给企业贡献现金流量,但其在未来却极有可能给企业创造价值,对于这些无形资产,采用现金流量贴现模型可能低估这些公司的价值。

(3)近年来,实物期权(real option)的概念悄然进入计量领域,而且被认为,对于正在开发、而商业上的可行性没有得到证明的无形资产的价值评估,使用实物期权分析的技术尤其有用。按照Martha Amram和Nalin Kulatilaka(1999)[24]的观点,存在五种可以被模型化为实物期权的情况:①

投资选择权,如在立即投资固定资产(可能因为需求减少而发生损失)和推迟投资(可能丧失收益)之间进行权衡;②扩张选择权,如决定投资进入新的市场;③机动选择权,如在建筑一栋单独的中心设施和建筑两栋不同方位的设施之间进行选择;④退出选择权,如决定在不确定市场中开发新产品;⑤学习选择权,如对广告的分阶段投资。

期权定价在非金融资产的应用克服了传统现值分析的缺陷,特别是克服了现值分析中确定风险调整的折现率时的主观性㉘,但遗憾的是,实物期权计量或估价的思想固然前沿,但应用起来存在一定的局限性。下面本文力图借鉴"投资估价"领域内对企业无形资产进行估价的方式。

(4)"大概的对比精确的错更可取"!这个论断尤其适用于无形资产的计量。照此,为什么我们不转变思路,采取金融学和投资学的估价技术对无形资产进行估价呢?以产品专利为例㉙,若公司拥有研究和开发特定产品的权利,那么只有当开发该产品的预期未来现金流量超过研究开发费用时,公司才会选择研究开发该产品。那么,拥有产品研究开发专利的损益函数可以描述如下:

$$\text{拥有产品专利的损益}=\begin{cases}V-C,\text{当且仅当 }V\text{ 大于 }C\text{ 时}\\0,\text{当 }V\text{ 小于或等于 }C\text{ 时}\end{cases}$$

通过拥有产品专利的损益函数,我们可以清晰地了解到,其可以近似地被看作是以产品本身为标的的看涨期权,因为产品专利的损益图与看涨期权比较相似(见图1):

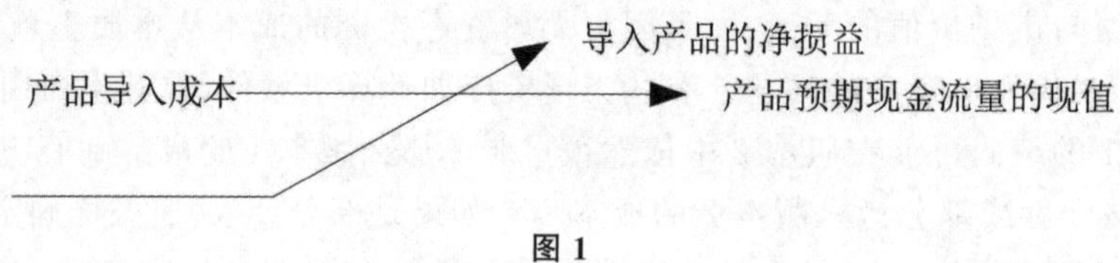

图1

利用期权模型进行产品专利估价时,应充分考虑如下因素:(1)标的资产的价值。对于产品专利而言,标的资产就是产品本身,资产的目前价值就是现在生产该产品的预期现金流量的现值。(2)标的资产价值的方差。对标的资产价值方差的估计可以采取两种方式:一是以类似的产品的现金流量为估计基础,进行适当的调整,由此估计该产品现金流量的方差;二是确定各种市场情况出现的概率,估计各种情况下的现金流量,并计算现金流量的期望值和相应的方差。(3)期权的执行价格。设企业投入成本的现值保持不变,那么投资成本就可近似看作是期权的执行价格。(4)期权的期限。一般来讲,期权的期限可以以产品专利的保护期为基础进行恰当的估计。原因在于一旦专利超过了法律规定的保护期限,由于其他企业毫无壁垒地进入竞争领域和可能的后发优势,企业将无法获得先前的超额报酬率,竞争驱使企业的报酬率达到新的均衡点。(5)红利收益率 y。由于产品的专利存在着法律的保护期限,这意味着在该期限之后,专利将失效。同时应该注意,当产品专利存在着"时滞期"时,则意味着产品专利期权将失去该段期限内企业创造价值的、相关的现金流量。为此可以将红利收益率近似地看作等于年时滞成本,即 $y=1/n$。

【例】笃行公司拥有一项产品专利,期限为20年。该专利初期的投资为10亿元,而当前预期的未来现金流量的贴现值为8亿元(换言之,目前该产品专利的研究开发净现值为负数)。但根据权威预测,生产该产品将在未来极有可能成为盈利项目。假设该产品专利的估计现金流量方差为0.03,无风险利率为10%。

应该明确,虽然该专利产品目前的净现值为负数,但由于存在着被广泛看好的未来盈利前景,因此可以认为该产品专利属于看涨期权,可以借助于期权模型进行该产品专利的投资估价。确定期权模型的各个输入变量如下:标的资产现值=8亿元;执行价格(S)=10亿元;期权期限=20年;标的资产的方差=0.03;无风险利率=10%。运用Black-Scholes看涨期权模型进行产品专利的估价:

$$V = Xe^{-yT}N(d_1) - Se^{-rT}N(d_2)$$

$$d_1 = \frac{\ln\left(\frac{X}{S}\right) + \left(r - y + \frac{\sigma^2}{2}\right)T}{\sigma\sqrt{T}}; d_2 = d_1 - \sigma\sqrt{T}$$

$$d_1 = \frac{\ln\left(\frac{8}{10}\right) + \left(10\% - 5\% + \frac{0.03}{2}\right) \times 20}{\sqrt{0.03} \times \sqrt{20}} = \frac{-0.223 + 1.3}{0.775} = 1.3895$$

$$d_2 = 1.3895 - \sqrt{0.03} \times \sqrt{20} = 0.6145$$

$$N(d_1) = 0.9177; N(d_2) = 0.7324$$

$$V = 8 \times e^{-0.05 \times 20} \times 0.9177 - 10 \times e^{-0.1 \times 20} \times 0.7324$$

$$= 2.7008 - 0.9912 \approx 1.71 \text{ 亿元}$$

3.可靠性。会计是一个计量过程，计量的结果将直接影响到最终会计信息的可靠与否。无形资产的相关信息披露具有相关性是毋庸置疑的，但可靠性却一直受到责难。Wallman(1996)注意到这一点，曾建议了“彩色报告模式”，将无形资产等软资产作为确认的第二层次(符合要素定义、可计量性以及相关性但可靠性略差)。此观点属于急剧式的改进，虽令人耳目一新，然而要重构(re-structure)目前的财务报表谈何容易？也正是受到可靠性的制约，美国财务会计准则委员会 20 余年来形成了四种有代表性的观点——在 FAS 2 的研究中，FASB 考虑了四种与无形资产研发有关的处理方法：所有成本费用化、所有成本资本化、依据一定的条件资本化(FAS 86、IAS 38)、在不确定性消失之前把成本累积在特殊项目中(类似于石油和天然气勘探)[27]，最终在形成会计准则时，在各个方面的权衡下，第一种方法(存在少数例外)即费用化的观点占了上风。目前，还出现了第五种方法，追溯资本化——在研究和开发项目被证明能产生商业上可行的产品之前，像无形资产项目的支出将被确认为费用；在得到证明以后，这些支出将和发生于任何其他资产的支出一样，被资本化，并作为资产加以确认。无论哪一种方法，都有一系列支持或反对的观点，但问题在于：会计如何“反应性”地应对知识经济、应对日益成为企业价值关键驱动因素的无形资产？知识经济不同于工业经济的地方主要在于，企业大量的价值创造在可记录的交易或者事项发生之前(甚至相当长)就已经存在了！这就是市场价值与财务信息不断背离的主要原因。[28]因此会计上对无形资产的会计处理面临着两难困境：是要恪守可验证性与可靠性(甚至苛求)，追求精确的“错”，而任由市场价值与财务信息不断背离；还是要放松可靠性，强化自愿性的信息披露(enhancing voluntary disclosures)，并通过激励性的机制[29]诱致企业对无形资产的投资进行合适的会计处理，提高会计信息的相关性及信息传递功能；要么像 Wallman 那样提倡重新解构财务报告体系。尽管准则制定机构对两者莫衷一是，但联系到近年来改进企业财务报告的呼声不断高涨(如要求企业强化自愿披露、鼓励企业报告应对知识经济的挑战等)的趋势，第二种方式作为渐进式的改进，也许更符合目前无形资产披露的利益格局[30]，也可能在私人收益与社会回报之间达到微妙的均衡。

4.无形资产到底应该披露还是确认。在 Upton(2001)的报告中，曾经介绍了布鲁克研究院的《看不见的财富》报告中表述的观点——无形资产应该在附注中披露，而非在表内确认。

“经过有关这个问题的内部讨论，以及对编制报表者、报表使用者、审计人员、准则制定者和监管者等的意见征询，任务委员会得出结论：有关(与无形资产研制有关的)研究和开发项目资本化抑或费用化的争论是围绕在一个错误的问题上进行的。投资者需要的是有关自创无形资产价值的信息以及其他推动公司价值创造因素的信息。他们也可能想知道成本信息以便评价公司在研究和开发以及其他一些项目上的美元支出得到什么样的回报。但是这些信息是否在表内确认或以其他方式披露(后者如在附注中披露、在管理层讨论和分析中披露或以其他一些形式披露)并不要紧。只要存在这种信息，似乎投资者就有能力对其进行处理和使用。实际上，任务委员会的多数成员认为研究和开发项目(或其他一些无形资产)的资本化是对丰富的表外信息披露的糟糕代替,而后者我们认为是必需的。”

对于这个问题,其实非常具有代表性。它揭示了这样一种趋势:凡是目前不能够完全满足确认标准的项目,一律塞入表外。照此推理,财务报表披露的会计信息的有用性下降是毫无疑问的,即使假定投资者具有老练的财务分析技巧,似乎投资者若要了解相关的、有价值的信息,必须从表外去搜寻。那么是否因此将导致财务报告体系主次地位的颠倒?因为按照 ASB 的 SFAC No.1 的描述,“财务报表是财务报告的核心和财务信息披露的最主要的手段,与投资者决策最为相关的信息来自于表内;表外信息披露只是财务信息表述的其他手段,具有帮助使用者理解财务报表的作用”。虽然并不否认披露也可能是通往确认和计量的第一步,但应该切忌将确认与披露等同,因为确认与披露有着本质的区别(如图 2;即使披露,附注披露和其他财务报告的披露也有区别):

财务报告(表述)
- 财务报表
  - 表内→确认
  - 附注→披露
  - 符合 GAAP,并需要接受审计
- 其他财务报告
  - 辅助(补充)资料
  - 财务报表的其他手段
  - 披露→不符合 GAAP,但需要审阅

图 2

既然表外披露可能是受确认条件、制度因素的权宜之策,那么就应该创造条件使表外披露的项目能够尽快纳入财务报表进行确认,且一旦时机成熟就应该纳入财务报表进行确认,而不是放任自流,任由表外信息日益膨胀,而表内信息内涵日益“萎缩”、失去相关性。而且我们认为,淡化甚至人为“有意识”地抹杀表内确认与表外披露的差异,将是一种“舍本逐末”的做法,从长远来看不利于信息透明度的形成。

5.后续确认与计量。研究开发项目一旦在资产负债表上被确认为无形资产之后,就面临着一个问题:是按照法定年限或合同年限进行系统摊销(不属于后续计量),还是进行后续确认与计量,即定期重估,计提减值准备?对于这个问题的认识,需要结合知识经济下无形资产的本质特征来说明。无形资产作为企业价值的驱动因素,往往具有报酬的递增性——至少未必报酬一定递减。[31]因此,尽管法律形式上无形资产可能存在明确的期限,但本着实质重于形式(substance over form)角度考虑,无形资产分期摊销可能就失去了合理的理论依据。可见,无形资产完全有必要进行后续确认与计量,逐期计提减值准备。此外无形资产内涵的智力资本或知识具有可累积性(accumulate)和沿袭性,再考虑到无形资产的非竞争性(垄断性),这保证了无形资产的可升级性。这给无形资产的后续计量带来了一定的难度,譬如初始投资如何在不同的升级版本之间进行合理的分配。[32]

下面,以商誉的后续确认与计量为例进一步进行解释与说明。

长期以来,关于商誉进行初次确认与计量后的会计处理,曾存在如下几种典型的会计处理方法:(1)立即注销法,即在取得时绕过利润表直接、一次性冲减股东权益;(2)永久保留法,即将商誉作为资产永久保留在资产负债表上,除非能够获取明显的证据表明,企业获取未来超额盈利的能力已经降低甚至衰竭,且超额盈利能力的降低不可逆转时,将减少金额转销到当期损益;(3)系统摊销法,即首先将商誉作为一项资产入账,并在估计的有效年限内系统地摊销,计入当期损益。[33]

由于商誉意味着超额的盈利能力,这并不排除在企业实际的、持续的经营过程中,企业的商誉可能出现升值或贬值的情况。近年来会计界提出的关于商誉摊销的逐年重估法(annual review method),可以在一定程度上克服这一缺陷。逐年重估法是英国在 1992 年底公布的一份研究报告中首次提出的[34],英国会计准则委员会(ASB)在 1997 年 12 月颁布的 FRS 10《商誉和无形资产》及随后颁布的 FRS 11《固定资产与商誉的减值》[35]中,可能是为了与国际会计准则 IAS 36 保持一致,所以对研究报告中提出的方法作了部分修正,认为若无法确定商誉的期限时,不必进行逐年摊销,但可以采取逐年进行减值测试，决定计提的减值损失。[35] 定期减值测试的方法其实属于商誉的后续计量，其具体的操作方式为：按照收益计量单位[37]，分析商誉的每一收益单位的账面价值与“使用价值和可变现净值中的较高者”进行比较，来确定减值金额。[38]

此后，美国 FAS 141、FAS 142 结合企业并购及商誉问题，也提出了商誉后续计量的会计处理。下面举例进行说明。

【例】笃行公司 2003 年 7 月 1 日，支付 30 000 000 元购买了凌云公司流通在外的 100%有表决权的股份，当日凌云公司的资产、负债、股东权益相关资料如表 2：

表 2

单位：元

项目	账面价值	公允价值	项目	账面价值	公允价值
货币资金	8 000 000	8 000 000	流动负债	5 000 000	5 000 000
存货	7 000 000	7 800 000	长期负债	7 000 000	7 500 000
固定资产	20 000 000	21 200 000	股东权益	23 000 000	24 500 000

2003 年 12 月 31 日凌云公司资产、负债、股东权益的相关资料如表 3：

表 3

单位：元

项目	账面价值	项目	账面价值
货币资金	4 500 000	流动负债	6 000 000
存货	4 200 000	长期负债	7 500 000
固定资产	16 800 000	股东权益	17 500 000
商誉	5 500 000	——	——

假定在 6 个月的经营过程中，由于种种原因，凌云公司发生了经营亏损，其净资产的公允价值已经降低到17 000 000元。则商誉减值的计量过程如下：

①2003年 7 月 1 日的商誉为：

30 000 000－24 500 000＝5 500 000

②6 个月后，进行商誉减值测试，并由此确定的商誉减值为：

内含商誉＝17 000 000－(17 500 000－5 500 000)＝5 000 000

商誉减值＝5 500 000－5 000 000＝500 000

四、小结

由于信息披露及其与之相关的会计制度具有路径依赖性(path-dependence)，所以本文阐述的无形资产的会计处理可能还只是一种理论探讨，其合理与否需要经受实践的检验。此外本文引用了大量的国外文献及实证研究结果，这些文献揭示的是否为普遍命题，还有待于利用中国资本市场上市公司的经验数据进行检验。但可以预见的是，随着知识经济的发展，无形资产的问题必将成为一个令人瞩目的会计研究领域。

注释:

* 教育部人文社科重点项目(02JAZ790012)及福建省"十五"社科基金(2003B084)的阶段性成果。本文将主要关注企业自创无形资产的会计问题。

①Wallman,"The Future of Accounting and Financial Reporting,part 2:The Colorized Approach",*Accounting Horizon*,1996(6).

②由于公认会计原则的制约以及剩余会计政策的选择权往往由企业管理当局所天然地加以控制,因此导致这些项目往往需要逐期进行分摊(可能是出于平滑的目的等)。另外,值得思考的是,资产负债表中大量的、不知所谓(Whatever-you-call-it)的项目的存在,迫使我们思考一个问题——"要素的定义决定要素的确认与计量"抑或反之?财务会计概念框架的制定和完善,试图推行前一种思路,然而我们看到的情况有时却恰恰相反。

③这就是为什么我们观察到自20世纪90年代后期以来,全球范围内的剥离活动此起彼伏(之前出现了五次兼并浪潮)。

④转引自Lev,"Intangibles:Management,Measurement and Reporting",The Brooking Institution,2001.

⑤正如Chatfield所说,会计的发展是反应性的。

⑥引自葛家澍、杜兴强:《中级财务会计学》(下),中国人民大学出版社2003年版,第268页。

⑦正如Lev所指出的,"企业要想利润翻番,实物资产的投资规模一般要成比例的增加;而企业为了销量增加一倍,在无形资产上的追加投资往往微乎其微"。

⑧可能存在着极少数的例外,如软件开发成本,除此之外,几乎所有的无形资产投资在财务报告中都要进行费用化。

⑨此外,不应该将5美元全部归因于无形资产,因为在目前财务会计与报告模式下,资产大多是以历史成本确认在财务报表中,因此应该首先调整资产的历史成本为市场价格或重置成本(类似于Tobin Q的计算)。Hall(2000)的有关内容转引自Lev,"Intangibles:Management,Measurement and Reporting",The Brooking Institution,2001,pp.8~9.

⑩转引自Lev,"Intangibles:Management,Measurement and Reporting",The Brooking Institution,2001,p.7.

⑪该问题最初见Lev(2001)。

⑫因为若允许在资本化与费用化之间进行选择,等于扩大了企业管理当局会计政策的可选择域;而若允许资本化而后进行分期摊销,虽然属于会计估计的范畴,毕竟使管理当局进行会计处理的灵活性有所增加。

⑬譬如,逐期摊销可能导致平滑化的假象,而无法揭示无形资产计量和管理的真相(tell it like it was)等。

⑭物理学的基本原理告诉我们,欲判断物体的运动情况,必须选定一个参照系。

⑮因为投资者在缺乏相关信息的情况下,可能会乐观地认为于一次冲销或费用化可能只是暂时现象。譬如,IBM因为无形资产投资导致1995年度第三季度亏损538亿美元时,公司的估价反倒上升了接近4亿美元。转引自Lev,"Intangibles:Management Measurement and Reporting",The Brooking Institution,2001,p.90.

⑯杜兴强(2002)曾借助该博弈说明公司治理背景下会计信息披露的变迁,其结论同样适用于无形资产的信息披露。详细可参见Myers and Majluf,"Corporate Financing and Investment Decision When Firms Have Information that Investors Do not Have",*Journal of Financial Economics*,1984,13:187~221;Dybvig and Zender,"Capital Structure and Dividend Irrelevance with Asymmetric Information",*Review of Financial Studies*,1991,4:201~209;Gibbons(高峰译):《博弈论基础》,中国社会科学出版社1999年版。

⑰此时均衡存在,当且仅当如下两个关系被满足:

$$(1)\ X \geqslant W\cdot(1+r)-X\cdot L+\frac{\sqrt{[X\cdot L-W\cdot(1+r)]^2-4H\cdot W\cdot(1+r)}}{2}$$

$$(2)\ R-W\cdot(1+r)\geqslant\frac{W\cdot(1+r)}{R}\cdot H\cdot L$$

这属于典型的高利润状态必须补贴低利润状态。

⑱"lemon discounted"迫使我们联想起了Akerlof在1970年的文章中提出的"柠檬市场"现象,其实无形资产及企业价值的低估很大程度上是由于如上揭示的原因。

⑲参见FASB的SFAC No.5。

⑳严格意义上,FASB资产定义和IASC资产定义并不完全一致,前者强调的中心词是"未来的经济利益",后

者强调的中心词则是“经济资源”，而“未来的经济利益”则属于限定语。

㉑㉒㉕㉗Upton，“Business and Financial Reporting：Challenge from the New Economy”，2001.

㉓要捕捉未来的经济利益，意味着我们必须能够采取现值计量技术搜寻未来的经济利益。然而由于现值计量往往充斥着人为因素，所以目前资产负债表上实物资产的计量往往避重就轻，采取投入角度、以成本为计量属性进行计量。但是，这样就等于资产定义的“质”和“量”的严重背离！

㉔Martha Amram 和 Nalin Kulatilaka，《实物期权：在不确定的世界中管理战略投资》，波士顿：哈佛商学院出版社 1999 年版。

㉖参考 Damodaran：《价值评估》，北京大学出版社 2003 年版；杜兴强：《投资估价原理》，科学出版社 2002 年版。

㉘Lev，“Intangibles：Management，Measurement and Reporting”，The Brooking Institution，2001.

㉙如为无形资产的会计处理和信息披露设立“安全港”（safe harbor）政策等，免于企业管理当局和注册会计师因披露无形资产而招致股东的诉讼。

㉚会计准则与会计信息披露，并非纯粹的技术性，而是具有经济后果性、政治效应和市场效应的。Lev（2001）曾专门分析了无形资产披露的“政治性”。

㉛正如 Grossman 所说，“无形资产往往具有‘规模报酬递增性’”。

㉜其实，由于可累积性，即使失败的无形资产研究开发项目也有可能对日后的研究开发进行启迪或昭示，照此如何确定日后无形资产研制的成本也是一个复杂的分摊问题。

㉝如上三种方法，在理论界都受到不同程度的支持，但都不足以全面反映商誉的经济实质，因而也都受到相应的批判。就各国的会计实务来看，系统摊销法是比较流行的惯例，曾一度为大多数国家所采用。

㉞当时建议的会计处理方法的一般程序是：将外购商誉资本化，在其有效经济年限内，通过对其可收回性（recoverability）进行逐年重估，以决定相关投资可能发生的任何减值，并以此作为当年的商誉摊销额，计入损益表。逐年审查是通过“上限测试法”（ceiling test）来完成的。重估的结果，某些期间的摊销额可能是零，但不能将以前年度的摊销额转回，更不能使商誉升值。上限测试法的具体程序是：估计投资的净现值，并与单项资产、负债和商誉的公允价值进行比较，以决定投资的可收回性。可收回金额的减少，首先应归属于已确认的资产和负债，并对这些资产和负债作相应的调整；剩下未归属的部分，就是应确认的商誉摊销额。估计投资的净现值，是一个主观的过程。为了减少这一过程的主观性，上限测试法实施了某些限制条件——上限测试法分为“现金流量贴现测试法”（DCF test）和“比较测试法”（comparative test）两种，两者在估计投资净现值方面稍有差别。

㉟ASB，“Goodwill and Intangible Assets”（FRS 10，1997）、“Impairment of Fixed Assets and Goodwill”（FRS 11，1998）.

㊱若期限能够确定，ASB 推荐的优先会计处理方法为系统摊销。

㊲收益计量单位是基于独立收益流（income flow）难以分离的现实而提出的，它将报告主体的全部收益尽可能地分为许多基本上独立的收益流。

㊳商誉应该以资产和负债相同的方式分配归入各个收益产生单位。

（原载于《财会通讯》2004 年第 17、19 期）

关于会计信息的相关性和可靠性问题的思考*

葛家澍　杜兴强

一、引言

在公司治理和委托代理关系中,在所有权和经营权高度分离的情况下,会计信息系统存在的基本理由在于,会计信息有助于降低投资者决策过程中面临的不确定性,借以减少决策风险、促使社会资源趋利性流动,达到优化资源配置的目的。[①]会计信息要发挥上述功效,必须具备相关性与可靠性。然而,相关性和可靠性往往需要权衡和协调(tradeoff)。事实上,尽管在美国财务会计准则委员会(FASB)颁布的 SFAC No.2 中,相关性和可靠性被 FASB 并列为财务会计信息质量的首要属性[②③],但当会计目标的定位从"受托责任观"上升为"决策有用观"[④]后,财务会计信息披露的使用者导向(user-oriented)模式逐渐形成。在决策有用观下,由于所有者的模糊和高度分散性,使得财务报告信息的受托责任解除功能大大降低,而财务报告信息使用者进行决策时所需要的相关信息则成为在既定环境下支配会计信息披露的因素,因此相关性就成为关注的焦点。特别是 20 世纪 90 年代以来,使用者对现行财务会计和财务报告模式的相关性的不满,由此而引发了一场财务报告改革的浪潮[⑤],财务报告改革的焦点更多时候是集中于提高财务报告披露信息的决策相关性上。但一系列的上市公司财务欺诈案件迫使我们必须对可靠性问题保持应有的关注。本文旨在对会计信息的相关性可靠性问题进行探讨,并尝试性地探讨提高相关性和可靠性的途径。

二、会计信息的相关性和可靠性:主流观点及我们的切入点

(一)会计信息的相关性与可靠性:主流观点

会计信息的可靠性与相关性及其权衡问题,是现代会计理论领域内一个颇具魅力的论题,无论是会计准则制定机构的权威公告,还是学者的理论探讨,多年来都对该问题保持了密切的关注。美国财务会计准则委员会(FASB)第 2 号财务会计概念公告《会计信息的质量特征》中,将相关性与可靠性作为会计信息的两个主要的质量特征被并提,但对两者的抉择讳莫如深。透过现象看本质,FASB 更为侧重于"相关性"的意图其实一直十分明确。从 20 世纪 80 年代开始,改进企业财务报告的呼声越来越高,而改进企业财务报告的举措的着眼点几乎全是会计信息的相关性。AICPA 的调查报告"Improving Business Reporting—A Customer Focus"提出的诸多建议,如披露前瞻性的

信息、披露资产和负债计量的不确定性等明显地侧重于会计信息相关性的改进(AICPA,1994)。Wallman的观点甚至更为激进,但却在一定程度上反映了美国会计界对相关性的关注——在Wallman看来,相关性是会计信息最为重要的特征,为此他勾勒了一个包括五个层次的彩色报告模式(Colorized Model):(1)相关性、可靠性、可定义性和可计量性均符合要求;(2)相关性、可计量性和可定义性都符合要求,但可靠性存在着疑问;(3)相关性与可计量性符合要求,但可定义性与可靠性存在疑问;(4)相关性、可靠性和可计量性符合要求,但可定义性存在疑问;(5)仅相关性符合标准,可靠性、可定义性和可计量性都不符合(Wallman,1996)。从上面五个层次的划分中,明确地可以解读出Wallman的基本思想,相关性是首要的、不可或缺的。值得一提的是,在美国会计学会(AAA)每10年左右颁布的一系列研究报告中,相关性都作为一个至关重要的问题加以阐述。英国《财务报告原则公告》指出[6],"财务报表的信息必须相关和可靠,当两者互相排斥,需要对产生信息的方法选择时,所选择的方法应是能使信息相关性最大化的方法"——耐人寻味的是,ASB在10月份通过的"公告"内容的建议为,若可靠性与相关性互相排斥,有用的信息应有"那些可靠信息中最相关的项目"、"会计信息在符合可靠性之前,不应对外披露"[7]。

对于相关性和可靠性的权衡问题,有些文献提出根据财务报告的不同组成部分区分相关性和可靠性取舍的思路,即对于财务报表中的会计信息应该首先满足可靠性,甚至牺牲相关性;而对于其他财务报告,则强调相关性,甚至不惜牺牲可靠性。但是我们认为,按照这种"两分法"最终将导致一种尴尬的局面,那就是财务报表提供的是高度相关而又同时几乎不相关的会计信息,结果财务报表披露的会计信息很可能将失去其决策有用性。此外,这似乎与FASB和SFAC No.1(para.6)指出的结论——"财务报表是财务报告的中心,是企业向外界传输会计信息的主要手段"相互矛盾。可见,"可靠性和相关性的内涵及两者的辩证关系"仍旧是一个值得深入研究的问题。

(二)会计信息的相关性:交易费用引入后的一种新视角

会计信息是一种有价值的信息资源,管理当局是会计信息提供方主体,会计信息使用者是会计信息的需求方,会计信息对于供求双方而言都是不可或缺的。管理当局需要会计信息来解除受托责任、供资源投入方评价其经营业绩,从而获取补偿方案规定的奖金或红利。会计信息使用者需要会计信息来减少决策中面临的不确定性,以达到改进决策获取收益的目的。但会计信息的供求需要花费资源和代价,管理当局提供会计信息需要花费簿记成本、支付代理人(会计人员)工资、培训费用等显性成本[8],也要承担诸如诉讼成本、企业部分原本私有的信息公开后导致的竞争劣势等隐性成本[9],还面临着会计信息披露对企业竞争力、谈判地位带来的不利影响[10];会计信息使用者需要花费时间和精力消化会计信息[11]。由于现代企业可以看作是一系列契约的结合(a nexus of contracts),各类要素投入者作为缔约方并不直接参与企业具体的经营管理,因此定期的会计信息披露就成为这些要素投入者了解企业情况和评价管理当局经营业绩,并据此做出各类决策的重要依据。因此可以认为,会计信息的提供(包括质和量)是企业与各个要素投入者交易成功与否的一个关键,那么提供会计信息而给企业带来的成本就属于典型的交易费用的一部分。会计信息供求双方因会计信息而发生的各项成本,都可以统一于交易费用的框架下进行分析。因为会计信息的生产、提供和理解、分析、利用,都与企业的生产过程无关,因此属于交易费用[12]。

出于理性的考虑,每个会计信息的利益关联者都希望能够以较小的代价获取尽可能大的利益,实现个人决策效用的满意化。管理当局同样面临着一个私人决策的满意化问题,尽管管理当局披露会计信息是必需的,但他可以选择财务报告披露的会计信息的信息含量(content)和时机,他所愿意提供的会计信息的水平和质量取决于私人边际收益和私人边际成本的比较和权衡。理想状况下,信息使用者同样也希望管理当局通过财务报告提供能够直接为他们所直接利用的会计信息,但财务报告的通用性使这种理想状况的存在性不具有普遍性。此外,通过私人契约,使用者也许可以直接得到与其决策相关程度最高的会计信息,但是成本—效益的约束往往阻止了使用者个人与管理当局之间私人契约的缔结,尤其当使用者个人在企业中拥有的权益份额较小时更是如此。这就促使会计信息的使用者转而求其次,要求管理当局尽量在会计准则或会计制度的约束下提供通用的会计信息,而这些信息最起码应该满足基本的可靠性和通用的相关性。通用会计信息的提供导致使用者和企业管理当局之间围绕会计信息披露进行动态博弈。

1.企业私人边际角度的考虑。企业会计信息的提供并不是无成本的,实际上任何增加企业信息披露(包括披露的内容与质量)的要求都将增加企业的信息披露成本。信息披露成本分为两类,显性成本[13]和隐性成本[14]。那么,毫无疑问,出于理性的考虑,企业提供会计信息时,自身必然要进行成本—效益的权衡。[15]就特定企业而言,其愿意提供的会计信息的最佳点满足边际成本等于边际收益约束条件的 q[16],而提供会计信息也要受满足成本—收益的约束,从而提供会计信息的临界点 L 肯定大于 q。那么:(1)若边际成本小于边际收益,那么企业将会提供更多的会计信息量,这可以理解为是企业自愿进行会计信息披露的一种动机;(2)若提供会计信息的边际收益小于边际成本,那么假如缺乏外部强制力量,则企业不愿意提供更多的会计信息;(3)若提供会计信息的边际收益小于边际成本,并存在外部管制,且符合成本效益原则,那么企业将会遵循会计准则的要求提供会计信息。由于会计信息提供中存在成本效益的制约,再加上管理当局可能利用其拥有的信息优势损害投资者的利益,那么会计信息披露过程中就存在着外部性。

2.社会角度的总体考虑。在高度发达的资本市场上,企业的会计信息使用者既包括了所有者、管理当局和与企业直接有着明确契约关系的各个利益方,也包括了诸多潜在的投资者,企业提供会计信息质量可能促使这些潜在投资者所拥有的资源遵循趋利性流动原则而积聚于本企业。因此,企业提供的会计信息就天然地具备了外部性(externality)的特征[17]。外部性必须采纳各种方式予以内部化(internalization)。尽管企业提供会计信息带来的外部性因信息使用者和管理当局之间信息不对称(information asymmetry)程度不同而有所差异,但外部性的存在将使得企业在会计信息提供中不能只考虑私人成本、收益的对比,有时应该站在整个社会的立场上进行分析。此时,管制力量将会介入,希望能够借助于会计准则或会计制度的形式,矫正外部性产生的行为来确保社会效用的最大化。我们可以将与会计信息有关的全部利益集团假设为一个虚拟的企业合并体,那么外部性内部化问题就转化为使其联合社会效用(joint utility)最大化或社会联合成本最小化[18]。

$$\mathrm{JC}(q)=\mathrm{AFC}(q)+E(q)\cdot P(Elq)$$

其中,$\mathrm{JC}(q)$代表社会联合成本,$\mathrm{AFC}(q)$代表会计信息成本,$E(q)$代表外部性,$P(Elq)$是一个条件概率,代表既定会计信息质量给会计信息使用者带来损失的可能性。[19]可以肯定的是,$\mathrm{AFC}(q)$是 q 的增函数,$E(q)$、$P(Elq)$是 q 的减函数,因此 $JC(q)$一定是 q 的严格凹(strictly convex)函数,那么必然存在一个极小值点(同时也是最小值点)。我们将位于该点的会计信息质量称为 q^*。从 $q\rightarrow q^*$(即企业私人效用最佳点向社会效用最佳点的移动),可以看作是一个整个社会效用改进(utility-improving)的过程。会计准则或会计制度出现的初衷,就是力图促使 $q\rightarrow q^*$ 的转变。透过会计发展史,我们可以从总体上看到,政府通过强制性的会计准则确实使早期会计信息公开披露实现了 $q\rightarrow q^*$ 的迁移,然而现实背景下,特定企业的会计信息披露在会计准则等规范形式下并不一定正好位于 q^* 点之上!

原因在于:

会计准则和会计制度等对会计信息进行管制和规范的形式,属于事前管制(ex ante regulation),所以通常具有一般性和通用性。但是,投资者根据会计信息进行的决策将面临不确定性,决策恰当与否将不仅既取决于企业提供的会计信息的质量,还与决策者个人的知识结构、偏好以及决策模型和面临的决策环境相关。另外注意到,企业提供的会计信息是否达到其应有的质量则在很大程度上属于一种事后(ex post)验证行为,依存于投资者的主观判断——若投资者根据会计信息进行决策的结果是不利的,那么投资者完全有可能指责会计信息的质量。投资者更愿意相信的逻辑是,既然要与投资者的决策相关,那么如果根据会计信息进行决策后的结果是不利的,那么会计信息提供的质量不高。当企业提供的会计信息给相当多的投资者决策带来不利结果时,企业将面临事后的惩罚。而这凸现出目前关于会计信息相关性和可靠性争议的一个焦点:到底投资者的损失是因为会计信息缺乏相关性或可靠性而导致的,还是因为投资者不当地分析财务报告而导致。因为按照FASB的SFAC No.1,财务报告提供的会计信息对那些具有一定的专业知识且相当勤勉,并愿意分析财务报告的使用者而言是有用的。

三、关于会计信息的相关性问题

(一)通用财务报告模式下会计信息相关性可能导致的问题[20]

相关性的含义揭示,相关性既有普遍性的一面,也有特定性的一面。从会计信息提供的及时性与否考虑,会计信息将影响到全部会计信息使用者的决策;从会计信息的预测价值和反馈价值方面进行考虑,会计信息是否具有相关性则与会计信息使用者的特定决策类型有关,严格意义上理解,投资者要想得到决策相关的会计信息,必须对企业提供的财务报告本身进行恰当的分析、理解,甚至可能进行重新分解和组合以希冀获得更多的会计信息。出于个人决策的成本—效益考虑,使用者一般希望管理当局提供的会计信息能够直接为其所用,然则由于管理当局通过财务报告提供的会计信息只是通用意义上的会计信息,因此使用者必须进行恰当的理解、分析和利用。相关性并非会计信息系统本身所能够解决的,它与会计信息使用者的决策类型包括投资者个人的知识结构、所掌握的分析技能和决策模式、偏好、决策环境等因素密切相关。不同使用者的不同决策需要不同相关程度的会计信息。

1.如果过分强调相关性,将会导致可靠性的削弱。为了追求相关性,就必须满足及时性(因为及时性是相关性的灵魂),而过度追求及时性则导致企业有时在未获取客观、可验证的数据之前就进行相关会计处理,必然损害可靠性。相关性可能受到会计技术和程序方面的限制而降低,如某些项目如人力资源或智力资本等信息就因为不符合确认条件或不能够可靠计量方面的原因而不能够在企业的财务报告体系中进行披露,尤其是不能够通过传递会计信息的主要手段——财务报表进行传递。由于可靠性方面的限制,许多不完全符合会计确认四项条件[21]的项目最终不能够在财务报表中进行确认,而只能够相机在其他财务报告中进行披露。[22]因此从普遍意义上审视,财务报表提供的会计信息的相关性正在下降,而其他财务报告中提供的会计信息的相关性却有增强的趋势。但是这种状况并非长久之计,因为照此下去将不符合整个财务报告体系最初的构想,可能发生其他财务报告取代财务报表成为主要的会计信息传递手段的危机。

2.现行的财务报告模式提供的通用会计信息,是按照“公共选择”的思路,考虑“公众利益”权衡后的结果。如此确定的、企业财务报告披露的会计信息的相关性满足一个基本的“含量”。当然,这个基本的“含量”是由管制机构在调查会计信息使用者作为一个总体的需求状况后得出的,它是不断变化的。显然这样的会计信息披露相关性,对机构投资者而言,可能意味着信息不足,对小投资者而言,则可能意味着信息过载。无论最终会计信息披露导致信息过载或不足,相应的投资者必须默默承受,因为这是集体选择的结果。这也是目前通用财务报告模式下相关性面临的尴尬!

在会计信息相关性这个基本的“含量”未变化之前,任何投资者若根据自己的决策类型而要求更相关的会计信息时,就可能面临交易费用的转嫁等诸多问题。假若企业管理当局主要考虑机构投资者的决策需求来选择相关性进行会计信息披露,那么此时受益的将是机构投资者,但中小投资者由于被迫接受“信息过载”的现实而不得不花费更多的时间精力和资源去对财务报告进行分析,因此其实是受损的。此外,按照机构投资者的要求提供会计信息还存在着“信息披露成本分摊的非公平性现象”。为了说明,我们假设按照投资者总体期望需求提供的会计信息披露成本为 A,那么持有比例 λ 的投资者承担的信息披露成本为 $A\lambda$;假定信息分析成本为 C,总收益为 R,那么利用会计信息进行决策的净收益为“$R-A\lambda-C$”。当主要考虑机构投资者要求提供会计信息的披露成本为 B,毫无疑问 $B>A$,此时投资者承担的信息披露成本为 $B\lambda$;假定会计信息分析成本为 $C'(C'>C)$,总收益为 R[23],那么利用会计信息进行决策后的净收益为“$R-B\lambda-C'$”。显而易见,$R-A\lambda-C>R-B\lambda-C'$,两者差额为“$(B-A)\lambda+(C'-C)$”,代表本应由机构投资者承担的交易费用,但却转嫁给中小投资者,即机构投资者受益但中小投资者受损。[24]

3.严格意义上,如果要求管理当局提供完全与决策相关的会计信息,可以通过两种途径实现,或者由会计信息使用者和管理当局签订私人契约要求特定的信息,或者要求管理当局提供专用财务报告。由于个人成本—效益原则的制约,一般的中小投资者并不寄希望于通过私人契约来得到理想的会计信息,而是希望通过“搭便车”来获取部分会计信息。而专用财务报告本质上也是需要通过私人契约来完成的,只不过因为专用财务报告的投资者与管理当局的强权博弈中处于优势地位或一旦投资将占据优势地位,所以他们在与管理当局针对会计信息进行的博弈中可能居于一种相对较为有利的地位。专用财务报告的存在带来诸多问题,具体体现为“可能引发对中小投资者的利益损害问题”。在机构投资者得到的会计信息和中小投资者得到的会计信息不一致时,管理当局和投资者之间的信息不对称问题将扩展为“管理当局和机构投资者”、“机构投资者和中小投资者”、“管理当局和中小投资者”两两的信息不对称,机构投资者可能利用其相对于中小投资者的信息优势获利,但却损害了中小投资者的利益。而一个国家的资本市场是否健康发展的一个根本标志是看其能否恰当地保护中小投资者的利益。[25]管理当局和投资者之间的信息不对称程度可以通过不断对会计信息披露进行规范而得到降低,尽管不能够完全消除,但由此造成的较低程度的不对称是投资者可以接受的,但投资者却不能接受投资者中的某小部分不是依靠自己的分析才能,而是靠内幕信息(不论是否付费)得到更多会计信息的事实。

(二)改进财务报告相关性的可能举措

1.简化年度报告及因特网上的财务报告。在之前的系列论文中,我们曾经指出,目前财务会计与报告模式缺乏相关性及信息内涵(contents)的一个重要原因在于其缺乏及时性(事实上,及时性是相关性的核心,是会计信息有用与否的关键)。[26]提高会计信息披露的及时性将在很大程度上提升财务会计与报告模式的决策相关性。而提高财务报告及时性的举措包括:提供简化年度报告(summary annual reports,SAR)和通过因特网提供企业财务报告。[27]现行财务会计与报告模式下披露的会计信息,往往受到会计处理程序和传递渠道的限制,使得年度财务报告的披露往往具有时滞(time lag)性,使得财务报告在正式公布之前,其信息内涵(information contents)就已经几乎被“清空”(emptied),这导致会计信息的相关性下降,也使得会计信息系统在与其他“信息源”的竞争中逐渐处于劣势。考虑到年报的滞后性,所以可以通过编制简化年度报告(summary annual reporting,SAR)来使会计信息使用者尽快地了解到企业本会计期间的重要的财务状况和经营成果,并对会计信息使用者浏览最终的年度财务报表提供导读的作用。

20 世纪 90 年代中期以来,改进企业财务报告的浪潮及信息使用者们渴望在信息技术的支持下实现企业“实时报告”的需求,促使企业充分利用信息和因特网技术改善信息传递的渠道,尤其是可扩展的企业报告语言(XBRL)的应用,通过因特网提供财务报告逐渐成为一种潮流,因特网上财务报告也逐渐由自愿披露向强制性披露过渡。2002年，美国《财富》百强全部拥有公司网址，并在公司网址中披露了财务信息。同时，绝大部分企业的财务报告质量有明显改进，尤其是与有用性相关的质量要素得到改善。在我国强制要求上市公司在因特网上公开发布财务报告的工作始于2000年。[28]潘琰(2002)发现，已有82.5%的中国上市公司建有自己的网站，并有75.72%的公司在自己的网站中自愿披露财务信息[29]。因特网上的财务报告对提升会计信息相关性的影响可能在于：(1)大大提升了财务报告的及时性。潘琰(2000)发现中国公司的48.24%，美国公司的98.98%在公布财务信息当天就以各种形式在公司网站发布财务信息。(2)为了显示企业的特质性和信息披露的信号传递作用，因特网上的财务报告往往出现了不同程度的自愿披露，并目披露不同于其他企业的未来风险与报酬机会。(3)披露大量在传统财务报告中无法反映的非财务信息，这些信息对投资者理解企业的价值驱动因素及企业的未来发展大有裨益。(4)逐渐勾勒企业业绩的发展趋势，许多公司连续提供超过10年的历史数据，向投资者反映公司的发展趋势。

2.事项会计模式。[30]在目前的财务会计与报告模式下，由于决策类型和知识结构的差异，投资者对会计信息相关性的内涵理解各不一致，因此设想通过一套通用的财务报告来满足所有利益相关者的所有需求存在着极大的困难，其结果就是对财务报告信息过载和信息不足的指责交互在一起。事项会计模式认为，既然目前通用的财务会计与报告模式在满足投资者的决策相关性方面日益受到指责[31]，因此主张将企业经济活动的主要事项提供给投资者，这样就等于将根据这些基本事项生成会计信息的任务转移给投资者，以更好地实现信息加工和信息使用的连贯性，在很大程度上可以避免出现指责企业会计信息缺乏相关性(过载或不足)的现象。

由于目前通过一套通用的财务报告提供会计信息需要受到公认会计原则的严格制约，导致大量财务信息无法一贯性地传递给投资者，增加了投资者辨别企业特质性及未来发展趋势的难度，也使得企业的价值驱动和创造过程犹如"黑匣子"一样神秘，不利于充分披露信息和保护投资者的基本宗旨；同时，由于通用财务报告的生成需要职业判断，而由于信息不对称，企业的管理当局和会计人员拥有了天然的"判断"权力(power，来自对会计政策的天然控制权)，因此在生成会计信息时并未考虑不同决策类型投资者的具体信息需求，导致最终反映在财务报表上单一、貌似十分精确的数据因为信息过滤而无法满足投资者的决策相关性。换个角度思索，若企业能够在不影响企业商业秘密的情况下将经营活动的基本数据传递给不同的投资者，由他们根据决策类型独立生成会计信息(前提是投资者具备专业知识或社会中介具有独立性和成熟性)，那么经营活动的基本数据无疑将是最相关的，而企业所需要做的就是确保原始经营数据的可靠性。

实际上，按照事项会计模式，企业向投资者传递的企业经营情况的有关资料，不再拘泥于财务报表或通用财务报告，而是借助于发达的通信技术，将企业进行所有经济活动的有关情况归类，通过一种"经营事项表"的形式，实时(real-time)传递给投资者(满足及时性)，若有必要，可以进行提示性的结构排列，以便投资者在进行决策时，具有最大的重新解构价值。如今随着知识经济初露端倪、新经济下互联网技术的迅速发展及互联网在全球的迅速普及，尤其是XBRL语言的开发越来越多的公司开始在互联网上披露其财务报表和相关的会计信息。例如美国Fortune 500强中有99%的企业已经有自己的互联网网址，94%的企业已经在网址上公布了其财务报表。[32]互联网技术的发展，为企业及时披露会计信息奠定了坚实的基础，也使得通过推行事项会计，从而较好地解决会计信息的相关性问题成为可能。

3.Boulton等的观点。Boulton等[33]认为未来企业报告应该披露企业所有资产的现行价值，包括没有在现行的财务报表中确认的无形资产、关注企业的价值创造、产生更有意义的详细的分解式的信息，而不是单一的一视同仁的通用报告。为此，他们提出了三维矩阵报告模式。在三维矩阵报告模式中，传统的表内信息与表外信息二分法报告结构被彻底瓦解，取而代之的是由45个信息单元组成的矩阵报告结构。显然，在这里，"表内信息与表外信息、表内核心、表外补充"等表述已经毫无意义,这在一定程度上缓解了我们上文提到的财务报表及其他财务报告之间存在的本末倒置的非正常现象。此外,依照 Boulton 的观点,我们认为将极大地提升财务报告的相关性,使得企业提供的会计信息能够反映企业价值创造的过程,了解企业在资本市场上的竞争优势或劣势情况。

在三维矩阵报告模式中,首先需要界定资产的定义。Boulton 等认为,资产是"能够给企业带来未来经济利益、能够对企业价值做出贡献的所有潜在资源"。这个定义与传统资产的定义差别在于,传统的定义要求资产应该能够被公司所控制,而新的定义不要求资产必须为公司控制,只要该资源能够给公司带来未来经济利益,即使不为公司控制,也应作为公司的资产,因此,公司的客户、供应商都是公司的资产。按照这个定义,Boulton 等把公司资产分为五类:(1)有形资产。如土地、建筑物、设备和存货等。(2)客户资产。如客户、销售渠道会员客户。(3)金融资产。如现金应收款项、投资、负债(负资产)等。(4)雇员和供应资产。如雇员、供应商、合作者等。(5)组织资产。如领导能力、革新能力、战略过程、公司文化、品牌、知识产权等。其中,有形资产、客户资产、金融资产、雇员和供应商资产以组织资产为基础和中心发挥价值创造的作用。公司这五类资产是三维矩阵报告模式的第一维,第二维是外部环境、过程、价值(指公允价值),第三维是过去、现在、未来。三维的组合将形成 45 个信息单元,比如客户(第一维)、环境(第二维)、未来(第三维)三者之间的组合将形成"客户/环境/未来"信息单元,该信息单元主要披露公司客户在未来如何受到环境的影响,公司如何应对等。

四、关于会计信息的可靠性

(一)会计信息可靠性的制约因素

会计信息的可靠性,涵盖了两个层次的考虑,即单个会计数据的可靠性和一系列会计数据经过企业会计人员的主观判断、分析综合、加工汇总之后的,反映在财务报表上的单一、仿佛十分精确的项目的可靠性。单个会计数据的可靠性依赖于对原始凭证和记账凭证的真实、完整、合法、合理性的审核,而汇总得到的财务报表上单一项目的可靠性则不仅取决于单个原始会计数据的可靠性,还依赖于分析会计人员在一系列会计程序过程中的行为。

对于会计信息的可靠性问题,属于企业会计信息系统的一系列程序、方法,外加利益相关者(大股东、债权人、管理当局)的个人决策事后因素而相互作用的结果。由于信息不对称,个人对企业会计信息可靠性的直接验证一则成本高昂而不大可能,二则如果每个使用者对会计信息都进行验证是社会资源的过度浪费,但独立、客观和公正的注册会计师和外部审计签证机制的存在使得会计信息的可靠性往往成为一般使用者决策时的事前(ex ante)忽略变量。必须明确的是,投资者事前认为可靠性是决策的忽略变量不意味着会计信息的可靠性一定能够得到投资者的认可,因为一旦依据会计信息进行决策后导致了事后(ex post)不利的结果,使用者势必转而指责会计信息的可靠性。但是,作为具有理性的会计信息使用者,为了避免决策可能导致的失误,再考虑到事后对会计信息可靠性的指责总具有某些不可捉摸的味道,以及中小投资者一般往往通过"用脚投票"选择市场退出方式对管理当局进行惩罚的事实,所以事前对会计信息的可靠性提出基本要求是现实的,并借此来降低决策面临的不确定性。事实上,会计信息的可靠性,无论从使用者事前的要求,还是会计信息系统的功能限制,抑或因事后指责而反馈导致的会计信息可靠性提高方面进行考虑,存在着一个"度"的问题,对反映特定经济业务的个别会计数据而言是如此,对若干个别会计数据经过汇总、会计人员的估计和判断后形成的财务报表上单一、仿佛绝对精确的集合数据而言更是如此。会计信息的可靠性是相对的，不存在“黑”“白”的绝对界限。可靠性并不意味着精确性，反之亦然——逆否命题仍成立，因为貌似精确的数字往往是对可靠性的否定，受企业私人效用函数的制约，当投资者事前无法直接验证会计信息的可靠性程度，当注册会计师因为审计程序和审计技术乃至审计费用方面的因素未能够发现会计信息的可靠性可能存在的问题时，会计信息的可靠性程度的高低也许是企业管理当局的私人事情。注册会计师也只是在重大性原则的制约下对企业会计信息基本可靠性的满足程度进行的鉴证，其发表的无保留审计意见只能表明企业会计信息实现了基本的可靠性，且该审计意见具有或然性。如果苛求绝对可靠性，那么企业由此将增加额外的交易费用。

那么，什么因素决定企业财务报告的会计信息是否可靠呢？这样的决定因素可能包括：会计信息系统独特程序和方法的限制，准则、制度等规范的要求，不同决策类型的会计信息使用者的事后判断，甚至必须考虑公司治理生态(ecology of corporate governance)的整体因素。会计信息系统的一系列程序、方法的存在决定了单一会计数据的可靠未必能够必然衍生出最终通过财务报告披露的集合数据的可靠性，因为其间会计人员的估计、判断等人为因素和不确定性大量存在。准则、制度对于会计信息的可靠性的作用具有一定的稳定性，在特定时期不会产生剧烈的可靠性问题，但这并不排除环境剧烈变化时使用者对企业遵循原来规定所生产的会计信息的可靠性的怀疑。会计信息使用者的事后判断是前者的依存函数，换言之，准则、制度限定得越详细和固定，一般情况下会计信息使用者事后将不会过度指责会计信息的可靠性；准则、制度规定得灵活，管理当局拥有越多的会计政策的选择权，使用者事后越可能对会计信息可靠性产生怀疑，进而指责其不够可靠。原因在于，当存在多种备选方案时，管理当局可能会出于自身利益的考虑选择一种在约束条件下能够最大化自己私利的会计政策，而这种会计政策也许与经济事实或客观性存在一定的差距，当然也就影响了会计信息的可靠性。例如，当管理当局为了给投资者造成一种公司平稳发展的印象，往往利用应计、待摊、递延、预提等会计程序来营造一种“平滑”(smoothing)的假象。

(二)苛求会计信息可靠性的经济后果

考虑到会计信息生产成本的阶梯型边际递增性，因此若苛求会计信息的可靠性必然会导致交易费用的激增。交易费用的提高却未必一定导致会计信息可靠性的提高，反而会导致一种“精确的错误”——请谨记一个事实，“大概的对比精确的错更可取”。现实会计实务中，苛求可靠性可能导致“精确的不可靠”或“真实的谎言”之类的未预料的结果[34]，导致“过犹不及”[35]，并导致企业提供会计信息的可靠性的均衡点下降[36]！

我们认为，会计信息的可靠性存在着一个基本的“度”，这个“度”一般是以是否遵循会计制度或会计准则的规范能否通过和经受注册会计师的鉴证为基本判断标准的。如果管理当局提供的会计信息不满足于基本的可靠性的“度”(而又骗取了注册会计师的无保留意见)，那么投资者在进行决策时将面临花费更多的交易费用去验证会计信息的可靠性，这种情况下属于交易费用不合理地由企业转嫁给信息使用者。会计信息的可靠性满足基本的“度”的重要意义在于：任何真正意义上的投资者都不会满足于企业提供的通用会计信息，只要边际成本小于边际收益，他们就可能会对置于“公共领域”内的具有价值的信息资源(即所谓的“租”)进行进一步的攫取。虽然这种举措(攫取租金的行动)属于个人化行为，但不可否认的是，由于信息不对称，意欲针对会计信息进行攫取的投资者的一个基本依据仍旧是企业通用的会计信息，因此通用的会计信息是否符合基本的可靠性的“度”，就成为攫取过程是否可行的第一个关键因素。否则在不可靠信息甚至是严重背离经济事实的会计信息的基础上进行的进一步的加工、整理、再组合过程产出的新会计信息要么将是更不可靠的，对决策是有百害而无一利的；要么投资者要得到自己满意的、可靠性的会计信息将耗费更大的交易费用，正是从这个意义上讲，ASB(1999，para.3.35)曾认为不可靠的财务信息不应该提供。

明确了会计信息的可靠性存在一个基本的“度”之后，我们还应该意识到该“度”是对财务报告提供的通用会计信息而言的。有些使用者譬如专业用户(professional users)或机构投资者,由于其决策过程的复杂性和精密性[37],因此他们进行决策时可能并不满足于会计信息可靠性这个"基本的'度'",他们可能会针对会计信息的更高的可靠性进行攫租(rent-capturing)。攫取过程可以视为是专业用户在成本效益原则制约下追求个人决策效用满意的过程,如果其私人边际收益等于边际成本,则攫取过程终结。但是,如果专业用户所需要的更高可靠性的会计信息由管理当局通过另外途径(如私下协议)无偿供给,那么其边际成本曲线将是非常平坦而接近并平行于横轴(代表会计信息可靠性程度),而企业的边际成本曲线因此上移,企业以财务报告形式公开披露的会计信息的基本"度"下降。换言之,如果个人决策可靠性的苛求将导致与更高可靠性联系的交易费用由决策者个人转嫁给提供会计信息的企业[38],而企业由于也受到边际成本和边际收益的制约,所以企业也理性地将由特定决策者个人转嫁而来的交易费用转嫁给一般使用者,体现为会计信息基本的"度"的下降。最终,对资源配置存在重大影响的专业用户的交易费用转嫁给一般投资者,由其默默地承担,这是一种典型的强权博弈。但这与保护中小投资者的基本宗旨是背道而驰的。

一言以蔽之,会计信息的可靠性与否首先是会计信息系统的机制使然,会计准则和会计制度以及审计的存在使会计信息的可靠性成为一般使用者的决策的事前忽略变量,但会计信息的可靠性可能成为使用者事后的指责对象。如果企业提供的会计信息不满足一个基本的"度",那么属于交易费用不合理地由企业转嫁给信息使用者,否则过分苛求会计信息的可靠性,容易引发"过犹不及"的问题和交易费用转嫁的问题,对社会总体而言是一种无谓的损失。

(三)提高会计信息可靠性的举措

1.确保会计信息披露的透明度。"透明度"(transparency)是 Levitt 1977 年在关于高质量会计准则的演讲中首次提出的。[39]具有透明度的会计信息,应当是高质量的会计信息,它既必须有足够的有用的信息含量,又应当如实地、可比地反映一个企业与投资人相关的信息;要把这些信息综合成一个描绘企业经营真相与诚实财务状况的图像;在这个图像的描绘中,不为某个利益集团的利益而弄虚作假,不粉饰盈利;不遗漏按准则和制度必须确认披露的一切有利和不利事项;充分地暴露企业已经存在或可能存在的风险;当然也不能掩盖企业业已形成或极有可能获得的收入、利益和机遇,而且表达要清楚、确切,绝不含糊,要能反映交易与事项的经济实质。[40]可见,会计信息披露的透明度蕴含着会计信息可靠性的若干基本内容;强调会计信息披露的透明度与要求会计信息的可靠性之间存在诸多共性。

2.重视公司治理生态问题。会计信息的提供从来就不是一个单纯的技术性问题。会计信息具有的经济后果性质往往促使企业的管理当局利用信息不对称性,以牺牲投资者的利益为代价来追求个人私利,而管理当局的不道德往往最终需要借助于会计信息进行掩饰,这就很容易导致会计信息的不可靠性。由于高质量的会计信息往往是以高质量的公司治理生态为基础的,健康的公司治理生态可以作为一种发现机制,约束企业的会计信息披露,确保会计信息的高质量,然而一旦公司治理生态失衡,那么会计信息披露将会充斥着不可靠性甚至是财务欺诈。[41]公司治理生态,是以公司治理机制为基础,外加一系列具有独立性的社会中介环节(如注册会计师、财务分析人员、投资银行家、监管机构等)组成的知识共同体。一系列的财务欺诈案件背后隐含的逻辑就是,这些本应具有独立性的中介环节已经"有意识"地集体失效了,从而导致会计信息失去了其基本的可靠性,助长了财务欺诈的出现。例如安然事件中,安然公司的公司治理机制的不完善,注册会计师事务所安达信与安然高层管理人员的合谋,投资银行家和财务分析师为了一己私利而背弃独立性的行为、监管机构的衰弱无力,甚至投资者缺乏基本的投资常识,这些都蕴含着安然公司的公司治理生态失效,也是"滋生"安然公司财务欺诈的"温床"。所以,会计信息的可靠性,不能只从技术角度进行分析,应该更多地注意公司治理生态因素,强调以健康、高质量的公司治理生态确保会计信息披露的高质量。

注释：

＊教育部人文社会科学重点项目(02JAZ790012)及福建省社科基金(2003B084)的阶段性成果。

①杜兴强：《会计信息的产权问题研究》，东北财经大学出版社 2002 年版。

②FASB 的 SFAC No.2(para.34)中明确指出："会计信息不同质量特征的相对权重必须根据具体情况而定，区分质量特征的层次性只是作为解释的手段，目的是澄清(概念之间)一定的关系。"

③可靠性与相关性矛盾(有时体现为两者组成要素之间的矛盾)的情况在财务会计中屡见不鲜，比如过分强调及时性，会计信息的可靠性程度就会削弱；而强调可验证性，相关性也会有所损失。

④从"受托责任"概念内涵的变迁过程来看，最初的受托责任是单一的、一一对应的，体现为中世纪庄园管家对主人交付财产的管理；随后受托责任演变为职业经理对资源投入者交付资源的保值和增值责任，此时受托责任依然存在着明确的、数额确定的委托方，这保证了委托方和受托方之间私人契约的可行性；以后，资本市场的高度发展、企业规模的扩大使得所有权和经管权的高度分离，所有权细分的结果造成了每个所有者所拥有的所有权份额只占很小的一部分，此时企业提供的会计信息作为评价企业管理当局受托责任履行情况的作用已经降低，更重要地体现为一种决策效用。小股东往往将追求定期的股利收益放在第一位，一旦他们不能够获得预期的股利收益，他们往往采取"用脚投票"的方式，即以"市场退出"的方式来对管理当局进行"惩罚"，而并不希冀撤换、控制或监督管理当局。

⑤AICPA，"Improving Business Reporting—A Customer Focus"，1994；Wallman，"The Future of Accounting and Financial Reporting，Part Ⅱ：The Colorized Approach"，*Accounting Horizons*，1996.

⑥ASB，"Statement of Principles for Financial Reporting"1999.12.

⑦现在 ASB 公布的原则公告发表时间是 1999 年 12 月，比 10 月公告迟两个月，但其中蕴含着几处变化。

⑧会计信息提供的显性成本指处理和提供会计信息的成本，除了正文中所列的各项成本外，还包括审计成本、传输信息成本、回复对已经披露的会计信息进行质询的成本。

⑨隐性成本是指或有成本或者不能够准确地进行确定的成本。会计信息披露并不一定引发诉讼成本，但并不能排除因使用者指责会计信息的误导性而引起的诉讼费、立案费和结案费及企业在诉讼中面临的潜在声誉损失；竞争劣势导致的隐性成本因企业不当披露有关技术和管理创新的信息、战略计划、经营信息而引发。

⑩AICPA，"Improving Business Reporting—A Customer Focus"，1994.

⑪由于财务报告上提供的会计信息一般来说具有通用性，FASB 在 SFAC No.1 中曾指出过这一点。此外，SFAC No.1(para.36)指出，编制财务报告所提供的会计信息，对于那些于企业的经济活动具有合理程度的知识，而又愿意用一定的精力去研究信息的人士，是可以理解的和有用的。

⑫包括交易费用学派的创始人科斯在内的经济学家虽然广泛引用交易费用概念进行相关研究，但是根据我们掌握的资料，没有任何人对交易费用给出完善、可操作的定义。阿罗(Arrow)将"交易费用"界定为"经济制度运行的费用"。按照我们的理解，自从康芒斯(1950，Chapter 3)将"交易"界定为"人与人之间经济活动的基本单位，是人与人之间的权利关系"之后，"交易费用"其实就在微观领域内获得了与"生产费用"相对应的地位，即生产费用是指"生产出产品所需要的费用"，而交易费用是指"完成交易所需要的费用"。具体到会计信息问题，我们认为一切为了保证会计信息的质量而发生的各项费用，都属于交易费用的范畴。

⑬Watts and Zimmerman，*Positive Accounting Theory*，Prentice-Hall Press，1986；AICPA，"Improving Business Reporting—A Customer Focus"，1994.

⑭尽管会计上并不考虑隐性成本，但毫无疑问企业管理当局在进行决策时类似的隐性成本却是必须考虑的。而值得注意的是，(在既定的会计准则和契约法定要求的约束下)会计信息披露质量是由管理当局来决定的。

⑮参考杜兴强：《会计信息的产权问题研究》，东北财经大学出版社 2002 年版；杜兴强：《会计信息产权：一个新视角》，《财会通讯》2002 年第 2 期。

⑯既然提供会计信息只是企业与要素投入者交易的一部分，而交易的真正目的在于促使资源以各种方式流入本企业，那么会计信息的提供就存在一个收益—成本的权衡问题。换言之，提供会计信息的目的要到效益最大化。而使提供会计信息效益最大化的一个充分必要条件是《使提供会计信息的边际成本等于提供会计信息的边际效益》。

⑰关于"外部性"一个经典的定义是：设有 A、B 双方，他们分别在 X、Y 的水平上进行某些活动，A 的行为可有对 B 产生影响，并假设双方的净效用可以用货币进行度量，那么双方效用分别为：$U=A(X)$；$V=B(Y)-S(X,Y)$，

当A不对B进行补偿时。$A(X)$、$B(Y)$代表双方行为不存在影响时的效用函数。如果A不对B进行补偿,那么此时外部性就等于$S(X,Y)$。

⑱社会效用存在着难以进行测度的问题,所以我们进一步转换,将社会联合效用最大化转换为社会联合(joint-cost)成本最小化。

⑲会计信息提供的高质量充其量只是会计信息使用者正确决策的一个必要条件而非充分条件(更不是充分必要条件),使用者的决策正确与否除了受会计信息质量制约外,还受一些环境因素和个人禀赋、知识结构差异的制约。反之,即使使用者进行决策后的实际结果并非损失,但也并不能够据此断定会计信息的高质量。应该肯定的是,唯有因会计信息质量因素而带来最终的实际损失才能够称之为会计信息的外部性。

⑳主要参考杜兴强:《会计信息的相关性问题研究》,《财经研究》2002年第12期;葛家澍、杜兴强:《财务会计概念框架与会计准则问题研究》,中国财政经济出版社2003年版。

㉑会计确认的四项基本条件为:(1)符合要素的定义;(2)可计量(即可以选择某种计量属性进行计量);(3)计量的相关性;(4)计量的可靠性。

㉒确认和披露的区别在于:确认是对财务报表表内而言的,要在财务报表表内进行确认,必须符合公认会计原则并接受注册会计师的审计;而披露则是对财务报表的附注和其他财务报告而言的,其他财务报告中披露的会计信息可不符合GAAP,也无须审计。

㉓或者更一般性的假设是,中小投资者由于面临信息过载问题,所以在信息过载情况下得到的"扣除披露成本之前的净收益"较小。

㉔更一般性的讨论,可见杜兴强:《会计信息的相关性问题研究》,《财经研究》2002年第12期。

㉕Aghion and Bolton, An Incomplete Contracts Approach to Financial Contracting, *Review of Economic Studies* 59,1992:473~494.

㉖葛家澍、杜兴强:《现行财务会计与报告模式的缺陷与改进》,《财会通讯》(综合)2004年第5-6期。

㉗因特网上的财务报告问题,主要参考了潘琰《因特网财务报告若干问题研究》,厦门大学博士论文,2002年。

㉘中国证监会:《关于做好1999年上市公司年度报告的通知》,1999年12月28日。上海证券交易所、深圳证券交易所:《沪深证券交易所关于做好上市公司2000年中期报告有关工作的通知》,2000年6月。

㉙潘琰:《因特网财务报告若干问题研究》,厦门大学博士论文,2002年。

㉚主要参考Sorter, An Event Approach to Basic Accounting Theory, *The Accounting Review*, 1969(1);葛家澍、刘峰:《会计理论》,中国财政经济出版社1998年版。

㉛通用财务报告体系提供的会计信息又难以满足所有会计信息使用者的不同决策需要,且单一的历史成本计量无法反映经济环境特有的动态性和不确定性,多元计量属性并存又受到"公认会计原则"的制约。

㉜FASB, Business Reporting Research Project: Electronic Distribution of Business Information, 2000.

㉝Boulton, Libert and Samek, "Cracking the Value Code: How Successful Business are Creating Wealth in the New Economy", 2000,转引自章永奎:《表外披露问题研究》,厦门大学博士论文,2004年。

㉞例如,一个常年在野外进行施工的企业,由于环境条件的制约,其会计核算碰到了困难,在某些方面不能够取得应有的原始凭证。其会计核算往往缺乏一般人眼中的基本可靠性,为了满足可靠性,经办人员不得不花费另外的资源来拼凑可靠性,即经办人员只好在当地或者公司常驻地以"购买发票"的形式来满足可靠性,也就是说并不是经济业务发生时从交易对方处所获取发票,而是事后为了满足形式上的可靠性(可验证性)而临时应急性的措施。譬如,经办者发生了9975元的支出而未取得发票,考虑到"购买"发票时的税负问题,设税率为5%,那么他将以525元的另外支出购买发票,发票载明的不含税金额为10000元,税款为500元。而实际情况应该是不含税金额为9500元,税款为475元。这真是"真实的谎言"!

㉟"过犹不及"性体现在容易带来损害或削弱相关性的可能。譬如使用者绝对强调可靠性或企业绝对追求可靠性将导致对历史成本的过分偏倚和过分强调客观性,但这无疑将削弱会计信息的及时性乃至相关性。而决策有用的会计信息应该同时满足相关性和可靠性。

㊱看起来这好像是一个"悖论",企业因为花费更大的成本提供会计信息,那么信息的提供水平和质量都有所提高,为什么均衡点反而会下降呢?必须注意到,管理当局拥有私有信息,准则或者制度规定企业必须提供哪些类型的会计信息,但管理当局有权决定提供会计信息的信息量(content)。所以这个看起来的"悖论"只是一个"佯谬"(paradox)。

㊲AICPA(1994)《改进企业报告》中指出，专业用户一般控制有大量的资本，在资源配置中的影响力重大，其决策时一般采取先进的模型与方法，对会计信息的需求和原因更为清楚，而且对会计信息的处理更加标准化和规范化。此外，该文献还指出，会计信息使用者的决策方法对信息需求有重大的影响。

㊳这种情况可能出现，原因就在于专业用户一般掌握了足以影响资源配置的大量资本，在与管理当局进行博弈的过程中处于一种支配或者强权的地位。

㊴主要参考葛家澍：《财务报告质量评估探讨》，《会计研究》2001 年第 11 期。

㊵也就是说，可比性、中立性、清晰性、完整性、充分披露、实质重于形式等 6 项基本要求构成了会计信息透明度的主要内容。

㊶关于公司治理生态与会计信息可靠性之间更为详细的讨论，请参见杜兴强：《公司治理生态与会计信息的可靠性问题研究》，《会计研究》2004 年第 7 期。

（原载于《财会通讯》2004 年第 21、23 期）

32 资产概念的本质、定义与特征

葛家澍

一、资产在企业中的重要性

生产关系和生产力是辩证的统一。在任何企业,包括现代企业中,资产与资本之间的关系,从会计学看来,正是前两者在企业中辩证统一的表现。资产与资本的相互依存关系是客观地、现实地存在着,而会计(主要是财务会计),则把它们通过复式簿记技术如实地反映出来。谁都知道,没有资本的投入是不可能形成一个企业的。按照复式簿记的观点,投入资本意味着企业拥有可以支配营运的资源即资产。因此,资产=资本(产权)这一恒等式如影随形,永远同时存在。资本(所有者权益)当然重要,但在会计上,它只表示对于所投入的资产持有的主权,包括所有权和收益分配权(剩余索取权)。一个企业不到年终分配,或不在业主投资、改组、兼并、破产之时,资本是一个不变的、仅仅代表所有者对企业资产享有主权的抽象概念(具有象征意义)。而资产则不同,它是企业生产力的主要代表,是企业能够开展生产、经营的物质资源。随着企业的经营活动的进行,资产的形态、结构及其价值,也随之变动。例如,最典型的企业是生产企业。一个持续经营的生产性企业,每一项经营的循环,总是从现金购买各种生产要素开始,再把生产要素加以结合,投入生产,生产出商品或劳务,再通过销售,收回更多的现金而结束。其中,各种生产要素,凡未耗用而仍然由企业持有的部分,产品未销售而余存的部分,产品(劳务)虽已销售,尚未收到现金、但已获得现金收取权的部分,都是企业各种形态的资产。只要企业在持续经营着,企业的资产总是在循环变化之中。我们可以用马克思在《资本论》中的两句话来形容这些在循环中的资产的现象形态是:“同时并存,依次继起。”

资产不仅是企业赖以生存和发展的物质基础,而且只有通过资产,才会衍生出费用(资产流出企业)、收入(资产流入企业)、负债(虽然它同时能增加资产比如现金,但必须有一定比例的资产作为担保)等会计要素并且成为资本增加的主要来源(在资本本身变动如业主投资、派给业主款之外,期末净资产大于期初净资产才意味着企业价值的净值,达到经营的目的)。

资产对企业的重要性,借用中国一句谚语来描述也许有一定的恰当性:“皮之不存,毛将焉附?”

那么,究竟什么是资产的本质?怎样定义资产?这是从20世纪初以来,一直有不同看法,迄今仍须推敲的一个会计理论问题。

二、前人的考察(文献回顾)

1907年,查尔斯·E.斯普瑞格(Charles E.Sprage)在其《账户哲学》(*The Philosophy of Account*)一书中认为资产的本质是体现已获得的大量服务(services)和继续被获得的服务贮存(a storage of services to be received)。

1929年,约翰·B.坎宁(John B.Canning)是首先把经济学引进会计的前驱。他在《会计工作中的经济学》中按经济学的要求给出资产的定义是:"任何按货币表示的未来服务或任何可转换为货币的未来服务,它由某些人或一批人合法地或公平地获得。但此种(未来)的服务要成为资产必须加以营运。"

1940年,W.A.佩顿(W.A.Paton)与A.C.利特尔顿(A.C.Littleton)合著的《公司会计准则导论》一书中,在分析包括资产在内的各种账户的内容时指出:"会计上只使用货币价格……是描述交易活动的一种共同模式,'货币'不是重要的,价格也不是重要的,服务才是账户背后的重要因素。"他们继续分析:"也就是说这是指交易中的服务潜能(service potentialities)为企业带来其他的服务潜能。"又说:"会计数字背后隐藏的是服务的有形或无形的载体。"①

1953年,美国会计名词公报第1号——回顾与摘要将资产定义为:"借方余额代表的事项或者是将要按照会计规则或原则被恰当地转入结转账户(如果这些借方余额实际上可适用于负债的一项负的余额),或者是财产权或是已获得的价值或是产生财产权的耗费或恰当地运用于未来的耗费。因此,厂房、应收账款、存货和待摊费用在资产负债的分类中都是资产。"② 可以认为,会计名词公报第1号是从形式上和实质上两方面说明资产的。从形式上看,资产是账户的借方余额;从实质上看,资产是财产权或取得财产权的成本或获得的价值。

1962年,斯普罗斯和穆尼茨(Sprouse&Moonitz)合著的《试论企业一系列广泛适用的会计原则》第一次把会计的性质与定义分开。他们认为从性质上看资产概念是同稀缺的经济资源相关的。但资源成为企业的资产,必须把资源分配至特定的企业,它能够转让(通过交易),且能用货币表示。至于资产的定义,则是:"资产代表一个企业由于某些现在和过去的交易而获得的未来经济利益的权利。"③

现在,美国会计文献中最流行的资产定义是由财务会计准则委员会的概念公告第6号给出的。然而这个定义不仅遭到不少批评,而且同FASB自身的其他概念公告即概念公告第1号的提法有矛盾。

按照美国财务会计委员会(FASB)对财务会计概念框架的解释,财务报告的目标即第1号公告是指引方向的。一系列其他基本概念(当然包括资产)都应当与财务报告的目标协调一致。

(1)在第1号财务会计概念公告中,提出财务报告的一个广泛而核心的目标。它是:提供对投资和信贷决策有用的信息。从此开始,依次收缩,先收缩为投资人和信贷者最为关心的信息需求:投资和信贷可望收回的现金及其前景,亦即企业现金未来流量(特别是有利净流量)的前景信息;然后收缩为有关企业的各种经济资源,对资源的主权和它们变动的信息。

在这里,经济资源,明显地指各种资产;对资源的主权,明显地指负债和所有者权益,而它们的变动除负债增减和所有者增加投资与分配投资报酬外,主要指企业的收益(利润)即经营业绩。

我们撇开其他要素不论(因不在本文讨论范围之内),第1号概念公告已明确企业资产的性质是分配给企业去支配运用的经济资源④。

(2)第6号概念公告,却把资产定义为"特定主体(企业)由于过去的交易和事项而取得或可控制的可能的未来经济利益”。[5]

第1号概念公告明白地把企业持有的资产,概括为经济资源,而第6号概念公告却改为“未来的经济利益”。尽管第6号概念公告第27段也承认按其定义“有资格称为资产的各个项目并用以进行各种经济活动的是经济资源”,并在第28段中,认为“服务潜能”等同于“未来的经济利益”,是一切经济资源的共同特征,它们最终能“形成企业现金的净流入”,但这并不是经济资源等同于未来的经济利益的理由。

三、我们的看法

会计的前身是簿记,500年前簿记曾经是数学的一个分支。随着簿记发展为会计,引进了若干经济学的概念与理论,经济学就逐步成为会计学的基础。不联系经济学来考察会计的最重要的一个概念——资产,显然是捕捉不到资产的来源及其本质的。在上述定义中,把资产说成是“服务的潜能”、“未来的服务”或“未来的经济利益”都不够恰当。尽管它们都是经济资源的特征。比如,“能快速行走”是马的特征,但它未必代表马的本质,因快速行走并不是马的全部特征,而且能快速行走的动物也不都是马。资产的实质是人类赖以生活、生存和发展的经济资源。经济资源具有稀缺性。除空气、大洋、南极、北极等为人类所共享或主权尚未归属外,稀缺的资源都是有产权的(或归国家,或归集体,或属于私人所有)。经济科学的总任务,就是研究在产权关系既定的条件下,如何最优地配置稀缺的经济资源,使其效益最大化。显然,实现这一任务是艰巨而复杂的,它需要有恰当的经济体制和合理的经济组织形式。

在实行市场经济的国家和地区,市场,即亚当·斯密所说的看不见的手,对经济资源的配置起基础作用。按照斯密的理论,每个投资人(利用他们所有的经济资源作为资本进行寻利)都是经济人。在充分竞争的条件下,投资人在市场上总是试图最有效地利用自己的资本(即产权属于他们的经济资源),寻求资本价值的最大化。但市场则运用价格机制,不动声色地在引导投资人在实现自己利益最大化的同时,去实现资本家并不想实现的目标,即在利己的同时还能利人,促进公共的社会利益(公共福利)的最大化。后一效果,往往超过资本家对自身利益(利润)的最大化追求。

市场作为看不见的手,是否果真有如此神奇的作用?这不是本文所要探讨的范围。本文研究的主题是:作为市场参与者的企业如何也能辅助市场协调资源的配置?企业的资产来自何处?其本质是什么?具有哪些特征?等等。实际上,本文也不能全面研究这些问题,我们研究的中心只是:企业资产的本质、定义和特征。

乍看起来,市场似乎是抽象的。其实,无数的市场参与者触目皆是。市场至少由两类不同性质的参与集团所组成:一是家庭(其中包括一群由消费者组成的家庭成员),二是企业。家庭是消费单位,是商品、劳务的需求者。家庭的目标是最大化效用,即力求花最少的钱,获得价廉物美的消费品。企业则比较复杂。它既是家庭消费品的提供者,又可能是其他企业生产资料的提供者,企业的活动既有提供产品和劳务的一面,又有生产消费需求的另一面。但总起来看,企业的目标是最大化利润。

家庭及其消费品的需求与供给因与本文无关,可以撇开不论。让我们进一步探讨企业和市场。任何企业都必须有资本投入。从会计学的观点看,资本是企业的产权,它是一个主权概念,即表示对投入企业的资本价值保持所有权,并对资本的增值(剩余价值)具有分配权(剩余索取权)。企业的资本来自何处?在市场经济国家,主要来自市场,即资本(证券)市场。市场通过价格(股价)机制使资本配置于效率高、效益好的企业,而随时从效率低、效益差的企业中抽走。资本投入企业意味着资源同时流入企业。进入企业归企业支配运用的资源就是企业的资产。它开始可能是现金，随后就转化为其他生产要素。

从这里可以看到，社会经济资源通过市场(资本市场)运用价格机制向企业进行优化配置，这是第一层次的资源配置，反映了斯密的“看不见的手”(the invisible hand)的作用。有了资本的投入，才使企业得以形成。

资源配置于那些投资人预期其效率高、效益好的企业后，市场交易被取消，价格机制的作用将由企业主及其代理人、管理阶层(以后总称“企业家”)的权威所取代。因为资源分派给企业后，只是优化资源配置的第一步，当然这是非常重要带有战略意义的一步。但把资源分配给那些效率高、效益好的企业还不过属于如前所说的预期，而要使预期成为现实，就需要在企业内部，最优地配置和运用各种资产，把所有的生产要素在最低的交易成本取得(通过有经验的企业家去发现、寻找、谈判并签订有利于节约成本的一系列长期合同)，并把物质资源、人力资源和知识资源科学地、协调组合起来。这样，才能使企业的经济资源产生一种强大的生产力，从而使生产经营最有效率，最终实现资本的增值和利润最大化。经济资源在企业内部再分化、组合、协调、配置是具有战略意义的第二步，也是终极的配置。它是通过企业家运用其成熟的经验、组织才能和全体员工自愿服从统一指挥，好像一个乐队的各种音乐家的吹、弹、唱、奏都服从乐队指挥家一样的协调一致。这是阿尔弗雷德·钱德勒(Alfred Chandler)所说的看得见的手(the visible hand)在发生作用。科斯说：市场和企业是协调生产的不同形式。就因为社会资源需要经过看不见的手和看得见的手两次配置；就因为原来在社会上各有主人的经济资源，通过看不见的手，配置到预期其有效率、高效益的企业，而后，在企业中，转化为企业的资产，而资源的主人则转化为企业的资本或所有者权益，企业家有了可以支配运用的资源，英雄才有用武之地，优化资源的最终目的——增加企业利润、价值和社会财富——才能实现。

由此可见，有市场，必有企业。两者在资源配置上不仅可以互相取代，而且可以互相补充。一旦企业取代价格机制，交易成本就可大大降低，稀缺的经济资源就不致浪费而更有效地发挥其作用。这就是分散在社会上的经济资源投入企业转化为由企业家掌握的资产的优越性所在。

这样看来，企业的资产不是从天上掉下来的。它是社会稀缺的经济资源配置的结果。亦即：首先通过资本市场运用股票价格机制将资本流入企业。会计学把它视为产权交易。所以，一个企业如能从资本市场筹集到100 000 000元的资金，则会计上必须做如下的分录：

(借)现金　　　　　　　　　　　　　　　　　　¥100 000 000

　(贷)所有者权益——股本　　　　　　　　　　　　　¥100 000 000

分录中的现金是经济资源的代表，也是可以更换为一切其他资产的资产。企业家在企业内重新配置资源，也就是把现金转换为各种生产要素并将它们组织起来，进行生产和经营活动。

上列分录显示：归企业支配的现金和其他形态的资产，其所有权(产权)仍然是投资人的，而不是企业的，但企业具有运用它的权利，同时承担保值增值的义务。

以上的分析还使我们认识到：

第一，企业资产的本质是社会经济资源。离开经济资源，既不能全面把握资产的实质，也不能准确地定义资产。资产具有各种特征，主要有提供未来服务的能力；有交换其他资产的能力，可以清偿负债；特别是可用来捕捉获利的机遇；还有提供未来经济利益的能力等等。所有这些特征都是经济资源的特征。经济资源的稀缺性正表明人们为追求资源这些特征而要求拥有和支配经济资源，使它供不应求，变得精贵起来。稀缺本是相对的概念，人们对资源占有、支配欲的无限扩大，才使资源感到不足与可贵。

第二，我们承认，能带来未来的经济利益是企业资产(实际上是经济资源)的重要特征。但必须指出的是：首先，在一个企业中，除能直接变现的某些金融资产外，并非每项资产都能单独地带来可靠计量的未来经济利益;其次,即使就一群或全部资产而言,如果不把它们同人力资源相结合,没有企业家的精心安排与组织和运用,它们不过是一些沉默不动的资源(把农畜部门能够成长的动植物除外),不但不能增加价值,相反,由于自然的侵蚀和再生产该项资产的成本的降低,形成了有形和无形的耗损,而自行贬值。因此,也不可能为企业带来未来的经济利益(最终为企业带来现金净流入)。严格地说,一个企业的经营从货币资本的循环开始,最终以带回更多的货币资本而结束。这是包括物质资本在内的全部资本(人力资本、智慧资本)的共同作用,既难以归功于某一项资产,甚至也难以归功于全部资产。

总起来说,市场通过资源配置而流入企业,交由企业家在企业内部再次配置并运用的资源,被会计学称之为资产。资产的主权(所有权,剩余索取权)不属于企业而属于投资人。为了使企业能获得各种生产要素并把它们结合起来,创造新价值,形成现金净流入,资产首先具有交换的特征,它可全部或大部分转化为生产要素,生产要素和其余的资产都能投入生产使用,或供经营和其他方面使用,也可交换、变卖并可供抵押、担保或用来清偿债务。所有这些特征,概括起来,就是服务的潜能,提供未来经济利益的能力。

在肯定了企业资产就是市场在企业中配置的经济资源,并具有上述各种特征,资产来自社会资源。定义资产必须落实到经济资源之上,完全是顺理成章的。而且也体现会计学和经济学的内在联系。

下面是本文给出的资产定义:"资产是特定企业由于交易和事项(包括资本投入或退出的产权交易)以及交易虽未执行但在法律上不可更改的契约而取得或控制,而由企业配置和运用,旨在为企业带来未来经济利益(未来现金净流入)的经济资源。

以上述定义为基础,资产的主要特征可再一次较详细地分析如下:

(1)资产是特定企业可支配运用的经济资源,含有未来服务的潜力。

(2)取得上述资源是资本市场交易或其他市场交易与事项的结果(按照经济学的概念则称为资源配置)。

(3)上述资源的服务潜力,表现为:①直接出售为现金或转换其他资产;②在生产中可作为劳动资料和劳动对象,并在生产后转化为半成品、产品(或转化为劳务),然后通过销售,转化为现金流入;③供经营和其他活动中使用;④作为抵押品或担保品;⑤租赁给其他企业或单位或个人使用。

(4)上述服务潜能,除第2、3两项外,都可单独计量相应的现金流入(现金报酬),2、3两项则作为生产要素与其他要素相结合并通过出售制成的产品或提供的劳务,才能获得难以分割(分辨)的经济利益(利润和现金净流入)。但可以说,资产能够带来未来的经济利益是资源的主要特征,也是资产服务潜能的主要转化形式。

(5)由企业控制的经济资源可以是有形的,也可以是无形的。

(6)在企业起着重要作用,也可能起着越来越重要作用的经济资源,如人力资源、智慧(知识)资源和企业家的组织指挥才能(既能降低交易成本,又能促进企业利润最大化)等都还没有作为资产包括在当前的会计记录和财务报表之中。在这个意义上,当前的企业资产还只是由企业配置的经济资源的一部分。

(7)我们的定义与美国财务会计准则委员会的财务会计概念公告和国际会计准则理事会(IASB)的编报财务报表的框架(IASB Framework)所分别给出的资产定义最大的不同是:不把资源的取得限定于过去的交易和事项。删去"过去的"的定语,"事项"即可作广义的解释(即过去、现在和未来),从而使资产的定义可以对现代企业操作衍生金融工具时,由于不可更改的契约中可获得的权利,已有契约(合同)为保障,即使尚未实现亦可确认为金融资产。

如上所述,我们的资产定义与IASB的资产定义较为接近,但不完全相同。而与美国财务会计准则委员会第6号财务会计概念公告中的资产定义则有较大的不同。至于对资产特征的表述本文不拘泥于把"定义进行分解是特征,把特征组合是定义"这样一种貌似严密,实不全面的表述方式。我们是在定义的基础上,结合资产的本质,对其全部特征进行了较为广泛的分析。

我们不同意把资产的一项主要特性——能单独或必须与其他生产要素组合才能产生的未来经济利益即未来的现金净流入作为资产定义中的主题。更不同意说资产的本质是未来的经济利益(SFAC No.6,para.172)。讲求未来的经济利益或追求未来利润与现金净流入的最大化乃是一个企业的经营目标,最多只能说是财务报告的目标。如前所说,既然不是所有的资产最后都可转化为有利的现金流入,如何能把资产定义为"未来的经济利益"?按照FASB的资产定义,不但认为资产是未来的经济利益而且认为只是可能的未来经济利益。"可能的"是一种对概率的文字表述。它可以表示"很可能",也可以表示"不太可能",即使承认未来的经济利益能表述资产的本质,如果加上"可能的"定语,就不是"资产"而是"或有资产"的定义了。从这一点看,1993年舒尔曼批评美国财务会计准则委员会的资产定义"过于抽象,且模糊不清,我们无法用它来解释问题"有一定的道理。

过去不少会计文献用资产的"取得成本"来表述资产。对此,美国财务会计准则委员会是明确反对的。美国财务会计准则委员会认为"发生成本的本身并非资产(SFAC No.6,para.179),成本只能表明某一项资产的证据以及作为某一项资产的计量属性。我们也不同意用成本来定义资产。但用"成本"来定义资产和用"未来的经济利益"来定义,都未能体现资产的本质经济资源,但又各有其理由。那就是:观察资产的角度不同。资产的取得(发生)成本是反映企业为获取资产而发生的投入;未来的经济利益则反映资产运用后所带来的产出(而且这一产出并非全部来自资产)。这说明两者侧重点不同,而都未抓住资产的本质,无所谓孰是孰非。成本也是资产的一个特征,未来的经济利益同样是资产的一个特征,它在一定程度上反映企业运用资产即经济资源所预期的结果。为了向前看,所以本文给出的资产定义中也表述了未来的经济利益而却未表述资产发生的成本。

四、结论

我们不同意用"未来的经济利益"(即使把"可能的"三个字的定语去掉)定义资产,是因为"未来的经济利益"只是资产(经济资源)可能直接或间接,单独或联合起来最终获得现金净流入的能力。而这一能力归根到底,属于由企业家组织安排下的经济资源的内涵属性。这一能力的实现则是各种资源在企业内部反复协调、合理配置的结果。资产不具备单独地就能使经济利益流入企业的能力。但资产是含有服务能力、流入净现金流量的能力、交换能力、偿债能力以及通常用成本(资本的耗费)换得的经济资源。同时,考虑到财务会计在未来的发展,把"过去的"三个字不再作为交易与事项的定语,这将有利于交易虽未完成甚至尚未执行,但具有法定效力的契约已经签订,由此产生的权利或义务已经发生,为了确认的需要,资产(当然也包括负债及其他要素)定义的表述需要做必要的松动。

注释:

①Paton/Lettleton,1940/1977,Ch.Ⅲ,p.25.

②Committee on Terminology(1952—1953),August,1953,"Balance sheet-Assets-Liabilities".

③Sprouse/Moonitz,ARS.No.3,paras.19～20).

④SFAC No.1,paras.32,40,42.

⑤SFAC No.6,para.25.

为了便于参照对比，现把财务会计准则委员会第 6 号财务会计概念公告的资产定义(a)与国际会计准则理事会的编报财务报表的框架的资产定义(b)分列如下：(a)资产是可能的未来的经济利益，它是特定主体（企业）由于已发生的交易或事项而取得或加以控制的(FASB，SFAC No.6，para.25)。(b)资产是指由于过去的事项而由企业控制的、预期会导致未来经济利益流入企业的资源[IASB Framework，para.49(1)]。

（原载于《经济学动态》2005 年第 5 期）

实质重于形式　欲速则不达
——分两步走制定中国的财务会计概念框架

葛家澍

摘　要：本文以美国财务会计概念公告为样板，探讨财务会计与报告概念框架的意义性质和作用，阐述财务会计目标和其他基本概念的各自作用，提出分两步走制定中国的财务会计概念框架的设想和具体建议。

关键词：财务会计；概念框架；构建；建议

一、什么是“概念框架”？

概念框架的全称是“财务会计与报告的概念框架”(Conceptual Framework for Financial Accounting and Reporting，为了方便，通常简称为CF)，它是会计理论中最实用的部分，所以不包括会计思想、会计思想史、不同的会计观点和学派等等。概念框架的前身是以研究财务会计基本概念、原则为主的会计理论体系。著名的美国会计学家W.A.Paton和A.C.Littleton为AAA草拟《公司财务报表的会计原则的暂行说明》(1936年6月载于*Accounting Review*)，是研究公司会计原则的最早尝试。但“暂行说明”发表后却引起大量的争议和批评，两位作者仔细研究了批评意见之后，认为多数批评涉及基本理论(basic theory)。当时本应当将基本理论要点在“暂行说明”中补充。批评的意见激发了两位学者重新写一本关于公司会计准则的专著，但不是重复地表述会计准则，而是把会计的基本理念(fundamental ideas of accounting)组合起来，构建一个框架(framework)，在这个框架中建立起对公司会计准则的说明。这个会计理论的框架应当成为一个连贯、协调、内在一致的理论体系，这就是1940年出版的会计经典著作《公司会计准则导论》(*An Introduction to Corporate Accounting Standards*)中两位会计学家在序中提出的著名观点。这一观点，实际成为以后不论是会计学界还是准则制定机构建立财务会计概念框架或理论体系自觉或不自觉地遵循的指导思想。

CF作为财务会计的专门概念，首先出现在美国FASB的文献中，美国FASB先后为CF给出两个内容似乎十分类似，但在认识上已有很大差别的定义。

其一是1976年12月2日FASB发表一份征求意见稿(ED)，题为《概念框架项目的范围和含义》，第一次对CF下了这样的定义：“CF是一部章程(constitution)。是由目标(objectives)和与之相互联系的基本概念(fundamentals)组成的一个连贯的理论体系。它能导致相互一致的准则，并对财务会计的性质、作用和局限性做出规定。目标用于识别财务会计的目的和宗旨(goals and purposes)，基本概念是会计的基础概念(underlying concepts of accounting)如指引应予入账事项的选择(即确认)，对这些事项的计量和将它们总结再传递给各利害集团(即报表)等方面的概念，之所以说它们是基本概念,是因为其他的会计概念产生于这些概念,在制定、解释和应用准则时需要反复地参考这些概念。"(载 FASB 1976 年的 DM "Analysis of Issues Related to Conceptual Framework for Financial Accounting and Reporting:Elements of Financial Statements and Their Measurement",p.2)

其二是 1980 年 5 月 FASB 发表的第 2 号财务会计概念公告(SFAC No.2)以《财务会计概念公告》(Statements of Financial Accounting Concepts)为题作为该概念公告的前言(实际上是全部概念公告的前言)。其中第二段,改写了 CF 的定义:"CF 是由目标和相互关联的基本概念组成的连贯的理论体系。这些目标和基本概念导致前后一贯的准则。通过制定财务会计和报告的结构与方向,促进公正的财务会计信息和有关信息的提供,以便有助于协助资本市场和其他市场的有效运行。这一 CF 将能为公众利益服务。确定目标和识别基本概念并不是为了直接解决财务会计和报告中的各项问题,而不过是要求目标指出方向,用概念作为解决问题的工具。"

将上述两个定义对比可以看到的最主要的不同是,后一定义删去了"CF 是一部章程"的表述。因而,使 CF 由原先(1976 年的定义)定位为章程,而变成一种理论体系,或以目标为导向的由若干基本概念、协调一致的连贯的理论体系。同时,它不仅是属于财务会计的,也是属于财务报告的。

二、CF 的作用是什么?

从美国 FASB 的文献看,CF 的主要作用,一是 CF 可用来考虑各种(准则)备选方案的优点的共同基础和基本推理,并指导 FASB 发表新的会计准则;二是 CF 可用于评估现有的准则并在缺乏权威文告时作为解决会计新问题的指南。

从加拿大 CICA 的文献看,"财务报表概念"(Financial Statement Concepts)的目的(即作用)是描述那些指导建立和使用通用目的会计原则的概念,如财务报表的目标、效益与成本的约束条件、重大性、信息质量、财务报表要素,确认标准、计量、公认会计原则等等。其作用就是描述财务报表的概念,以便建立和使用用来指导财务报表的会计原则。

英国 ASB 在其发表的 CF 即《财务报告原则公告》(Statement of Principles for Financial Reporting)中指出,原则公告确立了指导对外财务报表编制的概念。主要作用是为 ASB 制定与审查会计准则,提供一个内在一致的参考框架;它还可以在特殊情况下(即缺乏权威公告的情况下),为选择不同的会计处理方法提供依据。

澳大利亚类似 CF 的文件《会计概念公告》(Statement of Accounting Concepts,SAC)认为:SAS 确定了通用财务报告必须遵守的基本概念。这种"必须遵守"说法,类似于美国 FASB 在 1976 年定义 CF 为"一部章程",甚至更类似于我国的基本准则。

由于多数国家把 CF 视为一种理论体系,作为会计理论,它的基本作用是解释现有的准则和实务并预测未来的准则与实务。主要是为现有的准则寻找具有科学性和权威性的"借口"和"依据"。特别是在美国,由民间制定的会计准则多次出现反对和被否定的危机。寻求各种支持,包括理论支持更为必要。典型的例子发生在 APB 成立不久,即 20 世纪 60 年代初,APB Opinions No.2 被 APB Opinions No.4 取代所产生的"投资贷项处理方法"的争论,导致 SEC 先发表 ASR 96 来压制并否定 APB Opinions No.2。即使后来在 FASB 制定准则期间,20 世纪 70 年代同样曾掀起反对 FASB 1977 年制定的 FAS 19 的热潮。某些中小石油天然气公司对于 FAS 19 关于钻井的钻探成本一次摊销的会计处理表示强烈的反对,即反对石油天然气会计处理按"成果法"(success fill efforts method)。随后也迫使 FASB 于 1979 年发布了 FAS 25《中止对石油天然气公司的某些会计处理》，修正了 FAS 19 中的规定，即既允许按“成果法”，又允许按“完全成本法”(full costs method)处理石油天然气成本。特别是，若是钻探出一口枯井，则钻探成本允许分期摊销。就在 1976 年和 1977 年，美国参众两院下属两个委员会(Mast Subcommittee 和 Metcalf Subcommittee)又分别提出报告，对由民间组织制定准则和会计师的独立性提出了严厉批评并建议由国会收回会计准则的制定权。这两份报告对美国会计职业界和 FASB 所产生的压力如火上浇油。作为准则制定机构的 FASB 为自己制定准则，民间会计职业组织为了保留准则的制定权而不被政府夺走，借助于理论的支持是十分必要的①。可见，在美国 FASB 于 1978 年开始出台 CF 的第 1 份文告绝非偶然！这也证明：会计理论可视为一种“商品”，既有供给，更有需求。会计准则虽在美国由民间制定，但 SEC 拥有否决权，甚至可以认为会计准则可以分为两类即计量准则(measurement standards)和披露准则(disclosure standards)。例如，SEC 经常公布对上市公司的会计规则，包括：财务报告编制规则(首次发行要求按 Forms-1 编报；年报要求按 Form10-K 编报；1—3 季度要求按 Form10-Q 编报；非常重大事项要求按 Form8-K 编报)；财务报告文集(FRRs 即过去 ASRs)等。在美国，由 SEC 授予 FASB 制定的仅仅是计量准则。而 SEC 自己却保留披露准则的制定权(见 K.S.Most，*Accounting Theory*，1977，p.81)，前一种权力，政府又经常会进行干预，近年来，由于美国出现安然事件，为反对财务欺诈而由国会通过、总统批准的 Sarbanes-Oxley Act of 2002，也对 FASB 制定准则的导向，提出了责难。这一切，都说明美国在 20 世纪 70 年代开始制定一系列财务会计概念公告，主要是为了保持准则的制定权而需要“借口”，寻求理论的支持。这可能是 CF 在西方国家的主要作用。

三、美国的 CF 如何体现以“目标”为导向?

以下，我们将较详细地解释 CF 的作用，仍以最为完整的美国财务会计概念公告为例，加以剖析。

在美国财务会计概念公告(SFACs，以下简称 SFAC)中，第 1 号 SFAC 的题目是《企业财务报告的目标》。“概念框架”定义中规定，目标用于指引方向。它的导向作用表现在以下几个方面：

1.它首先提出财务报告(也应包括财务会计)本身不是目的，其目的(即目标)是为了提供投资和信贷决策的有用的信息；这种信息主要依据企业编制的对外通用财务报告。

2.在 SFAC No.1 中首先扩展了财务报表(financial statements)，它认为财务报表仅是财务报告的“中心部分”(a central feature)。此外，还有附注和其他传输会计信息手段，这些总称为“财务报告”(financial reporting)，即：财务报告＝财务报表＋报表附注＋其他财务报告。

同时，也就扩展了财务报表的目标(这是 Trueblood Report 研究的主题)，将其改为财务报告的目标。这可能是 SFAC No.1 的一项重要创新。

3.为了研究目标，仍然要先研究财务会计与报告的环境的影响，即研究影响财务会计与报告的政治、经济、社会习惯和使用者如何影响财务报告，它们造成财务报告(实际上限于财务报表)所提供信息具有哪些特点和局限性。总起来看，在 SFAC No.1 中对这些影响目标的环境、财务报表的特性与局限性的说明，不过是对 ARS No.1 所描述的基本假设和 APB Statement No.4 关于财务会计基本特征的含混的重新描述，并无新意。它仍然含蓄地表明：财务报告的目标不能离开最基本的

---

① 当然更重要的手段是院外“游说”，投入大量的“政治资本”，才幸免于国会剥夺民间机构制定会计准则的权利。

几个概念如主体、持续经营、会计分期、以货币为基本计量单位等假设;也不能离开财务报表所提供信息的固有特性:信息主要是财务的,是历史的(因为主要反映已发生的交易和事项的财务结果)和事后的。但 FASB 在这里提醒财务信息的用户,提供和使用信息都需要花费成本,要考虑效益与成本对比的原则。FASB 还告诫财务信息的用户,财务报告只是他们做出各种经济决策的一种信息来源,而不是唯一的来源。影响决策的因素是极其多样和复杂的。

4.为了实现对投资人、债权人决策有用性的目标,SFAC No.1 提出一家企业通过财务报告应当向使用者(都是指现在的和潜在的投资人和债权人)提供哪些有用的信息。应当说这是目标对其他基本概念,SFAC No.1 对其他各份 SFAC 最重要最具体的方向性的指南:第一,由于与某一企业最相关的现在的和潜在的用户,根据他们的直接的切身利益,一般来说最关注该企业获得未来有利现金流量的能力。这就决定财务报告的第一个目标是:向投资人、债权人和其他用户提供可用来帮助他们评估(assessing)企业现金流量前景的信息。具体地说,这些信息将有助于他们在收到股利或利息,在出售股票或债券所得,在到期债券和借款的清偿等几个方面,较理智地预测其金额、时间安排和不确定性。第二,投资人、债权人和其他用户还会关心财务报告的其他信息。因为几张主要的财务报表是彼此勾稽、相互关联的,要评估企业的现金流量能力不能离开企业的资源及其变化。没有因为交易和事项的发生而引起企业经济资源、经济义务和业主权益及其变化,就不会产生现金流量及其有利或不利的流动。何况,企业经济资源、经济义务和业主权益及其变化,还会反映企业的财务状况、经营业绩和财务业绩,以及最重要的经营成果指标——盈利和全面收益。后一些信息能帮助使用者据以评估企业的变现能力、偿债能力、财务适应性和管理当局的受托责任。因此,企业财务报告的另一个目标是:提供企业资源、资源的主权和它们变动情况的信息。

SFAC No.1 虽然只提出两项目标,而不像 Trueblood Report 提出 12 项目标那样广泛,而这两项目标已抓住了要点,足以清楚地说明为了满足决策有用性(主要对投资人和债权人而言)这一总目标,财务报告应当提供和可能提供的主要信息。

四、美国 CF 中的其他基本概念是解决什么问题的工具?

美国 CF 中的其他基本概念可分别概括为:(1)以决策有用性为主的若干会计信息质量特征;(2)企业财务报表的 10 项要素及其定义;(3)财务报表、财务报告和在报表中的确认与计量以及应用现金流量信息和现值去捕捉公允价值。上述有关概念分别体现在 SFAC No.2、No.6、No.5 和 No.7 之中。

1.SFAC No.2 会计信息质量特征是作为企业财务报告目标的补充而提出的。SFAC No.1 仅指出,为了提供用户对经济决策有用的信息,应当有哪几方面的信息,这是对应提供信息的数量和内容的说明;而 SFAC No.2 则进一步提出,为了使决策有用,财务报告的信息还必须具有相关性与可靠性等主要质量和可比性(含一致性)等次要质量。SFAC No.2 提出全部而且分层次的质量,进一步保证了会计信息对各项经济决策的有用性。就是说,SFAC No.2 的作用是评估财务报告信息有用性的标准,从而成为促进会计信息达到高质量的手段(工具)。遗憾的是:当两个或更多质量发生矛盾时,特别是相关性与可靠性发生冲突时,使用者应如何取舍?SFAC No.2 却避而不谈。未能明确提出指导性指南。[①]

---

① 英国 ASB 的《财务报告原则公告》的 ED 中曾讨论过这个问题。在 ED 中曾表示:如果相关性与可靠性不能兼顾,应当在可靠的信息中选择最相关的信息。

2.会计要素既是财务报表内容的第一层次的框架结构(大类),又是账户体系内容(用于记录)的框架结构(大类)。它们是把数据加工为有用信息的基础。不指明会计要素及其进一步的分类(在日常记录为“账户”,在财务报表中为“项目”),会计信息就不可能具体化,目标就会落空。因此,会计要素的作用是为了加工生成目标所要求的具体信息。不过,SFAC No.6 似乎有两个问题:

第一,在给出要素定义时,未能同 SFAC No.1 所提信息的内容保持一致,SFAC No.1 第二项目标认为,应当提供一个主体的经济资源,资源的主权及其变动的信息,按照目标的提法、资产、负债、所有者权益的定义是不应当离开经济资源(资产)、经济资源的主权(负债和所有者权益)、经济资源及其主权的变化(收入、费用、利得、损失)的。但是 FASB 在 SFAC No.6 中却用“可能的未来经济利益”来定义资产(para.25)并认为所有者权益与负债都属于一系列可能的未来经济利益。经济学也告诉我们:社会经济资源由市场(资本市场)作为“看不见的手(the invisible hand)”进行配置,才成为经营前景被看好的那些企业的资产。在这些特定企业的内部,通过所有者或其代理人(高层管理当局)的权威,作为“看得见的手(The visible hand)”进行再配置,在低交易成本、高经营效率的条件下,使资产(最初投入的形态,可能是现金或同时包括无形资产)转化为各种生产要素,并组织产品生产和经营,才能使资源得到增值即带来企业利润和现金的净流入。所谓“可带来的经济利益”、“可提供未来服务”和“具有交换能力”等等,只不过是资源的各种有用属性。这也是资源之所以具有稀缺性的根本原因。当然,在 SFAC No.6 的第 27 段中,FASB 也认为“按照 25 段所给出的定义,有资格成为资产的各个项目通常也称为经济资源”。既然如此,为何不在定义中明确资产是经济资源而改用资源的一种属性——未来的经济利益(最后即为未来的现金净流入)来表述资产?

第二,以下提到的“确认”(recognition)定义将看到,确认是财务会计处理的程序。它应包括记录和计入财务报表两个步骤。记录是通过复式簿记技术和一整套账户体系来完成的。所谓会计要素,首先是指账户体系结构框架,即账户体系内容的第一层次的分类。而后才是财务报表内容的第二层次的分类。迄今为止,在财务会计方法中,最具有特色的是用于记录的复式簿记和基于复式簿记建立起来的账户分类体系。可是在美国和其他各国的 CF 中都不提记录用的基本概念。为什么有关复式记账、账户的基本概念不能进入 CF? 这一点,FASB 在 CF 中未曾作过任何说明。

3.会计要素必须能够正确地辨认,可靠地计量,否则,既不能进行记录,也不能编制财务报表。在 SFAC No.5 中,FASB 首先是比较严密地给出“确认”概念的定义:“确认是将一个主体的某一项目,作为一项资产、负债、收入、费用之类正式记录(formally recording)或把项目加以结合计入(in corporating or item into)财务报表的过程。确认包括同时用文字和数字描述某一项目,其金额包括在财务报表的总计中。资产或负债的确认不仅包括取得或发生之时的记录(recording),而且包括记录它们嗣后的变化和从财务报表中消除变动的结果”(SFAC No.5,para.6)。同时,也是 FASB,首先提出确认的四项基本标准:可定义性、可计量性、相关性和可靠性。这是指引确认的基本概念。必须承认,这也是 FASB 的一项贡献。SFAC No.5 发表于 1984 年 12 月,当时提出历史成本(历史收入)、现行市价、现行成本、可实现(清算)净值和未来现金流量的现值(贴现值)等五个基本概念作为计量属性,而没有包括公允价值(fair value)。由于从 1990 年到 1999 年九年中,FASB 发表了 15 份有关确认和计量问题的财务会计准则(FASs),其中 11 份涉及现值技术的应用。因此,2000 年 2 月发表了 SFAC No.7《在会计计量应用现金流量信息和现值》,其目的在于指导人们如何寻一项新的计量属性——公允价值。SFAC No.7 指出:“在会计计量应用现值,即在初始确认和重新开始(新起点)计量应用现值的唯一目标是估计公允价值。陈述各种差异性的现金,必须试图从包含在各项目中寻找市场价格(如果存在),它就是公允价值。”因此,SFAC No.7 的出台实际上是用公允价值替换 SFAC No.5 中“未来现金流量中的现值”来作为第 5 种计量属性。至于现值,SFAC No.7 已把它重新定位为“一种摊销方法”(an amortization method),“它在一项资产或负债应用历史成本、现行成本或现行市场价值予以确认和计量之后采用”。FASB 在 SFAC No.5 中最重要的表述就是它列举的计量属性概念,包括 SFAC No.7 用于替代现值的公允价值概念,在应用时都需要的选择。如何选择应予计量的恰当属性? SFAC No.5 认为,“应根据项目的性质,和计量属性对该项目的相关性和可靠性而定”。它不强求推广哪一种计量属性。它同意现在会计实务的做法,即不同的计量属性将按上述原则同时采用。这是一种实事求是的、理智的主张(尽管近年来 FASB 努力推广公允价值的采用)。

4.在表面上,美国似乎没有专门一份 SFAC 研究财务报表和财务报告的基本概念,实际上,在 SFAC No.5 中是有所涉及的。该公告除第一部分为导论外,第二部分就用 53 段(paras.5～57)专门讨论了与编报财务报表有关的一些基本概念,第三部分才讲到确认与计量(以确认为主)。

首先,根据财务报告的目标,也是财务报表的目标,FASB 提出一整套为满足用户决策需求的某一特定主体的财务报表。这一整套报表,应能表明:(1)期末的财务状况即实务上已有的“财务状况表”或“资产负债表”。(2)该期的盈利与净收益即实务上已有的“收益表”。[①] (3)该期的全面收益(权益中除业主往来的变动总计),这是当时没有的报表。13 年后根据 SFAC No.5,FASB 在 1977 年才发展一项新准则:FAS 136《报告全面收益》。(4)该期现金流量,这也是当时没有的财务报表。但 3 年以后,也以 SFAC No.5 为依据,发表了 FAS No.95,FASB 于 1987 年在世界上率先采用现金流量表,取代财务状况变动表,即 FAS 95 的出台。(5)该期内业主投资与派给业主款通常是一种附表。

其次,尽管 SFAC No.5 以“财务报表的用途和局限性”为题,阐述了财务报表中的分类与汇总的要求,但它已经概括了财务报表的主要的列报程序即我们认为是第二步确认(第一步确认是指在账户中正式记录一些项目的程序,第二步确认是指在财务报表中如何列报这些项目的程序)。这里,SFAC No.5 着重指出分类与汇总两个概念。分类是先将主要特征类似项目组合起来,而后又将主要不同组合的项目分开。这些主要特征有持续性或重复性(continuity or recurrence)、稳定性(stability)、风险(risk)、可靠性(reliability)等等。例如 AICPA 在 1995 年发表《改进企业报告——面向用户》(Improving Business Reporting－A Customer Focus)中建议按核心与非核心(core and non-core)来划分报表的内容(主要是区分核心收益与非核心收益)。就是按上述几个特征,特别是按持续性的特征来分类的。其目的在于保证列入核心类项目具有可比性,特别是具有一致性。汇总意味着要把大量数据进行简化、浓缩形成若干小计数、合计数和最后的总计数。汇总可反映一个企业的总体财务状况、总体业绩和现金流量。但缺点是引导人们只注意报表末行数字而末行总计数包括许多性质不同的事物和事项,它会掩盖差异(difference)。如在总体上是表现为成绩,却看不到其中的问题;而在总体上表现为失败,又看不到其中也有成绩。因此,使用者要从报表中捕捉有用的信息,报表中的个别项目、小计可能比合计、总计更有用。

必须指出,第二步确认离不开第一步确认,财务报表中的项目不论怎样分类、排列、浓缩和汇总,其信息源主要是日常的会计记录,即对交易与事项发生时的确认。

---

① FASB 认为盈利(earnings)与收益(income)有区别。在 SFAC No.5 中的举例,现行净收益包括关于以前会计原则变动的累计影响,而盈利则不包括这种影响,可见盈利比收益更能正确地反映当期经营业绩(para.34)。

五、关于构建我国基本准则的建议

1.CF 与基本准则

我国 1992 年 11 月曾制定《企业会计准则——基本准则》并于 1993 年 7 月 1 日施行。澳大利亚的会计概念公告(SAC)也类似于基本准则，其他国家和地区，以及国际会计准则理事会都制定 CF。CF 不论它具体称为财务会计概念公告(美国)、编报财务报表的框架(国际会计准则理事会)、或财务报告原则公告(英国)，都被视为理论。这种理论是实用性的，是对会计准则进行评估和发展的一种参考框架。理论有权威性，但没有强制性，理论可以脱离会计准则而独立存在。基本准则则不然，它同具体准则一样，也是法规；它比具体准则更有权威，它可以指导具体准则；因而它有强制性。基本准则与具体准则共同构成会计准则体系。所以，它不能离开具体准则而独立存在。以我国为例，如果我们不制定 CF，而是用 CF 的内容来修改充实过去的基本准则，使我国的基本准则成为准则的准则，或具体准则的基础，也是一种思路。如我国不制定 CF 而是修改补充基本准则，那么，在全部会计准则体系中，类似于目标在 CF 组成中一样，基本准则对具体准则将起指引方向的作用并提供应用的基本概念。在这种情况下，我国的会计规范体系将是如图 1 所示：

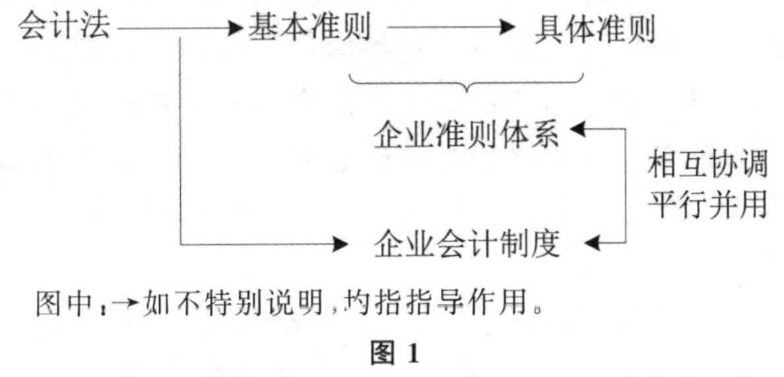

图 1

由此可见，在我国，可以有两种思路来制定会计的基本理论与概念：

一是使之法规化，采用基本准则的形式，充实国际上 CF 的内容(但必须适应社会主义市场经济特点，而不可照抄照搬)，成为企业会计准则整体中不可分割的会计基础概念的部分。

二是建立中国的 CF，肯定它是理论而不是法规，与具体准则分离。其用途仍是用来指导、评估和发展会计准则。

那么，究竟应当如何选择呢？我先前的想法是一步到位，即在中国建立一个新的 CF，使之立即与国际会计惯例趋同。但实践证明：我的这一想法不太符合中国实际。因为，“会计准则”从 1993 年引进我国，迄今已有 12 年，财政部已出台了一个基本准则和 16 个具体准则。但是，“会计准则”这一概念仍未在《会计法》中体现。修改后的《会计法》(1999 年 10 月 31 日修正)的第八条仍称：“国家实行统一的会计制度。”“会计准则”只是被包括在国家统一的会计制度中，而未在法律中明确提出。如果在会计准则之外再制定财务会计“概念框架”，这将是一个很难被立法部门理解的新概念。即使我们制定出一套既符合中国实际，又与国际会计惯例趋同的概念框架，恐怕也难以融入我国合法的会计标准体系之中。“欲速则不达。”看来，不仅财政部门与法制部门有一个互相沟通的过程，即使在会计界(特别是实务界)，“概念框架”这一概念要被人们接受，也需要一个宣传和舆论准备的过程。根据实质重于形式的原则，我们不应在意中国有没有形式上名为“概念框架”的会计基本概念，而只要名义上是“基本准则”，而实质上充实了 CF 的内容，同样可以达到指导、评估和发展具体准则的目的。基于上述考虑,我个人现在倾向于分两步走。第一步先修改、充实现行基本准则;第二步,等到将来时机成熟,基本准则可以转化为更符合国际惯例的CF。这一设想,并非保守,而是实事求是,是在会计改革中求稳妥,取实效。

总之,我们的长远方向可以定为制定名实相符的中国的CF;而现在可先修改充实已有的“基本准则”,使之具有符合中国实际的CF的内容。

2.关于修改基本准则的建议

我国在1992年11月以中华人民共和国财政部第5号令发布的《企业会计准则》(1993年7月1日起施行)实际上是统御1997年起至今已发布的16个具体准则的基本准则,是准则的准则。类似于国家法律体系中的宪法,其作用应极为重要!历史地看,它的出台取代了我国在计划经济时期在会计规范上长期地、一贯地采取的分所有制、分部门、分行业一统到底的统一会计制度的旧模式并为适应市场经济而采取一系列具体企业会计准则的新模式开辟了道路,在我国会计的改革与发展史上具有里程碑的意义。

时至今日,在国外由于IASB取代IASC这一国际会计的重大事件和美国安然事件等一系列财务欺诈案的发生,导致了在会计准则制定方式上是采取原则(目标)导向抑或采取规则导向的争论,同时,IASB也在大力促进国际会计的协调与趋同。在我国,1999年10月31日再次修订并颁布了《中华人民共和国会计法》,2000年6月21日国务院又颁布了《企业财务会计报告条例》对会计要素进行了重新定义,基于国内外的环境条件,现在我国既有可能、也有必要充实完善1992年制定的基本准则,作为今后与国际会计惯例进一步趋同需要出台一份新的CF的第一步。

作为基本准则,在同16个具体准则在总体结构保持一致方面,1992年的基本准则的整体框架似乎不需要进行大幅度的变动。我认为,需要、也可能变动的主要有以下几个方面:

第一,可以明确、也可以隐含财务会计的基础概念如几个基本会计假设。考虑到“基本会计假设”这一概念不易理解,在基本准则中可以不提这个名词,但可以包含会计主体、持续经营、会计分期、货币计量、借贷记账法等基本假设的内容。

第二,可以明确提出“会计信息质量要求”。其中明确我国企业财务会计的目标是反映受托责任履行情况和对经济决策提供有用信息,这是目标的原则性提法或称为通用的目标。具体目标取决于各类信息使用者的需求。此外,明确企业财务会计信息应当具备真实性、可靠性、相关性、谨慎性、可比性、一贯性等基本信息质量要求。

第三,可以分别按基本准则所承认的会计要素将各会计要素的定义、特征、确认与计量结合在一起分章说明并做出规定,1993年的基本准则,就是按这个体例写的。把会计要素的定义与确认计量紧紧扣在一起,可以吸收国外CF中合理、有用的部分,但又有我们自己的特色。我认为这样的写法能够体现每一个要素最后能在财务报表中列示,都必须经过第一步确认(记录、计量)和第二步确认(整理、分类、浓缩和汇总进行必要的再计量)两大必要步骤,然后才能进入财务报表表内,即表示一个由日常账户转变为报表项目的严谨的会计处理(核算)完整过程。

第四,修改后的基本准则的最后一章可改为财务报表,反映财务报表的基本内涵和基本编制要求。

以上建议尚不成熟,只是抛砖引玉,希望引起读者的共鸣,提出各自的见解,集思广益,供国家准则制定部门参考,把我国的基本准则修改得更加完善。

English Abstracts of Main Papers

The Process of Establishing Chinese CF May be Divided into Two Steps

Ge Jiashu

This paper discusses the meaning nature and function of Conceptual Framework for Financial Accounting and Reporting(CF).This Paper attempts to describe the meaning nature and function of objectives and another basic concepts.In China,what is better method between establishing a new CF and revising the basic standard of 1993.This paper also involves author's thinking.The way for establishing a new CF in China,two steps are better than one.The first step is to revise the accounting standards for business-basic standard by the national part of foreign CF and with Chinese condition.The second step may be establishing a new CF of China.Finally,this paper offers a proposal relating to revise the basic standard of 1993.

（原载于《会计研究》2005 年第 6 期）

34 创新与趋同相结合的一项准则

——评我国新颁布的《企业会计准则——基本准则》

葛家澍

摘　要:2006年2月15日颁布的《企业会计准则——基本准则》,把创新与趋同结合起来,是协调、连贯和内在一致的规则。基本准则暗含着若干会计基本假设,明确了财务报告的目标和会计信息质量要求。它把会计要素的定义同确认结合起来表述。它使我国会计界耳目一新,并在国际会计惯例趋同方面前进了重要的一步。

关键词:基本准则;创新;趋同;评述

今年是我国"十一五"规划的第一年,也是关键的改革发展之年。从计划经济向社会主义市场经济过渡,必须付出长期而艰巨的努力。财政部通过卓有成效的工作,终于在今年2月15日正式对外发布了包括1项基本准则和38项具体准则在内的企业会计准则体系。这39项企业会计准则的正式发布,标志着我国已初步完成企业会计准则体系的制定任务,成为我国会计发展史上一个新的重要的里程碑!

企业会计准则近阶段主要是为我国的上市公司服务的,部分准则也适用于国有和其他大中型企业。所有的上市公司,尤其需要用企业会计准则来规范其会计行为和财务报告。众所周知,在市场经济中,最具活力的市场是资本(证券)市场。它的活力从何而来?主要依靠每一家上市公司按法律、法规等的规定向市场披露公司报告,如实反映其财务状况、经营成果(业绩)和现金流量。离开上市公司的财务会计报告(以下简称"财务报告"),市场将缺乏最重要的信息来引导资本的有序、合理流动,投资人的正当利益将失去保护,社会资源也不可能得到优化配置。

高质量的企业财务报告是由高质量的企业会计准则来规范的。这是因为,在社会主义大生产中,现代企业必然呈现"两权"分离。两权分离又造成财务报告的提供者与主要使用者之间的分离。后一种分离使财务报告的提供者与使用者在占有公司的经济、财务信息方面产生明显的不对称。信息不对称是市场失灵的一种表现。处于信息占有不利地位的外部使用者,尤其是投资人极有可能对资本市场不信任,从而影响他们的投资积极性,以致严重危害资本市场和整个市场经济的繁荣与发展。在这种情况下,企业会计准则,作为我国政府防止社会主义市场失灵的一种制度安排,对于满足投资人获得投资所必要的信息,对于维护我国资本市场公正、公开、公平的健康发展,都有至关重要的意义。

国际会计准则理事会和美英等主要经济发达国家都有财务会计和财务报告概念框架(简称"概念框架",CF),而我国则用《企业会计准则——基本准则》(以下简称"基本准则")取代。虽然基本准则可能是我国未来概念框架的过渡形式,但现在当作我国的概念框架,却具有鲜明的特色、新意并符合中国国情。

第一,"基本准则"这一术语的采用,既简明易懂,又便于人们清楚地理解其性质和地位,很容易看出它的特点:基本准则高于具体准则,它能为具体准则提供基本概念并指引方向,是所有具体准则的基础,为具体准则的制定提供理论上的依据;可用来指导、评估和发展具体准则。显而易见,基本准则不是站在企业会计准则体系之外，而是在该体系之中，并处于顶尖地位，它不仅是法规，而且是比具体准则更重要、更基本的规范，这种制度安排，比较符合中国当前的国情。

我国现行会计法规体系可用图1表示。

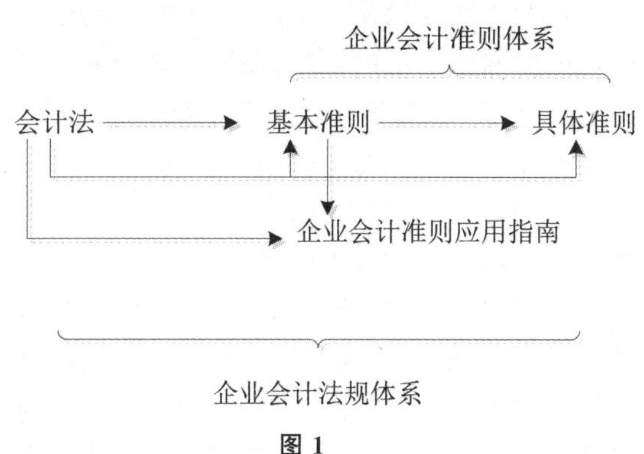

图 1

第二，在第一章总则中，包含并且发展了西方的“会计基本假设”。例如：第二条，明确规定了基本准则指导具体准则制定的作用。第四条，第一次明确了财务报告的目标。它有两个要点：(1)财务报告应当提供与企业财务状况、经营成果和现金流量有关的会计信息(这些主要信息由财务报表所提供)。(2)这些信息的用途，一是反映企业管理层受托责任的履行情况，二是有助于使用者做出经济决策。

在西方的概念框架中，对上述第2点目标经常有争议。例如美国FASB的第1号财务会计概念关于企业财务报告的目标，就只提供给使用者用于经济决策，而把反映管理当局受托的履行情况的评估列入经济决策的内容。我国基本准则参考了IASB的编报财务报表的框架，但并不完全照搬，而是把财务报表提供的企业财务状况、经营成果和现金流量等信息定为两个用途，而且把反映企业管理层的受托责任放在目标的第一位。这表明财务会计信息的披露，不仅可供投资人增资扩股或减资缩股(增加持有和抛售股份)决策作参考，而且更为重要的是对企业高级管理阶层受托经营的资源进行必要的监督(其中包括奖、惩和人事调动)，以保证国有企业的资金不致流失，所有委托经营的企业的资产都可保值、增值。可见，真实可靠的财务会计信息才能起到保护投资者利益的作用。

从第五条至第九条是用通俗而简洁的语言分别描述了“主体假设”、“持续经营假设”、“会计分期假设”、“以货币为计量单位假设”和“权责发生制假定”。①

具有我国特色的是第十条和第十一条，前者阐述了会计要素的确定原则和我国承认的六项要素，这就为从第三章至第八章奠定了概念基础；至于第十一条，是为了同国际会计惯例趋同，保持我国会计改革的连续性。

第三，除明确财务报告的目标外，还突出会计信息的质量要求。目标尽管能指引财务会计的方向，但它仅提出财务报告应揭示哪些信息，而对信息的质量并未提出要求。第二章弥补了在这方面的不足，它明确提出为保证会计信息质量而必须遵守的若干基本概念。这些概念包括：第十二条的“如实反映”、“真实可靠”和“内容完整”。

会计信息的可靠性是一项基本质量要求。它必须建立在如实反映和内容完整之上。反映的内容是企业实际发生的交易或事项，反映的程序包括确认、计量与报告。这一点是同第五条“企业应当对其本身发生的交易或事项进行会计确认、计量和报告”是互相呼应的，第五条旨在明确会计主体。第十二条则进一步肯定所确认、计量和报告的交易与事项应当是企业实际发生的；既不是虚构的，又不是未来的。这样，交易与事项的不确定性便被排除了，虽然我们获得的是历史信息，而历史信息，正如美国FASB所说，具有反馈和预测价值，对经济决策，特别是对评估受托责任的履行是十分有用的。

从第十三条到第十九条，分别提出“相关性”、“可理解性”、“可比性”、“实质重于形式”、“重要性”、“谨慎性”、“及时性”等信息质量要求。虽然准则没有使用上述术语，也没有列出层次，不曾明

① 假设(postulates)是基本前提，带有不以人们意志为转移的性质。假定(assumptions)是在一定程度上根据目标的要求所设置的前提，具有主观因素。但两者通常不加以区别。

确哪些是主要质量要求,哪些是次要质量要求。但从排列的顺序看,大体上可以显示:可靠性和相关性优先予以考虑,表明两者是主要质量。而把可靠性又列于相关性之前,这是很必要的。人们只要回想西方和我国从 20 世纪以来发生的会计作假和财务欺诈案件所得的教训,就应记忆犹新;如实反映交易和事项的真相,保持信息的可靠与完整,必须成为首先关注的基本信息质量。不相关的项目(指财务报表以外所披露的某些项目)当然无用;但项目虽然相关,而金额如不可靠(不管是有意弄虚作假或是无意产生错误),则相关性同样会化为乌有。

第四,第三章到第八章是按会计要素分列的,它包括每个会计要素的定义(特征)和确认标准。这也体现我国基本准则的另一特色,对于会计要素来说,一是要识别,二是要在财务报表中加以确认,那就是说会计要素的定义是为了会计要素的确认,两者密不可分。我国的基本准则分别每个会计要素,把它的定义和确认条件写在一起,不仅顺理成章,而且便于财务会计人员使用。例如,我们看懂第二十条,就可分辨每一交易或事项中的项目是否属于资产。再看二十一条,如同时满足两项条件,就可判断该资产项目应当予以确认。而第二十二条则进一步要求,对于资产项目来说,应在资产负债表中列示(确认)。

这样的架构,不仅比较清晰,而且便于操作。第三章资产是如此,四至八章其余五项会计要素的处理也是如此。

应当强调的是,这份基本准则有关会计要素定义的说明,也是经过仔细砌磨、具有新意的。它用"经济利益的流动"作为主线,贯穿于六项要素之中,把所有要素都有机联系在一起。概括地说:

资产定义可理解为:预期经济利益在一定的会计期间任何时点的拥有或控制;

负债定义可理解为:预期经济利益在未来流出的现时义务;

所有者权益定义可理解为:在一定会计期间的任何时点,企业对预期净经济利益的拥有或控制;

收入定义可理解为:一定会计期间内与投入资本无关的经济利益的总流入;

费用定义可理解为:一定会计期间与向所有者分配利润无关的经济利益的总流出;

利润定义可理解为:一定会计期间属于收入(利得)的经济利益流入扣去属于费用(损失)的经济利益流出的净额。[①]

第五,在会计计量一章中,第四十三条再一次强调信息的可靠性,要求一般按历史成本计量,如果采用其他计量属性,应当保证所确定的会计要素的金额能够取得并可靠计量。显然这是为制定具体准则做出的指导原则。因为第四十一条已规定,企业应当按照规定的会计计量属性进行计量。

著名的会计学家 Yuri Iriji 在他的名著《会计计量理论》中曾说过:"会计计量是会计系统的核心职能。"(*Theory of Accounting Measurement*,1979,p.29)这是很正确的,在会计的记录和报告中都不能没有"金额",而在会计确认中,即使肯定某个项目已符合要素的定义,如果它不能计量甚至不能可靠地计量,都不能予以确认。

会计计量模式本来由计量单位和计量属性两方面组成,由于计量单位已经列入第一章总则之中,当作会计的基本假设,因此第九章主要规定五种计量属性,即历史成本、重置成本、可变现净值、现值和公允价值,其中有些计量属性是第一次出现于我国的企业会计准则之中,如历史成本(过去均采用实际成本或原始成本)。但有的计量属性如现值在国外还有争议,美国第 7 号财务会计概念公告就认为现值只是在初始计量时采用历史成本或现行成本(重置成本)之后的一种摊销方法,而不是一项计量属性。[②]

我国的基本准则对于企业采用何种计量属性,不是由企业计量对象的性质自由选用的,它是一

① 在基本准则中有五项要素的定义都没有涉及"一定会计期间"。这个用语是本文作者的体会。

② FASB Concept No.7,para.6

项由具体准则明确规定的会计政策。这可能因为,会计属性的自由选用,不但影响财务报表的可比性,而且有可能会为财务欺诈、会计作假打开一个方便之门。

第六,在我国的基本准则中,增加了财务报告,这是另一个创新。

为了同国务院颁布的《企业财务会计报告条例》协调一致,准则用的术语是《财务会计报告》。其中涉及的核心部分仍沿用"会计报表及其附注",而尚未采用国际流行的"财务报表"一词。但分析其内容,会计报表及其附注所列报的信息,即是财务报表所反映的信息。

在本章中,还出现了"披露"这个术语。由此,整个财务报告(即财务会计报告)的组成可以列示如下(见图2):

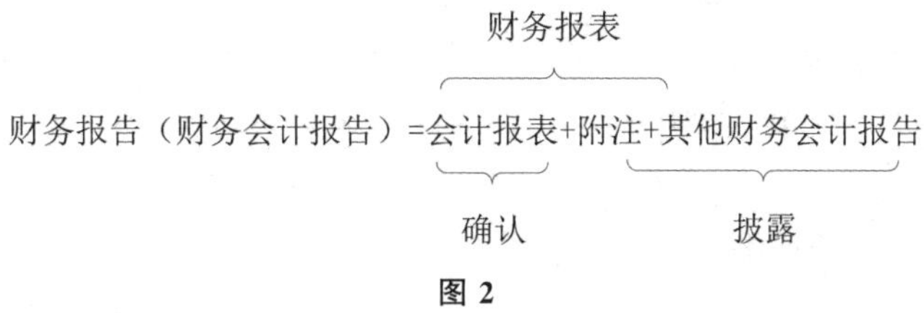

图 2

这样,全部基本准则如不看表述的用语,而看表述的实质,已完整地体现了概念框架的主要内容,即:

基本假设与目标(总则)+会计信息质量要求+会计要素及其确认+会计计量+财务报告

总的来说,我国的基本准则,是我国现阶段的财务会计概念框架。它既立足于中国国情,又努力与国际会计惯例趋同,在某些方面,已有超前的成分。例如我国的基本准则是一份言简意赅、前后一贯、内在一致的架构,它已不是一份置身于企业会计准则体系之外的"理论",而是融入了企业会计准则体系,并在其中起指导、评估和发展具体准则的作用。在层次上,它是企业会计准则的第一层次;在地位上,它是仅次于会计法和国务院颁布的企业财务会计报告条例,属于部门规章,而具有基本法规应有的权威性。西方财务会计概念框架目前正由 IASB 和美国 FASB 合作,联合制定类似于我国基本准则的性质的单一的概念框架并决定提升它在 GAAP 中的层次。从这一点看,我国似乎已先走了一步。可见,趋同是互动的。在会计准则建设方面,我们也未尝不可以创造出可供别国借鉴的经验。会计是国际通用语言,趋同是大势所趋。但应当根据党中央提倡的科学发展观和创新精神,把趋同和创新有机地结合起来,不断完善现有的准则,不论是在基本准则和具体准则方面,都争取走向更高质量。

参考文献:

[1]中华人民共和国财政部制定.企业会计准则——基本准则.北京:经济科学出版社,2006.

[2]IASB.编报财务报表的框架.国际财务报告准则.北京:中国财政经济出版社,2004.

[3]FASB.财务会计概念公告(1~7号).

[4]ASB.财务报告的原则公告(1999).

A Standard of the Result of Innovation and Convergence

Ge Jiashu

This paper focuses on stating and commenting the new basic accounting standard of our country. It thinks the standard a coherent, convergence and consistent rule which acts as Framework but not Framework. The basic standard implies some basic postulates(assumptions); clearly confirm objectives of financial reporting and qualitative requirement of accounting information. It makes definitions of accounting elements in cooperation with their recognition. It gives us a perspective on our accounting standards, and marks an important step towards international convergence of our accounting standards.

(原载于《会计研究》2006 年第 3 期)

35 论美国的会计概念框架与我国的基本会计准则

葛家澍

摘　要：会计准则和概念框架同属于经济中的制度安排。会计准则起因于财务报告的编报者与其使用者之间的信息不对称。建立会计概念框架的主要用途是为国际会计准则理事会和财务会计委员会评估和发展会计准则提供指南。美国会计概念框架是当前世界上最全面、最细致的会计概念框架。IASB和FASB联合制定的会计概念框架项目，在财务报告的目标和信息质量特征的发布方面初步达成一致意见。他们还讨论了要素，如资产、负债的定义和报告主体概念，而这些均未有结论，对比国际会计的概念框架，我国基本会计准则既有趋同性，也有创新性。

关键词：会计概念框架；会计准则；趋同概念项目

会计是管理经济必不可少的手段，它的形式与内容一定要适应经济发展的需要。建国以来，我国的会计一直处于改革之中。20世纪50年代初，为了符合计划经济的体制与模式，我国全面借鉴了苏联的会计制度，建立起分所有制、分部门、分行业一统到底的会计体制。这是新中国会计改革的第一个里程碑。改革开放以后，计划经济的种种弊端逐渐暴露出来。1991年11月，财政部出台了企业会计准则和财务通则，毅然冲破了在我国实行了约30年之久计划经济体制下的一统到底的会计制度，打开了会计按社会主义市场经济要求而改革的大门。这是我国会计改革的第二个里程碑。2005年是我国企业会计准则加快建设并努力与国际会计趋同的一年。2006年2月15日，上述工作已基本完成，财政部公布了一系列完整、连贯、协调一致的新的企业会计准则，包括一个基本准则和38个具体准则，基本上覆盖了我国现代企业经常涉及的交易、事项和其他经济活动。新会计准则的出台，标志着在我国，市场经济的会计规范基本取代了计划经济的会计规范。这是我国会计改革的第三个也是最重要的一个里程碑，昭示着我国会计发展新时代的到来。

一、概念框架及其与企业会计准则的关系

概念框架（全名是财务会计概念框架）是用来直接指导、评估和发展会计准则的概念或理论体系，是财务会计理论中最实用的部分。这个体系是由财务会计和报告的目标(objectives)以及与目标密切联系的其他基本概念(other fundamentals)共同构成的。目标规定财务报告的目的和宗旨，而其他财务会计基本概念则是财务报告在确认、计量、列报时所必须选择运用的工具。

要认识概念框架的起因，必须先考察会计准则的必要。在现代企业中，经营权与所有权的分离，导致了财务报告提供者（企业管理阶层）与使用者（主要是处于企业外部的投资人）和债权人（包括现在的和潜在的，也包括他们的顾问和代理人）之间的分离，于是在掌握企业经营管理实权的企业管理阶层与脱离企业经营管理的外部资金供应者对于企业经济信息的占有，产生了严重的不对

称。作为弱势信息群体,投资人和债权人在这种情况下就会对资本(证券)市场不信任。这将威胁资本市场的发展与繁荣。为了减少信息不对称,实际上也是为了纠正市场失灵,在经济中就必须做出一种制度安排,即规范并约束企业管理阶层,通过财务报告,对财务会计信息的披露,从保护投资人的利益出发,规定一系列确认、计量列报和披露的标准,使投资人和其他使用者从被规范的财务报告中获得真实、公允、相关和透明的信息。这种制度安排,就是各国、各地区以及 IASB 制定的,或称为 GAAP(美国),或称为 FRSs(英国),或称为 IAS 和 IFRs(IASB),以及企业会计准则(我国)等的财务会计规范。

企业会计规范(或统称为会计准则)不是任意制定的。首先要明确财务报告的目标,为财务报告所要达到的目的定位;其次要规定财务报告所提供的信息,必须具备哪些质量要求,接着应研究财务报告(特别作为它的核心部分的财务报表)的要素结构,以及如何予以确认、计量和列报等。这就是说,凡是要制定高质量的会计准则,在西方,就需要有合理的概念框架作为指导,而在我国,就需要有基本会计准则为依据。由此可见,概念框架也是一种制度安排①,信息不对称导致财务会计规范的产生,而制定会计规范又需要概念框架(基本准则)进行指导。

总起来看,概念框架具有五项作用:第一,为每一个具体准则指引方向并规定应达到的目标(包括定性和定量两个方向)和会计原则;第二,确定财务、会计信息的使用者和他们对财务信息的要求,同时也指出现行财务报表存在的局限性;第三,评估现有的会计准则,不断予以改进;第四,发展新的会计准则;第五,在缺乏会计准则的条件下,用来解决新的、复杂的会计问题的处理和报告。

二、对美国财务会计概念公告(SFACs)的评论

他山之石,可以攻玉。在制定我国的基本准则(即我国现阶段的概念框架)方面,我们还需要学习借鉴一些市场经济发达国家的经验(包括正反两个方面,它们的经验被公认为当前国际会计的代表),在这里,我们要研究最有代表性的美国所构建的概念框架。

关于概念框架,包括此前关于用来指导会计准则的基本理论的研究,均以美国为最早,早在1907 年,美国会计学家斯普瑞格(C.F.Sprage)所著《账户的哲学》(*The Philosophy of Account*)就提出一套明确而易懂的簿记框架,一直指导着当前的复式簿记的理论与方法。1922 年,又一位美国著名会计学家佩顿(W.A.Paton)在他著的《会计理论》(*Accounting Theory*)中第一次提出:会计所处理的对象是同价值商品等交易事项密切相关。这些交易和事项存在着很大的不确定性,面临不确定性,会计只能建立在若干假设(postulates)的前提之上,他指出了营业主体、持续经营、资产负债等式、财务状况和资产负债表、成本与账面价值、应计成本与收益和分配的顺序性等七项会计假设。这是美国学者最早提出的会计的基础概念。1929 年经济学家兼会计学家坎宁(J.B.Canning)在其《会计工作中的经济学》(*The Economics of Accountancy*)中引进了经济学的若干概念(主要是 Irving Ficher 的观点),比较全面地研究总收益、净收益、资产、负债、所有者权益等基本因素的性质和定义。

会计学术界的影响,促进了美国准则制定机构开始研究与会计准则相关的概念、原则与理论。

在 AICPA 主持会计准则期间,从 1961 年起至 1973 年止,它曾组织有关专家和著名的会计职业界作了以下三方面的研究:

第一,1961—1962 年,由 AICPA 会计研究部的专家按下列思路进行研究(见图 1)。

① 制度安排既可以采取规范的形式,也可以采取理论的形式。

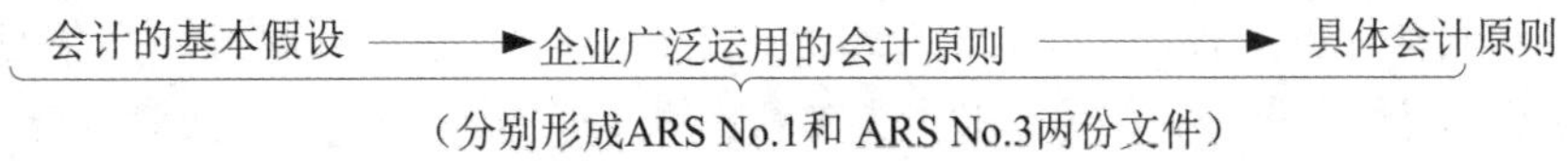

会计的基本假设 ——→ 企业广泛运用的会计原则 ——→ 具体会计原则

（分别形成ARS No.1和ARS No.3两份文件）

图 1

第二，1970 年，由 AICPA 责成 APB 改按下列思路研究基本概念（其代表文献为 APB Statement No.4）。这一思路明显地否定了以基本假设为导向，更改为以财务报表的目标为导向（见图 2）。

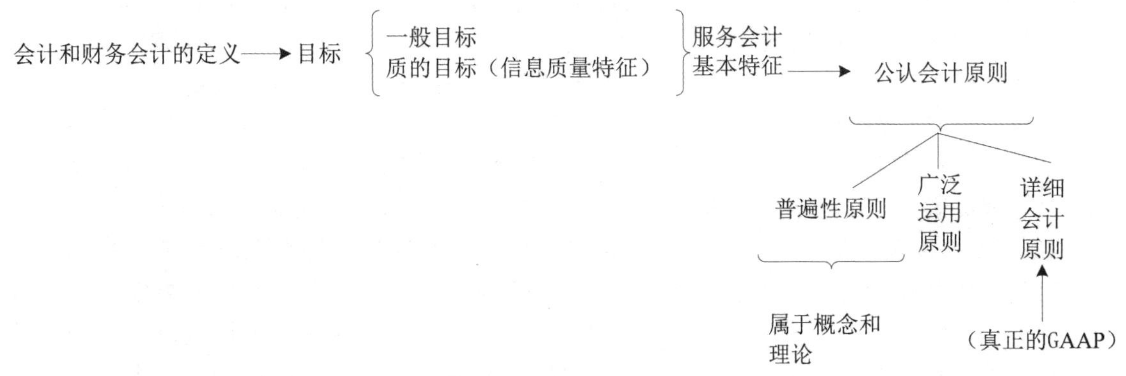

图 2

第三，1971 年，AICPA 理事会组织以 Trueblood 为首的研究小组，重点研究"财务报表的目标"。1973 年，Trueblood group 提出题为《财务报表目标》的研究报告，列举了 12 项目标和 7 项会计信息质量特征。

长达几十年的研究，积累了以上的研究成果，才有 FASB 的财务会计概念公告（SFACs）即概念框架的产生。FASB 于 1978 年发表第 1 号财务会计概念公告《企业财务报告的目标》（它也是世界最早的），而后分别在 1980 年、1984 年、1985 年和 2000 年出台第 2 号概念公告《会计信息的质量特征》、第 3 号概念公告《财务报表的要素》（已为第 6 号概念公告所取代）、第 5 号概念公告《企业财务报表的确认与计量》、第 7 号概念公告《会计计量中应用未来现金流量和现值》。总体来看，美国的财务会计概念公告具有八个特点和优点。

第一，它是世界首创的。长期的研究，既有经验也有教训，在概念框架的导向问题上曾经历了由"基本假设"到"财务报告目标"的反复。由于第 1 号财务会计概念公告把财务报表扩展为财务报告，这才有说服力地指导了财务会计准则第 33 号"财务报告与物价变动"，要求公司在表外提供不变价格变动美元和现行成本两种补充信息来取代 SEC 抢先（通过 ASR 190）要求 500 家上市公司补充提供重置成本补充信息的规定，从而奠定了 FASB 所制定准则的权威。①

第二，它把财务会计概念公告（SFACs）按概念框架项目的内容，分为七份。1978 年 11 月 FASB 首先出台第 1 号《企业财务报告的目标》，这是一个总纲，指引整个概念框架的方向。经过 22 年，FASB 发表了第 2 号公告、第 5 号报告、第 6 号公告和第 7 号公告，各份公告论述详尽、准确，基本上体现了连贯、协调、内在一致的要求。

第三，前已述及，它把财务会计由传统的终点——编报财务报表 financial statement（通过确认），扩大为编报财务报告 financial reporting，这就扩展了财务会计的边界。从表述手段看，在确认（recognition）之外增加了"披露"（disclosure），从报告方式看，在财务报表之外，增加了财务报表

① 现行成本（current cost）和重置成本（replacement cost）两个概念的内涵基本相同。SEC 也就承认 FAS No. 33 从而收回它发出的 ASR 190。

的附注(notes)和其他财务报告(other financial reporting),因此它增加财务会计信息的含量,并使增加的信息不限于定性同定量相结合,可以只是定性的,或只是定量的,或两者兼有。它还可以包含与会计有直接或间接联系的非财务信息。特别是,这一改革解决了物价变动的难题,功绩尤伟。

第四,在技术上,概念框架的表述应当简明清晰,避免重复。美国财务会计概念公告第1号在这方面表现很突出。FASB的第1号公告,原是主要以特鲁伯鲁特报告(Trueblood Report)为基础写成的。该报告原来罗列了12项目标,FASB加以压缩简化,排除了非盈利事业单位和社会的目标,把信息使用者集中为现在和潜在的投资人、债权人,并结合它们所需要的信息一并说明,并把12项目标概括为三个目标。第一个目标是为现在和潜在的投资人、债权人及其他用户提供用于做出合理的投资信贷和类似决策[①]所需要的信息。第二个目标是所提供的信息应有助于上列使用者去评估期望的现金流量的金额、时间安排和不确定性,以满足投资人风险投资报酬(股利)的预期,债权人对收回到期本息的可能性的估计。第三个目标是从前两个目标衍生出来的,即为完成前两个目标,所提供的信息还应包括:关于企业的经济资源,在这些资源上的权利(企业向其他主体交付资源的义务即负债和所有者权益)以及引起资源及其要求权变动的各项交易和事项的影响。

第五,第2号概念公告对有关会计信息质量特征作了梳理和整合,除将效益大于成本视为"约束条件",重要性视为"过滤器",不属于会计信息质量特征外,共提出12个信息质量特征。它把"决策有用性"作为总的信息质量,并以"易懂性"即"可理解性"作为用户最关心的质量,相关性与可靠性是构成总质量的主要质量,可比性(含一致性)为次要质量。每一个主要质量都由三个特征构成。如相关性由预期价值、负债价值和及时性构成;可靠性由可稽核性、中立性和如实反映构成。上述概括,既全面,又分层次,清晰而易懂,且便于信息使用者做出选择。

第六,第6号概念公告(即原第3号公告)共列举了10项财务报表的要素组成财务信息的基本框架,FASB创造性地用未来的经济利益作为资产的本质来定义资产。对于负债和所有者权益也视为一系列未来经济利益的支付义务和属于所有者的剩余。它既给出要素的定义,又分析每一要素的特性,由于重视逻辑严密,基本上做到把定义分解为该要素的特性,而把所有特性进行综合成为该要素的定义。

第七,在第5号概念公告中反复强调确认的含义和与披露的区别。历来,在会计实务上,都把报表附注同财务报表视为一个整体。而SFAC No.5则认为表内是确认形成的信息,而报表附注则属于披露。一个最重要的区别是附注的内容不受GAAP的限制。这份概念公告还第一次提出交易或事项所产生的项目应否按报表要素确认的四项基本标准,即可定义性、可计量性、相关性和可靠性。在计量这一程序上,该公告提出五个计量模式(分子为计量属性,分母为计量单位或尺度),分别为历史成本(历史收入)/名义货币单位(即名义美元,下同)、现行成本/名义货币单位、现行市场价格/名义货币单位、可实现的净值/名义货币单位和未来现金流量现值(或贴现值)/名义货币单位。FASB不倾向于采用哪一属性,它主张,根据计量对象的特点和相关性与可靠性选用上列模式中五种计量属性中的任何一种。

第八,为了采用"公允价值"这一新的计量属性,第7号概念公告着重指出:应用未来现金流量信息和现值技术,主要为了捕捉"公允价值"。未来现金流量的现值是随着未来现金流量的估计和所采用的不同折现率而变化,所以它不是一项计量属性,而是在初始计量采用了历史成本或现行成本之后的一种摊销方法。

在指出FASB的概念公告具有优点的同时,也应当论及它的不足之处。其主要的不足是:

第一,在第1号概念公告中,已把财务会计的边界扩大为财务报告,而且第1号目标也称为财务报告的目标,可是以后却主要论述财务报表的要素、要素的确认与计量,很少甚至没有涉及"附

① 在投资决策中包括投资人对企业管理阶层受托责任履行情况的评估和由此做出的奖赏和人事变动决策。

注”,特别是“其他财务报告”的框架。另外“披露”这个概念在七份公告中也没有交代。

第二,按照概念框架的定义,目标是指引方向的。以后的若干份概念公告都应当服从于并同第1号概念框架一致。可是第6号概念框架把资产定义为一个主体拥有或控制的未来经济利益,显然与第1号概念框架要求提供主体的经济资源的提法有明显的差异。

第三,构成会计信息总质量的决策有用性表现为相关性与可靠性。第2号概念公告始终认为这两个主要质量问题同等重要。主观上我们可以这样要求,但在客观上,必须估计到它们是会在某一信息质量上产生矛盾的,即有的信息可能具有明显的相关性但缺乏可靠性,有的信息可能比较可靠,能如实反映某一交易或事项的实际影响,但相关性不明显。第2号概念公告对会计人员在此情况下如何选择的问题几乎是避而不谈。

第四,既然第7号概念公告已经指出未来现金流量是一种摊销方法,实际上纠正了第5号概念公告的相关内容;而且FASB又十分重视公允价值的推广应用,但却没有修改第5号概念公告,在列举的五种计量属性中,用公允价值取代未来现金流量的贴现值。

任何会计文献都不可能完美无缺,概念框架的文献也是如此,况且环境的变化会改变人们的认识和要求。例如公允价值计量之所以如此受到重视,主要是金融和商业业务不断创新所促成。总体上考察,FASB的财务会计概念仍然是在当前世界上为各国学习借鉴的重要榜样。IASB的财务报表框架,虽然权威性日益提高,但它毕竟比美国FASB的前6份概念公告(1～6)晚4年才问世(1988年IASC公布,2001年ASB批准),在内容上也吸取了SFACs的不少经验。

三、趋同概念框架的现状与未来展望

2005年IASB与FASB决定联合制定趋同的概念框架,将来这一框架既适用于IASB,又适用于FASB。这就等于FASB对现在的财务会计概念公告进行了修订,目前这一联合制定工作尚在进行中,该联合制定的趋同框架项目共分八个部分:目标和信息质量特征、要素确认和计量属性、初始和后续计量、报告主体、财务报告的编报与披露、框架的目的和在GAAP层次中的地位、非盈利部门的应用、完整的框架。从这八个部分看第五、第六两个部分是明显地弥补概念框架应有内容的不足。在这一趋同框架的研究中,双方都承认趋同的概念框架将是单一的、内在一致的文献。这表明FASB将放弃七份文献,而与IASB趋同。另外,双方也一致同意提升趋同的概念框架在GAAP中的层次,即由外在于GAAP而跃居GAAP中的顶尖层次。这是双方都主张按原则为基础制定会计准则的必然要求。

双方目前已就目标和信息质量特征达成初步一致意见。

就目标而言,应指财务报告的目标而不是财务报表的目标,这一点,反映了IASB与FASB趋同。财务报告的目标是通用目标,是用来帮助一系列广大的使用者(它们无权、无能力,也缺乏资源去寻求在企业管理阶层提供的财务报告以外的信息)进行经济决策(包括评估受托责任)所需的会计信息。当然,信息的主要使用者还是投资人、债权人和它们的顾问。为达成上述目标,应向使用者提供有关企业流动性、偿债能力和盈利能力的信息。

就会计信息质量特征而言,双方一致同意:第一是把相关性、如实反映和可理解性定为三项基本质量特征(essential qualitative characteristic),这里重大的变动是用“如实反映”(faith full representation)代替可靠性(reliability)。第二是把可比性作为财务报告的一项重要的(important)质量特征。第三是承认收入大于成本是约束条件,重大性是信息质量的过滤器。第四是由于难以定义或已包含在其他信息质量中,决定不把透明度(transparency)、可信性(credibility)、高质量

(highquality)、内部一致(internal consistence)这些概念列入趋同框架的信息质量特征之中。

截至2006年3月,双方的讨论还涉及资产、负债的定义和报告主体等方面,但均未形成比较一致的结论。

我们认为,IASB和FASB实际上只比较充分地讨论趋同概念框架的第一项目(即目标与信息质量特征部分),以后的部分涉及要素定义、确认、计量披露、报告单位等方面,将要花更多的时间,趋同的难度也会更大。不过,趋同是客观形势的要求,应当说"道路是曲折的,而前途是光明的!"

四、我国基本会计准则与国际会计惯例的趋同和创新

财务会计概念框架(CF)如同公认会计原则(GAAP)一样,都是会计上的一个抽象的术语。具体到各个国家,其代表文献的名称各不相同。例如,美国称为"财务会计概念公告"(SFAC Nos.1—7,其中,No.3为No.6所取代);英国则称为"财务报告原则公告"(Statement of Principles for Financial Reporting);IASB称为"编报财务报表的框架"(IASB Framework);而我国则称为"基本会计准则"。在这个意义上,我国的基本准则不称为概念框架的概念框架,是所有具体准则的准则。

对比国际会计的概念框架,例如IASB Framework,我国基本会计准则既有趋同性,也有创新性。趋同性主要表现为:

第一,我国基本会计准则也包括国际概念框架所包括的主要内容,如:财务报告的目标(但在使用者中,我国增加了"政府和有关部门",体现了我国的市场经济不是以私有制为基础的市场经济,而是社会主义市场经济)、会计信息质量特征、会计(即财务报表)的要素,其定义和确认、要素的计量和财务报告(财务会计报告),其实在上述列举的国家和IASB的概念框架,都缺乏财务报告列报这一部分,因此就概念框架的组成项目看,我国最为完整。

第二,我国新的会计准则,要求企业提供的财务会计报告中的会计信息应同时满足两项目标,即反映受托责任和有助于使用者进行经济决策,这与IASB的概念框架基本趋同。

第三,我国基本会计准则共列举了资产、负债、所有者权益、收入、费用和利润六个要素。实际上,在所有者权益中还包括利得、损失两项要素,这与IASB Framework列举的资产、负债、权益、收入(含利得)、费用(含损失)基本一致,不同的是IASB有一个"资本保全"概念,而我国则多一个"利润"概念。

第四,在要素的定义和确认标准方面,基本上已经趋同。以下以资产为例。

关于资产的定义。我国基本会计准则:"资产是指企业过去的交易或事项形成的,由企业拥有或者控制的预期会给企业带来经济利益的资源。"(第20条)IASB Framework则定义为"资产指主体由于过去的事项而由主体控制的、预期会流入主体的资源。"[para.49(1)]我国的基本准则关于资产的定义同时吸取美国FASB定义中"由企业拥有的"提法,但是我们不把资产定义为"可能的未来的经济利益"而定义为"预期会给企业带来经济利益的资源",这是一个比较准确的提法。从经济学的观点看,企业的资产是社会资源的一部分,而不是未来经济利益的一部分。社会不是把经济利益配置给企业,而是把预期其能在企业中产生经济利益的资源配置于企业。资产可能同资源(已配置于企业)画等号,但不能同未来的经济利益(资源在使用中可能产生的一项属性)画等号。可见,我国关于资产的定义与IASB趋同而借鉴FASB的定义是完全正确的!而关于资产的确认我国基本会计准则在第21条关于资产确认标准,可以说,同IASB Framework第84段没有本质的区别。

第五,我国基本会计准则第42条提出了历史成本、重置成本、可变现净值、现值和公允价值五种计量属性,前4种计量属性与IASB Framework第100段的提法一致(一般说来,现行成本与重置成本的含义是相同的),而我国却增加一个新的计量属性即"公允价值",这不仅反映世界计量属

性的发展潮流，而且由于我国新颁布的38个具体准则中，约有10项准则涉及公允价值的应用。

我国基本会计准则的创新性主要表现在：我国基本会计准则比IASB与FASB的联合趋同框架在下列方面先走了一步。第一，作为我国现阶段的概念框架，我国已把它定为法规，构成企业会计准则的第一层次，并明确是用来指导所有的具体准则的。第二，确认与计量在其他国家和IASB的概念框架中，历来是结合在一起讨论，而我国则把要素定义与确认相结合，这一创新表明，理由很清楚：要素的定义不是为定义而定义，而是为确认而定义，定义与确认相结合，显得既顺理成章，又容易理解。第三，虽然比较简括，但我们毕竟对其他概念框架的一大缺口——"财务报告"部分加以填补，完整地体现了概念框架应有的目标，信息质量特征要素与确认，计量和财务(会计)报告的全部。第四，从前述IASB和FASB联合制定的趋同概念框架所列八个部分看(第5部分，财务报告的编报/披露，包括报告的边界)，我国在这方面也有先见之明。

参考文献：

[1]葛家澍.实质重于形式，欲速则不达，我国概念框架的制定可以分两步走[J].会计研究，2005(6).

[2]葛家澍.创新与趋同相结合的一项准则[J].会计研究，2006(3).

[3]葛家澍，杜兴强，会计理论[M].上海：复旦大学出版社，2005.

[4]财政部.企业会计准则[Z].北京：经济科学出版社，2006.

[5]Project Updates: Conceptual Framework—Joint Project of IASB and FASB[EB/OL]. http://www, iasb, org.1.10, March 2006.

[6]FASB.Statement of Financial Accounting Concept[Z].Washington to John Wiley &Sans, Inc., 2000/2001.

English Abstracts of Main Papers

On American Conceptual Framework for Accounting and China's Fundamental Accounting Standards

Ge Jiashu

Abstract: Accounting standards and conceptual framework are both institutional arrangements in economy. Accounting standards originated from asymmetric information between preparers of financial reports and their users, while accounting conceptual framework is used as a guide for IASB or FASB to evaluate and develop accounting standard. American conceptual framework for accounting is mainstream, being the most comprehensive and meticulous of all conceptual frameworks of this type. The program of conceptual framework was jointly formulated by IASB and FASB whose boards of directors have basically reached consensus as to the objectives of financial reporting and the publicizing of qualitative characteristics of information. They also discussed the definitions of elements such as assets and liabilities and the concept of reporting entity without reaching any conclusions though. Compared with the international conceptual framework for accounting, China's fundamental accounting standards are characterized by both convergence and originality.

Keywords: conceptual framework for accounting, accounting standard, conceptual program of convergence.

(原载于《厦门大学学报(哲学社会科学版)》2006年第4期)

36 关于在财务会计中采用公允价值的探讨

葛家澍

摘　要:近年来,美国财务会计准则委员会(FASB)和国际会计准则理事会(IASB)大力倡导会计计量运用面向现在和未来的、以市场为基础的公允价值。本文着重研究并比较 IASB 和 FASB 给出的公允价值定义和相关的基本概念,认为公允价值是面向市场、以假想交易为对象的一种估计价格,可以有三级估计,最佳的估计是(相同)资产或负债主市场或最有利市场的价格,指出了它带来的缺陷。文章认为,公允价值计量乃是财务会计发展的大势所趋;如果公允价值得以全面应用,则财务会计将有可能反映企业的价值(或其近似值)。

传统的会计学主要是以历史成本进行计量。历史成本是面向过去,且以特定企业之间的交易为基础的。最近若干年,由于金融创新和其他创新业务的兴起,美国财务会计准则委员会(FASB)和国际会计准则理事会(IASB)大力提倡在财务会计中采用一种新的计量属性,即公允价值(fair value)。公允价值是以市场为基础,以可观察到的、公开的活跃市场的资产出售价格和负债转移价格(脱手价格)[①]为目标。它面对的是买卖双方意欲成交的假想交易,主要参照相同资产与负债或同类资产与负债的市场价格进行估计。它面向未来,且有可能反映一个企业的价值。这是财务会计的重大变革,其影响之深远,有可能改变现行会计模式!因此,包括我国在内的全世界的会计界都普遍予以关注。

一、最早关于公允价值的论述

早在 1961 年,美国注册会计师协会(AICPA)所属会计研究部主任 Maurice Moonitz 在其撰写的 ARS No.1 中就提到“公允价值”这一概念。不过,他当时使用的不是“fair value”,而是“sound value”。ARS No.1 认为,在市场经济中,市场价格是一切计量属性的基础,其他计量属性都是市场价格的衍生物。因此,ARS No.1 把“市场价格”[②](market value)列为一项假设(postulate)即 ARS No.1 中的假设 B-2,在这本论文集第 2 章中,还指出:“如果交换价值(市场价格)实际存在的话,计量的难度就会降低。这是确实的。因为市场交易表达了‘独立的判断’。市场交易将交换价值曝光(由于价值不能自我表现)的价格通过人们关于价值的判断展现出来。”[③]“为了防止曲解,我们将交换交易的任何价格都包括在交换价值之内,它包括:销售价格、公允价值(sound value)等凡是从交

① 资产的出售价格和负债的转移价格均为脱手价格(exit price)。

② 在 ARS No.1 中“市场价格”、“交换价值”和“交换价格”经常混用。在 Moonitz 看来,它们是同义词。

③ 见 ARS No.1 第 2 章和第 4 章。

换推导出来的其他计量。”

上述这些论述，集中说明一个问题，即在 Moonitz 看来，市场要进行交换，交换价值的基础只能是市场价格，其中包括公允价值。

特别是，Moonitz 在 ARS No.1 第 4 章中强调指出：“一个推论迅速出现，即交换价格是初始记录的恰当基础，这个正确的推论在具体应用时必须附有几个条件，如：

“(1)两个(或更多的)独立主体(企业)之间进行公平的交易；

“(2)交换中涉及的各主要行为都是理性的；

“(3)市场上的交易足够活跃以证明所产生的价格具有代表性的假设。”①

Moonitz 接着抨击以历史成本为初始记录的基础。他问：会计是否应该或必须以成本为基础？他的回答是：这个命题并不符合前面的考虑，即便是一个主体在真实市场上从事交易，从而交换价格自然而然地成为初始记录的基础，这也不意味着那些交易的结果(后来变为购入资产的历史成本即不变成本)必须限制在那个价格上。

Moonitz 的分析指出了“公平的交易”、“交易双方的理性行为”、“市场的交易足够活跃”等有关公允价值的理念。并且认为，原先以市场价格为基础的历史成本，以后也是应当变化的，即在每个报告期，应按新起点重新记录；同时，Moonitz 提出了真实市场的交易。这意味着他已隐含着有非真实市场的交易(即现在所说的假想交易)的存在。Moonitz 的上述若干设想是在 40 多年以前，但与当前公允价值定义中的有关概念何其相似！

二、当前公允价值的定义

(一)什么是公允价值(fair value)

1.我国关于公允价值的定义

在我国 2006 年 2 月颁布的《企业会计准则——基本准则》中，在计量属性中增加了公允价值计量属性，定义如下：“在公允价值计量下，资产和负债按照公平交易中，熟悉情况的交易双方自愿进行资产交换或负债清偿的金额计量。”(第 42 条)

我国关于公允价值的定义与 IASB 在其第 32 号国际会计准则《金融工具的披露与列报》(IAS 32，para.11)中的定义基本相似，这里不再多说。

2.国际会计准则理事会(IASB)关于公允价值的定义

“公允价值，指在公平交易中(in an arm's length transaction)熟悉情况的当事人自愿据以进行资产交换或负债清偿的金额(between knowledgeable，willing parties the amount for which an asset could be exchanged or a liability settled)。”

在这个定义中，也包括我国的定义，有几个概念需要明确：

(1)公平交易。所谓公平交易是指不存在特别或特殊关系(该关系可能使交易价格不具有市场状况的特征②)的当事人(交易双方)之间进行的交易。就是说该交易假定是在非关联方之间进行

---

① 见 ARS No.1 第 2 章和第 4 章。

② 什么是市场状况？按照我的理解，应指在市场上，由独立的买卖双方共同判断而产生为所有交易者可接受的定价行为。

的,买卖双方都是独立发生的行为。这样的交易才算公平[①]。

(2)熟悉情况的、自愿的当事人。在这里,所谓熟悉情况的自愿购买者和自愿的销售者都对特定交易(例如投资性房地产、金融工具,含衍生金融工具等)的性质、特征、实际的潜在用途以及资产负债表日的市场状况有相当的熟悉。其目的在于:保证买卖双方能够运用公允价值计量双方意欲成交某项业务而不使任何一方吃亏。

按照 IFRS 40(即原 IAS 40)在第 43 段的解释,自愿购买者和自愿销售者也有特定的含义。前者指自愿而不是被迫购买。这就是说,这种购买者不过分着急也不准备按任何价格购买。他们不会支付高于由熟悉情况的、自愿购买者和销售者组成的市场所达成的价格。至于自愿销售者,也是不过于着急出手,不准备在任何价格下都会被迫出售的销售者。他们不会抱着固定价格不放,而是理性地考虑市场状况。

总之,自愿购买和自愿销售的双方,都是理性的当事人,都是基于市场条件,双方均意图按各自认为最有利的价格进行买卖。经过反复协商和估计,双方总会取得一致,那就是公允价值。

(3)交换的金额。按照 IASB(即 IAS 30)的定义,只是讲资产交换或负债清偿的金额。负债清偿的金额是明确的,即为清偿负债所支付的价格。但资产交换的金额就不明确了,可以是购买一项资产支付的价格,即入账价格(entry price;也可以是销售一项资产所收到价格,即脱手价格。当然,不管是什么价格,都应当以公开的、活跃市场上相同资产和负债的标价为最佳估计。

考察 IASB 关于公允价值的定义和相关概念,我们可以推测它是建立在下列原则的基础上的:第一,按照公允价值的定义,在资产负债表日,企业可以记录活跃市场中最有利的公开标价;第二,活跃市场存在的公开标价是公允价值的最好证据;第三,如果无活跃市场,则需要运用估价技术,若采用估计技术,应最大限度地使用市场输入变量(参数),最小限度使用主体特有的输入参数(IAS 39 附录,paras.69~73)。

根据上述原则可以看到,IASB 的公允定义具有三个特点:第一,它的定义与说明是分散在若干 IASs 和 IFRSs 中的,缺乏一致性。第二,它的定义是以具有活跃市场的市场价格为前提的,市场价格是公允价值的最佳估计。第三,它隐含了一个企业是持续经营的假设,以金融工具为例,其公允价值反映了金融市场对于某项工具的预计未来现金流量现值的判断,公允价值信息允许对实质上具有相同经济特征的金融工具进行比较,而不论一个企业(主体)持有它们的目的是什么,也不论它们是何时和由谁发行或购买的。这样,就隐含了主体是"持续经营"的假设。

3.美国财务会计准则委员会(FASB)关于公允价值的定义在说明 FASB 的定义以前,我们必须强调三点:

第一,从时间上看,不论在早期和现代,对公允价值的研究,美国都是最早;第二,从研究的深度看,FASB 对公允价值的研究一直处于世界的最前列;第三,当前,唯一发布单一的、连贯的、内在一致的公允价值计量会计准则只有 FASB。

2006 年 9 月,FASB 先发表 FAS 157《公允价值计量》,为公允价值及其运用建立了世界上独一无二的完整的计量和披露框架。2007 年 2 月,FASB 再发表了 FAS 159《金融资产与金融负债的公允价值选择权》,进一步允许主体选择按照公允价值计量多种金融工具和某些特定的其他项目,扩大了公允价值的使用范围。在 FAS 157 中,公允价值的简单定义与计量公允价值的框架相结合。①提高了公允价值计量的一致性和可比性;②简化和统一了有关公允价值分散的会计文献,减少或消除了美国公认会计原则(GAAP)的复杂性和差异性。

FAS 157 关于公允价值的定义是,"在计量日当天,市场参与者在有序交易中出售资产收到的

---

① 参阅经 IASB 于 2004 年新发布的国际财务报告准则(IFRS)导致修订的 IAS 40《投资性房地产》中关于公允价值模式的论述,见该准则 para.44.

价格,或转移负债支付的价格"。

这个定义与前述IASB的定义有明显的不同,所使用的概念也有差别。为此,我们首先要对FASB有关公允价值定义的总体认识有一个初步了解。

公允价值与其他计量属性究竟有什么不同?总体上看,FASB的观点是:第一,其他计量属性都是以特定主体为基础的计量,而公允价值则强调以市场为基础计量;第二,公允价值保留了"交换价格"这个说法。交换价格当然产生于市场的交换即交易。但其他计量属性所计量的是实在的交易即已完成的交易,而公允价值计量的交易则是假想的交易(hypothetical transaction);第三,其他计量属性都以由交易产生的实际数据为依据,而公允价值则是以市场价格主要参数的估计价格(estimated price)为依据。

基于上述观点,我们再来剖析FASB关于公允价值的定义。[①]

(1)计量日当天(at the measurement date)。如采用其他计量属性,通常主体的交易日和报告日是当然的计量日。但采用公允价值的计量对象是代表假想交易的一种双方意欲成交的承诺,因此,计量日当天应是FAS 159提出的术语:确定承诺(firm commitment)的那一天或那一天中的某一时点,以及嗣后的各个报告日。

所谓"确定承诺",指主体与非关联方之间确定性的协议,对双方均具有约束力,法律可以强制实施。它具有以下两项特征:

①协议对所有重要条款都做了安排,包括交易的数量、确定的价格以及交易的时间。确定的价格可以用主体的功能货币(an entity functional currency)[②]或外币的一定金额表示。也可用某一特定的利率或特定的实际利率表示。

②协议包括不执行承诺的惩罚因素,这一因素足够重大,使得履约成为可能。

(2)市场参与者。市场参与者是主市场(主体将以最大数量和最高层次的活动来销售某项资产和转移某项负债的市场)或最有利的市场(指在考虑各个市场的交易成本的基础上,主体将以所收金额的最大化来销售资产,或以所付金额最小化来转移负债的市场)上该项资产的购买方或销售方,或负债的转出方与转入方(简称为资产或负债的"买卖方")。其特点是:

①它们是独立的主体,不是关联方。

②是知情的,熟悉交换的资产和负债情况的;只要通过适当努力,即可合理地了解该假想交易的特征与状况。

③能够就该项资产或负债进行交易。

④愿意进行上述交易,交易是主动而不是被动的。

市场参与者对公允价值的定义有一个假设,那就是:市场参与者在给资产或负债定价时将会使用所定的价格。

(3)有序交易。所谓有序交易是指在计量日之前,此类资产或负债已在市场展开一段时间交易,并证明已展开的交易活动是正常的遵循惯例的,而且是自愿即非强迫的(如不是强制性清算或不是抵押品因债务偿还被强迫拍卖)。

(4)公允价值计量的目标。公允价值计量的目标是确定计量日那一天市场参与者通过有序交易销售资产收到的价格或转移负债支付的价格(两者均为脱手价格)。

---

① 以下参阅FAS 157 paras.6,7,8,9,10,11。

② 功能货币为外汇业务中的术语。"功能货币应该是企业从事经营活动的环境中主要使用的货币。……在一般情况下,它是企业所在国的本国货币。功能货币是企业计量其现金流量和经营成果的统一尺度。"(常勋主编:《高级财务会计》,辽宁人民出版社2002年第2版,第215页。)

(二)IASB与FASB分别给出的公允价值的比较

1.两个定义引用不同的概念

根据上述关于公允价值的定义,IASB和FASB使用了不同的表述概念,现列表对照如下(见表1):

表1

公允价值构成	TASB	FASB
日期	×	计量日
何种交易或市场	公平交易 [注]	主市场或最有利的市场
市场参与者	熟悉情况的自愿的当事人 ↔	市场参与者
交易性质	×	有序交易
达成金额 (公允价值计量的目标)	资产交换或负债清偿的金额 (未提出计量的目标)	销售资产收到的价格或转移负债支付的价格 (提出计量的目标)

资料来源:参阅IASB 2006年11月发出的《公允价值计量讨论稿》(FASB Disc,2006年11月24日)问题2B“市场参与者观”IASB的初步意见21。

注:在上表中,↔表示“公平交易中,熟悉情况的自愿的当事人”(IASB)与“市场参与者”(FAS 157)这两个概念是一致的。

从这个对照表可以看到,IASB在《国际财务报告准则》(IFRSs)与IASs中与FASB在财务会计准则(FAS)157号所表述的公允价值,至少有以下五点差异:

第一,IASB所表述的公允价值,既不是指脱手价格(exit price),也不是指入账价格(entry price);而FASB在FAS 157定义的公允价值,明确是指脱手价格。

第二,IASB讲的负债的交换价格是清偿一项负债的支付价格,而FASB讲的负债的交换价格则指转移一项负债应支付的价格。

第三,IASB在定义中描述交易参与者是在一项公平交易中熟悉情况的双方,FASB则只用市场参与者来概括,不过IASB认为这两种不同提法的本质内容是一致的。

第四,IASB对于公允价值应面向市场的观点与FASB是一致的,但FASB明确指出:在计量日并不存在一项实际交易而只存在假想交易。后来在FAS 159中又补充说,存在着确定承诺。但始终明确公允价值是估计价格。FASB的这些观点,在IASB的定义和分散在IASs与IFASs中的有关说明均不够明确。

第五,FASB非常明确公允价值计量的目标是确定资产销售或负债转移的脱手价格,其所以强调脱手价格,是因为脱手价格代表未来的现金流入或流出,从而符合SFAC No.6中关于资产和负债的定义。而IASB则否。

必须指出,2006年2月份,IASB和FASB曾共同发表一份谅解备忘录,再次确认双方致力于美国GAAP与IASB的IFRSs的趋同,其中包括“公允价值计量”这一项目。当FASB发表FAS 157《公允价值计量》后,IASB承认这是一个进步,IASB也需要制定IFRSs公允价值的指南以促进与美国GAAP的趋同。因此,在2006年11月,IASB发出一份邀请评论“公允价值计量”的讨论稿,提出13个问题请予评论(实际上包括27个小问题),同时,在附录中又从IFRS 2、IFRS 3、IAS 2、IAS 16、IAS 19、IAS 26、IAS 32、IAS 36、IAS 38、IAS 39、IAS 40、IAS 41中概括了IASB关于公允价值计量的指南供评论参考,预计IASB也会制定单一的公允价值计量准则,它将引用FAS 157中的有关条款,并重新表述或适当变换,未来发展前景,只能拭目以待。

(三)公允价值的主要特点及其局限性

公允价值(fair value)的主要特点是对其他计量属性尤其是针对历史成本(historical cost)来说的。长期以来,财务会计和财务报表都是采用历史成本计量一个主体(企业)的资产和负债,在入账之后(即初始计量之后)即不再更动(即不再进行后续计量),于是,在资产负债表上,资产的价值始终反映资本投入时的交换价格,即历史成本,而负债则反映债权人供给资金时的历史收入(除非购入的资产进行耗用出售或予以其他处置,借入的资金到期已经部分或全部偿还)。这样的资产负债表,必然只能提供面向过去的历史信息,而与面向未来的决策不甚相关(当然不能说完全不相关),尤其是近年来,金融创新和业务创新日新月异,在金融创新中,不少衍生金融工具是交易双方先有确定承诺,其条件非常明确,而违约将受到惩罚。在这时,交易尚未发生,而交易完成则需要在未来约定的规定期限之日或某一交割之日,在这种情况下,欲以成交的双方(已有确定承诺的合约),在计量日[确定承诺日(at the date of confirm commitment)和在清算以前的每个报告期]根本没有历史成本可以作为计量的属性,这就只能也必须以市场为基础来估计合约规定的资产出售的价格或负债转移(应包括清偿)的支付价格,即所谓"公允价值"。前面也已提到,这里再概括来说,公允价值具有 4 个主要特点:

第一,以市场而不是以特定主体为计量的基础。

第二,以基于确定承诺的假想交易(hypothetical transaction)为对象,因为此时并无实在的交易。

第三,计量日不是交易日,而是确定承诺日和清算交割期以前的每个报告日。公允价值的重要特点之一是它的价格主要随着市场价格的变化(三级估计——采用与市场无关的各种估计技术——除外),即它始终跟踪作为价值影子的市场价格的消长而调整自己的升降,从而使资产或负债的计量与市场息息相关。

第四,由于它主要是参照市场的估计价格,因而即使估计未必完全可靠,它始终面向未来,在它的金额、时间安排等方面力求反映市场的风险和不确定性,而这是历史成本计量所办不到的。这也是公允价值的主要优点。

可以设想(当然现在还做不到),如果市场经济高度发达,绝大多数商品均有可观察的活跃市场(在持续经营条件下,有大宗买卖,且有公开的标价,包括出标价、投标价和中间价并随时可以取得),公允价值可在金融资产和非金融资产广泛运用,并在每个报告日均按新点(新的市场价格)重新计量,那时的特定主体(企业)的资产负债表将有可能反映企业的价值(不再是成本)。这一点,乃是经济学家对会计学长久以来的期望。公允价值如果普遍运用于会计和财务报告,经济学家对会计信息的预期是有可能实现的。

当然,公允价值计量也有一个重要的局限性。那就是估计价格会出现偏差,损害会计的如实反映的基本要求。不过,随着估计技术的发展,这一局限性会逐步得到改进。

(四)应用公允价值需创造的条件

公允价值计量的有效运用,最好逐步创造以下几个条件:

1.在计量日,该资产或负债有相同资产或负债的活跃市场(或有序市场)存在,随时可取得作为公允价值估计参数的市场价格(即可实行一级估计),或者,应有相似资产或负债的活跃市场,随时取得相似的资产出售价格或负债的转移价格(并作必要的少量调整,即可实行二级估计),尽可能不采用脱离市场的估计技术的三级估计;

2.同类或相似的资产或负债的市场最好不止一个,其中要有一个主市场或最有利的市场,在这个市场上,资产的出售价格最大化,负债的转移价格最小化;

3.努力提高财会人员的整体素质,特别是估价和判断水平;

4.大力提高注册会计师的素质和独立性,提高他们对公允价值估计的审计能力。

上述条件虽是充分条件,但不全是必要条件。在我国,由于市场经济发育程度还不高,所以新的会计准则为了同国际惯例趋同,积极地但又稳健地采用了公允价值计量属性。而且,我国在基本准则定义公允价值时同 IASB 一样,并未明确:①公允价值是以假想交易为前提;②是一种脱离现实交易的估计价格。这样,我们运用公允价值时只强调:①有可能取得公允价值(按我国公允价值定义);②所取得的公允价值应当或尽可能可靠。因此,我国公允价值的采用将不受美国 FAS 157 和 FAS 159 的限制。

参考文献:

[1]葛家澍,徐跃.2006.会计计量属性的探讨——市场价格、历史成本、现行成本与公允价值.会计研究,9.

[2]路晓燕.2006.公允价值的国际应用.会计研究,4.

[3]IAS 32.金融工具的披露与列报(2004 年后 IASB 加以修订)para.11.

[4]FAS 157.公允价值计量(2006).

[5]FAS 159.金融资产与金融负债公允价值的选择权(2007).

English Abstracts of Main Papers

A Discussion on the Application of Fair Value in Financial Accounting

Ge Jiashu

Recently, the United States and IASB have been calling for using fair value in accounting measurements, which faces the present and the future conditions and is constructed on the market. This is a great change in accounting measurements. This paper mainly studies the definition of fair value and some related basic concepts which have been talked by U.S. FASB and IASB. When necessary, comparison is made. From the point of view of this paper, fair value represents an estimated price facing the market, with the object of a hypothetical transaction. There are three levels to estimate the fair value, among which the best is the price coming from the identical asset of liability's principle market or most advantageous market. After analyzing the characteristics, the merits and the necessary conditions as well as the limitations due to the estimation in fair value measurement, this paper concludes that fair value measurements represent the trend of the development in financial accounting. If applied broadly, financial accounting might be able to reflect an entity's value, or its approximation.

(原载于《会计研究》2007 年第 11 期)

会计信息、公司治理与会计准则:理论分析、博弈解释与历史证据*

葛家澍　杜兴强

摘　要:本文层层递进地分析了会计信息、公司治理与会计准则的相互关系。首先,本文分析了立足于公司治理背景的会计信息披露的逻辑,并针对会计信息在公司治理中的作用,借助于典型的历史事件进行史证研究,对会计信息作为一种"公共知识"的功效进行了进一步的解释。其次,本文围绕不同企业之间和投资者之间对于会计信息披露进行博弈分析,得出了如下的结论:①不同质的企业之间,针对稀缺性的资源展开的争夺,最终必然促使企业的会计信息公开披露,使得会计信息披露成为一种非正式的制度安排;②分析了伴随着企业组织形态的多元化和所有权分享所导致的企业会计信息披露的变迁特征;③对于股权分散的股份有限公司和上市公司,寄希望于投资者和管理当局之间签订私人契约来要求高质量的信息披露逐渐成为不可能。为此,需要会计准则作为一种公共契约的存在。接下来,本文对美国制定会计准则初期围绕会计准则制定权的争夺,构建了一个博弈的分析框架,为会计准则制定权最终由SEC下放给民间准则制定机构提供了一种更一般性的解释。最后,本文借助于一个简单的模型对公司治理生态与会计信息质量之间的关系给出概括和总结。

关键词:会计信息;公司治理;会计准则;理论分析;博弈解释;历史证据

一、引言

会计信息具有一定的经济后果(Zeff,1978),这已经成为不争之实。但是,会计信息系统远非孤立于整个会计环境之外。恰恰相反,会计信息系统无时无刻不与整个会计环境存在着相互依存性。会计环境因素纷繁复杂,包括了法律、经济、政治、文化乃至风俗惯例等。本文更倾向于将会计信息披露与公司治理问题结合起来进行讨论,分析会计信息披露的逻辑基础、会计信息在公司治理中的作用,并探求伴随着会计信息披露变迁过程,如何"反应性"地产生了会计准则的制定。本文的逻辑安排如下:第一,对会计信息披露的逻辑进行解释,对会计信息的概念内涵进行界定,并借助于典型的历史事件,为会计信息在公司治理中的作用提供证据。第二,对不同企业之间和投资者之间围绕会计信息披露进行博弈分析,得出了"不同质的企业之间,针对稀缺性的资源展开的争夺,最终必然促使企业的会计信息公开披露,使得会计信息披露成为一种非正式的制度安排"的命题。第三,对伴随着企业组织形态演化和所有权分享所产生的会计信息披露特点进行分析,并指出随着企

* 葛家澍,通信地址:厦门大学会计系,Email:Jsge@xmu.edu.cn;杜兴强,通信地址:厦门大学会计系,Email:xmdxdxq@xmu.edu.cn。国家社会科学基金(07CJY010,06BJY018)阶段性成果。

业组织形态演化为股权分散的上市公司,投资者和管理当局之间签订私人契约,要求高质量的信息披露是不可行的,为此间接分析了会计准则出现的前提和动因。第四,对美国早期针对会计准则制定权的争夺进行分析,为会计准则制定权最终花落民间提供了一种理论上的解释。第五,将公司治理概念进一步扩展为"公司治理生态"的概念,并分析了公司治理生态与会计信息之间的相互依存性。当然,本文并不言必称公司治理,而是将公司治理作为讨论会计信息披露演进的制度背景因素。

二、公司治理与会计信息披露

(一)会计信息披露的逻辑

Jensen 和 Meckling(1976)认为,企业是一系列契约关系的连接。周其仁(1996)进一步将企业表述为"人力资本和财务资本共同缔结的契约"。那么,为了降低交易费用,抑制不确定性并确保契约在允许范围内的完备程度,缔约双方——人力资本和财务资本所有者,乃至财务资本、人力资本各子集合(set)内部不同的利益集团之间必然会为了各自的利益进行博弈。博弈的目标是企业所有权——剩余索取权和剩余控制权如何进行分配,博弈的理想状况是剩余索取权和剩余控制权相互匹配,博弈的正常"解"是一种状态依存,剩余索取权和剩余控制权远不可能实现完美匹配,为此博弈是动态的、连续的。在博弈过程中,剩余索取权的可转让性是问题的关键①。博弈得以继续的前提是"共同知识"(common knowledge)。代理关系下,由于信息不对称,企业的投入产出状况不容易为处于企业外部的投资者所了解。同时由于成本—效益权衡、分工、个人禀赋等因素的制约,决定了财务资本投入者不愿意对企业的"投入—产出"进行"实时监督"。

既然财务资本投入者因为诸多因素的限制,不愿、也不能对企业的生产经营进行实时监督,而利益的驱动又决定了他们仍会关心企业的产出,那么就需要一种机制,来协调财务资本投入者所面临的两难性。会计信息披露机制的存在无疑在很大程度上可以解决这种两难性。原因在于,财务资本投入者是追求货币收益满意化的经济人,而会计信息正是反映一个企业财务状况、经营业绩、现金净流量情况的替代变量。管理当局通过会计信息这种替代变量,供远离企业日常经营管理的投资者了解情况。因此,会计信息是一种有价值的资源,高质量、透明的会计信息在一定程度上影响着缔约各方的受益和受损的可能性(杜兴强,2002)。遵从上述逻辑,我们概括性地将会计信息披露的框架提供如下(图 1):

从图 1 可以看出,会计信息在公司治理中,可以在很大程度上维系和促进着监督和激励的相

---

① 如果企业的剩余索取权可以进行转让,投资者就可以利用"退出权",或者威胁,或者捍卫自己的产权。然而,当企业剩余索取权不可转让时,投资者的"威胁"就变成了"不可信"的抱怨(voice)。当企业剩余索取权的不可转让性是"共同知识",而且该特征导致了投资者不可能利用"退出权"来"出让"企业,所以企业管理当局可能以此进行"要挟",逆向选择和道德风险问题严重。此外,当企业的剩余索取权不可转让时,相应的激励约束机制无法形成。当委托代理关系存在时,由于委托方和代理方目标函数的不一致,委托方往往需要对代理方进行激励,来确保缩小两者目标函数的差异。但是,这种激励要达到相容(compatible)效果,委托方必须能够对代理方进行约束和惩罚。而企业的剩余索取权不可转让情况下,投资者和企业之间的缔约就等价于长期的"隐契约"关系,具有不可撤销性,因此也就缺乏对企业管理当局进行惩罚的基本措施。当企业的管理当局注意到"剩余索取权不可转让"这个"共同知识"时,就不再担心企业被并购(merge and acquisition)或接管(takeover),从而使自己失去应有的职位或使自己人力资本价值遭受损失,具体论述请参阅杨瑞龙(2000)。

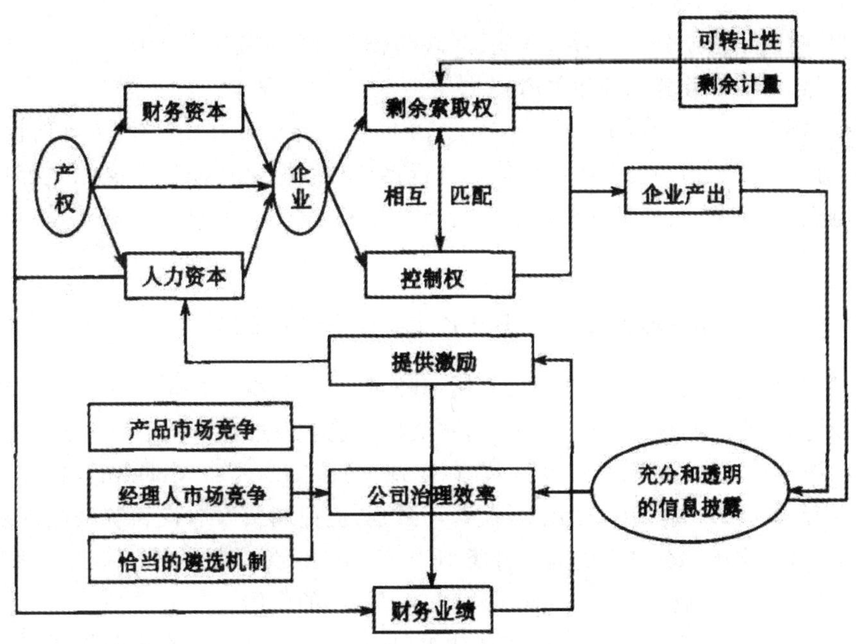

图1 会计信息披露的逻辑框架

容、剩余索取权和剩余控制权的匹配。高质量的、充分透明的信息披露的内涵，是围绕公司治理中的核心问题——剩余索取权和剩余控制权而展开的一个博弈过程。历史性的考察，会计信息披露的博弈经历了如下几个显著的历史阶段：①资产负债表信息；②资产负债表信息和利润表信息；③资产负债表信息、利润表信息及现金流量表信息；④财务报表信息及其他财务报告信息；⑤财务报表、其他财务报告信息、企业提供的有助于投资者决策的其他信息。可见，随着企业组织形态的演变和经济业务的复杂化，会计信息的提供范围日益扩大，甚至可能已经超过了财务会计和财务报告的应有“边界”①。

(二)“会计信息”概念的界定

Bruns(1968)将会计信息定义为“包含在企业一整套财务报告中的内容”。我们在本文中界定的“会计信息”则是较为宽泛的一个概念，包括：

(1)企业会计信息系统通过其特有的基本程序和方法所形成的、由管理当局及其代理人编制的、反映一个企业特定日期的财务状况、财务业绩和现金流动情况的财务报表(包括附表)所包括的内容。

(2)财务报表附注中有关对财务报表的表内(face)数据提供解释、说明和补充的文字表述或货币量化明细项目所揭示的内容。

(3)财务报表之外的其他手段如其他财务报告所包括的内容②，包括盈利预测、简化年度报告、社会责任报告等。这些内容往往是因为不完全符合财务会计的确认、计量标准而不能够纳入财务报表，只能在表外进行披露。这些信息虽并不强求货币计量，但是它们的存在对使用者理解财务报

① 问题是，为什么最初提供的信息是关于资产负债表信息的披露，而后才产生了关于利润信息的披露需求，乃至会计准则最终出现，成为一种约束会计信息披露的、正式的制度安排？这是一个非常有趣的问题。

② FASB在SFAC No.1(1978)第6段中明确指出，财务报表是财务报告的中心部分，是传输会计信息的主要手段；第7段指出，财务报告不仅包括财务报表，还包括其他传输信息的手段，其内容直接或间接地与财务报表信息有关，包括企业的资产、负债和收益等信息。

表中所蕴含的信息和进行决策是大有帮助的。

(4)企业临时或不定期公告中所包含的、反映与企业财务活动有关的内容。

(5)审计报告中的审计意见等相关内容[①]。

(6)投资分析人员(investment analyst)、专业用户(professional user)和老练的投资者(sophisticated user)对企业管理当局提供的会计信息进行再分析后整理成为不同形式的会计信息(前提是这些用户对本企业管理当局提供的会计信息进行关注)。Taylor 和 Turley(1986,p.5)在分析对会计的管制时提到了这一点。

(三)会计信息在公司治理中的作用:基于历史典型事件的证据

如上所述,"会计信息在公司治理中的作用,其实在很大程度上维系和促进着监督和激励的相容、剩余索取权和剩余控制权的匹配"。那么,本文期望能够通过对企业组织形态演变的观察,当管理当局并不向企业投100%的财务资本时(存在代理关系,Jensen 和 Meckling,1976),发现会计信息在代理关系和公司治理背景中起到维系监督和激励、促使剩余索取权和剩余控制权相互匹配作用的发挥。其实,本文该部分进行的是一种类似于 Watts 和 Zimmerman(1983)的研究方法。[②]

1.会计信息在英国商业行会(English Gild Merchant)的作用

在英国历史上,"行会"(gild)一词在诺曼征服(1066 年)前便见于各种记载[③]。行会的出现,意味着经济已经摆脱了"自然经济"的阶段,步入商品经济的范畴。Watts 和 Zimmerman(1983)认为行会是企业的最早期[④]的例子。对于英国而言,行会出现的历史背景是,早期城市手工业者和商人

---

① 虽然审计并不直接"生产"会计信息,但是审计的存在为会计信息提供了签证的作用。Watts(1977,pp.53～75)认为,已经审计的财务报表可以实现委托代理关系均衡,所以审计报告中体现的审计意见对会计信息的确信性而言无疑具有重要的作用。尤其对于上市公司而言,其提供的财务报告中一般都附带注册会计师的审计意见,可见审计报告所披露的信息和财务报告中的会计信息现在已经成为浑然一体、不可分割的组成部分。Scott(1997,p.329)在论及会计信息及会计准则时也将审计信息作为会计信息的一部分综合进行论述。为此,我们认为将审计报告中披露的审计意见也当作是会计信息的一个组成部分是合理的。

② 这种研究方法采取的一种范式是:"根据历史横截面的现状(譬如基于股份有限公司的现代组织形式)或学者的经典观点等得出假说,然后将该假说置之于整个历史演进过程中(至少是该特定历史横截面之前的历史时期)进行检验,或置之于组织形态发展变化和会计发展过程中,借助于典型的历史事件进行检验。"

在利用历史事件进行检验的过程中,有一个证据的"充分量"问题。严格来讲,或者由于我们掌握的历史资料不足,或者由于列举的证据不具有代表性,都有可能影响论证的说服力。但是,这也是一种必然。因为,一般性的命题若要被证明成立,必然是对任何情况都成立,换言之,必须穷举所有情况来验证。然而会计作为社会学科,不可能找到类似于数学中的"数学归纳法"一样的某种方法,无可辩驳地验证命题的真伪。必须指出,由于本部分不能确保穷举所有证据,也不能保证所有的历史事件都能够支持假设,那么能否断言该假设不成立?答案也是否定的。因为,证据的不完全性也许使"完整真理"受到削弱,但并不说明假设违背了"除了真理什么也不是"的逻辑。换言之,对于一个复杂的整体或历史过程来说,一种表述仍可能是真实的(该逻辑是经济学方法论演进过程中出现的新趋势。详细论述请参见 Backhouse,*New Directions in Economic Methodology*,中译本请参见张大宝等译:《经济学方法论的新趋势》,经济科学出版社 2000 年版)。

根据不太完全的统计,国内此方面的研究包括:谢德仁:《企业剩余索取权:分享安排和剩余计量》,厦门大学博士论文,1998 年;刘峰:《会计准则变迁》,中国财政经济出版社 2000 年版;杜兴强:《会计信息的产权问题研究》,东北财经大学出版社 2002 年版。

③ 金志霖(1996,p.6)。其实,我们从其他资料(肯布尔,1964)资料了解到,在 9 世纪左右行会就已经零星出现。

④ 另外一个学者雷纳德的论述验证了 Watts 和 Zimmerman 的断言。他认为"这个国家(英国)的商业行会的第一种组织形式无疑是 Gild Merchant,一个既含贸易成分,又包含合作制成分的综合组织,并且凭借国王直接颁发的特许状而获得了专门贸易的特权……"。

组织起来对抗、限制封建领主的剥削和压榨（金志霖，1996，p.40）。行会的经济职能主要体现为对英国工商业负有管理和监督的职责，具体包括[①]：①对所在城市的商业活动具有垄断权，这来自于城市特许状；②保证每个商人行会的成员机会均等；③对经营方式进行限制；④对生产活动进行监督，严禁以次充好和哄抬价格；⑤某些商品税收豁免权。

根据金志霖（1996，pp.61～67）列举的三个商人行会的行会规章看，英国商业行会在组织上具有如下特点：

（1）每个行会中的商人都具备一定的财产，并需交纳一定的会费[②]。在商人行会中不同的职务交纳的会费不等。一般而言，会长为 4 便士，书记 2 便士，主任 2 便士。

（2）每个商业行会为了履行自身的经济、政治和宗教职能，在发展过程中逐渐形成具有鲜明特点的管理机构（会长—执事—理事会）和工作程序。对于商人行会而言，一般最高权力掌握在会长手中，会长下可设置 4 名执事（warden），另外还有 24 人的理事会（court of assistants），目的是协助会长和执事处理日常事务，并管理行会的共同财产。这种管理模式的优势在我们看来在于：利用一个具有内部紧密关系来保证行会职权的行使。

（3）商业行会的会员提供资源交由管理机构进行管理，尽管交付财产比例不等，但会员此时的确已经拥有了部分物质财产（Gross，1890，p.99；转引自 Watts 和 Zimmerman，1983）。历史记录，伊普斯威奇市的商业行会会长就是由该商业行会所有会员选举，会长在宣誓（oath）后代表商业行会管理会员交付的财产和因此取得的收入包括关税、通行税（属于运输税）。此外，史料记载伊普斯威奇（Ipswich）市的商业行会会长章程要求会长将宣誓赚取应有的利得（due return）——一种垄断利润。

在上述特点下，我们可以看到，作为会长，他管理的财产并非 100％属于自己投入，那么我们期望看到会员对会长的监督和激励以及会计信息的提供。

当会员将其私人物质财产交付给商人行会统一进行管理时，为了避免会长的代理问题，就衍生了对会长进行监督的机制。例如公元 1200 年，伊普斯威奇的商人行会中，证据表明按照章程（相当于契约）应该由若干会员代表所有会员共同对会长进行监督，且监督不仅局限于计算货币和存货。如第 29 条[③]规定应该每月、至少一年四次进行审核和监督。同时，由于会长代表商业行会进行日常的管理，并赚取收入，所以为了避免 Jensen 和 Meckling（1976）年所说的以牺牲委托方利益为代价追求个人私利（主要体现为非货币收益）的现象，按照商业行会章程，也对会长进行了恰当的激励，包括：允许会长享有某些特权如：①较高的社会地位（第 8、14 条），例如会员必须站立而不得与会长共桌喝酒等；②较多的物质奖励或补偿，如在圣灵降临日享有会员所不能够享受的 1 塞克斯特利酒[④]，而这也两倍于书记所获得的酒（第 4 条）；③在节日期间除了圣灵降临日之外的其他时候，每天仍可获得半塞克斯特利的酒，而书记则只能够获得 1 加仑；④对会员的绝对支配权，如第 12 条规定，如果会员拒绝遵守会长的训斥，那么要被处以 12 先令的重罚；⑤正常情况下对商人行会共同财产的支配权（第 15 条）；⑥会长家庭成员的某些特权（第 1 条）。此处，要注意，商人行会成立时社

---

① 金志霖（1996，pp.41～58）。

② 有两点需要说明：①必须具备一定的财产是商人行会最初成立时的规定，以后有所松动；②商业行会的会员资格取得时，会费必不可少。同时应该注意，商业行会的垄断性决定了对那些在放松入会的条件下，已经具备了入会条件，但因为想逃避会费和其他上缴款项而没有入会的商人的严厉惩罚（阿什利 1901，pp.15～117；转引自金志霖 1996，p.36）

③ 所有条款均来自"林立吉斯圣三一"商人行会规章，全部章程见金志霖（1996，pp.61～69）。

④ 而按照当时的折算（第 1 条），1 塞克斯特利酒价值 10 便士，而当时最富裕的胡椒商家产只有 14 先令 4 便士，最富裕的手套商家财也只有 30 先令（转引自金志霖，1996，p.39）。这样看来，这个奖赏或特权是非常高的，可以看作是一种激励。

会物质资源是相当贫乏的,当时会员几乎都不拥有什么多的资本,资金相当有限(金志霖,1996,p.39)。因此,上述针对会长的一些举措可以认为是激励性的,而且我们认为激励"含量"(content)是相当高的。

在监督与激励存在的情况下,会长每年将当年来自商人行会垄断贸易的所有利润向财产检查人(由若干人组成[①],相当于董事会)提供,接受他们的监督(转引自 Watts 和 Zimmerman,1983)。关于提供利润相关账目的规定在章程的第 23 条。这些财产检查人的身份必须是本商人行会的会员,由他们来进行审计。这些财产检查人针对提供的账目,主要监督会长对章程的遵守和是否存在着背弃章程条款的行为、有无不合理的费用开支。为了预防财产检查人的懈怠或者说"理性的冷漠"行为,章程规定,不论这些财产检查人是否全职,也不论是否擅长于检查,他们都有责任通过会长提供的账目对会长进行监督,否则,如果未能够发现真相(即会长有舞弊行为而未查出),则失去会员资格;不能够按时完成监督,则将被重罚。

2.会计信息在合伙冒险企业的作用

利益的驱动决定了商人们竭尽所能地寻找商业利润的机会,"看不见的手"原理决定了这些商人在追求利润的同时成为推动人类文明进步的开拓者。凡·卢尼(Van Loon,1921 转引自海渥,1991,p.17)曾这样描述这些冒险家们:"他们一半是海盗,一半是外交家;他们将赌注全系于一次航行的运气上;在狭小的船舱里装满了走私的物品、人口贩子和商品贸易者,对于利润之外的东西,均不关心。"由于高风险性和高得惊人的利润,合伙贸易的商人往往只关心船舶返航时货物的价值,而其他一切均无暇顾及(海渥,1991,p.18)。同时,为了预防海盗,商人们结成合伙(如有名的 The North German Hansa 即汉萨同盟),相互用船只运送商品,作为互相代理进行活动(海渥,1991,pp.64~65)。此外,高风险性使这些合伙商人决定共同出资结成所谓的"卡曼达"(Commenda)进行远程合伙冒险。譬如史料记载[②],在 1157 年商人沃尔达(Volda)对船主巴亚拉多(Baialardo)进行全额货币投资,后者投入一条船(由于风险很大,这可以看作是一项投资),由其作为船主进行海外贸易。商人们的合作往往以一次冒险为单位(时间长短不等),冒险结束后立即解散。冒险相互代理和投资行为的存在说明了作为船主,并不为冒险活动注入 100%的财务资本。

在英国,13 世纪中后期到 17 世纪相当长的一段时期内,商人企业最终形成,企业的每个成员都提供资本(存货或船只),并开设个人账户(personal account)或合伙账户。在 14 世纪后期和 15 世纪早期,英国商人开始参与到制造性物品或布料的出口中,从而打破了一开始由德国汉斯商人(German Hanse merchants)保持的,出口英国稀有产品和毛料的垄断局面[③],开始在皇家授权下与葡萄牙等国进行贸易,出现了著名的商人冒险公司和远东公司。其后,商人行会由于自身不可避免的缺陷而趋于消亡时,逐渐出现了西班牙公司、土耳其公司等以贸易地命名的一大批合伙冒险企业。这些企业往往派遣代理人到欧洲大陆,将英国国内的呢绒进行推销、销售,然后进口葡萄酒、香料和麻布等(金志霖,1996,p.252)。由于受商人行会的残留影响,这些企业由一个管理者(governor)和若干个成员组成,一般成员保持在 12 个,各个成员保持有个人账户如"丝绸冒险商人"、"生皮冒险商人"等(金志霖,1996,pp.23~254)。

既然在这些公司中,管理者并不投入 100%的财务资本,那么我们期望观察到那些不直接参与冒险活动的商人对船主进行监督和激励,以及会计信息在其中发生的作用。

上述列举的沃尔达和巴亚拉多的合伙贸易中,沃尔达总计投资 254 英镑 14 先令 1 便士,而船主的巴亚拉多船只本身价值 18 英镑 10 先令。最终巴亚拉多船只归来时,沃尔达投资比例约

① 这样组成财产检查人,目的是防止会长和财产检查人串通舞弊,因为要舞弊若干个人将比和一个人串通更难。

② 参见海渥(1991,pp.18-19)。

③ 海渥(1991,p.71),Watts 和 Zimmerman(1983)。

93%，却只得到最终利润的3/4，即75%；而巴亚拉多投资比例大约7%，获得了最终利润的25%。投资比例和利润分享比例的不对称，说明作为不直接参加冒险活动的沃尔达对船主巴亚拉多进行了激励。当然，沃尔达聘请了公证人对合伙利润进行清算，这可以看作是一种监督，尽管是事后监督。此外，合伙冒险业务仍要通过诸如"海上冒险"(on the adventure by sea)或"航海"(voyage)之类的账户或"投机账户"(venture account)来结算(海渥，1991，p.18)，尽管结算并不是按照固定的时间区间来完成的，而在一次合伙结束时来进行。譬如沃尔达和巴亚拉多的例子中，最后就形成了账目(迄今仍保留在世)，作为分配利润的依据。而且，在当时商人相互代理的情况下，设置了两套账簿(海渥，1991，p.56)，一套为商品总账，另一套为债权债务账，而且当时的习惯做法是，当将商品委托给代理商时，应该记商品总账。在英国的商人冒险公司中，后来发展为必须定期由8个审计人员组成的委员会对企业的总账户和海外账户进行审计，以进行监督(Watts和Zimmerman，1983)，而且进行监督是非常严格的。例如1674年，伦敦一家公司的成员写信，认为对管理者的监督是不仔细的、令人不满意的，因为某些费用的细节没有提供。此外，Bristol市的商人冒险公司要求企业财务主管(treasurer)在年度会议上提供收支表(a statement receipts and payments)，并要求管理者张贴票据。

3.会计信息在家族合伙企业的作用

随着社会经济的发展，逐渐出现了"坐商"或"家族合伙企业"。合伙企业通常是家族内部的事，由两三名亲密合伙人组成。由于资料的有限，我们未能够直接观察到家族企业对代理人的监督和激励，但幸运的是，家族合伙企业的特点给了我们从侧面提供佐证的机会。在家族合伙制企业中，一般从家族里物色伦敦、西印度群岛等地的代理人，通常为儿子、女婿或侄子(钱德勒，1997，p.18)。为什么海外的代理人/管理者要从家族内部遴选呢？我们认为，这可能是为了解决代理问题，因为海外的代理人并不投入100%财务资本，例如海渥(1991，p.12)曾列举当时著名的富格尔家族为各地代理商提供大量的资本的事实。此时由于路途遥远和通信的不发达，要直接进行监督是不太可能的，因此只有靠血缘或者亲情的纽带来维系对代理人的信任。钱德勒(1997，p.42)指出，这种情况下代理人或海外管埋者的挑选一直是商人们最重要的决策，由于诚实、可靠比商业上的聪敏更为重要，即使是比较专业的商人也宁愿挑选他们的儿子或女婿充当海外管理者，处理远方城市的生意。此时，由于海外代理者是亲人，其本身的选择就已经意味着唯一的选择和充分的信任，监督也就不必要了；再加上当时的具体情况——商品价格起伏不定，研究过去的记录作用不大，价格完全取决于当时的供求情况，商人所最需要的不是内部的簿记记录而是外部的信息，"经验远不及新的商情来得快"(钱德勒，1997，p.44)，决定了会计信息只是作为对过去的一种记载，揭示监督和激励的作用几乎很少。

但是，我们仍然从其他文献中窥探到会计信息的作用。例如：①奥利佛家族以佣金(当时流行5%的比例，这可以看作是一种典型的剩余索取权，代表着激励)的方式支付给代替他们经销物品的船长或商人报酬，而且记账和投资方法仍得到关注(钱德勒，1997，p.16)；②富格尔家族为了避免海外代理人经营中可能的损失，不定期地对海外管理者的簿记记录进行审计(海渥，1991，p.12)，而不是等到发现什么异常或损失已经发生了才召回代理人。

4.会计信息在合股公司的作用

随着资本需求量的急剧增加和风险的加大逐渐衍生出合股公司(joint stock company)。世界上第一家合股公司是英国的"俄罗斯公司"(Russia Company)(Watts和Zimmerman，1983)[①]。合股公司中，管理者(officers)代表全体成员或股东进行商业活动，每次活动终结后进行利润的分配。

① 刘逖(1999，p.3)认为第一家合股公司是1551年英国的莫斯科(Muscov)公司，向公众发行了面值25英镑，总值6 000英镑的股票。

合股公司的出现主要动因在于:①商业冒险要求对每个单独商人而言的巨额投资,即使单个商人有如此巨额的资本,然而也不能够分身于管理和亲自组织去海外进行商业活动;②长期经验使商人意识到风险分担的重要性——由于海外贸易充满着不确定性,如果船只安全返回,则利润无比丰厚,但若遇到海盗或风暴,则血本无归。最初商人合伙的特点是一次性的、固定的,合伙冒险企业也是非持续经营的。因此荷兰和英国的组织劝诱那些只有小额资本的人参加合伙,于是所有热衷于冒险的人都获得了参与的机会,通过吸收对经营处理没有任何影响的第三者的大量投资,以取代以前个别的、可能是专家组成的"短命"企业,会计意义上的"持续经营"初见端倪。

在合股公司中,由于管理者并不向企业注入100%的财务资本,因此我们预期监督将普遍存在。第一家合股公司——俄罗斯公司就存在着账簿记录(史料记载其账簿记录在伦敦大火中遭到严重破坏),而且存在着定期审计。实际上早期的合股公司是由股东(合股公司成员)进行的审计普遍存在,也曾有专门的著作专门描述一家合股公司1768—1816年的会计和控制系统(Watts和Zimmerman,1983)。Ma和Morris(1980)曾检索过澳大利亚和英国这两家合股银行的账簿记录,发现这些银行保持有完整的账簿记录而且账簿记录已经经过了董事或从全体股东中选择的委员会进行的审计。这里请注意:首先,审计本就是作为一种监督机制而存在,如Jensen和Meckling(1976)认为审计是可以增加企业价值的监督活动之一,所以可以认为在合股公司中监督的存在性;其次,这种情况发生在1844年英国《公司法》颁布之前,也就是说,监督是自发的,而不是法律强迫的。此外,虽然直接观察会计信息的作用是困难的,但一些历史事件则可以作为旁证[①]说明合股公司中会计信息提供的存在性:①1620年,"五月花"船在科德角登陆时,船员认为"司库"马丁先生失职了,原因在于"不能够也不愿意提供任何账目资料",其后,总督布雷德福收到当时"五月花"船上的商人马斯·韦斯的信件,要求"给当时的所有人提供我们的钱如何花掉的尽可能详细的账目";②当1692年普利茅斯公司和马萨诸塞海湾公司合并为马萨诸塞州时,该州司库的第一件事就是接受原来两家公司的各自账目和有关资产余额;③在阿姆斯特丹的合股贸易公司中,董事们因为得不到有关所获战利品和出售船只的适当报告而要求更换原来的簿记员戴爱克曼。

5.股份有限公司的早期发展[②]及有关证据

意大利"康美达"(Commenda)合股公司是股份有限公司的先驱(Chatfield,1977,Chapter 7)。在文艺复兴时期,为了应付教会规定的、严禁货币生息的高利贷法令,投资者将他们拥有的现金委托给外贸商人,从而按比例分享利润。在"康美达"企业的契约中,规定贸易合伙人对合营公司的债务负有全部责任,而不直接参与经营活动的投资者只在投资额范围内承担(有限)风险并参与分享利润。从后半个规定看,这已经与现代股份有限公司并无什么不同,区别只是对主要投资者上。1673年,法国的《萨瓦里法典》对意大利式的公司设立了特别条款;在英国严格的连带责任推迟了股份有限公司的出现。1600年伊丽莎白Ⅰ世颁发特许证成立东印度公司。开始东印度公司发行有限期限的股份,筹集资金进行海外冒险,将每次航行作为一次独立的冒险活动并用新的方式补充已认资本[③]。这意味着:①只有一次航海结束时,持有股票的人才可能进行转让,这样股票的可转让性就受到时间性的限制;②如果想进行投资,也得等到下次航行时。东印度公司前后进行了113次航海贸易,持续60年[④]。1657年,《新公司成立的特许条例》颁布,从此确立了永久性资本投资原则以及与之相关的清算前个人股份转让(而非抽回)原则。我们认为,个人股份的可转让又衍生出

---

① 这些历史事件摘自Previts和Merino(1979,Chapter 1),同时参考刘长文(1985)译稿。

② 主要参考Chatfield(1979,Chapter 77)。

③ 参见Littleton,1966,p.211。

④ 这里给我们提出了一个非常令人感兴趣的问题,东印度公司是否算持续经营?我们认为,持续经营应该是先验的,而不是后验的。

以下问题:①股东投资回报(return on investment)概念,即从利润中支付股息(必须有利润),同时摒弃了原来可能的“投资回收问题”;②个人股份的转让需要一个市场——资本市场;③个人是否转让股票取决于能否赚取理想的报酬,因此会计信息尤其是利润信息应该得到投资者的关注。

(四)会计信息在公司治理中的作用的小结:作为一种“共同知识”

通过以上的论述,我们可以初步了解到会计信息在公司治理中所发挥的作用。尽管如此,我们还必须进一步的指出,会计信息在公司治理中的作用,其实首先体现为一种“共同知识”的作用。何谓“共同知识”?如果假设两个博弈参与者 A 和 B 进行博弈,这个博弈要求:①A、B 都是理性的;②A 知道 B 是理性的,B 也知道 A 是理性的;③A 知道“B 知道他(A)是理性的”,B 也知道“A 知道他(B)是理性的”……如此循环无尽。如果无限个环节和“链条”中任意一个“链结”出错,博弈结果将会出现逆转。换言之,理性要成为共同知识(common knowledge)。下面,本部分将通过一个寓言和一个众所周知的博弈来进行类比与解释。

1.皇帝的新装

首先,我们可以通过一个我们耳熟能详的故事《皇帝的新装》,展示“共同知识”的概念,并进行类比,揭示会计信息所具有的共同知识的功效。

“从前,有个皇帝有喜欢穿新装的怪癖。两个骗子看准了皇帝的心思,声称他们能‘织出人间最美丽的布’,‘而且缝出来的衣服还有一种奇怪的特性——任何不称职的或愚得不可救药的人,都看不见该衣服’。于是,骗子扭捏作态地比画织布。从皇帝到大臣,再到朝廷大小官员,谁都自欺欺人。老百姓最初也只得说假话。当一个天真无邪的小孩子说出了真话后,所有的老百姓都说出了真话。而皇帝和大臣们硬是装模作样,直至游行大典举行完毕。”

在这则故事中,说“看不见”是一句真话,但在骗子的近乎“诅咒”般的话语和利益关系的“利诱”下,“谁也不愿意让人知道自己什么也看不见,因为这样就会显出自己不称职,或是太愚蠢”。

2.脏脸博弈

下面我们再借助于博弈论中的“脏脸”博弈[①]进行简要说明:

“有三个人,每个人的脸都是脏的。设定没有任何一个人有镜子,因此每个人只能够看到别人的脸是脏的,但无法知道自己的脸是否脏的。”

此时,如果三人之外的“自然”告诉他们三人一个众所周知的事实——“你们三人的脸至少有一人是脏的”,假定三个人都具有一定的逻辑分析能力,那么至少将有一人能够确切地知道自己的脸是否是脏的!

下面先进行简单的推理,然后再引出“脏脸博弈”在“公司治理和会计信息”领域内的应用(为了论述方便,我们将三个人进行人为排序,并依次命名为 A、B、C):

(1)A 只能够看到 B、C 的脸是脏的,这符合“你们三人的脸至少有一人是脏的”的描述,因此 A 无法确切地告诉“自然”自己的脸是否是脏的;但这隐含着 B、C 的脸不可能都是干净的,否则 A 若观察到 B、C 的脸都是干净的,那么 A 就可以果断地判断出自己的脸是脏的,即 A 不可能不能够确定自己的脸是否脏的。

(2)B 得知 A 无法确切地说出自己的脸是否是脏的,得知“B、C 的脸不可能都是干净的”这一推论,但他同时又看到 C 的脸是脏的,这符合“你们三人的脸至少有一人是脏的”的描述,因此 B 依然无法确切地说出自己的脸是否一定是脏的。

(3)C 根据 A、B 不能够确切地说出他们各自的脸是否一定是脏的已知事实,肯定可以推断出

---

① 脏脸博弈问题最早由 Littlewood,“Mathematical Miscellany”,1953(Edited by Bollobas)提出,本章参考的是谢识予:《纳什均衡论》,上海财经大学出版社 1999 年版。

自己(C)的脸一定是脏的。推理如下:

联系(1)、(2)进行反向推理,由于①"A 无法确切地告诉"自然"自己的脸是否是脏的,隐含着B、C 的脸不可能都是干净的";②"若 C 的脸是干净的,那么 B 定能够确切地知道自己(B)的脸是脏的"。但是 B 无法作出判断的事实,等于给 C 传递了一个信号,C 根据 A、B 共同传递的信号,判断自己的脸一定是脏的。

"脏脸博弈"告诉我们,"你们三人的脸至少有一人是脏的"这句话,将三个人各自(respective)具有的具体知识(particular knowledge)——"至少有一人是脏的",转变为"共同知识"(common knowledge)——三个人都知道"至少有一人是脏的"。共同知识的出现影响到最终的博弈结果——所有人知道自己的脸是脏的。

3.启示

实质上,会计信息的公开披露,正如《皇帝的新装》故事中的"小孩指出皇帝什么也没有穿(一丝不挂)"、"脏脸博弈"中的"你们三个人的脸至少有一个是脏的"一样,具有"共同知识"的功效。对于上市公司的会计信息披露,尽管作为投资者,无一例外地希望公开披露的会计信息既具有可靠性,又具有相关性,但是能够完美解决相关性和可靠性的关系,确保会计信息披露具有确当的充分信息含量(sufficient information content),只属于一种理想状况。这样的理想状况更多的是我们分析问题所进行的抽象,但在交易费用存在和投资所面临的不确定性的情况下,几乎不可能存在。更多的情况是,投资者所得到的、公开披露的会计信息,其实并不具有"充分信息含量"。公开披露的会计信息,信息含量和相关性其实并不能够如投资者之愿,至少不可能与所有投资者的决策相关。20 世纪 80 年代以来,全球范围内改进财务报告的呼声此起彼伏、甚嚣尘上(AICPA,1994;Wallman,1995,1996,1997;FASB,2000 等)就是明证。但是,相关性的缺失,并不能够成为我们彻底否定会计信息披露机制存在的理由。原因在于:只要会计信息具有可靠性①,会计信息作为一种"共同知识"的功效就可以得以发挥,会计信息系统就有存在的必要——正如 AICPA(1994)所指出的,"并没有投资者因为现行财务报告模式的相关性下降而决定采纳一种新的报告模式加以替代"。这里,进一步和我们之前所提出的"反映真实是会计的基本职能"(葛家澍、黄世忠,1999)、"可靠性是会计信息的基本属性……宁可不说话,不可说假话"(葛家澍,1999)形成了相互印证。

值得说明的是,我们注意到"财务报告披露的会计信息的信息含量降低"和"已公布的财务报告披露的会计信息的信息含量降低"这两个表述之间的区别。如果属于前者,我们可能就需要从改革现行财务会计与报告模式入手;若属于后者,则我们往往并不必否定现行财务会计与报告模式,而更多地应该从改进现行财务会计与报告模式的传递手段和传递方式上入手,如鼓励因特网上的财务报告披露等,强化财务报告披露的及时性,避免财务报告披露滞后所导致的、财务报告信息被"清空"(emptied)的现象。

三、资本市场企业间博弈的最优反应策略与会计信息的自愿披露

由于财务资本的稀缺性②,每个试图扩张其经营规模,更好地实现"生存、获利和发展"企业目标的企业,首先面临筹集资金的压力。若所有的企业都不披露其会计信息,则可能出现如下情况:

(1)由于信息不对称性,资本市场将视所有的企业为"同质"性,因此每个需要筹集资金的企业

① 实际上,财务会计是一种主要反映企业历史财务信息(Looking-back)的信息系统,强调客观性和可验证性。

② 美国历史上曾出现短暂的、资金充盈的情况,在那个阶段,企业的策略是"保密,保密,再保密"。

将只能够获得平均金额的资金。这就促使对财务资本需求超过平均数的企业力图通过各种途径将其经营成果的信息传递给投资者，以便与其他企业相互区分。

(2)由于信息不对称，那么企业间经营业绩的差异性将无法传递给投资者。投资者和管理当局之间的信息不对称体现在两个方面：第一，事前的信息不对称，表现为管理当局筹集资金时的逆向选择问题——在不对称信息存在时，管理当局可能在筹集资金时欺骗投资者；而当博弈次数有限时(更为严谨地讲，是博弈次数不足够多次时)，最终导致筹集资金行为的夭折。第二，体现为事后的信息不对称，表现为企业管理当局筹集到资金后未兑现其筹集资金时的“空口声明”。假设资本市场上有两个企业需要筹集资金，A、B企业的筹集资金项目如表1所示：

表1　A、B筹资项目收益比较表

项目	筹资额	成功时总收益($P_a=0.8$)	失败时总收益(0.2)	期望报酬率	无风险利率
A企业项目	1 000	1 500	0	20%	10%
B企业项目	1 000	2 000	0	0	10%

毫无疑问，如果不存在着信息不对称，也就是说，投资者能够辨别哪个项目属于企业A，哪个项目属于企业B，那么A企业的公布项目将筹集到资金，而B企业项目将不能够筹集到资金(因为A的期望投资报酬率超过了10%)。

但是，如果信息不对称，那么两个企业都得不到经营发展所需要的资金。为什么呢？原因在于，首先资本市场在无法辨别A、B时，投资者只能够估计A、B各占50%，那么投资者所要求的风险报酬为

$$[1\,000\times(1+10\%)/0.8]\times0.5+[1\,000(1+10\%)/0.5]\times0.5-1\,000=787.5$$

相应的投资报酬率为

$$787.5/1\,000-78.75\%$$

此时A企业因为不可能满足投资者要求的风险报酬(率)，所以退出资本市场；而B企业一旦成功，则总收益为2 000，扣除投资者要求的投资回报787.5后还可以赚取剩余收益(2 000－1 000)－787.5＝212.5，所以B企业将在资本市场上进行投机(注意，B不成功的概率很大)。但是，投资者会从A企业的退出市场的信号推断剩下的一定是B企业，所以，他们又会调整投资报酬率，要求投资报酬率达到120%，即

$$1\,000\times(1+10\%)/0.5=2\,200,\text{且}(2\,200-1\,000)/1\,000=120\%$$

所以B也会退出资本市场。这样，由于事前信息不对称，将出现“劣币驱逐良币”的现象。劣质项目B迫使优质项目A退出市场，这对企业、投资者和社会整体而言都是一种效率的损失。为了避免上述情况的出现，A企业需要采取务实的措施将自己与B企业进行区分。而会计信息披露正是如此的区分机制之一。

根据上述的逻辑，由于企业间不同质性的客观存在性，高质量的企业必然选择先动优势，率先披露会计信息，力图通过会计信息披露将本企业和其他企业加以区分，借以以较低的资金成本获得经营发展所需要的资金。这一点也可以从信号甄别理论中得到解释①。信息甄别的出发点是管理当局和会计信息使用者以及资本市场之间的信息不对称。一般认为，管理当局比会计信息使用者

① 提倡信号甄别在会计信息方面的应用的文献包括Gonedes(1978，pp.26-77)和Gonedes，Dopuch和Penman(1976，pp.89-137)。

拥有信息优势。那么如果企业的价值被市场不公正(低估)地进行评价,管理当局就有动机在会计信息上耗费额外的资源,借以表明事实真相。

如果任何一个企业在初始阶段披露了其会计信息,那么可能是基于如下两个原因之一或两者兼而有之:①该企业的行为(披露会计信息)含蓄地证明"自己企业的价值被低估";②该企业希冀于通过会计信息披露将自己区别于其余的企业。照此,在随后期间,可以合乎逻辑地进行如下推定(体现为一个阶段性博弈):如果其他企业再无动于衷,则被资本市场辨认为企业价值被高估的企业。随后,这些企业的价值将会被调整到平均水平(指所有被高估企业价值的平均水平)。进一步,按照同样的逻辑,如果原本被高估的企业价值应该位于在这个平均水平之上,那么该企业的管理当局就会立即做出反应,耗费成本提供更多的会计信息向市场表明其股票价格调整后被低估的事实。

仿照如上的逻辑,我们可以依次推知,只要任何一个或一个以上的企业披露其会计信息,则最终资本市场中的所有企业都会选择披露会计信息,也就是说自愿披露会计信息是一个纳什均衡。若至少有一个企业在初始阶段自愿披露其会计信息,那么资本市场中任何两个企业多阶段博弈的结果必然收敛于(披露,披露)若资本市场中 n 个企业,那么最终企业自愿披露其会计信息的概率为 $\frac{2^n-1}{2^n}$,该概率最终收敛于1。

唯一的例外情况是,所有企业在博弈的初始阶段一致性地选择保密。不过,出现这种情况的概率极小。因为,能够保持"保密"均衡的前提条件非常严格,至少应该满足如下几个条件:企业间的初始状态的同质性、企业间的完全理性(需要解释)、企业演进的同步性、企业经营效率的一致性。假若任何一个条件不满足,其中必然衍生出某个企业主动偏离原来一致性的"保密"联盟均衡,那么就演变成了符合"至少有一个企业在博弈的初始阶段选择自愿披露会计信息的情况",最终必将收敛于"披露"。所以,资本市场中企业间的"保密"均衡并不具有稳定性,容易带来一种所谓的"蝴蝶效应",即原本形成保密均衡的初始条件发生细微的变化,就必然产生偏离均衡的企业及其选择的、背离"保密"的"披露"策略,最终该系统必将远离原本的平衡。照此,会计信息的披露是一个进化稳定策略,而保密则是非进化稳定策略。

通过该部分的分析,我们可以得出一个基本结论,企业的非同质性和竞争性等因素,和资源的稀缺性一并,促使了即使缺乏会计准则的存在,会计信息披露也会存在。只不过,此时的会计信息披露属于一种非正式的制度安排。但会计信息的公开披露是一回事,披露的信息质量如何又是问题的另外一个方面。若只有信息披露,但信息披露质量存在疑问,那么,会计信息已然无法在公司治理中发挥"共同知识"的作用。接下来本文需要分析的逻辑是:如果投资者能够借助于自己的股权比例,对企业管理当局进行有效的监督和激励,促使管理当局提供高质量的会计信息,那么,会计准则就不必要了。问题是,伴随着企业组织形态的演化,投资者和管理当局签订私人契约,要求会计信息披露,逐渐成为不可能。

四、组织形态演化、会计信息披露与会计准则的出现

(一)一般性的解释模型

假定在企业内有 n 个投资者分享了企业的所有权,并考虑任意两个投资者之间的随机匹配协调博弈。假定某个投资者与管理当局签订契约,要求会计信息披露,则该投资者利用会计信息进行正确决策的机会为 v(50%$<v<$1),但因此需要花费的成本为 θ(θ 取决于意欲签约的详尽程度,这

取决于持有企业所有权的比例）。另一投资者进行正确投资决策的机会为 $1-v(0<1-v<50\%)$[①]；若任意两个投资者都决定与管理当局签约，要求会计信息披露，则他们之间的随机匹配协调博弈结果为：投资者进行正确决策的概率为 $u(1>u>v>50\%)$，相应的成本为 θ。博弈结构如下（参考了谢识予，1997）[②]：

表 2　股权分享的博弈分析架构

投资者 2 \ 投资者 1	签约	不签约
签约	$u-\theta, u-\theta$	$v-\theta, 1-v$
不签约	$1-v, v-\theta$	0,0

假设有 x 比例的投资者采取策略 1（签约，即与管理当局签订私人契约，对管理当局进行监督，促使高质量的会计信息披露），$1-x$ 比例的投资者采取策略 2（不签约），则采用两种策略的期望收益和平均收益分别为

$$\begin{cases} w_1 = x\times(u-\theta)+(1-x)\times(v-\theta) \\ w_2 = x\times(1-v)+(1-x)\times 0 \\ \overline{w} = x\times w_1+(1-x)\times w_2 \end{cases}$$

$$F(x)=\frac{\mathrm{d}x}{\mathrm{d}t}=x\times(w_1-\overline{w})=x(1-x)[x(u-\theta-1+v)+(1-x)(v-\theta)]$$

求解可得

$$\begin{cases} x_1=0 \\ x_2=1 \\ x_3=\dfrac{v-\theta}{1-u} \end{cases}$$

最终具体的稳定状态数目取决于 u, v, θ 等具体的参量设置。但是，上述的稳定状态最终并非都能够成为进化稳定策略（ESS）[③]。必须通过分析 $F'(x)$ 来区分各种不同情况。

$$F'(x)=(1-x)[x(u-\theta-1+v)+(1-x)(v-\theta)]-x[x(u-\theta-1+v)+(1-x)(v-\theta)]+x(1-x)(u-1)$$

（二）企业组织形态演化、会计信息披露与会计准则出现的动因

1.独资企业（阶段）的会计信息披露

（1）融资的优先顺序

Myers 和 Majluf（1984），Dybvig 和 Zender（1991），Gibbons（1998）指出，由于信息不对称存在，

---

① 这可以理解为未签约的投资者未得到相应的会计信息，而只是根据签约得到会计信息的投资者的行为进行相应的决策。

② 同时参考了杜兴强（2005，2006）并对讨论进行了扩展。

③ 根据进化稳定策略的原理我们得知，对于任何博弈结构内微小的“颤动”，博弈结果都可以回复原本的平衡——具有稳定性。换言之，上述的三个解 x_1, x_2, x_3，除了自身具有均衡状态的性质外，任何偏离均衡状态的微小扰动，复制动态仍会收敛到平衡状态。这意味着若 $x<x_i$ 时，$F(x_i)=\frac{\mathrm{d}x_i}{\mathrm{d}t}>0$；$x>x_i$ 时，$F(x_i)=\frac{\mathrm{d}x_i}{\mathrm{d}t}<0(i=1,2,3\cdots)$。换言之，必须有 $F'(x_i)<0$。

高利润状态无法和低利润状态进行辨别和区分,导致“对于企业家提出的特定筹集资金条件(体现为股权比例S),低利润状态比高利润状态更有吸引力”,最终高利润状态将退出,转而寻求债务方式筹集资金。这正是上述博弈模型所揭示的内在机制,即在缺乏必要的会计信息披露时,企业总是寻求债务融资或寻找内部资金渠道,而后才考虑吸收权益性资金。

所以,在企业组织形态比较简单,当信息不对称存在时,除了极端情况外,由于企业家和投资者之间混合性策略贝叶斯均衡几乎不太可能存在(条件十分苛刻时可能存在)一般不选择股权融资,而转向债务融资。当企业经营发展需要利用负债筹集资金时,就产生了会计信息对外披露的要求。实质上,在企业筹集资金的漫长发展过程中,负债一直是企业迅速扩大经营规模的首选(注意到内部留存只能够保证企业的缓慢发展),甚至到现代资本市场上,在信息不对称情况下,负债作为一种筹集资金的手段仍然是高质量企业的优先选择。

(2)利用负债筹集资金时会计信息的披露

当企业的外部资本来源于借款的比重逐步上升时,银行或金融机构(或其他债权人)为了保护自身的利益,需要掌握企业的财务状况和偿债能力,并力图获取该方面的信息。在该要求下,企业的管理当局需要通过“资产负债表”来提供债权人关心的信息——债权人利用其对企业的相机控制权①来约束企业管理当局的经营行为,获取所需要的会计信息。这个阶段,资产负债表是最主要的报表,关于企业偿债能力的信息和营运资本(working capital)是使用者(主要是债权人)最关心的会计信息。

历史性地进行观察,最初的会计信息披露,都与债权、债务存在着紧密的联系。在中世纪的意大利城邦和德国的自治社区,都要求编制反映财产状况的财务报表。1673年,法国的商法要求商人每两年“编制反映不动产、动产、债权和负债的财产目录”,其用意是在商人破产时可以通过财务报表把握企业的概况,从而采取适当的措施(查特菲尔德,1979,文硕译,1989,p.103)。甚至到了1917年前后,当美国联邦储备委员会和联邦贸易委员会一致决定对会计程序进行统一与标准化时,首当其冲的也是对企业向银行申请贷款而编制的资产负债表进行标准化,最后以《统一会计》(Uniform Accounting)为题正式颁布。从此开辟了美国统一会计规范的先例。值得注意的是,这份文件(与债权、债务相关)在此后20多年间多次修改:1918年,由AIA改名为《编制资产负债表的批准方法》(Approved Methods for the Preparation of Balance Sheet Statement)公布;1929年,联邦储备委员会又以《财务报表的检验》(Verification of Financial Statements)再次公布。

2.合伙企业(阶段)的会计信息披露

考虑经营环境的不确定性和风险,随着企业外借资金的增多和借款企业数目的增加,在资金有限或稀缺的情况下,必然伴随着资金成本的提高和企业未来利润的不确定性,此时企业将不再像以前那样可以较为容易地从债权人那儿借到资金。为此,合伙制便出现了,这体现为企业所有权的分享,可以表述为“$B=1\rightarrow\sum_{i=1}^{n}a_i$”,即企业所有权从独资企业阶段的所有者/管理当局独享转换为由合伙者共同拥有。合伙制出现背后的逻辑,由Cramton,Gibbons和Klemperer(1987)做了精辟的解释:如果初始所有权分配比较平均,那么存在着满足参与者约束和激励约束的有效机制。

合伙制下符合上述博弈的如下情况:$v-\theta>0$,且$u-\theta>1-v$。此时,

$$\begin{cases}F'(x_1=0)=v-\theta>0\\F'(x_2=1)=1+\theta-u-v=(1-v)-(u-\theta)<0\\F'\left(x_3=\dfrac{v-\theta}{1-u}\right)>0\end{cases}$$

① 此种相机控制权体现为:a.当企业陷于财务困境时,债权人取代股东获取了企业的剩余控制权;b.在债务契约中规定各种限制性条款,一旦企业未能够遵循这些条款,债权人可以通过威胁施加惩罚来影响管理当局的决策。

因此，$x_3=\dfrac{v-\theta}{1-u}$，$x_1=0$ 不是稳定进化策略，而 $x_2=1$ 是稳定进化策略，即(签约，签约)是稳定进化策略，是该博弈唯一的均衡(Nash 均衡)。从企业组织形式的历史发展脉络审视，上述博弈结果表明，在合伙制企业中，因为剩余索取权充分的激励效应和剩余控制权的“集中性”，各个股东一般都能够监督企业的管理当局，借助于企业所有权的分享，与管理当局通过签订私人契约来要求会计信息披露。

最初出现的合伙公司是意大利的“康美达”(Commenda)，这种组织形式出现的背景是，文艺复兴时期的投资者为了逃避教会做出的“货币不能够生息、防止高利贷”的法令而将货币委托给冒险商人，并分享合伙冒险利润(文硕译，1989，p.117)此后，随着美洲大陆的发现和通向东方(指印度和中国)航线的开辟，从原来行会(guilds，包括商人行会 merchant guilds、手工业行会等)、市民公会(civil guilds)演变的英国式的合伙冒险公司开始大量出现(Watts&Zimmerman，1983)。

在合伙制下，由于合伙利润的分配和合伙的变更，对会计信息特别是盈利信息的需要进一步凸显和增强，合伙人逐渐产生了对利润相关信息的需求。应此需求，世界上最古老的“佛罗伦萨平衡表”在意大利出现了，目的就是解决合伙利润的确定。合伙利润是通过计算本期间的净资产和上个期间的净资产，进行比较后所得出的。随着合伙人的新加入或者退出，或在法律上进行解散时都需要平衡表来计算合伙资本，而像个人独资情况下仅保持账簿记录的情况越来越不能够适应需要。随着合伙规模的扩大，越来越多的合伙人(份额较小)在关心企业的情况而又不能够接近账簿，这客观上也需要通过财务报表来传递会计信息。

3.股份有限公司的会计信息披露

$v-\theta>0$，且 $u-\theta<1-v$ 与股份有限公司及股权较为集中的上市公司的情况较为匹配。此时：

$$\begin{cases}F'(x_1=0)=v-\theta>0\\F'(x_2=1)=1+\theta-u-v=(1-v)-(u-\theta)>0\\F'\left(x_3=\dfrac{v-\theta}{1-u}\right)<0\end{cases}$$

所以，$x_3=\dfrac{v-\theta}{1-u}$ 是稳定进化策略，而 $x_1=0$ 和 $x_2=1$ 并非稳定进化策略。

其揭示的经济含义是，一旦是否与企业管理当局签约要求信息披露成为博弈的策略，那么与管理当局签订私人契约的投资者数目就不断增加，直到签约的投资者或其拥有的股权比例达到 $x_3=\dfrac{v-\theta}{1-u}$ 的临界点。此后，其他投资者将处于搭便车的状态。最终博弈的动态性导致 $x_3=\dfrac{v-\theta}{1-u}$ 成为均衡比例。

19 世纪初期，在一系列法庭判决的影响下(英国是判例法国家)，《泡沫公司取缔法》逐渐动摇。1844 年，英国的《公司法》允许所有的企业经过注册都可以组成公司，但股东的责任依然是无限的。1855 年，随着《有限责任法》的颁布，有限责任正式得到承认。1862 年的《公司法》最终更正了 1844 年《公司法》，承认有限责任。在股份有限公司出现初期，由于缺乏必要的管理，再加上投资需求旺盛，这些都助长了企业的诈骗行为和往往推行异想天开的计划[①]。南海公司是这些企业中最大的投机者。在投资需求旺盛的情况下，投资者往往无暇顾及各种公司的花言巧语、混乱的账目和财务

① 有制造永恒运动的机械为目的筹集资金的，有在大不列颠操办丧事的企业，有从铅中提炼银子的企业，有宣称繁殖马匹的企业。甚至有的企业在筹集资金时，宣称任何人只要交纳 2 个畿尼的定金就可以成为股东，但却对公司的计划守口如瓶。

情况，对企业提供财务报表和会计信息的行为也置若罔闻。这样，企业本应承担的报告会计信息的义务在投资热潮中被忘却，而无人认真对待。其结果是以南海公司为典型的泡沫的破灭。

这个阶段，由于企业所有权随着股权的分散化而出现了剩余索取权和剩余控制权无法匹配的现象，股东拥有的是剩余索取权和法律赋予的、形式上的剩余控制权。由于剩余索取权可以转让并可以单独发生作用，而剩余控制权则需要通过集体行动的逻辑才能够体现其意义，而搭便车的心理和理智的冷漠使得股东只满足于定期获得满意的股利，其剩余索取权的小份额使其获取不了充分的动力去监督管理当局，而且也并不希冀通过集体行动行使企业的剩余控制权来对管理当局进行有效的监督。结果，企业的剩余控制权实质上已经掌握在管理当局手中，其有权决定会计政策的选择和与此相关的会计信息披露。

在 1845 年，英国公司法在世界上最早提出如下要求：企业应该登记会计账簿、定期进行结算；董事应该编制"真实而公允的"年度资产负债表并署名；然后，资产负债表应该经受股东代表的审查。但公司法并未对资产负债表的法定编制日做出规定，结果导致一些企业每年都提出完全相同的财务报表。1955 年和 1956 年的《公司法》虽然允许了有限责任的存在，但由于废除了相关的强制性规定，使得股份有限公司的会计信息披露责任有所削弱。英国 1844 年到 1862 年《公司法》的诸多举措，与当时普遍存在的观念密不可分，那就是人们普遍认为"会计信息披露是股东和公司董事之间的私事"(文硕译，1989，p.174)。在这个阶段，英国的股份有限公司数目还较少，没有人重视股份有限公司在英国经济中的潜在作用，这样一些企业的管理当局由于担心会计信息披露使企业处于不利的竞争地位而不愿进行必要的披露。但是，随着 19 世纪 60 年代后期股份有限公司的重要性迅速提升，再加上格拉斯哥银行的大破产(1878)、利兹地产建筑公司对谢泼德(1887)判例、金斯敦棉纺公司事件(1896)以及纽查特尔沥青公司案件(1889)等事件的影响，公众之间开始接受政府对公司的强制性会计信息披露和统一报告方法，来取得值得信赖的会计信息。

4.股权分散的上市公司

股权极度分散的上市公司与 $v-\theta>0$ 的情况较为吻合。由于股权极度分散，多数、乃至绝大部分的投资者手中仅持有很小比例的股权，他们拥有的只是可以分割的剩余索取权和名义上的剩余控制权，而实质上的剩余控制权则掌握在企业的管理当局手中。在此种情况下，众多分散的小股东由于"成本效益"原则的理性使然，往往并不愿意去监督企业的管理当局，同时并不愿意，也无法低成本地联合起来，借助于集体行动，利用剩余控制权的集中性与企业的管理当局针对会计信息披露展开博弈。更为普遍和一般性的情况是，众多分散的小股东要么"陶醉"和"心满意足"于企业管理当局定期支付的股利，从而任由企业的管理当局任意驰骋东西；要么采取呼吁(voice)和退出(exit)的策略——在"呼吁"无效之后，以"用脚投票"的方式"愤然"退出资本市场，以示对管理当局的惩罚；要么寄望于其他的投资者对企业的管理当局进行监督、博弈，从而希望通过"搭便车"(free-riding)的方式，保持一种"理智的冷漠"的心态，但同时又觊觎不劳而获得到会计信息。

因此，对于 $x_1=0, x_2=1$ 两个稳定状态，且

$$\begin{cases} F'(x_1=0)=v-\theta>0 \\ F'(x_2=1)=1+\theta-u-v=(\theta-v)+(1-u)>0 \end{cases}$$

所以 $x_1=0$ 是稳定进化策略，$x_2=1$ 并非稳定进化策略。这个结果与我们之上的分析不谋而合。其实，这可以从另一方面进行解释：由于 $v-\theta<0$，意味着 $v<\theta$；此外，因为 $u<1$，所以 $u-\theta<1-\theta<1-v$，很显然(不签约，不签约)是该博弈唯一的均衡(Nash 均衡)。这意味着在分散股权的上市公司中，很少有投资者愿意与管理当局签订私人契约，要求和监督管理当局提供高质量的会计信息。

5.会计准则出现的动因

在股权分散的上市公司中,围绕会计信息披露存在着如下现象:

(1)企业所有权的剩余索取权和剩余控制权不能够匹配,各个投资者由于拥有的企业剩余索取权份额都非常小,因此不具有监督管理当局的充分动力。

(2)由于"投票问题"的存在,每个人都希冀于"搭便车"获利而不切实履行其应有的剩余控制权份额——对契约中未尽事宜集体进行表决,或只行使"廉价投票权"结果导致企业的剩余控制权实质上集中于管理当局手中。

(3)即使有投资者意欲与管理当局签订私人契约,要求高质量的会计信息披露,但也往往由于过高的交易费用而不可行。

(4)由于信息不对称的存在,管理当局拥有优势信息,而信息的搜集成本是高昂的,过高的信息成本往往使得拥有小份额剩余索取权的投资者感觉到行使剩余控制权不符合"成本—效益"。

此时,由于剩余控制权已经为管理当局所掌握,因此在会计信息披露的博弈中管理当局就占据了优势,他们可以通过会计信息掩盖其以牺牲股东利益为代价追求个人私利的不道德行为,或与大股东合谋侵害中小投资者利益的行为。为了保护"公众利益",克服因交易费用原因导致的个人理性和集体理性的相悖和"私人契约"的衰败,克服会计信息披露过程中的"寻租"行为,国家或政府的暴力将会介入到企业的会计信息披露中,以会计准则这种典型的方式对会计信息披露进行管制。

(三)小结

由上述层层递进的逻辑,我们可以看出,随着企业组织形态的演进,特别是在股权分散的上市公司中,寄希望于投资者和管理当局签订私人契约、监督管理当局提供高质量的会计信息,已经成为不可能。此时,会计准则作为一种"公共契约"便适时出现了。会计准则的出现,限定了管理当局对会计政策的选择"域",保证了企业会计信息的基本质量。当然,会计准则的存在并非一劳永逸,至少还存在着如下的问题:①会计准则是否可以得到遵循的问题——这有赖于独立审计机制的存在和发挥作用。②会计准则虽然限定了管理当局会计政策的选择范围,但是这并非刚性的。毕竟,会计准则在基准处理方法之外,还是允许备选方案的存在,考虑到在股权分散的上市公司中管理当局拥有会计政策的天然选择权,所以管理当局依然可以选择一种能够最大化自己效用的会计政策。③会计准则约束下披露的会计信息,只能够是一种"通用信息",可能并不能够与任何一位投资者的决策完全相关,投资者要利用通用目的的会计信息进行决策,还必须进行理解和判断——正如FASB所指出,会计信息对那些具有一定的理解能力,而且又愿意花费一定的时间和精力去分析的人而言,才是有用的。④既然会计准则限制了管理当局会计政策的选择"域",那么会计准则及其约束下的会计信息就具有了经济后果性,所以必然导致了会计准则制定权的争夺,还由此引发了针对特定会计准则制定的"游说"(lobby for or against)行为。

五、会计职业界和政府关于会计准则制定权的博弈:一个制度历史分析框架

1.会计准则制定权:鹰鸽博弈的解释与启示

由于会计准则本身具有一定的经济后果,为此会计准则的制定权就好比是一种有价值的"租"(rents),势必将导致不同的利益团体为争取会计准则的制定权展开博弈。我们不妨假设 R 代表强权博弈下博弈双方争夺的有价值的资源——"租"(会计准则的制定权)。若采取"鹰"的策略,则相应地需要承担一定部分的成本,不妨设定为"租"的价值的一个比例 α——α 取值可根据博弈的"惨

烈”程度进行衡量。

不失一般性,考虑到SEC有政府的强制性作为后盾,所以往往拥有了鹰的秉性,因此假定$R_1>R_2>0$, $\alpha>1$。由于具有非对称性,则:假定博弈方1采纳“鹰”策略的比例为x,采纳“鸽”策略的概率为$1-x$;博弈方2采纳“鹰”策略的比例为y,采纳“鸽”策略的概率为$1-y$。

表3 不对称博弈“鹰鸽”博弈的框架

博弈方1 \ 博弈方2	鹰	鸽
鹰	$\frac{R_1}{2}(1-\alpha),\frac{R_2}{2}(1-\alpha)$	$R_1,0$
鸽	$0,R_2$	$\frac{R_1}{2},\frac{R_2}{2}$

$$\begin{cases}u_{1E}=y\times\frac{R_1}{2}(1-\alpha)+(1-y)\times R_1\\u_{1P}=y\times 0+(1-y)\times\frac{R_1}{2}\\\bar{u}_1=x\times u_{1E}+(1-x)\times u_{1P}\end{cases}\qquad\begin{cases}u_{2E}=x\times\frac{R_2}{2}(1-\alpha)+(1-x)\times R_2\\u_{2P}=x\times 0+(1-x)\times\frac{R_2}{2}\\\bar{u}_2=y\times u_{2E}+(1-y)\times u_{2P}\end{cases}$$

下面,为了解释和论述的方便,我们将对上述的各个变量进行符合现实的赋值。不妨令$R_1=10,R_2=5,\alpha=1.2$,则有

$$F'(x)=(1-x)(5-6y)-x(5-6y)$$
$$F'(y)=(1-y)(2.5-3x)-y(2.5-3x)$$

我们对处于博弈位置1的复制动态博弈进行分析。当$y=\frac{5}{6}$,所有的x都为稳定状态(因为$F(x)\equiv 0$)。当$y>\frac{5}{6}$时,虽然$x_1=0$和$x_2=1$都为稳定状态,但显然因为$x_1=0$, $F'(x_1=0)<0$,而$F'(x_2=1)>0$,所以$x_1=0$属于稳定进化策略(ESS)。当$y<\frac{5}{6}$时情况正好相反,即虽然$x_1=0$和$x_2=1$都为稳定状态,但显然因为$F'(x_1=0)>0$,而$F'(x_2=1)<0$,所以$x_2=1$属于稳定进化策略(ESS)。处于博弈位置2的复制动态博弈策略依此类推。

结合上述的“鹰鸽”博弈,我们看到,博弈双方的策略都依赖于对方的决策,而非独立的。考虑到会计准则制定权争夺的博弈过程中,民间职业团体和政府部分各自具有各自的优势——民间职业团体在会计准则的技术方面具有优势,而政府机构在权威性方面天然占优。然而,两者都“鹰”的策略的“先天秉性”,但两者都是理性的,这导致了最终两者走向了合作与分工。

2.美国管制机构的选择——SEC或会计职业界

在美国,SEC是介于国会和政府之间的独立机构,它的委员由国会直接任命。而会计职业界则本质上属于民间组织。最初,是会计职业界①较早开始关注企业的保密性惯例是反社会性的,并致力于促使企业通过财务报表披露会计信息,并力图通过自身的职业团体力量制定相关的职业准

① 会计职业界包括了若干组织如美国注册会计师协会(AICPA,成立于1886年)、美国会计学会(AAA,成立于1916年)、美国管理会计师协会(AIMA,成立于1919年)、财务经理协会(FEI,成立于1931年)等。虽然最终SEC将“公认会计原则”的制定权授予给AICPA,但其他职业团体仍旧对会计准则的制定保持密切的关注,积极参与会计准则的制定过程。

则和相关的会计原则来约束其会员。以美国注册会计师协会为例，它作为全美最大的职业团体，其前身是美国公共会计师协会(AAPA)，1886年成立。1917年改名为美国会计师协会(AIA)，后于1968年改为现在的名称(AICPA)。美国注册会计师协会自成立以来，其会员主要由执业会计师和注册会计师所组成，其会员被明确要求有义务遵循AICPA颁布的一系列文告或者规定，违者将受到"职业纪律委员会(discipline committee)"的制裁，包括短期停止会员执业，吊销注册会计师执照和开除会籍等。此外，AICPA对其下属会员的约束还体现在她所主持的全国统一的职业考试、授予执照等方面。

在1933年和1934年的《证券法》明确要求对企业会计信息进行管制之前，会计职业界若干年来一直关注着同一问题，并进行了不懈的努力。由于会计具有其技术性的一面，会计特有技术和方法的发展也遵循着继承和发展的规律，会计职业界在对企业会计信息进行规范、形成会计原则方面已经积累了丰富的经验，考虑到知识结构的不对称和会计准则制定机构作为一种组织的"学习"过程，以及"分工与协作"的规律，应该说，会计职业界在SEC明确了制定统一的会计原则之时毫无疑问具有一定的优势，这主要体现在技术性问题上。其实，职业界内部已经初步形成的、由其会员所共同遵循的一套较为行之有效的原则和制度就可以说明这一点。不仅如此，经过若干年的发展，再考虑到当时的社会环境和社会思潮的影响，会计职业界的力量已经不容忽视。

此时，SEC面临的问题就是，要么选择自己直接制定"公认会计原则"(GAAP)，要么承认会计职业界业已形成的既定优势，由会计职业界制定会计原则。可以说，会计职业界具有先发优势，如果由SEC制定会计原则，一是可能因为削弱了会计职业界作为一种职业组织的权力而受到抵制徒增"摩擦成本"；二是由于会计原则最终又要落实到会计职业界所管辖的会计人员去执行，那么SEC制定的会计原则将不可避免地要受到会计职业界的指责而陷于非议之中；三是SEC的确也并无形成会计原则的经验。权衡利弊，最终SEC选择了折中的方案，把国会授予的会计准则(原则)制定权部分(主要是制定确认和计量原则的权力)下放给会计职业界，而保留了对披露准则的制定权和对会计职业界制定的确认和计量准则的最终否决权。至于一些文献所指出的，是SEC为了避免外界压力和公开指责而把会计原则制定权下放给会计职业界而由后者充当"替罪羊"的角色，则可能是一种"旁证"。

六、结束语：公司治理生态与会计信息质量

1.寓言及其解析

"有一只火鸡，看见一只燕子在树梢上欢快地歌唱，它也很想飞上树梢。一只狗仿佛看透了火鸡的心思，凑了过来，两者密谋了一番。火鸡思忖了一下，接受了狗的建议。于是，火鸡也飞上了树梢。于是，火鸡也欢快地吊起了嗓子。一个猎人闻讯赶来，看见了这只肥硕的火鸡。他举起了猎枪……"这虽只是一个寓言，但却发人深省。燕子和火鸡好比两个公司，经营业绩各有优劣。优质的公司上市毫无争议，劣质的公司为了上市"八仙过海"，纷争上市且往往能够得逞却值得深思。寓言中的"狗"隐喻注册会计师及一系列的、扮演中介角色的公司治理生态[①]环节，他们在上市公司会计欺诈(包括了向资本市场传递虚假的会计信息)与财务舞弊案件中有时起着推波助澜的作用，但具有讽刺意义的是，他们往往却以诚信的形象而展现在世人与投资者面前。[②] 可见，坚决打击"火

① 公司治理生态概念最初是由中国政法大学的李曙光教授有针对性地提出(《财经》2002年第6期)。

② 恰如狗一直被认为是人类最忠实的朋友一样，注册会计师有时也被冠以别称"看门狗"。

鸡”,为“燕子”营造歌唱的良好环境,剔除噪音(noise),谨防“劣币驱除良币”,这是确保资本市场健康运转的必然要求。在这个净化资本市场的过程中,若从微观角度审视,高质量、透明度的会计信息将成为关键!

2.公司治理生态理念

借助于上述的寓言,我们引出了“公司治理生态”的概念。那么,何谓公司治理生态(ecology of corporate governance)①?

公司治理,从狭义的角度进行理解,无外乎是指有关公司董事会的功能、结构、股东的权利等方面的制度安排;若从广义角度进行理解,则是指包含法律、文化等在内的、有关公司控制权和剩余索取权分配的一整套制度安排,其决定公司的目标、谁在什么情况下实施控制、如何控制以及风险和收益如何在不同的企业利益相关者之间进行分配(Blair,1995)。相对而言,Shleifer 和 Vishny(1997)的定义更为简洁,其将公司治理定义为“确保财务资本的提供者因其投资而得到报酬的一种机制”。

公司治理生态的理念,是在公司治理(结构)的基础上提出的。按照李维安(2002)的观点,公司治理包括内部治理(激励、监督、投票权、董事会、股东大会制度等)和外部治理(控制权市场等)。但是由于公司治理结构的效率不会自动实现,治理结构本身无所谓优劣,其优劣依赖于对参与者行为的约束,因此公司治理结构的效率客观上还要经受公司外部那些提供代理服务的机构和专业人员如注册会计师、财务分析人员、投资银行家、监管者等的签证(一种保险制度)。这样,公司治理生态其实是在公司治理结构的基础上,外加一系列具有独立性的、相关的社会中介组织而形成的一个纤巧的、非线性动态系统。作为一个非线性的动态系统,公司治理生态的健康与否不仅取决于公司治理结构事前(ex ante)设置或配置的合理性,而且状态依存于一系列具有独立性的中介环节能否独立地履行相关签证职能及承担有关责任包括“会计责任”(duty to accountant)、“勤勉责任”(due diligence)、“信托责任”(fiduciary duty)、“法律责任”(duty to lawyer)、“监管责任”(duty to supervisor)等。可见,公司治理生态既以公司治理结构为基础,又是奠定在包括企业内部管理当局(会计人员)、注册会计师、财务分析师、投资银行家、律师等专业人员组成的“知识共同体”基础之上(李曙光,2002)。注册会计师、财务分析人员、投资银行家、监管者、律师等专业人员是证券市场上的一个坚固的“职业知识共同体”。他们对于市场的观念,对于市场好坏、优劣的标准应该是一致的,他们有一套共同的互相理解的术语、概念、逻辑思维、推理规则、知识结构和知识体系,共同守护着特定的基本信念和市场秩序。由于公司治理生态的非线性特征,其具有敏感性,因此一旦公司治理结构之外的这些知识共同体失去了特定的信念,或某个环节丧失了基本的独立性、背弃了其应承担的相应责任,公司治理生态将失衡或陷入危机(ecology crisis),最终必将导致不可靠的会计信息滋生,甚至演化为财务欺诈。

一系列资本市场的正反鲜活案例(包括具有透明度的信息披露的案例和财务欺诈曝光的案例)揭示,公司治理生态与会计信息的可靠性密切相关。高质量的会计信息与健康的公司治理机制之间存在着相互依存性(co-existence)(Baker&Wallge,2000),健康的公司治理生态能够确保发现会计信息披露中的不可靠性,乃至财务欺诈,而失衡的公司治理生态则往往成为助长财务欺诈的温床。下面以财务欺诈为例进行简要说明(反证):

(1)设定公司治理生态总共有 n 个环节;

(2)每个公司治理生态环节彼此相互独立;

(3)任何一个公司治理生态环节发现财务欺诈的概率为 P_t,且 $P_t>50\%$;

(4)由(3)推知,任何一个公司治理生态环节未发现财务欺诈的概率 $0<\bar{P}_t=1-P_t<50\%$(因

① 本部分讨论参考了杜兴强(2004),并进一步深入了讨论。

为 $P_t+\bar{P}_t=1$)。

由此可以推知：

(1) $\bar{p}=\prod_{t=1}^{n}(1-P_t)<\forall p_t$。可见，$\bar{p}$ 为 t 的减函数。当资本市场中企业组织架构和经济活动的日益的复杂化，公司治理环节日益增多，那么 $\bar{p}=\prod_{t=1}^{n}(1-P_t)\to 0$($\bar{P}$ 代表所有公司治理生态环节均“未发现”的概率)。$\bar{p}\to 0$ 意味着公司治理生态所有环节均不能发现财务欺诈的概率为 0。

(2)由于 $\bar{p}$ 为 t 的减函数，则 P 可以理解为 t 的增函数。极端的情况是，随着公司治理环节的日益增多，由 $\bar{p}\to 0$ 可推知，$P\to 1$。

换言之，公司治理生态发现财务欺诈的概率 $P\to 1$，即公司治理生态不可能不发现财务欺诈——除非每个环节都未发现财务欺诈，否则哪怕只有一个环节发现了财务欺诈并将之公布于众，则财务欺诈就昭然若揭了①。健康的公司治理生态大多数情况下能发现财务欺诈及会计信息的不可靠性②。然而，在安然、世界通讯、帕拉玛特等一系列财务欺诈案件中，小概率事件的确发生了，这意味着可能公司治理生态的各个环节“有意识”地失效了！而这与“集体合谋”(collective collusion)何异？可见失衡的公司治理生态是一系列财务欺诈滋生的“土壤”。③

参考文献：

[1]陈志武等.2002.谁揭穿安然.财经，(1)：59-67.

[2]杜兴强.2002.会计信息的产权问题研究.大连：东北财经大学出版社.

[3]杜兴强.2004.公司治理生态与会计信息的可靠性问题研究，会计研究，(7)：44-49.

[4]杜兴强.2005.公司治理、会计信息产权与会计准则.财会通讯，(10)：9-11，(11)：11-13.

[5]杜兴强.2006.公司治理生态与会计信息产权博弈研究.北京：中国财政经济出版社，12.

[6]葛家澍，黄世忠.1999.反映经济真实是会计的基本职能学习《会计法》的一点体会.会计研究，(12)：2-7.

[7]葛家澍.1999.未来财务会计和财务报告的模式兼论会计信息的可靠性与相关性.财务与会计，(2)：6-9.

[8]海渥.1991.会计史.文硕，译.北京：中国商业出版社.

[9]金志霖.1996.英国行会史.北京：中国社会科学出版社.

[10]李维安.2002.公司治理教程.上海：上海人民出版社.

[11]刘逖.1999.从华尔街到外滩.远东出版社.

[12]迈克尔.1989.会计思想史.文硕，译.北京：中国商业出版社.

[13]钱德勒.1997.看得见的手(原著 1977 年).北京：商务印书馆.

[14]谢识予.1997.经济博弈论.上海：复旦大学出版社.

[15]杨瑞龙.2000.企业的利益相关者理论及其应用.北京：北京经济科学出版社.

[16]张维迎.1996.博奔论与信息经济学.上海：上海人民出版社.

[17]周其仁.1996.市场里的企业：一个人力资本和非人力资本的特别合约.经济研究，(6)：71-80.

[18]AICPA.1994.Improving Business Reporting—A Customer Focus.AICPA Inc.

[19]Blair M.1995.Ownership and Control：Rethinking Corporate Governance for the 21 Century.Washington：

① 该逻辑正像童话故事《皇帝的新装》中“小孩惊呼皇帝一丝不挂”一幕那样。该命题意味着这样一种情况：允许公司治理的某个环节未发现财务欺诈(当然也包括发现财务欺诈后“三缄其口”的情况)，然而所有的环节都未发现是几乎不可能的。

② 利用反证法，安然等一系列上市公司财务欺诈之所以能够得逞，意味着可能公司治理生态的各个环节“有意识”地失效了——无异于合谋！

③ 与本文上述命题相互检验的是，安然事件后，陈志武(2002)撰文将上市公司的监管层次分为五个，包括董事会、证券市场参与者、媒体、行政监管、法庭诉讼。越靠前的监管层次作用越直接，监管成本越低；越后的层次，补救的色彩越浓。

The Bookings Institution.

[20]Chatfield M.1977.A History of Accounting Thought.Melboume:Krieger Publishing Company.

[21]Cramton P,Gibbons R,Klemperer P.1987.Dissolving a partnership efficiently.Econometric Society,55(3):615-632.

[22]Dybvig P H,Zender J F.1991.Capital structure and dividend irrelevance with asymmetric information.Review of Financial Studies,4(1):201-209.

[23]FASB.1978.Objective of Financial Reporting by Business Enterprises.SFAC No.1.

[24]FASB.2000.Business Reporting Research Project:Electronic Distribution of Business Information.Prescott:Norwalk Press.

[25]Gibbons R.1998.A Primer in Game Theory.Hemel Hempstead:Harvester Wheatsheaf Publisher.

[26]Gonedes N J,Dopuch N,Penman S H.1976.Disclosure rules,information-production,and capital market equilibrium:The case of forecast disclosure rules.Journal of Accounting Research,14(1):89-137.

[27]Gonedes N J.1978.Corporate signaling,external accounting,and capital market equilibrium:evidence on dividends,income and extraordinary items.Journal of Accounting Research,16(1):26-79.

[28]Jensen M,Meckling W.1976.Theory of the firm:managerial behavior,agency cost and ownership structure.Journal of Law and Economics,3(4):305-360.

[29]Littleton A C.1968.Accounting Evolution to 1900.New York:Russell & Russell.

[30]Myers S C.Majluf NS.1984.Corporate financing and investment decision when firms have information that investors do not have.Journal of Financial Economics,13(2):187-221.

[31]Previts G J,Merino B D.1979.A History of Accounting in America:An Historical Interpretation of The Cultural Significance of Accounting.Hoboken:John Wiley and Son,Inc.

[32]Scott W.1997.Financial Accounting Theory.Upper Saddle River:Prentice Hall Inc.

[33]Shleifer A,Vishny R W.1997.A survey of corporate governance.The Journal of Finance,52(2):737-783.

[34]Taylor P,Turley S.1986.The Regulation of Accounting.Oxford:Basil Blackwell Ltd.

[35]Wallman.1995.The future of accounting and disclosure in an evolving world:the need for dramatic change.Accounting Horizons,9(3):81-91.

[36]Wallman S.1996.The future of accounting and financial reporting,part(Ⅱ):the colorized approach.Accounting Horizons,10(2):138-148.

[37]Wallman S.1996.The future of accounting and financial reporting,part(Ⅲ):reliability and auditor independence.Accounting Horizons,10(4):76-97.

[38]Wallman S.1997.The future of accounting and financial reporting,part(Ⅳ):access accounting.Accounting Horizons,11(2):103-116.

[39]Watts R,Zimmerman J.1983.Agency problems,auditing,and the theory of the firm:some evidence.Journal of Law and Economics,26(3):613-634.

[40]Watts R.1977.Corporate financial statements:a product of the market and political process.Australian Journal of Management,2:53-75.

[41]William J.Bruns Jr.1968.Accounting information and decision-making:some behavioral hypotheses.The Accounting Review,43(3):469-480.

[42]Zelf S A.1978.The rise of "Economic Consequences".Journal of Accountancy,12:56-63.

(原载于《当代会计评论》2008年第1期)

会计选择问题探讨*

——面向公允价值的计量选择

葛家澍

摘　要:在财务会计中,会计选择无所不在。例如,必须选择资产和其他要素的计量属性。本文面向公允价值计量选择的讨论。文章讨论两方面的会计选择。首先,假定某一项目的计量,选定了公允价值,这一属性必须依赖活跃的市场,最好的作为公允价值估计的价格应产生于活跃市场。其次,关于公允价值信息,我们必须注意它的特殊性质和质量特征。公允价值计量不仅在初始确认时需要,而且以后时期要进行重计量。在两次计量之间差异形成未实现的利得和损失。因此,必须做出的更为重要的选择是:列报上列信息(公允价值变动)最好是在表外披露,而不是在表内确认。

关键词:会计选择;公允价值计量;披露;确认

一、会计选择的一般原理

现今财务会计与财务报告的特点之一,是其全部程序——从交易的初始确认到报表列报,都受本国或国际财务报告准则的规范。从表面上看,似乎这是一个有章可循、有序进行的过程,无须作任何选择(choices)。其实不然。财务会计,作为一个以提供财务信息为主的经济信息系统,其规范的制定和在企业中的运行,经常要求进行会计选择(accounting choices)。FASB(Financial Accounting Standards Board)在其第 2 号概念公告中明确指出会计选择的问题:"人们所做的各种会计选择至少有两个层次,第一个层次是本委员会(FASB)所作的抉择。"①即通过准则或其他公告、规定,要求企业遵守哪些会计方法或禁止采用哪些会计方法。"各种会计抉择还在具体企业这一层次上作出。"②如准则未规定的问题,要通过企业的专业判断来抉择,有些准则提供多种备选方法,允许企业选用,这也需要抉择。FASB 进一步指出:不要因为会计人员需要做出选择而惊讶!选择是无所不在的。"首先要决定各种资产和负债、收入和费用的性质和定义以及据以确认的标准,然后要选择资产计量必须选择的属性——历史成本、现行成本、现行脱手价值、可实现净值或预期现金流量的现值,如果成本必须分配,既可按期间(例如计算折旧),也可按服务受益单位(如各产业分

---

* 葛家澍,教授,E-mail:jsge@xmu.edu.cn。

① FASB.1980.Statement of Financial Accounting Concepts No.2:Qualitative Characteristics of Accounting Information.Financial Accounting Standards Board:Norwalk,Connecticut.

② FASB.1980.Statement of Financial Accounting Concepts No.2:Qualitative Characteristics of Accounting Information.Financial Accounting Standards Board:Norwalk,Connecticut.

部),则必须选择分配的方法,等等。"[①]由此类推,不仅确认和计量过程需要大量选择,一个项目应在财务报表内确认或应在表外披露,也要选择。正如 FASB 在其第 1 号概念公告中指出的:"某些有用的信息传递通过财务报表较好,而某些信息通过财务报告(指表外披露)可能比财务报表更好,并且有时只能用财务报告来提供。"[②]

认真研究上述会计选择的原则,对于提供正确、有用的财务信息是非常重要的。

二、各种资产的计量如何选择恰当的计量属性?公允价值的性质、含义及其适用的条件

在现行概念框架和许多国家的会计准则中,历史成本、现行成本、可实现净值和公允价值都是可以选用的资产的计量属性,但是它们各有自己的特点和适用性,会计选择要求有很高的专业判断力。选用什么属性来计量所持有、控制的资产,首先要研究此项资产的用途和流动性,同时还要考虑所采用的计量属性对于意欲计量的对象是否具有相关性,能否保证计量数据的可靠性。虽然绝大多数甚至全部资产处于企业的营业活动(business activities)之中,但性质、作用和流动性(转化为现金的速度和最终是否转化为现金)是有差异的。例如企业持有的流动资产,除现金(包括银行存款)外,还有在销售中的(有活跃市场的)或可供销售的债权证券和权益证券。这些资产的性质就是企图通过市场价格的上涨而脱手、获利,并不需要它们为企业提供其他服务或经济利益。由于这些证券一般有活跃的市场和公开、公正的报价,企业要取得它们的有利的脱手价格也比较容易,因此,无论从流动性、相关性和可靠性哪一方面看,选用公允价值计量都比较恰当。当我们应用公允价值计量时,还必须注意它的特殊性(其实任何计量属性都有受制约的条件,包括历史成本计量):

第一,公允价值不等于市场价格,虽然用公允价值计量的资产要求具有活跃的市场,其交易是大量而有序,报价是公开并很容易取得。对公允价值来说,这样的市场报价还只是属于最佳的估计市场价格。但是如果缺乏活跃市场,则公允价值就丧失最重要的可靠的估计依据了。

第二,公允价值不是现实交易时产生的。它的估价对象是假想交易,并非已发生的现实交易。其初始计量日一般是已签订了不可更改的合同即确定承诺(firm commitment)日,如果当时已发生了交易,那只是资产的购买方(负债的转移方)应付给资产的销售方(负债的接受方)的保证金。根据规定或约定,只要运用公允价值计量的资产和负债继续存在,还需要进行后续计量(如到了另一个报告日)。

第三,公允价值计量不是以主体(如交易双方)为基础,而是以市场为基础。资产或负债的货币表现始终是至少近似于市场价格,因此,到了下一个报告日,公允价值才需要以市场价格为最佳估计进行重估价,这样,在下一个报告日,它总是要调到当前的市价。正是在这个意义上,公允价值计量又称为"调到市价的会计"(market-to-market accounting)。

前面说过,其他计量属性也有其特殊性。比如历史成本计量,许多方面就与公允价值相反。

第一,历史成本是在过去已发生的交易发生时成交的价格。这个价格可能是过去的市场价格,

---

① FASB, Statement of Financial Accounting Concepts No.2: Qualitative Characteristics of Accounting Information, Financial Accounting Standards Board: Norwalk, Connecticut, 1980.

② FASB, Statement of Financial Accounting Concepts No.1: Objective of Financial Reporting by Business Enterprise, Financial Accounting Standards Board: Norwalk, Connecticut, 1978.

也可能是双方自愿达成的交换价格，但其特点是建立在已发生的交易而不是假想交易的基础上。

第二，按历史成本计量的资产一旦购入，为购买资产所付的价格包括由买方承担的税费，即转为资产的历史成本，除非资产被企业重新处置如用于交换其他资产或出售，企业持有的资产始终按历史成本计量，在市场上此项资产（同质的）的价格可能发生升降变动，企业对此不再在会计上作任何反应，若企业自己使用资产，则按资产的实物和价值的消耗方式，将资产的成本一次转入制造产品的成本（如当作原材料），或多次逐步地将资产所费成本（如固定资产折旧）在制造产品上分摊。在这里，都不要求对资产进行重估价。如果我们也对历史成本计量给予一个名称，以便与公允价值相对应，它似可称为“保持成本的会计”（cost-to-cost accounting）①。

如上所述，对于资产计量属性的选择，应当先识别计量属性的特点，同时，再考虑资产在企业中的性质与用途，以便决定采用哪一种既相关又可靠的属性。以上只分析了公允价值和历史成本两种计量属性的特点。一般地说，能够采用公允价值计量的，应是有活跃市场，企业又打算把它列为随时销售或可供销售的金融资产和其他货币性资产，少数虽非货币性资产，但有活跃市场和有序交易的，如房地产、石油等商品也可按公允价值计量，而不以变现为目的的所有其他资产，显然是以选择历史成本计量为好。

计量属性的用途在于提供量化的信息。我们之所以需要对资产的计量属性进行选择，不但要考虑计量属性是否适合于计量对象的应用，而且，主要是考虑人们需要什么信息。信息必须有用，这是人所共识的抽象原则，不同计量属性计量的结果，会产生不同的财务信息。人们选择计量属性，可能更重视不同的财务信息对经济决策（资源分配决策）是否有用。会计选择不可能是完全客观的，使用者的主观要求往往对会计选择起着关键作用。

我们先简单考察一下资产按历史成本计量的信息即历史成本信息。历史成本原是过去交易发生时双方接受的交换价格，我们假定它是过去的市场价格。绝大多数的交易是买卖双方自愿的。自愿的特点是买者既不急于购入，卖者也不急于售出，双方都会寻找对自己有利的价格，也就是在价格上能反映低风险高报酬。因此，历史成本信息在成交的当时，买卖双方在讨价还价过程中，已把可能的风险与报酬作过重要的考虑。不过在成交以后，就把未来的市场价格的变动撇开，当然信用风险还是会考虑的。除非当时的交易是现金交易，不存在商业信用（如应收票据、应收账款等）。必须肯定，历史成本信息是面向过去的经验数据，它基本上反映一个主体已发生的经济资源、经济义务、它们的变动及其结果，然而在选择历史成本之前，市场参与者绝非只关心当前的供需与定价，他们必然会关注未来的价格动向，争取资产的购买价格最小化。然而企业经营者主要面向企业的核心业务。如制造业主要在制造和销售产品上争取高利润，他们不必再为已购入的各种材料、厂房、设备等的价格波动而操心②。所以历史成本信息的主要特点是反映企业不可更改的事实和企业的未来发展。它提供的是一个企业经营与理财方面的经验和教训，如实反映已发生的业绩，而不是对未来经营的不确定性进行预测。虽然不能面向未来是历史成本的缺陷，但对企业投入资本如何循环周转，如何耗费、收回（在补偿耗费后或盈或亏）的真实图像作如实刻画则是历史成本可以做到而其他计量属性未必做到的独特作用。如果历史成本计量没有什么优点可言③，就很难说明为什么它在会计发展史上能始终立于不败之地！

对待任何计量属性都应当一分为二地看问题。否则，任何一种计量属性，如果只看到优点而看不到缺点或只看到缺点而不去注意优点，则计量属性的采用，就不需要会计人员进行选择了。

现在让我们转而分析按公允价值计量的资产（负债）的信息。有比较才能鉴别，从而才能发现

① 因为成本到成本，不需要调整，只需要保持。

② 因为这些企业购入的资产不是为卖而买，是为制造产品而买。

③ 就是面向未来，历史成本也有反馈价值和预测价值。

差异。公允价值信息与历史成本信息比较,差别是非常明显的。

公允价值计量是以市场为基础,以活跃市场上的公开、大量交易的报价为最佳的估计。所以公允价值信息总是面向当前,展望未来,它不但不回避市场的价格风险,而且要确认可能的风险,尽管它尚未实现。在公允价值计量下,每一个计量日(报告日)都必须按市场当前的报价重估价,并确认未实现的利得或损失(即公允价值两次计量的差异)。公允价值信息反映资产(负债)的当前估计价值,它在一定程度上预测了资本的产出(资产为现行脱手价格,负债为现行转移价格)。与历史成本计量最大的不同是:历史成本信息只反映资产(负债)过去的实际成本,它排除估计、预测和产出,只反映资本的实际投入,当然包括事后资本投入存在形式的转换(如把现金转换为材料或其他费用,把材料成本和费用转换为在产品、半成品成本,并把固定资产磨损价值以折旧形式加入在产品、半成品成本等),以及投入资本的耗费(产品销售成本)和收回(产品销售收入,其中包括成本的补偿和剩余),由于公允价值计量总要反映计量日的市价,即调到市价的会计,因此公允价值信息的一个重要特点,不是静态地反映企业持有资产和负债的成本,而是动态地反映企业持有资产和负债的价值(特别是资产负债表日的当前价值),尽管价值的反映具有预计性质,是近似的。基于公允价值的特点,它目前还只应用于金融资产、金融负债和具有活跃市场的少数资产,倘若我们再假设:

第一,一个主体拥有的资产与承担的负债均具有活跃的市场,随时可以进行有序交易,其报价不仅公平、合理且随时可以取得。

第二,公允价值的取得和转换估价的所费(会计成本)能够被主体所承受。

这样,该主体的资产、负债和权益就都可按公允价值计量,这就可能改变传统的历史成本计量模式,实行调到当前市价的计量模式(market-to-market measurement model)。假定出现上述情况,公允价值的一个突出优点就显示出来了。即:通过财务报告,人们可以随时观察到一个主体的价值和在营业中投入资本的产出变化,及时评估企业经营(包括投资、筹资)的效率及其对社会财富的贡献。

三、在表外披露还是在表内确认,是运用公允价值计量更为重要的选择

怎样看待表内信息和表外信息,有人可能会问,只要同属于财务信息,在表内(财务报表内)反映和在表外(其他财务报告,包括报表附注)反映不是一样吗?信息同样能够传递给使用者,只不过传递的手段或列报的位置有所不同而已!仔细推敲这个回答,我们说:“不对!”这不仅因为信息在表内称为“确认”(recognition),在表外称为“披露”(disclosure),而是因为,一个主体的财务状况、经营业绩和现金流量主要是通过财务报表列报的。若错误地把表内信息挤到表外或把表外信息硬纳入表内,其结果就有可能歪曲主体的经营真相和实际业绩,从而误导使用者。

历史的经验值得注意。20世纪70年代初,美国的通货膨胀率曾达到两位数,当时谴责历史成本计量模式之声纷至沓来。但FASB始终不敢触动推行几十年,为促进美国资本市场的繁荣而做出重要贡献的以历史成本为计量基础的财务报表。然而在通货膨胀条件下,由于资产的重置成本(现行成本)远远高于原先进货的历史成本,按照历史成本计量模式,利润必须按配比原则来确定。这时,企业的收入是高的,而与之配比的销售成本即使按后进先出法也还是低的。这意味着:出售货物的销货成本低于现行成本,将不能保证出售后按原价重新购回,从而不符合“实物资本保全概念”(the physical capital maintenance concept)。FASB经过深思熟虑,采取了既保留历史成本计量能产生可靠信息的优点,又补充披露由于物价变动而引起的财务状况与经营业绩的差异,在这种

情况下，投资人和债权人应如何决策，则交给他们自己去决定。其方法是1978年先发布财务会计概念公告第1号(FASB，SFAC 1)，主要阐述企业的财务报告目标，在这份概念框架的文件中，FASB先肯定财务报表的重要作用，又指出它的局限性，因而主张将财务报表扩大为财务报告，财务报表(financial statements)仍按历史成本计量，并肯定它所提供的信息仍是财务报告的核心!凡在财务报表列示的信息必须来自交易和事项的第一步确认[①]，经过账证、账账、账实的严格清查，清查中进行必要的调整，在清查相符的基础上，账户的数据才能向报表输送，由报表进行第二步确认。在报表中进行第二步确认的任务是使财务信息进一步可靠与相关。其具体方法是报表的第一层次即大项目仍是会计要素，然后将要素的所属小项目进行排列、分类、组合，有的浓缩归并，有的详细分列，而所有金额，都要加入报表的总计，从第一步确认到第二步确认，都要遵守GAAP并须经独立的注册会计师审计。FASB的SFAC 1还要求，有些信息，可以在财务报表之外的附注和其他财务报告中披露。披露比较灵活，可以只作定性说明，不必同时进行定量描述。不一定符合GAAP，注册会计师对表外披露部分不必审计，只是审阅(review)。正是依据FASB的SFAC 1，把财务报表扩大为财务报告，所以它在1979年发表了SFAS 33《财务报告与物价变动》，按表内表外分列的方法，解决了历史成本计量不能如实反映物价变动影响的难题。按照SFAS 33(其根据是SFAS 1)，财务报表仍以历史成本计量为基础不变。而报表之外通过辅助报表补充披露两大部分的资料：

(1)与通货膨胀(一般物价变动)有关的财务影响的资料：①按通货膨胀率调整的年度收益；②在货币性项目上产生的购买力利得或损失(purchasing power gain or loss)。

(2)与具体物价变动有关的财务影响资料：①按现行成本(current cost)为基础的持续经营收益；②报告年末的存货、财产、房屋、设备的现行成本金额；③扣除通货膨胀率后存货、财产、房屋和设备在现行成本上的增加或减少金额。

上述辅助报表就是表外的其他财务报告。[②]

20世纪70年代，FASB把历史成本信息仍列于表内，而把物价变动信息列于表外。今天看来，这是一种明智的会计选择。它没有遭到会计实务界的任何反对，平稳地解决了通货膨胀时期会计计量的难题。

对于历史成本属性，为什么当时FASB极力予以保护？这当然不是当时的FASB成员对它情有独钟，也不是因为否定了历史成本计量就会引起会计实务界的大乱。若说当时现行成本和脱手价格的倡议者和支持者未曾形成一个有实力、有权威的反对集团，不曾对FASB施加强有力的压力，这也不对。早在1961年，Edwards和Bell就著书立说，在他们的《企业收益的理论与计量》(*The Theory and Measurement of Business Income*)一书中猛烈攻击历史成本及其理论基础，提出企业的活动本来就有“经营活动”(operating activities)和“持有活动”(holding activities)，因而除应确认经营收益外，也应确认“持有收益”(holding gains)包括未实现的，这样，就应当用现行成本取代历史成本。Anthony也通过对《财富》(*Fortune*)杂志记者的谈话，激烈批评现行财务报表(即以历史成本为基础的财务报表)的缺陷。他认为现行财务报表提供的是“无用的数字”。他极力推荐采用脱手价格计量。更为重要的是，FASB SFAS 33出台以前，证券交易委员会(SEC)已顶不住

① 包括按会计要素及其所属类别在账户体系中作成正式记录——既要进行定性说明，又要进行定量(以货币为计量单位)描述。

② 1979年的SFAS 33已被1986年的SFAS 89所取代。按SFAS 33，其补充报告是强制性的，而按SFAS 89，补充报告已改为自愿(鼓励)而不是强制，且报告内容也简化为(指当年)自愿提供(即也可不提供)按现行成本/不变购买力(current cost/constant purchasing power)计算的持续经营收益。这是因为，20世纪70年代后期美国的物价逐渐下跌，通货膨胀问题已基本解决。

压力,通过发布190会计文告(ASR 190),要求经挑选的上市公司从1976年度起,在年报中按规定格式披露重置成本(replacement cost)信息,相当于披露现行成本信息。应当说,当时的FASB是孤掌难鸣的,然而它有着深远的考虑。选择计量属性首先要分析该属性的效果和特点,当时,至少有历史成本、现行成本(重置成本)、脱手价格可供选择,但仔细研究一下,除历史成本外,其他两种计量属性都要求后续计量(重估价)。重估价至少带来如下两个问题:

第一,要取得恰当的计量数据,必须付出一定的,甚至较大的信息寻觅成本即会计成本;而且这种成本的付出不是一次性的,可能是多次的。

第二,重估价意味着新起点计量,新取得的现行成本(重置成本)、脱手价格与已记录在账上的相应的现行成本(重置成本)、脱手价格必有差异,此种差异或表现为利得(gains),或表现为损失(losses),都是未实现的(unrealized),最多是可实现的(realizable),而可实现仍然是未实现。在会计上特别是在财务报表中如何处理上述未实现的差异?在这里就需要准则制定机构进行恰当的会计选择:这一事项及其引起的利得或损失是应纳入表内确认还是应在表外披露?

回首1979年FASB是如何处理物价变动会计的经验(前已述及的SFAS 33就是讲这个问题,此处不再重复),对于今天应否选择公允价值计量特别是选择公允价值计量应在表内列示还是在表外披露,应有重要的参考意义。

四、将公允价值计量模式引进财务报表是否明智

FASB决定以公允价值作为资产与负债的初始确认和后期新起点计量,从开始到现在约有10年的历史,而且也不是将全部资产和负债都作为公允价值计量的对象,公允价值当前也只是主要针对衍生金融工具业务产生的金融资产和金融负债及少数其他非金融资产如投资性房地产等。

针对金融工具和衍生工具,IASB和FASB目前是分别通过IAS 39(如para.14)和SFAS 133(如para.17)允许在一项金融工具合同经确定承诺后,作为合同主体的一方,可在资产负债表中确认一项金融资产或一项金融负债。① 在此以前,不论IASB或FASB都只是在表外披露采用公允价值计量的金融工具,如IASB的IAS 31或FASB的SFAS 105和SFAS 107,特别是SFAS 107,明确地规定了"披露有关金融工具的公允价值"。从表外转入表内反映有关金融工具业务,是两个准则制定机构近来的一项重大会计选择转变。

FASB决定在表内按公允价值确认衍生金融工具的理由是:①金融资产和金融负债符合FASB的SFAC 6所规定的资产和负债的定义②;②公允价值(即使在表外披露)是金融工具最相关的计量属性,是衍生金融工具唯一相关的计量属性(SFAS 133,para.36)。然而FASB却避而不谈金融工具中除"持有至到期"(held-to-maturity)一类是按成本或摊余成本计量,到期前不需按新起点计量外,大部分列入为交易而持有(trading securities)或"可供销售"(available-for-sale)两类投资都应先按公允价值进行初始计量,而后又要求后续计量。本文在论及现行成本和可变现净值两种计量属性时,就指出它们都在初始计量后,有后续计量的问题。在IASB的IAS 39和FASB的SFAS 133中证实了公允价值计量确有这一特点,即后续计量。这会发生什么问题?问题在于:在

① IAS 39的第38段规定,若按常规方式购买或出售金融资产,应视不同情况,既可按交易日(确定承诺日)会计,也可按清算日会计予以确认。

② 其实未符合资产和负债定义的全部含义,在FASB的SFAC 6中,资产和负债的定义都明确指的是由过去的交易和事项所发生。金融资产和金融负债,尤其是衍生金融工具是否完全符合这两个定义值得商榷。

不同计量日,公允价值必有变动,产生了利得或损失。而它们都是未实现的(包括可实现)。公允价值变动所产生的未实现的利得或损失,不论计入当期的损益(发生在"为交易而持有的工具"上)或计入期末资产负债表中的权益部分予以单列(发生在"可供销售的"工具上),都使收益表(利润表)中的收益(利润)数字包含了未实现的虚假业绩;使资产负债表中的净资产同样含有水分。因此,按公允价值计量的衍生工具和其他资产、负债,在表内确认和在表外披露,对一个主体对外传递财务信息的影响,是有重大差别的。在表外披露按公允价值计量及其变动的项目,对使用者来说,只起一种参考作用,它仍能保证表内如实反映主体的实际业绩与真实的财务状况。这就是1979年的FASB用心良苦,区分表内确认和表外披露,制定SFAS 33,力求表内按历史成本为计量的基础的原因。

事隔10年,同样是FASB,新的成员却顶不住一些在资本市场上善于利用衍生金融工具和产品期货进行投机的投资集团的压力,打开财务报表的大门,为他们操纵反映一个主体重要的财务数据提供了可资利用的空间!不论辩护者如何为公允价值的相关性肆意宣扬,但它的缺乏可靠性的另一面却是难以掩饰的事实。这就是我们所说的:选择计量属性很重要,而选择在表内确认还是表外披露显得更为重要。

以上的论述尚没有涉及当前的金融危机。当前,席卷全球的金融危机尚未见底,它已引发全球性的经济衰退,其严重程度,堪称1929—1933年经济大萧条后最严重的一场经济灾难。股票、证券、各种期货、黄金、外汇的价格均飘忽不定,除黄金外,总的价格变动趋势是不断地甚至大幅度地下挫,石油期货的价格在最近半年内,每桶狂跌达75%左右。公允价值的一级估计应是在活跃市场中产生大量自愿而不是被迫的交易(如当前,由于金融危机而产生心理恐慌,导致证券持有者匆促抛售,就是被迫的交易)所形成的报价。这种价格当前很难说是公平、公正的。可见金融危机的产生与发展,使金融资产、金融负债已开始失去活跃的市场。不仅公允价值的一级估计和二级估计变得不可靠,就是运用三级估计,也有困难,且更不可信。所以金融危机给公允价值计量带来的是又一个会计选择问题:原来采用公允价值计量的资产和负债,该不该继续采用?过错当然不在于公允价值本身。公允价值虽然是一种有用的计量属性,问题在于:现在继续选择公允价值的时间和条件是否恰当。

结论:公允价值计量的产生是金融创新和主体之间经济业务创新的产物。它发展了财务会计的计量属性。现在还不宜匆忙予以否定。

对于公允价值计量,存在着两个重要方面的选择:

第一,要考虑市场条件,试图采用公允价值计量的资产和负债,有无活跃的市场和公开、公平、公正的报价?这是运用公允价值计量的前提条件。

第二,要认真考虑按"公允价值"计量的对象,如同按"现行成本"计量一样,在初始计量后,还必须进行后续计量,因而必然发生重新计量后的价格变动(不是利得就是损失),而这种变动是**未实现的利得或损失**。未实现的利得或损失能够确认吗?

以公允价值计量的资产或负债,摆在准则制定机构面前的选择是:应该在表外披露还是应该纳入表内确认?问题的关键是财务会计向市场提供的报告,需要有一个比较客观、比较真实地反映主体财务状况与经营业绩的财务报表。未实现的利得和损失进入财务报表应该说并不恰当。它会使财务报表失去它的本质特征(只反映客观事实,不反映主观预测)。如果财务会计的历史信息与财务预测、财务估计等信息混淆在一起都成为财务信息,那么这样的财务信息不可能具有"高质量",会计数据既已变成了估计数据,就不可能诚信可靠。这样继续下去,长此以往,不是导致财务会计这门科学的变质,就是导致财务会计的消亡!

参考文献:

[1]FASB 1978.Statement of Financial Accounting Concepts No.1:Objective of Financial Reporting by Business Enterprise.Financial Accounting Standards Board:Norwalk,Connecticut.

[2]FASB 1980.Statement of Financial Accounting Concepts No.2:Qualitative Characteristics of Accounting Information.Financial Accounting Standards Board:Norwalk,Connecticut.

[3]FASB.1998.Statement of Financial Accounting Standards No.133:Accounting for Derivative Instruments and Hedging Activities.Financial Accounting Standards Board:Norwalk,Connecticut.

[4]FASB 1998.Statement of Financial Accounting Standards No.33:Financial Reporting and Changing Prices. Financial Accounting Standards Board:Norwalk,Connecticut.

[5]IASB.2007.International Accounting Standards No.39:Financial Instruments:Recognition and Measurement. International Accounting Standards Board:London,UK.

English Abstracts of Main Papers

Research on Accounting Choices: The Choice of Fair Value Measurement

Ge Jiashu
Department of Accounting/Center for Accounting Studies,
Xiamen University,Xiamen,Fujian,China 361005

Abstract:In financial accounting,accounting choices are ubiquitous.For example,accounting choices must be made for the measurement of assets and other accounting items.This paper discusses an accounting choice for fair value measurement.The paper focuses on two aspects of this accounting choice.First,if fair value is chosen for the measurement of accounting items,an active market is essential for the choice.The best estimate for fair value should be the price from an active market.Second,we should pay attention to the characteristics and attributes of fair values' information content.Fair value is not only measured at initial recognition but also in subsequent periods.The difference between the two measurements represents unrealized gains or losses.Hence, an important accounting choice appears to be that the above information(changes in fair value)is disclosed off-balance-sheet rather than in financial statements.

Keywords:accounting choice;fair value measurement;disclosure;recognition.

(原载于《当代会计评论》2009 年第 1 期)

39

试评 IASB/FASB 联合概念框架的某些改进

——截至 2008 年 10 月 16 日的进展

葛家澍

摘　要：本文试图讨论 IASB 与 FASB 联合概念框架项目若干改进(截至 2008 年 10 月 16 日的进展)。现在，两个理事会已经颁发了三份讨论稿(初步观点)，一是关于《财务报告的目标与财务报告对决策有用的信息质量特征》，二是关于《报告主体》，三是关于《财务报表列报》。还有《财务报告目标与决策有用信息质量特征》的一份征求意见稿(ED)，此外还有一些两个理事会工作人员关于财务报表要素如资产及其定义、计量的基础等新闻公告。虽然上述文献是不完整且是初步的，但我们已能发现若干新的观点，例如在两个基本的质量特征中，"可靠性"已被"如实反映"所取代，理事会的工作人员还给出新的资产定义，而且在现有的概念框架中，第一次提出有关《报告主体》的讨论稿(初步观点)。本文主要介绍上述文稿的基本观点，同时也试图提出若干意见。

关键词：联合概念框架；讨论稿[IASB/初步观点(FASB)]

一、会计(主要指财务会计)究竟是一门怎样的学科?

1953 年，当 A.C.Littleton 谈到会计与其他学科的关系时，就认为会计同两门学科(经济学和统计学)有密切的联系。如果把 1494 年卢卡 · 帕乔利(Luca Pacioli)发表《算术、几何、比与比例概要》作为现代会计的起点，则复式记账主要记载商人的经济活动，当然，理财和融资也为会计发展提供了基础。从一般商人变成公司老板，他们对会计都始终有一个基本要求：会计必须提供企业经营的真实信息。企业经营活动离不开资本的投入、耗用；收入的取得；成本的补偿；利润的分配；资金的借入、贷出等；所有这些，都是社会财富在企业间流动，并促使财富的增长，它们显然同经济学息息相关。但在会计学中的所有这些财富的变化与消长又无不通过账户，类似于统计学的分类(分组)，进行相互沟通，内在一致的分类反映。账户是如此，报表也是如此。会计的账户不是简单将大量的、纷繁复杂的经济现象进行分类，而是在分类时先分析，再提炼和升华，把具有相同特征的事物归为一类，形成一个会计概念，比如"资产"。将大量同类现象提升为一个概念，表明人们已从感性认识达到理性认识，也表明这门学科是理性的科学。当然，在会计这门科学中，概念不止一个，而且一个概念可能还要再分若干层次。如果分类是科学的，那么这些分类，就内容来说，每一类都要反映客观经济的真实。既表明各自的经济特征，又同其他经济类别有着不同程度的联系。就是说，凡属财务会计的概念都是旨在反映企业经济真相并探求企业真相的。在此前提下，所有会计概念被结成一套连贯、均衡、内在一致、相互沟通的概念体系，从而形成财务会计这门实用科学的基础。会计必须反映企业经济活动的真相是人们创造会计这种方法时就赋予它的基本使命。因为最早人们为谋取并分配生活资料而记账，嗣后投入资本创办企业则为资本的保全和增值而记录和报告，无不要求账账相符、账实相符。力求并保证如实反映企业的经济真实,是会计的基本特征。会计的这一基本特征并不因为它发展到现代会计,成为以对外报告为主要目标的财务会计而有所变更。在财务会计的基本概念中,有反映"现实"的概念如"资产"、"负债";有用以增强会计方向,提高信息质量的"虚拟"概念,如"相关性"、"可靠性"。不论在哪一个国家和地区,或者在国际会计准则制定机构(如 IASB),无一例外地把可靠性或如实反映列入为基本的信息特征,而与相关性并列于首位。

会计的基本概念,既是会计学科的理论基础,又是会计作为一个经济信息系统的实用基础。会计学有许多概念,但能用于指导会计实践活动的概念并不是它的全部。会计服务于社会经济发展已有几百年的历史,但成为"财务会计"独立分支则是 20 世纪初期的事情。一般认为,财务会计是从美国 1933 年颁布证券法,1934 年颁布证券交易法,并成立由联邦政府监管证券法的实施,指导美国重建证券市场(在 30 年代大萧条时已陷于崩溃)的"证券交易委员会(SEC)"算起,已有 70 多年的历史。在此期间,美国引为自豪的是,由于 SEC 对上市公司的财务报表实行严格的规范,会计准则制定机构 CAP、APB 和 FASB 先后制订会计研究公报(ARBs)、会计原则委员会意见书(APB Opinions),FASB 又先后制定了财务会计准则公告(FASB Statements)和解释公告(FASB Interpretation),共同构成美国的公认会计原则(GAAP)。更为重要的是,从 1978 年起,FASB 又为财务会计制定了财务会计概念公告(1~7 号)(FASB Con.1~7 or SFACs 1~7),为 GAAP 的制定,提供了连贯、协调、内在一致的概念基础。其中,相关性和可靠性则是 FASB 反复坚持并着重强调的两个概念。从 20 世纪 30 年代起,美国的资本市场由崩溃至复苏再至蓬勃发展(至少到 20 世纪末 21 世纪初出现以安然、施乐、世通等若干财务欺诈案件为止),其健全性与活跃性,迄今仍居于全球之首。

我们当然不能说,在金融危机以前,或追溯到几大公司财务欺诈案件以前,美国资本市场之所以繁荣发达,主要是由于公司财务报告坚持"相关性"与"可靠性"并重,坚持高质量。但是,反过来,我们却不能不承认,所有上市公司必须向 SEC 呈送以如实反映为基础的财务报表和其他财务报告,并须经 SEC 严格审核认可,乃是美国资本市场能雄视天下几十年的重要条件之一。

总之,会计是一门经济应用学科。它从经济学引进不少概念,如资本、收益等等,但它反映的是在企业范围内的经济真实,财务会计是把会计学的基本特征和基本方法继承下来并加以发扬光大的主要分支。财务会计虽然也借助于统计的分类技术,但两门学科的分类只是形似而非神似。财务会计的分类是对企业经济真实的分类而不涉及大量的经济估计与预测。或者说,财务会计运用的是以复式簿记机制为基础的账户体系。在账户中,不能遗漏任何一笔交易产生的数据,又不允许不以事实为根据在账户中进行估计。这样就基本上不同于研究大量社会经济现象允许"抽样"的社会经济统计方法。

反映企业的经济真实,以过去的交易和事项为记录和报告的对象,可能成为财务会计永不改变的本质特征。日常的记录,期末的报告体现这一特征,用于规范会计处理与财务报告的会计准则和作为准则理论基础的概念框架同样不应也不能背离这一特征。

二、从概念框架到 IASB/FASB 联合概念框架

财务会计概念框架是把若干有助于指导、评估和发展会计准则的基本概念汇成一个连贯、协调和一致的体系,原文为 Conceptual Framework for Financial Accounting and Financial Reporting (or only Financial Statements),简称 CF,最早出现于美国。如果我们撇开美国早期会计学者的著作如 C.E.Sprague 1907 年的 *The Philosophy of Accounts*,N.A.Paton 1922 年的 *Accounting The-*

ory，J.B.Canning 1929 年的 *The Economics of Accountancy*，Paton/Littleton 1940 年的 *An Introduction to Corporate Accounting Standards*，A.C.Littleton 1953/1977 年的 *Structure of Accounting Theory*，E.O.Edwards/P.W.Bell 1961 年的 *The Theory and Measurement of Business Income* 以及 AAA 在 1966 年为纪念其成立 50 周年而发表的研究报告“A Statement of Basic Accounting Theory”等不说（因为这些著作与研究报告虽或多或少涉及会计的基本概念，但皆零碎不全，未能形成较完整的框架），那么，美国概念框架的制定，应是由最早负责 GAAP 制定的 AICPA 开始的。不过，当初，AICPA 并没有采用概念框架（CF）这个名称。AICPA 在 1959 年把准则制定机构由 CAP 改组为 APB 的同时，就成立了“会计研究部”（Accounting Division）专门负责研究指导改进会计准则的理论。

根据 AICPA 的一个研究项目专门委员会的报告，建议指导会计准则的基本理论是先从“会计基本假设”（the basic postulates of accounting）开始，然后再通过演绎，推导出直接指导会计准则的“广泛会计原则”（board accounting principles）。会计研究部遵循了 AICPA 的上述要求，分别于 1961 年和 1962 年提出 ARS No.1 和 ARS No.3 两份报告。这应该认为是虽无概念框架之名，却有概念框架之实的启蒙文件。可惜这两份文件却立即被 APB 所否定（见 APB Statement No.1）。随后，AICPA 也改变了看法，认为指导会计准则的概念应从财务会计的“目标”开始，着重研究三个问题：（1）财务信息的使用者是谁？（2）他们需要什么信息？（3）财务会计能够提供什么信息？这就是 AICPA 交给新成立的 Trueblood Group 的研究任务，该小组于 1973 年 10 月发表的《财务报表目标》的报告，后来成为 FASB 制定概念框架的重要起点。

概念框架是财务会计为最后编成财务报告而作为一个信息系统所运用的一系列连贯的、有严密顺序的、相互协调而又内在一致的若干基本概念（包括原则、标准、规则）所构成。与其说是财务会计的概念框架，不如说是作为一个以提供财务信息为主的系统的概念框架，财务会计从交易事项发生时起，经过确认、计量、记录、再分类而成为报表并在表外进行必要的披露是一个系统工程。在这一系统工程中，如果剔除了交易、事项和由它引起的一切数据，剩下来的则是一系列会计基本概念组成的程序和骨架即概念系统。这就是概念框架之所以成为财务会计与财务报告基础的理由。

对照一下 FASB 对概念框架给出的定义（作者加以简化）：概念框架是由财务报告的目标和与之相关的其他基本概念所组成的体系。目标规定财务报告的目的和宗旨，起指引方向的作用。其他基本概念则是指引或直接用于确认、计量、记录、编表和在表外披露的工具。此定义与上述内容意思一致。

按照 W.A.Paton 的要求，概念框架应该是连贯、协调、内在一致的理论体系。作者认为还要加“完整”的要求。因为当前的概念框架，不论是 IASB 的，还是 FASB 的，都不够完整，都缺乏财务报表的“列报”和“披露”，为此，我们应寄希望于 IASB/FASB 的联合概念框架。

三、简评 IASB/FASB 联合概念框架已取得的进展

IASB 和 FASB 是在 2004 年 4 月把概念框架列入双方的联合研究项目的。原计划分八个阶段。具有新意是：“报告主体”、“财务报告的列报与披露包括财务报告的边界以及框架的目标”及其“在 GAAP 中的层次和地位”。

5 年快过去了。可能受全球金融危机的影响，只进行了四个阶段。其中一个阶段“目标与质量特征”已有征求意见稿即 ED（A 阶段）；另一个阶段“报告主体”则发表了讨论稿 discussion paper（D 阶段）。还有一个阶段（E 阶段）只对其中的一部分即“财务报表的列报”也形成了讨论稿。其余两

个阶段“要素与确认”(B阶段)和“计量”(C阶段)尚在工作人员讨论研究之中,部分问题似已取得一些共识。概念框架是理论。在讨论中,存在着分歧意见是可以理解的。况且这一项目不属于紧急项目,不急于求成,而考虑研究则应要求周全。让我们先研究一下已有初步意见的一些项目。

(一)关于财务报告的目标

两个理事会已经同意作为征求意见稿的总的看法是:“通用目的财务报告的目标是向现实和潜在权益投资人(entity investors)、贷款人(lenders)和其他信用提供者(other creditors)提供报告主体(the reporting entity)的有用的财务信息,使之有能力作为资本提供者作出决策。”(见 FASB,ED No.1570-100,Ch.1 OB2)从这个目标的表述可以看到,它几乎是 FASB Concept No.1(SFAC No.1)《企业财务报告的目标》的翻版,若引用 SFAC No.1 的三处的提法就可以证明。

1.编制财务报告本身不是目的(not an end)而是为做出企业决策和经济决策提供有用的信息(para.9)。

2.这份公告(指 SFAC No.1)的目的,在于关注投资和信贷决策所用的信息(para.30)。

3.这份公告对财务报告目标论述,在一开始是对投资和信贷决策有用的广泛信息;然后是投资者和信用提供者最关注的从其投资和贷款中收取现金的前景以及与之相关的企业的其他前景的信息;最后集中在对评价企业现金流量前景有用的企业经济资源、对这些资源的要求权及其变动信息,包括企业业绩的衡量(para.32)。

一句话,决策有用性在企业财务报告中虽不是唯一也是最主要的目标。这是贯穿于 FASB Concept No.1 的主要精神。

当然,无论 FASB 的第1号概念公告或 IASB 与 FASB 一致同意的征求意见稿都提到财务报告信息也应有助于评估企业经理层的经管责任(stewardship)或受托责任(accountability)。不过,这已不是首要的(第一位的)目标,它与“决策有用性”不能并驾齐驱。

美国是市场经济高度发达的国家,美国企业筹集资本主要通过公开发行权益证券和债券。这些证券的转让,主要借助于在资本市场上转手交易。大量持有各种证券的投资人和债权人经常要评估买卖证券的机遇和可能的风险,从而做出投资(买进、抛售或持有)与信贷(贷出或收回)决策。美国的概念框架把财务报告的目标定位于决策有用性上是由美国的投资环境和高度发达的资本市场所决定的。即便如此,美国有些权威会计组织如美国会计学会(AAA)也持反对态度。它认为“美国全国约有490万个企业,而公开发行证券,受 SEC 监管的,不过17000家”。所以,AAA 对 FASB 与 IASB 2006年11月29日联合概念框架有关财务报告目标的“初步观点”(即讨论稿)的评论就主张扩大财务报告的用途。并建议突出比“决策有用性”更重要的“评估经管责任”。现在,我们所讨论的“征求意见稿”是以 IASB 为主的、与 FASB 联合制定的企业财务报告目标。在确定其用途时,更应该顾全全世界商品经济发达程度差异很大,筹资渠道并非主要来自资本市场的发展中国家的现状。如果 IASB 未来应用的概念框架过于向美国倾斜,将使其他国家难于与 IASB 的框架趋同。这对联合概念框架在全球的权威性和可接受性反而不利!

因此,关于联合概念框架中对财务报告目标的定位,我们建议:第一是用于评估经管责任;第二才是保证决策有用性。或至少两者并重,不分主次。总之,不能只突出“决策有用性”。

(二)关于财务报告信息质量特征

它是上述联合概念框架征求意见稿的第二部分。信息质量特征与目标关系密切。目标规定主体为达到目标应提供何种信息(如 IASB“框架”第12段),此种规定是对数量的要求,而信息质量特征则是对提供的财务报告信息提出质量上的要求。所以1970年 APB Statement No.4 把它称为质的目标(见该报告第85段前的标题和第87段前的标题以及第86段关于质的目标的说明)。

联合概念框架 ED 对信息质量特征的规定比较简明，也有创新。见图 1(将 ED 第二部分用表格式分层次加以概括)：

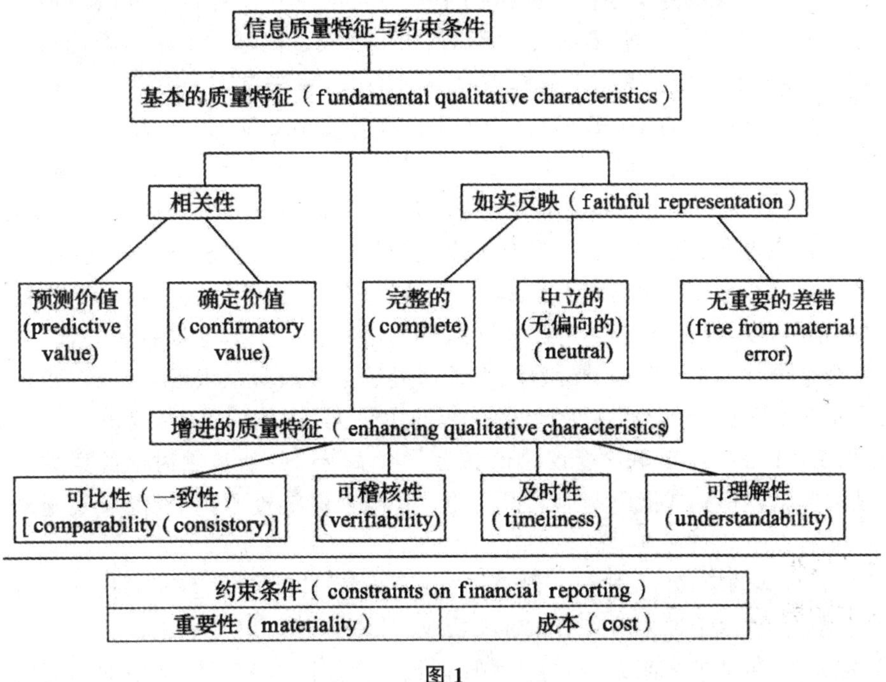

图 1

图 1 若与 IASB 的框架、FASB 的概念比较，有以下两个特点：

1.信息质量分两大类，既简化又主次分明，且有创新

一为基本的质量特征的信息要求，这是财务报告信息必备的质量；二为增进的质量特征的信息要求，即在基本质量的基础上，若再具备增进的质量，将使会计信息的质量更加完美，可达到高质量、透明度和可信性(后三点已不必再列为质量特征，而成为评估信息质量达到完美要求的标准了)。

在基本质量的信息特征中，一个重大的创新是用“如实反映”取代“可靠性”。其所以做出这样的改革，是因为：第一，可靠性的理解很不一致；第二，可靠性实际上不是可以量化的质量特征，而是一个伦理学的标准，但如实反映就密切联系会计的计量了，它指的是：财务会计必须真实地记录和报告一个企业业已发生的经济活动及其结果。不仅在事实上，尤其在数量上，一是一，二是二，没有任何虚假。所以，这样的更改，看起来只是会计术语的变动，实际上是更符合评估财务会计信息质量的一个创新。

2.简化了信息质量的约束条件

过去的概念框架总是把重要性作为要不要衡量某一财务信息的起点，而把效益大于成本作为评估信息质量的约束条件。其实，两者是一回事。简单地说，凡对决策或评估经管责任不够重要的信息，或花费成本过高才能取得的信息，都不必评估其质量；因为不重要的信息没有评估质量的必要性，而成本太高的信息不值得收集，自然也无须评估其质量。

总之，在已发表的有关联合概念的文献中，财务报告的目标和信息质量特征已成为 ED，按“应循程序”(due process)，距离正式成为概念框架的组成部分只差一步了，确实比较成熟，其中，信息质量特征还具有一定的新意。

(三)关于财务报表的要素与要素的定义

作为B阶段的要素及其定义还没有提到两个理事会的正式议程。不过两个理事会的工作人员已进行过多次研讨,并已研究过"资产"与"负债"两个要素。但基本上未涉及确认。关于资产定义的讨论,两个理事会都参加了意见。他们先对当前IASB框架和FASB第6号概念公告的资产定义做了自我批评。批评认为IASB的定义中用了期望(expected),FASB的定义用了"可能的"(probable)都会引起使用者的误解。对FASB定义中,不讲经济资源(economic resource)而讲"未来的经济利益"(future economic benefits)也认为不妥。(其实FASB对此还是轻描淡写。FASB的资产定义曾受到国内外的激烈批评。曾任SEC委员的Walter P.Schnetze就举例问:假如一家企业拥有一辆可用于载货而收取运费的汽车,那么,就货车与运费收入而言,什么是这家企业的资产呢?是货车,还是货车带来的运费收入?按照FASB的资产定义,这家企业并没有资产"货车",而作为资产的乃是由货车未来赚来的运费收入。这显然把资产与收入混为一谈,犯了常识上的错误!有谁会同意FASB的观点?)然后两个理事会的工作人员(技术专家)提出了资产定义的初步讨论意见,提供IASB和FASB联席会议讨论参考。有关资产的初步供讨论的意见是:"一个主体的一项资产是主体已经得到或能限制他人得到的一种当前经济资源,对资源可实施的权利或其他手段。"这个定义有以下几个特点:

1.对比IASB框架的定义[49段(1)]删去了"由于过去的事项"的定语,对比FASB第6号概念公告的定义,也删去了"由于过去的交易和事项造成的结果"(25段)等提法。

2.FASB定义中"可能的未来经济利益"一段话被完全删除,IASB定义中的结尾"流入的资源"基本保留。但把资源的含义扩大了,增加了可实施资源的权利或其他手段。

3.另一个重要的改动是一个主体所控制(包括限制他人得到)的资源与主权,其时间既不是过去,也不是未来,而是当前(即资产负债表日)。

怎样评价这一新的资产定义的建议?应当说,有优点,也有不足。优点是用"资源和资源的主权"来代替"未来经济利益"必须肯定。因为用未来的经济利益来定义资产根本说不通。但是上述定义也会带来问题。在定义中取消资产取得的实际时间,并不能掩盖交易是发生于过去时日的真相。也许会使历史成本计量失去概念根据。在这个问题上,两个理事会及其工作人员、技术专家似乎尚应进一步推敲考虑。

此外,两个理事会的工作人员在2008年2月4日发表的资料中也提出"负债"的定义。他们对负债的现在的定义中提出的缺点与资产相类似。因而建议:(1)删除"预期"(expected)和"可能的"(probable)的提法;(2)删去"过去交易和事项"才引起负债的表述;(3)要求强调现在存在的一项经济负担(economic burden),而取代目前负债定义过于强调经济利益的未来流出。负债定义的修改除第2项与资产定义的修改可能产生同样问题外,在其他方面,尚不清楚修改后的负债定义能否适用于有关衍生金融工具合同的确定承诺的义务。

除资产与负债两个要素外,两个理事会的工作还没有公开他们是否讨论过其他要素,特别是要素的确认问题。但它们却提出"记账单位"(unit of account)的新概念。

关于要素,"收入"应当是重要的一个。若是联系到确认,收入确认早就成为双方关注的重点,也应是联合概念框架研究的重点。收入确认可能已成为IASB和FASB单独研究的联合项目。即便如此,其研究成果也要吸收到联合概念框架中来。

关于确认,在联合概念框架的研究计划中,曾打算重点研究"初始确认"(initial recognition)和"中止确认"(de-recognition)两个概念的定义与标准等问题。现在推迟有关确认的研究,由于未说明原因,我们不可能推测在理事会工作人员之间研究的现状。

(四)关于计量

计量是联合概念框架第三(C)阶段的任务。计量的目标是选择一套计量基础(basis)或属性(attributes),其目的在于满足财务报告的目标和对决策有用的信息质量特征。这一阶段,两个理事会拟分三个步骤进行研究:

1.计量基础的目录,它们的定义和在它们中挑选出可能作为计量基础的属性(即筛选出备选的计量基础);

2.评估备选的计量基础;

3.形成概念性的结论并说明其如何应用于实务。

根据 2007 年 11 月 27 日的资料,两个理事会接受工作人员的建议(上述第一步骤已在工作人员之间进行),提出九种供备选的计量基础,这九种计量基础(经两个理事会讨论后发表的)是:(1)过去的入账价格(past entry price);(2)过去的脱手价格(past exit price);(3)修正后的过去金额(modified past amount);(4)现行入账价格(current entry price);(5)现行脱手价格(current exit price);(6)现行平均价格(current equilibrium price);(7)在用的价值(value in use);(8)未来的入账价格(future entry price);(9)未来的脱手价格(future exit price)。

在上述九种计量基础中,除了(6)、(7)外,把市场(交换)价格分为过去、现在和未来三个时期,早在 1962 年 ARS No.3《试论企业适用的一般广泛原则》(Sprouse 与 Moonitz 合著)第 4 章"资产的计量"部分就已提出。不过,他们没有在每一时期的价格中,再分入账价格与脱手价格两种。在美国物价高涨的 20 世纪 60 年代末和 70 年代初,Anthony 曾主张用当前的脱手价格取代历史成本以消除物价变动的影响。最近美国 FAS 157 公允价值计量中,则反复强调按公允价值计量的资产,其实就是用销售即脱手价格(exit price)计量。而 IASB 组织评论 FAS 157 的意见中,有人认为资产交换按公允价值计量,如采用入账价格(entry price)也未尝不可。因此,上述计量属性的应用,在会计界都有人议论过,意见是比较分歧的。

现在的问题是:必须对每种计量基础给出精当的定义并指出它们的应用范围,也就是要明确计量的本质、每个计量基础的特点,及其应用的范围与条件。尤其是,要同估计、分配等概念分开。两个理事会对计量问题的下一步研究可能推迟讨论,准备与在财务报表外使用的计量相关问题(因披露有时也需要量化)联系起来考虑。

当我们评价计量问题时,令人费解的是,当前流行的几个属性如历史成本、现行成本、现行价格、可收回净值、现值和公允价值都没有列为备选的计量基础。是不是当前流行的计量基础都不在两个理事会考虑的备选计量属性之内?或者说,上述九种计量基础已经包含了当前流行的计量属性,只不过名词上有所差别。例如过去的入账价格可以理解为历史成本,现行脱手价格和未来的脱手价格就是指美国 FAS 157 公允价值计量中指的资产出售的公允价值等等。不过,我们总觉得:IASB 和 FASB 撇开当前流行的计量基础而标新立异必另有其他原因的考虑。对财务会计与财务报告来说,认真研究 20 世纪 30 年代"经济大萧条",20 世纪 60 年代末 70 年代初的"通货膨胀",以及当前席卷全球的金融危机所带给人们的深刻教训,对计量属性的选择是十分重要的。在一个主体的财务报告中,是反映企业经济的真实,还是虚假地反映企业的财务状况与经营业绩,关键在于财务报告中的量化的数字。这就涉及所采用的计量基础是否恰当、公允、可靠与透明!IASB 和 FASB 均是由具有丰富经验的准则制定专家所组成。也许他们对当前金融危机下由于公允价值受到冲击,记取这一教训,不得不郑重研究计量属性的性质、特点,及其选用标准。计量始终是概念框架中的重要概念,财务会计与报告离不开量化信息,人们总想找到既能体现财务会计的本质特征,提供若干既能如实反映过去和当前的经济真实,又可在必要时对企业的未来的经济发展作合理而必要的估计与预测的属性。作为高质量的 IASB 与 FASB 的联合概念框架,它所选择的计量基础及其应用标准,应能成为各国改进会计准则,提高财务报告质量的示范。这可能是人们对IASB和FASB联合概念框架的最大期待。

(五)关于报告主体

"报告主体"是目前世界上各国概念框架所没有考虑过的新内容。它属于联合概念框架项目的D部分。这里主要涉及三个概念:一是报告主体(reporting entity),二是集团报告主体(group reporting entity),三是控制(control)。最后一个概念是由集团报告主体引起的。

1.报告主体

报告主体指的是谁应当(有资格)独立地对外提供通用的财务报告。对于盈利性主体来说,通常认为报告主体是企业。因为企业享有可控制的资产,并承担在未来支付资产的现时义务,且负责资产的运用以实现盈利,即以促使资产增值为其目的。由于所有这些事实,一般都需要法律加以约束,因而法律结构决定一个主体的边界。报告主体通常被视为"法人"。IASB/FASB联合概念框架对此却有不同意见。两个理事会认为报告主体应当宽广地给出定义。一个报告主体不一定必须是一个法律主体,一个报告主体不应局限于结构上被认为是法律主体的商业活动,而应宽泛地描述为一个有限制的商业活动区域(a circumscribed area of business activity)。为了使这个新定义不致抽象,应当同目标结合起来说明。那就是说,这个商业领域应是"一个与现在的和潜在的投资人、借款人、信贷者和其他资金提供者利益相关的有限活动区域"(见 preliminary views/FASB, May 29, 2008, para.34)。报告主体的特点是:凡属一个报告主体,都应编制通用的财务报告,都应在其报告中决定它控制了哪些资源,谁对这些资源具有要求权以及资源与资源要求权的变化。这样,就能把一个报告主体同另一个报告主体区分开来。

提出财务报告主体的新定义是一个创新观点。尽管这个定义及其说明还不太明确。

2.集团报告主体

典型地说,一个集团报告主体(集团公司)应由一个母公司和被它所控制的其他报告主体构成。构成集团报告的主体必须是集团中的母公司。凡处在集团最大可能控制的范围之外的主体,都不属于公司集团构成的主体。两个理事会还没有就集团报告主体的财务报表达成一致的初步意见。不过,双方都肯定公司集团中的母公司必须提供合并财务报表。仅有母公司的财务报表(parent-only financial statements)一般不能代表集团的合并财务报表。IASB强调这一点。不过,它也承认,母公司的财务报表可以提供有用的财务信息。

合并财务报表应如何编制,现在还交由两个理事会的工作人员继续研究。

3.控制

"控制"这个术语是由于集团报告主体的出现和编制合并财务报表的必要性引起的。考虑到这个术语的重要性,两个理事会决定按概念要求的水平对它加以定义。

"控制"意味着什么?两个理事会参考了《牛津字典》(1989年第2版)、《加拿大注册会计师手册》、《比利时的会计立法》、《英国ASB的财务报告原则公告》等各种说法,归纳起来,控制包括权力和能力两个含义。两个理事会的初步一致意见是:控制作为一个概念,是指实施控制的权利和由此产生的收益能力两个方面的结合。权力意味着:控制主体对被控制主体具有指导、改变、主导被控制主体的经营政策、理财政策和其他重大事务,归结起来,控制主体有权控制、运用、支配被控制主体持有的全部资产。能力意味着控制主体基于它对被控制主体的权力,可以获得被控制主体的经济利益。就是说,除依法分配和依照具有约束力的合约指定用途外,被控制主体的剩余索取权也按股权比例归控制主体所有。在这一部分,又讨论到其他许多问题,如决定集团报告主体的三种构成(控制主体模型、普通控制模型、风险与报酬模型)、母公司财务报告(仅有母公司的财务报表和合并财务报表)以及有关控制的其他问题[如决定何时一个控制主体已控制另一个主体;法定权力以外的控制；潜在的控制(latent control)与期权的处理(the treatment of options)；权力不能与他人分享；控制、联合控制和重大的影响等]。

(六)关于财务报表的列报问题

根据 IASB/FASB 概念框架：联合项目 2008 年 3 月 18 日的进展信息，它的第 5 个阶段(E 阶段)"列报和披露，包括财务报告边界"尚未启动，实际上，两个理事会已经对财务报表信息的列报作了反复研究，并于 2008 年 10 月 16 日发表了一个讨论稿即初步意见，只是未包括表外披露和财务报告的边界而已。

2008 年 10 月 16 日由 IASB 和 FASB 发出一份讨论稿，题为《关于财务报表列报的初步意见》(Preliminary Views on Financial Statement Presentation)，两个理事会要求对该稿评论意见的提出，应不迟于 2009 年 4 月 14 日。

这份初步意见在改进现行企业财务报表的内容分类上，作了显著的改革。这就是说，初步意见主要是对财务报表的列报提出新的模式。即企业应编报的三个基本财务报表——"财务状况表(资产负债表)"、"全面收益表(扩大了的收益表)"和"现金流量表"虽然不变(实际上是四个基本报表，即还有"权益变动表")，而表内的分类、再分类及其排列组合则有了重大的改变。

两个理事会在研究了财务报告目标和从部分财务报表使用者与他们的咨询集团的反馈意见的基础上，提出了三项财务报表列报的目标。从这份讨论稿的摘要(summary)中可以看到，这些建议目标陈述了在财务报表中应当表示下列新的信息状态：

1.描述一家主题活动内在一致[内聚性(cohesive)]的财务图像。一个内在一致的财务图像意味着跨报表的有关项目之间的关系是清晰的，而一家主体的几种财务报表彼此尽可能地互相补充。

2.拆开合计信息(即对合计信息进行分类)。其目的在于预测一个主体的未来现金流量更为有用。财务报表分析者企图达成几个目的：如预测未来现金流量、时间安排和不确定性；要求财务信息按同质的一组项目进行合理的分类；等等。如果某些项目在经济上具有不同性质，使用者在预测未来现金流量时可能希望将它们纳入不同的账户。

3.帮助使用者评估一家主体的流动性(liquidity)和财务弹性(financial flexibility)。

有关一个主体流动性的信息是指能帮助使用者评估该主体对已到期的承诺支付义务的能力的信息；而有关一个主体财务弹性的信息则指可帮助使用者评估该主体应对投资机遇的投资能力和未曾预期的现金需求反应能力的信息[以上见 IASB/FASB，Discussion paper/preliminary views，October 16，2008，S3(摘要第 3 段)]。

根据上述目标和讨论稿摘要的第 4 段，建议一个主体要求的财务报表信息应按新模式列报。新模式的指导原则是：把产生价值(creates value)即主体的营业活动(business activities)同它旨在营业活动的资金来源即融资(筹资)活动两类信息分开。具体要求如下：

1.一个主体应将它营业活动(business activities)列示的信息进一步分为经营活动(operating activities)与投资活动(investing activities)。

2.一个主体应将与营业活动有关的筹到的资产同筹资的来源区分开来，特别是向非业主筹资的信息(以及它的变动)与向业主筹资(包括它的变动)应当分开列报。

3.一个主体应当把它中止经营的活动的信息与仍持续营业和筹资活动的信息分开列报。

4.一个主体应当把它应交的所得税与其他所有信息，在财务状况表和现金流量表中分开列报。在全面收益表中，还应当分开列报所得税费用(利益)信息。应分开列报的是：

(1)来自持续经营的收益(来自营业和筹资活动的收益或损失总计)；

(2)中止经营；

(3)其他全面收益项目。

按照上述要求,讨论稿建议了一个财务报表的新分类的模式(见 IASB/FASB, Discussion paper/preliminary views, October 16, 2008, S4, S5),见表1:

表1

财务状况表	全面收益表	现金流量表
营业 ·经营资产与负债 ·投资资产与负债	营业 ·经营收益与费用 ·投资收益与费用	营业 ·经营现金流量 ·投资现金流量
筹资 ·筹资资产 ·筹资负债	筹资 ·筹资资产收益 ·筹资负债费用	筹资 ·筹资资产现金流量 ·筹资负债现金流量
所得税	关于持续经营的所得税 (营业和筹资)	所得税
中止经营	中止经营 纳税净额	中止经营
	其他全面收益 纳税净额	
权益		权益

这份讨论稿还对上列建议的财务报表的模式作了详细说明,并提出许多问题要求评论。

总的看,新的报表内容的分类具有很大的新意。它确能增进财务报表信息对决策的有用性。例如,人们皆了解资产负债表的主要功能是反映一个主体在某时点的财务状况。但财务状况究竟包括哪些主要内容,那就不是所有使用者都熟悉的了。这份讨论稿把资产负债表更名为"财务状况表",并按经营活动、投资活动、筹资活动、中止经营、所得税、权益加以分类,进一步指出其目的在于向资本提供者提供流动性和财务弹性两项最重要的财务指标。尽管改进的部分是财务报表内容的分类列报,而产生的相关信息却远远超过传统的资产负债表。讨论稿的创新当然不止这一点。但这样分类将带来的问题也必须进行考虑。比如,报表内容的第一层次的分类改变了,财务报表的要素要不要随之改变?如果改变,它将对交易和事项的初步确认(我指的是会计记录)有何影响?诸如此类问题,都应当全面地进行研究。本讨论稿在改进报表内容分类列报时非常强调报表项目与报表及报表之间的"内在一致性"(即内聚性 cohesion)。其实,整个财务会计信息系统,从交易与事项的初始记录开始,到财务报表的列报结束,通过确认、计量等程序,运用了本身就有内聚性的"复式记账机制"和与之相配套的"账户体系",都有不同程度的相互勾稽与相互联系。报表是会计信息系统的组成(终结)部分,即传输信息的手段,系统任何部分的改革,牵一发而动全身。单是财务报表编制与列报的改革,不考虑财务报表要素的设置与确认,账户的分录与记录等其他系统要素的相应改革,恐怕是不大可能获得圆满成功的。

综上所述,IASB/FASB 的联合概念框架项目虽取得若干进步,但还是初步的。最后的定稿也许面目全非,也许有很大的改变。但当前的进展至少给我们很大的启发与重要的参考。

美国是世界上经济最发达的国家,它的概念框架当然比较先进,但更多的是反映发达的市场经济的特点。IASB 是国际的准则制定机构,它所制定的概念框架应面向全球。而在全球,经济欠发达的国家占 90%左右,如果 IASB 制定的框架与准则,过分美国化,等于主要向"阳春白雪"趋同,而仍为"下里巴人"的众多国家则可能望而却步!为此,我们建议,希望全球与之趋同的 IASB 的所有会计文献(包括与美国联合制定的这份概念框架),应当更多地考虑多数发展中国家的会计水平和接受的可能。

参考文献：

[1]IASB.2006.Objective of Financial Reporting and Qualitative Characteristics of Decision—useful Financial Accounting Information,July 6.

[2]IASB/FASB.2008.Exposure Draft(ED).The Objective of Financial Reporting and Qualitative Characteristics and Constraints of Decision—useful Financial Reporting Information,May 29.

[3]IASB.2008.The Reporting Entity,May 29.

[4]FASB/preliminary views.2008.Financial Statements Presentation,Oct.16.

[5]http://www.fasb.org 下载.

English Abstracts of Main Papers

Tentative Discussion of Some Improvements in the IASB/FASB Conceptual Framework(Joint Project)

——Latest Updated:16,October 2008

Ge Jiashu

This paper attempts to discuss some improvements in the joint project:Conceptual Framework(latest updated:16,October 2008).Now,the Boards(IASB and FASB)have issued three discussion papers.We may find out many new viewpoints,for example,in the fundamental characteristics of financial reporting information,“faithful representation” is instead of “reliability”.It is given a new definition of element “asset” and issues a first discussion paper(preliminary views)for “The reporting entity” of existing CF.To introduce the essential viewpoint about document is the main work of this paper,but tentatively to state my opinions also,though they are lack of mature deliberation.

(原载于《会计研究》2009 年第 4 期)

关于公允价值会计的研究

——面向财务会计的本质特征

40

葛家澍

摘　要:论文从两个方面对公允价值进行了剖析。首先从经验数据层面(数据来自美国证监会挑选的50家金融机构)对公允价值应用结果进行了考察。其次,也是更重要的,又从财务会计的理论层面进行分析。公允价值计量在财务会计中是有用的,将公允价值计量与确认相结合的公允价值会计却无用,因为它是估计数字,估计数字若在资产、负债、权益(净资产)和收益中确认,这就歪曲了财务报表的数字(真实数与估计数相混合,已实现的收益与未实现的公允价值变动相混合)。历史成本信息由财务报表提供较好,而公允价值信息由报表附注、其他财务报告提供较好。

关键词:历史成本会计;公允价值会计

从2007年下半年起,原只限于次级抵押贷款的孤立性质的危机,却演变为全球性的金融危机。这场尚在蔓延扩大的危机,不仅已造成美国,甚至也包括英国、欧盟和日本等国的经济衰退,还影响到包括我国在内的许多新兴国家经济发展的速度,甚至关系到我们的经济生活。似乎很奇怪的,它竟冲击到财务会计的理论和实务,主要是公允价值会计。

众所周知,在金融机构中,次级贷款已融合了信用风险,次级贷款证券化更成为高风险的衍生金融产品。在银行和其他金融机构①的投资中,类似这类高风险的金融工具投资(属于金融机构)是如何计量并在财务报表中确认的呢?2008年是金融危机迅速蔓延并对银行和其他金融机构(financial institutions)迎头痛击的一年。一些著名的银行如雷曼兄弟银行(Lehman Brother Holdings Inc.)("Lehman")、梅里尔·林奇银行(Merrill Lynch&Co.Inc.)("Merrill Lynch")先后经营失败。恰恰这一年1月1日,FAS 157公允价值开始执行。在金融危机的影响下,许多金融资产已失去了活跃的市场,有序交易也很难寻觅。不论是初级金融产品还是衍生金融产品的价格纷纷下挫,甚至大起大落。以美国金融界为主的一派首先向公允价值会计即市值会计或称调到市价会计(mark-to-market accounting)发难。他们认为,金融机构持有的金融资产的比重大大高于一般企业,在这种情况下,不用说按二级估计或按三级估计,就是进行一级估计,此时的市场价格也不能代表公允价格。按并不可靠的公允价值计量迫使金融机构"注销"(write downs)大量资产的价值是很不恰当的。众所周知,银行必须有充足的资本来保障存款人的存款安全。资产大量注销导致资产的账面价值大幅度下滑,从而使存款人对存款的安全表示忧虑。若不进行注资(即追加风险资本),势必导致银行失败。他们强烈表示:在金融危机下运用公允价值,并将投资调到经常剧烈变动的市价,必将进一步引起金融的不稳定,动摇市场参与者和广大存户的信心!因此,他们呼吁,应停止执行FAS 157,回归历史成本会计。2008年美国国会通过《紧急稳定经济法案》(The Emergency Economic Stabilization Act of 2008)就是为了响应他们的呼吁并适应他们的利益。"法案"

① 根据FESA(即2008年美国紧急稳定经济法案)的定义,金融机构包括公开发行证券与非公开发行证券的银行、保险公司、经纪商。

中133节要求:SEC在法案生效90天内,在咨询美联储和财政部的意见的基础上,应向国会提交一份究竟是中止还是改正FAS 157即市值会计的研究报告。

2008年底,SEC完成了国会所要求的报告。这份题为"按照《紧急稳定经济法案(2008)》第133节的建议和报告:市值会计的研究"("Report and Recommendations Pursuant to Section 133 of the Emergency Economic Stabilization Act of 2008:Study on Mark-to-Market Accounting")长达248页(正文211页,附录37页),共分:引言;公允价值会计对金融机构资产负债表的影响;公允价值会计对2008年银行(营业)失败的影响;公允价值会计对投资人可获取的财务信息的影响;公允价值会计准则备选方法;修订公允价值的合理性与可行性;4个附录(以下简称"报告")。报告的中心思想是维护FAS 157的权威性和FASB制定GAAP的独立性。因此,与金融界的意见相反,SEC支持的、与一般企业投资人为代表的观点认为,首先要明确危机的根源(the root causes of the crisis)。这次金融危机的根源是糟糕的贷款决策(poor lending decisions)、不恰当的风险管理(inadequate risk management)和当前监督方式(supervision and regulation)的弱点(shortcomings),而不是会计(包括公允价值会计),更不应归咎于FAS 157。SEC在"报告"中反复强调:FAS 157不过是对公允价值给出一个一致的定义,并为如何计量公允价值提供一个框架。会计是"报信人"(messenger),公允价值会计不过告诉你这家银行持有的资产当前值多少,应当是一个很相关、透明的信息。中止执行FAS 157,无异于射杀报信人(shooting the messenger),而把它通过公允价值向资本提供者报告一家银行或金融机构的真实经济状况(true economic condition)隐蔽起来。这将使投资者对市场的透明度丧失信心!

上述两种观点几乎是针锋相对的。我们应当怎么看呢?作者的观点是明确的:

第一,公允价值作为一种计量属性是有用的。只要金融产品和衍生产品存在,公允价值就有用武之地。作者同意FASB在FAS 133中所说,对金融工具来说,公允价值是最相关的计量属性,而对衍生金融工具来说,公允价值是唯一相关的计量属性。必须指出,这里只说公允价值计量可以提供有用的信息,没有说计量的结果必须确认(recognition)。

FAS 157既然是公允价值计量的一个准则,不应当中止或废止它的使用[但在该准则16段以前,使用了"Fair value at initial recognition"(初始确认时的公允价值)的标题,而在17段又说:"在许多情况下,交易价格(transaction price)等于脱手价格(exit price)。所以,可用它作为资产与负债公允价值进行初始确认。"以下又详细说明了交易价格可代表资产或负债按公允价值的具体因素进行初始确认(引文中的着重点是作者加的,下同),作者认为FAS 157如果是一份纯粹计量的准则(a pure measurement standard),最好对16、17两段及其标题进行必要的修改,否则,就难于说清公允价值计量与公允价值会计无关]。

第二,金融危机的根源,SEC已经讲得很清楚,作者基本同意。但认为还要加上一条,即各国各地区的金融与证券的监管部门应当加大控制对衍生金融工具不断翻新的力度,要切实控制人为地制造那些纯粹是投机、冒险的衍生产品。资产证券化必须附带严格的条件,像次级贷款本来就不该允许证券化!

第三,要严格区分确认与计量。财务会计或财务报告(financial reporting)是由确认、计量和披露(在财务报表的附注或其他财务报告中列报)三个主要程序构成的。确认一定要同可用货币定量的属性相结合,披露有时需要结合计量即披露财务信息或其他定量信息,有时则不需要,即只披露定性信息。计量虽很重要,但某一属性的计量,不应等同于某一种属性的会计。只有某种可用货币计量的属性同确认结合起来,这时我们才称它为历史成本会计(全部或大部分项目的确认是按历史成本计量)或公允价值会计(所有或大部分金融工具和衍生工具皆因用公允价值计量并予以确认)。我们只肯定公允价值计量,因为它有最相关甚至唯一相关的计量对象。但将公允价值计量的资产或负债纳入财务报表而予以确认,就未必恰当。

由此可见,确认是财务会计最关键的程序。正是这个程序,决定财务会计,包括财务报表(financial statements)的基本性质。

以上若干观点,可以作为我们评价公允价值会计的依据,但是我们还要先利用 SEC 在其"study on the mark-to-market accounting"中的经验数据,来考察一下在金融危机下,美国金融机构从 2008 年起执行 FAS 157,即在财务报表中确认金融资产和负债的公允价值的情况(事实)与后果。SEC 从美国公开发行证券的金融机构(简称"上市银行")中按发行证券的金融企业所在行业或其规模,选取了 50 家"上市银行"作为样本[其研究数据则摘自"上市银行"向 SEC 提交的年度报告与季度报告(Form 10-K,10-KSB;Form 10-Q,10-QSB)],以便研究公允价值如何影响财务报表,从而说明:FAS 157 公允价值计量是否应对"银行失败"(bank failure)负有责任。

根据 SEC 研究 50 家"上市银行"样本的数据,大致可得出这样的结论:

第一,"总体上,2008 年第一季度(2008 年 1 月 1 日是 FAS 157《公允价值计量》和 FAS 159《金融资产和金融负债公允价值的选择权》的生效日)所有资产中的 45%是以公允价值计量,45%的是少量的资产"。样本总体的所有资产有 45%虽用公允价值计量,但计入(即影响)收益表的"公允价值变动"仅占总资产的 25%,其余 20%进入全面收益表[按 FAS 130《报告全面收益》的要求编制,俗称第四报表]。

应当指出,样本中的"上市银行"并非均匀地分布于均值 45%的周围。在 50 家银行中,有 7 家按公允价值计量的比重达 50%~75%,有 7 家则高于 75%,当然也有一些低于 10%的。

第二,从行业分布看,以公允价值计量的资产占总资产的比重,银行业为 5%~51%,经纪商为 39%~65%,保险行业样本版为 12 家,分布位于 26%~85%之间,其中 10 家比重超过 50%。

第三,应用公允价值的一个重大问题是:当市场不活跃时,如何估计公允价值?"报告"分析表明在所有的公允价值报告的资产中,75%是属于二级估计的金融工具,尽管输入的变量是可以观察的,但毕竟不是同类而只是相似工具的市场报价,并须由"上市银行"进行必要的调整,至于处于第一层次的按公允价值报价的工具,不过占样本数的 15%,而三级估计的样本机构占到 46%,但所占资产的比重不高;拥有三级的资产占总资产的比重仅为 0~5%之间。

第四,分析市值会计对负债的影响。到 2008 年第一季度末,样本中按公允价值计量的负债占全部负债的比重为 15%,与资产相比,比重较低。但若是强制按公允价值报告的交易性负债(在经纪商行业)和衍生性负债,合计就占到全部负债总额(以公允价值计量的)的 53%了。

此外,以公允价值计量的负债,84%属于二级估计,而一级估计,仅占 11%。

第五,再分析市值会计对权益的影响。"报告"认为虽然应用了 FAS 157,但对样本总体 50 家"上市银行"的权益影响有限,即总样本中 70%无影响,即使有影响的样本银行,其影响也不超过 5%。

第六,由于美国 FAS 130《报告全面收益》允许编制全面收益表,我们再分析市值会计对全面收益的影响。

"报告"提供了如下的数据:2008 年第一季度有两家发行人报告了累计在"其他全面收益"(other comprehensive income,以下简称 OCI)中未实现利得介于 10 亿~50 亿美元;有七家报告了 OCI 中的未实现损失介于 10 亿~100 亿美元;另有一家报告了超过 100 亿美元的未实现损失。

在所研究的样本中,总计在 OCI 中有未实现损失 390 亿美元,与之对应的也有未实现利得 250 亿美元。"报告"指出,在 2008 年前三季度,在累计 OCI(其他全面收益,含利得或损失)中的金额,明显呈增加的态势。

分析还表明,从 2008 年第一至第三季度,资产的三级估计比重从 9%增至 10%;负债的三级估计比重也从 5%上升至 6%。这一变动并不大,比重也很低。但"报告"认为三级估计的负债工具,其变动对权益具有重大影响。

通过上述数据,SEC 在"报告"中详细分析了银行失败的具体情况,结论已如上述。样本数据表明:在金融机构中,无论资产或负债应用公允价值计量并在报表中确认的,比重都不高。它们不可能构成银行经营失败的因素,因此,公允价值会计要求调到当前市值,是最透明的信息。

在评价公允价值会计问题上,我们的看法与 SEC 的看法有所不同。

先从“报告”提供的样本数据这一层面来看。我们假定金融企业第 1 季度按公允价值计量的资产占其总资产的比重只占(“报告”的平均数)50%。试举一非常简单的资产负债表(见表 1,数据纯粹是假定的)来分析问题之所在。

假设:

1.资产地风险系数均为 1

2.核心资本充足率$=\frac{\text{核心资本}}{\text{风险资产总额}}=\frac{20}{100\times1+100\times1}=10\%$

表 1 A 银行资产负债表

A 银行
2008 年 3 月 31 日 单位:亿美元

资 产		负 债	
A 组资产(按成本计量)	100	各类存款	180
B 组资产(按公允价值计量)	100	权益	20
资产合计	200	负债与权益合计	200

A 银行
2008 年 6 月 30 日 单位:亿美元

资 产		负 债	
A 组资产(按成本计量)	100	各类存款	180
B 组资产(按公允价值计量)	81	权益	1
资产合计	181	负债与权益合计	181

6 月 30 日,由于金融危机,使 A 银行持有的按公允价值计量并处于交易中(in trading)的金融资产跌价 19%,即 19 亿美元(100×19%),并设当期损失只能冲减核心资本。因而 B 组资产和权益的价值均分别下挫至 81 亿和 1 亿美元。

因此,资本充足率下降到$\frac{1}{181}=5.5‰$

在上述情况下,A 银行股东若不立即注资(增加投资),则该行必将遭遇经营失败(申请破产保护或要求政府采取救助措施)。

以上的例子纯粹是假设的。但不论 B 组资产缩水多少,皆说明:公允价值会计[即按公允价值计量的资产若在表内确认,其持有的部分包括在交易中和可供销售(available-for-sell)]的均必须调整到市场价格。上例假定公允价值只下降 19%。当然,按照美国的会计准则,根据 FAS 130《报告全面收益》(reporting comprehensive income,RCI),可编制“全面收益表”(CIS),而可供销售产生的“未实现利得或损失”可计入该表的“其他全面收益”部分。但全面收益最终还是要进入资产负债表中的权益(净资产中列报)的。在计算资本充足率时,列报于权益项下的 OCI,又要从核心资本中剔除。当然,我们假定资产的风险折扣均为 1,等于账面资产,可能不切实际(但为了简化设例,也是允许的)。但是,我们假定按公允价值计量的资产,不过贬值 19%,在金融危机下已是较低的了。

总之,按照 SEC“报告”的经验数据,不论怎样设例,其资产与净资产以及净收益都不同程度地受到“侵害”。关键在于市价,而在金融危机笼罩美国的 2008 年,哪一家银行或企业持有金融工具特别是持有类似于次贷证券那样高风险的衍生工具投资,其价值(市价)不是大幅度的下滑?

作者认为,单从数据层面分析,还不足以说明公允价值会计的问题。对这一问题的分析,更为重要的是回到理论层面上来。因为,公允价值会计有一些致命的弱点,即使没有金融危机,这些弱点也是存在的,金融危机不过更凸显出其弱点,从而更引起人们的注意,使 FAS 157 成为被攻击的对象罢了!

我们说过,公允价值计量不等于公允价值会计。公允价值会计是把按公允价值计量的资产和负债确认于财务报表之中(当然也会确认于用于日常记录的账户之中)。按照传统,绝大多数资产和负债基本上是按历史成本确认于财务报表之内的。历史成本计量这一属性有一个不同于公允价值、现行成本、现行市价等计量属性的特点,就是:在入账或报表以后,不再进行后续计量即不再进行重估价。这一成本,代表两个主体在公平交易时,实际发生的价格。两个主体在成交时,曾充分考虑过价格风险和不确定性等因素,才最后达成一致同意的交换价格。所以,在成交以后,钱货两清,交易即告完成(暂不考虑商业信用,如果交易中介入商业信用,卖方要考虑应收账款的信用风险,提取坏账准备,确认一定的坏账损失)。买卖双方一般不会再产生价格纠纷,这个买价是由交易时的发票等原始凭证来见证的,对买方来说,购入资产的买价成为其持有期间不再变动的历史成本。这种会计处理方法,代表了多年来会计界共同接受的会计惯例(会计实务)。1971 年,美国 AICPA 所属 GAAP 制定机构 APB(会计原则委员会)发表一份以描述财务会计实务为主的研究报告,题为《企业财务报表的基本概念与会计原则》,即著名的 APB 第 4 号报告。它根据当时的会计实务,把财务会计与财务报表描述为:"以货币定量方式提供有关企业经济资源及其义务的持续性历史,也提供了改变资源及资源义务的经济活动的历史"(APB Statement No.4,1970,para.41)。这份报告还说:"财务会计的环境、目标与基本特征决定了财务会计并对其运行提供了一些限制条件"(para.33)。什么限制条件呢?"构成会计主题的经济活动的复杂性给财务会计带来一些明确的限制……面对经济活动的不确定性与交互作用的特征,会计师采用传统程序(应指复式簿记系统——本文作者注),强调可验证的计量和基于某些因果关系且可追踪的假设"(para.34),即如会计主体、持续经营、会计分期、货币计量等基本假设。财务会计特别强调可验证性。所以该报告又说:"虽然在财务会计上,估计是不可避免的,但总试图使估计的作用降到最低。其途径是:使财务会计的计量主要根据企业的交易并在价值增加被确认之前,要求获得外部证据(着重号是本文作者加的。所谓'外部证据',应指产品已经销售,获得市场上购买者的认可,并达成了'成本+利润'的有利销售价格,取得按此价格产生当时或稍后现金流的原始凭证。这就是会计上说的收入已实现——本文作者注)。财务会计所包括的估计通常是以某一方式与可验证的交易事项的数据相关联。而这些还须以一致和有序的方式予以运用"(para.35)。通过 APB 第 4 号报告的以上有关财务会计的论述,足以显示财务会计(包括它所传递信息的核心报告——财务报表)具有如下的基本特征:它是以定性与定量相结合的方式如实反映一家企业已发生的交易与事项及其引起的企业资源(资产)、义务(负债与权益)及其变动(财务业绩与现金流量)为主的财务信息系统。财务会计主要运用历史成本计量,不是会计人员对历史成本有偏爱,而是只有历史成本,才能最大限度地表现企业"已发生的经济真实",最小限度地运用必不可少的"估计"。

这样,我们再来评价公允价值会计,就比较有理论依据了。

公允价值会计的特点是什么?我认为有两大特点:第一,它必须盯住市场或调到市价(即 mark-to-market);第二,所谓市价是报告日(当前的)的市场报价或其他估计价格。

这两个特点对财务会计和财务报表来说,产生的最重要的影响是把估计(estimate)和重估价或后续计量(revaluation or subsequence measurement)这两个财务会计力求避免的步骤带进了会计,从而动摇了财务会计的本质特征。

具体地说,当前运用公允价值计量的,还限于有活跃市场的金融资产和金融负债(当然也包括房地产,有期货市场的钢材、小麦、石油、黄金等非金融产品,但多数企业,尤其是金融机构持有的、用公允价值计量并在表内确认的主要金融工具和衍生金融工具。在本文中,为了方便,我们仅谈金融资产)。当我们在财务报表中确认金融资产的投资时,不论它是属于在交易中或可供销售哪一类,都是按公允价值计量的。在持有尚未交割(清算)之前,经历另一报告期(例如下一个季度),就必须调到下一个报告日的市价,即重新按报告日的公允价值计量和确认。同时,要在当期收益即在"收益表"中确认公允价值变动(指交易性金融资产)或在其他全面收益即在"全面收益表"中确认这一变动(指可供销售的金融资产)。试看下列简例(见图 1,B 公司的两个季度的财务报表,金额单

位为万美元,并假定公允价值计量均为一级估计):

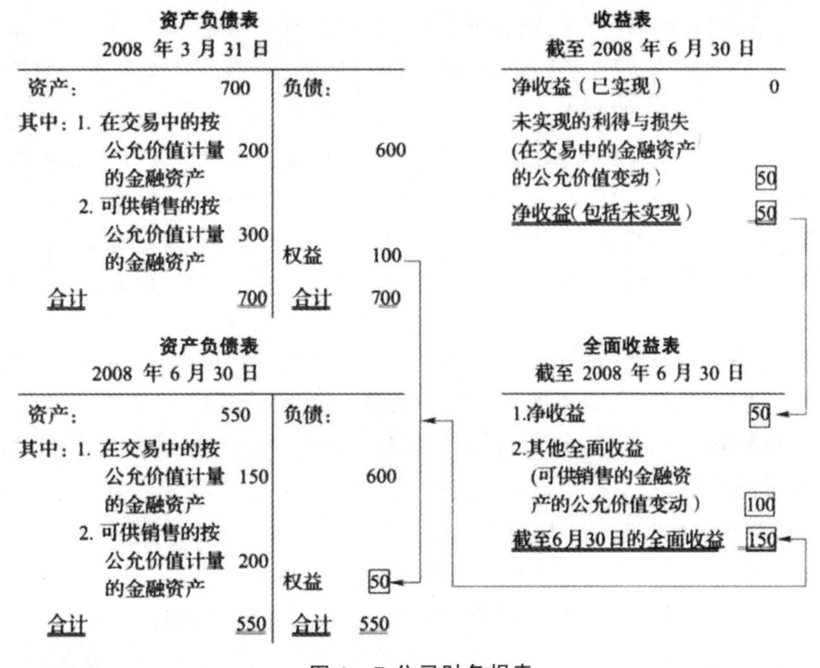

资产负债表
2008 年 3 月 31 日

资产:	700	负债:	
其中:1. 在交易中的按公允价值计量的金融资产	200		600
2. 可供销售的按公允价值计量的金融资产	300	权益	100
合计	700	合计	700

收益表
截至 2008 年 6 月 30 日

净收益(已实现)	0
未实现的利得与损失(在交易中的金融资产的公允价值变动)	50
净收益(包括未实现)	50

资产负债表
2008 年 6 月 30 日

资产:	550	负债:	
其中:1. 在交易中的按公允价值计量的金融资产	150		600
2. 可供销售的按公允价值计量的金融资产	200	权益	50
合计	550	合计	550

全面收益表
截至 2008 年 6 月 30 日

1.净收益	50
2.其他全面收益(可供销售的金融资产的公允价值变动)	100
截至6月30日的全面收益	150

图 1　B 公司财务报表

图 1 把公允价值计量的两类金融资产(在交易中和可供销售)引入 B 公司的财务报表,并报告了两类金融资产在把第一季度末的公允价值调到第二季度末的公允价值所引起的公允价值变动的处理方法。前一类变动数直接计入收益表;第二类变动数则计入全面收益表中的其他全面收益。虽然表面上,这两种未实现的损失分别进入不同渠道,但殊途同归。最后,还是注销 B 公司的权益,使之变成负数,即净亏资产 50 万美元。需要注意的是,不要把重点放在本文假设的数字上,因为未实现的损失是不能同已实现的收益混淆起来的。数字的大小是无关重要的。因此:

第一,上例中的数字当然只是作者的假设。其所以要列示几个有假设数字的极为简化的财务报表,只是便于读者了解不同分类的、以公允价值计量的金融资产,其公允价值变动将影响到何种收益报表,而最后,还是会影响到 2008 年第二季度末的资产负债表。

第二,在会计实务中,企业若持有金融资产运用公允价值计量并在后一报告期仍调到当时的市价,产生新的公允价值[即进行所谓"新起点计量"(fresh-start measurement),比如上例中两类金融资产分别由 3 月 31 日的 200 万美元与 300 万美元调到 6 月 30 日的 150 万美元和 200 万美元]并将公允价值变动(未实现损失 50 万美元和 100 万美元)分别计入收益表与全面收益表(其中的其他全面收益——此间是其他全面损失)。我们要问:

在现实会计实务中,即使按一级估计所取得公允价值,它能公允地代表某企业报告日的现实价值吗? 不可能! 因为该企业在报告日并未按一级估计的公允价值卖掉该金融资产,从而并未真正按当时公允价值如数获得现金流入。公允价值计量就是建立在假想的(预期的)交易的基础上的。所以,本例的数字是假设的,公允价值的金额(即使有活跃市场的报价)也是假设的。

如果说,报告日是当前,那么,过了报告日岂不是过去? 从时间段来看,只有过去和未来能够成为一个时间段。从过去看,例如一个企业的过去可能是百年老店(如北京同仁堂),或已创办几十年或几年。总之,过去能够成为一个时间段(即时间的积累)。未来也是一个时间段。企业的未来是不可估量的。持续经营的企业就说明它有未来的发展的前景。当前则不同。它总是指某一时日,是一个瞬间,一过即逝。当前不可能成为时间段。公允价值(假定属于一级估计)是当前的资产的市场价格。凡当前仍继续持有的(并未交易)金融资产,这个市场价格不过是其假想(估计)的价值而已![潜台词是:要是今天把资产出售,可按当前的价格收到现金。如果过了今天,再出售,就不会再按当前(今天)的价格收到现金了,因为明天(代表明天的当前)的市场价格会变,公允价值也会变。]仅仅从这点看,按公允价值计量并在表内确认的金融资产,不论是否在报告日市价(我们只考虑一级估计),它都是该项资产的假想交易价或期待的交易价,而绝非该资产实实在在的已经出售的价格。说得更简单一点,是持有资产待价而沽的当前估计价。试问,这与本文举例中的假设数字有何本质的区别?现在放在人们面前的报告数字可能有两个:一是按历史成本计量的资产,二是按公允价值计量的资产。这两个数字并非绝对排斥而各有它的用途。前一个数字代表购入该资产时,企业资本的实际耗费,是企业投入资本形态的转换[如用现金购入一台机器,是资本的现金形态转换为固定资产(机器设备)形态],它如实反映企业经营的历史。而且,对于计算成本和确定收益(已实现的)都有用处;后一个数字对经理层投资、理财的决策可能相关。如果不出现金融危机或其他经济危机,有活跃的市场与有序交易而调到市场价格将不会大起大落,企业管理当局意欲在报告日出售该资产当然可按当前市价收到现金(或其等价物),即使在近期内出售,也可能按接近于当前市价出售(如果出现金融危机,价格的变动失去规则,大起大落将难以避免)。但是把公允价值计量引入资产负债表的根本问题是背离了 APB 所描述的财务会计的基本特征之一——“虽然在财务会计上,估计是不可避免的,但应试图使估计的作用降到最低”(APB Statement No.4,1970,para.35)。

第三,以上只论及资产负债表中的资产按公允价值计量存在的问题,倘若说到公允价值变动的计量与确认,则对能否真诚地反映一个企业的经营、投资与理财的业绩,关系更大。

从上例已经看到:两类按公允价值计量的金融资产,在其持有期间,每逢报告日,都要盯住市场进行后续计量,于是,必须确认前后两期公允价值的变动。这种变动数字都属于未实现(即使可实现)的持有利得或损失。属于交易性金融资产,其公允价值变动是在当期损益中确认的;属于可供销售的金融资产,其公允价值的变动在其他全面收益中确认。后者虽不影响当期业绩,但最终也同本期收益一样(本期收益有交税和分配问题),在不同程度上影响资产负债表中的权益即净资产。

如果交易性金融资产在资产中所占比重较大,又由于处于金融危机仍在蔓延和扩散的时期,则企业的净收益将成为已实现收益和未实现利得和损失的混合物,明显地会歪曲企业的真实业绩,提供既不相关更不可靠的模糊信息。

总起来说,对于历史成本和公允价值两个计量属性都应当一分为二。

历史成本具有较高的可靠性,能如实反映一个企业已发生的经济活动及其成果的历史的财务图景,具有反馈和预期功能。但也有局限性,一是主要提供财务信息,二是主要提供历史信息,后者对未来的决策不够相关。公允价值是金融工具最相关的计量属性,是衍生金融工具唯一相关的计量属性。但缺点是以假想交易为对象的估计价格。即使按一级估计使用可观察的市场输入变量计量,也还是估计或预计。因为持有的金融资产或负债并没有按报告日(计量日)当天的市价进行交易,因而缺乏可靠性,在金融危机的条件下,由于缺乏活跃市场和有序交易,一级估计往往不可能,只能采用二级或三级估计。在此情况下,由于最大限度地利用企业自身输入的变量,且运用各种难于稽核的估计技术,由此形成的公允价值将更不可靠,它很可能导致市场的不稳定,并使投资人对财务报表信息失去信心!

在比较历史成本与公允价值两种计量属性的优缺点之后,我们不难得出结论:

如果希望保持财务报表的纯洁性,即如实地反映已发生的企业经济活动及其业绩的历史真实——包括用资产实际付出的代价来表现取得的资产;用承担未来支出的确定性义务来表现形成的负债;和已得到市场认可,即来自实际交易的已实现和已赚得的收入为出售商品的补偿成本加利润的销售价格,并通过配比原则决定收益(利润)(当然不可能取消不可避免的估计如预计、分配、摊销等,但把它降到最低限度是可能的)。这样,在财务报表表内,就必须主要运用历史成本计量来确认主要的项目。由于纯粹的历史成本会计模式已不可能,也不必要,所以应实行以历史成本为主的混合会计模式。

那么,应怎样处理公允价值计量信息?早在1978年,FASB当时旨在处理物价变动会计信息而不得不用“现行成本”(current cost)计量属性甚至要反映名义货币以外的“不变价格美元”(constant dollars)时,把财务报表发展为“财务报告”(financial reporting)就已经为当前的公允价值计量预留了恰当的表达位置。那就是:在财务报表附注(notes)和其他财务报告(other financial reporting)中进行披露(disclosure)。本来表内确认(recognition)和表外披露是财务报告列报(presentation)的两种不同的方式。如果说财务报表是财务报告的核心,在财务报表中列报称为确认,这种列报的方式是主要的;那么在附注和其他财务报告(简称“财务报告”)中为披露,则披露就是必要的补充。其实,确认与披露并不存在着主从关系,关键在于计量属性的性质。可以概括地说,凡是初始确认后无须后续确认的计量属性如历史成本,在财务报表内确认比较恰当;而需要后续确认的计量属性如现行成本、现行价格(指入账价格)、公允价值(指现行脱手价格)等都以在表外的“财务报告”中披露更为恰当。

让我们再重温一下FASB发布的、公认为在其7份财务会计概念公告中质量最高的第1号概念公告《企业财务报告的目标》第5段中的几句话:“虽然财务报告与财务报表具有基本相同的目标(have essentially the same objectives),某些有用的信息由财务报表来提供较好(some useful information is better provided by financials),而某些有用的信息通过财务报告而不是财务报表来提供较好,或者只能由财务报告提供(some is better provided or can only be provided by means of financial reporting other than financial statements)。”

这段话很适用于当前处理按公允价值计量,并反映公允价值变动信息。很明显,按公允价值计量的金融资产和金融负债及公允价值变动(未实现的利得和损失)均可在表外的其他财务报告中进行充分的披露(包括所用的估计假设,估计所用的变量来源以及其他应用文字说明的事项)而不受表内确认的许多约束和限制①。

参考文献:

[1]SEC.2008.Study on Mark-to-market Accounting.

[2]FASB.FAS 157.

[3]FASB.FAS 157-3.

[4]IASB.IAS 39(IASB.IFRS,2008).

English Abstracts of Main Papers

Study on Fair Value Accounting

——On the essential characteristics of financial accounting

Ge Jiashu

This paper discusses fair value accounting from two perspectives.It evaluates the application of fair value accounting,firstly on the level of experiential data from samples of fifty financial institutions,and secondly on the level of financial accounting theories.Fair value measurement is

① 如果按照我们的意见,虽不涉及FAS 157的废止或中止问题,但可能涉及其他要求按公允价值确认的准则如FAS 115、FAS 133,IASB的IAS 39及其有关指南等,因不属于本文范围,这里就存而不论。

useful for financial accounting, but fair value accounting which combines fair value measurement and verification is insignificant, as figures in financial statements will be distorted when estimated figures are verified in asset, liabilities, equities and returns. The information of historical cost measurement is better provided by financial statements. However, the information of fair value measurement is better provided or can only be provided by notes or other financial statements.

(原载于《会计研究》2009年第5期)

财务会计理论:演进、继承与可能的研究问题*

葛家澍　杜兴强

摘　要:本文划分为"早期学者的努力"、"会计准则导向的会计理论研究"、"会计基本假设时期和实证会计理论的崛起"、"财务会计概念框架的研究与实证会计理论的迅速发展"以及"改进企业财务报告与实证会计研究日益盛行"等五个阶段,扼要回顾了财务会计理论自从Sprague(1908)以来百余年的发展,坚持继承和发展的思路,在此基础上简要概括了财务会计理论领域内未来一些可能的研究问题。

关键词:财务会计理论;演进;继承;规范会计理论;实证会计理论;会计准则;财务会计概念框架

一、引言

如果我们从新古典主义会计理论发展时期开始,也就是从Sprague的《账户原理》①开始算起的话,财务会计理论已经经历了百余年的发展。百余年间,财务会计理论的研究方法,从规范研究方法发展到规范、实证研究方法并存(且后者成为西方财务会计理论研究的主流方法);规范会计理论在学者的努力、准则制定机构的推动、面临财务会计环境的巨大变迁下,逐渐形成了以财务会计概念框架为主要内容的成熟体系;在四十余年的发展过程中,经验(实证)会计理论以其相对科学的检验方法,不断地夯实会计理论的基础,且逐渐地扩大范畴,形成了资本市场会计研究(MBAR)、实证会计研究(PAT)和行为会计研究(BAR)等多个领域。回顾财务会计理论百余年的发展,有助于我们更加清晰地了解财务会计理论的过去和现在,更好地进行继承与发展,更好地进行融合和取长补短,这样才能够促进财务会计理论的不断发展和完善。因为,会计学很难像自然科学的研究一样,宣称或轻言"发明",留给财务会计理论研究者的,绝大多数情况下只有"发现",即原本存在,但是被研究者所"发掘"。为此,谁都不能够确保后来人的研究,一概能够超越先哲们的研究结论。为此,若不对财务会计理论的发展脉络进行梳理,很可能犯一种错误——那些宣称在财务会计理论方面取得重大突破或取得重大发现的事例,往往只是对之前经典著作某项观点的重新表述或者进一

* 本文系教育部人文社科基地重大研究项目"制度环境、会计准则变迁及会计信息的决策有用性与契约有用性研究"的阶段性成果。限于篇幅,本文对财务会计理论发展的回顾,属于节选的性质,难免和其他作者所推崇的经典著作有所不同。此外,本文对财务会计理论发展过程进行的回顾,所划分的阶段也是初步的,并非确定的。

① Previts and Merino, *A History of Accountancy in the United States*, The Ohio State University, 1998;本处参考的是杜兴强等译:《美国会计史:会计的文化意义》,中国人民大学出版社2006年版,第306页。

步验证[①]。为此,本文在对财务会计理论的发展进行系统回顾的基础上,希望能够抽象出一些未来研究的重要问题。

二、1908—1936:早期学者的努力

1.Sprague 与《账户代数学》和《账户原理》

Sprague 对会计理论的贡献,主要集中在一系列连载论文和一本著作之中。1880 年,Sprague 在《簿记员》(*Book-keeper*)杂志上分 3 期连载了《账户代数学》一文,今日任何一个会计学者,甚至经济管理专业的学生所耳熟能详的基本会计恒等式"资产=负债+所有者权益",就是出现在 1880 年的系列文章中的。Sprague(1880)还讨论了所有者权益概念,提供了分类和演绎框架,并且将早期的会计学概念、数学以及经济学联系起来。1908 年,Sprague 出版了《账户原理》(*Philosophy of Accounts*)[②],因此在会计理论发展史中享有开创者的盛誉。经过 Sprague 的解释,借和贷纯粹变成了记账符号,从巴其阿勒,甚至更早时期开始的"账户"的神秘感,经过 Sprague 实事求是的解释,最终还借贷记账符号以本来面目。Sprague 不仅明确阐述了资产的内涵,而且确立了资产的核心地位。此外,Sprague 还首次区分了有关资产价值——使用价值(value in use)和交换价值(value in exchange),并提供了一个"前瞻性"资产定义——"资产是已经获取的服务的体现和将要获取的服务的继续"。几十年之后,Hatfield 和 W.A.Paton 等会计学大师,都承认 Sprague 的著作对他们发挥了重要的推动作用。

2.Paton 与《会计理论》

如果说 Sprague 的《账户原理》是第一本涉及会计理论的著作,那么 Paton 1922 年的《会计理论》则是第一本系统阐述会计理论的专著,从而在会计理论发展史和会计思想史中奠定了自己的领袖地位。Paton 批评了"所有权理论",称公司经营的目标不应仅仅是最大化其所有者的财富,并提出"主体理论",试图更真实地描述管理者和缺位的所有人(股东)之间的关系。Paton 在《会计理论》一书中使用"权益"一词,意欲包含为公司提供资金的所有渠道,这等于明确要求管理层不应只主要关心某一个要求权持有者集团的收益。Paton 主张在公司时代,收益必须衡量所有资金提供者的"总回报",并认为损益表重要性不大,它只是对资产负债表中已有要素的详细表述;Paton 建议,在计算总收益时确认特定价格水平的变动(持有利得或损失)及经营利润,并暗示已赚得(已实现)收入不仅是未来收益的一个很好的指标,也是未来向股东分配的一个很好的指标。但是,Paton 并未很好地解决"什么是收入"这一基本问题;相反,他将重点放在收入的实现,建立了将收入和费用联系起来确定经营收益的配比模型(杜兴强等译,2006)。

3.Canning 的《会计的经济学》

---

① 例如梅耶斯(Mayers)的"新优序融资理论"就只是 20 世纪 60 年代"旧优序融资理论"的一种"新场合的新解释"(沈艺峰,1999);再如张五常(Chueng,1983)的《企业的契约性质》则是对科斯(Coase,1937)的《企业的性质》一文观点的进一步解释,以至于科斯多次在不同场合,包括在诺贝尔颁奖演说中提及张五常是少数能够真正理解其思想的人。

② Philosophy 此处翻译为原理,可能比哲理更妥帖。因为,斯普拉格本身是希望通过该书,从理论层面上探讨账户的原理。

1929 年 Canning 出版了《会计的经济学》(*Economics of Accountancy*[①])一书。Canning 将总收益(收入)定义为“总的经营收入合计数(所有构成企业经营的基本服务在一个期间内赚取的现金及现金等价物成果)加上总的财务收入数额(由于某人向他人让渡货币资金的使用权而在该期间赚取的较高收益)”，并概括了收入的实现过程：(1)在一年内收到现金是极可能的；(2)将要收回的金额能够可靠地估计；(3)在此循环中已发生或将要发生的费用能够可靠地估计。

在计量属性方面，Canning 反对重置成本计量，极力将重置成本比拟为误导性的计量基础，认为“有意或无意偷偷引入资本工具的预估价值，然后将它们提供的服务集资本化，这比猜测更糟糕”，“公开承认的猜测不会误导人，但是当基础数据是虚构的或源于有待发现的价值时，以一种资本估价形式来表达一种计价程序，在统计上是错误的”。Canning 认为，因为很少以同样的方式重建某一设施，那么“重建造成本减去折旧”计量方式可能唯一的价值在于“作为损坏赔偿诉讼的操作规则”，但对于主要目的是提供服务流而不是某种特定实物资产的持续经营企业来说，则不适合。美国经济的大萧条、价格的迅速下跌使得重置成本的缺点暴露无遗。

4.Sweeney 和《稳定币值会计》

Sweeney 的《稳定币值会计》(*Stabilized Accounting*)一书主要面向企业的管理当局，兼顾其他使用者(如银行家、税务机构、社会公众)。与 Canning 不同，Sweeney 尝试参照边际使用者未来生产能力的变动，计量资本真实价值的变化。Sweeney 倡议记录重置成本的变化，在资产负债表上列作未实现的项目，直到资产交换发生。此外，Sweeney 受到 Fisher 的影响，因此他对资本和收益的论断是以经济学的概念和属性进行考虑的。Sweeney 还倡导应充分考虑一般物价水平变动的影响。

三、1936—1959：会计准则导向的会计理论研究

1.《公司财务报表会计原则暂行公告》及其发展

虽然未曾获得 SEC 对会计准则的直接制定权，但是美国会计学会仍然热情和孜孜不倦地资助学者对会计准则进行研究，努力为财务会计理论构建一个概念框架。1936 年至 1948 年间美国会计学会刊发了一系列说明，发展了历史成本摊配模型。其中，1936 年题为《公司财务报表会计原则暂行公告》的颁布(见表 1)，标志着稳健主义的开始。

表 1 《公司财务报表会计原则暂行公告》的内容及其发展

发布时间	公告名称	主要内容
1936 年 6 月	《公司财务报表会计原则暂行公告》(A Tentative Statement of Accounting Principles Underlying Corporate Financial Statements)	成本与价值、收益计量、资本与盈余
1941 年 6 月(第一次修订)	《公司财务报表的会计原则》(Accounting Principles Underlying Corporate Financial Statements)	引言、成本、收入、收益与资本

① 请注意“会计”一词，Canning 使用的是 Accountancy 而非 Accounting，主要原因如 Littleton(1933)指出，Accountancy 是指一个领域内的知识，而 Accounting 者指该领域内进行的程序。我们也注意到《美国会计史》一书，1978 年第一版使用的是 Accounting，1998 年第二版使用的是 Accountancy。

续表

发布时间	公告名称	主要内容
1948年(第二次修订)	《公司财务报表的会计概念与原则》(Accounting Concepts and Standards Underlying Corporate Financial Statements)	引言、资产、收益(收入与费用)、负债与股东权益、财务报表、归纳评语
1957年(第三次修订)	《公司财务报表的会计处理与报告准则》(Accounting and Reporting Standards for Corporate Financial Statements)	引言、基本概念、资产、收益确定、权益、披露准则

1957年,AAA再次修订《公司财务报表会计原则暂行公告》,改名为《公司财务报表的会计处理与报告准则》。在该公告中,AAA明确指出,会计必须在一个明确的概念与准则框架内发展,会计的主要职能是收集与交流信息。该公告的内容包括:(1)提出了类似于今日会计学领域内会计基本假设或基本原则的若干概念,如:企业主体、持续性、货币单位、实现制、确认;(2)资产的概念——"资产是特定会计主体用于经营用途的经济资源,是企业预期的经营活动中可取得或有助于预期经营活动的服务潜能的集合";(3)收益确定(应区分企业净收益与股东净收益);(4)权益;(5)首次提及披露准则。

2.Sanders、Hatfield and Moore和《会计原则公告》

1938年,Sanders、Hatfield和Moore出版了《会计原则公告》。主要内容包括:(1)从会计的作用、监管要求、惯例、持续经营、法律因素等出发,探讨会计原则的产生过程,进而逻辑推演出会计的记录、估计、汇总等职能。(2)分析了稳健性的动因:人们的行为因素与惯常思维——低估比高估带来更少伤害;会计估计中乐观主义将导致更多差错;政治、经济与社会因素所导致的损失很难预见,对一些不利的事项进行充分估计是合适的。(3)各个财务报表项目的顺序隐含着重要性及其相互关系,建议将各种财务报表项目分成更少数目的几大类,按照前后一致、符合逻辑的方式,把不同的项目归到不同组别和不同的报表;以合适的标题和意图安排不同的项目和组别,用主要栏目处理合计数,用附属栏目处理各细节。(4)会计信息质量的探讨,包括重要性、可靠性、一致性、充分披露等。

3.MacNeal和《会计中的真实性》(*Truth in Accounting*)

MacNeal是"真实收益学派"的典型代表,认为"从会计的观念来看,正确的利润只有一个。利润(亏损)是净财富的增加(减少);会计的职能是记录、汇总并报告经济意义上的'真实'"。MacNeal(1939)认为,企业不应只向对企业拥有权益的所有者报告全部的利润和损失,其他有利害关系的团体(如管理者和债权人)也有权取得同样的信息。为此,他建议,在一个自由竞争、广泛、活跃的市场上,应按企业资产的市场价格所确定的"经济价值"的变动——对"可销售资产"的估价采用市价,对"可再制、不能销售资产"用重置成本;对"不可再制、不可销售资产"用原始成本减摊销或折耗;将库存商品上的未实现利得和损失列入净收益;对列示在收益表上的其他未实现项目转入资本盈余。MacNeal的观点与今日的多重计量属性并存的局面何等相似,而且MacNeal至少给出了各种计量属性的一些操作性的指南,今日的FASB概念公告等却无力、无意做出如此的规定,这不得不说是一种缺憾!但是,MacNeal却反对"现值"(present value)概念,并宣称"现值会欺骗股东和债权人,并使其无法运用当期事实正确作出对未来的预测"。

4.Gilman和《利润的会计概念》(*Accounting Concepts of Profit*)

Gilman在阐述信息与会计的关系的基础上,认为若站在投资者的角度,会计应重视利润表。Gilman认为,相比较而言,投资者还是更关注利润,因此从保护投资者的角度,利润表至少具有和资产负债表同等重要的地位。实际上,应关注和倚重利润计算表也许是更恰当的。Gilman较早地对会计术语进行了严格的定义,并力图揭示和支持资产负债表向利润表过渡。Gilman还研究了会计主体、资产计价、会计期间与借贷方等四项基本前提(premises),将会计思想划分为四个层次:惯例(即构成会计理论的前提)、信念(习惯做法,如稳健性、一致性、公开披露)、规则(行为或行动的指南)、原则(据以产生准则的基本原理,原则并不因法庭判例和政府规章而改变)等。

5.Paton and Littleton 和《公司会计准则导论》

1940 年,美国会计学会发表 Paton 和 Littleton 的专著《公司会计准则导论》(*An Introduction to Corporate Accounting Standards*),这是会计学一本开创性著作。Paton 和 Littleton 也认为随着主体理论的接受,历史成本计量是"自然而言的事"的。Paton 和 Littleton 再次阐述并完善 Paton 在 1922 年提出的"主体理论",为确定收益建立了一个"配比模型",以帮助所有外部使用者评估管理业绩。至此,Previts and Merino(1998)认为,美国会计思想发展到了一个相对成熟的阶段(杜兴强等译,2006)。Paton 和 Littleton 提出了准则制定必须依赖的 6 项会计基本概念(concepts)或假定(assumptions),包括:企业主体(business entity)、(经营)活动的持续性(continuity of activity)、计量的对价(measured consideration)或价格积数[①](price aggregate)、成本归属(costs attach)、努力与成果(effort and accomplishment)、可验证的客观证据(verifiable objective evidence)。

6.Littleton 和《会计理论结构》

Littleton 是一位多才、多产的会计学家。Littleton 1886 年出生在美国的伊利诺伊,1912 年获得学士学位;1931 年,在其 45 岁之届,Littleton 获得了博士学位,同年晋升为教授。Littleton 首先为会计界奉献的是会计史学巨著《20 世纪之前的会计发展》(1933),这部著作奠定了 Littleton 在会计史中的一席之地。1940 年,Littleton 和 Paton 出版了《公司会计准则导论》。1953 年,Littleton 出版了《会计理论结构》(*Structure of Accounting Theory*),因此奠定了其在会计理论研究中的不可替代的地位,也标志着会计理论进入了较为成熟的时期,其学术贡献因此达到顶峰。1962 年 Littleton 和 V.K.Zimmerman 合作出版了《会计理论:继承与发展》。

Littleton(1953)在考察会计本质的基础上,归纳出 5 项会计原则:企业服务原则(the principle of enterprise service)、企业主体原则(the principle of enterprise entity)、企业期间性(经营)原则(the principle of enterprise periodicity)、企业努力和成就原则(the principle of enterprise effort and accomplishment)以及企业是持续经营的(the enterprise is a going concern)。其中,前四个是"原则"(principles),最后一个则属于会计惯例。

Littleton 通过评估复式簿记系统发展过程中的历史证据,认为通过收入与成本的配比进行收益确定一直是复式簿记系统的基本特征。因此,"会计的基本目的,从根本上看,就是通过成本和收入的配比决定期间利润"。Littleton 认为,与企业有利益关系的团体感兴趣的是企业"努力与成果"有关的数据,而不是企业在某个特定时点的清偿能力,即需要利润表报告的成本和收入,来衡量企业在指定期间内的努力和成果。照此逻辑,Littleton 理所当然地认为(即后来的勾稽观下的收入费用观)资产负债表并不是为了描绘企业价值,资产只是未摊销的成本——因为资产价值的信息只有在企业最终清算时才对投资者有用,在持续经营状态下,唯有盈利能力能够为长期债权提供保障。Littleton 还对实账户(real accounts)和虚账户(nominal accounts)的区分、利润表和资产负债表之间的勾稽关系,和每笔交易的借贷恒等式进行了阐述。事实上,正是这些联系构成复式簿记系统最显著的特征。

Littleton 作为归纳主义的典型代表,被誉为"会计学上的达尔文主义者"。在《会计理论结构》一书中,Littleton 坚定、旗帜鲜明地支持历史成本计量属性,反对成本与市价孰低法等。其理由在于:(1)历史成本是讨价还价后确定的价格,所以具有客观和可验证性。若反映资产价格的变动,那么将导致企业努力和成果的不相关和混乱的修改,为此会计与单纯的统计工具何异?(2)若不坚持

① Paton and Littleton 采用"价格积数"而非"成本"的概念,大概是因为成本只概括单方面的交易活动,而价格积数相比较而言能充分涵盖交易双方的情况。

历史成本,无法可靠地对管理当局的贡献(创造的收益)和价格上涨的持有收益进行明确的区分。尽管如此,Littleton 却建议将价格变动信息数据在补充报表中披露。

利特尔顿的过人之处在于:他虽是一个彻底的归纳主义者,但是其著作体现出的理论深度,却可以与 Paton 等最为杰出的演绎学派的会计学家比肩。利特尔顿的会计思想大致有如下几个特点:(1)用归纳法构筑会计理论体系;(2)坚持、捍卫历史成本,强调配比原则和利润表的重心地位;(3)认为会计的首要职能是记录与报告,而非计价;(4)直接参与美国的会计准则制定,强调会计准则和公认会计原则对会计实务的指导作用;(5)将会计置于整个大的社会环境中进行理解,综合会计环境的诸多因素,系统论述会计的发展,这与其会计史学家的工作密不可分。

四、1959—1973:会计基本假设时期 vs 实证会计理论的萌芽

1.Edwards and Bell 与《企业收益计量的理论与计量》

经济学家与会计师对计量收益观点迥异。经济学家偏好主观收益,会计学家则坚持客观性原则,计量历史性的事件。Edwards and Bell 的《企业收益的理论与计量》(*The Theory and Measurement of Business Income*)一书则试图协调经济学家和会计学家的观点、建立企业收益的理论,并探讨物价变动对报告会计价值影响的解决方案。Edwards and Bell 指出,现行财务报表奠定在不恰当的假设之上,譬如:①货币单位假设——企业所有相关的活动与财产均以货币计量,且货币购买力稳定;②成本与市场价值一致性;③确定性假设——企业能确定未来,能够在过去、现在与未来之间摊配成本与收入。由这些不恰当的假设导致的经济后果是:①企业拒绝确认和记录资本利得与损失(物价变动);②将持有而非使用资产产生的资本利得(损失)确认为正常经营利润的一部分,使资本利得与经营利润混淆起来;③不确认物价变动,不区分报告收益中的真实要素与虚幻要素,不能在资产负债表中真实表述净财富。

2.Moonitz 与《会计基本假设》(ARS No.1)[①]

由于会计程序委员会(CAP)未能构建起内在逻辑一致的会计准则体系,而遭到实务界的抵制和会计理论界的质疑,最终被会计原则委员会(APB)取而代之。APB 竭力吸取 CAP 的历史经验教训,确定了一手抓会计准则制定、一手抓会计基本理论研究的总体战略。为此,APB 成立了由专家学者组成的会计研究部(ARD),通过理论研究、发表会计研究论文集(accounting research studies,ARS)来支持并发展 APB Opinions(APB 制定的官方会计准则)。1958 年 AICPA 的一个会计研究项目专门委员会建议,应以会计假设和会计原则为重点来制定会计原则——"假设是为数较少的,但它是建立基本原则的基础",一套公允的配套的原则应当在假设的基础上、一系列原则连同若干假设应当用来作为解决具体问题的参考框架[②]。

根据该项目委员会的建议,ARD 应首先研究作为会计原则基础的基本会计假设(basic postulates)和建立在基本假设之上的"公允的、一系列广泛的、同样重要的会计原则"。在该目标指引下,Moonitz(1961)的 ARS No.1《会计基本假设》和 Sprouse 与 Moonitz(1962)的 ARS No.3《试论企业广泛适用的会计原则》相继出台,这是继 1940 年 Paton 和 Littleton 合著的《公司会计准则导论》后,可用于准则制定的重要基础理论成果,也可以视为美国准则制定机构开展财务会计概念框架研

① ARS No.1,The Basic Postulates of Accounting,AICPA,1961.本处写作参考的是杜兴强的译本和葛家澍、杜兴强:《财务会计概念框架与会计准则问题研究》,中国财政经济出版社 2003 年版。

② AICPA,Special Committee on Research,1958,p.62.

究的发轫与先驱。

Moonitz 在 ARS No.1 中的贡献可以概括为：

(1)内在一致的会计基本假设体系。

Moonitz 首先深入地分析了经济、政治和社会环境及其对会计的影响，然后把基本会计假设分为 A、B、C 三个层次，共 14 项：

A 组	B 组	C 组
A1：数量化(quantification)	B1：财务报表(financial statements)	C1：连续性(continuity)
A2：交换(exchange)	B2：市场价格(market price)	C2：客观性(objectivity)
A3：主体(entities)	B3：主体(entities)	C3：一致性(consistency)
A4：时间分期(time period)	B4：暂时性(tentativeness)	C4：稳定单位(stable unite)
A5：计量单位(unit of measure)		C5：披露(disclose)

A、B、C 三个层次分别是由环境所衍生的假设，深入分析环境和现实会计存在的补充假设，以及为使会计实现其职能的必要假设。ARS No.1 提出的 14 项假设也是一个内在一致、相互关联的概念框架。从第一层次(A 层次)的"数量化假设"(它是基于有助于制定经济决策的需要)引发了第二层次(B 层次)的"财务报表"假设；从第一层次(A 层次)的"交换行为"假设引发了第二层次(B 层次)的"市场价格"假设；从第一层次(A 层次)的"时间分期"假设引发了第二层次(B 层次)的"暂时性"假设(由于进行会计分期，一个企业的经营成果总要在过去、现在和将来的期间分配)。

(2)关于市场价格假设。市场价格存在时态的区分。过去的市场价格可以理解为历史成本，现在的市场价格可以具体化为"现行市场价格"、"可变现净值"等概念，未来的市场价格可以利用未来现金流量和现值技术进行估算。

3.Sprouse and Moonitz 与《试论企业广泛适用的会计原则》(ARS No.3)[①]

1962 年，Sprouse 和 Moonitz 联合出版了《试论企业广泛适用的会计原则》(A Tentative Set of Broad Accounting Principles for Business Enterprises，ARS No.3)的研究报告，对利润及其实现、利得与损失、资产等要素的定义，计量规则与计量属性等问题进行了系统的阐述。ARS No.3 的主要内容如下：

(1)利润与利润实现。"实现"是确认利润(主要指收入)的惯例，但利润是归属于营业活动的全过程，而不属于销售的那一时刻(一个时点)。"实现"与否往往需要经受如下的测试：①它已经赚得；②它是企业和外部人之间的交易转化的结果；③它是合法的销售或类似程序的结果；④它已经与资本分离；⑤它已经是可分配的形式；⑥它已经被流动资产证实；⑦它对企业的影响已经成为准确计量或具有较高可信度的估计的主体。

(2)资产的定义。ARS No.3 将资产定义为"代表一个企业由于某些现在或过去的交易而获得的预期未来经济利益和权利"。这基本上已经很接近 SFAC No.6 的资产定义。但也存在两点差异：第一，ARS No.3 的资产定义中包括"权利"，这一点类似于英国的财务报告原则公告[②]；第二，上述未来经济利益或权利的取得不限于过去的交易，还包括现在的交易。

(3)资产的计量。资产的价值即资产存在的价值，取决于它们能够向企业提供的未来经济服务，所以关键是计量未来服务的问题，包括：①决定未来服务是否确实存在；②估计服务的数量；③对满足以上两条的服务数量的计价(估价)方法或基础或规则进行选择。通常，计价基础从以下 3 种交易价格中进行选择：过去的交换价格、现行的交换价格和未来的交换价格。

ARS No.1 和 ARS No.3 发表后，毁誉参半。APB Statement No.1 认为，这些报告为解决重大

---

① 本处写作依据的是魏海丽、杜兴强的译稿，并参考了葛家澍等：《财务会计理论：回顾与展望》，研究报告，2007 年。

② ASB，Statement of Principles for Financial Reporting，1999，para.4.6.

会计问题所提出的参考和建议"部分具有纯理论和探索性质",因而"这些研究对会计思想是一种有价值的贡献",不过"它们过于激进,同在此时被接受的现行公认会计原则差异太大",因此被APB搁置,实际上被否定。

4.AAA的基本会计理论说明书(ASOBAT)

为了纪念美国会计学会诞生50周年,AAA组成一个9人的委员会,对会计基本理论问题进行研究。最终在1966年颁布了《基本会计理论说明书》(*A Statement of Basic Accounting Theory*, ASOBAT),奠定了其在美国会计理论发展史上的重要地位。ASOBAT的主要内容包括:(1)会计与会计理论的定义。(2)会计目标,包括:①做出关于利用稀缺资源的决策,包括确定重要的决策领域和决策目标;②有效地管理和控制一个组织内的人力和物质资源;③保护资源并报告其管理情况;④有利于履行社会职能和社会控制。(3)评估会计信息的标准即会计信息质量特征,包括:相关性(relevance)、可验证性(verifiability)、不偏不倚(freedom bias)、数量化(quantifiability)。(4)使用者需要的信息,包括:盈利(earnings);财务状况与流动性(financial position and liquidity),最重要的指标是财务弹性(financial flexibility);管理效率(management effectiveness);受托责任(stewardship)。(5)多元计量属性,ASOBAT建议使用多元计量属性,允许财务报表既反映历史成本(historical costs),又反映现行成本(current costs)计量的信息。

5.APB Statement No.4

尽管ARS No.1和ARS No.3的研究事后看来备受推崇,其中的一些观点在今天看来依然熠熠生辉。遗憾的是最终因无法与当时的会计实务相容,而被抛弃和否决。否决ARS No.1和No.3的,正是APB这个自其成立之日起就决意不再重蹈CAP的覆辙,而信誓旦旦地大力开展会计基本理论研究准则制定机构[①]。1965年,失望之余的AICPA敦促APB尽快研究基本概念和理论问题。为此,心有不甘的APB决定亲自对会计基本理论进行研究。随后,APB于1970年10月发表了第4号报告《编制企业财务报表的基本概念和会计原则》(APB Statement No.4:Basic Concepts and Accounting Principles Underlying Financial Statements of Business Enterprises)。这份公告原本是要作为具有强制性的意见书(APB Opinions)发布的,并力图挽回APB在ARS No.1和ARS No.3被否决后的声誉,但由于委员会内部意见不一致,为此几番权衡,最后达成的一致意见是一份描述性内容更多的公告(Zeff,1999)

APB Statement No.4主要内容如下:(1)会计目标,包括特定目标(particular objectives);(2)一般目标(general objectives);(3)质的目标(qualitative objectives),包含:相关性(relevance)、可理解性(understandability)、可验证性(verifiability)、中立性(neutrality)、及时性(timeliness)、可比性(comparability)、完整性(completeness);(4)会计基本特征,包括会计主体(accounting entity)、持续经营(going concern)、经济资源与义务的计量(measurement of economic resources and obligations)、时间分期(time periods)、货币计量(measurement in terms of money)、应计制(accrual)、交换价格(exchange price)、估计(approximation)、判断(judgment)、通用目的财务信息(general-purpose financial information)、基本相关的财务报表(fundamentally related financial statements)、实质重于形式(substance over form)、重要性(materiality)。

6.Ball and Brown(1968)与经验会计研究

Ball and Brown发表于1968年的论文《会计收益数据的经验性评价》,是实证(经验)会计研究的最具代表性的文献之一,若干年来被广泛引用,并被认为是研究最坚实的(robust)一篇文献。

Ball和Brown认为,既然对收益数据是否具有"实质意义"(substantive meaning)存在争议,而"纯粹分析性方法"(completely analytical approach)本身又并不能验证收益数据对投资者是否具

① ARS No.1和No.3最终被APB Statement No.1所否决。

有“有用性”(usefulness)，所以需要新的方法来进行检验。随着市场有效假说被提出并不断地得到经验证据的支持，从而评价收益数据是否有用完全可以通过分析股票价格的变化来进行。因为根据市场有效假说，如果收益数字有用，那么投资者就会迅速通过股票价格变化将收益信息反映出来，使得不再有机会获得超常报酬。Ball and Brown 的论文研究目的主要是通过分析“非预期收益变化额”(unexpected income change)的符号(正负)与“股票报酬剩余量”(stock return residual)的符号(正负)之间的关系来评价收益数字是否有用。Ball and Brown(1968)的研究引发了一系列有关盈余信息含量的实证研究。事实上，该文提出了一些具体的后续研究课题，如市场如何预测收益；中期报告、股利公告的作用；非预期收益与非预期股票报酬的数量关系等。总的来说，Ball 和 Brown(1968)直接引发了“资本市场会计研究”(market-based accounting research，MBA)这个新兴的研究领域。

五、1973—1986：财务会计概念框架的研究与实证会计理论的迅速发展

1.Trueblood 报告

APB Statement No.4 发表后，包括安达信在内的实务界和理论界人士纷纷发难。为了缓解信任危机，1971 年 1 月，AICPA 理事会主席 Marshall S.Armstrong 邀请了来自 21 家会计师事务所的 35 位著名注册会计师举行会议进行调和。会议的最终均衡是，成立两个研究小组(group)——一个研究会计准则(原则)制定机构架构的委员会即怀特(Wheat)委员会，另一个就是侧重于目标研究的“特鲁伯鲁特研究小组”(Trueblood Study Group，Robert M.Trueblood 是领导，因此得名)。

特鲁伯鲁特研究小组在 1973 年 10 月发表了《财务报表目标研究小组的报告》(Report of the Study Group on the Objectives of Financial Statements，The Trueblood Report)，内容包括：(1)12 项目标组成的体系。(2)会计信息质量特征，包括：相关性与重要性(relevance and materiality)、形式与实质(form and substance)、可靠性(reliability)、不偏不倚(freedom from bias)、可比性(comparability)、一致性(consistency)和可理解性(understandability)。Trueblood Report 颁布后也招致了大力的批评。譬如 Trueblood Report 建议的“财务预测表”，试图改变收入确认的实现原则、反映“现行价值”，提供现金流动的信息，特别是要反映“期望发生的现金变化与结果”，试图动摇权责发生制原则。

2.Yuji Ijiri 与《会计计量理论》

Yuji Ijiri 是一个典型的归纳学派的理论大师，在会计计量和簿记理论方面贡献卓著，主要著作有《会计计量基础——基于数学、经济学及行为学的探究》(*The Foundations of Accounting Measurement：A Mathematical，Economic，and Behavioral Inquiry*)、《会计计量理论》(*Theory of Accounting Measurement*)和《三式簿记和收益动量》(*Triple-Entry Bookkeeping and Income Momentum*)等，此外 Yuji Ijiri 还一直致力于会计理论和计量理论的公理化(axiom)。Yuji Ijiri 的《会计计量理论》一书的主要内容和涉及的会计埋论包括：(1)受托责任(accountability)、绩效计量的刚性(hardness)和客观性(objectivity)、绩效计量的一致性；(2)会计计量的一些基础性的概念，包括控制、数量化、交换、会计计量中的判断(judgments)；(3)历史成本的公理化结构，包括历史成本公理、计价规则、未来资产、复式簿记等；(4)各种资产计价方法(method)，包括受托责任与历史成本，历史成本对决策的相关性，公允价值的公理，不同计价方法下的绩效计量，多维会计；(5)价格水平会计、未来资源的会计处理和财务预测等问题；(6)方法论的改进问题，包括描述性模型的概括、规

范模型的可行性等;(7)三式簿记系统等。

3.美国财务会计概念框架

美国从1976年开始,逐步建立了系列的财务会计概念公告,共同组成了财务会计概念框架体系。美国的财务会计概念公告包括:SFAC No.1《企业财务报告的目标》(Objectives of Financial Reporting by Business Enterprises,1978),指出会计的目标和目的;SFAC No.2《会计信息的质量特征》(Qualitative Characteristics of Accounting Information,1980),分析使会计信息有用的特征;SFAC No.3《企业财务报表的要素》(Elements of Financial Statements of Business Enterprises,1980,后被SFAC No.6替代),规定财务报表项目的定义,如资产、负债、收入和费用等;SFAC No.4《非营利组织财务报告的目标》(Objectives of Financial Reporting by Non-business Organization,1980);SFAC No.5《企业财务报表的确认和计量》(Recognition and Measurement in Financial Statements of Business Enterprises,1984),规定确认和计量的基本标准,以及应纳入财务报表的信息及其时间;SFAC No.6《财务报表的要素》(Elements of Financial Statements,1985),代替SFAC No.3,其适用范围扩展到非营利组织;SFAC No.7《在会计计量中运用现金流量信息和现值》(Using Cash Flow Information and Present Value in Accounting Measurements,2000),规定一个运用预期未来现金流量和现值作为计量基础的框架。

财务会计概念框架的研究,是当代规范会计理论的主体内容之一。除了美国之外,英国、加拿大、澳大利亚、国际会计准则委员会/理事会都做出了各自的努力和尝试,对财务会计概念框架的研究做出了自己的贡献。

4.AAA的《会计理论与理论的认可报告》

自ASOBAT出版10年之后,AAA于1977年发表了《会计理论与理论认可报告》(Statement on Accounting Theory and Theory Acceptance,SOATATA)。SOATATA认为,目前(即1977年)并不存在单一的,得到普遍认可的会计理论(a single universally accepted basic accounting theory),相反只存在多重理论(a multiplicity of theories)。SOATATA强调:(1)不存在单一的、支配性的财务会计理论,该理论内容丰富到可以有效地涵盖使用者——环境的各种情况的全部范围;(2)在财务会计文献中,现存的财务会计理论并不是单一的,而是可以表述为"使用者—环境"各种情况的一种理论集合(a collection of theories);(3)每一种理论均依赖于环境。

SOATATA还借鉴库恩(Kuhn)的范式理论,详细介绍了主要的理论流派、范式与模型,包括古典范式——真实收益和归纳模型(classical true income and inductive models)、决策有用性(the decision-usefulness approach)和信息经济学(information economics)。SOATATA还列举了13部著作进行说明:W.A.Paton(1922)的*Accounting Theory*,H.R.Hatfield(1927)的*Accounting—Its Principles and Problems*,J.B.Canning(1929)的*The Economics of Accountancy*,H.W.Sweeney(1936)的*Stabilized Accounting*,S.Gilman(1939)的*Accounting Concepts of Profit*,K.MacNeal(1939)的*Truth in Accounting*,Paton and Littleton(1940)的*An Introduction to Corporate Accounting Standards*,Alexander(1950)的*Income Measurement in a Dynamic Economy*,A.C.Littleton(1953)的*Structure of Accounting Theory*,Edwards and Bell(1961)的*The Theory and Measurement of Business Income*,Moonitz(1961)的*The Basic Postulates of Accounting*,Sprouse and Moonitz(1962)的*A Tentative Set of Broad Accounting Principles for Business Enterprises*,Yuji Ijiri(1975)的*Theory of Accounting Measurement*。

这些著作的作者中,Hatfield和Gilman属于归纳学派,其余属于演绎学派。SOATATA指出,演绎学派的研究彼此独立,鲜有直接的对比。为此,演绎学者的观点往往不置可否——既不被人肯定,也不被人否定。

5.Watts and Zimmerman(1978,1979,1986)

Ball 和 Brown(1968)之后,以资本市场为基础的经验研究获得了迅速发展,其间 *Journal of Accounting and Economics*(JAE)杂志的创办、出版,和 *Journal of Accounting Research*(JA)一道,再加上美国会计学会会刊 *The Accounting Reviews*(AR),使得经验会计研究的文章得以定期发表,逐渐和规范会计研究分庭抗礼,甚至在西方社会思潮的影响下,成为主流的研究方法。在这个过程中,经验会计研究领域逐渐细化、研究方法进一步分野,形成了实验室实验(laboratory experiments)研究、实地实验(field experiments)研究、档案式研究(archival research)、调查研究(survey research)和实地研究或案例研究(field studies or case studies)等诸多分类的研究。其中,档案式研究中进一步分化出(当然,并不是非常严格意义上的区分)实证会计研究(positive accounting theory,PAT)领域,以红利假说、债务契约假说、政治成本假说和代理理论为基础,侧重于研究会计政策选择等问题。实证会计研究的典型代表是 Watts 和 Zimmerman,他们在 *The Accounting Reviews* 杂志 1978 年和 1979 年相继发表了《确定会计准则的实证会计理论导论》、《会计理论的供求:一个借口市场》的文章,标志着这一研究领域的崛起。1986 年,Watts 和 Zimmerman 出版了 *Positive Accounting Theory* 一书,则标志着该领域的成熟。

六、1987:改进企业财务报告与实证会计研究日益盛行

1.AICPA(1994)的《改进企业报告——面向用户》

从 20 世纪 70 年代后期开始,世界各国的学术组织、实务团体和国际会计组织就开始对现行财务会计与报告模式进行了反思,并持续不断地提出改进财务报告的各种建议和措施。这一期间,美国会计界的探讨主要包括美国会计学会会计与审计计量委员会 1989 年的报告(参见 *Accounting Horizons*,1991)、Kaplan and Norton(1992、1996)等。英国会计界进行的思索主要包括 1988 年苏格兰特许会计师协会(Institute of Chartered Accountants of Scotland,ICAS)发表的《使公司报告具有价值》(Make Corporate Reports Valuable)的研究报告和 1991 年 ICAS 和 ICAEW 联合发表的《财务报告的未来模型》(The Future Shape of Financial Reports)等。但是,最具有影响力的报告莫过于 AICPA 于 1994 年颁布的《改进企业报告——面向用户》(Improving Business Reporting—A Customer Focus)。1978 年,SFAC No.1 将财务报表的概念扩展到财务报告,将其他财务报告纳入了企业对外报告的范畴;1994 年,AICPA 的《改进企业报告——面向用户》,则进一步将财务报告的概念扩展到企业报告的范畴。该报告的主要观点还包括:(1)AICPA 通过调查表明,到现在为止还没有人认为,现在的财务报告模式需要彻底改变,而要用另外一种新的信息传递模式代替它;(2)到现在为止,还没有人认为,对财务报告的分析是没有用的,“财务报表仍然是一个传递财务信息的很好的模式”。根据 AICPA 的观点,它不是完全否定现行财务报告模式,而是主张在保留原有财务报表的基础上加以改进。

AICPA 的这份报告中提出一项企业报告的综合模式,包括:①公司活动具有不同机遇和风险的各个分部应分开报告;②要解释经营的性质,包括事项与活动之间的联系以及该公司受到这些事项和活动的财务影响;③提供向前看的观点;④提供管理当局的观点;⑤指明在企业报告中信息的可靠性;⑥侧重于计量有助于使用者了解公司的业绩(相对于竞争者和其他公司);⑦果断传递影响公司的重要变化;⑧允许灵活性的报告;⑨有力地并富有效率地传输信息;⑩考虑企业报告的成本与利益(AICPA,1994)。

AICPA 对于改进企业报告的新模式包括 10 项要点:①财务和非财务数据;②财务报表和有关信息的披露;③高水平经营资料和业绩计量供管理当局用于管理企业;④管理当局对财务和非财务

数据的分析;⑤关于财务、经营和业绩数据的变动原因,对原因的辨认和主要趋势的过去影响;⑥机遇和风险,包括来自主要趋势的机遇和风险;⑦管理当局的计划,包括关键性的成功因素;⑧实际的企业业绩同以前揭示的机遇、风险和管理当局的计划之间的比较;⑨有关管理当局和股东的信息;⑩董事、管理部门、报酬、大股东、与关联者之间的交易和关系。

2.Wallman(1996)的彩色报告模式(colorized model)

Wallman(1996)提出重新组织财务报告,打破传统财务报表仅以是否确认作为信息披露唯一标准即"黑白模式"——要么确认,要么不确认。Wallman认为为了满足投资者的需要,财务报告的确认应该更为灵活,因此提出了所谓的"彩色模式"。Wallman的彩色模式具体分为五个层次:(1)完全符合传统会计确认标准,即符合要素定义、可计量性、相关性和可靠性,这是财务报告的核心层次。(2)符合相关性、可计量性和要素的定义,但是可靠性差一些。例如研究开发成本的资本化。(3)符合相关性、可计量性,但可靠性和可定义性存在着问题。Wallman认为这样的会计信息可以进行报告,如顾客的满意程度。(4)符合相关性、可靠性,也可以计量,但是不符合要素的定义,例如不符合资产的定义(未来的经济利益),如风险的计量。(5)只具有相关性,而不具有可靠性、可计量性和要素定义,此种信息亦可以披露,但应说明其估计方法与可靠程度。

3.萨班斯-奥克斯利法案与原则导向的会计准则体系

FASB制定会计准则的模式曾一度是全世界效仿的对象,美国国内也一直自诩其具有最完善的会计审计制度,然而安然等一系列美国上市公司的财务丑闻使美国会计界哑口无言。安然事件后,美国国内开始对其制定会计准则的方式进行反思,最典型的莫过于The Sarbanes-Oxley Act of 2002要求对会计准则制定的原则导向征求意见,决定是否应该转变会计准则的制定方式。最终,SEC发布了《关于在美国建立以原则为基础的会计准则体系》的报告,强调了财务会计概念框架的重要性和地位,甚至将其位列美国GAAP的第一层次(安然事件前,概念框架列GAAP的最后一层次,准确说是可资参考的文献)。*Accounting Horizon* 2003年第1期上刊登了一组专门讨论会计准则制定导向的文章,分别是:(1)"Evaluating Conceptes-based vs Rules-based Approaches to Standards Setting"(Maines et al.,2003),作者认为,美国转向以概念为基础的会计准则制定方式并非易事,有赖于企业管理当局、董事会、审计人员等的通力配合和精诚合作。无论是规则导向还是原则或概念导向的会计准则,都不是解决利益冲突的关键,准则的制定方式和监管问题应该分开进行考虑,会计准则的性质应该不受这些因素的影响,FASB应该竭力为编制财务报告提供明确指导。(2)"Principles-based Accounting Standards"(Katherine Schipper)则坚持,美国的会计准则制定原本就是以原则为基础的,该原则来源于美国财务会计准则委员会制定的财务会计概念框架。其实,在会计准则的制定方式和导向方面,采用原则导向或规则导向孰优孰劣,未经长期实践检验尚难下结论。原则导向与规则导向似乎并无不可逾越的鸿沟,原则导向本质上体现为规则导向的抽象化,而规则导向往往是原则导向具体化的结果。因此,将会计准则制定的原则导向和规则导向绝对对立未必可取。制定会计准则的现实和战略选择是,在充分考虑规则导向和原则导向会计准则的各自优缺点的基础上,根据各自经济环境的具体特点和财务会计人员、注册会计师的总体水平,融合两者的优点,对可能出现的缺陷进行扬弃。

4.联合概念框架

联合概念框架项目是FASB和IASB的一个联合项目,目标是为了建立统一的概念框架,为发展将来的会计准则提供合理的基础。联合概念框架建立在IASB和FASB已有概念框架的基础上,并考虑了这两个概念框架发布之后的发展。联合概念框架委员会计划分8个主要问题:(1)目标和质量特征;(2)要素和确认;(3)计量;(4)报告主体;(5)呈报和披露,包括财务报告边界;(6)框架目的和它在GAAP系列中的地位;(7)在非营利组织中的应用;(8)其他问题。其中,联合概念框架被认为将其称作财务报告的目标更为合适,但对于一系列的会计基本假设未置可否。关于会计信息质量特征，FASB和IASB的初步意见是包括相关性、如实反映（替代了可靠性）和可理解性；相关性是“提供差异的能力”，包括预测价值、确认价值[confirmatory value，替代了“反馈价值”（feedback value）]和及时性；对于“如实反映”，FASB和IASB认为应包括可稽核性、中立性，但建议取消稳健性（conservation）。联合概念框架定义资产为“一个主体的一项资产是表示一项现在的权利（a present right）或其他收入（other access），它们存在于一项有能力产生经济利益的主体中”，该资产定义受英国财务报告原则公告中有关资产的定义影响甚大。当然，联合概念框架的讨论和制定还在继续。

5.经验会计研究的成熟与拓展

经验会计研究经过40余年的发展，已经取得了丰硕的研究成果，在如下子领域或相关领域内获得了丰富的积累，并不断积累增量的证据：盈余的信息含量问题研究（information content of earnings），会计盈余与股票价格（accounting earnings and stock prices），及时性、稳健性及报酬—盈余关系（timeliness and conservatism and the returns-earnings relation），期后盈余公告的漂移性、盈余的非线性特征（post-earnings announcement drift/non-linearities in earnings），盈余反应系数、信息反应和基本分析（ERCs，responses to information and fundamental analysis），盈余管理（earnings management）；现行财务报告模式分析（concerns with the existing financial reporting model），价值相关性（value-relevance），剩余收益计价（residual income valuation），应计制（pricing of accruals），绩效计量（alternative performance metrics），公司治理与管理当局激励（compensation/governance）；市场效率检验（studies of market inefficiency），财务报告的比较分析（cross-country differences in financial reporting），自愿披露（voluntary disclosure），分析师预测研究（security analyst research），事项研究（event studies）。

但是，经验会计研究的发展也遇到不小的瓶颈。(1)“如果世界具有X形式，且人们按照Y行事，那么我们就将观察到Z”。但问题在于：X存在于现实世界之中吗（或世界是否具有X形式？人们是否真的会按照Y行事？我们是否可以观察到Z？实际情况是，我们几乎无法确定人们是否会按照Y行事。所以几乎一切的经验研究缺省了Y（这个环节），而将主要精力都用于关注X与Z。因此，经验研究最终的任何结论，都是有若干约束条件的结论，依然具有或然性，也往往需要不断的增量证据加以证伪或不断地被支持。换言之，为了更好地解决Y环节的问题，研究者把研究的视角深入到了行为方面，探讨使用者如何进行决策（How users make dicision process）。

七、财务会计理论发展期间的继承与发展：以资产的定义为例

从上文财务会计理论发展的简单描述中，我们可以看到，财务会计理论的大厦根基是一步步夯实的，我们切不可犯“（今天的）理论联系（昨天的）实际”的错误，今天一个显而易见的理论阐述或会计政策，若不能够深入地了解该项财务会计理论最初出现时的环境因素，则往往可能会抹杀前人的贡献。譬如，会计主体假设，今天任何一个会计学系的一年级本科生都能够毫不迟疑地背出其主要内容，但是须知，会计主体的概念和内涵，却是在漫长的历史长河中，在不知多少人的观察、概括和抽象中才得到的真知。借贷符号，从原来的拟人说、拟物说（甚至被蒙上了一层神秘的色彩），到今天我们知道的“借贷只是纯粹的记账符号、表示记入账户的方位”，其间经历数百年，直到Sprague（1908）才形成科学的认识。资产负债表的平衡公式“资产＝负债＋所有者权益”（或资产－负债＝所有者权益）亦是如此。

但是，对前人研究的财务会计理论的尊重并非说后来的财务会计理论研究者可以无所事事，相

反,了解了财务会计理论的发展脉络,我们才能够了解现存的哪些理论需要继承、哪些需要发展。下面以资产的定义为例来说明财务会计理论发展过程中的继承性。

对于资产的定义,它的发展本身就是一个继承和发展的范例。Sprague(1908)指出,"资产是已经获取的服务的体现和将要获取的服务的继续"。请回忆 Moonitz(1961)《会计基本假设》或者 FASB 的财务会计概念框架公告第 6 号,乃至英国财务报告原则公告(包括资产计量属性的抉择模式)或其他类似的财务会计概念框架性质公告中所列示的资产定义,看看其中是否存在着继承性?毫无疑问,Sprague 的资产定义,虽不能够说科学严谨,但是的确带有或体现了一些"未来经济利益观"的思想。Canning(1929)进一步将资产定义为"是指以货币形态的未来服务,以及可以为货币的未来服务"。但是,在 Paton、Littleton,特别是 Paton 的坚持下,由于利润成了财务报表的重心,相应的收益计量先于资产计价,彼时资产往往被定义为"资产是未消逝或未耗用的成本",显然资产定义和计价被看作是收益定义和确定的副产品。到了 20 世纪 50 年代,往往是因为屈从于会计实务,资产甚至被定义为"资产是按照公认会计原则确认和计量的经济资源,资产也包括某些不是经济资源但按照公认会计原则确认和计量的递延费用"(APB No.1)。但经历了第二次世界大战前后对配比原则和利润表的侧重(主要是 Paton 和 Littleton 的倡导和推广),1962 年,Sprouse and Moonitz 在 ARS No.3 中定义资产为"代表一个企业由于某些现在或过去的交易而获得的预期未来经济利益和权利"。这一定义无疑是对 Sprague(1908)的发展。后来经历了 APB Statement No.4、特鲁伯鲁特报告,FASB 将资产定义为"是特定主体因已经发生的交易或事项而拥有或控制的、可能的未来经济利益"。这一定义,现在被奉为圭臬,且被贴上了"未来经济利益观"的标签。

FASB 的"未来经济利益观"存在不少缺陷:(1)FASB 的资产定义具有模棱两可性,很多项目能否归类为资产,不同的会计人员往往有不同的理解。"假定一个企业拥有一辆货车。货车就其本身而论似乎不是资产。资产是来自货车运送木材、钢材、煤炭、面包而产生的现金流量的现值。然而,在今天的实务中,反映在资产负债表的资产是货车,财务报表信息使用者看货车也是当作资产。使用者没有把资产看成利用货车去运送木材这一经济利益,我想,资产更多的时候被认为就是货车,而不是一个抽象的东西"(Walter Schultze,1993)。(2)FASB 的资产定义可能往往缺乏可操作性。因为将资产定义为"未来的经济利益"具有难以测度性。按照直观的理解,未来的经济利益最终体现为现金及其等价物的流入,需要利用未来现金流量信息,借助于现值技术去进行搜寻。但是问题在于,如何确定未来现金流入、流出的时间和数额,以及折现率如何确定?除了金融资产、衍生金融资产外,这一估计对于不单独产生现金流量的资产项目而言困难重重。

为此,IASB(当时为 IASC)在 1989 年颁布的《编报财务报表的框架》中,对资产的定义进行了发展,"资产是由于过去的事项而由企业控制的、预期会导致未来经济利益流入(para.49)"。ASB 在 1999 年 12 月颁布的《财务报告原则公告》中,将资产定义进一步延伸,"资产是由于过去的交易或事项形成的、由特定主体控制的、对未来经济利益的权利(rights)或其他使用权(other access)"。当然还有其他资产定义方面的尝试:学者 Schultze(1993)认为,"资产是现金、对现金或劳务的求偿权,以及能够单独出售和变现的一些项目";Samuelson(1996)认为"资产是能够用于交换的抽象权利,资产价值是财产价值的货币表现"。IASB 和 FASB 的联合概念框架定义资产为"一个主体的一项资产是表示一项现在的权利(a present right)或其他收入(other access),它们存在于一项有能力产生经济利益的主体中",显然又是对 ASB 资产定义的发展。

从 Sprague(1908)→Canning(1929)→Paton 和 Littleton(1940)→Sprouse 和 Moonitz(1962)→FASB(1984)→IASB(1989)→ASB(1999)→IASB 和 FASB 的联合概念框架,通过不断的继承和发展,资产的定义不断地完善。

八、财务会计理论的发展与可能的研究问题

对于现存的财务会计理论，无论规范会计理论还是实证会计理论，我们既要尊重和继承，又要发展。甚至，多年来大家对一些理论要么熟视无睹、想其当然，要么讳莫如深、仿如禁区。须知，此时的发展，可能往往意味着一种新的视角或分析方法的产生，虽不至于直接撼动现存理论，但是至少可以丰富其内涵。下面，本文按照（规范）财务会计理论的基本内容，扼要地说明哪些理论需要，且有可能被发展，这些方面往往存在着比较大的研究机会。

1.会计基本假设[①]

我们应该铭记使科斯声名鹊起并因其获得诺贝尔经济学奖的那篇文章的开篇之句，“经济学长期以来忽略了对其赖以奠基的基础——假设进行检验……”，会计学又何尝不是如此呢？传统的、我们熟知的四项会计基本假设，是否真的犹如数学的公理一样难以撼动、不言自明？假设是理论的基石。用于构建理论体系的假设是不容置疑的，否则就将动摇理论体系的根基。这里的假设，需要进行界定。假设，往往在自然科学领域称为“公理”（axiom）——数目极少，但广泛承认，并且不言自明。譬如“两点确定一条直线”、“两点之间直线距离最短”，数学上是平面几何的公理，但实质上相当于社会科学领域内、包括会计理论领域内的假设或基本假设。至于实证会计研究的假设，其实更严格的应该称为假说（hypothesis），它往往对应着自然科学领域内的命题。下面，参考相关著述，利用表 2 对比了自然科学与社会科学（含会计理论）的术语。

表 2　自然科学和财务会计理论的术语对照

序号	自然科学	社会科学（包括会计理论领域）
(1)	公理（axioms）	（基本）假设或前提（basic postulate or premise）
(2)	定理（theorem）	基本或一般原则（basic or general principle）
(3)	推论（inference or corollary）	次级原则（second principle）
(4)	命题（proposition）	假说（hypothesis）
(5)	猜想（conjecture）	预言（prophesy）

假设具有哪些基本特征呢？逻辑学家和哲学家的研究表明，假设具有 5 个一般性的特征[②]：(1)假设对人和学科的发展均必不可少；(2)假设不能够直接自我验证；(3)假设是推论的基础；(4)假设是建立任何理论结构的基础；(5)假设面临知识更新的挑战。其实，作为一组假设，往往还需要满足至少两项基本条件：(1)假设之间必须内在逻辑一致，而绝对不能相互矛盾；(2)从假设（公理）中足以支持或推演出以其（假设）为依据的术语和定理[③]。

当然，科学家和逻辑学家一直倡导，假设应该不断地进行检验，不断地寻找证据，看其是否失效。如欧几里得几何的假设（公理）“两点之间直线距离最短”，在经受了若干科学的检验后，被研究

① 参考杜兴强：《当代财务会计理论》第九章，厦门大学会计系研究生教材打印稿，2009 年。

② 转引自莫茨和夏拉夫著，文硕等译：《审计理论结构》，中国商业出版社 1990 年版，第 47 页。

③ Churchman，C.，*Elements of Logic and Format Science*，New York，Lippincott Co.，1940，p.10.

者认为是不完备的,由此衍生出另一门学科——非欧几里得几何学[①],欧几里得几何的几项公理、定理几乎都受到了挑战,如在非欧几里得几何里"三角形的内角之和总小于180°"。过去2000年人类接受了三维几何空间假设,但非欧几里得多维几何的实际效用一直延长到最新、最为复杂的实用科学和商业计算;采用基础十进制的数学系统长久以来被推崇,但只有二进制系统才可能完成高速计算机的任务。

综合上述分析可以得出并牢记的结论是:基本假设之所以称为假设,是因为它必须存在,而不是因为其正确,当然它也不是不正确的,只是说明假设无从检验,尤其是社会科学,包括会计理论研究领域更是如此。假设是"原本如此"、"天经地义"的。此外,假设虽无从检验,但至少是以实践为基础的。

为此,会计基本假设应该被重新审视,包括基本内涵和被经验研究检验:

(1)会计主体、持续经营、会计分期和货币计量几项假设是不是平等的?有无层次之分?哪项基本假设的层次更高?Moonitz(1961)在研究会计基本假设时,对13项会计基本假设进行了分组和逻辑上的阐述,那么为何财务会计理论不能够对四项会计基本假设的逻辑关系(可参考历史发展)进行重新研究,赋予其内涵呢?

(2)持续经营和会计分期的关系是否真的是——会计分期是对持续经营进行的人为的"等分"?其实,无论从历史发展脉络还是逻辑关系看,这一点都是"后此谬误"。

(3)持续经营,目前典型定义是"若非有明显的反证,否则就假设企业将持续经营下去"。这一定义,属于"正确的统一反复",内涵贡献极其有限。那么,什么导致企业的持续经营呢?现金流量,还是持续性的核心盈利?这一问题有待实证研究去解决。假若将上市公司纳入研究对象,由于公开数据的可得性,退一步,虽然无法直接检验持续经营,但似乎可以检验哪些企业"频死"——退市,可以分析究竟哪些因素导致企业"频死"。中国资本市场的ST、PT(*ST)制度给我们提供了一个检验的良好机遇。

(4)会计基本假设应否、以一种什么样的方式(明确的或隐含的)被纳入财务会计概念框架?这是美国财务会计概念框架的困惑,亦是IASB和FASB联合概念框架不容回避的问题,当然也是一个规范研究的关键问题。

2.会计目标

FASB的SFAC No.1指出,"有助于预测现金流入、流出的金额、时间及其不确定性的信息"是决策相关的;采用权责发生制基础所得出的企业利润方面的信息,作为一个说明企业获得现金净流量的现时和持久能力的指标,比单纯依靠现金收付说明的财务情况更加有用。仔细阅读这两句话,是否能够发现之间的不统一性?我们认为,"如何利用权责发生制下的盈余信息直接导出或预测未来现金流量的流入流出的金额、时间及其不确定性"不是一个显然或想当然的问题。FASB将会计目标定位于决策有用性,并认为现金流信息是决策相关的,那么,现金流信息真的与决策最相关吗?有证据表明,FASB得出财务报告目标的基础为Trueblood报告,而Trueblood报告得出结论之前调查的企业主要是非常重视现金流量的"房地产"公司(葛家澍、刘峰,1998)。如果真如此,将决策有用的信息界定为"有助于预测现金流入、流出的金额、时间及其不确定性的信息"的表述不仅存在争议,而且的确需要进一步进行详细的审视与验证。

此外,由于会计目标本就是一项会计基本假设(Hendriksen,1992;葛家澍,1997),会计目标本身就是特定会计环境下对会计信息使用者及其需求进行的一种主观归纳,会计环境的差异决定了

---

① 欧几里得(Euclid,公元前325—前265),《几何原本》的作者、古希腊大名鼎鼎的数学家。埃及国王托勒密曾问欧几里得:有没有不学习《几何原本》,即可掌握几何学的捷径。欧几里得答曰世界上没有通向几何的平易之路。

会计目标相关的研究成果不可以简单地套用。那么，在我国目前的转轨经济下和资本市场的现实制度背景下，会计目标应该如何表述？这是一个值得经验研究的问题。

3.会计信息质量特征

(1)相关性和可靠性。相关性和可靠性是会计信息的首要质量特征。但是，相关性和可靠性何者应该优先考虑，大多数财务会计概念公告讳莫如深，避而不谈。FASB虽然没有明确地对相关性和可靠性排序，但是从AICPA(1994)、Wallman(1996)等折射出的态度看，显然相关性被隐晦地优先考虑。英国ASB是目前唯一相对地不回避相关性和可靠性取舍及权衡问题的组织，而含蓄地给出相关性和可靠性的取舍判断标准，但最为矛盾的也要数ASB了：在征求意见稿中，ASB认为：若可靠性与相关性互相排斥，那么，有用的信息应是"那些可靠信息中最相关的项目"——换言之，可靠性应被优先考虑；"可靠与否"将成为提供会计信息与否的判断标准。但是1999年12月颁布的正式稿中，当相关性和可靠性相互排斥而需要对产生信息的方法做出选择时，所选择的方法应该是能够使信息相关性最大的方法。ASB还在财务报告原则公告(Statements of Principles for Financial Reporting)的第3章第34至35段指出，"有时候，最相关的信息不一定最可靠，反之亦然。选择可以用来计量某项资产和负债的金额有时也会发生这种冲突。在这种情况下，使用可靠性程度较高的最相关的信息通常是恰当的"；由于可靠性从来就不具有非"黑"即"白"的、泾渭分明的区别，更多的时候只存在程度的差异。为何征求意见稿(ED)中似乎认为可靠性优先于相关性，但到正式文告时，相关性却像FASB一样被认为优先？其间，什么因素促使了这个转变？

此外，相关性即决策相关，但决策却是具体的、针对性的。FASB做出的"……对投资者和债权人有用的信息，同样能够满足其他信息使用者的决策所需……"的诊断，就缺乏明显的经验证据证明这一点。所以，只要是通用财务报告模式下，就不可能完全满足相关性。这就是为何现在的财务报表、财务报告信息日益庞杂，甚至过载(overloading)，但是相当一部分投资者却感觉"会计信息的相关性在下降"，而且这种感觉是如此的强烈，以至于从20世纪70年代末以来此种对会计信息相关性下降的担忧，逐渐演变成山呼海啸般的责难，要求改进财务报告。

问题在于，财务报表、会计信息的相关性真的下降得了吗？是机制性的下降，还是投资者行为因素的错觉？这一问题，需要大量的实证研究，甚至是实验研究来进行解决。

(2)可理解性。可理解性，是一个很容易被忽视的会计信息质量特征。但是，每一份财务会计概念公告都对可理解性进行了扼要的阐述。FASB的SFAC No.1把可理解性置于约束性条件"效益＞成本"和决策有用性之间，并认为财务报告对那些具有一定的专业知识、相当勤勉、愿意花一定时间和精力进行研究的投资者而言是可理解的、有用的。英国ASB的财务报告原则公告和IASB的编报财务报表的框架则将可理解性作为首要质量特征——只不过是把可理解性和可比性作为财务报告列报的首要质量特征，而相关性和可靠性则是关于财务报告内容的首要质量特征。那么，一个令人感兴趣的问题是，目前的财务报告能否被理解？多大程度上被理解？什么样的财务报告容易被理解？换言之，上市公司完全可能会采取不同于盈余管理的方式对财务报告的可理解性进行操纵，影响投资者的可理解性。譬如，附注披露是对财务报表表内内容的进一步解释、补充和说明，但是上市公司的管理当局在面临坏消息时，完全可能通过操控解释、补充和说明的方式，甚至包括句子的长短，来影响投资者的理解程度。对于这一问题的实证研究，可以结合印象管理(impression management)、归因谬误(cause bias)等进行。

4.要素的确认与计量

要素的确认和计量领域，有如下关键问题需要被思考和解决：

(1)资产应该如何被定义？倘若承认资产负债表的第一报表地位，则资产定义将处于优先地位，那么资产定义将关系到其他会计要素的定义，也关系到资产计量属性的选择，甚至关系到减值问题。

(2)究竟应该如何设置会计要素?会计要素就是会计对象的具体化或者财务报表要素是财务报表的积木。会计对象和会计要素是同一事物的不同表现:分类则成要素,综合视为对象(葛家澍,2006)——会计要素是会计对象的具体化,而会计对象则体现着会计要素的综合、抽象和概括。会计对象用于表述财务会计应处理内容的总体特征,以区别其他学科或其他经济信息系统——科学研究的区分,在于矛盾的特殊性,即不同的处理对象。既然会计对象的具体化就是会计要素,那么为什么各个国家会计准则规定的财务报表要素如此形形色色(见表3)?

表3 多样化的财务报表要素设置

公告	要素的划分
美国 FASB 的 SFAC No.6	资产、负债、所有者权益、业主投资、派给业主款、收入、费用、利得、损失、全面收益
英国 ASB 的 SOP	资产、负债、所有者权益、利得、损失、业主投资、派给业主款
IASB 的 Framework	资产、负债、权益、收益(收入+利得)、费用(包括损失)
加拿大的 FSC	资产、负债、产权/净资产、收益、费用、利得、损失
澳大利亚的 SAC	资产、负债、产权、收益、费用

会计要素设置在国际范围内的多样化,迫使我们思考如下问题:会计要素(财务报表要素)为什么在不同国家设置如此五花八门?除了会计对象之外,还有什么决定着企业会计要素的设置?财务报表要素仅仅是财务报表的积木吗?若如此,为什么同样的一张收益表(利润表),会计要素差异如此之大?

(3)令人感兴趣和值得注意的是,目前各国的财务会计中为资产负债表设置了资产、负债、所有者权益等要素,也为利润表设置了收入、费用等要素(还可能进一步包括利得与损失),但是并未为现金流量表设置专门的会计要素。那么,现金流量表到底应不应该拥有专门的会计要素?这需要综合考虑资产负债表和利润表的确认基础是什么,现金流量表的确认基础是什么,两者处理的是否是同样的经济业务,设置专门的会计要素是否符合提供会计信息所必须遵循的"效益>成本"的制约条件等几个关键问题。当然,关于"效益>成本"的问题,可能需要涉及实验研究。

(4)我国《企业会计准则——基本准则》将收入定义为"企业在销售商品、提供劳务及让渡资产使用权等日常活动中所形成的经济利益的总流入,包括主营业务收入与其他业务收入",显然我国收入概念等价于"营业收入"。但是,我国将利润定义为"收入－费用＝利润",那么,这个利润接近于营业利润。但从我国企业准则的利润表结构来看,利润不仅包括了营业利润,还包括了大量的"线下项目"或非正常损益,而这部分内容并未在收入和费用定义的内涵范围之内。那么,收入究竟应该如何进行定义?

(5)显然,每个国家或国际组织颁布的具有财务会计概念框架性质的文献或公告,都涉及多元计量属性并存,包括历史成本、重置成本、现行成本、可变现净值、公允价值等(有的将现值视为一种计量属性,但现值是否属于计量属性,或者只是搜寻公允价值的一种计量技术,有待讨论)。那么,为什么我们不能够对 Mac Neal(1939)、ASB(1999)进行有效的继承,并进行发展,对计量属性的选择进行合理的规定?甚至像葛家澍(2006)所设想的,计量属性能否成为一项基本假设?

5.财务报告列报

财务报告的列报是否应该纳入财务会计概念框架,这是一个问题。美国的财务会计概念框架,由于历史的原因(一种解释是:会计准则的制定权被一分为二,关于确认和计量规则的制定权下放给了 AICPA,而披露规则的制定权保留在 SEC 手中),未曾将之纳入,而英国的财务报告原则公告则涵盖了列报内容。问题是,财务报表的内容相对稳定、争议相对较少,但是附注和其他财务报告的披露却日益庞杂。考虑这一典型的现象,那么附注和表外信息披露的决策相关性问题的研究就日益重要了。譬如，对于一些文字性的、描述性的信息，其决策有用性如何体现？换言之，这个问题的实证研究结果关系到财务会计信息系统是否允许有条件地放松货币计量假设，允许非财务信息进入报告体系，从而使得对外报告的范畴日益扩展？

参考文献：

[1]杜兴强，等译.2006.美国会计史：会计的文化意义.北京：中国人民大学出版社.

[2]葛家澍，刘峰.1998.会计理论.北京：中国财政经济出版社.

[3]葛家澍.1997.会计基本准则与财务会计概念框架.会计研究，10.

[4]葛家澍，杜兴强.2003.财务会计概念框架与会计准则问题研究.北京：中国财政经济出版社.

[5]葛家澍.2006.财务会计理论研究.北京：厦门大学出版社.

[6]AAA.1936.A Tentative Statement of Accounting Principles Underlying Corporate Financial Statements.

[7]AAA.1966.A Statement of Basic Accounting Theory(ASOBAT).

[8]AAA.1977.Statement on Accounting Theory and Theory Acceptance.

[9]AICPA.1994.Improving Business Reporting—A Customer Focus，AICPA Inc.

[10]AICPA.1970.APB Statements No.4：Basic Concepts and Accounting Principle Underlying Financial Statements of Business Enterprises.

[11]AICPA.1973.Objectives of Financial Statements：Report of the Study Group on the Objectives of Financial Statements(The Trueblood Report)，10.

[12]APB.1962.Statement No.1：Statement by the Accounting Principles Board.

[13]ASB.1999.Statement of Principles for Financial Reporting，12.

[14]Edwards and W.Bell.1961.The Theory and Measurement of Business Income，University of California Press.

[15]FASB.1978.SFAC No.1：Objective of Financial Reporting by Business Enterprises，12.

[16]FASB.1980.Financial Statements and Other Means of Financial Reporting(ED).

[17]FASB.1980.SFAC No.2：Qualitative Characteristics of Accounting Information.

[18]FASB.1984.SFAC No.5：Recognition and Measurement in Financial Statements of Business Enterprises.

[19]FASB.1988.SFAC No.6：International Accounting Standing Setting：A Vision for the Future.

[20]Gilman，Stephen.1939.Accounting Concepts of Profit，New York：Ronald Press.

[21]Hendriksen.1992.Accounting Theory，Mc Graw Hill Co.

[22]Kenneth Mac Neal.1993.Truth in Accounting，Houston：Scholar Book Co.

[23]Littleton.1953.Structure of Accounting Theory，AAA：30.

[24]Moonitz.1961.The Basic Postulates of Accounting(ARS No.1)，AICPA.

[25]Paton and Littleton.1940.An Introduction to Corporate Accounting Standards，AAA.

[26]Previts and Merino.1998.A History of Accountancy in the United States，The Ohio State University.

[27]Paton.1922.Accounting Theory：With Special Reference to the Corporate Enterprise，New York：Ronald Press.

[28]Ray Ball and Philip Brown.1968.An Empirical Evaluation of Accounting Income Numbers，Journal of Accounting Research，6：159-178.

[29]Sanders，T.H.，H.R.Hatfield and U.Moore.1938.A Statement of Accounting Principles，AICPA.

[30]Sprague.1908.Philosophy of Accounts，Published by the Author.

[31]Sprouse and Moonitz.1962.A Tentative Set of Broad Accounting Principles for Business Enterprises，ARS No.3.

[32]Sweeney，Henry W..1936.Stabilizaed Accounting，AAA.

[33]Wallman.1996.The Future of Accounting and Financial Reporting(Ⅱ)：The Colorized Approach，Accounting Horizons，2.

[34]Watts and Zimmerman.1978.Towards a Positive Accounting Theory of Determination of Accounting

Standards. The Accounting Review, 1:112-134.

[35]Watts and Zimmerman. 1979. The Demand for and Supply of Accounting Theory: The Market for Excuses, The Accounting Review, 4.

[36]Watts and Zimmerman. 1986. Positive Accounting Theory, Prentice-Hall.

[37]Yuji Ijiri. 1975. Theory of Accounting Measurement, AAA.

[38]Yuji Ijiri. 1967. The Foundations of Accounting Measurement: A Mathematical, Economic, and Behavioral Inquiry, Prentice-Hall.

[39]Zeff. 1999. The Evolution of the Conceptual Framework for Business Enterprises in the United States, Accounting Historians Journal, 12.

English Abstracts of Mai n Papers

Financial Accounting Theory: Evolution, Inheritance and Possible Research Problem

Ge Jiashu & Du Xingqiang

The paper reviews the development of financial accounting theory from Sprague(1908) by five steps which include contribution of scholars, accounting standards-based accounting theory studies, the period of basic accounting postulates and the rise of positive accounting research, research on statements of financial accounting concepts and the rapid development of positive accounting theory, and improving business financial reporting and the prevail of positive accounting theory. Based on the development of financial accounting theory, this paper insists on the thought of inheritance and development, and simply summarizes some future possible research problems.

(原载于《会计研究》2009 年第 12 期)

42 正确认识财务报表的计量

葛家澍

摘　要:本文试图探讨如何恰当地选择资产的计量属性。文章提出了三点可作为恰当选择计量属性的标准,同时也评论了IASB工作人员起草稿中的"计量因素",分析了把它作为计量标准的选择的恰当性。本文的写作受到IASB staff paper的《财务报表计量》稿(2009年6月)的启发,并反映了该稿的若干观点。

关键词:概念框架;财务报告;计量单位;计量属性

一、在市场经济(商品经济)下,财务会计的计量单位必然是货币,计量属性则是市场价格

从2009年起,IASB和FASB联合制定概念框架进入计量阶段的研究。2009年6月,IASB的工作人员曾提供第5章在财务报表中计量的意见(Staff Paper)作为IASB会议议事日程的参考资料。鉴于金融危机爆发的2008年,西方银行界对于按公允价值计量金融资产与金融负债引起的轩然大波,可以肯定,IASB与FASB有关财务报表计量属性的采用,必然采取十分慎重的态度,而不会轻易发出哪怕是"初步意见"(讨论稿)的文件。

在财务会计中,计量原是财务报表列报(也包括日常记录)中一个核心问题。不能可靠地计量,就不能在报表中确认,对财务会计来说,不是任何计量单位和计量属性都能符合计量的要求,它所采用的计量单位必须是货币(观念上的货币),这是不能由会计人员任意选择的。原因在于:财务会计所记录和列报的事物,是作为价值物的商品和引起价值物变动的交易与事项。任何商品都是使用价值与价值的统一。人们能够看得见摸得着的只是千千万万、形式各异的使用价值,而与商品共存的价值,却不管怎么把商品颠来倒去,都看不见、摸不到,当然也数不清。可是,企业持有的各种商品,会计又必须予以量化,提供各种量化信息,并要它既能汇总,又能浓缩,既能分列又能合并。于是,只能寻求不同商品能够量化的价值予以计量。在商品经济或市场经济中,恰恰有一种特殊的商品——货币可以统一计量所有商品的价值。于是,货币就成为商品价值的共同计量尺度。而且,迄今为止,没有别的任何计量单位可以取代货币来计量商品的价值。马克思在《资本论》中深刻地指出"货币是价值唯一可以捉摸的形式";早在公元前6世纪,有人问古代亚细亚哲学家阿那卡雪斯:"为什么希腊人用货币?"他回答说:"为了计算。"货币作为商品价值的计算功能,连古代的哲学家都意识到了。但是,单凭货币计量单位,还不可能完成计量一项资产或负债的任务。更重要的是需要计算出这项资产值多少货币,即资产或商品的价格。在价格由谁决定的问题上,不论马克思主义经济学或西方古典和现代经济学,认识都是基本一致的:价格必须由而且只能由商品交换的买卖

双方通过市场决定。例如,现代主流经济学的代表美国保罗·萨缪尔森与威廉·诺德豪斯合著的《经济学》(第16版)就明确写道"市场是买者和卖者相互作用并共同决定商品或劳务的价格和交易数量的机制"。美国财务会计准则委员会(FASB)在2000年2月发表的第7号《财务会计概念公告》中也说:"尽管管理层所作的预测通常是有用的,是富有信息含量的,市场才是资产或负债价值的最后裁决人(The final arbiter of asset and liability values)。"其实,早在1961年,AICPA会计研究部主任莫尼茨(Maurice Moonitz)所写的《会计研究论文集》(ARS)第1号就认为市场价格(market prices)是由环境决定的。他认为,"会计数据是以过去、现在的价格为基础"(ARS No.1,p.37)。任何一项会计基本假设都被认为是不言自明的公理,是会计赖以存在和发展的基本前提。

二、市场价格存在多种形式

市场价格指在商品交易中,由市场参与者的买方和卖方共同决定,在原则上不损于买卖任何一方(即照顾到双方利益)而做出的公允定价。在广泛的意义上看,凡是由市场决定的价格都是公允的。经验告诉我们:市场有多种功能,其中之一,是以价格形式传递信息。只要严格地按照公开、公平、公正的市场定价循序,则不同的东西,其价格应不会相似,而相同的东西,其价格也不应有所不同。市场价格实际上已反映了市场参与者的共同判断。共同判断乃买卖双方讨价还价的结果,即既不使自己利益受损,也要照顾他人的利益。共同判断必然对一项商品的效用、未来现金流量及其不确定性做出了深思熟虑的考虑。所以,在理论上,如果排除所有其他因素,则买方的买入价应等于卖方的卖出价。正如W.A Paton和Littleton在1940年《公司会计准则导论》中提出的"价格积数"(数量×价格),既可代表买方购入资产的价值,又可代表卖方售出该资产的收入。但是,事情并非如此简单。比如,从时态看,就有过去、现在,甚至于未来三种市场价格。虽然未来的市场价格是一种预期发生的交换,但可能性还是存在的,更重要的就每时态的市场价格看,买入价和卖出价(脱手价)并不总是相同。因为市场价格只规定商品买卖即资产买入卖出的成交价,已成交的商品,仍有一个在何时何地交货,由此发生的运费、税费和及其他支出应由何方负担的问题。如果在成交时双方协议:该货物由买方自己到卖方产品仓库取货,由此发生的一切费用均由买方负责,这样,成交达成的市场价格将全部构成卖方的脱手价,而买方为取得该资产尚须支付从发生之地到本企业原材料仓库入库为止的一切费用,这些买方资产的买入价将高于成交的市场价。反之,如果购买是一台车床,按照双方协议,该车床必须由卖方运抵买方车间,经过安装检测,证明该车床安全可靠并符合卖方承诺的(买方同意的)加工质量,这时买方才同意接收并付款。这样,所有这些运输、安装、检测等费用将由卖方承担,卖方的脱手价应扣除这些费用,从而低于成交价。总之,无论过去和现在的市场价格均应细分化为"买入价"与"脱手价",因为这两种价格经常不等,有时即使企业买进是一项全新的资产,如果因不适用而企图脱手,脱手价也往往低于买入价。

以上主要是资产①的初始计量,即初始确认时采用的计量属性,初始计量后的资产不少尚需要后续计量。后续计量又分"新起点计量"(fresh-start measurements)即完全否定初始计量或此前的计量,而重新开始计量,以及一般的重计量(re-measurements即对初始计量进行调整或减值或增值),因此又会出现一些旨在进行资产价值调整的计量属性。对此,提供IASB会议议事日程参考资料的工作人员意见(staff paper,第5章财务报表计量,2009年6月)有较为详细的建议,下一节本文将予以评介。

① 本文将不讨论负债的计量。

三、可供选择的计量属性——IASB staff paper 第 5 章财务报表的计量(2009 年 6 月)

根据现有的 IASB 的编报报表框架和 FASB 的财务会计概念公告,可供选择的计量属性一般有 5 种:(1)历史成本;(2)现行成本;(3)现行市场价值;(4)可实现的净收入;(5)未来现金流量的现值(见 FASB Concept No.5,para.67)。但按 IASB Frame work,para.100,可供选择的计量属性只有历史成本、现行成本、可实现的净收入和现值 4 种。最近,IASB 公布的会议议事日程参考资料——工作人员的意见(财务报表的计量,2009 年 6 月)正是基于市场价格为基础而提出计量属性的新见解。例如,他们建议,在混合计量中报告体系可用的计量可列表如表 1(见 IASB meeting staff paper M233):

表 1　当前计量和非当前计量的比较

当前计量(current measures)	非当前计量(non-current measures)
现行价格(current prices)	过去价格(past prices)
现行购入价(实际或估计)current entry price(actual and estimated) 现行脱手价(估计的)current exit price(estimated)	过去购入价(实际的或估计的)past entry price(actual and estimated) 过去脱手价(估计的)past exit price(estimated)
现值估计(计算)(present value computation)	调整的过去价(adjusted past prices)
在用价值(value in use) 以金额为基础的公允价值(fair value based amounts)	累计数或增值数(accumulated or accreted) 分配数或摊销数(allocated or amortized) 合并数(combination)
其他指定的现金估计(other prescribed present value computation)	未折现的未来现金流量(undiscounted future cash flows)

staff paper 首先把计量分为当前计量和非当前计量(即过去计量)两类。前者形成当前信息(或预期可实现的信息),后者提供历史信息。当前计量主要由现行购入价(买入价)或现行脱手价(销售价)为计量属性;非当前计量则主要由过去的买入价或过去的脱手价为计量属性,有一定的新意。这是对当前财务会计界流行的两类计量的分类和概括。由于会计实务中的流行的会计计量属性比上述四种市价要复杂,所以,staff paper 又补充了若干计量属性,比如,当前计量可用"现值估计",而非当前计量则用调整的过去价对过去的计量予以减值或增值。

本文认为,一个完整的计量属性必须能用于取得资产的初始计量或后续时期新起点计量。前者如过去的价格和现行价格,后者为现行价格。如果属于现值估计,则 FASB Concept No.7 早已予以否定。"现值计量(如按 FASB Concept No.5,para.67e)是一种摊配方法,它被用于一项资产已按历史成本或现行市场价值予以确认和计量之后"(para.6)。至于各种调整的过去价格如累计数、增值数、分配数或摊销数、合并数等,而依存于过去购入价或过去脱手价的计量,它们不能独立成为一项计量属性用于初始计量。至于未折现的未来现金流量与已折现的现值具有相似的性质。在 staff paper 中还提到用于当前计量的在用价值,以金额为基础的公允价和其他指定的现值,其含义均不甚明确,我们很难判断其能否无条件作为一项独立的计量属性。但本文认为,这些计量是否属于计量属性并不重要,因为,在会计实务中,把它们运用于当前计量并不多见。

四、如何正确选择恰当的计量属性

研究计量属性的主要目的,应是指导我们怎样才能正确地选用恰当的计量属性。财务会计作为一个以提供财务信息为主的经济信息系统是由两步确认(记录与计量、列报与计量)和表外披露等程序共同组成的。财务报表的目标,也必须由这些程序相互配合、有机运作来完成;同时必须保证加工信息的质量,否则,目标也会落空。在这些程序中,两步确认都离不开计量,不进行计量或者没有可靠的计量,就不可能进行确认。如果不能在财务报表中确认会计要素及其细化的信息,财务会计还能向报表使用者提供什么有关特定企业的资源、资源主权及其变动的量化信息呢?这些信息对经济决策和评估一个企业管理层受托管理财产是否安全有效至关重要,与人们能否选用恰当的计量属性息息相关。虽然作为会计规范的企业会计准则在指导会计信息加工走向真实与公允,但会计准则不可能规范各行各业、千差万别、事无巨细的交易与事项。会计选择无所不在,可以毫不夸大地说,在各种会计选择中,会计计量属性的选择是最重要的会计选择之一。

就资产来说,尽管企业持有形形色色的资产,但怎样选用恰当的计量属性还是有三个基本标准应当予以考虑。第一,应当更好地完成财务报告中财务报表的目标;第二,应当达到财务报表信息的质量特征,尤其是两个基本质量要求;第三,应当考虑企业持有该资产的经营意图以及该资产本身的特征。

(一)企业财务报告(财务报表)的目标

企业财务报告(财务报表)的目标通常可分为两个:一是对投资人、债权人和其他资金提供者提供有助于投资、信贷和其他资源配置决策所需的有用信息;二是投资人用于评估企业管理层经管企业资源应负义务与责任即受托责任是否有效履行,从而也会做出人事调动经管政策调整和对管理层的奖罚决策。

为了达到这两个目标,财务报告必须提供下列信息:(1)有助于评估该企业过去、现在和未来现金流量的信息;[①](2)有助于评估管理层受托责任的企业财务状况和经营、投资与理财的业绩。

对于重视决策有用性的使用者,可能更关注预计未来现金流量的金额,时间安排与不确定性,而对于重视评估管理层受托责任的使用者,可能更关注企业的财务状况与经营、投资和理财业绩。其实,不论为了达到上述目标中的哪一个,这两项信息都是缺一不可的。

---

① 当前的财务会计概念框架中,在谈到使用者普遍关注一个企业现金流量时,都着重强调企业未来现金流量的前景或企业创造未来现金流量的能力,没有像本文提出在估计未来现金流量时,还应当关注过去(历史的)现金流量和当前的现金流量。在时间序列上,过去、现在和未来,是企业现金流量曾经是、现在是和未来将会流动的轨迹,它们是不应割裂的。可是有些经济与会计的理论家与分析家为了适应报表使用者面向未来进行决策的需要,他们不仅对有关企业历史的现金信息嗤之以鼻,即使对当前的现金流量信息也不屑一顾。他们只去解释或预测没有发生或不存在的现金流动信息,殊不知,不了解过去,如何解释现在,而不立足现在,怎样预测并判断未来(不确定和风险)?所以,人们看问题和分析问题,必须坚持辩证法,不要搞形而上学。2009年12月17日,著名的产权经济学家和新制度经济学家张五常在厦门大学作一次演讲,他讲演的主题是经济学家一定要研究真实的世界并加以解释,而不应企图解释没有发生或不存在的经济现象。他毫不客气地批评刚过世的西方经济学权威萨缪尔森,他说萨缪尔森是诺贝尔奖得主,他还培养过五个诺贝尔奖获得者,在他死后,赞誉之声,排山倒海。然而张五常严肃地说:萨缪尔森生平作了很多推断,“却没有对过一次,全部都错”。这不值得人们深思吗?(张五常先生的演讲摘要见《厦门日报》2009年12月18日第6版)

(二)对决策有用的财务报表信息质量特征

对决策有用的财务报表信息质量特征可分为基本特征和增进的质量特征。前者有“相关性”与“如实反映”,后者有“可比性”、“可稽核性”、“及时性”和“可理解性”。[①] 不论符合信息质量特征的哪一类,离开相关而可靠的计量,是根本不可能的。因此,计量属性的选择最好符合全部信息质量特征,至少必须符合基本的信息质量要求。

(三)必须取决于计量对象如资产的预定用途、性质和特点

在理论上,企业持有的每项资产,最终都应能带来现金流入,然而这要看企业持有该资产是否为了出售而买入,即其预定的用途是持有该资产为了在有利条件下取得最大化的脱手价格(即现金流入)或是持有该资产为了同相关联的资产相配套,形成生产要素,然后投入生产,创造出新的产品或提供新的劳务,从而通过市场交换,取得销售收入即现金流入,在补偿生产正常成本之后,实现资产增值即利润,在无风险的条件下,企业的利润就是企业经营赚到的现金净流入。任何企业,其未来的现金流入总不外乎:(1)由某些资产如金融资产直接转换而来;(2)由许多资产组成生产要素整体,当然还包括极为重要的人力资源,高新技术共同间接地形成。在现实社会中,除金融、证券和以投资为主的企业外,现金流入的来源都是许多资产共同作用的结果,而在这些行业例如工业、农业、商业、物流等部门,未来的现金流应是一个生产或经营结束所带来的经营(也包括投资、理财)业绩。

因此,资产在企业中的预定用途当然又决定于该资产的性质。例如钢材、车床等资产与金融资产具有完全不同的性质,前者肯定不是为卖而买而是作为生产产品的原材料和生产设备加以长期使用;反之,金融资产的性质决定它自然是为卖而买,即为投资而持有。因为除了在有利市场和有利价格的条件下把它出售为现金外,它基本上不能为企业带来其他用途。

总结上述三项基本标准,会计计量属性的选择可以分为两种类型应予选择的适当计量属性:第一,能够直接转化为现金的资产,应采用价值直接实现的当前计量的属性;第二,凡不能直接转化为现金的资产,则可采用价值先转移而后才实现的非当前计量属性。

关于当前计量。选择当前计量属性的资产,应当符合以下三个特点:(1)该资产一般是企业投资性资产,即持有它不是为了生产经营,而是为投入一定量的现金牟取更多的现金流入。典型的投资性资产包括权益性证券工具投资和债务性证券工具投资。(2)该资产不需要再加工,即可直接出售。(3)该资产有活跃的市场,有可观察的公开标价。

由于这类资产(除金融资产外,还有商品性房地产、黄金等)处于随时准备交易中,所以按当前计量即按当前买价或脱手价,特别是按脱手价计量,更加贴近这资产转化为现金的数额,符合资产的定义。当前可随时脱手资产若按当前市价计量,不论是企业的外部或是内部财务报表的使用者用于评估企业来自投资性资产的现金流量都是非常有用的。

但有些不需加工即可直接出售的资产可能单独不能出售或单独出售对企业不利,它需要与相关资产配套出售,例如一座码头虽已建成,但与之配套的仓库尚未建成,则码头就不利于单独出售(一是可能没有买主,二是卖不到有利的价格,将不能最大化现金流入)。

当前计量本身有一个重要特征,即需要在持有期间每个报告期,按新起点重新计量。例如1月1日持有一项权益性证券投资,按当日的市场脱手价格为10 000元;3月31日第一季末该证券的市场脱手价为12 000元,这时,金融资产要增值2 000元,当前脱手价格的变动产生未实现的持有利得2 000元也应在表内确认。通常有两个方法:第一,若该权益性证券工具投资是在交易中(in-

---

① 见IASB/FASB CF,The Objective of Financial Reporting and Qualitative Characteristics and Constraints of Decision-useful Financial Reporting Information,chapter 2(ED),May 29,2008。

trading),一般允许将 2 000 元未实现利得计入"当期损益",这样,在该企业第一季度的收益表中,既有已实现已确认的收益,又有未实现但也确认的利得 2 000 元;第二,若该权益性证券投资只是可供销售的证券,一般将 2 000 元未实现利得计入"其他综合收益",但其他综合收益最终仍归入资产负债表中的净资产。

上述会计处理在表面上似乎有些问题,特别是将未实现的利得计入当期损益似乎有悖于会计的惯例即收入只能确认已实现的,不应包括未实现的(即使可实现也仍然属于未实现)。但具体情况要具体分析。从会计准则看,未实现的利得计入年终损益已有"外汇汇兑损益"的先例(如 IAS No.21,para.10),会计原则上不允许估计,但少量的必要的相对可靠的估计也并非绝不能在表内确认。在这个问题上,存货在年终报表中按成本与市价孰低则率先就冲破上述惯例,比年末未实现的"汇率损益"在当年损益中确认更早(当然,存货重估价在报表中确认的,基于谨慎原则只限于跌价损失,不确认市价高于成本的利得)。

现在,我们考察的是指初始确认按当前市价计量,在持有期间,每经过一个报告期,都按新起点重新计量,由此发生市价变动,即产生未实现的价格变动的利得和损失的一类资产如金融资产,在这些资产重计量发生的当前价格变动(不论按当前买入价即"现行成本"计量,或按当前脱手价即"公允价值"计量,都有这样的问题),是否应在收益表或综合收益表中确认的问题。我认为,这要根据市场情况和当前计量采用的市场价格是否代表正常的、公正的、被市场参与者普遍认可的价格两个因素来决定。

如果市场正常,即没有经济或金融危机,该金融资产又有活跃的市场和有序交易,当前的价格是可观察的,可代表正常条件下的公开标价,则发生的价格变化就属于正常的价格波动。即使未实现的利得或损失,也是一种可实现的利得或损失(例如,即使不在报告日出售,而过一段时间脱手,大体上也接近于报告日的脱手价)。因而,在报告日,尽管这种利得或损失是未实现的估计数,由于贴近不久脱手时的实现数,所以,在综合收益表中,甚至在收益表中予以确认,仍然可视为如实反映!

如果市场不正常,如 2008 年起出现的全球金融风暴,该金融资产已无活跃的市场和有序交易,即使能观察到市场少量的成交价,很可能已不能代表正常的当前市价而是在卖方非自愿情况下的恐慌脱手价。在这种情况下,按 IASB 2009 年 5 月 ED《公允价值计量》或按 FAS 157(2006 年发布,2007 年 11 月开始的会计年度执行),会计主体(脱手方)进行三级估计定价,即按主体自行输入,不可观察的变量估计公允价值即当前脱手价格,不论主体在估价时如何设法寻找可参考的市场公开标价,力求估价可靠,由于仍不是由市场决定的价格,其可靠性总不会高。在这种情况下,本文建议较好的处理是在表外披露当前的市价(不论来自三级估价或二级估价),同时披露当前计量(估价)与初始(或前期)计量的价格变动,即公允价值变动。这样既不影响资产计量和业绩计量的真实性,又向使用者在表外提供通过估计的当前资产计量和未实现的价格变动带来的可能利得和损失。总的原则是,我们并不隐瞒情况,在表外仍按当前计量,虽不能保证绝对真实可靠,但对决策者仍有一定的参考作用。1978 年 FASB 制定的 Concept No.1 中第 5 段曾明确指出"有些有用的信息在表内提供较好,而另一些信息只能在财务报告中而不是在财务报表内提供"。这段话,当时可能并非无的放矢,它就是预测到在市场不正常条件下只能由主体一方自行估计的信息的不正常情况。

关于非当前计量。大多数工业、农业等加工企业用现金购买其持有的主要资产,不是为了投资,而是为了生产经营。例如企业多数流动资产和固定资产都是企业为了在生产中使用而购入。企业不企求这些资产转化为现金,而这些资产也不大可能单独地不需加工即可转换为现金流入(当然,一个企业如有多余的不需使用的材料或设备,也可出售,但由于一般并无活跃市场和公开标价,其变现并不容易)。这些资产的特点是:共同组成生产要素,再加上人力资源,由管理层把它们组织起来,变成现实的生产力,用以生产产品或提供劳务并创造新价值。最后,产品(劳务)被市场参与者购买，产品和劳务才能将其价值转化为销售(脱手)价格，取得现金流入。

只要市场正常，不出现物价激烈的变动，上述资产按非当前计量(即过去的买入价格)是恰当的。这样做，有四个好处：第一，初始确认按当前的买价计量后，只要它们仍在使用中，它们将不再需要在每个报告期进行新起点后续计量。这样，其价格就不再受以后市场的各种变量如价格、利率、汇率的变动而变动，将大大节约信息加工成本。第二，在从投产开始到产品完工销售为止，企业一方面可以汇集并分配生产中的各种耗费，逐步累积为产品(劳务)的成本，成本可代表管理层的努力，而且是管理层可控的努力(即不受上述市场不可控变量的影响)。第三，产品或劳务能够转化为多少现金流入，主要决定于市场(市场是加工公平的最后裁决者)。第四，通过配比，即将收入中扣去成本，既保全了资本，又反映新增价值被市场认可的现金净流入。

非当前计量对实现财务报告两个目标中的任何一个都是至关重要的。从决策有用性看，他们虽关注企业未来的现金流入，但除非是金融资产占企业资产很大比重，企业的核心业务是投资而不是生产经营，他们当然更关注当前计量的那些随时可变现的资产；否则，他们也会关注一个企业整体的、以生产为核心业务形成的产品或劳务带来的现金流入。很显然，不论在哪一个国家，生产企业都是现代企业的主流。我们承认，金融证券和投资行业在国民经济中的能量很大，它们的兴衰，常常成为市场兴旺和衰退与否的晴雨表。然而，这些行业的职能主要是进行社会资源的分配与再分配，它们并不创造财富和价值(至少不直接创造)。因此，工业、农业、商业和其他加工运输行业总是生产和创造社会财富的源泉。再从评估管理层的受托责任看，非直接计量必不可少，只有加工完成的产品与劳务是按当前计量确定其脱手价格，即按当前脱手价格计量出售的产品(劳务)，又按销售发生日的当时买价分别计量所购入的生产要素的耗费(即非过去计量)配比，则会计就能顺利地确定反映一个企业的财务状况与经营业绩，这样，既能如实地反映管理层在生产业务(核心业务)中的实际努力(按过去价格计量生产要素耗费而积累的实际成本)，又能反映在该业务中取得的实际成就(按当前脱手价格取得的收入)，除非物价变动，生产要素不按当前计量就不能保证"实体保存"外，如果生产要素的耗费也按当前计量，而不是反映购买时的实际耗费将使正确的成本计算不可能进行，配比的要求也被取消了。

非当前计量并非不需要后续计量，只是不需要在每个报告进行新起点计量。对于非当前计量的资产来说，它们需要的后续计量，一般属于对过去计量的调整，如在报告日也需要对应收款项计提坏账损失，对厂房设备等固定资产计提折旧费用，对无形资产按规定进行摊销，甚至，在必要时(账面价值长期高于实际价格的条件下)应计提资产的减值准备，等等。然而，这些重计量都不是后续的新起点计量，而是依存于原先计量资产的价值调整。所以，不应视它们为独立的计量属性。更确切地说，大都属于分配和摊销的方法。

五、对 IASB staff paper 提出的用于选择财务报表计量属性的计量因素的简要评价

在 2009 年 6 月 IASB staff paper 第 5 章 ME24 中，提出"计量因素"(measurement factor)作为选择计量的标准，该 staff paper 提出了"价值实现"(value realization)、成本、信任水平(confidence level)、一致的计量(consistent measures)和收益部分的可分解性(separability of income components)等五个计量因素(见 staff papers ME28)，其中第一个因素就是可直接转化为现金流的当前直接计量，而成本则是指非当前计量的过去的价格，信任水平则是计量结果得到使用者的信任程度，这里研究的是计量的相关性，但并没有讲清楚为什么信任水平只指相关性而完全不提如实反

映。一致的计量实际上并不可行,因而 staff paper 也承认对任何具体计量来说,不是一个问题,至于最后一个因素,只是选择当前计量时才应加以考虑,而对非当前计量(总是若干资产共同产生现金流)并不成为议题(因为没有必要、也不可能分解一个主体的收益由共同参与创造收益的资产各自创造多少)。上述因素说到底,就是或按当前价格(即价值实现),或按非当前计量(即成本)两种计量。

本文认为,加入这些因素并没有使财务报表计量的选择更加容易、明确与可行。会计计量本来是较为复杂的一个会计程序。正确地选择资产和负债的计量属性更为困难。财务概念框架的任务应当使复杂问题简单化,使会计选择标准容易理解和执行。从这一点看,IASB staff papers(2008年6月)第5章"财务报表计量"似乎尚需进一步研究。

参考文献:

[1]葛家澍,徐跃.2006.会计计量属性的探讨.会计研究,9.

[2]FASB meeting staff papers.Conceptual Framework for Financial Reporting Chapter 5:Measurement in Financial Statements.

English Abstracts of Main Papers

Maintain a Proper Recognition of Measurement in Financial Statements

Ge Jiashu

I wrote this paper being inspired from IASB's staff papers in June 2009 ("measurement in financial statements"), and some view paints of my paper stem from the staff paper. This paper attempts to research how to make proper choice of accounting measurement attributes for assets. The paper offers three criteria for proper measurement attributes choice and assesses the suitability of "measurement factors" as a criterion for measurement attributes choice.

(原载于《会计研究》2010年第8期)

43 反映企业的经济真实:会计信息的基本要求

——国际金融危机的启示

葛家澍

摘　要:有用的财务会计信息是反映一个企业经济真实的信息,即财务报表必须按“真实与公允”的观点反映一个企业的经济。在财务报表中,历史信息是最基本的信息,这类信息反映过去的经济真实。财务会计信息并不排除必要的估计和期望信息,这类信息一部分是历史信息的必要补充,目的在于考虑到若干风险和不确定性而调整过去的计量,另一部分是产生于金融资产和金融负债的相关计量属性,如公允价值。公允价值要反映当前的经济真实,应当满足以下条件:(1)市场是正常的;(2)该证券的当前脱手价是市场可观察的公开、公正的标价;(3)该价格只能由市场决定,为市场参与者共同认可。

关键词:会计信息;经济真实;历史信息;估计与期望信息;国际金融危机

中图分类号:F230　　**文献标识码:**A　　**文章编号:**0438-0460(2011)01-0016-06

引　言

两年来的金融危机,使全球经济发生一次大衰退,同时也对市场经济的结构和机制进行了一次清洗,使人们更明确了什么是需要改组、调整的。财务会计,作为一个立足企业面向市场(主要指资本市场)的经济系统,也更明确了它的主要矛盾和值得改进的关键所在。长期以来,人们都认为“确认”(recognition)是财务会计特别是编报财务报表的关键步骤,而金融危机凸显出的财务报表的核心问题却是“计量”(measurement)。美国FASB最早发表的财务会计概念公告第3号《企业财务报表的确认和计量》,安排确认部分有33段,计量部分只有5段。而且计量只是作为“确认”的四个基本标准之一——“可计量性”(measure ability)来表述的。

2008年金融危机发生之际,恰好是美国FASB第157号财务会计准则《公允价值计量》全面执行之年。由于金融工具的活跃市场和有序交易逐渐消失,受顺周期影响的公允价值普遍下跌,致使持有金融工具比重较大的银行、保险、证券等金融企业的财务报表,若按已不能代表客观、公正的公允价值计量和确认,必然产生资产价值的大幅度下挫、收益(含已确认的公允价值变动损失)减少(甚至亏损)的财务报告,导致金融企业的“经营失败”。于是,在国际金融界与国际会计界之间,出现一场罕见的轩然大波,以公允价值为代表的当前计量遭到了激烈攻击。笔者在一些其他文章中明确表示:公允价值并不会由于金融危机受到批评而变得一无是处,也不会由于美国SEC在《调到市价会计的研究》的报告中为之百般辩护而能掩盖其固有的缺点,公允价值作为当前计量的一项重要计量属性,仍有其英雄用武之地(比如在市场经济去危机化时代,应用于有活跃市场、有可观察的公开公正的市场报价的那些资产,仍然是相关的)。

经过金融危机的洗礼,不仅使我们更加认识到计量在财务会计与财务报告中(尤其是在财务报表中)的重要性,而且使我们进一步认识到,计量与会计信息质量特征的紧密联系,从而更加明确财务会计与报告按其本质来说,主要提供什么信息,次要提供什么信息。

一、财务会计信息的基本要求

如果把财务会计作为一个以提供特定企业财务信息为主的信息系统,那么,财务会计的目标应当体现财务会计信息的基本要求,即提供对经营与经济决策有用的信息(to provide information that is useful in making business and economic decisions)(FASB' Concepts No.1,Highlights)。然而,这样的目标,本身也是假设,而且比较抽象。所谓决策有用,对所有使用者(决策者)并非一致。同样的会计信息,例如"企业每股净资产 1 000 元",对甲可能是能带来具有决策差别的信息,而对乙,由于早已从其他渠道得到此信息,其信息含量将等于零。但如果上列信息是经过可靠的计量、如实的分类、正确的浓缩和真实计算的结果,那么,这一信息就是正确反映企业经济真实的信息,就能够帮助所有使用者正确了解企业的财务状况和经营业绩,对所有使用者具有相同的用途。而这正是人们对财务报表和其他财务报告提供信息的基本要求。

反映企业经济真实①是企业财务报告目标的具体化,它把有用的信息落到实处。不论在哪个历史阶段,人们对会计的要求总是希望它如实反映个人或企业的真实经济活动和在此活动中财富消长变化的真实数量。会计在任何时候总是帮助人们记录、计算和了解财富变动的手段。没有准确的财富数字,生产、分配和进行任何使财富增长的决策都不可能。一个国家的财政部长,如果不掌握准确的财政收支及其结余情况,他能按这个项目和那个项目随意进行拨款吗?同样一个企业的经理和财务总监,它不切实了解企业的财务状况和财务业绩与现金流量,他们能够随意做出经营、投资和发展的决策与规划么?任何一个投资人如果他从企业财务报告上得到的数字是不真实的,大多是估计的(更不用说是虚假的),他能做出合理的购入、抛售或持有企业证券的决策吗?这是很明确的基本道理。会计,从它发生开始,人们赋予它的任务,就是准确地记录和如实地报告。我们很难设想,直接关系到人们切乎利益(财富)的会计数据不真实,还有什么真实的经济数据与信息!可是"可靠性"(如实反映)的重要性却被"相关性"所挤压!

二、历史信息是财务会计的基本信息

反映一个企业经济真实的信息,主要是企业已发生而不是期望或估计的信息。这种信息所描述的交易事项是已确定了的(包括时间安排和金额),有凭证为依据,以发生的事实与数量为准绳。这只能是历史信息。历史信息的主要质量特征是可稽核性,如实反映和不可更改性(至少不易篡改),同时,它也比较容易实现不偏不倚(公允性)。在许多人看来,历史信息是事后的信息,是"向后看"而不是"向前看"的信息,似乎与决策无关。其实,所谓历史信息,不是指几十年前"陈年老账",

① A.C.Littleton(1953)认为探求真相(truth finding)和反映真实(truth reflecting)是会计职能(the function of accounting)的两个主要部分。Arthur Levitt(1998)列举的一个反映财务真实(the representational faithfulness)的例子则认为是高质量财务报告的范例。可见,反映企业的经济真实,才说明会计信息最符合会计目标的要求。

而是包括与当前(例如报告日)相毗邻的前一时点的信息,如果说报告日是12月31日,那么,12月30日发生的交易与事项就是“历史”。即使报告日的信息,在报告日后一天如次年1月1日来看,当前的信息也变成了历史信息。“当前”只是一个瞬间,之前都是“历史”,之后则是未来。所以历史信息是一个持续经营企业中的已发生交易和事项的全部事实,它是当前和未来的起点,离开历史,即脱离已形成的“事实”,绝不可能正确地选择并判断未来的活动方向,也难以正确地预期未来的业绩,因为许多交易和事项虽发生于过去,却完成于未来,即使已在过去完成,它也能给予人们以正确的经营和错误的教训。“以史为鉴”,无论对国家、对企业、对个人的任何活动,都有重要的意义。何况,财务会计提供的历史信息,反映的正是所有与企业有利害关系的人们都会关注的企业实际的财务状况、已取得的实际业绩和已发生的现金流量。而且,历史的信息还有证实证伪的作用,即它是评估前一段时期企业计划或预期活动目标的唯一依据或证据(预期业绩与实际业绩有无偏离,偏离的数量与幅度,偏离的原因,都要通过历史信息与预期信息的比较分析中寻找)。FASB的Concepts No.1在指出历史信息具有事后信息的局限性时又说“但其用户可借以预测未来,或用来证实或推翻以前的预测”(FASB Concepts No.1,para.21)。当然,这并不等于说,借助于历史的信息就能直接预测未来,然而过去总是未来的预测起点和基础。历史信息必然采用非当前计量,即交易和事项发生时双方同意采用的当时的市场价格或双方协商一致的价值,这种计量的特点是公允,即对双方都有利。因此,历史信息代表一种客观的信息具有较高的可信性。

前已述及,人们创立簿记与会计,主要就是为了保护财富及其变化的安全,并获得可靠而正确的数据。会计这一功能,应视为会计的基本功能。过去、现在和将来都不会改变。市场经济发展的经验告诉我们,凡是出现财务欺诈和伪造企业的经营假象的丑恶现象,其后果都会引起市场混乱甚至导致经济与金融危机,给人民带来难以估计的灾难。20世纪30年代初经济大萧条的诱因之一,就是在20世纪20年代,美国总统柯立芝实行市场经济的放任自由政策,致使一些上市公司编制的虚假报表,成为充斥市场误导投资人的错误信号而无人监管。两年前发生的国际金融危机,其导火线在一定意义上也可上溯到20世纪末21世纪初安然、世通等财务欺诈所造成的恶劣影响。至于金融工具采用公允价值计量和列报,其是非功过姑且不论,但在金融界看来,至少在危机时代,由于顺周期效应的影响,以公允价值计量的金融工具市价普遍下挫,对于仍持有这些资产和负债的企业,按已不公允的当前脱手价计量,由此表现出其流动性下降,甚至经营失败,不能不说公允价值计量一定程度上起了“助纣为虐”的作用。反过来看,若按历史成本或其变形——摊余成本(amortized cost)计量,就不太容易引起人们对报表信息可靠与否的争议。

由此可见,财务会计,特别是财务报表,基本上应当提供也可能提供历史的财务信息,这是包括财务会计在内的会计的内在特点与社会需要所决定的。事实证明,历史信息的可信性经得起市场经济大风大浪的考验。它的这一特点和优点的树立,绝不是起因于少数人的吹捧,因而也不会由于它的这种“局限性”,而在会计的历史舞台上像“现行成本”信息那样“昙花一现”。

三、当前和期望信息是财务会计信息的必要补充

财务会计所提供的信息虽然主要是历史信息,是对已发生的交易和事项的真实描述,但也不排斥必要的估计与预测信息。金融创新出现以后,不少企业,尤其是金融企业都持有金融资产和金融负债,这些资产与负债主要按当前计量(当前脱手价格计量),产生非历史信息(带有估计性和期望性)。即使是一些非金融资产和非金融负债,在实务上都按历史成本计量以后,估计也还是存在的。

例如外购资产,虽然其价格是由市场(或至少由买卖双方)决定,但构成外购资产的历史成本

(取得该资产的全部价格)除资产的买价外,还包括一些运杂费,其中有些运杂费可能属于几种资产运输过程中发生的共同费用,且不能直接分配于某一资产而只能按某一比率进行分配,而分配就是一种估计。在企业生产经营过程中,需要分配和摊销的,至少有固定资产和无形资产的价值,即使流动资产,如存货与应收款项,有时也需要估计。按照谨慎惯例,存货在期末通常按成本与市价孰低在资产负债表中列报,应收款项则应按分析具体客户的信用状况和偿债能力,提取坏账准备。这些都不是基于已发生的交易或事项所作的计量调整,因而不可避免地带有主观估价性。所以,纯粹的历史成本计量模式或单一的历史信息,在财务会计包括在以前的会计中早已不存在了。本文强调历史信息的必要性,也只是说这种信息应当是财务会计信息的主要特征,构成财务会计的基本信息。无论过去、现在还是未来,财务会计信息从来不是也不可能是单一的历史信息。这也是财务会计的目标——向用户提供对决策有用信息所决定的,历史信息反映企业的经济真实,所以它是有用信息,必要的估计信息作为对历史信息的补充,同样是有用的。历史信息起因于人们对持有财富及其变化的真实性的需要,必要的估计信息则起因于财富的变化(由交易和事项所引起,并依存于不断变化的市场经济)存在着风险和不确定性。审慎地估计必要的风险与不确定性,进行合理的调整,也是反映企业经济真实的需要。

金融创新产生了金融工具和衍生工具等新鲜事物。在现代企业中,拥有金融工具的企业虽然不是大多数,但这类企业在金融行业(如银行、保险、证券和其他以投资为主营业务的行业)中却举足轻重,且对市场影响能量很大。对于持有金融资产(当然也包括发行金融工具从而形成金融负债)的企业,一般说来,是为了投资,即旨在通过出售此类资产,可以取得更多的现金流入。但是,根据所持有的金融资产的特点和管理层对风险的态度,这类企业又可分为两类。一类是管理层属于比较稳健的投资者,缺乏敢于冒高风险而获得高报酬的胆识且所购买的金融资产又是有固定到期期限和稳定利息收入的债券工具。这一类企业所持有的投资工具则一般可按"摊余成本"计量,虽然每年年末的摊余成本是可变的,但其变动与该证券的市价变动无关,仍属于变形的历史成本信息(除应用"实际利率"外,不带有估计性质)。另一类是管理层属于风险爱好者,期望在证券买卖上获得额外的报酬(更多的现金流入)。这样企业持有的,将是无到期日期亦无固定利息收入的权益证券工具,这类投资工具只能按公允价值计量。后一类投资,在一定程度上带有投机性质。投资此类证券,乃是一种博弈活动,只要证券仍为投资者所持有,按计量日的公允价值计量,显然只反映期望的而不是现实的变现(脱手)值,因为企业于报告日并不存在脱手的实际交易,其估计性质是不言而喻的。然而,如果市场正常,这类证券的脱手价格在短期内(在两个计量日之间)将不会出现超常的意外变动。那么,我们仍应肯定它能反映当前的经济真实,至少具有相对的可靠性。如果认定这种信息也是透明信息,应当不会出现什么争议①。

由此可见,现代财务会计有两类估计信息。一是按历史成本计量的资产和负债中,为了反映风险和不确定性而对历史信息进行各种调整,使之更加符合企业经济的真实,这种估计密切依存于历史信息,只是作一些必要的补充。二是须按当前计量(如公允计量)的特定资产与负债(金融资产与金融负债),由于它们随时处于脱手(变现)之中,按活跃市场和有序交易中的可观察的、反复多次出现的、为市场参与者公认为可接受的公开标准计量,虽然缺乏实际交易为基础,仅代表一种期望值,

① 在2008年,国际金融界强烈反对采用公允价值。美国SEC在其送美国国会的报告《调到市价会计的研究》中,反复强调按公允价值计量能提供透明的信息。对于SEC的论断,许多人不以为然,因为2008年9月(雷曼兄弟投资银行申请破产保护)是金融危机的高潮时期。那时,市场已不活跃,交易变得无序,在此情况下取得的当前脱手价格,不用说三级估计求得,即使来自一、二级估计,也不能代表正常情况下的公允价值。本文肯定公允价值能获得透明信息,在一定程度也能反映企业的经济真实,但有一个重要的前提,即市场已回到景气时代,金融工具又呈现有序交易,其公允价值恰能代表可观察的活跃市场上的公平、公正的报价。

但这种期望值与随着计量日的变动而变动,代表着可实现的市价(与未来脱手时已实现的价格不致产生过大的差距)。因而这一信息,与历史信息相似,共同构成现代财务会计的必要信息。

总之,财务会计要求反映经济真实,其中既包括历史真实,也包含当前真实。我们肯定一切客观记录与报告,也包括必要的反映客观的合理估计,财务会计信息应当排斥的,只是无根据的主观估计(包括离开市场定价的企业自己定价)。真实(true)不仅要求正确即如实反映(faithfulness representation),而且要求不偏不倚(no bias)。

反映企业经济真实的信息,其实与英国提出的在财务报告中"真实与公允是至高无上"的观点(The true and fair view is overriding)意思一致。英国提出这一观点是1948年的《公司法》,但始终未作明确的解释。然而,至少从字面来看,是指财务报表的信息,必须真实而且不偏不倚。之后,对财务会计信息的最高要求又流转到美国。但美国审计师(CPA)的审计报告中关于"审计意见",只采用了"真实与公允"这一术语的后半段并改变了提法,即只使用"公允地表述"(present fairly)这段文字,其用意是审计师不对"真实地表述"承担审计责任。然而,即使在美国,保证财务会计数据的真实仍然是信息使用者对财务报表的基本要求,直到1966年,美国会计学会在其会计基本理论报告(ASOBAT)中提到会计信息准则才把"相关性"(relevance)列在"可稽核性"(verifiability)和"不偏不倚"(freedom from bias),即"真实与公允"之前。FASB于1980年公布的Concepts No.2继承了美国会计学会的观点,在论述会计的信息质量特征时也把"相关性"列于"可靠性"之前。我们认为,这一观点值得商榷。如果有关部门在制定会计准则或会计制度阶段,特别是设计一个企业财务报表的要素与项目时,毫无疑问,"相关性"是首要的考虑。因为这时并无定量描述,从而不存在可靠性的问题。如果此时也考虑可靠性,也是为了保证相关性,即该项目如不能可靠地计量,则该项目就不应作为相关信息而列为报表项目。但是,在会计行为发生之后,即企业已按照会计准则确认并计量交易和事项,通过正式记录而编报财务报表,则可靠的定量描述就极为重要,否则,即使是相关性很强的项目,如果不能真实而公允地进行量化描述,该项目相关性也变成泡影。

四、结论

2008年出现的国际金融危机再一次启示我们:在财务会计和财务报告中,向信息使用者提供一家企业经济真实的信息是财务会计的基本要求,符合真实与公允观点的信息,它是财务会计目标——决策有用性和评估受托责任——的集中表现。历史信息能反映企业的经济真实,它在财务会计信息中始终占据重要地位。财务会计信息并不排除必要的估计和期望信息。后者也能反映企业当前和期望的经济真实。对于按历史成本计量那些资产与负债来说,由于市场存在着风险和不确定性,必要的估计(用来调整历史信息)是不可避免的,也是必要的。对于按公允价值(当前脱手价格)计量的金融资产与负债来说,除持有债务证券投资,有固定的到期日和利息收入,可按摊余成本计量外,持有权益和其他证券投资,可按公允价值计量,但要使它反映当前的经济真实,应当满足下列条件:(1)市场是正常的;(2)该证券的当前脱手价是市场可观察的公开、公正的标价;(3)该价格只能由市场决定,要为市场参与者共同认可。

由此产生这样一个问题:在财务会计信息质量特征中,相关性(relevance)与可靠性(reliability)这两个基本质量,究竟哪一个更重要?这将是一个值得大家考虑,并进一步展开讨论的问题。

参考文献:

[1]汪祥耀,等.2002.美国会计准则研究与比较,上海:立信会计出版社。

[2]A.C.Littleton.1953.Structure of Accounting Theory,American Accounting Association.

[3]Arthur Levitt.1998."The importance of high quality accounting standards".Accounting Horizons,March.

[4]Davidson,Weil.1977.Handbook of Modern Accounting.New York:McGraw-Hill.

[5]FASB.1980.Concepts No.1,No.2.

English Abstracts of Main Papers

The Essential Function of Financial Accounting Information is to Reflect the Economics Truth of an Enterprise: Lessons from the Global Financial Crisis

Ge Jiashu

(Department of Accounting,Xiamen University,Xiamen 361005,Fujian)

Abstract:Useful financial accounting information reflects the economic truth of an enterprise, which means financial statements must reflect the economy of an enterprise in accordance with the principle of "truthfulness and fairness".In financial statements,historical information is the most essential information capable of reflecting past economic truth.Financial accounting information does not exclude necessary information on estimation and expectation which is on the one hand adjustment to past calculations made according to various risks and uncertainties and therefore may complement historical information.On the other hand such information results from relevant attributes of calculation of financial assets and liabilities,such as fair value.However,fair value,this paper argues,must meet the following requirements in order to reflect current economic truth:(1)there exists a normal market;(2)the current selling price of the stocks is observable,open and fair on the market;(3)and this price must be determined by the market and accepted by all participants in the market.

Keywords:accounting information,economic truth,historical information,information on estimation and expectation,global financial crisis

(原载于《厦门大学学报(哲学社会科学版)》2011 年第 1 期)

44

财务报告概念框架的新篇章

——评美国FASB第8号概念公告(2010年9月)

葛家澍　陈朝琳

摘　要:本文试图介绍并评论FASB第8号概念公告,这份公告包括两章来自IASB/FASB联合项目的成果。本文肯定了该概念公告的优点和特点,并得出结论,这份概念公告是高质量概念框架的一部分,是财务报告概念框架的新篇章。

关键词:FASB第8号概念公告;高质量;新篇章

财务会计与报告的概念框架(CF),是一系列由财务报告的目标和受目标决定的其他基本概念所组成的一套理论体系。目的在于指导财务报告的宗旨并为财务报告的报告主体、信息质量特征、报表要素、确认、计量、列报及披露提供基本的概念与原则。美国在1938年制定公认会计原则(GAAP)规范上市公司的财务报表之后,又在1978年11月率先制定财务会计概念公告(FASB Concepts Statements,即美国的CF)。至2000年2月共制定七份FASB Concepts Statements,这些文献几乎成为全球财务会计与报告的典范,一些国家先后效仿,发布了各自的CF。其中,IASB于1989年发布的《财务报表的编报框架》(IASB's Framework)和英国ASB于1999年发布的《财务报告原则公告》(The Statement of Principles for Financial Reporting)各有一定的特色。然而不论在广度和深度上都未能超过美国FASB Concepts Statements的水平。但由于IASB在2000年改组以后,其制定的《国际财务报告准则》(IFRSs)已逐步被国际社会公认为引导全球经济发展的会计准则。2004年4月,IASB即与FASB开始探讨制定一些趋同的准则项目,以寻求美国的支持与合作,并更好地吸收美国制定会计准则的丰富经验。当年10月,双方即同意把CF的制定纳入合作项目。IASB与FASB(两个理事会)决定,今后采取单一的概念框架并分八个阶段(即包括八个主题,分为八章),构成一个连贯的、协调的、内在一致的概念体系,近期可能只用于评估现有准则并发展新的准则,而长期,应成为指导以原则为基础的会计准则的基础。

人们对于IASB/FASB将联合开发出一套单一的、高质量的概念框架寄予很大的期望,在联合开发过程中,通过工作人员的反复讨论,两个理事会审查通过讨论稿(discussion paper)[初步意见(preliminary views)],然后再在吸取评论意见的基础上,通过公开征求意见稿(ED),最早完成ED的就是2008年5月发表的No.1570-100 ED《概念框架:财务报告目标与财务报告信息决策有用性的质量特征与约束条件》(要求2008年9月29日前结束评论,以下简称这份ED为No.1570-100)。过去两年以后,人们尚不知道,这份讨论稿是否形成一份联合概念框架的文件(当然只有目标与质量特征两个部分),这份文件是否"一稿两用"?即既是IASB的概念框架,也是FASB的概念公告,或者按其他形式正式发表?FASB于2010年9月发表第8号概念公告,与此同时,IASB也发表了2010年财务报告概念框架(Conceptual Framework for Financial Reporting 2010)取代原先的《1989年财务报表编报框架》,表明联合制定的概念框架在完成ED并听取反馈意见进一步修改后即"分道扬镳",但两者不仅"趋同",而且"一致"。这似乎出人意料,却又在情理之中。出人意料的是FASB完全采用联合制定的概念框架作为美国的新概念框架;在情理之中是,这样做可以避免

FASB被讥为丧失美国自己制定重要会计文献的主权且不致与美国2002年萨班斯-奥克斯莱法案(Sarbanes-Oxley Act of 2002)发生冲突。按照该法案第108节b款,既认可GAAP是美国的证券法规,又规定制定GAAP的机构必须符合5个条件,而符合这5个条件的正是美国的FASB。由于概念框架目前虽不是GAAP,不在FASB会计准则法典(FASB Accounting Standards Codification)之内,尚不具备GAAP的权威性,但今后,随着联合制定的整套概念框架的完成和美国今后制定会计准则的方式将完全由以规则为基础转向以原则为基础,那时的概念公告极可能纳入FASB的会计准则法典,不仅视同GAAP,而且将指导GAAP,其层次可能比GAAP更高。所以从长远的观点看,FASB不能不绕开法律的约束,趋同在于实质并不在于形式,况且联合制定的框架已经超越了"趋同",而达到"一致"(通过FASB第8号概念公告与IASB财务报告概念框架两个第1章内容对比),因此,把趋同(其实是一致)的内容分别按FASB的概念公告和IASB的财务报告概念框架的形式来表现是一个高明的技术。采用这种技术,既实现了本国会计文献与IASB文献的趋同,又不存在丧失美国国家主权与利益以及本国特色的风险,可谓两全其美,其做法值得各国借鉴。以下,我们分别来评介第8号概念公告的1、3两章。

一、通用财务报告的目标

与第1号概念公告对比,第8号概念公告第1章——通用财务报告的目标,除内容大大简化外,有以下两大特点:

第一,内容简化,结构严谨,具有很多新意。

除去附录,第1号概念公告有56段,而新概念公告(第8号)第1章只有21段,减少了35段,占原公告的62.5%,主要删除了"财务报表和财务报告的编制"、"环境对各种目标的影响"以及"概念框架方面的展望"等部分,而对通用财务报告目标的表述,也较逻辑地说明了四个问题:(1)目标在概念框架中的定位;(2)谁是财务信息的主要使用者;(3)他们需要信息的总目标;(4)为满足主要使用者的需要,财务报告能够提供哪些财务信息,这些信息性质特点(作用)如何(第4部分是第一章的重点)。上述结构确比过去更严谨地论述了通用财务报告的目标。

关于第一个问题。无论美国、IASB或其他国家的概念框架,无不强调目标在概念框架中的重要地位,但均未明确其重要性。在FASB Concepts Statements No.8中,首先给"目标"予以明确的定位。目标1指出:"通用财务报告的目标,形成概念框架的基础。概念框架的其他部分——'报告主体概念'、'有用财务信息的质量特征与约束条件'、'财务报表的要素'、'确认'、'计量'、'列报'和'披露'——逻辑地(理所当然地)来自目标。"这是在各国的概念框架中,第一次明确而准确地对"通用财务报告目标"的性质与作用进行了定位,至少使人们明确了目标具有两大重要作用:一是规定财务报告的目的与宗旨,为编报财务报告指引方向;二是所有其他基本概念,都产生于目标的要求并共同为实现目标服务。

关于第二个问题。目标是适应财务报告的使用者编报,对使用者提供决策有用的信息才是目标的核心。FASB Concepts Statements No.8明确提出通用财务报告的使用者不仅在企业外部,也包括企业内部的管理层,但主要的使用者是现在的和潜在的投资人、贷款人和其他债权人,他们是企业资金提供者即财务报告信息主要使用者(primary users)。虽然企业内部管理层、外部的证券监管机构也可利用财务信息,不过通用财务报告信息主要不是针对他们,而且,既称为"通用"报告,其信息也不是针对个别的主要使用者的特殊需要,而是针对他们投资信贷决策的共同需要(见目标2至目标10,特别明确的是目标5),因为,主体除通用财务报告外,并未从其他渠道向他们提供决策需要的信息。

关于第三个问题。使用者,特别是主要使用者,需要什么信息?总的来说,现在的和潜在的投资人、贷款人和其他债权人需要的是有助于他们向主体提供资源决策所需的信息,其中包括购买、出售或持有权益和债务工具以及提供和清偿借款与其他形式的债务(目标 2)。

1.第 8 号概念公告第 1 章认为通用财务报告能向主要使用者提供的财务信息可用图 1 表示其内容与层次(按目标 12 至目标 21 由本文作者改用图式表示):

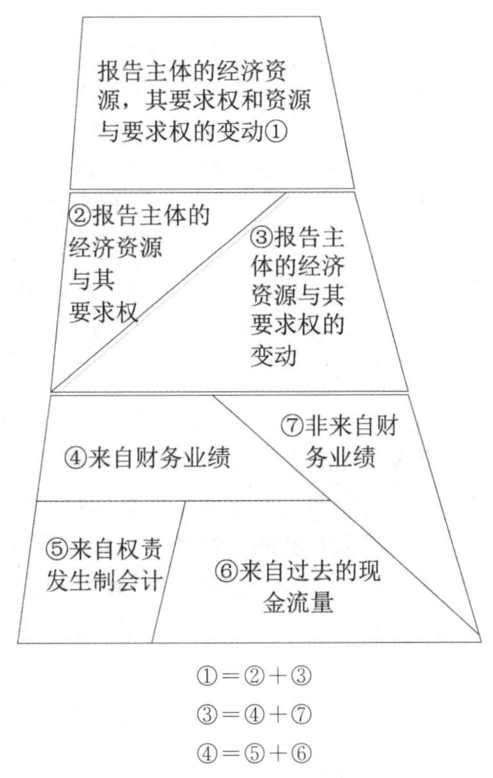

①=②+③

③=④+⑦

④=⑤+⑥

图 1 通用财务报告的财务信息

①代表通用财务报告所能提供的全部财务信息即两类信息:主体的经济资源与其要求权,它们由于交易和其他事项引起的变动(影响)。这两类信息为向主体供给资源的决策提供有用的输入值(目标 12)。

②表示一个主体持有的经济资源和与之形成的要求权的性质与金额。它有助于使用者识别该主体的财务实力与弱点,并帮助使用者评估主体的流动性(liquidity)与偿付能力(solvency),主体的补充筹措资金的需要以及如何成功地获得资金。有关过去的和现在要求的付款需求,可帮助使用者去预计未来现金流应如何在报告主体的不同期间进行分配(参见目标 13)。此外,目标 14 还认为"经济资源形态不同,使用者预期其未来现金流也不同,有些现在的经济资源直接产生现金流,比如应收账款,而若干资源需联合起来生产才产生现金流,如制造货物或为顾客提供劳务。虽然这些现金流不可能辨认其来自哪一个经济资源(或要求权),但财务报告使用者需要知道在报告主体中可供营运的资源的性质与金额。

①-③的财务报告信息规范了应由基本的财务报表——资产负债表(财务状况表)提供(包括表外附注,以下各报表皆同)并指出如何结合财务分析获得对投资和理财决策有用的信息(主要围绕着评估未来现金流量预期)。

③经济资源与其要求权的变动是财务报告提供的另一方面的重要信息。为了恰当地估计报告

主体来自资源与要求权变动对未来现金流的期望，应当区分两种变动：一是财务业绩(financial performance)引起的变动(见目标17～20)，二是来自其他事项和交易如发行债务或权益工具产生的变动(见目标21)。

来自经营业绩的变动又有两种不同的信息：

A.经营业绩反映了权责发生制会计(accrual accounting)。如果报告主体发生的交易、事项和情况产生现金后果(现金收入或现金付出)，但交易事项的发生与现金收支，时间往往不一致，权责发生制会计并不考虑现金流形成与否而只看将来可带来现金流的交易、事项与情况发生与否，来决定应否确认。这种会计处理方法所带来的信息是重要的，因为，它比单独的期间已发生的现金流入与流出更合理地提供过去和未来的财务业绩的基础(参见目标17)。同时，在一个会计期间内，主体基于权责发生制的财务业绩更能说明其资源与要求权的变动，是管理层利用现有资源在过去和未来产生现金净流入能力导致的结果(可用来正确评估管理层在报告期充分利用现有资源的义务，即履行受托责任的能力)，而非由于直接从投资人和债权人那里取得补充资源所起的作用的结果(参见目标18)。在一个会计期间，按权责发生制提供的财务业绩信息，也还可能指明市场价格或利率变动对主体经济资源与其要求权变动的范围，如采用现行成本或公允价值等当前计量资产帮助使用者正确地评估主体产生未来净现金流入的能力(参见目标19)。

显然，上列信息主要来自财务报表中的另一个报表——综合收益表(包括收益表)。

B.经营业绩的反映通过过去的现金流。一个主体的财务业绩还可以通过过去的现金流来反映。过去的现金流主要指由财务报表——现金流量表提供。信息是过去的，但通过它，可以预测主体产生未来净现金流入的能力，而且，过去的现金流信息能够指明主体是如何取得现金并消费它们的，包括借入现金与偿还现金的债务、现金股利的分派和对投资人的其他现金分派以及有关影响主体流动性或偿付能力的因素。因此，过去的现金流作为另一种财务业绩的信息(以收付实现制为基础)有助于使用者了解主体的经营、理财和投资活动，预测主体未来的流动性、偿付能力和有关财务业绩的其他信息(参见目标20)。

把主体的财务业绩分别归之于权责发生制会计和过去的现金流动是第8号概念公告第1章的新观点。

第二，两个值得正确理解的新见解。

在第8号概念公告第1章中除已详细论述了内容简化、结构严谨、具有很多新意外，有两个需要正确理解的新提法。

①第1章目标7指出："通过财务报告并不试图表示一个主体的'价值'(value)。不过它可以提供信息去帮助现在的和潜在的投资人、贷款人和其他债权人估计报告主体的价值。"在第1号概念公告中没有明确指出这一点，该公告第一次指出财务报告的这一特性是重要的，经济学家和证券、财务人士总是希望会计能通过财务报告反映一个主体的"价值"，因为他们关心一个主体当前拥有财富是多少并据以预测未来，而不关心主体在过去有多少价值。但是，IASB/FASB却明白地告诉通用报告的主要使用者和其他使用者，财务报告做不到也不企图做到：反映主体的当前"价值"。你可以批评这是财务报告的局限性，但会计人员却认为，这是如实反映。因为不论过去、现在和将来，基于主体持有的资产(资源)的不同用途与特点，对于它们的量化反映，总是需要当前计量(按当前市价)与非当前计量(按交易与事项发生时的市价即历史成本)同时并用。这样，财务报告(主要指资产负债表)就不可能单纯反映一个主体的"成本"(历史价格)，也不可能单纯反映一个主体的"价值"(当前价格)。当然，正如该报告所说，使用者可以利用财务报告的信息去评估企业的"价值"。评估，那就未必保证准确、可信了。

该公告关于财务报告不能直接反映的"价值"的提示，有助于人们平息长期以来关于"财务会计与报告能否反映企业价值"的争论，从而进一步认识财务报告性质中的一个重要特点。

②第 1 章目标 11 指出："在很大程度上，财务报告是以估计(estimates)、判断(judgments)和模型(models)，而不按确切的描绘(exact depictions)为基础，概念框架建立的概念(the concepts)就是指导这些估计、判断和模型。概念的目标是本委员会(FASB)和财务报告编报者力求达到的，就像许多目标，概念框架下理想财务报告不会完全达到，至少在短期内是如此，因为，对一些交易和事项的新方法，需要时间加以了解、接受并执行。不过，建立一个力求完成的目标是重要的，它可使财务报告能够发展报告的有用性。"怎样正确理解该公告第 1 章目标的上述描述呢？这是第 8 号概念公告对当前各主体呈报的通用财务报告的实事求是的说明，也是现行财务报告局限性的表现。然而 FASB(当然也包括 IASB)并不满足于财务报告的现状，正是通过概念公告试图制定基本概念来指导估计、判断和模型(如第 7 号概念公告关于"会计计量中运用现金流量信息与现值"就是为指导按未来现金流量的折现法来估计"公允价值"的例子)使之尽可能达到确切的描述。虽然由于交易和事项不断创新，相应的会计处理方法也在创新，理解和接受这些新事物需要时间。因此，使估计、判断和模型所获得的信息接近于经济现实，不可能在短期内完成。但长远的目标仍应使财务报告达到确切描绘一个主体在客观经济活动中已持有的资源、要求权和已达到财务业绩。只有在相关性的前提下如实反映，使用者才有可能较为可靠地预测一个主体未来现金净流入的金额、时间安排和不确定性，以及该主体产生未来现金净流入的能力，更好地达到决策有用的目标。

总体来说，第 8 号概念公告第 1 章的质量有显著的改进和提高。它大大充实了财务报告所能提供的财务信息的内容、特点和作用。它不仅详细说明了经济资源和它的要求权，以及基于交易、事项情况引起变动所能提供的有用信息，而且结合财务分析为使用者提供了以下指引：如何获得更有用的新信息，如反映经济资源及其要求权的报告(即资产负债表及报表附注)，可以反映主体的财务实力与财务弱点，并集中表现为主体的流动性与偿付能力，进而可预测主体应否和如何通过理财，补充获得筹集的资源；又如对经济资源和要求权的变动信息先分为由财务业绩引起和与财务业绩无关两类。由财务业绩引起的变动又区分为基于权责发生制会计形成的财务业绩和基于过去现金流量形成的财务业绩。所有这些变动应提供的信息都围绕一根主线：如何预测主体预期现金流量的金额、时间安排与不确定性以及怎样评估主体产生未来现金净流入的能力。因为这根主线是使用者普遍关心的问题——他们各自的经济利益(如作为投资人回报的股利与股价变动；作为贷款人与其他债权人回报的利息与本金的金额安排、收入等)均与主体未来的有利现金净流量密切相关。因而这是通用报告提供的对决策最有用的信息。第 8 号概念公告的"严谨"，也正表现在它描述的决策有用的目标不是抽象的描述，而是具体落实在该公告详细分析的财务报告所能提供的，直接或间接与评估主体未来现金流量前景密切关联的各种信息之上。

二、有用财务信息的质量特征

第 8 号概念公告的第二部分是第 3 章"有用财务信息质量特征"，这一章的特点也可概括为两点。

第一，内容与质量特征的层次都大为简化，突出了全章结构的严谨。

第 8 号概念公告第 3 章是用来取代原来的第 2 号概念公告的，对比第 2 号概念公告，把第 2 号公告的背景资料即第 3 章的附录结论基础除外，从原来的 144 段减为 39 段，删去了 105 段，即删减了 73%。而层次结构(见第 2 号概念公告第 32 段中的表式 1)，即 7 个层次也减为 8 号概念公告(未列出表式)中的 3 个层次即基本的质量特征(fundamental qualitative characteristics)、增进的质量特征(enhancing qualitative characteristics)和信息约束条件(constraint on the information)。基本质量特征指相关性、重要性[①]与如实反映;增进质量特征有可比性、可稽核性、及时性与可理解性。成本与效益则是约束条件。

第8号概念公告第3章突出地说明:有用的财务信息至少具备相关性和如实反映两项基本质量特征,但若再具备可比性等四项增进质量特征,就能进一步提高(即“增进”的含义)财务报告信息的质量。这样,财务信息质量特征就显得更为严谨。

第二,几个概念的更改,进一步使信息质量特征服从于通用财务报告的目标。

第8号概念公告第3章修改了几个重要的概念。一是把过去题为“会计信息的质量特征”(第2号概念公告的题目)修改为“有用财务信息的质量特征”。而提供对决策有用的财务信息是第1章规定的通用财务报告的目标。二是把主要质量和次要质量(原第2号概念公告的层次分类)改为基本质量特征与增进质量特征,“增进”什么?显然是对决策的有用性。三是把基本质量特征之一的可靠性(原第2号概念公告的提法)改为如实反映(faithful representation)更符合财务信息的特点。因为信息本来就是客观事物的反映,通用财务报告中的财务信息理应如实地反映一个主体客观存在的经济资源,对资源的要求和引起两者实际变动的现实交易、事项与情况,只有如实反映,才有可能通过财务信息确切描绘主体的经济真实。上述三个方面概念的修改,看起来不过是一些提法变动,似乎不属于什么大事,但这些提法上的修改却使第3章财务信息质量特征更贴近第1章目标的要求,其实是有重要意义的。

对于第8号概念公告第3章,总体上也是应当肯定的,简化与严谨的统一比第1章更为突出,但遗憾的是在附录第3章的结论基础上,却明确指出:透明度(transparency)、高质量(high quality)、内在一致性(internal consistency)、真实与公允观点(true and fair view)或公允表述(fair presentation)与可信性(credibility)都被排斥在第3章“有用财务信息的质量特征”之外(见BC3.44-46)。总的理由是:这些“字样”(表述)不过是基本信息质量与增进信息质量的不同表述(描绘),有些人建议用另外的标准做出信息质量的决策与本委员会(FASB)不同,而FASB则认为自己的标准是简化、实用并容易接受的。

不过,我们认为,任何概念之出现并得到流行,都有它的理由,尽管上述概念与概念公告中的提法相似或一致。但它被人们广泛采用,就不应视而不见。比如“高质量”一词,现已被20国首脑伦敦会议所采用(用来要求IASB制定的国际财务报告准则应努力的方向)。至于“透明度”或“透明的”信息则多次见于美国SEC向国会提交的关于《调到市价会计研究》的重要报告之中。而且,早在美国2002年制定的《萨班斯-奥克斯莱法案》第四章第401节“定期报告中的披露”(C)、“特别目的实体的报告研究”(2)中的(E)即用了透明度(transparency)一词,提到“任何SEC关于改进在财务报表中与披露报告资产负债表外交易的透明度与质量,必须由发行人向SEC填报”。

三、结论

自从2004年IASB与FASB联合制定概念框架的项目启动以来,经过六年的精心研究、讨论和反复征求意见,其中通用财务报告的目标和财务信息的质量特征两个部分,终于完成了研究的应循程序,取得最终的成果。2010年9月,由FASB公布的第8号概念公告和由IASB公布的2010年概念框架就是两份内容趋同(甚至一致),而公布的文献形式不同的成果,作为财务报告概念基础和质量要求的两章框架。总体上说,是有着显著改进和提高的高质量框架文献,是编报企业财务报

① 重要性实际上是“相关性”的组成部分。

告基础概念的新篇章,证明了联合制定的两个机构——IASB和FASB是集中了当前国际一流的会计界专家、学者和优秀人才的权威准则制定机构。

由于财务会计信息是国际商业语言,会计准则按高质量、透明度的方向规范这种商业语言已被各国广泛接受。概念框架则是会计准则的基础,因而,它能使会计准则所制定的财务报告更具有可理解性和可比性,能更好地沟通国际投资、理财等活动,这对于迅速促进后危机时代的全球经济复苏和各国经济的紧密合作有着重要的深远意义。

参考文献:

[1]FASB.1978.Concepts Statements No.1.

[2]FASB.1980.Concepts Statements No.2.

[3]FASB.2010.Concepts Statements No.8.

[4]IASB.1989.Conceptual Framework.

[5]IASB.2010.Conceptual Framework.

English Abstracts of Main Papers

The New Chapters to the Conceptual Framework for Financial Reporting

——Comment on the FASB Concepts Statements No.8(September 2010)

Ge Jiashu&Chen Chaolin

This paper attempts to introduce and comment on the FASB Concepts Statements No.8. which includes two chapters from the achievement of joint project of IASB/FASB.The paper affirms the merits and characteristics of this concepts statement, and concludes that this concepts statements is a part of high-quality Conceptual Framework and the new Chapters to Conceptual Framework for Financial Reporting.

(原载于《会计研究》2011年第3期)

45 论财务会计概念框架中的报告主体概念

葛家澍

摘　要:本文研究LASB/FASB联合项目——概念框架中的"报告主体"概念,报告主体来自主体假设:佩顿(1920)、佩顿与利特尔顿(1940)、莫尼茨(1961)都涉及主体概念和其他假设如持续经营、会计分期、货币为计量单位、权责发生制等。在美国相当长一个时期内,会计实务界都普遍认可这些假设,但FASB的七份财务会计公告与IASB的编表框架均不包括上述假设。现在,LASB与FASB的联合概念框架已决定将报告主体列为第二章,这是CF的一个进步。本文指出IASB于2011年3月发表的ED"报告主体"的一个特点,同时也提出一些请读者评论的问题。

关键词:主体假设;报告主体;基本概念

一、报告主体概念来自主体假设

IASB/FASB联合制定的概念框架已于2010年11月推出第1章"通用财务报告的目标"和第3章"有用财务信息的质量特征",分别成为IASB的《2010年财务报告概念框架》(CF)的1、3两章和FASB的《第8号财务会计概念公告》(SFACs),IASB已明确指出,第2章将为要增加的报告主体(The Reporting Entity To Be Added——见IASB CF,2010的目录)。在IASB Framework 1989中,对报告主体只提了一句,即"报告主体是指存在依靠其财务报表作为财务信息主要来源的使用者的主体"(IASB Framework,1989,para.8)。至于在FASB 7份SFACs中(特别是第1号),对"报告主体"则只字未提。其实,在美国,早在1920年,在第一本《会计理论》中,当谈到会计假设(the postulate of accounting)时共提出七个假设,其中第一个假设就是"经营主体"(the business entity),后称为"会计主体"即现在的"报告主体"(W.A.Paton,1920),并且明确指出,"作为开始,会计普遍假定存在着不同的经营主体",并特别强调经营主体不同于资本的供给者。1940年,在《公司会计准则导论》(《导论》)中,作者又把"经营主体"作为第一个会计的基本概念(concept)。按照《导论》对"经营主体"的阐述,这一概念的要点可概括如下:第一,经营性事业通常被视为与资金提供者相分离并互相区别而自身有权益的独立主体;第二,经营性事业例如公司的资产负债表是关于经营主体而非股东的报表;第三,主体观强调,企业的盈利应作为企业自身的收益进行处理,只有宣告股利分配,才将所分配的股利转移于个别股东即投资者;第四,主体概念不论对公司制企业和非公司制企业都有重要意义,任何一个小商店直至大公司都是一个营利组织,而会计是针对各该组织的;第五,主体可以有层次性,通常一个企业是一个主体,如果某个部门具有重要性,也可以将其定为"次级主体"(subordinate form of entity);第六,会计理论总是企图从所有权(proprietorship claims)或所有者权益(proprietor's or stockholder's equities)解释一个企业的利得和损失,以及因此引起的资产与负债的变动，其实这些都属于企业而不属于企业的所有者。主体概念明确了这一点。在这一关系问题的认识上，会计实务比会计理论显得更为合理，会计人员总是以经营主体的存在作为他们工作的基础。[①]

1959年，AICPA在组建APB(会计原则委员会)取代CAP(会计程序委员会)的同时，成立了一个会计研究部，APB负责制定U.S.GAAP(具体名称为APB Opinions)，而由会计研究部负责研究发展公认会计原则的理论体系。当时决定使用三个基本概念来表示会计理论与GAAP的关系，即假设(postulate)、原则(principle)和规则(rule)，而规则主要指GAAP和有关指南。这样，理论与实务的联系成为假设→原则→规则(GAAP)。1961年，会计研究部发表了ARS No.1《会计基本假设》。ARS No.1在论及会计基本假设时首先考虑的也是主体，在假设A-3中时确认由经济环境决定了会计主体的存在，主体的含义很简单："经济活动都是通过具体的单位或主体进行的。"这是不容争辩的客观事实，是商品经济即市场经济下一个基础结论。当然，ARS No.1不止提出一个主体假设，它共提出3组14个假设，但最基本的假设是从环境获得的命题共5个，主体是其中的一个。在ARS No.1的基础上，会计研究部于1962年又发表了ARS No.3《试论企业广泛适用的一般原则》。从假设到原则，形成一个严密的纯粹从演绎而来的指导GAAP的理论体系。但这两份文件却遭到APB的否决，它在APB第1号报告中先肯定ARS No.1和ARS No.3具有新意外，然后认为这些理论和概念距离当前的会计实务太远，不便执行。ARS No.1和ARS No.3被APB否定，本来按AICPA理事会要求，从假设到原则来建立财务会计基本理论的会计研究部的研究成果，被APB所否决，AICPA理事会并未表态，不是有点奇怪吗？其实也不怪，因为环境发生了变化。我们知道，从20世纪60年代起《控制论》、《信息论》和《系统论》在美国突然兴起，并渗透到包括会计在内的许多学科，于是，会计就由一门分类记录和汇总的艺术，定义为一个"经济信息系统"。1966年，美国会计学会(AAA)在纪念成立50周年大庆所发表的一篇《基本会计理论说明书》(ASOBAT)明确指出："在本质上，会计是一个信息系统。"估计受这一环境的影响，AICPA理事会也改变了初衷，它已不期望从假设出发去构建指导GAAP的理论，而设想从"目标"(objectives)出发去研究一套会计的概念框架。因为会计既然是一个人造信息系统，而按照"系统论"，任何人造系统都应当由特定的目标建立，目标是指导人造系统的出发点和终结论(即指引系统的方向)。这可以从1971年AICPA建立一个以研究"财务报告目标"的研究小组(Trueblood Study Group)得出AICPA研究指导财务会计理论的新动向。当1973年，上述研究小组提出《财务报表的目标》的研究报告之时，大体也是FASB接替AFB称为美国新的GAAP制定机构之际。FASB不但承担了财务会计准则制定的任务，也继承了对指导GAAP理论体系的研究工作。FASB在1976年先发表了一份讨论备忘录Discussion Memorandum(DM)，题为《财务会计与报告的概念框架：财务报表的要素及其计量》，在这份备忘录中，FASB对财务会计的概念框架(Conceptual Framework for Financial Accounting)下了明确的定义："概念框架是以财务报表的目标和与目标相关联的概念共同组成的构成财务会计基础的概念体系。目标决定财务报表(以后改为财务报告)的目的和宗旨、其他基本概念用于指导财务会计信息的质量特征、财务报表的要素及其确认和计量。"[②]在这个定义中，明白地没有包括主体、持续经营等过去所研究的假设。其所以不包括主体假设，可能由于FASB当时认为，"假设"与"目标"不属于会计基本概念的同一层面。FASB当时设想的财务报告概念框架(正式名称为"财务会计概念公告"，FASB Concepts Statements；SFACs，从1978年11月

① 以上参见：W.A.Paton and A.C.Littleton.An introduction to Corporate Accounting Standards，1940/1977 pp.8～9。

② 参阅FASB MD.Conceptual Framework for Financial Accounting and Reporting：Elements of Financial Statements Measurement and"Scope and Implications of the Conceptual Frame Project"，1976.

起至2000年2月止,共发表七份)紧紧围绕会计这个经济信息系统。财务会计的主要任务是编报“财务报告”。所有的基本概念都从财务报告目标出发,应用了若干基本概念,规定财务报告的信息质量特征。财务报表的要素如何在报表中确认和如何计量上述要素,形成一整套作为财务报告中心的财务报表并表述如何在表外(包括财务报表附注和其他财务报告)披露对决策有用的其他财务和非财务信息。

FASB设想的概念框架确实是一个紧紧围绕目标(使用者的决策需求)连贯、协调、内在一致的理论体系,它基本上不考虑财务报告所存在的客观环境与前提。

但是,在FASB的概念公告中(也包括IASB的1989年的编表框架)实际上并没有离开也不可能离开主体概念,例如第1号财务会计概念公告就题为“企业财务报告的目标”,而企业即是个别主体;第2号财务会计概念公告涉及会计信息的质量特点,也是指企业即主体提供的会计信息应具备的质量;第3号(即由第6号所取代的)财务会计概念公告也十分明确地用主体代表企业了。但凡提出财务会计报表的要素时,每一个要素的定义,几乎都同主体有关。至于第5号财务会计概念公告在论述财务报表的确认与计量时,其标题同样加上企业,“企业财务报表的确认与计量”,而在这份概念公告的“财务报表”一大段中,在第5段就又指出:在对外的通用财务报告中,财务报表列表的项目的货币金额来自会计的记录(derived from accounting records),它们或表示一个主体某一时点的状况,或该主体经过不同期间发生多次变动的财务状况的正式表格,在财务报表中确认了各个项目,在财务上表述某一主体的各种资源(资产),对这些资源的要求权(含负债和所有者权益)以及引起上述资源、资源的要求权产生变化和影响的各项交易和其他事项与情况。一个主体的财务报表是与每一方面相互联结并来源于基础数据的一整套基本的信息(SFAC No.5,para.6)。从以上的引证,尤其是第5号概念公告第6段的引证充分说明:美国的财务会计概念公告尽管不明确地,但隐含地运用主体假设作为自己的概念是随处可见的。不仅主体假设,而且包括持续经营与会计分期、权责发生制等假设,在FASB的概念框架中的应用也难以避免。

本文认为,会计作为一个人造信息系统,当然以“目标”为主线,研究其应用的基本概念是无可非议的,而且当前概念框架中所涉及的会计概念,均密切与财务会计的基本程序,即记录、确认、计量、列报、披露密切相关。为了突出财务报告的概念框架,对于会计记录(作为财务会计的第一步确认)只是点到而不分析其应用的概念,也是可以理解的。但是对于“主体”,无论对于财务报表或财务报告,都是与“财务信息使用者”具有同等重要性的概念。我们知道,在最早研究财务报告目标(Trueblood Study Group)时,AICPA理事会要求该小组只研究三个问题:第一,谁是财务信息的使用者?第二,使用者需要什么信息?第三,现在财务报表能提供什么信息,如何克服其局限性?我认为,当时可能出于忽略,漏掉了一个问题:及第四,由谁提供财务信息,所提供的信息的边界是什么?

Trueblood Study Group按照前三个问题,通过大量调查研究,召开各种座谈会征求意见,最后形成了FASB据以研究财务会计概念框架的基础文件《财务报表的目标》。可惜第四个问题没有研究:财务报告即财务信息总是主体提供的,财务报告产生于主体,严格区分该主体的资源、资源所有权和两者的变动不同于主体的所有者,更不同于其他主体,是极为重要的。报告主体理所当然地应提到概念的水平上来研究,过去主体假设研究的有用成果,理所当然地应当在研究概念框架时予以继承和发展。严格地说,报告主体乃财务报告目标的组成部分。

如果把对投资人、债权人和其他资金供应者提供决策有用信息为目标的中心,那么,实际上这个目标只是三角形的一角,另两角是信息的提供者(主体)和信息的使用者,见图1。

由此可见,报告主体概念不但来自早期的主体假设,也是财务报告目标所固有的。

在原则上,主体假设(概念)基本上由客观环境所决定,因为企业(含企业集团)和其他盈利性单位是市场经济中的客观存在,它的变化一般不取决个别使用者(主要是投资人)的主观意志(独资企

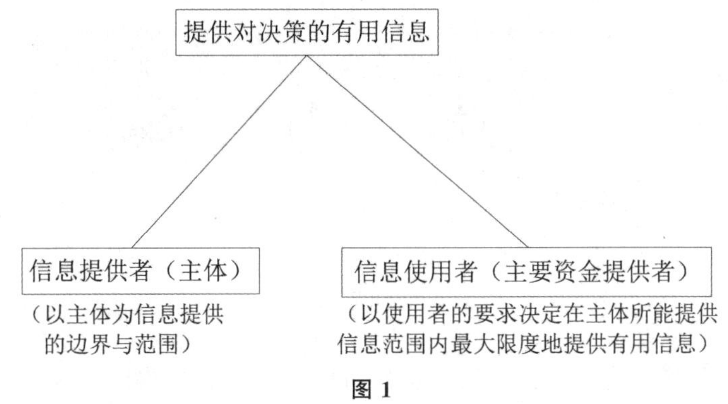

图 1

业除外），而财务报告应提供的信息则应当满足使用者（主要是投资人）对决策有用，但是主观要求不能超越客观的可能，在这个意义上，目标应是主观要求（信息需要）与客观可能性（可能提供的仅限于主体的信息）的统一。

二、报告主体重点研究的对象

IASB 2010 年 3 月发表的财务报告概念框架 ED（以下简称"ED/2010/2"），在"The Reporting Entity"中，IASB 与 FASB 决定把"报告主体"列为他们联合概念框架的第二章，主要研究三个问题：

第一，对报告主体密切联系财务报告目标进行了定义，这个定义是过去研究会计主体所有文献都不曾提过的。财务报告既不是只指企业，也不是只指企业集团或其他盈利性的法人，而是包容所有这几个代表主体的单位，两个理事会把它概括为"一个特定的经济活动领域，它的财务信息对现在的和潜在的权益投资人、借款人和其他债权人有用，他们不可能直接获得有关向主体提供资源所需决策的信息"。这个定义的一个重要特点是不从法律层面而只从经济层面来定义报告主体，所有的报告主体都是一个经济活动的区域，但它的边界和范围却由现在的和潜在的投资人、借款人和其他债权人所要求和该主体也可能提供的、对决策有用信息所界定。因此，这个报告主体定义包括一切法人企业或企业集团，但也包括非法人的主体的特殊分支机构和企业内部有重要特色的分部。

第二，报告主体是发展的概念，虽然经营主体（会计主体）是财务报告的客观前提，由客观经济环境——主要是市场经济所决定，但市场经济也在发展变化。这样，主体的外延和内涵都会发生变化。从 19 世纪起，主体与主体的关系就出现一个非常重要的现象，即在公司制下，一个主体能够有权指导并决定另一个或另若干个主体的财务政策与经营政策，从而为本主体谋取利益或减少风险，这一现象称为"控制"（control）。主体具有决定其他主体财务与经营的权利，同时因此获得利益，于是控制的主体称为"母公司"，被控制的主体称为"子公司"，而且这种控制还可能不断扩大深化，形成一个多层次的控制体系，如图 2。

这样，报告主体就由单一的主体（A、B、C、D、X、Y 都是主体）发展为一个除各个单一主体外还有公司集团（上图表示有两个公司集团：一为以 A 公司为母公司，包括 B、C、D 在内的公司集团，另一个是以 B 公司为母公司，包括 X、Y 公司在内的公司集团，后者又在前者的构成中）。

于是，在"控制"概念出现之后，对财务报告的影响是：除各个主体编制自己的财务报表外，两个公司集团还要编制集团的合并财务报表，合并财务报表起因于：(1) 由于控制而使某些公司的关系

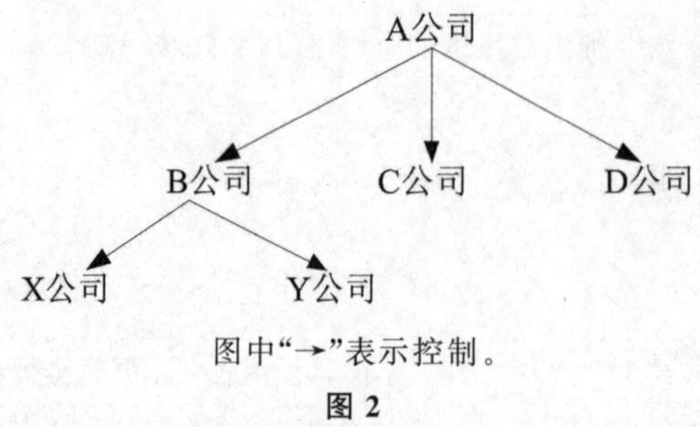

图中"→"表示控制。

图 2

变得复杂起来;(2)必须通过合并财务报表向各公司现有的和潜在的投资人、借款人与其他债权人提供公司集团的财务状况、经营业绩和现金流量,才能有助于投资、信贷和其他资源分配的决策,因此,个别主体发展为公司集团,报告主体的外延扩大为集团主体并产生"控制"与"合并财务报表"等新概念是报告主体近一个多世纪以来的新发展。这样,"控制"也应当提升到财务报告的基本概念水平上加以研究和应用。

第三,在一个主体内部,有一些机构或部门,其经济活动明显的不同于其他部门,以至于这些机构或部门的财务信息对于外部资源提供者向主体提供资源的决策特别有用,那么,这些主体内部的特殊经济活动机构与部门也可以视为"报告主体",这就是一个主体的某些部门的内部财务报告可以外部化(构成报告主体全部财务报告的一部分),与前述由于控制必须编制合并财务报表相似。相反,分部报告主体对外呈报的分部财务信息是报告主体内涵的深化。①

三、尚可进一步研究的几个基本概念

LASB/FASB 的联合概念框架已正式发表的两章财务报告的目标和有用财务信息的质量特征,都比过去精练严密,且有新意。我在另文评介时已肯定这两章是概念框架的一大进步,可以认为是高质量的。本文在第二部分扼要评介了联合概念框架的第二章"报告主体"征求意见稿,同样认为这是对财务概念框架的重要补充。首先,对主体假设,过去的概念框架只是默认它的存在,尽管多处应用了这一概念,却又不把它视为概念框架的必要组成部分。试问:没有报告主体,不明确财务报告是"立足主体,面向市场(市场参与者即资金提供者)",何来财务报告及其目标?现在联合概念框架终于把它列入了概念框架,并列为仅次于目标的第二章,这又是一大进步。其次,报告主体同报告的使用者一样,两个共同支持着目标。第二部分的三角图已说明了这一点。

除主体概念外,在概念框架中,是不是还缺少某些应予补充的重要概念呢?如果仔细推敲,似乎还有会计界普遍接受但被称为"假设"或"假定"(postulates or assumptions)的几个重要概念。因为它们是财务会计处理或财务报告编制(特别是财务报表列表)所不可或缺的。它们是客观存在,是会计活动和提供财务报告的必要前提。它们并不与财务会计作为"一个以提供财务信息为主的信息系统相矛盾",相反,财务报告作为财务会计这一信息系统的产出,不论确认、计量、列报都不能离开上述基础概念。这些概念同样是财务会计与报告的工具,从而也服务于财务报告的目标。因此,财务会计概念框架可以有另一种模式。在 FASB 的财务会计概念公告已发表了 6 份之后,美国著名的会计学家亨利德克森(Eldon S.Hendriksen)等在其所著《会计理论》第 5 版中写到概念框

① 以上三点请参阅 IASB CF.ED/2010/2.The Reporting Entity.Summary(S1~S3)。

架时，认为概念框架的层次是：(Ⅰ)会计目标，包括使用者集团、使用者目标、受托责任(accountability)；(Ⅱ)质量特征汇总：效益与成本、相关性、可靠性、可比性、重要性；(Ⅲ)基础概念(Fundamentals)，包括主体(entity)、持续经营(going concern)、分期(periodicity)、不确定性和稳健性(uncertainty and conservation)、货币单位(monetary unit)[①]。该书所提出的基础概念与FASB在概念公告中提出的"财务报表要素"、要素"在财务报表中的确认与计量"显然不同，然而这些基础概念却是确认、计量、列报的客观前提。不承认它们的存在，甚至不能产生财务报表的要素，也无法在财务报表中确认、计量并报告这些要素。FASB在财务会计概念公告中不把主体[②]、持续经营与会计分制，以货币为基本计量单位，权责发生制等作为基本概念，对于它们在财务会计与报告中的存在，不是予以否定，事实上也不可能予以否定，只是采取默认的形式罢了！我们认为，会计上任何一个术语，不论它来自信息使用者的主观需求，还是来自会计所赖以存在和发展的客观环境，只要它具有质与量的特征，并代表一定的意义与作用，它就有资格成为一个会计概念。概念原来是人们对现象认识的升华，是人们认识的一个飞跃，包括财务会计在内，任何科学都有自己的概念，而且概念总是在发展着，由少变多，由低级到高级。限制概念的发展，就等于扼杀科学的前进与发展。

因此，我们认为，过去视为会计"假设"的那些已为人们普遍接受的"概念"，应当用于丰富和发展新制定的概念框架。科学从来就是继承与创新相结合的产物。没有创新，科学当然不能发展，但没有继承，创新又从何而来？科学是知识的积累。很少有一门科学能纯粹在空地上矗立起一座理论的大厦来的。

参考文献：

[1]IASB.2010.CF"The Reporting Entity".

[2]W.A.Paton.1920.Accounting Theory.

[3]Paton，Littleton.1940.An Interdiction to Corporate Accounting Standards.

[4]Moonitz.1961.ARS No.1.

[5]Hendriksen，Van Breda.1992.Accounting Theory.145 150.

(原载于《会计研究》2011年第6期)

① 参阅Eldon S.Hendriksen，Michel F.Van Breda，Accounting Theory(Fifth Edition)，Chapter 3，The Conceptual Framework，1992，pp.15～151。

② 在联合概念框架中，FASB&IASB现在已把主体假设改为一个重要的基本概念，并改名为"报告主体"。

论企业财务报告的性质及其信息的基本特征

46

葛家澍 刘 峰
(厦门大学会计系 361005;中山大学现代会计与财务研究中心 510275)

摘 要:本文研究主体(企业)财务报告的性质与特征,本研究必须区别财务报表和其他财务报告(含财务报表附注),中心和核心信息是由财务报表提供的,而外围和补充信息则由其他财务报告提供。上述财务报告的两部分的性质与特征有一些差别。财务报表是以过去的交易和事项为基础,是以有力的客观而可稽核的证据来支撑,它必须遵照会计准则并经过注册会计师的审计。所有涉及编制财务报表的会计程序都是确认与计量的运用,财务报表的内容仅限于财务报表要素,因此财务报表表述实际的事实。在很大程度上,提供一家企业经济活动,确切描绘的图像。相反,其他财务报告是以报告日为基础,而不是以交易和事项为基础,它运用估计、判断和模型,在很大程度上捕捉不确定性,这些不确定性可能提供财务和其他经济信息有助于使用者做出决策。总之,这两个部分都是完全必需的。但是在财务报告中,报表是中心,其他财务报告则是补充。

关键词:财务报告;财务报表;其他财务报告;性质与特征

一、问题的提出

国际会计准则理事会(IASB)2010 年发布的概念框架第 1 章(简称新概念框架),反映了 IASB 与 FASB 研究概念框架中的新成果,是对财务报告目标的重要推进,它言简意赅,表述了财务报告目标这一重要会计概念的若干新观点。但是,在评价财务报告的性质与基本特征时,似乎与作为财务报告的中心即核心的财务报表的性质与特征不符;与现行财务会计的主要结构(程序)是以过去的交易与事项为基础、以可稽核的客观证据为依据不符;与财务报表的主要方法(是以复式簿记为前提的记录计量,并在财务报表中严格按报表要素确认)不符。以上三个不符说明:过去和当前财务会计的基本方法并不是估计、判断和模型。至少,估计、判断在形成财务报表的程序中虽然是存在的,但不是主要的。

财务会计(财务报告)并不是“在很大程度上建立在估计、判断与模型之上”(IASB,2010,para. 11),这个描述用它来分析其他财务报告的性质,或者比较准确,然而,财务会计的基本性质并不是由其他财务报告而是由财务报表决定的。否则,财务会计或者说会计,就没有自己的独特的方法与特殊职能了。我们能够说会计是估计、会计学是估计学吗?恐怕不能。否则,现在的财务会计教材都要改写。问题由此而生。如果我们没有错误地解读新概念框架第 1 章(美国财务会计概念公告第 8 号),本文或者不失为千虑愚者之一得!

本文试图回答:怎样正确理解一个主体(企业)财务报告的性质与其信息的特征?

二、财务报表的性质

2010 年 9 月，IASB 与美国的 FASB 联合制定的财务会计概念框架，完成了财务报告的目标与决策有用财务信息的特征两个部分。这内容相同的两章，IASB 用 IASB 概念框架第 1 章与第 3 章发表，FASB 用财务会计概念公告（FASB Concepts Statements）第 8 号发表（也分为 1、3 两章）。关于新概念框架的 1、3 两章，我们在总体上曾予以肯定，认为它内容简化且有新意，在质量上也比过去有显著提高。新概念框架第 1 章第 10 段，对现行企业财务报告作了如下的描述："在很大程度上，财务报告是建立在估计（estimates）、判断（judgments）和模型（models）的基础之上，而不是'精确的描绘'（exact depictions），概念框架为这些估计、判断和模型构建基础性概念。"按照 IASB 和 FASB 的观点，按照概念框架下理想的财务报告至少在短期内不可能完全实现，那么，要使财务报告成为对企业经济活动及其业绩作精确的描绘，当然更难了，不过"构建一个经过努力要达到目标的财务报告还是有必要的"。这段话，是过去概念框架所没有的，是对现行企业财务报告性质的描述，应该说，颇具新意。但用来论述财务报告总体的性质，不对"财务报表"（financial statements）和表外的附注（notes）与其他财务报告（other financial reporting）①加以区分，似乎值得商榷。

在研究财务报告的性质与信息的基本特征时，是从财务会计的目标（objectives）出发，还是从财务会计的职能即功能（functions）出发，这会得出截然不同的结论。当前财务报告的概念框架日益流行，其中，目标规定财务报告的目的与宗旨，起着指引方向的作用。回答似乎是应从"目标"开始，而我们则认为不然。目标所代表的是财务报告信息使用者的主观要求，一般归纳为决策有用性，而财务报表的职能，所反映的是财务会计这个以财务信息为主的信息系统，或者说以财务报表为核心的财务报告所能够起到的客观作用。比如它能提供的财务信息在很大程度上取决于财务会计系统构造所能提供的最大可能的高质量信息，主要是如实反映一个企业的经济资源、义务及其变动的信息。

会计从它产生之日起，人们赋予它的基本职能就是尽可能确切描绘人们的经济活动与结果。最早人们的经济活动比较简单，可以不必通过会计来帮助记账算账报账。什么是"账"？"账"就是量化的财务数字，就是现在人们理解的财务信息。不过过去，人们还没有发现和运用"信息"这一新概念罢了。经济越发展，会计越重要。因为复杂的经济活动若不能理清：你究竟有多少资产、多少负债，你从事哪些交易，在交易中收入是否可以超过费用从而使你的净资产能够增值，那么，你就无法从事各种经济活动。从 15 世纪起，作为会计前身的复式簿记就逐步孕育了这一职能。从此，会计的作用不断扩大，内容日益丰富，但如实反映每个人或每个企业的财务状况、经营业绩，财务状况的变化（其中包括现金流量的变化）始终是会计（包括财务会计）的基本职能。真正决定会计特征的应是反映一个企业（个人）的经济真实。财务会计的目标当然重要，但它不能离开由职能决定的会计基本特征而由财务信息使用者提出会计不能承担的要求。

只要会计继续存在，则在不同时期如实反映基础上提出的各种目标是一个客观事实。这就是说，会计不是估计（虽然有时也难免作必要的估计），反映客观真实乃是会计的最基本的功能。而估计却做不到这一点。如果认为会计可以用估计、判断主观期望形成"有用"的信息，那不仅等于缘木求鱼，而且等于取消会计。1953 年，美国著名会计学家 A.C.Littleton 在论及会计的最高目标（我们认为，这就是会计的职能）时说："会计的最高目标在于帮助某人借助于数据了解某个企业"，"为了

① 以下本文把"报表附注"与"其他财务报告"一律称为"其他财务报告"。

实现帮助管理当局和其他人士了解企业,这一首要目标必须对数据加以如实的分离,正确的浓缩和充分的报告"(见 Structure of Accounting Theory,1953/1977,p.216)。他又说:"在会计学中,一般认为,未来价格(必然为估计形成——本文作者注)完全不适宜于会计记录,因为它具有很大的不确定性"(见上书,p.215)。我们再看最近10年的世界经济现实。2001年11月先是美国安然公司的财务欺诈事件被曝光,接着出现世通、施乐等财务丑闻,造成美国资本市场最不光彩的重大案件,震惊了全世界,而从1997年至1999年,时任美国证监会主席的 Arthur Levitt 曾三次通过公开演讲,发出警告。第一次演讲是强调高质量会计准则的重要性,要求高质量的准则必须保证企业编制高质量、透明的财务报告,他认为高质量的财务报告必须如实反映企业的每一事项、每项收入和费用,他坚决反对会计人员进行"利润平滑"(income smoothing),人为地调节每年收益,他主张:当年收入与费用既不允许提前,也不允许推后确认,必须提供一个企业经济真实的图像;第二次演讲则毫不掩饰地揭露并批判企业各种数字游戏(通过数字弄虚作假)的恶劣手法;第三次演讲则谆谆告诫与编报报表有关的企业管理层、证券分析师和审计师(注册会计师),要求他们遵守自己对市场的诚信承诺,千万不可串通作弊。这次他的讲题十分发人深省:"高质量的信息——市场的生命线"。可惜 Levitt 的谆谆告诫,都没有改变那些一意孤行的市场参与者和市场中介的机会行为。终于在20世纪末给美国资本市场带来财务欺诈的严重灾难。尽管为整治企业的财务欺诈,美国迅速出台了 Sarbanes-Oxley Act of 2002 法案,但由于会计作假根深蒂固,不久便产生次贷危机并导致全球的金融危机。当然会计作假不是两次危机的主要根源,而缺乏财务诚信总是助长危机的重要原因。在美国发生财务欺诈案件之后,我国也曝光了会计作假的丑闻。当时有远见的政治家已认识到上市公司的会计数据不实的危害性。在我国成立第一所国家会计学院之时,朱镕基总理就题了"不做假账"四个字。这一言简意赅的题词不仅切中时弊,而且意义深远。今年(2011年)6月9日,据《华尔街日报》报道:由于中国在美国上市的130多只股票中,有的发现会计问题,华尔街四家网络券商都提高了为融资购买中国概念股的保证金比例,致使股价纷纷下挫。美国 SEC 也准备对此案进行调查。这岂不是又向我们敲起警钟:"市场允许投机和失败,但绝不容许欺诈和作假。"就是说,上市公司向市场提供的财务报告(特别是作为核心的财务报表)务必确切地反映这家公司的经济真实。会计造假除来源于有意识的犯罪外,不从交易和事项的实际出发,不切实遵循会计准则,形成更多的主观估计,期望的信息也是财务报告不可信赖的重要原因。会计的基本特征是由会计的基本职能决定的,那就是通过财务报表和其他财务报告实事求是地通过可信(真实而公允)的信息反映一家公司财务状况、财务状况变动和经营(含投资、理财)业绩的真实图像。比如一架照相机,从最古老的照相机只能在近距离拍摄模糊不清的图像,到当前最精密的照相机,可以从高空拍摄地面甚至其他星球非常清晰的图像,即从一般的民用到国防军用,目标(使用者的要求)有极大的变化。但是,照相机本质功能总是为我们提供图像为形式的信息,而且,人们一开始就希望照相机的图像是真实的、清晰的、透明的!

会计的功能也是如此。人们之所以需要会计与报表,就是要求它对一个人或一家企业的经济活动与实际的财产做出如实的反映。会计对企业发生的一切经济活动(具体表现为交易、事项和情况)都有严密的操作程序,所以,它不是也不可能是估计。当然,如果以会计数据为基础,通过合理的判断也可以产生有用的估计。然而在财务报告中,在以财务报表为核心的前提下,即使是合理与必要的估计也只能是会计的补充。而且不应当喧宾夺主,用估计取代会计。应当确信:以交易和事项(均是已发生的)为基础,以可稽核其客观存在性的凭证为依据,由此产生的信息才能表现会计的本质特征——反映企业经济真实。

现行财务报告(financial reporting)是由财务报表和其他财务报告两种信息群体构成的。IASB 和 FASB 都承认(事实上,会计界都承认):财务报表是财务报告的中心部位(a central feature of financial reporting)[①],既然财务报表是财务报告的中心,其他财务报告就是财务报告的外围,也可以说,在企业对外公开的财务信息群体中,财务报表提供基本的信息,其他财务报告则提供补充的信息。

财务报表作为一个企业基本的财务信息的列报方式,必然是最重要的列报信息,这些信息是使用者普遍关注的。

事实也是如此。

第一,财务报表提供一个企业的有关投资人、债权人和其他使用者为做出有用决策和用来正确评估企业管理层履行受托责任所取得成绩的最主要的三大财务指标:一个企业的财务状况,一个企业的经营(含投资、理财)的业绩,一个企业的现金流量。而且,这三大指标反映的基本上是确定的事实,是可信的信息。

财务状况主要由财务状况表即资产负债表提供。企业实际持有的资产的总额和构成,特别是它的流动性、实际承担的负债的总额构成(即企业偿还债务的金额及其时间安排)以及所有权的结构,它们共同代表一个企业的支付能力(偿债能力与应对机遇能力)和经济实力。但经济实力还要看企业的经营业绩。经营业绩由收益表与综合收益表提供。在这两张表内,反映已实现的收益和利得、已发生(应承担)的费用与损失并在比较后得出企业经营的净效益(是盈利,还是亏损)。

现金流量表则提供企业在经营期内现金流入、流出及其结余的信息。现金是现实的购买力。企业虽有可变现的资产,有较大的流动性,或虽然获得较高的利润,若缺乏现金,则仍然无法支付各项付款(包括到期债务、应交税金、应付职工工薪、应付股利,及时抓住有利的经营、投资机遇),甚至面临周转困难。如果企业评信等级不高,难以及时获得银行贷款,就有可能中止持续经营,所以一个企业过去和现在的现金流和在此基础上预期的未来现金流,特别是有利的现金流动的前景,尤其受到投资人、债权人和与企业有利害关系各方的关注。

提供以上这些最基本、最重要的财务信息,其他财务报告是无能为力的,它只能来自资产负债表、收益表与综合收益表和现金流量表所组成的财务报表。

第二,财务报表的编制有可靠或较为可靠、以交易与事项为基础并遵循了严格规范的程序才能形成。

所有上列财务报表都不是很大程度上根据估计、判断和模型产生的,财务报表作为第二步确认(recognition)的结果来自第一步确认的日常账户分类记录,而账户分类记录又是以已发生的交易和事项为基础,已发生的交易和事项是事实形成的数据,它们都有可稽核的凭证(书面证据)作为支撑,即使有时需要估计,也是交易、事项产生的客观数据(已确定数据)的分配与摊销。并且用于估计的事项是少量的、最低限度的和必要的。[②] 总之,财务报表很大程度上是以已发生的交易与事项(确定的事实数据)为基础,运用确认、计量、列报等程序,尽可能地通过财务信息反映一个企业的经济活动与结果的真实图像。IASB 2010 年新概念框架第 1 章第 11 段关于财务报告性质的描述,虽然有新意,但并不符合作为财务报告核心部分——财务报表的实际。

我们有理由认定,人们之所以发明会计,企业之所以设置财务会计这个信息系统,不是要它去估计:一个人究竟有多少财富和这些财富的运用情况;一个企业究竟有多少资源、义务和资源与义

① FASB,Concepts Statements No.1 para.6,1978.

② 在用于财务报表的估计中,我们姑且把金融工具(含衍生金融工具)在报表内确认不谈,传统的估计主要是间接费用的分配,固定资产提取折旧和无形资产摊销提取应收账款的坏账以及对存货和有价证券按成本孰低列报,前四项估计都是对已发生的实际数进行调整,只有最后一项,对于市价(即可实现的存货或有价证券净值)需要在报告日离开实际数而作新起点计量(fresh-start measurement),然而正是这一项估计屈从商业上的稳健惯例,并非必要的估计。因为持有的存货或有价证券,只有出售,才能落实其有无损失,而出售,已是交易了。

务的变动情况,而是期望通过它,尽可能如实记录并如实报告财富及其变化,真实与公允始终是财务报表信息的基本特征。市场是发展的,企业也是发展的,但如实反映一个企业在不断变化市场中财富尽可能符合客观实际的要求不会改变。否则,会计就变成估计,财务报表就变成财务估计表,这就意味着财务会计的消亡。现在,还没有任何迹象说明:资本市场不需要上市企业提供由会计产生的可靠的财务信息。也没有证据说明:在财务报表中按交易(事项)为基础,遵循会计准则形成的一个企业的财务状况、经营业绩和现金流量,可以用无根据的主观估计所取代,能够更好地保护投资人的利益,确保资本市场健康有序地发展。

三、其他财务报告的性质

以上,我们强调财务信息应力求如实反映一个企业的客观经济真实,那是对财务报表来说的。财务报表以已发生的交易(事项)为基础,以可稽核的凭证为支撑,按会计准则进行确认、计量与列报,可以基本上保证财务信息的可靠,但也还不能保证财务信息反映了企业过去、现在和未来可能的经济状况与发展,更不能揭示企业可能面对的风险与产生的报酬,所以在财务报表之外,需要报表附注和其他财务报告为补充,在确认之外,需要充分披露,在以交易(事项)为基础进行记录与列报之外,还需要在报告日,进行必要的估计、判断与预测,这些,则是其他财务报告(含报表附注)的功能。

每一个企业的经济活动都具有特殊性和复杂性,在财务报表内列报的财务信息不可能囊括企业的全部(已发生的或可能发生)经济活动,交易和事项一般都能在表内确认,但有些尚未形成交易的承诺、合同等则不能在表内确认,因此,应当由其他财务报告提供一个充分披露,允许进行估计、判断、预测的平台。例如下列事项就需要估计、判断并在判断中进行披露:(1)会计准则允许企业备选的会计程序;(2)表内各主要项目的细化;(3)关联方交易,包括:关联方、交易内容、定价原则、交易价格、交易金额和结算方式;(4)托管、承包、租赁其他公司资产或本公司的资产被其他公司托管、承包、租赁等事项的内容与金额;(5)并购其他企业或本公司被其他公司并购协议的全部内容;(6)重大担保(本公司作为其他公司向银行或其他金融机构融资的担保人)的内容(特别是被担保公司的信用评级)、金额与偿还日期;(7)操作衍生金融工具的内容、性质、金额,特别是计量属性的选择,可能的风险的预测;(8)票据贴现(出票人和金额与到期日);(9)让售的应收账款(购买应收账户的机构,该应收账款的付款客户、金额与偿还日);(10)应收账款中某些销货客户进行债务重组(包括本金推迟归还、还本让息或减本让息等事项);(11)未决的诉讼或调解事项与金额;(12)其他重大的或有负债。

以上列举的应在其他财务报告中披露事项当然是不完整的,除少数属于事实的说明与表内项目的分解外,其余都需要估计、判断甚至要运用模型(如第7项中计量属性的选择),这些披露事项的主要特点是在报告日对若干不确定性和风险进行的估计与预测,它们不可能具有如实反映的信息质量特征,但是,对于财务报告使用者进行决策来说,却具有相关性。

如果评价其他财务报告(含报表附注)的性质,则认为其他财务报告在"很大程度上是以估计、判断和模型为基础,而不是对企业经济活动的精确描绘"(新概念框架,第11段)才是较为恰当的。

四、财务报表与其他财务报告在基本特征上既有共性，又有特性

财务报表与其他财务报告共同构成企业的财务报告，两者的目标是相同的，都应当具有对使用者决策和对评估管理层受托责任有用的基本信息质量特征：相关性与如实反映。但是，两者又有一些显著的差别。

财务报表是以已发生的交易（事项）为基础通过对报表要素的变动进行确认（先记录，后列报）并运用计量所形成，它的确认与计量必须先遵循会计准则，再经过独立的注册会计师予以审计。其他财务报告则是以报告日为基础，在报表之外补充陈述某些已发生的重要会计事项，通过估计与判断描述若干未发生但可能发生的重大事项，这些事项一旦发生，将对企业产生重要的有利或不利影响，即产生重大的额外利得或巨额的损失。其他财务报告披露的信息，可以只是定性说明，也可以兼有定量描述，它可以是会计准则要求的，也可以是非准则要求的，既可以是法定的，也可以是企业自愿的。

在信息质量方面，财务报表与其他财务报告的差别也很明显。

财务报表是在相关性的前提下，确保如实反映。财务报表的格式与内容即报表的种类通过何种要素与所属项目列报，通常应由会计准则规定，准则制定机构在制定"财务报表列报"准则时，只侧重考虑报表内容、列报要素与项目的相关性，凡与决策有用或与评估企业管理层受托责任不相关的项目，不会在准则中列入报表，在这个层面，准则制定机构如果考虑可靠，也是为了选择报表中应列报的相关项目的需要。因为，如果不能可靠列报的项目，即使具有相关性，由于不能确认，也不能列入报表。但在编报报表的层面，企业和会计人员则应着重保证每一报表项目金额的可靠性了。不能如实反映的报表项目，也就不具相关性，无论由于决策或评价管理层的受托业绩，都将形成误导，有害而无利。

其他财务报告则不同，它需要具有相对可靠性（例如可发生也可不发生），在这个前提下，它突出的乃是相关性。

我们认为，财务报告的两个部分：相关性与可靠性（如实反映）都要考虑。但侧重于如实反映抑或侧重于对决策相关，则是财务报表与其他财务报告的分水岭，也是确认与披露的分水岭，从而决定了财务报表必须成为财务报告的核心，而其他财务报告只是财务报告的补充（当然是必要的补充）。财务报告是财务会计作为一个财务信息系统对数据加工后的产品，它不可能也不应当改变财务会计最基本的（传统的）属性——尽可能反映一个企业的经济真实。因此，以交易（事项）为基础，通过确认与计量来记录并报告已发生的过去经济活动是基础（代表已确定不可更改的现实），而未发生可发生可不发生的未来经济活动通过估计、判断来披露作为补充（代表人们的期望），乃是现代企业财务报告顺理成章的构造，否则，区分财务报表与其他财务报告就失去意义了。FASB在1978年发表的第1号财务会计公告有一段关于财务报表与财务报告的论述经常被我们引用，该公告说"本公告论及的财务报告的目标不仅以财务报表所传递的信息为限，虽然财务报告的目标，与财务报表的目标基本相同，但某些有用的信息用财务报表传递较好，而某些信息则通过财务报告传递较好，并且有时只能用财务报告来提供"（FASB，1978，para.5）。哪些应在财务报表中反映，哪些只能在其他财务报告中反映，是可以清楚区分的：在财务报表中列报的，只能是以交易（事项）为基础，由确认表述的财务报表要素的变动与变动结果（即前述的一个企业报告日的财务状况）。表述这些信息所用的程序或手段是财务会计特有的确认、计量和会计形式的列报。而在附注和其他财务报告中披露的，则是在报告日不以交易（事项）为基础，不能进入财务报表，但对决策与评价管理

层的业绩有用的确定和不确定性事项(后者是主要的)。表述这些信息所用的程序与手段,主要是与确认、计量、列报不同的估计、判断,甚至可用模型。估计、判断与模型、预测并不是财务会计特有的,它们在很大程度上来自数学和统计。列报的方式也多种多样,可以采用表内和表外附注,也可以采用其他形式的辅助报表和补充报告。

五、财务报表最好只反映历史成本,由其他财务报告反映现行价值

以上,本文反复强调,财务报表的特点是以已发生的交易(事项)为基础,反映财务报表要素的动态与静态,既然以已发生的交易为基础,则反映的内容必然是过去的事实,而其量化描述也就是直接或间接由市场决定的过去的市场价格:历史成本或历史收入,由于资产的变动最受关注,所以采用的计量属性主要是历史成本。一谈到历史,人们就会想到是几年、几十年甚至几百年前的事。其实,对会计来说,是一种误解。凡是已发生的交易成本(价格)都是历史的描述,上午发生的交易,下午就是历史,甚至上午发生的交易,只要交易完成,其信息就是历史的了。任何一个时间序列,只要认定某一时点是现在,在此以前,就是过去,属于历史,并已由过去的价格所确定。在此以后则属于未来,需要进行评估和预测。财务报表提供的信息,一是财务信息,二是历史信息,毫无疑问,这两者都有局限性,但它们的形成又有必然性。比如财务信息,是因为会计处理的对象(不论资源、资源的要求权和它们的变动)都同价值(价值的货币表现是价格)有关,因而只能用货币(观念上的货币即可)表现,这就形成财务信息;又如历史信息,是因为企业资源、资源的要求权和它们的变动,不是通过企业与其主体在市场发生的交易,就是在企业内部,通过加工、改制和流通等改变资源形态、性质、作用和位置的事项。不论交易或事项都是指已发生的历史事实。用历史成本来描述这些完成的事实是会计作为一个信息系统如实反映企业经营、投资、理财等的实际发生的活动而产生的信息。尽管在财务报表列报的信息中,也难免存在会计人员的估计与判断。正如以上所说,这类估计与判断是必要的,且受到严格限制并力求这种估计公允合理。

历史信息虽然具有局限性,但不仅不能避免,而且对未来的估计与判断是必不可少的基础。人们做出任何决策和计划,都不能不瞻前顾后,不可能不研究并认真参考一个企业已取得的财务状况、已实现的收益和利得、已形成的现金流动,这些历史信息至少有两个作用:一是预测的基础,二是对过去计划的反馈。反映一个企业在过去的计划与决策中,完成计划的经验是什么,未能完成计划的教训何在,财务报表如果没有这样的作用,它怎样会成为财务报告的核心,人们倘若要作出合理的经济或其他任何决策,就不能不以史为鉴,就不能对过去的经验教训不屑一顾,就不能一味地向前看!

但是市场是发展的,财务会计也会发展。如果认为财务会计只应提供历史信息,只反映一个企业已发生和已实现的财务状况与经营业绩,而不顾及市场参与者对企业未来发展的期待,不在力所能及的条件下,尽可能反映一个企业经济活动,尤其是现金流动的前瞻性质,就大错特错了,错就错在:财务会计如实反映企业过去业绩的同时,不能引导市场参与者正确地关注企业的未来,不努力提高财务会计信息的相关性,使财务报告变成只是一家企业经济活动历史的陈述,而缺乏引导他们预测企业未来经济活动的前景的能力,财务会计果真限于陈述历史,显然是不能满足投资人和整个市场参与者的决策需求的,它将大大降低现代财务会计在资本市场中的有用性。

为了弥补财务报表上述的局限性,在表外,尚有报表附注和其他报告企业财务和与企业财务相关的其他经济的各种手段,允许并鼓励企业不受确认要求的限制,充分利用估计、判断、模型和其陈

述的形式，披露不可能在报表中确认，但又很可能出现（或已经出现）的那些估计性与预测性的非历史信息，允许这些信息有必要时采用当前甚至未来的市场价格计量。在这里，会计也可以用现行市场价格（现行成本与公允价值）表现资产与负债，包括按市价表现可能的报酬与损失！在包括表外附注在内的其他财务报告中，正如前面曾列举过的，它主要已不再提供历史的成本信息。提供现行的甚至未来的价值信息，应是其他财务报告量化描述的重要特征。

由此可见，财务报表为确保真实公允而提供历史信息，与其他财务报告为提高相关性而提供估计的、现行价格信息是相辅相成、是各有侧重而又互相补充的。

一般说来，财务报表信息应最为所有使用者所关注，然而从使用者来说，要根据各自具体决策的需要来选择他所最关注的信息，这些信息既可能是表内，也可能在表外。例如，甲企业的短期资金融通者有A、B两家银行，由于临时的需要，甲企业再向A银行申请一笔贷款，A银行在审查这笔贷款的申请时，仔细审核了甲企业的近期财务报告，从报表上，分析甲企业的流动性和偿债能力均无问题，然而从甲企业的其他财务报告中，发现有一项巨额担保。甲企业是客户乙企业向B银行贷款的信用担保人。根据A银行对乙企业的信用调查，乙企业的信用等级正下降，偿债能力已跌至危险的水平，即甲企业有可能成为乙企业向B银行贷款的第一责任人，它将承担巨大的风险。A银行从甲企业担保信息中，通过判断得出结论：不能给予甲企业新的贷款，并且应继续关注甲、乙两企业流动性与偿债能力的变化，对已发放甲企业的贷款，保留采取提前要求还贷（提前收回）的决策。A银行做出上述决策，主要不是分析甲企业的财务报表，而是分析了甲企业的其他财务报告，是其披露的巨额“担保”，帮助A银行做出了明智的信贷决策（对甲企业不予贷款）。

在理论上，财务报表提供的信息不同于其他财务报告，财务报表所提供的，正如APB Statements No.4所说：“企业财务会计与财务报表是‘以货币定量方式提供有关企业经济资源及义务的持续性历史，也提供改变那些资源及义务的经济活动的历史’，不过‘财务会计受到环境的重大限制’”(paras.41,42)。或者说，财务报表一般按交易与事项发生的历史价格，计量企业的资源、义务和它们的变化，这样，财务报表反映的信息就能重现企业已发生的各项交易与事项汇总的结果，除必要的估计外，财务报表能够较真实地反映已取得或丧失的资产，已发生或清偿的负债，已实现的收入和支付或已承诺的费用，等等。

然而，由于市场的发展，特别是金融创新和业务创新的兴起，财务报表已不可能仅采取单一的过去的计量（包括对过去交换时市场的买价与卖价，即历史成本与历史收入）。在现代，按当前计量（如按当前脱手价格即公允价值计量）金融资产和其他资产（如投资性房地产），已经被各国会计准则允许在财务报表中确认，因为它们符合确认标准，因而可以运用当前计量。当前计量的资产与负债，不同于过去计量的要素，一是在报告日，这些资产虽未交换，负债虽未清偿（或转移），但必须按当前的假想交易进行新起点的重新计量，以表现这些资产当前交易可收到的价格和这些负债当前清偿（或转移）应支付的价格，并且由于进行新起点重新计量，就会由于前后价格变动而产生未实现的利得与损失，尽管此种利得与损失未实现，却不能不计入财务报表中的收益表或综合收益表。这样，当前许多企业的财务报表特别是主要从事金融工具与衍生工具操作（包括投资和发行）的银行、保险公司、其他投资机构等金融证券行业的财务报表，就会出现历史成本（过去的计量）与公允价值（当前计量）双重计量属性，就会把交易已发生、已实现的金额和尚未发生交易、尚未实现金额混淆在一起，某些财务报表中的合计数和最后净额难以分辨其性质（多少是已发生的交易形成的，多少是假想的交易形成的；多少是已实现的利润和损失，多少是未实现、估计的利得与损失），怎样处理上述问题？在实务上，包括各国的准则制定机构并不认为这是一个问题，因为在传统的财务报表中，从来也不是纯粹地采用单一的历史成本计量，各种共同费用分配于资产的未购成本、已记录的固定资产提取折旧、无形资产和递延资产进行摊销、应收账款提取坏账等，都使账面价值不同于当年资产形成的历史成本。此外，对于存货、短期有价证券在报告日按成本与市价孰低来列报，其金额就是成本与可实现净值的混合,在财务报表中由于估计、调整而引起的几种计量属性同时并用,并未使得报表使用者财务报表中的合计数变成无用。衍生金融工具在表内确认,初始确认就按当前的脱手价格(公允价值)计量,这确实不同于非金融资产和非金融负债,初始确认是按由交易形成的历史成本与历史收入不同,但计量尺度皆是名义货币,加总应无问题。至于按当前计量的金融资产与负债,在结算日之前,即持有期间,每到报告日,由于维持当前计量,必须在报告日进行新起点重新计量,由此产生的公允价值变动或计入当期损益或计入其他综合收益,这可能把尚未发生的利得与损失与已发生的收益与损失相混淆,模糊一个企业当期的实际业绩,但市场若是正常,市场脱手(包括采购)价格在短期内不致发生剧烈波动,且都是可观察的由市场做出的公开、公正的标价,则在报告日确认的公允价值未实现的变动,不过是不久后结算日公允价值已实现变动在时间上的部分变动的提前。例如,企业投资一项金融资产是 2010 年 10 月,按公允价值为 10 000 元,按合同,应在 2011 年 4 月结算。它经过两个报告日 2010 年 12 月 31 日和 2011 年 3 月 31 日,结算日为 2011 年 4 月 6 日。设其账面价值与结算日的金额如下(见表 1):

表 1

	公允价值	公允价值变动(利得+　损失－)	结算日净利得与损失
2010 年 10 月 6 日买入	10 000		
2010 年 12 月 31 日(仍持有)	11 000	＋1 000	
2011 年 3 月 31 日(仍持有)	11 500	＋500	
2011 年 4 月 6 日(净结算)	12 000		＋500

如果在报告日不进行新起点计量,不确认未实现公允价值变动,则在结算日,该金融资产应能取得净利得为 12 000－10 000＝2 000 元;由于两个报告期提前确认(1 000＋500)＝1 500 元;因此,在结算日,只能再确认已实现的利得 500 元。

从长远看,该资产的购买到脱手为止,该企业所确认的利得和损失的金额仍是 2 000 元,只是其中的 1 000 元与 500 元已在 2010 年 12 月 31 日即年末和 2011 年第 1 季度提前确认了。

根据以上所说,虽然各国准则机构并不认为这是一个问题,但在报表中确认假想交易产生的资产与负债的当前价格,并确认由于市价变动并未实现的利得与损失,总会在一定程度上影响财务报表金额的清晰性。我们当然不能、也不应把已在报表中确认的衍生金融工具再挤出报表,因为这意味着信息表述方式的倒退,也不符合金融创新对财务报告的要求,但是,还是有办法可以改进的,那就是凡已在表内确认、按公允价值计量、需要在报告日进行新起点计量的金融资产与负债或非金融资产与负债,都应表外补充披露。所采用公允价值的来源,除一级估计外,二级估计要说明调整的幅度。三级估计则详细说明:(1)为什么要采取三级估计。(2)三级估计所采用的估计方法,估计人和复核人;三级估计结果与可观察的、历史上的该种资产(负债)或同类资产(负债)公开、公正标价的差异。(3)在持有期间由于公允价值的变动,已计入当期损益和其他综合收益中的未实现利得与损失。倘若增加上述披露,就能增加报表中的资产与负债总额和净收益的透明度(transparency),借助于透明度也能在一定程度上提高财务报表的可靠性,化解某些模糊的数字,更好地帮助财务报告使用者进行决策。

六、结论

一个主体(企业)的财务报告是由两部分组成,其中,财务报表是以过去(已发生的)交易与事项(即基本上已确定的事实)为基础,以客观的、可稽核的证据为支撑。它所提供的信息,仅限于财务会计要素及其变动,在信息加工过程中,遵循会计准则的要求,并按照严密的信息加工程序即确认与计量,尽管财务报表编报过程也不可避免地使用估计与判断,但它已降低到必要的范围之内。因此,财务报表呈报的财务信息,在很大程度上能够确切描绘一个企业的财务状况、经营业绩和现金流量三大主要信息(即核心信息)。相反,其他财务报告和报表附注则以报告日为基准,在很大程度上运用估计、判断甚至模型(有时也包括事实的定性陈述),披露那些不能在报表中确认,但对使用者决策有用的信息(基本上属于不确定性信息)。

可见,就企业财务报告总体而言,财务报表提供的是已确定的财务事实,是对企业财务报表要素及其变动在很大程度上的确切描绘,而报表附注与其他财务报告才是主要运用估计、判断甚至模型,报表的信息来自确认,表外的信息来自披露,它们相辅相成,缺一不可。但主从关系是明确的。报表信息为主,其他财务报告是从。其重要的分界线就在于进入报表的信息需要确认,要求严格,具有很大程度上的确定性,代表财务会计信息可信性的本质。而其他报告信息主要来自估计、期望与判断,主要反映未来的不确定性,这些信息有时非常重要,但毕竟不代表财务会计的本质特征。

参考文献:

[1]IASB.2010.Conceptual Framework.Chapter 1,September.

[2]FASB.1984.Concepts Statements No.5,December.

[3]FASB.1976.Concepts Statements No.1.

[4]APB.1970.Statements No.4,October.

English Abstracts of Main Papers

On the Nature and Characteristics of Financial Reporting of Business Enterprises

Ge Jiashu & Liu Feng

This paper studies the nature and characteristics of enterprise's financial reporting. The studies must be distinctively between financial statements and other financial reporting(including financial statement notes). The center or core information is provided by financial statements, but peripheral or supplemental information is provided by other financial reporting. The nature and characteristics of two parts, mentioned about, have some differences. Financial statements are based on past transactions and events, emphasis being placed upon objective and verifiable evidence to support. It must be in conformity with accounting standards and audited by CPA. All accounting procedures with respect to the preparation of financial statements are applied by recognitions and measurements. The content of financial statements only belongs to elements of financial statements. Hence, financial statements express actual facts to a large extent providing a picture exactly depicting the economic activities of an enterprise. Contrary to other financial reporting based on date of reporting rather than transaction (only in notes, some facts may be stated) or events. It applies estimates, judgments and models to a large extent to catch uncertainties which may be to provide financial and other economic information being useful in making decisions. All in all, these two information is all necessity, but in financial reporting, statement is the center, other financial reporting is the supplement.

(原载于《会计研究》2011年第12期)

会计职能·财务报告性质·财务报告体系重构*

刘　峰　葛家澍

（中山大学现代会计与财务研究中心 510275；厦门大学会计系/会计发展研究中心 361005）

摘　要：本文针对次贷危机以来会计领域关于非历史成本会计的讨论与争论，从会计职能与会计目标的讨论切入，提出会计的核心价值仍然是维系人类社会的相互信任。在此基础上，论文提出重构多重目标的财务报告模式，其中，基本财务报表仍然以历史成本为基础，满足经济社会信任需求；其他财务报告"按需订制"，满足不同使用者的差异化需求，可以采用非历史成本计量属性。

关键词：会计价值；信任；财务报表；历史成本；公允价值

一、引言

起源于美国、波及世界主要经济体的次贷危机，带给世界的影响是多重的。在次贷危机爆发之初，就出现对会计计量属性，特别是公允价值的批评与指责。比如，2009 年 3 月 12 日召开的美国众议院听证会上，金融机构的代表认为，在市场失灵的情况下，采用公允价值会计，导致众多银行不得不过多且不合理地减计资产，造成账面亏损和资本充足率下降，进而促使金融机构加大资产抛售力度，进一步加重金融危机。美联储主席伯南克也指出，对金融资产不必采用"火灾损失物的拍卖价格"。针对社会各界的批评，会计界辩解认为，会计就相当于是"温度计"，如实报告"病人"的实际温度，不应当成为"病人"患病加重的主要驱动因素。SEC 也强调按公允价值报告金融资产和负债具有透明度。

这场争论背后的实质是：会计究竟是提供如实反映报告主体经济活动的信息，还是要为追求最佳经济后果——考虑到会计信息受体的可能反应——而提供偏离经济真实的会计信息？这实际上是我国 20 世纪 80 年代会计研究中所一直关注的核心话题之一——会计职能①——的延续。会计界辩解认为，会计和财务报表应当提供一种能够如实反映经济活动真实面貌的信息，至于这种信息提供后对信息使用者（包括报告主体的所有者、管理层等）的利益具体造成什么影响（比如，导致银

* 刘峰感谢厦门大学"中央高校基本科研业务费专项资金资助"（Supported by the Fundamental Research Funds for the Central Universities）（2010221095）提供的财务支持。

① 我国 20 世纪 80 年代所讨论的会计职能，就是 20 世纪 50 年代利特尔顿在《会计理论结构》一书中所说的"最高目标"（top objective of accounting），是对该书第 7 章的概括。会计在每个时期都可能提出不同目标，但一切目标都来自并体现"最高目标"。

行资本充足率下降),则是一种派生的结果,财务报表编报者无法关注,也不应当考虑[①]。实际上,当年美国国会干涉美国财务会计准则委员会对期权激励费用化的会计准则制定,并认为,这将会损害美国经济在国际上的竞争力。针对这种批评,财务会计准则委员会认为,财务会计准则委员会不企图借助会计准则来取得特定的经济后果。……财务报告不是寻求取得诸如就业增加、提高美国的竞争力,或更成功开办企业等的恰当工具。美国证券交易委员会也认为,尽管在制订新准则的过程中,应该对准则所可能产生的经济影响予以评价,但是,(财务会计准则委员会)最根本的目标是向投资者提供有用的信息。……(这些信息)应该是相关、可靠、可比、不偏不倚(Markey and Levitt,1995)。

会计究竟应该要担负什么样的职能?是公正地反映一种状况,还是要兼顾信息使用者的反应之后报告一种后果最优的信息?与之相适应,财务报告在实现会计职能的过程中,应当采取什么样的形式?进一步,会计确认与会计计量的理论依据是否有所不同?或者说,会计确认、计量中所长期争议的历史成本和非历史成本如公允价值,各自的理论依据和现实需求是什么?这些都是一组内在关联性较强的问题。对这组问题的回答,应当从会计职能的讨论开始。

二、再论会计的职能与目标

20世纪80年代,会计的职能是会计界讨论的热点话题之一。当时的争论从会计一职能说、二职能说,到全职能说。其中,一职能说认为会计的职能主要是反映(如赵玉珉,1983)、监督(孙宝琦,1982;王文彬、方克安,1986)、控制(曹冈,1981)、管理(杨纪琬、阎达五,1982),二职能说主要就是反映、控制(葛家澍、唐予华,1983)或监督等。很多时候,分歧主要体现在对监督或控制的界定上。在二职能之上,会计职能的讨论展开比较容易,从二职能到三职能、四职能、五职能,乃至全职能说(文献回顾参见:葛家澍、刘峰,1999)。

在中国学术界主要关注会计职能研究的同时,以美国为代表的西方学术界,围绕会计的目标展开研究,比如,美国财务会计准则委员会发布的《财务会计概念结构公告》第1号(1978年)就是"财务报告的目标"。这代表了研究的两个侧面:职能更多地具有客观性,而目标明确就是主观的,是人们所赋予的,或者,期望会计所能够实现或达到的(葛家澍、刘峰,1999)。

比较会计职能和会计目标的研究,我们会发现二者呈现相互融合的趋势。什么是会计职能?职能,是指一事物固有或应当发挥的作用、功用。理论上,它应当是客观存在的。与之相对应,会计的目标含有更多的主观成分,是人们或社会期望会计能够完成或者实现的使命。一方面,尽管会计的职能看起来是客观的、独立于人们的意识或意志而存在的,但它实际上也是需要经由人们——主要是研究者——的认识、借由文字等形式而表现出来的。研究人员在阐释这种客观存在的功用的过程中,不可避免地加上了研究人员(也包括实际从业者如次贷危机中的全球金融界)主观的猜想,甚至期望。另一方面,尽管目标是人们所期望的,它也应当要建立在会计系统所能够实现的前提之上。一个不切实际的目标是没有价值的。从这一意义上,职能和目标的研究,呈现出一种融合的趋势特征。

如果我们认真检视其研究过程、相应学术观点的发展脉络,我们又会发现,会计职能的研究也呈现出一种不断扩张、不断膨胀的特征,具体研究过程中掺杂了人们的主观期望。随着人类社会的不断发展,人们对自己在自然界中的地位与作用的自我评价,是在不断修正,并呈现一种不断膨胀

① 当然,其他财务报告可以披露必要的补充信息。

的态势(所谓主体性膨胀的观点),这就比较好地理解会计职能的研究从一职能扩展到全职能的学术思想膨胀。

会计目标的研究同样是受人们主观期望影响而形成的。比如,美国财务会计准则委员会第1号概念公告的基础是"Trueblood Report",在该项目研究之前,Trueblood小组进行过一项非常广泛的调查,所涉及的调查问题包括:谁需要财务报表?他们需要什么信息?会计师能够提供多少他们所需要的信息?等等。很显然,一个由会计行业的从业人员主导的调查,最后的结论不可避免地体现了"会计主体主义"。换言之,无论财务会计概念结构对财务报告目标如何采用科学的论证与论述,我们都可以预见一个基本观点与趋势:会计应当成为资本市场信息提供的主体。

一方面,包括会计的职能与目标在内的会计理论研究,都在不断扩展会计的"范围"或"疆土",包括将"向投资者提供其对投资决策有用的信息"界定为会计/财务报告的目标。在这一逻辑的指导下,加之外界游说的压力[①],会计界逐渐脱离历史成本计量,采用诸如现行市价甚至是非真实交易的价格如评估价格入账,而会计模式也逐渐地从绝对以交易为基础,转向交易基础与价值基础并重[②]。另一方面,审计师在审计报告中还申明要向投资者提供"真实且可靠"信息,使得社会公众仍然持有一种观念:凡是会计系统所提供的信息,特别是财务报表上所列报的数据,都应当是真实的、可靠的。这样,当诸如安然、世界通信等一类公司舞弊事件发生后,人们自然会去指责会计;次贷危机爆发后,人们同样会来指责会计,一个重要的批评点就是会计未能及时、充分地揭示出报告主体的现状。

会计史学家查特菲尔特曾经说过,会计的发展是反应性的(第一章)。也就是说,会计主要是应一定时期的商业需要而发展的,并与经济的发展密切相关。体现在会计职能和目标的研究上,无论是会计职能的研究,还是会计目标的认定,都应当要关注企业所依存的社会经济环境的变化,来重新厘定、讨论。就此而言,会计目标的研究,在一定程度上顺应了社会经济环境的变化,而会计职能的讨论,仍然固守在传统经济环境的基础上。当然,职能还是应当要体现会计本质的(不可改变的)功能。

随着社会经济活动的发展与创新,会计的职能是否应当产生相应的变化或扩张?会计的职能在扩张之后,是否能够区分出最基本、最核心的职能和派生的职能?相应地,财务报告系统究竟应该是一套还是多套?它是否需要并能够提供一种真实且可靠的信息?对这一问题的回答,还是要从会计职能的认识开始。

三、会计的价值:一种低成本的信任机制

鉴于会计的职能和目标概念已经研究多年,形成很多成型且定论的观点,为避免这种心理学上所称"刻板印象"似的语义锁定[③],本文采用会计价值一词,讨论会计在这个社会中的作用,并以此为基础,来讨论财务报告的性质与相应的会计确认与计量问题。

按照达尔文的"物竞天择,适者生存",人类社会的发展就是一个选择与淘汰的过程。那些不能

① 尽管会计理论研究者早在20世纪20年代起就开始提出非历史成本计量属性(如Paton,1921;Canning,1929;Sweeney,1936;Edwards and Bell,1962等),但是,实务中采纳非历史成本计量属性,主要还是来自金融界的游说压力。详见Sunder 2009。

② 所谓交易基础,是指任何能够确认进入会计系统的数据,必须要来自交易或事项,这也是与历史成本相关联的;按照价值基础,会计系统可以在报告期末对企业账面上的资产、负债进行重估价(如按照公允价值对交易型金融资产和负债、固定资产和无形资产的减值测试等),并将相应的数据确认进入会计系统。

③ 感谢中山大学管理学院柯学博士的帮助。

适应人类社会发展的行业(职业)、组织、物种,甚至族群,都会被逐渐淘汰;存活下来的,总体上都是能够适应社会发展变化的。基于这种逻辑,我们就自然要问:会计作为人类社会所发明的一种方法、一个职业,为什么能够存活下来?换言之,社会为什么需要养活会计这样庞大的职业?这也就是本文所说的会计的核心价值问题。它也可以表述为:会计最基本的职能——或许就是会计的最高目标——是什么。

尽管仍然存在分歧与争议,亚当·斯密的经济人思想,是目前各种讨论人与人性的学术观点中,解释能力最强的。基于经济人假设,我们可以推定认为:每个人总体上都是为了追逐自我利益最大化而调整自己的行为,包括不惜牺牲他人的利益(如工作中排挤同事、偷窃他人的财富等等)。当每个人都意识到自己、他人都是经济人,他们必然会担心一个最基本的问题:人如何信任他人?如何取信于人?从人类社会生存角度来看,如果人与人之间信任问题不解决,人类社会就无法在与自然的竞争中存活下来,并不断发展壮大。人与人之间不信任的原因有很多,但从人类社会发展来看,源于经济或财产的争执,应当是最为重要的内容之一。为了解决财产的纠纷,增强人们在日常交往经济角度的相互信任,人类就必须要找寻乃至发明最有效的信任机制。

人类在找寻信任机制的过程中,先后尝试了多种方法,包括用人(如皇权世袭、春秋战国年代的交换太子、通婚)、用物(比如我国 20 世纪 70 年代末 80 年代初试行的财产抵押承包)、用思想(比如宗教或皇权神授)等等。每一种方法,都有适用范围宽窄、成本高低、收益大小等区别。从达尔文的生存选择逻辑角度看,能够得到广泛应用的方法,一定是可以适应环境变化需求、成本效益比占优的方法。以财产风险抵押承包为例,它只适用于财产规模不大的活动(当一家上市公司资产总规模以十亿计,甚至百亿计,财产抵押就失去意义了),且成本高昂(总是有一定比例的财产处于抵押、闲置状态),其成本效益比,相对不高;同样,家族企业是以血缘为纽带来解决信任问题,但当企业规模扩大、跨区域经营之后,基于血缘纽带的手段就无能为力了。比较而言,会计的适用面广,大到国家、小到家庭,都可以应用;成本较低,且相对收益较高。换言之,作为一种低成本的信任机制,会计在生存选择中存活下来,并不断发展。

基于上述讨论,我们可以推断认为,会计最核心的价值就是以最经济有效的方式——如实反映人类的财富及其变化——来维系社会的信任;在此基础上,我们可以推断认定,会计最基本的职能就是报告一个主体的经济运行与财富变化的基本信息,提供给与各该主体相关的经济利益各方,以维系各该利益主体之间彼此的信任。这也是学术界长期以来将反映经济真实作为财务会计最基本职能的学理基础。

四、经济环境演变与财务报告目标的变化

如果从低成本的信任机制角度来解释会计,我们可以推测,人类社会早期的"刻木"、"结绳"记事,所"记事"的"事",十之八九,应当是财产的记录与分配。"公元前 3400 年前,美索不达米亚人发明文字,不是为了歌神颂圣,而是为了记录神庙中的财产,它是一种会计角度的解决方案[①]。"或者

---

① 原文来自悉尼大学 Nicholson Museum 对其所收藏的古代文明藏品的一个介绍,兹抄录第一段如下:Writing was"invented"in southern Mesopotamia around 3400 B.C.It sprang not from the mind of a scribe who sought to record a myth or epic for posterity,or to exalt a deity in a hymn of praise.Rather,it was an account-technical solution to a simple problem:the need for record-keeping on the great temple estates of Eanna,the temple precinct of the goddess Inanna at the city-state of Uruk in what is today southern Iraq。

说,通过简单的描述性文字、数字记录,可以大致说明一个组织相关财产的收入、分配和结存情况,能够帮助维持该组织内部成员之间相互信任问题。

随着人类从自然经济逐渐过渡到商业经济,人类经济活动的总量不断放大,经济业务的复杂程度也在不断增加。仅仅依靠简单且自然的记录方式,已经无法满足要求了。借贷复式簿记方法的发明,因应了这一要求,以"自动平衡机制"来帮助消除记录过程中可能的差错,包括左右平衡的资产负债表和作为对资产负债表进行验证的收益表,前者反映了报告主体的财务状况,后者具体说明一个期间经营活动的结果。它们综合起来,能够完成相对复杂的经济活动、多经济主体之间的信任关系。回到会计传统的研究话题,这套会计系统能够满足传统意义上代理关系的需要,维系委托人(股权与债权投资人)和代理人(经理人员)之间的信任关系。

经济活动自身的特性之一,就是多变、充满不确定性,因此,会计界认为,"财务报告是建立在估计(estimates)、判断(judgments)和模型(models)的基础之上,而不是'精确的描绘'(exact depictions)"(IASB and FASB,2010)。可以说,财务报表数据在一定程度上就是判断出来的,如对固定资产预计可使用寿命的估计、应收账款坏账准备的估计等等。为了限制乃至防止管理层随意估计,保障会计信息的信任功能,传统的财务报表必须是建立在交易或事项基础之上,所有最终体现在财务报表上的信息都应当是可以独立核查的。可核查性一直是财务会计信息质量的一个重要特征。这也可以解释:为什么财务报表在公司内部财会人员编报完成后,正式对外报送之前,还需要经过一个独立审计的环节,以保证作为信任工具的财务报告,相对比较客观、公正,值得信赖。

当资本市场流动性日强、财务风险日甚之后,一个即便资产、负债状况良好、盈利能力上佳的企业,也会因为现金配置不当,特别是时机配合不当而清算或倒闭。为了最大限度地尊重和保护企业所有者、债权人等各方面的利益,会计系统设计了一个全新的财务报表——现金流量表。如果说,资产负债表和收益表仍然是以反映经济真实为导向,那么,现金流量表就是一种对会计原始数据进行再加工的报表,其基础已经不是真实反映经济活动了,而是决策有用导向,即:为管理层的管理决策(更好地配置现金)、股权和债权投资人的投资决策(尽可能规避现金风险)等提供有用的信息。然而,即使是通过再加工而来的现金流量表,它还是建立在已发生交易和事项的基础上,只是把权责发生制转换为收付实现制而已。现行的现金流量表并非现金流量预测表,它仍然是基于过去的交易和事项所引起的现金影响。

当资本市场普及之后,公司的投资人从原来的一个或少数几个,发展到数量众多、持股相对分散。股权分散,在便利股权转换、降低投资者的风险、促进经济发展的同时,也导致代理人不受监督、难以约束现象更加普遍。作为持股分散的小股东,委托人的行为模式(或者说,财富实现模式、创富模式)逐渐发生改变,从最初的对被投资企业"拥有较多股份/财产—选择委托人—监督与考核委托人"模式,逐渐转变为对被投资企业"拥有少量股份/财富—在资本市场寻找安全、高效的投资对象—随时准备获利兑现或斩仓止损"。这种创富模式的转变,促使会计从以往的基于实际交易、以实际成本(历史成本)为主要计量属性、重视可核查性,逐渐向基于价值,特别是未来投资的获利价值转变;与之相适应,会计也在逐渐地修正或放弃历史成本,转而寻求采用能够反映企业当前的价值,甚至是未来潜在价值的计量方式,包括次贷危机中所批评的公允价值问题①。

财务报告在从服务于信任到服务于决策有用目标的转换背后,反映了社会创富模式的转变。但是,一方面,即便社会财富已经是高度流动、人们普遍关注未来,也并不必然表明服务于信任不再重要,因为,只要亚当·斯密所界定的自利经济人属性不变,信任就是人类社会所必须面对、也必须要解决的问题。另一方面,即便我们强调会计系统以服务于信任为导向、提供基于真实且公允的信

① 当然,这种转变不是无条件、突变的,而应当是有条件,包括:市场是正常、有序且有效的;计量对象具有可观察的、活跃且透明的市场价格。在目前的经济环境下,它主要用于金融资产和金融负债的计量。

息,并不意味着会计系统就已经充分实现了这一目标,特别是在社会财富快速流动、变化的当今社会。

会计是否有可能在服务于信任和服务于决策有用两个目标之间进行权衡、取舍?现有的、单一目标导向的财务报告体系,是否需要进行创新与重构,以因应不断发展的社会环境的需要?

五、财务报告系统重构与多元计量属性

当我们强调财务报告真实、公允地反映一个报告主体的财务状况和经营成果时,我们假定企业经济活动系统与会计系统相对独立,经济活动系统发生在前,会计系统在后;会计系统接收经济活动系统所发生的各项经济业务信息,按照会计规则进行记录、处理(历史成本或公允价值)与报告;信息使用者基于这些信息做出相关决策;采用不同的计量属性(如历史成本或公允价值),只是导致会计系统所报告的财务状况与经营成果不同,经济活动系统行为相对独立于会计系统,不会受到会计系统的影响。从这一意义上,财务报告的性质就是一种事后提供信息的工具,它不会、也不应当影响到经济活动系统的行为。也正是基于这一思想,国际会计准则委员会曾经提出全球统一会计的设想,并认为,相同或相似的交易或事项,不论在全球何时何地发生,都应当按相同或相似的方法进行会计处理、报告,并予以基本一致的解释。

从实际经济运行角度来看,会计系统是整个企业系统的一部分,它与经济活动系统之间并不必然独立,而是相互影响的。当管理层的考核——这是信任活动的一部分,甚至是核心部分——是以会计系统所报告的信息为依据,管理层自然会关注,甚至干预会计系统的运行,包括最终财务报告的生成。我们所熟知的盈余管理,就认为会计系统并不必然独立于经济活动系统;盈余管理的研究发现,管理层除了采用干预会计政策等方式来管理盈余信息外,他们还可以借助实体经济活动安排,来影响盈余。比如,当会计准则要求将所有研发费用资本化后,一些对利润比较敏感的公司,就会降低研发支出,以求得比较满意的报告利润;美国的一些研究发现,鉴于APB要求企业并购必须满足12项条件,才能够按照权益结合法进行会计处理与报告,为此,很多企业并购专门按照这12项条件来设计,即便收购方因此多支付百万乃至千万的成本(Lys and Vincent,1995)。正如Ball(1995)所言,会计是企业契约成本的一部分,改变了会计,就改变了企业的行为。

当我们将视线投向现实经济活动及其运行,我们就会发现:财务报表不仅仅是一种事后反映报告主体经济活动状况与成果的系统(或工具),财务报表本身还会受到公司管理层及其他相关各方的干预,使得财务报表信息不再仅仅是一种事后反映。Graham et al(2005)访谈了267位公司财务负责人和134位CEO,发现之一是:这些经理人员都认为,管理层会为了各自的奖励以及在经理人市场上的价值等,进行诸如盈余平滑或达到分析师的预期等盈余管理行为。这时,财务报表就不再仅仅是对报告主体经济活动的客观、真实、公允地反映了,它还承载着对管理层能力的评价、市场分析人员对公司发展的预期判断是否准确等等信息。很显然,这时的财务报告系统,也不仅仅是采用历史成本、提供单一报告所能够胜任的。

回到会计价值的讨论上。如果维系经济社会人类之间的信任关系是会计的核心价值,放弃交易基础的、历史成本会计计量模式,采用价值基础的、广泛应用重估价(revaluation)方法的会计计量模式,未来会计的可验证性渐渐缺失。而到目前为止,可验证性仍然是会计信息质量中最不可或缺的基础,失去了可验证性,会计信息在维系利益各方之间相互信任的能力也将逐渐丧失。果如是,则未来会计存在的基础将会逐渐丧失。会计的核心价值不能、也不应该放弃!

但是,如果我们为了维护会计系统的核心价值——维系人类社会的信任,而拒绝对财务报告系

统进行改造，让其同时也能够服务于社会财富高度流动的现代社会，这无疑将限制了会计的发展，让其落后于时代，甚至会被社会所淘汰。

易言之，完全放弃财务报告的传统内容，或固守财务报告的传统，都不是会计系统的应有之道。从会计学科乃至会计职业的生存与发展路径来看，最理想的方式应该是在坚持传统的基础上，重构财务报告系统，让其能够同时服务于多种目标的需求。

幸运的是，现有会计系统为了适应这种转变，提供了一个相对比较合理的框架：基本财务报表和其他财务报告，其中，基本财务报表是整个财务报告系统的核心，它应当取自历史成本信息（或者说，交易基础的信息），将客观、可验证性作为首要的信息质量基础。这套信息相当于是传统的财务会计信息，它的存在，就是为了满足与报告主体相关的各利益方的利益需求。如果某个利益方对历史成本基础的报告信息有疑问，它可以借助可验证性这一标准，追溯到信息的源头：真实交易或事项。这套信息必须要经过独立审计，才能够向社会公开发布。

由于现代社会财富总体上处于流动状态，与报告主体相关的各个利益方，其利益并不仅仅与过去已经发生的交易或事项有关，任何关于报告主体现在的状况、未来可能的变化信息，也会影响到报告主体相关方的利益。会计系统不能够、也不应当抱残守缺，忽视这部分需求。为此，可以考虑在基本财务报表之外，提供派生的财务报告，我们也称之为其他财务报告。管理会计在讨论不同的成本属性时，提出"不同目的，不同成本"。借用这一思想，其他财务报告也可以"按需订制"，根据使用者的不同需求，对基本财务报表信息进行再加工，它们可以背离历史成本，采用诸如市场价格，甚至预计价格等非历史成本计量属性。比如，资本市场关注短期投资与套利交易的投资者，与公司长期债权人（如西方市场上的动辄长达 15 年的公司债）相比，他们对财务报告信息的需求应当是不同的。其他财务报告可以针对这些各异的信息使用者的需求，设计出能够较好地满足他们需求的财务指标体系，而不再是目前这种通过表外、文字叙述的方式加以介绍。

传统财务报表的核心特征之一是可验证性，外部审计师的介入并进行审计行为本身，就表明可验证性的意义与价值。其他财务报告是对基本财务报表的再加工，如采用包括一些数学模型在内的估计价格所确定的信息，可验证性程度不断降低。这时，再对派生财务报告信息进行审计的意义就不复存在了。对这部分特定使用对象来说，提供经过审计的基本财务报表，同时，充分披露派生报表的生成过程（如对重估价项目所采用的重估价方法、价值估计或判断标准；对按照数学模型计算推定的资产、负债项目如期权项目，详尽披露计算过程所需要的各项参数的采集过程），让使用者可以据以自行衡量、判断其他财务报告信息的价值。

针对同一个项目，采用多元计量属性，报告两个或两个以上的数据，最终导致同一个企业出现两套以上的财务数据，这会对人们业已形成的、关于财务会计与财务报告的传统观念产生冲击。毫无疑问，多重财务报告体系产生的初期，会在一定程度上引起混乱。例如，2004 年 5 月，媒体发现厦门航空在南方航空与建发股份的报表上利润、净资产相差甚远，并推定认为至少有一家错了①。这需要未来一段时间，会计职业界能够向社会详细介绍不同财务报表/告体系的特性，让社会各界能够逐渐理解并接受"不同目的、不同报告"的特征，逐渐理解并接受同一个企业、同一期间，按照不同标准可以生成金额不同的利润或资产指标。

回到本文开篇所引用的次贷危机中国际社会，特别是金融界对公允价值会计的批评。按照他们的意见，因为采用公允价值，让一些金融机构账面损失加大，导致不符合资本充足率的要求。以此为理由，他们反对采用公允价值。这一辩解假定：监管部门对金融机构的监督，是完全基于财务报表的表内数据，他们绝不考虑表外补充信息对金融机构经济安全的可能影响。从学术研究角度

① 相关报道参见 2004 年 5 月 21 日上海证券报《厦航净利润之争》、5 月 31 日财经时报《两次沉默灭厦航 14 亿》等。

来看,表内确认与表外披露是否会影响到投资者的行为,仍然是一个行为层面值得研究的话题。同时,如果说监管部门是理性且理智的信息使用者——包括巴菲特在内的很多机构投资者也应当如此,他们完全有能力对包括金融机构在内的所有公司提供的基本财务报表信息进行再加工,生成满足他们需求的、派生的财务报告信息,以便更有效地监管或进行投资决策。因此,即便金融机构不在表内确认实际上已经发生的损失,监管机构也应当能够"看穿"这种会计处理上或分类上的差异。从这一意义上看,以基本财务报表为主、多套财务报告并存的模式,在实践中或许已经存在。

六、讨论与展望

会计学科是开放、发展的,它会因为经济的发展而不断改良、改进。本文尝试基于现代社会信息化、资本与财富高度流动等特征,提出会计系统应当在坚持传统的、以交易为基础的历史成本模式之上,增加提供能够同时满足不同使用者需要的、基于价值基础的非历史成本模式信息。其中,财务报表是以过去(已发生的)交易与事项(即基本上已确定的事实)为基础,以客观的、可稽核的证据为支撑。它所提供的信息,仅限于财务会计要素及其变动,在信息加工过程中,遵循会计准则的要求,并按照严密的信息加工程序即确认与计量,尽管财务报表编报过程也不可避免地使用估计与判断,但它已降低到必要的范围之内。其他财务报告则是在基本财务报表基础之上的一种"按需定制"式的再加工,它可以脱离交易基础,运用重估价等方法,采用包括公允价值等在内的非历史成本计量属性,向不同的使用者提供满足他们需求的、各异的信息。

当然,这一设想能否付诸实施,还将取决于诸多因素如社会经济环境是否更加开放、自由,社会财富流动性是否逐渐提升,金融风险能否得到有效的控制,监管部门能否对会计准则制定采取一种开放的态度,与财务报告信息相关联的各利益方(特别是审计师)的法律风险是否趋于明确、可控,等等。

果如是,则会计系统能够通过自身发展,及时顺应环境的需求,在未来社会能够更好地发挥会计的价值,赢得更充分的生存空间。

参考文献:

[1]曹冈.1981.试论会计的控制职能.会计研究,2:14-19.

[2]葛家澍,刘峰.1999.新中国会计理论研究50年回顾.会计研究,10:7-14.

[3]葛家澍,唐予华.1983.关于会计定义的探讨.会计研究,5:26-30.

[4]孙宝厚.1989.会计系统论.北京:经济科学出版社,1-10.

[5]孙宝琦.1985.会计监督是会计的首要职能.会计研究,6:24-25.

[6]王文彬,方克安.1986.论会计的监督职能.财会通讯,3:29-30.

[7]杨纪琬,阎达五.1982.论"会计管理".经济理论与经济管理,4:39-45.

[8]赵玉珉.1983.学习马克思论会计职能的一点体会.会计研究,3:10-14.

[9]APB.1970.Statements No.4.Basic Concepts and Accounting Principles Underlying Financial Statements of Business Enterprises,paras.41,42.

[10]Ball,R..1995.Making accounting more international:why,how and how far will it go? Journal of Applied Corporate Finance,8:19-29.

[11]FASB.1984.Concepts Statement No.5.Recognition and Measurement in Financial Statements of Business Enterprises,paras.56-77.

[12]Graham,Harvey,Rajgopal.2003.The economic implication of corporate financial reporting,Journal of Ac-

counting and Economics,40:3-73.

[13]IASB.2010.Conceptual Framework for Financial Reporting.Chapter 1.

[14]Littleton.1953.Structure of Accounting Theory.American Accounting Association.Ch.7.

[15]Lys,Vincent.1995.An analysis of the value destruction in AT&T's acquisition of NCR.Journal of Financial Economics,39:353-378.

[16]Markey,Levitt.1995.An Exchange Between the Honorable Edward J.Markey,Chairman,U.S.House of Representatives Subcommittee on Telecommunications and Finance,Committee on Energy and Commerce and the Honorable Arthur Levitt,Jr.,Chairman,Securities and Exchange Commission.Accounting Horizon,9(1):71-79.

（原载于《会计研究》2012年第3期）

48 会计·信息·文化

葛家澍

摘　要:本文试图探讨会计的文化意义。我们都公认会计是一个经济信息系统,会计信息如产品与劳务的成本信息。一个主体(企业)的财务状况与业绩信息,在很大程度有助于管理层、投资人和债权人做出有用的决策。然而,本文指出并做出论断,这些信息常常向市场和社会传递一种十分重要的文化观念即真实与公允的观点或"诚信"意识。

关键词:会计的文化意义;真实与公允观点;诚信意识

把会计看成为一个经济信息系统,这已是会计界的基本共识,因此,会计活动及其结果:向企业和市场提供成本财务信息若同经济或管理联系起来研究,人们不会有什么歧异。但是,本文却要从文化层面去考察会计,可能就有不同意见了。其实,会计既是一个信息系统,承认这个系统的产品是经济信息(主要是成本信息和财务信息),再仔细研究一下信息的性质与作用,问题将不再存在。

不论"文化"或"信息",都很难有一个统一的精确的定义。众所周知,人们为了生存、生产和发展,除创造物质财富,反映社会的物质文明之外,还创造并积累非物质财富,反映社会的精神文明。如果把物质财富的创造,即人们的物质生产方式视为经济基础,则非物质财富的形成,就是与经济基础相适应的上层建筑和意识形态。在广泛意义上,后者都属于文化范畴。文化的概念虽然抽象,但它有各种具体表现,如文字、语言、数字、文学、艺术、道德、风俗、习惯等等。在每一个社会中,先进的文化可以推动物质文明的进步,也还可以增进人们的智慧和知识,改造人们的灵魂,促进社会精神文明的提高。信息是什么?信息的定义真是众说纷纭,莫衷一是!但有一点是可以肯定的,它不是物质生产的成果,而是媒介物质生产的一种"精神"或"文化"产品。按照著名科学家、控制论的创始人维纳的观点,信息不是物质,也不是能量,信息就是信息!"信息这个名称的内容就是我们对外界进行调节并使我们的调节为外界所了解时与外界交换的东西。"(《人有人的用处》,1978,第9页)那么,成本、财务信息也就是为一个主体管理层所了解而用来降低成本(如成本信息)或为主体外界的资金供应者所了解,而用来做出投资、信贷或类似决策的手段(如财务信息)。在这里,对成本信息来说,交换的一方是财务会计部门,而另一方则是在产品生产各个环节的管理者;对财务信息来说,交换的一方是主体的管理层,另一方则是主体的投资人、借款机构等等。这样看来,会计所生成并传递的成本信息和财务信息不仅是"精神产品",而且是使用价值与价值统一的"精神商品"。它或者被用来降低成本,或者被用来帮助投资与信贷决策。这种"商品"只有被交换(传递),被消费(使用者加以使用),这时,它的价值(例如促进成本降低,提高管理效率,从而增进主体的利润,或者资金的需要得到满足)才显现出来。以上的分析,都是从会计在主体经营管理中的作用出发的,我们所分析联系的层面是经营管理,倘若从非物质文明即文化的层面进行考察,对于会计(会计行为及其结果——提供并传递有用的成本和财务信息)的性质与作用的认识将大不相同。

会计是人造信息系统。当它最初以簿记的形式出现,直到现在适应工业大生产和市场经济的现代会计。我们必须先探讨一个问题:人们为什么需要会计?特别是需要以复式簿记为核心的现代会计？毫无疑问，是为了如实记录并充分报告他所拥有的资源及其主权，目的在于保护资源的安全，并促使资源和权益的增值，即追逐财富的扩大。个人是如此，企业更是如此。只要企业的生产经营规模越来越向社会化发展，只要财富与权益的内容与形式越来越复杂，没有科学的簿记和后来的会计进行记录、计量和报告，不用说企业，就是个人，要有效地经营管理日益庞大而复杂的经济与财富活动都是不可能的！因此，从会计（包括簿记）产生之时起，它的基本使命，就是如实反映某个人、某些人和各种形式的企业的财富，以及对财富的权益及其变化。一句话，就是人们之所以设置会计系统，就是要求它提供可靠的信息来了解财富变化的真相。著名的美国会计学家利特尔顿（A.C.Littleton）曾把会计的“最高目标”认定为帮助某人借助数据了解某个企业。所谓会计的最高目标，应当理解为会计的基本原则和基本职能。为了实现会计的最高目标，利特尔顿进一步指出：“必须对数字进行如实的分类，正确的浓缩和充分的报告。”（*Structure of Accounting Theory*，1953/1977，p.216）。利特尔顿对会计和报表的见解，已经把问题的考察提到文化的层面。上述表述可以概括会计信息的加工和传递应当体现真实、公允和透明的要求。很明显，会计人员除必须具备必要的专业知识外，还应当具有诚信的价值观，一个真实、公允的会计账本和提供的成本与财务报告，其指导思想和基本准则就是诚信。在不同的历史时期和不同的国家与地区，要求提供的会计信息在趋同的前提下总会有所差异，然而如实的反映和充分的披露，则是会计（当然含簿记）共同遵守的道德规范，而且这种记载与报告，不但取决于不同国家在不同时期生产力的水平，而且还应当适应生产关系的要求。生产力水平决定会计加工和传递信息的技术如会计操作是采用手工，还是机械，或是电子化，而生产关系则往往决定记录和报告的内容与形式，涉及各该国家（地区）的主权与利益。

我们可以从两个重要的历史时期，通过社会的文化层面来考察一下会计的记录与报告的特点。

一、第一本复式簿记著作为什么产生于文艺复兴时期

复式簿记，最早作为人类记载自己的财富的方法，已不知在何时、何地就被人们创造出来。不了解簿记产生的历史无关紧要，而在中世纪，在意大利沿海城市，如热尼亚、威尼斯一带已经流行复式记账，这是众所周知的事实。1494年，在威尼斯出版的第一本涉及记述复式簿记的著作，这就是乔帕利所著《算术、几何与比例概要》（其中有一章，详细记述了威尼斯的复式簿记），引起人们的特别关注。因为乔帕利的这本著作的出版，开展了科学的会计记录的历史。这是一个不平凡的年代，它处于人类精神文明的大发展时期——文艺复兴时期。15世纪末是哥伦布发现美洲新大陆后的第二年，是意大利文艺复兴时期的高峰。在西方历史上，文艺复兴（即14—16世纪）被认为是西方文明的一个伟大时代，是中世纪与近代的分界。这个时期，在欧洲，尤其在意大利，商业和海上贸易蓬勃发展，明显地产生了资本主义萌芽。在这个时期，新兴的力量，资产阶级即将登上欧洲的历史舞台了！凡是一个阶级要在政治上、经济上掌握权力，总要先在意识形态即文化领域进行思想准备。所谓“文艺复兴”，就是为十七八世纪资本主义大发展做准备的一场文化思想变革，它是在“人文主义”（humanism）的思想指导下打着复兴古希腊的思想自由的旗号，强调发挥人和人的价值，实现反封建、反割据（当时意大利，几乎一个城市都是一个国家，各自为政，极大地妨碍商业流通和贸易自由）和反教会神权至上的思想解放运动。文艺复兴在思想文化方面的变革，名义上是恢复古希腊的文化繁荣，实际上是适应资本主义发展的要求，在文学、艺术、天文、航海、商业经营等许多方面都有创新和突破。例如哥白尼的天文学、哥伦布对航海的重大发现都不是复古，而是进步。人们不难设想，乔帕利的簿记著作正是在这样的背景下出现的，在一定意义上，如果说它也是文艺复兴的

产物,也为意大利的文艺复兴增加一个亮点并不过分。事实确实是这样,在15世纪,商业资本在地中海沿海一带最为发达,那时,合伙经营,特别是进行海上贸易的冒险,相当普遍。商人的财富在增加,簿记运用范围在扩大,合伙经营中亟须明确:经营者与出资人之间,几个或若干个合伙出资人之间的产权关系和分配关系。基于这种社会需要,加上当时在文艺复兴的影响下,人们的思想已逐渐解放,在经营活动中明确各自的产权、经营权和收益分配权十分必要。于是适应商业资本进展所需要的复式簿记得到了广泛的传播,以致著名的德国哲学家、思想家、诗人歌德甚至赞誉复式簿记是“人类智慧的绝妙创造之一,每个精明的商人都不得不利用它”。这难道不是为新兴的资产阶级今后大显经营的身手服务?从思想意识的视觉看,复式簿记的基本特点是它的权益分离而又相互联系的辩证观,是它坚持以财产多寡为分配依据的平等观。如果认为复式簿记只是对每项交易同时记两笔账,反映财产物资的价值的流动记反映交换的来龙去脉,那么我们就没有触及这种记账方法的精髓即其公平平等的思想基础。它对文艺复兴时期的贡献,应在于它能明确记录商人即未来的资产阶级在经营中特别是在合伙经营中的财产与产权关系。让我们假设一个例子来分析复式记账的精神实质:设A、B、C三人合伙开设一家商店,他们分别出资为:A:现金50 000元;B:店房一座,估价30 000元;C:装修设备,估价20 000元,并公推A管理这家商店。那么,开业的第一笔交易,应当是合伙人的投资记录,分录如下:

现金	50 000	
固定资产——店房及设备	50 000	
资本——A		50 000
B		30 000
C		20 000

这个分录说明什么呢?它非常清楚而公正地说明:合伙人A、B、C的各自投资额和管理人A能够控制的资产总额都有着明白的记载和显著的差别。这家商店共有可供A使用的财产是100 000元,A、B、C的投资比例为5∶3∶2,分录明确了A对该店资源的使用权,同时明确了A、B、C三人对该店资源的所有权和由所有权派生的收益分配权(以后商店的赢利,就按出资比例分配)。早在15世纪末,即500多年以前,复式簿记就明确记录了企业拥有的资源的使用权和所有权,明确地反映商店的产权及收益的分配权。复式簿记向商人揭示了公正合理的产权观念,这种观念即使今天看来,也是很了不起的超前的经济学的意识。这种公允的产权意识,在中世纪是合伙企业得以形成并发展为今天的公司等企业组织形式的萌芽与基础。那就是说,没有这种产权关系在账簿和报表中的明确确认,就没有独立于财产所有者之外的各种经营主体的存在,也就没有后来的资本主义的各种生产组织方式(特别是两权彻底分离的现代股份有限公司)。这样看来,复式簿记的公开传播,同样是为资产阶级掌握政治和经济权力作组织准备和舆论准备的,由乔帕利著作传播的复式簿记在思想意识上的价值——传播财产的权利和义务的对等关系,远远超过复式簿记所显示的会计记录在科学性的价值。

二、财务报告概念框架的出台集中反映了现代企业财务会计的价值观

20世纪80年代以后,资本市场已成为市场经济中最活跃的市场。它的兴衰,往往成为整个市场经济的晴雨表。社会的经济资源在许多国家(包括我国)和地区由市场进行配置的比重越来越大。财务会计与财务报告越来越起到入市的“门票”和入市后的“市场守门员”的作用。没有真实和

公允的财务报告来获得市场参与者的信赖和市场监管者的许可，要想上市发行股份，吸收投资或融通短期借款，都是根本不可能的。

正是由于上市公司的财务报告对促进资本市场的完善与发展的作用越来越显著，由财务报告的目标和相关基本概念组成的理论体系就应运而生。过去，主体的财务报告只是由会计准则加以规范，现在和将来，会计准则在公认的会计思想和协调一致的概念框架指导下加以制定。财务报告概念框架反映会计与报告特征，体现财务会计与财务报告的本质和基本原则，是现代企业财务会计与报告的价值观的集中表现。现代财务会计文化，通过概念框架全面地得到表述，尤其是把财务报告的目标定位为主要对企业的资金供应者决策有用，保证社会资源的优化配置。为实现这一目标，明确财务报告必须具备可理解性、相关性和如实反映等基本质量特征，而如果做到报告及时、信息可比、重要，则将增进报告的决策有用性。此外，还要求，反映一个企业的核心信息即过去（历史）的信息如财务状况、经营业绩和现金流量等是由财务报表提供的，在财务报表之外，还应通过附注和其他披露手段，反映一个企业基于预测所获得的期望的信息，后者是对未来的不确定性估计与判断，将更有助于投资人与债权人对企业未来期望的决策。

诚信始终是会计与财务报告的本质要求，这个要求，借助于财务报告概念框架，适应现代市场充满风险和不确定性的特点，既强调如实反映是基础，在这个基础上，又强调对基础的相关。

由此可见，在现代市场经济中，现代财务会计与财务报告丰富发展了会计的价值观和会计文化。虽然在“乔帕利时代”已能通过复式簿记明确反映一个主体管理者对财产的使用权和出资人的所有权，但在那时，主体与所有者、所有权与使用权还未出现明显的分离。而现在，在高度发展的市场经济中，两权分离十分明显，委托代理关系的矛盾非常突出，财务报告如果不真实、不公允、不透明，所有者就会抛出自己的股份转而投资于那些信息公允透明的公司，从整个社会来看，表现为社会资源不断的优化配置，而对企业来说，由于报告不诚实、不透明，甚至弄虚作假，必将导致信誉下降，股价下跌，以至被迫退出市场，宣告破产。

必须指出，诚信是会计的基本信念，如实反映则是人们对会计信息的普遍要求。但是世界上任何事物的计量都没有绝对的精确，会计也是如此，精确总是相对的。但会计人员必须坚持诚信，力求如实反映。而实际上往往难以达到预期的结果，比如在第一步确认阶段，即使会计是以已发生的交易与事项为基础，以可稽核的凭证为依据，以财务会计准则为准绳，在报表编制以后，还要请独立的注册会计师进行审计。但在这些过程中，仍然存在着会计人员的主观判断（如一项交易应否确认，何时确认），仍然存在着必要的估计（如间接费用的分配，折旧的提取，坏账的计提等等）。但是会计仍然在充满必要的估计与判断中力求减少主观性，尽可能增加可稽核性。

总起来说，诚信是会计文化的核心。从复式簿记传播于世的乔帕利时代（15世纪）开始直到21世纪的现代市场经济时代，会计的方法、技术和传递的信息内容都有巨大的变化，但它体现的文化和价值观却没有变化。相反，诚信的内涵和外延则随着经济的发展与社会进步在不断丰富和扩大。今天，人们要求的财务信息既应通过财务报表，以交易为基础，以凭证为依据，遵照会计准则如实反映一个主体（企业）已发生和已存在的资源、主权和它们的变化，又应通过科学的估计，合理的预测，表述一个主体发展的前景和市场参与者对它的期待，如实反映与相关性的统一，使市场参与者在分析主体的财务信息之后对主体的经济实力和经营业绩产生信赖和信任，主体在市场上因此能提高信用等级，提升竞争地位，这就是会计文化对主体经济发展所起的反作用。如果所有的上市企业都能向市场传递既可靠又相关的财务信息并向主体的管理层提供高质量的成本信息，那么，资本市场就会在健康完善的基础上发展，市场就能成为市场参与者公平、公正、平等竞争的场所，社会的道德风尚就会有极大的端正，人们也会在公开竞争中提高自己的道德品质，打造一个文明、公正的社会。

会计本身是一个微观管理工具，会计信息直接反映的只是一个企业的经济与财务状况，但它所坚持并向社会传播的价值观——坚持如实反映,坚持公正透明,坚持对所有者有用——却能影响甚至改造企业家、会计师和所有市场参与者的灵魂,弘扬公平竞争的正气,坚决地反对弄虚作假。会计文化的影响,绝不局限于微观经济,而是涉及社会和在市场上谋求最大利益的所有的人,涉及社会的各个领域。

孔子也曾做过会计工作,并对会计的性质发表过他的见解。孟子说:"孔子尝为委吏矣,曰:会计,当而已矣!"关于孔子所说的会计要"当",可以有各种解释。但会计人员必须诚信,会计信息必须真实可信,应当是合理的解释之一。

其实,从文化层面来考察会计的性质与作用,并不是本文作者的发明。约在40年前,美国俄亥俄(Ohio)州立大学的两位教授普雷维茨(G.J.Previts)和莫里诺(B.D.Merino)合著的《美国会计史》一书(包括1979年初版和1998年第二版),都把"会计在文化上的意义"(The Cultural Significance of Accounting)列为副标题,并在若干章设有探讨会计文化意义的专节。该书第1版(1979年)"序"中写道:"本书综合了许多现存的迹象,对美国文化中有关会计实践问题作了新的展望。"(作者"序"第5段)遗憾的是,这本书说明美国会计史侧重于人物、故事的描写,缺乏对问题的深入分析,尽管该书不尽完善,但作者把会计提到文化层面来观察,总是一个创新,对我们认识会计的性质和作用是很有启迪的。

三、结论

本文认为,作为一个经济信息系统,会计的主要产出是企业的成本、财务信息。信息不是物质,也不是能量,而是一种"精神"产品,由会计加工并传递的信息,传递有关企业经营活动及其业绩变化的数量(主要通过观念上的货币)表述。在现象上,它不过是一些"消息"和"信号",但在实质上,这些消息与信号却能在两个方面产生重要的作用。一方面是从有助于物质文明的角度看,成本与财务信息能够有助于企业的管理层和投资人、借款人与债权人等进行经济决策,提高资源的利用和优化资源的配置,促进社会的物质财富的创造;另一方面是从有助于精神文明的角度看,不论会计行为的本身,会计信息的产生与传递,都同时向企业与社会的所有市场参与者传输诚信的道德品质。因为会计和它的前身——簿记产生之时起,人们就要求会计提供的数据与信息必须如实反映、公允表述和充分披露。"诚实"贯穿于会计活动的始终。诚信是会计的基础与根本信念。正是这一信念,体现会计的文化观,它对于打造一个公平、公正、平等的市场环境,保证市场参与者的公正的竞争,净化社会的良好风气,起着重要而深远的作用。无论过去、现在和未来,企业市场和社会之所以离不开以诚信为基础的会计信息最根本的原因,就在于它还有助于精神文明建设。以诚信为核心的会计文化,在任何时候,都潜在地影响一个企业在市场的信誉,以致关系它的发展与兴衰存亡。2011年,我国在美国华尔街上市的中国概念股,股价曾一度大幅度下挫,虽然由于受到反向收购和美国做空机制的打压,造成中国股的一片萧条,但主要还是起因于上市企业不遵守美国SEC的披露规则,所披露的财务报告有弄虚作假(做大收入,粉饰当期盈利等)之嫌,还是物必先腐而后虫生,咎由自取。一句话,借壳上市的企业本来就经营不善,岌岌可危,而中国企业并购以后,未能遵守诚信的基本原则,按美国SEC的规则提供如实反映,公允表述和充分披露的财务报告,其结果,不仅殃及自身,而且祸及池鱼!这是一个可为殷鉴的教训:诚信为企业会计之本,可信而相关的财务报告,关系到企业的生命!任何时候,都不能忘记:会计信息所传递的企业经营活动及其业绩的变化:如实反映(当然,不可能做到绝对的精确可靠)是基础,估计与判断仅是补充!

参考文献:

[1]葛家澍,林志军.2011.现代西方会计理论.第3版.厦门:厦大出版社.

[2]贾娟,蔡娜.世界通史(上卷).哈尔滨:黑龙江科技出版社.

[3]简明不列颠百科全书.2卷—8卷(中文版).北京:中国大百科全书出版社.

[4]维纳.1978.人有人的用处.北京:商务印书馆.

[5]A.C.Littleton.1953/1977.

[6]G.J.Previls&B.D.Merino.1977.A History of Accounting in America.

English Abstracts of Main Papers

Accounting · Information · Culture

Ge Jiashu

This paper attempts to study the cultural significance of Accounting. We all recognized that accounting was a economic information system. Accounting information such as "Cost of goods or services, financial position or performance of an entity(an enterprise) provided by" accounting system largely to help Decision usefulness marking by management, investor and creditor. However, this paper indicates and concludes that these information is often communicated a very important cultural idea: "true and fair" view point or "honest and trust" concept to market and society.

(原载于《会计研究》2012年第8期)